Meisterwerke der christlichen Kunst

Lesejahr C

Wolfgang Vogl

Meisterwerke der christlichen Kunst

zu den Schriftlesungen der Sonntage und Hochfeste

LESEJAHR C

Verlag Friedrich Pustet
Regensburg

Bibliografische Information der Deutschen Nationalbibliothek
Die Deutsche Nationalbibliothek verzeichnet diese Publikation
in der Deutschen Nationalbibliografie; detaillierte bibliografische
Daten sind im Internet über http://dnb.dnb.de abrufbar.

ISBN 978-3-7917-2999-2
© 2018 by Verlag Friedrich Pustet, Regensburg
Gestaltung und Satz: Martin Vollnhals, Neustadt a. d. Donau
Umschlaggestaltung: Heike Jörss, Regensburg
Druck und Bindung: Friedrich Pustet, Regensburg
Printed in Germany 2018

Weitere Publikationen aus unserem Programm finden Sie unter
www.verlag-pustet.de

Inhalt

Einleitung 15

Erster Adventssonntag
Die Zeichen des Menschensohnes 17
Luca Signorelli, Vorzeichen der Wiederkunft Christi, um 1503,
Orvieto, Dom, Briziuskapelle

Zweiter Adventssonntag
Das Auftreten Johannes' des Täufers 24
Dieric Bouts, Johannes der Täufer, um 1454/62, München, Alte Pinakothek

Dritter Adventssonntag
Die Standespredigt des Täufers 30
Lucas Cranach der Ältere, Die Predigt Johannes' des Täufers, 1549, Braunschweig,
Herzog Anton Ulrich-Museum

Vierter Adventssonntag
Die erste Begegnung zwischen Johannes und Jesus 38
Rogier van der Weyden, Mariä Heimsuchung, um 1435/40, Leipzig,
Museum der bildenden Künste

25. Dezember – Hochfest der Geburt des Herrn – Weihnachten
Die Hirten an der Krippe 45
Tintoretto, Geburt Jesu, um 1578/81, Venedig, Scuola di San Rocco

Fest der Heiligen Familie
Der zwölfjährige Jesus im Tempel 61
Simone Martini, Heilige Familie, 1342, Liverpool, The Walker Art Gallery

1. Januar – Hochfest der Gottesmutter Maria – Neujahr
Die Beschneidung Jesu 68
Federico Barocci, Beschneidung Jesu, 1590, Paris, Musée du Louvre

Zweiter Sonntag nach Weihnachten
Der Johannesprolog 75
Uta-Codex, Miniatur zum Johannesprolog, um 1002/25, München,
Bayerische Staatsbibliothek

6. Januar – Hochfest der Erscheinung des Herrn
Die Erscheinung Christi 85
Kostbares Bernwardevangeliar, Epiphanie, um 1015, Hildesheim, Dommuseum

Fest der Taufe des Herrn
Die Taufe des betenden Jesus 93
Gerard David, Taufe Jesu, um 1502/08, Brügge, Groeningemuseum

Erster Fastensonntag
Die drei Versuchungen Jesu 101
Albanipsalter, Versuchungen Jesu, um 1120/45, Hildesheim, Dombibliothek

Zweiter Fastensonntag
Die Verklärung Jesu 108
Feofan Grek, Verklärung Christi, Ende 14. Jahrhundert, Moskau, Tretjakov-Galerie

Dritter Fastensonntag
Der brennende Dornbusch 116
Berufung des Mose am Dornbusch, um 431/33, Rom, Relief der Holztür
von Santa Sabina

Vierter Fastensonntag
Das Gleichnis vom verlorenen Sohn 123
Rembrandt, Rückkehr des verlorenen Sohnes, um 1666/69, Sankt Petersburg, Eremitage

Fünfter Fastensonntag
Jesus und die Ehebrecherin 133
Hitda-Codex, Jesus und die Ehebrecherin, nach 1000, Darmstadt, Universitäts-
und Landesbibliothek

Palmsonntag
Der Einzug Jesu in Jerusalem 143
Wiener Schottenmeister, Einzug Jesu in Jerusalem, 1469, Wien, Museum im Schottenstift

Gründonnerstag – Abendmahlsmesse
Die Apostelkommunion beim Abendmahl 150
Tintoretto, Letztes Abendmahl, um 1593, Venedig, San Giorgio Maggiore

Karfreitag – Die Feier vom Leiden und Sterben Christi
Jesus wird vom Kreuz abgenommen 162
Pietro Lorenzetti, Kreuzabnahme Jesu, vor 1319, Assisi, San Francesco, Unterkirche

Ostern – Hochfest der Auferstehung des Herrn
Christus im Totenreich 171
Russische Osterikone, Anfang 16. Jahrhundert, Recklinghausen, Ikonen-Museum

Ostermontag
Das Mahl in Emmaus 178
Sieger Köder, Emmaus, 1988, Rosenberg, Pfarrkirche „Zur Schmerzhaften Muttergottes"

Zweiter Sonntag der Osterzeit
Jesus und Thomas 184
Peter Paul Rubens, Ungläubiger Thomas, um 1613/15, Antwerpen, Königliches Museum der Schönen Künste

Dritter Sonntag der Osterzeit
Der auferstandene Jesus und Petrus am Ufer des Sees 190
Hans Süss von Kulmbach, Erscheinung Jesu vor Petrus am See von Tiberias, um 1510, Florenz, Galleria degli Uffizi

Vierter Sonntag der Osterzeit
Jesus, der gute Hirt 197
Otto Gebhard, Kartuschenfresken mit Darstellungen des guten Hirten, 1765, Regensburg, St. Rupert

Fünfter Sonntag der Osterzeit
Der eucharistische Weinstock 204
Johann Baptist Zimmermann, Christus im Weinstock, 1728/29, Sießen, ehemalige Dominikanerinnenkirche St. Markus

Sechster Sonntag der Osterzeit
Das himmlische Jerusalem 210
Morgan-Beatus-Apokalypse, Himmlisches Jerusalem, um 950, New York,
Pierpont Morgan Library

Christi Himmelfahrt
Die Himmelfahrt Jesu 217
Perikopenbuch Heinrichs II., Himmelfahrt Christi, um 1007/12, München,
Bayerische Staatsbibliothek

Siebter Sonntag der Osterzeit
Die Steinigung des Stephanus 224
Giulio Romano, Steinigung des Stephanus, 1520/21, Genua, Santo Stefano

Pfingsten
Die Feuerzungen des Heiligen Geistes 234
Pontifikale von Winchester, Ausgießung des Heiligen Geistes, um 980, Rouen,
Bibliothèque municipale

Dreifaltigkeitssonntag
Vater und Sohn sind eins im Heiligen Geist 240
Rupertsberger Scivias-Codex, Christus in der Trinität, 1927/33 nach dem Original
von 1160/80, Eibingen, Abtei St. Hildegard

Fronleichnam – Hochfest des Leibes und Blutes Christi
Die Eucharistie als Vergegenwärtigung des Kreuzesopfers 247
Rogier van der Weyden, Triptychon der sieben Sakramente, um 1450, Antwerpen,
Königliches Museum der Schönen Künste

Heiligstes Herz Jesu
Die Liebe Gottes im Herzen Jesu 270
Die Seele im Herzen des Gekreuzigten, nach 1461, Eichstätt, Benediktinerinnenabtei
St. Walburg

2. Sonntag im Jahreskreis
Maria als Urbild der Kirche auf der Hochzeit in Kana 278
Egbert-Codex, Weinwunder auf der Hochzeit in Kana, um 985/93, Trier,
Stadtbibliothek

3. Sonntag im Jahreskreis
Die Erfüllung der jesajanischen Verheißung in Jesus 285
Gerbrand van den Eeckhout, Jesus lehrt in der Synagoge von Nazaret, 1658,
Dublin, National Gallery of Ireland

4. Sonntag im Jahreskreis
Glaube, Hoffnung und Liebe 290
Georg Asam, Mystische Vermählung der drei göttlichen Tugenden, um 1684/87,
Benediktbeuern, ehemalige Benediktinerabteikirche

5. Sonntag im Jahreskreis
Der reiche Fischzug des Petrus 299
Raffael, Der wunderbare Fischzug, um 1515/16, London, Victoria and Albert Museum

6. Sonntag im Jahreskreis
Christus als Lehrer 308
Christus als Lehrender unter den Aposteln, um 410/30, Mailand, San Lorenzo,
Aquilinuskapelle

7. Sonntag im Jahreskreis
David verschont das Leben Sauls 313
Januarius Zick, David und Abischai im Zelt des schlafenden Saul, 1752, Würzburg,
Martin-von-Wagner-Museum der Universität

8. Sonntag im Jahreskreis
Die Blindenparabel 319
Pieter Bruegel der Ältere, Der Blindensturz, 1568, Neapel, Galleria Nazionale
di Capodimonte

9. Sonntag im Jahreskreis
Der Glaube des Hauptmanns von Kafarnaum 330
Egbert-Codex, Jesus und der Hauptmann von Kafarnaum, um 985/93, Trier,
Stadtbibliothek

10. Sonntag im Jahreskreis
Die Totenerweckung des Jünglings von Naïn 337
Hans von Aachen, Die Auferweckung des Jünglings von Naïn, 1590, München,
Alte Pinakothek

11. Sonntag im Jahreskreis
Die Fußsalbung Jesu durch die Sünderin 345
Dieric Bouts, Jesus im Haus des Pharisäers Simon, um 1446/54, Berlin,
Gemäldegalerie

12. Sonntag im Jahreskreis
Die prophetische Schau des durchbohrten Christus 354
Peter Paul Rubens, Öffnung der Seitenwunde Christi, 1620, Antwerpen,
Königliches Museum der Schönen Künste

13. Sonntag im Jahreskreis
Leben in der Gegenwart Gottes 363
Stuttgarter Psalter, Der Beter vor Gott, um 820/30, Stuttgart,
Württembergische Landesbibliothek

14. Sonntag im Jahreskreis
Die Kirche als Schaf unter Wölfen 367
Tierallegorie mit Susanna und den Ältesten, Ende 4. Jahrhundert, Rom,
Prätextatuskatakombe

15. Sonntag im Jahreskreis
Das Gleichnis vom barmherzigen Samariter 374
Vincent van Gogh, Der barmherzige Samariter, 1890, Otterlo,
Rijksmuseum Kröller-Müller

16. Sonntag im Jahreskreis
Marta und Maria 382
Jacopo Tintoretto, Christus bei Marta und Maria, um 1580, München,
Alte Pinakothek

17. Sonntag im Jahreskreis
Die Bitten des Vaterunsers 392
Carlo Adam, Die Bitten des Vaterunsers, 1689, Pfarrkirchen,
Wallfahrtskirche Gartlberg

18. Sonntag im Jahreskreis
Das Gleichnis vom reichen Kornbauern 405
Rembrandt, Der reiche Kornbauer, 1627, Berlin, Gemäldegalerie

19. Sonntag im Jahreskreis
Der Glaube Abrahams 411
Wiener Genesis, Abraham auf dem Lager und unter dem Sternenhimmel,
6. Jahrhundert, Wien, Österreichische Nationalbibliothek

20. Sonntag im Jahreskreis
Jeremia in der Zisterne 416
Salvator Rosa, Befreiung des Jeremia aus der Zisterne, 1661/62, Chantilly,
Musée Condé

21. Sonntag im Jahreskreis
Das Gleichnis von der engen Tür 423
Gillis Mostaert, Der breite und der schmale Weg, um 1580, Utrecht,
Museum Catharijneconvent

22. Sonntag im Jahreskreis
Die Gäste Jesu 429
Sieger Köder, Das Mahl der Sünder, 1973, Gallicano nel Lazio, Villa San Pastore

23. Sonntag im Jahreskreis
Der gefangene Apostel Paulus 436
Rembrandt, Paulus im Gefängnis, 1627, Stuttgart, Staatsgalerie

24. Sonntag im Jahreskreis
Das Gleichnis von der verlorenen Drachme 440
Domenico Fetti, Gleichnis von der verlorenen Münze, um 1618/21,
Dresden, Gemäldegalerie Alte Meister

25. Sonntag im Jahreskreis
Das Gleichnis vom klugen Verwalter 446
Marinus van Reymerswaele, Gleichnis vom ungerechten Verwalter, um 1540,
Wien, Kunsthistorisches Museum

26. Sonntag im Jahreskreis
Der arme Lazarus und der reiche Prasser 450
Liuthar-Evangeliar Ottos III., Gleichnis vom armen Lazarus und vom
reichen Prasser, um 990/1000, Aachen, Domschatzkammer

27. Sonntag im Jahreskreis
Der Apostelschüler Timotheus 457
Hl. Timotheus, um 1150/60, Glasfenster, Paris, Musée national du Moyen Âge

28. Sonntag im Jahreskreis
Der dankbare Samariter 461
Codex aureus Epternacensis, Gleichnis vom dankbaren Samariter, um 1045,
Nürnberg, Germanisches Nationalmuseum

29. Sonntag im Jahreskreis
Die beharrlich bittende Witwe und der ungerechte Richter 466
Pieter de Grebber, Gleichnis vom Richter und von der Witwe, 1628, Budapest,
Szépművészeti Múzeum

30. Sonntag im Jahreskreis
Der selbstgerechte Pharisäer und der demütige Zöllner 471
Cosmas Damian Asam, Gleichnis vom Pharisäer und vom Zöllner, 1731,
Osterhofen, ehemalige Prämonstratenserabteikirche St. Margareta

31. Sonntag im Jahreskreis
Jesus und Zachäus 478
Perikopenbuch Heinrichs II., Zachäus im Baum und Jesus im Haus des Zachäus,
um 1007/12, München, Bayerische Staatsbibliothek

32. Sonntag im Jahreskreis
Die makkabäische Mutter und ihre Söhne 484
Antonio Ciseri, Das Martyrium der makkabäischen Mutter und ihrer sieben Söhne,
1857/63, Florenz, Santa Felicità

33. Sonntag im Jahreskreis
Jesus sieht den Untergang Jerusalems voraus 491
Evangeliar Ottos III., Jesus weint über die Zerstörung Jerusalems, um 1000,
München, Bayerische Staatsbibliothek

Christkönigssonntag
Der gute Schächer und der gekreuzigte König 496
Tizian, Jesus am Kreuz mit dem guten Schächer, um 1566, Bologna,
Pinacoteca Nazionale

2. Februar – Darstellung des Herrn
Der Lobgesang Simeons im Tempel 502
Rembrandt, Die Lobpreisung Simeons, 1631, Den Haag, Mauritshuis

19. März – Hochfest des hl. Josef
Josef, der Zimmermann 509
Meister von Flémalle, Josef in der Werkstatt, um 1425/28, New York,
The Metropolitan Museum of Art

25. März – Verkündigung des Herrn
Die Inkarnation des Sohnes Gottes 515
Piero di Cosimo, Menschwerdung Christi mit Heiligen, um 1503/06, Florenz,
Galleria degli Uffizi

24. Juni – Geburt des hl. Johannes des Täufers
Die Geburt Johannes' des Täufers 523
Meister des Turiner Stundenbuches, Geburt Johannes' des Täufers, ab 1420/24,
Turin, Museo Civico d'arte

29. Juni – Hl. Petrus und hl. Paulus
Die Berufung des Paulus 531
Caravaggio, Bekehrung des Paulus, um 1604, Rom, Santa Maria del Popolo

15. August – Mariä Aufnahme in den Himmel
Maria assumpta quia immaculata 538
Peter Candid, Himmelfahrt Mariä, 1593, Landsberg am Lech, Pfarrkirche
Mariä Himmelfahrt

1. November – Allerheiligen
Die Heiligen und die Dreifaltigkeit 547
Albrecht Dürer, Die Anbetung der Dreifaltigkeit durch die Heiligen, 1511,
Wien, Kunsthistorisches Museum

8. Dezember – Hochfest der ohne Erbsünde empfangenen Jungfrau und Gottesmutter Maria
Maria, die begnadete Jungfrau 565
Giovanni Battista Fiammeri, Maria Immaculata, nach 1598, Rom, San Vitale

Anmerkungen 575

Abkürzungsverzeichnis 652

Literaturverzeichnis 653

Bildnachweis 680

Einleitung

Mit dem vorliegenden Band zum liturgischen Lesejahr C wird die dreiteilige Reihe „Meisterwerke der christlichen Kunst" abgeschlossen. Wie in den beiden vorausgehenden Bänden, so geht es auch im dritten Teil darum, die Botschaft der Schriftlesungen der Sonntage und Hochfeste des Lesejahres C im Spiegel der christlichen Kunst zu erschließen.

Der Großteil der Kunstwerke ist wiederum den Alten Meistern entnommen. Während die ältesten Bildwerke der frühchristlichen Kunst entstammen, wird mit Vincent van Gogh (1853–1890) ein Vertreter der beginnenden Moderne aufgenommen. Zwei Bilder des erst kürzlich verstorbenen Priesters und Malers Sieger Köder (1925–2015) knüpfen an die gegenständliche religiöse Kunst der Gegenwart an. Wie bereits im ersten Band zur Illustration der acht Seligpreisungen werden auch zum Lesejahr C barocke Wandmalereizyklen vorgestellt, mit denen die Allegorie des guten Hirten, die drei theologischen Tugenden und die Bitten des Vaterunsers veranschaulicht wurden.

Religiöse Bilder können eine starke Wirkung auf den Betrachter auslösen und tief in das geistliche Leben eingreifen. Das prominenteste Beispiel hierfür dürfte Teresa von Ávila (1515–1582) sein, der als fast vierzigjähriger Ordensfrau in der Fastenzeit 1554 beim Anblick einer Büste des leidenden Christus der Durchbruch zu ihrer Ganzhingabe an Gott gelang.[1] Während in ihren bisherigen Christusbegegnungen jeder Anflug von Reue wieder schnell vergangen war, wurde Teresa durch den Anblick der Figur des Schmerzensmannes so sehr durchmächtigt, dass für sie der Weg nun unverlierbar eingeschlagen war, ihr Vertrauen nicht mehr auf sich selbst, sondern ganz auf Gott zu setzen.[2]

In unserer Zeit betonte den Wert der Bilder Papst Franziskus in seiner am 24. November 2013 promulgierten Enzyklika „Evangelii Gaudium" über die Verkündigung des Evangeliums in der Welt von heute. Nach Papst Franziskus können Bilder helfen, „die Botschaft, die man überbringen will, zu schätzen und anzunehmen. Ein anziehendes Bild lässt die Botschaft als etwas empfinden, das vertraut, nahe, möglich ist und mit dem eigenen Leben in Verbindung gebracht wird. Ein gelungenes Bild kann dazu führen, dass die Botschaft, die man vermitteln will, ausgekostet wird; es weckt einen Wunsch und motiviert den Willen im Sinne des Evangeliums."[3]

Hält man sich vor Augen, dass das althochdeutsche Wort „bildunga" hinter den Begriffen „Bild" und „Bildung" steht, dann kann einem erneut der Wert guter, geeigneter Bilder aufgehen, die zu echter menschlicher Bildung und als christliche Kunstwerke zur Formung des geistlichen Lebens beitragen können. Weil sich die Bilder, wie sie auch in den Bänden der „Meisterwerke der christlichen Kunst" gedeutet werden, nur durch langsames und intensives Verweilen erschließen, kann der christliche Leser und Betrachter auf diese Weise auch sein geistliches Leben „bilden" und vertiefen. Gute Bilder entziehen sich dem schnellen Blick, fordern Zeit und wollen erschlossen sein, denn sie zielen auf etwas, das sich letztlich kaum in Worte fassen lässt. Gute Bilder schlagen die Brücke zur Transzendenz Gottes und können uns von den vielen Bildern reinigen, die nur niedere Sinne und Neugier bedienen wollen. Die Betrachtung eines guten, religiösen Bildes wird dann zu einem zutiefst menschlichen Erleben, da auch der Mensch in seiner Gottebenbildlichkeit etwas zutiefst Bildliches ist.[4]

So möchte auch der dritte Band der „Meisterwerke der christlichen Kunst" dazu beitragen, über den Weg christlicher Bildwerke die vom Wort Gottes und von der sakramentalen Christusbegegnung getragene liturgische Glaubenspraxis des christlichen Betrachters zu vertiefen. Nach einer kurzen bibeltheologischen Einführung wird der ausgewählte Schrifttext des betreffenden Sonntags oder Hochfestes mit einem *Bild* in Verbindung gebracht, um es auf wissenschaftlicher Grundlage erschöpfend zu deuten und damit auch für die christliche *Bildung* fruchtbar zu machen.

Mein Dank gilt allen Beteiligten, die auf vielfache Weise bei der Herausgabe des dritten Bandes der „Meisterwerke der christlichen Kunst" zum Lesejahr C mitgewirkt haben. Meinem Regensburger Heimatbischof, Dr. Rudolf Voderholzer, danke ich wiederum für die großzügige Förderung und Unterstützung des Werkes. Dem Verlag Friedrich Pustet gilt nach den beiden vorausgehenden Büchern zu den Lesejahren A und B mein erneuter Dank für die Verlegung auch des dritten und letzten Bandes.

Augsburg, zum ersten Adventssonntag 2018
Wolfgang Vogl

Die Zeichen des Menschensohnes

Erster Adventssonntag. Evangelium: Lk 21,25–28.34–36

*„Es werden Zeichen sichtbar werden an Sonne, Mond und Sternen,
und auf der Erde werden die Völker bestürzt und ratlos sein."*
Lk 21,25

Das Evangelium des ersten Adventssonntags ist der großen Rede über die Endzeit (Lk 21,5–36) entnommen, die Jesus nach dem Lukasevangelium im Tempel vor seinen Jüngern und im Beisein des Volkes gehalten hat. Neben der Ankündigung der Zerstörung des Tempels (vgl. Lk 21,5–6) sprach Jesus auch über den Beginn der endzeitlichen Not und das Gericht über Jerusalem (vgl. Lk 21,7–24). Schließlich verwies er auf die kosmischen Erschütterungen, die seiner Wiederkunft vorausgehen werden: „Es werden Zeichen sichtbar werden an Sonne, Mond und Sternen, und auf der Erde werden die Völker bestürzt und ratlos sein über das Toben und Donnern des Meeres. Die Menschen werden vor Angst vergehen in der Erwartung der Dinge, die über die Erde kommen; denn die Kräfte des Himmels werden erschüttert werden" (Lk 21,25–26). Diese kosmischen Zeichen sollen den Jüngern Anlass zu Wachsamkeit, aber auch untrügliches Zeichen der nahenden Erlösung sein, die Christus dann mit sich bringen wird (vgl. Lk 21,28.34–36), den man „mit großer Macht und Herrlichkeit auf einer Wolke" wird kommen sehen (Lk 21,27). Deshalb gilt es, wachsam zu sein und zu beten, um allem, was geschehen wird, entrinnen und vor den wiederkommenden Menschensohn hintreten zu können (vgl. Lk 21,34–36).

DIE ZEICHEN, DIE DER WIEDERKUNFT CHRISTI, der Parusie, vorausgehen werden, haben auch die Phantasie der christlichen Frömmigkeit und Kunst angeregt, wie die um 1264 durch den Dominikaner Jakobus de Voragine (1228/29–1298) verfasste „Legenda aurea" zeigt. In diesem Werk, das die mittelalterliche und neuzeitliche Kunst maßgeblich beeinflusste, wurden ausgehend von der lukanischen Endzeitrede Jesu (vgl. Lk 21,25) fünf Vorzeichen unterschieden, die der Parusie Christi und damit dem Jüngsten Gericht vorausgehen werden.[1] An diesen fünf Zeichen orientierte sich auch der Renaissancekünstler Luca Signorelli (um 1450–1523), als er im Dom von Orvieto die Briziuskapelle ausmalte.

Der aus dem toskanischen Cortona stammende Signorelli war für seine Fähigkeit zur Darstellung des menschlichen Körpers und bewegter Figurenmotive berühmt, so dass er sogar als Vorläufer der Freskenkunst Michelangelos (1475–1564) gelten kann. Signorelli hatte in Arezzo bei Piero della Francesca (um 1420–1492) und in Florenz bei Pietro Perugino (1445/48–1523) gelernt und war 1481 zusammen mit weiteren toskanischen Künstlern nach Rom zur Ausmalung der Cappella Sistina berufen worden.[2] Nach der Freskierung der Sakristei von Loreto und den 1497/98 ausgeführten Wandmalereien im Kreuzgang von Monte Oliveto Maggiore schuf Signorelli von 1499 bis 1503 in der Briziuskapelle im Dom von Orvieto einen umfangreichen Zyklus zu den Letzten Dingen, zu dem auch die Darstellung mit den fünf Vorzeichen der Parusie Christi gehört.[3]

In der um 1408 erbauten Cappella della Madonna di San Brizio im rechten Querhaus des Domes von Orvieto arbeitete zunächst Fra Angelico (1387/1400–1455), der aber zusammen mit seinem Schüler Benozzo Gozzoli (1421–1497) im Juni 1447 nur zwei Gewölbekappen mit dem inmitten seiner Engel wiederkommenden Weltenrichter und dem Chor der Propheten ausführte.[4] Nach dem Scheitern der seit 1489 mit Perugino geführten Verhandlungen wurde am 5. April 1499 Signorelli beauftragt, die Briziuskapelle fertig auszumalen, was ihm bis 1503 gelang. Zunächst ergänzte er die Gewölbekappen mit weiteren Heiligenchören und mit einer Gruppe von Engeln, die dem wiederkommenden Richter die Werkzeuge seiner Passion vorantragen. Während er die Wände beim Eingang mit den Taten des Antichristen, den fünf kosmischen Vorzeichen, dem Weltuntergang und der Auferstehung bemalte, stellte er auf den Wandflächen des Altarbereichs das eigentliche Weltgericht mit den Verdammten und den Auserwählten dar.[5]

Das Wandbild mit den fünf Vorzeichen, die sich vor der Wiederkunft des Weltenrichters ereignen werden, gestaltete Signorelli in erzählerischer Weise und im Naturstil der Renaissancekunst. Mit den anatomisch richtig ausgeführten Bewegungen seiner Figuren und dem Einsatz der Luftperspektive präsentierte der Maler die apokalyptischen Bilder in einer Weise, die den heutigen Betrachter befremden mag, der supranaturalistische Missverständnisse bei der Schriftlesung vermeiden will und es deshalb vorzieht, sich der biblischen Bilderwelt nicht im wörtlichen Sinn anzunähern. Dennoch hat Signorellis buchstäbliche Darstellung ihre Berechtigung, da es

Luca Signorelli, Vorzeichen der Wiederkunft Christi, um 1503, Orvieto, Dom, Cappella della Madonna di San Brizio, Wandfresko auf der linken Seite, Höhe ca. 660 cm.

die gebildeten Betrachter der damaligen Zeit durch die allegorische Schriftauslegung gewohnt waren, von einem realistisch erzählten Bild und damit von der Ebene des Wortsinnes auszugehen, um dann in einem zweiten Schritt die entscheidenden geistlichen Bezüge herauszulesen, wie auch die „Legenda aurea" zeigt.

Signorellis Fresko mit den fünf kosmischen Vorzeichen, das wohl 1503 entstand, befindet sich auf der rechten Seite des Eingangsbogens, während links gegenüber der Weltuntergang dargestellt ist. Da aber der Eingangsbogen nicht das Zentrum der Lünette einnimmt, sondern leicht nach links verschoben ist, stand Signorelli für die Darstellung der Vorzeichen auf der rechten Seite eine etwas größere Bildfläche zur Verfügung. Dennoch war der unregelmäßige Wandabschnitt, auf dem Signorelli die angekündigten Vorzeichen zwischen der gemalten Rahmung des Eingangsbogens und dem fiktiven Außenrahmen der Lünette darzustellen hatte, nicht leicht zu bemalen.[6] Während sich die Darstellungen der fünf Vorzeichen im oberen Teil des Bildes finden, sind am unteren Rand ein Prophet und drei Dreiergruppen zu sehen, die zu den kosmischen Ereignissen über ihnen aufschauen.[7]

Die am unteren Rand im Bildvordergrund stehenden Gruppen nehmen dicht gedrängt den Raum zwischen dem Eingangsbogen und dem sich rechts anschließenden Fresko mit den Taten des Antichristen ein. Rechts sind drei Soldaten zu sehen, die mit zurückgeworfenem Kopf zum Himmel aufblicken. Während der rechte Soldat mit Schnürsandalen, Lederstreifenschurz, Brustpanzer, Helm und Lanze antikisierend gerüstet ist, tragen die beiden anderen mit engen Hosen, Schwert und Barett zeitgenössische Kleidung. Links neben der Soldatengruppe ist die zweite Dreiergruppe dargestellt, die aus drei alten Männern besteht. In der Mitte der ganzen Szene steht ein bärtiger Prophet, der einen großen, weißen Turban trägt und mit einem gelben Gewand bekleidet ist, das er mit seiner linken Hand rafft. Der Prophet weist mit ernster Miene die Soldaten und die Alten mit seinem ausgestreckten rechten Arm auf die angekündigten Vorzeichen hin, die über ihm dargestellt sind. Die am linken Bildrand zusammenstehende dritte Dreiergruppe besteht aus jungen Männern, die aus der Heiligen Schrift ihre Erkenntnisse über die Vorzeichen der Parusie beziehen. Der junge Mann in der Mitte, der eine Sendelbinde auf dem Kopf trägt und mit einem roten Gewand und einem blauen Mantel bekleidet ist, zeigt mit seiner rechten Hand auf eine Schriftstelle in der aufgeschlagenen Bibel, die er in seiner Linken hält. Er wendet sich mit sprechendem Mund nach links zu einem Mann, von dem gerade noch Nase, Mund und Hand erkennbar sind, während rechts ein dritter Jüngling dem mittleren Mann über die Schulter schaut, um sich ebenfalls von den in der Heiligen Schrift angekündigten Vorzeichen der Parusie Christi zu überzeugen.[8]

Das erste der fünf Vorzeichen, das nach der Endzeitrede Jesu an der Sonne geschieht (vgl. Lk 21,25), ist am linken oberen Bildrand zu sehen und zeigt die schwarze Sonne, die gerade von dunkelbraunen Wolkenbändern verdunkelt wird.[9] Während das Lukasevangelium nur die Tatsache erwähnt, dass sich an der Sonne das erste kosmische Zeichen vollzieht (vgl. Lk 21,25), führt die Offenbarung des Johannes aus, dass die Sonne bei der Öffnung des sechsten Siegels durch das apokalyptische Lamm „schwarz wie ein Trauergewand" sein wird (Offb 6,12). Die „Legenda aurea" hatte diese beiden Schriftstellen aufeinander bezogen und betont, dass das Schwarzwerden der Sonne auf vierfache Weise gedeutet werden kann. Nach der ersten Deutung lässt die Sonne ihr Licht aus Trauer über den Untergang der Menschen ausgehen, während sie nach der zweiten Interpretation durch Christus verdunkelt wird, der als die andere, wahre Sonne aufgeht. Nach der dritten Deutung verdunkelt sich die Sonne, weil sie es nicht wagen wird, das Antlitz des in großer Strenge richtenden Christus anzuschauen. Nach der vierten Deutung wird Christus als „Sonne der Gerechtigkeit" (Mal 3,20) verdunkelt sein, weil sich dann niemand mehr trauen wird, sich zu bekennen.[10]

Rechts unterhalb der verdunkelten Sonne ist das zweite Vorzeichen zu sehen, das am Mond geschieht (vgl. Lk 21,25). Die Darstellung der roten Mondsichel schließt sich wiederum an die Schilderung der Öffnung des sechsten apokalyptischen Siegels an, wonach der Mond „wie Blut" sein wird (Offb 6,12).[11]

Im Bereich der Sonne ist das dritte Vorzeichen dargestellt, das sich an den Sternen ereignen wird (vgl. Lk 21,25), die bei der sechsten Siegelöffnung vom Himmel „auf die Erde" herabfallen werden, „wie wenn ein Feigenbaum seine Früchte abwirft, wenn ein heftiger Sturm ihn schüttelt" (Offb 6,13).[12] Signorelli zeigt bei der Sonne ein dunkelblaues Firmament, von dem die Sterne durch den Luftraum wie Sternschnuppen auf die Erde zustürzen. Die „Legenda aurea" stellte sich das Herabstürzen der Sterne wie einen Sternschnuppenfall vor, da es bei diesem Vorzeichen einen Überschuss an feuriger Materie geben wird und weil von den fallenden Sternen feurige Schweife ausgehen werden. In seiner Deutung hob Jakobus de Voragine auch hervor, Christus wolle mit den auf die Erde stürzenden Sternen bei den Sündern einen heilsamen Schrecken auslösen.[13] Zudem sah die „Legenda aurea" in den herabfallenden Sternen ein Bild für die vielen Christen, die „Sterne in der Kirche zu sein scheinen", aber „am jüngsten Tag" herabfallen werden.[14]

Das vierte Vorzeichen besteht nach der „Legenda aurea" in der „Angst auf Erden", die durch die Not hervorgerufen wird, die nach dem Matthäusevangelium so groß sein wird, „wie es noch nie eine gegeben hat, seit die Welt besteht, und wie es auch keine mehr geben wird" (Mt 24,21).[15] Auch in der lukanischen Endzeitrede heißt es im Anschluss an die Schilderung der kosmischen Zeichen (vgl. Lk 21,25), dass die Menschen „vor Angst vergehen" werden „in der Erwartung der Dinge, die über die Erde kommen", da „die Kräfte des Himmels erschüttert werden" (Lk 21,26), bevor man den „Menschensohn mit großer Macht und Herrlichkeit auf einer Wolke kommen sehen" wird (Lk 21,27). Traurige und angsterfüllte Menschen sind im Mittelgrund des Wandbildes zu sehen, die dort im Zusammenhang mit dem Erdbeben dargestellt sind, das in der Endzeitrede Jesu bei der Schilderung der Anfänge der großen Not (vgl. Lk 21,11) und bei der Öffnung des sechsten apokalyptischen Siegels (vgl. Offb 6,12) angekündigt wird.[16] Die Menschen stehen vor der Säulenreihe eines antiken Tempels, der durch ein Erdbeben schwer beschädigt ist. Auf dem Boden liegen Kapitelle, zerbrochene Säulenschäfte und Gebälkstücke. Ein Mann mit zerzaustem Haar, dem die Angst noch ins Gesicht geschrieben steht, hat ringend die Hände vor seiner Brust erhoben. Vor ihm ist eine weiß gekleidete Frau zu sehen, die mit abwehrend ausgestreckter linker Hand vor dem einstürzenden Tempelbau flieht. Eine weitere Frau und drei Männer stehen mit traurig gesenkten Häuptern und niedergeschlagenen Augen da und versinnbildlichen die Angst, die als viertes Vorzeichen über die Menschen kommen wird.

Das fünfte Vorzeichen, das nach der Endzeitrede Jesu in der Bestürzung und Ratlosigkeit der Menschen „über das Toben und Donnern des Meeres" bestehen wird (Lk 21,25) und das die „Legenda aurea" als „Verstörung der Wasser" bezeichnet,[17] ist oben am Horizont angedeutet. Dort sind auf großen, an Wolkenballen erinnernden Meereswogen fünf Schiffe zu sehen, die mit den entfesselten Wassermassen kämpfen. Bei einigen Schiffen ist schon der Mastbaum gebrochen, andere haben bereits Schiffbruch erlitten.[18] Nach der „Legenda aurea" kann sich dieses Vorzeichen auf den tosenden Untergang des Meeres (vgl. Offb 21,1) oder auf „jenes große Getön" beziehen, wenn „das Meer mit großem Donner und Schall vierzig Ellen aufsteigt über alle Berge und darnach wieder herabfällt"[19].

Unterhalb der Wellenberge mit den Schiffen ist eine halb zerstörte Stadt mit antiken Bauten dargestellt, die von entlaubten oder auch abgestorbenen Bäumen umgeben ist. Auf die Ruinen der Stadt macht links ein zeitgenössisch gekleideter und mit Lanze gerüsteter Soldat aufmerksam, indem er sein Schwert in Richtung Jerusalem zückt und sich einem weiteren Soldaten zuwendet, der sich mit seiner Lanze über ein weißes Pferd gelehnt hat. Diese Szene deutet die in Jesu Endzeitrede ebenfalls angekündigte Zerstörung Jerusalems an (vgl. Lk 21,20–24), auch wenn der Untergang der Stadt noch nicht in einem zeitlichen Zusammenhang mit den eigentlichen Vorzeichen steht, die der Wiederkunft Christi zum Gericht vorausgehen werden. Etwas mehr in den Mittelgrund des Bildes gerückt, sieht man rechts neben den beiden Soldaten eine in größerem Figurenmaßstab dargestellte Szene, in der die Not der Einwohner Jerusalems geschildert wird.[20] Nach Jesu Endzeitrede zeigt die Belagerung Jerusalems durch ein feindliches Heer an, dass die Stadt bald verwüstet wird und man deshalb in die Berge fliehen soll, denn die Zerstörung der Stadt wird eine große Not verursachen (vgl. Lk 21,20–23). Die Einwohner Jerusalems wird man mit dem Schwert erschlagen und als Gefangene verschleppen, während die Stadt von den Heiden zertreten wird, bis auch diese für ihr Tun zur Rechenschaft gezogen werden (vgl. Lk 21,24). So zeigt die Gruppe vier zeitgenössisch gekleidete Soldaten, die drei Bewohner Jerusalems misshandeln. Rechts steht ein halbnackter, nur mit einem Lendenschurz bekleideter Mann, dessen Hände auf den Rücken gebunden sind. In der Mitte kniet ein anderer Mann, dem ebenfalls die Arme gebunden werden. Links stößt ein Soldat einen gefesselten Mann vor sich hin. Der Gefangene hat zerzauste Haare und ist nur mit einer kurzen Tunika bekleidet. Der Soldat hat den Gefangenen mit der linken Hand am Hals gepackt und zieht mit seiner Rechten gerade das Schwert.

Wenn sich der Betrachter von Signorellis Wandbild mit den fünf Vorzeichen umwendet, fällt sein Blick auf den Richter Christus, den diese Zeichen ankündigen, damit die Menschen umkehren. Das Bild mit den fünf Vorzeichen vollendet sich in dem von Fra Angelico im Gewölbesegel über dem Altar dargestellten Weltenrichter, der zu seinem „zweiten Advent" wiederkommen wird. Die Kraft zum Bestehen in den gegenwärtigen und künftigen Ängsten wird der Gläubige nur im Ausschauen nach Christus finden, der nach allen kosmischen Erschütterungen wiederkommen wird, um die Welt zu richten und zu retten. Deshalb besteht nach den Worten der Endzeitrede Jesu die Haltung des Christen darin, nüchtern und wachsam zu sein, sich nicht durch die Sorgen des Alltags verwirren zu lassen, allezeit zu beten (vgl. Lk 21,34–36) und sich dann aufzurichten, wenn die Zeichen kommen werden: „Wenn all das beginnt, dann richtet euch auf und erhebt eure Häupter; denn eure Erlösung ist nahe" (Lk 21,28).

Das Auftreten Johannes' des Täufers

Zweiter Adventssonntag. Evangelium: Lk 3,1–6

„Johannes zog in die Gegend am Jordan und verkündigte dort überall Umkehr und Taufe zur Vergebung der Sünden."
Lk 3,3

Am zweiten Adventssonntag wird im Evangelium Johannes der Täufer als adventliche Gestalt vor Augen gestellt. Lukas schildert das Auftreten des Täufers in feierlicher Sprache als ein Ereignis von welt- und heilsgeschichtlicher Tragweite, das sich nach den im Evangelium gemachten Zeitangaben im Jahr 27 ereignet hat (vgl. Lk 3,1–2). Lukas fügt den Vorläufer in die Reihe der alttestamentlichen Propheten ein und schildert ihn als den verheißenen Wegbereiter des Messias, an den in der Wüste das Wort Gottes ergangen war (vgl. Lk 3,2). So geht in Johannes die Weissagung des Jesaja (vgl. Jes 40,3–5) in Erfüllung: „Eine Stimme ruft in der Wüste: Bereitet dem Herrn den Weg! Ebnet ihm die Straßen! Jede Schlucht soll aufgefüllt werden, jeder Berg und Hügel sich senken. Was krumm ist, soll gerade werden, was uneben ist, soll zum ebenen Weg werden. Und alle Menschen werden das Heil sehen, das von Gott kommt" (Lk 3,4–6). Im Mittelpunkt der Predigt- und Tauftätigkeit des Johannes stand der Aufruf zur Umkehr, um die Menschen für die frohe Botschaft vom Reich Gottes vorzubereiten, das in Jesus Christus angebrochen ist. So zog Johannes „in die Gegend am Jordan und verkündigte dort überall Umkehr und Taufe zur Vergebung der Sünden" (Lk 3,3).

Johannes der Täufer ist auf der linken Seitentafel der sogenannten „Perle von Brabant" dargestellt, einem dreiteiligen Altarretabel, das dem altniederländischen Maler Dieric Bouts (1410/20–1475) zugeschrieben wird.[1] Das kleine Triptychon gehörte zur Heidelberger Galerie der Brüder Boisserée, die 1827 durch den bayerischen König Ludwig I. (reg. 1825–1848) für seine Sammlung erworben wurde und sich heute in der Alten Pinakothek in München befindet.[2]

Dieric Bouts, Johannes der Täufer, linke Seitentafel des Flügelaltars „Perle von Brabant", um 1454/62, Öl auf Eichenholz, 62,6 × 28,1 cm, München, Alte Pinakothek.

Dieric Bouts gehörte nach Jan van Eyck (um 1390–1441) und Rogier van der Weyden (1399/1400–1464) zur dritten Generation der altniederländischen Maler. Bouts wurde durch die bedeutende Malerschule seiner Heimatstadt Haarlem geprägt und wirkte ab 1445/49 in Löwen. Im Unterschied zur vergeistigten Formensprache Rogiers entwickelte Bouts einen mehr die Sinne ansprechenden Stil mit gefühlsbetonten Figuren und stimmungsvollen Landschaften.[3]

In seiner Löwener Werkstatt schuf Bouts in der Zeit von 1454 bis 1462 auch das Altartriptychon der „Perle von Brabant", das wegen seiner kleinen Größe wahrscheinlich im Dienst der privaten Andacht stand.[4] Während auf den beiden in Grisaillemalerei ausgeführten Außenflügeln die heiligen Jungfrauen Barbara und Katharina dargestellt sind, ist die Innenseite des Retabels farbig gestaltet. Sie zeigt auf dem Mittelbild die Anbetung der Könige, auf dem rechten Flügel den hl. Christophorus, der das Jesuskind durch den Fluss trägt, und auf der linken Seitentafel den in einer Landschaft stehenden Johannes den Täufer. Die drei Bildtafeln auf der Innenseite des Altartriptychons symbolisieren mit ihren Landschaften die Welt, die ihren Schöpfer und Erlöser empfängt.[5] Während Christophorus vor einem abendlichen Himmel dargestellt ist und die Anbetung der Könige am Tag stattfindet, zeigt das Bild mit Johannes dem Täufer eine Morgenstimmung. Unter den von Bouts auf den Innentafeln verwendeten Farben dominieren ein gedämpftes Grün und ein tiefes Blau sowie ein edles Violett und ein warmes Rot. Diese Farben verleihen zusammen mit den vor allem auf den beiden Seitenflügeln ausgeführten Landschaftsräumen dem Altarretabel eine andächtige Ruhe.[6]

Auf dem hochrechteckigen, etwas über einen halben Meter hohen linken Seitenflügel steht Johannes der Täufer auf einem Wiesengrund, während sich hinter ihm eine Landschaft mit Felsformationen und einem weiten Ausblick in die Ferne öffnet. Während die Felsen an die Wüste erinnern, in der sich der Täufer aufhielt, als das Wort Gottes an ihn erging (vgl. Lk 3,2), verweist die ferne Landschaft mit dem Gewässer auf die „Gegend am Jordan", in die Johannes gezogen war, um dort „Umkehr und Taufe zur Vergebung der Sünden" zu verkünden (Lk 3,3).

Als asketischer Rufer in der Wüste (vgl. Lk 3,3) ist Johannes barfuß und mit ungeordnetem Haupt- und Barthaar dargestellt. Auf seinem Leib trägt er das härene Gewand des Bußpredigers, das bei genauerem Hinsehen aber nicht dem im Evangelium erwähnten Gewand aus Kamelhaaren (vgl. Mt 3,4; Mk 1,6), sondern eher einem kostbaren Zobelfell gleicht, das den Täufer nobilitierend hervorhebt. Der auf der rechten Schulter zusammengehaltene dunkelviolette Mantel des Johannes verweist auf seine Sendung als Bußprediger (vgl. Mk 1,4–5), erinnert aber auch an Purpur und hebt damit erneut seine Würde hervor. Als Vorläufer des Messias deutet Johannes mit dem Zeigefinger seiner rechten Hand auf Christus, das Lamm Gottes, das gekommen ist, um die Sünden der Welt hinwegzunehmen (vgl. Joh 1,29.36). Das in einen roten Einband eingeschlagene Buch, auf dem das Lamm Gottes ruht, steht für die Botschaft der Propheten und weist Christus als den verheißenen Erlöser aus, dessen Kommen im Alten Bund bis hin zu Johannes, dem letzten und größten Propheten (vgl. Mt 11,9–11), verkündet wurde.[7] Während der Täufer auf das Lamm zeigt, blickt er zugleich den Betrachter an, um ihn zu mahnen, Christus in seinem Inneren Raum und Wachstum zu geben (vgl. Joh 3,30). Der markante, rechts neben dem Kopf des Johannes stehende Baum dürfte ebenfalls die Mahnrede des Täufers veranschaulichen, der die Menschen, die zu ihm an den Jordan gekommen waren, mit dem Bild der bereits an die Wurzel der fruchtlosen Bäume angelegten Axt eindringlich zur Umkehr aufgerufen hatte (vgl. Lk 3,9). Die links neben Johannes emporgewachsene weiße Lilie steht erneut im Zusammenhang mit der Aufgabe des Täufers als Vorläufer des aus der Jungfrau Maria menschgewordenen Sohnes Gottes. Die im alttestamentlichen Hohenlied erwähnte „Lilie unter Disteln" (lilium inter spinas) galt als Sinnbild für die Jungfrau Maria (vgl. Hld 2,2) und symbolisierte mit ihren weißen Blüten die erbsündelose Empfängnis und jungfräuliche Reinheit der Gottesmutter.[8]

Das Tafelbild zeichnet sich durch seine meisterhaft bis ins kleinste Detail ausgeführten Feinmalereien aus. Diese realistischen Details sind Träger einer symbolischen Bedeutung, wie Erwin Panofsky (1892–1968) im Blick auf die mit Jan van Eyck anhebende altniederländische Malerei herausgearbeitet hat. Im Unterschied zu den traditionellen, unmittelbar einleuchtenden Sinnbildern wird im verborgenen Symbolismus (disguised symbolism) der Altniederländer der Symbolgehalt durch naturalistische Vokabeln vermittelt, dessen geistige Botschaft hinter den realistischen Darstellungen durch Interpretation entdeckt werden kann.[9]

Während die weiße Lilie als traditionelles Sinnbild für die jungfräuliche Gottesmutter Maria noch unmittelbar verständlich ist, stellt die am linken Bildrand aus dem Felsen herausfließende Quelle ein verborgenes Symbol dar, das sich erst auf dem Weg der Interpretation erschließt. Wegen seiner reinen Klarheit lässt sich das Quellwasser auf die Jungfräulichkeit Marias beziehen und verweist damit zusammen mit dem Liliensymbol auf das Inkarnationsmysterium.[10] Die Edelsteine, Perlen und Korallen im Quellwasser symbolisieren ebenfalls die wunderbare Geburt des menschgewordenen Sohnes Gottes aus der Jungfrau Maria.[11]

Rechts neben der Quelle sitzt ein Eisvogel, der an seinem farbenprächtigen Federkleid erkennbar ist und sich mit seinem Schnabel dem zweifachen Strahl der Wasserquelle zuwendet. Nach dem Wiener Dominikanertheologen Franz von Retz (um 1343–1427) lässt sich der Eisvogel ebenfalls im marianisch-christologischen Sinn deuten. Franz von Retz hatte um 1400 die kuriose mittelalterliche Legende, wonach sich das abgezogene Federkleid des toten Eisvogels alljährlich wunderbar erneuere, zur Verteidigung der jungfräulichen Geburt Christi herangezogen, denn wenn schon der Eisvogel, obwohl er tot ist, sein Federkleid erneuern könne, um wie viel mehr könne dann die Jungfrau Maria ohne Vereinigung mit einem Mann den Erlöser gebären.[12]

In der Wiese, auf der Johannes steht, wachsen verschiedene Pflanzen, die das Inkarnations- und Erlösungsmysterium symbolisieren. Das unter dem Eisvogel wachsende Maßliebchen galt als Sinnbild für die Demut Marias und die seelische Reinheit der Kinder. Mit seinen weißen Blüten und seinem Wohlgeruch erinnert das Maßliebchen an das durch Maria mitbewirkte Erlösungswerk ihres menschgewordenen Sohnes, der die Menschen aus der Verderbnis der Sünde erlöst und das neue Paradies mit seinem Lichtglanz und damit die himmlische Seligkeit eröffnet hat.[13] Die breiten, rosettenförmig angeordneten Blätter, die unterhalb des Maßliebchens und auch rechts neben dem linken Bein des Täufers zu sehen sind, gehören der noch unentwickelten Königskerze an,[14] die auf das künftige Königtum Jesu und auch auf das Zepter der Himmelskönigin Maria verweist. Direkt unterhalb des rechten Fußes des Täufers wächst der gezackte Löwenzahn mit einem verblühten weißen Blütenkopf. Wegen seiner bitteren Blätter galt der Löwenzahn als Sinnbild für die Passion,[15] in der Christus als der „Löwe aus dem Stamm Juda gesiegt hat" (Offb 5,5). Mit seinem rechten Fuß tritt Johannes teilweise auch auf einen Spitzwegerich, der wegen seiner lanzettförmigen Blattform mit dem Speer verglichen wurde, der die Seite des gekreuzigten Christus geöffnet hat (vgl. Joh 19,34).[16] Rechts neben dem linken Knie des Täufers wächst eine Erdbeere, an der vier Früchte zu sehen sind, die wegen ihrer Süßigkeit auch als Speise der Seligen im Paradies galten. Da die Erdbeeren gleichzeitig weiß blühen und rote Früchte tragen, wurden sie zum Sinnbild für Maria, die zugleich Jungfrau und Mutter ist.[17] In der rechten unteren Ecke der Wiese wächst mit ihren vier blauen, tütenförmigen Honigblütenblättern die heilige Pflanze der Akelei, die wegen der taubenähnlichen Form ihrer Blüten als Sinnbild für die Gaben des Heiligen Geistes galt, aber mit ihrer blauvioletten Blütenfarbe auch auf die Demut Marias bezogen wurde.[18]

Am rechten Bildrand sind oberhalb der Wiese auf einem Wegstück drei Eidechsen zu sehen, von denen rechts oben eine vom Bildrand überschnitten wird, während die zweite darunter ganz sichtbar ist und die dritte gerade aus einem kleinen Felsspalt herauslugt. Deutet man die Eidechsen als Salamander, dann kann man in ihnen ein marianisches Sinnbild sehen. So wie der Salamander nach der antiken Tiersymbolik ohne Schaden durch das Feuer zu gehen vermag, so sei auch Marias Reinheit bei der Empfängnis des Gottessohnes unverletzt geblieben.[19] Nach Peter Eikemeier jedoch erinnern die Eidechsen als Reptil an die Schlange des Sündenfalls (vgl. Gen 3) und damit an die in die Schuld verstrickte, unerlöste Menschheit, so dass sie als Tiere, die dem Boden verhaftet sind, zu Symbolen für die Heilung durch das Licht werden, das durch Christus, das „Licht der Welt" (Joh 8,12; 9,5), gekommen ist. In diesem Sinne schlüpft die linke Eidechse gerade aus ihrer dunklen Höhle heraus, um zum Licht zu kommen, während die zahlreichen höhlenartigen Felsgebilde dann an die Grabeshöhle Jesu erinnern und die Eidechsen zu Sinnbildern der Auferstehung werden lassen.[20] Die um den kahlen Berg am linken Bildrand kreisenden Raben dürften dagegen Sünde und Tod sowie Unglaube und Heidentum symbolisieren.[21]

Zwischen den beiden hohen Felsbergen hindurch führt ein grünes Tal zum Hintergrund des Bildes, der nach den Gesetzen der Luftperspektive in einem diffusen hellblauen Licht erscheint. Vor einem fernen Gebirge ist ein Gewässer dargestellt, das sowohl an die Taufe des Johannes als auch an die Taufe auf den Tod und die Auferstehung Christi erinnert und damit auf die in der Apokalypse verheißenen „Wasser des Lebens" (Offb 22,1) vorausweist. Die Vollendung der Erlösung wird auch durch die am linken Ufer des Gewässers im zeitgenössischen gotischen Stil erbaute Stadt angedeutet. Während seit Jan van Eyck altertümlich-romanische Stilformen an den Alten Bund erinnern, symbolisieren zeitgenössisch-gotische Elemente den durch das Erlösungswerk Christi begründeten Neuen Bund.[22] So kommt mit der im modernen gotischen Stil erbauten Stadt bereits die apokalyptische Erwartung der himmlischen Stadt Jerusalem in den Blick, wenn Christus, wie einst beim Ruf des Johannes, erneut als Lamm Gottes erscheinen wird. Da der Baum neben dem Täufer mit seinem langen Stamm auch das Gewässer und die Stadt im Bildhintergrund berührt, wird er ebenfalls zum Sinnbild für die adventliche Hoffnung auf die Vollendung des Heils, indem er auf den apokalyptischen Lebensbaum vorausweist, der in der himmlischen Stadt an den Wassern des Lebens wachsen wird (vgl. Offb 22,1–2).[23]

Schließlich ist die ganze linke Seitentafel mit Johannes dem Täufer von morgendlichem Licht erfüllt. Mit dem von Lukas so feierlich angekündigten Auftreten des Täufers (vgl. Lk 3,1–2) ist nach der Nacht des Ausgeliefertseins an die Macht der Sünde der neue Tag der Erlösung angebrochen. Das Morgenlicht, das die Welt in neuem Glanz erstrahlen lässt, erinnert an den Verlust des ersten Paradieses durch die Ursünde, die nun durch Christus, das von Johannes dem Täufer angekündigte Lamm Gottes, überwunden werden soll, und weist schon voraus auf das neue Paradies des himmlischen Jerusalem, wenn Christus sein Heilswerk vollenden wird.[24]

Die Standespredigt des Täufers

Dritter Adventssonntag. Evangelium: Lk 3,10–18

*"Auch Soldaten fragten Johannes den Täufer: Was sollen denn wir tun?
Und er sagte zu ihnen: Misshandelt niemand, erpresst niemand,
begnügt euch mit eurem Sold!"*
Lk 3,14

Im Evangelium des dritten Adventssonntags steht die Predigt des Täufers an die verschiedenen Stände im Mittelpunkt. Johannes ging es darum, zur Umkehr zu mahnen (vgl. Lk 3,11–14) und auf den nach ihm kommenden Messias hinzuweisen (vgl. Lk 3,15–17). Den Leuten, die ihn fragten, was sie tun sollen, machte der Täufer deutlich, dass die Umkehr durch Taten der Nächstenliebe und Menschlichkeit geschieht. Während die Leute in allgemeiner Weise zu hören bekamen, Speise und Kleidung zu teilen (vgl. Lk 3,11), mahnte Johannes die Zöllner, nicht mehr zu verlangen, als festgesetzt ist (vgl. Lk 3,12–13). Die Soldaten sollten niemand misshandeln und erpressen und sich mit ihrem Sold begnügen (vgl. Lk 3,14). Als die Leute bei sich überlegten, ob nicht Johannes selbst der Messias sei (vgl. Lk 3,15), wies er sie auf den Größeren hin (vgl. Lk 3,16). Johannes warnte sie aber vor falscher Sicherheit, denn der nach ihm Kommende wird „mit dem Heiligen Geist und mit Feuer taufen" (Lk 3,16), was für die einen Heil, für die anderen aber Gericht bedeuten wird (vgl. Lk 3,17). So „ermahnte" Johannes „mit diesen und vielen anderen Worten […] das Volk in seiner Predigt" (Lk 3,18).

IN DER WITTENBERGER WERKSTATT DES LUCAS CRANACH DES ÄLTEREN (1472–1553) entstand 1549 ein Tafelgemälde, das sich an der im Lukasevangelium überlieferten Standespredigt des Täufers an die Soldaten (vgl. Lk 3,14) orientierte und diese Mahnrede unter Einbeziehung höfischer Personen in einer bemerkenswerten Weise aktualisierte.

Lucas Cranach der Ältere, Die Predigt Johannes' des Täufers, 1549, Öl auf Rotbuchenholz, 113,9 × 167,6 cm, Braunschweig, Herzog Anton Ulrich-Museum.

Die Predigt Johannes' des Täufers war ab der frühneuzeitlichen Kunst ein beliebtes Bildmotiv, weil sich hier die Gelegenheit bot, moralisierende Inhalte und die verschiedenen Wirkungen auf die unterschiedlichen Zuhörer und Stände darzustellen. Unter dem Einfluss der lutherischen Reformation waren die Maler verstärkt auf den einzelnen Menschen als Sünder aufmerksam geworden, so dass auch Ermahnungen an zeitgenössische Bildbetrachter möglich wurden.[1] Bereits 1516 hatte Lucas Cranach der Ältere in einem Holzschnitt die Szene mit städtisch gekleideten Zuhörern dargestellt und ihr so eine aktuelle Deutung verliehen.[2]

Das 1549 gemalte Tafelbild mit der Johannespredigt wurde bis in unsere Zeit hinein dem jüngeren Lucas Cranach (1515–1586) zugeschrieben,[3] gilt aber heute als Werk, das durch den Vater Lucas Cranach den Älteren oder innerhalb seiner Werkstatt angefertigt wurde.[4] Der im fränkischen Kronach geborene Lucas Cranach gehört zu den bedeutendsten Malern der deutschen Renaissance und war ab 1505 als Hofmaler am Hof des Kurfürsten von Sachsen tätig, der sich 1527 offiziell der lutherischen Reformation angeschlossen hatte. Obwohl Lucas Cranach der Ältere auch für katholische Auftraggeber arbeitete, schuf er für die reformatorische Bewegung zahlreiche Werke und trug entscheidend zur Ausbildung der protestantischen Kunst bei. In Wittenberg, wo er von 1537 bis 1544 mehrmals Bürgermeister war, baute er einen großen Werkstattbetrieb auf, in dem etwa ab 1530 auch seine beiden Söhne Hans (1513/14–1537) und Lucas tätig waren. Im Jahr 1550 machte der ältere Lucas Cranach sein Testament und übergab seine Werkstatt, aus deren Produktion sich bis heute über tausend Gemälde erhalten haben, an seinen gleichnamigen Sohn.[5]

Die 1549 gemalte, über eineinhalb Meter breite querrechteckige Bildtafel mit der Predigt des Täufers vor Kriegs- und Hofleuten befindet sich heute im Braunschweiger Herzog Anton Ulrich-Museum. Das Gemälde ist rechts unten neben dem Baumstumpf mit Cranachs Familienwappen, einer geflügelten Schlange, und der Jahreszahl 1549 versehen. Bei der Ausführung des Bildes schloss sich Cranach kompositorisch an ein bereits 1543 in seiner Werkstatt geschaffenes Gemälde an, das den am linken Bildrand predigenden Johannes ebenfalls vor Kriegern und Amtsleuten zeigte, die den Großteil des querformatigen Bildraumes einnehmen.[6]

Der Schlüssel zum Verständnis des 1549 entstandenen Gemäldes liegt in der Inschrifttafel, die am oberen Bildrand links von der Mitte eingelassen ist. In dieser Inschrift nahm der Maler die lukanische Standespredigt des Täufers an die Soldaten (vgl. Lk 3,14) auf, verband sie mit einer Stelle aus dem mosaischen Gesetz und schnitt sie auf die im Bild dargestellte zeitgenössische Zuhörerschaft zu, die neben den Kriegern und Hofleuten auch einen Landesfürsten zeigt.[7]

Der erste Teil der Inschrift ist ein freies Zitat aus den Mahnworten des Täufers an die Soldaten nach Lk 3,14: „Ihr Hoff vnd Krigsleute lasset euch an Euer besoldung begnugen vnd beschwe/ret noch vbersetzet niemand vnd Finantzet den leuten nit das ihre ab. Luc.iij." Demnach wird der an die Soldaten gerichtete Aufruf des Täufers zur Meidung von Gewalt und Unrecht auf die ebenfalls im Sold stehenden Hofleute erweitert. Zudem wird die allgemeine Mahnung an die Soldaten: „Misshandelt niemand, erpresst niemand, begnügt euch mit eurem Sold!" (Lk 3,14), auf die Soldgenügsamkeit eingeschränkt, um sozial und wirtschaftlich schädigendes Verhalten der Besoldeten zu vermeiden. Indem die im Sold stehenden Krieger und Hofleute ihre Aufwendungen aus ihrer Bezahlung bestreiten, brauchen sie niemand zur Last zu fallen und werden davor bewahrt, andere zu übervorteilen oder zu betrügen. Nachdem im 16. Jahrhundert das feudale Lehensheer vom Söldnerheer abgelöst worden war, so dass der Kriegsdienst keine dem Lehensherrn geschuldete Pflicht mehr war, wurden die Kriegsleute im Bedarfsfall angeworben und vertraglich auf Dienstdauer, Soldhöhe, Leistung und Disziplin verpflichtet. Da diese gewaltbereiten Kriegsknechte immer auch zu Übergriffen neigten, mussten sie sich zur Vermeidung sozialer Spannungen zur Soldgenügsamkeit verpflichten und ihre Aufwendungen allein aus der Bezahlung bestreiten. Um zu vermeiden, dass sich die Kriegsleute entgegen ihrem Eid mit anderen Mitteln als dem Sold unterhielten, musste auch der Landesfürst als Kriegsherr darauf achten, nicht in Soldverzug zu geraten. Der für seine Soldnehmer juristisch verantwortliche Fürst war auch die einzige Instanz, die wirkungsvoll bei Übergriffen von Kriegsknechten eingreifen konnte. So erklärt sich nicht nur die im ersten Teil der Inschrift (vgl. Lk 3,14) angedeutete Gefährdung des sozialen Lebens durch Unregelmäßigkeiten bei der Soldgenügsamkeit, sondern auch die im Bild hervorgehobene Stellung des Fürsten als verantwortlichen Kriegsherrn. Was sich auf die im Sold stehenden Kriegsknechte bezieht, gilt auch für die Hofleute, die in der Standespredigt des Täufers zwar nicht erwähnt werden, aber in der Inschrift genannt sind. Demnach dürfen auch die Hofleute ihre Amtsgewalt nicht unrechtmäßig ausnützen, wobei wiederum der Landesherr dafür zuständig ist, gegen Amtsmissbrauch vorzugehen.[8]

Im zweiten Teil der Inschrift wird die dem Täufer in den Mund gelegte Ermahnung der Hof- und Kriegsleute (vgl. Lk 3,14) mit einem alttestamentlichen Gebot an die Richter erweitert: „Du sollst keine Bestechung annehmen; denn Bestechung macht Weise blind und verdreht die Fälle derer, die im Recht sind" (Dtn 16,19). Das in der Inschrift frei nach Dtn 16,19 zitierte Gebot: „Dann wehr schankung nimmet kan nicht einem wie dem anderen das / Recht vnd die gleichhait widerfahren lassen. Im letzten Buch Moisi am / xvj Capitel", richtete sich gegen die Bestechlichkeit und zielte auf die Wahrung der Neutralität bei der Rechtsprechung ab, indem die Richter des Alten Bundes verpflichtet wurden, sich der Beeinflussung durch Geschenke und sonstiger Gunsterweise zu enthalten. Als im 16. Jahrhundert die Fürsten ihre richterliche Gewalt auf die Hofkanzleien mit besoldeten Räten und Richtern übertragen hatten, waren die Landesherren auch verpflichtet, die Rechtsprechung ihrer untergebenen Amtsleute zu kontrollieren.[9]

So zeigt die Inschrift, wie sehr der Fürst für seine besoldeten Kriegsleute und Richter verantwortlich war, der seine Untertanen sowohl vor gewalttätigen Übergriffen seiner Kriegsknechte als auch vor bestechlichen Hof- und Amtsleuten zu schützen hatte. Der Ruf nach einem landesherrlichen Einschreiten gegen Söldnerübergriffe und nach fürstlicher Wahrung neutraler Rechtsprechung verweist auf bürgerliche Auftraggeber des Gemäldes, für die gesellschaftliche Ruhe und geregelte soziale Verhältnisse von besonderem Gewicht waren, um die Bedingungen für Gewerbe und Handel aufrechtzuerhalten. Mit dem biblischen Motiv der Standespredigt des Täufers konnten die bürgerlichen Kreise, die wohl hinter dem Gemälde stehen, ihre Appelle an den Landesfürsten formulieren und auf die Folgen nicht beachteter Aufrufe aufmerksam machen.[10]

So richtet sich der Aufruf des Täufers an die auf dem Bild in zeitgenössischer Kleidung dargestellten Stände der Krieger und Hofleute sowie an den für sie verantwortlichen Landesfürsten, der mit seinem roten Gewand den Mittelpunkt der kompakt auftretenden Zuhörerschar bildet. Die vor dem Täufer im Halbkreis Versammelten nehmen den Vordergrund fast ganz ein, so dass im Hintergrund rechts neben der Inschriftstafel nur noch der Blick auf eine hoch gelegene Burganlage frei bleibt.[11]

Unter den Kriegsleuten ist links von der Bildmitte das Fußvolk dargestellt. Ganz vorne steht vor dem Täufer ein rot gekleideter Landsknecht mit Kettenpelerine und einem abgenommenen Barett. Dahinter steht ein Soldat mit gelben Beinkleidern und Harnisch, der ebenfalls zu Johannes aufblickt. Der rechts daneben stehende gerüstete Doppelsöldner trägt eine Sturmhaube und hat mit der rechten Hand sein großes Schlachtschwert geschultert. Er schaut zu einem geharnischten Soldreiter, der eine enge rote Kappe trägt und vor Johannes seinen mit Federn geschmückten, zylindrischen Filzhut gezogen hat. Ein wenig oberhalb steht rechts von ihm ein rückwärtig gezeigter Schütze mit seiner Arkebuse, der hinten am Gürtel eine schwarze Pulverflasche befestigt hat. Rechts neben dem Schützen wird ein Bube gezeigt, wie er einem Befehlshaber ab einer bestimmten Anzahl ihm unterstehender Pferde zustand. Während vor dem Täufer zwei Hellebardiere zu sehen sind, von denen einer sein Barett noch auf dem Kopf trägt, sind unter den weiter hinten stehenden Söldnern immer wieder Pikeniere dargestellt, die lange und kurze Spieße tragen. Rechts oben ist die Reiterei versammelt, auf die vier Pferdeköpfe verweisen. Unter den Berittenen fällt der auf einem dunkelbraunen Pferd sitzende Soldreiter auf, der einen Brustharnisch mit Achselscheiben trägt und in der rechten Hand einen Streitkolben hält, während sein Kopf von einer roten Unterkappe und darüber von einem zylindrischen Filzhut mit Feder bedeckt ist. Diese für die Reiter und auch Befehlshaber charakteristische Kopfbedeckung mit Kappe und Filzhut ist auch bei den berittenen Söldnern zu sehen, die links daneben jeweils auf einem weißen und einem hellbraunen Pferd sitzen. In der Bildmitte stehen Wagenknechte, die zum Tross der Kriegsleute gehören dürften. Zwei Saufedern, die am rechten Bildrand und beim Kopf des dunkelbraunen Pferdes zu sehen sind, gehören als Jagdwaffen zu Jägern, die dem Gefolge des Fürsten zuzurechnen sind.[12]

Neben den Kriegern spricht Johannes der Täufer auch die höfischen Amtsleute an, die vielleicht dem damaligen kursächsischen Hof angehörten.[13] Hinter dem rot gekleideten Fürsten ist ein teilweise verdeckter Kopf zu sehen, dessen Gesichtszüge dem Porträt Lucas Cranachs des Älteren ähneln, womit unter den Hofleuten auch das

Amt des kurfürstlichen Hofmalers vertreten wäre.¹⁴ Rechts neben dem Fürsten steht ein Kanzler oder Rat, der eine pelzbesetzte braune Schaube trägt. Von der Bestechungsszene, die sich zu seiner Linken abspielt, bekommt er nichts mit. Dort steckt ein Bürger, der mit einem grünen Gewand bekleidet ist, einem fürstlichen Rat oder Richter ein Metallgefäß zu. Der mit Pelzschaube und schwarzer Kopfbedeckung gekleidete Mann, der sich gerade bestechen lässt, hat dem für die Wahrung der Rechtsneutralität verantwortlichen Landesherrn seinen Rücken zugekehrt. Die am rechten Bildrand gezeigte Bestechungsszene bildet den Gegenpol zu dem auf der anderen Seite predigenden Johannes. Zusammen mit der Entfernung nimmt im Bild auch die Aufmerksamkeit für die Worte des Bußpredigers ab, bis hin zur Bestechung.¹⁵

Unter den Hofleuten ist rechts von der Mitte der nach der zeitgenössischen Mode gekleidete und ganz in Rot gewandete Fürst als verantwortlicher Kriegs- und Dienstherr hervorgehoben, auf dessen Macht auch die beherrschende Burganlage im Hintergrund verweist. Die ebenmäßigen, schönen Gesichtszüge scheinen den Landesherrn als idealen Fürsten und nicht als eine identifizierbare historische Person zeigen zu wollen. Er trägt über roten Beinkleidern eine gleichfarbige, goldbestickte Schaube, die oberhalb der Knie endet und kurze Ärmel hat, unter denen ein geschlitzter, spitzenbesetzter Stoff hervortritt. Unter der Schaube trägt der Fürst ein geknöpftes Gewand, das am Hals mit einem weißen Stehkragen abgeschlossen wird. Inmitten der Kriegs- und Hofleute ist der Fürst durch kompositorische und farbliche Bezüge mit dem Täufer verbunden, da die Mahnworte des Bußpredigers in besonderer Weise dem Landesherrn gelten. Über den vordersten Landsknecht mit der Kettenpelerine, den hinter ihm stehenden geharnischten Soldreiter und den Buben führt von Johannes eine Linie zum Fürsten. Durch den direkt vor dem Täufer stehenden Landsknecht ist der Fürst auch farblich mit Johannes verbunden, da dieser Söldner mit seiner roten Kleidung die rötliche Gewandfarbe des Landesherrn aufnimmt. In ähnlicher Weise verbinden auch die braunen, pelzverbrämten Schauben der fürstlichen Räte ihren Landesherrn mit dem braunen Fellgewand des Täufers. Während sich die Gesten der Kriegs- und Hofleute auf bloße Grußgebärden beschränken, wird die erhobene Hand des Johannes nur durch den Fürsten aufgenommen. Der Landesherr reagiert mit der Geste seiner rechten Hand sichtbar auf die Standespredigt des Täufers, indem er mit dem Zeigefinger so auf seine Brust deutet, dass er die Mahnworte nicht nur auf sich allein bezieht, sondern sie auch an die zu seiner Linken stehenden Räte weitergibt. So wird deutlich, dass sich die Mahnung des Täufers nicht nur an die versammelten Kriegs- und Hofleute richtet, sondern vor allem an den Landesfürsten, dem Johannes direkt gegenübersteht. Auf diese Weise sollte die verhalten vorgetragene Fürstenkritik den negativen Auswirkungen vorbeugen, die durch Soldverzug und mangelnde Rechtskontrolle entstehen konnten.¹⁶

Seine Standespredigt, die sich vor allem an den Fürsten als Herrn über seine Söldner und Hofleute richtet, hält der Täufer an einem Waldrand. Johannes steht mit einem ausgeglichenen, in sich ruhenden Kontrapost auf einem Baumstumpf und hat sich in leichter Schrägstellung auch dem Betrachter des Bildes zugewandt. Während er seine Rechte im Redegestus erhoben hat, stützt er sich mit seiner linken Hand auf einen Ast, der natürlich zu einer Schranke gewachsen ist. Während über dem Fürsten die Burg die weltliche Macht des Landesherrn versinnbildlicht, steht Johannes in einem grünenden Waldstück und predigt von einer Naturkanzel aus. Sein Standpunkt in der von Gott geschaffenen Natur zeigt, dass er in göttlicher Autorität das Wort verkündet, durch das die Gesellschaft im Sinne Gottes geprägt werden soll. Als barfüßiger und bärtiger Asket ist Johannes nur mit seinem bräunlichen Gewand aus Kamelhaaren (vgl. Mt 3,4; Mk 1,6) bekleidet, das an die härene Kleidung der alttestamentlichen Propheten (vgl. Sach 13,4) und besonders an den Ziegenhaarmantel des Elija erinnert (vgl. 2 Kön 1,8). Die Autorität des Vorläufers Christi spiegelt sich auch in seinen ernsthaften Gesichtszügen wider, in denen man früher ein Porträt Philipp Melanchthons (1497–1560) zu sehen glaubte.[17]

Es fällt auf, dass sich das Motiv des abgeschlagenen Baumes nicht nur bei der natürlichen Predigtkanzel des Täufers, sondern auch im Vordergrund findet, wo am unteren Bildrand mehrere Baumstümpfe zu sehen sind. Das hervorgehobene Bildmotiv des Baumstumpfes bezieht sich auf die Worte, die der Täufer nach dem Lukasevangelium unmittelbar vor der an die Soldaten gerichteten und auch in der Inschrift zitierten Standespredigt (vgl. Lk 3,14) verkündet hatte. Angesichts des mit der Ankunft des Messias bevorstehenden Gerichts hatte Johannes das Volk aufgerufen, Früchte der Umkehr hervorzubringen und nicht in falscher Heilssicherheit auf seine Abstammung von Abraham zu vertrauen, da schon die Axt an die Wurzel der Bäume gelegt sei, um jeden fruchtlosen Baum umzuhauen und ins Feuer zu werfen (vgl. Lk 3,7–9). Als dann die fragenden Leute durch Johannes auf das Tun guter Werke verwiesen wurden, waren auch die Zöllner und Soldaten mit der Bitte um weisende Worte an den Täufer herangetreten (vgl. Lk 3,10–14). So stellt das Baumstumpfmotiv für die im Bild angesprochenen Personen eine Aufforderung zur Umkehr dar, um nicht die Seligkeit zu verlieren und wie ein Baum ohne gute Früchte im Gericht umgehauen zu werden (vgl. Lk 3,9). Auch wenn nach reformatorischer Auffassung das Heil allein vom Glauben und nicht von guten Werken abhängt, so müsse der Glaubende dennoch den göttlichen Geboten folgen, damit sich das von Gott eingesetzte Regierungsamt nicht in sein Gegenteil verkehre.[18]

Dem Wurzelstock, auf dem Johannes steht, entquillt wie bei einem frisch abgeschlagenen Stumpf das Harz als „Blut" des Baumes, das in mehreren Bahnen herabrinnt. Diese Motivik griff auch Martin Luther (1483–1546) in einigen zum Johannesfest am 24. Juni gehaltenen Predigten auf, in denen er den abgeschlagenen Baum mit dem Judentum und dem Alten Testament in Verbindung brachte. Luther bezog die abgeschlagenen Bäume der Täuferpredigt nicht nur auf die den Bußaufruf des Täufers ablehnenden und sich deshalb zu Unrecht auf ihre Abstammung von Abraham berufenden Juden (vgl. Lk 3,8–9), sondern sah im Baumstumpf auch ein Sinnbild für den abgeschlagenen Lebensbaum des Alten Testamentes. So kann sich in Cranachs Bild der auf dem Stumpf des Paradiesbaumes stehende Täufer über den Alten Bund erheben und auf Christus zeigen, der als Lamm Gottes die Sünden der Welt hinwegnimmt (vgl. Joh 1,29.36), um mit seinem am Kreuz vergossenen und durch das Harz symbolisierten Blut die wahre Erlösung des Neuen Bundes zu bewirken und das Wachsen des alttestamentlichen Baumes zu beenden.[19]

In dem 1549 geschaffenen Werkstattbild des älteren Lucas Cranach mit der Standespredigt des Täufers verbanden sich auf eigenwillige Weise Fürstenmahnung und reformatorisches Gedankengut. Durch die Inschrift weitete der Maler den biblischen Aufruf des Johannes an die Soldaten (vgl. Lk 3,14) auf die Hofleute aus und verband ihn mit dem alttestamentlichen Verbot bestechlicher Rechtsbeugung (vgl. Dtn 16,19). Auf diese Weise konnte die Autorität des Täufers herangezogen werden, um den Landesherrn zur Kontrolle der Söldnerdisziplin und der Rechtsprechung zu ermahnen. Da Johannes in der Reformation als der große biblische Hinweiser auf den Erlösertod Christi galt, nahm das Gemälde mit dem Motiv des „blutenden" Baumstumpfes die Heilsbedeutung des Kreuzesopfers des Neuen Bundes in den Blick. So konnten neben dem Fürsten und den in seinem Sold stehenden Gefolgsleuten auch die Betrachter in die Aussage des Bildes einbezogen werden, um sich von den Forderungen des Täufers und vom Erlösungsgeheimnis Christi treffen zu lassen.

Die erste Begegnung zwischen Johannes und Jesus

Vierter Adventssonntag. Evangelium: Lk 1,39–45

„In dem Augenblick, als ich deinen Gruß hörte,
hüpfte das Kind vor Freude in meinem Leib."
Lk 1,44

Der Evangelist Lukas berichtet, dass Maria gleich nach der Empfängnis des Sohnes Gottes zu Elisabet ging. Dieses Evangelium steht im Mittelpunkt der Eucharistiefeier des vierten Adventssonntags. Bei der Verkündigung in Nazaret wurde Maria durch den Engel das Zeichen von der gottgewirkten Empfängnis ihrer alten und unfruchtbaren, nun aber schon im sechsten Monat schwangeren Verwandten Elisabet gegeben (vgl. Lk 1,36). Dies nahm Maria zum Anlass, ihrer hochschwangeren Verwandten zu helfen, und „eilte in eine Stadt im Bergland von Judäa" (Lk 1,39), wo sie Elisabet im Haus ihres Ehemannes, des Priesters Zacharias, begrüßte (vgl. Lk 1,40). Da Maria zu Elisabet nicht allein, sondern mit dem menschgewordenen Gottessohn in ihrem Mutterschoß gekommen war, begegneten sich bei der Begrüßung der beiden schwangeren Frauen auch ihre beiden ungeborenen Kinder Jesus und Johannes. So kam es zur „Heimsuchung", bei der Elisabet wahrnahm, wie ihr schon sechs Monate altes Kind in ihrem Leib vor Freude hüpfte (vgl. Lk 1,41.44). In diesem Augenblick begegneten sich zum ersten Mal Jesus und Johannes, der schon im Mutterleib vom Heiligen Geist erfüllte (vgl. Lk 1,15) Vorläufer des Messias. Elisabet verstand dieses Zeichen und stimmte, vom Heiligen Geist erfüllt, als erster Mensch mit lauter Stimme einen Lobpreis auf Maria und ihren göttlichen Sohn an, den sie bereits als ihren Herrn bekennt: „Gesegnet bist du mehr als alle anderen Frauen, und gesegnet ist die Frucht deines

Rogier van der Weyden, Mariä Heimsuchung, um 1435/40,
Öl und Tempera auf Holz, 57,5 × 36,2 cm, Leipzig, Museum der bildenden Künste.

Rogier van der Weyden, Mariä Heimsuchung

Leibes. Wer bin ich, dass die Mutter meines Herrn zu mir kommt? In dem Augenblick, als ich deinen Gruß hörte, hüpfte das Kind vor Freude in meinem Leib" (Lk 1,42–44). Schließlich pries Elisabet Maria wegen ihres Glaubens selig: „Selig ist die, die geglaubt hat, dass sich erfüllt, was der Herr ihr sagen ließ" (Lk 1,45). So wurde in Maria der Glaube Abrahams lebendig (vgl. Gen 15,6), und als die ganz im Glauben Gehorsame war sie würdig, die neue Heilszeit heraufzuführen.[1]

ALS BEDEUTENDES EREIGNIS DES MARIENLEBENS wurde die Heimsuchung als zweites Gesätz in den freudenreichen Rosenkranz aufgenommen und zu den sieben Freuden Marias gezählt.[2] Als Fest wurde Mariä Heimsuchung erstmals 1263 durch Bonaventura (1221–1274) für den Franziskanerorden eingeführt und 1441 auf dem Konzil von Basel auf den 2. Juli, den achten Tag nach dem Geburtsfest Johannes' des Täufers, gelegt.[3]

In der christlichen Kunst wurde die Heimsuchung oft dargestellt, weil sie am Wendepunkt von der alttestamentlichen Zeit unter dem Gesetz (sub lege) zur messianischen Heilszeit (sub gratia) steht, als mit dem ungeborenen Johannes die letzte Gestalt des Alten Bundes dem im Leib seiner Mutter Maria menschgewordenen Messias begegnete. Zudem stellte die Heimsuchung ein intimes Ereignis dar, das gefühlsbetonte Aussagen zuließ.[4] So wurde die seit dem 5. Jahrhundert als Begegnungsszene zwischen Elisabet und Maria dargestellte Heimsuchung bereits im 6. Jahrhundert auch als Umarmung gezeigt, wobei später noch der Handkuss und der Händedruck hinzukamen. Besonders beliebt wurde im Mittelalter das gegenseitige Berühren der gesegneten Leiber durch die beiden Frauen. Dieses zarte und intime Bildmotiv griff um 1435/40 auch der altniederländische Maler Rogier van der Weyden (1399/1400–1464) in einem kleinen Andachtsbild auf, das sich heute in Leipzig befindet. Dieses Tafelbild zählt zu den eindrucksvollsten Formulierungen der Heimsuchung, da es die Begegnung der beiden von Gott für seinen Heilsplan auserwählten Frauen als persönliches Zusammentreffen zwischen Maria und ihrer Verwandten Elisabet zeigt.[5]

Rogier van der Weyden gehörte zu den größten Malern des 15. Jahrhunderts und erneuerte mit seiner an Jan van Eyck (um 1390–1441) und Robert Campin (um 1375–1444) geschulten realistischen Malweise und vor allem mit seinem vergeistigten und verinnerlichten Stil die religiöse Kunst des späten Mittelalters. Rogier wurde um 1400 im französischen Tournai als Sohn des Messerschmieds Henry de la Pasture geboren. Nach seiner Lehre trat er in die Werkstatt des Robert Campin ein und wurde 1432 in die Malerzunft von Tournai aufgenommen. Als er sich kurz darauf in Brüssel niederließ, änderte er seinen französischen Namen „de la Pasture" ins Flämische „van der Weyden". In der Zeit, als er ab 1435/36 Stadtmaler in Brüssel war, entstand um 1435/40 auch das Andachtsbild mit der Heimsuchung. Der hochgeschätzte Maler, den 1453 Kardinal Nikolaus Cusanus (1401–1464) sogar als „maximus pictor" bezeichnete,[6] hatte die Aussagekraft des religiösen Bildes wie kaum ein Künstler vor ihm bereichert.[7]

Die etwas über einen halben Meter hohe Eichenholztafel, die Rogier um 1435/40 malte,[8] war urspünglich wohl kein Flügelbild eines Altares, sondern ein selbständiges Andachtsbild, wofür auch der zentrierte Bildaufbau und die Monumentalität der beiden Hauptfiguren sprechen.[9] Nachdem der Leipziger Großkaufmann und Kunstsammler Maximilian Speck von Sternburg (1776–1856) das Gemälde erworben hatte, wurde es 1886 durch dessen Sohn Alexander (1821–1911) zusammen mit hundert anderen Gemälden der Sammlung seines Vaters dem Leipziger Museum der bildenden Künste als Leihgabe überlassen. Das damals noch als Werk Hans Memlings (1435/40–1494) aufgeführte Bild erkannte 1899 der Direktor der Berliner Nationalgalerie, Hugo von Tschudi (1851–1911), als Werk Rogier van der Weydens. Die 1992/93 restaurierte Bildtafel ist außergewöhnlich gut erhalten und besticht durch ihre ausdrucksstarke Qualität.[10]

Die Begegnung zwischen Elisabet und Maria ereignet sich im Vordergrund einer sanft ansteigenden Hügellandschaft, mit der das „Bergland von Judäa" (Lk 1,39) angedeutet ist. Während der weite Tiefenraum auf der linken Seite Maria zugeordnet ist, steht Elisabet vor dem Haus ihres Gatten Zacharias. Im Mittelpunkt des Bildes steht die Begrüßung der beiden von Gott begnadeten Frauen, die einander mit vornehmer Würde begegnen und zugleich mit einer gefühlsbetonten Geste gegenseitig ihren Mutterschoß berühren. Elisabet und Maria zeichnen sich zwar durch feierliche Monumentalität aus, sind aber dennoch sehr lebendig geschildert, wie die mit größter Einheit gemalten Gesichter der beiden Frauen oder ihre Hände zeigen, bei denen man die Knöchel und die Adern unter der Haut sehen kann. Die beiden Frauen haben zärtlich ihre linke Hand auf den schwangeren Leib der jeweils anderen gelegt, wobei nicht nur die schon drei Monate vor der Geburt ihres Sohnes Johannes stehende Elisabet (vgl. Lk 1,36.56), sondern auch Maria als hochschwanger gezeigt wird, obwohl in ihrem Schoß der Sohn Gottes erst vor einigen Tagen Mensch geworden ist (vgl. Lk 1,39). Die Vermittlung des theologischen Gehalts der Szene erfolgt nicht mehr durch Goldnimben, Beischriften oder eine besondere Charakterisierung Elisabets als Prophetin mit dem Aussehen einer Sibylle, sondern durch die menschliche Schilderung jenes bewegenden Augenblicks, in dem die beiden Frauen aneinander ihren gesegneten Zustand erkennen und der ungeborene Johannes im Schoß Elisabets vor Freude aufhüpft, als er dem Messias im Leib Marias begegnet (vgl. Lk 1,41.44). Durch die Geste der gegenseitigen Berührung wird das unsichtbare, nur von Elisabet verspürte Ereignis der Begegnung des Vorläufers mit dem Messias in ein Bildmotiv verwandelt, das auch der Betrachter nacherleben kann.[11] Über die äußerlich darstellbare Berührung durch die Hände der Mütter wird die unsichtbare Begegnung der beiden ungeborenen Kinder zum eigentlichen Thema des Bildes, denn in jenem Augenblick begann der schon im Mutterschoß vom Heiligen Geist erfüllte Johannes (vgl. Lk 1,15) mit seinem Vorläuferdienst, wie es die um 1100 entstandene „Glossa ordinaria" betonte: „Weil er es mit der Zunge noch nicht kann, grüßt er mit der Freude seiner Seele und beginnt so sein Vorläuferamt. Seht, es wird offenbar, was der Engel gesagt hatte: Er wird mit dem Heiligen Geist bereits im Schoß seiner Mutter erfüllt sein."[12]

Elisabet ist als alte, vom Leben gezeichnete Frau charakterisiert, die an spätmittelalterliche Darstellungen der Mutter Anna erinnert. Elisabets rotes, an den Füßen und Ärmeln weiß gesäumtes Gewand ist an der Seite locker geschnürt, um ihrem Schwangerschaftsbauch mehr Platz zu geben. Das große weiße Kopftuch, das ihr bis über die Schultern fällt, sagt aus, dass sie eine verheiratete Frau ist. Elisabet ist nicht nur die ältere, sondern auch die mütterlichere der beiden Frauen. Gegenüber der Gebärde, die Maria ausführt, ist die Begrüßungsgeste bei Elisabet umgreifender und umarmender, da sie ihrer jüngeren Verwandten nicht nur die linke Hand auf den Leib legt, sondern sie mit ihrem rechten Arm auch an der Schulter umfängt.[13] Obwohl die Begegnung zwischen den beiden Frauen nach dem Lukasevangelium in der Wohnung des Zacharias stattfand (vgl. Lk 1,40), wurde die Szene der Heimsuchung in der altflämischen Malerei schon früh ins Freie vor das Haus verlagert. Dahinter stand der Gedanke, dass Elisabet ihre Verwandte Maria schon von ihrer Wohnung aus gesehen hat und dann das Haus verlässt, um ungeachtet ihres viel höheren Alters Maria entgegenzugehen und der jungen Gottesmutter ihre Demut zu bezeugen. Auch auf Rogiers Heimsuchungsbild ist Elisabet vom Haus ihres Ehemannes Zacharias auf einem abschüssigen Weg zu ihrer Verwandten herabgekommen, so dass sie nun ein wenig erhöht über Maria zu stehen kommt. Elisabet schaut mit ernstem Blick und gesenkten Augen auf Maria herab und steht dabei leicht vorgebeugt und mit etwas abgewinkelten Knien vor ihr, um mit dieser verhaltenen Kniebeuge den menschgewordenen Gottessohn im Schoß Marias zu ehren.[14] Die beiden Bäume, die rechts neben Elisabet wachsen, wiederholen deren leicht gebeugte Haltung und unterstreichen damit die Ehrerbietung, die sie dem göttlichen Kind im Leib Marias, der Mutter ihres Herrn (vgl. Lk 1,43), erweist.[15] Auf das Wahrnehmen der Ankunft Marias durch Elisabet dürfte auch das scharlachrote Tuch hinweisen, das im Haus des Zacharias aus einem der vier Fenster über dem Hauseingang heraushängt. Nach der apokryphen Überlieferung im Protoevangelium des Jakobus arbeitete Elisabet bei der Ankunft Marias gerade an einem Scharlachtuch, das sie dann eilig fortlegte, um zur Tür zu eilen.[16]

Elisabet gegenüber steht Maria, die als schönes und zartes, aber auch demütig zurückhaltendes und besonders junges Mädchen dargestellt ist. Maria blickt mit weit geöffneten Augen zu Elisabet auf und trägt zum Zeichen ihrer Jungfräulichkeit ihr langes, hellbraunes und mit Goldsträhnen durchwirktes Haar offen. Die demütige Zurückhaltung, mit der sie den Gruß Elisabets erwidert, lässt Maria statuenhaft-hoheitsvoll wirken, wodurch ihre höhere Würde angedeutet wird, die sie durch Christus in ihrem Leib besitzt, der seinen Vorläufer Johannes im Schoß seiner Mutter Elisabet besucht. Der gerade gewachsene Baum links neben Maria hebt die Würde der Gottesmutter hervor und bildet zusammen mit den beiden Bäumen neben Elisabet einen nobilitierenden Binnenrahmen.[17] Marias Begnadung kommt auch in ihrer kostbaren Kleidung zum Ausdruck, die mit großer Genauigkeit ausgeführt ist. Die Himmelsfarbe ihres tiefblauen Mantels zeigt Maria als Himmelskönigin und als die neue, den verheißenen Messias tragende Bundeslade, die bei den Israeliten als Ort der Gegenwart Gottes galt und auf der Wüstenwanderung ebenfalls mit einem blauen Tuch abgedeckt wurde (vgl. Num 4,5–6). Über dem Mantel ist der golden bordierte Gürtel so um den Leib Marias gelegt, dass dadurch die Wölbung ihres gesegneten Schoßes hervorgehoben wird. Mit der rechten Hand rafft Maria ihren weiten Mantel, so dass seine pelzgefütterte Innenseite und eine tief an einer Goldkette hängende Börse aus Golddraht sichtbar werden. Unter ihrem weiten Mantel trägt Maria ein langes, goldgesäumtes Gewand, das mit seiner roten Farbe auf das Menschwerdungs- und Erlösungsmysterium Christi verweist.[18]

Die Würde Marias wird in der rechten unteren Ecke auch durch einige Symbolpflanzen hervorgehoben, die dort neben dem Weg hinter einem niedrigen Flechtzaun in einem Wiesenstück wachsen. Der geflochtene Zaun erinnert an das Motiv des verschlossenen Gartens (hortus conclusus),[19] das auf die jungfräuliche Empfängnis des Gottessohnes verweist und auf die typologische Auslegung des Hohenliedes zurückgeht, in dem der für Christus stehende Bräutigam zu seiner Braut und damit zu Maria spricht: „Ein verschlossener Garten ist meine Schwester Braut, ein verschlossener Garten, ein versiegelter Quell" (Hld 4,12). Aus der allegorisch auf die Jungfräulichkeit Marias gedeuteten Verschlossenheit des Gartens leitete man im Mittelalter das Bildmotiv des eingefriedeten Gartens ab, in dem Pflanzen dargestellt wurden, die man symbolisch Maria zuordnete.[20] In der rechten unteren Ecke wachsen Erdbeeren mit ihren weißen Blüten und roten Beeren. Weil sie zur gleichen Zeit blühen und Früchte tragen, wurden sie zum Symbol Marias, die zugleich Jungfrau und Mutter ist.[21] Über den Erdbeeren sind Maßliebchen dargestellt, die in der üppigeren Form der Margeriten auch links unten zu sehen sind. Sie erinnern an die Demut Marias und verweisen mit ihren wohlriechenden weißen Blüten auf das durch Maria mitbewirkte Erlösungswerk Christi und damit auf die Seligkeit des Himmels.[22] Im oberen Winkel zwischen dem rechten Bildrand und dem Flechtzaun wächst ein Veilchen. Zusammen mit den Maßliebchen symbolisiert auch das kleine, süß duftende und blau blühende Veilchen die Demut Marias als „Magd des Herrn" (Lk 1,38).[23]

Das Gemälde wird ganz durch die Gebärden der beiden Frauen geprägt, die sich mit ihren leuchtend blauen und roten Gewändern von den Farben der Landschaft und des Gebäudes abheben. Der Weg, auf dem Maria gekommen ist, führt in eine weite, von präzis gemalten Detaildarstellungen durchzogene Landschaft, in der Teiche, Baumreihen, Figuren, Tiere, ein Reiter und Architekturen zu sehen sind. In den Fischweihern spiegeln sich Wolken, Laubkronen und die Farben der am Teichrand stehenden Personen. Die Landschaft ist luft- und farbperspektivisch tiefengestaffelt und zeigt im Vorder- und Mittelgrund Braun- und Grüntöne, während im Hintergrund sanfte blaue und gelbliche Töne aufscheinen.[24]

Hinter Elisabet steigt der Weg zum Haus ihres Mannes Zacharias an, der in Rückenansicht mit einem Hund vor seinem Tor zu sehen ist. Die kleine, unwichtig gewordene und abgewandte Figur des Zacharias steht für das Verstummen, mit dem der Priester durch den Engel bestraft wurde, als ihm dieser im Tempel die Geburt eines Sohnes angekündigt hatte (vgl. Lk 1,18–20).[25] Dennoch weist das kirchenähnliche Haus des Zacharias mit der gotischen Kreuzblume in der Rosette schon voraus auf die Erfüllung des von Johannes angekündigten Heilswerkes Christi, der nach seiner Erlösungstat in seiner Kirche fortleben wird.[26] Auch die Schwalben, die das Gebäude umfliegen, lassen sich in diesem heilsgeschichtlichen Sinne deuten. Da die Schwalbe nach der frühchristlichen Naturlehre des vom 2. bis zum 4. Jahrhundert entstandenen „Physiologus" nur einmal Junge bekommt und dann nicht mehr, wurde sie zum Sinnbild für Christus, der ebenfalls einmal im Mutterleib getragen, einmal geboren, einmal gekreuzigt, einmal bestattet und einmal von den Toten auferweckt wurde.[27]

Die Tafel mit der Heimsuchungsszene wurde durch Rogier van der Weyden als Andachtsbild für die persönliche Betrachtung geschaffen, um die Botschaft der Begegnung zwischen Johannes dem Täufer und Christus nicht nur mit symbolischen Mitteln, sondern vor allem durch die menschliche Begegnung zwischen den beiden Müttern Elisabet und Maria zu schildern. Diesem betrachtenden Miterleben dient auch die Einbettung der sich umarmenden Frauen in die Harmonie der Landschaft und in die ausgeglichene Farbgebung des Bildes.[28] Im Mittelpunkt des Bildes aber steht der Augenblick der Begrüßung der beiden von Gott erwählten Frauen, bei dem sich erstmals der menschgewordene Sohn Gottes und sein Vorläufer begegneten.

Die Hirten an der Krippe

25. Dezember – Hochfest der Geburt des Herrn – Weihnachten
Evangelium am Morgen: Lk 2,15–20

„Die Hirten eilten hin und fanden Maria und Josef und das Kind,
das in der Krippe lag."
Lk 2,16

Am Hochfest der Geburt des Herrn bietet die Liturgie durch vier aufeinanderfolgende Messformulare die Möglichkeit, das Festgeheimnis vom Heiligen Abend an bis zum Weihnachtstag in geistlicher Weise auszukosten. Es beginnt am Heiligen Abend mit der Botschaft der menschlichen Herkunft des Sohnes Gottes, wie sie der Stammbaum Jesu im Matthäusevangelium (Mt 1,1–17) überliefert. In der Heiligen Nacht wird das Weihnachtsevangelium nach Lukas (Lk 2,1–14) verkündet, das am Morgen im Hirtenamt mit dem Kommen der Hirten zur Krippe (Lk 2,15–20) fortgesetzt wird. In der Messfeier am Weihnachtstag erklingt schließlich der feierliche Prolog des Johannesevangeliums (Joh 1,1–18), der von der Menschwerdung des ewigen Wortes des Vaters spricht.

In der Liturgie des Weihnachtsmorgens stehen die Hirten im Mittelpunkt, die nach Maria und Josef die ersten Menschen waren, die an den neugeborenen Erlöser glaubten. Nachdem sie die Botschaft des Engels gehört hatten (vgl. Lk 2,8–14), beschlossen sie, das Kind aufzusuchen: „Kommt, wir gehen nach Betlehem, um das Ereignis zu sehen, das uns der Herr verkünden ließ" (Lk 2,15). Sie gingen eilends nach Betlehem, „fanden Maria und Josef und das Kind, das in der Krippe lag" (Lk 2,16), und erzählten dort zum Erstaunen aller, die es hörten, was ihnen durch den Engel über dieses Kind gesagt worden war (vgl. Lk 2,17–18). Während Maria alles in ihrem Herzen bewahrte (vgl. Lk 2,19), priesen die Hirten Gott „für das, was sie gehört und gesehen hatten; denn alles war so gewesen, wie es ihnen gesagt worden war" (Lk 2,20). So trugen die Hirten die Botschaft des Engels weiter und nahmen den Lobpreis der himmlischen Scharen auf, um ihn auf Erden fortzusetzen.[1]

Tintoretto, Geburt Jesu

DER BESUCH DER HIRTEN AN DER KRIPPE VON BETLEHEM gehört sicherlich zu den beliebtesten Motiven der christlichen Kunst. Eine einzigartige, über den Rahmen der damaligen Ikonographie hinausgehende Darstellung dieses zentralen Themas der Heilsgeschichte befindet sich in der Scuola di San Rocco in Venedig und geht auf den manieristischen Maler Jacopo Tintoretto (1518–1594) zurück. Wie seine sieben erhaltenen Hirtenbilder zeigen, hatte sich Tintoretto seit seinen frühen Werken von 1543/44 an intensiv mit diesem Motiv beschäftigt. Mit seinem um 1578/81 entstandenen Gemälde in der Scuola di San Rocco gelang Tintoretto, der für seine spontanen und geistreichen Bildfindungen bekannt war,[2] die phantasievollste Schilderung dieses Themas.[3] Bereits um 1648 hatte der Maler und Schriftsteller Carlo Ridolfi (1594–1658) Tintorettos außergewöhnliche Formulierung der Hirtenanbetung herausgehoben, bei der sich Maria, das Jesuskind und Josef auf einem Heuboden über dem Stall befinden, während Hirten und Frauen nicht nur anbeten, sondern auch Speisen als Gaben darreichen und dabei ganz in Licht getaucht sind.[4]

Tintoretto, der eigentlich Jacopo Robusti hieß,[5] gehörte neben Tizian (1488/90–1576) und Paolo Veronese (1528–1588) zu den bedeutendsten venezianischen Malern des 16. Jahrhunderts. Tintorettos künstlerische Entwicklung wurde auch durch die Laienbruderschaften (scuole) Venedigs geprägt, die sich der Pflege der Frömmigkeit widmeten und karitativ tätig waren. Neben den über hundert kleinen Bruderschaften, den Scuole piccole, gab es die sechs Scuole grandi,[6] zu denen auch die 1478 anerkannte Bruderschaft des Pestheiligen Rochus, die Scuola di San Rocco, gehörte. Die durch Stiftungen reich gewordene Rochusbruderschaft errichtete von 1517 bis 1549 ihr neues Versammlungshaus mit der Sala terrena im Erdgeschoss, einem prachtvollen Treppenhaus und dem Oratorium der Sala superiore im Obergeschoss, an die sich das Sitzungszimmer der Sala dell'albergo anschloss, für das 1546 die Ausschmückung mit großen Ölgemälden beschlossen wurde. Als Tintoretto 1564 der Scuola das mittlere Deckenbild mit der Glorie ihres Patrons schenkte und auch die kostenlose Ausführung der beiden anderen Gemälde ankündigte, wurde er 1565 in die Rochusbruderschaft aufgenommen und erhielt den Auftrag für das große Kreuzigungsbild des Sitzungszimmers, das er bis 1567 vollendete. Nachdem 1574 die Bruderschaft die Dekoration der Sala superiore beschlossen hatte, schenkte Tintoretto im Pestjahr 1576 der Scuola das mittlere Deckenbild mit der Darstellung der ehernen Schlange, die Mose als Heilmittel zur Abwehr der Schlangenplage aufgerichtet hatte, die wegen des Murrens der Israeliten von Gott verfügt worden war (vgl. Num 21,7–9). Zudem schlug Tintoretto

*Tintoretto, Geburt Jesu, um 1578/81, Öl auf Leinwand, 455 × 542 cm,
Venedig, Scuola di San Rocco, Sala superiore.*

Tintoretto, Geburt Jesu

im Januar und März 1577 vor, auch die übrigen Deckenbilder bis auf die Erstattung der Materialkosten unentgeltlich auszuführen. Nachdem im Sommer 1577 die Pest abgeklungen war, die auch Tintoretto und seine Familie unbeschadet überstanden hatten, verpflichtete sich das dankbare Bruderschaftsmitglied im November 1577, um das Entgelt einer jährlichen Leibrente von hundert Dukaten jedes Jahr zum Rochusfest am 16. August drei Bilder für die Ausstattung der Scuola fertigzustellen. Während er die Dekoration der Sala superiore bis 1581 vollenden konnte, zog sich die Ausstattung der Sala terrena noch bis 1588 hin.[7]

Das Bildprogramm in der Sala superiore, das sich durch die außergewöhnliche Organisation seiner Themen auszeichnet, geht in wesentlichen Teilen auf Tintoretto selbst zurück, wobei ihm ein Beratungs- und Kontrollgremium aus fünf Bruderschaftsmitgliedern an die Seite gestellt wurde.[8] Der Gedanke, für die Sala superiore einen umfassenden biblischen Bilderzyklus zu malen, dürfte Tintoretto gekommen sein, als er 1576 an dem Deckenbild mit der ehernen Schlange arbeitete, das sich typologisch auf das 1567 vollendete große Kreuzigungsbild in der Sala dell'albergo bezog (vgl. Joh 3,14–15).[9] Bei der Ausstattung der Sala superiore mit ihren alttestamentlichen Deckenbildern und den Wandbildern zum Leben Jesu ging Tintoretto von traditionellen typologischen Bezügen aus, die er durch tiefsinnig neue und ungewohnte thematische Verknüpfungen weiterentwickelte.[10]

Um das Weihnachtsbild richtig zu deuten, muss seine Einbindung in die Gesamtkonzeption der Sala superiore berücksichtigt werden. Das zwischen 1576 und 1581 von Tintoretto geschaffene Ensemble besteht aus 21 alttestamentlichen Deckenbildern, bei denen es um die Zeit unter dem mosaischen Gesetz (sub lege) geht, aus jeweils fünf Bildern zum Leben Jesu an den beiden Längswänden, die für die Gnadenzeit des Neuen Bundes (sub gratia) stehen, aus einem Altarbild an der schmalen Südseite und aus den beiden Heiligenbildern mit Sebastian und Rochus an der Nordwand.[11] Der deutsche Kunsthistoriker Henry Thode (1857–1920) hatte die eigentümliche Anordnung der zehn neutestamentlichen Wandgemälde typologisch von den drei großen alttestamentlichen Deckenbildern mit den Wundern des Mose her interpretiert und sah den Sinn des Bildprogramms in der Zentralität der Erlösungstat Christi und der beiden Hauptsakramente von Taufe und Eucharistie sowie in der Überhöhung der karitativen Tätigkeit der Rochusbruderschaft durch biblische Vorbilder. So erkannte Thode im Mittelbild mit der Aufrichtung der ehernen Schlange (vgl. Num 21,7–9) ein Vorausbild der Erlösung durch Christus und einen Hinweis auf den Krankendienst der Bruderschaft. Das südliche Deckenbild mit der Mannalese (vgl. Ex 16,2–35) bezog er auf die Eucharistie und die Armenspeisungen, das nördliche Gemälde mit dem Wasserwunder (vgl. Num 20,7–11) auf die Taufe und die Fürsorge an den Bedürftigen.[12]

Auch wenn Thodes Interpretationsentwurf in seinen Grundzügen bis heute überzeugt,[13] so muss dennoch die Eucharistie als das Hauptthema des Bildprogramms der Sala superiore herausgestellt werden, in der sich die Bruderschaftsmitglieder um den Altar an der Südseite zur Messfeier versammelten. Die starke Betonung der Eucharistie bei den Bruderschaften hing auch mit der Ablehnung der katholischen Messopferlehre durch Martin Luther (1483–1546) zusammen, der hier einen Anspruch auf menschliche Selbstrechtfertigung sah, indem er den Opfercharakter so interpretierte, als wolle sich der Gläubige durch menschliches Opfern selbst die Erlösung bereiten, obwohl doch die Rechtfertigung nicht vom Tun des Menschen, sondern allein von der Gnade Gottes abhänge. Da Luther unter den Vorzeichen der Werkgerechtigkeit zusammen mit der Messopferlehre auch das Ablasswesen, die Fegfeuervorstellung, die Wallfahrten und das Bruderschaftswesen verwarf,[14] mussten sich auch die Mitglieder der Scuole herausgefordert sehen, die tatsächlich danach strebten, sich ihr Seelenheil durch fromme und gute Werke und nicht zuletzt durch eifrigen Messbesuch zu sichern.[15] Wie das Bildprogramm der Sala superiore zeigt, hatte gerade in der Frömmigkeit der Scuola di San Rocco die Eucharistie einen hohen Stellenwert eingenommen, zu deren täglicher Mitfeier die Bruderschaftsmitglieder seit den Statuten von 1478 verpflichtend aufgefordert waren. Zudem bot die Eucharistie den Mitgliedern der Rochusbruderschaft die Gelegenheit, den Sinn ihrer eigenen karitativen Tätigkeiten geistlich zu vertiefen und jenseits des Vorwurfs plumper Werkgerechtigkeit die Nächstenliebe im paulinischen Sinn als Voraussetzung für die Messfeier zu begreifen, um nicht durch Verletzung der Bruderliebe unwürdig zu kommunizieren (vgl. 1 Kor 11,17–34).[16] So bemühten sich die großen venezianischen Bruderschaften um die Linderung der alltäglichen Armut in ihren eigenen Reihen, während neue Vereinigungen wie die Compagnia del Divino Amore, die sich im zweiten Viertel des 16. Jahrhunderts in Venedig gebildet hatten, auch bei akuten Hungersnöten und Epidemien zu helfen versuchten und dabei in einer geradezu mystischen Emphase auf die heilende Kraft der Spendung der Sakramente der Beichte und vor allem der Eucharistie bauten. Von diesem Vorbild angeregt, weitete dann auch die Scuola di San Rocco ihre Wohltätigkeit über den Kreis der Bruderschaftsmitglieder aus und intensivierte die Pflege der eucharistischen Frömmigkeit. So konnte die Rochusbruderschaft 1561 das Recht erwirken, in der benachbarten Kirche San Rocco das Altarsakrament zur Anbetung aufbewahren zu dürfen, womit sie auch die geistlichen Aktivitäten der Sakramentsbruderschaften für sich reklamierte. Als dann 1574 die Rochusbruderschaft die Ausstattung der Sala superiore mit ihrem eucharistischen Bildprogramm beschloss, orientierte sie sich an den künstlerischen Traditionen der Sakramentsbruderschaften. Einen weiteren Impuls erhielt der eucharistische Kult im Pestjahr 1576, als Patriarch Giovanni Trevisan (reg. 1560–1590) am 9. August die

Gläubigen aufrief, das Altarsakrament möglichst oft zu besuchen und an der vierzigstündigen Anbetung (Quarantore) teilzunehmen, um die mangelnde Gottesverehrung zu sühnen, in der man die eigentliche Ursache für die Epidemie erkannte. Als biblisches Bild für die Pest sah man die alttestamentliche Schlangenplage (vgl. Num 21,7–9), die ebenfalls eine Strafe Gottes für die Verschmähung des typologisch auf die Eucharistie vorausweisenden Manna war, so dass man gerade in der Anbetung des Altarsakramentes das geeignete Mittel erkannte, um die göttliche Strafe der Pest abzuwenden. Auf dieses Bildmotiv war 1576 auch die Wahl Tintorettos gefallen, als er der Rochusbruderschaft das mittlere Deckenbild für die Sala superiore schenkte.[17] In der Kunst Venedigs zeigte sich die Verbreitung des eucharistischen Kultes in groß angelegten öffentlichen Bildensembles wie den Votivgemälden des Dogenpalastes und in den von den Sakramentsbruderschaften gestifteten eucharistischen Bilderzyklen, deren Themenkanon der Bildausstattung der Sala superiore sehr ähnlich ist. Um deutlich zu machen, dass die Eucharistie die ganze Heilsgeschichte des Alten Bundes und des Neuen Testamentes durchzieht, wurde das Bildprogramm der Sala superiore nicht chronologisch-narrativ, sondern nach der traditionellen Typologie und nach assoziativen Zuordnungen organisiert.[18]

Während die Bildthemen im nördlichen Saalabschnitt vermutlich erst durch Tintoretto eine entsprechende eucharistische Deutung erfuhren,[19] wurden im mittleren Bereich Bilder zusammengestellt, die nicht zum Hauptbestand der eucharistischen Ikonographie gehörten.[20] Der südliche Saalabschnitt über dem Altar wurde schließlich mit Gemälden geschmückt, die der traditionellen eucharistischen Typologie angehörten, so dass sich zum Altar hin die ikonographische Tradition immer mehr steigerte.[21]

Das Gemälde mit der Geburt Jesu im Nordbereich der Sala superiore ist thematisch mit dem nördlichen ovalen Deckenbild des Sündenfalls und mit dem auf der gegenüberliegenden Westseite angebrachten Bild mit der Versuchung Jesu verbunden. Der Sündenfall (vgl. Gen 3,6) zeigt das Ereignis, von dem die Erlösungsgeschichte ihren Ausgang nahm, und spielt mit dem todbringenden Apfel auf das heilbringende eucharistische Brot an. Im Versuchungsbild besteht der eucharistische Gehalt darin, dass jene Szene dargestellt ist, in der Jesus durch den Satan dazu verleitet werden soll, aus Steinen Brot werden zu lassen (vgl. Mt 4,3; Lk 4,3). Im Bild mit der Geburt Jesu zeigt sich das eucharistische Thema bei den Hirten und Frauen, die das Jesuskind nicht nur anbeten, sondern ihm auch Gaben darreichen,[22] ein Bildmotiv, das in Venedig in eucharistischen Bildprogrammen bereits bekannt war.[23] Das Motiv des Darreichens der Speisegaben verbindet das Weihnachtsbild auch mit dem letzten auf der Ostwand angebrachten Gemälde des Abendmahls, denn während auf dem ersten Bild dem Jesuskind irdische Nahrung gegeben wird, teilt Christus auf dem Abendmahlsbild selbst die eucharistische Speise aus.[24]

Auf den ersten Blick scheint das unüberschaubare und nicht leicht fassbare Bildprogramm der Sala superiore den Bestimmungen des am 3. Dezember 1563 auf dem Trienter Reformkonzil (1545–1563) erlassenen Bilderdekrets zu widersprechen. Dieses Dekret betonte den didaktischen Zweck der Bilder und forderte eine möglichst klare, verständliche und der kirchlichen Lehre entsprechende Darstellung religiöser Inhalte, um das Volk zu Frömmigkeit und Gottesliebe zu erziehen. Dabei sprach man sich auch für ein Verbot ungewöhnlicher Bilder aus, um die Verbreitung häretischer und legendärer Inhalte zu unterbinden und bei klarer Scheidung zwischen profaner und sakraler Kunst die Erkennbarkeit der religiösen Themen zu gewährleisten.[25] Wie Tintorettos ungewöhnliche Bildfindungen in der Sala superiore zeigen, hatte er sich tatsächlich über die ikonographische Tradition hinweggesetzt und der Phantasie entspringende Elemente verwendet,[26] aber dennoch die eigentliche Absicht des Trienter Konzils erfüllt, indem er seinen Gemäldezyklus ohne elitäre und selbstzweckliche Zurschaustellung intellektueller Originalität oder ästhetischer Virtuosität ganz in den Dienst der sakralen Bedeutung der Bilder stellte, ohne dabei die Verständlichkeit und den Sinn der sakralen Botschaft zu gefährden.

Tintoretto gelang es, in der Sala superiore eine Bilderfolge zu schaffen, die den pädagogischen Anspruch des Konzils noch überbot, weil sie den Betrachter nicht nur einfachhin belehrte, sondern sogar innerlich zu bewegen vermochte, was sich auch mit den Anschauungen gegenreformatorischer Kunsttheoretiker deckt. Auch Kardinal Gabriele Paleotti (1522–1597) sah die vom Konzil geforderte doktrinäre Korrektheit und rhetorische Überzeugungskraft (persuasione) der religiösen Bilder nicht mehr nur wie früher im Erfreuen (dilettare) und Lehren (insegnare), sondern vor allem im emotionalen Bewegen (commovere), das auch der Ungebildete erfahren kann.[27] Paleottis Erwartung an die sakrale Kunst, den Betrachter mitzureißen und zu erschüttern, um ihn zu einer religiösen Erfahrung und damit zu Gott zu führen, wurde gerade durch die Bilderfolge in der Sala superiore verwirklicht, mit der Tintoretto den Betrachter mehr überzeugen und seelisch ergreifen als belehren oder nur erfreuen wollte. Um das Gemüt des Betrachters zum Mitfühlen (compassione) mit den bildlich dargestellten Personen zu bewegen, stützte sich Tintoretto bei seinem groß angelegten Bilderensemble nicht auf den individuellen Gesichtsausdruck einzelner Gestalten, sondern auf den körperlichen Ausdruck der Figuren, die er vor allem im Bildvordergrund als Bindeglieder zum Betrachter mit expressiv gesteigerten Gebärden und heftigen Bewegungen großformatig positionierte.[28] So erfüllte Tintoretto den auf dem Tridentinum geforderten erzieherischen Zweck der religiösen Bilder durch ein sinnenhaftes, dramatisch-visionär das Gemüt ergreifendes Bildgeschehen, das über das Trocken-Lehrhafte oder kompliziert gelehrte Allegorische hinausging, um die Herzen zu ergreifen.

Tintoretto, Geburt Jesu

Damit erinnert die Kunstauffassung Tintorettos an die Betrachtungsmethode des 1548 durch Ignatius von Loyola (1491–1556) herausgegebenen „Exerzitienbuches", nach der sich der Exerzitant mit allen Sinnen in das biblische Geschehen hineinversetzen soll (composición viendo el lugar). Verbindungslinien lassen sich auch zu dem 1557 veröffentlichten „Dialogo della pittura intitolato l'Aretino" des venezianischen Kunsttheoretikers Lodovico Dolce (1508–1568) ausmachen, der in der Malerei ein Instrument sah, um die Menschen zur Erkenntnis der höchsten Dinge und zur Entflammung zu führen.

Wie sehr Tintoretto in der Sala superiore das religiöse Gemüt des Betrachters durch sinnliche Anschauung zu bewegen versuchte, zeigt sich beispielhaft im Weihnachtsbild mit seiner religiösen Erlebnisdichte und seinen ikonographischen Neuerungen, die ganz der Überfülle der inneren Vorstellungen des Malers entsprangen und das visionär Wunderbare der Geburt Christi im schlichten Ambiente des bäuerlichen Stalls zu wirkmächtiger Gegenwart werden ließen.[29] Der aus Tintorettos visionärer Erfindungskraft hervorgehende volkstümliche und jeder klassischen Stilisierung ferne Realismus entsprach auch der Sozialstruktur der Rochusbruderschaft, deren Mitglieder nicht aus dem Adel, sondern aus der bürgerlichen Oberschicht und dem einfachen Volk kamen.[30] Schließlich brachten Tintorettos Bilder einen Stimmungsgehalt zum Ausdruck, der auch den zwischen 1533 und 1543 verfassten Erbauungsschriften des seit dem „Sacco di Roma" von 1527 in Venedig lebenden und mit dem Maler befreundeten Literaten Pietro Aretino (1492–1556) entsprach. In seinen Schriften „I quattro libri de la Humanità di Christo" und „La vita di Maria Vergine" erzählte der aus Rom stammende Aretino die biblische Geschichte Jesu und Marias in einer so volkstümlich-romanhaften und phantasiereich-legendarischen Weise nach, dass sie 1588 von der Inquisition indiziert wurden. Wie in Aretinos religiösen Erbauungsbüchern dominierten auch in Tintorettos Bildern emotionale und dramatisch erregte Schilderungen, die mit humanistischem und antiklassischem Pathos auf die Schau des Großen und Mächtigen drängten.[31]

So dürfte Tintoretto durch Aretino auch zu seiner volkstümlich-realistischen Darstellung des Weihnachtsbildes in der Sala superiore angeregt worden sein, wie Aretinos 1539 veröffentlichtes Marienleben zeigt. In dieser Schrift bezeichnete Aretino die Geburt Jesu als „gran notte", verband die vielen wunderbaren Erscheinungen mit wirklichkeitstreuen Genreschilderungen und beschrieb den Stall als einen großen, bizarren Raum unter einem ärmlichen Dach, der sowohl etwas von einem Theater als auch von einer verlassenen Behausung hat.[32] In Aretinos 1545 erschienenem Buch über die Menschheit Christi erinnern das leuchtende Jesuskind, die lichten Engel, die wissenden Tiere oder der sich auf seinen Stab stützende Josef in verblüffender Weise an Tintorettos Weihnachtsbild.[33]

Das Gemälde mit dem Besuch des neugeborenen Jesuskindes durch die Hirten ist das nordöstlichste Bild der Ostwand der Sala superiore. Es zeigt einen nach vorne offenen Heuschober, der unten aus dem Stall und oben aus dem Heuboden besteht. Die Originalität des ungewöhnlichen zweigeschossigen Bildaufbaus, die eine phantasievolle Neuformulierung der traditionellen Weihnachtsikonographie darstellt, war seit Carlo Ridolfi immer wieder hervorgehoben worden. Der aus Pavia stammende Maler Carlo Sacchi (1617–1706) verhalf Tintorettos Darstellung zu weiter Verbreitung, indem er die Szene in einem Kupferstich seitenverkehrt wiedergab.[34] Zu Beginn des 20. Jahrhunderts sah der italienische Kunsthistoriker Adolfo Venturi (1856–1941) das Besondere des Gemäldes vor allem in der Darstellung des Lichtes, von dem das ganze Bild durchdrungen ist.[35]

Das fast fünfeinhalb Meter hohe Ölgemälde führte Tintoretto hochformatig aus, wie es die räumliche Situation der Sala superiore mit ihren Wandflächen zwischen den gekoppelten Rundbogenfenstern verlangte. Da der Maler auf eine breite und vielfigurige Komposition verzichten musste, wählte er den ungewöhnlichen doppelgeschossigen Aufbau mit dem Stall und dem darüberliegenden Heuboden, vermied aber den Eindruck einer zu schematischen Bildteilung, indem er die Balkendecke des Heubodens als Trennlinie der beiden Stockwerke etwas oberhalb der Bildmitte anordnete. Durch diesen Bildaufbau konnte Tintoretto zusätzlichen Platz für die Figurendarstellungen schaffen und auch die Zweiteilung der Fenster der Sala superiore aufnehmen, um den Bildraum an den Realraum anzunähern.[36]

Die beiden Bildhälften verband Tintoretto auch durch das Licht, das durch das vergitterte Fenster an der hinteren Wand des Heubodens und durch den offenen, ungedeckten Dachstuhl einfällt und alle Figuren im Gegenlicht erscheinen lässt. Diese innerbildliche Lichtführung spiegelt die tatsächlichen Lichtverhältnisse in der Sala superiore wider, die durch den Kontrast zwischen den lichtdurchfluteten Fenstern und den verschatteten dazwischenliegenden Wandflächen geprägt ist.[37] Um sich gegen das einströmende Tageslicht zu behaupten,[38] verzichtete Tintoretto auf eine sorgfältige, gleichmäßige Durcharbeitung der Bildpartien und eine nuancenreiche Farbpalette,[39] steigerte aber durch Helldunkeleffekte die Leuchtkraft der Farben, indem er neben dunklere Flächen helle Lichtzonen setzte.[40] Neben der Lichtführung verband Tintoretto die obere und untere Bildhälfte auch durch die kompositorische Anlage, indem er auf den beiden Ebenen jeweils drei Personen auf der rechten und zwei auf der linken Seite ausführte, so dass sich insgesamt vier Figurengruppen unterscheiden lassen, die miteinander korrespondieren.[41]

Mit der genrehaften Darstellung des Schauplatzes der Geburt Jesu in einer zweigeschossigen Scheune verfolgte Tintoretto die Absicht, dem Betrachter die Überweltlichkeit des Heilsgeschehens noch eindringlicher vor Augen zu führen.[42] So wird der Betrachter in das Ereignis der Geburt Jesu durch den Stall im unteren Bereich eingeführt, der mit einer rückwärtigen Ziegelwand abgeschlossen ist und eine sich rechts anschließende Holzwand zeigt. In diesem Stall verweisen die im Glanz des von oben kommenden Lichts stehenden Personen auf das Mysterium der Heiligen Nacht.[43]

Die erste der vier Personengruppen ist auf der linken Seite im unteren Stallbereich dargestellt. Dort ist ganz links ein stehender Hirt mit einem gelben Kittel zu sehen, der mit der ausgestreckten rechten Hand seine Gabe auf einem zugedeckten Teller zum Heuboden hinaufreicht. Mit dieser Geste eröffnet der Hirt das Bildgeschehen und verbindet zugleich den unteren Stallbereich mit der oberen Zone.[44] Während dieser Hirt – und auch noch zwei Frauen – nur einen flachen Teller mit nicht näher erkennbaren Nahrungsmitteln darreicht, hat der rechts neben ihm dargestellte Hirt deutlich sichtbar einen Laib Brot in der Hand, den er wohl aus dem rechts neben ihm stehenden Korb geholt hat, auf dem er sich mit seiner linken Hand abstützt. Was sich in diesem Korb noch befindet, lässt sich nicht sicher entscheiden. Es dürfte sich vielleicht um Eier handeln.[45] Der verschattet dargestellte Hirt, der das Brot emporreicht, ist ein sitzender, mit seinem Kopf im Profil gegebener junger, bartloser Mann, der über einem roten Wams eine weiße Jacke trägt. Vom Licht werden ein wenig seine Schläfen und auch die Finger seiner rechten Hand beleuchtet, die das Brot halten.[46] Der junge Hirt reicht das Brot nicht nur einfach mit seinem emporgestreckten Arm, sondern in einer eigentümlichen Drehbewegung mit dem Einsatz seines ganzen Körpers zum Jesuskind hinauf. Dabei ist er von seinem Tun ganz ergriffen und schaut mit seinem seitlich herumgewendeten Gesicht den Brotlaib mit einem innigen Blick an, als würde ihm bereits die tiefe, auf die Eucharistie vorausweisende Bedeutung des Brotes aufgehen. Die Szene mit dem Hinaufreichen des Brotes fügt sich bruchlos in die genrehafte Schilderung der anderen zum Geschenk dargebrachten Speisen ein, wird aber durch die innerlich bewegte Gebärde und den tief empfundenen Blick des Hirten zu einem verborgenen Sinnbild für das in der Eucharistiefeier aufgeopferte Brot und damit für die Selbsthingabe Christi, die in seiner Menschwerdung und Geburt begonnen hat. Durch den Mitvollzug des ahnungsvollen Tuns und Schauens dieses Hirten wird auch dem Betrachter bewusst, dass dieses Brot auf das eucharistische Opfer verweist, in dem sich das in Betlehem begonnene Heilsmysterium vollenden wird.[47] Mit einer ähnlich emphatischen Geste streckt der teuflische Versucher im gegenüberliegenden Gemälde auf der Westwand Jesus Steine entgegen, damit dieser sie in Brot verwandle (vgl. Mt 4,3; Lk 4,3). Aber während dies der Satan mit einer herausfordernden Haltung tut, damit Christus sein Schicksal eigenmächtig ändert, reicht der Hirt das Brot mit ergriffenem Eifer empor, um dem Jesuskind ein Sinnbild seiner künftigen Bestimmung als Erlöser darzubringen.⁴⁸ Bei der Szene der Brotdarbringung auf dem Weihnachtsbild geht es nicht nur um einen allgemeinen Hinweis auf die Eucharistie, sondern um den zweifachen Opfercharakter der Messfeier als sakramentale Vergegenwärtigung des Opfers Christi und als Opfer der Gläubigen. Nachdem bereits Paulus die Teilnehmer an der Eucharistie als Glieder des geheimnisvollen Leibes Christi begriffen hatte, den sie als geistliche Speise empfangen und in dessen Selbsthingabe sie im Sinne eines geistigen Opfers einbezogen sind (vgl. 1 Kor 10,16–17), sah die Sakramentsfrömmigkeit des 16. Jahrhunderts den Zusammenhang zwischen dem Opfer Jesu und dem Opfer der Gläubigen in der Liebe Christi. Da der Gläubige in der Eucharistie der Liebe Christi teilhaftig wird, muss er diese empfangene Liebe wiederum in der konkreten Nächstenliebe fruchtbar werden lassen. Da das den Armen zugewandte Opfer letztlich Christus selbst gewidmet ist (vgl. Mt 25,40), wird durch die Darstellung der Brotdarreichung den im karitativen Dienst stehenden Bruderschaftsmitgliedern vor Augen geführt, wie sehr die in der eucharistischen Kommunion empfangene Liebe Jesu wieder Christus selbst als Gabe dargebracht wird.⁴⁹

Neben dem sitzenden, jungen Hirten und der flach angelegten Holzleiter, die zum eigentlichen Stall führt, ist auf der rechten Seite die zweite Figurengruppe zu sehen. Der ganz rechts anbetend niedergekniete alte, bärtige Hirt ist vom Bildrand so stark abgeschnitten, dass nur seine Schulterpartie und sein seitlich gegebenes Gesicht zu sehen sind.⁵⁰ Links neben ihm kniet in einem orangeroten Gewand ein in Rückenansicht dargestellter Hirt, der seine Hände zur Anbetung gefaltet hat. Durch das schlaglichtartige Fensterlicht, das seinen Hinterkopf, die weißen Gamaschen und seine Arme trifft, wird besonders bei Schrägsicht der Eindruck erweckt, als würde dieser Hirt in den wirklichen Raum der Sala superiore hineinragen.⁵¹ Die zwei auf ihren Knien betenden Hirten bilden das Pendant zu den beiden gabenreichenden Hirten auf der linken Seite, womit deutlich wird, dass der kontemplative Aspekt der Anbetung und die aktive Seite der Gabendarbringung eine Einheit bilden, so wie auch im eucharistischen Mysterium die Anbetung des Altarsakramentes und das Liebesopfer der Gläubigen zusammengehören. Den beiden anbetenden Hirten wendet sich eine junge Magd zu, deren weißes Schultertuch im Licht aufleuchtet und im Schleier Marias ihr Gegenstück hat. Während die Magd in ihrer linken Hand ebenfalls einen Gabenteller für das Jesuskind trägt, weist sie mit ihrer rechten Hand die beiden knienden Hirten und damit den gläubigen Betrachter, dem sie als einzige Figur auch „en face" zugewandt ist, auf die Mitte des Stalls hin. Sie zeigt auf die Tiere, die symbolisch das Weihnachtsgeheimnis veranschaulichen, und zugleich auf die kleine, an die Rückwand gelehnte Holzleiter, die über ihrem Arm zu sehen ist und offenbar zum Heuboden mit der Heiligen Familie hinaufführt.⁵² Dabei ist die Magd kontrapositorisch dem sitzenden Hirten zugeordnet, denn wie der junge Mann mit seinem rechten

Arm das Brot emporhebt, so zeigt die jugendliche Magd auf die Mysterien, die es im Stall und über die Holzleiter auch auf dem Heuboden zu entdecken gilt.[53]

Dem Zeigegestus der Magd folgend, gelangt der Blick des Betrachters in das Innere des hell erleuchteten Stalles, in dem neben Ochs und Esel, die zum traditionellen Repertoire zählen, noch ein Hahn und ein Pfau dargestellt sind. Der an die linke Seite des Stalls gerückte Esel ist farblich kaum von seiner hellen Umgebung abgesetzt und im Grunde nur an seinen beiden Ohren erkennbar, die rechts neben dem Brotlaib zu sehen sind, den der junge Hirt emporhebt. Über dem Eselskopf sind ein Holzstiel und eine Mistgabel waagerecht auf zwei Kanthölzer aufgelegt, die aus der rückwärtigen Ziegelwand des Stalles herausragen. Dass der Esel so sehr in den Hintergrund gerückt ist und geradezu verschwindet, dürfte damit zusammenhängen, dass dieses Tier als Sinnbild des Alten Bundes galt, den man bei der Geburt des Gottessohnes an sein Ende gekommen sah.[54] Nachdem bei den meisten Kirchenvätern der Esel als das mindere Tier für die Heiden stand und der Ochse das Judentum symbolisierte, um das zwischen diesen beiden Symboltieren in der Krippe liegende Christuskind als kommenden Erlöser der Heiden und Juden zu zeigen (vgl. Jes 1,3; Hb 3,2 LXX), wurden im Mittelalter der Esel als störrisches Tier auf die verblendete Synagoge und der Ochse auf den Neuen Bund bezogen.[55] Während in Tintorettos Gemälde der Esel als Sinnbild für den Alten Bund ganz zurückgedrängt ist, nehmen der Hahn, der Ochse und der Pfau die Mitte des Stalles ein. Diese drei Tiere, die auch durch den Lichteinfall herausgehoben sind, besitzen einen besonderen symbolischen Charakter und verweisen auf den Erlösungsweg des menschgewordenen Sohnes Gottes.[56] Als erstes Tier erscheint links neben der flachen Holzleiter der Hahn, der auf der Nabe eines am Boden liegenden hölzernen Wagenrades steht und sich mit seinem Schnabel pickend nach unten neigt.[57] Mit seinem Ruf, der bei der Verhaftung Jesu auch die dreifache Verleugnung des Petrus aufgedeckt hat (vgl. Mt 26,69–75; Mk 14,66–72; Lk 22,56–62; Joh 18,15–18.25–27),[58] signalisiert der Hahn das Licht des neuen Tages und verkündet somit die Ankunft des menschgewordenen Erlösers als das neue, in der Finsternis aufleuchtende Licht des Heiles (vgl. Jes 9,1; Joh 1,5.9).[59] Mit seinem Schrei, bei dem nach dem ambrosianischen Hymnus „Aeterne rerum conditor"[60] Hoffnung erwacht und den Kranken Linderung zuströmt (Gallo canente spes redit, aegris salus refunditur), verweist der Hahn auf den als Erlöser in die Welt gekommenen Christus.[61] Auf den Hahn blickt der große, durch seine körperliche Masse den Stall beherrschende hellbraune Ochse herab, der gegenüber dem unscheinbaren Esel, der den scheidenden Alten Bund symbolisiert, ganz in den Vordergrund gesetzt ist.[62] Der Ochse erinnert nicht nur an den apokalyptischen Stier, der für den Evangelisten Lukas, den Autor des Weihnachtsevangeliums, steht,[63] sondern verweist vor allem auf das Rind als Opfertier, um den Erlösertod Christi zu versinnbildlichen.[64] Die

Zuwendung des Ochsen zum Hahn macht anschaulich, dass der Sinn der Inkarnation des Sohnes Gottes gerade darin bestand, seinen menschlichen Leib am Kreuz zur Sühne für die Sünden der Welt hinzuopfern. Über dem Ochsen sitzt schließlich auf dem Holzstiel vor der Rückwand der Pfau, der seit der Antike die Unsterblichkeit und Ewigkeit symbolisierte, da man sein zähes Fleisch für unverweslich hielt.[65] So versinnbildlicht der über dem Hahn und dem Ochsen thronende Pfau die Auferstehung Jesu und verweist damit auf die siegreiche Vollendung des Erlösungswerkes, das in der Menschwerdung begonnen und im Kreuzesopfer seinen Gipfel erreicht hat.[66]

Während die Magd mit ihrer rechten Hand auf die soteriologische Symbolik der Tiere des Stalles zeigt, lenken die erhobenen Arme und Häupter der beiden Hirten auf der linken Seite den Blick des Betrachters hinauf zum Heilsgeschehen des Obergeschosses.[67] Dort ist über einer hölzernen Balkendecke ein Heuboden dargestellt, auf dem links zwei Frauen und rechts die Heilige Familie zu sehen sind. Die Personen, die auf dem Heuboden sitzen, stehen oder liegen, sind gegenüber den Figuren im unteren Stallbereich nicht kleiner dargestellt, wodurch deutlich wird, dass Tintoretto das Bild mehr auf Nahsichtigkeit hin angelegt hat, um das Bildgeschehen mit dem realen Raum der Sala superiore zu verbinden und emotional nahe an den Betrachter heranzurücken.[68]

Die Heilige Familie, die sich rechts auf dem Heuboden niedergelassen hat, bildet die dritte Figurengruppe und ist nach Claudia Bühler „das Schönste, was Tintoretto zu diesem Thema geschaffen hat"[69]. Josef, Maria und das Jesuskind bilden eine in sich geschlossene Dreieckskomposition und überschreiten zugleich als einzige der vier Figurengruppen die Grenzen ihres Bildviertels, wie es ihrer herausgehobenen Bedeutung entspricht. Der bärtige, als alter Mann dargestellte Josef trägt ein hellbraunes Gewand und einen weißen Mantel, der über seinen Knien liegt. Er sitzt etwas erhöht auf einem Strohballen und bildet damit die Spitze des Dreiecks. Auf seinen Stab gestützt, hat sich Josef ein wenig zum Jesuskind herabgebeugt, während er von oben her das durch die Dachbalken einströmende Glorienlicht empfängt. Mit seiner ruhigen, nachsinnenden Gestalt bildet Josef ein Gegengewicht zu den Personen im Stall mit ihren bewegten und gebärdenreichen Haltungen. Während Josef mit dem unten rechts in Rückenansicht knienden Hirten durch das Bildmotiv des Stabes verbunden ist, antwortet die ganze Figurengruppe der Heiligen Familie auf die beiden diagonal links unten dargestellten Hirten, womit deutlich wird, wie sehr Tintoretto auch ohne eine detailgetreue Ausführung der einzelnen Bildelemente in der Komposition nach Ausgeglichenheit und Schönheit strebte.[70]

Wie Josef wird auch Maria durch das Glorienlicht von oben her in Licht getaucht. Sie ist als einzige Person mit einem Nimbus ausgezeichnet. Ihre Kleidung bildet einen harmonischen Farbdreiklang aus Weiß, Rot und Blau. Während das Weiß ihres Kopftuchs und ihrer Schulterbedeckung ihre erbsündelose Jungfräulichkeit versinnbildlicht, deutet das Karminrot ihres Gewandes als Farbe des Blutes und der Liebe auf das Geheimnis der Menschwerdung und Erlösung ihres Sohnes hin. Die blaue Himmelsfarbe ihres über den Knien liegenden Mantels zeigt Maria als Stern des Meeres, als neue Bundeslade (vgl. Num 4,5–6) und als Königin des Himmels. Maria ist halb liegend gegen einen Heuballen gelehnt und schützt auf diese Weise das vor ihr in einem Weidenkorb liegende göttliche Kind. Die Lichtstrahlen, die von seinem seitlich gegebenen Köpfchen ausgehen, weisen Jesus als das wahre Licht aus, das in die Welt gekommen ist (vgl. Joh 1,5.9; 3,19). Die rechts neben dem Korb sichtbare linke Hand Marias, mit der sie sich abstützt, macht auf die marianische Symbolik der Weidenzweige aufmerksam, aus denen die Liegestatt des Jesuskindes geflochten ist. Die Weide ist ein Sinnbild für die jungfräulich keusche und zum Keim göttlicher Frucht gewordene Unfruchtbarkeit Marias, da man in dem unfruchtbaren und samenlosen, aber doch unverwüstlich am Wasser sprossenden Weidenbaum ein Sinnbild für die sich selbst absterbende und gerade dadurch zu himmlischer Fruchtbarkeit führende Keuschheit sah.[71] In dem Stroh- und Heuballen erkennt man auch einige Weizenähren. Während sich links eine vom Glorienlicht der Engel beleuchtete Ähre vor dem Hintergrund der dunklen Dachbalken abzeichnet, sind weitere Ähren hinter dem Nimbus Marias und rechts zu Füßen Josefs zu sehen. Diese Weizenähren sind Sinnbilder für die Passion Christi und die Eucharistie, denn Jesus hat seinen zur Frucht der Erlösung führenden und in der Eucharistie sakramentale Gegenwart werdenden Tod mit der fruchtbringenden Aussaat eines Weizenkorns verglichen (vgl. Joh 12,24). Die Ähren zeigen, dass der Grund für die Geburt des inkarnierten Gottessohnes das Kreuzesopfer gewesen ist, das sich in der Messfeier in dem aus den Weizenkörnern gewonnenen Brot und im Wein vergegenwärtigt. Auf die Eucharistie verweist auch die anmutige Gebärde Marias, die mit ihrer rechten Hand das kostbare, durchsichtige Schleiertuch anhebt, mit dem ihr göttliches Kind bedeckt ist, um es den beiden Frauen auf der linken Seite des Heubodens zur Anbetung zu präsentieren. Marias Geste erinnert an das Enthüllen der mit kostbaren Velen verhüllten eucharistischen Aufbewahrungsgefäße und zeigt damit, dass ihr anbetungswürdiges Kind auch der im Altarsakrament gegenwärtige Christus ist.

Die vierte Figurengruppe wird durch die beiden Frauen gebildet, die sich von der linken Seite des Heubodens her der Heiligen Familie ehrfurchtsvoll entgegenneigen, während sie von oben her das Licht empfangen. Obwohl Maria sie anschaut und ihnen ihr göttliches Kind enthüllt, erwidern die beiden Frauen nicht den Blick der Mutter, sondern haben ihre Augen demütig auf Jesus gerichtet. Während im unteren Stallbereich die Personen noch teilweise miteinander kommunizieren, herrscht oben eine ruhigere Atmosphäre. Wie Maria sind die beiden Frauen in schlichte, volkstümliche Gewänder mit großen weißen Schultertüchern gekleidet. Ihre langen Haare sind ähnlich wie bei der unteren Magd zum Arbeiten zusammengesteckt und mit kleinen, eingeflochtenen Kopftüchlein bedeckt. Die hintere Frau hat in ähnlicher Weise wie der unten kniende Hirt die Hände zur Anbetung des Jesuskindes gefaltet und verkörpert damit auch die eucharistische Verehrung. Die vordere Frau, die durch ihre entblößte Brust – ein von Tintoretto neu eingeführtes Motiv – wohl als Amme zu deuten ist, hält wie die untere Magd einen Teller in ihrer linken Hand, während sie in ihrer Rechten einen Löffel bereithält, um dem Jesuskind, das die himmlische Speise selbst ist, irdische Nahrung zu reichen. Wie die beiden Hirtengruppen im Stall, so veranschaulichen auch die beiden Frauen auf dem Heuboden die Zusammengehörigkeit von Anbetung und Gabendarbringung und verweisen damit auf die eucharistische Einheit zwischen der Teilhabe am Opfer Christi und dem Opfer der Gläubigen.[72]

Der ungedeckte Dachstuhl, der auch für Wind, Regen und Schnee offen ist, gibt den Blick auf einen Abendhimmel frei, der im goldgelben Glorienlicht erstrahlt. Neben dem außerbildlichen Licht, das durch die benachbarten Fenster auf das Gemälde trifft, ist es im Bild das Glorienlicht, das durch den offenen Dachstuhl und das darunterliegende vergitterte Fenster einströmt und alles beleuchtet, angefangen von der Heiligen Familie, den beiden Frauen und den Heuballen bis hin zu den Hirten, der Magd und den Tieren im unteren Stall. Am oberen Bildrand blicken durch den offenen Dachstuhl aus dem Glorienlicht die Köpfchen geflügelter Cherubim wie neugierige Betrachter herunter. Sie scheinen inmitten einer kreisförmigen Aureole zu schweben und verdeutlichen die unsichtbare Gegenwart Gottvaters, den sie begleiten und auf dessen Gegenwart sie verweisen (vgl. 2 Kön 19,15; 1 Sam 4,4; Ps 99,1; Ps 18,11).[73]

Tintorettos Weihnachtsbild in der Sala superiore der Scuola di San Rocco gehört sicherlich zu den außergewöhnlichsten Darstellungen dieses heilsgeschichtlichen Themas. Es zeigt nicht nur neue Bildfindungen wie die Zweigeschossigkeit oder die Hereinnahme von drei Frauengestalten neben den Hirten, sondern weist mit der Ergänzung der Anbetung durch die Gabendarreichung auch eine ungewohnte inhaltliche Verlagerung auf. Während Tintoretto in seinen früheren Gemälden noch die stille Adoration durch die Hirten in den Mittelpunkt rückte,[74] sind es im Bild der Rochusbruderschaft nur noch zwei Hirten und eine Frau, die anbeten, während der hauptsächliche Bildinhalt durch die vier Personen veranschaulicht wird, die dem Jesuskind ihre Gaben bringen. Diese thematische Akzentuierung bedeutet aber keine Verweltlichung oder eine genrehafte Zutat, sondern stellt eine Besonderheit dar, die sich durch das Bildprogramm der Sala superiore erklärt, hinter dem die eucharistisch geprägte Frömmigkeit und die karitativen Aufgaben der Bruderschaft stehen. Da Tintoretto im Abendmahlsbild am anderen Ende der Ostwand bereits die Spendung der himmlischen Speise durch Christus darstellte, musste er im Weihnachtsbild der Darreichung der irdischen Speise an das Jesuskind ausnahmsweise den Vorrang vor der Anbetung zuweisen, um die karitativen Fürsorgedienste der Bruderschaft zu veranschaulichen und ihre Verortung im eucharistischen Mysterium aufzuzeigen. Um das Darbringen der Gaben, das auf das Opfer der Gläubigen bei der Messfeier verweist, szenisch herausstellen zu können, bot sich Tintoretto die Zweigeschossigkeit an, die dem Maler das Bildmotiv des Hinaufreichens ermöglicht, besonders das Emporheben des Brotlaibes. Zu den volkstümlichen Motiven des armseligen Stalls, des Schenkens der ländlichen Gaben, des demütigen Anbetens und des stillen Nachsinnens Marias, die alles in ihrem Herzen bewahrte (vgl. Lk 2,19), wurde Tintoretto durch seinen Freund Pietro Aretino angeregt.[75] In dieser irdischen Welt erlebte Tintoretto das Himmlische, ohne dabei das Diesseitige in das Transzendente umzudeuten, wie es etwa Tizian tat. Tintoretto ging vielmehr den umgekehrten Weg und ließ in die arme Behausung das himmlische Glorienlicht einströmen, das den Betrachter zum geistigen Kern des Mysteriums der Heiligen Nacht hinführt, zu dem neben der Anbetung auch die Gottesbegegnung durch das Darbringen der Gaben gehört.[76]

Der zwölfjährige Jesus im Tempel

Fest der Heiligen Familie. Evangelium: Lk 2,41–52

„Als seine Eltern ihn sahen, waren sie sehr betroffen, und seine Mutter sagte zu ihm: Kind, wie konntest du uns das antun?"
Lk 2,48

Der erste Sonntag nach Weihnachten ist der Heiligen Familie gewidmet. Im Lesejahr C, in dem die Perikopen vor allem dem Lukasevangelium entnommen sind, wird als Festtagsevangelium die von Lukas berichtete Geschichte des zwölfjährigen Jesus im Jerusalemer Tempel verkündet.

Im Lukasevangelium enden die Kindheitsberichte damit, dass eine erste Tat (vgl. Lk 2,43.46) und ein erstes Wort des jungen Jesus (vgl. Lk 2,49) berichtet werden. Der Anlass dazu war die jährliche Wallfahrt zum Paschafest nach Jerusalem, zu der man ab dem 13. Lebensjahr verpflichtet war. Als Jesus zwölf Jahre alt geworden war, wurde er von Josef und Maria nach Jerusalem mitgenommen (vgl. Lk 2,41–42). Der Weg von Nazaret nach Jerusalem betrug 120 Kilometer und ließ sich in etwa drei Tagen bewältigen. Die Heilige Familie reiste nicht allein, sondern machte sich zusammen mit Bekannten und Angehörigen (vgl. Lk 2,44) aus Nazaret und den umliegenden Dörfern auf den Weg. So waren Josef und Maria bei der Rückreise zunächst nicht weiter verwundert, als der unbemerkt in Jerusalem zurückgebliebene Jesus nicht bei ihnen war, da sie davon ausgehen konnten, er würde „irgendwo in der Pilgergruppe" mitgehen (Lk 2,44). Erst als sie ihn nach einer Tagesstrecke auch bei den Bekannten und Verwandten nicht fanden, machten sich die Eltern Sorgen, kehrten nach Jerusalem zurück und suchten Jesus. Nach drei Tagen fanden sie ihn im Tempel unter den Lehrern, denen er zuhörte und Fragen stellte (vgl. Lk 2,45–46), so dass die Gelehrten „über sein Verständnis und über seine Antworten" erstaunt waren (Lk 2,47). Als Maria zu ihm sagte: „Kind, wie konntest du uns das antun? Dein Vater und ich haben dich voll Angst gesucht" (Lk 2,48), und Jesus ihnen zur Antwort gab: „Warum habt ihr mich gesucht? Wusstet ihr nicht, dass ich in dem sein muss, was meinem Vater gehört?" (Lk 2,49), da konnten seine Eltern nicht verstehen, „was er damit sagen wollte" (Lk 2,50). Jesu Verhalten und seine rechtfertigende Antwort und damit das erste von ihm berichtete Tun und Reden machen schmerzlich den Abstand offenbar, der zwischen ihm und seinen nächsten Angehörigen besteht. Schon in seiner Jugend führte es zu einer Zerreißprobe, dass sich Jesus an seinen himmlischen Vater und dessen Wort und Willen gebunden wusste. So hörte er den Lehrern zu, stellte ihnen Fragen und war schon auf dem Weg, um als verheißener Messias den Tempel zum Ort seiner Lehre zu machen. Erstmals erklang auch das göttliche „muss" (Lk 2,49), das sein Leben bis zu seinem Tod am Kreuz bestimmen wird und wie ein Schwert auch die Seele Marias durchdringen sollte (vgl. Lk 2,35), die das damalige Geschehen „in ihrem Herzen" bewahrte (Lk 2,51). Dann aber kehrte Jesus gehorsam mit seinen Eltern nach Nazaret zurück, wuchs heran, nahm an Weisheit zu und fand bei Gott und den Menschen Gefallen (vgl. Lk 2,51–52). Obwohl ihn seine Eltern noch nicht verstanden hatten, war er wieder mit ihnen nach Nazaret gegangen und ihnen untertan gewesen, so wie er auch seinem Vater im Himmel immer gehorsam war (vgl. Phil 2,6–8).[1]

Eine in der christlichen Kunst einzigartige Darstellung des zwölfjährigen Jesus mit seinen besorgten Eltern Josef und Maria schuf 1342 der Sieneser Maler Simone Martini (um 1284–1344). Martini wurde wohl in Siena geboren,[2] wo er in die Werkstatt Duccio di Buoninsegnas (1250/60–1318/19) eintrat. Sein erstes großes selbständiges Werk schuf Martini um 1315 in der Sala del Mappamondo im Rathaus von Siena mit dem Fresko der „Maestà", das Maria zwischen Heiligen und Engeln zeigt. Bis 1317 vollendete er die Ausmalung der Martinskapelle in der Unterkirche von San Francesco in Assisi, für die er bereits von 1312 bis 1315 Entwürfe angefertigt hatte. Wie Giotto (1266–1337), dessen Fresken er in Assisi kennenlernen konnte, orientierte sich auch Martini an der Natur und dürfte zu den ersten mittelalterlichen Malern gehört haben, die den dargestellten Personen individuelle Porträtzüge verliehen hatten. Um 1317/19 distanzierte sich Martini von den Prägungen Duccios und Giottos und bildete in seinen Tafelbildern eine gotisierende Stilrichtung mit gewundenen und markanten Linienführungen aus. Martini gelangte zu Ansehen und heiratete 1324 Giovanna, die Tochter des Malers Memmo di Filipuccio (gest. nach 1285) und die Schwester des ebenfalls als Maler tätigen Lippo Memmi (um 1291–1356). Nachdem die Päpste seit 1309 ihre Residenz in das provenzalische Avignon verlegt

Simone Martini, Heilige Familie, 1342, Tempera auf Holz, 50 × 35 cm, Liverpool, The Walker Art Gallery. ▷

Simone Martini, Heilige Familie

hatten, ließ sich um 1336 auch Martini am päpstlichen Hof nieder, wo er mit dem Dichter und Geschichtsschreiber Francesco Petrarca (1304–1374) freundschaftlich verbunden war. In Avignon konnten die künstlerischen Ausdrucksformen des Nordens mit der aristokratischen Eleganz der italienischen Malerei verschmelzen und den Boden für den Stil der internationalen Gotik bereiten, der die europäische Kunst des späten 14. und frühen 15. Jahrhunderts prägen sollte. Zu den wichtigsten Wegbereitern dieses höfischen und feinsinnigen Stils gehörte auch Martini, dessen Kunstschaffen von Avignon aus nach Frankreich, Katalonien, Flandern und Böhmen ausstrahlte. Kurz vor seinem Tod im Sommer 1344 malte Martini 1342 in Avignon das Andachtsbild mit dem jungen Jesus und seinen Eltern Josef und Maria.[3]

Das nur einen halben Meter hohe Gemälde mit dem zwölfjährigen Jesus und seinen Eltern ist am unteren Bildrahmen mit dem Namenszug Simone Martinis und der Jahreszahl 1342 versehen: „SYMON DE SENIS ME PINXIT SUB A[NNO] D[OMINI] MCCCXLII", „Simon aus Siena malte mich im Jahr des Herrn 1342". Die Bildtafel wurde 1804 durch William Roscoe (1753–1831) erworben, kam dann 1819 in die Sammlung der Liverpool Royal Institution und von dort in die Walker Art Gallery von Liverpool.[4] Mit diesem Gemälde fand das künstlerische Schaffen Martinis seinen Abschluss. Das lebhafte Spiel der Gebärden und Mienen der Heiligen Familie weist schon voraus auf den erzählfreudigen und verinnerlichten Stil der internationalen Gotik des späten 14. Jahrhunderts.[5]

In diesem kleinen Andachtsbild tauchte zum ersten Mal in der christlichen Kunst das Motiv des zwölfjährigen Jesus auf, der nach seiner dreitägigen Diskussion mit den Lehrern im Tempel (vgl. Lk 2,46–47) von Josef vor seine Mutter geführt und ins Verhör genommen wird.[6] Während in der damaligen Ikonographie der zwölfjährige Jesusknabe als Lehrender im Mittelpunkt stand und seine Eltern nur eine Nebenrolle spielten, ging es bei Martini um die Darstellung der ängstlich-bekümmerten Anfrage Marias: „Kind, wie konntest du uns das antun? Dein Vater und ich haben dich voll Angst gesucht" (Lk 2,48), und um die selbstsicher-verwunderte Gegenfrage Jesu: „Warum habt ihr mich gesucht? Wusstet ihr nicht, dass ich in dem sein muss, was meinem Vater gehört?" (Lk 2,49). Damit hatte es Martini als erster Künstler gewagt, die Sinnspitze der Geschichte des zwölfjährigen Jesus im Tempel aus dem erzählerischen Kontext der Perikope herauszulösen und als Andachtsbild zur Darstellung zu bringen.[7] Obwohl die mittelalterlichen Prediger den Schluss der Geschichte mit dem bereitwillig nach Nazaret zurückkehrenden Jesus betonten (vgl. Lk 2,51), um ihn als Vorbild des Gehorsams herauszustellen, wurde bei Martini gerade die vorausgehende Auseinandersetzung der Mutter mit ihrem zwölfjährigen Sohn thematisiert. Über die Gründe für diese ungewöhnliche und jeder Auslegungstradition widersprechende Wahl kann nur spekuliert werden. Da es sich bei dem Tafelgemälde um kein öffentliches Altarbild, sondern um ein privates Andachtsbild handelt, könnte die Themenwahl auf einen vermögenden kirchlichen Auftraggeber am päpstlichen Hof in Avignon zurückgehen, der vielleicht bei der Durchsetzung seiner eigenen geistlichen Berufung eine ähnliche Konflikterfahrung wie der zwölfjährige Jesus erlebt hatte.[8]

Das Andachtsbild besitzt einen aufwendig gestalteten Rahmen und wird nach oben hin durch einen geschnitzten Bogen mit gotischem Maßwerk abgeschlossen. In den beiden Zwickeln zwischen dem hochrechteckigen Rahmen und dem Bogen sind zwei geflügelte Seraphim zu sehen. Der Hintergrund des Gemäldes wird großenteils von einem Goldgrund eingenommen und zeigt unten ein graues Bodenstück, das als flache Bildbühne für die in kostbare Gewänder gekleidete Heilige Familie dient, die den Bildraum ausfüllt und mit ihren Gebärden ganz aufeinander bezogen ist. Das Bild macht keine Angaben zu historischen und äußeren Umständen, sondern zeigt mit seinem Goldgrund, den beiden Engelsdarstellungen und seiner Konzentration auf die drei Personen, dass die Bildaussage trotz der durchaus spannungsreich dargestellten Begegnung zwischen Jesus und seinen Eltern letztlich nicht anthropologisch, sondern theologisch zu deuten ist.[9]

Auf der rechten Seite steht der mit gotischem Schwung gegebene Josef. Sein zu Jesus herabgeneigtes Haupt ist von einem kostbaren Goldnimbus umgeben, der sich durch seine Profilierung vom ebenfalls goldenen Hintergrund abhebt. Der mit seinem weißgrauen Bart- und Haupthaar als alter Mann charakterisierte Josef trägt einen violetten, goldgesäumten Mantel. Unter der langen, hellroten Tunika, die am Halsausschnitt und an den Ärmeln mit Goldstickereien verziert ist, ragen spitze Schuhe hervor. Josef hat den Jesusknaben herangeführt und die linke Hand mit einer fürsorglichen Gebärde sanft auf die Schulter des Zwölfjährigen gelegt. Mit der sprechenden rechten Hand weist er Jesus zurecht und stellt ihm zugleich die von ihm verursachte Besorgtheit der Mutter vor Augen. In die Geste seiner rechten Hand münden auch die weichen Schüsselfalten des Mantels ein, die gleichsam um die Öffnung des steif dastehenden Jesus gegenüber seiner Mutter zu werben scheinen. In seinem Gesicht, das er dem ihm anvertrauten Jesusknaben zugewandt hat, scheinen sich Kummer und Vorwurf widerzuspiegeln. Josef übernimmt als irdischer Nährvater Jesu den Dienst, zwischen Maria und ihrem Sohn zu vermitteln, der sich bei seinem dreitägigen Tempelaufenthalt gerade auf Gott als seinen himmlischen Vater berufen hat, bei dem er „sein muss" (Lk 2,49).[10]

Auf der linken Seite ist Maria zu sehen, die ebenfalls wie Josef nimbiert und in kostbare, goldgesäumte Gewänder gehüllt ist. Ihre Kleider zeigen die traditionellen Marienfarben. Während ihre Tunika mit der roten Farbe des Blutes und der Liebe ihre

Hingabe an ihre heilsgeschichtliche Aufgabe als Gottesmutter unterstreicht, verweist das Himmelblau ihres Mantels, mit dem sie auch ihr Haupt verschleiert hat, auf ihre göttliche Begnadung und ihre Würde als Himmelskönigin. Obwohl ihre ausgesprochenen Worte noch von irdischer Sorge erfüllt sind (vgl. Lk 2,48), zeigt sie mit ihrer demütig-sitzenden Haltung, in der sie kleiner als ihr göttlicher Sohn erscheint, dass sie bereit ist, „in ihrem Herzen" anzunehmen und zu bewahren (Lk 2,51), dass Jesus als Sohn Gottes „in dem sein muss", was seinem Vater gehört (Lk 2,49). So begegnet sie, auf einem Schemel fast am Boden (humus) sitzend, ihrem Sohn als niedrige (vgl. Lk 1,48) und demütige „Magd des Herrn" (Lk 1,38). Dieser Bildtypus der „Madonna dell'Umiltà" war im Umkreis Martinis als Andachtsbild entstanden, um ihre demütige Selbsterniedrigung anschaulich zu machen, die sie mit ihrem Sohn teilen wird (vgl. Lk 2,35).[11] Ihre Erniedrigung vor ihrem göttlichen Sohn, von der Maria schon bei der Verkündigung in Nazaret erfüllt war (vgl. Lk 1,38), nimmt aber nichts von der Eindringlichkeit ihrer Frage an ihn weg. So ist ihre Anfrage: „Kind, wie konntest du uns das antun?" (Lk 2,48), nach der lateinischen Bibelversion auf den aufgeschlagenen Seiten des Büchleins zu lesen, das auf ihrem Schoß liegt: „fili qui[d] fecisti n[obis sic]" (Lc 2,48 Vulgata). Während sie mit der linken Hand das kleine Buch hält, unterstreicht sie ihre Frage mit der rechten Handgebärde, die kräftig über ihre Körperkontur hinausgeht und sich mit der Hand Josefs verbindet. Dieses vor dem Goldhintergrund feierlich wirkende Zusammenspiel der Hände Marias und Josefs drückt die Sorge der sich für Jesus verantwortlich fühlenden Eltern aus, die damals noch nicht verstanden, „was er damit sagen wollte" (Lk 2,50).[12]

Der vor seine Mutter geführte Jesus ist durch einen kreuzförmigen Goldnimbus ausgezeichnet und traditionell in rote und blaue Gewänder gehüllt, die wie bei seinen Eltern mit goldenen Säumen verziert sind. Während das Rot seines Mantels auf seine Menschennatur verweist, steht das Blau seiner Tunika als Himmelsfarbe für seine Gottheit und unterstreicht damit seine Antwort, dass er als Sohn Gottes „in dem sein muss", was seinem „Vater gehört" (Lk 2,49). Das Gesicht des Jesusknaben, das von blonden, vollen Haaren umrahmt ist, wirkt mit den nach unten gezogenen Mundwinkeln und den etwas zugekniffenen Augen trotzig. Jesus hat seine Arme vor der Brust verschränkt und zeigt dadurch, dass er sich den Bemühungen der Eltern entzieht und auch nicht die Zärtlichkeit seiner Mutter sucht. Mit dieser Geste soll aber keine pubertäre oder gar eigensinnige Auflehnung veranschaulicht werden, sondern sein Einssein mit dem Vater zum Ausdruck kommen. Deshalb berührt er seine Brust und damit sein Herz nicht direkt mit den abweisend verschränkten Armen, sondern drückt ein kleines Buch an sich, das im Unterschied zum Buch Marias geschlossen ist, um das darin enthaltene Wort des göttlichen Willens gleichsam zu „umschließen". Indem Jesus ein Buch an sein Herz drückt, dessen Umschlag die rote Liebesfarbe trägt, bringt er seinen Liebesgehorsam zum Willen seines Vaters zum Ausdruck. Während das Mienenspiel und die verschränkten Arme nach außen hin seine trotzige Verweigerungshaltung veranschaulichen, zeigt das rote Büchlein vor seinem Herzen, dass sich der zwölfjährige Jesus für seine Entschiedenheit gegenüber Maria und Josef auf das göttliche „muss" (Lk 2,49) beruft.[13]

Durch den gemeinsamen Goldhintergrund bleibt aber die Einheit der Heiligen Familie bewahrt und zeigt sie als Ort der sanften Vermittlung Josefs, der zärtlichen Ermahnung Marias und des in Jerusalem aufleuchtenden Gehorsams Jesu zu seinem himmlischen Vater, dessen irdisches Spiegelbild der Gehorsam im Familienalltag von Nazaret (vgl. Lk 2,51–52) sein wird.

Die Beschneidung Jesu

1. Januar – Hochfest der Gottesmutter Maria – Neujahr
Evangelium: Lk 2,16–21

„Als acht Tage vorüber waren und das Kind beschnitten werden sollte,
gab man ihm den Namen Jesus."
Lk 2,21

Am Neujahrstag werden die lukanischen Perikopen der Heiligen Nacht (Lk 2,1–14) und des Hirtenamtes am Weihnachtsmorgen (Lk 2,15–20) fortgeführt. So berichtet das Evangelium des 1. Januar von der Beschneidung Jesu am achten Tag nach seiner Geburt und von seiner Namensgebung: „Als acht Tage vorüber waren und das Kind beschnitten werden sollte, gab man ihm den Namen Jesus, den der Engel genannt hatte, noch ehe das Kind im Schoß seiner Mutter empfangen wurde" (Lk 2,21). Während Jesus mit seiner Beschneidung dem Gesetz des Alten Bundes unterstellt wurde, verweist sein Name, der „Jahwe rettet" bedeutet, auf die einzigartige heilsgeschichtliche Sendung des neugeborenen Kindes als Retter und Heiland, der gekommen ist, um sein Volk von seinen Sünden zu erlösen (vgl. Mt 1,21).

Die auf Abraham zurückgeführte Beschneidung des männlichen Geschlechts (vgl. Gen 17,10–14) am achten Tag (vgl. Gen 17,12; Lev 12,3) galt als Zeichen des Bundes zwischen Gott und Israel und als Kennzeichen der Zugehörigkeit zum auserwählten Gottesvolk.[1] Die mit der Namensgebung verbundene Beschneidung wurde in der Regel von den Eltern im Haus vollzogen, später aber häufig durch den Mohel ausgeführt. Im Christentum trat dann die Taufe als Initiationssakrament an die Stelle der Beschneidung. Als Fest „Circumcisio Christi" wurde die Beschneidung Jesu erstmals 567 auf der Synode von Tours als liturgische Feier erwähnt. In Rom feierte man

Federico Barocci, Beschneidung Jesu, 1590, Öl auf Leinwand,
252 × 374 cm, Paris, Musée du Louvre.

Federico Barocci, Beschneidung Jesu

das Fest seit dem 9. Jahrhundert am 1. Januar als Oktavtag von Weihnachten. Im Mittelalter verband man mit diesem Fest vor allem die Erinnerung an das erste Blutvergießen des künftigen Erlösers, so dass man auch das Beschneidungsmesser zu den Leidenswerkzeugen Christi rechnete.[2]

Während die ältesten abendländischen Darstellungen seit dem 10. Jahrhundert nicht den Vorgang selbst, sondern dessen Vorbereitung zeigten, kam es ab dem 12. Jahrhundert auch zur Darstellung der Beschneidung selbst, die teilweise durch Josef durchgeführt wird. Seit dem frühen 11. Jahrhundert wurden in den Bildern der Beschneidung Jesu auch Bezüge zur Taufe und zum Erlöserleiden Christi hergestellt. In der Zeit der spätmittelalterlichen Passions- und Marienfrömmigkeit wurde die Beschneidung Jesu häufig ins Bild gesetzt. Seit dem 14. Jahrhundert wurden neben Maria, Josef, dem Priester und dem Mohel auch Gehilfen mit Schalen als Begleitfiguren ausgeführt. Mit der Darstellung des ängstlichen Kindes und seiner von Seelenschmerz erfüllten Mutter stellten die Künstler den gefühlsmäßig anrührenden Gehalt der Szene heraus. Während in einem ersten Bildtypus Maria das Jesuskind dem Priester oder Mohel zur Beschneidung hinhält, trägt in einer zweiten Darstellungsweise der beschneidende Priester selbst das Kind auf seinem Schoß. In einer dritten Variation stehen Maria und Josef abseits, während der Priester das Kind hält, das durch den Mohel beschnitten wird.[3] Diesem dritten Bildtypus folgte auch Federico Barocci (um 1535–1612) in einem 1590 vollendeten Gemälde, das er für die Kirche der in Pesaro wirkenden Laienbruderschaft des göttlichen Namens Jesu, der „Compagnia del Nome di Dio", geschaffen hatte.

Federico Barocci entstammte einer Künstlerfamilie im oberitalienischen Urbino und lernte bei Giovanni Battista Franco (vor 1510–1561) und seinem Onkel Bartolomeo Genga (1518–1558). Um sich intensiver mit der Kunst Raffaels (1483–1520) befassen zu können, ging er nach Rom, wo er in Kardinal Giulio della Rovere (1533–1578), der ebenfalls aus Urbino stammte, einen Mäzen fand. Als Barocci von 1560 bis 1563 an der Freskoausstattung des Casinos des Papstes Pius IV. (reg. 1559–1565) in den Vatikanischen Gärten beteiligt war und dabei – vielleicht durch eine aus Neid zugefügte Vergiftung – schwer erkrankte, zog er sich nach Urbino zurück, wo er erst wieder nach zwei Jahren seine Malertätigkeit fortsetzen konnte. Barocci schuf von da an keine Fresken mehr, sondern nur noch Ölgemälde, an denen er immer über mehrere Jahre arbeitete und die er mit zahlreichen Zeichenstudien vorbereitete. Trotz seiner nervlichen Schwächung konnte Barocci eine eigene Bildsprache entwickeln, mit der er sich von den künstlerischen Anliegen des Manierismus absetzte. Um den Betrachter im Sinne der Kunsttheorie der katholischen Reform seelisch zu bewegen, setzte er breite Helligkeitszonen und wechselnde Farbtöne ein und rückte oftmals eine intensive Blickkontaktaufnahme ins Zentrum. Baroccis Szenen sind einfach und konzentriert aufgebaut, klar lesbar und atmen eine natürliche und bisweilen sentimentale Atmosphäre.[4]

MIT DEM VON DER BRUDERSCHAFT DES NAMENS GOTTES in Pesaro in Auftrag gegebenen Gemälde der Beschneidung Jesu beschäftigte sich Barocci mehrere Jahre. Die am 6. Februar 1573 gegründete Laienbruderschaft, die sich den Werken der Frömmigkeit und der Nächstenliebe widmete, hatte 1577 mit dem Bau ihrer Kirche begonnen und 1581 die Innenausstattung beschlossen. Da die Bruderschaft am 1. Januar ihr Hauptfest feierte, an dem Jesus acht Tage nach seiner Geburt beschnitten wurde und seinen Namen bekam, erhielt 1581 Barocci den Auftrag, für den Hochaltar ein Gemälde mit der Beschneidung des neugeborenen Erlösers anzufertigen. Wegen der Nervenschwäche des zurückgezogen im fast 40 Kilometer entfernten Urbino lebenden Malers zog sich die Ausführung des Altarbildes lange hin, wie auch die vielen erhaltenen Vorstudien zeigen.[5] Schließlich konnte der durch Vorauszahlungen gedrängte Barocci das Gemälde 1590 vollenden, wie die auf der rechten Seite angebrachte Signatur mit der Datierung zeigt.[6] Baroccis Hochaltarbild mit der Beschneidung Jesu bildete nun das Zentrum der kleinen Bruderschaftskirche, bis es 1797 in den napoleonischen Wirren entfernt wurde und 1798 in den Louvre nach Paris kam. Nachdem man es 1802 der Kathedrale Notre-Dame überlassen hatte, wurde es 1862 durch das Domkapitel wieder an den Louvre übergeben, wo es sich bis heute befindet. Das Ölgemälde, das in einigen Bildpartien nicht mehr gut erhalten ist, wurde 1957 einer Restaurierung unterzogen.[7]

In seinem Bemühen, das Bildthema der Beschneidung Jesu in einer neuen Komposition zu arrangieren, wählte Barocci eine kreisförmige Grundstruktur, die links bei dem Hirten mit dem Lamm beginnt, über den leeren Zwischenraum zu den rechts stehenden Gefäßen hinübergeht und mit den darüber angeordneten Hauptakteuren abschließt.[8] Während die untere Ebene mit der Beschneidungsszene eine helle Zone bildet, ist der obere Bildraum verschattet. Die Farbtöne changieren in der für Barocci charakteristischen Weise, wobei rote, gelbliche und erdfarbene Töne dominieren.

Im diagonalen Bildzentrum ist die Beschneidung dargestellt, die in einem nicht näher bestimmten Raum stattfindet, der einen glatten Fußboden besitzt und von Vorhängen begrenzt ist. Die am oberen Bildrand und seitlich drapierten Vorhänge geben den Blick in eine Landschaft frei, über der sich ein nächtlicher Himmel erhebt, der den Bildhintergrund in dunkle Schatten taucht. Obwohl das Lukasevangelium keine Angaben über den Ort der Beschneidung macht, lässt das Gemälde das Geschehen in Betlehem stattfinden, wie es auch der apokryphen Überlieferung entspricht.[9] Auf Betlehem verweisen links vorne die beiden Hirten und der neben dem rechten Vorhang im dunklen Hintergrund sichtbare Ochse, neben dem ein weiteres, einem Esel ähnelndes Tier zu sehen ist.

Links sitzt auf einer Holzbank der mit Turban und zeremoniellen Gewändern bekleidete bärtige Priester. Er trägt über einer weißen, am Rand bestickten Albe ein ärmelloses hellblaues Gewand und hat über seine Schultern einen am Halsausschnitt pelzverbrämten roten Mantel geworfen, der zu seinen beiden Seiten über die Bank herabfällt. Der Priester hat seine Füße auf einen kunstvoll mit einem Engelskopf geschnitzten Schemel gestützt und hält mit seinen Händen das nackte Jesuskind auf seinem Schoß fest. Rechts neben dem Priester ist die dominierende Rückenfigur des Mohel zu sehen, der sich eine blaue Schürze um sein hellgelbes Gewand gebunden hat. Der Mohel hat die Beschneidung offenbar gerade vollzogen, wie die gespreizten Finger seiner linken Hand zeigen, mit denen er ein kleines weißes Tuch an die beschnittene Stelle drückt, während er mit der rechten Hand ein kleines Tuch oder ein Schwämmchen in eine mit Wasser gefüllte Silberschale eintaucht. Über der Schüssel beobachten ein bärtiger Mann und eine Frau – wohl Angehörige der Heiligen Familie – mit ernsten Mienen das Geschehen. Über dem Mohel taucht im dunklen Bildhintergrund ein Mann mit Kopfbedeckung und vollem Bart auf, der das nunmehr zu einer Passionsreliquie gewordene Beschneidungsmesser wieder in das Futteral zurücksteckt.

Links neben dem Priester ist ein junger Helfer dargestellt, der wie ein Ministrant in seiner linken Hand eine lange Kerze hält, die mit ihrer Flamme in den dunklen Hintergrund hineinleuchtet. Er wendet sich dem linken der beiden Hirten zu und lenkt dessen Aufmerksamkeit mit dem Zeigefinger seiner rechten Hand auf eine kleine Rundschale, die der Aufnahme der abgetrennten und blutenden Vorhaut Jesu dient.[10] Indem der junge Helfer auf diese Schale zeigt, verweist er auch auf das Blut Christi, das der Erlöser am achten Tag nach seiner Geburt erstmals vergossen hat. Unterstützt wird dieser Gedanke durch die mächtige blutrote Manteldraperie des Priesters, von der die kleine Schale hinterfangen wird. Der Aspekt des Blutes, den auch die im 13. Jahrhundert entstandene „Legenda aurea" betonte,[11] verweist auf die Eucharistie voraus, die unter Baroccis Gemälde auf der Mensa des Hochaltares als sakramentale Vergegenwärtigung des blutigen Kreuzestodes Christi gefeiert wurde. Der wissende Blick des jungen Dieners mit seiner hellen Stirn scheint darauf hinzudeuten, dass er die eucharistische Symbolik des Erlöserblutes begriffen hat.[12]

Das Drama des ersten Blutvergießens, das auf das kommende Kreuzesopfer und damit immer auch auf dessen eucharistische Vergegenwärtigung hinweist, spiegelt sich besonders intensiv im ausdrucksstarken Gesicht des Jesusknaben wider, das von einem in Kreuzesform leuchtenden Nimbus umspielt wird. Während Jesus zu seiner Rechten und Linken von den beiden blutroten Mantelstücken des Priesters gleichsam eingerahmt wird, blickt er mit einem verhaltenen und nicht schmerzverzerrten, aber doch traurigen und duldenden Antlitz als einzige der dargestellten Personen den Betrachter des Bildes direkt an. Mit dieser für Barocci typischen Blickkontaktaufnahme wird der Betrachter mit dem Geschehen direkt konfrontiert und emotional bewegt. Dadurch soll er Mitleid mit dem schon als Kind leidenden Erlöser empfinden und im Glauben an das Heilsmysterium Christi gestärkt werden.

Als Vorbilder für diese Haltung dienen die beiden geflügelten Engel, die über dem Geschehen am dunklen Nachthimmel in ihren weißen Gewändern leuchten und den menschgewordenen Sohn Gottes anbeten. Während der linke Engel seine Arme in leidenschaftlicher Bewegung ausgebreitet hat, hält der rechte Engel seine Hände gefaltet. Diese Anbetungsgeste des rechten Engels wird von der unter ihm knienden Gottesmutter aufgenommen. Marias Haupt ist von einem Lichtkranz umgeben. Sie ist traditionell in den himmelblauen Mantel ihrer göttlichen Begnadung gekleidet und trägt darunter das blutrote Gewand, das auf das Menschwerdungs- und Erlösungsmysterium Christi verweist. In den Gesichtsausdruck Marias mischt sich auch ein schmerzvoller und trauriger Zug, der Marias vollkommene Fähigkeit zum Mitleiden (compassio) mit ihrem göttlichen Sohn zum Ausdruck bringt. Hinter Maria steht in einem hellbraunen Mantel Josef, dessen bärtiges und vom Alter gezeichnetes Haupt ebenfalls nimbiert ist. Zum Zeichen seiner Anbetung hat er in innerlicher Ergriffenheit seine linke Hand auf die Brust gelegt. Dass Maria und Josef nicht aktiv, sondern betend an der von den Amtsträgern durchgeführten Zeremonie teilnehmen, wirft ein Licht auf die Anliegen der katholischen Reform, in der auch die Notwendigkeit des Vermittlungsdienstes des Priestertums herausgestellt wurde.[13]

Die Bildaussage wird schließlich durch die Vordergrundgestaltung abgeschlossen. Auf der rechten Seite sind eine mit Wasser gefüllte Schale, eine große Kanne mit einem weißen Tuch und eine Silbergarnitur zu sehen, die aus einem runden Tablett und einer reich verzierten Kanne besteht. Diese mit Wasser und Reinigung verbundenen Gegenstände verweisen auf die Taufe, die in der Kirche an die Stelle der Beschneidung als Aufnahmeritus in das neue Gottesvolk getreten ist.[14] Da aber die Kraft der durch das Taufwasser bewirkten Erlösung von dem am Kreuz vergossenen Blut Christi (vgl. Joh 19,34) herrührt, kommt wieder die Beschneidung ins Spiel, bei der erstmals das kostbare Erlöserblut vergossen wurde.

Auf der linken Seite sind zwei Hirten dargestellt, die vielleicht schon vor acht Tagen bei der Geburt des Retters zur Anbetung gekommen waren und nun bei der Beschneidung erneut dabei sind. Während der linke, sich auf seinen Stab stützende Hirt durch den jungen Diener auf die Schale mit der Vorhaut und damit auf das Blut des künftigen Erlösers hingewiesen wird, hat sich der Hirt neben ihm anbetend niedergekniet. Dieser ist mit einem hellroten Gewand bekleidet, das farblich mit dem

Mantel des Priesters korrespondiert. Darunter trägt er eine Felltunika, in die er auch seine Hirtenflöte gesteckt hat. Der Hirt stützt sich mit seinem rechten Arm auf seinen Stab, hält in der linken Hand seinen zur Anbetung abgenommenen Hut und blickt ehrfürchtig den Jesusknaben an. Als rückwärtig gegebene Gestalt dient der Hirt dem Betrachter als Identifikationsfigur, um sich ebenfalls anbetend dem Geschehen zu nähern. Rechts neben dem Hirten liegt am Boden ein Lamm mit zusammengebundenen Füßen, wie es von vielen Darstellungen der Hirtenanbetung her bekannt ist. Das Lamm, das der Hirt als Opfergabe mitgebracht hat, deutet auf den Erlösertod Jesu voraus, der sich am Kreuz als Sühneopfer für das Heil der Welt darbringen wird, um die Sünden der Welt hinwegzunehmen (vgl. Joh 1,29.36). Das gebunden dargebrachte Lamm macht deutlich, dass die bei der Beschneidung vergossenen ersten Tropfen des Erlöserblutes schon die Bestimmung Jesu als Opferlamm und damit seine eucharistische Gegenwart in der Hostie als „Agnus Dei" auf dem Altar ankündigen.[15] Dass bei dem Hirten neben dem Lamm auch sein Stab und seine Flöte so sehr betont werden, lässt sich vielleicht durch die mittelalterlichen Mysterienspiele erklären, in denen die Hirten in Anlehnung an die Anbetung der Könige dem Jesuskind statt Weihrauch, Gold und Myrrhe (vgl. Mt 2,11) einen Hirtenstab, eine Flöte und ein Lamm darbrachten. Mit dem Stab sollte Jesus als der spätere Seelenhirte und mit der Flöte als der neue Orpheus ausgewiesen werden, dem seine Jünger als dem wahren göttlichen Sänger des Evangeliums folgen werden, während man mit dem Lamm auf das Kreuzesopfer des Erlösers hinweisen wollte.[16]

Mit seiner Darstellung der Beschneidung Jesu schuf Federico Barocci nicht nur ein erzählfreudiges Gemälde, sondern auch ein Bild mit tiefer Symbolik. Die dem Altarbild innewohnende meditative Kraft, die das fromme Gemüt des Betrachters anrühren soll, macht das Gemälde zu einem Hauptwerk der italienischen Malerei des späten 16. Jahrhunderts.[17] Barocci gelang es, das delikate Thema der Beschneidung Jesu in zurückhaltender Weise zu formulieren. Durch die dominierenden roten Farbtöne und die subtile soteriologisch-eucharistische Symbolik lenkte er den Blick auf das erste Blutvergießen Christi, um Jesus schon bei seiner Beschneidung als den verheißenen Retter zu zeigen, wie es auch der Bedeutung seines Namens entspricht, der ihm am achten Tag nach der Geburt gegeben wurde und den die Mitglieder der Compagnia del Nome di Dio am 1. Januar mit großer Festlichkeit verehrten.

Der Johannesprolog

Zweiter Sonntag nach Weihnachten. Evangelium: Joh 1,1–18

*„Und das Wort ist Fleisch geworden und hat unter uns gewohnt,
und wir haben seine Herrlichkeit gesehen."*
Joh 1,14

Wie am Hochfest der Geburt des Herrn wird auch am zweiten Sonntag nach Weihnachten in der Eucharistiefeier der Prolog des Johannesevangeliums verkündet. In diesem Prolog wurde die Sendung des menschgewordenen Sohnes Gottes Jesus Christus in einen weiten heilsgeschichtlichen Rahmen gestellt, der sein präexistentes, ewiges Gottsein beim Vater und seine Inkarnation im Fleisch umfasst. Als der Johannesprolog verfasst wurde, nahm man ein altes christliches Gemeindelied auf (vgl. Joh 1,1–5.9–12.14.16) und erweiterte es unter anderem durch Passagen, die sich auf Johannes den Täufer als Vorläufer Christi beziehen (vgl. Joh 1,6–8.15).

Das noch ganz von der spätisraelitischen Weisheitslehre geprägte Gemeindelied bezeichnet den Sohn Gottes als den „Logos" (λόγος), als das „Wort", das mit Gott im Innersten eins ist und von Uranfang an bei Gott war: „Im Anfang war das Wort, und das Wort war bei Gott, und das Wort war Gott" (Joh 1,1). Durch dieses Wort wurde alles geschaffen (vgl. Joh 1,3), und in diesem Wort standen von allem Anfang an die Heilsgaben des Lebens und des Lichtes bereit, die dann der christlichen Gemeinde zuteilwurden (vgl. Joh 1,4). Für Jesus Christus, das wahre, in der Finsternis leuchtende Licht (vgl. Joh 1,5.9), legte Johannes der Täufer Zeugnis ab (vgl. Joh 1,6–8.15). Während aber die Welt dieses Wort, das Licht und Leben in sich hat, nicht erkennt und ablehnt (vgl. Joh 1,5.10–11), kann es durch den Glauben aufgenommen werden (vgl. Joh 1,12). Dann spricht der Johannesprolog von der Menschwerdung des göttlichen Wortes als der letzten, einzigartigen Heilsinitiative Gottes: „Und das Wort ist Fleisch geworden und hat unter uns gewohnt, und wir haben seine Herrlichkeit gesehen, die Herrlichkeit des einzigen Sohnes vom Vater, voll Gnade und Wahrheit" (Joh 1,14). In Jesus Christus ist in der vergänglichen Hinfälligkeit des Fleisches wirklich die Herrlichkeit Gottes sichtbar aufgeleuchtet und hat sich als Fülle der Gnade und Wahrheit geoffenbart. In ihm, dem ewigen Wort des Vaters, dem fleischgewordenen Sohn Gottes, hat sich der unsichtbare Gott (vgl. Ex 33,18.20) in unüberbietbarer Weise selbst erschlossen: „Niemand hat Gott je gesehen. Der Einzige, der Gott ist und am Herzen des Vaters ruht, er hat Kunde gebracht" (Joh 1,18). Von dieser Selbstoffenbarung Gottes in Jesus Christus will das Johannesevangelium mit seinem am Anfang stehenden Prolog Zeugnis geben.[1]

EINE EINZIGARTIGE DARSTELLUNG DER IM JOHANNESPROLOG geschilderten Selbstoffenbarung Gottes in seinem ewigen und fleischgewordenen Wort findet sich in einer ottonischen Miniatur des Regensburger Uta-Codex, in der neben dem Mittelbild des Evangelisten Johannes die Verse des Prologs zitiert und in vier Eckmedaillons durch kleine szenische Darstellungen illustriert werden.[2]

Als zu Beginn des 11. Jahrhunderts der Uta-Codex für das Kloster Niedermünster geschaffen wurde, befand sich die bayerische Hauptstadt Regensburg in einer künstlerischen Blütezeit. Nach der Beilegung des Thronstreits zwischen dem ottonischen Königshaus und dem Bayernherzog Heinrich dem Zänker (reg. 955–976 und 985–995), der 985 unter König Otto III. (reg. 983–1002) wieder als Herzog eingesetzt wurde, konnten sich die durch den Regensburger Bischof Wolfgang (reg. 972–994) angestoßenen Reformansätze ungehinderter durchsetzen, so dass sich Regensburg immer mehr zu einem Zentrum der ottonischen Kunst entwickelte. Nachdem Wolfgang sein Bischofsamt von der Würde eines Abtes des Klosters St. Emmeram getrennt hatte, holte er den aus dem Trierer Reformkloster St. Maximin stammenden Mönch Ramwold (um 900–1001) nach Regensburg, wo er 975 der erste selbständige Abt des Emmeramsklosters wurde. Unter Ramwold wurde St. Emmeram zum geistigen Mittelpunkt der Gorzer Klosterreform und zu einer Stätte der Kunstpflege, wie die 980 geweihte Ramwoldkrypta und die Restaurierung der wertvollen spätkarolingischen Handschrift des Codex aureus zeigen. Zu einem zweiten ottonischen Reform- und Kunstzentrum Regensburgs wurde das adelige Damenstift Niedermünster, in das nach 973 Judith (925–985) eingetreten war, die Witwe des Bayernherzogs Heinrich I. (reg. 938–955), der um 950 für das Stift eine neue Kirche erbauen ließ. Bischof Wolfgang bemühte sich vergeblich, das Niedermünsterstift zusammen mit Obermünster, dem zweiten adeligen Kanonissenstift in Regensburg, nach der Benediktregel zu

Miniatur zum Johannesprolog, Uta-Codex, Codex Latinus Monacensis 13601, fol. 89v, um 1002/25, Deckfarbenmalerei mit Gold auf Pergament, ca. 38,5 × 27 cm (Blattgröße), München, Bayerische Staatsbibliothek. ▷

Uta-Codex, Miniatur zum Johannesprolog

reformieren, so dass er sich 983 veranlasst sah, in Mittelmünster ein neues Nonnenkloster zu gründen. Als 985 Heinrich der Zänker in seine Herzogsstadt zurückkehren konnte, kam es unter der Äbtissin Uta von Kirchberg (reg. 990/91–1025/44) auch in Niedermünster zu der bischöflich angestrebten Umwandlung in ein Nonnenkloster, das nach der Benediktregel und der Klausurregel des Bischofs Cäsarius von Arles (reg. 503–546) lebte, wie das um 990 angefertigte Regelbuch von Niedermünster belegt.[3] Auf Bitten Utas verlieh König Heinrich II. (reg. 1002–1024), der Enkel der Herzogin Judith, dem Niedermünsterkloster 1002 die Reichsunmittelbarkeit, schenkte ihm 1006 Besitzungen in Regensburg und erneuerte 1021 eine Kirchenschenkung. Unter König Konrad II. (reg. 1024–1039) wurden 1025 die 1002 verliehenen Rechte bestätigt. Auf das unter Uta aufblühende Kunstschaffen verweisen die im Klosterbereich erbaute Erhardikapelle, das um 1006 gestiftete Giselakreuz, das die ungarische Königin Gisela (984/85–1060) für das Grab ihrer in der Niedermünsterkirche beigesetzten Mutter Gisela von Burgund (um 950–1007) anfertigen ließ, und vor allem der Uta-Codex, den die Reformäbtissin um 1002/25 als Perikopenbuch für die Liturgie ihres Klosters stiftete.[4] Als das Reichsstift Niedermünster 1810 an das neu gegründete Königreich Bayern fiel und säkularisiert wurde, kam der Uta-Codex 1811 nach München in die königliche Hof- und Zentralbibliothek und damit in die Bayerische Staatsbibliothek.[5]

Der Uta-Codex gehört zu den wichtigsten Handschriften der Ottonenzeit und wurde von Georg Swarzenski (1876–1957), dem Pionier der Erforschung der Regensburger Buchmalerei, sogar als das vielleicht bedeutendste Werk der abendländischen Kunstgeschichte bezeichnet.[6] Das Evangeliar, das die Perikopen nach den Evangelien verteilt,[7] ist eine Prachthandschrift, die einen mit Gold, Edelsteinen, Email und Perlen verzierten Buchkasten besitzt und mit sorgfältig angelegten Zierseiten ausgeführt ist. Neben der auffallend reichen Gold- und Purpurverwendung und den fast durchweg goldenen Inschriften zeichnen sich die ganzseitigen Miniaturen durch helle, freundliche Farben und durch eine Ornamentik aus, die mit Zierranken und aufwendigen Rahmenarchitekturen mit Medaillons und Halbkreisformen die Seiten ganz überziehen. Der gold-purpurne Zweiklang, die reiche Ornamentik und die an den Codex aureus erinnernde pastose Farbigkeit verweisen auf eine Anfertigung des Uta-Codex in Regensburg, zeigen aber bei der Figurendarstellung auch Einflüsse der Reichenauer Malschule.[8]

Neben seiner äußeren Pracht stellt der Uta-Codex auch eine theologisch tief durchdachte Handschrift dar, in der Swarzenski ein „unerreicht gebliebenes Kunstwerk des Geistes" sah.[9] Das anspruchsvolle theologische Bildprogramm, das den ganzen damaligen Wissensstand einbezieht, steht in einem inneren Bezug zur liturgisch-klösterlichen Bestimmung des Perikopenbuches und ist ganz vom Leitmotiv der christlichen Weltdeutung geprägt. Die mit Inschriften übervollen Miniaturen entfalten in ausgefeilten ikonographischen Kompositionen, geometrisch-symmetrischen Konstruktionen und erklärenden Beischriften den Gedanken der von Gott begründeten harmonischen Schöpfungsordnung, die durch die Heilstat seines Sohnes, des menschgewordenen ewigen Wortes (vgl. Joh 1,1), wiederhergestellt wurde.[10] Bei dieser theologisch tiefgehenden Programmatik kommt gerade dem Johannesprolog eine große Bedeutung zu, der sich im Uta-Codex mit dem philosophisch-theologischen Gedankengut des Boëthius (475/480–525) und mit den um 500 entstandenen Schriften des Pseudo-Dionysius Areopagita verbindet. Die tragende Rolle des Johannesprologs könnte auch auf eine Mitwirkung der Stifterin hindeuten, da sie in einer Johanneskapelle oder an einem Johannesaltar begraben wurde und deshalb eine besondere Beziehung zu diesem Heiligen gehabt haben muss.[11] Auch wenn man in Uta wohl kaum die alleinige Urheberin des theologischen Konzeptes sehen kann, wie Swarzenski noch annahm,[12] so stand sie dennoch in engem Kontakt mit den gelehrten Reformmönchen von St. Emmeram. Unter diesen Mönchen ragte damals der um 1029 nachweisbare Hartwic heraus, der in Chartres bei Bischof Fulbert (reg. 1006–1028) studierte und nach seinem Eintritt in St. Emmeram wohl auch zu den Vermittlern des Schrifttums des Pseudo-Dionysius Areopagita im Kloster gehörte. Die im Uta-Codex verwendeten Gräzismen und die ambrosianischen Strophen sowie das boëthianische und pseudo-dionysianische Geistesgut dürften auf Hartwic als Urheber des theologischen Konzeptes des Uta-Codex verweisen. Letztlich richtete sich der im Uta-Codex im Zeichen des Johannesprologs programmatisch vorgetragene Glaube an den göttlichen Schöpfungsplan und das Inkarnationsmysterium vor allem an die Nonnen in Niedermünster, die zu denen gehören wollten, die das menschgewordene Wort des Vaters aufnehmen, um vom Schöpfer die Macht zu empfangen, Kinder Gottes zu werden (vgl. Joh 1,12).[13]

Die ganzseitige Miniatur zum Johannesprolog stellt im Uta-Codex das letzte der vier Evangelistenporträts dar und wird von einem reich mit Gold verzierten Rahmen mit stilisierten Pflanzenmotiven umgeben. Das große Medaillon in der Mitte zeigt den greisen, nimbierten Evangelisten Johannes. Wie die Christusdarstellung in dem kleinen Medaillon links unten zeigt, ist Johannes als Lieblingsjünger und Vertrauter Jesu wie sein Meister in eine blaue, weißgehöhte Tunika und in ein hellrotes, goldverziertes Obergewand gekleidet. Während das Blau auf die Schau der himmlischen Mysterien verweist, die Johannes gewährt wurde, weist ihn das Rot als Lieblingsjünger aus. Das von ihm verfasste Evangelium wird durch den entrollten Rotulus veranschaulicht, den Johannes in seiner Rechten hält. Mit seiner erhobenen linken Hand unterstützt er seinen visionär mit großen Augen nach oben gerichteten Blick.

Über seinem Goldnimbus ist in einem halbkreisförmigen Rahmen der Adler zu sehen, der seit Hieronymus (347–420) dem Evangelium des Johannes zugeordnet wurde. Demnach habe Johannes die Schwingen eines Adlers erhalten, um sich zu Höherem emporzuschwingen.[14] Nach Gregor dem Großen (reg. 590–604) ist der Adler gerade deshalb ein würdiges Sinnbild für Johannes, weil dieser im Prolog seines Evangeliums mit dem göttlichen Wort einsetzt (vgl. Joh 1,1), womit er auf das Wesen Gottes abzielt und seinen Blick gleichsam wie ein Adler auf die Sonne richtet. Der wie Johannes ebenfalls nimbierte Adler ist mit schwarzen Konturen hervorgehoben und steht mit ausgebreiteten Flügeln auf einer offenen, ebenfalls auf das Johannesevangelium verweisenden Buchrolle. Die Inschrift, die in großen goldenen Majuskeln in den äußeren, purpurnen Längsstreifen am linken und rechten Rand zu lesen ist, erklärt, dass Johannes als Vertrauter Christi das Antlitz des Adlers trägt: „FERT AQVILAE FACIES D[OMI]NI / SIMMISTA IOHANNES", „Es trägt das Antlitz des Adlers der Vertraute des Herrn, Johannes". In der links und rechts um den Adler laufenden goldenen Minuskelinschrift ist zu lesen: „In χρ[ιστ]o co[m]pleta e[st] visio / aquilae ascendendo", „Durch seine Himmelfahrt hat sich in Christus die Schau des Adlers erfüllt". Diese Inschrift bezieht sich auf Gregor den Großen, der in seinem Ezechielkommentar die vier Wesen Mensch, Löwe, Stier und Adler (vgl. Ez 1,10; Offb 4,7) den Evangelisten Matthäus, Markus, Lukas und Johannes sowie den vier christologischen Heilsereignissen der Menschwerdung, Auferstehung, Kreuzigung und Himmelfahrt zugeordnet hatte. Nach Gregor ist Christus in seiner Inkarnation Mensch geworden, was Matthäus entspricht, der sein Evangelium mit der menschlichen Herkunft des Stammbaumes Jesu beginnt (vgl. Mt 1,1–7). Der Opfertod Jesu am Kreuz beziehe sich auf das Opfertier des Stieres, dem Symbol für das Lukasevangelium, das mit dem Opfer des Zacharias im Tempel einsetzt (vgl. Lk 1,5–25). Der Löwe, der auf den Beginn des Markusevangeliums mit dem Auftreten des Täufers als Rufer in der Wüste verweist (vgl. Mk 1,1–8), lasse sich der Auferstehung zuordnen, in der Christus in der Macht seiner Kraft gleich einem Löwen aus dem Grab erstanden sei. Nach seiner Auferstehung sei Christus zum Himmel auffahrend wie ein Adler in die Höhe emporgestiegen. So sei Christus in der Geburt ein Mensch, im Opfertod ein Rind, in der Auferstehung ein Löwe und in der Himmelfahrt ein Adler geworden.[15]

Unter den Füßen des Johannes ist in einem nach unten ausgerichteten Halbkreisrahmen zwischen zwei stilisierten Bäumen die Personifikation des Flusses Pischon zu sehen.[16] In der Zeit der Kirchenväter wurde der Pischon als erster der im Buch Genesis erwähnten vier Paradiesströme (vgl. Gen 2,10–14) auf das Johannesevangelium bezogen, während die übrigen drei Flüsse Gihon, Tigris und Euphrat den Evangelisten Lukas, Markus und Matthäus zugeordnet wurden. Da die Paradiesflüsse nach dem

Buch Genesis aus dem einen Paradiesstrom hervorgehen, um den Garten Eden zu bewässern (vgl. Gen 2,10), konnte man in den vier Flüssen ein Sinnbild für die eine Lehre Christi sehen, die durch die vier Evangelien in die Welt getragen wird.[17] Die im Typus eines antiken Flussgottes dargestellte Personifikation des Pischon ist mit einer hellroten Exomis bekleidet, die den rechten Brustbereich frei lässt. Die gekrönte Allegorie hält in beiden Händen eine Quellurne, der das Wasser des Paradiesflusses entströmt. In der umlaufenden goldenen Minuskelinschrift wird der Pischon als „Physon" bezeichnet, so wie dieser Paradiesfluss bereits in ähnlicher Weise in der lateinischen Bibelübersetzung der Vulgata im Anschluss an die griechische Septuaginta als „Phison" (Gn 2,11 Vulgata) wiedergegeben wurde. Die erläuternde Inschrift erklärt die Zuordnung des Pischon auf Johannes mit der besonderen Inspiration dieses Evangelisten, die sich auf die Erkenntnis der physischen Dimension der Weisheit bezieht, die Christus selbst ist: „Physon insufflacio interpretatur et significat evangeliu[m] Iohannis. Ipse tangit naturale[m] part[em] sapie[ntiae]", „Physon wird mit Einhauchung übersetzt und bezeichnet das Evangelium des Johannes. Es berührt den die Natur betreffenden Teil der Weisheit". Das Motiv des überquellenden Paradiesflusses wird auch in der goldenen Majuskelinschrift des mittleren Medaillons auf Johannes bezogen, der mit seinen inspirierten Schriften und insbesondere durch den Prolog in seinem Evangelium zur höchsten Quelle der göttlichen Heilsmysterien geworden ist: „HIC RESERAT SCRIPTIS SVPERI MISTERIA FONTIS", „Dieser öffnet durch seine Schriften die Geheimnisse der höchsten Quelle".[18] Die in der Inschrift zum Ausdruck kommende Vorrangstellung des Johannes als Künder höchster Mysterien erklärte Gregor der Große damit, dass in der Ezechielvision von den vier den Thron Gottes umgebenden Lebewesen der Adler den oberen Platz einnimmt (vgl. Ez 1,10), was nicht nur die Himmelfahrt Christi anzeigt, sondern auch auf die Beschauung des Johannes hinweist, der sich in der Kraft seiner Kontemplation zur Schau des göttlichen Wortes (vgl. Joh 1,1) über die anderen Evangelisten erhoben hat, die zwar auch von der Gottheit des Sohnes gekündet haben, aber nicht in der Deutlichkeit des vierten Evangelisten. Da Johannes „im Anfang" (Joh 1,1) das Wort geschaut hat, habe er sich auch über sich selbst erhoben, denn hätte er sich nicht selbst überstiegen, hätte er das Wort im Anfang nicht sehen können.[19]

Der Johannesprolog, aus dem die größten Mysterien Gottes fließen, wird in den äußeren Kreisbildern bildlich veranschaulicht und mit goldenen Minuskelinschriften in den vier purpurnen Streifen neben den Eckmedaillons zitiert. Die Anfangsverse des Johannesprologs stehen in dem Purpurstreifen, der sich rechts an das Medaillon in der linken oberen Ecke anschließt: „In principio erat v[erbum] / et v[er]bu[m] erat apud d[eu]m / et d[eu]s e[rat] v[erbum] h[oc] e[rat] i[n] p[rincipio] a[pud] d[eum] / omnia per ipsum facta [sunt]" (Io 1,1–3 Vulgata), „Im Anfang war das Wort, und das

Wort war bei Gott, und das Wort war Gott. Im Anfang war es bei Gott. Alles ist durch das Wort geworden" (Joh 1,1–3).[20] Diese ersten Verse des Johannesprologs, die von der ewigen Gottheit des Sohnes und von seinem Mitwirken am göttlichen Schöpfungswerk als präexistenter Logos sprechen, sind im linken oberen Medaillon dargestellt. Das kleine goldgrundierte Kreisbild nimmt den Anfang der Schöpfung in den Blick, die durch das ewige Wort des Vaters geschaffen wurde. Dieser göttliche Logos erscheint oben als Brustbild mit den Gesichtszügen Jesu, dessen Haupt von einem Goldnimbus umgeben ist. Die Hand des Vaters greift aus einem kleinen himmelblauen Segment herab und hält seinen Sohn mit einer greifenden Handgebärde an dessen Goldnimbus fest. Um die Büste des Logos ist ein blauer Himmelsabschnitt mit Engeln, Wolken, Sonne, Mond und Sternen zu sehen. Von diesem blauen Himmelsband grenzt sich unterhalb der Bereich der Schöpfung ab, die durch den göttlichen Logos geschaffen wurde und durch die beiden Personifikationen von Meer und Erde repräsentiert wird. Links ist der in antiker Tradition auf einem Seeungeheuer sitzende Oceanus zu sehen, der das Meer versinnbildlicht. Auf der rechten Seite lagert neben einem stilisierten Bäumchen die halbbekleidete Terra, die Personifikation der Erde, zu der sich, der antiken Ikonographie entsprechend, eine Schlange emporwindet.[21]

In der rechten oberen Ecke wird der Johannesprolog mit dem Zeugnis Johannes' des Täufers fortgesetzt, auf den von der Bildmitte herauf die Blicke des Johannes und des Adlers gerichtet sind.[22] Die Inschrift zitiert die beiden ersten Verse des Prologs, in denen von Johannes als Zeugen des fleischgewordenen Wortes die Rede ist: „fuit homo missu[s] a d[e]o / cui nom[en] erat ioh[annes]. his / ven[it] i[n] test[imonium] ut test[imonium] p[erhiberet]" (Io 1,6–7 Vulgata), „Es trat ein Mensch auf, der von Gott gesandt war; sein Name war Johannes. Er kam als Zeuge, um Zeugnis abzulegen" (Joh 1,6–7). Das goldgrundige Medaillon zeigt rechts den predigenden Johannes den Täufer, hinter dem ein stilisierter Baum zu sehen ist, der auf die Jordangegend als Wirkungsort des Täufers hinweist. Der bärtige Johannes ist mit einem braunen Gewand bekleidet, das an sein Asketengewand aus Kamelhaaren (vgl. Mt 3,4; Mk 1,6) erinnert. Aus einem blauen Himmelskreis ragt die im lateinischen Segensgestus erhobene Hand Gottes heraus, durch die Johannes gesendet wird. Während er seinen Blick auf Gott gerichtet hat, von dem er „gesandt war" (Joh 1,6), redet er mit übergroßen Händen auf seine Zuhörer ein, um vor ihnen Zeugnis für das wahre, jeden Menschen erleuchtende Licht abzulegen (vgl. Joh 1,7–9).

Der Johannesprolog setzt sich rechts unten fort, wo im Purpurfeld der Vers mit der Fleischwerdung des ewigen Wortes des Vaters zitiert wird: „et v[er]b[um] caro factu[m] e[st] / et habita[v]it i[n] nobis [Io 1,14 Vulgata] p[er] / fid[e]m et operacione[m]", „Und das Wort ist Fleisch geworden und hat unter uns gewohnt [Joh 1,14] durch den Glauben und die Werke". Die Inschrift hat an den Passus der Inkarnation des Sohnes Gottes in interpretierender Weise die über den Johannesprolog hinausgehenden Worte „per fidem et operacionem", „durch den Glauben und die Werke", hinzugefügt, um deutlich zu machen, dass das Wohnen des menschgewordenen Sohnes Gottes nur fruchtbar zu werden vermag, wenn man ihn gläubig und durch das Vollbringen guter Werke aufnimmt.[23] Im Medaillon der rechten unteren Ecke wird das Thema der Inkarnation des göttlichen Logos durch die weihnachtliche Szene der Geburt Jesu illustriert, die sich ganz auf die wesentlichen Details konzentriert. Das in ein himmelblaues Kleid gehüllte und kreuzförmig gewickelte Jesuskind trägt einen goldenen Kreuznimbus und liegt in einer Krippe, die durch ihren arkadenartigen Unterbau an einen Altar erinnert. Die kreuzförmige Wickelung, der Nimbus mit dem Kreuz und die Altarkrippe, in der das Jesuskind wie eine Opfergabe liegt, verweisen auf das Ziel der Inkarnation, das im Kreuzestod Christi besteht, der im Altarsakrament eucharistisch gegenwärtig wird. Die Architekturmotive im Hintergrund sowie die aus der einen Krippe sich nährenden Tiere Ochs und Esel stehen für die aus der Heilstat Christi hervorgegangene Kirche, deren Mittelpunkt das eucharistische Mysterium ist. Dass dieses neue Gottesvolk aus Israel und den Heiden gebildet ist, zeigen der Esel, der das Heidentum symbolisiert, und der das Judentum repräsentierende Ochse (vgl. Jes 1,3; Hab 3,2 LXX), die beide als Zeichen ihrer Erwählung zur Teilhabe an der Kirche Christi Nimben tragen.

Die Fortsetzung des Verses, der im Johannesprolog von der Fleischwerdung des Logos spricht, findet sich im Purpurstreifen links unten. Hier betont der Prolog, dass das inkarnierte Wort des Vaters als wahrer Mensch sichtbar war, so dass die Jünger seine Herrlichkeit sehen konnten: „et vidim[us] gl[ori]am ei[us] / gl[ori]am quasi unig[eniti] a p[atre] / plenu[m] gra[tiae] et veritatis" (Io 1,14 Vulgata), „und wir haben seine Herrlichkeit gesehen, die Herrlichkeit des einzigen Sohnes vom Vater, voll Gnade und Wahrheit" (Joh 1,14). Die für die Jünger Jesu sichtbar gewordene Herrlichkeit des menschgewordenen Sohnes wird im dazugehörenden Medaillon durch die Szene der Verklärung Jesu (vgl. Mt 17,2–9; Mk 9,2–9; Lk 9,28–36) illustriert. Christus steht vor dem Berg Tabor mit kreuzförmig in Orantenhaltung ausgebreiteten Händen, die daran erinnern, dass er während des Betens verklärt wurde (vgl. Lk 9,28–29). Jesu Haupt ist von einem goldenen Nimbus umgeben, der in der Vorzeichnung noch als Kreuznimbus entworfen war. Mit seiner blauen, weißgehöhten Tunika und seinem roten Pallium trägt Christus nicht die weiß strahlenden Kleider des Verklärten (vgl. Mt 17,2; Mk 9,3; Lk 9,29), sondern die gleichen Gewandfarben wie der Evangelist Johannes im mittleren Medaillon, wodurch die Vertrautheit des auch auf dem Tabor anwesenden Lieblingsjüngers mit Jesus unterstrichen wird. Vom Rand des Medaillons überschnitten, sind zu beiden Seiten des Verklärten Mose und Elija als Vertreter des alttestamentlichen Gesetzes und Prophetentums dargestellt (vgl. Mt 17,3; Mk 9,4; Lk 9,30). Während rechts neben Jesus die bärtige Gestalt des Propheten Elija zu sehen ist, erscheint auf der linken Seite der mit einem Horn auf der Stirn dargestellte Mose.[24] Unten sind zwei der drei auserwählten Apostel Petrus, Johannes und Jakobus zu sehen, wie sie sich zu Boden geworfen haben (vgl. Mt 17,6). Über ihnen erscheint in einem himmelblauen Wolkensegment die Hand Gottes, die das Offenbarungswort des Vaters an die drei zur Schau der Herrlichkeit seines Sohnes auserwählten Zeugen illustriert: „Das ist mein geliebter Sohn, an dem ich Gefallen gefunden habe; auf ihn sollt ihr hören" (Mt 17,5; vgl. Mk 9,7; Lk 9,35).[25]

Die theologische und künstlerische Gestaltung des Johannesprologs im Regensburger Uta-Codex ist von einer beeindruckenden theologischen Dichte, die in der ottonischen Buchmalerei nur noch mit einer um 1015 entstandenen Miniatur im Kostbaren Evangeliar des Hildesheimer Bischofs Bernward (reg. 993–1022) und mit einer doppelseitigen Illustration in einem um 1020/30 in Köln angefertigten Evangeliar vergleichbar ist.[26] Mit ihrer prachtvoll-feierlichen und harmonischen Komposition aus figürlichen Szenen und erläuternden Inschriften ist die Regensburger Miniatur zum Johannesprolog einzigartig.

Die Erscheinung Christi

6. Januar – Hochfest der Erscheinung des Herrn
Evangelium: Mt 2,1–12

„Und der Stern, den sie hatten aufgehen sehen, zog vor ihnen her bis zu dem Ort, wo das Kind war; dort blieb er stehen."
Mt 2,9

Am 6. Januar wird das Hochfest der Erscheinung des Herrn begangen, die Epiphanie des menschgewordenen Sohnes Gottes vor den Vertretern der aus dem Heidentum kommenden Sterndeuter. Wie das Matthäusevangelium berichtet, hatten die Weisen als orientalische Astrologen den Stern des neugeborenen Königs der Juden aufgehen sehen (vgl. Mt 2,2). Während die Vorstellung von Sternen, die auf die Geburt großer Gestalten der Menschheitsgeschichte vorausweisen, in der antiken Kultur weit verbreitet war, erhielt der Stern im Matthäusevangelium vor allem die Aufgabe der göttlichen Führung. Als die Weisen aus dem Osten den Stern des neugeborenen jüdischen Königskindes entdeckten, fassten sie den Plan, diesem Kind zu huldigen. So machten sie sich auf den Weg in die jüdische Hauptstadt Jerusalem zu König Herodes (reg. 37–4 v. Chr.), um sich dort nach dem neugeborenen Königskind zu erkundigen (vgl. Mt 2,1–2). Nachdem Herodes von den Schriftgelehrten und Hohenpriestern Auskunft erhalten hatte (vgl. Mt 2,5–6), schickte er die Sterndeuter in die Davidsstadt Betlehem (vgl. Mt 2,8), wo nach dem Zeugnis des Propheten Micha der Messias geboren werden soll (vgl. Mi 5,1–4). Als sich die Weisen nach Betlehem aufmachten, sahen sie wieder den Stern, der ihnen einst aufgegangen war. Unter der Führung des Sterns kamen sie bis zu dem Haus mit dem Kind, huldigten ihm und brachten ihm mit Gold, Weihrauch und Myrrhe ihre Schätze dar (vgl. Mt 2,9–11).

Als die ersten Heiden, die den auf Erden erschienenen Sohn Gottes angebetet hatten, wurden die Sterndeuter zum großen Zeichen für die Berufung der Heidenvölker, zusammen mit Israel das neue Gottesvolk der Kirche zu bilden. Seit den ersten Anfängen der frühchristlichen Kunst sah man sich veranlasst, dieses Kommen der heidnischen Sterndeuter zu Christus und damit die Erwählung der Heidenvölker zur Kirche bildlich darzustellen.

EINE DARSTELLUNG DER AUS DEM HEIDENTUM kommenden und durch den Stern geführten Weisen ist auch im Kostbaren Evangeliar des Bischofs Bernward von Hildesheim (reg. 993–1022) enthalten, das er um 1015 für das von ihm gegründete Benediktinerkloster St. Michael anfertigen ließ. Der aus sächsischem Hochadel stammende Bernward wirkte seit 977 am Hof Ottos II. (reg. 973–983) und hielt sich im Gefolge des Kaisers von 980 bis 983 in Italien auf. Von 987/88 bis 993 war Bernward Erzieher Ottos III. (reg. 983–1002), dem er später von 1000 bis 1001 nach Rom folgte. Als Bernward 993 zum Oberhirten von Hildesheim bestellt wurde, machte er seine Bischofsstadt zum kirchlichen und kulturellen Mittelpunkt Sachsens. So baute er die Domburg aus und legte 1010 den Grundstein der 1022 geweihten Michaelskirche, für die er die bronzene Christussäule gießen ließ, die sich heute im Hildesheimer Dom befindet. Im Jahr 1015 entstanden die Bronzetüren der Bischofskirche, und um die gleiche Zeit ließ er das Kostbare Evangeliar anfertigen.[1] Sein Lehrer Thangmar (940/50–1003/07) berichtete, wie sehr sich Bernward um talentvolle Künstler aller Kunstgattungen bemühte, die er auch auf seine Reisen mitnahm und deren Kunstverständnis er durch vielerlei fremdartige Gegenstände zu bereichern versuchte.[2] Bernward bestimmte bis ins Einzelne die künstlerischen Arbeiten in seinen bischöflichen Kunstwerkstätten und leitete persönlich die Schreibschule, in der auch das Kostbare Evangeliar entstand, das sich bis heute in Hildesheim befindet und im Dommuseum aufbewahrt wird.[3]

Das Kostbare Bernwardevangeliar, das seinen Namen vor allem dem Prachteinband verdankt,[4] war für den Marienaltar in der Krypta der Hildesheimer Michaelskirche bestimmt, an dem gegenüber der Grablege Bernwards für das Seelenheil des Klostergründers gebetet werden sollte.[5] Das Evangeliar enthält die vier Evangelien mit verschiedenen Vorreden und einem Perikopenverzeichnis für den liturgischen Gebrauch und ist mit 16 Bildseiten und fünf Zierseiten geschmückt.[6] Der Buchschmuck besteht vor allem aus einem doppelseitigen Widmungsbild[7] und aus Bildseiten, die vor jedem Evangelium stehen und jeweils mit der Miniatur des betreffenden Evangelisten abschließen.[8] Dabei sind nach der Einteilung Gregors des Großen (reg. 590–604) den Evangelisten Matthäus, Markus, Lukas und Johannes die vier Heilstaten der Inkarnation, Auferstehung, Kreuzigung und Himmelfahrt bild-

Epiphanie, Kostbares Bernwardevangeliar, Codex 18, fol. 18r, um 1015, Deckfarbenmalerei mit Gold auf Pergament, 20 × 28 cm (Blattgröße), Hildesheim, Dommuseum. ▷

Kostbares Bernwardevangeliar, Epiphanie

programmatisch zugeordnet.⁹ So beziehen sich bei den drei Bildseiten vor dem Matthäusevangelium die erste und die dritte Miniatur auf das Heilsgeheimnis der Menschwerdung des Sohnes Gottes, während auf der zweiten Bildseite die Berufung des Matthäus zu sehen ist.¹⁰ Das Schlussbild¹¹ zeigt den Evangelisten mit dem auf das Inkarnationsmysterium verweisenden Symbol des Menschen (vgl. Ez 1,10; Offb 4,7), das dem Matthäusevangelium zugeordnet wurde, da es mit dem Stammbaum Jesu und damit mit der menschlichen Herkunft des Messias beginnt (vgl. Mt 1,1–17). Am Anfang steht das Epiphaniebild, das die aus dem Heidentum kommenden Weisen mit ihren Gaben zeigt, wie sie durch den Stern zur Krippe mit dem zwischen Ochs und Esel liegenden Jesuskind geführt werden.¹²

Das theologisch tiefgründige Epiphaniebild eröffnet nach den beiden Dedikationsbildern die Folge der neutestamentlichen Darstellungen. Die Ikonographie dieser Miniatur enthält frühchristliche Traditionen, die Bernward wohl auf seinen Reisen nach Italien und Rom kennengelernt hatte und die er dann zusammen mit seinen theologischen Gedanken an seine bischöfliche Schreibschule weitergab. Auf die frühchristliche Kunst verweisen die den Stern wiedererkennenden Weisen mit ihrer orientalisierenden Kleidung und die auf das Jesuskind mit Ochs und Esel reduzierte Geburtsszene. Diese Elemente verband Bernward gemäß seinen theologischen Vorstellungen mit den Bildmotiven des als Krippe dienenden Altars, der Gabendarbringung der Sterndeuter und des oberen Himmelssegments mit seinen Strahlen.¹³

Farblich ist die Miniatur vor allem durch Purpur und Gold, aber auch durch blaue und grüne Farbtöne geprägt und wirkt durch den weitgehenden Verzicht auf kräftiges Mennigrot einheitlich. Besonders die untere Bildhälfte mit den blau-weiß, gelb und gold gestalteten Gewändern der Sterndeuter und dem durch weiß-blaue Zickzacklinien rautenförmig strukturierten schwarz-purpurnen Grund ist farblich sehr exquisit. Die ornamentale Ausführung mit den Wellenlinien in den Hufeisenbögen, den quadratischen, mit Punkten besetzten Füllungen und dem Rautenmuster in der unteren Bildhälfte verweisen auf die ottonische Buchmalerei um das Weserkloster Corvey. Wie Ornamente füllen auch die architektürlichen Bildmotive von Türen, Bögen und Wänden den Grund. Besonders auffallend sind die orangefarbenen Scherwände, aus deren Öffnungen Ochs und Esel herausschauen und die abgeschrägt sind, um für die Lichtstrahlen aus dem Himmel Platz zu schaffen.¹⁴

Das Epiphaniebild wird oben durch ein halbkreisförmiges, mit Gold umrandetes und verziertes Himmelssegment abgeschlossen. Auf dem blauen Himmelsgrund sind zwischen vier weißen Sternen drei Engelbüsten dargestellt. Die Engel tragen über ihren hellen Tuniken goldene Pallien. Ihre Häupter sind von großen, rotumrandeten Goldnimben umgeben, neben denen ihre Flügelpaare zu sehen sind. In einem kleinen Binnensegment erscheint ganz oben der achtstrahlige, vor einer goldenen Kreisscheibe leuchtende Stern von Betlehem. Nach unten hin fallen aus dem Himmelssegment rote, silberne und goldene Strahlen auf das Jesuskind.[15] Der achtstrahlig leuchtende Stern steht für den menschgewordenen Gottessohn, indem er das gleichschenklige Kreuz mit dem Chi (X), dem griechischen Anfangsbuchstaben für Christus, verbindet[16] und zahlensymbolisch auf den durch die Inkarnation bewirkten heilsgeschichtlichen Neuanfang verweist.

Die Geburtsdarstellung ist ganz auf das zwischen Ochs und Esel liegende Jesuskind konzentriert und folgt damit einem frühchristlichen Bildschema, das aber im Blick auf die Krippe abgeändert wurde. Das Jesuskind ist in ein weißes Tuch gewickelt und trägt einen goldgrundigen, rotumrandeten Kreuznimbus. Es ist zu beiden Seiten von Ochs und Esel umgeben, die aus den schwarzen Öffnungen zweier orangefarbener Scherwände herausblicken. Diese Darstellungsweise entspricht der Ikonographie des Geburtsbildes, die bis in das 6. Jahrhundert hinein sowohl in der östlichen als auch in der westlichen Kunst vorherrschend war und die Krippe mit dem Jesuskind ohne weitere Nebenfiguren vor einer rückwärtigen Wandöffnung mit den herausschauenden Tieren darstellte. Dass sich dieses Motiv bis ins hohe Mittelalter erhielt, dürfte mit einem frühchristlichen Geburtsbild in Rom oder Betlehem zusammenhängen, das in entsprechender Weise die aus zwei rückwärtigen Öffnungen auf die Krippe herabblickenden Tiere Ochs und Esel zeigte.[17] Die traditionelle Hervorhebung von Ochs und Esel in der Geburtsdarstellung, der sich auch Bernward anschloss, war durch den Symbolcharakter der beiden Tiere gegeben, die seit den Kirchenvätern als Sinnbilder für die aus Juden und Heiden gebildete Kirche galten. Ausgehend von den Prophetien „Der Ochse kennt seinen Besitzer und der Esel die Krippe seines Herrn; Israel aber hat keine Erkenntnis, mein Volk hat keine Einsicht" (Jes 1,3) und „Zwischen zwei Tieren wirst du erkannt" (Hab 3,2 LXX), sah man in dem alttestamentlichen Opfertier des Rindes das Judentum und im Esel das Heidentum versinnbildlicht.[18] Nach Gregor von Nyssa (335–395) symbolisieren die vor dem Jesuskind in der Krippe anwesenden Ochs und Esel die Juden und Heiden, die ihren künftigen Erlöser erkennen, der Israel von der Last des mosaischen Gesetzes und die Völker von der Sünde des Götzendienstes befreien wird.[19] In einer Predigt zum Fest Epiphanie verband Augustinus (354–430) Ochs und Esel mit den jüdischen Hirten und den heidnischen Sterndeutern und damit mit Israel und den Völkern, die durch Christus zu einer Kirche zusammengeführt werden. Nach Augustinus hat Christus als Eckstein (vgl. Jes 28,16; 1 Petr 2,6; Eph 2,20) Juden und Heiden durch seinen Kreuzestod versöhnt und zu einem einzigen Leib vereint (vgl. Eph 2,11–22).[20] Für diese im Frieden vereinte Kirche stehen nach Augustinus neben den anbetenden Hirten und Sterndeutern auch die beiden Tiere, wobei er den gehörnten Ochsen auf die Juden bezieht, die dem Erlöser die „Hörner des Kreuzes" bereitet haben, und den langohrigen Esel auf die Heidenvölker, die Gott kennengelernt haben und jetzt auf ihn hören (vgl. Ps 18,44–45). In den beiden sich aus der einen Krippe ihres Besitzers und Herrn (vgl. Jes 1,3) nährenden Tieren sieht Augustinus ein Bild für den Frieden, den Christus für die nun in der gemeinsamen Anbetung des Erlösers vereinten Nahen und die Fernen (vgl. Eph 2,13) bewirkt hat, sowohl für die jüdischen Hirten von den benachbarten Feldern Betlehems als auch für die vom Osten herbeikommenden Sterndeuter, die als Erstlinge der Heidenkirche den aus den Juden geborenen Christus anbeten.[21] Vom Gedanken der einen, aus Israel und den Heidenvölkern gebildeten Kirche war auch Bernward erfüllt, der von der im Paradies noch geeinten und durch den Sündenfall in Judentum und Heidentum getrennten Kirche ausging, die durch das Erlösungswerk Christi wieder vereint wurde (vgl. Eph 2,14–16) – eine Konzeption, die sich auch in der für die Hildesheimer Michaelskirche angefertigten Christussäule und vor allem in den Bronzetüren seiner Bischofskirche zeigt.[22] Im Epiphaniebild des Kostbaren Evangeliars werden die voneinander getrennt dargestellten Ochs und Esel durch die Krippe miteinander verbunden, auf der das Jesuskind liegt, das durch die Himmelsstrahlen als Träger der Gnade Gottes ausgewiesen wird, die erschienen ist, um alle Menschen und damit Juden und Heiden zu retten (vgl. Tit 2,11). Dass die Juden aus der Nähe zum Heil gelangen (vgl. Eph 2,13), kommt durch die Füße des Jesuskindes zum Ausdruck, die fast den Kopf des Ochsen berühren, der in stiller Betrachtung die Augen geschlossen hat, während der etwas weiter entfernte Esel voller Sehnsucht mit neugierig geöffneten Augen zur Krippe blickt. So werden durch die Krippe und die Gnadenstrahlen, die auf das Jesuskind fallen, Juden und Heiden schon fast zu der einen Kirche zusammengefügt.[23]

Während die Konzentration auf das zwischen Ochs und Esel in der Krippe liegende Jesuskind der frühchristlichen Tradition folgt, stellt die Umformung der schlichten korbgeflochtenen Krippe in einen großen Altar eine theologische Akzentuierung Bernwards dar, die an die seit den Kirchenvätern vertraute Deutung der Krippe auf die Eucharistie anknüpft. Im Epiphaniebild des Kostbaren Evangeliars liegt das Jesuskind wie eine Opfergabe auf der flachen Mensa eines goldenen Altars, der im Sockelbereich besondere Verzierungen aufweist und an der Vorderseite mit neun Arkaden geschmückt ist. Die Mensa mit dem Jesuskind ist an den Rändern mit einem Band eingefasst, das an Silber erinnert. Auch wenn die eucharistische Deutung der Krippe auf die Kirchenväter zurückgeht und auch schon Eingang in Liturgie und Kunst gefunden hatte, war die Krippe doch noch nie so eindeutig als Altar gestaltet worden wie in Bernwards Kostbarem Evangeliar.[24] So erinnert der Krippenaltar an die patristische Auslegung, dass der neugeborene Christus in eine Futterkrippe für Ochs und Esel gelegt wurde, um zu zeigen, dass er seiner aus Juden und Heiden gebildeten Kirche als eucharistische Nahrung dienen will.[25] Ochs und Esel haben ihre Köpfe an den Altar gelegt, auf dem das Jesuskind als Opfergabe des Neuen Bundes liegt, der durch das Kreuzesopfer begründet wurde, um Juden und Heiden zu vereinen und eucharistisch als die eine Kirche zu nähren.[26]

In der unteren Bildhälfte sind in den drei Sterndeutern die ersten Vertreter der Kirche aus dem Heidentum dargestellt, wie sie den Stern über der Krippe von Betlehem wiedererkennen (vgl. Mt 2,9), der ihnen in ihrer östlichen Heimat als Zeichen für die Geburt des Königs der Juden aufgegangen ist und der sie nach Jerusalem geführt hat (vgl. Mt 2,2). Das im Mittelalter bereits selten gewordene Bildmotiv der Weisen, die keine Geschenke überbringen, sondern reich bewegt mit ihren Händen zum Stern über der Krippe hinaufzeigen, war Bernward ebenfalls aus der frühchristlichen Kunst bekannt.[27] Im Hildesheimer Skriptorium wurde dieser Typus dann zu einer Anbetungsszene umgestaltet, indem man den drei zum Stern blickenden Sterndeutern die im Matthäusevangelium erwähnten Geschenkgaben (vgl. Mt 2,11) in die Hände legte.[28] Obwohl Ende des 10. Jahrhunderts in der ottonischen Kunst die drei Weisen bereits als Könige mit Kronen auftraten, lehnte man sich im Kostbaren Evangeliar mit der phantastischen Kleidung der Sterndeuter noch an das frühchristliche Vorbild an, das die Magier als Orientalen mit phrygischen Mützen, einem kurzen Schultermantel (Chlamys), einer hochgerafften, seitlich über den Beinen geschlitzten Tunika (Chiton) und hautengen Hosen zeigte. Dabei hatten sich die Magier durch ihre zu tiaraähnlichen, hohen und bisweilen mitraförmigen Kopfbedeckungen weiterentwickelten phrygischen Mützen und durch ihre bunten, edelsteingeschmückten Gewänder immer mehr dem Erscheinungsbild persischer Könige angenähert.[29] Obwohl der Hildesheimer Maler den phantastischen Charakter der Gewänder beibehielt, gestaltete er die Kleidung der Sterndeuter dennoch entschieden um. So verlängerte er die Tunika bis zu den Schuhen, da man offenbar die engen, fast unsichtbaren Hosen nicht mehr kannte und die Weisen nicht mit unbekleideten Beinen erscheinen sollten. Zudem verlieh er den mit ihren langen weißen Bärten als würdevolle Greise erscheinenden Sterndeutern ein liturgisch-priesterliches Aussehen, indem er sie über der Tunika mit einer reichverzierten Dalmatik bekleidete und anstelle der Chlamys den goldgesäumten, schürzenartigen Chitonzipfel der spätantiken Magiertracht in ein priesterlich anmutendes kaselartiges Obergewand umformte. In Anlehnung an spätantike römische Vorbilder legte der Maler das lange Vorderende dieses Obergewandes den Sterndeutern um die Hände, in denen sie halbrunde, goldene Gegenstände halten, hinter denen sich die Opfergaben von Gold, Weihrauch und Myrrhe verbergen (vgl. Mt 2,11).[30] Während die priesterlichen Magiergestalten ihre Gaben darbringen, erheben sie ihre von mitraähnlichen, goldenen Mützen bedeckten Häupter nach oben zum Stern, den sie wiederentdeckt hatten, um von ihm zum Jesuskind in der Krippe von Betlehem geführt zu werden. Wie der vorderansichtig und etwas größer als seine beiden Begleiter in der Mitte stehende Sterndeuter direkt unter dem Krippenaltar dargestellt ist und gerade seine beiden Gefährten zusammengeführt hat, so liegt auch das Jesuskind in der Mitte von Ochs und Esel auf dem Altar, um durch seinen Opfertod am Kreuz Juden und Heiden „in einem einzigen Leib" zu versöhnen (Eph 2,16).[31]

Somit wird in Bernwards Epiphaniebild die mit der Menschwerdung des Sohnes Gottes beginnende Erlösung im Licht des in der Eucharistie gegenwärtigen Kreuzesopfers Christi gedeutet, aus dem die eine Kirche hervorgegangen ist, deren Erstlinge aus dem Heidentum die durch den Stern geführten Sterndeuter waren.[32]

Die Taufe des betenden Jesus

Fest der Taufe des Herrn. Evangelium: Lk 3,15–16.21–22

„Und während Jesus betete, öffnete sich der Himmel."
Lk 3,21

Am Ende der Weihnachtszeit begeht die Liturgie das Fest der Taufe des Herrn. Als Jesus sich taufen ließ und dabei betete, ereignete sich, so der Bericht des Lukasevangeliums, vor den Augen der zu Johannes an den Jordan gekommenen Menschen eine Erscheinung, eine Epiphanie des dreifaltigen Gottes (vgl. Lk 3,21–22). Über dem menschgewordenen Sohn Gottes öffnete sich der Himmel, aus dem der Heilige Geist als Taube herabkam und aus dem die Stimme des Vaters sprach: „Du bist mein geliebter Sohn, an dir habe ich Gefallen gefunden" (Lk 3,22).

So folgt in der Liturgie der Weihnachtszeit auf die Erscheinung Jesu vor den heidnischen Sterndeutern am 6. Januar (vgl. Mt 2,1–12) beim Fest der Taufe des Herrn am darauffolgenden Sonntag die Epiphanie des dreifaltigen Gottes. Während den Weisen das Jesuskind als künftiger Erlöser der Heidenvölker erschien, wurde bei seiner Taufe Jesus als der Sohn des Vaters offenbar, auf dem der Heilige Geist ruht. Durch die Jesus ansprechende Himmelsstimme und durch den Heiligen Geist, der für alle sichtbar in Gestalt einer Taube herabkam, zeigt Lukas, dass Christus sowohl der ewige Sohn des Vaters als auch der durch den Geist Gottes Mensch gewordene Erlöser ist (vgl. Lk 1,35). Dabei sieht das Lukasevangelium im Gebet Jesu den eigentlichen Auslöser für die trinitarische Offenbarung des Vaters und des Heiligen Geistes über dem Sohn Gottes, denn „während [Jesus] betete, öffnete sich der Himmel" (Lk 3,21).

A<small>LS</small> B<small>ETER IM</small> J<small>ORDAN</small> wurde Jesus auch durch den altniederländischen Maler Gerard David (um 1460–1523) in seinem um 1502/08 entstandenen Trompes-Triptychon dargestellt, das sich heute im Groeningemuseum von Brügge befindet. Der um 1460 in Oudewater bei Gouda geborene Gerard David erhielt seine Malerausbildung in Holland, vielleicht in Haarlem, wie die in seinen frühen Bildern erkennbaren Einflüsse von Dieric Bouts (1410/20–1475), Geertgen tot Sint Jans (1462/67–1490/95) und Jacob Jansz (1414–1505) zeigen. David ging dann in das flämische Brügge, wo er 1484 der Lukasgilde angehörte und ab 1488 Aufträge von der Stadtregierung bekam. Nach dem Tod Hans Memlings (1435/40–1494) stieg David ab 1494 zum führenden Maler Brügges auf, heiratete 1496 die Tochter des Vorstehers der Goldschmiedezunft und stand selbst 1501 der Lukasgilde vor. David machte sich vielleicht um 1506 zu einer Italienreise auf und wurde 1507/08 Mitglied der angesehenen Brügger Liebfrauenbruderschaft. Um sich neben Brügge ein zweites Absatzgebiet zu sichern, ließ er sich 1515 auch noch in die Antwerpener Malergilde aufnehmen. Der 1523 in Brügge verstorbene David war der letzte große Vertreter der durch Jan van Eyck (um 1390–1441) begründeten altniederländischen Malschule, deren geistige und technische Tradition er in seiner Person nochmals zusammenfasste.[1]

Noch vor 1502 erhielt David durch den hohen Brügger Stadtbeamten Jan des Trompes (gest. 1520) den Auftrag zur Anfertigung eines Altartriptychons, das auf der zentralen Mitteltafel zeigt, wie Jesus durch den mit dem Stifter namensverwandten Johannes den Täufer im Jordan getauft wird. Nach dem Tod des Stifters wurde das Retabel 1520 durch seine Familie der Richterbruderschaft vermacht, die in der dem hl. Basilius geweihten Unterkirche der Heilig-Blut-Basilika von Brügge eine Laurentiuskapelle besaß, wo sie das Triptychon als Altarretabel aufstellte, das sich dort bis 1794 befand. Mit dem religiösen Ernst seiner still agierenden Personen und der detailliert ausgeführten Landschaftsdarstellung strahlt Davids Triptychon noch ganz die für die altniederländische Malerei so charakteristische andachtsvolle Atmosphäre aus.[2]

Auf den Seitenflügeln sind die mit gefalteten Händen knienden Mitglieder der Familie des Stifters mit ihren Namenspatronen dargestellt, die auf die Szene mit der Taufe Jesu im Mittelbild ausgerichtet sind. Während die Innenseite des linken Seitenflügels Johannes den Evangelisten mit Jan des Trompes und dessen gleichnamigen Sohn zeigt, ist auf dem gegenüberliegenden Flügel Elisabeth van der Meersch, die erste Frau des Stifters, zu sehen. Sie wird von ihren vier Töchtern und ihrer Namenspatronin Elisabeth von Thüringen (1207–1231) begleitet. Die Außenseiten der beiden Flügel zeigen die Madonna, der sich Magdalena Cordier, die zweite Frau des Stifters, unter Begleitung ihrer Namenspatronin Maria Magdalena und einer Tochter betend zuwendet.[3]

Gerard David, Taufe Jesu, Mitteltafel des Trompes-Triptychons, um 1502/08, Öl auf Eichenholz, 132,2 × 96,6 cm, Brügge, Groeningemuseum.

Gerard David, Taufe Jesu

Auf der fast einen Meter hohen Mitteltafel tauft Johannes inmitten einer Landschaft Jesus, über dem in einer vertikalen Linie die Taube des Heiligen Geistes und die Büste Gottvaters zu sehen sind. Die akribische Naturbeobachtung und die zentrale Mittelachse des Bildes erinnern an die unteren Bildtafeln der Innenseite des um 1430/35 entstandenen Genter Altars, die sich ebenfalls durch ihre detaillierten Pflanzendarstellungen und in der Mitte durch eine aus Geisttaube, Altar mit Opferlamm und Lebensbrunnen gebildete zentrale „eucharistische Achse" auszeichnen. Im Unterschied zum hochgelegenen Horizont des Genter Altars rückte Gerard David die Landschaft und das Geschehen näher an den Betrachter heran und orientierte sich bei der natürlichen Gestaltung des Übergangs vom Vorder- in den Hintergrund an Dieric Bouts. David schilderte genau das Spiel von Sonnenlicht und Schatten, die sich vor allem links zusammenballenden Wolkenformationen, die Lichteffekte in den Bäumen, die einzelnen Pflanzen sowie das Wasser mit seiner natürlichen Bewegung und seinen Lichtreflexen. Die vom Jordanfluss durchzogene Landschaft setzt sich in ähnlicher Weise wie auf den Innenseiten des Genter Altars auch auf den beiden Seitenflügeln fort, wodurch eine große Einheitswirkung erzielt wird.[4]

Der mittlere Wiesengrund ist zwischen eine Felsenschlucht auf der linken und eine Baumallee auf der rechten Seite eingebettet und setzt sich in die Tiefe des Hintergrundes mit einer Stadtansicht und einem felsigen Hügelzug mit Burganlage fort. Auch wenn sich Landschaft und Figuren die Waage halten und die aufrechte Gestalt Jesu auffallend den gerade gewachsenen Bäumen entspricht, so ist nach Otto Pächt (1902–1988) Davids Taufbild doch das erste einheitlich gesehene und konsequent durchgeführte Landschaftsgemälde, das den Mittelgrund nicht mehr unterschlägt und damit Joachim Patinir (1475/80–1524), dem ersten Vertreter einer autonomen Landschaftskunst, die entscheidenden Impulse zu geben vermochte. Dabei hat David mit dem still knienden Täufer und der andächtig gesammelten Figur Jesu alle Unruhe aus der Szene entfernt. Johannes und Jesus bilden mit der Scheitellinie ihrer Häupter eine Linie, die sich zu den Seitenrändern hin fortsetzt, wo zwei kleine Johannesszenen in den Mittelgrund der Landschaft eingebettet sind.[5]

Auf der linken Seite ist vor einer Felswand der predigende Johannes der Täufer zu sehen. Der bärtige Täufer trägt ein braunes Untergewand mit einem weiten roten Mantel und sitzt inmitten einer Zuhörerschar mit teilweise orientalischen Kopfbedeckungen. Auf der rechten Seite ist am Waldrand der an seinem roten Mantel erkennbare Täufer in Rückenansicht zu sehen. Mit dem Zeigefinger seiner rechten Hand weist er drei vor ihm stehende Männer auf Jesus als das Lamm Gottes hin (vgl. Joh 1,29.36), der noch unerkannt und in etwas kleinerem Figurenmaßstab links zwischen den Bäumen zu sehen ist.[6] Der linke der drei Männer hat sich auf den Fingerzeig des Täufers hin bereits umgewandt, um auf Jesus zuzugehen.

Rechts kniet im Vordergrund auf einem Ufervorsprung des Jordan Johannes der Täufer. Er hat mit der linken Hand seinen roten Mantel gerafft und lässt das mit seiner Rechten geschöpfte Wasser über das Haupt Jesu rinnen. Während das bärtige Gesicht des Täufers von der Seite gegeben ist, zeichnet sich Jesus durch die würdevolle Frontalansicht aus. Dadurch kommt die geringere Rolle des Johannes zum Ausdruck, wie sie auch im Festtagsevangelium überliefert ist. Lukas berichtet, wie der Täufer dem Volk, das „im Stillen" überlegte, „ob Johannes nicht vielleicht selbst der Messias sei" (Lk 3,15), zur Antwort gab: „Ich taufe euch nur mit Wasser. Es kommt aber einer, der stärker ist als ich, und ich bin es nicht wert, ihm die Schuhe aufzuschnüren. Er wird euch mit dem Heiligen Geist und mit Feuer taufen" (Lk 3,16). Die Demut des Täufers zeigt sich auch in seiner knienden Haltung, während Jesus, der gegenüber Johannes „wachsen" muss (Joh 3,30), aufrecht im Wasser steht. Johannes trägt ein braunes Untergewand, das an sein Gewand aus Kamelhaaren (vgl. Mt 3,4; Mk 1,6) und damit an die härene Kleidung der Propheten (vgl. Sach 13,4) und besonders an den Ziegenhaarmantel des Elija erinnert (vgl. 2 Kön 1,8). Auch der glühend rote Mantel des Täufers verweist auf Elija, der als Prophet „wie Feuer" (Sir 48,1) galt und den man in Johannes wiedergekommen sah (vgl. Mt 11,14; 17,12–13; Mk 9,13). Da Elija im feurigen Wagen in den Himmel entrückt wurde (vgl. 2 Kön 2,11; Sir 48,9), so dass man sein Wiederkommen als Vorläufer des Messias erwartete (vgl. Mal 3,23), sah man in Johannes diesen verheißenen Wegbereiter, der dem Messias, einem Seraph gleich (vgl. Jes 6,2.6), als brennende und leuchtende Lampe (vgl. Joh 5,35) im „Geist und in der Kraft des Elija" (Lk 1,17) vorangehen wird.[7]

In der Mitte des Bildvordergrundes steht Jesus, nur mit einem Lendenschurz bekleidet, bis zu den Knien im Jordan. Meisterhaft ist es David gelungen, die Spiegelung der Beine unter der Wasseroberfläche und die konzentrischen Wasserringe, die das Hineinsteigen Jesu verursacht hat, in größtmöglicher Naturtreue darzustellen.[8] Das milde, fast entrückt wirkende bärtige Antlitz Jesu ist von langen braunen Haaren gerahmt und wird von kreuzförmigen Strahlen umspielt. Sein Mittelscheitel, seine gerade Nase und der zwischen seinen Beinen nach unten herabfallende Bausch des Lendenschurzes nehmen die von der Büste Gottvaters und der Taube des Heiligen Geistes gebildete trinitarische Mittelachse auf. Während Rogier van der Weyden (1399/1400–1464) in seinem um 1453/55 gemalten und in der Berliner Gemäldegalerie aufbewahrten Johannes-Triptychon den im Jordan stehenden Christus noch mit geneigtem Haupt und einer leicht tänzelnden Bewegung gezeigt hatte, verzichtete David auf jede Ponderation und ließ Jesus bewegungslos im Jordan stehen, um seine stille, innerliche Sammlung im Gebet zum Ausdruck zu bringen, so wie es das Lukasevangelium hervorhebt (vgl. Lk 3,21). Während Jesus bei Rogier van der Weyden das Wasser zur mystischen Eröffnung des Taufbrunnens segnet, hat er bei David die Hände gefaltet. Um die betenden Hände hervorzuheben, sind sie sogar aus der streng eingehaltenen Mittelachse etwas nach rechts verschoben, so dass der dem Licht zugewandte linke Handrücken die ganze Helligkeit aufzunehmen vermag. Um die betenden Hände noch wirkungsvoller zu inszenieren, sind sie nicht vor der ebenfalls hautfarbenen Brust, sondern etwas tiefer vor dem hellen Weiß des Lendenschurzes gefaltet.

So wird deutlich, dass sich der Himmel mit der hörbaren Epiphanie des Vaters und der sichtbaren Erscheinung des Heiligen Geistes gerade in dem Augenblick über Jesus geöffnet hat, „während er betete" (Lk 3,21). Die Taube des Heiligen Geistes ist wie der darunter im Wasser des Jordan stehende menschgewordene Gottessohn in strenger Vorderansicht gezeigt. Während die gelbe Aureole um die Taube die Gottheit des Heiligen Geistes hervorhebt, wird die epiphanische Dimension des Herabkommens des Geistes durch die im Flug erhobenen Flügel der Taube angedeutet.

Am oberen Ende der trinitarischen Achse hat sich hinter einem dunklen Wolkenring der Himmel in einer kreisförmigen Glorie geöffnet, um den Blick auf die Erscheinung Gottvaters freizugeben, neben dem noch vier kleine anbetende Lichtgestalten zu sehen sind. Während Gottvater zum Zeichen seiner Weltregierung den Globus in der linken Hand hält, hat er die Rechte im Redegestus erhoben, um über seinem Sohn sein Wohlgefallen zu bekunden, der sich zusammen mit dem sündhaften Volk zum Zeichen seiner Bereitschaft zur Ausführung des Erlösungswerkes taufen ließ (vgl. Lk 3,21): „Du bist mein geliebter Sohn, an dir habe ich Gefallen gefunden" (Lk 3,22). Gottvater trägt die seit dem 14. Jahrhundert in der abendländischen Kunst üblichen Züge des bärtigen „Hochbetagten" (vgl. Dan 7,9). Er ist mit einem roten Pluviale gekleidet und trägt die dreistufige Papstkrone der Tiara, die ab dem späten Mittelalter auch zum Sinnbild für die Allmacht Gottes und besonders für die universale Weltherrschaft Gottvaters geworden ist.[9]

Auf der linken Seite ist ein Engel mit goldbraun gelocktem Haar zu sehen, der wie Johannes im Profil gezeigt ist und als assistierender Diener zu dem etwas erhöht stehenden Jesus hinaufblickt. Der Engel ist ohne Flügel dargestellt, weil er in den schweren Goldbrokat eines priesterlichen Pluviale, eines Chormantels, gehüllt ist.[10] Wie der beim levitierten Hochamt mit dem Pluviale bekleidete assistierende Priester (Presbyter assistens), so erscheint auch bei der Taufe Jesu der in den Chormantel gehüllte Engel als helfender Assistent und erinnert daran, dass Gott die Engel zu seinem Dienst geschaffen hat. Der assistierende Engel hält in seinen beiden Händen das dunkelviolette Kleid Jesu, das Christus als nahtloses Gewand während seines öffentlichen Wirkens und bei seiner Passion tragen wird, bis die Soldaten nach der Entkleidung Jesu auf Golgota um dieses ungeteilte Kleid das Los werfen werden (vgl. Joh 19,23–24). So erinnert das Gewand Jesu an die Selbsterniedrigung des Erlösers, die bei seiner Taufe zusammen „mit den Sündern" begonnen hat und sich in der Kreuzeshingabe „für die Sünder" vollenden wird.

Die Taufszene ist in eine naturalistisch geschilderte und bis ins Detail ausgeführte Landschaft mit einer großenteils bestimmbaren Flora[11] eingebettet, die am unteren Bildrand direkt an die Augen des Betrachters heranrückt. David bemühte sich, die Flora in ihrer natürlichen Umgebung wiederzugeben, auch wenn er über einen reinen Naturalismus hinausging, indem er die Pflanzen trotz der unterschiedlichen Blütezeiten alle im Stadium des Blühens zeigte. Bei seinen Pflanzendarstellungen orientierte sich David an Herbarien, in denen das botanisch-medizinische Wissen der Antike und des Mittelalters überliefert wurde. Der 1485 in Mainz gedruckte „Gart der Gesundheit" zählte zu den ersten und einflussreichsten Kräuterbüchern. Er inspirierte mit seinen naturgetreuen Abbildungen auch David, der dann auf der Grundlage der Bilder dieses Herbariums an das Naturstudium der entsprechenden Pflanzen heranging. Mit seiner akribisch gemalten Flora war David sowohl der traditionellen religiösen Pflanzensymbolik als auch dem Anliegen verpflichtet, eine flämische Landschaft naturgetreu wiederzugeben. Neben den ausgesprochenen Symbolpflanzen findet sich auch eine Flora ohne besondere symbolische Bedeutung, die mehr oder weniger natürlich arrangiert wurde.[12]

Im feuchten Wald wachsen am Flussrand die Uferbäume Buche und Kastanie. Am linken Ufer des Jordan ist links neben dem rechten Oberarm Jesu eine gelbblühende Schwertlilie zu sehen, die ein Sinnbild für die Passion Christi ist. Links neben ihr wachsen am Uferrand die auch als Märzenbecher bekannte Frühlingsknotenblume und etwas dahinter der Sauerampfer.[13]

In der üppigen Wiese des Vordergrundes ist am unteren Bildrand etwas rechts von der Mitte das Maiglöckchen zu sehen, das eine gewisse Ähnlichkeit mit der weißen Lilie aufweist. In ihr erkannte man die im alttestamentlichen Hohenlied erwähnte Tallilie (lilium convallium; vgl. Hld 2,1) und bezog sie auf Maria, die Braut des Bräutigams Christus.[14] Darüber wächst in der Linie der trinitarischen Achse das Veilchengewächs des Stiefmütterchens, das wegen seiner dreifarbigen Blüten auch Dreifaltigkeitskraut genannt wird und somit ein Trinitätssymbol darstellt.[15] Direkt unter dem linken Knie des Täufers blüht das an seinen vier gelben Kronblättern erkennbare und auch als „Gottesgnad" (Coelidonium) bezeichnete Schöllkraut.[16] Links neben dem Schöllkraut wächst der Löwenzahn mit seinen gezackten Blättern, der nochmals links neben dem Maiglöckchen mit einem weiß verblühten und einem noch gelben Blütenkopf zu sehen ist. Während seine bitteren Blätter an die Passion erinnern, in der Jesus als der „Löwe aus dem Stamm Juda gesiegt hat" (Offb 5,5),[17] verweisen die zur Osterzeit leuchtenden Blüten des Löwenzahns auf die Auferstehung.[18]

Gerard David, Taufe Jesu

All diese Pflanzen besitzen in der Naturheilkunde eine reinigende Wirkung, die den Blick des Betrachters auf die durch die Taufe bewirkte Reinigung lenkt. Eine Ausnahme bildet der Schlafmohn, der rechts oberhalb des Maiglöckchens blüht. Er besitzt nicht eine reinigende, sondern eine beruhigende und einschläfernde Wirkung.[19] Auch wenn die symbolische Bedeutung des Schlafmohns unklar bleibt, so fällt nach Lottlisa Behling (1909–1989) dennoch „die unverhohlene Pracht dieser Pflanze" auf, „die hier aus dem Gräserdickicht des Ufers in schwerer Saftigkeit mit aus weichem Blattwerk herabhängenden Blütenknospen und einer königlich erschlossenen Blüte aufragt", so dass ihre Schönheit „den Betrachter zu berauschen" scheint, „wie der Saft, der in ihr kreist"[20].

Wie das Gemälde am unteren Bildrand durch die Pflanzenwiese begrenzt ist, so wird der Mittelgrund über der Taufszene von einer Stadt abgeschlossen, die mit Mauern umgeben ist und von einem Burgberg überragt wird. Während die Stadt vom Erzählduktus her auf das nahe der Taufstelle am Jordan gelegene Jerusalem anspielt, verweist sie auf der symbolischen Ebene auf das himmlische Jerusalem als Vollendung des in Christus eröffneten Heils, der bei seiner Taufe im Jordan seine Sendung begonnen hat. Die Neuheit der endzeitlichen Gottesstadt kommt auch dadurch zum Ausdruck, dass die Stadtansicht keine stilistisch veraltete oder gar ruinöse, sondern eine zeitgenössische und moderne Architektur zeigt. An Jerusalem erinnert schließlich auch der auffallende, über der taufenden Hand des Johannes sichtbare Turm, der sich mit der Jerusalemkirche in Brügge identifizieren lässt.[21] Diese Kirche war 1428 durch die Brügger Kaufmannsfamilie Adornes begonnen und durch Anselm Adornes (1424–1483) nach einer 1470 unternommenen Pilgerfahrt ins Heilige Land als Nachbau der Jerusalemer Grabeskirche mit einer Familienkapelle vollendet worden. So mündet Davids Gemälde mit der Taufe Jesu in die endzeitliche Vision des himmlischen Jerusalem, in dem sich das bei der Taufe im Jordan begonnene Erlösungswerk Christi einst vollenden wird.

Die drei Versuchungen Jesu

Erster Fastensonntag. Evangelium: Lk 4,1–13

„Darauf führte ihn der Geist vierzig Tage lang in der Wüste umher, und dabei wurde Jesus vom Teufel in Versuchung geführt."
Lk 4,1–2

Die Liturgie der vorösterlichen Bußzeit stellt den Gläubigen am ersten Fastensonntag das Evangelium vom vierzigtägigen Fasten Jesu in der Wüste und von seiner dreifachen Versuchung durch den Satan vor Augen. Nach seiner Taufe hatte Jesus, vom Heiligen Geist erfüllt, die Gegend am Jordan verlassen und wurde nun durch diesen Geist vierzig Tage lang in die Wüste geführt, wo ihn der Satan versuchte (vgl. Lk 4,1–2). Nach dem Lukasevangelium widerstand Jesus diesen Prüfungen in der Kraft des in ihm als Sohn Gottes wohnenden Heiligen Geistes.

Wie im Matthäusevangelium (vgl. Mt 4,2–3), so beginnen auch bei Lukas die Versuchungen damit, dass der Teufel nach dem vierzigtägigen Fasten Jesu auf den Plan tritt (vgl. Lk 4,2–3). In der ersten Versuchung, die auch bei Matthäus am Anfang steht (vgl. Mt 4,3–4), wurde Jesus durch den Teufel versucht, seine Allmacht als Sohn Gottes auf sich selbst anzuwenden, um den eigenen Hunger zu stillen (vgl. Lk 4,3–4). Die Versuchung Jesu, er solle den Teufel um den Preis der Weltherrschaft anbeten, rückte Lukas an die zweite Stelle (vgl. Lk 4,5–8), während sie im Matthäusevangelium das Ende einnimmt (vgl. Mt 4,8–10). Den Abschluss bildet im Lukasevangelium die bei Matthäus an zweiter Stelle stehende Versuchung (vgl. Mt 4,5–7), sich als Sohn Gottes in einer aufsehenerregenden Machttat unbeschadet von der Zinne des Jerusalemer Tempels hinabzustürzen (vgl. Lk 4,9–12). Dass Lukas die sich im Tempel ereignende Versuchung als Höhepunkt an die dritte Stelle setzte, hängt mit der besonderen Bedeutung zusammen, die Jerusalem und der Tempel in diesem Evangelium einnehmen. Lukas gestaltete den Weg Jesu nach Jerusalem breit aus (vgl. Lk 9,51–19,27) und wies am Ende der Versuchungsgeschichte schon auf die Erlösungstat Jesu voraus, die sich in dieser Stadt ereignen wird, indem er wörtlich anführte, der Satan habe nun bis zu gegebener Zeit, also bis zur Passion in Jerusalem (vgl. Lk 22,3.31), von Jesus Abstand genommen (vgl. Lk 4,13).[1]

WÄHREND DIE FRÜHCHRISTLICHE KUNST DIE VERSUCHUNGEN JESU wahrscheinlich noch nicht bildlich umgesetzt hatte, begann die Darstellung dieses Themas in der karolingischen Kunst.[2] Aus dem 12. Jahrhundert hat sich im englischen Albanipsalter eine Folge von drei ganzseitigen Miniaturen erhalten, auf denen die Versuchungen Jesu nach der Reihenfolge des Matthäusevangeliums auf je einer Seite dargestellt wurden.

Der Albanipsalter gehört zu den bedeutendsten englischen Psaltern aus der Zeit der Romanik. Er entstand um 1120/45 unter der Regierung des Abtes Geoffrey von Gorhams (reg. 1120–1145) im Benediktinerkloster St. Alban in Herfordshire, das am Ort des Blutzeugnisses des frühchristlichen Märtyrers Alban gegründet wurde, von dem die Handschrift dann ihren Namen bekam. Der Albanipsalter war für die mit Abt Geoffrey in geistlicher Freundschaft verbundene Eremitin Christina von Markyate (geb. 1096/98, gest. um 1155) bestimmt, womit diese Handschrift das erste Beispiel eines privaten Psalters darstellt. Während des englischen Bürgerkriegs von 1642 bis 1649 wurde der Albanipsalter durch Benediktinermönche im Kloster Lamspringe bei Hildesheim in Sicherheit gebracht. Nach der Säkularisation von 1803 kam die Handschrift wahrscheinlich an die Hildesheimer Godehardskirche, deren Bücherbestand seit 1908 in der Dombibliothek verwahrt wird.[3]

Vor dem eigentlichen mit Bildinitialen illustrierten Psalter wird die Handschrift mit 40 Vollbildern zum Leben Jesu eingeleitet,[4] unter anderem auch mit den drei Versuchungsszenen. Diese ganzseitigen Miniaturen besitzen variierende Rahmenmuster und zeigen vor roten, grünen und blauen Bildhintergründen zartgliedrige, überlang gestreckte Figuren, die in originelle Architekturen eingefügt sind und eine „wundersame Bildmelodik" entfalten, wie es Ernst Günther Grimme (1926–2003) ausgedrückt hat.[5]

Die Miniatur mit der Versuchung Jesu, in der Wüste Steine in Brot zu verwandeln (vgl. Lk 4,2–4), ist von einem aufwendig gemalten Rahmen aus pflanzlichen Motiven umgeben, der von zwei Goldstreifen eingefasst wird. Das Bildfeld zeigt eine mehrfache Verrahmung, durch die der Betrachter immer näher an die Bildszene mit Jesus und dem Satan herangeführt wird. Während oben ein rötlicher Streifen und unten ein olivgrüner Bodenstreifen zu sehen sind, vermittelt ein dunkelgrüner Rahmen zu dem tiefblauen Binnenfeld mit den beiden Protagonisten.[6]

Wie seine Schrittstellung zeigt, ist der Teufel gerade von rechts an Jesus herangetreten. Der dunkle, tierische Satan, der durch seine Flügel als gefallener Engel

Versuchung Jesu in der Wüste, Albanipsalter, p. 33, um 1120/45, Deckfarbenmalerei mit Gold auf Pergament, 27,6 × 18,4 cm (Blattgröße), Hildesheim, Dombibliothek.

ausgewiesen ist, reicht an Körpergröße fast an Jesus heran und ist ebenso schlank aufgerichtet wie der Sohn Gottes. Er hat gerade mit seiner linken Hand Steine aufgehoben und hält sie Jesus hin, indem er mit dem überlangen Zeigefinger seiner rechten Hand auf sie zeigt und dabei spricht: „Wenn du Gottes Sohn bist, so befiehl diesem Stein, zu Brot zu werden" (Lk 4,3). Dem Teufel gegenüber steht Jesus, dessen blaue Tunika seine Gottessohnschaft unterstreicht, während sein rotes, mit goldenen Säumen und Punkten verziertes Pallium auf seine Menschheit anspielt. Jesus trägt als menschgewordener Gottessohn einen goldgefassten Kreuznimbus und blickt aus seinem bärtigen Antlitz mit großen Augen zum Satan hinüber. Während er mit der linken Hand seinen Mantel rafft, hat er die Rechte im Redegestus erhoben, um die Versuchung des Teufels mit dem Hinweis auf das Wort Gottes als der wesentlichen Speise des Menschen abzuwehren, da der Mensch nicht nur von Brot allein lebt (vgl. Lk 4,4; Dtn 8,3). Der Sieg Jesu über den Satan, der ihn zu einer gottwidrigen Wundertat verleiten wollte, wird auch durch die unterschiedliche Ausführung der stark stilisierten, dünnen Bäume hinter den beiden Gestalten deutlich, denn während der Baum hinter Jesus sieben Blätter trägt, sind am Baum hinter dem Teufel nur drei Blätter zu sehen.[7]

In der Bildmitte steht zwischen Jesus und Satan eine Palme mit langem Stamm und palmähnlichen Blättern, von denen Dattelfrüchte herabhängen. Diese Palme spielt auf den paradiesischen Erkenntnisbaum (vgl. Gen 2,9) und die Versuchung des ersten Menschenpaares durch die Schlange an (vgl. Gen 3,1–5), die in der christlichen Tradition mit dem Teufel gleichgesetzt wurde (vgl. Gen 3,14–15; Offb 20,2).[8] Wie die beiden Blätter zeigen, die gerade auf der Höhe der Hände Jesu und Satans dem Baumstamm entwachsen, besteht zwischen der Versuchung des ersten Adam im Paradies und der Versuchung des zweiten Adam Christus ein innerer Zusammenhang.[9] Denn wie Satan einst im Paradies Adam und Eva dazu anstiftete, gegen Gottes Gebot die Frucht des Erkenntnisbaumes zu pflücken (vgl. Gen 2,16–17; 3,1–6), so wird nun Jesus versucht, entgegen seinem Heilsauftrag für die Menschen seine Gottessohnschaft für sich selbst zu gebrauchen. Dieser Heilsauftrag wird in das Erlösungsopfer münden, durch das Jesus am Kreuzesholz den Satan besiegen wird, der einst am Holz des Erkenntnisbaumes durch die Versuchung der Stammeltern gesiegt hat.[10] Nach der Adamslegende soll der aus dem Paradies vertriebene erste Mensch (vgl. Gen 3,23–24) einen Schößling oder eine Frucht des Erkenntnisbaumes mitgenommen haben, aus dem dann später der Baum für das Kreuzesholz gewachsen sei. Die Gleichsetzung von Erkenntnisbaum und Kreuz besagt, dass Jesus mit seinem Sieg über die durch die teuflische Versuchung im Paradies verursachte Sünde den einst zum Tod führenden Erkenntnisbaum in den wahren Lebensbaum (vgl. Gen 2,9; Offb 2,7; 22,2.14) verwandelt hat, der seit frühchristlicher Zeit als Dattelpalme dar-

Versuchung Jesu auf dem Berg, Albanipsalter, p. 35, um 1120/45, Deckfarbenmalerei mit Gold auf Pergament, 27,6 × 18,4 cm (Blattgröße), Hildesheim, Dombibliothek.

Versuchung Jesu auf der Tempelzinne, Albanipsalter, p. 34, um 1120/45, Deckfarbenmalerei mit Gold auf Pergament, 27,6 × 18,4 cm (Blattgröße), Hildesheim, Dombibliothek.

gestellt wurde.[11] So steht die Palme als antikes und apokalyptisches Siegeszeichen (vgl. Offb 7,9) für Christus, der durch seinen Sieg über den Satan in Versuchung und Kreuzesopfer gleichsam die Palme errang.

Die Versuchung Jesu auf dem Berg, die im Lukasevangelium an zweiter Stelle folgt (vgl. Lk 4,5–8), ist im Albanipsalter gemäß der Reihenfolge des Matthäusevangeliums (vgl. Mt 4,8–10) als dritte Miniatur dargestellt.[12] Die Szene ist wiederum von einem ornamentalen Rahmen umgeben, der von zwei Goldleisten eingefasst wird. Das erneut mit einem kräftigen Blau gefüllte innere Bildfeld wird von zwei rötlichen Streifen an den Längsseiten und einem dunkelgrünen Binnenrahmen umschlossen.

Der Berg, auf dem sich die Versuchung Jesu ereignet, besteht aus aufgetürmten Erdschollen, auf deren oberster Lage Jesus und der Satan stehen. Der Teufel hat Jesus auf einen Berg hinaufgeführt und ihm in einem einzigen Augenblick alle Reiche der

Erde gezeigt (vgl. Lk 4,5). Mit seiner im Redegestus erhobenen rechten Hand hat er gerade Jesus aufgefordert, ihn anzubeten. Dann werde er ihm alle Macht und Herrlichkeit dieser irdischen Reiche übergeben, die ihm als Fürsten der Welt (vgl. 2 Kor 4,4) überlassen sind: „All die Macht und Herrlichkeit dieser Reiche will ich dir geben; denn sie sind mir überlassen, und ich gebe sie, wem ich will. Wenn du dich vor mir niederwirfst und mich anbetest, wird dir alles gehören" (Lk 4,6–7). Während er mit diesen Worten zu Jesus aufblickt, zeigt er mit seiner linken Hand auf die zu seinen Füßen liegenden Sinnbilder der irdischen Macht, auf eine goldene Krone und darunter auf eine Goldschale und einen rechts davon liegenden Goldring.[13] Jesus, der wiederum einen goldenen Kreuznimbus trägt und mit blauer Tunika und rotem Obergewand bekleidet ist, beugt sich zum Satan hinunter und macht ihm mit der Geste seiner rechten Hand deutlich, dass nur Gott der Anbetung würdig ist, wie in der Schrift (vgl. Dtn 5,6; 6,13) steht: „Vor dem Herrn, deinem Gott, sollst du dich niederwerfen und ihm allein dienen" (Lk 4,8). Wie sehr sich Jesus mit diesen Worten zu Gott und damit auch zum Willen Gottes über ihn als den menschgewordenen Sohn bekennt, zeigt sich auch in seiner gebeugten Haltung, die innerhalb der drei Versuchungsszenen nur hier bei der Zurückweisung des Anbetungsanspruches des Satans dargestellt ist.[14]

Der Sieg Jesu über den Satan wird auch dadurch veranschaulicht, dass der Teufel an Körperstatur kleiner geworden ist und dass einer seiner beiden Flügel herabhängt, die nun auch ihre Buntheit eingebüßt haben. Der Satan ist aus dem himmelblauen Hintergrund an den Rand des grünen Rahmens hinausgedrängt und ragt nur noch mit seinen Händen in den blauen Grund hinein, der ganz von Jesus eingenommen wird. Auf die Überwindung des Teufels antwortet auch die Natur mit ihrer Pflanzenpracht. So trägt das pflanzliche Ornamentband des äußeren Rahmens nun offene Blüten, und auch die Erdschollen in der unteren Bildhälfte haben Blumen hervorgebracht. Während der Baum auf der Seite Jesu mit kräftigen Zweigen, grünen Blättern und roten Früchten üppig in die Breite wächst, ist der Baum hinter dem Teufel bereits ganz verschwunden.[15]

Die Szene mit der Versuchung Jesu auf der Zinne des Jerusalemer Tempels, die im Lukasevangelium den Abschluss bildet (vgl. Lk 4,9–12), ist wieder von einem goldgefassten Rahmen mit pflanzlichen Motiven umgeben. Das Bildfeld besteht in ähnlicher Weise wie in den beiden anderen Miniaturen aus einem rötlichen Längsstreifen an der rechten Seite, aus einem dunkelgrünen Innenrahmen und dem blauen Hauptfeld.

Jesus steht auf dem Dach des Tempels von Jerusalem, auf den ihn Satan geführt hat (vgl. Lk 4,9), um ihn als Sohn Gottes erneut mit der Aufforderung zu einer gottwidrigen Wundertat zu versuchen. Die Gestalt des Satans wird auf zweifache Weise gezeigt. Während der auf dem Tempeldach stehende kleine Teufel Jesus an den Rand der Zinne zu schieben versucht, steht Satan als größere Gestalt unterhalb des Gebäudes. Er lockt Jesus mit der rechten Hand und weist mit dem übergroßen Zeigefinger seiner linken Hand nach unten.[16] Jesus soll sich vom Tempel hinabstürzen, weil ihm dann nach der Schrift (vgl. Ps 91,11–12) die Engel Gottes in einer aufsehenerregenden Machttat beistehen werden: „Wenn du Gottes Sohn bist, so stürz dich von hier hinab; denn es heißt in der Schrift: Seinen Engeln befiehlt er, dich zu behüten; und: Sie werden dich auf ihren Händen tragen, damit dein Fuß nicht an einen Stein stößt" (Lk 4,9–11). Der wie in den beiden anderen Miniaturen gekleidete und wieder von einem Kreuznimbus umgebene Jesus rafft mit der linken Hand sein Obergewand und erhebt seine Rechte im Redegestus, um dem Satan zu antworten, dass man Gott gemäß der Schrift (vgl. Dtn 6,16) nicht auf die Probe stellen soll (vgl. Lk 4,12). Damit hat Jesus deutlich gemacht, dass er auch als Gottessohn die Allmacht seines Vaters und den verheißenen göttlichen Schutz nicht für seine eigenen Zwecke sinnlos provozieren darf, um damit Gott selbst in Versuchung zu führen.[17]

Während der Baum aus der ersten Versuchung immer noch in seiner dünnen und nur wenig belaubten Gestalt hinter dem Teufel steht, erstreckt sich anstelle des Baumes hinter Jesus nunmehr ein Kirchturm, der sich ebenso schmal in die Höhe reckt. Auch das Tempelgebäude ist mit Portal, Obergaden und Satteldach wie ein basilikales Kirchengebäude dargestellt. Es fällt auf, dass Jesus so auf dem Dach steht, dass sich die Tür direkt unter ihm befindet. Zudem sind das Portal und die Tunika Jesu mit der gleichen blauen Himmelsfarbe ausgeführt. Damit wird deutlich, dass sich Jesus als der wahre Tempel (vgl. Joh 2,21) und als die Tür zu den Schafen seiner Herde (vgl. Joh 10,7.9) und damit zu seiner Kirche versteht, um in ihr mit seinem Heilswerk fortzuleben.[18]

Der kleine Zyklus mit den Versuchungen Jesu im romanischen Albanipsalter zeichnet sich mit seinen fast leiblos schlanken Gestalten durch einen stark vergeistigten Zug aus, der gleichsam die metaphysische Ordnung zwischen Gott und dem Satan in den Vordergrund rücken will.[19] Ohne derbe oder naive Dramatik wurde der Betrachterin des Psalters, der Eremitin Christina von Markyate, der Sieg Jesu über den Versucher in der geistigen Atmosphäre gehobener Feierlichkeit vor Augen geführt. So ist, wie es Ernst Günther Grimme formuliert hat, an die Stelle einer rein narrativen und additiven Anordnung „leise und vielleicht noch unbeabsichtigt ein Bildrhythmus" getreten, der ganz „aus dem geistigen Gehalt der Darstellung Gestalt gewinnt".[20]

Die Verklärung Jesu

Zweiter Fastensonntag. Evangelium: Lk 9,28b–36

„Und während Jesus betete, veränderte sich das Aussehen seines Gesichtes, und sein Gewand wurde leuchtend weiß."
Lk 9,29

Im Mittelpunkt der Eucharistiefeier des zweiten Fastensonntags steht das Evangelium von der Verklärung Christi auf dem Berg, der bereits durch Cyrill von Alexandrien (um 375/80–444) mit dem Tabor in Galiläa gleichgesetzt wurde. Die Verklärung, bei der sich „das Aussehen seines Gesichtes" veränderte und sein Gewand „leuchtend weiß" wurde (Lk 9,29), bedeutet Verherrlichung und Verwandlung, also Metamorphose (μεταμόρφωσις), „transfiguratio". So soll mit der Verkündigung der Verklärungsperikope zu Beginn der Fastenzeit den Gläubigen schon eine Vorausschau auf die kommende Auferstehungsherrlichkeit Christi am Osterfest vor Augen gestellt werden.[1]

In Ergänzung zu den bei Matthäus (Mt 17,2–9) und Markus (Mk 9,2–9) überlieferten Verklärungsberichten betont das Lukasevangelium, dass Jesus verklärt wurde, als er betete (vgl. Lk 9,28–29), so wie sich schon zuvor bei seiner Taufe der Himmel im Augenblick seines Betens geöffnet hatte (vgl. Lk 3,21). Nach der lukanischen Perikope waren die drei auserwählten Jünger Petrus, Johannes und dessen Bruder Jakobus, die Jesus auf den Berg mitgenommen hatte, eingeschlafen, als Christus verklärt wurde und ihm Mose und Elija erschienen waren, um mit ihm über die Erfüllung seiner Sendung in Jerusalem zu sprechen (vgl. Lk 9,28–32). Als die drei Apostel wach wurden, sahen sie „Jesus in strahlendem Licht und die beiden Männer, die bei ihm standen" (Lk 9,32). Als sich Mose und Elija von Jesus verabschiedeten, wollte Petrus diesen Augenblick festhalten und drei Hütten für den Verklärten und seine

Feofan Grek, Verklärung Christi, Ende 14. Jahrhundert, Eitempera auf Holz, 184 × 134 cm, Moskau, Tretjakov-Galerie.

beiden himmlischen Begleiter bauen (vgl. Lk 9,33). Als Petrus noch beim Reden war, wobei er nicht wusste, was er sagte, gerieten die drei Jünger in den Schatten einer Wolke und bekamen Angst (vgl. Lk 9,34), hörten aber dann aus der Wolke die Stimme: „Das ist mein geliebter Sohn, auf ihn sollt ihr hören" (Lk 9,35). Da sich diese Stimme des Vaters, die auch schon bei der Taufe Jesu erklang (vgl. Mt 3,17; Mk 1,11; Lk 3,22), direkt an die drei auserwählten Jünger richtete, sahen diese Jesus allein vor sich, auf dessen ausschließliches Hören sie soeben verpflichtet wurden. Während nach Matthäus (vgl. Mt 17,9) und Markus (vgl. Mk 9,9) Jesus selbst den drei Aposteln verboten hatte, etwas davon zu erzählen, heißt es im Lukasevangelium, dass die Jünger von sich aus über das Erlebte schwiegen (vgl. Lk 9,36) und erst später davon erzählten (vgl. 2 Petr 1,18).

Die Theophanie des dreifaltigen Gottes trat bei der Verklärung (vgl. Mt 17,5; Mk 9,7; Lk 9,35) noch deutlicher als bei der Taufe Jesu (vgl. Mt 3,16–17; Mk 1,10–11; Lk 3,21–22) zutage, da Jesus bei seiner Taufe noch in Knechtsgestalt in die Fluten des Jordan gestiegen war, jetzt aber auf dem Berg als überirdische Lichterscheinung in seiner Herrlichkeit offenbar wurde. Wie einst das Antlitz des Mose strahlte, als er Gott begegnet war (vgl. Ex 34,29–30), so leuchtete nun bei der Verklärung Jesu die Herrlichkeit des verheißenen Messias auf, der von Mose und Elija als den beiden großen alttestamentlichen Repräsentanten des Gesetzes und der Propheten bezeugt wurde.[2]

IN DER LITURGIE UND SPIRITUALITÄT DER OSTKIRCHE kommt der Darstellung der Verklärung Christi eine große Bedeutung zu, so dass die „Metamorphosis" genannte Verklärungsikone neben der Osterikone die „wohl theologisch programmatischste Ikone des christlichen Ostens" darstellt.[3] Das Fest der Verklärung ist im Osten schon seit dem 6. Jahrhundert nachweisbar und gehört in der Orthodoxie zu den zwölf Hauptfesten, während es im Westen erst 1456 als Fest eingeführt und auf den 6. August gelegt wurde.

Zu den ältesten Verklärungsdarstellungen gehört das um 549 entstandene Apsismosaik von San Apollinare in Classe in Ravenna, das die Szene in einer einzigartigen symbolischen Konzeption formulierte. Das um 565/66 geschaffene Apsismosaik in der Kirche des Katharinenklosters auf dem Sinai und das um 565/78 entstandene Apsismosaik in der Apostelkirche von Konstantinopel zeigten die Verklärung figürlich. Mit Mose und Elija, die neben dem in einer Mandorla stehenden Christus erscheinen, und den unten lagernden drei Jüngern lassen die beiden Apsismosaiken des Katharinenklosters und der Apostelkirche bereits in wesentlichen Teilen den kanonisch gewordenen byzantinischen Bildtypus erkennen. In der weiteren Entwicklung wurden die in feierlicher Ruhe beisammenstehenden Personen Jesus, Mose und Elija von den erregten drei Aposteln abgesetzt, von denen ab dem 14. Jahrhundert auch ein oder zwei Jünger in ihrem Schrecken abstürzen. Zudem wurden Jesus, Mose und Elija drei Berggipfel zugeordnet, auf denen sie stehen und über denen sie manchmal auch schweben. Mit der dreifarbig gestalteten Mandorla um Jesus wollte man dann zum Ausdruck bringen, dass sich in der Verklärung auch der dreifaltige Gott geoffenbart hatte. Schließlich kamen kleinere Nebendarstellungen hinzu, so die Herbeiführung von Mose und Elija und die beiden Szenen, in denen Jesus mit den drei Jüngern den Verklärungsberg hinaufsteigt und wieder herabgeht.[4]

Nachdem die Verklärung bereits im 4. Jahrhundert als Erweis der Göttlichkeit Jesu herangezogen wurde, spielte das Taborlicht in der auf die innere Ruhe der Hesychia (ἡσυχία) und damit auf die kontemplative Vergöttlichung ausgerichteten hesychastischen Mönchsspiritualität eine große Rolle. Vor dem Hintergrund des platonisch geprägten mystischen Aufstiegswegs zur Vergöttlichung verwiesen die ostkirchlichen Väter zunächst auf die apophatische Dimension, wonach Gott für den Menschen letztlich unerkennbar und unfassbar ist, so dass man die höchste Gebetsstufe in einem wortlosen Beten im Geist sah, wie um 500 Pseudo-Dionysius Areopagita in seiner apophatischen Mystik lehrte. Symeon der Neue Theologe (949–1022) betonte bei seiner Zusammenfassung der ostkirchlichen Mystik den Willen Gottes zur Vergöttlichung des Menschen, wenn sich in dessen Seele täglich neu das Heilshandeln Christi vollzieht, so dass er durch die spürbare Anwesenheit der Gnade des Heiligen Geistes bis zur ekstatischen Erfahrung des göttlichen Lichtes mit herrlichen visionären Empfindungen zu gelangen vermag. Als Schüler Symeons sahen nun die hesychastischen Mönche im Licht die Möglichkeit des Aufstiegs zu Gott und setzten das göttliche Licht mit dem Taborlicht gleich. Während Niketas Stethatos (geb. um 1000, gest. um 1080) die mit dem inneren Gebet verbundene Lichtschau lehrte, schuf der auf dem Athos lebende Mönch Gregor vom Sinai (1255/65–1337) mit dem Jesusgebet eine praktische Methode, um durch die ständige Wiederholung des Namens Jesus das Herz des Menschen für die Gegenwart Gottes und für die kontemplative Gottvereinigung im Licht zu öffnen. Auf dem Mönchsberg Athos lernte auch Gregor Palamas (1296/97–1359) die hesychastische Mystik kennen und verankerte ebenfalls die Schau des Taborlichtes in der inneren Ruhe. Indem Palamas das Taborlicht nicht unter die geschaffenen Wirkungen Gottes, sondern unter die ungeschaffenen göttlichen Energien einordnete, bedeutete für ihn die von den Hesychasten erlangte Lichtvision eine echte Gottesschau. Auch wenn Palamas das Taborlicht nicht mit dem göttlichen Wesen (οὐσία) identifizierte, hielt er dieses Licht als gnadenvermittelnde Energie (ἐνέργεια) dennoch für göttlich, unerschaffen und auf ewig mit Gott verbunden. In diesem Sinne deutete er auch die Epiphanie des dreifaltigen Gottes bei der Verklärung Jesu als Offenbarung der Trinität im göttlichen Taborlicht. So habe auf dem Verklärungsberg die Stimme des Vaters den geliebten Sohn und der mit dem

Vater in der hellen Wolke strahlende Heilige Geist die Einheit von Vater und Sohn im gleichen göttlichen Licht geoffenbart.[5] Die hesychastische Spiritualität war ganz darauf ausgerichtet, die Lichtherrlichkeit Gottes im ungeschaffenen Taborlicht der Verklärung Christi zu schauen, um dabei im Zustand der visionären Schau selbst vergöttlicht zu werden. Da die Patriarchen von Konstantinopel seit der zweiten Hälfte des 14. Jahrhunderts den Hesychasmus unterstützten, gelangte diese geistliche Bewegung auch in andere orthodoxe Länder wie Bulgarien, Serbien, Moldau, Walachei und Russland.[6]

Als sich die Mönchstheologen mit der Frage der Ungeschaffenheit des Taborlichtes befassten, bemühten sich auch die Ikonenmaler um die Sichtbarmachung dieses Lichtes. Zu diesen Malern gehörte wohl auch der aus Konstantinopel stammende Theophanes (um 1325–1404/15), der um 1370 nach Russland gekommen war, wo er Feofan Grek genannt wurde. Er wirkte 1378 in Novgorod, 1390 in Nischni Novgorod und Moskau sowie 1392 in Kolomna und arbeitete dann bis zu seinem Tod um 1404/15 in Moskau, unterbrochen von einem Aufenthalt in Pereslawl-Salesski im Jahr 1403. Neben den gesicherten Fresken in der Spasa-Preobrazenie-Kirche in Novgorod und der Ikonostase in der Verkündigungskathedrale des Moskauer Kreml wird Feofan auch eine Ikone mit der Verklärung Christi zugeschrieben, die heute in der Moskauer Tretjakov-Galerie aufgestellt ist. Feofan zeichnete sich durch einen expressiven Stil in Farbgebung und Gestik aus und dürfte mit der Spiritualität des Hesychasmus in Verbindung gestanden sein, wie auch die Verklärungsikone zeigt.[7]

Die Feofan zugeschriebene Ikone mit der Verklärung Christi ist fast zwei Meter hoch und war ursprünglich in einer Ikonostase angebracht. Das in Eitempera gemalte und teilweise schlecht erhaltene Gemälde folgt dem für die Verklärungsikone festgelegten Schema und ordnet die Landschaft und die Figuren um die zentrale, von einer Aureole umgebene Gestalt Jesu an.[8]

Am oberen Bildrand werden in zwei kleinen Nebenszenen die beiden Zeugen des Alten Testamentes herbeigeführt, um neben dem verklärten Christus zu erscheinen (vgl. Lk 9,30). Rechts oben wird der Goldgrund der Ikone durch einen kleinen blauen Himmelsausschnitt durchbrochen, der den Blick auf einen geflügelten, nimbierten Engel freigibt, der sich zu der ebenfalls nimbierten Gestalt des Mose umwendet, um ihn zum Tabor zu führen. In der linken oberen Ecke ist der gleiche himmlische Ausschnitt mit einem Engel zu sehen, der den Propheten Elija geleitet.[9]

Die pyramidenförmig aufgebaute Berglandschaft des Tabor schließt vor dem goldenen Bildhintergrund in drei Gipfeln ab. Wie Jesus stehen auch Mose und Elija auf Gipfeln, da auch diese beiden großen Vertreter des Alten Bundes auf dem Berg

Gott begegnet waren. Während Mose auf dem Sinai das Gesetz Gottes erhielt (vgl. Ex 20,1–21), war Gott dem Elija auf dem Horeb erschienen (vgl. 1 Kön 19,1–12).[10] Im Unterschied zu den beiden rotbraunen Gipfeln, auf denen Mose und Elija stehen, ist der mittlere Gipfel mit dem verklärten Christus in der Farbe Grün gemalt, die in der östlichen Ikonographie gewöhnlich den lebenspendenden Geist Gottes symbolisiert. Die auf dem Tabor erschienenen Mose und Elija neigen sich dem Verklärten in der Mitte zu und folgen mit ihrer Körperbeugung der Rundung der Aureole, von der Christus umgeben ist, um gleichsam einen weiteren Kreis um die göttliche Erscheinung zu schließen. Dabei kann man die hellen Lichtkanten, die sich auf den Obergewändern der beiden alttestamentlichen Vertreter abzeichnen, als Hinweise auf die Bedeutung des Taborlichtes in der Spiritualität der hesychastischen Bewegung verstehen. Auf der rechten Seite ist mit kurzem dunklem Haupt- und Barthaar Mose dargestellt, dessen Nimbus kaum mehr erkennbar ist. Er trägt über einer bläulich gehöhten weißen Tunika ein rotes Obergewand und hält in seinen Händen das Gesetzbuch des Alten Bundes. Auf der gegenüberliegenden linken Seite ist Elija zu sehen, der sich wie Mose dem verklärten Christus zugeneigt hat und über der ebenfalls weiß-bläulichen Tunika mit einem gelb leuchtenden Obergewand bekleidet ist. Im Unterschied zu Mose trägt Elija ein langes und helleres Bart- und Haupthaar.[11] Mit dem Redegestus seiner rechten Hand weist Elija auf das Gespräch hin, das die beiden Vertreter von Gesetz und Propheten mit Jesus über das „Ende" des Erlösers führten, „das sich in Jerusalem erfüllen sollte" (Lk 9,31). Unter dem mittleren Gipfel des Verklärungsberges sind zwei Höhlen zu sehen, an deren Eingang jeweils ein Baum steht. Während diese beiden Höhlen auf die Gräber für Mose und Jesus hinweisen, gibt es keine Darstellung eines dritten Grabes für Elija, da dieser Prophet in den Himmel entrückt wurde (vgl. 2 Kön 2,11; Sir 48,9).

Unterhalb der beiden seitlichen Gipfel werden mit dem Auf- und Abstieg Jesu und seiner Jünger zwei weitere Nebenszenen vorgestellt, die rötlich vom hellbraunen Gestein der beiden äußeren Berge abgesetzt sind. Links ist der nimbierte Jesus zu sehen, der die rote Tunika seiner Menschennatur und das blaue Pallium seiner Gottheit trägt und sich zu den drei auserwählten Jüngern umwendet, um mit ihnen zum Tabor aufzusteigen und dort zu beten (vgl. Lk 9,28). Während er mit der linken Hand sein Gewand rafft, zeigt er mit seiner Rechten den Weg an. Von den drei Aposteln ist links der bartlose Johannes erkennbar, der eine blaue Tunika und ein rotes Pallium trägt. Neben ihm ist der durch seine kurze weiße Bart- und Haartracht charakterisierte Petrus dargestellt, der in eine blaue Tunika und in ein orangefarbenes Pallium gehüllt ist. Rechts ist die teilweise verdeckte Gestalt des Jakobus zu sehen, der ein rotes Obergewand trägt. In der rechten Szene geht Jesus, der mit seinem gegenüberliegenden Pendant fast identisch ist, den Weg vom Verklärungsberg hinunter und weist den Jüngern mit seiner rechten Hand erneut den Weg. Beim Abstieg geht Petrus voraus, gefolgt von Jakobus und Johannes. Die Abstiegsszene knüpft an das im Matthäus- und Markusevangelium überlieferte Gebot Jesu an drei Apostel an, über das Verklärungsgeschehen auf dem Berg bis zu seiner Auferstehung zu schweigen: „Während sie den Berg hinabstiegen, gebot ihnen Jesus: Erzählt niemand von dem, was ihr gesehen habt, bis der Menschensohn von den Toten auferstanden ist" (Mt 17,9; vgl. Mk 9,9).[12]

In der untersten Ebene sind die auserwählten Apostel dargestellt, die vor dem strahlend verklärten Christus erregt zurückweichen und damit auf die Wirkung des Taborlichtes verweisen, wie sie auch in der hesychastischen Spiritualität gesucht wurde. Wie bei den Gewändern des Mose und des Elija scheint sich die Lichtmystik des Hesychasmus auch in den Kleidern der drei Jünger zu zeigen, die ebenfalls mit scharfen Lichtkanten gezeichnet sind. Die drei Jünger werden an ihren Häuptern von drei blauen Lichtstrahlen getroffen, die von Christus ausgehen. Links ist der mit blauer Tunika und orangefarbenem Pallium bekleidete Petrus zu sehen, der als Einziger der Blendung standzuhalten vermag und zum Verklärungsgeschehen hinaufblickt. Er hat seine linke Hand im Redegestus erhoben und gibt gerade seine Absicht kund, für Jesus, Mose und Elija drei Hütten bauen zu wollen (vgl. Lk 9,33). Neben Petrus liegt der in seinem Schrecken nach unten abstürzende Johannes, der ein blaues Untergewand und ein rötliches Pallium trägt. Er hat sein jugendliches, bartloses Haupt auf den linken Arm gestützt und blickt mit geöffneten Augen nach unten. Rechts bedeckt der in ein rotes Obergewand gehüllte Apostel Jakobus seine geblendeten Augen, der wie Johannes vor dem Licht zu Boden gesunken ist.[13]

Im Fluchtpunkt der Ikone steht die Lichtgestalt des verklärten Christus, der in einem weißen Gewand dargestellt ist, das leicht ins Gold hinüberspielt. Jesus blickt nicht geradeaus, sondern hat sein Haupt, das von einem goldenen Kreuznimbus umgeben ist, leicht zur Seite geneigt, als ob er reden würde. Auf der Höhe seines Mundes ist seine Gestalt links mit „I[HCOY]C" und rechts mit „X[PICTO]C" bezeichnet. Während er in der linken Hand die Schriftrolle des Evangeliums hält, segnet er mit der rechten Hand und berührt dabei im griechischen Segensgestus Ringfinger und Daumen, während er den Zeigefinger aufrichtet und den Mittelfinger krümmt, den kleinen Finger aber wegstreckt, obwohl er eigentlich gekrümmt sein müsste. Die Fingerstellung dieser Segensgeste bildet jeweils den ersten und letzten Buchstaben der griechischen Namen für Jesus und Christus ab. Auf IHCOYC verweisen der aufrechte Zeigefinger, der das Iota des Anfangsbuchstabens bildet, und der gekrümmte Mittelfinger, der das am Wortende stehende Sigma formt. Die übrigen drei Finger stehen dagegen für XPICTOC, indem Ringfinger und Daumen zusammengelegt das Chi am Wortanfang und der kleine Finger – wenn man sich ihn gekrümmt vorstellt – das am Wortende stehende Sigma bilden. Jesus steht vor einer kreisrunden, bläulichen Aureole, die zahlreiche goldene Strahlen aussendet und den Gipfel des Berges Tabor verdeckt. Von Christus brechen in Form eines Trigons drei weiße, spitz zulaufende Strahlen hervor, die auch seitlich nach oben hin ausstrahlen. Sie stehen für die ungeschaffenen göttlichen Energien, zu denen nach den hesychastischen Lehrern des 14. Jahrhunderts auch das Licht gehört, das auf dem Berg Tabor als Epiphanie des dreifaltigen Gottes offenbar geworden ist. Von Christus gehen auch drei blaue Linien hervor, die sich nach unten auf die Apostel richten. Es fällt auf, dass die Aureole zu ihrem Kern hin nicht heller wird, sondern um Christus einen dunklen Kreis bildet. Diese nach innen hin dunkler werdende Aureole erinnert an die vor allem durch Pseudo-Dionysius Areopagita entfaltete apophatische Mystik, wonach die Lichtherrlichkeit Gottes letztlich das Sehvermögen des Menschen übersteigt. So offenbare sich der von seinem Wesen her unzugängliche Gott den Menschen durch seine Energien, die gerade in den Strahlen des Taborlichtes bestehen. Diese Wirkungen lösen nach Pseudo-Dionysius in der Seele eine Sehnsucht aus, um durch die geschöpfliche Welt hindurch den Weg auf Gott hin zu ebnen und in ihm die sich erbarmende und alles belebende Lichtquelle zu erahnen und schließlich jenseits aller Erkenntnis in der „überlichtigen Finsternis" mit dem absolut Unsehbaren eins zu werden.[14]

Der brennende Dornbusch

Dritter Fastensonntag. Erste Lesung: Ex 3,1–8a.13–15

*„Am Horeb erschien Mose der Engel des Herrn in einer Flamme,
die aus einem Dornbusch emporschlug. Er schaute hin: Da brannte der Dornbusch
und verbrannte doch nicht."*
Ex 3,2

Auf die am zweiten Fastensonntag vorgetragene neutestamentliche Epiphanie der Verklärung Christi auf dem Berg Tabor folgt in der ersten Lesung des dritten Fastensonntags die alttestamentliche Theophanie des brennenden Dornbusches vor Mose (vgl. Ex 3,1–15).

Mose war als Israelit am Hof des Pharao aufgewachsen und musste fliehen, nachdem er einen Ägypter erschlagen hatte, der einen Hebräer bei der Fronarbeit misshandelt hatte (vgl. Ex 2,11–15). Während die Israeliten in Ägypten immer mehr unter der harten Sklavenarbeit stöhnten, kam Mose nach Midian, wo er Schwiegersohn des Jitro wurde (vgl. Ex 2,15–25). Als er eines Tages die Schafe und Ziegen seines Schwiegervaters weidete und sie über die Steppe hinaus bis zum Gottesberg Horeb trieb, erschien ihm Gott beziehungsweise der Engel des Herrn als seine Erscheinungsform und als Zeuge seiner Gegenwart in einem brennenden, aber doch nicht verbrennenden Dornbusch (vgl. Ex 3,1–3).[1] Bei der Darlegung des im Alten Testament verborgenen Christusmysteriums sahen die Kirchenväter in ihrer allegorischen Schriftauslegung den Engel nicht nur als Boten, durch den Gott gesprochen habe,[2] sondern bezogen ihn teilweise auch auf den Sohn Gottes selbst, der hier am Dornbusch als Gottesbote aufgetreten sei.[3] Für die Israeliten war der brennende Dornbusch ein Sinnbild für das himmlische, unnahbare und ganz reine Wesen Gottes, der mit seinem Volk so sehr verbunden ist, dass seine Nähe nur dann zu einem verzehrenden Feuer wird, wenn das Volk sündigen sollte (vgl. Lev 10,2–3; Num 11,1; Dtn 32,22). Darüber hinaus betonten die Kirchenväter die Voraussetzung der Herzensreinheit (vgl. Mt 5,8), um wie Mose am Dornbusch Gott in der Kontemplation

Berufung des Mose am Dornbusch, um 431/33, Relief in Zypressenholz, 82 × 30,5 cm, Rom, Santa Sabina, Holztür.

schauen zu können.⁴ Die Väter sahen im brennenden Dornbusch typologisch einen Hinweis auf die Menschwerdung des Sohnes und bezogen den Dornbusch auf die Menschennatur Christi, während sie im Feuer ein Sinnbild für die Gottheit des Logos erkannten. Zudem waren für die Kirchenväter die Dornen des Busches ein Zeichen für die Dornenkrone Christi⁵ und damit auch ein Symbol für die sündigen Menschen und die Israeliten, die sich nicht vom Feuer des Heiligen Geistes erfassen lassen.⁶ Als sich Mose der außergewöhnlichen Erscheinung näherte, gebot ihm Gott aus dem Dornbusch, nicht näherzutreten, sondern seine Schuhe abzulegen, da der Ort heilig sei (vgl. Ex 3,4–5). Für die Kirchenväter bedeutete das Ausziehen der Schuhe das Ablegen des Irdischen, um auf dem Weg der Tugend und der Kontemplation des Himmlischen voranzuschreiten.⁷ In dem sich anschließenden Gespräch offenbarte sich Gott als Befreier, indem er Mose zusicherte, sein Volk Israel aus der Gewalt der Ägypter befreien zu wollen (vgl. Ex 3,6–9). Dabei beauftragte er Mose, zum Pharao zu gehen und das Volk aus Ägypten herauszuführen (vgl. Ex 3,10). Dann verbürgte sich Gott durch die Nennung seines Namens „Ich-bin-da" (Ex 3,14), den Mose auch den Israeliten mitteilen solle (vgl. Ex 3,14–15).⁸

EINE SEHR FRÜHE RELIEFDARSTELLUNG DES BRENNENDEN DORNBUSCHES hat sich auf der frühchristlichen Holztür der Basilika Santa Sabina auf dem Hügel Aventin in Rom erhalten. Dieses Holzrelief ist in der frühchristlichen Kunst einzigartig, weil es neben der eigentlichen Dornbuscherscheinung auch die vorausgehende Begebenheit des Schafehütens und die nachfolgende Szene mit der Beauftragung des Mose zeigt.

Wie aus dem Mosaik mit der Bauinschrift hervorgeht, wurde Santa Sabina unter Papst Coelestin I. (reg. 422–432) durch einen Priester namens Petrus errichtet, der aus Illyrien nach Rom gekommen war. Nach dem „Liber Pontificalis" dürfte die Konsekration der Basilika unter Sixtus III. (reg. 432–440) erfolgt sein, der Petrus dann auch zum Bischof weihte. So ergibt sich für die Errichtung der Kirche und die Anfertigung der Holztür ein Zeitraum von 431 bis 433. Im hohen Mittelalter wurde Santa Sabina unter Honorius III. (reg. 1216–1227) dem von Dominikus (um 1170–1221) gegründeten und 1216 päpstlich bestätigten Predigerorden übertragen.⁹

Die aus Zypressenholz geschnitzte und ursprünglich wohl farbig bemalte Holztür ist von einem reichverzierten Marmorrahmen aus antiken Spolien umgeben und führt in das Mittelschiff der Kirche. Bei der 1835/36 und 1891 restaurierten Holztür handelt es sich um eine Falttür mit vier Bahnen, in denen jeweils sieben Bildfelder mit 28 Tafeln angebracht waren, von denen heute noch 18 erhalten sind.¹⁰ Mit ihren alt- und neutestamentlichen Bildtafeln soll nach der allegorischen Exegese der Kirchenväter gezeigt werden, dass die im Neuen Testament offenbare Gestalt Christi auch schon im Alten Testament verborgen gegenwärtig war.¹¹ Künstlerisch zeigt die

Holztür eine größere Gruppe von Tafeln mit westlichen und stadtrömischen Einflüssen, während eine kleinere Gruppe dem östlichen Kunstkreis angehört.[12]

Die gut erhaltene, hochrechteckige Holztafel mit den drei zur Dornbuschperikope gehörenden Szenen ist fast einen Meter hoch. Durch leicht angedeutete, nicht die ganze Bildbreite überspannende Trennungsleisten wird die Holzplatte in drei übereinandergestaffelte Zonen unterteilt. Während die untere Szene die Hälfte der Tafel ausmacht, bilden die beiden oberen Szenen jeweils ein Viertel der Bildfläche.

Bei der unteren Szene, die Mose als Schafhirten am Horeb zeigt (vgl. Ex 3,1), besteht die Fläche fast ganz aus einer Berglandschaft mit übereinandergeschichteten Felsen. Aus der gebirgigen Landschaft ragen rechts oben zwei Bäume heraus, die sich durch ihre großen Blätter und die Früchte bestimmen lassen. Während der linke Baum eine Pinie darstellt, ist der rechte Baum als Eiche gekennzeichnet. In der Landschaft sind sechs Schafe zu sehen, von denen vier ruhen und zwei stehend grasen. Die beiden oberen Tiere, die sich nach links zu ihrem Hirten umwenden, sind als Widder erkennbar. Links oben ist der sitzende Mose als Hüter der Schafherde dargestellt, der „die Schafe und Ziegen seines Schwiegervaters Jitro" eines Tages „über die Steppe hinaus" trieb und so „zum Gottesberg Horeb" kam (Ex 3,1). Mose trägt Sandalen an den Füßen und ist mit einer weitärmeligen Tunika und einem Pallium bekleidet. Während er sich mit seiner Rechten auf einen Felsblock stützt, ruht die linke Hand auf seinem linken Knie. Mose hat sein bartloses Haupt erhoben, so dass seine kurzen Haare nach hinten in seinen Nacken fallen. Im Gegensatz zu den beiden anderen monumentalen Darstellungen in den Langhausmosaiken von Santa Maria Maggiore in Rom um 432/40 und in dem vor 547 entstandenen Mosaik des Presbyteriums von San Vitale in Ravenna wird Mose auf der Tafel in Santa Sabina nicht stehend inmitten seiner Herde gezeigt, sondern als sitzende Randfigur, die ohne durchgezogene Trennungsleiste bereits zur nächsten Szene aufblickt.[13]

In der inhaltlich sich an die Hirtenszene anschließenden mittleren Zone ist die gleiche Mosegestalt wieder am linken Bildrand dargestellt, während rechts vor ihm ein Engel steht. Hinter dem Engel ist ein Felsmassiv zu sehen, aus dem eine breite Feuerflamme auflodert, die bis in die darüberliegende Szene hinaufzüngelt und für den brennenden Dornbusch steht. Links daneben steht ein barfüßiger, langhaariger und geflügelter Engel, der mit Tunika und Pallium bekleidet ist. Er hat seine rechte Hand im Redegestus erhoben und wendet sich dem sitzenden Mose zu. Der wie in der unteren Szene bekleidete Mose sitzt mit gesenktem Haupt und übereinandergeschlagenen Beinen auf einem Felsblock und nestelt mit beiden Händen an den Riemen seiner linken Sandale. Diese Szene folgt dem biblischen Bericht, wonach dem Mose am Horeb „der Engel des Herrn in einer Flamme" erschienen war, „die aus einem

Dornbusch emporschlug" (Ex 3,2), aber den Dornbusch nicht verbrannte. Als sich Mose die außergewöhnliche Erscheinung ansehen wollte, rief ihm Gott aus dem Dornbusch zu, nicht näher zu kommen und seine Schuhe abzulegen, weil er auf heiligem Boden stehe (vgl. Ex 3,2–5).[14] Es fällt auf, dass auf dem Relief an die Stelle des brennenden Busches eine große Flamme getreten ist, die aus einem Felsmassiv herausschlägt. Dieses Bildmotiv des in Flammen stehenden Felsen, das sich in ähnlicher Weise auch in San Vitale findet, verweist auf den brennenden Berg Sinai (vgl. Ex 19,18; 24,17; Dtn 4,11–12; 5,23; 9,15), auf dem Gott auf dem Höhepunkt der Wüstenwanderung Israels nach dem Auszug aus Ägypten das Gesetz an Mose übergeben hatte (vgl. Ex 31,18). Während auf dem Mosaik in San Vitale aus dem Berg nur vereinzelt Flammen aufzüngeln, ist die Darstellung in Santa Sabina mit einer großen Flamme, die aus einem in sich geschlossenen Felsblock auflodert, ohne Parallele. Die Hereinnahme der späteren Sinaitheophanie in die Dornbuschszene am Horeb wird verständlich, wenn man berücksichtigt, dass Horeb und Sinai denselben Berg meinen, wie auch in der Rede des Stephanus in der Apostelgeschichte deutlich wird, in der er den Ort des brennenden Dornbuschs mit Sinai bezeichnet (vgl. Apg 7,30). Die beiden Theophanien sind eng miteinander verbunden, da in der Dornbuscherscheinung mit der Berufung des Mose beginnt, was sich dann in der Sinaitheophanie mit der Gesetzesübergabe und dem Bundesschluss vollendet.[15] Die ebenfalls singuläre Gestalt des Engels schließt sich eng an den biblischen Urtext an, wo zunächst von der Erscheinung eines Engels im brennenden Dornbusch die Rede ist (vgl. Ex 3,2), während es in den folgenden Versen dann Gott selbst ist, der zu Mose aus dem Dornbusch heraus spricht (vgl. Ex 3,4–4,17).[16] Während der sandalenlösende Mose in der frühchristlichen Kunst zumeist stehend mit einem auf eine Erhöhung aufgestützten Fuß dargestellt wurde, findet sich das weniger verbreitete Motiv des sich sitzend die Schuhe aufschnürenden Mose in der monumentalen frühchristlichen Kunst nur in Santa Sabina, taucht aber in der späteren byzantinischen Buchmalerei auf. Wie in der unteren Szene, so wird auch im zweiten Abschnitt mit der aus einem Felsmassiv auflodernden großen Flamme, dem Engel und dem sitzenden Mose die Dornbuschszene in einer Ausführlichkeit dargestellt, wie sie in monumentalen Kunstwerken singulär ist. Da aber diese Bildmotive in der späteren byzantinischen Buchmalerei auftauchen, kann eine nicht mehr vorhandene illustrierte griechische Exodus-Handschrift als Vorlage für die Reliefs der Holztür angenommen werden.[17]

In der oberen Szene ist die Sendung des Mose mit der Besiegelung seiner Berufung nach der Theophanie am Dornbusch dargestellt (vgl. Ex 3,7–12). Während rechts die Flamme in das obere Bildfeld hineinragt, ist über der Trennungsleiste zweimal Mose zu sehen, der wie in den beiden unteren Szenen gekleidet ist, aber nun keine Schuhe mehr trägt. Links steht Mose mit seitlich geöffneten Händen und leicht nach rechts geneigtem Haupt. Daneben ist Mose schreitend dargestellt, wie er nach rechts blickt, wo aus einem Wolkensegment die Hand Gottes herausragt, die eine Schriftrolle umfasst. Mose hat ehrfürchtig seine ausgestreckten Hände mit seinem Palliumende verhüllt, um den Rotulus aus der Hand Gottes entgegenzunehmen. In dieser Doppelszene wird die Berufung und Sendung des Mose dargestellt. Nachdem das Elend seines in Ägypten unterdrückten Volkes und die Klagerufe Israels zu Gott gedrungen waren (vgl. Ex 3,7–9), wurde Mose trotz seiner Einwände zum Führer des Volkes berufen: „Und jetzt geh! Ich sende dich zum Pharao. Führe mein Volk, die Israeliten, aus Ägypten heraus!" (Ex 3,10).[18] Obwohl der Bildtypus den frühchristlichen Darstellungen der Gesetzesübergabe entspricht (vgl. Ex 31,18), legt doch der erzählerische Ablauf der Bildtafel nahe, die Szene als Sendung und Besiegelung der Berufung des Mose nach der Dornbuschtheophanie zu deuten. Dem Bibeltext folgend trägt Mose jetzt keine Sandalen mehr (vgl. Ex 3,5), steht barfuß vor Gott und erhält den Auftrag, Israel aus Ägypten herauszuführen. So ist in der linken Gestalt Mose zu sehen, wie er die Hände im Redegestus ausgebreitet hat, um mit Gott zu sprechen und auf seinen Auftrag zu hören. Rechts ist Mose dargestellt, wie er zur Besiegelung seiner Berufung mit verhüllten Händen einen Rotulus empfängt. Auch wenn das Buch Exodus bei der Sendung des Mose nicht von einer Schriftrollenübergabe berichtet, war der frühchristlichen Kunst das Bildmotiv der Übergabe einer Rolle geläufig, um damit eine Auftragserteilung zum Ausdruck zu bringen. So bedeuten auch Darstellungen mit Schriftrollenübergaben aus dem profanen Bereich des kaiserlichen Hofzeremoniells oder die vielen frühchristlichen Bilder, in denen Christus dem Petrus einen Rotulus darreicht (Traditio legis), die Erteilung eines Auftrags. Ein Relief auf der linken Schmalseite des Exodussarkophags von Aix-en-Provence meint mit der Übergabe einer Schriftrolle an Mose ebenfalls eine Auftragserteilung und keine Gesetzesübergabe. Auch in der prophetisch-apokalyptischen Literatur der Bibel ist die Schriftrollenübergabe als Sinnbild für die Übertragung einer göttlichen Sendung bekannt (vgl. Ez 2,9; Offb 10,8). Dennoch ist es wahrscheinlich, dass die Übergabe der Schriftrolle über die Beauftragung des Mose am Horeb hinausweisen soll, um an die Erfüllung der Sendung des Mose in der Übergabe des Gesetzes am Sinai zu erinnern, so wie auch schon in der mittleren Szene der brennende Berg auf das Sinaigeschehen vorauswies.[19]

Die Mosetafel von Santa Sabina ist mit ihrer dichtgedrängten, ineinandergreifenden Szenenfolge zur Dornbuscherzählung und mit der mehrmaligen Darstellung des Mose einzigartig in der frühchristlichen Kunst. Der Meister der Holztür von Santa Sabina gehörte zwar dem westlichen Kunstkreis an, orientierte sich aber nicht an den in Rom vorhandenen Bildvorlagen und auch nicht an der lateinischen Bibelübersetzung, sondern knüpfte an nicht mehr erhaltene griechische Handschriften zum Alten Testament an, deren Bildtradition in der späteren byzantinischen Buchmalerei noch greifbar ist.[20]

In der Zeit, als die Holztür von Santa Sabina geschaffen wurde, galt die Dornbuschtheophanie bei den Kirchenvätern als typologisches Vorausbild des Christusmysteriums. So führte die Mosetafel von Santa Sabina den damaligen, mit der allegorischen Exegese vertrauten Betrachter zum Christusgeheimnis, das im Alten Bund schon verborgen enthalten ist. Nach dem Durchschreiten der Holztür konnte der Besucher am christlichen Kultmysterium teilnehmen, das im Inneren der Basilika gefeiert wurde. Dort begegnete er dann dem lebendigen Christus selbst, auf dessen Gegenwart schon die Stimme aus dem brennenden Dornbusch „Ich-bin-da" (Ex 3,14) vorausgewiesen hatte.

Das Gleichnis vom verlorenen Sohn

Vierter Fastensonntag. Evangelium: Lk 15,1–3.11–32

„Vater, ich habe mich gegen den Himmel und gegen dich versündigt;
ich bin nicht mehr wert, dein Sohn zu sein."
Lk 15,21

Auf dem Höhepunkt der Fastenzeit wird am vierten Fastensonntag „Laetare" im Evangelium die frohe Botschaft von der Barmherzigkeit Gottes verkündet. Das Lukasevangelium berichtet, wie Jesus gegenüber Pharisäern und Schriftgelehrten seine Hinwendung zu den Sündern in Form von Gleichnissen rechtfertigte (vgl. Lk 15,1–3). In diesen Beispielerzählungen machte Jesus deutlich, dass Gott zur Vergebung bereit ist und dass es nicht sein Wille ist, wenn Menschen wegen ihrer Sünden vom Reich Gottes ausgeschlossen bleiben.

Neben den Parabeln vom verlorenen Schaf (Lk 15,4–7) und von der verlorenen Drachme (Lk 15,8–10) erzählte ihnen Jesus auch das Gleichnis vom verlorenen Sohn (Lk 15,11–32). Jesus stellte ihnen in dieser Parabel einen Vater mit zwei Söhnen vor Augen. Während der ältere Sohn im Elternhaus blieb, forderte der jüngere Sohn von seinem Vater das Erbe und zog in ein fernes Land, wo er ein zügelloses Leben führte und sein ganzes Vermögen verschleuderte (vgl. Lk 15,11–13). Als es ihm während einer Hungersnot schlecht ging und er sich als Schweinehüter durchschlagen musste, hätte er gerne seinen Hunger mit den Futterschoten der Tiere gestillt (vgl. Lk 15,14–16). Da die Schweine den Juden als unreine Tiere galten, konnte Jesus am Beispiel des Schweinehütens und des Hungers nach Schweinefutter drastisch zeigen, wie sehr sich der jüngere Sohn von Gott und seinem Vater entfremdet hatte und ins Elend abgesunken war. Als ihn die Not ganz zermürbt hatte, besann er sich auf das gute Leben zu Hause, erkannte seine Sünde gegen Gott und seinen Vater und beschloss seine Heimkehr, um in seinem Elternhaus als Tagelöhner zu arbeiten, da ihm klar war, dass er nicht mehr als Sohn akzeptiert werden könne (vgl. Lk 15,17–19). Bei seiner Ankunft sah ihn der Vater schon von weitem kommen, hatte Mitleid mit seinem

Sohn, lief ihm entgegen, fiel ihm um den Hals und küsste ihn (vgl. Lk 15,20). Während der Sohn bekannte: „Vater, ich habe gesündigt; ich bin nicht mehr wert, dein Sohn zu sein" (Lk 15,21), ließ ihm der Vater das beste Gewand und Schuhe bringen, einen Ring anstecken und für ihn das Mastkalb schlachten, um ein fröhliches Fest zu feiern, da sein Sohn verloren und tot war und nun wiedergefunden wurde und lebt (vgl. Lk 15,22–24). Da der Vater offenbar schon lange nach dem verlorenen Sohn Ausschau gehalten hatte, bestand seine erste Regung gegenüber dem Heimkehrer im Mitleid. Noch bevor der Sohn etwas sagen konnte, vergab er ihm, indem er ihn umarmte und küsste. Zum Zeichen, dass er ihn wieder ganz als seinen Sohn angenommen hatte, ließ er ihm nach seinem Schuldbekenntnis ein neues Gewand bringen, einen Ring anstecken und ein festliches Mahl bereiten. Durch seine Umkehr und die Vergebung des Vaters wurde der Sohn mit einem neuen Leben ausgestattet und über alles Vorausgehende hinausgehoben. So sollte an diesem Vater gleichnishaft deutlich werden, wie Jesus und damit Gott selbst zur Umkehr eines Sünders steht.[1]

Jesus hatte aber auch Verständnis für die Haltung der Pharisäer und Schriftgelehrten und fügte dem Gleichnis die Gestalt des älteren, die Gebote Gottes erfüllenden Sohnes an, dessen Verdienste der Vater anerkannte und dem er ebenso liebevoll wie dem jüngeren begegnete. Obwohl der ältere Sohn seinem jüngeren Bruder die Vergebung und Aufnahme durch seinen Vater nicht gönnte und in seinem Zorn dem Vater vorwarf, ihn schlechtergestellt zu haben (vgl. Lk 15,25–30), kam der Vater auch zu ihm heraus, redete ihm gut zu (vgl. Lk 15,28) und sprach ihn als sein Kind an: „Mein Kind, du bist immer bei mir, und alles, was mein ist, ist auch dein. Aber jetzt müssen wir uns doch freuen und ein Fest feiern; denn dein Bruder war tot und lebt wieder; er war verloren und ist wiedergefunden worden" (Lk 15,31–32). Damit ermahnte Jesus die Pharisäer und Schriftgelehrten, dass derjenige, der nicht bereit ist, das endzeitliche Rettungswerk der Verlorenen und die Freude Gottes mitzuvollziehen, Gefahr läuft, sich selbst vom ewigen Festmahl Gottes auszuschließen.[2]

Zu den bekanntesten Darstellungen des verlorenen Sohnes gehört zweifellos das berühmte Gemälde des protestantischen Malers Rembrandt Harmenszoon van Rijn (1606–1669), das er an seinem Lebensende in der Zeit um 1666/69 schuf und das sich heute in der Eremitage von Sankt Petersburg befindet. Obwohl Rembrandt ab 1631 als hochangesehener Maler in Amsterdam wirkte, vermochte er sich ab den vierziger Jahren nicht mehr dem gewandelten Kunstgeschmack anzuschlie-

Rembrandt, Rückkehr des verlorenen Sohnes, um 1666/69, Öl auf Leinwand, 260 × 203 cm, Sankt Petersburg, Eremitage.

ßen, sondern hielt weiterhin an der Helldunkelmalerei fest, die seine Kunstauffassung seit seiner Malerausbildung ab 1622/24 in Leiden geprägt hatte.[3] Als sich allmählich seine wirtschaftliche Situation verschärfte, sah er sich 1656 gezwungen, in Konkurs zu gehen. In dieser Zeit musste Rembrandt auch familiäre Schicksalsschläge hinnehmen. Nachdem seine Frau Saskia Uylenburgh (1612–1642) bei der Geburt des Sohnes Titus (1642–1668) im Kindbett verstorben war, verstieß Rembrandt 1650 die Amme Geertje Dircx (1610/15–1656), mit der er seit 1642 zusammenlebte. Im Jahr 1663 starb dann seine neue Lebensgefährtin Hendrickje Stoffels (geb. 1626), mit der er ab 1647/48 liiert war und die 1654 nach der Geburt der Tochter Cornelia (1654–1684) eine Anklage der reformierten Kirche wegen Hurerei über sich ergehen lassen musste. Schließlich musste Rembrandt 1668 auch seinem Sohn Titus ins Grab sehen. Als Rembrandt am 4. Oktober 1669 verarmt und unbeachtet starb, war zuletzt nur noch seine vierzehnjährige Tocher Cornelia bei ihm.[4]

Das über zweieinhalb Meter hohe Ölgemälde, das mit einer unechten Signatur Rembrandts versehen ist,[5] dürfte wohl in den letzten Lebensjahren des Meisters um 1666/69 entstanden sein.[6] Das Bild befand sich im 18. Jahrhundert in Deutschland und wurde 1742 in Bonn durch den Kölner Erzbischof Clemens August I. von Bayern (reg. 1723–1761) erworben. Nachdem man es 1764 erfolglos in Paris zum Verkauf angeboten hatte, wurde die russische Kaiserin Katharina II. die Große (reg. 1762–1796) auf das Gemälde aufmerksam, das dann 1797, ein Jahr nach dem Tod der Zarin, für die Eremitage in Sankt Petersburg angekauft werden konnte.[7] In diesem Bild hatte Rembrandt den jüngeren Sohn dargestellt, wie er nach seinem sündhaften, aber auch entbehrungsreichen Leben in der Fremde mit zerlumpten Kleidern nach Hause heimgekehrt ist und nun vor seinem Vater kniet, der ihn zärtlich mit einem Ausdruck von Güte, Vergebung und Liebe mit beiden Händen umarmt. Zwei Männer und zwei Frauen blicken schweigend auf den Vater und den verlorenen Sohn, die mit ihrem inneren Erleben ganz verschmolzen sind und zum Symbol für das Erbarmen Gottes mit dem reuigen Sünder werden.[8]

Durch die Hervorhebung dieser Hauptgruppe, aber auch durch die Betonung der ganz rechts stehenden Nebenfigur wich Rembrandt nicht nur von der traditionellen Ikonographie ab,[9] sondern setzte auch gegenüber seinen eigenen früheren Darstellungen neue Akzente. Wie eine Radierung von 1636 zeigt, hatte der frühe Rembrandt das Gleichnis noch genrehaft und mit mehr an der Handlung beteiligten Nebenfiguren geschildert. In seinem Spätwerk rückte er ganz die Figur des Vaters und damit die vergebende Liebe Gottes in den Mittelpunkt.[10] Angesichts seiner eigenen Schuldverstrickung und bitterer Lebenserfahrung griff der alte Rembrandt immer wieder Themen auf, die von Schuld, Verleugnung, Anklage, Erkenntnis und Vergebung handelten, um sie in einer neuen, betont menschlichen Weise zu interpretieren.[11] So zeigt Rembrandts Spätwerk mit dem verlorenen Sohn die unvergleichlich eindrucksvolle Schilderung der Heimkehr des Schuldiggewordenen und der liebenden Vergebung durch den Vater in einer einzigen Gruppe, die sich, wie es 1948 Richard Hamann (1879–1961) treffend formulierte, „in Erz gießen ließe", denn in kaum einem anderen Kunstwerk sei „die einende, menschenverbindende und zusammenschließende Kraft der monumentalen Form großartiger und inniger zum Ausdruck gekommen"[12].

Die von der Vater-Sohn-Gruppe dominierte Szene, die fast die ganze linke Bildhälfte einnimmt, spielt sich vor einer Türöffnung ab, die links und rechts von Pilastern flankiert wird, um das offenbar etwas brüchig gewordene und teilweise von Pflanzen bedeckte Mauerwerk zu stützen. Über dem rechten Pilaster ist ein Relief mit einem sitzenden Flötenspieler zu sehen. Während der Vater auf einem flachen Sockel steht, kniet der verlorene Sohn davor auf dem Boden. Rechts werden zwei niedrige Stufen sichtbar, die das Podest für die beiden männlichen Gestalten bilden. Das Licht fällt vor allem auf die Hauptgruppe und den rechts stehenden Mann, erhellt noch ein wenig den sitzenden Mann und belässt die übrigen Figuren und die Umgebung im Halbdunkel. Farblich ist das Gemälde durch das Rot in den Mänteln des Vaters und der rechts stehenden Figur sowie durch den beigefarbenen Mischton im Gewand des verlorenen Sohnes geprägt.[13]

Der heimgekehrte Sohn ist etwas nach rechts gewendet und von hinten im verlorenen Profil gegeben. Mit bittend erhobenen Armen schmiegt er mit geschlossenen Augen die linke Schläfe seines kahlgeschorenen Kopfes an die Brust seines Vaters. Er stammelt gerade mit seinen blutleeren Lippen die Worte: „Vater, ich habe mich gegen den Himmel und gegen dich versündigt; ich bin nicht mehr wert, dein Sohn zu sein" (Lk 15,21). Der jüngere Sohn hat sich offenbar eilig vor den Vater hingekniet, so dass der linke Fuß aus der durchlöcherten Sandale gerutscht ist und die schmutzige, vernarbte Fußsohle sichtbar wird. Der rechte Fuß wird von der ausgetretenen und zerschlissenen Sandale nur noch teilweise bedeckt. Die Fußsohlen und Sandalen lassen den langen, demütigenden Weg erkennen, den der verlorene Sohn zurücklegen musste und der ihm auch Wunden an den Füßen zugefügt hat. Durch das eilige Niederfallen sind auch die Falten seines beigefarbenen und notdürftig durch einen Strick zusammengehaltenen Gewandes unruhig, das sich in den Kniekehlen und über den Fußsohlen wirft. In seinem Schuhwerk und seiner Kleidung zeigt sich der soziale Abstieg des erschöpften und ausgezehrten Sohnes, der immer noch in das zur gutsherrlichen Tracht gehörende Untergewand gekleidet ist, das aber nun überall Löcher und Risse aufweist. An seiner rechten Hüfte trägt er auch noch das Standeszeichen des kurzen Schwertes, das ihn als Sohn eines adeligen Gutsbesitzers ausweist. Das

Schwert zeigt, dass er selbst in seiner größten Erniedrigung an seinem Sohnsein festgehalten hat, denn sonst hätte er dieses Zeichen seiner Sohnschaft sicherlich verkauft, um es in seiner Not zu Geld zu machen. Obwohl seine Haare wie bei einem Gefangenen geschoren sind und auf die Beraubung der Individualität hinweisen, macht sein Schwert deutlich, dass es gerade die Erinnerung an seine Sohnschaft war, die ihm die Kraft zur Heimkehr zu geben vermochte, auch wenn er sich nicht mehr für würdig hielt, der Sohn seines Vaters zu sein (vgl. Lk 15,17–19.21). Doch kaum nach dem Aussprechen seiner Unwürdigkeit hat sich schon der Vater über ihn gebeugt, um seinem heimgekehrten Sohn die Hände auf den Rücken zu legen und ihn noch ein wenig näher an sein Herz voller Erbarmen zu ziehen.[14]

Der Vater ist gerade aus dem Eingangstor des Hauses herausgeeilt, um seinen jüngeren Sohn zu empfangen. Der ganz von vorne gezeigte Vater ist ein würdiger Greis mit edlen Gesichtszügen und einem grauweißen, am Kinn leicht geteilten Bart. Er hat sein Haupt, das von einem Käppchen bedeckt ist, ein wenig nach rechts geneigt. Er trägt über seinen Schultern einen mantelartigen, in königlichem Rot leuchtenden Umhang mit großen, gleichfarbigen Quasten. Dieser Umhang reicht bis zu seinen Ellbogen, wo auch die kostbaren Laschen seines goldbestickten Gewandes sichtbar werden, die den Vater als vornehmen und wohlhabenden Mann zeigen. Der greise Vater hat seine Augen halb geschlossen und beugt sich über seinen heimgekehrten Sohn, um ihm seine großen Hände fast symmetrisch mit etwas gespreizten Fingern auf die Schultern zu legen und ihn sanft an sich zu drücken. Die Aufnahme des verlorenen Sohnes wird durch eine rautenähnliche Form veranschaulicht, die sich aus dem roten Umhang und den beiden Armen bildet und in deren Mitte der Kopf des Heimgekehrten geborgen ist. Der in der roten Liebesfarbe leuchtende Umhang des Vaters gleicht einem schützenden Zelt, erinnert aber auch an die beiden ausgebreiteten Flügel einer Vogelmutter und damit an Gott, der sein Volk unter seinen Schwingen sammeln (vgl. Mt 23,37–38) und ihm Zuflucht schenken will (vgl. Ps 91,4). Die eigentliche Mitte des Gemäldes bilden die in einer großen segnenden Gebärde auf die Schultern seines Sohnes gelegten Hände des Vaters, auf die das Licht gebündelt ist und in denen sich das göttliche Erbarmen verkörpert. Sie werden zu sichtbaren Instrumenten seiner inneren Augen, die äußerlich geschlossen sind und in die Ewigkeit schauen, um mit unendlicher Sehnsucht das ganze Menschengeschlecht zu umfassen und zu sich heimzuführen.[15]

Die beiden Hände des Vaters sind unterschiedlich gestaltet. Die linke Hand ist kräftig und sehnig und übt mit ihren etwas stärker gespreizten Fingern, besonders mit dem Daumen, einen gewissen Druck auf die Schulter des heimgekehrten Sohnes aus. Während die linke, männlich wirkende Hand nicht nur zu berühren, sondern auch zu halten scheint, liegt die rechte, feingliedrige und weiblich anmutende Hand mit ihren eng aneinandergelegten Fingern weich und zärtlich auf dem Rücken. So wird der verlorene Sohn sowohl mit einer väterlich haltenden als auch mit einer mütterlich tröstenden Hand umfangen, so wie der Prophet Jesaja den väterlichen Gott auch mit einer Mutter verglichen hat, die ihr Kind niemals verlässt, sondern fest in die Hände eingeschrieben hat (vgl. Jes 49,15–16).[16]

Die fast symmetrisch, feierlich und priesterlich wie in einer heiligen Handlung aufgelegten Hände sind Ausdruck des göttlichen Segens, mit denen der Vater noch mehr als mit seinem Mund Gutes zu sagen (benedicere) und zu vergeben vermag. Die stille und fast gänzliche Bewegungslosigkeit der Gruppe zeigt, dass nicht nur die menschliche Liebe eines irdischen Vaters dargestellt ist, sondern der immerwährende göttliche Segen, der ewige Frieden, den nur Gott geben kann. So wie der Segen Gottes immer da ist, so sind auch die Segenshände immer ausgestreckt geblieben, so dass sich der verlorene Sohn bei seiner Heimkehr nun unter diesen Segen stellen kann. Durch die Stille der Darstellung wird das Ereignis des vergebenden Segnens ins Göttlich-Unendliche ausgedehnt.[17]

Neben der äußerlich stummen, aber innerlich lebendig sprechenden Geste der Hände künden auch die halb geschlossenen Augen von der barmherzigen Liebe des Vaters, der mit seinem ganz nach innen gehenden Blick nicht den heruntergekommenen Bettler vor sich sieht, sondern den Sohn. Der Vater erkennt seinen Sohn nicht mit seinen leiblichen Augen wieder, sondern mit dem inneren Auge seines Herzens. Er sieht nicht das vertane Leben seines Sohnes, sondern weiß nur, dass dieses stumme Menschenkind, das sich an ihn drängt, tot war und nun wiedergefunden ist. Im Gesicht des Vaters leuchtet ein inneres, in seiner Seele verborgenes Licht auf, das sich mit seinen gesenkten Augenlidern zu einem Bild der Stille verbindet. Der Vater stellt keine Frage, macht keine Vorwürfe und gibt auch keine Weisung, sondern steht still vor seinem Sohn, der ebenfalls mit geschlossenen Augen alles, auch das Gericht, seinem Vater anheimgestellt hat. In diesem Schweigen zwischen dem vergebend umarmenden Vater und dem kniend bekennenden Sohn scheint das Geheimnis der Versöhnung zwischen Gott und Mensch auf. Aus dieser Umarmung wird ein verwandelter und befreiter Mensch hervorgehen, der als Zeichen für sein neues Sein das beste Gewand, Schuhe, Ring und ein Festmahl erhalten wird (vgl. Lk 15,22–23), um an der Herrlichkeit (vgl. Röm 8,30) und am Reichtum Gottes teilzuhaben. Diese Fülle des göttlichen Erbarmens wird auch durch das wohlhabende Aussehen der dargestellten Personen anschaulich, das sich deutlich von der Bedürftigkeit des heimgekehrten Sohnes abhebt. So tragen neben dem Vater mit seiner prächtig schimmernden Kleidung auch die beiden beobachtenden Männer reiche Gewänder, und auch der Torbogen mit den Pilastern und dem Relief erinnert eher an einen herrschaftlichen Gutshof als an ein einfaches Bauernhaus.[18]

Rechts von der Hauptgruppe und im Türbogen beobachten zwei Männer und zwei Frauen als stumme Zeugen das Ereignis der Heimkehr des verlorenen Sohnes. Sie stehen still, nachdenklich und fragend da, ohne an der Handlung oder an dem großen Gefühl des Vaters teilzunehmen.[19] Die nur schemenhaft am linken Torbogen erkennbare, mit einem Kopftuch verschleierte junge Frau, die von links oben auf die Begrüßungsszene herabblickt, könnte eine Schwester des heimgekehrten Sohnes sein. Vielleicht lässt sich das rote Medaillon, das sie auffallend an einem Halsband trägt, auf das Thema der vergebenden Liebe beziehen. Rechts am Türpfosten ist eine zweite Frau mit Kopftuch zu sehen, die aufmerksam auf das Geschehen blickt und vielleicht eine Magd oder eine weitere Schwester ist. Sie hält sich wohl an einer hölzernen Treppenverschalung fest und dürfte an einer Tür im Inneren des Torgangs stehen, zu der wohl einige nicht sichtbare Stufen hinaufführen.[20]

Die rechte Bildhälfte wird von zwei Männern eingenommen, die sich nach Barbara Joan Haeger auf das Gleichnis vom Pharisäer und Zöllner im Tempel beziehen lassen, von denen der Erstere selbstgerecht betet, während sich der andere voller Reue als Sünder bekennt und Gott um Erbarmen bittet (vgl. Lk 18,9–14). Diese Parabel war zur Zeit Rembrandts in Bibelerklärungen und bildlichen Darstellungen inhaltlich mit dem Gleichnis vom verlorenen Sohn verbunden worden. So wird der reuige Sünder durch den sitzenden Mann mit dem Schnurrbart vertreten, der vielleicht der Gutsverwalter ist und nachdenklich, mit leicht geöffnetem Mund auf die Hauptszene mit dem Vater und dem heimgekehrten Sohn blickt. Er trägt ein breites, schwarzes Samtbarett, das mit einem goldenen Schmuckband verziert ist, und hat das rechte Bein über das andere geschlagen. Während er mit seiner linken Hand den Griff eines Stocks oder Schwertes umfasst, schlägt er sich wie der schuldbewusste Zöllner im Gleichnis mit seiner Rechten an die Brust (vgl. Lk 18,13). Der danebenstehende, ein wenig rätselhaft auf die Begrüßungsszene schauende Mann verweist auf den Pharisäer und ist zudem mit dem älteren Bruder des verlorenen Sohnes gleichzusetzen. Er war zwar nach dem Wortlaut des Gleichnisses bei der Heimkehr seines jüngeren Bruders noch auf dem Feld (vgl. Lk 15,25), kann aber aufgrund der Art und Weise, wie er als wichtigster Zeuge die Begrüßungsszene beobachtet und mit seinem hell beleuchteten Gesicht und seinem roten Mantel mit der Hauptgruppe und insbesondere mit der Gestalt des Vaters in Verbindung steht, nur der ältere Sohn sein. Damit hat sich Rembrandt über den Buchstaben hinaus an den Geist des Gleichnisses gehalten, indem er nicht nur den von seinem Vater umarmten jüngeren Sohn, sondern auch das seelische Drama des älteren Sohnes dargestellt hat, der sich für oder gegen die auch ihm angebotene väterliche Liebe entscheiden kann.[21]

Der ältere Sohn steht hochaufgerichtet auf einem zweistufigen Podest und blickt mit leicht geneigtem Haupt von oben auf die Begrüßungsszene herab, indem er sich mit zusammengefügten Händen auf einen dünnen, etwas verkrümmten Stock stützt. Um die Wirkung der Hauptgruppe nicht zu beeinträchtigen, ist seine Gestalt mit etwas verkürzten Beinen wiedergegeben, so dass der linke Schuh etwas übergroß wirkt. Er ist genau im Profil dargestellt, trägt einen turbanartigen Kopfbund und ist in einen roten Mantel gehüllt, der dem leuchtenden Umhang des Vaters gleicht, aber von der Helligkeit her etwas zurückgenommen ist.[22] Der ältere Sohn bleibt abseits stehen und blickt ohne freundliche Miene auf den Vater und seinen jüngeren Bruder, ohne die Hand auszustrecken und an einer Annäherung interessiert zu sein. Obwohl der Vater und der ältere Sohn durch das Licht in ihren Gesichtern, durch ihren vollen Bart und durch ihren roten Umhang ähnlich sind, so sind sie dennoch spannungsvoll durch einen weiten, offenen Raum getrennt, der nach Lösung verlangt. Während sich der Vater mit seinem weiten Umhang und ausgebreiteten Segenshänden zu seinem jüngeren Sohn herabbeugt, steht der ältere Bruder mit seinem eng herabhängenden Mantel und seinen verschlossenen Händen starr da. Das Licht im Gesicht des Vaters durchströmt seinen ganzen Leib bis in seine Hände und hüllt den verlorenen Sohn in leuchtende Wärme. Das Licht im Gesicht des älteren Sohnes bleibt kalt, so dass seine Gestalt verschattet ist und seine zusammengelegten Hände im Dunkel bleiben. Er sieht zwar, wie sich sein „äußerlich verlorener" Bruder in die vergebende Umarmung des Vaters aufnehmen lässt, vermag aber seine verärgerte Widerwilligkeit nicht zu überwinden, sondern verharrt in seiner Verbitterung und kann sich von seiner „inneren Verlorenheit" nicht heilen lassen, obwohl das Licht in seinem Antlitz und die rote Liebesfarbe seines Gewandes zeigen, dass die Liebe seines Vaters auch ganz für ihn da ist, so sehr, dass ihn der Vater sein Kind nennt und ihm zusichert, dass alles, was ihm gehört, auch das Seine ist (vgl. Lk 15,31). Das kalte Licht in seinem Gesicht kann sich aber noch in Wärme verwandeln. So bleibt offen, ob sich auch der innerlich verlorene ältere Sohn als selbstgerechter Sünder erkennt und zur Liebe seines Vaters umkehrt.[23] Der ältere Sohn, der in seinem Vaterhaus treu seine Arbeit getan hat, gleicht mit seinem verbitterten Murren den Pharisäern und Schriftgelehrten, die sich die Mühsal des mosaischen Gesetzes aufluden und deshalb anders als die Zöllner und Sünder behandelt werden wollten. Wie der ältere Sohn ahnten auch die Pharisäer und Schriftgelehrten nichts von der Freude, die im Himmel über die Umkehr eines einzigen Sünders herrscht (vgl. Lk 15,7.10). Sie verachteten die Sünder und lehnten sich auch gegen Jesus auf, als sich dieser den Sündern zuwandte (vgl. Lk 15,1–2), weil man sich dann selbst zum Sünder macht und sich aus der Gemeinschaft der Gerechten ausschließt. So warb Jesus mit den gütigen Worten, mit denen er im Gleichnis den Vater auf die hartherzige Anklage seines älteren Sohnes antworten ließ (vgl. Lk 15,25–32), um das Verständnis der murrenden Pharisäer und Schriftgelehrten, die in ihrer Selbstgerechtigkeit innerlich verloren und ebenso von Gott abgesondert waren wie die äußerlich verlorenen Sünder.[24]

Vor diesem Hintergrund erklärt sich auch der Sinn des über dem rechten Pilaster sichtbaren Reliefs, das auf Augenhöhe des älteren Sohnes angebracht ist, so dass gerade sein Blick darauf fallen muss. Der dort dargestellte sitzende Flötenspieler, der in einer fast tänzelnden Bewegung sein linkes Bein über das andere geschlagen hat, erinnert an Jesus, der sich einmal selbst mit einem Flötenspieler, seine Botschaft mit einem freudigen Hochzeitslied und seine Zuhörer mit launenhaften, das Tanzen verweigernden Kindern verglichen hat: „Wir haben für euch auf der Flöte (Hochzeitslieder) gespielt, und ihr habt nicht getanzt […]" (Mt 11,17). Das Relief mit dem Flötenspieler wird zur Mahnung für die pharisäische Haltung des älteren Bruders, das neue Lied des Evangeliums von der göttlichen Barmherzigkeit anzunehmen und sich nicht dem „Tanz" zu verweigern, sondern in die Freude Gottes über die Umkehr der Sünder einzustimmen und selbst in die göttliche Liebe einzutreten, wie auch der Vater im Gleichnis zu seinem älteren Sohn sagte: „Aber jetzt müssen wir uns doch freuen und ein Fest feiern; denn dein Bruder war tot und lebt wieder; er war verloren und ist wiedergefunden worden" (Lk 15,32).

In wohl kaum einem anderen Bild der christlichen Kunst ist die Barmherzigkeit Gottes ergreifender zur Darstellung gekommen wie in Rembrandts Spätwerk mit der Heimkehr des verlorenen Sohnes, in dem sich die private Lebensgeschichte des alten Malers, die große Geschichte der Menschheit und die Heilsgeschichte Gottes miteinander verbinden, so dass Sünde und Vergebung, Zeit und Ewigkeit, Menschliches und Göttliches eins werden. Mit seiner sich herabbeugenden Haltung, seinem aus einer inneren Liebesquelle heraus strahlenden Gesicht, seinem warmrot leuchtenden Umhang und vor allem mit seinen umarmenden Händen kündet die unvergleichliche Gestalt des Vaters von der erbarmenden Liebe Gottes. Gerade in der so tief menschlich geschilderten Zuwendung des Vaters wird das innerste Geheimnis des Göttlichen offenbar, das in der Liebe besteht. So beruht die einzigartige Wirkung der Vaterfigur darauf, dass sich in ihr die geistige Wahrheit in vollkommener Weise zu verleiblichen vermochte, wie es der französische Priester Paul Baudiquet (1926–2001) einmal treffend ausdrückte.[25] Nach Richard Hamann offenbarte der alternde Maler in diesem Bild „die Macht des Menschlichen im Menschen" in einer so feierlichen Bildsprache, „dass es eine Urkunde von Rembrandts Kunst und Weltanschauung geworden ist, ein Testament an die Menschheit"[26].

Jesus und die Ehebrecherin

Fünfter Fastensonntag. Evangelium: Joh 8,1–11

„Jesus aber bückte sich und schrieb mit dem Finger auf die Erde."
Joh 8,6

Am fünften Fastensonntag wird in der Eucharistiefeier den Gläubigen das Evangelium von der Ehebrecherin vor Augen gestellt, die durch Jesus vor der Bestrafung bewahrt wurde. Die nur im Johannesevangelium überlieferte Begebenheit steht im Zusammenhang mit der Selbstoffenbarung Christi beim Laubhüttenfest in Jerusalem, als Jesus im Tempel lehrte und bei den jüdischen Autoritäten Anstoß erregte (vgl. Joh 7,1–52). Als Jesus wieder im Tempel lehrte (vgl. Joh 8,2), wollten ihm die Pharisäer und Schriftgelehrten eine Falle stellen (vgl. Joh 8,6). Sie brachten eine auf frischer Tat beim Ehebruch ertappte Frau und stellten sie vor Jesus in die Mitte. Dann hielten sie ihm die Weisung des mosaischen Gesetzes vor, solche Frauen zu steinigen, und fragten ihn, was er dazu sage (vgl. Joh 8,4–5). Damit wollten sie Jesus, der für seine Barmherzigkeit mit den Sündern bekannt war, in die Enge treiben. Auf der einen Seite würde sich Jesus bei einer Aussetzung der Strafe gegen das Gesetz stellen, das beim Bruch der Ehe die Todesstrafe (vgl. Dtn 22,22) und beim Bruch der Verlobung die Tötung durch Steinigung vorschrieb (vgl. Dtn 22,23–24). Auf der anderen Seite würde sich Jesus bei einem Eintreten für die Todesstrafe gegen die Römer stellen, die das Verhängen und Vollstrecken von Todesurteilen an sich gezogen hatten. Jesus aber bückte sich und schrieb mit seinem Finger auf die Erde (vgl. Joh 8,6).

Die abwartende Geste des Schreibens auf die Erde dürfte auf die Prophetie des Jeremia anspielen, wonach alle, die sich von Gott abwenden, in den Staub geschrieben werden (vgl. Jer 17,13).[1] Nach einer anderen Lesart soll Jesus die Sünden der Ankläger auf die Erde geschrieben haben.[2] Schließlich bildete sich die Vorstellung heraus, Jesus habe mit seinem Finger die Worte „Terra terram accusat", „Erde klagt Erde an", auf den Boden geschrieben, da die Pharisäer und Schriftgelehrten eine aus „Erde" gebildete Sünderin angeklagt hätten, obwohl sie selbst nur „Erde" und Sünder sind.³ Die früheste Verwendung dieser Formel tauchte in einer im 9. Jahrhundert verfassten Schrifterklärung (Glossa) auf: „Digito scribebat in terra terra terram accusatur", „Mit seinem Finger schrieb er [Christus] auf die Erde: Durch Erde wird Erde angeklagt".⁴

Als die Pharisäer und Schriftgelehrten hartnäckig weiterfragten, richtete sich Jesus auf und sprach sich für die Strafe nach dem mosaischen Gesetz aus, knüpfte aber die Steinigung an eine Bedingung, die eine Vollstreckung praktisch unmöglich machte: „Wer von euch ohne Sünde ist, werfe als Erster einen Stein auf sie" (Joh 8,7). Während sich Jesus wieder bückte und auf die Erde schrieb, ging einer nach dem anderen fort, wobei die an Jahren Ältesten zuerst aufgaben (vgl. Joh 8,8–9). Nachdem alle gegangen waren, lag die Vollstreckung des Urteils ganz bei Jesus, der in seiner Sündenlosigkeit (vgl. Joh 8,46) und Vollmacht (vgl. Joh 5,27.30) als Einziger die Steinigung hätte vollziehen können. Jesus aber richtete sich auf und sagte zu der Frau, die immer noch in der Mitte stand: „Frau, wo sind sie geblieben? Hat dich keiner verurteilt? Sie antwortete: Keiner, Herr. Da sagte Jesus zu ihr: Auch ich verurteile dich nicht" (Joh 8,10–11). Mit diesem Verzicht auf die Verurteilung verharmloste Jesus die Sünde der Frau keineswegs, schenkte ihr aber die Möglichkeit zur Umkehr und zu einem neuen Anfang (vgl. Joh 5,14.21–24), damit sie aufgrund der erfahrenen Barmherzigkeit die Sünde künftig zu meiden vermag: „Geh und sündige von jetzt an nicht mehr!" (Joh 8,11).⁵

DIE FRÜHESTEN BEISPIELE EINER BILDLICHEN DARSTELLUNG der Freisprechung der Ehebrecherin stammen aus dem 5. und 6. Jahrhundert, wie zwei aus Elfenbein gefertigte Pyxiden aus dem syrisch-koptischen Raum zeigen.⁶ In der karolingischen Kunst wurden dann auf der einen Bildhälfte die Jünger und der auf die Erde schreibende Jesus dargestellt, während auf der gegenüberliegenden Seite die Frau und die sich zum Gehen wendenden Ankläger gezeigt wurden.⁷ Dieser karolingische Bildtypus wurde auch in einer Miniatur des ottonischen Hitda-Codex weiterentwickelt und durch Körpersprache sowie zusammenwirkende Einzelelemente gesteigert. In dieser ausdrucksstarken Illustration sitzt der auf den Boden schreibende Jesus der Gruppe mit den Anklägern und der Frau gegenüber, wobei der Buchmaler die Jünger wegließ und im Hintergrund eine Architekturzone hinzufügte.⁸

Der Hitda-Codex wurde kurz nach 1000 als Evangeliar für das adelige Damenstift St. Maria und Walburga in Meschede angefertigt, dem Hitda als Äbtissin vor-

Jesus und die Ehebrecherin, Hitda-Codex, Ms. 1640, fol. 171r, nach 1000, Deckfarbenmalerei mit Gold auf Pergament, ca. 17,5 × 10,5 cm, Darmstadt, Universitäts- und Landesbibliothek. ▷

Hitda-Codex, Jesus und die Ehebrecherin

stand und das 1310 in ein Kanonikerstift umgewandelt wurde.[9] Der von Hitda in Auftrag gegebene Codex zählt zu den wertvollsten Zeugnissen der Malschule der Stadt Köln, die neben Hildesheim, Echternach und der Reichenau zu den großen Zentren der ottonischen Kunst gehörte. Die Miniaturen des Hitda-Codex, die vielleicht im Skriptorium der Kölner Benediktinerabtei St. Pantaleon entstanden waren,[10] griffen nicht nur auf spätantike und karolingische Vorbilder zurück, sondern nahmen auch Einflüsse aus der byzantinischen Kunsttradition auf, die nicht zuletzt durch die Kaisertochter Theophanu (um 960–991) vermittelt wurde, die in enger Verbindung mit St. Pantaleon stand.[11] Der Hitda-Codex blieb in Meschede bis in die Zeit der 1792 ausgebrochenen Revolutionskriege und wurde dann in die Prämonstratenserabtei Wedinghausen nach Arnsberg verbracht. Nach der Eingliederung des Herzogtums Westfalen nach Hessen-Darmstadt kam der Hitda-Codex 1803 in den Besitz des hessisch-darmstädtischen Großherzogs und wurde dann in die Darmstädter Universitäts- und Landesbibliothek eingegliedert.[12]

Der Hauptteil des Hitda-Codex enthält die vier Evangelien und ein Verzeichnis für die liturgische Leseordnung der Perikopen. Der Buchschmuck besteht vor allem aus dem Widmungsbild, einer Majestas-Domini-Miniatur, einer Darstellung des Bibelübersetzers Hieronymus (347–420)[13] sowie aus vier Evangelistenbildern[14] und fünfzehn Miniaturen zum Leben Jesu, wobei sich jeweils vier Bilder vor Matthäus[15] und Lukas[16] sowie drei Miniaturen vor Markus[17] und Johannes[18] befinden, während das vierte Evangelium zusätzlich mit einem Kreuzigungsbild[19] abgeschlossen wird.[20]

Die Miniaturen weisen eine phantasiereiche Hintergrundgestaltung mit Architekturen und atmosphärischen Schilderungen auf und zeichnen sich durch überlange, mit wachen Augen und durchfurchten Gesichtern ausdrucksstark gezeichnete Figuren aus. Die unvergleichlich expressive Wirkung der Miniaturen des Hitda-Codex beruht vor allem auf der ungewöhnlichen Kolorierung mit blauen, orangeroten und purpurnen Farbtönen, die mit Weiß und Gold lichtvoll gehöht sind. Einzigartig ist auch die Darstellung Christi, der auf fast allen Miniaturen einen goldleuchtenden Kreuznimbus mit der Aufschrift „LVX" trägt, die den menschgewordenen Sohn Gottes ausdrücklich als „Licht" (vgl. Joh 8,12; 9,5) bezeichnet. So zielt die ausdrucksstarke Wirkung der Bilder des Hitda-Codex letztlich auf die theologische Symbolik des Lichtes, hinter der die neuplatonisch geprägte pseudo-dionysianische Mystik des 6. Jahrhunderts steht, wonach sich der in seinem Wesen nicht erkennbare und absolut unzugängliche Gott den Menschen durch sein stufenweise herabsteigendes göttliches Licht mitteilt, um ihnen den Erkenntnisaufstieg zu ermöglichen. Neben den LVX-Kreuznimben Christi und den hellen Weiß- und Goldhöhungen der Figuren wird das Licht teilweise auch in den goldenen Beischriften (tituli) erwähnt, die auf eigenen purpurnen Seiten den Miniaturen gegenübergestellt sind. Dabei erscheint der inschriftlich als „LVX", als „Licht", bezeichnete Christus als das ewige Wort des Vaters, das Mensch geworden ist und als Licht in der Finsternis leuchtet (vgl. Joh 1,1–2.5.9.14; 8,12; 9,5; Kol 1,12–13), um die Menschen durch sein Offenbarungswort zu erleuchten, wie es im Hitda-Codex in den vier Evangelien aufgezeichnet ist.[21] So stellt das Bildprogramm der Miniaturen zum Leben Jesu dem Betrachter vor Augen, wie sich im Wirken Christi das göttliche Licht auszubreiten vermag.[22]

Die Freisprechung der Ehebrecherin (vgl. Joh 8,1–11)[23] bildet im Hitda-Codex nach den Szenen mit dem Weinwunder auf der Hochzeit in Kana (vgl. Joh 2,1–11)[24] und der Heilung des Gelähmten am Teich Betesda (vgl. Joh 5,1–9)[25] das letzte Bild der drei Miniaturen vor dem Johannesevangelium. Indem Jesus Wasser in Wein verwandelt, einen Gelähmten heilt und eine Sünderin errettet, offenbart sich das lichtvolle und göttliche Handeln Christi.[26]

Die Szene mit der Ehebrecherin, die von kräftigen blauen, ockergelben und orangeroten Farben dominiert ist, wird von einem Rahmen umgeben, der mit seiner zurückhaltenden Farbtönung und seinen goldenen Ornamenten das Bildgeschehen feierlich einfasst,[27] das die Menge mit der angeklagten Ehebrecherin und Jesus zeigt, wie er die Worte „Erde klagt Erde an" auf den Boden schreibt. Im Titulus auf der gegenüberliegenden Purpurseite ist in goldenen Majuskeln zu lesen, dass die Sünderin zu einem Beispiel für die christliche Hoffnung auf das göttliche Erbarmen im Endgericht wird: „MULIER PECCATRIX HIC ERIT EXEMPLVM XP[IST]IANIS IUDICE UERO IUDICANTE NULLI PECATORI[28] MIS[ERI]C[OR]DIAM DENEGARI", „Die sündige Frau wird hier ein Beispiel für die Christen werden, dass vom wahren Richter beim Richten keinem Sünder die Barmherzigkeit verweigert wird".[29]

Dicht gedrängt steht rechts die Menge der Gegner Christi, von denen in der ersten Reihe drei unterschiedlich alte Männer zu sehen sind, die sich zu dem auf der Gegenseite sitzenden Jesus hinwenden. Ganz rechts steht auf einer graublauen Bodenwelle als Hauptankläger der Ehebrecherin ein älterer Mann mit weißgrauem Bart- und Haupthaar, der mit einem kurzen blaugrauen, am Halsausschnitt golden gesäumten Rock bekleidet ist. Während er den Mittelfinger, den Daumen und den Zeigefinger seiner ausgestreckten linken Hand vor das Gesicht der Frau hält, hat er seine rechte Hand anklagend auf ihr Haupt gelegt. Wie seine Gesichtszüge andeuten, fühlt er sich überlegen und wartet nun herausfordernd die Reaktion Jesu ab. Sein leicht geöffneter Mund zeigt, dass er wohl gerade gesprochen hat. In eigenartigem Gegensatz zu der von ihm ausgehenden Bedrohung stehen seine auffallend kümmerlich wirkenden Beine, die mit blasspurpurnen, mit etwas Gold besetzten Strümpfen bekleidet sind. Auch seine Füße, die sich nur wenig vom Boden abheben und in schwarzen Schuhen stecken, sind sehr klein. Wie der buchstäblich auf schmächtigen Beinen stehende Hauptankläger scheinen auch die übrigen Männer keinen „Stand" zu haben, da von ihnen, besonders von dem mittleren Mann in der ersten Reihe, überhaupt keine Beine zu sehen sind. Diese körpersprachlichen Hinweise lassen den falschen „Standpunkt" der Ankläger erkennen und zeigen, dass sie weder die Frau aus dem göttlichen Bereich hinausdrängen noch Jesus zu Fall bringen können, um ihn in die Enge zu treiben und einen Grund zur Anklage gegen ihn zu haben (vgl. Joh 8,6).[30]

Vor der Gruppe der Männer befindet sich in eigenartiger Körperhaltung die Ehebrecherin. Sie steht tiefer auf der dunklen Bodenwelle und wirkt deshalb kleiner als ihre Ankläger, die sie zu Jesus hin geschoben haben. Sie ist mit einem bodenlangen hellbeigen, teilweise purpurnen und mit Mustern gezierten Gewand bekleidet und in einen gelblich-ockerfarbenen Mantel gehüllt, der mit seinem weißen Spitzenbesatz auch ihr Haupt verhüllt. Sie neigt ihr blass wirkendes Haupt ein wenig zu ihrem verhüllten rechten Ellbogen hin, den sie verlegen und absichernd angewinkelt hat und von dem der Stoff in langer Bahn herabfällt. Durch die drückende rechte Hand des Hauptanklägers hat sich der unter seinen Fingern zusammengepresste Stoff des Spitzenbesatzes weit in die Stirn der Frau geschoben, die durch seine linke Hand und das sich nach vorn schiebende Gewand des mittleren Mannes förmlich in die Zange genommen wird. Die geringe Bewegungsfreiheit ihrer Kleider scheint auf die Sünde zu verweisen, in die sie verstrickt ist. Auch die gelbliche Tönung ihrer Gewänder lässt sich als Hinweis auf ihren Ehebruch deuten, da die gelbe Farbe als Kennzeichen von Dirnen und Verbrechern geläufig war. Zudem zeigen ihr angewinkelt in Richtung Jesu gedrehter Arm und ihr ernst und furchtsam schielender Blick, dass sie von Christus ein richtendes Wort erwartet. Aber das Dreipunktmuster auf ihrem Gewand verbindet sie bereits mit dem gleichen Muster auf dem Purpurpallium Jesu und weist schon voraus auf die ihr durch den Erlöser erwiesene Barmherzigkeit, von der auch in der erläuternden Beischrift (titulus) die Rede ist.[31] Im Sinne des Titulus scheint auch der vom Licht durchflutete Spitzenbesatz der Frau zum Sinnbild für das göttliche Erbarmen zu werden, da er wie eine schützende Verhüllung wirkt und zudem den weißen Schleiern gleicht, mit denen in der Widmungsminiatur die Äbtissin Hitda[32] und im Verkündigungsbild Maria[33] ihre Häupter bedeckt haben. So wird der lichtvolle Schleier, in den die Sünderin gehüllt ist, zu einem Sinnbild für das Herabfluten des göttlichen Lichtes, das nicht nur wie im Dedikationsbild mit der Äbtissin Erkenntnis ermöglicht, sondern auch erlösendes Erbarmen bewirkt.[34]

Die rechte Bildhälfte wird ganz von der sitzenden Gestalt Jesu eingenommen. Sein bärtiges und von langen rotbraunen Haaren umgebenes Haupt wird von einem goldenen LVX-Kreuznimbus hinterfangen. Der barfuß thronende Christus ist hoheitlich bekleidet. Er trägt eine hellblaue, gold- und weißgehöhte Tunika, die mit einem

Goldclavus verziert ist. Sein purpurnes, goldgesäumtes Pallium ist mit weißen Dreipunktmustern geschmückt und hebt sich mit einer schwarzen Kontur vom dunkelblauen Hintergrund ab. In seiner linken Hand hält Jesus eine weiße Schriftrolle und zieht gleichzeitig das freie Ende seines Palliums über die hintere Schulter nach vorn. Im Unterschied zu den übrigen Christusdarstellungen des Hitda-Codex ist Jesus hier in strenger Profilansicht und in einer gebeugten, vom Sitzen herrührenden Haltung gezeigt. Jesus thront auf einem ohne Suppedaneum ausgestatteten Sitz, der auf einem einfachen Sockel steht. Der Sitz hebt sich mit seiner gelblichen Farbe vom dunklen Boden ab und ist mit einem golden gemusterten dunkelblauen Kissen gepolstert. Während sein linker Fuß noch auf dem Sockel des Sitzes ruht, steht sein rechter Fuß bereits auf der dunklen Bodenwelle. Durch sein Thronen, mit dem das im Evangelium berichtete Sitzen überhöht wird (vgl. Joh 8,2), erscheint Jesus in der Hoheitsgestalt der Majestas-Domini-Bilder. Der thronende Christus zeigt, dass es bei der Haltung Jesu nicht um eine rein zwischenmenschliche Zuwendung zu einem Opfer pharisäischer Selbstgerechtigkeit geht, sondern um einen Akt göttlich-hoheitlicher Vollmacht. Darauf verweist auch die besondere Gestaltung des Sitzes, der durch das Überschreiten des Bildrahmens auf die göttliche Herrlichkeit des Thronenden verweist. Christus hält aber nicht an der Pose des erhabenen Richters fest, sondern neigt sein Haupt auf eine Höhe mit der angeklagten Ehebrecherin herab. Dabei nimmt sein mächtiger LVX-Kreuznimbus die Bildmitte ein und erfasst mit der auffällig gebogenen schwarzen Kontur des oberen Balkens den schamhaft erhobenen Ellbogen der Frau, deren gelbliche Gewänder auch der farblichen Gestaltung des Sitzes Jesu angeglichen sind. So wird deutlich, dass sich die göttliche Herrlichkeit des menschgewordenen Gottessohnes gerade in seiner erniedrigten Gestalt zeigt. Seine Wangen, sein gebeugter Hals und seine Füße sind rötlich gefärbt und nehmen damit die Färbung der entrüsteten, aber auch schamroten Gesichter der Männer auf, um auf diese Weise deren nichtige Pläne gleichsam in den Staub abzuleiten. Dabei deuten seine geschlossenen Lippen, sein angestrengter Blick und seine nach unten gezogenen Mundwinkel schon das Erlöserleiden an, das die menschliche Sünde Jesus auferlegen wird. Mit seinen Augen folgt Jesus dem Zeigefinger seiner rechten Hand, mit der er den graublauen Boden berührt, wo sich in der folgenden Kreuzigungsminiatur[35] der Längsbalken des Kreuzes aus dem Boden heben wird. An dieser Stelle stehen in weißen Majuskeln die Worte „TERRA TERRA[M] ACCVSAT", „Erde klagt Erde an", die teilweise auf die Erde und teilweise in den sich darüber anschließenden dunkelblauen Grund geschrieben sind.[36] Da sein Zeigefinger nicht auf das letzte Wort „ACCVSAT" weist, sondern auf dem Ende des zweiten Wortes „TERRA[M]" steht, scheint Jesus den Text nicht wirklich zu schreiben. Da es in diesem Text um die Nichtigkeit der Ankläger geht, die selbst „Erde" und Sünder sind und sich dennoch anmaßen, eine andere Sünderin, die ebenfalls wie sie „Erde" ist, „anzuklagen", erscheint es als folgerichtig, dass Jesus auf das lateinische Wort für „Erde" zeigt.[37]

Die Antwort Jesu: „Wer von euch ohne Sünde ist, werfe als Erster einen Stein auf sie" (Joh 8,7), hat auch in der Miniatur des Hitda-Codex dazu geführt, dass sich der Großteil der Ankläger auf der Gegenseite Jesu gerade vom Schauplatz entfernt und zum rechten Bildrand hinausdrängt. Während sich Jesus erneut zur Erde beugt (vgl. Joh 8,9), wenden sich bis auf die drei Männer in der ersten Reihe die übrigen Juden zum Gehen um (vgl. Joh 8,9), von denen zumeist nur die Köpfe, vereinzelte Augen oder die Haarschöpfe zu sehen sind. In der zweiten Reihe schauen fünf Männer mit rötlichen Wangen und dunklen Augen von der Szene weg, wobei der ganz rechts am Bildrand stehende Bärtige offenbar das Gefühl zum Ausdruck bringt, ertappt worden zu sein, während der ganz links Stehende sein heftig bewegtes Haupt herumgeworfen hat.[38]

Bei den Männern in der ersten Reihe, die auf Jesus blicken und offenbar die drei Lebensalter repräsentieren, findet noch keine Abwendung vom Schauplatz statt. Vom linken, noch ganz jungen Mann ist nur sein Kopf mit den roten Wangen und den blonden, teilweise bläulich schimmernden Haaren zu sehen. Mit seinen weit aufgerissenen, lidlosen Augen scheint dieser Mann die reine Neugier zu verkörpern. Während er starr auf den Boden blickt, um die von Jesus geschriebenen Worte lesen zu können, deutet die von links her seinen Kopf treffende hellblaue Welle schon an, dass auch ihm kein langes Bleiben beschieden ist und er sich ebenfalls bald zum Gehen wenden wird. Der bartlose, dunkelblonde Mann in der Mitte der ersten Reihe trägt einen goldgesäumten blasspurpurnen Rock, hat aber eigenartigerweise keine Beine, obwohl er nicht durch den rechts neben ihm stehenden Hauptankläger verdeckt wird und sich sein Gewand sogar noch über den Mantel der Ehebrecherin schiebt. Er blickt mit hochrotem Gesicht zu Jesus und scheint persönlich ergriffen zu sein, worauf seine dunklen Augenringe und seine Nähe zu der Frau hindeuten. Durch die Autorität des neben ihm stehenden Hauptanklägers, der im Gegensatz zum Evangelium den Schauplatz nicht verlässt (vgl. Joh 8,9), wird auch der mittlere Mann noch am Ort gehalten.[39] Dem rechts außen stehenden Hauptankläger wird schließlich die Solidarität Jesu in der Mitte des Bildes gegenübergestellt, durch den die Frau die Umkehrung und Nichtigkeit der anklagenden Position erfährt, so dass es keiner weiteren szenischen Darstellung bedarf, um das erlösende Wort Jesu zu veranschaulichen.[40]

Jesus weist bei dem in den Boden geschriebenen Spruch „Erde klagt Erde an" mit seinem Zeigefinger auf das lateinische Wort für „Erde". Dadurch wird deutlich, dass zum Verständnis der Miniatur auch die Gestaltung der „TERRA" im Bildhintergrund gehört, die mit ihrem Liniengefälle der sich nach unten neigenden Gestalt Jesu folgt. In der aufgerissenen Mitte des dunkelblauen Grundes wird die gebeugte Haltung Jesu in einem mehrstreifig geblähten, hellen Band wiederholt, das wie eine Welle auf die Gruppe der Gegner Jesu übergreift und die Köpfe der hinteren Männer regelrecht wegzuschwemmen droht. Ganz oben vor der Architekturzone hat die Welle offenbar einige weiße „Spitzen" mitgeführt, die sich vor den letzten sichtbaren Köpfen der Gegner angesammelt haben und nun lastend auf den Häuptern der Männer liegen, da diese weißen Flocken dem gleichfarbigen Gewand der tief im Erdboden stehenden Ehebrecherin ähnlin, so dass die Frau jetzt die gleiche Autorität gegen die Männer wie diese gegen sie anführen kann.[41]

Die Miniatur wird über der Hintergrundwelle von einer Architekturzone abgeschlossen. Während die Häuser örtlich auf den Jerusalemer Tempel hindeuten, in dem Jesus gelehrt hat, als die Ehebrecherin vor ihn gebracht wurde (vgl. Joh 8,2–3), unterstreichen sie symbolisch den szenisch dargestellten Vorgang. Vor einem blaugrauen, mit Weiß aufgehellten Himmel ist eine Landschaft dargestellt, die zum rechten Bildrand hin drei Häuser zeigt, während ganz links ein unbebauter Teil aus Purpurstreifen zu sehen ist, der wie eine Art Hügelkette ansteigt und sich hinter der Architektur verliert. Das linke Haus weist eine blasspurpurne, zweigeschossige und mit einem Goldknauf versehene Fassade auf. Das mittlere, mit Gold verzierte Haus besitzt eine mennigrote Seitenfront, eine ockergelbe Fassade und ein weiß-blau gemustertes Dach, das von zwei Goldknäufen bekrönt ist. Diese beiden Häuser sind nach links auf Jesus hin ausgerichtet und folgen damit der Orientierung der Männer, die sich ebenfalls gegenüber dem links thronenden Christus aufgebaut haben. Angesichts der Wucht des Urteils Jesu scheint das mittlere Haus bereits ins Wanken gekommen zu sein, wie die dicke schwarze Linie des rechten Hausabschlusses zeigt, die sich unten schon zu krümmen beginnt. Das rechte Haus, das eine mennigrote, goldverzierte Fassade mit einem Goldknauf besitzt, wird vom rechten Bildrahmen überschnitten. Diese Überschneidung versinnbildlicht das Hinausdrängen der darunter versammelten Gegner, die wie das Haus über ihnen dem Druck Jesu nicht mehr standhalten können.[42]

Der Kern der Bildaussage wird schließlich durch den gegenüberliegenden Titulus erläutert, der dem gläubigen Betrachter am Beispiel der sündigen Frau Christus als den wahren Richter vor Augen stellt, der einst im Gericht keinem Sünder die Barmherzigkeit verweigern wird. Bildlich spiegelt sich dieser Hinweis auf das endzeitliche Gericht in den hoheitlichen Attributen Jesu wider, besonders in seinem LVX-Kreuznimbus und in seinem Thronen, mit dem er sich gleichzeitig zu der Sünderin herabneigt und damit auf sein barmherziges Endgericht vorausweist.[43] Auch wenn der Titulus von der Zukunft spricht, so bestimmt diese Verheißung auch schon die hoffnungsfrohe Botschaft des Bildes[44] und ruft den sakramentalen Grundton der

Miniaturen des Hitda-Codex in Erinnerung, so dass beim Hinweis auf den eschatologischen Richter immer auch der in seiner Kirche als „Licht der Welt" (Joh 8,12; 9,5) gegenwärtige Christus aufscheint, der den Sündern im Bußsakrament die Schuld zu vergeben vermag.[45]

Es geht somit um die lichtvolle Herrlichkeit des menschgewordenen Sohnes Gottes, die im Johanneszyklus des Hitda-Codex erstmals beim Weinwunder von Kana mit seiner Schöpfungsvollmacht aufgeleuchtet ist (vgl. Joh 2,1–11), in der Heilung am Teich Betesda als Heilungsmacht erscheint (vgl. Joh 5,1–9) und schließlich in der Freisprechung der Ehebrecherin als Vergebungsvollmacht aufscheint (vgl. Joh 8,1–11).[46] Da diese Erhabenheit immer die Herrlichkeit des inkarnierten Gottessohnes ist, zeigt sie sich gerade in der Herablassung Jesu. Im Hitda-Codex erreicht diese Herrlichkeit, wie es Jeremia Kraus treffend formuliert hat, ihren Gipfel sicherlich „in der Paradoxie, mit der Jesu hoheitliches Handeln bei der Freisprechung der Ehebrecherin analog zur Vormachtstellung der Ankläger zugleich als tiefste Erniedrigung des Herrn gekennzeichnet wird"[47].

Der Einzug Jesu in Jerusalem

Palmsonntag. Evangelium: Lk 19,28–40

„Während Jesus dahinritt, breiteten die Jünger ihre Kleider auf der Straße aus."
Lk 19,36

Die Heilige Woche des Leidens, Sterbens und Auferstehens Jesu wird durch den Palmsonntag eröffnet. Während sich in der Eucharistiefeier mit der Lesung des Passionsberichts der Blick bereits auf das bevorstehende Leiden Christi richtet, wird in der Statio vor dem Gottesdienst das Evangelium vom festlichen Einzug Jesu in Jerusalem verkündet. In der Prozession begleiten die Gläubigen mit geweihten Zweigen den Erlöser auf seinem Weg in die Heilige Stadt, in der sich das Heilsmysterium vollenden wird.

Als Jesus in die Nähe des Ölbergs kam, ließ er sich durch zwei Jünger einen jungen Esel bringen (vgl. Lk 19,29–35), um auf ihm als verheißener Friedenskönig (vgl. Sach 9,9) in Jerusalem einzureiten. Die Jünger banden den Esel los, „auf dem noch nie ein Mensch gesessen hat" (Lk 19,30), brachten ihn zu Jesus, legten ihre Kleider auf den Rücken des Reittieres und halfen Jesus hinauf (vgl. Lk 19,35). Während Jesus dahinritt, breiteten seine Jünger Kleider aus und begannen auf dem Weg, der vom Ölberg in die Stadt hinabführt, Gott mit lauter Stimme wegen der von ihnen erlebten Wundertaten zu loben (vgl. Lk 19,36–37). Bei der Huldigung, an der nach dem Evangelisten Lukas nur die Jünger beteiligt waren, wurde Jesus bereits als König begrüßt: „Gesegnet sei der König, der kommt im Namen des Herrn. Im Himmel Friede und Herrlichkeit in der Höhe" (Lk 19,38; vgl. Ps 118,26). Um aber falschen Messiaserwartungen vorzubeugen, unterließ Lukas die im Markusevangelium berichtete Akklamation der Menge, die das nun kommende „Reich unseres Vaters David" pries (Mk 11,10). Lukas nahm vielmehr die Friedensverheißung der Engel auf den Hirtenfeldern Betlehems wieder auf (vgl. Lk 2,14) und ließ die Jünger den Frieden im Himmel und die Herrlichkeit in der Höhe preisen (vgl. Lk 19,38), die sich nun in Jesus als dem wahren Friedenskönig erfüllt haben. Als einige Pharisäer diese Huldigung hörten und Jesus aufforderten, seine Jünger zum Schweigen zu bringen (vgl.

Lk 19,39), entgegnete er ihnen, dass sich das Lob Gottes nicht unterdrücken lässt: „Ich sage euch: Wenn sie schweigen, werden die Steine schreien" (Lk 19,40). Diese „schreienden Steine" weisen schon voraus auf die letztlich in der Ablehnung Jesu gründende Zerstörung Jerusalems, deren Steintrümmer dann für die Richtigkeit seines wahren Königtums Zeugnis ablegen werden.[1]

DIE PALMSONNTAGSSZENE MIT DEM AUF DEM ESEL IN JERUSALEM einreitenden Christus wurde in der christlichen Tradition seit der Spätantike häufig ins Bild gesetzt und war wegen der Möglichkeit zu breiter erzählerischer Schilderung besonders im Mittelalter beliebt.

Der Einzug Jesu in Jerusalem wurde in der zweiten Hälfte des 15. Jahrhunderts auch auf dem Hochaltar des Wiener Schottenstiftes dargestellt. Nach diesem Altar ist auch der unbekannte Maler benannt, der sich an der Kunst altniederländischer Meister wie Dieric Bouts (1410/20–1475) oder Niklas Gerhaert (um 1430–1473) orientierte. Diese altniederländischen Anregungen, die ihm ebenso in Nürnberg oder Köln vermittelt worden sein könnten, sind auch in den um 1469/71 angefertigten Wiener Schottenaltar eingegangen.[2]

Der Flügelaltar, der auf der Tafel mit dem Einzug Jesu in Jerusalem mit der Jahreszahl 1469 datiert ist, wurde wohl durch Abt Matthias Fink (reg. 1467–1475) für den um 1446/49 gotisch umgestalteten Chor angefertigt, nachdem die Schottenkirche 1443 durch ein Erdbeben Schäden erlitten hatte. Der Altar dürfte bis ins 17. Jahrhundert als Hochaltar der Schottenkirche gedient haben, die 1638/48 neu erbaut wurde und 1671 durch Joachim von Sandrart (1606–1688) ein neues Hochaltargemälde erhielt. Im 18. Jahrhundert kamen die in vier Teile zersägten Tafeln des seit der Barockisierung nicht mehr benötigten Flügelaltars in die durch Abt Benno Pointner (reg. 1765–1807) eingerichtete Stiftsgalerie des Benediktinerklosters, das seit seiner Gründung im Jahr 1155 bis heute besteht.[3]

Vom Schottenaltar, der 1966/69 restauriert wurde und heute in dem 1994 eingerichteten Museum im Schottenstift ausgestellt ist, hat sich ein Großteil der nahezu quadratischen Tafelbilder erhalten, während die Predella, der Schrein und das Gesprenge im Zuge der Barockisierung der Klosterkirche verloren gegangen sind. Die fast zwei Meter hohe Bilderwand des Flügelaltars ist geschlossen etwa dreieinhalb Meter und geöffnet fast siebeneinhalb Meter breit. Die mit Öl auf Eichenholz gemalten Tafeln zeigen auf der geschlossenen Werktagsseite einen achtteiligen Passionszyklus, der mit der 1469 datierten Szene des Einzugs Jesu in Jerusalem beginnt.[4] Die geöffnete Feiertagsseite, die vielleicht von einer anderen Hand geschaffen wurde, zeigt einen wohl um 1470/71 vollendeten Marienzyklus mit ursprünglich sechzehn Bildern, von denen dreizehn Tafeln erhalten sind.[5]

Wiener Schottenmeister, Einzug Jesu in Jerusalem, 1469, Öl auf Eichenholz, 89 × 82 cm, Wien, Museum im Schottenstift.

Die fast einen Meter hohe Bildtafel mit dem Einzug Jesu ist aus zwei Hälften aufgebaut. Auf der linken Seite ist der von seinen Jüngern umgebene Jesus zu sehen, der sich auf dem Esel der Stadt nähert und mit seiner Gestalt fast bis zum Horizont der im Hintergrund dargestellten Hügelkette reicht. Die rechte Bildhälfte zeigt die

Menschen, die aus Jerusalem herausdrängen und Jesus mit Palmzweigen entgegengehen und ihm mit ausgebreiteten Kleidern huldigen.[6]

Im Mittelpunkt der mit bemerkenswerter künstlerischer Reife umgesetzten Schilderung steht der reitende Christus, der im Sinne der mittelalterlichen Bedeutungsperspektive größer als seine Jünger und die ihm links im Vordergrund Huldigenden wiedergegeben ist. Mit seinem Haupt ragt Jesus als einzige der dargestellten Figuren bis in die weite Ebene vor der Hügelkette am Horizont hinein. Obwohl man vom Esel nur die vordere Hälfte sieht, kommt die rhythmische Bewegung des Reitens durch die schreitenden Vorderbeine und durch den Tritt in das zur Huldigung am Boden ausgebreitete Gewand überzeugend zur Geltung. Durch seinen reichen Faltenwurf wird die stoffliche Fülle des Gewandes Jesu besonders hervorgehoben. Die Falten des Gewandes fallen kaskadenartig herunter und erfahren auf dem Rücken des Esels knickende Brechungen. Die verschiedenen Faltentäler lassen auch die darunterliegenden Körperpartien hervortreten, wie die knittrig gerafften Ärmel zeigen, die sich von den gekurvten Falten am Oberkörper deutlich abheben.[7]

Jesus ist in schlichter Monumentalität ohne Nimbus dargestellt. Er trägt keine Schuhe und ist nur mit einem einzigen Gewand bekleidet. Während er mit seiner linken Hand die Zügel führt, ist seine rechte Hand im lateinischen Gebetsgestus erhoben, bei dem die zwei ausgestreckten Finger die zwei Naturen des menschgewordenen Erlösers und die übrigen drei Finger das Trinitätsmysterium versinnbildlichen. Sein bärtiges, von langen, glatten Haaren umgebenes Gesicht lehnt sich ebenso an altniederländische Vorbilder an wie sein tiefblaues, ins Violett hinüberspielendes Gewand, das deutlich als jenes nahtlose Kleidungsstück charakterisiert ist, das er auch bei seiner Passion tragen wird, bis die Soldaten nach seiner Entkleidung um dieses ungeteilte Gewand losen werden (vgl. Joh 19,23–24). Zusammen mit seinem sehr ernsten Gesichtsausdruck weist das ungenähte Gewand auf Jesu unmittelbar bevorstehendes Leiden, das mit dem Palmsonntagsgeschehen beginnt und am Anfang des achtteiligen Passionszyklus des Schottenaltars steht. Trotz der ihn umgebenden Menschenmenge erscheint Jesus als einsamer Erlöser, der bewusst nach Jerusalem einzieht, um dort den göttlichen Heilsplan mit seinem Sühneleiden und seiner Auferstehung zu vollenden.

Jesus wird von etwa elf Aposteln begleitet, die dicht gedrängt am linken Bildrand dargestellt sind. Die Apostelgruppe wird von Petrus angeführt, der als Einziger ganzfigurig wiedergegeben ist und dabei die übrigen Jünger überblendet. Der in markanter Profilansicht gegebene Petrus ist an seinem gestutzten weißen Kinnbart und dem schütteren Haarkranz erkennbar und steht barfüßig auf einer dunklen Zone des Bodens. Während einige der Jünger nur mit ihren Haarschöpfen sichtbar sind, weisen andere Apostel charaktervolle Köpfe auf. In dem bartlosen, jugendlichen

Apostel direkt über Petrus kann sicherlich der Lieblingsjünger Johannes erkannt werden. Der wie Jesus in eine dunkelblaue Tunika gekleidete Petrus trägt einen roten Mantel, mit dem er sich wirkungsvoll von dem dunklen Gewand des weißbärtigen Apostels mit der schwarzen Kopfbedeckung neben ihm abhebt. Während Petrus seine linke Hand unter dem Mantel auf einen Stock gestützt hat, hält er in seiner Rechten ein Buch. Er blickt mit seinem ausdrucksstarken, greisenhaften Gesicht zu Jesus auf und erscheint somit als innerbildlicher Betrachter, der das Ereignis schildert, was auch durch das Buch unterstrichen wird, das beinahe so wirkt, als wäre Petrus ein protokollierender Chronist. Das bevorstehende einsame Leiden Jesu wird auch durch den zu Jesus emporgerichteten Blick des Petrus und durch den Gesichtsausdruck der übrigen Apostel betont, die nicht miteinander kommunizieren, sondern still vor sich über das Schicksal ihres Meisters hinsinnen.[8]

Die in geschickter Weise hintereinandergeschichteten Apostel vermitteln zwar keine räumlich erfassbare Tiefe, verbinden sich aber wirkungsvoll mit dem landschaftlichen Hintergrund. Die Landschaft, in die auch Jesus mit seinem Haupt hineinreicht, zeigt durch ihre farb- und luftperspektivische Gestaltung mit nuancierenden grünen, bläulichen und grauen Pastelltönen ein hohes Maß an Tiefenwirkung. So führt über den Köpfen der Apostel ein Weg zu einem nach links hin felsig ansteigenden Hügel, auf dem ein auffallend schlanker Baum zu sehen ist, der die aufgerichtete Gestalt Jesu unterstreicht.[9] Dieser Hügel fällt hinab in eine Ebene mit Wiesen, Bäumen und Häusern, die in der Ferne in eine sanft gewellte Hügelkette einmündet, die durch zarte, ineinanderfließende Farbzonen modelliert wird.[10]

Die rechte Bildhälfte ist durch die Ansicht Jerusalems und durch die aus der Stadt zur Huldigung Jesu herausströmenden Menschen geprägt. Das Stadttor, aus dem die Menge herankommt, zeigt ein Wappenrelief, über dem die Jahreszahl 1469 zu lesen ist.[11] Die von den Bildrahmen überschnittene mittelalterliche Stadtarchitektur folgt dem Prinzip der ausschnitthaften Darstellungsweise, das der Meister in ähnlicher Weise auch bei der Überlappung der übereinandergeblendeten Figuren angewendet hat. Wie bei der Landschaft in der linken Bildhälfte kommt es auch bei der Stadtarchitektur durch die Anwendung grauer und bläulicher Pastellfarben zu einer Steigerung der Tiefenwerte. Intensivere Farbakzente finden sich nur vereinzelt, wie bei den rotbraunen Dächern oder bei dem rot gekleideten Mann, der links neben dem Tor aus einem Fenster mit spätgotischem Maßwerk blickt und einen Zweig schwenkt. Tiefe entsteht auch durch den Blick in den Straßenzug hinter dem Tor und vor allem durch den Stadtgraben, der bildeinwärts an den Mauern entlangläuft. Die Brücke, die am Ende des Mittelgrundes den Stadtgraben überquert, bindet zusammen mit den dahinterliegenden Hügelketten die beiden Bildhälften zusammen.[12] Im Stadtgraben sind zwei Hirsche dargestellt, denen sicherlich eine symbolische Bedeutung zukommt.

Während der vordere Hirsch ganzfigurig wiedergegeben ist, sieht man von dem zweiten Hirsch unter der Brücke nur den Kopf, der hinter der Stadtmauer hervorragt. Da die Hirsche keine Beziehung zu einem Gewässer erkennen lassen, stehen sie hier wohl nicht für die Sehnsucht nach der Taufgnade (vgl. Ps 42,2),[13] sondern scheinen auf die mit dem Einzug in Jerusalem beginnende Erlösungstat Christi zu verweisen. Für diese Deutung spricht auch der auffallend zu Christus emporgehobene Kopf des vorderen Hirsches, der direkt unterhalb der rechten Segenshand Jesu zu stehen kommt. Seit dem spätantiken „Physiologus" wird Christus mit dem Hirsch verglichen, der seinen Bauch mit Wasser füllt und es in die Erdspalten speit, in denen sich die satanische Schlange verborgen hat, um diese heraufzuschwemmen und dann durch Zertreten zu töten. Wie der Hirsch die Schlange, so habe Christus die vor den Wassern des göttlichen Wortes in die Tiefen der Erde geflüchtete Schlange getötet und die Macht des Teufels von den Menschen durch das Taufwasser weggenommen, das aus der am Kreuz geöffneten Seite Jesu herausgeflossen ist (vgl. Joh 19,34).[14]

Im rechten Bildvordergrund sind stellvertretend für die mit Zweigen herannahende Menge zwei Männer zu sehen, die Jesus ihre Huldigung erweisen. Sie sind größer als die anderen Menschen dargestellt und überblenden diese, so dass der Eindruck entsteht, als würden sie die übrige Menge anführen. Der vom rechten Bildrand überschnittene huldigende, bartlose Mann trägt einen pelzverbrämten roten Mantel und zieht gerade vor Jesus seinen Hut. Der vor ihm huldigende, ebenfalls bartlose Mann bildet ein Gegenüber zu Petrus und trägt über seinen blauen Beinkleidern ein kurzes, bronzefarbenes Wams. Gemäß dem Bericht des Evangeliums, wonach die Jünger vor dem dahinreitenden Jesus ihre Kleider auf der Straße ausgebreitet haben (vgl. Lk 19,36), ist der Huldigende gerade dabei, seinen pelzverbrämten hellroten Tasselmantel auf den Boden zu legen.[15] Dabei deutet er eine hockende Beinstellung an, die an Dieric Bouts erinnert.[16]

Die Jesus entgegengehende Schar bildet das Pendant zur Apostelgruppe, die sich hinter Petrus drängt. Die aus dem Stadttor herauskommende Menge wird von einem Kind angeführt, das wie Petrus und Jesus ein dunkelblaues Gewand trägt und einen Zweig in der linken Hand hält. Dieses Kind steht für die „Pueri Hebraeorum", von denen die lateinische Antiphon zum Palmsonntag singt, die Hebräerkinder seien Jesus mit Ölzweigen in den Händen entgegengezogen und hätten ihn mit Hosannarufen als Sohn Davids und als den Gesegneten des Herrn gepriesen.[17] In der aus dem Tor kommenden Gruppe befinden sich offenbar keine Gegner, sondern nur Jünger Jesu, wie es auch das Lukasevangelium berichtet. Hinter dem Kind zeigt ein rot gekleideter Mann auf den reitenden Christus und wendet sich dabei seinem reich gekleideten Nachbarn zu, der mit offenem Mund staunend seine Hände erhoben hat. Die weiteren Personen der Gruppe, von denen zumeist nur die Köpfe oder auch nur die Kopfbedeckungen zu sehen sind, tragen wie das Kind Zweige in den Händen, um sie Jesus entgegenzuschwenken, wie es im Matthäus- und Markusevangelium berichtet wird (vgl. Mt 21,8; Mk 11,8). Diese Zweige bedecken bei der aus der Stadt kommenden Gruppe und bei der vorderen Huldigungsszene in lockerer Weise auch den Boden, um mit ihnen Jesus ebenso wie mit den ausgebreiteten Kleidern zu huldigen. Die Zweige, die in ihrer naturalistischen Wiedergabe an die detaillierten Pflanzendarstellungen der Altniederländer erinnern, sind im Bildvordergrund übergroß und besonders realistisch gemalt. Sie sind keine mediterranen Palm- oder Olivenzweige, sondern entsprechen den mitteleuropäischen Weidenkätzchen, die zu den ersten Pflanzen zählen, die im Frühjahr wieder austreiben, und vor dem Palmsonntagsgottesdienst geweiht werden, um in der Prozession als „Palmkätzchen" den Palmwedel zu ersetzen.[18]

Mit der Szene des Einzugs Jesu in Jerusalem war dem Schottenmeister eine künstlerisch reife Fomulierung dieses biblischen Themas gelungen. Durch die innerlich gesammelten Apostel und die andächtige Huldigung der Jerusalemer Jüngerschar wird auch der Betrachter aufgerufen, sich geistig mit Christus zu verbinden, der mit ernster Miene in die Heilige Stadt eingezogen ist, um dort sein Erlösungsopfer darzubringen.

Die Apostelkommunion beim Abendmahl

Gründonnerstag – Abendmahlsmesse
Zweite Lesung: 1 Kor 11,23–26

*„Denn sooft ihr von diesem Brot esst und aus dem Kelch trinkt,
verkündet ihr den Tod des Herrn, bis er kommt."*
1 Kor 11,26

Mit dem Gründonnerstag beginnen die drei heiligen Tage des Triduum sacrum, in denen das Erlösungsgeheimnis Christi gefeiert wird. Der Gründonnerstag, der Karfreitag und der Ostertag bilden das eine Paschamysterium des Leidens, Sterbens und Auferstehens Jesu. In diesen drei Tagen geht es um die Wahrheit, dass Gott durch die Opferhingabe seines inkarnierten Sohnes die Menschheit gerettet hat. Dabei nahm Jesus beim Letzten Abendmahl in der Nacht des Gründonnerstags mit der Einsetzung der Eucharistie seinen Tod zeichenhaft vorweg, indem er sein Kreuzesopfer in Brot und Wein hineinstiftete. Bei dieser eucharistischen Vergegenwärtigung seiner Heilstat hatte der Erlöser auch seine Auferstehung im Blick, da er nur als Lebender seinen Kreuzestod gegenwärtig zu setzen vermag, um auf diese sakramentale Weise bis zu seiner Wiederkunft inmitten seiner Kirche zu sein. So wird durch die Eucharistie der Heilstod des auferstandenen Christus in seiner Kirche bis ans Ende der Zeit gegenwärtig. Von dieser Glaubensüberzeugung war bereits Paulus erfüllt, als er in der Zeit um 55 n. Chr. seiner Gemeinde in Korinth die Überlieferung der Eucharistie weitergab (vgl. 1 Kor 11,25) und das ganze Mysterium in die Worte zusammenfasste: „Denn sooft ihr von diesem Brot esst und aus dem Kelch trinkt, verkündet ihr den Tod des Herrn, bis er kommt" (1 Kor 11,26). Dieses älteste Zeugnis über die Eucharistie wird in der zweiten Lesung des Abendmahlsamtes am Gründonnerstag den Gläubigen verkündet, damit auch diese durch ihre Teilnahme am eucharistischen Opfermahl den Tod und die Auferstehung des Erlösers proklamieren: „Deinen Tod, o Herr, verkünden wir, und deine Auferstehung preisen wir, bis du kommst in Herrlichkeit."

Tintoretto, Letztes Abendmahl, um 1593, Öl auf Leinwand, 568 × 365 cm, Venedig, San Giorgio Maggiore.

Wie kaum ein anderer Maler hat sich der Venezianer Jacopo Tintoretto (1518–1594) mit der Szene des Letzten Abendmahls auseinandergesetzt. Kurz vor seinem Tod malte er um 1593 für die venezianische Kirche San Giorgio Maggiore ein Abendmahlsbild, das einen schräg in die Bildtiefe verlaufenden Tisch mit der Apostelkommunion zeigt, während Engel und Bedienstete das Geschehen umgeben. Als Tintoretto dieses Abendmahlsbild schuf, hatten seit dem späten Mittelalter die Motive der Einsetzung der Eucharistie und der Apostelkommunion die Szene des beim Abendmahl angekündigten Verrats durch Judas bereits zurückgedrängt.[1]

Jacopo Tintoretto, der sich als junger Maler besonders an den Werken Tizians (1488/90–1576) geschult hatte, erregte schon bei seinen Zeitgenossen durch seinen geistreichen, spontanen und eigenwilligen Stil Aufsehen.[2] Während er in seinen um 1542 gemalten Deckenbildern zu den „Metamorphosen" Ovids (43 v. Chr.–17 n. Chr.) seine Fähigkeit zu Verkürzung und untersichtiger Malweise unter Beweis stellen konnte, schuf er 1547 für die venezianische Kirche San Marcuola sein erstes monumentales, über vier Meter breites Abendmahlsbild. Mit seinem 1548 für die Markusbruderschaft vollendeten Gemälde mit der Darstellung des „Sklavenwunders" stieg Tintoretto zum führenden Maler der venezianischen Monumentalmalerei auf.[3] Seine Hauptwerke schuf Tintoretto in dem langen Zeitraum von 1564 bis 1588 für die Rochusbruderschaft, deren Versammlungsräume er mit insgesamt 62 großformatigen Gemälden ausstattete.[4] Tintorettos Maltechnik war durch die venezianischen Meister geprägt, die in der Vorzeichnung (disegno) keine in sich abgeschlossene Bildvorlage sahen, sondern die Zeichnung zusammen mit dem Farbauftrag (colorito) als Bestandteil des Werkprozesses auf der Leinwand betrachteten. So entwickelte Tintoretto den für ihn so charakteristischen zeichnerischen Farbauftrag, indem er mit schnellen Handgriffen seine Farben mit vielen, feinen und umrissartigen Pinselstrichen auf den dunklen Bildgrund auftrug und dabei schrittweise seine Vorzeichnungen ersetzte. Dadurch entstanden durchsichtig erscheinende Partien, die erst aus der Entfernung plastisch wirkten und bei den zeitgenössischen Betrachtern den Eindruck hastig gemalter, skizzenhafter und unvollendeter Bilder hervorriefen, obwohl sie im Grunde meisterhafte, aber eben noch ungewohnte Farbspiele darstellten.[5]

AM ENDE DER SCHAFFENSZEIT TINTORETTOS errichtete Andrea Palladio (1508–1580) mit Il Redentore und San Giorgio Maggiore in Venedig zwei richtungsweisende Kirchenbauten. Der bereits 1566 begonnene Neubau der Benediktinerabteikirche San Giorgio Maggiore wurde erst nach dem Tod Palladios vollendet und 1610 eingeweiht. Für das von 1588 bis 1591 erbaute Presbyterium durfte Tintoretto mit seinen Mitarbeitern die gesamte Bildausstattung übernehmen. Unter Tintorettos Einfluss begannen ab 1591 Girolamo Campagna (1549–1625) und Niccolò Roccatagliata (1593–1636) mit dem plastischen Schmuck. Die beiden Seitenwände des Chorraums schmückte Tintoretto um 1593 mit zwei großen Leinwandgemälden (laterali), die sich auf die am Hochaltar gefeierte Eucharistie bezogen. Während er die rechte Wand mit einem Abendmahlsbild ausstattete, fertigte Tintoretto für die gegenüberliegende linke Wand die Szene mit der alttestamentlichen Mannalese an (vgl. Ex 16,2–35), die typologisch auf die Eucharistie vorausweist.[6]

Das Abendmahlsbild von San Giorgio Maggiore war bereits das elfte Gemälde, das Tintoretto zu diesem Thema gemalt hatte.[7] In diesen Abendmahlsdarstellungen wandte er sich zunehmend von der strengen Horizontalkomposition des von Leonardo da Vinci (1452–1519) um 1494/98 für das Mailänder Dominikanerkloster Santa Maria delle Grazie geschaffenen Wandbildes ab und vereinte alle künstlerischen Mittel von Raumphantasie, Komposition, Bewegung, Farbe und Licht, um das Mysterium der Eucharistie in immer wieder neuen Formulierungen und symbolischen Zusammenhängen zum Ausdruck zu bringen. Dabei fügte er der um Jesus versammelten Jüngergemeinschaft auch Bedienstete, Hunde und Katzen sowie anderes genrehaftes Beiwerk hinzu. Zudem zeigte er auch die Zurüstung des Mahles und durchbrach das gewohnte Bildschema, indem er einige Apostel vom Tisch aufstehen ließ, um sich Kindern oder Bettlern zuzuwenden. Durch dieses profan anmutende Ambiente verdeutlichte Tintoretto, dass durch die stellvertretend kommunizierenden Apostel letztlich die gesamte Menschheit beim eucharistischen Mahl gegenwärtig ist.[8]

Das etwa fünfeinhalb Meter breite und mehr als dreieinhalb Meter hohe Gemälde in San Giorgio Maggiore ist das letzte und sicherlich auch das großartigste der Abendmahlsbilder Tintorettos. Es zeugt nicht nur von seinen künstlerischen Ideen, sondern auch von der visionären Kraft des tiefgläubigen Malers, auch wenn sich der alternde Meister wohl der Mitarbeit eines Gehilfen bedient haben dürfte.[9] Die einzigartige Wirkung des Gemäldes beruht vor allem auf der ungewöhnlichen Lichtgebung und auf dem Raumeindruck, der durch die diagonale Stellung des Tisches hervorgerufen wird, der zunächst dem schrägen Standpunkt des Bildbetrachters Rechnung trägt, aber zugleich die Achse des Hochaltars ideell verlängert und damit den realen Bezug zur Eucharistiefeier in der Kirche herstellt. So wird aus der langen Tafel der Altar, aus dem stehenden Christus der zelebrierende Priester und aus dem Apostel, dem Jesus die Eucharistie reicht, der in der Messfeier stattfindende Kommunionempfang.[10]

Die enorme Bildgröße, die effektvolle Helldunkelmalerei, das phantastische Licht, die kunstvolle perspektivische Verkürzung und die lebendig agierenden Figuren hinterlassen im Betrachter einen überwältigenden Eindruck, der noch durch den ungewöhnlichen grün-goldenen Gesamtton gesteigert wird, der sich über das ganze Gemälde legt. Das leicht vogelperspektivisch angelegte Bild hat eine stark perspektivische und asymmetrische Ausrichtung, die weit in den Hintergrund reicht, so dass die Architektur in die Raumtiefe hineinreicht und sich auch dort noch Handlungsräume für die Personen eröffnen.[11] Der durch den schräg gestellten Tisch eröffnete Tiefenzug wird auch durch das Fußbodenmuster, die Deckenbalken und die Anrichte am rechten Bildrand aufgenommen, so dass nahezu alle perspektivischen Linien fluchtpunktartig und zielgerichtet wie in einem Sog in die Tiefe führen. Durch die Schrägstellung der Tafel ergeben sich in der linken und rechten Bildhälfte zwei dreieckige Bildfelder, die das Hauptgeschehen am Tisch flankieren und zur malerischen Gesamtvision des Gemäldes beitragen, wobei die Sakralität vor allem in der linken Hälfte herausgestellt wird.[12]

Das Letzte Abendmahl findet in einem Raum statt, der keine klare Begrenzung hat und dem damit nicht die Aufgabe zukommt, die Komposition zu stützen, die vor allem auf den Licht- und Farbwerten aufbaut. Schemenhaft lassen sich einige toskanische Säulen erkennen, deren Kapitelle eine umlaufende Gebälkzone tragen, in die als oberer Raumabschluss ein Holzlattengerüst eingespannt ist. An den Seiten und auch an der Rückwand, wo sich ein Herd mit Feuerstelle abzeichnet, verschwindet der Fortgang der Saalarchitektur im Dunkel.[13] Bei den Weinregalen an den hinteren Wänden lässt sich im diffusen Dunkel nicht feststellen, ob der Raum noch weitergeht oder dort schon endet. Auch nach oben hin lässt sich keine Begrenzung ausmachen, weil man nicht sehen kann, wo die Lampe befestigt ist. Diese Verunklärungen vermitteln dem Betrachter den Eindruck einer beträchtlichen Tiefe und verstärken somit den visionären Charakter des Bildes.[14]

Der Fußboden zeigt ein zwischen Hellbraun und Anthrazit farblich abwechselndes Muster, das die Perspektive des Abendmahlssaales nachzeichnet. Der Steinplattenbelag endet vorne in einer Stufe, die aber vom unteren Bildrand abgeschnitten wird, so dass eine Korbflasche und ein Tongefäß in der Luft zu schweben scheinen, was auf eine Zuschneidung des Gemäldes hinweist, die auch die Stufe tilgte, auf der die beiden Gefäße ursprünglich standen.[15]

Das Gemälde ist ein künstlich beleuchtetes Nachtstück, wie es der Vorstellung des nächtlichen Abschiedsmahls Jesu entspricht, aber auch der Auffassung Tintorettos entgegenkam, da er mit einem artifiziellen Licht die malerische Gesamtwirkung noch steigern konnte, indem er die Gegenstände von der einheitlichen Lichtquelle her beleuchten konnte. In dem nächtlichen Saal stellte Tintoretto zwei Lichtquellen dar, nämlich das natürliche Licht der doppelflammigen Öllampe und das höherwertige übernatürliche Licht, das aus Jesus hervorbricht und in abgeschwächter Weise auch von den Nimben der Apostel ausstrahlt. Die beiden von Tintoretto nebeneinander dargestellten Formen des natürlichen und übernatürlichen Lichtes wurden auch von Giovanni Paolo Lomazzo (1538–1600) in seinem 1585 veröffentlichten „Trattato dell'arte della pittura ed architettura" als aristotelische und neuplatonische Lichtvorstellung beschrieben. Während nach Aristoteles (384–322 v. Chr.) das Licht irdische Körper durch Beleuchtung sichtbar macht, sieht der Neuplatonismus das Licht als eine stufenweise von Gott ausgehende Emanation. So gibt es auch bei Tintoretto das übernatürliche Sakrallicht der Nimben und die Beleuchtung durch das natürliche Licht, wie die beiden unter dem Lampenlicht stehenden jungen Dienerinnen oder die vordere Tischhälfte zeigen. Tintoretto zeigt aber die beiden Lichtarten nicht nur nebeneinander, sondern vereint sie auch, indem er aus dem Lichtrauch, der in Wellen und Strahlen der Lampe entströmt, übernatürliche Engelgestalten entstehen lässt, so dass von der Lampe gewissermaßen auch göttliches Feuer ausgeht, das die ganze Szenerie sakral verklärt. Die Verbindung der beiden Lichtformen zeigt sich auch bei den Aposteln, die mit dunklen Gesichtern im Lichtschatten der Lampe am Tisch sitzen und deren Hinterköpfe von dem als natürlich auftretenden Lampenlicht zunächst nur leise wie mit irdischen Nimben gestreift werden, die aber dann durch das übernatürliche Licht zu Glorienscheinen werden.[16]

Der Betrachter wird nicht nur durch die Lichterscheinungen, sondern auch durch die Haltungen der Figuren in das Bildgeschehen einbezogen. Die außergewöhnlichen und teilweise bizzar wirkenden Körperhaltungen ziehen die Aufmerksamkeit des Zuschauers an, so dass eine Teilhabe an der dargestellten Szenerie entsteht, die den Zuschauer nicht distanziert bleiben lässt. Trotz der lebendigen Betriebssamkeit der agierenden Personen, die zahlreich das Bild bevölkern, wirkt die Darstellung des Abendmahls getragen.[17]

Im Mittelpunkt des Geschehens steht die Gestalt Jesu, die sich auch auf der Mittelsenkrechten des Bildes befindet. Da Jesus im Kreis seiner Apostel nur in sekundärer Größe und auch nur mit halb verschattetem Gesicht zu erscheinen vermag, kommt seine Gestalt ganz durch das ihn auszeichnende Licht zur Geltung. Jesus hat gerade über Brot und Wein die Einsetzungsworte „Das ist mein Leib" (1 Kor 11,24) und „Dieser Kelch ist der Neue Bund in meinem Blut" (1 Kor 11,25) gesprochen und sich vom Tisch erhoben. Er wendet sich nun dem neben ihm sitzenden Apostel zu, so dass auf die Gestalt Jesu das ganze Licht fällt, das wiederum über die natürliche Beleuchtung hinausgeht und in übernatürlich heller Ausstrahlung als höchstes göttliches Licht erscheint. In seinem Glorienlicht strahlt Gott förmlich aus Jesus heraus und lässt ihn als Abglanz des Vaters erscheinen. Während das strahlend rot leuchtende Untergewand Jesu auf seine Menschheit verweist, versinnbildlicht das blaue Gewand, das ihm über die Arme herabgeglitten ist, die Gottheit Christi. Um Jesus herum gewinnt das eucharistische Mysterium seinen bildlichen Ausdruck. So sind die Apostel mit ihren übernatürlich leuchtenden Nimben in heiliger Andacht ergriffen, und über ihren Köpfen strömen von rechts durchsichtig erscheinende, geflügelte Geistwesen herein, während sich andere Engel aus den Rauchwolken der Lampe verwandeln. Die eucharistische Gegenwart Christi greift auch farblich auf die Personen im Abendmahlssaal über, indem das strahlende Rot und Blau der Gewänder Jesu auch bei anderen Figuren aufleuchtet. Da das eucharistische Brot, das Jesus in seinen Händen hält und einem Apostel darreicht, als das wichtigste Ereignis des Bildes nur sehr klein dargestellt werden kann, wird es mit der lichtvoll inszenierten Figur Christi verbunden, zu der sich die ganze Raumfülle hin steigert. Selbst die durch das Licht hervorgerufenen Schatten unterstreichen die eucharistische Gegenwart Christi, denn wie der Schatten niemals von seinem Körper getrennt werden kann, so ist auch die substantielle Realpräsenz Christi in der wesensverwandelten Hostie unlösbar an die akzidentielle Materie des Brotes gebunden.[18]

Die linke, sakrale Bildhälfte wird durch die langgestreckte und in die Tiefe führende Form des Abendmahlstisches bestimmt, der anstelle der traditionellen symmetrischen Horizontalausrichtung schräg in den Raum gestellt ist, so dass der Betrachter die stark verkürzt dargestellten Apostel mit einem Blick erfassen kann. Die lange

Tafel besteht aus einer einfachen Holzplatte, unter die in regelmäßigen Abständen Holzbeine gerückt sind.[19] Auf dem Tisch stehen Glaskaraffen, Kelche aus Muranoglas, kleine Silberteller, Schalen mit Obst und hölzerne Platten mit aufgesteckten Öldochten oder Kerzen. Links vor Jesus liegt ein Brotlaib mit einem Messer auf dem Tisch.[20] An der unteren Längsseite des Tisches steht ein offenbar aus Metall angefertigter kleiner Beistelltisch, der an seiner Vorderseite einen dreilappigen Bogen zeigt. Auf dem mit einem weißen Tuch fast ganz bedeckten Tischchen stehen zwei zeitgenössische Gefäße. Während rechts ein kostbarer Renaissancepokal zu sehen ist, der mit einer antikisch heroischen Figur bekrönt ist,[21] gleicht das linke Gefäß einem silbernen Weihwasserkessel, in dem ein Aspergill steckt, der für das liturgische Besprengen mit geweihtem Wasser dient und damit die Vorstellung weckt, Jesus hätte zu Beginn des Mahles den Tisch gesegnet.[22] Diese beiden Gefäße treten zusammen mit den Gegenständen auf den beleuchteten Partien der weißgrauen Tischdecke deutlich hervor und reflektieren teilweise das Licht, wodurch der visionäre Eindruck der Abendmahlsszene zusätzlich unterstrichen wird.[23] Das Visionäre verbindet sich auch mit der liturgischen Erfahrungswelt, wie neben dem Weihwasserkessel mit dem Aspergill auch die ganze Anordnung des Abendmahlstisches zeigt, der perspektivisch eine Verlängerung des Hochaltars in der Kirche darstellt, so dass die Kommunion der Apostel auch zu einem Vorbild für die sakramentale Christusbegegnung der Gläubigen in der Messfeier zu werden vermag.[24]

Die zwölf Apostel, die zu beiden Seiten Jesu zwei Gruppen zu jeweils sechs Personen bilden, verstärken die in die Tiefe gehende Ausrichtung des Tisches. Sie sitzen mit nur schwach beleuchteten Gesichtern im Schatten des Lampenlichtes und werden durch ihre Nimben und teilweise durch die Farbigkeit ihrer Gewänder hervorgehoben. Die Apostel zeichnen sich durch kräftige Helldunkelkontraste aus und zeigen auf verschiedene Weise ihre geistliche Anteilnahme am eucharistischen Mysterium, die sowohl innerliche Versunkenheit als auch spontane Begeisterung umfasst. Während sich die an der Rückseite des Tisches aufgereihten Apostel dem Tiefenzug anpassen, nimmt Judas als einziger der Jünger halb sitzend oder auch halb kniend seinen Platz an der vorderen Langseite ein. Der Verräter Jesu wird von vorne ein wenig vom natürlichen Lampenlicht beleuchtet, besitzt aber keinen Nimbus. Judas ist orangefarbig mit Mütze und weltlichem Gewand bekleidet, während die übrigen Apostel antikisierende Kleider tragen und immer wieder die blauen und roten Gewandfarben Jesu aufnehmen. Links neben Jesus sitzt ein Apostel, dem Jesus gerade das eucharistische Brot in Form der Mundkommunion reicht, so wie es der gläubige Betrachter in der Messfeier auch selbst nachvollziehen kann. Der dahinter stehende Apostel trägt ein Pallium, das die rechte Brusthälfte freilässt, so dass das tonige, von der Lampe beleuchtete Inkarnat seines Oberkörpers sichtbar wird. Dieser

Apostel, dessen Bart- und Haartracht an Petrus erinnert, hat weisend seine rechte Hand ausgestreckt und scheint den gerade kommunizierenden Jünger bestärken zu wollen.[25] Rechts neben Jesus sitzt der jugendlich bartlose Johannes, der seinen Kopf nachdenklich in die linke Hand gestützt hat und mit seinem ruhig gesammelten Blick die kontemplative Teilhabe am eucharistischen Mysterium verkörpert. Seine innerliche Verbundenheit mit Christus zeigt sich auch an seinen Gewändern, die mit dem roten Untergewand und dem blauen Mantel ganz der Kleidung seines Meisters entsprechen.[26] Mit seiner rot leuchtenden Tunika wird Johannes deutlich als Lieblingsjünger des Herrn ausgewiesen, während ihm mit Judas ein Mensch mit ganz gegenteiliger Gesinnung gegenübersitzt. Die rechts neben Judas auf dem Boden stehende Tonschüssel verweist mit ihrem über den Rand gebreiteten weißen Tuch und dem davor auf dem Boden liegenden Schwamm auf die vorausgehende Fußwaschung (vgl. Joh 13,1–20).[27] Bei dieser Zeichenhandlung hatte Jesus einen ersten Hinweis auf den Verräter gegeben, indem er gegenüber seinen Jüngern andeutete, dass sie nicht alle rein seien (vgl. Joh 13,10–11). Kurz darauf bezeichnete er dann mit einem Bissen Brot den Apostel Judas Iskariot als den Jünger, der ihn verraten würde (vgl. Joh 13,21–30).

Hinter Johannes hat sich ein Apostel erhoben, um das heilige Geschehen verfolgen zu können. Rechts davon ist ein rot gekleideter Jünger aufgestanden und hat begeistert seine Arme in Kreuzesform ausgebreitet. Er gibt seine Ergriffenheit an die beiden Apostel am schmalen Tischende weiter, von denen der äußere Jünger schon auf die Knie gesunken ist und sich mit dem rechten Arm auf dem Tisch abstützt. Der links neben dem kommunizierenden Apostel sitzende Jünger hat seinen Kopf ein wenig nach vorn gestreckt, um das eucharistische Brot besser sehen zu können. Seine unmittelbar bevorstehende eucharistische Teilhabe an Christus kündigt sich bereits in der tiefblauen Farbe seines Gewandes an, das er mit dem Mantel Jesu teilt. Nach links schließen sich zwei Apostel an, die sich miteinander über das Geschehen austauschen.

An der äußersten Tischkante sitzt ganz links ein jugendlicher Jünger, dessen rotes Gewand mit der gleichfarbigen Tunika Jesu korrespondiert. An ihn wendet sich ein Bettler, der in einer extrem kontrapostischen Haltung auf einem Podest steht, so dass er durch seine Haltung fast zu kippen droht. Er trägt eine weiße Kopfbedeckung, stützt sich auf einen Stock und ist notdürftig in abgerissene und geflickte Kleider gehüllt. Die für Tintoretto so typische unrealistisch verdrehte Körperhaltung des Bettlers bedeutet keine gesteigerte natürliche Beweglichkeit und steht auch nicht im Dienst der Raumwirkung, sondern bringt den seelischen Zustand dieser Person zum Ausdruck. Der Apostel, an den sich der Bettler gewandt hat, steht noch ganz unter dem Eindruck des eucharistischen Geschehens und reagiert deshalb mit einer zurückhaltenden, aber nicht abweisenden Geste. Der Bettler steht aber bereits mit dem eucharistischen Christus in Verbindung, wie die blauen Gewandflicken auf dem weißen Gewand über seiner linken Schulter und am Beinkleid über seinem linken Oberschenkel zeigen.[28] Der Bettler steht an der Bildgrenze und wird damit zu einer Vermittlerfigur, um den Betrachter näher an das Geschehen heranzurücken[29] und ihn an den doppelten Opfercharakter der Eucharistie zu erinnern, der im Opfer Christi und im Opfer der Gläubigen besteht. Der hilfsbedürftige Bettler macht deutlich, dass der Gläubige im Opfermahl der Kommunion nicht nur den Leib Christi, sondern auch die Liebe Christi empfängt, die es in opferbereiter Nächstenliebe weiterzugeben gilt.[30]

Das eucharistische Mysterium ergreift nicht nur die Apostel und den Bettler, der sich den Jüngern angeschlossen hat, sondern auch die geistigen Geschöpfe. Während die Wände zu weichen scheinen und alles in ein Wogen gerät, schweben von rechts oben durchsichtige, gelblich und weiß-grünlich leuchtende Engel herein. Andere Geistwesen formen sich links oben aus dem strahlen- und wellenförmigen Lichtrauch der Ampel, die göttliches Feuer spendet, so dass die Engel in der Nähe der Lampe noch wellenförmig flammend sind, mit zunehmender Entfernung aber immer körperlicher und vom Rauch unabhängiger erscheinen. Die durchsichtigen Engel können zwar von den Menschen im Abendmahlssaal nicht gesehen werden, lassen sich aber im Glauben wahrnehmen und machen deutlich, wie sehr sich in der Eucharistie Himmel und Erde und damit himmlische und irdische Liturgie miteinander vereinen. So entsteht der Eindruck, als sei die liturgische Atmosphäre eines in gedämpftem Licht stattfindenden und von Weihrauchschwaden durchzogenen Hochamtes in das Bild übergegangen, so dass das Abendmahl nicht als intime Szene, sondern als öffentliche Botschaft erscheint.[31]

In die irdische Welt hinein öffnet sich das Bild durch die vor allem in der rechten Bildhälfte agierende Dienerschaft, mit der Tintoretto den sich dort durch die Schrägstellung des Tisches ergebenden Freiraum füllte. Die Bediensteten sind mit dem Herrichten des Festmahls beschäftigt, das mit dem Auftragen der zumeist aus Obst bestehenden Nachspeise bald beendet sein wird. Während links hinter dem Tisch zwei Dienerinnen zu sehen sind, bilden die übrigen Bediensteten auf der rechten Seite einen offenen Halbkreis, der mit der Schulterrundung Jesu korrespondiert und am unteren Bildrand bei der knienden Frau beginnt und bei den Dienern endet, die oben in der Nähe des Herdes stehen. Als irdische Personen strahlen die Diener im Gegensatz zu Jesus und den Aposteln kein Licht aus, sondern nehmen nur den Schein der Lampe auf. Die üppigen Speisen stehen in Kontrast zu dem einfachen eucharistischen Brot in den Händen Jesu, von dessen Geheimnis die Dienerschaft nichts zu ahnen scheint,[32] auch wenn die Blicke der beiden jüngeren Dienerinnen, die im Lampenlicht unmittelbar hinter der Reihe der Apostel stehen, auf die Tafel fallen. Sie tragen ein gelbliches Schultertuch und nehmen mit ihren hellblauen und hellroten Kleidern die Gewandfarben Jesu auf. Im dunklen Hintergrund ist zwischen zwei Säulen in der Nähe des Herdfeuers ein Dienerpaar zu sehen. Während der linke Diener mit ausgestreckten Armen auf die Tafel weist, trägt der andere einen großen Korb herbei. Am rechten Bildrand steht auf einem Podest eine stark verkürzt dargestellte Anrichte, auf der Äpfel und Birnen sowie eine Artischocke und eine Melone bereitstehen. Die Anrichte ist mit einem kostbaren Perserteppich verhängt, der mit seinen Fransen bis zum Fußboden herabreicht und von einem weißen Tuch geschützt wird. An der hinteren Schmalseite ist eine Dienerin zu sehen, die gerade eine Schale mit Pfirsichen aufgehoben hat.[33]

Die Aufmerksamkeit des Betrachters wird besonders auf eine Gruppe im Vordergrund gelenkt, die von links nach rechts durch die Dynamik einer aufsteigenden Linie miteinander verbunden ist. Links unten duckt sich unter dem Abendmahlstisch ein Hund, der nach einer Katze schaut, die sich an einem großen Korb aufgestützt hat, um in das Innere hineinzublicken. In diesen Korb greift eine am Boden kniende ältere Dienerin, die zugleich dem Tafelmeister eine Schale reicht. Mit ihren ausgebreiteten Armen korrespondiert die Dienerin mit dem Apostel am hinteren Tischende, der in ähnlicher Weise seine Arme ausgestreckt hat, während ihr scharf beleuchteter Körper das Gegengewicht zur Lampe bildet. Der Tafelmeister steht in Rückansicht auf dem Podest der Anrichte und bildet durch seine gesteigerte, fast tänzelnde kontrapostische Körperdrehung das Pendant zu dem Bettler auf der gegenüberliegenden Seite, der ebenfalls auf einer Erhöhung steht und als Vermittlerfigur für den Betrachter dient. Der Tafelmeister ist mit einem strahlend blauen Gewand bekleidet und hat sich eine Schürze umgebunden, die von der gleichen gelbbräunlichen Farbe wie seine Kopfbedeckung ist. Er greift mit seinem rechten Arm nach der auf der Anrichte liegenden Melone und dreht sich gleichzeitig der knienden Dienerin zu, die mit einem rötlichen Gewand und weißer Bluse bekleidet ist und auf ihrem Haupt ein kleines Kopftuch trägt. Der Weidenkorb, vor dem die ältere Dienerin kniet und der von der Katze inspiziert wird, ist ganz mit Zinntellern gefüllt. Die Dienerin greift mit ihrem rechten Arm gerade nach einem der Teller in dem Korb. Mit ihrem energisch ausgestreckten linken Arm hält sie dem Tafelmeister eine Schale hin, die mit kleinen weißen Gegenständen gefüllt ist, die den weißen Körnern ähneln, mit denen auf dem Bild der Mannalese das Brot der Israeliten dargestellt ist.[34] Die kniende Dienerin findet ihr Pendant in der Frauenfigur, die im linken Vordergrund des gegenüberliegenden Gemäldes dargestellt ist. Sie wendet sich vom Manna ab, das auf dem Tisch neben ihr liegt, und blickt zum Abendmahlsbild hinüber, um schon das wahre eucharistische Brot zu schauen, das nach Jesu Worten in seinem hingegebenen Fleisch bestehen wird und im Gegensatz zum Manna ewiges Leben zu geben vermag (vgl.

Joh 6,48–51). Wie sich die Frau vom Manna abwendet, so kehrt auch der Tafelmeister der älteren Dienerin den Rücken zu und erhebt ablehnend seine linke Hand, als ihm diese offenbar eine Schale mit den weißen Mannakörnern reichen will. Mit dieser zurückweisenden Geste wird deutlich, dass das Manna nur ein Vorausbild für die beim Letzten Abendmahl eingesetzte eucharistische Speise gewesen ist, als Jesus sein Erlösungsopfer vorweggenommen und in Brot und Wein hineingestiftet hat.[35] Wie der Bettler auf der gegenüberliegenden Seite, so wird auch die auffallend große Figur des Tafelmeisters zum Vermittler, der durch die Zurückweisung des Manna den Betrachter auf das wahre eucharistische Brot verweist, das Jesus gerade austeilt, der mit seinem blauen Mantel auch farblich dem Gewand des Speisemeisters gleicht.

Diese Deutung vermag auch die Anwesenheit des Hundes und der Katze zu erklären, die seit der Renaissance in Abendmahlsdarstellungen als feindselige Tiere die Heiden und Juden symbolisieren. Der unter der Tafel mit weißem Kopf und braunen Ohren lagernde Hund, der mit hochgerecktem Hinterteil und ausgestreckten Vorderpfoten die Katze herausfordernd ins Visier genommen hat, steht für die von den Juden verächtlich als Hunde bezeichneten Heiden und verweist damit auf das Evangelium von der heidnischen Frau (Mt 15,21–28; Mk 7,24–30).[36] Nach dieser Perikope wurde eine heidnische Frau, die um die Heilung ihrer besessenen Tochter bat, von Jesus mit dem Hinweis zurückgewiesen, dass der Messias nur zu den Juden gesandt sei, weshalb man den am Tisch sitzenden Kindern Israels nicht das Brot wegnehmen dürfe, um es den heidnischen „Hunden" vorzuwerfen (vgl. Mt 15,21–24; Mk 7,24–27). Als aber die heidnische Frau diese Identifikation mit den Hunden annahm und beteuerte, dass auch die Hunde unter dem Tisch von den herabfallenden Brotresten bekommen, lobte Jesus den großen Glauben der Frau und heilte die Tochter (vgl. Mt 15,25–28; Mk 7,28–30). Im Anschluss an diese Perikope nimmt auch in Tintorettos Bild der Hund seine Position unter dem Tisch der aus dem Volk Israel erwählten Apostel ein. So wird anschaulich, dass auch die heidnischen „Hunde" zur Kirchengemeinschaft und zur Teilhabe am eucharistischen Brot berufen sind, das Jesus am Tisch des Abendmahls eingesetzt hat. Die Katze steht dagegen für diejenigen Juden, die im Gegensatz zu den bekehrungswilligen Heiden nicht an Christus glauben und deshalb auch keinen Zugang zur Eucharistie haben. In lauernder Stellung nimmt der Hund wahr, wie die Katze dem Abendmahlsgeschehen ihren Rücken zuwendet und stattdessen völlig nutzlos in den Korb der älteren Dienerin schaut, die als Personifikation des Judentums dem Tafelmeister die überholte Speise des Manna darzureichen versucht. Damit wird die Katze zum Attribut der jüdischen Dienerin, die am Manna festhält, während der Hund auf die Heiden verweist, die sich zu Jesus bekehrt haben und denen das eucharistische Brot zuteilwerden kann.

Überblickt man abschließend das gesamte Bild, so wird nochmals die Zentralität Jesu deutlich, der sich in seiner neuen eucharistischen Gegenwart offenbart und dabei unter Aufhebung der räumlichen Grenzen den irdischen Raum ins Endlose hinein erweitert. In dieser Übertragung des Irdischen in die höhere Sphäre des Göttlichen lag das Wesen der christlichen Kunst Tintorettos. In seinem Abendmahlsbild von San Giorgio Maggiore konnte Tintoretto am Ende seines Lebens nochmals seine in langen Schaffensjahren verinnerlichte Religiosität zum Ausdruck bringen. Zum eigentlichen Element seiner Darstellung machte er das Licht, das dem Bild seine malerische Qualität verlieh und alle entscheidenden Faktoren durchdrang. Tintorettos religiöse Vision vom Letzten Abendmahl war aber weder mystisch noch individualistisch, sondern eher volkstümlich, indem er seine innerliche Glaubensüberzeugung in einer allgemeinverständlichen Sprache mitteilte. So eröffnete Tintoretto mit der Direktheit seiner Bildsprache dem Betrachter den Zugang zu dem eucharistischen Mysterium des Letzten Abendmahls und machte sein Gemälde zu einer Botschaft an die Menschheit.[37]

Jesus wird vom Kreuz abgenommen

Karfreitag – Die Feier vom Leiden und Sterben Christi
Johannespassion: Joh 18,1–19,42

„Josef von Arimathäa bat Pilatus, den Leichnam Jesu abnehmen zu dürfen, und Pilatus erlaubte es. Also kam er und nahm den Leichnam ab. Es kam auch Nikodemus."
Joh 19,38–39

In der Feier vom Leiden und Sterben Christi wird am Karfreitag im Wortgottesdienst die Johannespassion vorgetragen. Nach dem Tod Jesu (vgl. Joh 19,30), der durch den Lanzenstoß des römischen Soldaten festgestellt wurde (vgl. Joh 19,33–34), berichtet die Passion von der Kreuzabnahme Jesu durch Josef von Arimathäa. Der aus Arimathäa stammende Josef war ein reicher Mann (vgl. Mt 27,57). Er gehörte als „vornehmer Ratsherr" (Mk 15,43) dem Hohen Rat an und hatte „dem, was die anderen beschlossen und taten, nicht zugestimmt, weil er gut und gerecht war" (Lk 23,51). Josef wartete auf das Reich Gottes (vgl. Mk 15,43; Lk 23,51), war aber aus Furcht vor den Juden nur ein heimlicher Jünger Jesu (vgl. Joh 19,38). Er ging zu Pilatus und bat den Statthalter, den Leichnam Jesu abnehmen zu dürfen. Nachdem Pilatus die Erlaubnis gegeben hatte, nahm Josef den Leichnam Jesu vom Kreuz ab (vgl. Joh 19,38). Nach dem Passionsbericht des Johannes war zusammen mit Josef auch Nikodemus gekommen, „der früher einmal Jesus bei Nacht aufgesucht hatte" (Joh 19,39). Nikodemus war Pharisäer und gehörte als Schriftgelehrter und „führender Mann unter den Juden" (Joh 3,1) ebenfalls dem Hohen Rat an. Als Jesus zu Beginn seines öffentlichen Wirkens zum Paschafest nach Jerusalem gepilgert war (vgl. Joh 2,13.23), sah Nikodemus die Zeichen, die Jesus tat, und erkannte ihn als gottgesandten Lehrer an (vgl. Joh 3,2). So führte Nikodemus ein nächtliches Gespräch mit Jesus (vgl. Joh 3,2–13), durch das er dann wohl auch zum Jünger geworden war. Nachdem Nikodemus und Josef von Arimathäa bereits Zeugen der Verurteilung Jesu

Pietro Lorenzetti, Kreuzabnahme Jesu, vor 1319, Fresko im Südquerhaus der Unterkirche von San Francesco, Assisi.

im Hohen Rat waren, kamen sie nach der Kreuzigung zusammen, um für ein würdiges Begräbnis Jesu zu sorgen. Nikodemus brachte eine Mischung aus Myrrhe und Aloe (vgl. Joh 19,39) und nahm mit Josef den Leichnam Jesu ab, den sie zusammen mit den wohlriechenden Salben in Leinenbinden wickelten (vgl. Joh 19,40). Dann setzten sie den Leichnam Jesu in einem neuen Grab bei, das in der Nähe des Hinrichtungsortes in einem Garten lag (vgl. Joh 19,41–42).

DIE IM NEUEN TESTAMENT NUR KURZ AUSGEFÜHRTE KREUZABNAHME JESU war im abendländischen Mittelalter Gegenstand einfühlsamer Betrachtung und wurde deshalb auch in der christlichen Kunst häufig dargestellt. Die literarische und künstlerische Beschäftigung mit der Kreuzabnahme Jesu stand im Zusammenhang mit dem im 12. Jahrhundert neu erwachten Interesse an der Menschheit des Erlösers und den irdischen Lebensstationen Jesu. Dieser neue Akzent in der Frömmigkeit der westlichen Kirche wurde durch die affektive Christusfrömmigkeit Bernhards von Clairvaux (um 1090–1153) und das Erleben des Heiligen Landes während der Kreuzzüge genährt, bezog aber auch Impulse durch Passionsreliquien Jesu, die damals in den Westen gelangt waren.

Im frühen 13. Jahrhundert galt Franziskus von Assisi (1182–1226) als treues Spiegelbild der gekreuzigten Liebe Christi.[1] Er stellte neben der Kindheit Jesu vor allem die Passion des Erlösers in den Mittelpunkt seiner einzigartigen Frömmigkeit. Mit der Bereitschaft der franziskanischen Bewegung, die Passion geistlich mitzuerleben, drang auch ein stärkerer Zug zum Naturalismus in die christliche Kunst ein, der sich um 1300 vor allem im Kunstkreis um Giotto di Bondone (1266–1337) und in der Sieneser Malschule entfaltete.[2] Hatte man in der Romanik den Gekreuzigten noch als aufrecht stehenden Triumphator mit geöffneten Augen und Königskrone dargestellt, so zeigte man ihn jetzt als wirklich am Kreuz gestorbenen Erlöser mit Dornenkrone und Leidensspuren.[3] In der ersten Hälfte des 14. Jahrhunderts verfasste in San Gimignano der Franziskaner Johannes de Caulibus (gest. um 1376) für die persönliche Andacht einer Klarissin das Betrachtungsbuch der „Meditationes vitae Christi". Diese ganz von der franziskanischen Christusspiritualität geprägte Erbauungsschrift schilderte das Leben Jesu wie in einem Augenzeugenbericht bis in alle Einzelheiten. Die in romanhafter Vergegenwärtigung verfassten „Meditationes vitae Christi" sollten in der Phantasie des Lesers innere Bilder hervorrufen, um die seelischen Erfahrungen Christi, seiner Mutter Maria und der Apostel mit eigenen Gefühlen meditativ nachzuvollziehen. Diese aus dem eigenen Gemüt heraus kommende persönliche und affektive Hinwendung zum Leben Jesu fand nicht nur im Franziskanerorden, sondern auch bei vielen Laien Aufnahme, was die naturalistische Wende in der Kunst entscheidend förderte. So kam es in der Malerei zur Darstellung realistisch bewegter, schlicht vereinfachender und affektiv gesteigerter Bilder, um vor allem auf den Wandbildern der franziskanischen Predigtkirchen die gefühlsmäßige Anteilnahme der Gläubigen zu wecken. Neben Giotto war es auch der Sieneser Maler Pietro Lorenzetti (um 1280–1348), dem es in empathisch-vergegenwärtigender Weise gelang, die seelischen Erlebnisse der dargestellten biblischen Personen künstlerisch nachzuvollziehen.[4]

In einem von Pietro Lorenzetti gemalten Fresko mit der Kreuzabnahme Jesu in der Grabeskirche des hl. Franziskus in Assisi wird deutlich, wie sehr die affektive Betrachtungsmethode der franziskanischen Bewegung zum entscheidenden Faktor für die Bildgestaltung werden konnte. In der italienischen Romanik war die Kreuzabnahme Jesu noch sehr einfach dargestellt worden, wie beispielsweise das Relief des Benedetto Antelami (geb. um 1150, gest. um 1230) im Dom von Parma zeigt, wo Christus mit dem linken Arm am Kreuz hängt, den der auf der Leiter stehende Josef von Arimathäa lösen will, während Nikodemus den Leib des Gekreuzigten umfasst und Maria, die rechte Hand Jesu liebkosend, zusammen mit Johannes ruhig dasteht.[5] Unter dem Eindruck der gefühlsbetonten franziskanischen Frömmigkeit wurde im 13. Jahrhundert die Darstellung der Kreuzabnahme vielfiguriger und durch die Schilderung des leidenschaftlichen Schmerzes der Teilnehmer auch seelisch bewegter. Der Zugang zu den Bildern erfolgte nicht mehr so sehr durch das Deuten symbolischer Zusammenhänge, sondern bestand vor allem im unmittelbaren Aufnehmen der voller Dramatik geschilderten Seelenvorgänge. Beispielhaft für diese Wende in der italienischen Kunst steht der bereits um 1260 entstandene Passionszyklus des Franziskusmeisters im Langhaus der Unterkirche von San Francesco in Assisi, in dem das Mitleiden mit Jesus in einer bisher nicht gekannten Weise zum Ausdruck gebracht wurde.[6] In dieser Tradition stand auch das zu Beginn des 14. Jahrhunderts von Pietro Lorenzetti im südlichen Querschiff der Unterkirche geschaffene Fresko mit der Kreuzabnahme Jesu.

Pietro Lorenzetti wurde um 1280 in Siena geboren und starb um 1348 während der großen Pestepidemie, die damals in ganz Europa ausgebrochen war und die auch seinen jüngeren Bruder Ambrogio Lorenzetti (um 1290–1348) dahingerafft hatte. Von Duccio di Buoninsegna (1250/60–1318/19), dem Begründer der Sieneser Malschule, konnte Pietro Lorenzetti zahlreiche Bildmotive entlehnen. Geprägt wurde er auch vom pathetischen Stil des Bildhauers Giovanni Pisano (geb. um 1266, gest. um 1318) und von der räumlich-perspektivischen Darstellungsweise Giottos.[7]

Das von Pietro Lorenzetti im Südquerhaus der Unterkirche von San Francesco gemalte Fresko mit der Kreuzabnahme gehört zu einer groß angelegten Bilderfolge, die erstmals 1864 durch Giovanni Battista Cavalcaselle (1819–1897) diesem Maler zugeschrieben wurde. Nachdem man die Fresken erstmals 1738 restauriert hatte, erfuhren sie 1963 durch das römische Istituto Centrale del Restauro eine erneute Reinigung. Lorenzettis Freskenzyklus dürfte vor den politischen Umstürzen fertiggestellt worden sein, die 1319 zur Vertreibung der Welfen aus Assisi und unter Muccio di Ser Francesco zur Errichtung der ghibellinischen Gewaltherrschaft geführt hatten. Während Lorenzetti im nördlichen Querhaus Szenen aus der Kindheitsgeschichte

Jesu darstellte, schuf er für das südliche Querschiff einen Passionszyklus, der mit dem Einzug Jesu in Jerusalem beginnt und mit der Auferstehung Christi endet.[8] Gegenüber dem wohl etwas früher entstandenen Kindheitszyklus im Nordquerhaus zeigen Lorenzettis Passionsfresken im Südquerhaus eine Steigerung in der dramatischen Erregung und emotionalen Anteilnahme der dargestellten Personen.[9]

Das Fresko mit der Kreuzabnahme befindet sich an der Stirnwand des Südquerhauses und wird an der linken Seite durch das Gewölbe leicht angeschnitten. Die asymmetrische Komposition des Wandbildes ist einzigartig und übt auf den Betrachter einen nachhaltigen Eindruck aus. Die dargestellten Personen werden in eine leicht nach links geneigte Pyramide gedrängt, wodurch das Blickfeld bis auf das emporragende Kreuz leer bleibt.[10]

Vor dem tiefblauen, fast schwarzen Hintergrund hebt sich in eindrucksvoller Schlichtheit das holzsichtig gemalte Kreuz ab, das aus zwei Balken besteht, die mit vier Nägeln zusammengezimmert sind. An das Kreuz ist eine Leiter angelehnt, auf der Josef von Arimathäa steht. Der bärtige Ratsherr trägt ein helles, goldgesäumtes Gewand, das er über sein nimbiertes Haupt gezogen hat. Mit leiderfülltem Gesicht umgreift er den toten, erschlafften Leichnam Jesu, der von Johannes an der Hüfte gestützt wird, bis durch Nikodemus aus dem Fuß der dritte und letzte Nagel gezogen ist. Während die jugendlich bartlosen Gesichtszüge des nimbierten und in ein schlichtes blaues Gewand gehüllten Lieblingsjüngers von stillem Schmerz erfüllt sind, handelt Nikodemus mit heftiger Bewegung und befreit mit einer Zange den Leichnam Jesu vom letzten Nagel.[11] Der ebenfalls nimbierte und mit einem goldgesäumten Gewand bekleidete Nikodemus hat sich zum Suppedaneum herabgeneigt, um noch den im rechten Fuß steckenden dritten Nagel herauszuziehen, während der linke Fuß bereits von der Fußstütze gelöst ist. Im Unterschied zum Viernagelkruzifix der östlichen und romanischen Kunst, die den mit beiden Füßen auf dem Suppedaneum stehenden Christus darstellte, zeigte die von der franziskanischen Spiritualität beeinflusste gotische Kunst die Kreuzigung Jesu mit übereinandergelegten Füßen und nur einem Nagel.[12] Auf dem Felsen unter dem rechten vorgebeugten Fuß des Nikodemus liegen ein Hammer und die beiden aus den Händen Jesu entfernten Nägel. Während sich Nikodemus an das Lösen des letzten Nagels macht, hat sich die ganz in ein rotes Gewand gekleidete Jüngerin Maria Magdalena (vgl. Joh 19,25) vor dem Gekreuzigten niedergeworfen. Mit ihrem nimbierten Haupt, von dem ihr blondes, offenes Haar herabfällt, und mit ihren Händen berührt sie den rechten, blutenden Fuß Jesu, um ihn durch einen Kuss zu ehren. Zwei weitere durch Heiligenscheine ausgezeichnete Frauen stehen am linken Bildrand, nämlich Marias Stiefschwestern Maria Salome und Maria Kleophas, die zusammen mit Maria Magdalena und der Mutter Jesu unter dem Kreuz standen (vgl. Mt 27,56; Mk 15,40; Lk 24,10; Joh 19,25).[13] Während die vordere, in ein dunkles Gewand gekleidete Frau mit ebenfalls gelösten blonden Haaren den rechten Arm Jesu küsst, hält die hintere, verschleierte Frau ihre Hände trauernd vor das Gesicht. Maria trägt als Gottesmutter ein himmelblaues Gewand und empfängt das Haupt ihres Sohnes, das sie mit ihrer Wange und ihren Händen liebkost. Der Blick der ebenfalls von einem Goldnimbus umgebenen Mutter Jesu zeigt gänzliche Ergebung in den göttlichen Willen und richtet sich auf die geschlossenen Augen ihres Sohnes.[14]

Von Nikodemus, der am Kreuz den Fußnagel löst, steigt über Johannes eine Linie zu Josef von Arimathäa auf, die sich bei Maria und den beiden Frauen wieder herabwendet, um schließlich bei Maria Magdalena wieder am Kreuz zu enden. Ohne Aufbietung symbolischer Verschlüsselungen stellt das Bild dem Betrachter den Duktus dieser bewegten Linie vor Augen, die die Anwesenden in ihrem Seelenschmerz miteinander verbindet.[15]

In einem schlicht geschilderten Naturalismus, der nur durch die strahlenden Goldnimben überhöht wird, wendet sich jede der dargestellten Personen mit einer liebevollen Gebärde dem Leib Jesu zu, der nach der Marter der Kreuzigung überdehnt und wie zergliedert wirkt. Einzelne Partien des überlangen Leichnams Jesu sind in unterschiedlichen Seitenprofilen gegeben, so dass beispielsweise der Oberkörper im Vergleich zum übrigen Leib verdreht erscheint. Jesus ist mit einem langen weißen Lendenschurz bekleidet, der nobilitierend mit einem goldenen Saum verziert ist. Der Nimbus Jesu wird fast vollständig durch den Heiligenschein Marias verdeckt, die sich mit ihrem Gesicht an das Haupt ihres Sohnes schmiegt, dessen blondes, aber auch blutverschmiertes Haar weich wie ein Wasserfall herabfließt.[16]

Lorenzettis neuer Realismus zeigt sich auf einzigartige Weise in den Passionsspuren, die auf dem Leichnam Jesu erkennbar sind und auf eine Kenntnis des seit 1578 in Turin aufbewahrten Grabtuchs schließen lassen. Das Tuchbild dürfte 1204 bei der Plünderung Konstantinopels durch die Kreuzfahrer in den Westen gelangt sein, wo es 1353 im französischen Lirey auch urkundlich greifbar wird.[17] Während die auf dem Grabtuch besonders im Rückenbereich sichtbaren Geißelspuren bei Lorenzetti in Form kleiner, blutender Wunden gleichmäßig auf dem ganzen Leib des Gekreuzigten verteilt sind, findet sich bei den von der Dornenkrone herrührenden Stirnwunden eine bis ins Detail gehende Übereinstimmung. Das Tuchbild zeigt auf der Stirn rechts eine längliche, fast schon in den Haaren liegende Blutspur, in der Mitte ein E-förmiges Mal mit einem kleinen unteren Fortsatz und auf der linken Seite einen Fleck. Genau diese drei Blutspuren finden sich bei Lorenzetti spiegelbildlich gedreht auf der Stirn des Gekreuzigten. Der Maler muss das Grabtuch so genau gekannt haben, dass er sogar den Abdruckcharakter zu berücksichtigen versuchte, indem er die drei Blutspuren in sich wendete, ohne aber die gesamte Stirnpartie spiegelbildlich zu drehen.[18]

Die Wende vom Primat des Symbolischen zu einer realistischen Bildauffassung, die ganz im Dienst einer seelisch-affektiven Anteilnahme stand, zeigt sich auch in der naturalistischen Darstellung der beiden Blutgerinnsel auf dem nackten Felsen unter dem Kreuz. So läuft aus der Fußwunde Jesu das Blut den Kreuzesstamm hinunter, bildet Rinnsale über dem Felsen und sammelt sich in einer Blutlache. An den beiden Enden des Querbalkens sind von der Annagelung der Hände Blutflecken zurückgeblieben. Auf der rechten Seite hat sich direkt unter dem Querbalken eine Blutpfütze gebildet, die von vielen kleinen roten Tropfen umgeben ist. Mit diesem realistisch beobachteten Detail wird deutlich, dass die Tropfen auf dem Boden durch das Aufschlagen des herabgetropften Blutes aus der linken Handwunde Jesu entstanden sind.[19] Die beiden Blutgerinnsel führen dem Betrachter auf dramatische Weise das eben beendete Erlöserleiden Christi vor Augen, das im nächsten Wandbild mit der Grablegung Jesu seinen Schlusspunkt erreichen wird.[20]

Die realistische Darstellungsweise, die offenbar sogar das Turiner Grabtuch zitierte, und die dramatische Schilderung der Affekte der handelnden Personen sollten den Betrachter dazu anleiten, sich meditativ in die Passion Christi hineinzuversetzen und Mitleid (compassio) mit dem gekreuzigten Erlöser zu empfinden. Betrachtet man abschließend nochmals die Anordnung und Gesten der Teilnehmer bei der Kreuzabnahme, so zeigt sich, dass Lorenzetti bei der Umsetzung seiner künstlerischen Absichten stark von der franziskanischen Betrachtungsmethode inspiriert wurde, wie sie wohl noch zu Lebzeiten des Malers in den Schilderungen der „Meditationes vitae Christi" verschriftlicht wurden. In diesem Betrachtungsbuch beginnt die Erzählung von der Kreuzabnahme mit der Ankunft der beiden Ratsherren Josef von Arimathäa und Nikodemus auf Golgota, wo sie mit einer Schar von Begleitern eintreffen, die Werkzeuge und hundert Pfund Myrrhe und Aloe mit sich tragen. Josef und Nikodemus treffen zunächst auf Johannes, der ihnen entgegeneilt. Sie umarmen sich und weinen laut miteinander, da sie in ihrem Schmerz kein Wort über ihre Lippen bringen können. Dann wenden sich Josef und Nikodemus dem Kreuz zu, knien nieder und beten weinend den gekreuzigten Herrn an.[21] Nachdem sie auch von Maria und den Frauen empfangen werden, werfen sich alle weinend auf die Knie nieder und verharren im Gebet, bis Maria mit den beiden Ratsherren das Gespräch beginnt, die sich dann erheben, um den Leichnam Jesu abzunehmen.[22] Zunächst werden an den beiden Seiten des Kreuzes zwei Leitern angelehnt. Josef steigt auf die Leiter zur Rechten des Gekreuzigten und bemüht sich, den tief im Holz sitzenden, langen und dicken Nagel aus der rechten Hand Jesu zu ziehen. Als es Josef gelingt, winkt ihm Johannes zu, den Nagel ihm zu geben, damit Maria das grausame Eisenstück nicht ansehen muss. Nikodemus steigt dann auf die andere Leiter, zieht den Nagel aus der linken Hand heraus, übergibt ihn ebenfalls an Johannes und wendet sich dann dem Nagel der Füße zu.[23]

An dieser Stelle der „Meditationes vitae Christi", als die Kreuzabnahme nach dem Lösen der Nägel im umarmenden Halten des kostbaren Leichnams ihren geistlichen Höhepunkt erreicht, scheint Lorenzetti mit seiner malerischen Schilderung einzusetzen. Dabei folgte der Maler den ihm mündlich oder bereits schriftlich vorliegenden „Meditationes vitae Christi" teilweise wörtlich, vor allem aber intentionell, indem er im Sinne dieser franziskanischen Betrachtungsmethode weitere innere Bilder der affektiven Anteilnahme an der Passion Christi in sich aufsteigen ließ. So ließ Lorenzetti die zweite Leiter beiseite und erweckte damit den Eindruck, Nikodemus hätte seine Leiter weggeräumt, um etwas mehr Bewegungsfreiheit für das Herausziehen des Fußnagels zu haben. Da es nun um die vollständige Ablösung des toten Christuskörpers ging, wies Lorenzetti auch Johannes die Aufgabe zu, beim Halten des Leichnams zu helfen. Folgerichtig konnte Lorenzetti die beiden bereits gelösten Nägel auch nicht in den Händen des Lieblingsjüngers darstellen, sondern zeigte sie abseits unter dem rechten Fuß des Nikodemus, damit sie dort nicht von Maria bemerkt werden können, wie die „Meditationes vitae Christi" im Blick auf die rücksichtsvolle Absicht des Johannes eigens hervorhoben.[24] Bei der Darstellung des auf der Leiter stehenden Josef und des Nikodemus, der gerade mit dem Herausziehen des Fußnagels beschäftigt ist, folgte der Maler genau der Schilderung der Meditationen: „Joseph aber hält den Leichnam des Herrn fest. Glücklicher Joseph, der gewürdigt ward den Leichnam des Herrn in seinen Armen zu halten!"[25] Die dann in den Meditationen folgende Betrachtung, in der Maria unter vielen Tränen und lautem Schluchzen den rechten Arm Jesu betrachtet und liebkost, wurde von Lorenzetti übergangen, um die Gottesmutter bei der noch innigeren Szene zu zeigen, wie sie das Haupt ihres Sohnes empfängt. Während der Maler die weitere Verehrung der nunmehr frei gewordenen Rechten Jesu einer der beiden Frauen überließ, folgte er bei der Darstellung Maria Magdalenas wieder den „Meditationes vitae Christi". Demnach hatte Maria Magdalena bei der Kreuzabnahme gerade deshalb die Füße Christi umfasst, weil sie einst bei ihnen so große Gnade erfahren durfte.[26] Damit spielten die Meditationen auf die im Lukasevangelium berichtete Perikope an, als sie als Sünderin im Haus des Pharisäers Simon auf die Füße des Herrn weinte, sie mit ihrem Haar trocknete und salbte (vgl. Lk 7,37–38), so dass Jesus zu ihr sagen konnte: „Ihr sind ihre vielen Sünden vergeben, weil sie (mir) so viel Liebe gezeigt hat" (Lk 7,47). Diese Liebe, die ihr die Gnade der Sündenvergebung brachte, veranschaulichte Lorenzetti durch das hellrot leuchtende Gewand, in das Maria Magdalena ganz eingehüllt ist. Die links neben Maria stehende Frau, die sich in ihrem Schmerz an den Kopf fasst, scheint schon die in den Meditationen geschilderte allgemeine Trauer der Anwesenden vorwegzunehmen, als der abgenommene Leichnam Jesu Maria in den Schoß gelegt wurde, worauf alle ein lautes Klagen erhoben und um ihn wie „um den Erstgeborenen" weinten (Sach 12,10).[27]

Mit den Wandbildern zur Passion Christi in der Unterkirche von San Francesco in Assisi verfolgte Lorenzetti das gleiche Ziel wie die franziskanische Betrachtungsmethode der Zeit um 1300. Es ging darum, das oftmals nur knapp geschilderte biblische Geschehen durch die Vergegenwärtigung gefühlsbetonter Bilder und Szenerien für den gläubigen Betrachter zu erschließen. So entstand eine neue Ikonographie Christi und Marias, die sich nicht mehr so sehr auf symbolische Vermittlung stützte, sondern die seelischen Zustände der handelnden Personen ins Bild fasste. Auch Lorenzettis Fresko mit der Kreuzabnahme Jesu sollte die Betrachter in San Francesco innerlich zu einem Mitleiden mit dem Gekreuzigten bewegen, um ihnen den übergroßen Wert der Erlösung vor Augen zu führen. Durch die Fähigkeit, das biblische Geschehen in Bildern zu vergegenwärtigen, erhielt die Malerei eine so große Bedeutsamkeit, dass sie als bildgewordene Predigt zunehmend die Wände der Bettelordenskirchen ausfüllte und an die Spitze der künstlerischen Gattungen zu treten vermochte.

Christus im Totenreich

Ostern – Hochfest der Auferstehung des Herrn
Antwortpsalm zur vierten Lesung: Ps 30,2.4.5.6.12a.13b

"Herr, du hast mich herausgeholt aus dem Reich des Todes."
Ps 30,4

In der Feier der Osternacht erreicht das Triduum sacrum der drei heiligen Tage von Gründonnerstag, Karfreitag und Ostern seinen Höhepunkt. Nach der Lichtfeier, in der die Osterkerze als Symbol für den auferstandenen Christus in die dunkle Kirche getragen wird, versammelt sich die Gemeinde zum Wortgottesdienst. In den Lesungen werden den Gläubigen die Taten Gottes in der Heilsgeschichte vor Augen geführt. Auf die sieben alttestamentlichen Lesungen und auf die neutestamentliche Epistel antwortet die Gemeinde jeweils mit den Antwortpsalmen, die das gehörte Wort Gottes vertiefen und zugleich selbst eine biblische Lesung darstellen.

In der vierten Lesung (Jes 54,5–14) verheißt Gott durch den Propheten Jesaja der treulosen und zerstörten Stadt Jerusalem sein Erbarmen und seine ewige Treue. Das Trostwort des Propheten weist schon voraus auf das neue Volk, das Gott sammeln und einst im himmlischen Jerusalem vollenden wird. Auf diese Lesung antwortet der Psalm 30, in dem der Beter Gott für die Errettung aus Todesnot dankt: „Herr, mein Gott, ich habe zu dir geschrien, und du hast mich geheilt. Herr, du hast mich herausgeholt aus dem Reich des Todes, aus der Schar der Todgeweihten mich zum Leben gerufen" (Ps 30,3–4). In der Osternacht wird dieser Psalmvers zum Danklied der Verstorbenen des Alten Bundes, die in der Unterwelt auf ihre Rettung aus dem Tod gewartet haben und nun durch den österlichen Sieger Christus zum Leben befreit wurden. So gehört zum österlichen Heilsmysterium auch der Abstieg des siegreichen Erlösers in das Totenreich, wie er in das nizänische Glaubensbekenntnis aufgenommen wurde und in der ostkirchlichen Kunst im Typus der „Anastasis", der „Auferstehung", zum Osterbild geworden ist.

VOM ÖSTERLICHEN HINABSTEIGEN CHRISTI IN DIE UNTERWELT, die man sich tief im Inneren der Erde vorstellte, spricht der erste Petrusbrief. Demnach hat der Erlöser nicht nur den im Totenreich wartenden Gerechten des Alten Bundes, sondern auch den Zeitgenossen Noachs, also den Ungehorsamen, das Evangelium gebracht, um auch den scheinbar unwiderruflich Verlorenen das Leben zu eröffnen. So ist Christus „auch zu den Geistern gegangen, die im Gefängnis waren, und hat ihnen gepredigt. Diese waren einst ungehorsam, als Gott in den Tagen Noachs geduldig wartete, während die Arche gebaut wurde [...]" (1 Petr 3,19–20).[1] Neben Psalm 30 (vgl. Ps 30,4) sah die Kirche den Abstieg Christi auch in weiteren Psalmen (vgl. Ps 16,10; 24,7–8; 107,13–16; 116,3–4) und in der von Paulus aufgenommenen Prophetie des Hosea geoffenbart (vgl. Hos 13,14). Wenn Paulus schreibt: „Verschlungen ist der Tod vom Sieg. Tod, wo ist dein Sieg? Tod, wo ist dein Stachel?" (1 Kor 15,54–55), dann ist damit ausgesagt, dass mit dem Eintritt Christi in den Herrschaftsbereich der Unterwelt die Macht des Todes zerbrochen ist. In ähnlicher Weise sagt der erhöhte Christus in der Apokalypse über sich, er habe die Herrschaft über Hölle und Tod errungen: „Ich war tot, doch nun lebe ich in alle Ewigkeit, und ich habe die Schlüssel zum Tod und zur Unterwelt" (Offb 1,18).[2] Während die Bibel mit dem Totenreich der Unterwelt (Scheol, Hades) allgemein den auch mit einer Läuterung verbundenen Zustand der verstorbenen Seelen beschreibt (vgl. 1 Kor 3,12–15), wird mit dem Begriff der Hölle (Gehenna) im Gegensatz zum Paradies der Zustand der Gottesferne als Machtbereich des Satans betont (vgl. Mt 5,22.29; Jak 3,6), der dann im Weltgericht als endgültiger Strafort der ewigen Verdammnis wirksam werden wird. Nach diesen Seiten hin entfalteten besonders die östlichen Kirchenväter den Abstieg Christi in das Totenreich als den lichtvollen Sieg des Auferstandenen über die Mächte des Todes, des Hades und des Satans. Dabei fassten die Väter Kreuzestod, Grabesruhe und Auferstehung als das eine Paschamysterium zusammen und sahen den am Kreuz hingegebenen und inmitten der Erde (vgl. Ps 74,12) ruhenden Sohn immer auch als Handelnden, so dass in der Unterwelt nicht nur die Seele Christi, sondern der ganze menschgewordene, gekreuzigte, begrabene und auferstandene Herr am Wirken gewesen ist.[3]

In der ersten Hälfte des 4. Jahrhunderts beschrieb dann das apokryphe Nikodemusevangelium die Totenfahrt Christi in einer ausführlichen und dramatischen Erzählung, die der Verfasser durch die beiden verstorbenen Söhne des Simeon schildern ließ, in denen er zwei der nach dem Erdbeben beim Tod Jesu in Jerusalem erschienenen Auferstandenen sah (vgl. Mt 27,52–53), die er somit als Augenzeugen

Russische Osterikone, Anfang 16. Jahrhundert, Eitempera auf Holz, 131 × 104 cm, Recklinghausen, Ikonen-Museum. ▷

der Befreiungstat Christi in der Unterwelt anführen konnte.[4] Nach dem Nikodemusevangelium kündigt sich die Ankunft Christi im Totenreich durch ein strahlendes Licht an, das die Verstorbenen mit erwartungsvoller Freude erfüllt, während Hades und Satan als die Herren der Unterwelt darüber streiten, wie man diesem Leuchten begegnen soll. Als die gewaltige Stimme des Psalmes 24 ertönt: „Ihr Tore, hebt euch nach oben, hebt euch, ihr uralten Pforten; denn es kommt der König der Herrlichkeit" (Ps 24,7), schickt Hades den Satan hinaus, um dem Ankommenden entgegenzutreten. Seinen Dienern befiehlt Hades, die ehernen Tore der Unterwelt gut zu verschließen, die eisernen Querbalken vorzuschieben und die Verschlüsse in der Gewalt zu behalten. Als die im Totenreich wartenden Vorväter diese Anweisungen hören, verspotten sie den Hades und berufen sich auf den in der Schrift verheißenen Sieg über den Tod (vgl. Ps 24,7; Jes 26,19; 1 Kor 15,55). Als erneut die Stimme erschallt (vgl. Ps 24,7) und Hades verlegen zurückfrägt, wer denn dieser König der Herrlichkeit sei, erwidern ihm die Engel, es sei der starke, gewaltige und im Kampf mächtige Herr (vgl. Ps 24,8). Mit diesen Worten werden die ehernen Tore zerschlagen, die eisernen Querbalken zerbrochen und die gefesselten Toten, darunter auch die beiden berichtenden Augenzeugen, von ihren Banden gelöst. Als der König der Herrlichkeit in menschlicher Gestalt einzieht, werden alle dunklen Winkel des Totenreiches hell, so dass Hades besiegt aufschreit. Der Satan wird dann von Christus gepackt und von den Engeln gefesselt, damit er bis zur Parusie gebunden sei. Während Hades den Satan übernimmt, streckt Christus seine rechte Hand aus, ergreift den Urvater Adam, richtet ihn auf und ruft auch alle anderen, die durch den Baum der Sünde Adams gestorben sind, zu sich, um sie durch seinen „Kreuzesbaum" zu erwecken. Nachdem sie dem König der Herrlichkeit gedankt haben, werden Adam, die Patriarchen, Propheten, Märtyrer und Vorväter durch Christus mit dem Kreuzzeichen auf der Stirn gesegnet. Die Befreiten steigen dann mit Christus aus der Unterwelt empor und singen: „Gesegnet sei er, der kommt im Namen des Herrn" (Ps 118,26). So geht Christus, den Adam an der Hand führend, mit allen Gerechten in das Paradies ein, wo sie auf die beiden zu Gott entrückten Vorväter Henoch (vgl. Gen 5,24) und Elija (vgl. 2 Kön 2,11; Sir 48,9) sowie auf den guten Schächer (vgl. Lk 23,43) treffen.[5]

Im christlichen Osten, wo man die Erlösung immer schon als Einheit von Tod und Auferstehung begriff, wurde die Totenfahrt Christi zum eigentlichen Osterbild, das um 700 im syrisch-palästinischen Raum auftauchte. Da man im Abstieg Christi in die Unterwelt den universalen Sinn der Auferstehung am besten zum Ausdruck gebracht sah, wurde die Darstellung der Hadesfahrt ab dem 9. Jahrhundert zum kanonischen Osterbild der Ostkirche erhoben und mit der Inschrift „Anastasis", „Auferstehung", bezeichnet.[6] Dieser Bildtypus, der den Auferstandenen zeigt, wie er im Herrschaftsbereich der Unterwelt die Tore des Hades zerbricht und den gefangenen Adam am Handgelenk ergreift, zeigt eindrucksvoll, dass durch die Totenfahrt Christi die ganze in Adam verborgene Menschheit in das Heil geführt wird.[7] So gelang dem christlichen Osten, wie es treffend Günter Lange formuliert, „eine theologisch und katechetisch geniale Bilderfindung, die nicht den Tod Jesu und seine Auferstehung je für sich zeigt, sondern beides in eins schauen lässt und dergestalt sichtbar macht, was Erlösung für den todverfallenen Menschen insgesamt und ganz handgreiflich bedeutet"[8].

Kurz nach 1500 fertigte ein unbekannter Maler für die Ikonostase einer russischen Kirche eine Ikone der Hadesfahrt Christi an, die sich heute im Ikonen-Museum von Recklinghausen befindet.[9] Der Blick des Betrachters geht in das Innere des Bildes, das oben eine Landschaft mit zerklüfteten Felsen zu beiden Seiten zeigt, durch die Christus in die Unterwelt hinabgestiegen ist.[10]

Zwischen den Felsen sind zwei nimbierte Engel zu sehen, die einander gegenüberstehen und ihre roten, goldgesäumten Gewänder mit dunklen Mänteln umhüllt haben. Der rechte Engel hält mit seinen verhüllten Händen ein Kreuz, das über dem Querbalken auch die Inschrifttafel (titulus) zeigt. Der linke Engel birgt in seinem Mantelbausch einen goldenen Kelch. Das Kreuz und der „Leidenskelch" verweisen auf die Einheit des Ostermysteriums Christi und machen deutlich, dass der Auferstehung des Erlösers der Opfertod der Kreuzigung vorausgehen musste.[11] Zudem nimmt das inmitten der Felsen gezeigte Kreuz die außerbiblische Überlieferung auf, wonach sich das Grab Adams unter dem Kreuzesfelsen von Golgota befindet. Wie sich auf den ostkirchlichen Kreuzbildern über dem in der Grabeshöhle dargestellten Totenschädel des Adam das Kreuz Christi erhebt, so zeigt die Osterikone, wie Christus als der „neue Adam" nach seinem vollbrachten Kreuzesopfer in die Unterwelt hinabsteigt, um den „ersten Adam" als Stammvater der Menschheit aus seinem Todesschicksal zu befreien.[12]

Unterhalb der Felsen ist Christus dargestellt, wie er eiligen Schritts mit flatterndem Gewand in die Unterwelt hinabsteigt. Die im Zentrum der Ikone stehende Gestalt Christi ist deutlich größer als die übrigen Figuren und wird von einer Mandorla umgeben, deren zartgrüne Farbe die göttliche Schöpferkraft symbolisiert. Sein Nimbus und sein Gewand sind in strahlendem Weiß gegeben und verweisen auf den lichtvollen Abstieg des Auferstandenen in die Unterwelt.[13] Dennoch wirkt die Ankunft Christi im Totenreich nicht wie ein Triumph, da sich der Auferstandene nochmals in seiner Herablassung als Erlöser gebeugt hat, um den Menschen aufzurichten, und doch ist er gerade auf diese Weise der Sieger, der seine Füße auf die Pforten der Unterwelt gesetzt hat.[14] Während er mit seiner Rechten Adam ergreift, hält Christus in seiner linken Hand eine weiße Schriftrolle, die kaum heller als sein Gewand ist.

Der Rotulus verweist auf das Gericht und zeigt, dass der Erlöser in seiner Auferstehung bereits seine Wiederkunft zum Endgericht eröffnet hat.[15]

Christus tritt mit seinen Füßen auf die zerbrochenen Tore der Unterwelt, die nun funktionslos und gekreuzt am Boden liegen. Die zahlreich herumliegenden Türbeschläge und Schlüssel hielten einst das Totenreich verschlossen, sind jetzt aber in den dunklen Abgrund des Totenreiches hinabgefallen.[16] Die weißen Torflügel, die der Auferstandene niedergetreten hat und die wie ein helles Kreuz daliegen, spiegeln das siegreich von Christus ausgehende Licht wider und machen deutlich, wie sich durch den Erlöser das Totenreich als Ort der Gottferne verwandelt hat.[17]

Links ist der in ein gelbliches Gewand gekleidete Adam zu sehen. Er wird von Christus am Gelenk seiner linken Hand gefasst, um ihn aus seinem engen, dunklen Sarkophag zu sich in das Licht zu ziehen. Adam hat bereits sein linkes Bein auf den Rand seines Sarges gestellt und streckt dem Auferstandenen auch seine rechte Hand entgegen. Mit seinem langen, zerzausten Haupt- und Barthaar steht Adam für die erlösungsbedürftige Menschheit. Mit Adam ergreift der menschgewordene Sohn Gottes alle Menschen, die auf ihre Erlösung und Auferstehung warten, denn wie durch den ersten Adam die Sünde in die Welt gekommen ist, so kommt mit dem neuen Adam das Heil (vgl. Röm 5,12–17).[18]

Im gleichen Sarkophag wie Adam steht ganz links König David (reg. 1000–961 v. Chr.), der zusammen mit Salomo (reg. 961–931 v. Chr.), seinem rechts neben ihm dargestellten jugendlich bartlosen Sohn, die Erlösung durch Christus erwartet. David und Salomo sind durch ihre Kronen und ihre kostbaren rötlichen Gewänder als Könige ausgewiesen und werden von Johannes dem Täufer angeführt. Der mit einem gelben Mantel bekleidete Johannes verweist mit seinen zotteligen Haaren und seinem langen Bart auf sein asketisches Leben in der Wüste. Er hat als Vorläufer des Messias Zeugnis für Jesus bis zum Martyrium abgelegt und trägt neben Jesus als Einziger der dargestellten Personen einen Nimbus.[19] Wie ihre im Redegestus erhobenen Hände zeigen, treten Johannes der Täufer, David und Salomo als Propheten auf. Johannes ist der einzige der Propheten, der den Messias noch mit eigenen Augen geschaut hat. David gilt als der vom Heiligen Geist inspirierte Sänger der Psalmen, der unter anderem auch in Psalm 30 Gott dankt, dass er ihn „aus dem Reich des Todes" herausgeholt und „zum Leben gerufen" hat (Ps 30,4). Salomo wird in der griechischen Bibel, der Septuaginta, das Buch der Weisheit zugeschrieben, in dem es von der personifizierten und mit dem Sohn Gottes gleichgesetzten Weisheit heißt, sie habe Adam aus seiner Sünde befreit (vgl. Weish 10,1).[20]

Auf der rechten Seite entsteigt Eva in einer halbknienden Gebärde dem Grab. Sie ist in ein rotes Gewand gehüllt und erhebt ihre ehrfürchtig verhüllten Hände zum Gebet. Ihre Geste scheint sowohl flehentliche Bitte als auch freudige Begrüßung zum

Ausdruck zu bringen. Rechts neben Eva stehen weitere Vorväter und Propheten, die bis auf das Buch in den Händen der linken Gestalt attributiv nicht näher bezeichnet sind. Die an Christus herantretenden Gestalten ragen bereits in die grüne Gloriole hinein, womit deutlich wird, wie sehr sie von der neuschöpferischen Kraft des österlichen Siegers erfasst sind.[21]

Die größte Nähe zum Auferstandenen haben aber Adam und Eva, weil sie für die ganze Menschheit stehen, auch für die, die vor Christus gelebt haben und nun durch die Erlösungstat des neuen Adam gerettet wurden.[22] So ist die Osterikone für den gläubigen Betrachter ein Bild der Hoffnung, dass Christus dem sterblichen Menschen entgegenkommt und ihn mit starker Hand aus seiner Todesverfallenheit zu sich hinzieht.

Das Mahl in Emmaus

Ostermontag. Evangelium: Lk 24,13–35

„Und als er mit ihnen bei Tisch war, nahm er das Brot, sprach den Lobpreis, brach das Brot und gab es ihnen. Da gingen ihnen die Augen auf, und sie erkannten ihn; dann sahen sie ihn nicht mehr."
Lk 24,30–31

Am Ostermontag wird das Evangelium von den beiden Jüngern verkündet, die sich in ihrer Trauer über den Kreuzestod Jesu am Morgen des Ostertags auf den Weg von Jerusalem nach Emmaus gemacht hatten. Während sie unterwegs waren, erschien ihnen der Auferstandene, den die „wie mit Blindheit" geschlagenen Jünger (Lk 24,16) aber nicht erkannten. Nachdem er ihnen auf dem Weg das in der Schrift verheißene Leiden des Messias dargelegt hatte (vgl. Lk 24,25–27), kamen sie am Abend in Emmaus an (vgl. Lk 24,28). Auf Bitten der beiden Jünger ging der Auferstandene in die Herberge hinein (vgl. Lk 24,29). Als er mit ihnen am Tisch saß und den eucharistischen Brotritus vollzog (vgl. Lk 22,19),[1] erkannten sie Jesus: „Und als er mit ihnen bei Tisch war, nahm er das Brot, sprach den Lobpreis, brach das Brot und gab es ihnen. Da gingen ihnen die Augen auf, und sie erkannten ihn […]" (Lk 24,30–31). Nachdem sie Jesus am Brotbrechen erkannt hatten und sich der Auferstandene ihren Blicken entziehen konnte (vgl. Lk 24,31), wurde den Emmausjüngern auch bewusst, wie sehr ihnen das Herz in der Brust brannte, als er ihnen auf dem Weg den Sinn der Schrift erschloss (vgl. Lk 24,32). Nach Jerusalem zurückgekehrt, berichteten sie den dort versammelten elf Aposteln (vgl. Lk 24,33–34), was sie auf dem Weg mit dem Auferstandenen erlebt hatten und wie sie ihn zu erkennen vermochten, „als er das Brot brach" (Lk 24,35).

EINE MODERNE DARSTELLUNG DES EMMAUSMAHLES geht auf den Priestermaler Sieger Köder (1925–2015) zurück, der zu den bekanntesten gegenständlich malenden religiösen Künstlern unserer Zeit gehört. Seine kraftvollen und farbgewaltigen

Sieger Köder, Emmaus, Mitteltafel der Hauptseite des Rosenberger Flügelaltars, 1988, Öl auf Holz, ca. 180 × 190 cm, Rosenberg, Pfarrkirche „Zur Schmerzhaften Muttergottes".

Bilder mit ihren kantigen und derben Figuren tragen die christliche Heilsbotschaft engagiert vor und zielen auf die Vertiefung des innerlichen Lebens der Gläubigen.

Nachdem er das Mahl in Emmaus bereits 1970 für den Flügelaltar der Stephanuskirche in seiner Heimatstadt Wasseralfingen bei Aalen gemalt hatte, wandte er sich 1988 als Pfarrer von Rosenberg erneut der Darstellung dieser österlichen Szene zu.

Sieger Köder hatte 1946 zunächst in Schwäbisch Gmünd die Kunst des Ziselierens und Silberschmiedens gelernt und dann von 1947 bis 1951 an der Kunstakademie Stuttgart Malerei und Kunstgeschichte studiert. Nachdem er von 1954 bis 1965 in Aalen als Kunsterzieher gewirkt hatte, entschloss er sich zum Theologiestudium und wurde 1971 für das Bistum Rottenburg-Stuttgart zum Priester geweiht. Nach seiner Kaplanszeit in Ulm wurde Sieger Köder 1975 Pfarrer in Hohenberg und Rosenberg bei Ellwangen, wo er bis zu seinem Ruhestand 1995 wirkte. Für seine 1742/46 erbaute Rosenberger Pfarrkirche „Zur Schmerzhaften Muttergottes" schuf Sieger Köder 1988 einen Flügelaltar mit einer Seite für die Advents- und Fastenzeit und einer Hauptseite für die übrige Zeit des Kirchenjahres. Die Tafel mit dem Emmausmahl bildet auf der Hauptseite zwischen einer Weihnachts- und einer Pfingstdarstellung das Mittelbild.[2]

Wie auf fast allen Bildern Sieger Köders ist auch im Emmausbild Christus nicht zu sehen, der sich als der verborgene Gott von den Menschen nicht festhalten lässt, aber ihnen doch gegenwärtig ist, vor allem in der Eucharistie.[3]

Das Bild ist von links oben her zu lesen, wo der im Morgenrot blutrote Himmel des beginnenden Ostertages zu sehen ist, der über dem Golgotahügel mit den leeren Kreuzen leuchtet. Mit den an die Kreuze gelehnten Leitern wurden am Karfreitag die Leichname Jesu und der beiden mit ihm gekreuzigten Schächer abgenommen. Die noch tief am Morgenhimmel stehende Sonne ist in verstörender Weise vollständig schwarz verfinstert. Da die aufgehende Sonne ein Sinnbild für den auferstandenen Christus ist, wird ihre Verfinsterung zu einer Metapher für den noch nicht vorhandenen Auferstehungsglauben der beiden Jünger, die an diesem Ostertag von Jerusalem nach Emmaus aufgebrochen waren (vgl. Lk 24,13). Obwohl ihnen die Auferstehungsbotschaft bekannt war, die den Frauen durch die Engel am leeren Grab verkündet wurde, konnten sie noch nicht glauben (vgl. Lk 24,22–25).

Unter dem Golgotahügel sind drei schattenhafte Gestalten zu sehen. Der Nimbus kennzeichnet die mittlere Gestalt als den Auferstandenen, der sich an diesem Ostertag zu den beiden Emmausjüngern gesellt hatte (vgl. Lk 24,15). Die Gesichtslosigkeit der drei Gestalten zeigt, dass die beiden Jünger „wie mit Blindheit geschlagen" waren, so dass sie Jesus „nicht erkannten" (Lk 24,16). Das bloße Reden über Jesus und „über all das, was sich ereignet hatte" (Lk 24,14), genügte aber dem

Auferstandenen, zu ihnen zu kommen und mit ihnen zu gehen (vgl. Lk 24,15). So hatte Christus erstmals in der nachösterlichen Zeit seine Verheißung wahrgemacht: „Wo zwei oder drei in meinem Namen versammelt sind, da bin ich mitten unter ihnen" (Mt 18,20).

In der darunter folgenden Szene wird gezeigt, wie sich den beiden Jüngern allmählich das Erlösungsgeheimnis des Todes und der Auferstehung des Messias aus der Bibel zu erschließen begann, nachdem ihnen Jesus auf dem Weg die in der ganzen Schrift geoffenbarten messianischen Ankündigungen aufgezeigt hatte: „Und so legte er ihnen dar, ausgehend von Mose und allen Propheten, was in der gesamten Schrift über ihn geschrieben steht" (Lk 24,27). Nach dieser Unterweisung werden die beiden Jünger nun ohne ihren göttlichen Begleiter gezeigt, da sie die Heilige Schrift aufgeschlagen haben, in der Christus in seinem Wort gegenwärtig ist. Während der linke Jünger die Schrift in seinen Händen hält und zu seinem Gefährten blickt, zeigt dieser mit einer deutenden Geste auf die Bibel. Das Wort Gottes hat die beiden verblendeten Jünger bereits so weit erleuchtet, dass ihre Gesichter sichtbar sind. Sie haben die Schrift geöffnet und schauen einander mit ahnenden und immer mehr verstehenden Augen an.

In den am unteren Bildrand dargestellten Schriftstücken werden die biblischen Inhalte deutlich, die Jesus auf dem Weg nach Emmaus den beiden Jüngern dargelegt hatte. In dem oberen weißen Codex, der für das Evangelium steht, sind die Worte Jesu zu lesen: „Musste nicht der Christus alles das erleiden und dann so in seine Herrlichkeit eingehen?" (Lk 24,26). Mit dieser Formulierung hatte sich der Auferstandene bemüht, den Jüngern die Augen zu öffnen, nachdem er ihnen sagen musste: „Begreift ihr denn nicht? Wie schwer fällt es euch, alles zu glauben, was die Propheten gesagt haben?" (Lk 24,25). Unter dem weißen Evangelienbuch ist die Schriftrolle des Propheten Jesaja dargestellt, in der ein Vers aus dem vierten Lied vom Gottesknecht steht, der prophetisch auf den leidenden Messias vorausweist: „Unserer Sünden wegen wurde er durchbohrt und unserer Vergehen wegen zerschlagen" (Jes 53,5). Wie sehr sich diese Prophetie auf die Erfüllung in Christus bezieht, zeigt sich in der Position des neutestamentlichen Evangelienbuches, das direkt oberhalb der alttestamentlichen Schriftrolle liegt und gewissermaßen auf ihr aufbaut.

Auf der linken Seite ist ein Papyrus zu sehen, der sich auf die Weisheit der griechischen Philosophie bezieht, die nach den frühen Kirchenvätern zusammen mit der alttestamentlichen Offenbarung der zweite Weg der Vorbereitung des Evangeliums (praeparatio evangelica) gewesen ist. Demnach war Christus bereits vor seiner Inkarnation als präexistenter, ewiger Logos nicht nur in seinem Volk Israel, sondern auch in den heidnischen Weisheitssuchern inspirierend am Werk, um sie auf die Fülle der durch den menschgewordenen Sohn Gottes geoffenbarten Wahrheit vorzubereiten.

So hatte der göttliche Logos auf verborgene Weise auch schon die Wahrheitserkenntnis in der griechischen Philosophie bewirkt, besonders die Einsichten Platons (427–347 v. Chr.). In der platonischen Aufstiegsspiritualität wurde dem Geist des Philosophen die Möglichkeit zuerkannt, auf dem Weg asketischer Reinigung und fortschreitender Vergeistigung zur kontemplativen Vereinigung mit dem Geist Gottes zu gelangen, um die göttlichen Ideen zu schauen und nach diesen Urbildern das Staatswesen gerecht zu ordnen. In seiner Staatsschrift „Politeia", in der Platon über die Verwirklichung der Gerechtigkeit im idealen Staat diskutierte, sah er auch das schwere Los des gerechten Philosophen, der von den Ungerechten sogar getötet werden kann. So ist auf dem Papyrusblatt aus der „Politeia" zu lesen: „Die welche die Ungerechtigkeit vor der Gerechtigkeit lieben, sagen aber dies, daß der Gerechte gefesselt, gegeißelt, gefoltert, geblendet an beiden Augen werden wird und zuletzt, nachdem er alles mögliche Übel erduldet, wird er noch gekreuzigt werden ..."[4] In Entsprechung zum Los der alttestamentlichen Propheten und zum Erlöserschicksal Jesu selbst hatte bereits Platon die Ablehnung des Gerechten gesehen, freilich noch ohne den biblischen Gedanken des heilspendenden stellvertretenden Opfertodes, wie ihn Jesaja für den Gottesknecht angekündigt hatte (vgl. Jes 53,5) und wie er sich dann im Kreuzesopfer Christi erfüllen sollte (vgl. Lk 24,25).

In der Mitte ist die Herbergsszene von Emmaus dargestellt (vgl. Lk 24,29–31), die den im Evangelium berichteten eucharistischen Brotbrechungsritus erweitert und als Herrenmahl mit Brot und Wein erscheint. Der Tisch ist mit einem altarähnlichen weißen Tuch gedeckt und zeigt dreimal Brot und Wein, einmal am Platz Christi an der oberen Stirnseite und zweimal vor den beiden Jüngern. Es wird deutlich, dass Jesus Brot und Wein genommen hatte, um in diesen Gaben sein Erlösungsopfer in der Eucharistie sakramental gegenwärtig zu setzen: „Und als er mit ihnen bei Tisch war, nahm er das Brot, sprach den Lobpreis, brach das Brot und gab es ihnen" (Lk 24,30). Dargestellt ist nun der Moment, in dem die Jünger Jesus am Brotbrechen erkennen, so dass sich der eucharistisch gegenwärtige Christus ihren Blicken entziehen kann: „Da gingen ihnen die Augen auf, und sie erkannten ihn; dann sahen sie ihn nicht mehr" (Lk 24,31). Sieger Köder hat besonders herausgestellt, dass die Jünger Jesus gar nicht mehr mit ihren leiblichen Augen zu sehen brauchen, weil er ihnen jetzt eucharistisch in Brot und Wein gegenwärtig ist. Der rechte, rot gekleidete Jünger hat seine rechte Hand staunend erhoben und schaut noch wie gebannt auf den Platz, von dem der weiße, golddurchsetzte Lichtschein verrät, dass dort Jesus saß. Der Jünger ahnt noch nicht, dass er den eucharistischen Christus bereits in der Gestalt des Weines in seiner linken Hand hält. Dagegen schaut der linke, ältere, in ein blaues Gewand gekleidete Jünger schon nicht mehr zum Platz Jesu, sondern blickt tief versunken auf das eucharistische Brot, das er in seinen ehrfürchtig gekreuzten Händen hält. Er hat bereits seinen jüdischen Gebetsschal über seinen geneigten Kopf gezogen, um vor dem Kommunizieren den in diesem Brot gegenwärtigen Christus anzubeten. Dieser ganz im Schauen auf das eucharistische Brot vertiefte Jünger hat begriffen, dass er den neben ihm sitzenden Christus gar nicht mehr sehen muss, weil er ihn nun eucharistisch und damit innerlich besitzen darf. Dieser sakramentale Christus „in ihm" wird ihm noch näher sein als der noch kurz zuvor am Tisch sichtbare Auferstandene „neben ihm". Dagegen wird der andere Jünger noch einige Augenblicke benötigen, um ebenfalls seinen um den Hals hängenden Gebetsschal über sein Haupt zu ziehen, Christus anzubeten, zu kommunizieren und so die neue, innerliche Nähe des eucharistischen Herrn zu begreifen und zu erfahren.

Der anstelle der Gestalt des Auferstandenen sichtbare weißlich leuchtende Lichtschein besitzt eine annähernd kreisrunde Form und erinnert damit an die in der Eucharistiefeier konsekrierte Hostie, denn wie die Emmausjünger den Auferstandenen nicht mehr an seiner äußeren Gestalt oder an seiner Stimme, sondern am Brotbrechen erkannt hatten (vgl. Lk 24,30.35), so sieht auch der gläubige Betrachter Christus in seiner sakramentalen Gegenwart und erkennt in ihr die neue innerliche und damit noch größere Nähe des Herrn. Der nicht als leibliche Gestalt, sondern als strahlende Hostie dargestellte Christus zeigt, wie gut es ist, dass sich der Herr in der Eucharistie verbirgt, weil er durch die Kommunion sogar in den Menschen leben kann, während man einen für die Augen sichtbaren Christus in seiner ganzen Herrlichkeit noch nicht ertragen könnte. Von diesem Glück, den verherrlichten Christus nicht äußerlich zu sehen, aber ihn innerlich mit den Augen des Glaubens empfangen zu können, war auch der Dominikaner Heinrich Seuse (1295/97–1366) erfüllt, der von 1348/49 bis 1366 in Ulm wirkte, wo auch Sieger Köder von 1971 bis 1975 als Kaplan tätig war. In seinem um 1330/31 verfassten „Büchlein der ewigen Weisheit" schrieb Seuse über den Kommunionempfang: „Herr, wenn ich nur im Glauben weiß, […] daß ich dich habe, was will ich dann mehr? So hab ich alles, was mein Herz begehrt. Herr, mir ist tausendmal nützlicher, daß ich dich nicht zu sehen vermag […]."[5]

Das Emmausbild endet in der rechten oberen Ecke mit dem österlichen Jubel über den auferstandenen und in seiner Kirche gegenwärtigen Christus. Ein blau gekleideter Mann mit Gebetsschal schwenkt einen Palmzweig und verweist auf den Beginn der Heiligen Woche des Leidens, Sterbens und Auferstehens Jesu. Über ihm hält ein im rötlichen Licht des Heiligen Geistes erglühter Diakon die Osterkerze, wie sie in der Osternacht als Sinnbild für den Auferstandenen in die dunkle Kirche getragen wird. Christus ist auferstanden, um in seiner Kirche zu leben und eucharistisch in den Herzen der Menschen zu wohnen. Die sakramental verborgene und gerade deshalb so wirksame Gegenwart Christi ist das große Thema auf dem Emmausbild des Rosenberger Altars.

Jesus und Thomas

Zweiter Sonntag der Osterzeit. Evangelium: Joh 20,19–31

„Thomas antwortete Jesus: Mein Herr und mein Gott!"
Joh 20,28

Der zweite Sonntag der Osterzeit ist durch die Gestalt des Apostels Thomas geprägt. Als Jesus seinen Aposteln zum ersten Mal erschienen war und ihnen zum Beweis seiner leiblichen Auferstehung die Wunden seiner Seite und seiner Hände gezeigt hatte, war Thomas nicht dabei (vgl. Joh 20,24). Thomas wollte sich aber selbst von der Auferstehung seines gekreuzigten Herrn überzeugen und antwortete den übrigen Aposteln: „Wenn ich nicht die Male der Nägel an seinen Händen sehe und wenn ich meinen Finger nicht in die Male der Nägel und meine Hand nicht in seine Seite lege, glaube ich nicht" (Joh 20,25). Acht Tage später erschien Jesus erneut den Aposteln, um auch Thomas zum Glauben an seine Auferstehung zu führen. Jesus zeigte Thomas die Nägelmale an seinen Händen und die Seitenwunde und forderte den ungläubigen Apostel auf, sie zu berühren: „Streck deinen Finger aus – hier sind meine Hände! Streck deine Hand aus und leg sie in meine Seite und sei nicht ungläubig, sondern gläubig!" (Joh 20,27). Das Johannesevangelium lässt aber offen, ob Thomas dieser Aufforderung zum Berühren der Wundmale auch tatsächlich folgte. Der Apostel hatte aber zum Glauben gefunden und bekannte nun mit dem Wort „Mein Herr und mein Gott!" (Joh 20,28), dass Jesus der vom Tod auferstandene Sohn Gottes ist. In seiner Antwort auf dieses Bekenntnis betonte Jesus, dass Thomas nun durch das Sehen zum Augenzeugen der Auferstehung geworden war: „Weil du mich gesehen hast, glaubst du" (Joh 20,29). Dann pries Jesus die kommenden Generationen der Gläubigen selig, die ihn nicht mehr sehen können, aber auf das Zeugnis seiner apostolischen Augenzeugen hin an ihn glauben werden: „Selig sind, die nicht sehen und doch glauben" (Joh 20,29).

Das Sehen des Thomas, durch das er zu einem gläubigen Auferstehungszeugen wurde, steht auch in einem um 1613/15 entstandenen Gemälde des flämischen

Peter Paul Rubens, Ungläubiger Thomas, Mitteltafel des Rockox-Triptychons, um 1613/15, Öl auf Holz, 143 × 123 cm, Antwerpen, Königliches Museum der Schönen Künste.

Barockmalers Peter Paul Rubens (1577–1640) im Vordergrund. Rubens wurde als Sohn eines katholischen Antwerpener Juristen im westfälischen Siegen geboren. Nach der 1589 erfolgten Rückkehr der Familie nach Antwerpen lernte Rubens die Malerei, bildete sich in den Humaniora und wurde 1598 in die Lukasgilde der Stadt aufgenommen. Von 1600 bis 1608 reiste er nach Spanien, Rom, Genua und Venedig, schulte sich an den Meistern der Renaissancemalerei und nahm besonders den Kolorismus Tizians (1488/90–1576) auf. Nachdem Rubens 1609 in Antwerpen Hofmaler des spanischen Statthalters Albrecht VII. (reg. 1596–1621) und dessen kunstsinniger Gattin und Mitregentin Isabella Clara Eugenia (reg. 1598–1633) geworden war, baute er seine Malerwerkstatt auf. Er erhielt viele bedeutende Aufträge, stieg zum führenden Maler des flämischen Barock auf und kam mit seinen sinnlich-bewegten und lichtvoll-farbigen Bildern wie kaum ein anderer Künstler seiner Zeit den Zielen der katholischen Reform entgegen.[1]

Als sich Rubens ab 1609 als Hofmaler etablierte, knüpfte er auch freundschaftliche Beziehungen zu Nicolaas Rockox (1560–1640), dem Bürgermeister Antwerpens, der nicht weit vom Haus des Künstlers in der Kaiserstraat wohnte. Der angesehene, humanistisch gebildete und für das Wohl seiner Stadt verdiente Rockox war mit Adriana Perez (1568–1619) verheiratet, einer Spanierin, die aus einer jüdischen Konvertitenfamilie stammte. Als Grablege für sich und seine Frau hatte Rockox die Marienkapelle in der Klosterkirche der Franziskaner-Rekollekten bestimmt. Bereits 1613 hatte der damals 53-jährige Bürgermeister bei Rubens ein Epitaph in Auftrag gegeben, das in Form eines Triptychons über der künftigen Grablege angebracht werden sollte. Da Rubens zu dieser Zeit mit zahlreichen Aufträgen beschäftigt war, konnte er das Triptychon erst 1615 abliefern. Hatte Rubens zunächst noch über dem Kopf des auf dem linken Seitenflügel dargestellten Stifters 1613 als Jahreszahl geschrieben, so musste er dann die Datierung auf 1615 korrigieren. Das an der Nordseite der Marienkapelle über dem Grabstein des Stifterpaares angebrachte Epitaph wurde 1794 in den Revolutionskriegen aus der Kirche der Rekollekten entfernt und nach Paris entführt, kam aber 1815 wieder nach Antwerpen zurück, wo es sich heute im Museum der Schönen Künste befindet.

Das Triptychon zeigt auf den beiden Seitenflügeln die Porträts des Stifterpaares und in der Mitte die Szene mit dem auferstandenen Jesus, der seine Handwunden dem ungläubigen Thomas zeigt, der von Petrus und einem weiteren Apostel begleitet wird. Das Mittelbild mit der Erscheinung des Auferstandenen vor Thomas sollte die Hoffnung des Stifterpaares auf das ewige Leben in Christus zum Ausdruck bringen. Diesen Glauben bezeugte auch die Grabinschrift, die mit den Worten „In Christo Vita" begann. Zudem spiegelte die Szene mit Christus und Thomas die Verehrung der Wundmale Jesu wider, die damals im katholischen Flandern aufgeblüht war.

Während Rockox ein Gebetbuch in der linken Hand hält und sich mit der Rechten demütig an die Brust schlägt, ist seine Frau mit einem Rosenkranz in den Händen dargestellt und blickt mit bewegtem Gesichtsausdruck zum Betrachter hin. Da die Figuren nicht untersichtig gemalt sind, war das Epitaph ursprünglich wohl auf einen in Augenhöhe davorstehenden Betrachter hin konzipiert worden. Durch ihre Halbfigurigkeit konnten die Personen nahe an den gläubigen Betrachter herangeführt werden, um ein geistliches Miterleben des dargestellten Geschehens zu ermöglichen. Dem meditativen Betrachten dienten auch der Verzicht auf erzählerische Details und die beruhigten, fast statischen Haltungen der Figuren, die nicht handelnd, sondern schauend und beobachtend dargestellt sind.[2]

Das Vorbild für die Darstellung des ungläubigen Thomas fand Rubens in einem wenige Jahre zuvor um 1601 von Caravaggio (1571–1610) für die Gemäldegalerie des römischen Marchese Vincenzo Giustiniani (1564–1637) angefertigten Sammlerbild, das sich heute in Potsdam-Sanssouci befindet. Caravaggios breitformatiges Gemälde wies mit seinen lebensgroß dargestellten Halbfiguren und seiner dramatischen Lichtführung ebenfalls eine große Nähe zum Betrachter auf und rückte das Einführen des Fingers in die Seitenwunde Jesu durch den ungläubigen Thomas in das Bildzentrum.[3]

Rubens übernahm von Caravaggio die Halbfigurigkeit der Personen, die Reduzierung der Protagonisten auf Jesus, Thomas und zwei weitere Apostel sowie den Kontrast zwischen Jesus mit seinem unbekleideten Oberkörper und den in Gewänder gehüllten Jüngern. Dagegen milderte Rubens die lichtdramatischen Effekte und Schlagschatten Caravaggios ab, beruhigte die ganze Komposition, gestaltete die Figuren weicher und verzichtete vor allem auf die Darstellung der Seitenwunde mit dem drastischen Vorgang des Einführens des Fingers. Zudem isolierte er Jesus deutlicher von den drei Aposteln und konnte damit den Akzent stärker auf das Sehen des Auferstandenen legen. Während bei Caravaggio das verschattete Gesicht Jesu noch Zweifel über die Gefühlslage des Auferstandenen offenließ, zeigte Rubens das Antlitz Jesu in hellem Licht und verlieh ihm einen klaren, göttlich-souveränen, aber auch ruhigen, milden Gesichtsausdruck.[4]

Das knapp eineinhalb Meter hohe Mittelbild besitzt einen undifferenzierten dunklen Hintergrund. Das auf Holz gemalte Ölgemälde wird fast ganz von den vier halbfigurig dargestellten und vom Licht modellierten Personen eingenommen, deren Beine teilweise vom unteren Bildrand überschnitten werden. Während die helle und buntfarbig hervorgehobene Gestalt Jesu die ganze linke Bildhälfte einnimmt, drängen sich auf der rechten Seite die dunkel gekleideten, etwas reliefartig in der Tiefe gestaffelten drei Apostel. Der Auferstandene ist als Gegenstück zu den Jüngern dargestellt, von denen er sich durch seinen hell beleuchteten Körper absetzt, aber zugleich mit der ausgestreckten linken Hand eine Verbindung zu ihnen schlägt. Über einem in Hüfthöhe sichtbaren weißen Untergewand trägt Jesus einen weiten roten Mantel, der sich um seinen heroisch modellierten muskulösen Körper schlingt und über den linken Arm gewickelt ist. In seinem kühl und glasig schimmernden Auferstehungsleib erscheint Jesus in makelloser göttlicher Schönheit und ist dennoch ganz irdisch greifbar. Das Haupt Jesu mit seinem gepflegten dunkelbraunen Haupt- und Barthaar ist ganz im Profil gegeben und wird am Hinterkopf ganz leicht von einer Gloriole umspielt. Der Auferstandene leuchtet weich, blickt mild auf seine Jünger und hält ihnen seine Hände hin, wobei auf der linken Handfläche die Nagelwunde deutlich sichtbar ist. Die Geste seiner Hände und seine Miene drücken eine gelassene Aufforderung zu einem geistigen Betasten mit den Augen aus und geben den verklärten Leib des auferstandenen Gekreuzigten für das schauende Betrachten der Jünger frei. Dabei fällt auf, dass im Gegensatz zur dramatischen Inszenierung bei Caravaggio die Seitenwunde nicht erkennbar ist und deshalb auch nicht untersucht wird.[5]

Die drei Apostel weisen mit ihren kultivierten Bärten und Haaren im Gegensatz zu den Jüngern auf Caravaggios Gemälde ein gepflegteres Erscheinungsbild auf. Im Unterschied zur ruhigen, statischen Pose Jesu wirken die drei Apostel aber unruhiger und irdischer, was sich besonders bei der unterschiedlich gealterten Haut der Jünger zeigt. Während Jesus mit seinem roten Mantel einen buntfarbigen Akzent setzt, tragen die Apostel dunkelgraue Gewänder, die ins Bläuliche und Grünliche changieren. Der mittlere Apostel, der die Gesichtszüge des Petrus trägt, ist der älteste der drei Jünger. Er hat sich herabgebeugt und betrachtet aufmerksam das Stigma der linken Hand Jesu. Hinter Petrus ist ein etwas jüngerer Apostel mit vollem dunklem Bart- und Haupthaar zu sehen, der seinen ernsten Blick auf das Antlitz des Auferstandenen gerichtet hat. Thomas ist rechts vorne als junger, bartloser und blonder Jünger im Typus des Apostels Johannes dargestellt, der wie Petrus aufmerksam das Nagelmal der linken Hand Jesu betrachtet. Trotz ihres aufmerksamen Schauens liegt im Blick der drei Jünger dennoch keine gebannte Konzentration oder gar ein überirdisches Staunen.[6]

Da Thomas seine Finger nicht in die Seitenwunde legen kann, begnügt er sich damit, das Stigma in der ihm hingestreckten linken Hand zu betrachten. Bemerkenswert ist die Gestik der gespreizten und leicht erhobenen Hände des Thomas. Die Gebärde seiner Hände, besonders der rechten Hand, scheint nach Glenn W. Most „nicht nur Überraschung auszudrücken, sondern auch ein Zurückschaudern schon bei dem Gedanken, den Herrn zu berühren"[7]. Während das Vorbild Caravaggios noch das

Eindringen in die klaffende Seitenwunde zeigt, das im Johannesevangelium eigentlich gar nicht erwähnt wird, schließt sich das Gemälde des flämischen Barockmeisters näher dem biblischen Bericht an. So führt Rubens dem Betrachter zwei Augenblicke vor Augen, nämlich die Aufforderung Jesu zur Betastung seiner Wundmale (vgl. Joh 20,27) und dann den gläubig anbetenden Ausruf des Thomas, der den Auferstandenen als seinen Herrn und Gott bekennt (vgl. Joh 20,28).[8] Dass Thomas nur beim Schauen gezeigt wird, nimmt bereits das Schlusswort Jesu vorweg, in dem er bestätigt, dass der Apostel durch das Sehen zum Glauben gekommen ist. Zudem wird auch die Bedeutung des Sehens der Auferstehungszeugen für die künftig Glaubenden unterstrichen, die den Herrn nicht mehr selbst sehen können und deshalb der Verkündigung der Augenzeugen gehorchen. Dem apostolischen Zeugnis der Kirche hatten auch Nicolaas Rockox und seine Frau Adriana Perez Glauben geschenkt und sich so die Hoffnung erworben, nach ihrem Tod ebenfalls wie Thomas den Auferstandenen schauen zu dürfen.

Der auferstandene Jesus und Petrus am Ufer des Sees

Dritter Sonntag der Osterzeit. Evangelium: Joh 21,1–19

„Als Simon Petrus hörte, dass es der Herr sei, gürtete er sich das Obergewand um, weil er nackt war, und sprang in den See."
Joh 21,7

Der dritte Sonntag der Osterzeit steht ganz im Zeichen des johanneischen Berichts von der dritten Erscheinung des Auferstandenen am See Tiberias und der Berufung des Petrus zum obersten Hirten der Kirche. Nach den ersten Erscheinungen Jesu in Jerusalem waren sieben Jünger an den See von Galiläa zurückgekehrt, von denen namentlich Petrus, Thomas, und die beiden Zebedäussöhne Jakobus und Johannes genannt werden (vgl. Joh 21,1–2). Als sie in der Nacht zum Fischen auf den See hinausfuhren, aber nichts fangen konnten, kehrten sie am Morgen ans Ufer zurück, wo sie von Jesus erwartet wurden, den sie aber nicht erkannten (vgl. Joh 21,3–4). Jesus rief ihnen über das Wasser zu, sie sollten das Netz auf der rechten Seite des Bootes auswerfen, dann würden sie einen Fang machen (vgl. Joh 21,5–6). Als dies die Jünger taten und so viele Fische fingen, dass sie das Netz nicht mehr einholen konnten, erkannte Johannes den auferstandenen Herrn und teilte dies dem Petrus mit. Von demütiger Ehrfurcht erfüllt, gürtete sich Petrus sein Obergewand um, das er zum Arbeiten abgelegt hatte, sprang in den See und schwamm auf Jesus zu, während die anderen Jünger das übervolle Netz hinter sich herzogen (vgl. Joh 21,6–8). Nachdem Jesus den Jüngern ein Mahl bereitet hatte (vgl. Joh 21,9–15), wandte er sich dem Petrus zu, fragte ihn dreimal nach seiner Liebe, um die Schuld der dreimaligen Verleugnung des Apostels hinwegzunehmen (vgl. Joh 13,38; 18,15–18.25–27), und

Hans Süss von Kulmbach, Erscheinung Jesu vor Petrus am See von Tiberias, um 1510, Öl auf Holz, 128,5 × 95,5 cm, Florenz, Galleria degli Uffizi. ▷

Hans Süss von Kulmbach, Erscheinung Jesu am See von Tiberias

übertrug ihm jeweils die Aufgabe, seine Schafe und Lämmer zu weiden (vgl. Joh 21,15–17). Damit verlieh Jesus dem Petrus das oberste Hirtenamt in der Kirche und machte den Apostel zu jenem „Felsen", als den er ihn schon ganz zu Beginn bezeichnet hatte (vgl. Joh 1,42). In der treuen Liebe zum Herrn, die er dreimal beteuert hatte, wurden Petrus die Schafe der Herde Jesu anvertraut (vgl. Joh 10,1–30).

DIE SZENE MIT DER ERSCHEINUNG JESU VOR PETRUS AM SEE VON GALILÄA wurde um 1510 durch den Nürnberger Maler Hans Süss von Kulmbach (um 1485–1522) in einen Flügelaltar aufgenommen, der den Apostelfürsten Petrus und Paulus gewidmet war.

Der um 1485 in Kulmbach geborene Hans Süss war um 1500 nach Nürnberg gegangen, wo er die Malerei erlernte und am 15. März 1511 auch das Bürgerrecht erhielt. Als seine Lehrer gelten Albrecht Dürer (1471–1528) und der Venezianer Jacopo de' Barbari (1460/70–1516), der von 1500 bis 1503 in Nürnberg als Hofmaler Kaiser Maximilians I. (reg. 1486–1519) und anschließend bis 1505 für den sächsischen Kurfürsten Friedrich den Weisen (reg. 1486–1525) tätig war. Während Dürer den jungen Kulmbacher Maler durch seine robusten Figurentypen und die starke plastische Raumwirkung seiner Bilder prägte, dürften die lieblichen Frauengestalten und die hellen Farben im Werk des Hans Süss auf den Einfluss des venezianischen Malers zurückgehen. Aus der Zeit um 1505/07 haben sich im Germanischen Nationalmuseum als Frühwerke die vier Flügelgemälde mit Heiligendarstellungen erhalten, die Hans Süss für den testamentarisch von Jörg Köhler (gest. 1500) gestifteten Nikolausaltar in der Nürnberger Lorenzkirche angefertigt hatte. Für die Pfarrkirche von Cadolzburg bei Fürth schuf Hans Süss 1508 ein Marienretabel, das wohl von den Markgrafen von Hohenzollern in Auftrag gegeben wurde und 1945 verbrannte. Im Jahr 1510 entstanden das Annenretabel für die Nürnberger Lorenzkirche und der Dreikönigsaltar für die Georgskirche in Wendelstein. In dieser Zeit schuf Hans Süss auch den Peter-und-Paul-Altar für die Pfarrkirche von Bruck bei Erlangen, zu dem auch das Flügelbild mit der Begegnung zwischen dem Auferstandenen und Petrus am See von Galiäa gehörte. Im Jahr seiner Nürnberger Einbürgerung (1511) fertigte er für die Krakauer Paulinerkirche ein Marienretabel an, und 1513 führte er ein von Albrecht Dürer entworfenes Epitaph für Propst Lorenz Tucher (1447–1503) in der Nürnberger Sebalduskirche aus. Schließlich schuf er für die Krakauer Marienkirche 1515 ein Katharinenretabel und 1516 einen Johannesaltar sowie um 1518 eine Votivtafel für die Nürnberger Kaufmannsfamilie Stöckel. Hans Süss, der immer wieder mit Dürer zusammenarbeitete, war auch als Porträtist, als Entwerfer für Glasfenster und wohl auch als Holzschneider tätig. Der begabte und produktive Maler, der wahrscheinlich unverheiratet geblieben war, starb bereits um das vierzigste Lebensjahr im Spätherbst 1522 in Nürnberg.[1]

Als sich Hans Süss um 1510 dem Höhepunkt seines Schaffens näherte, wurde er mit der Anfertigung der Flügelbilder für den Choraltar der Pfarrkirche St. Peter und Paul in Bruck bei Erlangen beauftragt, die dem Pfarrer der Nürnberger Sebalduskirche unterstellt war.[2] Da die Tafelbilder des Altars bereits im frühen 17. Jahrhundert entfernt wurden, steht in der Kirche von Bruck nur noch die geschnitzte innere Schauseite für die Festtage. In diesem Zustand wurde der Altar 1708 restauriert und bekam einen barocken Abschluss, der 1878 durch ein neugotisches Gesprenge ersetzt wurde, das 1958 wieder entfernt wurde.[3]

Die bis heute in der Kirche befindliche innere Schauseite zeigt Holzreliefs und Schnitzfiguren der Kirchenpatrone Petrus und Paulus, aber auch Heilige, die sich auf die Stadt Nürnberg und das Bistum Bamberg beziehen.[4] Die aus vier großen, hochrechteckigen Tafeln bestehende äußere Schauseite bestand innen aus den Bildern der beiden Apostelfürsten Petrus und Paulus, die sich heute in den Uffizien von Florenz befinden, und außen aus den beiden im Prager Nationalmuseum aufbewahrten Gemälden mit dem heiligen Bamberger Kaiserpaar Heinrich II. (reg. 1002–1024) und Kunigunde (um 980–1003).[5] Die mittlere Schauseite erzählte auf acht Tafeln, die sich ebenfalls in der Galleria degli Uffizi befinden, aus dem Leben der Kirchenpatrone Petrus und Paulus.[6] Der Petruszyklus auf der linken Seite zeigt die Erscheinung Jesu am See von Galiläa, die Predigt des Petrus sowie seine Befreiung aus dem Gefängnis (vgl. Apg 12,6–9) und seine Kreuzigung. Auf der rechten Seite wurden die Szenen mit der Bekehrung des Paulus, der Gefangennahme der beiden Apostelfürsten sowie der Enthauptung des Völkerapostels und der Entrückung des Paulus dargestellt.[7]

Die Bezahlung erfolgte im Zeitraum von 1507 bis 1518 fast ausschließlich an den Bildschnitzer Meister Jörg aus Nürnberg,[8] der die weiteren Aufträge an andere Künstler vergab, um dann selbst mit diesen abzurechnen, unter anderem auch mit dem Maler.[9] Zu Beginn des 17. Jahrhunderts dürften die Altarbilder wahrscheinlich durch Markgraf Christian von Brandenburg-Kulmbach-Bayreuth (reg. 1603–1655) als vermeintliche Dürerwerke nach Prag an Kaiser Rudolf II. (reg. 1576–1612) geschenkt worden sein, der als Sammler von Gemälden des berühmten Nürnberger Malers galt.[10] Die beiden qualitativ abfallenden Tafelbilder mit dem Kaiserpaar Heinrich II. und Kunigunde wurden wohl nicht als Dürergemälde angesehen und deshalb an die Prager Kirche Maria Schnee abgegeben, wo sie als Orgelflügel dienten, bis sie 1806 in die Prager Nationalgalerie kamen.[11] Die acht Bilder zum Leben der Apostelfürsten mit den beiden rückwärtig dargestellten großen Figuren der Apostelfürsten dürften sich bis zum Tod Rudolfs II. 1612 in der Kunstkammer auf der Prager Burg befunden haben. Da sein Nachfolger Matthias (reg. 1612–1619) viele der von Rudolf II. gesammelten Kunstwerke in seine Wiener Residenz überführen ließ, sind wohl auch die Tafeln mit dem Zyklus der Apostelfürsten dorthin verbracht worden.¹² Nach Florenz dürften die Tafeln dann gelangt sein, als 1737 nach dem Aussterben des Hauses Medici das Großherzogtum der Toskana auf Franz Stephan von Lothringen (reg. 1736–1765) überging, der 1745 als Ehemann der österreichischen Erzherzogin Maria Theresia (reg. 1740–1780) Kaiser (reg. 1745–1765) wurde. Während die Tafeln mit den Bildern der Apostelgefangennahme und der Enthauptung des Paulus in der Guardaroba des Palazzo Pitti hingen und 1773 in die Uffizien kamen, gelangten die übrigen Gemälde 1843 aus der Sala dei Gigli des Palazzo Vecchio in die Galleria degli Uffizi.¹³

Die erstmals 1892 durch Wilhelm Bode (1845–1929) dem Maler Hans Süss zugeschriebenen Tafelbilder,¹⁴ die um 1510 in den bis 1508 aufgestellten Schrein eingefügt wurden,¹⁵ künden von der Schaffenskraft des jungen Meisters, der zu dieser Zeit seine Gemälde eigenhändig anfertigen musste, da er vor seiner 1511 erfolgten Einbürgerung in Nürnberg keine Gesellen beschäftigen durfte. Die lebendig erzählenden Bilder sind virtuos-flüchtig ausgeführt und zeigen charaktervolle Figuren, deren Gesichtszüge mit einem lebendigen Kolorit gemalt sind.¹⁶

Das fast einen Meter breite Gemälde mit der Erscheinung Jesu am See von Galiläa ist wie bei den übrigen sieben Tafeln der Bilderfolge am oberen Abschluss mit einem vergoldeten gotischen Rankenwerk mit Weintrauben überzogen, die von Vögeln gefressen werden.¹⁷ Das Bildmotiv der Weintrauben pickenden Vögel ist ein bekanntes Symbol für die eucharistische Verbundenheit mit Christus, der sich selbst als den wahren Weinstock bezeichnet hat (vgl. Joh 15,1) und sein Erlösungsopfer nicht nur in das Brot, sondern auch in die Frucht des Weinstocks hineingestiftet hat, um dieses Mysterium seinen Aposteln anzuvertrauen und so die Glieder seiner Kirche zu nähren.

Die Erscheinung des Auferstandenen am See von Galiäa spielt sich in einer heimischen Landschaft ab, wie sie auch von den Malern der Donauschule bekannt ist. Der See verliert sich in der Tiefe des Bildraumes und mündet in eine helle Landschaft mit Wiesen, Bäumen und voralpin anmutenden Bergen. Im Mittelgrund sind rechts am Ufer zeitgenössische Fachwerkhäuser zu sehen, während auf dem See eine Barke mit zwei Fischern dargestellt ist. Die rechts von vorne beleuchtete Berg- und Seelandschaft ist stimmungsvoll wiedergegeben und zeigt mit ihrem Detailreichtum und den fein beobachteten Uferspiegelungen die besondere Fähigkeit des Malers zur Naturschilderung. Die Darstellung, Farbgebung und Beleuchtung der Gebirgslandschaft mit ihren blätterreichen Bäumen zeigt eine auffallende Verwandtschaft mit den Malern der Donauschule wie Wolf Huber (um 1485–1553) oder Albrecht Altdorfer (um 1480–1538).¹⁸

Als gemütvoller Erzähler bewährt sich Hans Süss in der Darstellung des biblischen Ereignisses, dem das Bild gewidmet ist. Der Maler hat jenen Augenblick festgehalten, als Petrus nach dem reichen Fischfang mit seinem gegürteten Obergewand vom Boot aus in den See gesprungen ist und nun den am Ufer wartenden Auferstandenen erreicht hat: „Sie warfen das Netz aus und konnten es nicht wieder einholen, so voller Fische war es. Da sagte der Jünger, den Jesus liebte, zu Petrus: Es ist der Herr! Als Simon Petrus hörte, dass es der Herr sei, gürtete er sich das Obergewand um, weil er nackt war, und sprang in den See" (Joh 21,6–7).

Das Fischerboot der Jünger ist am linken Bildrand vor dem Hintergrund eines steil zum Seeufer abfallenden Felsens zu sehen. Sowohl das Boot als auch die beiden sich über den Bordrand herabbeugenden Apostel spiegeln sich deutlich auf der Wasseroberfläche wider, wobei die zwei Jünger beinahe einen surrealistisch zu nennenden Reflex erzeugen.[19] Wie der zur Bildmitte hin zeigende Bug der Barke zeigt, wurde das Netz gemäß der Anweisung des Auferstandenen auf der rechten Seite des Bootes ausgeworfen und hat nun den Jüngern den von Jesus angekündigten reichen Fang beschert (vgl. Joh 21,6). Zwei Apostel sind damit beschäftigt, aus dem übervollen Netz einzelne Fische ins Boot zu nehmen, da sie das Netz nicht wieder einholen konnten, „so voller Fische war es" (Joh 21,6). Während der linke, ganz in ein rotes Gewand gekleidete braunhaarige Apostel mit beiden Händen das Netz festhält, ergreift der weiß gekleidete, alte und langbärtige Jünger mit seiner linken Hand gerade einen Fisch, um ihn in einen Sack zu werfen. Die Geste seiner Rechten zeigt, dass er soeben auch mit dieser Hand einen Fisch in das Behältnis geworfen hat. Dabei führt er das Einsammeln ganz mechanisch aus, weil er noch mehr als vom reichen Fischfang von jener Szene eingenommen ist, die sich vor ihm am Ufer abspielt, wo Petrus dem Auferstandenen begegnet. Mit seinem schütteren Haar und seinen gealterten Gesichtszügen gleicht dieser Apostel der Gestalt des Petrus und könnte damit auf Andreas hindeuten, der das Tun seines Bruders im Blick hat und traditionell mit einem langen Bart dargestellt ist. Rechts ist der in das hellrote Gewand des Lieblingsjüngers gekleidete Johannes mit der Steuerung des Bootes beschäftigt und versucht, die Barke mit einem Ruder im Gleichgewicht zu halten. Der jugendlich, bartlos und mit blondgelocktem Haar dargestellte Johannes hat soeben Petrus auf die Erscheinung des Auferstandenen aufmerksam gemacht (vgl. Joh 21,7) und wird nun Zeuge, wie sein Mitapostel auf Jesus zustrebt.

Petrus watet bereits im seichten Uferwasser, das direkt an die untere Bildkante brandet. Durch den Wasserspiegel sieht man die Beine des Apostels schimmern. Petrus zeigt die für ihn charakteristische Physiognomie eines alten, ergrauten Mannes mit kurzem Kinnbart und Haarkranz. In enger Anlehnung an das Johannesevangelium, wonach sich Petrus sein Obergewand umgegürtet hat, um vor dem Herrn seine Blöße zu bedecken (vgl. Joh 21,7), trägt Petrus ein mit Hilfe eines Gürtels hochgeschlagenes blaues Obergewand.[20] Petrus hat seine beiden Arme zu Jesus hin ausgestreckt und wird an seiner linken Hand von der Rechten des Auferstandenen ergriffen.

Jesus ist am rechten Bildrand auf einem kleinen, mit Pflanzen bewachsenen Uferstück dargestellt und hat sich mit einem Schritt auf Petrus zubewegt. Mit seinen nackten Füßen und dem schlichten graublauen Gewand ist die Gestalt des Auferstandenen von großer Einfachheit. Sein von langen hellbraunen Haaren umgebenes, bärtiges und etwas derbes Gesicht ist fast im Profil gegeben und unterstreicht damit seine Zuwendung zu Petrus. Wie der sprechende Mund des Petrus und der Zeigegestus der linken Hand Jesu belegen, dessen Mund ebenfalls leicht geöffnet ist, befinden sich beide im Dialog. Bei diesem Austausch kann es sich nur um das Gespräch nach dem Mahl handeln, in dem Jesus den Apostel dreimal um seine Liebe gefragt hat, um ihn dann jeweils mit dem obersten Hirtendienst an seiner Herde zu beauftragen (vgl. Joh 21,15–19). Dabei veranschaulicht das Ergreifen der Hand des demütig unter ihm stehenden Petrus die Annahme der dreimaligen Liebesbeteuerung des Apostels (vgl. Joh 21,15–17), mit der dieser seine dreimalige Verleugnung (vgl. Mt 26,69–75; Mk 14,66–72; Lk 22,56–62; Joh 18,15–18.25–27) wiedergutmachen konnte. Direkt unterhalb dieser Handgeste ist auf dem bewachsenen Uferstreifen auch eine Pflanze zu sehen, die sich mit ihren gelblichen Kronblättern wohl als Schöllkraut bestimmen lässt, das auch als „Gottesgnad" (Coelidonium) bekannt ist. Da diese Pflanze in der damaligen Naturheilkunde als Heilpflanze mit reinigender Wirkung galt,[21] dürfte sie sich hier auf die geistliche Reinigung des Petrus durch sein dreimaliges Liebesbekenntnis gegenüber Jesus beziehen. Der ausgestreckte Zeigefinger der linken Hand, den der Auferstandene auf Petrus gerichtet hat, macht schließlich die befehlenden Worte Jesu anschaulich, mit denen er den Apostel erneut berufen und zum obersten Hirten der Kirche eingesetzt hatte: „Weide meine Lämmer!" (Joh 21,15), „Weide meine Schafe!" (Joh 21,16.17), „Folge mir nach!" (Joh 21,19).

Die Personen des Bildes agieren ohne größere Dramatik in verhaltener Ruhe und zeichnen sich durch eine frische Natürlichkeit aus.[22] Während das Mittelalter noch die innere Reinheit durch eine ebenmäßige Schönheit des Gesichtes zu veranschaulichen versuchte, führte der am Beginn der deutschen Renaissancemalerei stehende Hans Süss leibhaftige Alltagsmenschen vor Augen, die er nicht durch ihr Aussehen oder durch nobilitierende Goldnimben überhöhte, sondern nur durch ihr im Bild beschriebenes Handeln herausstellte. So stellte er in den Mittelpunkt seiner Komposition die beiden schlichten Handgesten Jesu, mit denen Petrus angenommen und gesendet wird. Durch seine offenbar ganz unbeschwert vorgenommene Zurücknahme jeglicher Unnahbarkeit rückte Hans Süss das Bild nahe an den Betrachter heran, damit sich dieser in die Jünger hineinversetzen kann und vor allem mit Petrus in Beziehung zu treten vermag, um ihn um seine Fürbitte anzurufen.[23]

Jesus, der gute Hirt

Vierter Sonntag der Osterzeit. Evangelium: Joh 10,27–30

„Meine Schafe hören auf meine Stimme; ich kenne sie, und sie folgen mir."
Joh 10,27

Das Evangelium des vierten Sonntags der Osterzeit ist immer der großen Hirtenrede entnommen, die Jesus nach dem Johannesevangelium im Anschluss an das im Herbst stattfindende Laubhüttenfest im Jerusalemer Tempel gehalten hat (vgl. Joh 7,2.10). Während sich in der johanneischen Hirtenrede (Joh 10,1–30) Jesus selbst als der gute Hirt bezeichnet (vgl. Joh 10,11.14), überliefern Lukas (Lk 15,1–7) und Matthäus (Mt 18,12–14) das Gleichnis vom suchenden Schafbesitzer.

Im Lukasevangelium geht es um die verlorenen Sünder, zu denen sich Jesus gesandt weiß. Als „alle Zöllner und Sünder" zu Jesus kamen, „um ihn zu hören" (Lk 15,1), so dass sich die Pharisäer und Schriftgelehrten darüber empörten (vgl. Lk 15,2), erzählte ihnen Jesus das Gleichnis vom verirrten Schaf, das einem Mann gehört, der hundert Schafe besitzt. Während bei Matthäus das Motiv des von seinem Besitzer gesuchten verlorenen Schafes auf die verachteten und unbedeutenden Jünger Jesu bezogen wird, betonen beide Evangelien, wie sehr der Besitzer dem verlorenen Schaf nachgeht, wobei er sogar seine neunundneunzig nichtverirrten Schafe in der Steppe zurücklässt, um das eine verirrte Schaf zu finden (vgl. Lk 15,3–4; Mt 18,12).

Wenn dann der Besitzer das verlorene Schaf gefunden hat, wird er es voll Freude auf seinen Schultern heimtragen (vgl. Lk 15,5; Mt 18,13) und auch seine Freunde und Nachbarn einladen, um sich mit ihnen zu freuen, wie das Lukasevangelium hinzufügt (vgl. Lk 15,6). Während Lukas betont, dass sich in der gleichen Weise der Himmel über die Umkehr eines einzigen Sünders freuen wird (vgl. Lk 15,7), richtet das Matthäusevangelium den Blick auf den Vater Jesu: „So will auch euer himmlischer Vater nicht, dass einer von diesen Kleinen verlorengeht" (Mt 18,14). Dieses Motiv des Schafträgers, das bereits in der griechischen Antike als Sinnbild der Menschenliebe galt, wurde dann auch in der frühchristlichen Kunst zu einem der wichtigsten Symbole für Christus.

Im Johannesevangelium nennt sich Jesus selbst den guten Hirten (vgl. Joh 10,11.14), der seine Schafe kennt, so dass diese auf seine vertraute Stimme hören und ihm folgen (vgl. Joh 10,3–5). Im Gegensatz zu einem Fremden kommt Jesus durch die Stalltür zu den Schafen und dringt nicht in böser Absicht anderswo in den Schafstall ein (vgl. Joh 10,1–2.7–8). Als die einzig rettende und von seinen Schafen erkannte Wahrheit sieht sich Jesus selbst als Tür zum Leben, das er allein in Fülle zu geben vermag (vgl. Joh 10,9–10). Jesus ist der gute Hirt, der die ihm gehörenden Schafe in der Bedrohung nicht im Stich lässt, sondern im Auftrag seines Vaters sein Leben für sie hingibt, während der bezahlte Knecht flieht, weil ihm an den Schafen nichts liegt (vgl. Joh 10,11–18). Dabei betont Jesus, dass er „noch andere Schafe" führen muss, „die nicht aus diesem Stall sind", und dass auch sie auf seine Stimme hören werden, so dass es dann „nur eine Herde und einen Hirten" geben wird (Joh 10,16). Damit wird bereits die Sendung zu den Heiden in den Blick genommen, die zusammen mit dem Volk Israel die eine Kirche Jesu Christi bilden werden.

Das Evangelium des vierten Sonntags der Osterzeit enthält den Schluss der johanneischen Hirtenrede. In diesem Abschnitt, mit dem Jesus im Winter beim Tempelweihfest seine Lehre im Jerusalemer Tempel beendet hat (vgl. Joh 10,22–23), geht es noch einmal darum, dass man nur zu den Schafen Jesu gehören kann, wenn man auch die Stimme des guten Hirten kennt (vgl. Joh 10,26–27). Die wahren Schafe hören auf die Stimme Jesu, der sie kennt und dem sie folgen, so dass er ihnen ewiges Leben zu geben vermag (vgl. Joh 10,27–28). Sie werden niemals zugrunde gehen und können der Hand Jesu nicht entrissen werden, weil sie auch ganz in der Hand des Vaters sind, der sie seinem Sohn gegeben hat, mit dem er eins ist (vgl. Joh 10,28–30).

DIE JOHANNEISCHE BILDREDE VOM GUTEN HIRTEN und das Gleichnis vom Schafbesitzer, der dann als Schafträger ebenfalls zum Hirten wurde, stellte 1765 der Prüfeninger Rokokomaler Otto Gebhard (1703–1773) in der Regensburger Rupertskirche in jeweils zwei Kartuschenfresken dar.

Otto Gebhard war der älteste Sohn des Johann Gebhard (1676–1756), der vor allem als Tafelmaler tätig war und in der Hofmark des Regensburger Benediktinerklosters Prüfening eine Malerwerkstatt unterhielt, in der auch Otto seine Ausbildung erhielt und 1723 zum Mitarbeiter seines Vaters wurde. Wie die beiden 1726 für die Amberger Jesuitenbibliothek in einer Mischtechnik auf Ölbasis ausgeführten Deckenbilder zeigen, verwendeten Vater und Sohn seit dieser Zeit eine gemeinsame Werkstattsignatur. Ihren ersten gemeinsamen Auftrag in Freskotechnik führten sie von 1731 bis 1733 aus, als sie die Nebenchöre und Seitenschiffe der Regensburger Benediktinerabteikirche St. Emmeram mit Deckengemälden ausstatteten. Während dieser Arbeiten lernte der junge Otto Gebhard mit dem Stuckator Egid Quirin Asam (1692–

1750) und dem Maler Cosmas Damian Asam (1686–1739) die damals führenden bayerischen Künstler kennen, die zur gleichen Zeit das Mittelschiff der Emmeramskirche barockisierten. Otto Gebhard schulte sich intensiv an der spätbarocken Deckenmalerei Cosmas Damian Asams und brachte sein Talent als Freskomaler in die Werkstattgemeinschaft mit dem Vater ein,[1] so dass er im Laufe seiner über vierzigjährigen Schaffenszeit zu einem der wichtigsten Vertreter der monumentalen Rokokomalerei im Regensburger und Oberpfälzer Raum wurde. Neben den durch Vater und Sohn von 1726 bis 1751 gemeinschaftlich ausgeführten Deckenbildern[2] erhielt Otto Gebhard ab 1745 auch seine ersten eigenen Aufträge, unter anderem den Großauftrag von 1752 für die Benediktinerklosterkirche von Frauenzell.[3] Nachdem 1756 sein Vater verstorben war, signierte Otto Gebhard seine Fresken mit eigenem Namen. In die Schaffenszeit von 1757 bis 1772 fielen die 1765 für die Regensburger Rupertskirche ausgeführten Fresken, zu denen auch die vier Kartuschen mit den Darstellungen des guten Hirten gehören.[4]

Die Rupertskirche diente der Regensburger Benediktinerabtei St. Emmeram als Pfarrkirche und wurde noch in der Zeit vor dem Klosterbrand von 1166 an das nördliche Seitenschiff der Abteikirche angebaut. In der Spätgotik wurde die einschiffige Pfarrkirche 1405 mit einem gewölbten Chor und 1474 mit einem nördlichen Seitenschiff erweitert. Als nach dem Einsturz der 1661 eingezogenen Holzkassettendecke das Mittelschiff unter Abt Frobenius Forster (reg. 1762–1791) eingewölbt wurde, entschloss man sich zu einer Umgestaltung. Während der Prüfeninger Bildhauer Joachim Anton Pfeffer (1728–1800) mit den Stuckarbeiten beauftragt wurde, übertrug man die Freskierung Otto Gebhard, der von seinem Sohn Valentin (1742/46–1779) unterstützt wurde.[5]

Das theologische Programm der Fresken ging vom Kirchenpatron Bischof Rupert (gest. um 720) aus, der zusammen mit dem in der Abteikirche beigesetzten Bischof Emmeram (gest. um 680/85) im frühmittelalterlichen Bayern das Kirchenwesen festigte und heidnisch-schismatische Reste beseitigte. In dieser Zeit regierte in Regensburg Herzog Theodo (reg. um 665/80–717/18), der nach der Legende durch Rupert die Taufe empfangen haben soll. Diese geschichtliche Überlieferung Ruperts als bayerischen Hirten, der um 696 nach Regensburg gekommen sein dürfte, wurde mit der Vorstellung der als Herde Christi geeinten Kirche verbunden. Dies zeigt die Inschrift „FIET UNUM OVILE ET UNUS PASTOR" in der Kartusche am Chorbogen, in der die Hirtenrede Jesu zitiert wird, wonach es nur noch eine Herde und einen Hirten geben wird (vgl. Joh 10,16). Während der über der Orgelempore dargestellte königliche Psalmensänger David auf das Gotteslob der Benediktiner anspielt, entfaltet sich das Hirtenthema in den vier Wandfresken, die im Anschluss an das Wort des Apostels Paulus „Ich habe gepflanzt, Apollos hat begossen, Gott aber ließ wachsen" (1 Kor 3,6) das oberhirtliche Wirken der Bischöfe Emmeram und Rupert im „Wein-

Otto Gebhard, südöstliches Kartuschenfresko mit dem das verlorene Schaf auffindenden guten Hirten, 1765, Regensburg, St. Rupert.

Otto Gebhard, nordöstliches Kartuschenfresko mit dem guten Hirten als Schafträger, 1765, Regensburg, St. Rupert.

berg der Kirche" allegorisch veranschaulichen. Im nordwestlichen Fresko geht es um die Pflanzung des Weinbergs durch Emmeram als „neuen Paulus", der vier Mönche bei ihrer Arbeit anweist und mit der Inschrift „EMMERAMUS PLANTAVIT" als „Pflanzherr" des kirchlichen Lebens im frühen Bayern und in Regensburg ausgewiesen ist. Im südwestlichen Fresko wird der Weinberg der Kirche durch „häretisch-schismatische" Füchse von der Verwüstung bedroht, wie die Inschrift „VULPES DEMOLIUNTUR"[6] besagt. Im nordöstlichen Wandbild ist Rupert als „neuer Apollos" dargestellt, der gemäß der Inschrift „RUPERTUS RIGAVIT" den von Emmeram gepflanzten Weinberg der Kirche kultiviert, indem er ihn durch Mönche begießen lässt. Schließlich vollendet Gott selbst das Wirken seiner Hirten, indem er dem Weinberg der Kirche das Wachstum gibt, wie durch die Inschrift im südöstlichen Wandbild erläutert wird: „DEUS INCREMENTUM DEDIT".[7] Dieses Fresko zeigt einen Mönch, der eine Schale mit Weintrauben einem Papst überreicht, der auf das am Himmel erscheinende Auge Gottes zeigt, während am Bildrand das bayerische Rautenwappen mit Fürstenhut zu sehen ist. Dem Hirtendienst des Kirchenpatrons Rupert ist in besonderer Weise das große Deckenfresko des Mittelschiffs gewidmet. Im unteren Drittel wird die Überwindung heidnisch-schismatischer Reste durch Rupert mit der Zerschlagung von Götterbildern und der Vernichtung von Büchern und Schriftrollen veranschaulicht. Darüber geht es in einer triumphbogenähnlichen Architektur

Otto Gebhard, nordwestliches Kartuschenfresko mit dem die Schafe verteidigenden guten Hirten, 1765, Regensburg, St. Rupert.

Otto Gebhard, südwestliches Kartuschenfresko mit den auf den guten Hirten hörenden Schafen, 1765, Regensburg, St. Rupert.

um die Festigung des Christentums durch Rupert, der in der Bildmitte steht und der vor ihm knienden allegorischen Frauenfigur Bayerns ein Kreuz zum Kuss hinhält. Während links das gemäß der Legende durch Rupert nach Altötting gebrachte Marienbild auf einen Thron erhoben wird, auf dem ehemals eine nunmehr zerbrochen am Boden liegende Jupiterstatue gestanden ist, wird das Fresko nach oben hin durch die Ecclesia als Personifikation der Kirche abgeschlossen.[8]

In den vier als Grisaillen ausgeführten Kartuschenfresken, die östlich und westlich das Deckengemälde umgeben, wird mit den Darstellungen des guten Hirten das Wirken der frühmittelalterlichen Hirten Bayerns durch das Vorbild Jesu selbst überhöht, der seiner Herde die Einheit verheißen hat, wie die Inschrift in der Chorbogenkartusche betont (vgl. Joh 10,16). Während in den beiden östlichen Kartuschen das Gleichnis vom verlorenen Schaf zur Darstellung kommt, wird in den beiden westlichen Pendants die johanneische Rede über den guten Hirten veranschaulicht. Joachim Anton Pfeffer umgab die vier als Grisaillen ausgeführten Kartuschenbilder Gebhards mit einem geschwungenen Rahmen aus Rocaillen und Pflanzenornamenten.

Das erste, südöstliche Kartuschenfresko stellt die Auffindung des verirrten Schafes dar (vgl. Lk 15,4; Mt 18,12). Das Bild zeigt eine felsige Landschaft mit spärlicher Vegetation und einigen Bäumen, unter anderem mit zwei Palmen und einem Nadelholzbaum. Die Bildmitte wird durch den Schafbesitzer eingenommen, der über seinem Untergewand einen Mantel trägt und durch seine Wurfschaufel als Hirt gekennzeichnet ist. Mit seiner Kleidung, Barfüßigkeit und Physiognomie entspricht er den übrigen drei Darstellungen des guten Hirten, der unverkennbar die Züge Christi trägt und stets von einem strahlenförmigen Nimbus umgeben ist. Links hinter dem Hirten sind drei Schafe zu sehen, die für die neunundneunzig Herdentiere stehen, die der Hirt wartend zurückgelassen hat, um das eine verlorene Schaf zu suchen. Der Hirt hat soeben das verirrte Schaf gefunden, das hinter einem kleinen bewachsenen Felsvorsprung lagert. Unter den Pflanzen, von denen das Schaf umgeben ist, fällt ein unbelaubter Zweig auf, der an ein Dornengestrüpp erinnert und damit die bedrohliche Situation des verirrten Tieres andeutet. In seiner Erleichterung über das wiedergefundene Schaf hat der Hirt die Schaufel an seine rechte Schulter gelehnt und sich mit ausgestreckten Armen nach vorne gebeugt, um das verirrte Tier voll Freude umarmen zu können, das bereits mit blökend geöffnetem Mund zu seinem Retter aufschaut.

Das Heimtragen des geschulterten Schafes (vgl. Lk 15,5; Mt 18,13) ist im nordöstlichen Kartuschenfresko dargestellt. Die Landschaft gleicht dem vorausgehenden Bild und zeigt neben Bäumen und Pflanzen auf der rechten Seite auch eine Art Holzzaun, der auf den Stallbereich hinweisen dürfte, in den das verirrte Schaf zurückgebracht wird. Auch die Schrittstellung des Hirten zeigt, dass er sich mit dem geschulterten Schaf gerade auf dem Heimweg befindet. Dabei hat er die Schaufel so in seiner rechten Armbeuge geborgen, dass er das Schaf an den Vorder- und Hinterbeinen sicher mit beiden Händen halten kann. Während der Hirt sein Haupt mit einem dankbaren Blick leicht nach oben erhoben hat, wendet das auf den Schultern lagernde Schaf seinen Kopf herum und schaut den Hirten intensiv mit seinen großen dunklen Augen an. Auf diese Weise wird die Verbundenheit zwischen dem Schaf und seinem Hirten deutlich, die zum Sinnbild für die Beziehung zwischen den Gläubigen und Christus in der Kirche wird.

Das erste Fresko der beiden westlichen Kartuschen, die dem johanneischen guten Hirten gewidmet sind, zeigt die Verteidigung der Herde gegen den Wolf. Nach der Hirtenrede des Johannesevangeliums sieht sich Jesus als Eigentümer seiner Herde und bezeichnet sich als guten Hirten, der sein Leben für seine Schafe hingibt (vgl. Joh 10,11). Dagegen lässt der bezahlte Knecht, der nicht Hirt und Besitzer ist, die Schafe im Stich und flieht vor dem nahenden Wolf, so dass die Herde gerissen und auseinandergejagt wird (vgl. Joh 10,12). Während dem bezahlten Knecht nichts an den Schafen liegt (vgl. Joh 10,13), kennt Jesus als guter Hirt die Seinen, so wie er und der Vater einander kennen, und gibt sein Leben für die Herde hin (vgl. Joh 10,14–15). Das nordwestliche

Kartuschenfresko zeigt daher ein freies, von einzelnen Bäumen bestandenes Feld, auf dem der Wolf durch den guten Hirten in die Flucht gejagt wird. Der gute Hirt hat abwehrend seine linke Hand ausgestreckt und droht dem Wolf mit der hoch erhobenen Schaufel, die er in seiner Rechten hält. Neben dem guten Hirten stehen jeweils zwei Schafe. Während die beiden Tiere auf der rechten Seite ruhig beieinanderstehen, haben sich die zwei anderen Schafe umgewendet, um dem fliehenden Wolf nachzuschauen.

Das südwestliche Kartuschenfresko bezieht sich auf den guten Hirten, der nach der johanneischen Hirtenrede mit seinen Schafen in inniger Beziehung steht. Der gute Hirt kennt die einzelnen Schafe mit Namen und ruft sie, so dass sie auf seine Stimme hören und ihm folgen (vgl. Joh 10,3–4.14.27). Für diese Schafe, mit denen er so eng wie mit seinem himmlischen Vater verbunden ist, gibt Jesus als guter Hirt sein Leben hin (vgl. Joh 10,15.28–29). Von dieser Verbundenheit spricht auch der Schluss der Hirtenrede, dem das Evangelium des vierten Sonntags der Osterzeit entnommen ist: „Meine Schafe hören auf meine Stimme; ich kenne sie, und sie folgen mir" (Joh 10,27). Das Fresko zeigt den unter einem Laubbaum sitzenden guten Hirten, der seine Wurfschaufel wie einen Hirtenstab in seiner Rechten hält und mit seiner linken Hand eine einladende und zugleich lehrende Geste macht. Dieser Aufforderung ist ein zutraulich aufblickendes Schaf gefolgt, das gerade auf den guten Hirten zuschreitet, wie sein erhobenes linkes Vorderbein zeigt. Während im Hintergrund ein grasendes und ein lagerndes Schaf zu sehen sind, hat rechts ein Schaf den Kopf gesenkt und scheint mit geschlossenen Augen dem guten Hirten zu lauschen. Links daneben schaut ein anderes Schaf mit wissender Miene zum guten Hirten hinüber, um auf seine Lehre zu hören.

Mit seinen vier Kartuschenfresken in der Regensburger Rupertskirche gelang dem Prüfeninger Rokokomaler Otto Gebhard eine originelle Verbildlichung der neutestamentlichen Bildrede vom guten Hirten. Dabei knüpfte Gebhard nicht nur an das bekannte Bildmotiv des Schafträgers an, sondern veranschaulichte mit der Suche nach dem verirrten Schaf, der Verteidigung der Herde und dem Hören der Schafe noch weitere Aspekte, die sich auf den guten Hirten beziehen. Im engen Anschluss an das Neue Testament vereinte Gebhard in den beiden östlichen Kartuschen zwei Szenen aus dem Gleichnis vom verlorenen Schaf, während er in den beiden westlichen Kartuschen die Hirtenrede aus dem Johannesevangelium ins Bild umsetzte. Die innere Einheit des gesamten Freskenprogramms aber lag in der Verheißung, die in der Chorbogenkartusche inschriftlich angebracht wurde, dass Christus selbst als guter Hirt seine Herde zusammenführen wird, so dass es „nur eine Herde" und „einen Hirten" geben wird (Joh 10,16).

Der eucharistische Weinstock

Fünfter Sonntag der Osterzeit. Kommunionvers: Joh 15,1.5

„Ich bin der wahre Weinstock, ihr seid die Rebzweige. Wer in mir bleibt und in wem ich bleibe, der bringt reiche Frucht."
Joh 15,1.5

Die Liturgie der Messfeier sieht vor, dass zur Kommunion durch den Priester oder den Chor ein kurzer Text aus den Psalmen oder dem Neuen Testament vorgetragen wird. Dieser Kommunionvers hat wie der Eröffnungsvers, der Antwortpsalm oder der Ruf vor dem Evangelium den Charakter einer kurzen biblischen Lesung.

Dass der Kommunionvers auf eine besonders dichte Weise vom „Tisch des Wortes" zum „Tisch des Brotes" überzuleiten vermag, zeigt sich auch in dem kurzen Schriftwort, das am fünften Sonntag der Osterzeit dem Empfang der Eucharistie zugeordnet ist. Während das Evangelium dieses Sonntags (Joh 13,31–35) vom Gebot der Liebe spricht, zeigt der Kommunionvers, wie sehr die Gläubigen gerade durch die Verbundenheit mit Christus in dieser Liebe bleiben können. Der Spruch vor der Kommunion ist dem Weinstockgleichnis (Joh 15,1–17) entnommen, in dem Jesus sich als Weinstock und seine Jünger als Rebzweige bezeichnet. So geht es in diesem Kommunionvers um das gläubige Verbundenbleiben mit Christus, das gerade durch die Eucharistie immer wieder genährt wird. Durch diese Verbindung wird auch das Wirken der Jünger fruchtbar, denn wer in der Liebe Christi bleibt, der vermag auch Früchte der Liebe zu bringen. Dass die innigste Verbundenheit mit Christus und damit die größte Kraftquelle für das Fruchtbringen in der Eucharistie besteht, wird im Bild von der Frucht des Weinstocks deutlich, in die Jesus beim Abendmahl zusammen mit dem Brot sein Liebesopfer am Kreuz hineingestiftet hat. All dies wird den Gläubigen vor dem Empfang der Eucharistie im Kommunionvers nach Joh 15,1.5 vor Augen geführt: „So spricht der Herr: Ich bin der wahre Weinstock, ihr seid die Rebzweige. Wer in mir bleibt und in wem ich bleibe, der bringt reiche Frucht. Halleluja."

Johann Baptist Zimmermann, Christus im Weinstock, Kartuschenfresko um das mittlere Deckengemälde, 1728/29, Sießen, ehemalige Dominikanerinnenkirche St. Markus.

Seit der frühchristlichen Kunst diente der Weinstock als Sinnbild für Christus, der sich selbst als den wahren Weinstock bezeichnet hat (vgl. Joh 15,1.5). Da man den Weinstock auch mit dem paradiesischen Lebensbaum (vgl. Gen 2,8–9; Ez 47,12; Offb 22,1–5) gleichsetzte,[1] kam im Mittelalter die Darstellung des im Weinstock gekreuzigten Christus auf. Dadurch konnte deutlich werden, dass sich Christus am Holz des Kreuzes hingegeben hat und dass der Baum des Sündenfalls zum Baum des Lebens und damit zum wahren Weinstock wurde, der gerade durch die Eucharistie das Leben zu spenden vermag. Im späten Mittelalter kam es auch zu Darstellungen des Schmerzensmannes, aus dessen Wunden Ähren und Weinstöcke herauswachsen, die mit Hostien und Trauben behangen sind. In der barocken Kunst wurde der Weinstock oftmals als eucharistischer Lebensbaum gezeigt, der aus einem Messkelch hervorwächst.[2] Eine spätbarocke Darstellung des eucharistischen Weinstocks befindet sich in einem um 1728/29 entstandenen Kartuschenfresko der ehemaligen Klosterkirche der Dominikanerinnen von Sießen bei Bad Saulgau.

Die 1251 erstmals in Saulgau urkundlich erwähnten Dominikanerinnen hatten 1260 ihr Kloster in Sießen neben der Pfarrkirche St. Markus bezogen. Unter der Priorin Maria Josepha Baizin (reg. 1716–1729) wurden von 1716 bis 1722 die Klostergebäude und von 1726 bis 1729 auch die Kirche neu erbaut. Nachdem die Dominikanerinnen in der Säkularisation von 1803 das Kloster verlassen mussten, zogen 1860 Franziskanerinnen ein, die bis heute das klösterliche Leben in Sießen fortführen.[3]

Für den Kirchenneubau konnte die Priorin Baizin 1725 die Brüder Zimmermann gewinnen, die neben den Asambrüdern zu den bedeutendsten Künstlern des bayerischen Barocks gehörten. Während der in Landsberg am Lech ansässige Dominikus Zimmermann (1685–1766) die Bau- und Stuckarbeiten auszuführen hatte, wurde Johann Baptist Zimmermann (1680–1758), der sich 1724 in München niedergelassen hatte, mit der Freskierung der Kirche beauftragt. Da Dominikus Zimmermann im Herbst 1728 vollständig ausgezahlt wurde, dürften die Fresken seines Bruders kurz darauf um 1728/29 entstanden sein, wie auch die Signatur des Freskos über dem Sommerchor nahelegt: „Joh. Zimmermann pinxit An[n]o 1729". Am 16. Mai 1733 wurde die Kirche durch den Konstanzer Weihbischof Johann Franz Anton von Sirgenstein (reg. 1722–1739) konsekriert, der kurz zuvor am 5. Mai 1733 die ebenfalls durch die Brüder Zimmermann von 1728 bis 1733 erbaute Wallfahrtskirche von Steinhausen geweiht hatte.[4]

Nachdem Johann Baptist Zimmermann 1701 seine ersten Wandmalereien und Stuckaturen in der Pfarrkirche von Gosseltshausen geschaffen hatte, erhielt er 1714 mit der Stuck- und Freskoausstattung der Schlierseer Kollegiatsstiftskirche St. Sixtus seinen ersten größeren Auftrag. Darauf wurde er dreimal hintereinander von Dominikanerinnen für die Freskierungen ihrer Klosterkirchen konsultiert. Zuerst schuf er 1718/19 die Deckenmalereien für die Kirche von Maria Medingen, dann 1722/23 für die Klosterkirche von Wörishofen und schließlich 1728/29 für die Markuskirche in Sießen.[5]

Das theologische Programm der Deckenmalereien in der Sießener Klosterkirche ist stark vom eucharistischen Mysterium geprägt, was wohl auf ein Ereignis zurückgehen dürfte, das sich nur wenige Jahre zuvor während des Spanischen Erbfolgekrieges (1701–1714) ereignet hatte. Wie die Klosterchronik überliefert, hatte beim Rückzug der französischen Truppen durch den Nachbarort Bolstern ein Soldat das Ziborium mit den konsekrierten Hostien aus dem Tabernakel der dortigen Galluskirche entwendet. Als er sich dann auf dem anschließenden Marsch durch den Wald zwischen Bolstern und Sießen plötzlich nicht mehr bewegen konnte und unvermittelt stillstand, öffneten die Begleiter seinen Schnappsack (Canapsa) und fanden das geraubte Ziborium, das dann durch den Feldgeistlichen, einen Jesuiten, in die Sießener Klosterkirche übertragen wurde.[6]

Während im Altarraum die Glorie des Kirchenpatrons Markus zu sehen ist, im mittleren Joch der Besuch Jesu bei Marta und Maria (vgl. Lk 10,38–42) das klösterliche Zusammenspiel von Aktion und Kontemplation thematisiert und die Vierungskuppel mit der Überreichung des Rosenkranzes ein dominikanisches Thema zeigt, verweisen die übrigen Fresken auf die Eucharistie. So ist über der Nonnenempore die Hirtenanbetung als Sinnbild für die Verehrung des eucharistischen Christus dargestellt. Die Begegnung mit dem im Altarsakrament gegenwärtigen Christus stellt die Szene der mystischen Kommunion der hl. Katharina von Siena (1347–1380) vor Augen, die im hinteren Joch zu sehen ist. Schließlich zeigen die zwölf Zwickelfresken, die als Kartuschen die drei Hauptfresken in der Vierung sowie im mittleren und hinteren Joch umgeben, alttestamentliche Typologien und neutestamentliche Darstellungen, die sich auf die Eucharistie beziehen.[7] Das hintere Deckenbild ist umgeben von den Kartuschenbildern mit dem Traum Josefs von den die Eucharistie präfigurierenden Korngarben (vgl. Gen 37,5–8), mit dem Brotbrechen in Emmaus (vgl. Lk 24,15–35), mit der Brotvermehrung (vgl. Lk 9,10–17) und mit dem auf das eucharistische Opfer verweisenden Pelikan, der sich die Brust für seine Jungen aufpickt. Die Zwickelfresken um das Vierungsfresko zeigen einen Engel mit Weizengarben, das Opfer Gideons (vgl. Ri 6,17–24) als Präfiguration für das Opfer der Eucharistie, die Schaubrote des alttestamentlichen Manna (vgl. 1 Sam 21,4–7; Mt 12,3) und die eucharistische Präfiguration des Opfers Melchisedeks (vgl. Gen 14,18–20). Das mittlere Fresko wird umgeben von den Darstellungen des Mannaregens (vgl. Ex 16,3–8), des mit Brot gestärkten Propheten Elija (vgl. 1 Kön 19,5–8) und der Hostie mit dem eucharistischen Kelch, der ein für den Alten Bund stehendes Brandopfer überragt (vgl. Hebr 9,11–28). Das vierte Kartuschenbild schließlich zeigt Christus als den wahren, eucharistischen Weinstock (vgl. Joh 15,1.5).[8]

Das Zwickelfresko mit Christus als Weinstock wird in ähnlicher Weise wie die übrigen Kartuschen von Bandwerk, Akanthusranken und Muschelornamenten eingefasst, während Lambrequins zum Rand des runden Hauptfreskos vermitteln.

Vor einer Gebirgslandschaft ist am unteren Bildrand ein kahler Hügel zu sehen, auf dem übergroß ein vergoldeter, barocker Messkelch steht. Diesem Kelch entwächst ein Weinstock, der nach allen Seiten hin seine schweren, belaubten Zweige treibt. Der Weinstock wird von einem hölzernen Spalier gestützt, das aus zwei schlanken Längspfosten und einem schmalen Querbalken besteht. An den Zweigen des Weinstocks lassen sich zwölf Weintrauben mit großen, rötlich herangereiften Beeren zählen. Der mit einem Lendentuch bekleidete, aber nicht angenagelte Christus schwebt in der Haltung des Gekreuzigten vor dem Weinstock. Auf den Kreuzestod Jesu verweisen seine geschlossenen Augen und sein herabgeneigtes Haupt, das von einem goldenen Strahlennimbus umgeben ist.[9]

Es mag dahingestellt sein, ob die Hereinnahme des im Weinstock Gekreuzigten in das Freskenprogramm auch von einer entsprechenden Vision des Dominikaners Heinrich Seuse (1295/97–1366) inspiriert war,[10] der vielleicht in Sießen als außerordentlicher Seelsorger gewirkt hatte und auch in einem 1729 von Caspar Fuchs (1671–1741) an der Emporenbrüstung gemalten Fresko dargestellt ist.[11] Jedenfalls sollte das Bildmotiv des Gekreuzigten, der als Weinstock aus dem Messkelch herauswächst, dem gläubigen Betrachter das eucharistische Mysterium vor Augen führen. Während der über dem Messkelch schwebende Gekreuzigte zeigt, dass im Altarsakrament das Erlösungsopfer gegenwärtig wird, macht der aus dem Kelch herauswachsende Weinstock deutlich, dass Christus der wahre Weinstock ist, der sein Erlösungsopfer zusammen mit dem Brot auch in die Frucht des Weinstocks hineingestiftet hat, um die Glieder seiner Kirche mit der eucharistischen Speise zu nähren. Auf diese Weise verbindet sich das Motiv des Weinstocks mit der Vorstellung des Kreuzes als Lebensbaum (vgl. Gen 2,8–9; Offb 22,1–5), denn durch die Hingabe Jesu am Holz des Kreuzes wurde der vom Holz des Erkenntnisbaumes kommende Tod in das Leben verwandelt, und dieses Erlösungsopfer wird in der Eucharistie gegenwärtig. Als wahrer, mit den Rebzweigen seiner Kirche verbundener Weinstock verwandelt Christus zusammen mit dem unsichtbaren Wesen des Brotes auch die Substanz des Weines in sich, um in der Eucharistie sein Kreuzesopfer sakramental gegenwärtig zu setzen und sowohl mit seinem hingegebenen Leib als auch mit seinem für die Sünden vergossenen Blut präsent zu sein. Die Zwölfzahl der Weintrauben steht für die Apostel, die Jesus in seiner Weinstockrede als seine Rebzweige bezeichnet hat (vgl. Joh 15,5), die als Schößlinge aus dem wahren Weinstock hervorsprossen und durch ihre Liebe die Blüte der Trauben zur Schau tragen.[12] Dabei repräsentieren die zwölf Apostel die ganze Kirche des Neuen Bundes, in der Christus fortlebt, so dass auch die Kirche mit ihren fruchtbringenden Trauben zum Weinstock und damit zum wahren Lebensbaum wird. So werden die Trauben am Weinstock zu Sinnbildern für die eucharistische Verbundenheit mit Christus, die Jesus als ein innerliches Bleiben in ihm beschreibt, das sich auf unüberbietbare Weise in seinem sakramentalen Einwohnen in der Kommunion erfüllt, das den Jünger dazu befähigt, reiche Frucht zu bringen: „Bleibt in mir, dann bleibe ich in euch. Wie die Rebe aus sich keine Frucht bringen kann, sondern nur, wenn sie am Weinstock bleibt, so könnt auch ihr keine Frucht bringen, wenn ihr nicht in mir bleibt. Ich bin der Weinstock, ihr seid die Reben. Wer in mir bleibt und in wem ich bleibe, der bringt reiche Frucht; denn getrennt von mir könnt ihr nichts vollbringen" (Joh 15,5–6).

Das himmlische Jerusalem

Sechster Sonntag der Osterzeit. Zweite Lesung: Offb 21,10–14.22–23

„Ein Engel zeigte mir die heilige Stadt Jerusalem, wie sie von Gott her aus dem Himmel herabkam, erfüllt von der Herrlichkeit Gottes."
Offb 21,10

An den Sonntagen nach dem Osterfest bis Christi Himmelfahrt sind die zweiten Lesungen der Offenbarung des Johannes entnommen. Es beginnt am Weißen Sonntag mit der einleitenden Himmelsvision (Offb 1,9–11a.12–13.17–19), setzt sich dann am dritten Sonntag der Osterzeit mit der Vision des Lammes fort (Offb 5,11–14) und stellt am vierten Sonntag nach Ostern, dem Sonntag des guten Hirten, die Geretteten vor Augen, die durch Christus, das Lamm, auf die Weide des himmlischen Paradieses geführt werden (Offb 7,9.14b–17). Am fünften (Offb 21,1–5a) und am sechsten Sonntag der Osterzeit (Offb 21,10–14.22–23) steht mit der Vision vom himmlischen Jerusalem die Vollendung der ganzen Heilsgeschichte im Mittelpunkt.

In der Offenbarung des Johannes geht es um das Zeugnis des unerschütterlichen Glaubens an den Sieg Christi und der mit ihm verbundenen Gläubigen. Nach den Sendschreiben an die sieben kleinasiatischen Gemeinden (Offb 1,9–3,22) und der einleitenden Himmelsvision (Offb 4,1–5,14) wird den Hörern in bildhafter Sprache eine lange Serie von Paradigmen vorgestellt (Offb 6,1–22,5), um die eigene Geschichte im Licht Christi verstehen zu können. Diese Paradigmen sprechen vom Öffnen der sieben Siegel und vom Erschallen der sieben Posaunen (Offb 6,1–11,19), vom Kampf Satans gegen das Volk Gottes (Offb 12,1–14,5), vom Gericht (Offb 14,6–20,15) und vom Vergehen des ersten Himmels und der ersten Erde (Offb 21,1). Dann

Himmlisches Jerusalem, Morgan-Beatus-Apokalypse, Ms. 644, fol. 222v, um 950, Deckfarbenmalerei mit Gold auf Pergament, ca. 38,7 × 28,5 cm (Blattgröße), ▷ New York, Pierpont Morgan Library.

öffnet sich der Raum für die neue Welt Gottes (vgl. Offb 21,1–22,5), die als neuer Himmel und als neue Erde (vgl. Offb 21,1) erscheint.

Auf die neue Erde senkt sich von oben her das himmlische Jerusalem herab, das für den Anbruch der neuen Welt bereitgehalten wurde. Die Heilsgeschichte, die mit dem Paradiesgarten begann (vgl. Gen 2,4b–25), findet nun seine Vollendung in der Vision der Gottesstadt (vgl. Offb 21,9–25). Dieses himmlische Jerusalem ist wie eine reine Braut, die ganz von der Herrlichkeit Gottes erfüllt ist und deshalb wie ein kristallklarer Jaspis leuchtet (vgl. Offb 21,2.9–11). Die Stadt hat Mauern, die ebenfalls aus Jaspis sind, und besteht aus Gold, das wie die Märtyrer im Feuer geläutert wurde und nun rein wie das Glas ist (vgl. Offb 21,18). Die visionäre Vorstellung sieht das himmlische Jerusalem als eine Stadt, deren Maße alle auf der Zwölfzahl gründen und von einem Engel gemessen werden (vgl. Offb 21,15). So ist die Stadt als ein großes Quadrat angelegt, das durch die gleiche Länge, Höhe und Breite von zwölftausend Stadien als ein gewaltiger Kubus erscheint. Auch die Höhe der Mauern beträgt zwölf mal zwölf Ellen (vgl. Offb 21,16–17). Die Stadt besitzt nach allen vier Himmelsrichtungen hin zwölf Tore mit Engeln, durch die das neue, aus den zwölf Stämmen Israels hervorgegangene Gottesvolk einziehen kann. Die Tore leuchten wie Perlen und spiegeln das Heil der von oben erleuchteten und neu geborenen Erlösten wider (vgl. Offb 21,12–13.21). Die zwölf Grundsteine der Mauern bestehen aus Edelsteinen (vgl. Offb 21,19–20), die wie die Perlen die vollendete, ganz für Gottes Licht transparente Schöpfung symbolisieren. Der Grund, auf dem die Gottesstadt erbaut ist, sind die zwölf Apostel, deren Namen auf den zwölf edelsteinverzierten Grundsteinen stehen (vgl. Offb 21,14). Da Gott die Stadt ganz erfüllt, braucht sie keinen Tempel mehr, und auch Sonne und Mond sind nicht mehr notwendig, da sich die ganze Herrlichkeit Gottes nunmehr im Lamm zeigt, das als „Licht der Welt" (Joh 8,12; 9,5) die Stadt hell erleuchtet (vgl. Offb 21,22–23). Da es keine Nacht mehr gibt und keine Frevler mehr Zutritt haben werden, können die Tore immer offen bleiben, so dass die ganze Pracht der Völker in die Stadt hineingelangen kann (vgl. Offb 21,24–27). So erscheint das himmlische Jerusalem als Ziel der Sehnsucht der Menschen, als Wohnung Gottes unter den Menschen, der alles neu machen wird (vgl. Offb 21,3–5).[1]

Aufgrund seiner bildhaften Sprache wurde der Text der Offenbarung des Johannes seit der Spätantike immer wieder illustriert, so dass sich die eigenständige Bildgattung der Apokalypsen-Handschriften entwickelte.[2] Vom frühen Mittelalter an waren diese Handschriften vor allem in den nördlichen Randgebirgen der Iberischen Halbinsel verbreitet, wo sich die islamische Besatzungsmacht nicht festsetzen konnte und die spanische Kirche in den Apokalypsen des Beatus einen neuen Handschriftentypus hervorbrachte. Diese reich illustrierten Handschriften sind nach dem gelehrten

Mönch Beatus (gest. 798) benannt, der im Martinskloster von Liébana im Kantabrischen Gebirge lebte und ab 776 die Apokalypse in Form einer Katene mit ausführlichen Zitatensammlungen kommentierte. In diesem Werk erklärte er die Apokalypse im Licht der alt- und neutestamentlichen Offenbarung als „ewiges Evangelium" (Offb 14,6) und berief sich dabei auf die Vorgängerkommentare der lateinischen Kirchenväter, vor allem auf die um 375 in der Provinz Africa verfasste Auslegung des Tyconius (gest. vor 400), von der Beatus mehr als die Hälfte übernahm. Der Kommentar des Beatus war wohl schon zu Lebzeiten des Verfassers mit fast 70 Illustrationen versehen worden, die zum visuellen Memorieren des Textes gedacht waren und der mönchischen Schriftbetrachtung (lectio divina) dienten, die aus Lektüre und Meditation bestand und zur Kontemplation führen sollte. Um die Mitte des 10. Jahrhunderts erfuhr die ursprüngliche Fassung der Beatus-Handschriften eine umformende Erweiterung, die sowohl den Text als auch die Illustrationen betraf.[3]

Diese Neukonzeption dürfte vor allem auf den spanischen Malermönch Maius (gest. 968) zurückgehen, der um 950 durch den Abt des Michaelsklosters von Escalada bei Léon beauftragt wurde, den Apokalypsenkommentar des Beatus zu kopieren. Wann diese Handschrift das Kloster Escalada verließ, ist nicht bekannt. Sie war jedenfalls von 1566 bis zur Säkularisation von 1837 in Uclés bei Cuenca im Besitz des königlichen Ritterordens, kam dann in den Handel und wurde 1919 für die Library des John Pierpont Morgan (1837–1913) in New York ersteigert, so dass sie als Morgan-Beatus-Apokalypse bezeichnet wird.[4]

Neben der Morgan-Beatus-Apokalypse entstanden bis ins 12. Jahrhundert hinein weitere Beatus-Apokalypsen, die in ihrer Voluminosität an Evangeliare erinnern und von der kulturellen Lebenskraft der nordspanischen Kirche dieser Zeit künden. Der erhabene Bildschmuck dieser Handschriften galt dem in seinem Wort gegenwärtigen Christus, wodurch die Beatus-Apokalypsen in Nordspanien gewissermaßen die Funktion übernahmen, die im übrigen Abendland den Evangeliaren zukam. Auch wenn sich in einigen Architekturmotiven ein gewisser mozarabischer Einfluss zeigt, verstanden sich die Beatus-Apokalypsen als spirituelle Antwort auf die maurische Invasion. Zudem ging es angesichts innerkirchlicher Konflikte auch um die Klärung der christlichen Lehre und um den Aufruf an die Gläubigen, in der Treue zu Gott zu leben. Um sich den anspruchsvollen Texten der Offenbarung des Johannes auch auf visuellem Weg annähern zu können, wurden die apokalyptischen Bilder in eine abstrahierende, leuchtend-farbige und expressiv-lebendige Formensprache übertragen, die keine tiefenräumliche Dreidimensionalität kennt und beim Betrachter weder Raumvorstellungen noch körperhafte Stofflichkeit hervorzurufen vermag. Damit entsprach die stark vereinfachte Darstellungsweise der Miniaturen der Symbolträchtigkeit der Apokalypse, um den Betrachter zu einer geistigen Auseinandersetzung mit dem Geheimnis der Botschaft herauszufordern, die ihm die Möglichkeit verstellte, das Dargestellte mit bloß konkreten, realistischen oder gar supranaturalistischen Vorstellungen zu füllen.[5]

In der Morgan-Beatus-Apokalypse[6] wird das himmlische Jerusalem als Idealbild eines Stadtplans mit vollkommen quadratischem Grundriss (vgl. Offb 21,16) wiedergegeben.[7] Die von Ordnung und Offenheit geprägte Stadt ist mit vielfältigem und kostbarem Schmuck ausgestattet, der nicht nur der Zier, sondern auch der Orientierung seiner Bewohner dient, damit sie sich in ihr vollkommen entfalten können (vgl. Offb 21,24–26). Da die Stadt einen Bauplan himmlischen Urspungs hat, kann sie durch keine zerstörerische List beeinträchtigt werden (vgl. Offb 21,27).[8]

Die Mitte der Stadt besteht aus einem gelb-rot gemusterten quadratischen Feld, das links einen rot nimbierten Engel zeigt, der in seinen Händen einen großen gelben Stab hält. Während sich sein kostbar verziertes blaues Gewand vom gelb-rötlichen Hintergrund abhebt, sind seine Flügel nur mit weißen Umrisslinien wiedergegeben. Dem Engel gegenüber steht rechts der durch einen blauen Nimbus hervorgehobene Seher Johannes, der über einer roten Tunika ein verziertes grünes Obergewand trägt und in seinen Händen das Buch mit der ihm geoffenbarten Botschaft der Apokalypse hält.[9] Mit eindrucksvoller Gebärde zeigt der Engel dem Seher die Anlage der Stadt (vgl. Offb 21,9), indem er mit einem goldenen Messstab ihre Tore und ihre Mauer abmisst (vgl. Offb 21,15).

Die in roten, gelben, grünen und blauen Farbtönen leuchtende Stadt verweist auf ihr kostbares Baumaterial, das ganz aus Gold, Perlen, Glas und Edelsteinen besteht (vgl. Offb 21,11.18–21). Die Stadt ist in einer extremen Draufsicht wiedergegeben, bei der die Stadtmauern entsprechend den vier Himmelsrichtungen nach außen geklappt sind. Diese wirkungsvolle Darstellungsweise hat eine gewisse Berechtigung, da der Seher Johannes die Vision des himmlischen Jerusalem auf einem hohen Berg hatte, auf den er durch den Engel entrückt wurde (vgl. Offb 21,10).[10] Diese planimetrische Projektion kam vereinzelt auch schon in der Kunst der römischen Antike vor, die aber die stärker illusionistische Stadtansicht in schräger Vogelperspektive bevorzugte.[11] Die Stadtmauer ist mit Zinnen geschmückt und besitzt auf jeder der vier Seiten drei Tore (vgl. Offb 21,21) mit sechs Türmen, so dass sich insgesamt zwölf Tore und 24 Türme ergeben,[12] wobei die gestuften Zinnen und hufeisenförmigen Torbögen eine mozarabisch beeinflusste Formensprache aufweisen.[13] Die vier Eckquadrate, in denen keine Tore eingefügt sind, zeigen gelb grundierte Felder mit rot linierten Quadratmustern.

Da die Stadtmauer zwölf Grundsteine hat, auf denen „die zwölf Namen der zwölf Apostel des Lammes" stehen (Offb 21,14), ist in jedem Tor deutlich erkennbar einer der zwölf Apostel zu sehen (vgl. Offb 21,12–14), von denen links oben als erster Petrus dargestellt ist. Die Anordnung der an ihren Beischriften identifizierbaren Apostel folgt den zwölf Edelsteinen, wie sie in der Apokalypse als Grundsteine der Stadtmauer der Reihe nach aufgeführt werden (vgl. Offb 21,19–20). Die den zwölf Aposteln zugeordneten Edelsteine werden ebenfalls inschriftlich bezeichnet und sind als verschiedenfarbige Scheiben über ihren Köpfen eingefügt. Die oben, unten und am linken Bildrand zwischen den Türmen eingefügten Texte sind den „Etymologiae" des Isidor von Sevilla (um 560–636) entnommen und enthalten kurze naturkundliche Beschreibungen der Edelsteine, ohne aber die Zuordnung der Kleinodien zu den jeweiligen Aposteln zu erklären.[14] Nach Tyconius symbolisieren die zwölf Edelsteine die verschiedenen Gaben des Heiligen Geistes, wie sie auch den zwölf Aposteln gegeben waren.[15]

Im Bogen des ersten Tores der oberen Himmelsrichtung ist links als dunkle Scheibe der Jaspis dargestellt, der nach der Apokalypse die Reihe der edelsteingeschmückten Grundsteine der Stadt eröffnet (vgl. Offb 21,19). In dem kurzen Text über den beiden Türmen, die das Tor flankieren, steht die kurze Charakterisierung der „Etymologiae", die den Jaspis den grünen Steinen zuordnet.[16] Als erstes der in der Offenbarung des Johannes genannten Kleinodien ist der in der Natur auch als grün- und braunfarbiger Edelstein vorkommende Jaspis dem Petrus zugeordnet, der ebenfalls den ersten Platz im Apostelkollegium einnimmt (vgl. Mk 3,16; Mt 10,2; Lk 6,14). Rechts daneben ist der Saphir (vgl. Offb 21,19) als rotumrandete gelbe Scheibe zu sehen, der nach Isidor von Sevilla zu den purpurnen Steinen gehört[17] und symbolisch auf den Apostel Andreas, den Bruder des Petrus, verweist. Dem im dritten Tor der oberen Himmelsrichtung stehenden Apostel Judas Thaddäus ist der in der Apokalypse an dritter Stelle genannte (vgl. Offb 21,19) und zu den Feuersteinen gehörende Chalzedon zugeordnet,[18] der auch mit dem Rubin gleichgesetzt wurde und als rotumrandete weiße Scheibe charakterisiert ist.

Die mit Edelsteinen geschmückten Grundsteine der Tore der zweiten Himmelsrichtung werden am rechten Bildrand durch den an vierter Stelle aufgeführten Smaragd (vgl. Offb 21,19) fortgeführt. Dieser Edelstein ist dem Apostel Simon dem Zeloten zugeordnet und als dunkelgrüne, rotumrandete Scheibe dargestellt, da er nach den „Etymologiae" zu den Grünsteinen zählt.[19] Darunter steht im nächsten Tor der Apostel Bartholomäus. Die über ihm sichtbare rotumrandete weiße Scheibe mit schwarzem Punkt in der Mitte ist als Sardonyx bezeichnet (vgl. Offb 21,20), der zu den purpurnen Steinen gehört.[20] Die Reihe der Tore der zweiten Himmelsrichtung wird durch den Apostel Jakobus den Älteren beschlossen, dessen Grab im nahen Santiago de Compostela verehrt wurde. Der ihm entsprechende Stein ist der als sechstes Kleinod genannte Sardion (vgl. Offb 21,20), der ebenfalls zu den Purpursteinen zählt[21] und deshalb mit einer hellroten Scheibe wiedergegeben ist.

Am Beginn der drei Tore der dritten Himmelsrichtung steht rechts unten der Apostel und Evangelist Johannes, der Bruder des älteren Jakobus. Als Kleinod, das den Grundstein des siebten Tores ziert (vgl. Offb 21,20), ist Johannes der Chrysolith, der „Goldstein"[22], zugeordnet, der als goldgelbe Scheibe mit einem dünnen roten Rand dargestellt ist. Links daneben folgt als achter Edelstein der dem Apostel Philippus zugehörige Beryll (vgl. Offb 21,20), der nach Isidor von Sevilla zu den Grünsteinen gehört[23] und durch eine dunkelgrüne, rotumrandete Scheibe wiedergegeben ist. Dem Apostel Thomas, der links unten im letzten Tor der dritten Himmelsrichtung steht, ist der in der Apokalypse an neunter Stelle genannte Topas (vgl. Offb 21,20) beigegeben, der in den „Etymologiae" zu den Grünsteinen gezählt und als Edelstein charakterisiert wird, der aus allen Farben zusammengesetzt ist.[24] So weist der Topas mehrere konzentrische Ringe auf, die von innen nach außen die Farben Rot, Dunkelblau, Gelb, Rot und Hellblau zeigen.

Am linken Bildrand sind die drei Tore zu sehen, die mit ihren edelsteingeschmückten Grundsteinen der vierten Himmelsrichtung angehören. Links unten steht im Stadttor der Apostel Jakobus der Jüngere, über dem eine dunkelgrüne, fast schwarze Scheibe mit rotem Rand zu sehen ist, die für den als zehnten Edelstein ausgeführten Chrysopras (vgl. Offb 21,20) steht, der nach den „Etymologiae" zu den Grünsteinen gehört.[25] Darüber ist als Purpurstein[26] die rotumrandete gelbe Scheibe des Hyazinth dargestellt. Der als elfter Edelstein genannte Hyazinth (vgl. Offb 21,20) ist auf den Apostel Matthäus bezogen. Im letzten Stadttor steht der für Judas Iskariot nachgewählte Apostel Matthias (vgl. Apg 1,26), über dem eine dunkelrote Scheibe schwebt, die nur von einem dünnen, roséfarbenen Ring eingefasst wird. Diese leuchtend rote Scheibe steht für den Amethyst, der als letzter der zwölf apokalyptischen Edelsteine aufgeführt ist (vgl. Offb 21,20) und nach den „Etymologiae" zu den Purpursteinen gehört.[27]

Die Mitte des himmlischen Jerusalem wird von Christus, dem Lamm, eingenommen, der zusammen mit Gott Tempel und Licht für die Stadt und ihre Bewohner ist: „Einen Tempel sah ich nicht in der Stadt. Denn der Herr, ihr Gott, der Herrscher über die ganze Schöpfung, ist ihr Tempel, er und das Lamm. Die Stadt braucht weder Sonne noch Mond, die ihr leuchten. Denn die Herrlichkeit Gottes erleuchtet sie, und ihre Leuchte ist das Lamm" (Offb 21,22–23). So steht im mittleren Quadrat der Himmelsstadt das leuchtend weiße Lamm, das mit seinem rechten Vorderbein den Kreuzstab als Zeichen der Erlösung hält.[28] Im Licht des Lammes werden die Völker einhergehen und die Könige der Erde und alle Völker ihre Schätze in die Stadt hineinbringen (vgl. Offb 21,24–26). Dieses Lamm geht mit dem himmlischen Jerusalem eine ewige Hochzeit ein, und diese Stadt besteht aus der geretteten Menschheit, die nun als Braut bereit ist (vgl. Offb 21,2; 19,7–9). Die leuchtenden Farben der himmlischen Stadt zeigen dem Betrachter das Ziel seines geistlichen Strebens, nämlich die Hochzeit des Lammes, das endgültige Wohnen Gottes unter den Menschen (vgl. Offb 21,3–7).

Die Himmelfahrt Jesu

Christi Himmelfahrt. Erste Lesung: Apg 1,1–11

„Jesus wurde vor ihren Augen emporgehoben, und eine Wolke nahm ihn auf und entzog ihn ihren Blicken."
Apg 1,9

Am vierzigsten Tag nach Ostern wird in der Liturgie das Hochfest der Himmelfahrt Christi begangen. Hinter diesem von Lukas in seinem Evangelium (vgl. Lk 24,50–53) und in der Apostelgeschichte (vgl. Apg 1,9–11) überlieferten Ereignis steht die österliche Erfahrung der ersten Christengemeinde, dass Jesus nach seiner Kreuzigung und Grablegung durch Gott von den Toten auferweckt und in den Himmel zu seiner Rechten erhoben wurde (vgl. Apg 5,30–31). Das Evangelium, das am Hochfest verkündet wird (Lk 24,46–53), betont vor allem den Segen des auffahrenden Christus, aber auch die Anbetung der Jünger und das sich im Tempel anschließende Gotteslob (vgl. Lk 24,50–53; Sir 50,20–22). In der ersten Lesung (Apg 1,1–11), in der Jesus vor den Augen seiner Jünger emporgehoben und von einer Wolke aufgenommen wird (vgl. Apg 1,9), geht es vor allem um die Zeugenschaft der Apostel und um die Gewissheit der Wiederkunft des in den Himmel zum Vater erhöhten Christus, dessen Macht und Herrschaft ewig sein werden (vgl. Dan 7,13–14). Als Zeugen für den erhöhten, in seiner Kirche fortwirkenden und einst wiederkommenden Christus sollen die Apostel in die Welt gehen (vgl. Apg 1,8), wie es ihnen auch durch zwei plötzlich erscheinende Engel gesagt wird (vgl. Apg 1,11).[1]

DIE BEIDEN IM LUKASEVANGELIUM UND IN DER APOSTELGESCHICHTE überlieferten Aspekte des segnend auffahrenden Christus (vgl. Lk 24,50–51) und der Zeugenschaft der Apostel (vgl. Apg 1,8–11) finden sich in einer ottonischen Miniatur vereint,[2] die zu einem Perikopenbuch gehört, das durch Kaiser Heinrich II. (reg. 1002–1024) für das Bistum Bamberg in Auftrag gegeben wurde.

Die ottonischen Miniaturen folgten der karolingischen Buchmalerei, die sich unter Karl dem Großen (reg. 768–814) entwickelt hatte, dem es gelungen war, das weströmische Kaisertum im frühmittelalterlichen Europa zu erneuern. Als das Karolingerreich politisch instabil wurde, kam es für das ostfränkische Reich ab 919 unter den Königen aus dem Haus der sächsischen Ottonen zu einer Erneuerung und 962 durch die Kaiserkrönung Ottos I. (reg. 936–973) zur Gründung des Heiligen Römischen Reiches Deutscher Nation. Nachdem sich bereits die karolingische Kunst von ihrer anfänglich klassischen Orientierung gelöst und einen Stil ausgebildet hatte, der mehr die religiöse Ausdruckskraft als die künstlerische Form betonte, wurden diese Tendenzen zur Ausbildung einer sakralen Bildauffassung in der ottonischen Kunst fortgesetzt und erreichten unter dem letzten Ottonen Heinrich II. ihren künstlerischen Endpunkt. Die ottonische Buchmalerei entwickelte eine gestenreiche und auf das Wesentliche ausgerichtete Bildsprache, die sich durch monumentale Ausdrucksstärke auszeichnete und den religiösen Gehalt ihrer Darstellungen vor allem durch die Gebärdensprache zu vermitteln versuchte.[3] Dieser Stil wurde besonders in den Perikopenbüchern entwickelt, die unter den Ottonen neu eingeführt wurden. In diesen Evangeliaren wurden die Evangelien nach den liturgischen Feiertagen angeordnet und oftmals mit Miniaturen illustriert.[4]

Nachdem Heinrich II. 1007 die Diözese Bamberg gegründet hatte, ließ er bis 1012 in der Schreibschule des Reichenauer Inselklosters ein Perikopenbuch anfertigen, das nach der Säkularisation von 1803 nach München verbracht wurde, wo es sich bis heute in der Bayerischen Staatsbibliothek befindet.[5] Das Perikopenbuch Heinrichs II. gehört zu den Hauptwerken der ottonischen Buchmalerei und umfasst insgesamt 28 auf Pergament gemalte ganzseitige Miniaturen. Während bei den Messfeiern zu Mariä Lichtmess, Gründonnerstag, Christi Himmelfahrt, Petrus und Paulus sowie Kirchweih der Bildschmuck je eine Miniatur umfasst, bestehen die Illustrationen zu Weihnachten, Epiphanie, Palmsonntag, Karfreitag, Ostersonntag, Pfingsten, Geburt Johannes' des Täufers, Mariä Himmelfahrt und zur Totenmesse aus zwei gegenüberliegenden Seiten, wodurch das Streben nach Monumentalität zusätzlich eine Steigerung erfuhr.[6]

Die Miniatur mit der Himmelfahrt Christi dient als Illustration des Festtagsevangeliums (Mk 16,14–20), das dem im 2. Jahrhundert an das Markusevangelium hinzugefügten Schlusskapitel (Mk 16,9–20) entnommen ist. In diesem Abschnitt werden

Himmelfahrt Christi, Perikopenbuch Heinrichs II., Codex Latinus Monacensis 4452, fol. 131v, um 1007/12, Deckfarbenmalerei mit Gold auf Pergament, 42,5 × 32 cm (Blattgröße), München, Bayerische Staatsbibliothek.

Perikopenbuch Heinrichs II., Himmelfahrt Christi

zunächst die Erscheinungen des Auferstandenen zusammengefasst (vgl. Mk 16,9–13). Anschließend wird von einer letzten Begegnung Jesu mit seinen Aposteln bei einem Mahl berichtet, die dann in seine Himmelfahrt einmündet, während im letzten Vers der Aufbruch der Apostel zur Verkündigung des Evangeliums erwähnt wird (vgl. Mk 16,14–20). Das Ereignis der Himmelfahrt selbst erfährt nur eine kurze Schilderung: „Nachdem Jesus, der Herr, dies zu ihnen gesagt hatte, wurde er in den Himmel aufgenommen und setzte sich zur Rechten Gottes" (Mk 16,19). Während die Miniatur mit der Szene der Himmelfahrt auf der linken Seite dargestellt ist, besteht das gegenüberliegende Blatt in einer Initialseite, die den Beginn des Festtagsevangeliums enthält.[7]

Das hochrechteckige Bild mit der Himmelfahrt Jesu ist von einem schmalen Goldstreifen umgeben und besteht aus drei Zonen. Während am unteren Bildrand der grüne Hintergrundstreifen für den irdischen Bereich und die darüber befindliche grauviolette Zone für die Luft stehen, wird die Sphäre des Himmels ganz oben durch einen hellroten Streifen veranschaulicht.

Die in der Mittelachse im Bildzentrum frontalansichtig gezeigte Gestalt Jesu nimmt die obere Hälfte fast ganz ein. Christus ist mit einer weiß gehöhten hellblauen Tunika und einem hellgelben Pallium bekleidet. Der Vorgang des Auffahrens wird links durch einen Luftwirbel am Saum des Untergewandes und darüber durch das flatternde Obergewand angedeutet. Die sakrale Hoheit des Auferstandenen, der nun in den Himmel heimkehrt, wird durch den großen goldenen Kreuznimbus und durch das streng vorderansichtig gegebene Haupt Jesu unterstrichen, der seine Jünger nunmehr verlassen hat (vgl. Lk 24,51) und nicht mehr mit ihnen in Blickkontakt steht. Die Wolke, von der Jesus nach dem Bericht der Apostelgeschichte aufgenommen und den Blicken der Jünger entzogen wird (vgl. Apg 1,9), besitzt die gleiche hellgelbe Farbe wie das Pallium Jesu und auch die Obergewänder der vier Engel, die auf der Miniatur dargestellt sind. Damit erscheint das weiß gehöhte und teilweise zu Ocker abgestufte Gelb als Himmelsfarbe und verdeutlicht, dass die Wolke als biblisches Zeichen für die Macht und Herrlichkeit Gottes (vgl. Ex 19,9.16; 24,15–16; 34,5; Dan 7,13; Lk 21,27; Offb 1,7)[8] in der gleichen Weise dem Himmel angehört wie die Engel und der menschgewordene Gottessohn selbst. Gemäß den Worten des Lukasevangeliums: „Dort erhob er seine Hände und segnete sie. Und während er sie segnete, verließ er sie und wurde zum Himmel emporgehoben" (Lk 24,50–51), ist Jesus segnend und mit ausgebreiteten Händen wiedergegeben. Während er seine Linke erhoben hat, segnet er mit seiner Rechten, die deutlich den lateinischen Segensgestus zeigt, bei dem Daumen, Zeigefinger und Mittelfinger ausgestreckt sind, um das Mysterium der Dreifaltigkeit zu veranschaulichen, während die beiden anderen Finger zurückgebogen sind und auf die beiden Naturen Christi verweisen.[9]

Ab seiner Leibesmitte ragt Jesus in die hellrote Himmelssphäre, in der bereits seine rechte Segenshand agiert, während die linke Hand noch zur Hälfte der grauvioletten Luftschicht angehört. Diese Luftschicht wird als undurchsichtige Materie aufgefasst, hinter der zwei Engel auftauchen, die zur Himmelssphäre gehören und den in den Himmel zurückkehrenden Gottessohn mit akklamierend erhobenen Händen in Empfang nehmen.[10] Die beiden Engel besitzen zwar graue Flügel, erweisen sich aber durch ihre Kleidung und ihre goldenen Nimben, die sie mit Jesus gemeinsam haben, als himmlische Wesen.

Zusammen mit der Miniatur der Auferstehung der Toten als Illustration zur Totenmesse[11] ist das Bild mit der Himmelfahrt Christi das einzige in der ganzen Handschrift, das nicht mit einem Goldgrund hinterlegt ist.[12] Während der Goldhintergrund in der ottonischen Buchmalerei gewöhnlich dazu diente, die davor agierenden Figuren jeder materiell greifbaren Wirklichkeit zu entziehen und so auf das überzeitlich Religiöse zu verweisen,[13] wird hier der unvermittelte Übergang vom Goldgrund zum farbigen Hintergrund vermieden, um in farblicher Abstufung die Sphärenschichten darzustellen, durch die Jesus bis in den Himmel hinein aufsteigt.[14] Dem Maler, „der mit höchster Delikatesse farblich zu differenzieren versteht", gelingt es auf diese Weise auch vom Künstlerischen her, die Wolke im Bildzentrum hervorzuheben, „die, wäre sie von Goldgrund umgeben, wohl weniger hervortreten würde"[15]. So schwebt Jesus durch eine grauviolette Sphäre hindurch, die für die niederen und dunkleren Luftschichten steht, denen nach biblischer Vorstellung auch die bösen Geister und Satan angehören, dessen Körper nach frühchristlichen Vorstellungen aus Luft besteht (vgl. Eph 2,2). Mit seinem Oberkörper hat Jesus bereits den hellen, göttlichen Himmel erreicht, dessen Rottöne zum klaren Licht gehören und als Farbe des Morgenrotes auf den oberen, ätherischen Himmel mit dem ungeschaffenen Licht verweisen, von dem Gott begleitet wird.

Der untere Bereich zeigt mit seinem hellgrünen Hintergrund, dass Jesus bei seiner Himmelfahrt die Erde verlassen hat, auf der er als wahrer Mensch sein Erlösungswerk vollbracht hat. Durch einen Hügel, der sich inmitten graubrauner Erdschollen erhebt, und durch einen stark stilisierten Baum mit grünlichem Stamm wird der Ölberg als Ort der Himmelfahrt (vgl. Apg 1,12) angedeutet.[16]

Zu beiden Seiten des Ölbergs sind die Jünger in zwei Gruppen dargestellt, die links von Maria und rechts von Petrus angeführt werden. Obwohl die Himmelfahrt nur vor den elf Aposteln stattgefunden hat (vgl. Apg 1,12–13) und die Nachwahl des Matthias für den Verräter Judas Iskariot erst danach durchgeführt wurde (vgl. Apg 1,26), zeigt die Miniatur zwölf Apostel, um mit dem vollständigen Kollegium die Gesamtgestalt der aus den zwölf Stämmen Israels hervorgegangenen Kirche anzudeuten. In ähnlicher Weise ist auch schon Maria im Bild zu sehen, die zwar nicht direkt im Zusammenhang mit der Himmelfahrt erwähnt wird, aber unmittelbar danach, als sich die Apostel nach der Auffahrt Jesu in das Jerusalemer Obergemach zurückgezogen haben, um zu beten (vgl. Apg 1,12–14) und den zwölften Apostel nachzuwählen (vgl. Apg 1,15–26). Nachdem Maria bereits im 6. Jahrhundert in der Kunst der Ostkirche zu einem festen Bestandteil des Himmelfahrtsbildes geworden war, wurde sie auch in den meisten ottonischen Bildern mit der Aufnahme Jesu in den Himmel dargestellt.[17] Maria trägt über einer weiß gehöhten, hellblauen Tunika ein purpurviolettes Obergewand, das entfernt an eine Messkasel erinnert und ihre Würde als Mutter der Kirche unterstreicht, der die priesterliche Ausspendung der Sakramente des Heils anvertraut ist. Maria hat ihr Haupt, das von einem goldenen Nimbus umgeben ist, nach oben zu ihrem auffahrenden Sohn gewendet, dem sie mit einer nachdenklichen Gebärde ihrer linken Hand nachblickt. Die von ihr angeführten sechs Apostel sind ebenfalls in weiß gehöhte, hellblaue Tuniken gekleidet, während ihre Pallien offenbar verschiedenfarbig sind. Die Apostel, von denen der mit einem roten Pallium bekleidete Jünger als einziger fast ganz sichtbar ist, haben ihre Hände erhoben und blicken Jesus in den Himmel nach. Während Maria schwarze Schuhe trägt, sind die Apostel barfüßig dargestellt. Die nackten Füße verweisen auf die Aussendungsrede Jesu, der die Apostel mittellos und ohne Schuhe ausgesandt hatte (vgl. Lk 10,4), erinnern aber auch an die alttestamentliche Prophetie von der Freudenbotschaft des Heils: „Wie willkommen sind auf den Bergen die Schritte des Freudenboten, der Frieden ankündigt, der eine frohe Botschaft bringt und Rettung verheißt, der zu Zion sagt: Dein Gott ist König" (Jes 52,7; vgl. Nah 2,1; Röm 10,15).[18] Christus selbst erweist sich mit seiner Barfüßigkeit als Urheber der Frohen Botschaft, und auch die Engel zeigen mit ihren nackten Füßen, dass sie Boten (ἄγγελοι) Gottes sind.

Auf der rechten Seite führt Petrus die andere Hälfte der sechs Apostel an, die wie die übrigen gekleidet und bis auf den Apostelfürsten bartlos dargestellt sind. Wie Maria ist auch Petrus durch einen goldenen Nimbus gegenüber den anderen Aposteln hervorgehoben.[19] Er trägt über seiner Tunika ein hellrotes Pallium und zeigt die für ihn charakteristischen Gesichtszüge mit kurzem Kinnbart und weißen Haaren. Wie die übrigen Apostel blickt auch Petrus zum Himmel hinauf und gestikuliert mit den Händen.

Links und rechts vom Ölberg stehen zwei Engel, die in gleicher Weise wie Jesus gekleidet sind und goldene Nimben tragen. Ihre großen Flügel, die gleichfalls die hellgelbe Himmelsfarbe zeigen, ragen weit in den grauvioletten Hintergrund der unteren Luftschichten hinein. Die Engel wenden sich den beiden Apostelgruppen zu, raffen mit den linken Händen ihre Pallien und weisen mit der Rechten nach oben auf den entschwebenden Christus hin. Die beiden Engel sind die zwei Männer in weißen Gewändern, die plötzlich bei den Aposteln standen, als diese unverwandt dem auffahrenden Jesus nachschauten (vgl. Apg 1,10). Die Gebärden ihrer rechten Hände und ihre zu den Aposteln hin geneigten Häupter zeigen, dass sie gerade die Jünger dazu auffordern, nicht zum Himmel zu starren, sondern die ihnen aufgetragene Botschaft zu bezeugen, dass Christus so wiederkommen wird, wie sie ihn jetzt in den Himmel haben auffahren sehen: „Ihr Männer von Galiläa, was steht ihr da und schaut zum Himmel empor? Dieser Jesus, der von euch ging und in den Himmel aufgenommen wurde, wird ebenso wiederkommen, wie ihr ihn habt zum Himmel hingehen sehen" (Apg 1,11).[20] So stehen die Gebärden der übergroßen rechten Hände der beiden Engel im Mittelpunkt, mit dem die beiden Himmelsboten ebenso eins geworden sind wie der auffahrende Christus mit seiner Segenshand. Während der linke Engel einen Zeigegestus ausführt, besteht die Handgebärde des rechten Engels wie bei Jesus im lateinischen Segensgestus. Die beiden Engel sind als himmlische Boten keine empfindenden und innerlich bewegten Wesen, sondern Gebärde schlechthin und vermitteln gerade durch ihre Gesten den religiös bedeutsamen Gehalt des Bildes,[21] der im Glauben an den in den Himmel aufgefahrenen und von dort einst wiederkommenden Christus besteht.

Die Miniatur mit der Himmelfahrt Christi ist von einer konzentrierten, monumentalen Sakralität durchdrungen. Während die Wolke deutlich macht, dass sich Christus den Blicken seiner Jünger entzogen hat, verweist die Segensgebärde Jesu auf die Gegenwart des Aufgefahrenen in seiner um Maria und Petrus gescharten Kirche. Die subtile Farbgebung ersetzt den Goldhintergrund, um das Aufsteigen Christi in den Himmel zu veranschaulichen, von dem er einst wiederkommen wird. So will die Miniatur vor Augen führen, dass Christus in den Himmel aufgefahren ist, um von dort her durch die Apostel weiterhin in seiner Kirche zu wirken und am Ende der Zeit wiederzukommen, um in seiner Parusie alles zu vollenden.

Die Steinigung des Stephanus

Siebter Sonntag der Osterzeit. Erste Lesung: Apg 7,55–60

„So steinigten sie Stephanus; er aber betete und rief:
Herr Jesus, nimm meinen Geist auf! Dann sank er in die Knie und schrie laut:
Herr, rechne ihnen diese Sünde nicht an!"
Apg 7,59–60

Auf das Hochfest Christi Himmelfahrt folgt der siebte Sonntag der Osterzeit, an dem in der ersten Lesung aus der Apostelgeschichte von der Steinigung des Stephanus berichtet wird, der vor seinem Martyrium den in den Himmel aufgefahrenen Christus zur Rechten des Vaters sieht (vgl. Apg 7,55).

Stephanus gehörte zu den sieben Diakonen, den Gemeindeleitern der Griechisch sprechenden Judenchristen in Jerusalem (vgl. Apg 6,1–7). Er legte „voll Gnade und Kraft" und durch „Wunder und große Zeichen" Zeugnis für Christus ab (Apg 6,8). Wegen seiner Äußerungen zum Gesetz des Mose und zum Tempel (vgl. Apg 6,13–14) wurde Stephanus vor den Hohen Rat geschleppt (vgl. Apg 6,12), wo sein Antlitz „wie das Gesicht eines Engels" erschien (Apg 6,15), weil Gottes Geist in ihm aufleuchtete (vgl. Apg 6,5.10). Da er bereit war, Jesus im Leiden und Sterben nachzufolgen, lag schon der Glanz der kommenden Welt auf ihm (vgl. Apg 7,55–56). In seiner Rede vor dem Hohen Rat legte er dar, dass sich das Volk Israel immer wieder dem Willen Gottes widersetzt hat und dass durch den Sühnetod Jesu der Kult im Jerusalemer Tempel überholt ist (vgl. Apg 7,1–53).[1] Während die Mitglieder des Hohen Rates „aufs Äußerste über ihn empört" waren (Apg 7,54), blickte Stephanus, „erfüllt vom Heiligen Geist", zum Himmel empor, „sah die Herrlichkeit Gottes und Jesus zur Rechten Gottes stehen und rief: Ich sehe den Himmel offen

Giulio Romano, Steinigung des Stephanus, 1520/21, Öl auf Pappelholz,
403 × 288 cm, Genua, Santo Stefano. ▷

Giulio Romano, Steinigung des Stephanus

und den Menschensohn zur Rechten Gottes stehen" (Apg 7,55–56). Die Vision des in den Himmel aufgefahrenen und zu Gott erhöhten Christus löste einen Tumult unter den Anwesenden aus. Daraufhin stürmten sie auf Stephanus los, trieben ihn zur Stadt hinaus und steinigten ihn als Gotteslästerer (vgl. Lev 24,10–16), nachdem die Zeugen, die die Steinigung ausführten, ihre Obergewänder dem jungen Saulus zur Bewachung anvertraut hatten (vgl. Apg 7,57–58).[2] In vollkommener Nachfolge seines leidenden und sterbenden Herrn (vgl. Lk 23,34.46) betete Stephanus: „Herr Jesus, nimm meinen Geist auf!" (Apg 7,59). Dann sank er in die Knie, schrie laut: „Herr, rechne ihnen diese Sünde nicht an!" (Apg 7,60), und starb. So wurde Stephanus zum ersten Märtyrer der Kirche und zum Zeugen für den in den Himmel erhöhten Christus.

AUF DEN RÖMISCHEN RENAISSANCEMALER GIULIO ROMANO (1499–1546) geht ein Altarbild mit der Steinigung des Stephanus zurück, das um 1519 in Rom in Auftrag gegeben wurde und unter anfänglicher Anleitung Raffaels (1483–1520) entstanden war. Das Gemälde, das sich bis heute an seinem Bestimmungsort in Santo Stefano in Genua befindet, ist zweigeschossig komponiert und zeigt oben die Vision des Stephanus mit dem zur Rechten des Vaters erhöhten Christus. In der unteren Bildhälfte ist vor dem Hintergrund einer Ruinenlandschaft die Steinigung des in der Mitte seiner Verfolger knienden Erzmärtyrers dargestellt, wobei zwei junge Gestalten durch die Lichtregie besonders hervorgehoben sind: rechts ein junger Mann, der zum Steinwurf ausholt, und links der junge Saulus.

Das Gemälde wurde durch Giovanni Matteo Giberti (1495–1543) in Auftrag gegeben, der aus einer reichen Genueser Handelsfamilie stammte und bereits in seiner Jugend in die päpstliche Kuriendiplomatie hineinwuchs. Nachdem ihn Giulio de' Medici (1478–1534), der Vizekanzler und Neffe Leos X. (reg. 1513–1521), zu seinem Sekretär ernannt hatte, wurde Giberti auch mit Raffael bekannt, der seit 1508 in Rom wirkte.[3] Als er am 29. März 1519 in seiner Heimatstadt Kommendatarabt des im 10. Jahrhundert gegründeten Benediktinerklosters Santo Stefano wurde, wollte Giberti die heruntergekommene und nur noch zwei Mönche zählende Abtei sanieren, unter anderem durch ein neues Hochaltarbild mit dem Martyrium des Kirchenpatrons Stephanus. Gibertis Entschluss, im Sommer 1519 Raffael mit diesem großformatigen Altargemälde zu beauftragen, geschah sicherlich unter dem Eindruck der berühmten Bildstiftung Giulio de' Medicis, der 1515 Pfründeinhaber des südfranzösischen Erzbistums Narbonne geworden war und 1516 für die dortige Kathedrale Saint-Juste bei Raffael ein Altarbild mit der Verklärung Christi und bei Sebastiano del Piombo (um 1485–1547) ein zweites Gemälde mit der Lazaruserweckung bestellt hatte.[4] Als sich Giberti an Raffael wandte, hatte sich der mit vielen Aufträgen überlastete Maler bereits seit 1517/18 bei den Tafelbildern zunehmend auf die Entwurfsarbeiten beschränkt und seinen engsten Mitarbeitern die Ausführung überlassen.[5]

Als Raffael am Karfreitag des 6. April 1520 mit 37 Jahren unerwartet starb, standen eine Reihe von Projekten des Künstlers in Frage, so auch das Stephanusbild, das noch nicht über die Entwurfsphase hinaus gediehen war.[6] Als Sebastiano del Piombo, der venezianische Schüler Michelangelos (1475–1564), Raffaels Vorrangstellung einzunehmen versuchte und den Auftrag zur Fertigstellung der repräsentativen Freskodekoration der Sala di Costantino im päpstlichen Palast erlangen wollte, bemühte sich auch der erst 21-jährige Giulio Romano, die Nachfolge seines so plötzlich verstorbenen Lehrers anzutreten.[7] Giulio Romano war in Rom am Macel de' Corvi zwischen Esquilin und Kapitol in der Nähe der eindrucksvollen Ruinen der Kaiserforen aufgewachsen und bereits im Knabenalter um 1509/12 in die Werkstatt Raffaels eingetreten, in der er ab 1518/19 in leitender Stellung tätig war.[8] Nach der Beisetzung seines Lehrers im römischen Pantheon wollte sich Giulio Romano mit der raschen Fertigstellung des Genueser Altarbildes gegenüber der kunstsinnigen Gesellschaft am päpstlichen Hof profilieren, wo im vatikanischen Palast seit der zweiten Aprilwoche 1520 – oder auch schon ab Dezember 1519 – die Narbonner Altargemälde mit der Lazaruserweckung seines Konkurrenten Sebastiano del Piombo und Raffaels Verklärungsbild ausgestellt waren.[9] Nachdem Giulio Romano das Stephanusbild wohl um 1520/21 vollendet hatte, dürfte es Giberti im Spätsommer 1522 bei einem kurzen Aufenthalt in seiner Heimatstadt wohl schon an seinem Bestimmungsort auf dem Hochaltar seiner Abteikirche gesehen haben, als er den neu gewählten Papst Hadrian VI. (reg. 1522–1523) von Spanien kommend über Genua nach Rom begleitete. Jedenfalls muss das Bild spätestens bis zum Herbst 1523 in Santo Stefano aufgestellt worden sein, da der am 19. November 1523 als Clemens VII. (reg. 1523–1534) zum Papst gewählte Giulio de' Medici in der literarisch überlieferten Inschrift des Bilderrahmens noch als Kardinal bezeichnet wurde.[10]

Das über vier Meter hohe Altarbild, für das sich in der Vatikanischen Pinakothek der gleich große Entwurfskarton erhalten hat,[11] galt als eines der bekanntesten Kunstwerke Genuas. Als während der französischen Besatzung das Benediktinerkloster Santo Stefano aufgehoben wurde, ließ der oberste Kunstkommissär Dominique-Denons (1747–1825) das Gemälde 1812 aus der Kirche entfernen und nach Paris bringen, wo es im Musée Napoléon neben Raffaels Verklärungsbild präsentiert wurde. Nachdem es 1816 in die ehemalige Klosterkirche zurückgekehrt war, erklärte sich 1842 König Karl Albert Amadeus von Sardinien-Piemont (reg. 1831–1849) sogar bereit, für das Stephanusbild einen von der Erzdiözese Genua neben Santo Stefano geplanten Kirchenneubau zu finanzieren. Da der Senat der Stadt diese Pläne verhindern konnte, befindet sich das Gemälde bis heute in der angestammten Kirche, auch wenn der ursprüngliche Hochaltar und der Bilderrahmen mit der Stifterinschrift im Zweiten Weltkrieg verloren gingen.[12]

Das Stephanusbild, das mit seinem zweigeschossigen Aufbau an Raffaels Verklärungsbild erinnert, zeichnet sich durch seine spannungsvollen, kleinteiligen Helldunkelkontraste aus, die Giulio Romano auch in anderen Tafelbildern ausführte, wie die 1518/19 entstandene Perla-Madonna im Madrider Prado zeigt. Das Helldunkel prägt zunächst die Gruppe um Stephanus, verliert sich dann im Dämmerlicht des Hintergrundes, um in der Ruine am linken Bildrand wieder aufzuleuchten. Während Raffael eine klare Raumstruktur bevorzugte, entwickelte Giulio Romano in seinen dunkeltonigen Szenarien einen unruhig-dramatischen Stil mit überraschenden Farb- und Lichteffekten. Mit dieser Bildsprache, die für Raffael untypisch war, aber dem venezianischen Kolorismus ähnelte, versuchte Giulio Romano offenbar auch seinen aus Venedig stammenden Konkurrenten Sebastiano del Piombo zu übertreffen.[13] So stellt nach Michael P. Fritz der Architekturprospekt im Hintergrund eine „aufsehenerregende Ruinenlandschaft" dar, „die in ihrer atmosphärischen Dramatik bis dahin in der Malerei nicht ihresgleichen hatte"[14].

Die im fernen und nahen Hintergrund dargestellte Landschafts- und Architekturszenerie, vor der sich die Steinigung des Stephanus ereignet, weist keine Bezüge zum historischen Jerusalem mehr auf. Sie wird von einem breiten, mäandrierenden Fluss durchzogen, der am Horizont aus einem Gebirgsmassiv hervorkommt und sich rechts hinter der Figurengruppe den Blicken des Betrachters entzieht. Über den Fluss, in dem sich das goldene Licht der Himmelsglorie widerspiegelt, führt eine Bogenbrücke. Sie steht für die in Rom noch erhaltenen antiken Tiberbrücken und verbindet die zumeist verfallenen römischen Architekturstücke auf der rechten und linken Seite des Bildes miteinander.

Rechts von der Brücke ist eine Pyramide zu sehen, die entweder an das Grabmal des Gaius Cestius an der Porta Ostiense erinnert oder auf das Grabmal des Romulus (Meta Romuli) anspielt, das zwischen der Peterskirche und der Engelsburg bis zu seiner weitgehenden Zerstörung 1499 zu sehen war. Nach rechts schließt sich eine Triumphsäule an, die mit ihrem Spiralfries an die römischen Ehrensäulen der Kaiser Trajan (reg. 98–117) oder Mark Aurel (reg. 161–180) erinnert.[15] Am rechten Bildrand setzt sich gegen den stimmungsvollen Himmel dunkel und silhouettenhaft die Ruine des aus dem ersten vorchristlichen Jahrhundert stammenden Rundtempels von Tivoli ab, von der bereits in der Werkstatt Raffaels Studien angefertigt wurden. Diese suggestive Tempelruine, die Giulio Romano auch im Hintergrund der Perla-Madonna dargestellt hatte, sollte vom frühen 17. Jahrhundert bis in die Kunst der Romantik hinein zum Inbegriff der arkadischen Landschaft werden.[16]

Links von der Brücke ist die in ein unheimlich flackerndes Licht getauchte Ruine einer römischen Hallenarchitektur zu sehen, die der großen Markthalle (Aula maxima) der um 100/112 erbauten Trajansmärkte gleicht, in deren Nähe Giulio Romano aufgewachsen ist. Auch wenn der gemalte Bau eine deutlich geringere Tiefe als die römische Markthalle aufweist, so sind doch die Übereinstimmungen bei den mit Travertin eingefassten Türöffnungen der Verkaufsläden (tabernae) und bei den Fenstern der darüberliegenden Halbgeschosse auffallend. Während die Halle mit Porträtbüsten und Marmorstatuen ausgestattet ist, sind in dem ruinösen, überhängenden Gussgewölbe tönerne Hohlgefäße zu sehen, wie sie von den römischen Baumeistern miteingegossen wurden, um das Gewicht der Decke zu verringern. Der rückwärtige Abschluss der so erfindungsreich gestalteten Halle zeigt ein mit Hausteinen eingefasstes Portal, das an das Stadttor erinnert, durch das Stephanus aus der Stadt zur Steinigung hinausgetrieben wurde (vgl. Apg 7,58).[17]

Im Bildvordergrund ist der von seinen Verfolgern umringte Stephanus zu sehen, der entrückt nach oben zum Himmel blickt, während die Steine auf ihn herabprasseln und sich schon um ihn zu häufen beginnen. Dass ein Teil der Steine aus den Ruinen der linken Seite stammen dürfte, wird durch einige Gestalten nahegelegt, die vom Stadttor hereileilen, um der Steinigung zuzuschauen oder gar an ihr mitzuwirken. Bei der Darstellung des aufgebrachten Pöbels folgte Giulio Romano den in der Kunsttheorie für die Historienmalerei immer wieder betonten Idealen der Mannigfaltigkeit (varietà) und Reichhaltigkeit (copia), um das Bild durch Gestaltung und Verflechtung der einzelnen Gestalten und Figurengruppen räumlich zu strukturieren und die Malerei durch unterschiedliche Haltungen, Bewegungsmotive, Gesten, Mienenspiel, Rassen und Altersgruppen zu einem lebendigen Theater werden zu lassen. Zudem wird der Kreis der fanatischen Schar zum Betrachter hin aufgebrochen, um ihn in das affektiv aufgeladene Geschehen einzubeziehen und zu den beabsichtigten didaktisch-moralischen Wirkungen zu führen.[18] Diesem Anliegen dient auch das bedrohliche Wechselspiel des Helldunkels in der unteren Zone, in dem sich bereits das dramatische Ende der Steinigung ankündigt.[19]

Während sich die helldunklen Kontraste im Dämmerlicht des Bildhintergrundes verlieren, heben sich rechts neben Stephanus der werfende jugendliche Mann und links der junge Saulus durch ihre lichtvoll akzentuierte physische Präsenz von den übrigen Männern deutlich ab. Die abgelegten Oberkleider der Zeugen sind zu Füßen des Saulus zu sehen (vgl. Apg 7,58), der zwar nicht selbst an der Steinigung beteiligt war, aber als eifriger Pharisäer der meuchlerischen Tat zugestimmt (vgl. Apg 8,1) und sich bei der anschließenden Verfolgung der Kirche hervorgetan hatte (vgl. Apg 8,3; 22,3–5.19–20; Gal 1,13–14). In diesem Sinn hatte Raffael, als er um 1517/19 seine Entwürfe zum Leben der beiden Apostelfürsten für die Bildteppiche der Sixtinischen

Kapelle anfertigte, bei der Steinigungsszene auch Saulus gezeigt, wie dieser seine Gefolgsleute zur Ermordung des vermeintlichen Gotteslästerers Stephanus ermuntert. Im anschließenden Bild stellte Raffael dann die Bekehrung des Saulus vor Damaskus dar, mit der Christus durch seine Erscheinung dem Wüten des jungen Pharisäers Einhalt gebot (vgl. Apg 9,3–9).[20] Bei Giulio Romano wirkt Saulus wie ein verstummter und verunsicherter junger Mann, der keineswegs seine wütenden Gefährten animiert, sondern in merkwürdiger Isolierung mit der ausgestreckten Hand auf Stephanus zeigt.[21] Wie Hermann Dollmayr (1865–1900) bereits 1895 bemerkt hatte, erwidert Saulus den Blick Christi, der vom oberen Himmelsbereich zu ihm herabschaut und damit bereits seine spätere Erscheinung vor Damaskus vorwegnimmt, durch die Saulus bekehrt wurde (vgl. Apg 9,3–9).[22] Während Raffael das Einverständnis des Saulus mit der Steinigung und seine anschließende Bekehrung auf zwei Bilder aufteilte, fasste Giulio Romano die beiden aufeinanderfolgenden Ereignisse in einer ganz neuartigen Bildfindung zusammen, um so die „ungeheure Dramatik" zu unterstreichen, „die im absoluten Gesinnungswandel des mit dem Blut des ersten christlichen Märtyrers befleckten Saulus liegt"[23]. Dabei zeigte er aber Saulus nicht mehr als fanatischen Pharisäer, der seine Gesinnungsgenossen anfeuert, sondern als Menschen, der gerade durch die Gnade Gottes getroffen wird. Seine auf Stephanus ausgestreckte Hand macht deutlich, dass diese Bekehrung mit dem fürbittenden Gebet zusammenhängt, das der Erzmärtyrer in seinen letzten Zügen gesprochen hat (vgl. Apg 7,60) und ihn seinem Herrn ähnlich gemacht hat, der am Kreuz gebetet hat: „Vater, vergib ihnen, denn sie wissen nicht, was sie tun" (Lk 23,34). Dass die christusgleiche Fürbitte des sterbenden Stephanus: „Herr, rechne ihnen diese Sünde nicht an!" (Apg 7,60), den Gnadenstrom Christi für Saulus geöffnet hat und gewissermaßen die Ursache für seine Bekehrung geworden ist (vgl. Apg 9,3–6), wurde besonders durch Augustinus (354–430) hervorgehoben. So habe erst das fürbittende Beten des Stephanus die Voraussetzung für das göttliche Eingreifen vor Damaskus geschaffen, denn durch das Gebet des sterbenden Erzmärtyrers sei der wütende „Wolf" Saulus in ein „Lamm" verwandelt worden.[24] Im Anschluss an Augustinus führte auch die um 1264 entstandene „Legenda aurea" aus: „Das Lamm, das von den Wölfen ertötet ward, das machte aus dem Wolf ein Lämmlein; der zuvor gewütet hatte in der Verfolgung, der bereitet sich nun zu gehorchen."[25] Nach Augustinus gründete das fürbittende Beten des Stephanus (vgl. Apg 7,60) in der mit göttlicher Machtfülle ausgesprochenen Vergebungsbitte Jesu am Kreuz (vgl. Lk 23,34). Dadurch konnten viele der Verfolger Christus als den wahren Messias erkennen und später auch verkünden, so dass sie gerade durch das Blut des Erlösers, das sie in ihrer religiösen Verblendung vergossen hatten, das Heil erfuhren.[26] Durch Stephanus, der als Nachahmer des leidenden Christus (imitator Christi patientis) ebenfalls sterbend für seine Verfolger gebetet hat (vgl. Lk 23,34; Apg 7,60),[27] habe diese erlösende Heilkraft Gottes auch für die an der Steinigung des Diakons beteiligten Juden und damit auch für den jungen Saulus seine Wirkung gezeigt.[28]

Wie Jesus inmitten der beiden Verbrecher gekreuzigt wurde (vgl. Lk 23,33–42), so befindet sich auch der christusgleiche Stephanus in der Mitte zwischen Saulus und seinem Gegenüber, dem am rechten Bildrand zum Steinwurf ausholenden jungen Mann, der durch die Lichtführung deutlich unter den Häschern hervorgehoben ist. Sieht man in Saulus und seinem Pendant typologisch-moralische Gegenfiguren zu den beiden Verbrechern, so erscheint der zur Linken des Stephanus stehende Steinwerfer für den bösen Schächer, der nach apokrypher Tradition ebenfalls zur Linken Christi gekreuzigt wurde. Wie der böse Schächer trotz seines nahenden Todes gegen Jesus gelästert hat (vgl. Apg 23,39), so ist auch der jugendliche Steiniger vom blinden Hass getrieben und trachtet Stephanus nach dem Leben. Der zur Rechten Jesu gekreuzigte gute Schächer, der angesichts des sterbenden Erlösers seine Sünden zutiefst bereut hat (vgl. Lk 23,40–43), entspricht dem Saulus, der sich ebenfalls zur Rechten des Stephanus befindet und mit seiner verunsicherten, verstummten und zur himmlischen Erscheinung Christi aufblickenden Gestalt zeigt, dass er vor seiner Bekehrung steht. Mit dieser Zusammenfügung von Gegenwärtigem und Zukünftigem, die wohl auf erste Entwürfe Raffaels, letztlich aber auf die aristotelische Poetik zurückgeht, gelang es Giulio Romano, mit der sich anbahnenden Bekehrung des Saulus den dramatischen Handlungsumschwung als Wende zum Guten vor Augen zu führen und Stephanus als zweiten Christus auszuweisen. Wie Jesus bei seinem Erlösungsopfer am Kreuz (vgl. Lk 23,34) hat auch Stephanus sterbend für seine Verfolger gebetet (vgl. Apg 7,60) und mit dieser Fürbitte den Weg für die Gnadenstunde vor Damaskus geebnet, in der Saulus durch die Erscheinung Christi bekehrt wurde (vgl. Apg 9,3–6), um ebenfalls der Heilsgnade des Erlösers teilhaftig zu werden.[29]

In der Mitte ist Stephanus gerade in die Knie gesunken (vgl. Apg 7,60), nachdem ihm ein Stein bereits erste Verletzungen zugefügt hat, wie die unter dem Haaransatz blutende Stirn zeigt. Stephanus ist liturgisch als Diakon mit einer weißen Albe und einer roten Dalmatik bekleidet, die mit ihrer Blutfarbe auf das Martyrium des ersten Blutzeugen der Kirche anspielt. Mit seinem effektvoll verkürzten Niederknien, dem kontrastreichen Helldunkel seiner Gewänder und dem intensiven lokalfarbigen Rot seiner Dalmatik ist der Erzmärtyrer mit eindrucksvoller physischer Präsenz wiedergegeben. Zudem ist Stephanus am unteren Bildrand nahe an den Betrachter herangerückt, so dass dieser in das mit suggestiver Kraft gemalte Geschehen einbezogen ist.[30] Die Hände des Erzmärtyrers sind in Orantenhaltung ausgebreitet, da er wie Christus am Kreuz (vgl. Lk 23,34) für seine Peiniger gebetet hat (vgl. Apg 7,60) und kurz zuvor seinen Geist in die Hände Jesu empfohlen hat: „Herr Jesus, nimm meinen

Geist auf!" (Apg 7,59). Auch in diesem Hingabegebet ist Stephanus Christus gefolgt, der am Kreuz mit den Worten des Psalms 31 seinen Geist in die Hände des Vaters gelegt hat: „Vater, in deine Hände lege ich meinen Geist" (Lk 23,46; Ps 31,6). Dabei könnte der deutliche Schatten, den seine Linke auf den Boden wirft, auf die im Hochaltar von Santo Stefano aufbewahrte Reliquie der linken Hand des Stephanus anspielen, die 1507 durch die Franzosen entwendet wurde, nachdem eidgenössische Söldner im Frühjahr dieses Jahres Genua für das nach Italien expandierende Frankreich eingenommen hatten. Als Giulio Romano das Gemälde um 1520/21 anfertigte, dürfte die markante, schattenwerfende linke Hand des Erzmärtyrers als mahnender Hinweis auf die geraubte Stephanusreliquie gedacht gewesen sein. Schließlich konnte Clemens VII. um 1524/25 ein Geheimabkommen mit dem französischen König schließen, an dem Giberti, der Kommendatarabt von Santo Stefano und Stifter des Hochaltarbildes, wesentlich beteiligt war und das dann auch zur Rückkehr der Handreliquie in die Abteikirche führte.[31]

Die Haltung des Stephanus ist trotz seiner ersten Verletzungen am Kopf würdevoll und nicht im Zustand größter körperlicher Bedrängnis gezeigt, wie es später in gegenreformatorischen Märtyrerbildern öfter der Fall sein wird. Inmitten der um ihn gescharten Verfolger und der Steine, die ihn schon getroffen haben und auf dem Boden liegen, erscheint Stephanus wie entrückt.[32] Mit geisterfülltem Antlitz blickt er zur himmlischen Erscheinung hinauf, die ihm nach seiner Rede im Hohen Rat noch vor seinem Martyrium zuteilgeworden ist: „Er aber, erfüllt vom Heiligen Geist, blickte zum Himmel empor, sah die Herrlichkeit Gottes und Jesus zur Rechten Gottes stehen und rief: Ich sehe den Himmel offen und den Menschensohn zur Rechten Gottes stehen" (Apg 7,55–56). Wie seine betend ausgebreiteten Arme zeigen, verbindet sich diese visionäre Schau mit der an Jesus gerichteten Bitte des sterbenden Erzmärtyrers, seinen Geist aufzunehmen (vgl. Apg 7,59). Nach Augustinus war Stephanus ein Nachahmer Christi nicht nur durch sein fürbittendes Gebet (vgl. Lk 23,34; Apg 7,60), sondern auch durch seine Bitte um die Aufnahme in den Himmel (vgl. Lk 23,46; Apg 7,59), so dass er Christus dorthin auch folgen durfte, nachdem er ihn zuvor nachgeahmt hatte.[33]

Das Gemälde mündet in die Glorie ein, die den oberen Teil des Bildes einnimmt und bereits an prachtvolle barocke Himmelsinszenierungen erinnert. Über einem dunklen, von Engeln bevölkerten Wolkenband ist vor einer hellgelben Glorie die Erscheinung Gottvaters und seines zu ihm in den Himmel aufgefahrenen Sohnes dargestellt. Wie Raffael auf seinem um 1517/19 entstandenen sixtinischen Bildteppich, so hatte auch Giulio Romano diese Vision, die Stephanus noch vor dem Hohen Rat hatte (vgl. Apg 7,55–56), der Steinigung des Erzmärtyrers vor den Toren Jerusalems zugeordnet (vgl. Apg 7,58–60).[34] Gottvater trägt die seit dem 14. Jahrhundert üblichen Gesichtszüge des „Hochbetagten" (vgl. Dan 7,9)[35] und hält in seiner linken Hand zum Zeichen seiner Allmacht ein Zepter. Gottvater hat seinen Blick in unbestimmte Fernen gerichtet und tritt etwas hinter seinen Sohn zurück, der hier deutlich als der „zur Rechten Gottes" erhöhte „Menschensohn" dargestellt ist (Apg 7,56). Christus ist nur mit einem roten Pallium bekleidet, dessen Farbe nicht nur für die Erlöserliebe und das blutige Kreuzesopfer steht, sondern wohl auch auf den Heiligen Geist verweist, von dem Stephanus erfüllt war (vgl. Apg 7,55). Während seine Gewandfarbe die Verbindung zu dem ebenfalls in eine rote Diakonendalmatik gekleideten Erzmärtyrer herstellt, gelten der Blick Christi und die Gesten seiner Hände dem jungen Saulus am linken unteren Bildrand, für den die Erscheinung Jesu bereits die zu seiner Bekehrung führenden Worte Christi vor Damaskus vorwegnimmt: „Saul, Saul, warum verfolgst du mich?" (Apg 9,4).

Das Stephanusbild wurde durch den hohen Kuriendiplomaten Giovanni Matteo Giberti für die Genueser Kirche Santo Stefano gestiftet, durch Raffael vorbereitet und durch seinen jungen Schüler Giulio Romano ausgeführt. Das Altarbild von Genua ist mit den annähernd gleich großen beiden Narbonner Altarbildern Raffaels und Sebastiano del Piombos eng verwandt, auf denen die Verklärung Christi und die Lazaruserweckung dargestellt wurden.[36] Wie bei den beiden durch den päpstlichen Vizekanzler und Kardinalnepoten Giulio de' Medici, den Dienstherrn Gibertis, in Auftrag gegebenen Narbonner Bildern ging es auch im Stephanusbild darum, die Heilkraft Christi zu veranschaulichen. Auf der repräsentativen Rahmenarchitektur zollte Giberti durch Wappen und Inschriften auch den beiden Mediceern Leo X. und Giulio de' Medici seine Dankbarkeit. Mit dem Thema der Heilkraft des „Christus *medicus*" sollte die Familie *Medici* gewürdigt werden, der Leo X. und sein Kardinalnepot angehörten. Auch wenn dem Mediceer Leo X. gerade nicht die „Heilung" der durch die beginnende Reformation gespaltenen Kirche gelungen war, so verdanken wir diesem Umfeld dennoch die durch Giulio Romano auf eine neuartig dramatische Weise geschaffene Formulierung des Martyriums des Stephanus.[37] Im Mittelpunkt dieses Bildes steht die Heilkraft des in den Himmel aufgefahrenen und zur Rechten des Vaters erhöhten Erlösers, die durch das christusgleiche Gebet des sterbenden Stephanus vermittelt wird und so auch den jungen Saulus zu erfassen vermag.

Die Feuerzungen des Heiligen Geistes

Pfingsten. Erste Lesung vom Tag: Apg 2,1–11

„Und es erschienen ihnen Zungen wie von Feuer, die sich verteilten;
auf jeden von ihnen ließ sich eine nieder. Alle wurden mit dem Heiligen Geist erfüllt."
Apg 2,3–4

Am Pfingsttag hat sich durch die Ausgießung des Heiligen Geistes das Erlösungswerk Jesu erfüllt. Nach der Apostelgeschichte ereignete sich die von Johannes dem Täufer angekündigte (vgl. Mk 1,8; Mt 3,11; Lk 3,16) und durch den auferstandenen Christus seinen Jüngern verheißene Geistsendung (vgl. Lk 24,49; Apg 1,8) am jüdischen Wochenfest, als man in Jerusalem den fünfzigsten Tag nach Ostern festlich begann.

Die erste Lesung des Pfingstfestes vom Tag beschreibt das Herabkommen des Heiligen Geistes auf die versammelten Jünger auf bildhafte Weise und zeigt, dass dieses Geschehen ganz aus der göttlichen Welt kommt und die Gegenwart Gottes selbst anzeigt. Da der Heilige Geist nicht in der Verfügung des Menschen steht, sondern nur betend erwartet werden kann (vgl. Apg 1,14), waren am Pfingsttag „alle am gleichen Ort" (Apg 2,1) im Gebet versammelt. Das plötzliche Kommen des Heiligen Geistes erfüllte alles wie mit einem nicht zu überhörenden Sturm: „Da kam plötzlich vom Himmel her ein Brausen, wie wenn ein heftiger Sturm daherfährt, und erfüllte das ganze Haus, in dem sie waren" (Apg 2,2). Der Heilige Geist ergriff einen jeden Einzelnen, was im Bild der Feuerzungen zum Ausdruck kommt: „Und es erschienen ihnen Zungen wie von Feuer, die sich verteilten; auf jeden von ihnen ließ sich eine nieder" (Apg 2,3). Die Feuerzungen stehen für die Sprache des Heiligen Geistes, der die Menschen dazu befähigt, die Wirklichkeit Gottes zu bezeugen. So wurden sie

Ausgießung des Heiligen Geistes, Pontifikale von Winchester, Ms. 369 (Y 7), fol. 29v, um 980, Deckfarbenmalerei mit Gold auf Pergament, 32,5 × 23,8 cm (Blattgröße), ▷ Rouen, Bibliothèque municipale.

„mit dem Heiligen Geist erfüllt und begannen", nachdem die Menge durch das Sturmesbrausen des Geistes zusammengeströmt war (vgl. Apg 2,6), „in fremden Sprachen zu reden, wie es der Geist ihnen eingab" (Apg 2,4).[1]

EINE IM SPÄTEN 10. JAHRHUNDERT im südenglischen Winchester angefertigte Miniatur zeigt auf eine besonders eindrucksvolle Weise, wie am Pfingsttag der Heilige Geist in Gestalt von Feuerzungen auf die Apostel herabkam.

In dem zum englischen Teilkönigreich Wessex gehörenden Winchester war um 660/70 durch König Cenwalh (reg. 642–645 und 648–672) eine den Apostelfürsten Petrus und Paulus geweihte Bischofskirche erbaut worden.[2] Nachdem König Alfred der Große (reg. 871–899) im späten 9. Jahrhundert Winchester zur Hauptstadt erhoben hatte, holte er 885 den Mönch Grimbald (827–901) aus der flandrischen Benediktinerabtei Saint-Bertin zur Konsolidierung des monastischen Lebens nach Wessex. Unter König Eduard dem Älteren (reg. 899–924) wurde Grimbald 901 zum Mitbegründer des Klosters Neumünster, das neben der Bischofskirche erbaut wurde, die nunmehr als Altmünster bezeichnet wurde. König Æthelstan (reg. 924–939) unterhielt Beziehungen zum Westfrankenreich und zu den Ottonen, baute die kulturellen Kontakte aus und förderte die Reform des benediktinischen Mönchtums, die durch die monastischen Reformbewegungen in Flandern, Fleury, Cluny und Lothringen unterstützt wurde. Als Reformbischöfe wirkten Oswald von Worcester (reg. 961–972) und Dunstan von Canterbury (reg. 960–988), der zuvor ab 945 als Abt im Kloster Glastonbury die Benediktregel wieder eingeführt hatte. Als 959 König Edgar (reg. 959–975) Herrscher über ganz England wurde, stieg Winchester zur neuen Hauptstadt auf, die erst 1066 unter den normannischen Eroberern durch London abgelöst wurde. Der von König Edgar in Winchester eingesetzte Bischof Æthelwold (reg. 963–984) baute die Kathedrale wieder auf und führte die Klosterreform zur Blüte. So wurde Winchester zusammen mit Canterbury zum neuen Mittelpunkt des künstlerischen Schaffens in England, was sich besonders in der Miniaturkunst der Buchmalerei zeigte, die mit der monastischen Reform eng verbunden war.[3]

Nach den Anfängen unter König Æthelstan, aus dessen Zeit sich der Æthelstan-Psalter erhalten hat, erreichte die Buchkunst unter Bischof Æthelwold ihre Blüte, als der Besitz prachtvoller liturgischer Bücher zum Ausdruck besonderer Frömmigkeit wurde und den Geist der Klosterreform widerspiegelte. Die in Winchester angefertigten Handschriften sind in karolingischer Minuskel mit reichhaltiger Goldverwendung geschrieben und zeichnen sich durch eine neue, eigenständige Ornamentik aus, die vor allem durch die üppigen Formen des sogenannten Winchester-Akanthus geprägt sind. Die ganz von ihrer Vorliebe für die ornamentale Gestaltung bestimmten Miniaturen werden von verschwenderischen Rahmen umgeben und zeigen kraftvolle, buntfarbige Figuren mit vibrierenden Faltenwürfen. Die hochstehende Qualität dieser Buchkunst setzte sich noch bis um 1000 fort und brach dann mit der normannischen Eroberung Englands 1066 ab, bis unter Bischof Heinrich von Blois (reg. 1129–1171) eine neue Blüte der Buchmalerei in Winchester einsetzen konnte.[4]

Zu den Hauptwerken des reifen Stils der Miniaturkunst von Winchester gehören der New Minster Charter, der 966 zur Feier der Einsetzung von Benediktinermönchen im Kathedralkloster von Neumünster angefertigt wurde,[5] und das um 971/84 für Æthelwold hergestellte Benediktionale, in dem die in den Pontifikalgottesdiensten vor der Kommunion gespendeten bischöflichen Segnungen zusammengestellt sind.[6] Zu den Handschriften aus der Blütezeit der Buchmalerei von Winchester zählt auch das kurz nach dem Æthelwold-Benediktionale um 980 entstandene Pontifikale von Winchester, in dem auch die Pfingstminiatur enthalten ist.[7]

Das Pontifikale von Winchester, das sich in der Bibliothèque municipale von Rouen befindet, wurde weniger aufwendig als das Benediktionale des Æthelwold ausgestattet. Die für die liturgischen Funktionen des Bischofs angefertigte Handschrift enthält auch die bischöflichen Segnungen, so dass sie den Charakter eines Benediktionale-Pontifikale hat. Von den ursprünglich fünf Initialseiten, auf denen sich die Miniatur und der Anfang des Textes in Rahmen gegenüberlagen, haben sich drei erhalten. Im Vergleich mit dem etwas älteren Benediktionale des Æthelwold erscheinen im Pontifikale von Winchester die Rahmen sogar noch monumentaler und besitzen auch ein aufwendigeres Akanthus-Blattwerk. Dafür wurden die Miniaturen kompositorisch etwas vereinfacht, um die dargestellten Szenen mächtiger, deutlicher und auch ebenmäßiger zu gestalten. Mit ihrer Farb- und Lichtgebung, ihren bewegten Faltenwürfen und ihren etwas ausdruckslosen Gesichtern wirken die Figuren dekorativ und harmonieren mit den dominanten Bordüren, so dass sich der Eindruck eines gleichwertigen Wechselspiels zwischen figürlicher und ornamentaler Gestaltung ergibt.[8]

Im Pontifikale von Winchester zeigt die Miniatur mit der Pfingstdarstellung[9] den eindrucksvollen Beginn des Kommens des Heiligen Geistes (vgl. Apg 2,1–4), wie er sich besonders in der Herabkunft der Feuerzungen auf die Apostel manifestiert hatte (vgl. Apg 2,3–4).[10]

Die sehr buntfarbige Miniatur besitzt die für die Malschule von Winchester charakteristische üppige und verschwenderische Rahmung, die nach oben hin halbkreisförmig geschlossen ist und einem Triumphbogen ähnelt, ohne aber dabei eine stimmige Raumvorstellung hervorzurufen. So besteht die Rahmung aus gleichmäßig vergoldeten architektürlichen Versatzstücken, die mit bewegten und überbordenden

Akanthusblattformen dicht umrankt und gefüllt sind.[11] Von unten her ragt eine grüne Säule empor, die mit ihrem goldenen Spiralfries an eine römische Ehrensäule erinnert.

Auf der rechten und linken Seite des Triumphbogens sind kirchenähnliche Architekturen mit flankierenden Türmen dargestellt, die das Pfingstereignis in der Stadt Jerusalem verorten. Aus den Fassaden der beiden Gebäude, die jeweils mit einer rötlichen Außensäule geschmückt sind, flattern lange Vorhänge heraus, die auf das Brausen anspielen, das am Pfingsttag plötzlich vom Himmel her wie ein heftiger Sturm das Haus erfüllt hatte, in dem die Jünger versammelt waren (vgl. Apg 2,2).[12]

Im Triumphbogen ist die Hand Gottes zu sehen, die eine Neuerung gegenüber dem Benediktionale des Æthelwold darstellt und im Pontifikale von Winchester in der Bordüre über der Szene mit der Entschlafung Marias noch ein zweites Mal dargestellt ist.[13] Im Pfingstbild erscheint die Hand Gottes im Scheitel des rahmenden Bogens auf einem hellen Grund, der von einem goldenen Ring mit einer inneren Begrenzungslinie umgeben ist. Aus einem Ärmelansatz heraus erstreckt sich die geöffnete rechte Hand Gottes (dextera Dei) senkrecht von oben nach unten und durchstößt dabei die innere Begrenzung des Rings.[14]

Die Hand Gottes zeigt auf die Taube des Heiligen Geistes, die von einer goldumrandeten und grün gefüllten Mandorla umgeben ist. Zu beiden Seiten der Mandorla ist ein mit hellroten Streifen gestalteter Hintergrund zu sehen, der an das Morgenrot eines Sonnenaufgangs erinnert. Mit einem ähnlich zarten Rotton sind auch zwei halbkreisförmige Felder gefüllt, die mit ihren breiten blauen Bögen links und rechts unterhalb der Mandorla dargestellt sind. Während die sprechende Hand Gottes die Sendung des Heiligen Geistes symbolisiert, ist das Motiv der Geisttaube der Tauferzählung entnommen, als der Heilige Geist sichtbar in Gestalt einer Taube auf Jesus herabkam (vgl. Mt 3,16; Mk 1,10; Lk 3,22; Joh 1,32). Die leicht rötlich glühende Geisttaube stürzt senkrecht vom oberen Himmelsbereich nach unten auf die Apostel zu und stößt ein hellrot leuchtendes Flammenbündel aus, das für die am Pfingsttag herabgekommenen Feuerzungen steht (vgl. Apg 2,3). Mit ihrem gewaltig-wilden und prachtvoll-energiegeladenen Flammenstrom bildet die Geisttaube den alles überstrahlenden Mittelpunkt der Komposition und macht deutlich, wie sehr die machtvoll überfließenden Phänomene des Pfingsttages im Wirken des Heiligen Geistes gründen.[15]

Das Flammenbündel des Heiligen Geistes läuft in einzelne Spitzen aus und züngelt schlangenförmig auf die von grünen Nimben umgebenen Köpfe der Apostel zu, die mit nackten Füßen nebeneinander im Halbkreis über der untersten Arkade sitzen. Von den elf dargestellten Aposteln, die abwechselnd bärtig und bartlos wiedergegeben sind, halten vier ein goldenes Buch in der Hand. Während sie sich der Geisttaube zuwenden und mit geöffneten Händen ihre Bereitschaft zum Empfang der göttlichen Gnadengaben bekunden, werden ihre Gesichter und besonders ihre Münder von den

Feuerzungen des Heiligen Geistes berührt. Im Unterschied zu den übrigen Jüngern, die jeweils von einer Flammenspitze erreicht werden, sind auf die Häupter der beiden in der Mitte dargestellten Apostel Petrus und Paulus, der Patrone der Bischofskirche von Winchester, sogar zwei Feuerzungen herabgekommen. Links von der Mitte trägt Petrus in seiner Rechten die Schlüssel des Himmelreiches (vgl. Mt 16,19), während er in seiner linken Hand ein goldenes Buch hält. Er ist als einziger der Apostel durch eine Klerikertonsur hervorgehoben und trägt auffallenderweise nicht den für ihn charakteristischen Kinnbart, sondern erscheint als jugendlich bartloser Jünger. Rechts von der Mitte ist Paulus dargestellt, der an seinem spitz zulaufenden dunklen Bart erkennbar ist und ebenfalls ein goldenes Buch hält. Da sich das Pfingstfest noch vor der Bekehrung des Paulus ereignet hat, verweist die Anwesenheit dieses ebenso vom Heiligen Geist erfüllten Heidenmissionars auf die weiteren Mitteilungen der Geistesgaben in der jungen Kirche. Durch die Feuerzungen werden die elf Apostel individuell bewegt, aber auch gemeinsam zusammengeschlossen. In ihren vibrierend flackernden Gewandsäumen klingt das Sturmesbrausen des Heiligen Geistes an (vgl. Apg 2,2). Auf ihrer rundbogigen Arkade bilden die Apostel gleichsam ein menschliches Gewölbe, das den von oben und damit vom Heiligen Geist kommenden „Druck" aufnimmt und seitlich ableitet, so dass er weiterzuströmen vermag.[16]

Obwohl Maria zur Urgemeinde zählte (vgl. Apg 1,14) und seit dem 6. Jahrhundert in den Pfingstdarstellungen als Urbild der Kirche inmitten der Apostel erscheint, ist sie im Pontifikale von Winchester nicht dargestellt.[17] Dass dort die prominente Position in der Mitte nicht von der Gottesmutter, sondern von den beiden Apostelfürsten eingenommen wird, hängt sicherlich damit zusammen, dass man Petrus und Paulus als Patrone der Bischofskirche von Winchester hervorheben wollte.[18]

Das Pfingstbild aus dem Pontifikale von Winchester stellt eine beeindruckende künstlerische Interpretation der Herabkunft des Heiligen Geistes dar. Dem Malermönch aus dem Skriptorium von Winchester gelang mit der herabstürzenden Taube und dem von ihr ausgestoßenen Feuerstrom eine pathetische Formulierung für das machtvolle Wirken des Heiligen Geistes, der mit seinen pfingstlichen Feuerzungen die Apostel einzeln ergreift und zugleich zu einer Gemeinschaft zusammenschweißt. An der Energie des rötlich züngelnden Feuers, die aus der vergleichsweise kleinen Geisttaube hervorbricht, wird deutlich, wie sehr es dem Maler der Miniatur darum ging, etwas von der Dynamik des Heiligen Geistes an den Betrachter weiterzugeben.[19]

Vater und Sohn sind eins im Heiligen Geist

Dreifaltigkeitssonntag. Evangelium: Joh 16,12–15

„Alles, was der Vater hat, ist mein; darum habe ich gesagt:
Der Geist nimmt von dem, was mein ist, und wird es euch verkünden."
Joh 16,15

Am Oktavtag von Pfingsten feiert die Kirche den Dreifaltigkeitssonntag und blickt auf das innerste Wesen Gottes, das in seiner Dreifaltigkeit liegt. Das Evangelium ist aus den johanneischen Abschiedsreden Jesu entnommen, mit denen er seine Jünger auf die nachösterliche Zeit vorbereitete. In dieser Zeit wird der Heilige Geist als „Geist der Wahrheit" die Jünger „in die ganze Wahrheit führen" (Joh 16,13). Er wird keine neue Offenbarung bringen, sondern die Sendung Jesu offenbar machen und die Jünger an das erinnern, was der Sohn gesagt hat (vgl. Joh 16,13–14). Was aber der Sohn gesagt hat, das hat er von seinem Vater gehört (vgl. Joh 3,34; 8,28; 14,10), mit dem er eins ist (vgl. Joh 10,30), so dass er sagen kann: „Alles, was der Vater hat, ist mein" (Joh 16,15). Wie Jesus durch sein Offenbarungswirken seinen Vater als Ursprung und Ziel seines ganzen Heilswirkens offenbar gemacht hat, so wird auch der Heilige Geist den Sohn verherrlichen, indem er von dem nimmt, was des Sohnes ist, um es den Jüngern zu verkünden (vgl. Joh 16,15). In dieser johanneischen Perspektive geht das trinitarische Geheimnis vom Vater aus, mit dem der Sohn eins ist (vgl. Joh 10,30; 16,15) und den der Sohn geoffenbart hat. Da aber die Jünger die ganze Fülle dieser Offenbarung noch nicht tragen können, wird sie der Heilige Geist in die ganze Wahrheit führen und ihnen das Geheimnis des Sohnes vom Vater verkünden (vgl. Joh 16,12–13).

Christus in der Trinität, Faksimile des ehemaligen Rupertsberger Scivias-Codex, fol. 47r, 1927/33 nach dem 1945 verschollenen Original von 1160/80 (ehemals in der Nassauischen Landesbibliothek Wiesbaden, Codex 1), Deckfarbenmalerei mit Gold auf Pergament, ca. 32,5 × 23,5 cm (Blattgröße), Eibingen, Abtei St. Hildegard.

Rupertsberger Scivias-Codex, Christus in der Trinität

AUF DIE HEILIGE KIRCHENLEHRERIN HILDEGARD VON BINGEN (1098–1179) geht eine Vision des dreifaltigen Gottes zurück, die bereits sehr früh bildlich dargestellt wurde. Neben Elisabeth von Schönau (1129–1164) war Hildegard von Bingen die bedeutendste deutsche Mystikerin des 12. Jahrhunderts. Sie wurde bereits als achtjähriges Kind 1106 von ihren adeligen Eltern Gott geweiht und 1112 der Klausnerin Jutta von Sponheim (um 1092–1136) zur Erziehung anvertraut, mit der sie in einem kleinen Anbau des Benediktinerklosters auf dem Disibodenberg als Inklusin lebte. Nach Juttas Tod wurde Hildegard 1136 Meisterin des kleinen Frauenkonventes, der sich inzwischen bei der Mönchsabtei angesammelt hatte. Nachdem sie schon in ihrer Kindheit zunehmend klare geistige Bilder in ihrer Seele wahrgenommen hatte und 1141 deutlich den Auftrag in sich verspürte, das Gesehene und Gehörte aufzuschreiben, bekam sie auf der Trierer Synode von 1147/48 durch Papst Eugen III. (reg. 1145–1153) die Erlaubnis, ihre Schauungen zu veröffentlichen. Während sie 1150 auf dem Rupertsberg und 1165 in Eibingen Klöster gründete, führte Hildegard mit ihrem ausgeglichenen und liebenswürdigen, aber auch mutigen Wesen ein einzigartiges prophetisches Apostolat aus. Mit ihrer kirchlich anerkannten Sehergabe predigte sie auf öffentlichen Plätzen, unterhielt eine umfangreiche Briefkorrespondenz, setzte sich durch zahlreiche Klosterbesuche für die Reform des monastischen Lebens ein und prangerte auch Missstände im Klerus an.[1] Ihre Einsichten nahm sie nicht als ekstatisch-mystische Erfahrung wahr, sondern empfand sie als inneres Licht und betrachtete sie als göttliche Erleuchtungen, die sie im Auftrag Gottes als prophetische Charismen für die Kirche empfing, um die Wahrheit über Menschheit, Kirche, Erlösung und Gott weitervermitteln zu können. In ihrem ersten von 1141 bis 1151 verfassten Werk „Scivias" („Wisse die Wege!") ging es um den heilsgeschichtlichen Weg, auf dem das lebendige Licht zu den Menschen kommt, angefangen von der Schöpfung bis hin zur Vollendung bei der Wiederkunft Christi. Diese Schrift enthält 26 bildliche Schauungen, die durch die Stimme Gottes der Seherin erschlossen wurden, unter anderem auch die Dreifaltigkeitsvision. In ihrem zweiten Werk, dem zwischen 1148 und 1163 entstandenen „Liber vitae meritorum" über die Verantwortung des Menschen für seine Verdienste, behandelte Hildegard den geistlichen Kampf. Schließlich verfasste die Äbtissin von 1163 bis 1174 im „Liber divinorum operum" eine kosmologische Betrachtung über Welt und Mensch, in der alle Glaubensmysterien entfaltet wurden.[2]

Die Miniatur mit der Darstellung der Dreifaltigkeitsvision Hildegards befindet sich im Rupertsberger Codex, einer Handschrift des „Scivias", die noch zu Lebzeiten der Äbtissin begonnen wurde. Der Rupertsberger Codex zeigt 35 farbige Miniaturen auf Pergamentblättern, in denen die Visionen des „Scivias" illustriert wurden. Als 1632 das Kloster Rupertsberg durch die Schweden zerstört wurde, nahmen die Nonnen die Handschrift nach Eibingen mit, wo sie von 1641 bis zur Säkularisation 1802 lebten. Als das Kloster Eibingen 1814 geräumt wurde, kam der Rupertsberger Codex in die Nassauische Landesbibliothek nach Wiesbaden, wo 1925 durch diese Bibliothek und in den dreißiger Jahren durch die Abtei Maria Laach schwarzweiße Fotografien angefertigt wurden. Als das Kloster Eibingen im Jahr 1900 wiederbegründet wurde, schufen die Benediktinerinnen von 1927 bis 1933 ein akribisches, auf Pergament ausgeführtes Faksimile der Handschrift. Obwohl der Rupertsberger Codex während des Zweiten Weltkriegs nach Dresden verbracht wurde und dort 1945 verloren ging, kann die Handschrift durch das farbige Faksimile, das weitgehend mit den Fotografien übereinstimmt, als gerettet gelten.[3]

Der Rupertsberger Codex wurde unter Anleitung Hildegards als Äbtissin und Autorin begonnen, wofür die Zeit ab 1160 in Frage kommt. Während man im Rupertsberger Skriptorium nach dem theologischen Programm Hildegards zunächst den Text der Visionen des „Scivias" schrieb, wurden die von Anfang an eingeplanten Bilder in einem zweiten Arbeitsgang hinzugefügt.[4] Die Miniaturen dürften unmittelbar nach dem Tod Hildegards ab 1179 in einem Skriptorium angefertigt worden sein, das über einen reichen Schatz an motivischen Vorlagen verfügte[5] und wohl in Andernach, Maria Laach oder Köln angenommen werden kann[6]. Das Verständnis der qualitätvollen Bilder erschließt sich ausschließlich durch die Texte. Da sich Hildegard beauftragt sah, zu schreiben und weiterzugeben, was sie sah und hörte, lag es nahe, ihre Visionen auch zu illustrieren. Dabei entsprachen die Bilder dem Status der anfänglichen Vision (vidi), die auf die erläuternde Deutung durch die göttliche Stimme in der Audition (audivi) ausgerichtet war. Die Miniaturen stehen wie eine Inhaltsangabe vor dem Beginn der Schauungen und stellen die erste Deutung des Textes dar, auf den sie zurückweisen, um die Vision verbindlich zu bestätigen.[7]

Die Schau des dreifaltigen Gottes findet sich als zweite Vision im zweiten Buch des „Scivias" und wurde im Rupertsberger Codex als elfte Miniatur illustriert.[8] In ihrer Vision sah Hildegard ein helles Licht mit einer saphirfarbenen Menschengestalt, die ganz in einer rot funkelnden Lohe brannte, also ganz von einem sanften rötlichen Licht überstrahlt war. Das helle Licht, die menschliche Figur und das rötliche Licht hatten sich der Seherin als ein Licht in einer einzigen Kraft und Macht gezeigt.[9] In der sich anschließenden Audition wurde dann das helle, ganz makellose Licht auf Gottvater bezogen und die saphirblaue, ebenfalls makellose Menschengestalt auf den Sohn, der seiner Gottheit nach vor der Zeit aus dem Vater gezeugt und seiner Menschheit nach in der Zeit auf der Erde geboren wurde.[10] Nach der göttlichen Stimme verweist das makellose rötliche Licht, in dem die Gestalt des Sohnes durch und durch brennt, auf den Heiligen Geist, der der Welt das Licht der wahren Herrlichkeit geschenkt hat, indem der eingeborene Sohn Gottes durch den Geist dem Fleisch nach empfangen und aus der Jungfrau Maria in der Zeit geboren wurde.[11] Im Blick auf die Selbstoffenbarung aller drei göttlichen Personen wurde im zweiten Auditionsabschnitt der Seherin mitgeteilt, dass der Vater durch den Sohn, der Sohn durch die Schöpfung und der Heilige Geist durch den menschgewordenen Sohn offenbar werden. So habe der Vater den Sohn vor der Zeit gezeugt, der Sohn habe als Logos die Schöpfung geschaffen und der Heilige Geist sei in Gestalt einer Taube bei der Taufe des Sohnes am Ende der Zeiten erschienen.[12]

Im Unterschied zu anderen Dreifaltigkeitsbildern, wie etwa dem in der ersten Hälfte des 12. Jahrhunderts entstandenen Gnadenstuhl mit der Geisttaube und den figürlich dargestellten Personen Gottvaters und des Sohnes, zeigt die Miniatur des Rupertsberger Codex ein Einfigurenbild in einer Kreiskomposition, das sich direkt an Hildegard orientiert. Demnach erscheint das von Hildegard geschaute Bild der Dreifaltigkeit mit einem äußeren, silbern glänzenden Kreis, der für Gottvater steht, einem rötlichen goldenen Kreis, der den Heiligen Geist symbolisiert, und der saphirblauen Gestalt des Sohnes. Obwohl sich die Miniatur nur durch wenige Formen auszeichnet, wirkt das Bild durch seine intensive Farbigkeit monumental. Der hochrechteckige Rahmen nimmt die ganze Seite ein und hebt dadurch die saphirblaue Figur in der Mitte hervor. Der kleinteilig ornamentierte Rahmen wird durch ein purpurfarbig grundiertes Band gebildet, das von zwei hellgrünen Leisten eingefasst wird und mit goldenen und blauen Blüten und Herzblättern gefüllt ist. Der Rahmen umgibt einen blauvioletten Grund, dessen unruhiger Farbauftrag Bewegung anzudeuten scheint.[13]

Vor dem blauen Grund ist eine silberne, kreisförmige Scheibe dargestellt, die am rechten und linken Rand den Rahmen überschneidet. Der silberne Lichtkreis symbolisiert als Fülle des Lichts und Ursprung allen Seins Gottvater, aus dem der Sohn durch ewige Zeugung hervorgeht.[14] Die silberne Kreisscheibe wird durch fünf goldene, konzentrisch verlaufende Wellenbänder gegliedert, so dass sich sechs Innenkreise ergeben, die – über den Wortlaut der Trinitätsvision Hildegards hinausgehend – für die sechs Schöpfungstage (vgl. Gen 1,1–2,3) stehen dürften.[15]

Als Sinnbild des Heiligen Geistes ist im Zentrum eine goldene Kreisscheibe zu sehen, in die wiederum konzentrische Wellenlinien eingezeichnet sind, die durch die Mittelgestalt geteilt werden.[16] Die rötliche Umrandung der schwarzen Wellenbänder verweist auf das rot funkelnde Feuer des Heiligen Geistes, wie es in der Vision beschrieben wurde. Durch die beiden ineinanderliegenden konzentrischen Kreise gehen die Silberscheibe und der Goldkreis eine Verbindung ein, die deutlich macht, dass Gottvater und Heiliger Geist ein gemeinsames Licht bilden.[17]

Vor dem goldenen Lichtkreis des Heiligen Geistes und der leuchtenden Silberscheibe Gottvaters ist als Lichtfigur eine blau leuchtende Männergestalt zu sehen, die für die zweite göttliche Person des Sohnes steht, die Hildegard als saphirfarbene Menschengestalt geschaut hatte. Stilistisch erinnert die strenge Gestaltung der vor den beiden konzentrischen Kreisen stehenden Figur an byzantinische Formulierungen, wie sie im zweiten Drittel des 12. Jahrhunderts auch in Köln vorgekommen waren.[18] Die Gestalt des Sohnes wird ganz von einer silbernen, silhouettenhaften Hülle umgeben, die oben über dem Kopf der Figur aus dem äußeren Silberkreis gespeist wird, wodurch der Eindruck entsteht, dass der leuchtende Silbergrund die Männergestalt ganz umfließt.[19] Während im Faksimile die silberne Silhouette gleichmäßig zu leuchten scheint, hat man im Originalfoto den Eindruck, dass vom Kopf des Sohnes helle Strahlen nach oben in die silberne Kreisscheibe ausgehen. Jedenfalls verweist die silberne Gleichfarbigkeit der umfließenden Hülle und des äußeren Kreises auf den Hervorgang des Sohnes aus dem Vater und damit auf die göttliche Wesenseinheit von Vater und Sohn (vgl. Joh 10,30), wie sie durch Jesus auch im Festtagsevangelium des Dreifaltigkeitssonntags zum Ausdruck gebracht wird: „Alles, was der Vater hat, ist mein" (Joh 16,15). Der langhaarige, mit einem weiten Gewand bekleidete Sohn erinnert nur entfernt an die traditionelle Christusikonographie. Während seine etwas zurückgesetzten Füße den Eindruck eines in der Mitte schwebenden Menschen erwecken, sind seine offenen Hände in einem sprechenden Gestus nach oben erhoben, wohin auch seine Augen aufblicken. Obwohl im Faksimile das Antlitz des Sohnes trotz seiner kräftigen Konturen letztlich geschlechtslos wirkt, so lässt das Originalfoto eindeutig ein männliches Gesicht mit Bartansatz erkennen. Mit seiner himmelblauen Saphirfarbe unterstreicht die weiß gehöhte und damit als leuchtend gekennzeichnete Gestalt des Sohnes seine Gottheit, die er gemeinsam mit dem Vater und dem Heiligen Geist besitzt. Wegen seiner den Himmel symbolisierenden Farbe galt der Saphir als heilender Edelstein und als Sinnbild der Hoffnung auf die himmlische Ewigkeit. Die nach oben erhobenen Augen und Hände bringen die Einheit des Sohnes mit dem Vater zum Ausdruck, aus dessen hellem, silbernem Licht er hervorgeht. Die empfangsbereit ausgebreiteten Hände deuten aber auch auf seine Zustimmung zum Willen des Vaters und damit zu seiner geistgewirkten Menschwerdung. Die feinen, rot gehöhten Wellenlinien des inneren Goldkreises erinnern farblich an Feuer und Blut und verweisen damit auf den Heiligen Geist und auf die durch ihn gewirkte Inkarnation des ewigen Sohnes, der in der Zeit Fleisch annehmen wird. So bilden das helle Silberlicht des Vaters, das rötlich durchsetzte Gold des Heiligen Geistes und die im göttlichen Blau gezeigte Männergestalt des Sohnes ein einziges Licht in gleicher Kraft und Stärke, wobei durch die parzellierenden Absetzungen zwischen den beiden Kreisen und der Mittelgestalt auch die Sonderheit der drei göttlichen Personen hervorgehoben wird.[20]

Die ganze innertrinitarische und heilsgeschichtliche Dynamik des lebendigen Gottes wird durch die bewegten Wellenlinien angedeutet, wie sie im Silber- und

Goldkreis, aber auch am Rand der Hülle des Sohnes zu sehen sind. Dadurch kommt zum Ausdruck, dass der Sohn vor der Zeit ewig beim Vater war, in der Zeit durch das Wirken des Heiligen Geistes Mensch wurde und nach seiner Inkarnation untrennbar eins mit dem Vater blieb.[21] Im Blick auf das heilsgeschichtliche Wirken der Trinität verweist die vor dem Kreis stehende Figur des Sohnes nicht nur auf den Sohn Gottes, der in der Zeit Mensch werden wird, sondern auch auf den Logos, durch den der Vater bereits am Anfang der Zeit alles geschaffen hat. Dies geht auch aus dem zweiten Abschnitt der Audition hervor, in der Hildegard mitgeteilt wurde, dass der Vater durch den Sohn offenbar wird, da er am Anfang der Zeit alles durch seinen Sohn, den Logos, geschaffen hat.[22] In dieser Audition wird auch das heilsgeschichtliche Ereignis der Taufe erwähnt, als der Vater Jesus als seinen geliebten Sohn offenbarte, während der Heilige Geist in Gestalt einer Taube auf ihn herabkam (vgl. Mt 3,16–17; Mk 1,10–11; Lk 3,21–22; Joh 1,32–33). Hildegard hörte, dass sich der Heilige Geist durch die Menschwerdung des Sohnes geoffenbart hat und am Ende der Zeiten bei der Taufe des Sohnes erschienen ist. In der Miniatur erinnert die Silhouette, die den Sohn fließend umgibt, an die Taufe, in der sich die Dreifaltigkeit geoffenbart hat.[23]

Die Dreifaltigkeitsminiatur der Rupertsberger Handschrift des „Scivias" hat Ende des 12. Jahrhunderts eine einzigartige Bildformulierung gefunden, um nach den Visionen der Äbtissin Hildegard von Bingen das Wesen der Trinität und die Einheit der drei göttlichen Personen herauszustellen. Neben der immanenten trinitarischen Beziehung kommt durch die zentrale Gestalt des Sohnes auch die heilsgeschichtliche Dimension mit der durch den Logos geschaffenen Schöpfung und der Taufe Jesu zur Sprache.[24] Die ewige Dreifaltigkeit zeigt sich durch den silbernen Lichtkreis des Vaters, der die saphirblaue Gestalt des Sohnes umfließt und auch die rotgoldene Scheibe des Heiligen Geistes umgibt, die ihrerseits von der gleichen Ausdehnung wie die Menschenfigur ist. Die Miniatur mit den beiden für Gottvater und den Heiligen Geist stehenden konzentrischen Kreisen, die den ewigen Sohn des Vaters und den durch den Geist menschgewordenen Christus umfassen, stellt eine unvergleichliche Neuerung in der Ikonographie der Dreifaltigkeit dar, die sich den ebenso einzigartigen Visionen Hildegards von Bingen verdankt.[25]

Die Eucharistie als Vergegenwärtigung des Kreuzesopfers

Fronleichnam – Hochfest des Leibes und Blutes Christi
Zweite Lesung: 1 Kor 11,23–26

„Denn sooft ihr von diesem Brot esst und aus dem Kelch trinkt, verkündet ihr den Tod des Herrn, bis er kommt."
1 Kor 11,26

Um die Gegenwart Christi in der Eucharistie zu ehren, wurde 1264 das Fronleichnamsfest als „festum corporis Christi", als „Fest des Leibes Christi", in der Kirche eingeführt. Dass die eucharistische Gegenwart Christi die sakramentale Vergegenwärtigung des Kreuzesopfers bedeutet, wird schon bei Paulus deutlich, der in seinem um 53/55 in Ephesus verfassten ersten Korintherbrief das früheste Zeugnis über die Einsetzung der Eucharistie überliefert.

Dieser älteste neutestamentliche Bericht über die Eucharistie, der am Fronleichnamsfest als zweite Lesung vorgetragen wird, stellte bereits eine Tradition dar, auf die sich Paulus berufen konnte (vgl. 1 Kor 11,23). Demnach setzte Jesus die Eucharistie in der Nacht des Verrates ein, indem er dankte, das Brot brach, es als seinen Leib zum Opfer gab und seine Jünger aufforderte, dies zu seinem Gedächtnis zu tun (vgl. 1 Kor 11,23–24). Beim Einsetzungswort über den Kelch mit Wein verwies Jesus auf den Neuen Bund, der in der Lebenshingabe seines Blutes gründet, und beauftragte wiederum seine Jünger, dieses Gedächtnis zu begehen (vgl. 1 Kor 11,25). Damit hatte Jesus in der Nacht des Verrates seinen Opfertod vorweggenommen und in Brot und Wein hineingestiftet, damit nach der Auferstehung seine Liebestat am Kreuz in der Eucharistie immer neue Gegenwart zu werden vermag, wenn die Kirche das Gedächtnis des Herrn begeht und seinen Auftrag erfüllt. So deutete Paulus abschließend das Herrenmahl auf den Erlösertod Christi, der im sakramentalen eucharistischen Opfer der Kirche proklamiert wird, bis Christus am Ende der Zeiten wiederkommen wird: „Denn sooft ihr von diesem

Brot esst und aus dem Kelch trinkt, verkündet ihr den Tod des Herrn, bis er kommt" (1 Kor 11,26).

DIE VERGEGENWÄRTIGUNG DES KREUZESOPFERS CHRISTI im Sakrament der Eucharistie bildet das zentrale Thema der Mitteltafel des um 1450 durch Rogier van der Weyden (1399/1400–1464) geschaffenen Altartriptychons der sieben Sakramente. Während in der abendländischen Kunst die Eucharistiefeier bereits in der Karolingerzeit dargestellt wurde, tauchten Bilderfolgen mit den sieben Sakramenten erst im 14. Jahrhundert in Italien auf, wie die 1352/54 durch Roberto de Oderisio (gest. nach 1382) in Santa Maria Incoronata in Neapel ausgeführten Fresken zeigen.[1] Nachdem 1439 die Siebenzahl der Sakramente auf dem Konzil von Florenz für die armenischen Christen definiert worden war,[2] schufen besonders flämische Maler Bilderzyklen mit den Darstellungen von Taufe, Firmung, Buße, Eucharistie, Weihe, Ehe und Krankensalbung.[3]

Zu diesen flämischen Malern gehörte auch Rogier van der Weyden, der 1427 in seiner Heimatstadt Tournai in die Werkstatt des Robert Campin (um 1375–1444) eintrat. Rogier ließ sich dann in der burgundischen Hauptstadt Brüssel nieder, wo er von 1435/36 bis zu seinem Tod 1464 als Stadtmaler wirkte und als bester nordeuropäischer Maler seiner Zeit galt. Rogier führte die neuen künstlerischen Möglichkeiten des von Jan van Eyck (um 1390–1441) begründeten naturalistischen Stils der altniederländischen Malerei weiter und vermochte mit seinen durchgeistigten Figuren und klaren Kompositionen die Aussagekraft der religiösen Kunst in unvergleichlicher Weise zu vertiefen.[4]

In seinem um 1450 in Brüssel geschaffenen dreiteiligen Sakramentsaltar[5] stellte Rogier die sieben Sakramente in einer perspektivisch einheitlich konzipierten hochgotischen Kathedrale mit Mittel-

Rogier van der Weyden, Triptychon der sieben Sakramente, um 1450, Öl auf Eichenholz, Mitteltafel 200 × 97 cm, Seitentafeln 119 × 63 cm, Antwerpen, Königliches Museum der Schönen Künste.

schiff und zwei niedrigeren Seitenschiffen dar. Die Mitteltafel mit dem als geostet gedachten Hauptschiff widmete er der Eucharistie, indem er gleichzeitig eine übergroße Kreuzigungsgruppe und einen Altar mit einem zelebrierenden Priester darstellte. Auf den flankierenden, unbeweglichen Nebenflügeln zeigte Rogier in den Kapellen der beiden Seitenschiffe links die Sakramente Taufe, Firmung und Buße sowie rechts Priesterweihe, Ehe und Krankensalbung. Über den durch Priester vollzogenen Sakramenten der Taufe, Buße, Eucharistie, Ehe und Krankensalbung und den beiden durch einen Bischof gespendeten Sakramenten der Firmung und Priesterweihe ließ Rogier jeweils einen Engel mit erläuternden Schriftbändern schweben. So setzte Rogier das Altartriptychon mit dem hochgotischen Kirchenraum des 13. Jahrhunderts als Sinnträger des Bildinhaltes ein, um die Einheit zwischen dem gekreuzigten Erlöser und den in seiner Kirche gespendeten Sakramenten zu veranschaulichen und dabei die sakramentale Vergegenwärtigung des Opfertodes Christi in der Eucharistie vor Augen zu führen.[6] Um die sieben Sakramente und die in der Eucharistie vergegenwärtigte Kreuzigung Christi als zugrunde liegende Erlösungstat in einem Kirchenraum darzustellen und damit die Kirche als Heilsvermittlerin hervorzuheben, konnte sich Rogier an Kircheninterieurs Jan van Eycks orientieren.[7] Durch das beherrschende Hauptschiff auf der Mitteltafel und die untergeordneten Seitenschiffe konnte Rogier die Sakramente hierarchisierend anordnen und deutlich machen, dass die eucharistisch gegenwärtige Erlösungstat Christi am Kreuz die Quelle der kirchlichen Gnadenmittel ist. Während im Mittelschiff die Eucharistie in ehrfürchtiger Abgeschiedenheit gefeiert wird, bilden die übrigen sechs Sakramente kleine, lebendige Genreszenen. Ihre naturalistischen Details sollten die Erlösungsgnade veranschaulichen, die das Leben der Gläubigen von der Taufe nach der Geburt bis zur Krankensalbung auf dem Sterbebett begleitet.[8]

Der Auftraggeber des Altartriptychons war Bischof Jean Chevrot (um 1395–1460), dessen Wappen auf den drei Tafeln jeweils links in den Zwickeln der goldenen Zierrahmung zu sehen ist, während rechts dreimal das Wappen seiner Diözese Tournai dargestellt ist.[9] Bei der Frage nach dem ursprünglichen Aufstellungsort des heute im Königlichen Museum von Antwerpen aufbewahrten Retabels schließen sich die meisten Kunsthistoriker Albert Châtelet an, der sich 1989 für die von Jean Chevrot gestiftete Antoniuskapelle in der Kollegiatsstiftskirche Saint-Hippolyte von Poligny in der Franche-Comté ausgesprochen hatte. Der aus Poligny stammende Auftraggeber förderte dieses Stift und maß offenbar auch den Sakramenten und der Verehrung der Eucharistie eine große Bedeutung zu, zumal es an Saint-Hippolyte eine alte Sakramentsbruderschaft gab.[10]

Der aus einer hochbürgerlichen Familie im burgundischen Poligny stammende Jean Chevrot[11] erlangte 1416 das Bakkalaureat an der juristischen Fakultät von Paris, wo er es 1420 zum Lektor und 1421 zum Rektor brachte. Seine kirchliche Laufbahn begann er 1417 als Kanoniker in Besançon. Nachdem er 1426 in Paris Chorherr an Saint-Marcel und in Rouen Archidiakon geworden war, bekleidete er 1435 in Beaune ein Kanonikat an Notre-Dame sowie eine Kaplanei an Saint-Jean in Salins.[12] Chevrot unterhielt intensive Kontakte zum burgundischen Herzogshof und wurde 1433 Präsident des für Verwaltung, Außenpolitik und Rechtsprechung verantwortlichen Herzogsrates. Mit diesem Amt bekleidete er nach dem Kanzler das zweithöchste Hofamt in Burgund. Chevrot folgte damit Bischof Jean de Thoisy von Tournai (reg. 1410–1433), dem burgundischen Kanzler, der bereits zu Jahresbeginn 1433 seine Präsidentschaft im Herzogsrat aus gesundheitlichen Gründen niedergelegt hatte und bald darauf am 2. Juni 1433 verstorben war.[13] Um seine Machtposition gegenüber König Karl VII. von Frankreich (reg. 1422–1461) zu stärken, wollte der Burgunderherzog Philipp der Gute (reg. 1419–1467) Chevrot zum Bischof des Bistums Tournai machen, das mit seinem Diözesangebiet zu Burgund gehörte, während die Bischofsstadt selbst eine französische Enklave bildete.[14] Obwohl Papst Eugen IV. (reg. 1431–1447) Jean d'Harcourt, den französischen Kandidaten und Bischof von Amiens (reg. 1418–1433), zum Oberhirten von Tournai (reg. 1433–1436) bestimmte, zog er am 5. November 1436 unter dem Druck des Burgunderherzogs seine Nomination zurück. Eugen IV. ernannte d'Harcourt zum Bischof von Narbonne (reg. 1436–1451) und designierte Chevrot für Tournai, der trotz der Proteste der Stadt und des Domkapitels schließlich am 12. Januar 1440 zur Inthronisation in seine Bischofsstadt einziehen konnte.[15] Nach seiner über zwanzigjährigen Tätigkeit in höchster kirchlicher und politischer Verantwortung starb Chevrot am 23. September 1460 auf seinem Schloss in Lille, nachdem man ihn noch am 1. September zum Bischof von Toul bestellt hatte.[16] Zusammen mit dem Kanzler Nicolas Rolin (1376–1462) war Chevrot der bedeutendste politische Ratgeber Philipps des Guten und hatte auch Kontakte zu Rogier van der Weyden, der immer wieder Aufträge aus burgundischen Hofkreisen bekam, wie der 1445/48 entstandene Middelburger Altar oder der 1443/51 geschaffene Weltgerichtsaltar von Beaune zeigen.[17] So hatte auch Chevrot den von Kardinal Nikolaus Cusanus (1401–1464) als größten Maler (maximus pictor) bezeichneten Rogier van der Weyden[18] mit der Ausführung des Sakramentsretabels beauftragt, das der Bischof von Tournai mit großer Wahrscheinlichkeit für die Stiftskirche Saint-Hippolyte in seiner Heimatstadt Poligny anfertigen ließ.

In Poligny, das als Freigrafschaft an das Herzogtum Burgund gebunden war, wurde 1414 der Grundstein für die neue Pfarrkirche Saint-Hippolyte gelegt, an der 1429 ein Kollegiatsstift gegründet wurde, das 1431 die päpstliche Bestätigung erhielt. Die an Ostern 1431 geweihte Kirche wurde von Donatoren gefördert, die aus Poligny stammten.[19] Während Jean Langret als Bischof von Bayeux (reg. 1412–1419) in

Saint-Hippolyte die „Chapelle de Bayeux" stiftete,[20] trieb vor allem der ranghöchste burgundische Finanzbeamte Jean Chousat (gest. 1433) den Kirchenbau voran und richtete dort auch eine Marienkapelle ein.[21] Chevrot ließ nach Chousats Tod bis 1452 das Langhaus vollenden, den Kirchturm ausbauen und im südlichen Seitenschiff eine Maria und Antonius Eremita (um 251–356) geweihte Privatkapelle errichten, die bis 1448 vollendet war und 1455 durch den Bischof von Besançon geweiht wurde.[22] Chevrot richtete an Saint-Hippolyte 1445 auch drei Vikarsstellen und 1553 ein Musikkolleg für einen Chorleiter und vier Chorknaben ein, stattete seine Antoniuskapelle aus und bedachte die Stiftskirche auch in seinem am 18. Januar 1459 verfassten Testament.[23] Wie in den Zwickeln der drei Rahmungen des Sakramentstriptychons, so sind auch auf den beiden bis heute in der Antoniuskapelle an der Südwand erhaltenen Konsolen die verwitterten Wappen Chevrots und der Diözese Tournai dargestellt.[24] So ist es gut möglich, dass Chevrot das Sakramentstriptychon nicht für seine Kathedrale in Tournai anfertigen ließ, wie in der früheren Forschung angenommen wurde,[25] sondern für seine Antoniuskapelle in Saint-Hippolyte in Poligny. Die Bezeichnung der Antoniuskapelle als „Chapelle de Tournay" und die auf dem Retabel angebrachten Wappen Chevrots und seiner Diözese deuten darauf hin, dass der Bischof offenbar auch im heimatlichen Poligny in seiner Eigenschaft als Oberhirte von Tournai vertreten sein wollte.[26] Während die reich mit Paramenten, Reliquien und liturgischen Geräten ausgestattete Antoniuskapelle einen Teil seiner Bibliothek erhielt, bestimmte er testamentarisch die Beisetzung seines Herzens vor dem Altar.[27] Dem Chor der Kirche vermachte Chevrot einen Wandteppich mit der Darstellung der sieben Sakramente und ihrer alttestamentlichen Präfigurationen.[28] Geht man davon aus, dass Rogiers Triptychon wohl für Chevrots Antoniuskapelle von Saint-Hippolyte bestimmt war, dann könnte es nach der 1638 durch die Soldaten des Herzogs Henri II. von Longueville (1595–1663) durchgeführten Plünderung Polignys als französische Kriegsbeute zu Jean Perrault (1604–1681), dem Sekretär des burgundischen Gouverneurs, nach Paris gelangt sein. Von den Erben des letzten Präsidenten des burgundischen Parlaments wurde das Altartriptychon 1826 in Dijon durch Florent Joseph Ritter van Ertborn (1784–1840) erworben, der von 1817 bis 1828 Bürgermeister von Antwerpen war. Nach Ertborns Tod wurde 1841 das Sakramentstriptychon mit seiner übrigen Kunstsammlung dem Königlichen Museum von Antwerpen vermacht.[29]

Für eine Aufstellung des Sakramentsretabels in der Antoniuskapelle von Saint-Hippolyte in Poligny spricht nicht nur die ausreichende Breite der dort erhaltenen Altarmensa, sondern auch der hohe und schmale Raum der Kapelle, der die besondere Form des hochformatigen Triptychons mit seinen feststehenden Seitenteilen erklären würde. Während sich das von rechts einfallende Licht in der Kapelle im

Lichteinfall des Retabels widerzuspiegeln vermag, würde die schräge Perspektive des gemalten Kirchenraumes dem optischen Eindruck des an der Antoniuskapelle vorübergehenden Kirchenbesuchers entsprechen.[30]

Das zentrale Thema des Altarretabels mit dem in der Eucharistie gegenwärtigen Kreuzesopfer als Quelle der Sakramente könnte in Zusammenhang mit der Sakramentsbruderschaft stehen, die an der Stiftskirche Saint-Hippolyte bestand. Diese Konfraternität gehörte zu den ältesten der Diözese Besançon und pflegte eine intensive eucharistische Verehrung mit ständiger Anbetung, eucharistischen Prozessionen und Sakramentsumgängen in der Fronleichnamsoktav.[31] Die unter der Kreuzigungsgruppe nach der Konsekration in der Messfeier zur Anbetung erhobene Hostie veranschaulicht nicht nur die Anbetungsfrömmigkeit der Sakramentsbruderschaften, sondern überhaupt die Spiritualität der spätmittelalterlichen Kirche, die in der Eucharistie das erhabenste aller Sakramente (sit excellentius ceteris sacramentis) sah.[32] Auf die Mitglieder einer Bruderschaft könnten auch die verschiedenen auf Metallfolie und Pergament gemalten Köpfe verweisen, die nicht dem Stil Rogiers entsprechen und wohl nach der Ankunft des Retabels an seinem Bestimmungsort hinzugefügt wurden.[33] Nach Dirk de Vos stellen diese Köpfe sicherlich Porträts dar, die nicht in die Umgebung eines bischöflichen Hofes passen, sondern eher auf Bürger und Würdenträger in Chevrots Heimatstadt Poligny hindeuten.[34] Da die meisten dieser Köpfe nach dem Befund der Unterzeichnungen schon bei der Bildanlage vorgesehen waren, könnten die Porträts auch vorab von einem Mitarbeiter Rogiers nach Brüssel geliefert worden sein, um sie bereits in der Werkstatt in das Retabel einkleben zu können.[35]

Wie der von Chevrot testamentarisch für den Chor von Saint-Hippolyte gestiftete Wandteppich mit den sieben Sakramenten zeigt, waren Sakramentsdarstellungen in der damaligen Zeit sehr gebräuchlich. Die Aufmerksamkeit der Kunst für dieses Bildthema hing wohl auch mit dem Unionskonzil von Florenz zusammen, das am 22. November 1439 mit der Bulle „Exsultate Deo" die zum geoffenbarten Glaubensgut gehörende Siebenzahl der Sakramente für die Armenier dogmatisiert hatte.[36] Ohne sich mit der in Ost und West teilweise unterschiedlichen liturgischen Praxis bei der Sakramentenspendung zu befassen, wollte das Konzil eine allgemein verbindliche Definition der sieben Sakramente finden und orientierte sich dabei vor allem an der Lehre des Dominikaners Thomas von Aquin (1225–1274), insbesonders an dem von ihm verfassten Brieftraktat „De articulis fidei et ecclesiae sacramentis".[37] Im Anschluss an Thomas von Aquin definierte das Unionsdekret, dass die Sakramente durch die Materie (materia), die Worte (forma) und die Person des Spenders (minister) vollzogen werden und dass ihre Reihenfolge mit der Taufe als Tor zum Gnadenleben beginnt.[38] Mit Synoden, liturgischen Handbüchern und der Verpflichtung zur Lektüre des Traktats des Aquinaten versuchte man nach dem Konzil, die Lehre von den sieben Sakramenten unter dem Pfarrklerus zu verbreiten.[39] Noch bevor die Konzilsdekrete die erhoffte Breitenwirkung erzielen konnten, reagierte die Kunst auf die neuen Anforderungen, wie nicht nur das um 1450 geschaffene Sakramentsretabel Rogiers, sondern auch die noch früher entstandenen künstlerischen Zeugnisse in Ostengland zeigen.[40] Auch wenn Chevrot im Unterschied zu seinen Bischofskollegen von Angers, Nevers und Thérouanne nicht am Konzil teilgenommen hatte,[41] muss den Bischof von Tournai das Thema der sieben Sakramente besonders bewegt haben, so dass er sich um 1450 entschloss, Rogier mit der Anfertigung des Sakramentsretabels zu beauftragen.

In seinem Sakramentsretabel, das in seiner Dreiteilung ein Triptychon mit feststehenden, nicht klappbaren Seitentafeln darstellt, orientierte sich Rogier am verbreiteten Aufbau eines Altarretabels mit überhöhter Mittelstaffelei.[42] So konnte er die innere Rahmenform des Triptychons als Querschnitt einer hochgotischen Basilika mit hohem Mittelschiff und niedrigeren Seitenschiffen darstellen, um mit dieser perfekten Illusion einer Bischofskathedrale das Idealbild der Kirche als Spenderin der aus dem Kreuzesopfer Christi entspringenden Sakramente vor Augen zu führen. Damit schuf Rogier eines der symbolhaftesten und theologisch durchdachtesten Altarbilder der realistischen Malerei der altniederländischen Kunst.[43] Obwohl Sakramentsdarstellungen bereits üblich waren, entwarf Rogier mit der synoptischen Darstellung der simultan in einem Kircheninnenraum gefeierten Zeremonien der sieben Sakramente einen ganz neuen Bildtypus.[44] Diese Bildfindung zeichnet sich dadurch aus, dass sich in den Seitenschiffen und am Hochaltar die sakramentalen Riten ereignen, während im gleichen Kirchenraum mit der Kreuzigungsgruppe jene Opferhandlung Christi sichtbar wird, aus der die Kirche hervorgegangen ist. Somit vollzieht sich der heilsgeschichtliche und in der Eucharstie vergegenwärtigte Gründungsakt der Kirche in dem Gebäude, das als göttlicher Wohnort auf der Erde errichtet worden war.[45]

Die gesamte Bildanlage und die mit großer Meisterschaft gemalte Mitteltafel mit der Kreuzigung und der Messfeier geht bis auf einige Hintergrundfiguren auf Rogier selbst zurück. Dagegen wurden die nachträglich eingefügten Porträtköpfe, die rahmenübergreifende linke Assistenzfigur unter dem Kreuz und die auf den beiden Seitentafeln dargestellten Sakramentsszenen mit ihren schwächeren, teilweise etwas puppenhaft wirkenden Figuren durch Werkstattmaler ausgeführt, von denen vielleicht auch die Unterzeichnungen stammen.[46]

Die drei Tafeln des gut erhaltenen Triptychons[47] werden von einem illusionistisch gemalten Rahmen umgeben, der innerhalb des nicht mehr erhaltenen eigentlichen Holzrahmens eine Art Scheinumrandung bildet und wie der Blick auf ein dreidimensionales Fenster wirkt. Die drei spitzbogigen Innenrahmen fallen mit den vorderen Gewölbebögen der Kirchenschiffe zusammen und zeigen in den rechten Zwickeln vor einem Goldhintergrund das Wappen von Tournai und als Pendant das Wappen des Bischofs Jean Chevrot. Die Kehlleisten der Rahmung sind in Gold mit schwarzen Modellierungen und Schraffierungen gemalt. Während die subtil angedeuteten perspektivischen Verkürzungen dieser Leisten symmetrisch auf die Bildmitte mit der Kreuzigungsgruppe ausgerichtet sind und mit einer mittigen Position des Betrachters rechnen, erscheint die Kirchenansicht schräg verkürzt. So wird trotz der konkurrierenden symmetrischen Rahmenperspektive dem Betrachter zur illusionistisch richtigen Wahrnehmung ein perspektivischer Standpunkt zugewiesen, der nicht zentral vor dem Retabel gedacht ist, sondern vor der Rahmenleiste anzunehmen ist, die das Mittelbild von der linken Seitentafel trennt. Bei dieser Schrägsicht, die auch über die angedeutete Zentrierung der Rahmenperspektive dominiert, dürfte der Maler eine optische Anbindung des Retabels an den Hochaltar im Blick gehabt haben. Geht man davon aus, dass Rogiers dreiteilige Bildtafel in der Antoniuskapelle im Südschiff von Saint-Hippolyte auf einer parallel zum Hochaltar ausgerichteten und geosteten Altarmensa aufgestellt war, so verwies die von links eingesehene Schrägsicht der gemalten Architektur auf einen etwas zum Mittelschiff und damit auch zum Hauptaltar ausgerichteten Betrachterstandpunkt. Innerbildlich führte die Schrägperspektive dazu, dass die südlichen Seitenkapellen weniger stark als die nördlichen fluchten, so dass die sakramentalen Handlungen auf dem rechten Flügel mehr in den Seitenkapellen und auf der gegenüberliegenden Seite nahezu vor ihnen stattfinden.[48] Der Kirchenraum ist tafelübergreifend auf einen Fluchtpunkt ausgerichtet, der auf halber Höhe der Mitteltafel an der Grenze zwischen dem Mittelbild und der linken Seitentafel liegt. In diesem einheitlichen Punkt laufen die Linien des Fußbodens, die Arkadenreihen und der Scheitelgrat des Gewölbes zusammen, wobei auch die Größe der Figuren kontinuierlich abnimmt, so dass der Betrachter das Kircheninterieur als Raum seiner gegenwärtigen Wirklichkeit erlebt.[49] Auf diese Weise gelang es Rogier, nach dem Vorbild der Kircheninterieurs Jan van Eycks einen der überzeugendsten Kircheninnenräume der altflämischen Malerei darzustellen. Mit seiner Mehrschiffigkeit und den annähernd passenden Größenverhältnissen der kleinen Figuren wurde Rogiers Sakramentstriptychon zum Urbild der zahlreichen Kircheninterieurschilderungen späterer niederländischer Meister, wie sie ab 1600 besonders in Antwerpen entstanden.[50]

Obwohl es nicht um das Porträt eines bestimmten Kirchenbaus, sondern um die Darstellung eines gleichnishaften Idealbildes der heilsvermittelnden universalen Kirche ging, verlieh Rogier dem Innenraum die konkreten Züge einer klassischen Kathedrale des 13. Jahrhunderts mit ihrem hierarchisch geordneten Gefüge.[51] Man blickt in das Innere einer dreischiffigen hochgotischen Basilika mit Arkadenzone, Triforium und Obergaden. Die Kathedrale besitzt ein nicht ausladendes Querhaus und einen dreijochigen Chor, der mit fünf Seiten eines Achtecks schließt und von einem Chorumgang umgeben ist. Die in der flandrischen Gotik gerne verwendeten vorlagenlosen Rundstützen des Mittelschiffs mit ihren polygonalen Sockeln und Deckplatten verweisen auf die 1226 begonnene und Ende des 15. Jahrhunderts vollendete Hauptkirche Sankt Gudula in Brüssel, wo Rogier seit 1535/36 als Stadtmaler wirkte. Rogier verringerte aber die Dicke der Rundpfeiler der Gudulakirche um fast die Hälfte und erfüllte den dadurch schlanker proportionierten Kirchenraum mit einem gleichmäßig dünnen und kühlen Licht, das durch die südlichen Fenster hereinfällt und die Architektur in einem sanften Grauton erscheinen lässt.[52] Mit ihren Tonnengewölben erinnern die Seitenschiffkapellen auf den beiden Nebentafeln an den ab 1243 errichteten Chor der Kathedrale von Tournai, der von zehn Kapellen umgeben ist, die ebenfalls in dieser für die Gotik seltenen Technik gewölbt wurden. So nahm Rogier auch Architekturdetails auf, die Jean Chevrot an seine Bischofskirche zu erinnern vermochten. Darüber hinaus gab Rogier auch dem im linken Seitenschiff firmenden Bischof die Gesichtszüge des Auftraggebers.[53] Damit zeigte Rogier, wie Willibald Sauerländer treffend formulierte, „die universale Kirche, welche die Sakramente spendet, und die lokale Kirche von Tournai, welche mit ihrem Oberhirten Jean Chevrot die konkrete Repräsentantin dieser universalen Kirche ist"[54]. So sehr man also die detailgetreu und genrehaft dargestellten Sakramente vom Gedanken der institutionellen Kirche her durchaus plausibel in einem Kirchenraum stattfinden lassen kann, so wenig entspricht allerdings die Verortung der sechs auf den Seitentafeln dargestellten Heilshandlungen in ausgeräumten Seitenkapellen einer real vorstellbaren Situation in einer Kathedrale. Die vom Bischof gespendeten Sakramente der Firmung und der Weihe wurden ebenso wenig in Seitenkapellen vollzogen wie die Krankensalbung, für die in der äußersten rechten Seitenkapelle sogar ein Bett aufgestellt wurde, um dort den Sterbenden mit der Letzten Ölung zu stärken. Die Seitenkapellen passen auch nicht zu der am Kirchenportal geschlossenen Ehe und zur Taufe, die gewöhnlich an einem westlichen Ort in der Kirche oder auch in eigenen Baptisterien gespendet wurde. Nur die am Lettneraltar gefeierte Eucharistie auf dem Mittelbild und die auf der linken Seitentafel vor dem nördlichen Querhaus dargestellte Beichte finden an ihren entsprechenden historischen Orten statt. Aber gerade durch diesen simultanen und damit anachronistischen Vollzug der sieben Heilshandlungen in einem einzigen Kirchenraum wird deutlich, dass es um die Spendung der Sakramente im Heilsraum der Kirche geht, die durch den gekreuzigten Christus begründet wurde. Auf diese Dimension verweisen auch die über jeder Sakramentsszene schwebenden Engel, die Inschriftenbänder halten, die sich auf das Erlösungsopfer Christi beziehen.[55]

So ist das Geschehen in den beiden Seitenschiffen ganz auf das Mittelschiff ausgerichtet, in dem die monumentale Kreuzigungsgruppe und das Sakrament der Eucharistie dargestellt sind. Trotz ihres größeren Figurenmaßstabes wirkt die Kreuzigungsgruppe nicht störend, da sie durch die Schrägperspektive des Kirchenraumes nicht den Blick auf den am Lettneraltar zelebrierenden Priester verdeckt und weil die ebenfalls übergroßen Assistenzfiguren weitgehend auf die Mitteltafel beschränkt sind. Das in den Seitenkapellen gezeigte sakramentale Geschehen ist ganz auf die in der Mitteltafel dargestellten Szenen der Eucharistiefeier und der Kreuzigung ausgerichtet. Indem die Golgotaszene und die Messfeier zwei verschiedenen Realitätsebenen angehören und sich zugleich in der gemeinsamen Wirklichkeit eines einzigen Bildraumes ereignen, konnte für den gläubigen Betrachter deutlich werden, dass in der Eucharistie das einmal dargebrachte Kreuzesopfer gegenwärtig wird und dass sich die Erlösungsgnade Christi in den Sakramenten siebenfältig verströmt.[56]

Bei der auch ikonographisch verbreiteten Verbindung der Kreuzigung mit den Sakramentsszenen ging es darum, die geöffnete Seite des gekreuzigten Christus als Tür zu den sieben Sakramenten anschaulich zu machen.[57] Nachdem bereits Apollinaris von Hierapolis (gest. um 175) das aus der Seitenwunde Jesu strömende Blut und Wasser (vgl. Joh 19,34) auf die Eucharistie und die Taufe ausgelegt hatte,[58] betonte auch Augustinus (354–430) diese mystische Quelle der Sakramente im Gekreuzigten. Obwohl Augustinus von der Einsetzung der Sakramente durch den historischen Jesus überzeugt war, wollte er durch den Hinweis auf die durchbohrte Seite Christi auch den gemeinsamen mystischen Ursprung der Kirche und der Sakramente im Gekreuzigten herausstellen. Wie in Rogiers Retabel die Sakramente unter dem Kreuz in einem Kirchenraum gespendet werden, so fließen auch nach Augustinus die Sakramente aus der geöffneten Seite Christi hervor, aus der die Kirche gebildet wurde. Wie Eva aus dem schlafenden Adam geformt wurde (vgl. Gen 2,21), so ist nach Augustinus auch die Kirche aus der Seite Christi (vgl. Joh 19,34), des am Kreuz entschlafenen zweiten Adam, hervorgegangen.[59] Im Anschluss an Petrus Lombardus (um 1095–1160)[60] legte Thomas von Aquin dar, dass durch die Sakramente, die aus der Seite des Gekreuzigten geflossen sind, die Kirche Christi aufgebaut ist (fabricata Ecclesia Christi).[61] Da die sakramentale Gnade auf das Hinwegnehmen der Sünden hingeordnet sei und Jesus die sündigen Menschen durch sein Leiden erlöst habe, stamme die Wirkkraft der Sakramente aus der Passion Christi, und zum Zeichen dafür seien aus der Seite Jesu Wasser und Blut geflossen (vgl. Joh 19,34; 1 Joh 5,6), Sinnbilder für die beiden wichtigsten Sakramente (potissima sacramenta) der Taufe und der Eucharistie.[62] Schließlich prägte zur Zeit Rogiers der niederländische geistliche Schriftsteller Hendrik Herp (1400/10–1477) das Wort von der Seitenwunde Jesu als Tür zu den sieben Sakramenten. So bildet in Rogiers Retabel der Gekreuzigte die Mitte der Kirche, die aufgebaut wird durch das Wasser der Taufe und das Blut der Eucharistie, die als Hauptsakramente dem geöffneten Herzen des Erlösers entströmen.[63]

Die übergroße Kreuzigungsgruppe unterscheidet sich durch ihren monumentalen Figurenmaßstab von den übrigen Personen, die mit den Szenen der Sakramente in Verbindung stehen. Neben ihren unterschiedlichen räumlichen Proportionen verweist die Golgotagruppe auch auf eine andere Zeit, nämlich auf das historische Ereignis des Opfertodes Jesu, was noch dadurch unterstrichen wird, dass die übrigen, kleineren Figuren die um das Kreuz versammelten Personen gar nicht wahrnehmen.[64] Die Kreuzigungsgruppe stellt ein lebendig gewordenes Triumphkreuz dar, das nicht mehr als Bekrönung auf dem Lettneraltar erscheint, sondern mit lebensechten, übergroßen Figuren in das Langhaus versetzt ist. Da das Kreuz trotz seines überdimensionalen, bis in die Gewölbezone reichenden Maßstabs fest im realen Fliesenboden verankert ist und auch die Assistenzfiguren keine eigene Symbolik besitzen, wird deutlich, dass die Golgotagruppe zur gleichen Wirklichkeitsebene wie der Kirchenraum gehört. So konnte Rogier anschaulich machen, dass der Opfertod Christi die Quelle der Sakramente ist und in der am Lettneraltar gefeierten Eucharistie gegenwärtig wird, wo ein Priester in der Elevation gerade den Leib Christi erhebt, denn das täglich in der Eucharistiefeier dargebrachte Messopfer ist kein anderes Opfer als das am Kreuz dargebrachte Erlösungsopfer Jesu, in dem Christus selbst Priester und Opfergabe ist.[65] Zu Füßen des Kreuzes ist links der mit dem roten Gewand des Lieblingsjüngers bekleidete Johannes zu sehen, der Maria stützt, nachdem sie ihm Jesus als Mutter anvertraut hatte (vgl. Joh 19,26–27). Die in ihrer Trauer ohnmächtig zusammengesunkene Gottesmutter trägt ein weißes Kopftuch und ein blaues Gewand, das mit seiner Himmelsfarbe auf ihre göttliche Erwählung verweist. Unter dem Kreuzesstamm ist eine der beiden Stiefschwestern Marias zu sehen, entweder Maria Kleopas oder Maria Salome (vgl. Mt 27,56; Mk 15,40; Lk 24,10; Joh 19,25). Die zeitgenössisch gekleidete Frau unter dem Kreuz trägt über einem grünen Kleid ein Obergewand, das mit einem kostbaren, weißen Pelz verbrämt ist. Im Gewandausschnitt steckt die Gorge, ein feines, weißes Brusttuch. Ihr Haupt ist mit dem Kruseler bedeckt, einem weißen Schleier mit gekräuseltem Rand, der ihre Haare bedeckt und seitlich über ihrer linken Schulter herabfällt. Während sie mit schmerzerfülltem Gesicht und betend geöffneten Lippen zum Gekreuzigten aufblickt, hat sie das Obergewand mit ihren ringenden Händen gerafft, so dass die gefütterte Innenseite sichtbar wird. Die Assistenzfiguren betonen das Kreuz in ihrer Mitte und verhalten sich angesichts des Todes Jesu auf verschiedene Weisen. Während die Gottesmutter ohnmächtig geworden ist und ihre unter dem Kreuz stehende Stiefschwester betet, sind die Blicke des Johannes und der links mit ihrer langen Mantelschleppe in die Seitentafel hineinragenden dunkelblau gekleideten Frau auf Maria gerichtet, deren ohnmächtig herabgefallene rechte Hand sie berührt. Auf der anderen Seite wischt die in Rückenansicht dargestellte Maria Magdalena gerade mit einem Ende ihres langen, weißen Kopfschleiers die Tränen aus ihren Augen und fasst sich mit der linken Hand an die Brust. Maria Magdalena trägt als einzige der Assistenzfiguren kein Obergewand, sondern ist über einem weißen Hemd mit Schmuckärmeln nur mit einer eng anliegenden, roten Cotte bekleidet, die den weiblichen Oberkörper betont und unterhalb der Taille in einen weiten Rock ausläuft. Der mit einer kostbaren Goldborte bestickte und auf der Innenseite mit einem grauen Gegenstoff verstärkte Gewandsaum liegt ihrem Fuß auf, der in einem modischen Schuh steckt. Das Gelb ihres mit zwei Medaillons geschlossenen Hüftgürtels galt im Mittelalter als negative Farbe, was auch in der Kleidervorschrift deutlich wurde, wonach Prostituierte an ihrem Gewand ein gelbes Stoffstück tragen mussten. So erinnert der gelbe Hüftgürtel an das sündhafte Vorleben Maria Magdalenas, die vor ihrer Heilung durch Jesus ganz ihren fleischlichen Begierden hingegeben war. Auch das tiefe Rückendekolleté, das oftmals Prostituierten vorbehalten war, zeigt Maria Magdalena als büßende, ehemalige Sünderin, die nun im roten Gewand ihrer Christusliebe unter dem Kreuz steht und dort ihre Erlösung findet.[66] Der mit Dornen gekrönte und nur mit einem weißen Lendenschurz umgürtete Christus ist mit drei Nägeln an das Kreuz geheftet, das am Ende des Längsbalkens die querrechteckige Kreuzigungsinschrift (titulus) zeigt. Dabei dürften die Spinnweben, die auf der Höhe des Gekreuzigten an den Wanddiensten der südlichen Hochschiffwand bis zum Obergaden hinauf als winzige Details zu sehen sind, die heilsgeschichtliche Einmaligkeit des Kreuzestodes Christi unterstreichen, indem sie das unmerkliche Voranschreiten der Zeit symbolisieren, während das Erlösungsopfer Christi ein für alle Mal auf Golgota dargebracht wurde.[67] Jesus hat im Tod die Augen geschlossen und sein Haupt zu Maria herabgeneigt, die er zuvor vom Kreuz herab dem Johannes als seine Kirche übergeben hatte (vgl. Joh 19,27), wie die Kirchenväter betonten, die in Johannes die Menschheit und in Maria die Kirche versinnbildlicht sahen.[68] Indem sich der Erlöser in seinem Opfertod, in dem der Ursprung der Kirche und der sakramentalen Gnade liegt, zu Maria und Johannes neigt, wird deutlich, dass er in seiner Kirche gegenwärtig bleibt.

In der Fluchtlinie des Kreuzes ist am Lettneraltar ein Priester zu sehen, der gerade die Eucharistie feiert und die konsekrierte Hostie erhebt. Durch diese Parallelisierung von Kreuz und Altar im Kirchenraum zeigt sich, dass der Opfertod Christi im Messopfer der Kirche sakramentale Wirklichkeit wird, denn der Altar repräsentiert das Kreuz, an dem sich Christus hingegeben hat.[69] So wird das einmal auf Golgota dargebrachte Kreuzesopfer aus dem Zusammenhang des Passionsgeschehens herausgenommen und dem Betrachter als immerfort strömende Quelle der sakramentalen Begnadung in der Kirche vor Augen gestellt.[70] Indem der Altar mit dem zelebrierenden Priester nicht nur die Fluchtlinie des Kreuzes, sondern auch die Proportionen des Kirchenraumes und damit den Figurenmaßstab der auf den beiden Seitentafeln dargestellten sakramentalen Handlungen aufnimmt, erscheint die Eucharistie sowohl als unblutige Vergegenwärtigung des Kreuzesopfers als auch als das vornehmste Sakrament, auf das die übrigen sechs Sakramente hingeordnet sind. Die in Rogiers Retabel mit ihren beiden niedrigeren Seitentafeln deutlich zum Ausdruck kommende Hinordnung von Taufe, Firmung, Buße, Weihe, Ehe und Krankensalbung auf das Altarsakrament war besonders durch Thomas von Aquin hervorgehoben worden. Der Aquinate hielt die Eucharistie für das erhabenste Sakrament, weil Christus in ihr nicht nur wie in den übrigen Sakramenten mit seiner Gnadenkraft, sondern selbst wesenhaft (substantialiter) enthalten sei.[71] Während in der Eucharistie die Heiligung der Materie in einer wunderbaren, allein durch Gott vollbrachten Verwandlung des unsichtbaren Wesens (transsubstantiatio) von Brot und Wein in Christi Leib und Blut bestehe, werde die Materie bei den übrigen Sakramenten nur durch eine Weihung geheiligt.[72] So haben nach Thomas von Aquin die Sakramente ihr Ziel in der Eucharistie, in der sich das geistliche Leben gleichsam vollendet.[73] Während die Weihe auf die Feier der Eucharistie hingeordnet sei, werde durch die Taufe der Zugang zur Kommunion eröffnet. Damit sich der Christ nicht durch übergroße Ehrfurcht vor dem Empfang der Eucharistie zurückziehe, werde er durch die Firmung gestärkt. Auch durch die Buße und die Krankensalbung bereite man sich auf den würdigen Empfang der Eucharistie vor. Die Ehe berühre die Eucharistie zeichenhaft, insofern sie nach Eph 5,32 als großes Mysterium (sacramentum) die bräutliche Verbindung Christi mit seiner Kirche abbilde.[74] Mit der Reihenfolge von Taufe, Firmung, Buße, Eucharistie, Krankensalbung, Weihe und Ehe orientierte sich Thomas von Aquin – wie schon zuvor Petrus Lombardus[75] und später das Konzil von Florenz[76] – am Lebensweg des Christen.[77] Auch nach dem Unionsdekret von 1439 beginnt das Gnadenleben mit Taufe und Firmung, erfährt in der Eucharistie seine Ernährung und wird in Buße und Krankensalbung geheilt, während Weihe und Ehe auf die Leitung und Vermehrung der Kirche ausgerichtet sind.[78] So stellen die sieben Sakramente eine organische Einheit im Dienst des christlichen Gnadenlebens dar, dessen Herz die Eucharistie ist.[79]

Von dieser Reihenfolge wich Rogiers Sakramentsretabel zweimal ab, um auf der Mitteltafel im erhöhten Hauptschiff die Eucharistie hervorzuheben und auf den beiden Nebentafeln in den Seitenschiffkapellen die übrigen Sakramente von links nach rechts am christlichen Lebenslauf ausrichten zu können. Während der Platz der Eucharistie mit der Buße vertauscht wurde, um das Altarsakrament an vierter Stelle in das erhöhte Mittelschiff setzen zu können, rückte die Krankensalbung an den Schluss, um auf das Lebensende des Christen zu verweisen, wenn er dieses Sakrament als Letzte Ölung empfängt. So scharen sich um das Mittelbild mit dem Altarsakrament und der sich in der Eucharistie vergegenwärtigenden Kreuzigung die Taufe, die Firmung und die Buße im nördlichen Seitenschiff sowie die Priesterweihe, die Ehe und die Krankensalbung im südlichen Nebenschiff. In einer dreischiffigen Kathedrale, die für die Kirche als Ausspenderin der Sakramente Christi steht, bilden die lebenschronologisch angeordneten Sakramente einen Halbkreis, der links vorne in der ersten Seitenkapelle mit der Taufe beginnt und rechts vorne mit der Krankensalbung abschließt, während die Eucharistie die Mitte bildet und der vor dem Retabel stehende Betrachter aufgerufen ist, diese Bewegung durch seine gläubige Teilnahme am Gnadengeschehen zu ergänzen. Die links anhebende Bewegung der narrativ, illustrativ und anekdotisch geschilderten sakramentalen Handlungen spiegelt sich auch in den symbolischen Farben der über den einzelnen Sakramentsszenen schwebenden Engel wider,[80] die kontinuierlich von hellen zu dunklen Farben wechseln.[81] Den Engeln sind goldene Banderolen mit frei wiedergegebenen Bibel- und Kirchenväterzitaten zugeordnet, die wohl durch Bischof Chevrot oder einen seiner theologischen Berater ausgewählt wurden[82] und den Bezug der einzelnen Sakramente auf das Erlösungsmysterium Christi und das heilbringende Blut des Erlösers zum Inhalt haben.[83] So erscheint die Kirche als Institution des Heiles, in der die dem Erlösungsopfer Christi entströmenden Sakramente den Menschen gespendet werden.[84]

In der ersten linken Kapelle des nördlichen Seitenschiffs ist das Sakrament der Taufe dargestellt. Neben dem aus Messing oder Bronze gefertigten Taufbecken, das sich häufig im Westteil der Kirche befand,[85] steht der Priester, der mit einem violetten Kanonikertalar und einem langen weißen Chorrock bekleidet ist. Während die in einen blauen, pelzverbrämten Mantel gehüllte und eine burgundische Hörnerhaube tragende Patin das soeben getaufte Kleinkind über das Taufbecken hält, berührt es ein weiterer, schräg von hinten gezeigter Pate am Knie. Rechts neben der Patin steht die Mutter, und links von ihr ist der Vater dargestellt. Bei der Taufszene ist nicht der eigentliche Taufakt mit dem Übergießen des Wassers, sondern die postbaptismale Scheitelsalbung mit Chrisam zu sehen, die durch die rechte Hand des Priesters mit einem Metallstift (billio) erteilt wird.[86] Während der Priester in seiner linken Hand eine kleine Schatulle mit zwei Kammern für das Katechumenenöl und den Chrisam hält, hat er unter seinen Arm das für die Taufspendung notwendige liturgische Handbuch geklemmt, wobei ein Buchzeichen die Passage markiert, die soeben den Ritus bestimmt hat.[87] Die bildlich gut darstellbaren, wenn auch sakramentstheologisch teilweise sekundären Salbungen stehen auf Rogiers Sakramentsretabel nicht nur bei der Taufe, sondern auch bei der Firmung, der Priesterweihe und der Krankensalbung im Vordergrund, während bei der Beichte und der Ehe das Motiv der Handauflegung gewählt wurde.[88] Die weiße Farbe des über der Taufszene schwebenden Engels symbolisiert die Reinheit, die der Täufling durch die Taufe erhalten hat.[89] Die Inschrift auf der Banderole des Engels: „O[mn]es in aqu[a] [et] pneu[m]ate baptizati / in morte chr[ist]i v[er]e su[n]t renati / Ad ro[m]a[nos] vi. c[apitul]o",[90] „Alle, die im Wasser und im Geist getauft sind, werden im Tod Christi wahrhaft wiedergeboren. An die Römer aus dem sechsten Kapitel", bezieht sich auf den Römerbrief des Paulus (vgl. Röm 6,3) und sieht im Erlösertod Christi die Quelle der sakramentalen Begnadung.[91]

Die Firmung nimmt einen breiteren Raum mit zwei Seitenkapellen ein, weil die zweite Seitenkapelle des nördlichen Seitenschiffs einem schwarz gekleideten Kanoniker und seinem Gefolge als Zuschauer überlassen wurde.[92] Die mit dem Kanoniker versammelten vier Männer könnten vielleicht Stifter oder Wohltäter sein, auf deren vornehme Herkunft auch der vor ihnen liegende Windhund hinweisen könnte.[93] In der dritten Kapelle firmt der mit Mitra und Pluviale bekleidete Bischof, der die Gesichtszüge Jean Chevrots trägt, einen vor ihm knienden Knaben, indem er seine Stirn mit Hilfe eines Metallstiftes (billio) mit dem Chrisam salbt. Rechts daneben bindet ein Priester einem anderen gefirmten Knaben ein Chrisamband um, während sich drei bereits gefirmte Kinder mit ihren Stirnbinden wieder entfernen.[94] Nach mittelalterlichem Brauch ließen sich die Firmkinder nach der Salbung weiße Stirnbinden zum Eintrocknen des Chrisams umbinden, die ihnen nach einer gewissen Zeit durch einen Priester wieder abgenommen wurden.[95] Der über der zweiten Kapelle schwebende Engel, dessen gelbe Farbe auf das bei der Firmung verwendete Chrisamöl verweist,[96] hält ein Schriftband mit der Inschrift: „Per c[hr]isma quo a p[rae]sule inu[n]gu[n]t[ur] / vi passio[n]is chr[ist]i i[n] bono [con]firman[tur] / i[n] q[u]arto s[en]t[e]n[ti]a[rum]",[97] „Durch den Chrisam, mit dem sie durch den Bischof gesalbt werden, werden sie durch die Kraft des Leidens Christi im Guten gestärkt. Im vierten [Buch] der Sentenzen". Der Text nimmt auf das Passionsmysterium Christi Bezug und ist den Sentenzen des Petrus Lombardus entnommen.[98]

Weil die Firmszene zwei Seitenkapellen beansprucht, findet die Beichte neben einem geschlossenen Doppelportal im Querhaus an der Chorschranke des nördlichen Seitenschiffes an den Stufen zum Nebenchor statt,[99] was dem mittelalterlichen Brauch entspricht, das Bußsakrament in beweglichen Beichtstühlen in der Nähe des Chores zu spenden.[100] Der auf einem Stuhl sitzende Priester hat ein Tuch über seinen Kopf gelegt – die Kopfbedeckung stand dem Priester bei der Beichte als einem jurisdiktionellen Akt zu – und erteilt einem alten, vor ihm knienden Mann durch Handauflegung die Absolution, während rechts eine kniende Frau darauf wartet, ebenfalls ihre Sünden zu beichten. Über der Beichtszene schwebt ein Engel, der mit seiner blutroten Farbe auf das Erlöserblut Christi verweist, durch das die Sünden der Menschheit gesühnt wurden.[101] Die Inschrift auf seiner Banderole: „Sang[u]is chr[ist]i n[ost]ras [con]sci[enti]as emu[n]dabit / Du[m] p[oeni]t[e]n[t]iale debitu[m] seip[s]o mitigavit. / Ad heb[raeos] ix. c[apitul]o",[102] „Das Blut Christi wird unsere Gewissen reinigen, denn er hat selbst die Bußschuld eingelöst. An die Hebräer aus dem neunten Kapitel", bezieht sich auf den Hebräerbrief (vgl. Hebr 9,14) und damit auf die Sühne, die Christus durch sein Blut am Kreuz für die Sünder erwirkt hat.

Auf der gegenüberliegenden Nebentafel ist in der ersten Kapelle des südlichen Seitenschiffs das durch die Priesterweihe repräsentierte Weihesakrament dargestellt, das wie bei der Firmung durch den Bischof erteilt wird.[103] Während der Bischof mit Mitra und Pluviale dem vor ihm knienden Neupriester die Hände salbt,[104] drängen sich in der engen Seitenkapelle noch vier weitere, bürgerlich gekleidete Männer.[105] Der violette Engel, der mit seinem rötlichen Farbton auf die alttestamentlichen Priestergewänder anspielen könnte,[106] trägt das Schriftband: „Du[m] su[m]m[us] po[n]tifex Iesus i[n] s[anc]ta i[n]t[r]av[i]t / tu[n]c sac[ra]mentu[m] ordi[ni]s vere stauravit / Ad heb[raeos] ix. c[apitul]o",[107] „Als der Hohepriester Jesus in das Heiligtum eintrat, hat er dieses Sakrament des Amtes wahrhaft gestiftet. An die Hebräer aus dem neunten Kapitel". Wie bei der Firmung bezieht sich der Text erneut auf den Hebräerbrief (vgl. Hebr 9,25–26). Demnach sei Christus als der endgültige Hohepriester des Neuen Bundes nicht wie die alttestamentlichen Hohenpriester jedes Jahr mit fremdem Blut in das Heiligtum hineingegangen (vgl. Hebr 9,25), sondern ein einziges Mal erschienen, um durch sein Opfer die Sünde zu tilgen (vgl. Hebr 9,26). Zur sakramentalen Darbringung dieses Erlösungsopfers Christi wird nun der Priester durch das Weihesakrament bevollmächtigt.

In der zweiten Kapelle des südlichen Seitenschiffs steht ein in die rote Liebesfarbe gekleidetes Brautpaar, das sich die rechten Hände zum Zeichen des Ehebundes gereicht hat. Gleichzeitig legt der mit einem weißen Chorrock bekleidete Priester seine Rechte auf die mit seiner Stola umschlungenen Hände und macht mit der linken Hand eine Segensgeste. Die mit einem kostbaren roten Mantel bekleidete Braut trägt zum Zeichen ihrer Jungfräulichkeit die Brautkrone und wird von einem kleinen Jungen an ihrem weiten Ärmel gezupft. Hinter der Gruppe sind eine Frau mit burgundischer Hörnerhaube und ein Mann als die beiden Trauzeugen zu sehen.[108] Während der kleine weiße Seidenpinscher für die eheliche Treue steht,[109] dürfte die blaue Farbe des Engels ebenfalls die Treue symbolisieren.[110] Der Text auf dem Schriftband lautet: „Matrimonium a chr[ist]o commendatur / du[m] spo[n]sa sa[n]guinu[m] i[n] c[a]r[n]e copulatur / exodi IIII. c[apitul]o",[111] „Die Ehe wird von Christus eingesetzt, während die Blutsbraut im Fleisch verbunden wurde. Aus dem vierten Kapitel von Exodus". Nach diesem Schrifttext, der sich auf das alttestamentliche Buch Exodus bezieht (vgl. Ex 4,25–26), geht es um die Ehe als Abbild des im Blut des Kreuzes geschlossenen Bundes Christi mit der Kirche, der durch Christus eingesetzt wurde, während die Blutsbraut Israel (vgl. Ex 4,26) im Fleisch durch das alte Bundeszeichen der Beschneidung mit Gott verbunden wurde.

Das Sakrament der Krankensalbung ist in der letzten Kapelle dargestellt, wo ein sterbender Mann in einem rot bedeckten Bett liegt. Der Priester salbt die rechte Hand des Kranken mit einem Metallstift (billio) und hält in der anderen Hand das Gefäß mit dem Krankenöl. Der Priester ist mit einem weißen Chorrock bekleidet und trägt eine Stola, die abwechselnd mit griechischen Kreuzen und Winkelmaßkreuzen bestickt ist. Während vor dem Kapellenfenster hinter dem Bett die Frau des Sterbenden mit einer brennenden Kerze in den Händen steht, hält ein assistierender Kleriker Wattebausch und Schüssel.[112] Der darüber schwebende Engel verweist mit seiner schwarzen Farbe auf den bevorstehenden Tod des Sterbenden und trägt eine Banderole mit der sich auf den Jakobusbrief (vgl. Jak 5,14) beziehenden Inschrift: „Oleo s[anc]to in a[n]i[m]a [et] corp[or]e infirmati / sanantur merito passio[n]is chr[ist]i / jacobi ulti[m]o",[113] „Durch das heilige Öl werden die an Seele und Leib Kranken durch das Verdienst des Leidens Christi geheilt. Aus dem letzten Kapitel des Jakobusbriefes". Die lesende Frau im Vordergrund erinnert an Maria Magdalena als Vorbild der kontemplativen Betrachtung (vgl. Lk 10,38–42)[114] und dürfte an den Betrachter appellieren, sich ebenfalls der Glaubensvertiefung zu widmen.[115]

In der großen Kreuzigung ist das Erlösungsopfer Christi dargestellt, das sakramental im Messopfer gegenwärtig wird, das auf dem Hauptaltar dargebracht wird, der auf der gleichen Fluchtlinie wie der Kreuzesstamm zu sehen ist. Der Hauptaltar ist mit seinem Retabel Bestandteil des spätgotischen Lettners, der zwischen der Vierung und der Choranlage steht, um mit seinen Gittern das Presbyterium zum Langhaus hin abzuschließen.[116]

Von den vier Säulen des dreitorigen Lettners sind drei sichtbar, auf denen jeweils die Skulptur eines Apostels steht. Rechts außen ist unter einem gotischen Baldachin die jugendlich bartlose Figur des Apostels Johannes zu sehen, der in seiner linken Hand einen Kelch hält, den er mit seiner Rechten segnet. Als man nach der legendarischen Überlieferung Johannes einen vergifteten Trank gereicht hatte, soll der Apostel das Kreuz darüber geschlagen haben, worauf das Gift in Gestalt einer Schlange entwichen sei. Links neben Johannes stehen unter zwei besonders mächtigen Baldachinen die Apostelfürsten. Während Paulus seine linke Hand auf das Schwert stützt, mit dem er enthauptet wurde, ist links neben ihm Petrus mit dem Schlüssel seiner Binde- und Lösegewalt (vgl. Mt 16,19) dargestellt. Ganz links ist über der nicht sichtbaren vierten Säule ein weiterer Apostel zu ergänzen.[117] Das querrechteckige, geschnitzte Altarretabel mit erhöhtem Mittelteil zeigt unter spätgotischen Eselsrückenbaldachinen die Figuren der übrigen Apostel, von denen sechs sichtbar und an ihren Marterwerkzeugen erkennbar sind. Die Reihe der auf dem Schnitzretabel dargestellten Apostel wird ganz links durch Andreas angeführt, der durch das burgundische Herrscherhaus als Schutzpatron verehrt wurde und in der linken Hand sein Diagonalkreuz hält. Rechts neben Andreas sind Philippus mit dem Kreuzstab und Bartholomäus mit dem Messer dargestellt. Während die beiden nächsten Apostelfiguren vom zelebrierenden Priester verdeckt sind, setzt sich rechts die Reihe mit Simon dem Zeloten fort, von dem noch zu seinen Füßen die Säge zu sehen ist. Dann folgen Jakobus der Ältere mit dem Pilgerstab und Jakobus der Jüngere mit dem Wollbogen.[118] Für den Apostel auf der vierten Lettnersäule und die beiden verdeckten Apostel in der Mitte des Schnitzretabels kommen Matthäus, Thomas, Judas Thaddäus oder Matthias in Frage. In dem in der Mitte verbleibenden kleinen Zwischenraum unmittelbar vor dem Priester ist ein Kreuz oder ein Tabernakel vorstellbar. Auf den Rundstützen des Mittelschiffs sind auf gemalten goldenen Kreisscheiben rote Apostelkreuze erkennbar, die zusammen mit den Lettner- und Retabelfiguren zum Ausdruck bringen, dass die sakramentale Heilsgnade der auf das Fundament der Apostel gegründeten Kirche anvertraut ist.

Im erhöhten Mittelteil des Schnitzretabels ist die teilweise durch den Priester verdeckte Darstellung einer Himmelfahrt Marias zu sehen.[119] Die mariologische Thematik setzt sich darüber in einem großen, spitzbogigen Schrein fort, der innen mit Dreipassschnitzereien und außen mit Krabben und einer Kreuzblume verziert ist. Vor der Schreinrückwand, die mit der marianischen Farbe Blau grundiert ist, ist vor einem Flügelaltar und unter einem Baldachin eine thronende Madonna angebracht, die in ihrer frontalen Strenge an hochmittelalterliche Sitzmadonnen erinnert. Maria ist mit ihrer Krone als Himmelskönigin ausgewiesen und hält auf ihrem Schoß den weiß gekleideten Jesusknaben. Maria bildet für Christus einen Thron und wird somit zum Sitz der Weisheit (sedes sapientiae), die Christus selbst ist. Als die personifizierte Weisheit selbst (vgl. Lk 2,40.47.52; Mt 13,54) löst Christus den salomonischen Königsthron als ursprünglichen Sitz der Weisheit ab (vgl. 2 Chr 1,10) und übertrifft ihn (vgl. Mt 12,42), denn er birgt alle Schätze der Weisheit in sich (vgl. Kol 2,3), auch die sich im Kreuzesmysterium offenbarende verborgene Weisheit Gottes (vgl. 1 Kor 1,23–24).[120] Es fällt auf, dass der Jesusknabe in ikonographisch unüblicher Weise seinen Kopf herumgewendet hat, um mit seinem Blick offenbar den zu seiner Rechten stehenden Apostel Petrus zu treffen. Damit verbindet sich das marianische Programm mit der apostolischen Thematik, so dass Maria hier auch als Urbild der auf die Apostel gegründeten Kirche erscheint.[121]

Die Madonna wird links und rechts von abgeteilten, gemalten Flügeln umgeben, auf denen Szenen aus der Kindheit Jesu dargestellt sind, die das mariologische Programm des Lettneraltars ergänzen. Auf dem linken Doppelflügel sind im oberen Register außen die Verkündigung und innen die Heimsuchung zu sehen, während in der unteren Reihe außen die Anbetung der Könige und innen eine schwer zu deutende Szene dargestellt sind. Der rechte Doppelflügel zeigt in der oberen Reihe innen die

Geburt Jesu und außen die Darbringung im Tempel. Darunter sind innen eine nicht identifizierbare Szene und außen die Flucht nach Ägypten dargestellt.[122]

Unter dem Schnitzretabel ist die Altarmensa mit aufgeschlagenem Messbuch zu sehen, die von einem grünen Antependium und einem weißen Altartuch bedeckt ist. Davor steht ein Priester mit großer Tonsur, der nach Osten, zum Altar hingewendet, die Eucharistie feiert. Der zelebrierende Priester trägt über der weißen Albe eine mit Goldstickereien verzierte grauviolette Kasel, die innen rot gefüttert ist. Dargestellt ist jener Augenblick, der in der mittelalterlichen Frömmigkeit als der heiligste der Messfeier begriffen wurde, nämlich die Erhebung (elevatio) der konsekrierten Hostie unmittelbar nach der Verwandlung der unsichtbaren Brotsubstanz in den Leib Christi. In diesem Augenblick wird das blutige Kreuzesopfer Christi, das bildlich in dem weiter westlich aufgerichteten Kreuz erscheint, auf sakramentale, unblutige Weise Gegenwart. Die Einheit von Kreuzesopfer und Messopfer wird auch durch das Gabelkreuz deutlich, das in Gold auf die Rückseite der Kasel des Priesters gestickt ist. Zudem verweist die Gestalt des Gekreuzigten selbst auf den zelebrierenden Priester, der durch seine Weihe dazu befähigt ist, „in persona Christi" die Einsetzungsworte des Letzten Abendmahls zu sprechen, bei dem Jesus sein Erlösungsopfer vorweggenommen und in Brot und Wein hineingestiftet hat.[123] Der Priester hat die Hostie weit erhoben, damit die Gläubigen den im wesensverwandelten Brot eucharistisch gegenwärtigen Christus anbeten können. Damit verweist der Augenblick der Elevation auf die spätmittelalterliche Anbetungsspiritualität, die auch für die Sakramentsbruderschaft von Saint-Hippolyte in Poligny ganz im Mittelpunkt stand.[124]

Hinter dem Priester kniet ein rot gekleideter Messdiener, der mit seiner linken Hand den Saum des Messgewandes des Priesters berührt. Durch diese Handlung bringt der Messdiener zum Ausdruck, dass der Priester bei der Darbringung des Messopfers in der Person Christi handelt. Durch das Ergreifen der Kasel des Priesters berührt der Messdiener gewissermaßen Christus selbst, so wie auch die an Blutfluss leidende Frau in Kafarnaum (vgl. Mt 9,20–22) und viele andere Menschen durch das Berühren des Gewandsaumes Jesu das vom Erlöser ausgehende Heil erfuhren (vgl. Mk 6,56). In seiner rechten Hand hält der Messdiener eine lange brennende Kerze und verkündet mit diesem Licht die eucharistische Gegenwart Christi, der das wahre Licht der Welt ist (vgl. Joh 8,12; 9,5). Obwohl man seit dem 12. Jahrhundert begann, Leuchter auf den Altar zu stellen, um die eucharistischen Gestalten in der dunklen Kirche sichtbar zu machen, setzte sich dieser Brauch nur sehr zögernd durch, so dass in manchen spätmittelalterlichen Darstellungen der Messfeier, wie auch in Rogiers Sakramentsretabel, Lichter nur in den Händen der Messdiener, nicht aber auf dem Altar zu sehen sind.[125] Die Kerze des bürgerlich gekleideten Messdieners könnte auf die Sakramentsbruderschaft von Poligny verweisen. Mit ihrer langen Bruderschaftskerze verschönerten die Mitglieder die Messfeier und die Fronleichnamsprozession. Die am Lettneraltar stattfindende Messfeier wird auch von einem dunkelhaarigen Mann wahrgenommen, der mit grauem Wams und schwarzem Kragen bekleidet ist und nachträglich in das letzte Langhausjoch vor der Vierung eingefügt wurde.[126] Dieser Messbesucher, der mit ehrfürchtig abgenommenem Hut vor einer kleinen, am südwestlichen Vierungspfeiler angebrachten Tafel steht, dürfte als Appellfigur den Betrachter dazu ermahnen, ebenfalls an der Eucharistiefeier teilzunehmen.[127]

Wie über den anderen Sakramentsszenen, so schwebt auch über der am Lettneraltar zelebrierten Eucharistiefeier ein Engel, dessen grüne Farbe im Mittelalter die Hoffnung und die Kontemplation, aber auch das Leben und vor allem den Glauben symbolisierte.[128] Auf der goldenen Banderole des Engels ist zu lesen: „Hic pa[n]is manu s[anc]ti sp[iritu]s for[m]at[us] i[n] vi[r]gi[n]e / Igne passio[n]is e[st] decoct[us] in cruce / A[m]bro[sius] i[n] li[bro] sacr[ra]me[n]t[is]",[129] „Dieses Brot hat aus der Hand des Heiligen Geistes in der Jungfrau Gestalt angenommen und wurde im Feuer des Leidens am Kreuz bereitet. Ambrosius im Buch über die Sakramente". Der Text bezieht sich inhaltlich auf die Schrift des Ambrosius (339–397) über die Sakramente,[130] steht aber wörtlich dem „Decretum" des Kanonisten Gratian (gest. vor 1160) näher, der den Zusammenhang von Inkarnation, Kreuzesopfer und Eucharistie in den Blick genommen und dargelegt hatte, dass Christus als das eucharistische Brot durch das Wirken des Heiligen Geistes in Maria Gestalt angenommen hat und durch das „Feuer des Leidens" (igne passionis) am Kreuzaltar „bereitet" (decoctus) wurde.[131] Indem über dem zelebrierenden Priester im Schrein die thronende Madonna dargestellt ist, ergibt sich eine ikonographische Figuration aus Marienfigur, Kreuz und Messfeier. Dadurch werden die auf dem Spruchband des Engels thematisierten Mysterien der Menschwerdung und des Kreuzestodes des inkarnierten Sohnes Gottes sowie der Eucharistie als sakramentaler Vergegenwärtigung des Erlösungsopfers bildlich veranschaulicht.[132] In diesem Zusammenhang erinnert der Engel dann auch an den Erzengel Gabriel, der bei der Verkündigung Maria die Botschaft von der Inkarnation des Gottessohnes überbracht hatte. So zeigt der bildliche Zusammenhang von Menschwerdung, Kreuz und Messopfer im Sinne des Schriftbandes, dass der Sohn Gottes aus Maria Fleisch angenommen hat, um für die Erlösung der Menschen seinen Leib als Opfer am Kreuz hinzugeben, das in der Eucharistie sakramentale Gegenwart wird. Der Engel hat sein Haupt zur Hostie geneigt und betet mit gefalteten Händen den eucharistisch gegenwärtigen Christus an, der durch den Heiligen Geist in Maria Mensch geworden ist. Damit erinnert der Engel nicht nur an die Inkarnation, sondern wird auch für den gläubigen Betrachter zum Vorbild für die Anbetung des in der Hostie gegenwärtigen Christus. Zudem verweist der Engel auf den „Angelus missae" und damit auf die Bitte des „Supplices" im römischen Messkanon, in dem die Kirche Gottvater bittet, durch seinen heiligen Engel die eucharistische Opfergabe auf seinen himmlischen Altar vor seine göttliche Herrlichkeit tragen zu lassen, um durch die Teilhabe am Altar Gnadenfülle und himmlischen Segen zu empfangen,[133] wobei man seit dem frühen 12. Jahrhundert in diesem Messengel sogar Christus selbst als den „Engel des großen Rates" (vgl. Jes 9,5 LXX) sah, der seinen mystischen Leib mit Gottvater und der im Himmel triumphierenden Kirche verbindet.[134] Durch seine grüne Farbe, die auch auf dem Altarantependium erscheint, wird der Engel zum Sinnbild für die Hoffnung auf das ewige Leben, das dem Christen durch den Genuss der eucharistischen Speise erwächst. So macht die ikonographische Figuration der Mitteltafel deutlich, dass der Sohn Gottes in der Jungfrau Maria durch den Heiligen Geist die Menschennatur angenommen hat und im Kreuzesopfer das Heil und damit den Anfang aller sakramentalen Begnadung gewirkt hat, wobei die Eucharistie als Vergegenwärtigung dieses Erlösungsopfers die Mitte der sakramentalen Mysterien der Kirche ist.

Der wegen seines mariologischen Programms im Hauptaltar fehlende Bezug auf die Passion erscheint im Presbyterium, wo direkt neben der linken Seite des Lettneraltars über einer Altarmensa mit aufgeschlagenem Messbuch der kleine Ausschnitt eines geschnitzten Altarretabels mit Christus am Ölberg zu erkennen ist. Links neben diesem Passionsaltar sind im Presbyterium Chorschranken zu sehen, die mit zwei Engeln verziert sind, von denen einer das Leidenswerkzeug des Kreuzes präsentiert, womit erneut die eucharistische Passionsthematik angedeutet ist. Ein Diakon in roter Dalmatik[135] steht vor einem Lesepult, dessen Buchstütze von einer Adlerfigur getragen wird. Dass im Presbyterium an diesem Passionsaltar offenbar eine zweite Messfeier stattfindet, zeigt auch ein Blick in den südlichen Nebenchor, wo zwischen den Säulen ein Mann mit gefalteten Händen und eine Frau mit einem Gebetbuch zu sehen sind.[136] Während auch im Hintergrund der linken Seitentafel im nördlichen Seitenchor eine dritte Eucharistiefeier stattfindet,[137] zieht auf der Mitteltafel etwas weiter rechts bei der Holzschranke des südlichen Nebenchores ein Mann – vielleicht ein Bruderschaftsmitglied – ein Manuskript zu Rate, das in einem vergitterten Schrein aufbewahrt wird. Am Südportal sind am rechten Bildrand der Mitteltafel zwei Bettler zu sehen. Während der eine Bettler mit Krücke außen vor dem Portal steht, sitzt der zweite im geöffneten Portal und hält eine Schale vor sich hin. Durch den schmalen Ausschnitt des Südportals fällt der Blick auf den Platz vor der Kirche, auf dem ein Bürgerhaus angedeutet ist.[138] Durch die Personen, die hinter den Chorschranken den Messfeiern beiwohnen, und die Bettler, die auf eine gute Gabe warten, vermag der gläubige Betrachter das eucharistische Opfer auf sich zu beziehen und sich selbst durch das gute Werk des Almosengebens zu einer geistigen Opfergabe zu machen.[139]

Rogier van der Weyden gelang es in seinem Sakramentsaltar, die Glaubensmysterien der eucharistischen Realpräsenz Christi, der Vergegenwärtigung des Kreuzestodes Jesu im Altarsakrament und der Sakramente als Frucht des Erlösungsopfers in einer einzigartigen theologischen Dichte ins Bild zu fassen. Durch das monumentale Kreuz erscheint Christus selbst als das Ursakrament, während sein Kreuzesopfer zum Primitialsakrament und seine Kirche zum Grundsakrament werden. Diese Wahrheit kommt in dem hochgotischen Kirchenraum zum Ausdruck, der das ganze Altarbild zusammenschließt. Innerhalb der Kirche bleibt das von Christus gewirkte Heil gegenwärtig und wird durch die Sakramente vermittelt. Christus selbst bleibt als der unsichtbare Spender aller Sakramente in seiner Kirche gegenwärtig. Der Sakramentsaltar zeigt, dass das Herz der Kirche keine Idee und auch kein Lehrsystem ist, sondern eine Tat, nämlich das Kreuzesopfer Christi, das in der Eucharistie gegenwärtig bleibt und in den Sakramenten die Heilsgnade den Menschen zuwendet. Dabei mündet der Hintergrund des Retabels nicht in das Unendliche eines Himmels oder eines Goldgrundes, sondern besteht gänzlich in einem hochgotischen Kirchenraum ohne jeden Hinweis nach außen.[140] Das Bild zielt also nicht auf eine Wirklichkeit außerhalb des Kirchenbaus, sondern auf das Kircheninnere mit dem übergroßen Kreuz und den Sakramentsszenen ab, durch das der so realistisch geschilderte Kirchenraum zum Symbol der Gegenwart Gottes wird, die sich in die Sakramente verströmt. So braucht der Blick des Betrachters gar nicht die Weite eines unendlichen Himmelsraumes zu suchen, da das göttliche Heil in den Sakramenten der Kirche selbst zu finden ist und das Kreuzesopfer als die heilschaffende Erlösungstat Gottes in der Eucharistie gegenwärtig wird. Der Blick kann nur in der Kirche sein Ziel finden, weil nur in diesem göttlichen Raum das Heil ist, denn alle Sakramente werden von der Kirche in der Kraft der bleibenden Gegenwart ihres unsichtbaren Hauptes Christus zum Heil der Menschen gespendet. In der Eucharistie aber bleibt nach Paulus die Liebestat des gekreuzigten Erlösers immerfort gegenwärtig, „denn sooft ihr von diesem Brot esst und aus dem Kelch trinkt, verkündet ihr den Tod des Herrn, bis er kommt" (1 Kor 11,26).

Die Liebe Gottes im Herzen Jesu

Heiligstes Herz Jesu. Zweite Lesung: Röm 5,5b–11

*„Wir rühmen uns Gottes durch Jesus Christus, unseren Herrn,
durch den wir jetzt schon die Versöhnung empfangen haben."
Röm 5,11*

Am Freitag der dritten Woche nach Pfingsten begeht die Kirche das Hochfest des Heiligsten Herzens Jesu. Dieses Hochfest erinnert an die Durchbohrung der Seite des Gekreuzigten, als Wasser und Blut aus dem Herzen des Erlösers flossen (vgl. Joh 19,34). Wasser und Blut sind Zeichen für die Liebe Christi, die sich in die Kirche mit ihren grundlegenden Sakramenten der Taufe und der Eucharistie verströmt. Von dieser göttlichen Liebe spricht auch Paulus im Römerbrief, dem die zweite Lesung des Hochfestes entnommen ist.

Die in Christus erfahrbare göttliche Liebe wird nach Paulus durch den Heiligen Geist zur Mitte des christlichen Lebens (vgl. Röm 5,5b). Diese Liebe Gottes ist für den Apostel gerade dadurch gewiss, dass Christus für die Menschen gestorben ist, als diese noch gottlos und Sünder waren, ohne irgendetwas Liebenswertes voraussetzen zu können (vgl. Röm 5,7–8). Dass Gott die ganz von ihm entfernten Menschen durch das Blut seines gekreuzigten Sohnes mit sich versöhnt hat (vgl. Röm 5,9–10), wird für Paulus zum Anlass, sich in Gott durch Christus zu rühmen. Nach Paulus rühmt man sich dessen, was man als Lebensziel betrachtet und worauf man sein ganzes Vertrauen setzt.[1] So kann der Apostel sagen, „wir rühmen uns Gottes durch Jesus Christus, unseren Herrn, durch den wir jetzt schon die Versöhnung empfangen haben" (Röm 5,11).

Das Zeichen dieser versöhnenden und rettenden Heilstat Gottes ist das Blut, das dem in Liebe geöffneten Herzen des Gekreuzigten entströmt ist. Die mystische Verehrung des Herzens Jesu sieht das geöffnete Herz seines Leibes als seine innerste Personmitte und als Epiphanie seiner göttlichen Erlöserliebe.[2]

Die Seele im Herzen des Gekreuzigten, nach 1461, Zeichnung mit lavierten Deckfarben auf Papier, 8,3 × 7,4 cm, Eichstätt, Benediktinerinnenabtei St. Walburg.

DIE VEREHRUNG DES HERZENS JESU als Quelle der Erlöserliebe Gottes war im 13. Jahrhundert vor allem durch die drei großen Helftaer Zisterzienserinnen Mechthild von Hackeborn (1232–1292), Mechthild von Magdeburg (um 1207–1282) und Gertrud die Große (1256–1301/02) geprägt worden.[3] Das in Liebe offenstehende Herz Jesu in dem durch seine Wunden geöffneten Leib wurde in der spätmittelalterlichen Frömmigkeit zum Symbol für das sühnende Erlöserblut und damit zum Sinnbild für die tiefste Nähe der göttlichen Gnade. Die Öffnung der Seite des Erlösers aus Liebe wurde in der Passionsmystik dieser Zeit als Zeichen der wechselseitigen freudigen, aber auch schmerzlichen Liebe und der innigsten Vereinigung im Herzen des Geliebten begriffen.[4] So verband sich die Andacht zum Herzen Jesu mit der Brautmystik, die auf die allegorische Auslegung des alttestamentlichen Hohenliedes zurückging, in der die dort geschilderte Liebe der beiden Verlobten seit den Kirchenvätern und besonders durch Bernhard von Clairvaux (um 1090–1153) auf die liebende Gemeinschaft zwischen dem göttlichen Bräutigam Christus und der menschlichen Seele als seiner Braut bezogen wurde. Im Spätmittelalter hatte die mystische Liebesvereinigung mit Christus im Zeichen des Herzens Jesu zahlreiche Frauenklöster geprägt, wie eine im späten 15. Jahrhundert in der Eichstätter Benediktinerinnenabtei St. Walburg entstandene Miniatur zeigt, in der die Seele einer Nonne mit ihrem Seelenbräutigam Christus im geöffneten Herzen des Gekreuzigten vereint ist.[5] Das Bildmotiv des Herzens Jesu als Sinnbild für das Leiden und die Liebe des Erlösers war im 15. Jahrhundert im deutschen Sprachraum entstanden und besonders in Frauenklöstern aufgegriffen worden, wo die Herz-Jesu-Verehrung zusammen mit der Brautmystik das geistliche Leben der Nonnen tief geprägt hatte.[6]

Die Darstellung der mystischen Vereinigung einer Nonne mit Christus im Herzen Jesu gehört zu 26 spätmittelalterlichen Miniaturen, die in der Eichstätter Benediktinerinnenabtei St. Walburg angefertigt und später aus verschiedenen Handschriften des Klosters zu einer Sammlung zusammengestellt wurden. Die nur 8 bis 16 Zentimeter hohen Miniaturen[7] zeigen neben Szenen aus den Evangelien und Heiligendarstellungen[8] auch Bilder, die sich auf die brautmystische Auslegung des Hohenliedes beziehen.[9] Seit 1456 wirkten in der Abtei Benediktinerinnen aus dem Kloster Marienberg bei Boppard am Oberrhein, um im Auftrag des Eichstätter Bischofs Johannes III. von Eych (reg. 1445–1465) das monastische Leben in St. Walburg zu erneuern. Da die Marienberger Nonnen bei ihren Eichstätter Mitschwestern ein neues Interesse an geistlichem Schrifttum zu wecken vermochten, dürfte sich auch ein Skriptorium mit einer Buchmalereiwerkstatt in St. Walburg gebildet haben, in dem die Nonnen wahrscheinlich auch die Miniaturen anfertigten. Die Bilderfolge muss nach 1461 entstanden sein, da in diesem Jahr die italienische Mystikerin Katharina von Siena (1347–1380) kanonisiert wurde, die auf einer der Miniaturen als Heilige dargestellt wurde.[10] Die Eichstätter Miniaturen gehören stilistisch zu den spätmittelalterlichen Nonnenmalereien, wie sie besonders aus oberrheinischen Frauenklöstern hervorgingen. Die flächig angelegten Miniaturen zeichnen sich durch ihre feine Malweise, ihre kontrastreich leuchtenden Farben und ihre sorgfältig ausgeführten Schriftbänder aus. Während die Figuren plastisch schraffiert sind, werden Gewänder, Gesichter und Nimben häufig mit Gold hervorgehoben.[11]

Die Miniatur mit der Darstellung der Seele im Herzen des Gekreuzigten steht wahrscheinlich mit einem Ende des 15. Jahrhunderts entstandenen Passionstraktat in Verbindung, der nach seinem Beginn „Pone me ut signaculum"[12] benannt ist und damit mit der Bitte der Braut des Hohenliedes an den göttlichen Seelenbräutigam einsetzt: „Leg mich wie ein Siegel auf dein Herz" (Hld 8,6). In diesem Traktat, der den Benediktinerinnen von St. Walburg als geistliche Lektüre diente, begleitet die Seele Jesus auf seinem Passionsweg vom Karmittwoch bis zur Grablegung am Karfreitag. Dabei wird die sehnsüchtige Liebe der Seele durch häufige Zitate aus dem Hohenlied zum Ausdruck gebracht, wie es auch auf die Miniatur mit der im Herzen Jesu ruhenden Seele zutrifft.[13]

Die nur etwa acht Zentimeter hohe Miniatur mit der Nonne und dem Seelenbräutigam Christus im Herzen des Gekreuzigten diente der persönlichen Andacht der Benediktinerinnen von St. Walburg und spiegelt die brautmystische Herz-Jesu-Verehrung des späten Mittelalters wider. Das in einem Zierrahmen eingespannte, fein gezeichnete Betrachtungsbild zeigt eine kühne und dichte Symbolik und versucht in naiver Unbekümmertheit, die eigentlich unaussprechbare und kaum darstellbare mystische Erfahrung der Gottesvereinigung in der Liebe des geöffneten Herzens des göttlichen Seelenbräutigams ins Bild zu fassen.[14] Wie die Eichstätter Benediktinerin Maria Magdalena Zunker darlegte, kam es der malenden Nonne „bei der Wiedergabe des Gekreuzigten weniger auf anatomische Richtigkeit als vielmehr auf die möglichst eindringliche Verdeutlichung von Christi erlösendem Leiden und Sterben am Kreuz an, als der theologischen Grundvoraussetzung für die in diesem Bild dargestellte Vereinigung der Seele mit Gott"[15].

Die Miniatur ist von einem Zierrahmen umgeben, der zwischen roten und grünen Abschnitten abwechselt und mit schwarzen und goldenen Längsstrichen gegliedert ist. Die Höhe und Breite des Bildes wird durch ein hellbraunes Kreuz eingenommen, das teilweise mit Goldimitationen verziert ist, während rotbraune Halbkreisformen die Holzmaserung andeuten. Der Nimbus und die Dornenkrone des mit sehr einfachen zeichnerischen Mitteln wiedergegebenen Gekreuzigten sind durch den oberen Bildrahmen abgeschnitten. Die heilbringende Passion Jesu mit seinem sühnenden Erlöserblut steht ganz im Mittelpunkt der Darstellung, wie die um die Nägel geballten Hände und die Blutrinnsale zeigen, die aus den Arm- und Beinwunden hervorbrechen und aus den Wunden der Dornenkrone auf das Antlitz herabfließen. Dennoch ist auf dem Gesicht des Gekreuzigten ein Lächeln angedeutet, das auf das erlösende Heilandswort „Es ist vollbracht!" (Joh 19,30) hinzuweisen scheint. Der Leib des Gekreuzigten ist ganz durch ein überdimensional großes Herz Jesu überdeckt, so dass im Grunde nur das Haupt, die Arme und die Beine des Erlösers sichtbar sind.[16] Dieses weit aufspringende Herz gewährt einen Einblick in das Innerste des Erlösers, wo „in kühner Doppelung" gezeigt wird, wie sich die Seele „im Herzen des Gekreuzigten" mit Christus vereinigt.[17] Die Seele ist als Nonne gezeigt, die von Christus umarmt wird, der als Jüngling mit goldenen Locken dargestellt ist und ein blau-braun gestreiftes Gewand trägt. Als Zeichen seiner Liebe überreicht Christus seiner Seelenbraut einen runden, mit einem Griff versehenen Gegenstand, der als Siegelstempel zu deuten ist und auf das Hohelied anspielt, wo die Braut ihren Bräutigam bittet: „Leg mich wie ein Siegel auf dein Herz" (Hld 8,6). Während aber im Hohenlied die Braut selbst das Siegel sein möchte, ist in der Miniatur der Siegelabdruck mit einem hängenden Band am geöffneten Herzen Jesu befestigt, so dass es der Seelenbräutigam ist, der das Siegel zum Zeichen seiner ewigen Treue zur liebenden Seele macht. Im Passionstraktat, der schon von seinen Eingangsworten „Pone me ut signaculum" her ganz unter dem Zeichen des Siegels aus dem Hohenlied steht, ist dieses Siegel ein Bild für die Liebe Christi, die sich am Kreuz hingegeben hat und sich in der Eucharistie an die Seele verschenkt, die beim Kommunionempfang aufgerufen ist, dankbar des Erlöserleidens zu gedenken.[18]

Christus und die Seele blicken im Herzen Jesu, dem Inbegriff der göttlichen Liebe, einander an und sind in mystischer Vereinigung (unio mystica) wie ein innig verbundenes Brautpaar dargestellt. Sie führen miteinander ein Gespräch, dessen Inhalt in den Spruchbändern zum Ausdruck kommt.[19] Auf dem linken Spruchband neben dem Kreuz ist zu lesen, wie die Seele zu Christus spricht: „O herz zeuch mich zu dir. jn dich vnd nach dir". Mit dieser aus dem Hohenlied entlehnten Bitte der Braut „Zieh mich her hinter dir!" (Hld 1,4) wird deutlich, dass die Seele in das aus Liebe offenstehende Herz ihres Seelenbräutigams gezogen werden möchte.[20] Auf diese Bitte antwortet Jesus im rechten Spruchband mit den Worten: „Du bist gancz schon mein fraindin", und nimmt damit ein Wort des Bräutigams aus dem Hohenlied auf: „Schön bist du, meine Freundin, ja, du bist schön" (Hld 1,15; 4,1).[21] Die Schönheit der Freundin ist im moralischen Sinn als Reinheit der Seele zu verstehen, wenn diese auf dem Weg der Tugendübung zur geistlichen Vereinigung mit Christus gelangt sein wird. Dieses Ziel kommt in dem rechts nach unten laufenden Spruchband zum Ausdruck, auf dem als Antwort der Seele geschrieben steht: „Das ist mein ruestat. darjn ich will ruen ewigklich on end". Dieser Wunsch nach der ewigen Vereinigung mit Christus erfüllt sich für die Seele erst im Himmel, so dass die Gott suchenden Menschen des späten Mittelalters mehr noch als auf eine bereits im Irdischen erreichbare „unio mystica" auf die himmlische Vereinigung mit Christus ausgerichtet waren. Dass dieses Ziel durch ein tugendhaftes Leben in der Nachfolge Jesu und in der Gleichförmigkeit mit dem Leiden des Erlösers zu erlangen war, wird in der Miniatur durch die Tugendleiter veranschaulicht, die zum Herzen Christi führt.[22]

Die in der Herzkammer Jesu stattfindende Vereinigung mit dem göttlichen Bräutigam wird durch eine Leiter erreicht, die von links her an das Herz gelehnt ist. Die zehn Sprossen der Leiter stehen für zehn Tugenden, die es bis ans Lebensende treu zu üben gilt und die jeweils in Spruchbändern zu Seiten der beiden Holme genannt werden. Rechts neben der Leiter werden von unten nach oben folgende sechs Tugenden inschriftlich aufgeführt: die Demut als „diemuetigkait", dann die „senfftmuetigkait", die „Armut", der „Gehorsam", die „Rainigkait" und die „gelassenhait". Links von der Leiter werden in den Schriftbändern zunächst die beiden ersten theologischen Tugenden „Gelaub" und „hoffnung" aufgeführt, worauf die Tugend der „Gedult" folgt. Zuletzt wird als dritte und höchste theologische Tugend direkt beim Herzen Jesu die „Lieb" genannt, die auf die Christusvereinigung als Ziel des Tugendstrebens verweist.[23]

Das bereits in der Spätantike bekannte Motiv der Tugendleiter war in der spätmittelalterlichen Literatur und Kunst besonders beliebt, wobei Zahl, Reihenfolge und Auswahl der Tugenden variierten. In der Miniatur von St. Walburg erinnert die zum geöffneten Herzen Jesu führende Leiter auch daran, dass die Seele durch die Übung der in den Spruchbändern genannten Tugenden gleichsam mit Christus das Kreuz besteigen muss, um in geduldiger und gottergebener Leidensnachfolge dem gekreuzigten Seelenbräutigam gleichförmig zu werden. Indem die Tugenden der Seele den Weg zur ewigen Vereinigung mit Christus im Himmel aufzeigen, erscheint die Tugendleiter auch als Himmelsleiter.[24]

Die auf der rechten Seite aufgeführten sechs Tugenden beziehen sich auf das Lebensvorbild Jesu und damit auf die in der besonderen Nachfolge Christi stehenden Klosterfrauen, für die diese Miniatur angefertigt wurde. Zu diesen Tugenden gehören die drei auf Jesus zurückgehenden evangelischen Räte der Armut, des Gehorsams und der als „Rainigkait" bezeichneten ehelosen Keuschheit, auf die in den Klöstern die Ordensgelübde abgelegt werden.[25] Die Tugenden der Demut und der Sanftmut wurden von Jesus auf einzigartige Weise vorgelebt, so dass er von sich selbst sagen konnte: „Nehmt mein Joch auf euch und lernt von mir; denn ich bin gütig und von Herzen demütig; so werdet ihr Ruhe finden für eure Seele" (Mt 11,29). Wer also den Weg der Demut und Sanftmut geht und mit diesen beiden Tugenden den Ordensgelübden der Armut, des Gehorsams und der Keuschheit treu bleibt, der wird nach der

Verheißung Jesu zur Seelenruhe (vgl. Mt 11,29) und damit einst zur endgültigen Gottesvereinigung gelangen. Von besonderer Bedeutung ist unter den sechs Tugenden die an der obersten Sprosse genannte Gelassenheit, die im Zentrum der Spiritualität der drei großen Dominikanermystiker Meister Eckhart (um 1260–1328), Johannes Tauler (um 1300–1361) und Heinrich Seuse (1295/96–1366) stand, deren Schriften nachweislich auch den Nonnen von St. Walburg als geistliche Lektüre dienten. Während es bei Eckhart um das Losgelöstsein von allen irdischen Dingen und vom eigenen Ich ging, um zu seinem wahren Selbst und damit zur innewohnenden Gottheit zu gelangen, sahen Tauler und Seuse in der Gelassenheit auch eine gleichmütige und gottergebene Haltung gegenüber den von Gott verhängten Prüfungen.[26]

Auf der linken Seite der Leiter werden die drei grundlegenden theologischen Tugenden des Glaubens, der Hoffnung und der Liebe aufgeführt, wie sie bereits von Paulus in seinem ersten Korintherbrief genannt wurden (vgl. 1 Kor 13,13). Diesen drei Grundtugenden wird die Tugend der Geduld eingefügt, wobei die oberste Leitersprosse der höchsten göttlichen Tugend der Liebe gewidmet ist. Als Zeichen für die Liebe Christi zur Seele liegt über dieser Sprosse das Siegel (vgl. Hld 8,6), das von der Wunde des Herzens Jesu herabhängt. Diese Darstellung erinnert an die spätmittelalterlichen Tugendkreuzigungen, bei denen Christus durch weibliche Tugendallegorien ans Kreuz geschlagen wird, um zum Ausdruck zu bringen, dass es gerade diese Tugenden waren, die den Erlöser dazu drängten, den Heilstod am Kreuz auf sich zu nehmen. Während aber bei den Tugendkreuzigungen die Personifikation der Liebe (caritas) den Heilsquell der Seite des Gekreuzigten mit der Lanze öffnet (vgl. Joh 19,34), verdeutlicht in der Miniatur von St. Walburg das Siegel in der Herzwunde Christi, dass die Liebe die Erlösungstat Jesu am Kreuz bewirkt hat. Indem nun diese Liebe der obersten Sprosse zugeordnet ist, wird der betrachtenden Klosterfrau gezeigt, dass sie auf ihrem Tugendweg dieser göttlichen Liebe antworten soll, die ihr damit zur Gabe und zur Aufgabe zugleich wird.[27]

So beginnt der geistliche Weg, der zur Vereinigung mit Christus in seinem aus Liebe offenstehenden Herzen führt, mit der im linken Schriftband zum Ausdruck gebrachten Bitte der Seele, zum Seelenbräutigam Christus emporgezogen zu werden (vgl. Hld 1,4). Wie die beiden Spruchbänder rechts vom Kreuz zeigen, kann sich die Seele nur mit der Hilfe Christi, der sie zieht (vgl. Hld 1,15; 4,1.7) und von dem sie sich ziehen lässt (vgl. Hld 1,4), auf den zehnstufigen Tugendweg machen, um in der endgültigen Vereinigung mit dem göttlichen Bräutigam „ewiglich on end" bei ihm zu „ruen".[28] Dieses himmlische Ziel wird durch die paradiesische grüne Wiese mit ihren hohen Gräsern und roten Blumen veranschaulicht, aus der das Kreuz emporsteigt. Auf das Paradies verweist neben der frühlingshaften Wiese auch der blaue Himmel, der auf der Höhe des Querbalkens ganz zart angedeutet ist und in die

Kammer des Herzens Jesu hineinstrahlt. Mit seiner Himmelsfarbe versinnbildlicht der zartblaue Himmel die selige Vereinigung mit Christus, die für die Seele im irdischen Leben nur anfangshaft und vielleicht nur für wenige Augenblicke erfahrbar ist, dann aber im Himmel ewig und vollkommen sein wird. So stellt die kleine Miniatur der betrachtenden Klosterfrau das verheißene ewige Ziel vor Augen, damit sie auf dem Weg der Christusnachfolge ermutigt wird und sich einst ihr Wunsch erfüllt, auf ewig im Herzen Jesu zu ruhen.[29] Wie Paulus vermag sich darum auch die Klosterfrau des göttlichen Herzens ihres Seelenbräutigams zu rühmen, denn nach den Worten des Apostels rühmt man sich dessen, was man als Ziel betrachtet und worauf man sein ganzes Vertrauen setzt (vgl. Röm 5,11).

Maria als Urbild der Kirche auf der Hochzeit in Kana

2. Sonntag im Jahreskreis. Evangelium: Joh 2,1–11

"Seine Mutter sagte zu den Dienern: Was er euch sagt, das tut!"
Joh 2,5

Im Evangelium des 2. Sonntags im Jahreskreis wird das Weinwunder Jesu auf der Hochzeit in Kana verkündet, in dem aufscheint, wer Jesus ist und welches Heil er den Menschen bringt. So geht es nach den Kirchenvätern bei diesem ersten im Johannesevangelium berichteten Wunder um ein Epiphaniegeschehen. Wie Jesus den heidnischen Sterndeutern erschienen war und bei seiner Taufe als Sohn des Vaters geoffenbart wurde, so ließ er bei der Verwandlung von Wasser in Wein erstmals seine göttliche Herrlichkeit vor den Jüngern aufleuchten.[1] Den Anstoß zu diesem ersten Aufscheinen der messianischen Macht Jesu gab Maria, die mit Jesus und dessen Jüngern zur Hochzeit in das galiläische Kana eingeladen war (vgl. Joh 2,1–2).

Als der Wein ausging und sich Maria mit den Worten: „Sie haben keinen Wein mehr" (Joh 2,3), hilfesuchend an ihren Sohn wandte, wurde die Mutter Jesu zum Urbild der bittenden Kirche, die ganz auf ihren göttlichen Bräutigam Christus vertraut. Jesus aber wähnte sich noch am Anfang seines messianischen Heilswirkens und sah deshalb seine Stunde noch nicht gekommen, da er am Kreuz erhöht in die Herrlichkeit des Vaters hinübergehen werde. So wies er die Bitte seiner Mutter zunächst zurück und verwies auf seine noch bevorstehende Stunde: „Was willst du von mir, Frau? Meine Stunde ist noch nicht gekommen" (Joh 2,4). Auch wenn sich Jesus ganz dem Willen seines Vaters verpflichtet wusste (vgl. Joh 4,34; 5,19.30), der ihm den rechten Zeitpunkt bestimmt (vgl. Joh 7,6.8), sollte durch Marias Glauben und Fürbitte die künftige Stunde der Verherrlichung Christi (vgl. Joh 12,23; 13,31–32; 17,1.5) schon zu Beginn seines Heilswirkens aufleuchten. Denn als Jesus hörte, wie sich seine Mutter mit den Worten: „Was er euch sagt, das tut!" (Joh 2,5), an die Diener wandte, entschloss er sich, seine künftige Stunde durch ein „Zeichen" (Joh 2,11)

Weinwunder auf der Hochzeit in Kana, Egbert-Codex, Ms. 24, fol. 20v, um 985/93, Deckfarbenmalerei auf Pergament, 27 × 21 cm (Blattgröße), Trier, Stadtbibliothek.

schon jetzt gegenwärtig zu setzen. So befahl Jesus den Dienern, die sechs steinernen Wasserkrüge, die gemäß den jüdischen Reinigungsvorschriften bereitstanden, randvoll mit Wasser zu füllen und dann den für das Festmahl Verantwortlichen kosten zu lassen (vgl. Joh 2,6–8). Als der Speisemeister das zu Wein gewordene Wasser gekostet hatte, lobte er den Bräutigam, den guten Wein bis jetzt zurückgehalten zu haben (vgl. Joh 2,9–10). So hatte Christus in Kana „sein erstes Zeichen" getan und „seine Herrlichkeit" geoffenbart, so dass seine Jünger an ihn glaubten (Joh 2,11) und verstanden, dass in Jesus die Heilszeit angebrochen ist. Bereits das Alte Testament hatte die kommende Heilszeit im Bild einer Hochzeit geschaut (vgl. Hos 2,16–25; Jes 62,2–5), und der als Vorahnung endzeitlicher Lebensfülle verstandene Wein (vgl. Joël 4,18; Am 9,13; Gen 49,10–12) konnte zum Sinnbild für das Leben und den Geist werden, die Christus seiner Kirche schenken wird (vgl. Joh 7,37–39).[2]

Die Kirchenväter begriffen das Festmahl auf der Hochzeit in Kana als den freudigen Beginn des messianischen Zeitalters und sahen in der Verwandlung des Weines, „der das Herz des Menschen erfreut" (Ps 104,15), die schöpferische Kraft des menschgewordenen Gottessohnes.[3] Da sie das Weinwunder in Entsprechung zur Brotvermehrung auch auf die eucharistische Gabe des Weines deuteten, fand die Darstellung der Weinverwandlung bereits im frühen Christentum Eingang in die Kunst.[4] Schließlich sahen die Kirchenväter in der Hochzeit zu Kana das Geheimnis der Mutterschaft Marias über die Kirche vorgebildet, da das Weinwunder durch die Mutter Jesu erbeten wurde. Zudem sei Maria feierlich mit dem auf das verlorene Paradies zurückweisenden alttestamentlichen Heilswort „Frau" (Gen 3,15; Joh 2,4) als diejenige angesprochen worden, die zur kommenden Stunde ihres Sohnes unter dem Kreuz (vgl. Joh 19,26) ihre fürbittende Mutterschaft für die Gläubigen antreten wird, um für immer die „Frau" (Gen 3,15), die „Mutter aller Lebendigen" (Gen 3,20) und damit als neue Eva die Mutter des mystischen Leibes Christi zu sein.[5] In der hochzeitlichen Gemeinschaft der Kirche, „für die der Gottmensch das Wasser der Menschennatur in den Wein der göttlichen Begnadung umwandelt, in der Tischgemeinschaft Jesu durch alle Zeiten, also in der heiligen Kirche, ist Maria die Mutter. In ihr setzt sich das Mysterium der Inkarnation fort, auf die mütterliche Bitte der Jungfrau Maria werden die Berufenen zu göttlich umgewandelten Tischgenossen Jesu."[6] Die patristische Auslegung sah in der noch bevorstehenden Stunde Jesu den Kreuzestod, in dem der Erlöser sein aus Maria angenommenes Blut vergießen wird, um die Menschheit in den Wein der Vergöttlichung zu wandeln. Nach den Kirchenvätern hatte Jesus gerade in dieser Stunde von Golgota Maria als die große „Frau" angesprochen und sie dem Jünger Johannes anvertraut (vgl. Joh 19,26–27), der für die Kirche und die ganze zum Heil berufene Menschheit steht, so dass die Kirche der Gottesmutter als mystisches Kind anvertraut wird.[7] So geht es, wie es Hugo Rahner (1900–1968) formuliert hat, „in dieser Deutung der messianischen Zusammenhänge um eine einzige leuchtende Bahn der göttlichen Offenbarung durch die heiligen Bücher: die Offenbarung von der ‚Frau' des verheißenen Sieges (Gen 3,15), der ‚Frau' der mystischen Hochzeit von Kana (Joh 2,4), der ‚Frau' unter dem Kreuz (Joh 19,27). Eva wird in Maria vollendet, und in beiden ist angedeutet, was sich begibt an der großen Mutter aller aus Christus geborenen Völker, an der Mater Ecclesia."[8]

In der patristischen Auslegungstradition, die in Maria die Kirche und damit die Braut des Bräutigams Christus sieht, steht auch eine Miniatur mit der Darstellung des Weinwunders von Kana im ottonischen Egbert-Codex.[9] Diese Handschrift wurde um 985 bis 993 als Perikopenbuch für Bischof Egbert von Trier (reg. 977–993) durch Malermönche des Reichenauer Inselklosters wohl in einem Trierer Skriptorium angefertigt. Der Egbert-Codex enthält die Perikopen der Festtagsevangelien mit 60 Miniaturen, in denen spätantike Formtraditionen in künstlerisch souveräner Weise umgestaltet wurden. Nachdem das Perikopenbuch in die Trierer Benediktinerabtei St. Paulin gelangt war, blieb es dort bis in das 18. Jahrhundert. Seit 1810 befindet sich der Codex in der Stadtbibliothek von Trier.[10]

Die aus zwei Figurengruppen zusammengesetzte Miniatur des Egbert-Codex zeigt rechts vor drei noch leeren Steinkrügen den Dialog zwischen Jesus und Maria sowie links den gestikulierenden Speisemeister mit einem Diener, der gerade Wasser in einen Krug eingießt, während die beiden anderen Krüge bereits gefüllt sind. Diese Darstellung steht in der Tradition des frühen östlichen Bildtypus, der sich auf das Weinwunder konzentriert. Darüber hinaus wird die Gestalt Marias ins Zentrum gerückt, die zusammen mit Jesus die beiden Diener an Größe überragt. In ähnlicher Weise hatte die Szene bereits der 586 angefertigte syrische Rabbula-Codex auf einer Kanontafel dargestellt, indem er am linken Rand die Gruppe mit Jesus und Maria sowie am rechten Rand die Diener zeigte.[11] Auf einer um 900 in Metz geschaffenen und heute in der Würzburger Universitätsbibliothek aufbewahrten karolingischen Elfenbeintafel wurde der Gruppe mit Jesus und Maria das Hochzeitsmahl gegenübergestellt.[12]

Die Miniatur des Egbert-Codex schildert kein besonderes Ereignis der Perikope und lässt sich nicht einfach als Handlung in der natürlichen Folge des biblischen Berichts lesen. Das Bild vereint auf tiefgründige Weise verschiedene Augenblicke des Weinwunders zu einer simultanen Einheit, so dass die dargestellten Details, Gebärden und Gesten erst durch die Aufzählung der einzelnen Bildszenen verstehbar werden.[13]

Die Miniatur ist in der für den Egbert-Codex üblichen Weise von einer einfachen roten Rahmenleiste mit goldenen Konturen umgeben. Die mit Goldlettern als „S[AN]C[T]A MARIA" bezeichnete Gottesmutter hat sich zu ihrem Sohn gewendet, um ihn auf die missliche Lage des Hochzeitspaares hinzuweisen (vgl. Joh 2,3). Ihre Gebärdensprache zeigt, dass sie im Gespräch mit Jesus steht. Die Gottesmutter trägt einen großen Goldnimbus und ist mit einem langen, olivgrünen Untergewand bekleidet, das ihre goldverzierten Schuhe teilweise verdeckt. Darüber trägt sie ein goldgesäumtes Obergewand aus violettem Purpur, das sie über ihr Haupt gezogen hat. Dieses mantelartige Gewand erinnert an eine priesterliche Messkasel und weist Maria als

Urbild der Kirche (typus ecclesiae) aus. Die sich in der Kirche fortsetzende fürbittende Aufgabe Marias wird auch durch ihre ausgebreiteten Arme angedeutet, die an die liturgische Orantenhaltung des Priesters erinnern.[14] Dass Maria durch ihre purpurne und goldverzierte Gewandung fast noch reicher als Jesus gekleidet ist, unterstreicht die Bedeutung der vermittelnden Aufgabe der Kirche, die in der bittenden Gottesmutter von Kana ihr Vorbild hat. Auch die braunen Steinkrüge, die noch darauf warten, gefüllt zu werden, sind goldgerändert. Sie stehen zu Füßen Marias, wobei ihr Mantel sogar den linken vorderen Krug berührt. Auf diese Weise wird angedeutet, dass Jesus auf die Bitte seiner Mutter hin die Krüge mit Wasser füllen ließ, um es in Wein zu verwandeln. Marias fürbittende Aufgabe wird auch durch ihre Größe anschaulich, die sie mit ihrem Sohn gemeinsam hat und mit der sie die Diener weit überragt. Ihre Vermittlerrolle zeigt sich vor allem in ihrer prominenten Stellung in der Bildmitte. Jesu Antwort nicht als Zurückweisung verstehend (vgl. Joh 2,4), hat sie ihre linke Hand auf ihren Sohn gerichtet, während ihre Rechte zu den Dienern hin erhoben ist, damit diese tun, was Jesus ihnen sagen wird (vgl. Joh 2,5).

Links neben Maria sind die beiden inschriftlich als „MINISTRI" bezeichneten Diener und die restlichen drei Steinkrüge zu sehen.[15] Die beiden Diener sind jugendlich bartlos dargestellt und besitzen kurze rötliche Haare. Sie sind etwa ein Drittel kleiner als Jesus und seine Mutter und tragen einfachere Kleider. Während zwei Krüge bereits gefüllt sind, ist der links außen stehende Diener damit beschäftigt, Wasser aus einer großen rotbraunen Amphore in das dritte am Boden stehende Steingefäß zu gießen. Die Ausführung der drei bei den Dienern stehenden Krüge ist etwas einfacher als bei den drei gegenüber dargestellten goldgerandeten Krügen, die sich zu Füßen Marias befinden. Der linke Diener, der in seinen Händen die Wasseramphore hält, trägt Stiefel, gelbe Beinkleider und ein rotes Obergewand, das mit schlichten Goldstreifen gesäumt ist. Der zweite Diener trägt ebenfalls Stiefel und rote und gelbe Kleider, wobei seine Hose und sein Obergewand jeweils umgekehrt gefärbt sind.

Ganz rechts ist der bereits vom Bildrand angeschnittene Jesus dargestellt, der sich zu den Steinkrügen hinabneigt. Die beiden für IHC[OYC] XP[ICTO]C stehenden griechischen Abkürzungen IHC und XPC, die in Goldlettern über Jesus zu lesen sind, bezeichnen ihn als „Jesus Christus". Über den Wortlaut des Johannesevangeliums hinausgehend ist Jesus gezeigt, wie er mit seiner rechten Hand das Wasser segnet.[16] Deutlich ist der lateinische Segensgestus erkennbar, bei dem die drei ausgestreckten Finger auf die Dreifaltigkeit verweisen, während die beiden zurückgebogenen Finger die zwei Naturen Christi symbolisieren.[17] Im Unterschied zu Maria und den Dienern trägt Jesus keine Schuhe und erscheint mit seinen nackten Füßen als der im Alten Testament verheißene Freudenbote, dessen Schritte willkommen sind, weil sie Frieden, Frohbotschaft und Rettung bringen (vgl. Jes 52,7; Nah 2,1; Röm

10,15).[18] Auf die frohe Botschaft des von ihm verkündeten Evangeliums verweist auch das goldene Buch, das er in seiner linken Hand trägt. Das bartlose Antlitz Jesu wird von rötlichem Haar und einem goldenen Kreuznimbus umgeben. Über einer weißen Tunika trägt Jesus ein goldverziertes, weinrotes Pallium. Durch diese Farbe wird nicht nur das Weinwunder angedeutet, sondern vor allem Jesus selbst als der wahre Wein ausgewiesen, der in der Eucharistie gegenwärtig ist. Das weinrote Gewand Christi bezieht sich auf die Auslegungstradition der Kirchenväter, die das Wunder von Kana immer auch als Vorausbild der Eucharistie begriffen hatten. Beispielhaft für diese Sichtweise kann eine Predigt des Erzbischofs Petrus Chrysologus von Ravenna (um 380–451) stehen, der über das Mysterium des Weinwunders lehrte: „Heute wirkt Christus das erste himmlische Zeichen, indem er die Wasser in Wein verwandelt […]. Aber das Wasser war in das Mysterium des Blutes zu verwandeln, damit Christus den Trinkenden den echten Becher aus dem Gefäß seines Leibes darreiche."[19]

Da Jesus das Wasser gesegnet und somit in Wein verwandelt hat, vermag der rechte Diener, der hier als der Speisemeister rangiert, das Wunder zu erfahren. Seine erstaunt erhobene rechte Hand und seine bewegte Haltung deuten an, dass er gerade auf das Weinwunder aufmerksam geworden ist (vgl. Joh 2,9). Die linke im Redegestus erhobene Hand deutet auf die Worte hin, die der für das Hochzeitsmahl verantwortliche Speisemeister zum Bräutigam gesprochen hat: „Jeder setzt zuerst den guten Wein vor und erst, wenn die Gäste zu viel getrunken haben, den weniger guten. Du jedoch hast den guten Wein bis jetzt zurückgehalten" (Joh 2,10).[20]

Während das biblische Hochzeitspaar von Kana nicht zur Darstellung kommt, zeigt sich das eigentliche Brautpaar in Christus und Maria, denn der alte Ehebund Gottes mit Israel hat sich in der Kirche erfüllt, in der Christus fortlebt. In der Mitte des Bildes steht Maria, die als Braut Christi und als Urbild der Kirche in ein prächtiges goldverziertes Purpurgewand in Form einer priesterlichen Kasel gekleidet ist (vgl. Ps 45,14–15). Maria steht als „Mutter Kirche" (mater ecclesiae) im Zentrum, die mit dem in das eucharistische Weinrot gekleideten Christus vereint ist, der in und durch seine Kirche wirkt, mit der er als Haupt den fortlebenden, „ganzen Christus" (totus Christus) bildet. Wie Augustinus (354–430) betont hatte, war die Einladung Jesu zu einer Hochzeit ein Sinnbild dafür, dass der Sohn Gottes selbst als Bräutigam in die Welt zur Hochzeit kommen wollte, um sich seine Braut, die Kirche, um den Preis seines Blutes zu erwerben.[21] Durch sein Stehen am Bildrand zeigt Christus, dass er schon auf dem Weg nach Jerusalem ist, wo er „zu seiner Stunde" (Joh 2,4) am Kreuz erhöht werden muss, um als Bräutigam in seinem Erlöserblut die Kirche zu stiften und als seine Braut zu erwerben. So weist die Weinverwandlung voraus auf die

Verwandlung des Todes in das Leben, wenn am Kreuz die Kirche aus der Seite Christi hervorgehen wird (vgl. Joh 19,34). Da dieser Kirche das Austeilen des neuen Weines der göttlichen Erlösungsgnade anvertraut ist, steht Maria als Urbild der Kirche und Braut Christi fürbittend und vermittelnd in der Mitte. Wie der Bräutigam sind auch die beiden Diener als Rebzweige des wahren Weinstocks Christi (vgl. Joh 15,1) in die rote Farbe des Weines gekleidet, die auf das eucharistisch gegenwärtige Blut des Kreuzesopfers verweist, das schon im Hochzeitswein von Kana als Vorwegnahme der Stunde der Erlösung aufleuchtete. Während der linke Diener das irdische Wasser bereitstellt, kommt der Wein der Gnade von Christus, der in der Eucharistie sein Erlösungsopfer inmitten der Kirche gegenwärtig setzt. Die Hände des Dieners, der das Wasser ausgießt, befinden sich im unteren hellgrünen Streifen, der für die irdische Welt steht. Im rötlichen Himmel sind die übrigen Hände zu sehen, die sich auf das göttliche Mysterium beziehen: die Hände Jesu, die das Buch der Frohen Botschaft halten und das irdische Wasser segnen, die bittenden und vermittelnden Hände Marias sowie die verwundert gestikulierenden Hände des Speisemeisters, der gerade auf das Wunder der Weinverwandlung aufmerksam geworden ist. Die in das eucharistische Weinrot des Bräutigams gekleideten Diener der Kirche, die in Maria ihr Urbild besitzt, helfen mit, den Wein der Erlösungsgnade Christi auszuteilen. Wo aber in der Eucharistie das Opfer Christi gefeiert wird, da ist die Kirche, und diese Kirche ist Maria, die „Frau" der Menschheit, die „Mutter Kirche", die fürbittende Mittlerin von Kana.[22]

Die Erfüllung der jesajanischen Verheißung in Jesus

3. Sonntag im Jahreskreis. Evangelium: Lk 1,1–4; 4,14–21

„Heute hat sich das Schriftwort, das ihr eben gehört habt, erfüllt."
Lk 4,21

Im Lesejahr C folgen ab dem 3. Sonntag im Jahreskreis die Sonntagsevangelien dem Evangelisten Lukas. Nach der Taufe (vgl. Lk 3,21–22) und den Versuchungen (vgl. Lk 4,1–13) berichtet das Lukasevangelium vom ersten Auftreten Jesu in seiner Heimat.

Dabei berief sich Lukas auf die Überlieferung der ersten Augenzeugen und auf bereits vorliegende geschriebene Berichte (vgl. Lk 1,1–4). Nach der siegreichen Überwindung des Versuchers in der Wüste kehrte Jesus, „erfüllt von der Kraft des Geistes, nach Galiläa zurück" (Lk 4,14), wo er in den Synagogen lehrte, so dass er von allen gepriesen wurde und sich sein Ruf überall verbreitete (vgl. Lk 4,14–15). Als er in seine Heimatstadt Nazaret kam, ging Jesus dort am Sabbat in die Synagoge (vgl. Lk 4,16). Als untadeliger und in der Tradition seines Volkes verwurzelter Jude wandte sich Jesus an seine Landsleute, indem er während des Synagogengottesdienstes aufstand, um aus der Schrift vorzulesen und sie auszulegen, wozu er als erwachsener Israelit berechtigt war. Als man ihm das Buch des Propheten Jesaja reichte (vgl. Lk 4,17), fand Jesus durch göttliche Fügung die Stelle: „Der Geist des Herrn ruht auf mir; denn der Herr hat mich gesalbt. Er hat mich gesandt, damit ich den Armen eine gute Nachricht bringe; damit ich den Gefangenen die Entlassung verkünde und den Blinden das Augenlicht; damit ich die Zerschlagenen in Freiheit setze und ein Gnadenjahr des Herrn ausrufe" (Lk 4,18–19). Dann schloss Jesus das Buch, gab es dem Synagogendiener, setzte sich und begann vor den gespannt auf ihn gerichteten Augen der Zuhörer darzulegen, dass sich das eben gehörte Schriftwort des Jesaja (vgl. Jes 61,1–2; 29,18; 58,6) erfüllt hat (vgl. Lk 4,20–21). Da die Zuhörer denjenigen vor sich sehen konnten, von dem das Prophetenwort spricht, hatte sich die an Jesaja ergangene Verheißung Gottes in Jesus von Nazaret erfüllt. Das Wort des Jesaja, mit dem die Sendung Jesu beschrieben wurde, richtete sich als frohe Botschaft an die Armen, Schwachen und Ausgestoßenen, denen die Gnade Gottes zuteilwerden soll.[1]

Obwohl seine Landsleute spontan mit Beifall antworteten und über seine begnadete Rede staunten, hielten sie ihm auch sogleich seine Herkunft als Sohn des Josef vor Augen (vgl. Lk 4,22), so dass die anfängliche Begeisterung schließlich in Ablehnung umschlug (vgl. Lk 4,23–30).

DIE SELBSTOFFENBARUNG JESU IN DER SYNAGOGE VON NAZARET gehört zu den sehr selten dargestellten Szenen aus dem Leben Jesu. Auf den niederländischen Rembrandtschüler Gerbrand van den Eeckhout (1621–1674) geht ein 1658 geschaffenes Ölgemälde zurück, das den lehrenden Jesus in der Synagoge von Nazaret zeigt.

Das rechts unten signierte und datierte Gemälde,[2] das ab 1741 mehrmals versteigert wurde und 1885 an die National Gallery of Ireland nach Dublin gelangte,[3] gehört zu den Hauptwerken Eeckhouts. Er war der Sohn eines reformierten Amsterdamer Goldschmieds und erhielt zwischen 1635 und 1640/41 seine künstlerische Ausbildung bei Rembrandt (1606–1669), mit dem er auch freundschaftlich verbunden war. Der unverheiratet gebliebene und in seiner Heimatstadt Amsterdam wirkende Eeckhout gehört zu den produktivsten Schülern Rembrandts, der neben Gemälden auch Radierungen, Zeichnungen sowie Entwürfe für Ornamentstiche, Buchillustrationen und Goldschmiedearbeiten schuf. Sein malerisches Werk zeichnet sich vor allem durch seine Historienbilder aus, in denen Eeckhout nicht nur rembrandteske Anregungen, sondern auch den Figurenstil Pieter Lastmans (1583–1633) aufnahm, bei dem Rembrandt selbst in die Lehre gegangen war.[4]

Das etwa 80 Zentimeter breite Ölgemälde zeigt Jesus, wie er gemäß der Überlieferung des Lukasevangeliums am Sabbat in der Synagoge seiner Heimatstadt Nazaret lehrt (vgl. Lk 4,16–21).[5] Das an Rembrandts Helldunkelmanier orientierte Bild zeichnet sich durch seine gedämpfte Buntfarbigkeit und die abwechslungsreiche Charakterisierung der dargestellten Figuren aus. Eeckhout hielt jenen Augenblick fest, in dem Jesus nach seiner Lesung aus dem Propheten Jesaja und der Übergabe des Buches an den Synagogendiener gerade das deutende Wort ausgesprochen hat: „Heute hat sich das Schriftwort, das ihr eben gehört habt, erfüllt" (Lk 4,21).[6] Mit diesem Gemälde verlieh Eeckhout einem Bildmotiv künstlerischen Ausdruck, das äußerst selten aufgegriffen wurde und offenbar auch nur innerhalb der niederländischen Historienmalerei zur Darstellung kam.[7]

Der Blick des Betrachters fällt in einen Innenraum, bei dem sich Eeckhout wahrscheinlich an einem zeitgenössischen jüdischen Studierraum orientierte, der zu den Synagogen gehörte. Wie Saskia Nystad im Vergleich mit entsprechenden Radie-

Gerbrand van den Eeckhout, Jesus lehrt in der Synagoge von Nazaret, 1658, Öl auf Leinwand, 79 × 61 cm, Dublin, National Gallery of Ireland.

rungen und Zeichnungen Rembrandts zeigen konnte, gehört zur charakteristischen Ausstattung einer solchen jüdischen „Schule" (Sjoel) auch die Sitzbank mit ihrer hölzernen Abschrankung.[8]

Auf dieser Sitzbank hat Christus Platz genommen, der als zentrale Figur die Bildmitte einnimmt, die durch die Säule hinter der Gestalt Jesu zusätzlich betont wird. Mit seiner linken Hand zeigt Christus auf einen weißbärtigen Schriftgelehrten, der in seinen beiden Händen das große Prophetenbuch hält, das ihm Jesus soeben übergeben hat. Christus hat noch vor wenigen Augenblicken aus dem Prophetenbuch vorgelesen und dann das Buch geschlossen, um sich für seine nun folgende Lehre niederzulassen. Für die zentrale Darstellung des lehrenden Christus war Eeckhout offenbar durch die Rembrandt'schen Radierungen „Hundertguldenblatt" und „La petite tombe" beeinflusst.[9] Mit seiner auf die Brust gelegten rechten Hand zeigt Jesus, dass er selbst der von Jesaja verheißene und mit dem Geist Gottes ausgestattete Gesalbte ist, mit dem die Gnadenzeit beginnt, um den Armen die frohe Botschaft, den Gefangenen die Entlassung, den Blinden das Augenlicht und den Zerschlagenen die Freiheit zu bringen (vgl. Lk 4,18–19). Das bärtige, von langen braunen Haaren umgebene hoheitsvolle Antlitz Christi ist durch das Licht dezent hervorgehoben. Die gedämpft wiedergegebenen blauen und roten Farbtöne seiner Kleider finden sich nur bei Jesus und betonen ebenfalls die Zentralität seiner Gestalt. Durch die traditionelle Farbigkeit seiner Gewänder wird deutlich, wer Jesus ist. Während sein blaues Untergewand auf den Himmel und damit auf seine göttliche Natur verweist, wird durch seinen blutroten Mantel die Menschennatur symbolisiert, die der Sohn Gottes angenommen hat.

Als Historienmaler hatte Eeckhout viel Wert darauf gelegt, die unterschiedlichen Antworten der Zuhörer ins Bild zu fassen, die auf die Selbstoffenbarung Jesu erfolgten. Während die Worte Jesu: „Heute hat sich das Schriftwort, das ihr eben gehört habt, erfüllt" (Lk 4,21), noch im Raum schweben, kommt es schon zu ersten Reaktionen der Zuhörer. Diese reichen nach Lukas vom Beifall und Staunen über Jesu gottbegnadetes Reden bis hin zum Argwohn wegen seiner vermeintlich niedrigen und rein menschlichen Herkunft als Sohn Josefs (vgl. Lk 4,22).

Rechts hinter Jesus stehen erhöht im Gestühl Pharisäer und Schriftgelehrte.[10] Der am prächtigsten Gekleidete steht auf den hölzernen Stufen des Gestühls und hat gerade das Prophetenbuch entgegengenommen, aus dem Jesus vorgelesen hat. Im Unterschied zum Lukasevangelium, wo von einem einfachen Synagogendiener die Rede ist (vgl. Lk 4,20), kommt hier ein reich gekleideter Schriftgelehrter mit aufwendiger Kopfbedeckung zur Darstellung.[11] Die Selbstoffenbarung Jesu hat ihn innerlich ergriffen und lässt ihn in seiner augenblicklichen Haltung gleichsam erstarren, so dass er mit seinen beiden Füßen noch auf zwei unterschiedlichen Stufen des Gestühls verharrt und gedankenverloren den schweren Folianten des Prophetenbuches in seinen Händen hält. Über die hölzerne Rückwand der Sitzbank hat sich ein älterer, weißbärtiger Schriftgelehrter mit brauner Kopfbedeckung zu Jesus hin vorgebeugt, um ihn mit nachdenklichen Augen ganz aus der Nähe zu betrachten. Auch der links neben ihm stehende Mann, den er teilweise verdeckt, scheint mit einem ruhigen Blick auf Jesus zu schauen. Die weiter hinten im Gestühl stehende Gruppe ist dagegen durch ihre bewegte Haltung und ihr ausgeprägtes Mienenspiel gekennzeichnet. Unten kauert ein fast kahlköpfiger Mann mit zugekniffenem Mund. Mit seinem linken Arm, der auf einem aufgeschlagenen Buch liegt, greift er an seinen roten Schal. Rechts über ihm ist ein Mann im Profil gezeigt, der mit einem offenbar spöttisch verzogenen Mund zu einem weiteren Pharisäer mit aufwendiger Kopfbedeckung hinüberblickt, dessen Gesichtsausdruck eindeutig verrät, dass er die Selbstoffenbarung Jesu für lächerlich hält. Dazwischen blickt aus dem Halbschatten ein Mann mit einem roten Barett hervor.

Das zustimmende Staunen wird durch einen alten, weißbärtigen Mann mit schütterem Haar veranschaulicht, der sich mit seinen Händen auf die hölzerne Sitzbank gestützt hat und voller Nachdenklichkeit seinen Blick auf den rechts neben ihm sitzenden Jesus ruhen lässt. Während sein Gesicht in Licht getaucht ist, sind die Figuren, die sich in der linken Bildhälfte unter einem rundbogigen Durchgang befinden, mehr verschattet. Ganz links ist hinter einer Sitzbank eine Gruppe von Lesenden zu sehen, zu der auch ein Knabe gehört.[12] Die Gesichter der vier Lesenden sind durch Lichtreflexe beleuchtet. Sie scheinen für die Selbstoffenbarung Jesu Verständnis aufzubringen und sind gerade dabei, sich aus der Schrift über den Inhalt der prophetischen Verheißung zu vergewissern.

Der Blick Jesu trifft offenbar einen bärtigen Mann, der sich im Schatten des linken Bildvordergrundes auf der Sitzbank niedergelassen hat. Der im verlorenen Profil gegebene Mann besitzt eine schwarze Kopfbedeckung, ist aufwendig gekleidet und trägt einen roten Mantel, der ihm auf die Hüften herabgesunken ist. Getroffen vom Wort und Blick Christi hat er sich mit seinem Oberkörper unwillkürlich zurückgebeugt und seine geöffnete rechte Hand weit nach Jesus hin ausgestreckt. Angesichts dieser Ergriffenheit ist ihm ein Mann entgegengetreten, der braunfarbene Gewänder und einen Turban trägt. Wie der lässig auf Jesus zeigende Daumen seiner linken Hand andeutet, scheint der stehende Mann seinen sitzenden Kollegen davon abbringen zu wollen, der Selbstoffenbarung Jesu Glauben zu schenken.

Mit seinem Gemälde des lehrenden Jesus in der Synagoge von Nazaret gelang Gerbrand van den Eeckhout eines seiner Hauptwerke, das durch seine erlesene Farbgebung und durch die abwechslungsreiche Charakterisierung seiner Figuren besticht. Während die Zuhörer in der Synagoge zwischen Zustimmung und Ablehnung schwanken, zeigt sich Jesus durch seine blaue und rote Gewandung als der menschgewordene Sohn Gottes, in dem die jesajanische Verheißung endgültig in Erfüllung gegangen ist. Mit der auf das Prophetenbuch gerichteten linken Hand und mit seiner auf die eigene Brust gelegten Rechten wird der selbstoffenbarende Anspruch Jesu deutlich: „Heute hat sich das Schriftwort, das ihr eben gehört habt, erfüllt" (Lk 4,21).

Glaube, Hoffnung und Liebe

4. Sonntag im Jahreskreis. Zweite Lesung: 1 Kor 12,31–13,13

„Für jetzt bleiben Glaube, Hoffnung, Liebe, diese drei."
1 Kor 13,13

In der zweiten Lesung des 4. Sonntags im Jahreskreis wird das „Hohelied der Liebe" des Apostels Paulus aus dem ersten Korintherbrief vorgetragen. Angesichts der Überschätzung bestimmter Charismen in Korinth betonte Paulus die Fülle der durch den Heiligen Geist geschenkten Gnadengaben und stellte den nach den höheren Geistesgaben strebenden Gemeindemitgliedern den Weg der Liebe vor Augen, der alles andere übersteigt (vgl. 1 Kor 12,31). Diese Liebe, die mit ihren Eigenschaften ganz dem Lebenszeugnis Jesu entspricht (vgl. 1 Kor 13,4–7), ist für den Apostel keine Gabe neben anderen, sondern der göttliche Maßstab, der über den Wert aller anderen Charismen wie Zungenrede, Prophetie, Erkenntnis, Glaubenskraft und Opferbereitschaft entscheidet (vgl. 1 Kor 12,8–10; 13,2–3). Wenn dann die irdisch unvollkommene Gotteserkenntnis durch die vollkommene Gemeinschaft mit Gott und das Sehen Gottes von Angesicht abgelöst sein werden, dann vergehen für Paulus auch Zungenrede, Prophetie und Erkenntnis (vgl. 1 Kor 13,8–12). Für jetzt aber bleiben nach den Worten des Apostels „Glaube, Hoffnung, Liebe, diese drei; doch am größten unter ihnen ist die Liebe" (1 Kor 13,13), denn in ihr besteht das Wesen Gottes (vgl. 1 Joh 4,7–8.16). Glaube, Hoffnung und Liebe wurden so sehr als die entscheidenden Tugenden des christlichen Lebens begriffen (vgl. 1 Thess 1,3; 5,8; Gal 5,5–6; Hebr 10,22–24), dass sie von den Kirchenvätern als die göttlichen oder theologischen Tugenden bezeichnet wurden. Auch wenn nach Paulus der Glaube und die Hoffnung einmal in das Schauen Gottes von Angesicht einmünden werden, so haben auch sie Bestand und bleiben gültig (vgl. 2 Kor 5,7; Röm 8,24–25). Die Liebe aber ist für Paulus unter den drei Tugenden am größten, weil sich in ihr Gott jetzt schon durch seinen Heiligen Geist den Gläubigen zu schenken vermag (vgl. Röm 5,5).[1]

Georg Asam, Mystische Vermählung der Tugend des Glaubens mit Gottvater, um 1684/87, mittleres Deckenfresko auf der Emporenunterseite, 150 × 260 cm, Benediktbeuern, ehemalige Benediktinerabteikirche.

DIE TUGENDEN VON GLAUBE, HOFFNUNG UND LIEBE waren in der christlichen Kunst oftmals Gegenstand allegorischer Darstellungen, besonders in der Neuzeit, wie der bayerische Barockmaler Hans Georg Asam (1649–1711) zeigt, der die drei göttlichen Tugenden um 1684/87 in der Klosterkirche von Benediktbeuern malte.

Der aus Rott am Inn stammende Georg Asam lernte um 1679/80 bei Niklas Prucker (1620–1694) in München das Malerhandwerk. Im Jahr 1681 ließ er sich in Benediktbeuern nieder, wo er 1683 mit der Ausmalung der dortigen Klosterkirche seinen ersten großen Deckenmalereiauftrag erhielt und 1686 auch sein berühmter Sohn Cosmas Damian Asam (1686–1739) geboren wurde. Nachdem Georg Asam von 1688 bis 1694 auch die Benediktinerabteikirche von Tegernsee ausgemalt hatte, folgten weitere Freskoaufträge. Während er in Benediktbeuern die an italienischen Vorbildern ausgerichteten Prinzipien der untersichtigen Malweise (dal sotto in su) noch ausgiebig praktiziert hatte, löste er sich in Tegernsee bereits wieder von perspektivischen Übertreibungen und zu aufdringlichen Verkürzungen. Als Freskenmaler verwendete er warme Farbtöne und orientierte sich mit seinen körperbetonten, ausdrucksstarken Figuren an den Vorbildern anderer Meister wie Paolo Veronese (1528–1588) oder Peter Paul Rubens (1577–1640).[2] Vielleicht hatte Georg Asam während seiner Benediktbeuerner Zeit auch eine Reise nach Venedig gemacht und dabei die Kunst der Deckenmalerei kennengelernt.[3] Mit seinen Fresken, besonders den umfangreichen Zyklen in Benediktbeuern und Tegernsee, wurde der 1711 in der Residenzstadt Sulzbach verstorbene Georg Asam zu einem der wichtigsten Rezipienten der italienischen Deckenmalerei und bereitete den Weg für die im 18. Jahrhundert aufblühende bayerische Freskomalerei.[4]

Die Kirche der bereits im frühen 8. Jahrhundert gegründeten Benediktinerabtei wurde 1682 unter Abt Placidus Mayr (reg. 1671–1690) neu gebaut, da man den baufällig gewordenen spätgotischen Vorgängerbau 1680/81 abbrechen musste. Nachdem 1672/73 Kaspar Feichtmayr (1637/39–1704) die Türme erneuert und den Psallierchor über der Sakristei errichtet hatte, wurde die Benediktbeuerner Kirche dann wohl durch den Münchner Hofbaumeister Marx Schinnagl (1612–1681) erbaut. Die Weihe der barocken Wandpfeilerkirche erfolgte am 21. Oktober 1686 durch den Augsburger Weihbischof Eustachius von Westernach (reg. 1681–1707).[5] Während der nach italienischer Manier ausgeführte Stuck auf Nicolò Perti (1656–1718) und Prospero Brenno (1638–1696) zurückgeht, wurde der Wandbilderzyklus in der Klosterkirche von 1683 bis 1687 durch Georg Asam geschaffen, wie die Jahresangaben der mehrmals signierten und datierten Gemälde zeigen.[6] Die Ausmalung der Benediktbeuerner Klosterkirche bildete als erster nach dem Dreißigjährigen Krieg ausgeführter sakraler Wandbilderzyklus den eigentlichen Auftakt zur barocken Deckenmalerei in Bayern. Nachdem Georg Asam die ersten sechs Langhausbilder 1683/84 noch in Seccotechnik gemalt hatte, ging er ab 1684 dazu über, die übrigen Wandbilder in Freskotechnik auszuführen.[7] Die drei Fresken mit den Allegorien der göttlichen Tugenden schuf Georg Asam um 1684/87 auf der Unterseite der Empore in der Vorhalle der Kirche. Während Asam die Langhausbilder auf das Heilsgeschehen in Christus und die Darstellungen in den Seitenkapellen auf die jeweiligen Altarpatrozinien bezog, ging es bei den drei kleinen Deckenbildern mit den göttlichen Tugenden darum, dem von Westen her in die Klosterkirche eintretenden Besucher den rechten Weg zum dreifaltigen Gott zu zeigen, der über die Tugenden von Glaube, Hoffnung und Liebe führt.[8] Da die Tugendallegorien, besonders die Darstellungen von Spes und Caritas, zusammen mit den Fresken der Seitenkapellen einen reiferen Stil als die Langhausbilder zeigen und sich sowohl durch Zeichnung als auch plastische Modellierung hervorheben, dürften die drei Bilder in der Vorhalle eher in den letzten Jahren des Benediktbeuerner Aufenthalts des Malers entstanden sein.[9]

Georg Asam stellte in Benediktbeuern Glaube, Hoffnung und Liebe nicht nur einfach als die allegorischen Gestalten von Fides, Spes und Caritas mit ihren Attributen dar, sondern zeigte jeweils die mystische Vermählung dieser Tugenden mit einer der Personen des dreifaltigen Gottes. So verband er den Glauben mit Gottvater, die Hoffnung mit dem Sohn und den Heiligen Geist mit der Liebe.[10] Diese eher selten ausgeführte Thematik der mystischen Vermählung der theologischen Tugenden mit den göttlichen Personen wurzelte in der Brautmystik und nahm die Vorstellung der Vereinigung zwischen dem Bräutigam Christus und seiner Braut, der Kirche, auf. Letztlich ging es um die geistliche Verbindung der liebenden Seele mit Christus als ihrem Seelenbräutigam, die durch die allegorische Auslegung des alttestamentlichen Hohenliedes insbesondere in der monastischen Spiritualität weit verbreitet war. Seit der mittelalterlichen Kunst wurde dieser Grundgedanke der christlichen Mystik auch mit dem Bildmotiv der Übergabe eines Ringes durch Christus an die ihm anverlobte jungfräuliche Seele zum Ausdruck gebracht. Doch während bei diesen Vorstellungen nur die personifizierte Seele und Christus als Seelenbräutigam auftraten, kam es in Benediktbeuern zu einer theologischen Erweiterung und Vertiefung des mystischen Vermählungsgedankens, indem an die Stelle der Einzelseele die drei göttlichen Tugenden und an die Seite des menschgewordenen Gottessohnes auch die beiden anderen Personen des dreifaltigen Gottes traten. Damit konnte Georg Asam Glaube, Hoffnung und Liebe als die drei entscheidenden geistlichen Eigenschaften zeigen, die auf dem Weg zur Vereinigung mit Gott notwendig sind, wie es auch dem Zeugnis des Neuen Testamentes entspricht (vgl. 1 Thess 1,3; 5,8; Gal 5,5–6; 1 Kor 13,13; Hebr 10,22–24).[11] Um die Vereinigung mit dem dreifaltigen Gott anschaulich zu machen, wählte Georg Asam das bekannte Motiv des Ringes, der jeweils durch eine der drei göttlichen Personen an die durch die drei Tugendallegorien personifizierte glaubende, hoffende und liebende Seele überreicht wird. Indem der Maler die Ringübergabe jeweils an eine kompositionell entscheidende Stelle setzte, konnte er dem Betrachter deutlich vor Augen führen, wie sehr die Verbindung mit Gott durch das tugendhafte Bemühen um Glauben, Hoffen und Lieben erfolgt.[12]

In der Mitte der Emporenunterseite ist die mystische Vermählung der Tugend des Glaubens mit Gottvater dargestellt. Das Fresko stellt ein Hochrechteck mit seitlich angeschobenen gestelzten Halbkreisbogen dar. Das Bildfeld wird außen von einem stuckierten Blattwerkrahmen begleitet, ist innen von einem Stuckprofilrahmen umgeben und wird im Achsenkreuz von Ornamentkartuschen überlappt.[13]

Die linke Seite des Bildes wird von der Personifikation des Glaubens, der Fides, eingenommen, die von fünf kleinen Engeln umgeben ist. Rechts bringen zwei in rote und blaue Umhänge gehüllte Putti ein Holzkreuz herbei und stellen es der Fides vor Augen. Das linke der beiden Engelskinder blickt zur Allegorie des Glaubens auf und zeigt dabei mit der linken Hand auf das Kreuz. Links von der Fides ist ein gelb gekleideter Putto dargestellt, der seine Hände mit einem weißen Tuch bedeckt hat, um einen Kelch zu präsentieren, über dem eine Hostie schwebt. Das Kreuz und der Hostienkelch gehören zu den traditionellen Attributen der Fides.[14] Diese Kennzeichen machen deutlich, dass der christliche Glaube wesentlich darin besteht, das Kreuzesopfer des Erlösers anzunehmen, das in der Eucharistie sakramental gegenwärtig wird. Links neben dem Putto mit dem Hostienkelch schaut ein ganz kleiner Engelskopf hervor. Ganz außen erinnert ein geflügeltes und grün gekleidetes Engelskind mit seinen gefalteten Händen daran, dass der Glaube vor allem im Gebet zu praktizieren ist. Die jugendlich, mit blonden Haaren wiedergegebene Personifikation des Glaubens ist untersichtig dargestellt. Sie trägt geschnürte Sandalen und einen hellroten Mantel, der durch eine runde Schließe zusammengehalten wird. Ihr grünes, ins Violette changierendes Untergewand wird von einem goldenen Ornamentband gesäumt. Die Gestalt der Fides kniet auf einer Erdscholle, hat ehrfürchtig die Hände auf die Brust gelegt und blickt mit erhobenen Augen zu Gottvater auf.

Die durch ein Wolkenband getrennte rechte obere Bildhälfte wird durch die Gruppe Gottvaters und der ihn umgebenden Engel eingenommen. Mit seinen weißen Haaren und seinem ungeteilten Bart zeigt die Gestalt Gottvaters gemäß den prophetischen Visionen Daniels (vgl. Dan 7,9) die seit dem 14. Jahrhundert in der abendländischen Kunst üblichen Gesichtszüge des „Hochbetagten".[15] In Absetzung zu der mit den irdischen Farben von Grün und Rot gekleideten Fides verweist Gottvater mit seinem hellblauen Gewand und dem wehenden goldgelben Mantel auf die Himmelswelt. Der auf Wolken thronende Gottvater wird von drei geflügelten Putti begleitet, während hinter seinem Haupt eine hellgelbe Glorie erscheint. Seine linke Hand ruht auf der Weltkugel und umfasst dabei ein kleines Kreuz, das den Erdball bekrönt und daran erinnert, dass sein menschgewordener Sohn die Welt erlöst hat. Auf diese Bedeutung verweist auch das Kreuz, das von den beiden rechten Putti am unteren Bildrand herbeigebracht wird und als verbindendes Element bis über den Wolkenrand hinein in die Gruppe um Gottvater reicht. Gottvater neigt sich der zu ihm aufblickenden Fides zu und überreicht der allegorischen Gestalt der gläubigen Seele einen goldenen Ring, der mit einem grünen Edelstein geschmückt ist.[16] Wie Gottvater als dem Ursprung in der göttlichen Dreifaltigkeit in besonderer Weise der Anfangsakt der Schöpfung zugeordnet wurde, so bezog man in Benediktbeuern auch den Glauben als das grundlegende Fundament des ganzen christlichen Lebens auf die erste Person der Trinität, zumal auch Jesus als menschgewordener Sohn Gottes seine Aufgabe darin sah, seinen unsichtbaren Vater zu offenbaren, so dass der auf diese gött-

Georg Asam, Mystische Vermählung der Tugend der Hoffnung mit Christus, um 1684/87, nördliches Deckenfresko auf der Emporenunterseite, 250 × 250 cm, Benediktbeuern, ehemalige Benediktinerabteikirche.

Georg Asam, Mystische Vermählung der Tugend der Liebe mit dem Heiligen Geist, um 1684/87, südliches Fresko auf der Emporenunterseite, 250 × 250 cm, Benediktbeuern, ehemalige Benediktinerabteikirche.

liche Selbstmitteilung antwortende Glaube nicht eigentlich ihm selbst gilt, sondern immer dem Vater, der seinen Sohn gesandt hat (vgl. Joh 12,44).

Ein Schriftband, über das links ein Engelsköpfchen herabschaut, kommentiert die Szene der Ringübergabe mit der lateinischen Aufschrift „VT HABEAS QVOD CREDAS", „Damit du besitzest, was du glaubst". So winkt der Seele, die treu den Glauben übt, als Lohn die Vereinigung mit Gott, die ihr im bräutlichen Bild der mystischen Vermählung mit dem Ring vor Augen gestellt wird.

Nach Norden hin schließt sich auf der Emporenunterseite das Fresko mit der Allegorie der Hoffnung an, die mit Christus als zweiter Person der Trinität vermählt wird. Das Bildfeld besitzt eine Vierpassform und wird von einem Stuckprofilrahmen umrahmt, der im Achsenkreuz mit stuckierten Kartuschen verziert ist.[17]

Die Personifikation der Hoffnung, die Spes, kniet als weibliche, blondgelockte Gestalt rechts auf einer Wolkenbank und trägt mit ihren Flügeln engelgleiche Züge. Ihr violetter Mantel ist bis auf die Hüften herabgesunken und gibt den Blick auf ihr goldverziertes, leuchtend grünes Gewand frei. Nach der „Iconologia" des Cesare Ripa (1560–1662) kommt das Grün der Allegorie der Hoffnung (Speranza) zu, weil diese Farbe auch das Gras besitzt, das auf eine gute Ernte hoffen lässt.[18] Während sie ihre linke Hand auf die Brust gelegt hat, richtet sich der Blick der in Profilansicht gegebenen Spes auf Christus, der zur Ringübergabe ihren rechten Arm ergriffen hat. Zwischen den beiden Hauptfiguren sind zwei Putti mit den Attributen der Spes zu sehen. Das rechte Engelskind hat sich zur Spes herumgewendet und hält in beiden Händen einen großen Anker, der zum wichtigsten Sinnbild für die Hoffnung geworden ist, weil er die Schiffe mit dem festen Grund verankert und durch seine Kreuzesform auf das Kreuz Jesu als einzige Hoffnung der Christen verweist, wie es auch der Kreuzeshymnus „Vexilla regis prodeunt" zum Ausdruck bringt: „O crux, ave, spes unica", „Sei gegrüßt, o Kreuz, du einzige Hoffnung". Zudem wird im Hebräerbrief die Hoffnung als sicherer und fester Anker der Seele bezeichnet, der in die Gegenwart Gottes hineinreicht, die Jesus duch seinen Erlösertod wieder eröffnet hat (vgl. Hebr 6,19–20), so dass der an Christus Glaubende das ewige Leben erhoffen darf. Hinter dem Engel mit dem Anker hält ein zweiter Putto eine Schale, die allerlei Geschmeide in sich birgt. Während das Engelskind mit einer Perlenkette spielt, ist in der Schale auch eine Krone zu sehen, die im süddeutschen Raum als Attribut der Spes eher ungewöhnlich ist.[19] Die Krone erinnert an den Siegeskranz, den Christus nach der Apokalypse den Gläubigen geben wird, die in Treue ausgeharrt haben (vgl. Offb 2,10).

In der linken Bildhälfte thront Christus auf der Wolkenbank. Das Haupt Christi bildet den Mittelpunkt einer Strahlenglorie, die als hellgelbes Licht den ganzen Himmel erfüllt. Unter seinem ausgestreckten rechten Arm ist an der unbekleideten Brust Jesu die Seitenwunde zu sehen, die dem Gekreuzigten zugefügt wurde und zum Inbegriff der Erlösung geworden ist (vgl. Joh 19,34). Der weite Mantel, den Jesus locker um seinen Leib geschlungen hat und der von einem violett gekleideten, geflügelten Putto wie eine bauschige Draperie gehalten wird, verweist mit seiner blutroten Farbe ebenfalls auf den Heilstod des Erlösers und korrespondiert zudem als Komplementärfarbe mit dem grünen Gewand der Spes.[20] Mit seinem schweren Körper und seinem blonden Haupt- und Barthaar erinnert die Figur Jesu an die Christusgestalten des flämischen Barockmalers Peter Paul Rubens.[21] Jesus hat sich der vor ihm knienden Spes zugeneigt und mit der linken Hand ihren rechten Unterarm ergriffen. In seiner rechten Hand hält er einen goldenen, mit einem weißen Edelstein verzierten Ring und ist gerade dabei, ihn an den Ringfinger der rechten Hand der Spes zu stecken.[22]

Unter drei Engelsköpfchen am oberen Bildrand wird die Ringübergabe durch ein Schriftband kommentiert. Die Inschrift „VT HABEAS QVOD SPERES", „Damit du besitzest, was du erhoffst", macht deutlich, dass auch der Lohn des christlichen Hoffens in der Vereinigung mit Gott besteht. Da sich aber die Hoffnung auf das ewige

Verbundensein mit Gott auf die Erlösungstat Christi gründet, war es angemessen, gerade den menschgewordenen Gottessohn als zweite Person der Trinität auf die Tugend der Hoffnung zu beziehen.[23]

Das südliche Fresko unter der Empore zeigt schließlich die mystische Vermählung der Allegorie der Liebe, der Caritas, mit dem Heiligen Geist. Wie das Deckenbild mit der allegorischen Darstellung der Hoffnung besitzt auch das Fresko der Caritas ein vierförmiges Bildfeld, das von einem Stuckprofilrahmen mit vier Kartuschen umgeben ist.[24]

Das Vierpassfeld wird in der unteren Hälfte von dichten Wolkenkissen gefüllt, während im oberen Bereich hellgelbes Himmelslicht zu sehen ist. Die ebenso wie die Figur der Fides verkürzt von unten (dal sotto in su) wiedergegebene üppige Frauengestalt der Caritas, die an weibliche Figurentypen Paolo Veroneses erinnert,[25] kniet auf den Wolken und hat ihr jugendlich schönes, von blonden Haaren umgebenes Haupt sehnsüchtig nach oben erhoben. Mit ihrer empfangsbereit ausgebreiteten linken Hand und ihrer erhobenen Rechten strebt die Caritas als Personifikation der liebenden Seele der herabschwebenden Taube des Heiligen Geistes entgegen. Die Gestalt der Caritas trägt einen wehenden himmelblauen Mantel, während von ihrem weißen Untergewand nur die kurzen Ärmel zu sehen sind. Um ihren rechten Oberarm trägt sie einen goldenen, mit weißen Perlen verzierten Armreif. Das Rot ihres Obergewandes, das von einem grünen Band umgürtet wird, weist die Frauenfigur deutlich als Personifikation der Liebe aus.[26] Mit ihrem himmelblauen Mantel, der roten Liebesfarbe ihres Gewandes, ihren ausgebreiteten Armen und ihrer untersichtigen, ganz nach oben ausgerichteten Darstellungsweise erinnert die ihrer mystischen Vermählung entgegenstrebende liebende Seele an Darstellungen der Aufnahme Marias in den Himmel. Den Zusammenhang zwischen der in den Himmel aufgenommenen Gottesmutter Maria und der nach der Vereinigung mit Gott strebenden Seele hatte beispielsweise auch schon der Zisterzienserabt Isaak von Stella (um 1100–1178) gesehen, der zum Fest Mariä Himmelfahrt predigte, dass das allgemein von der Kirche und damit besonders von Maria Ausgesagte immer auch von jeder einzelnen gläubigen Seele gilt.[27] So habe Christus im Mutterschoß Marias neun Monate geweilt, bleibe im Zelt der Kirche bis ans Ende der Welt (vgl. Mt 28,20) und wohne in der Erkenntnis und Liebe der glaubenden Seele auf ewig.[28]

Zu beiden Seiten der Caritas halten zwei Putti als Attribute einen Kruzifixus und eine Taube, die als Sinnbilder für die Allegorie der Liebe eher ungewöhnlich sind.[29] Der Gekreuzigte steht hier für das Liebesopfer des Erlösers und erinnert daran, dass Gott aus Liebe zur Welt seinen einzigen Sohn dahingegeben hat (vgl. Joh 3,16). Die Taube, die schon in der griechischen Göttersage als Attribut der Liebesgöttin

Aphrodite galt, erscheint hier als Symbol des Heiligen Geistes, durch den die göttliche Liebe in die Seelen ausgegossen wird (vgl. Röm 5,5).

Mit den beiden begleitenden Putti bildet die Caritas eine Dreieckskomposition, deren Spitze die über ihr schwebende Geisttaube bildet. So hat die liebende Seele ihren Blick zum Himmel gerichtet, wo in der hellsten Mitte der von zahlreichen Engelsköpfchen umgebenen Glorie (somma luce) der Heilige Geist in Gestalt einer Taube schwebt. Die Taube war zum häufigsten Symbol für den Geist Gottes geworden, da dieser bei der Taufe Jesu wie eine Taube auf den Sohn Gottes herabgekommen war (vgl. Mk 1,10).[30] Die Geisttaube bringt in ihrem Schnabel einen edelsteinverzierten Ring herbei, um ihn als Zeichen für die mystische Vermählung der liebenden Seele mit Gott an die hoch erhobene Hand der Caritas zu stecken. Es fällt auf, dass die Caritas nicht ihren Ringfinger entgegenstreckt, sondern mit ihrer rechten Hand eine Geste ausführt, die deutlich an den lateinischen Segensgestus erinnert, der neben den beiden kleinen, zurückgebogenen Fingern, die auf die göttliche und menschliche Natur Christi deuten, mit den übrigen drei ausgestreckten Fingern auf die göttliche Dreifaltigkeit verweist. Damit dürfte angedeutet sein, dass durch den Heiligen Geist als dem Band der Liebe zwischen Vater und Sohn die Liebe des dreifaltigen Gottes in die Herzen ausgegossen ist (vgl. Röm 5,5), so dass die Liebesvereinigung der Seele mit Gott im Geist der Liebe, im Heiligen Geist, geschieht.

Die Ringübergabe durch die Geisttaube wird durch die Inschrift „VT HABEAS QVOD DILIGAS", „Damit du besitzest, was du liebst", erläutert. So wird deutlich, dass die Vereinigung der Seele mit Gott durch die Liebe und damit durch den Heiligen Geist geschieht, der als die persongewordene Liebe zwischen Vater und Sohn in die Seele ausgegossen ist.

Georg Asams Benediktbeuerner Freskenzyklus mit den drei theologischen Tugenden stellt eine außergewöhnliche Formulierung dieses Themas dar. Durch das Bildmotiv der Ringübergabe konnte der Maler dem in die Kirche eintretenden Betrachter zeigen, dass es beim Streben nach der Verbindung mit Gott auf das tugendhafte Bemühen um Glauben, Hoffen und Lieben ankommt. Auf tiefsinnige Weise verband Georg Asam die drei Tugenden mit jeweils einer der drei göttlichen Personen. Während sich der Glaube besonders auf Gottvater als Ursprung und Ziel der ganzen Selbstoffenbarung Gottes richtet und der menschgewordene Sohn durch seine Erlösungstat als einzige Hoffnung auf das ewige Heil erscheint, vermag sich Gott der Seele durch seine Liebe, den Heiligen Geist, zu schenken.

Der reiche Fischzug des Petrus

5. Sonntag im Jahreskreis. Evangelium: Lk 5,1–11

„Jesus sagte zu Simon: Fürchte dich nicht! Von jetzt an wirst du Menschen fangen."
Lk 5,10

Nach seiner Ablehnung in Nazaret (vgl. Lk 4,16–30) war Jesus nach dem Lukasevangelium in die Stadt Kafarnaum in Galiläa hinabgegangen, wo er lehrte, Dämonen austrieb und Kranke heilte (vgl. Lk 4,31–41). In dieser Zeit berief Jesus seine ersten Jünger, wovon auch das Evangelium des 5. Sonntags im Jahreskreis berichtet.

Als Jesus am Ufer des Sees Gennesaret stand und sich das Volk um ihn drängte, um das Wort Gottes zu hören, sah er am Ufer zwei Boote liegen, aus denen die Fischer ausgestiegen waren, um ihre Netze zu waschen (vgl. Lk 5,1–2). Die beiden Boote gehörten Simon Petrus und Jakobus und Johannes, den Söhnen des Zebedäus, die mit Simon zusammenarbeiteten (vgl. Lk 5,10). Jesus stieg in das Boot, das dem Simon Petrus gehörte, und bat ihn, ein wenig vom Ufer wegzufahren, um das am Land sitzende Volk vom Boot aus zu lehren (vgl. Lk 5,3). Nach Beendigung seiner Lehre forderte er Simon Petrus auf, auf den See hinauszufahren und die Netze zum Fang auszuwerfen (vgl. Lk 5,4). Obwohl Simon Petrus beteuerte, die ganze Nacht gefischt und doch nichts gefangen zu haben, erklärte er sich bereit, auf Jesu Wort hin die Netze erneut auszuwerfen (vgl. Lk 5,5). Als dann so viele Fische gefangen wurden, dass die Netze zu reißen drohten, winkte man den Gefährten im anderen Boot und füllte gemeinsam die Boote bis zum Rand, so dass sie fast untergingen (vgl. Lk 5,6–7). Angesichts dieses reichen Fanges waren die Fischer erstaunt und erschrocken (vgl. Lk 5,9–10). Simon Petrus fiel Jesus zu Füßen und sagte: „Herr, geh weg von mir; ich bin ein Sünder" (Lk 5,8). Jesus aber sagte zu ihm: „Fürchte dich nicht! Von jetzt an wirst du Menschen fangen" (Lk 5,10). Daraufhin zogen sie ihre beiden Boote an Land, verließen alles und folgten Jesus nach (vgl. Lk 5,11).

Der reiche Fischzug wird zum Sinnbild für den Auftrag zum Menschenfangen, den Petrus erhalten hat (vgl. Lk 5,10), und lässt bereits zeichenhaft den Erfolg der künftigen Missionstätigkeit der Apostel aufleuchten. Im Mittelpunkt steht Simon, der bereits mit seinem Beinamen Petrus bezeichnet wird. Als Erstem unter den Jüngern gilt ihm allein das Wort vom „Menschen fangen" (Lk 5,10), bei dem es im Gegensatz zum todbringenden Fischen um die Rettung vom Tod geht. Als sich Petrus als Sünder bezeichnet, ist er sich wohl keiner bestimmten Schuld bewusst, sondern verspürt die Macht Gottes, der er im reichen Fischfang begegnet ist, so dass er einen Abstand zu der sich in Jesus offenbarenden Heiligkeit einzunehmen wünscht (vgl. Lk 5,8). Jesus antwortet darauf mit einem Zuspruch und vollzieht somit die Vergebung, die Petrus in die Nähe Gottes bringt und zum Dienst des Menschenfangens befähigt (vgl. Lk 5,10), so dass er und seine Gefährten alles verlassen können, um Jesus nachzufolgen (vgl. Lk 5,11).[1]

EINE DER BEKANNTESTEN BILDLICHEN DARSTELLUNGEN DES REICHEN FISCHZUGS geht auf den Gobelinentwurf des Renaissancekünstlers Raffael (1483–1520) zurück, den er um 1515/16 für die Sixtinische Kapelle im Vatikan angefertigt hatte.

Raffael wurde 1483 als Sohn eines Malers aus Urbino geboren, trat in Perugia in die Werkstatt des Pietro Perugino (1445/48–1523) ein und schuf um 1502/03 mit der „Londoner Kreuzigung" sein erstes eigenständiges, großes Gemälde. Der seit 1504 in Florenz wirkende Raffael wurde 1508 durch Papst Julius II. (reg. 1503–1513) nach Rom gerufen, wo er von 1509 bis 1517 die päpstlichen Gemächer, die Stanzen, mit Fresken ausstattete. Unter Leo X. (reg. 1513–1521) wurde Raffael auch zum Nachfolger des 1514 verstorbenen Architekten Bramante (geb. 1444) ernannt, um den 1506 begonnenen Neubau der Peterskirche zu vollenden. Raffael starb bereits mit 37 Jahren am 6. April 1520 in seinem Haus im Borgo in der Nähe des Petersdomes.[2]

Die Szene mit dem reichen Fischfang des Petrus steht am Beginn eines aus zehn Bildern bestehenden Zyklus, mit dem Raffael Ende des Jahres 1514 durch Leo X. beauftragt wurde, um die untere Zone der Sixtinischen Kapelle mit Wandteppichen zum Leben der Apostelfürsten Petrus und Paulus zu schmücken. Raffael sollte die Kartons entwerfen, nach denen Pieter van Aelst (1502–1550) in seiner Brüsseler Werkstatt die Teppiche anzufertigen hatte. Während der Freskenzyklus von 1481/82 an den Längswänden der Cappella Sistina Mose und Jesus gegenübergestellt hatte, um zu zeigen, dass Christus die beiden in ihm vereinten Leitungs- und Priesterämter des Mose und Aaron an Petrus übertragen habe, sollten die Wandteppiche den Papst als rechtmäßigen Erben der beiden Apostelfürsten und als Garant für die Einheit der Kirche zeigen (vgl. Eph 2,14).[3] Nachdem Raffael 1515/16 die Kartons angefertigt hatte,[4] konnten in der Sixtinischen Kapelle am 26. Dezember 1519 die ersten sieben Tapisserien bewundert werden, die sich durch ihren hohen Materialwert auszeichneten und den Freskomalereien ebenbürtig waren.[5] Die Wandteppiche waren für Raf-

Raffael, Der wunderbare Fischzug, um 1515/16, Wasserfarbe auf Papier, auf Leinwand aufgezogen, 399 × 319 cm, London, Victoria and Albert Museum.

fael eine willkommene Gelegenheit, mit seinem Konkurrenten Michelangelo (1475–1564) in einen direkten Künstlerwettstreit zu treten, der gerade von 1508 bis 1512 die Deckenfresken der Cappella Sistina zur alttestamentlichen Geschichte vor Mose geschaffen hatte.[6] Der Petruszyklus begann mit der Darstellung des wunderbaren Fischzugs (vgl. Lk 5,1–11) auf der Stirnwand rechts vom Altar und setzte sich dann unterhalb des Jesuszyklus auf der rechten Kapellenwand mit den Bildern der Hirtenbeauftragung des Petrus (vgl. Joh 21,15–17), der Heilung des Gelähmten im Tempel (vgl. Apg 3,1–10) und der Bestrafung des Hananias (vgl. Apg 5,1–11) fort.[7] Neben Raffaels vier Entwürfen zum Petruszyklus haben sich von den sechs Kartons zum

Leben des Paulus nur drei Bilder erhalten, die heute im Londoner Victoria and Albert Museum aufbewahrt werden.[8]

Wie die erhaltenen Kartons zeigen, achtete Raffael darauf, seine Vorlagen so zu entwerfen, dass sie sich gut in Textilien übersetzen lassen. Dennoch stellen die monumentalen Entwürfe auch eigenständige und vollendete Werke der Malerei dar. Raffael vereinfachte die Kompositionen, verzichtete großenteils auf Tiefenwirkung, ließ die handelnden Personen am unteren Bildrand agieren und setzte hohe Horizonte an, um die Szenen nahe an den Betrachter heranzuführen. Während er die Bildhintergründe mit einfühlsamen Landschaften und Architekturen gestaltete, verlieh er seinen Figuren mustergültige Ausdruckskraft und überzeugende Gebärdensprache. Mit diesen Kunstgriffen wollte Raffael aber nicht nur der Übertragung in Wirktechnik entgegenkommen, sondern auch seine Fähigkeit zu einer allgemeingültigen Darstellungsweise seelischer Vorgänge und damit zu einem erhabenen Stil in der Historienmalerei unter Beweis stellen.[9]

Der Entwurf mit dem wunderbaren Fischzug des Petrus wurde von Raffael wohl ganz ohne die Mitarbeit von Gehilfen angefertigt.[10] Im Blick auf die seitenverkehrte Wiedergabe als Wandteppich hatte Raffael die Bildgestaltung so angelegt, dass sie bei der Ausführung nichts von ihrer kompositorischen Kraft einbüßen werde. Auch bei der Farbskala hatte er in seinem Entwurf bereits die für die Teppichweberei notwendigen Beschränkungen berücksichtigt. Da die Weber den Karton in senkrechte Streifen zerschnitten hatten, sind trotz wiederholter Restaurierungen die Schnittstellen bis heute noch erkennbar.[11]

Raffael schloss sich eng dem Bericht des Lukasevangeliums an und rückte die Begegnung des Petrus mit Jesus nach dem wunderbaren Fischfang in den Mittelpunkt.[12] So ist links das Boot des Petrus zu sehen, in das Jesus eingestiegen ist, um zu der Menschenmenge zu predigen, die noch am Ufer des Sees von Galiläa steht (vgl. Lk 5,1–3). Nachdem Petrus auf das Wort Jesu hin nochmals zum Fischfang auf den See hinausgefahren ist und nach dem reichen Fischfang das begleitende Boot des Zebedäus zu Hilfe gerufen hat (vgl. Lk 5,6–7.10), ist er vor Jesus niedergefallen und erhält gerade seine Berufung, Menschen zu fangen (vgl. Lk 5,10).

Der Karton mit dem wunderbaren Fischzug des Petrus zeigt eine Landschaft, die mit ihrem hoch liegenden Horizont die ganze Breite des Bildes einnimmt. Damit konnte er in der Fläche des Wassers den handelnden Personen einen gleichmäßigen Hintergrund geben und die Hauptfiguren an den Betrachter heranführen. Während der einheitliche Spiegel des Sees ruhig ist, erscheint der Vordergrund mit den beiden Booten bewegt und vielteilig. Obwohl sich der reiche Fischfang auf dem offenen See ereignet hat (vgl. Lk 5,4), ist am unteren Bildrand ein Stück Uferrand sichtbar.[13] So ist die von rechts durch eine westliche Abendsonne beleuchtete Szene[14] in eine Landschaft eingebettet, die einen Großteil der Bildfläche einnimmt, so dass „die weite Wasserfläche des Sees, die mächtigen Gebäude am gegenüberliegenden Ufer, die Vögel am Himmel und die anmutigen Kraniche im Vordergrund mit dem heiligen Geschehen um Aufmerksamkeit und Bewunderung" wetteifern.[15]

Um der reichen Szenerie des Fischfangs Geltung zu verschaffen und vor allen die Hauptpersonen ins Zentrum zu rücken, malte Raffael die beiden Boote unnatürlich klein. Die beiden flachen und fast ganz in Längsicht dargestellten Boote liegen nahe beieinander, wobei das rechte Boot des Zebedäus nur ein wenig vom linken Boot des Petrus überschnitten wird.[16]

Während das Boot des Petrus bereits von Fischen überquillt, so dass man sich dort nicht mehr mit dem Fischfang zu beschäftigen hat, ist das rechte Boot auf den Ruf des Petrus hin herbeigekommen, um die vollen Netze aus dem Wasser einzuholen.[17] Im Heck des rechten Bootes, in dem sich die gefangenen Fische ebenfalls schon anzusammeln beginnen, sitzt ein halbbekleideter, bärtiger Ruderer, der mit großer Mühe die flache Barke im Gleichgewicht zu halten versucht.[18] Diese Figur, die einem antiken Flussgott gleicht,[19] ist sicherlich „Zebedäus", der Vater des „Jakobus und Johannes", die „mit Simon zusammenarbeiteten" (Lk 5,10). Seine beiden Söhne erinnern mit der Haltung des Emporziehens der Netze an Figuren auf Michelangelos um 1500/05 entworfenem Karton mit der Darstellung der 1364 ausgefochtenen Schlacht von Cascina, die im Palazzo Vecchio in Florenz als Fresko in der Sala dei Cinquecento geplant war.[20] Die Söhne des Zebedäus haben sich tief nach unten gebeugt, um mit ihren Händen das schwere Netz aus dem Wasser zu ziehen. Die rechte bärtige und nimbierte Figur ist Jakobus, der einen gelben Schurz trägt, der farblich dem Arbeitsgewand seines Vaters gleicht. Während Jakobus noch ganz auf die Fische im Netz unter ihm konzentriert ist, hat links neben ihm Johannes sein Haupt herumgewendet und ist bereits auf das Geschehen im Boot des Petrus aufmerksam geworden. Der ebenfalls nimbierte Johannes trägt die für ihn charakteristischen Züge eines bartlosen jungen Mannes und ist mit dem roten Gewand der Liebe bekleidet, das ihn bereits als den künftigen Lieblingsjünger ausweist.

Die rechts im Boot des Petrus stehende Figur ist sicher mit Andreas, dem Bruder des Simon Petrus, zu identifizieren, der zwar nicht im Lukasevangelium, aber bei Markus und Matthäus erwähnt wird, wo ihn Jesus zusammen mit seinem Bruder zum Menschenfischer berufen hat (vgl. Mk 1,16–18; Mt 4,18–20).[21] Der nimbierte, langbärtige Andreas ist in eine grüne Tunika gekleidet. Er hat angesichts des reichen Fischfangs voller Staunen und Erschrecken (vgl. Lk 5,9) seine beiden Arme ausgebreitet und blickt auf Petrus, der vor Jesus kniet. Wie bereits Heinrich Wölfflin

(1864–1945) bemerkt hat, wird Andreas in die Bewegung des Petrus hineingezogen. Indem er hinter Petrus steht, verstärkt Andreas das Niederknien seines Bruders, so dass sich der kompositionelle Höhepunkt der Anbetung des Petrus gewissermaßen in zwei Momenten zu entwickeln vermag.[22]

Petrus trägt wie seine drei Gefährten einen flachen Nimbus und ist in eine blaue Tunika gekleidet. Er zeichnet sich durch den für ihn typischen kurzen weißen Bart und durch sein dicht gelocktes Haar aus. Petrus ist sich nach dem Wunder des reichen Fischfangs gerade seiner menschlichen Armseligkeit und Sündhaftigkeit bewusst geworden, vor Jesus auf die Knie gefallen und hat mit betend gefalteten Händen die Worte ausgesprochen: „Herr, geh weg von mir; ich bin ein Sünder" (Lk 5,8).

Jesus sitzt im Heck des Bootes und trägt über einer himmelblauen Tunika ein weißes Pallium. Sein im Profil gegebenes, von einem Kreuznimbus umgebenes Haupt trägt die typischen Gesichtszüge des wahren Antlitzes Jesu (vera effigies), wie es auch als kleines Schmucksteinrelief auf einer Kamee zu sehen war, die um 1492 durch den osmanischen Sultan Bayezid II. (reg. 1481–1512) aus dem Schatz von Konstantinopel an Papst Innozenz VIII. (reg. 1484–1492) übergeben wurde.[23] Jesus blickt Petrus an, hat seine linke Hand im Redegestus erhoben und spricht gerade die Berufungsworte: „Fürchte dich nicht! Von jetzt an wirst du Menschen fangen" (Lk 5,10).

Obwohl Jesus ganz am Bildrand sitzt, beherrscht er doch das ganze Geschehen und gibt der gesamten Bewegung der Szene ihr Ziel. Mit erstaunlicher Kunst ist alles auf Jesus ausgerichtet, indem alle Insassen der beiden Boote unter eine gemeinsame Linie gebracht werden, die bei Zebedäus beginnt, über die gebückten Brüder Jakobus und Johannes bis zu Andreas ansteigt, um dann bei Petrus jäh abzustürzen und abschließend nochmals in Christus zu kulminieren. Auch der Uferrand folgt der aufsteigenden Kontur der Personen, und der Zug der schwarzen Raben senkt sich gerade dort, wo auch bei Andreas die Linie wieder nach unten abfällt. Die Fischerarbeit der Zebedäussöhne wird zur Vorstufe für die Hauptgruppe im linken Boot, in dem Petrus, hinterfangen von Andreas, vor Jesus niedergefallen ist. Die rhythmisch frei entwickelten Linien und Flächen sind immer aufeinander abgestimmt, so dass sie der dramatischen und sich sogar im Wasser spiegelnden Handlung einen ruhigen und meditativen Charakter zu verleihen vermögen.[24]

Raffaels Bild mit dem reichen Fischzug besticht nicht nur durch seine klassisch vollendete Komposition, sondern auch durch seine zahlreichen, fein ausgeführten Details. Von den Fischen sind einige so wirklichkeitsgetreu gemalt, dass sie sich bestimmen lassen. Es sind Fische, die gewöhnlich in tiefem Wasser leben und besonders in italienischen Gewässern heimisch sind.[25] Der größte gefangene Fisch ist der Hundshai (Canesca), dessen zweigeteilte Schwanzflosse direkt vor dem linken Knie des Petrus über den Bordrand herabhängt. An seinem schnabelartig verlängerten, lang und spitz zulaufenden Maul ist der Hornhecht (Belone belone) erkennbar, der zweimal auf dem Bild zu sehen ist. Der erste Hornhecht hängt kopfüber direkt unterhalb des linken Ellbogens des Petrus über den Bordrand herab. Das zweite Exemplar ist rechts neben dem linken Unterschenkel des Andreas zu sehen und liegt über zwei Rochen, die durch ihre flachen Körper und ihre großen, mit dem Kopf verwachsenen Brustflossen charakterisiert sind.[26]

Die auffälligsten Tiere sind die rechts am unteren Uferstreifen dargestellten drei Kraniche, die hier als Sinnbild der Wachsamkeit in prominenter Weise in das Bild aufgenommen wurden. Bereits in der Antike sagte man von ihnen, sie würden zu ihrer Sicherheit in der Nacht Wachposten aufstellen. Dabei halte der wachende Kranich einen Stein in der Klaue, um ihn bei Gefahr auf den Boden fallen zu lassen und durch den Lärm die schlafende Schar zu wecken.[27] In der organisierten Lebensform der Kraniche, die auch durch ihre Formationsflüge beeindrucken, sah Ambrosius (339–397) das Sinnbild eines idealen Staatswesens.[28] Im Mittelalter stellte sie der Augustiner-Chorherr Hugues von Fouilloy (1096/1111–1172/73) den Klostergemeinschaften als Vorbild vor Augen.[29] Schließlich kamen die Kraniche im frühen 16. Jahrhundert als Symboltiere für die Wachsamkeit (vigilantia) auch in der päpstlichen Ikonographie zur Darstellung.[30] So machen die Kraniche in Raffaels Karton mit der nach dem wunderbaren Fischzug erfolgten Berufung des Petrus (vgl. Lk 5,10) deutlich, dass die Päpste als Nachfolger des Petrus ihr oberstes Hirtenamt auch als Wächteramt verstehen, um in der Kirche über die Reinhaltung des geoffenbarten Glaubens zu wachen. Das gestrandete Schaltier, das am Ufer neben dem linken Kranich leblos am Boden liegt, könnte ein Hinweis auf dieses Wächteramt sein. Das Schaltier des Krebses (cancer), der nach Ambrosius den bösen, verschlagenen, verräterischen und habgierigen Menschen symbolisiert,[31] steht hier in Kontrast zu den guten, durch Christus geretteten und zahlreich in das Netz des Petrus gelangten Fischen.[32] Der krebsartige, böse und für die Kirche verderbliche Fisch aber wird durch den wachsamen Kranich als Sinnbild für das päpstliche Wächteramt aus dem Netz des Petrus herausgepickt und seinem Verderben preisgegeben.[33]

Über der Szene des reichen Fischfangs fliegen vier schwarze Raben, die ihre Kreise tief über den Fischerbooten ziehen und als Aasfresser darauf aus sind, einige der gefangenen Fische zu rauben. Nach der im Buch Genesis berichteten Sintflutgeschichte hatte Noach zur Überprüfung des Wasserstandes zwei Vögel entlassen, von denen die Taube mit dem Ölzweig im Schnabel als Zeichen für den neu von Gott kommenden Frieden zurückkehrte, während der Rabe ausblieb (vgl. Gen 8,6–11), um sich an den im Wasser treibenden Leichen satt zu fressen, wie es die Kirchenväter auslegten.[34] So stand der Rabe in der patristischen Exegese für das Böse, während die

Taube die Tugend symbolisierte.[35] Da aber das Boot des Petrus als Bild für die Kirche mit der Arche des Noach verglichen wurde,[36] versinnbildlichen die darüber kreisenden Raben die Anfechtungen durch die Sünde, unter denen die Kirche zu leiden hat und die es unter der Führung des Papsttums abzuwehren gilt. Zur Zeit Raffaels sah der päpstliche Generalvikar, Kardinal Domenico Giacobazzi (1444–1528), im Raben auch ein Bild für den korrupten Priester.[37] Weiter hinten sind auf dem Wasser über dem im Boot sitzenden Christus fliegende Schwäne zu sehen, die wegen ihres weißen Federkleides im Gegensatz zum schwarzen Raben als Tiere des hellen Tages und der Reinheit galten.[38]

Die Hügellandschaft über dem rechten Seeufer, an dem noch die Zuhörer der Predigt Jesu stehen (vgl. Lk 5,1–3), verweist auf Rom und den Vatikan und macht deutlich, an welchem Ort die Nachfolger des ersten Menschenfischers Petrus wirken werden. Rechts wird die höchste Erhebung von der durch Papst Leo IV. (reg. 847–855) um den vatikanischen Hügel (mons vaticanus) erbauten Mauer und einem der charakteristischen runden Festungstürme eingenommen. Der Turm wird von Westen her abendlich beleuchtet und gibt jenen Blick wieder, den zur Zeit Raffaels der von der Via Aurelia kommende Besucher vor Augen hatte. Über dem Turm ist ein Schwarm von Kranichen zu sehen, die in ihrem charakteristischen Formationsflug gezeigt werden. Links vom Rundturm erinnern die teilweise demolierten Gebäude an die Bausituation beim Abbruch der konstantinischen Peterskirche und des ab 1506 durch Bramante begonnenen Neubaus. Das Gebäude mit dem von jeweils zwei Säulenpaaren umgebenen Rundportal erinnert an die Gegend des Borgo dei Fornaci in unmittelbarer Nähe des Vatikans. Nach links hin kommt die Stadt Rom in den Blick, von der die drei durch Papst Sixtus IV. (reg. 1471–1484) erbauten Kirchen erkennbar sind. Ganz links ist am Ufer das breite Oktogon der Kirche Santa Maria della Pace zu sehen, die Sixtus IV. nach dem Friedensschluss von 1482 erbauen ließ, mit dem die Wirren beigelegt werden konnten, die nach dem am 26. April 1478 durch die Pazzi gegen die Herrschaft der Medici verübten Anschlag im Dom von Florenz ausgebrochen waren. Die Friedenskirche Santa Maria della Pace hatte auch für den Medici-Papst Leo X. als Auftraggeber der Wandteppiche eine wichtige Bedeutung, da bei dem Attentat sein Vater Lorenzo de' Medici (1449–1492) verwundet und sein Onkel Giuliano de' Medici (1453–1478) ermordet wurden, während der Verschwörer Girolamo Riario (1443–1488) ein Neffe des Papstes Sixtus IV. war, der ab 1475 die Cappella Sistina erbauen ließ. Nach rechts hin wird der etwas verdeckte Campanile der Kirche Santa Maria del Popolo sichtbar, die durch Sixtus IV. gleich nach seiner Papstwahl 1472 zusammen mit dem Kloster der Augustiner-Eremiten neu erbaut wurde. Rechts ist am Fuß des vatikanischen Hügels der achteckige Bau des Krankenhauses von Santo Spirito in Sassia zu sehen. Das durch Innozenz III. (reg. 1198–

1216) gegründete Hospital wurde durch Sixtus IV. von 1473 bis 1478 neu errichtet und 1477 direkt dem Apostolischen Stuhl unterstellt. Auch Leo X. gehörte zu den Wohltätern des Ospedale di Santo Spirito, das sich in unmittelbarer Nähe der Peterskirche befand. Links neben dem runden Festungsturm auf dem vatikanischen Hügel ragt ganz klein der mittelalterliche Palast der Torre dei Conti in den Himmel, den 1203 Innozenz III. für die Conti, die Grafen von Segni, errichten ließ und der als einziges Bauwerk nicht an seiner topographisch richtigen Stelle steht.[39]

Raffaels Karton mit dem reichen Fischzug stellt den geringen und sündigen Fischer Simon Petrus in den Mittelpunkt, der durch Jesus berufen wird, Menschen zu fangen und sie in der Kirche zum Heil zu führen. Aus dem Lenker des kleinen Bootes soll der Führer des großen Schiffes der Kirche werden, und die zahlreichen Fische weisen schon voraus auf das fruchtbare missionarische Wirken der Apostel.[40] Da Petrus durch das Einsteigen Christi in sein Boot gleichsam einen festen Ort erhalten hat, wird der Blick des Betrachters auch zum vatikanischen Hügel gelenkt, der als neuer Berg Zion zum Mittelpunkt der Rechtgläubigkeit, der Gnade und der Autorität des Petrus geworden ist, wie es Papst Innozenz III. formuliert hat.[41] Nach dem amerikanischen Kunsthistoriker James H. Beck (1930–2007) übt Raffaels Karton auf den Betrachter eine starke Wirkung aus, zu der die kraftvollen, würdigen Figuren mit ihren sich im Wasser spiegelnden Bewegungen ebenso beitragen wie die historischen Gebäude und die Stimmung der Landschaft.[42] Wie kaum ein anderes Bildwerk der christlichen Kunst wurde Raffaels Karton mit dem wunderbaren Fischzug bewundert, kopiert und durch Kupferstiche verbreitet, so dass noch spätere Künstlergenerationen davon geprägt wurden.[43] Raffaels Karton mit dem wunderbaren Fischzug gehört zusammen mit dem um 1494/98 durch Leonardo da Vinci (1452–1519) geschaffenen Mailänder Abendmahlsbild sicherlich zu jenen Darstellungen in der christlichen Kunst, „die gar nicht mehr anders gedacht werden können", wie es Heinrich Wölfflin bereits 1899 treffend ausgedrückt hat.[44]

Christus als Lehrer

6. Sonntag im Jahreskreis. Evangelium: Lk 6,17.20–26

„Jesus richtete seine Augen auf seine Jünger."
Lk 6,20

Im Evangelium des 6. Sonntags im Jahreskreis steht Jesus als Lehrer im Mittelpunkt. Nach seiner Selbstoffenbarung in der Synagoge in Nazaret (vgl. Lk 4,16–20) begann Jesus zu lehren, zu heilen und seine Jünger zu berufen (vgl. Lk 4,31–6,11). Nachdem er auf einem Berg die zwölf Apostel erwählt hatte (vgl. Lk 6,12–16), stieg er mit ihnen in die Ebene hinab, wo er mit einer großen Jüngerschar stehen blieb (vgl. Lk 6,17). Als sich viele Menschen aus Judäa und Jerusalem sowie aus dem Küstengebiet von Tyrus und Sidon um Jesus versammelten, um ihn zu hören und von ihm geheilt zu werden, verkündete er ihnen das Reich Gottes, befreite sie von ihren Krankheiten und trieb Dämonen aus (vgl. Lk 6,17–19). Schließlich richtete er seine Augen auf die Jünger und hielt ihnen dort in der Ebene seine Feldrede (vgl. Lk 6,20–49), die der Bergpredigt im Matthäusevangelium (vgl. Mt 5,1–7,29) entspricht. Während er die Armen, Hungernden, Weinenden und wegen ihres Glaubens Verfolgten seligpries (vgl. Lk 6,20–23), richtete er seine Wehrufe an die Reichen und Satten, die angesichts fremder Not lachen können und nur darauf aus sind, bei den Menschen beliebt zu sein (vgl. Lk 6,24–26).

WIE DIE FELDREDE ZEIGT, war Jesus als Meister (Rabbi) und Lehrer (διδάσκαλος) aufgetreten, der sich mit einem Jüngerkreis umgab und sein autoritatives Wissen als bindende Wahrheit verkündete. Jesu Auftreten als Lehrer nimmt besonders im Markusevangelium eine zentrale Stellung ein. Während er im Matthäusevangelium als der einzige und verbindliche Ausleger des göttlichen Willens erscheint und im Johannesevangelium als menschgewordener Sohn Gottes der Welt seinen Vater offenbart, tritt Jesus im Lukasevangelium als der vom Heiligen Geist gesalbte endzeitliche Freudenbote auf.[1]

Christus als Lehrender unter den Aposteln, um 410/30, Mosaik in der südwestlichen Apsis der Aquilinuskapelle, Mailand, San Lorenzo.

Der lehrende Christus spielte auch in der frühchristlichen Kirche eine große Rolle, in der man den eigentlichen Grund des Heils besonders in der wahren Lehre und im rechten Wissen sah, die dem Menschen durch Christus zuteilgeworden waren.[2] Für Justin den Märtyrer (um 100–165), der über den Platonismus zum christlichen Glauben fand, war Christus der wahre Philosoph, so dass er in der Lehre Jesu die allein verlässliche und nützliche Philosophie erkannte.[3] Auch Tertullian (geb. um 160, gest. nach 220) hielt das Christentum für die wahre Philosophie und tauschte deshalb gegen die römische Toga das Pallium ein, das in der Antike zum charakteristischen Kleidungsstück der Philosophen geworden war.[4]

In der frühchristlichen Kunst tauchte die Gestalt des lehrenden Christus bereits im 3. Jahrhundert auf und kam in den Katakombenmalereien und auf Sarkophagen häufig zur Darstellung. Man gab Christus das Aussehen eines jugendlichen Philosophen und zeigte ihn oftmals inmitten der Apostel, die wie Schüler zustimmend ihre rechte Hand zur Akklamation erhoben.[5] Während man Jesu rechte Hand im Redegestus zeigte, gab man ihm oftmals in die linke Hand eine Schriftrolle (volumen) oder ein Buch (codex), um die Schriften der Evangelien zu versinnbildlichen, in denen die Lehre Christi überliefert ist. So wurde Christus als Verkünder der Heilsbotschaft gezeigt, der seinen Aposteln, besonders Petrus und Paulus, das neue Gesetz anvertraut (traditio legis).[6] Im Laufe des 5. Jahrhunderts trat dann das Bildmotiv des lehrenden Christus hinter der Darstellung des Pantokrators zurück, der mit göttlicher Vollmacht die ganze Welt beherrscht.[7]

Eine frühchristliche Darstellung des lehrenden Christus befindet sich in der Aquilinuskapelle von San Lorenzo in Mailand. Trotz späterer Umgestaltungen konnte die um 390/410 erbaute Kirche San Lorenzo ihre spätantike Struktur als vierapsidialer Zentralbau bis heute bewahren. Dieser Tetrakonchos gehört zu den ältesten Zentralbauten in der frühchristlichen Kunst des Westens.[8] An die Kirche schloss sich an der Südseite eine bereits in der Bauanlage vorgesehene achteckige Kapelle an, die dann im 16. Jahrhundert dem aus Würzburg stammenden und in Mailand durch Häretiker getöteten Märtyrer Aquilinus (um 970–1015) gewidmet wurde. Dieser bis etwa 430 errichtete Anbau dürfte wegen seiner ursprünglich reichen Marmor- und Mosaikausstattung als kaiserliches Mausoleum gedient haben. An das vorgelagerte Atrium mit einer fragmentarisch erhaltenen Serie von Patriarchenmosaiken und Apostel- und Märtyrerinschriften schließt sich der oktogonale Hauptraum mit vier Apsiden an, dessen Wände ursprünglich mit Marmorinkrustationen (opus sectile) verziert waren. Während in der südöstlichen Apsis noch die Mosaikdarstellung des auf dem Sonnenwagen als unbesiegte Sonne (Sol invictus) einherfahrenden Christus erkennbar ist, der die Hirten zum wahren Licht ruft, hat sich in der südwestlichen Apsis rechts vom Eingang ein Mosaik mit dem inmitten seiner Apostel lehrenden Christus erhalten. Auch im Mosaik der Aquilinuskapelle lässt sich das Motiv des lehrenden Christus mit dem Apostelkollegium auf das Philosophenbild zurückführen, wie es in der frühchristlichen Kunst während des ganzen 4. Jahrhunderts hindurch ausgebildet wurde. Wie die erhaltenen Mosaiken zeigen, ging es im ursprünglichen Bildprogramm um Christus als den Sieger über den Tod, der am Ende der Welt mit seinen Aposteln die Gerechten in seine Herrlichkeit aufnehmen wird.[9]

Das Mosaik mit dem lehrenden Christus und dem Apostelkollegium ist unten von einem grünen Band eingefasst, auf dem lateinische Goldkreuze dargestellt sind. Um das Bildfeld läuft ein blauer Streifen herum, der mit einem geschwungenen Band verziert ist, das zwischen rötlichen, ockerfarbenen und hellblauen Farbtönen changiert. Das Mosaik ist mit seinen gebrochenen Weißtönen vorwiegend in Grünbraun und Blaugrau gehalten.[10] Oberhalb der Figurengruppe ist der Hintergrund erstmals in der westlichen Kunst ganz mit einem Goldhintergrund versehen.[11]

In der Bildmitte thront auf einem Sitz der übergroß dargestellte Christus, der jugendliche Züge trägt und durch weiche Formen gekennzeichnet ist. Sein bartloses

Haupt ist von kurzen, gelockten Haaren umgeben. Anstelle eines Fußschemels (suppedaneum) ruhen die auseinandergesetzten und mit Sandalen bekleideten Füße Jesu auf einem Felsen. Der ganz weiß gekleidete Christus trägt eine Ärmeltunika mit schwarzen Clavi und ein weißes Pallium, das mit buchstabenförmigen Clavi verziert ist. Während er als Lehrer seine Rechte im Redegestus erhoben hat, hält er in seiner linken Hand eine geöffnete und mit Worten beschriebene Schriftrolle.[12] Der entfaltete Rotulus gleicht einer Buchrolle, deren Siegel bereits gebrochen wurde, so dass sich der Text auf das enthüllte Buch der Apokalypse beziehen könnte, dessen Siegel durch Christus, das Lamm, geöffnet wurden (vgl. Offb 5,9; 6,1.3.5.7.9.12; 8,1).[13] Auf die Apokalypse verweisen auch die Buchstaben Alpha und Omega, die seitlich in dem weißgeränderten Nimbus Christi zu lesen sind und mit denen Jesus als ewiger Herr und Herrscher über die ganze Schöpfung (vgl. Offb 1,8) sowie als Anfang und Ziel der Heilgeschichte (vgl. Offb 22,13) ausgezeichnet wird. Der weiße Nimbus, in dem auch noch das Christusmonogramm mit seinen beiden griechischen Anfangsbuchstaben „XP" für „XPICTOC", „Christus", eingeschrieben ist, setzt sich wirkungsvoll vom Goldhintergrund ab und verleiht dadurch dem Antlitz Jesu „eine lichte Aufhellung, die dem Licht seiner Lehre entspricht"[14].

Die zwölf Apostel sitzen in zwei Reihen dicht hintereinander in zwei Sechsergruppen neben ihrem lehrenden Meister. Die Apostel sind wie Jesus weiß gekleidet und setzen ihre mit Sandalen bekleideten Füße auf den grünen Boden, der in einem felsigen Rand abbricht. Die beiden Gruppen des Zwölferkollegiums werden rechts von Paulus und links von Petrus angeführt, der den Ehrenplatz zur Rechten Jesu einnimmt und an seinem kurzen, weißen Bart- und Haupthaar erkennbar ist. Während Petrus seine rechte Hand im Redegestus erhoben hat, um der Lehre Christi zuzustimmen, umfasst Paulus mit beiden Händen einen geschlossenen Rotulus. Die übrigen bärtigen oder auch bartlosen Apostel akklamieren teilweise und umfassen ebenfalls eine Schriftrolle.[15]

Zu Füßen des erhöht sitzenden göttlichen Lehrers ist ein runder Buchrollenbehälter (scrinium) dargestellt, dessen Tragriemen seitlich sichtbar sind und von dem der Deckel bereits abgenommen ist. In dem durch seine gebrochenen Weißtöne weitgehend als Blaugrau und Grünbraun erscheinenden Mosaik bildet das abgestufte Orangerot des Behälters einen lebendigen Farbakzent.[16] Die sechs Buchrollen, die in dem Behälter stecken, könnten für die fünf alttestamentlichen Bücher des Mose und für das Neue Testament stehen und somit auf die eine biblische Gottesoffenbarung verweisen, die in Christus und seiner Lehre ihre Erfüllung gefunden hat.[17]

Unter den felsigen Abbrüchen sind unter den beiden Apostelgruppen jeweils zwei Wasserspiegel zu sehen, die auf das Paradies vorausweisen, in dem Christus und die Apostel warten, um die Gerechten zu empfangen. Der Goldhintergrund verweist ebenfalls auf die himmlische Herrlichkeit des ewigen Paradieses.[18]

Das Mosaik mit dem lehrenden Christus zeigt keine der in den Evangelien überlieferten Lehrszenen, wie beispielsweise den in der Katakombenmalerei immer wieder dargestellten Dialog Jesu mit der Samariterin am Jakobsbrunnen (vgl. Joh 4,1–26). In dem szenisch leeren Raum geht es vielmehr um die überzeitliche Selbstoffenbarung Christi als Anfang und Ziel des ganzen Heilsgeschehens (vgl. Offb 1,8; 22,13). Die durch ihr Sitzen und ihre Kleidung ihrem Meister angenäherten Apostel zeigen, dass ihnen die Verkündigung der Offenbarung Christi anvertraut ist, auf die ihre Akklamationsgesten und die Schriftrollen in ihren Händen verweisen.[19]

David verschont das Leben Sauls

7. Sonntag im Jahreskreis. Erste Lesung: 1 Sam 26,2.7–9.12–13.22–23

„David nahm den Speer und den Wasserkrug, die neben Sauls Kopf waren."
1 Sam 26,12

In der ersten Lesung des 7. Sonntags im Jahreskreis wird von der Großmut Davids berichtet, mit der er das Leben seines Feindes Saul verschont hat und die schon vorausweist auf das Evangelium, in dem Jesus in seiner Feldrede zur Feindesliebe aufruft (vgl. Lk 6,27–38).

Saul (reg. 1020–1000 v. Chr.) war der erste König Israels, dessen Regierungszeit durch zahlreiche Grenzkonflikte mit Nachbarvölkern geprägt war (vgl. 1 Sam 14,47–52). Im Verlauf dieser Kämpfe kam es zum Bruch mit dem Propheten Samuel (vgl. 1 Sam 15), der daraufhin David zum Nachfolger (reg. 1000–961 v. Chr.) designierte. Der mit Sauls Tochter Michal verheiratete und mit dem Königssohn Jonatan befreundete David war militärisch so erfolgreich, dass ihn Saul als Konkurrenten zu fürchten begann, ihn in die Flucht trieb und mehrmals zu töten versuchte (vgl. 1 Sam 18–26).[1]

Als sich Saul mit dreitausend Kriegern auf die Suche nach seinem geflüchteten Schwiegersohn machte, kamen David und sein ungestümer Gefolgsmann Abischai eines Nachts in das Lager Sauls und fanden den König schlafend, während sein Speer neben seinem Kopf in der Erde steckte (vgl. 1 Sam 26,2.7). Als Abischai den wehrlos ausgelieferten Saul mit einem einzigen Speerstoß töten wollte (vgl. 1 Sam 26,8), hielt ihn David mit den Worten ab: „Bring ihn nicht um! Denn wer hat je seine Hand gegen den Gesalbten des Herrn erhoben und ist ungestraft geblieben. […] Der Herr möge ihn schlagen, ob nun der Tag kommt, an dem er sterben muss, oder ob er in den Krieg zieht und dort umkommt. Mich aber bewahre der Herr davor, dass ich meine Hand gegen den Gesalbten des Herrn erhebe" (1 Sam 26,9–11). Ohne ihn zu töten, nahm David nur den Speer und den Wasserkrug neben Sauls Kopf an sich und ging unbemerkt mit Abischai weg (vgl. 1 Sam 26,12). Aus sicherer Entfernung rief

David dann in das Lager Sauls hinüber: „Seht her, hier ist der Speer des Königs. Einer von den jungen Männern soll herüberkommen und ihn holen. Der Herr wird jedem seine Gerechtigkeit und Treue vergelten. Obwohl dich der Herr heute in meine Hand gegeben hatte, wollte ich meine Hand nicht an den Gesalbten des Herrn legen" (1 Sam 26,22–23).

So verschonte David das Leben Sauls und nahm nur Gegenstände mit, um zu beweisen, wie nahe er ihm kommen konnte, besonders den Speer, den Saul bereits mehrfach gegen David geschleudert hatte (vgl. 1 Sam 18,11; 19,10). David tastete den ihm ausgelieferten Saul nicht an, weil er in ihm nicht seinen Feind, sondern immer noch seinen König, den Gesalbten Gottes, sah. Mit dieser gerechten und treuen Großmut handelte David, ohne es zu ahnen, bereits nach dem Beispiel und Wort Jesu, der seine Gegner ebenfalls nicht zu seinen Feinden werden ließ, sondern ihnen verzieh (vgl. Lk 23,34).

DIE VERSCHONUNG SAULS DURCH DAVID gehört zu den selten in der christlichen Kunst dargestellten biblischen Ereignissen.[2] Die Großmut des David, der den ihm wehrlos preisgegebenen König Saul verschont, regte 1752 den jungen Maler Januarius Zick (1730–1797) zu einem seiner frühen Gemälde an.

Januarius Zick wurde bei seinem Vater Johann Zick (1702–1762) in München in der Malerei ausgebildet und absolvierte zudem bis 1748 eine Architektenlehre. Er übersiedelte 1749 mit der Familie nach Würzburg, wo der Vater mit der Ausmalung des Gartensaals der Würzburger Residenz beauftragt wurde. Als er seinen Vater ab 1751 bei den Freskoarbeiten im fürstbischöflichen Schloss Bruchsal unterstützte, erhielt er 1752 erstmals für eigenständige Arbeiten eine gesonderte Entlohnung. Januarius Zick arbeitete noch bis 1755/56 mit seinem Vater zusammen und unternahm bis 1758 Studienreisen nach Paris, Basel, Rom und Augsburg, wo er Mitglied der Kunstakademie wurde. Als er 1760/61 zum kurtrierischen Hofmaler ernannt wurde, ließ er sich in Ehrenbreitstein bei Koblenz nieder. Der 1797 verstorbene Künstler, der als letzter deutscher Großmaler gilt, wurzelte noch ganz in der Kunst des Rokoko und hatte sich in seinem Spätwerk mit dem beginnenden Klassizismus auseinanderzusetzen.[3]

Nachdem Januarius Zick in seinen frühen Tafelbildern von 1748 bis 1751 in der Farbigkeit noch stark vom Freskostil seines Vaters abhängig war, orientierte er sich ab 1751 an der Helldunkelmalerei Rembrandts (1606–1669), die um die Mitte des 18. Jahrhunderts die deutschen Rokokomaler zunehmend beeinflusste und mit der sich auch schon sein Vater befasst hatte. Als Januarius Zick 1752 das kleine Gemälde mit David und Abischai im Zelt Sauls malte, griff er ebenfalls auf die Lichtwirkungen der Werke Rembrandts zurück.[4]

Januarius Zick, David und Abischai im Zelt des schlafenden Saul, 1752, Öl auf Leinwand, 34,5 × 45 cm, Würzburg, Martin-von-Wagner-Museum der Universität.

Das kaum einen halben Meter breite und unbezeichnete Ölbild mit der Verschonung Sauls zeigt rechts Abischai und links den im Zelt schlafenden Saul, während David gerade den Speer und den Becher des Königs an sich nimmt.[5] Das Gemälde bildet das Gegenstück zum gleichformatigen Bild mit der Darstellung Sauls bei der Hexe von Endor (vgl. 1 Sam 28,3–25), das durch Januarius Zick signiert und auf das Jahr 1752 datiert ist.[6] Januarius Zick, der sich als Historienmaler verstand und über die Hälfte seiner Werke sakralen Themen widmete, war in seiner Frühzeit an der Darstellung dramatischer Szenen aus dem Alten Testament interessiert, um mit den Effekten des rembrandtesken Helldunkels die inneren Spannungen und Konflikte der dargestellten biblischen Personen zu veranschaulichen. So versuchte er 1752 durch eine phantastische Lichtregie, das seelische Drama Sauls darzustellen, als dieser bei der Hexe von Endor durch den Geist des verstorbenen Samuel von seinem bevorstehenden Tod erfährt (vgl. 1 Sam 28,19). In seinem zeitgleichen Würzburger Gemälde mit der Verschonung Sauls ging es Zick um die Vorgänge, die sich in der gottesfürchtigen Gesinnung Davids und in der ungestümen Haltung Abischais zeigen. Nach seinen Ausbildungsreisen von 1757/58 wandte sich Zick von diesen dramatischen Themen aus der biblischen Geschichte des Alten Testaments wieder ab.[7]

Die beiden durch den jungen Maler in Würzburg angefertigten Gemälde zum Leben König Sauls befinden sich bis heute in der Stadt, wo sie zu der 1832 gegründeten Universitätssammlung gehören, die 1858 durch die Schenkungen des Kunstsammlers Johann Martin von Wagner (1777–1858) zu einem öffentlichen Museum wurde und seit 1963 in der Residenz untergebracht ist.[8]

Auf die Ausführung des Ölbildes mit der Verschonung Sauls hatte sich Zick offenbar durch eine weißgehöhte, schwarze Pinselzeichnung vorbereitet, die sich im Berliner Kupferstichkabinett befindet und dem Maler sicherlich zuzuschreiben ist.[9] Während er in der Zeichnung die unbekleidete Figur des schlafenden Saul noch im Vordergrund darstellte und das Ergreifen des Bechers und Speeres auf die dahinterstehenden Personen David und Abischai aufteilte,[10] fand Zick für das Gemälde eine neue Komposition und rückte dabei auch die Gestalt Davids in den Mittelpunkt, der allein Becher und Speer an sich nimmt.

Zicks Gemälde mit der Verschonung Sauls ist ganz auf die Personen ausgerichtet und deutet die Szenerie des nächtlichen Zeltlagers des Königs nur kurz an. So verschwimmt die Landschaft im helldunklen Hintergrund des braun untermalten Bildes, während sich die Figuren im Vordergrund bewegen.[11] Auf der rechten Seite ist in blauer Ferne ein schwaches Licht zu sehen, vor dem sich schemenhaft zwei kegelförmige, bräunliche Zelte abzeichnen. Die verschlossenen Zelte bringen zum Ausdruck, wie tief Saul und seine Krieger im Lager schliefen (vgl. 1 Sam 26,12). Die Anordnung der Zelte erinnert an die beiden Tafelbilder mit den römischen Historienszenen des Mucius Scaevola vor Porsenna und des Coriolanus vor den Mauern Roms, die Giovanni Battista Tiepolo (1696–1770) um 1752/53 in Würzburg malte, als er von 1750 bis 1753 das Treppenhaus und den Kaisersaal der fürstbischöflichen Residenz mit Fresken ausstattete.[12]

In der Linie der beiden Zelte des Lagers folgt im linken Vordergrund das Königszelt, das mit Lambrequins besonders verziert und innen hell erleuchtet ist. Die Lichtquelle selbst wird durch das Zelt verdeckt, so dass es als dunkle Silhouette den Bildrand auf der linken Seite abschließt.[13] Im Königszelt, das wohl gerade durch die beiden nächtlichen Eindringlinge geöffnet wurde, ist der entkleidet schlafende Saul zu sehen. Saul liegt auf einem Ruhebett und hat in tiefem Schlaf sein Haupt auf ein großes weißes Kissen gebettet, während seine linke Hand auf der Bettdecke liegt. Der Tisch, auf dem nur der Wasserbecher Sauls steht, ist durch seine weiße Decke hell beleuchtet. Davor liegen am unteren Bildrand im Licht aufflackernde Gegenstände, die zur Rüstung gehören, die Saul vor dem Schlafen abgelegt hat. Der König, der sich zum Schlafen ein weißes Kopftuch umgelegt hat, trägt eher jugendliche Gesichtszüge und wirkt durch das gleißende Licht wie eine zerbrechliche weiße Alabasterfigur. Saul wird also nicht mit seinem krankhaft grimmigen Zorn gegen David gezeigt, sondern mit seiner ganzen verwundbaren Wehrlosigkeit, die es verbietet, gegen ihn, den „Gesalbten den Herrn" (1 Sam 26,9), die Hand zu erheben.

David und Abischai sind in das Lager Sauls geschlichen. Aber während Abischai den schlafenden König töten will, hat ihn David davon abgehalten und angeordnet, nur den Speer neben seinem Kopf und seinen Wasserkrug als Beweismittel für ihr Eindringen in das Zelt Sauls mitzunehmen (vgl. 1 Sam 26,7–11).

Abischai steht wie eine „im Kontrapost bewegte Theaterfigur"[14] am rechten Bildrand. Er lässt die linke Hand auf einem kleinen, am Boden abgestellten Rundschild ruhen und lehnt sich mit der Rechten an seinen Speer, mit dem er eigentlich Saul mit einem einzigen Stoß „auf den Boden spießen" wollte (1 Sam 26,8). Abischai trägt einen neuzeitlichen Harnisch, ein Schwert an der Seite und einen Helm, der mit einem Busch verziert ist. Die Gestalt Abischais wird bis auf ein paar an seiner Rüstung aufblitzende Reflexe nur schwach vom Licht berührt. Es fällt auf, dass Abischai seine Waffen nicht einsatzbereit hält, sondern sich nur an sie anlehnt. Er hält also nicht etwa Wache, während sich David gefährlich dem Zelt Sauls nähert, sondern wendet sich vom Tun seines Herrn sogar ab und blickt aus dem Bild hinaus. Abischai macht mit seinem wegsehenden und vielleicht auch etwas mürrisch-stolzen Gesicht den Eindruck, als wolle er sich von der Großmut seines Herrn innerlich distanzieren, da er selbst Saul nicht geschont, sondern getötet hätte (vgl. 1 Sam 26,8). Seine Haltung scheint etwas von der inneren Spannung zu verraten, die ihn angesichts des durch David ausgesprochenen Tötungsverbotes überkommen hat, so dass ihm nichts anderes übrig bleibt, als sich mit seinen zur Untätigkeit verurteilten Händen an seinen Speer und seinen Schild zu lehnen.

Im Gegensatz zu der eigentümlichen Passivität Abischais ist in der Bildmitte der aktiv handelnde David zu sehen, der mehr als sein Gefolgsmann beleuchtet ist und dessen Rüstung ebenfalls Lichtreflexe zeigt. In Absetzung zum Harnisch Abischais trägt David einen antikisierenden Brustpanzer, einen Helm mit einer reicheren Zier und einen roten Feldherrnmantel, der ihm auf die Hüften bis auf sein Schwert hinabgeglitten ist. David hat sich vorsichtigen, aber bewegten Schrittes zu dem am Zelteingang stehenden Tisch hinabgebeugt und greift gerade mit seiner linken Hand nach dem Wasserbecher Sauls. Mit seiner rechten Hand hat er bereits den Speer, der neben Sauls Kopf im Boden steckte, an sich genommen (vgl. 1 Sam 26,7.9). Vom Licht aus dem Zelt sind vor allem das von einem feinen Kinnbart umspielte, zum Spiegelbild seiner edlen Seele gewordene Antlitz Davids und seine beiden Hände erfasst, die sich nicht gegen den „Gesalbten den Herrn" (1 Sam 26,9) erheben, sondern nur nach dem Becher und Speer des Königs greifen.[15]

Das Bild mit der Verschonung Sauls durch David ist mit kräftigen Helldunkelkontrasten durchgeführt, um mit diesen Lichtwirkungen die biblische Nachtgeschichte während der Flucht Davids zu dramatisieren. In seinem Bemühen um die Nachahmung des unruhig bewegten Lichtkontrastes der Frühwerke Rembrandts gelang dem jungen Januarius Zick eine effektvolle Inszenierung des Helldunkels, die freilich mehr in einer äußerlichen Nachahmung bestand, ohne tiefer die Vorbedingungen und den Wert des Rembrandt'schen Helldunkels zu verstehen.[16] Dennoch hatte sich Zick mit seinem kleinen Ölbild ikonographisch auf Neuland begeben und sich an eine höchst selten dargestellte biblische Szene herangewagt, um sie mit rembrandtesken Mitteln dramatisch zu inszenieren. In das hellste Licht hatte Zick die Gestalt Sauls gerückt, um die ganze Wehrlosigkeit des schlafenden Königs zum Ausdruck zu bringen und auf diese Weise die Großmut Davids umso größer erscheinen zu lassen. Eine besondere Dramatik erhält die Szene dadurch, dass der schlafende Saul sein Haupt so zu David gewendet hat, dass er ihm beim Öffnen der Augen direkt ins Gesicht blicken würde. So sind der König und David äußerlich nur um den Hauch des unsicheren Schlafes getrennt, David aber ist innerlich mit Saul verbunden, weil er in ihm den von Gott Gesalbten erkennt.

Die Blindenparabel

8. Sonntag im Jahreskreis. Evangelium: Lk 6,39–45

„Kann ein Blinder einen Blinden führen?
Werden nicht beide in eine Grube fallen?"
Lk 6,39

Im Evangelium des 8. Sonntags im Jahreskreis wird die Feldrede Jesu aus dem Lukasevangelium fortgesetzt, deren Lesung an den beiden vorausgehenden Sonntagen mit den Selig- und Wehrufen (vgl. Lk 6,20–26) und dem Aufruf zur Feindesliebe (vgl. Lk 6,27–38) begonnen hat.

Als im Zusammenhang mit dem Verbot, andere zu richten und zu verurteilen (vgl. Lk 6,37–42), die Frage im Raum stand, wer dann eigentlich zum Führen befähigt ist, legte Jesus seinen Jüngern die Blindenparabel ans Herz: „Kann denn ein Blinder einen Blinden führen? Werden nicht beide in eine Grube fallen? Der Jünger steht nicht über seinem Meister; jeder aber, der alles gelernt hat, wird wie sein Meister sein" (Lk 6,39–40). Mit diesem Vergleich vom blinden Blindenführer zeigte Jesus, dass der Jünger einen sehenden Führer haben soll, der den Weg, den er den anderen zu zeigen hat, auch selbst gegangen ist. Indem Jesus hinzufügte, dass der Jünger nicht über seinem Meister steht, machte er deutlich, dass er selbst dieser Führer ist. Wer aber über die ethischen Forderungen Jesu noch hinausgehen will, dabei aber die von ihm verkündete und gelebte Gottes- und Nächstenliebe vernachlässigt, der kann in der Jüngergemeinde nicht Führer sein. Nur wenn sich der Gemeindeleiter an Jesus orientiert und zuerst seine eigenen Fehler erkennt, ist er auch zum brüderlichen Zurechtweisen und Führen berechtigt, denn wer gegen sich selbst kritisch ist, wird auch die Gemeindemitglieder vorsichtig beurteilen (vgl. Lk 6,37). So geht es in der Blindenparabel um die Warnung der Jünger vor dem Anspruch moralischer Überlegenheit und überheblicher Besserwisserei, indem man sich selbst durch Jesus, das wahre Licht der Welt (Joh 8,12; 9,5), führen lässt.[1]

Pieter Bruegel der Ältere, Der Blindensturz

Zu dieser Blindenparabel, die auch im Matthäusevangelium (vgl. Mt 15,14) überliefert ist, schuf Pieter Bruegel der Ältere (um 1525/27–1569) ein Jahr vor seinem Tod mit der Darstellung des Blindensturzes eines seiner bekanntesten Gemälde.

Pieter Bruegel wurde um 1525/27 in Brabant geboren und wirkte zunächst in Antwerpen, wo er 1552 Mitglied der Lukasgilde wurde, bis er 1563 anlässlich seiner Heirat nach Brüssel übersiedelte, wo er bereits 1569 starb. Bruegel schuf Landschaftsbilder, Genreszenen und allegorische Werke, die sich auf volkstümliche und humanistische Themen, aber auch auf Sprichwörter und Bibelzitate bezogen. Er zeichnete sich durch eine tiefe und auch eigensinnige Bildsprache aus und machte die Details seiner Bilder zu Bedeutungsträgern, um dem Betrachter den Kosmos von Gut und Böse, von Verderben und Lebensfreude und von Sünde und Tugend vor Augen zu führen. In der konfessionellen Zerrüttung seiner Zeit nahm Bruegel als Humanist Anregungen der christlich-stoischen Morallehre auf und versuchte in der Tradition des Erasmus von Rotterdam (1466/69–1536) eine Zwischenposition zwischen dem unerbittlichen Katholizismus der spanischen Niederlande und der Radikalität des Calvinismus einzunehmen.[2]

Das Leinwandgemälde mit dem Sturz der Blinden, das mit „BRUEGEL MDLXVIII" signiert und auf das Jahr 1568 datiert ist, befindet sich heute im Museo Nazionale di Capodimonte in Neapel.[3] Bruegel übertrug in diesem Bild die Blindenparabel Jesu, wonach beide fallen, wenn ein Blinder einen anderen Blinden führt (vgl. Lk 6,39), in eine Kette von sechs stürzenden und haltsuchenden Blinden.[4] Durch seine naturalistische, genrehafte Formulierung, durch die Sturzmotive der Blinden und vor allem durch die veristische Darstellung der Köpfe schuf Bruegel ein Bild, das den Betrachter auf erschütternde Weise anspricht.[5] Die Deutung des viel beachteten, aber auch unzutreffend interpretierten Gemäldes[6] muss sich nach der grundlegenden Studie der Kunsthistorikerin Heinke Sudhoff auf zeitgenössisch belegbare Faktoren stützen und dabei vor allem das christlich-stoische Menschenbild des mit Bruegel bekannten Moralphilosophen Dirck Volkeertszoon Coornhert (1522–1590) berücksichtigen.[7]

Als Bruegel sein Bild mit dem Sturz der blinden Bettler malte, empfand man gegenüber diesen Außenseitern der Gesellschaft wegen der Komik ihres Anblicks oftmals Spott und Schadenfreude, zumal man den ärmlich gekleideten Blinden unterstellte, sie würden betrügen und heucheln, neidisch sein und ihre erbettelten Almosen sogleich ins Wirtshaus tragen. In der Volksdichtung und in den spanischen Schelmenromanen wurden die durchtriebenen Gaunereien und lustigen Streiche der blinden Bettler in humorvoller Weise geschildert, wie die 1554 verfassten Abenteuer des Lazarillo de Tormes zeigen. Auch Coornhert verachtete den Bettlerstand als moralisch minderwertig, sprach sich aber dafür aus, diesen „Schmarotzern" angesichts

Pieter Bruegel der Ältere, Der Blindensturz, 1568, Tempera auf Leinwand, 156 × 86 cm, Neapel, Galleria Nazionale di Capodimonte.

ihrer Bedürftigkeit durch Almosen zu helfen. Während das Almosenspenden im Mittelalter noch ganz in einer auf das eigene Seelenheil gerichteten Haltung wurzelte, um durch gute Werke Verzeihung der Sünden zu erlangen, fiel diese Einstellung in der Reformation weg. Da der Mensch nach reformatorischer Lehre nicht durch Almosen, sondern allein durch den Glauben vor Gott gerecht wird, erachtete man die Sorge um die Bettler vor allem als Aufgabe des Magistrats. In den spanischen Niederlanden erließ Kaiser Karl V. (reg. 1519–1556) in den Jahren 1535 und 1547 gesetzliche Maßnahmen gegen die zunehmende Zahl falscher und betrügerischer Bettler. Da aber mit dem beginnenden Wohlstand in den Niederlanden, der Bevölkerungszunahme und den damit einhergehenden niedrigen Löhnen und hohen Preisen die Zahl der Bettler weiter anstieg, so dass auch die kirchlichen Einrichtungen überfordert waren, vertraute man die Armen der Spendenfreudigkeit der Bürger an und hob 1556 das Bettelverbot wieder auf. So gehörten zur Zeit Bruegels die sich vom Reichtum der Handelsstädte eklatant abhebenden Bettler zum alltäglich bedrängenden Erscheinungsbild der niederländischen Gesellschaft.[8]

Als sich in dieser Umbruchzeit das Bettlerproblem aus dem kirchlichen Bereich herauslöste, ging auch die enge Anbindung des Blindenmotivs an die religiöse Ikonographie immer mehr zurück.⁹ Um 1524 brachte Bartel Beham (um 1502–1540) ein Flugblatt mit zwölf lebensvoll und detailfreudig geschilderten Bettlertypen heraus, die auch niederländische Künstler anregte. Mit ihren Begleittexten und den dargestellten Attributen wie Spielkarten, Flaschen oder Würfel bezog sich die Holzschnittfolge weniger in spöttisch-humoristischer, sondern vor allem in moralisierender Weise auf die Bettler und betonte die sündhaften Haltungen von Faulheit, Trunksucht, Spielleidenschaft, Liederlichkeit oder Verschwendungssucht als vermeintliche Ursachen ihrer Armut.¹⁰ Wenige Jahre später fertigte 1540 Cornelis Massys (1510/11–1556/57) eine komisch-schauderliche Kupferstichfolge von zehn Krüppeln an, die mit ihren hölzernen Prothesen zu tanzen versuchen. Während es in dieser skurrilen Folge inhaltlich um die menschliche Torheit ging, dürfte der Künstler formal von Totentanzdarstellungen angeregt worden sein, bei denen der Blinde zusammen mit den ebenfalls unerleuchteten Juden und Heiden in die Reihe der Typen und Stände eingefügt wurde, wie der Baseler Totentanz von 1440 zeigt.¹¹ In der niederländischen Kunst stand das reale Erfassen der pittoresken und immer noch als minderwertig angesehenen Bettlerschar mit ihren zerlumpten Kleidern und grauenvollen Entstellungen im Mittelpunkt, wobei sich Blinde und Bettler oft kaum unterscheiden ließen, wie zwei Federzeichnungen in Wien und Brüssel sowie ein Kupferstich in Brüssel zeigen, die Hieronymus Bosch (um 1450–1516) oder auch Bruegel zugeschrieben werden.¹² In dem 1531 in Augsburg aufgelegten Emblemenbuch des italienischen Humanisten Andrea Alciato (1492–1550) bekam der Blinde einen positiven Sinngehalt. In diesem „Emblematum liber" leisten sich ein Lahmer und Blinder einträchtig gegenseitige Hilfe (mutuum auxilium), so dass dem einen der Mobilitätsverlust und dem anderen der Verlust des Augenlichts ausgeglichen wird.¹³

In der Mitte des 16. Jahrhunderts kam es in der niederländischen Kunst zur bildlichen Formulierung des neutestamentlichen Motivs des blinden Führers, der einen anderen Blinden führt, so dass beide in die Grube fallen (vgl. Lk 6,39; Mt 15,14). Die wohl früheste Darstellung der stürzenden Blinden schuf um 1555 erneut Cornelis Massys in einem Kupferstich, der eine Reihe von vier Blinden zeigt, die sich jeweils am Vordermann festzuhalten versuchen. Sie tragen die üblichen Bettlerkleider mit engen, unter den Knien gebundenen Hosen, weiten Umhängen und warmen Kappen, wobei beim zweiten die Drehleier unter dem Gewand und beim letzten der Blechnapf am Gürtel zu sehen sind. Sie versuchen sich jeweils am Vordermann festzuhalten, wobei der erste bereits in ein Gewässer mit Schilf gefallen ist und der zweite ebenfalls zu stürzen droht, während den beiden letzten noch keine Reaktion auf den Unglücksfall anzumerken ist. Sowohl die als zeitgenössische Gestalten porträtierten Blinden als auch der Vorgang des Stürzens sind wirklichkeitsgetreu wiedergegeben. Gegenüber der Parabel, in der nur von einem blinden Führer und einem geführten

Blinden die Rede ist (vgl. Lk 6,39; Mt 15,14), wurde die Anzahl der Blinden verdoppelt, was die Eindringlichkeit dieses zeitgenössisch eingekleideten Sinnbildes der verkehrten Welt noch steigerte.[14] Etwas später entstand in der Nachfolge des Hieronymus Bosch eine direkte Umsetzung der Blindenparabel, die sich in einem um 1555/65 durch Pieter van der Heyden (um 1530–1572) ausgeführten Kupferstich erhalten hat und durch Hieronymus Cock (1518–1570) in Antwerpen verlegt wurde, der vor allem für ein gebildetes Publikum mit vielen gedanklich differenzierten biblischen Motiven publizierte. Während im Vordergrund vor einer Dorflandschaft die zwei Blinden zu sehen sind, von denen der Führer bereits in den Graben gestürzt ist, wird im Hintergrund die Szene in einer weiteren Zweiergruppe wiederholt. In der Bildunterschrift wird der Sturz als unausweichliche Folge der Blindheit erläutert. Da die beiden realistisch dargestellten Blinden auch die Muschel der Jakobspilger am Hut tragen, spiegelt sich hier nicht nur die verkehrte Welt mit ihren blinden Blindenführern, sondern auch die zeitgenössische Kritik am Pilgerwesen wider. Wegen seiner exzessiven Formen und des heuchlerischen, leichtgläubigen und geistlich oberflächlichen Gebarens nicht weniger Pilger wurde das Wallfahrtswesen auch satirisch angeprangert und als törichtes Unterfangen abgetan. Da van der Heyden zwischen 1557 und 1565 fast ausschließlich für Bruegel arbeitete und von 1555 bis 1561 zusammen mit Coornhert für Cock tätig war, ist davon auszugehen, dass Bruegel über den Stecher van der Heyden auch Kontakt zu Coornhert hatte, von dessen moralphilosophischen Schriften der Maler besonders ab 1565 geprägt wurde.[15] In dieser Zeit entwarf auch Hans Bol (1534–1593) aus Mecheln eine Darstellung des Blindensturzes, der 1561 erneut durch Pieter van der Heyden in Kupfer gestochen wurde. Die moralisierende Bildunterschrift hält sich eng an die neutestamentliche Blindenparabel und warnt davor, dem blinden Führer zu vertrauen. Zwischen den zwei stürzenden Blinden, die wiederum eine Pilgermuschel am großrandigen Hut tragen, und den nachfolgenden beiden Blinden besteht bereits ein Abstand in der Kette, die der retardierenden Zäsur in Bruegels späterem Gemälde gleicht, an das auch die Vegetation, die Dorflandschaft mit der Kirche und die Gebäude auf der linken Seite erinnern.[16] Die Dorfkirche, vor der Menschen beten und vor der ein Kreuz aufgestellt ist, symbolisiert hier die Kirche als Ort des rechten Glaubens, so dass die stürzenden Blinden als Irrlehrer zu deuten sind.[17]

Nachdem Bruegel 1559 in seinem Sprichwörterbild einen miniaturhaft kleinen Zug von drei Blinden[18] und in seinem Gemälde „Karneval und Fasten" am unteren Rand ein kleinfiguriges blindes Bettlerpaar dargestellt hatte,[19] zeichnete er 1562 zwei Blinde, an denen eine Frau teilnahmslos vorbeigeht.[20] Nach diesen kleinfigurigen Genreszenen schuf er schließlich 1568 sein berühmtes Gemälde mit dem Blindensturz, das zur Sammlung des Herzogs Ferdinand Gonzaga von Mantua (reg. 1612–

1626) gehörte und heute in Neapel aufbewahrt ist. Auch wenn er in diesem Bild einzelne Motive seiner früheren Werke und der durch Pieter van der Heyden gestochenen Vorlagen verarbeitete, so konzipierte Bruegel in seinem Neapler Bild den unabwendbaren Sturz der sechs Blinden als formal und inhaltlich neues, eigenständiges und monumentales Bildmotiv, das als Leinwandgemälde für einen gehobeneren Interessentenkreis als der Stich bestimmt war.[21]

Bruegels etwa eineinhalb Meter breites Gemälde mit dem Blindensturz zeigt eine auf bräunliche und blaugraue Farbtöne reduzierte Farbpalette, so dass sich der Eindruck eines Grauschleiers ergibt, der die Misere der sechs Blinden unterstreicht.[22] Dem fast grisailleartigen Kolorit entspricht die flache, karge Landschaft, die ohne Anmut und Kontraste vor einem eintönigen Himmel sichtbar wird und den tristen grauen Mänteln der Blinden ähnelt.[23] Während die Hintergrundlandschaft horizontal angelegt ist, treibt und stolpert der Zug der Blinden in Form einer Diagonale von links oben nach rechts unten. Die Blinden bewegen sich auf einem dammartigen Feldweg, der links unten zum Bildrand hin abbricht und nach rechts leicht abschüssig verläuft, so dass er bereits von seiner Bodenführung her das Stürzen begünstigt.[24] Am linken Bildrand sind zwischen Bäumen ein Haus mit Treppengiebel und eine Scheune mit mächtigem Dach dargestellt. In weiterer Entfernung sind ein Bauernhaus und eine Kirche mit spitzem Turm zu sehen, die man mittlerweile mit der gotischen Annakirche in dem Ort Dilbeek identifizieren konnte, der westlich von Brüssel liegt, wo Bruegel seit 1563 nach seiner Heirat mit Mayken Coecke (um 1545–1578) wohnte. Bei einem großen, einsamen Laubbaum, hinter dem eine Kuh zu erkennen ist, schlängelt sich am rechten Bildrand ein Bachlauf entlang, der den Graben bildet, an dessen Rand der Blindenführer zu Fall kommt.[25] Ganz am rechten Bildrand wächst am Bach eine weiße Schwertlilie, bei der nur eine einzige Blüte ausgebildet ist.[26] Bis auf die kleine, fast nicht wahrnehmbare Gestalt eines Bauern, der auf die Kuh am Ufer des Bachlaufs zugeht, ist auf dem ganzen Bild kein weiterer Mensch zu sehen.[27]

So schreiten die Blinden von der Erhöhung, die durch die beiden Häuser links oben betont wird, den Damm herab und geraten, vielleicht auf der Suche nach der Brücke, die über den Bach führen sollte,[28] vom Weg ab und stürzen nacheinander über die Böschung in die Geländesenkung mit dem Bach. Offenbar hat der Damm eine Biegung gemacht, die der blinde Anführer nicht bemerkt hat, so dass er nun in den Bachgraben gefallen ist. Die Blinden bilden durch ihre Stöcke und ihr Handauflegen eine Kette, die durch den Fehltritt des Führers plötzlich stark angezogen wurde, so dass ein rasches Sichfortpflanzen der stürzenden Bewegung die Folge ist.[29]

Der vorderste Blinde ist bereits rücklings in den Bachgraben gefallen und reckt hilfesuchend seinen linken Arm in die Höhe, während er mit seiner rechten

Hand noch den Stock umklammert. Dass der Blindenführer bereits im Graben liegt, könnte auf das Grab als das äußerste Sinnbild der Vergänglichkeit anspielen. Auch wenn von seinem Gesicht die erblindeten Augen kaum zu erkennen sind, so ist doch sein Mund deutlich zu sehen, der sich gerade zu einem Aufschrei geformt hat. Er trägt eine große, wärmende Kappe, einen weiten, grauen Umhang, ein ockerfarbenes Hemd, ein knielanges, dunkelrotes Untergewand, grüne Hosen, weiße Strümpfe und schwarze Schuhe. Er hat an einem Ledergurt ein Musikinstrument bei sich, mit dem er als blinder Bettelmusikant vor den Toren der Städte und Dörfer seinen Lebensunterhalt verdient hat. Bei diesem hölzernen Instrument dürfte es sich um die für die Bettler typische Drehleier handeln, wobei die am unteren Teil des Klangkörpers angebrachte Kurbel nicht zu sehen ist, da sie wohl durch den Sturz abgebrochen ist.[30]

Der Stab des Anführers ist dem zweiten Blinden zwischen die Beine geraten, so dass dieser mit aufgerissenem Mund gerade begreift, dass ein Unglück unmittelbar bevorsteht. Er kann sich aber nicht mehr halten und stolpert über seinen Vordermann, den er soeben mit seiner rechten Hand unsanft zu berühren bekommt, um ebenfalls dem Bachgraben entgegenzufallen.[31] Durch das Stürzen ist ihm der Hut vom Kopf gefallen, so dass die weiße Haube sichtbar wird, die sein völlig ausgezehrtes, greisenhaftes und einem Totenschädel gleichendes Haupt bedeckt. Mit dem blaugrauen Mantel, dem knielangen dunkelgrauen Untergewand und den engen weißen Beinkleidern, die in schwarzen Schuhen stecken, trägt er die gewöhnliche Bettlerkleidung, die etwas weniger aufwendig als beim Bettelmusikanten ist, der die Führung des Blindenzuges übernommen hat. Der zweite Blinde blickt als Einziger aus dem Bild heraus und mutet damit dem Betrachter zu, in seine leeren Augenhöhlen zu sehen, in denen kein Augapfel mehr vorhanden ist. Dieser Mann wurde durch äußere, mechanische Einwirkung blind, indem ihm die Augen ausgestochen wurden. Er hat wohl die Strafe der Blendung erlitten, die auch noch zur Zeit Bruegels als Verbrecherbestrafung praktiziert wurde.[32]

Hinter der Gruppe der beiden stürzenden Blinden besteht eine kleine Zäsur in der Kette der Bettler. Da diese Lücke gerade durch den Blindenstock des geblendeten Bettlers ausgefüllt wird, erfährt das „Crescendo des Sturzes" noch eine Steigerung.[33] So hat der zweite Blinde seinen Stock mit dem linken Arm nach hinten ausgestreckt, wo ein dritter Blinder sich ebenfalls mit der linken Hand daran festhält, so dass er durch den Geblendeten nachgezogen wird, um letztlich ebenfalls zu stürzen.[34] Der Stock, der den zweiten und dritten Blinden verbindet, erscheint so geradlinig, dass deutlich ist, dass dieser Sturz alle mitreißen wird.[35] Der dritte Bettler scheint mit einer unsicheren Schrittbewegung um sein Gleichgewicht zu ringen und mit bereits eingeknickten Beinen zu taumeln, so dass auch schon sein weiter Mantel in Wallung kommt und ihm offenbar nichts anderes mehr übrig bleibt, als seinen „Mund zu einem wissenden Grinsen" zu verziehen.[36] Auch beim dritten Blinden ist die aus Mantel, Untergewand und engen Beinkleidern bestehende Bettlerkleidung deutlich sichtbar, wobei er seine beiden Schienbeine zusätzlich mit umgeschnallten Schonern geschützt hat. Während sein Kopf in einer schwarzen Haube steckt, hält er den breitkrempigen Bettlerhut in seiner rechten Hand. An seinem Gürtel hängen ein Messer, eine tönerne Schale für die Mahlzeiten und eine Kette mit großen hölzernen Perlen. Wie das sichtbare rechte Auge zeigt, ist er durch einen Augapfelschwund blind geworden, möglicherweise durch einen fortgeschrittenen grünen Star, der eine Degeneration des Sehnervs und der Netzhaut verursacht hat.[37]

Der vierte Blinde trägt neben der üblichen Bettlerkleidung rote Überstrümpfe und zwei Taschen am Gürtel. Er lässt seinen Blindenstock mit der rechten Hand vorsichtig suchend am Boden entlanggleiten und verlässt sich ganz auf seine linke Hand, die er über Kreuz auf die rechte Schulter seines Vordermannes gelegt hat, der aber schon ins Wanken geraten ist. Obwohl er noch fest mit seinen schwarzen Schuhen auf dem Boden steht, hebt er bereits in Vorahnung des nahenden Unglücks „ängstlich forschend sein blasses, scharf geschnittenes Gesicht" unter dem breiten Bettlerhut empor.[38] Seine realistisch wiedergegebenen Augen zeigen, dass seine Erblindung durch ein Leukom, eine dichte, weiße Narbentrübung der Augenhornhaut, verursacht wurde.[39]

Wie schon der vierte Bettler, so fasst auch der fünfte Blinde seinen Vordermann an der anderen Schulter, so dass sich durch seinen linken Arm und die rechte Schulter des Vorausgehenden eine Stellung über Kreuz ergibt, durch die zusätzliche Unruhe hervorgerufen wird.[40] Mit seiner rechten Hand, die unter dem weiten schwarzen Mantel herausragt, gewährt er dem Hintermann Halt an seinem Blindenstock. Über dem roten Untergewand trägt er um seinen Hals eine aus hölzernen Perlen bestehende Kette mit einem Kreuz. Durch die weit ins Gesicht gezogene Kappe lässt sich nicht genau erkennen, durch welche Augenkrankheit er blind geworden ist.[41] Auf dem Gesicht des Bettlers zeichnet sich im Unterschied zu seinem Vordermann noch keine Anspannung ab.[42]

Der letzte Blinde hält sich am Stock des vorausgehenden Bettlers fest und stützt sich mit seiner freien linken Hand auf seinen eigenen Stab, da hinter ihm kein weiterer Blinder mehr folgt. Er trägt ebenfalls die charakteristische Bettlerkleidung und geht wie sein Vordermann noch aufrecht und im gewohnten langsamen Tempo hinterher, da sie offenbar noch nicht wissen, was vorne geschehen ist.[43] Der sechste Bettler, der wie der vierte an einem Leukom erblindet ist,[44] zeigt als der letzte in der Kette „auf seinem rundlich-wohlgenährten Gesicht ein kindliches, entspanntes und unbesorgtes Lächeln"[45].

Bei der ruhigen Miene des sechsten Bettlers hebt ein Spannungsbogen des Erkennens der Gefahr an, der einer Parabelkurve gleicht, die zu den beiden Stürzenden hin steil abfällt, die entsetzt aufschreien, da das drohende Unglück gerade eingetreten ist. Dieser Steigerung entsprechen auch die wachsende Alterung und die körperliche Auszehrung, von denen beim sechsten Blinden noch kaum etwas zu sehen ist, die sich aber immer mehr bis hin zu dem greisenhaften und totenkopfähnlichen Haupt des völlig ausgemergelten zweiten Bettlers steigern, während der Gipfel der Vergänglichkeit beim ersten, in den Graben gestürzten Bettler erreicht ist, der bereits an einen im Grab liegenden Toten erinnert.[46]

Im Mittelpunkt des Bildes steht der moralisierende und weltdeutende Begriff der Blindheit, mit dem sich der humanistisch gebildete Bruegel in seinem Spätwerk intensiv auseinandergesetzt hatte, nachdem er sich schon zuvor immer wieder mit dem Gedanken der menschlichen Verblendung beschäftigt hatte. Bruegel hatte das Bild des Blinden in seinen körperlichen und seelischen Dimensionen auf eine so intensive Weise erfasst, wie man sie erst wieder bei Rembrandt (1606–1669) findet. Während bisher der Blinde durch seine geschlossenen Augen charakterisiert war, weil man den Makel der Erblindung zu beschönigen versuchte, ging Bruegel mit der pathologisch exakten Darstellung der verschiedenen Formen der Blindheit ganz neue Wege. Die physischen Merkmale der Blindheit gab Bruegel aber nicht nur durch die realistische Darstellung der Augenkrankheiten wieder, sondern auch durch die Gesten, Schrittbewegungen und Körperhaltungen der Bettler. Bruegel gelang es sogar, die seelischen Auswirkungen der Blindheit zu erfassen, die sich dadurch unterscheiden, in welchem Lebensalter man erblindet ist und ob einer durch Krankheit oder äußere Einwirkung wie Blendung das Augenlicht verloren hat. Schließlich stellte Bruegel die Blinden durch ihre Kleidung und ihr Unterwegssein auf der Straße als zeitgenössische Bettler dar, die auf Almosen angewiesen waren.[47]

Bruegels stürzende Blinde entbehren auch nicht der mit Spott und Schadenfreude verbundenen Komik, die der damalige Betrachter beim Anblick von Blinden und Lahmen empfand, da er an der Situation der Betroffenen selbst nicht Schaden nehmen konnte. Da es aber Bruegel nicht um eine rein zeitbezogene und tendenziöse, sondern um eine an der neutestamentlichen Blindenparabel orientierte moralphilosophische Aussage ging, verlor das komische Element seinen Eigenwert, auch wenn es sicherlich auf den Betrachter einwirkte und durch den Maler auch als Vehikel für die von ihm beabsichtigte Bildaussage genutzt wurde.[48]

Eine wichtige Neuerung bestand in der Idee der Sturzkette, die weit mehr als eine additive Erweiterung des biblischen Zweierpaares ist, sondern eine einheitliche Formation bildet, die für moralphilosophische Deutungen zugänglich ist. Um die Aussagekraft seiner Blindenkette nicht zu schwächen und dem Betrachter die Unausweichlichkeit des Sturzes vor Augen zu führen, verzichtete Bruegel weitgehend auf allegorische und episodische Aspekte, wie sie sich noch bei Hans Bol finden, der den Kirchenbau als Symbol für die Institution der Kirche herausstellte und durch das Attribut der Jakobsmuschel zeitgenössische Pilgerkritik aufnahm.[49] Da es Bruegel darum ging, die blinden Bettler durch ihre entsprechende Umgebung zu charakterisieren, verlieh er auch dem Kirchenbau keinen metaphorischen Gehalt, sondern stellte sie als realen Teil der dörflichen Landschaft dar, durch die der Blindenzug dahinschreitet.[50] So integrierte Bruegel auch die biblische Idee des blinden Führers in den Gesamtsinn des Bildes und fügte die vordere Zweiergruppe in den einheitlichen Duktus der Blindenkette ein, bei der sich Bruegel formal am Bildmotiv des Totentanzes angelehnt haben dürfte, bei dem der Tod die Reihe der Lebenden hinter ihm anführt. Die blinden Bettler dürfen aber nicht individuell aus der Kette herausgelöst und als Träger verschiedener Geistes- oder Gemütshaltungen gedeutet werden. Mit ihren unterschiedlichen Haltungen, Erblindungsformen und physiognomischen Abstufungen dienen die sechs nahsichtig geschilderten Genrefiguren ganz der Veranschaulichung des Handlungsablaufs und dessen Folgen für das Schicksal der Blinden in der Kette, bei denen jeder, von falschem Vertrauen geleitet, führt und folgt. So wird deutlich, dass es letztlich um die mangelnde Selbsterkenntnis geht, die den Menschen nach der christlich-stoischen Moralphilosophie ins Verderben stürzt.[51] Bei seiner Erweiterung der beiden in der biblischen Parabel erwähnten Blinden auf sechs Gestalten wollte Bruegel keine größere erzählerische Breite erzielen, sondern die Dynamik des Stürzens steigern und seine Figuren in das realistisch beobachtete alltägliche Gewand seiner Zeit kleiden, um dem Betrachter den Zugang zum moralphilosophischen Gehalt dieses Exemplums zu öffnen.[52]

Wie Heinke Sudhoff zeigen konnte, steht Bruegels Gemälde mit dem Blindensturz mit der ab 1561/63 entwickelten christlich-stoischen Moralphilosophie Coornherts in Verbindung, die den zur Erkenntnis fähigen Menschen durch seinen freien Willen und mit Hilfe der göttlichen Gnade aus der Unwissenheit zu leiten und zur Wahrheitserkenntnis zu führen versuchte. In seinem 1567 verfassten Lehrstück „Comedie van de Blinde voor Jericho" stellte Coornhert den blinden Bettler Bartimäus von Jericho in den Mittelpunkt (vgl. Mk 10,46), der auf der erfolglosen Suche nach einem Führer schließlich durch die ihn gnadenhaft begleitende Tugend der Selbsterkenntnis von der Verblendung befreit und zur Wahrheit Gottes geführt wird. Während sich im ersten Teil der Blinde durch ebenfalls blinde Führer verführen lässt, erkennt er im zweiten Teil durch die allegorische Gestalt der Selbsterkenntnis (Observatio sui), dass ihn das falsche Urteil von seinem Weg aus dem sündigen Jericho nach Jerusalem, der Stadt des Lichts, abbringt und dass ihn nur die rationale Selbstwahrnehmung und schließlich das gläubige Erwarten des rechten Führers zu seiner allein gültigen Bestimmung führen können. Begleitet durch die Personifikationen der Selbsterkenntnis und des Glaubens (Fides) wartet Bartimäus am Wegrand auf den rechten Führer zur Stadt des Lichts und begegnet schließlich Jesus, der den Blinden unter Verweis auf seinen Glauben heilt (vgl. Mk 10,46; Lk 18,42). Damit erscheint die rationale Suche nach der Selbsterkenntnis und somit nach der Befreiung von der Verblendung als gnadenhaft bewirkte und tugendhaft wirksame Vorbedingung für die Heilung durch Christus.[53]

Vor dem Hintergrund dieser pädagogisch ausgerichteten christlich-stoischen Parabel sind die stürzenden blinden Bettler Bruegels nicht im fatalistischen Sinn als Verdammte zu sehen, die durch irreparable Unvernunft unwiderruflich dem Untergang geweiht sind, sondern als irregeleitete und verblendete, aber noch belehrbare Menschen, die durch ihre Vernunft und mit Hilfe der göttlichen Gnade zur Befreiung von ihrer geistigen Blindheit und damit zu ihrer Erlösung geführt werden können, um als vernünftige Menschen auch ihren Mitmenschen zu nützen. So lassen sich Bruegels Blinde als dialektisch verkehrte Gegentypen zu dem auf christlich-stoische Weise erkenntnisfähig und sehend gewordenen Bartimäus in Coornherts Lehrstück deuten. Während Coornherts Ideal in der gegenseitigen Hilfe vernünftiger Menschen bestand, zeigte Bruegel mit seinen einander ins Verderben führenden Blinden in satirischer Umkehrung die völlige Nutzlosigkeit verblendeter Menschen, die zur gegenseitigen Hilfestellung unfähig sind, weil ihnen die Tugend der Selbst- und Wahrheitserkenntnis fehlt. Mit seiner auf sechs Blinde erweiterten Kette gelang es Bruegel, die Frage nach dem sozialen Nutzen des Menschen in geistreicher Weise umzusetzen. Die Blindenparabel Jesu: „Kann ein Blinder einen Blinden führen? Werden nicht beide in eine Grube fallen?" (Lk 6,39), wurde bei Bruegel zu einem Bild der verkehrten Welt der Unvernunft und Torheit, die aber in Vernunft und Einsicht verwandelt werden kann, da der Mensch mit einem freien Willen ausgestattet ist und auf die Hilfe der göttlichen Gnade vertrauen darf.[54] Durch seine Nähe zur christlich-stoischen Moralphilosophie Coornherts nimmt Bruegels Bild der Szene des Blindensturzes den Charakter des Tragischen, das keine Möglichkeit zur Änderung zuließe. Auf diese Weise wird es nicht nur dem Sinn der ermahnenden und auf Umkehr ausgerichteten Parabel Jesu gerecht, sondern auch dem christlichen Menschenbild, das für eine fatalistische Verstrickung des Menschen in das Böse keinen Raum lässt.[55]

Der Glaube des Hauptmanns von Kafarnaum

9. Sonntag im Jahreskreis. Evangelium: Lk 7,1–10

„Jesus wandte sich um und sagte zu den Leuten, die ihm folgten: Ich sage euch: Nicht einmal in Israel habe ich einen solchen Glauben gefunden."
Lk 7,9

Im Mittelpunkt des 9. Sonntags im Jahreskreis steht die Begegnung zwischen Jesus und dem Hauptmann von Kafarnaum, wie sie im Lukasevangelium überliefert wird. Lukas schildert den römischen Zenturio als gütigen Menschen und frommen Heiden, der für die Juden zum Vorbild wird und damit schon auf die neue, aus Juden und Heiden gebildete Kirche vorausweist, die Jesus im Neuen Bund stiften wird.

Nach dem Bericht des Lukasevangeliums ging Jesus nach Beendigung seiner Feldrede nach Kafarnaum hinein, wo ein Hauptmann einen tüchtigen, aber todkranken Diener hatte (vgl. Lk 7,1–2). Während der Zenturio nach der Version des Matthäusevangeliums selbst an Jesus herantrat (vgl. Mt 8,5), schickte der Hauptmann nach Lukas „einige von den jüdischen Ältesten zu ihm mit der Bitte, zu kommen und seinen Diener zu retten" (Lk 7,3). In klarer Anerkennung der heilsgeschichtlichen Rolle des Judentums, wonach das Heil zunächst dem erwählten Gottesvolk Israel gilt (vgl. Mt 10,5–6; 15,24; Joh 4,22), war der römische Offizier nach dem Lukasevangelium nicht selbst zu Jesus gekommen, sondern hatte sich der Vermittlung durch die jüdischen Ältesten in Kafarnaum bedient. Diese setzten sich für das Anliegen des Hauptmanns ein und führten gegenüber Jesus Beweise an, wie nahe dieser Heide dem jüdischen Volk und dem Glauben Israels stand. So baten sie Jesus inständig und sagten: „Er verdient es, dass du seine Bitte erfüllst; denn er liebt unser Volk und hat uns die Synagoge gebaut" (Lk 7,4–5). Mit diesem Hauptmann zeichnete Lukas das Bild eines Heiden, der sich als würdig für das kommende Heil erwiesen hat und schon bereit ist, sich dem endzeitlichen Gottesvolk anzuschließen.[1] Als Jesus mit den Ältesten aufgebrochen war, um den Diener zu heilen, und der Hauptmann sah, dass

Jesus und der Hauptmann von Kafarnaum, Egbert-Codex, Ms. 24, fol. 22r, um 985/93, Deckfarbenmalerei auf Pergament, 27 × 21 cm (Blattgröße), Trier, Stadtbibliothek.

er sich schon seinem Haus näherte, schickte er ihm nochmals Freunde entgegen, da er ihm nicht zumuten wollte, sich durch das Betreten seines heidnischen Hauses zu verunreinigen, zumal er fest glaubte, Jesus könne bereits aus der Ferne die Heilung seines Dieners erwirken (vgl. Lk 7,6). So ließ er Jesus durch seine Freunde sagen: „Herr, bemüh dich nicht! Denn ich bin es nicht wert, dass du mein Haus betrittst. Deshalb habe ich mich auch nicht für würdig gehalten, selbst zu dir zu kommen. Sprich nur ein Wort, dann muss mein Diener gesund werden" (Lk 7,6–7). Seine Demut und sein großes Vertrauen auf die göttliche Heilsmacht des Herrn (Kyrios) ließ er durch seine Freunde dann noch mit einem Vergleich aus dem Militärwesen bekräftigen: „Auch ich muss Befehlen gehorchen, und ich habe selber Soldaten unter mir; sage ich nun zu einem: Geh!, so geht er, und zu einem andern: Komm!, so kommt er, und zu meinem Diener: Tu das!, so tut er es" (Lk 7,8). Mit diesen Worten brachte der Hauptmann zum Ausdruck: Wenn ich als Mensch, der selbst Befehlen gehorchen muss, anderen befehlen kann, dann ist es für Jesus, der als Herr keiner Befehlsgewalt untersteht, ein Leichtes, nur durch sein Wort aus der Ferne die Heilung zu bewirken. Im Staunen über diesen Heiden, der von ihm glaubte, dass er als der Herr keiner Macht dieser Welt untersteht, wandte sich Jesus an seine jüdischen Begleiter: „Ich sage euch: Nicht einmal in Israel habe ich einen solchen Glauben gefunden" (Lk 7,9). Da einem solchen Glauben die sofortige Erhörung zuteilwird, konnten die Freunde bei ihrer Rückkehr in das Haus des Hauptmanns bereits feststellen, dass der Diener gesund geworden war (vgl. Lk 7,10). Nach dem Matthäusevangelium konnte der römische Zenturio von Jesus selbst die Zusage hören, dass die Heilung seines Dieners so geschehen soll, wie er es geglaubt hat (vgl. Mt 8,13).

AUCH WENN DIE GRÖSSE DES GLAUBENS IM LUKASEVANGELIUM gerade dadurch deutlich wird, dass es dem Hauptmann genügt, bereits aus der Ferne an Christus zu glauben, bevorzugte die Kunst die Fassung des Matthäusevangeliums, wonach der Offizier den Herrn selbst um die Heilung seines Dieners bat (vgl. Mt 8,5–6). So rückten die bildlichen Darstellungen die szenisch wirksame Begegnung zwischen Jesus und dem Hauptmann in den Mittelpunkt. Die Bevorzugung der Matthäusversion in der Kunst hing auch damit zusammen, dass sich der Priester in der Messfeier gerade mit den im Matthäusevangelium überlieferten Worten des Hauptmanns (vgl. Mt 8,8) auf die Christusbegegnung in der Kommunion vorbereitet: „Domine, non sum dignus ut intres sub tectum meum, sed tantum dic verbum, et sanabitur anima mea", „Herr, ich bin nicht würdig, dass du eingehst unter mein Dach, aber sprich nur ein Wort, so wird meine Seele gesund".

So stehen sich auch im ottonischen Egbert-Codex Jesus und der Hauptmann von Kafarnaum gegenüber, wie es im Matthäusevangelium berichtet wird, wobei zusätzlich die beiden Hauptpersonen jeweils von den Aposteln und den jüdischen Ältesten begleitet werden.[2] Diese Handschrift wurde um 985 bis 993 für den Trierer Bischof Egbert (reg. 977–993) durch Reichenauer Malermönche als Perikopenbuch angefertigt. Der wohl in Trier entstandene Codex enthält 60 Miniaturen zu den Festtagsevangelien, die an spätantike Formtraditionen anknüpften. Der Egbert-Codex gelangte in die Trierer Benediktinerabtei St. Paulin, wo er bis ins 18. Jahrhundert blieb. Seit 1810 wird die Handschrift in der Stadtbibliothek von Trier aufbewahrt.[3]

Die Maler des Egbert-Codex konnten auf eine spätantike Vorlage zurückgreifen, die ihnen im Raum Trier und Echternach zur Verfügung stand.[4] Die Bilder zu den einzelnen Perikopen nehmen weitgehend das ruhig lagernde Querformat ein, das mit der erzählerischen Darstellungsweise der Szenen ganz im Einklang steht. Die Miniaturen sind ohne schmückendes Beiwerk ausgeführt und lassen größere

Flächen leer, um die handelnden Personen in den Vordergrund zu rücken, wobei gerade die Räume zwischen den Figuren und ihren Gebärden dazu eingesetzt werden, um der biblischen Aussage eine größere Spannung zu verleihen. Die Bildhintergründe zeigen noch verschwimmende Farbübergänge, die spätantiken Vorbildern wie der vatikanischen Vergil-Handschrift entnommen wurden. Auf spätantike Vorbilder gehen auch die Architekturen und die Figuren zurück, die noch deutlich an die Körperhaftigkeit des antiken Naturstils erinnern und sich durch eine innere Gelassenheit auszeichnen, die auch in dramatischen Szenen beibehalten wird und ihnen eine unaufgeregte, kraftvoll gesammelte Ruhe verleiht. So nehmen die Miniaturen des Egbert-Codex eine besondere Stellung ein, die sich nicht nur von den expressiven und unklassischen Miniaturen der gleichzeitigen sächsischen Buchmalerei abhebt, sondern sich auch von der künftigen Reichenauer Buchkunst unterscheidet, die alsbald der sakral-monumentalen Bildauffassung der ottonischen Kunst folgen wird. Den höchsten Rang besitzen im Egbert-Codex die Miniaturen des sogenannten Gregormeisters, der wohl am Trierer Skriptorium tätig war und dessen Stilkonzept auch die anderen Maler folgten. Zu den sieben Miniaturen, die dem Gregormeister zugeschrieben werden, gehört auch die Szene mit Jesus und dem Hauptmann von Kafarnaum.[5]

Im Egbert-Codex illustriert das Bild mit der Bitte des Hauptmanns von Kafarnaum den zweiten Teil des Evangeliums vom dritten Sonntag nach Epiphanie, in dem die Aussätzigenheilung (vgl. Mt 8,1–4) und die Begegnung zwischen Jesus und dem römischen Zenturio (vgl. Mt 8,5–13) verkündet wurde.[6] Während die Begegnungsszene zwischen Jesus und dem Hauptmann dem Matthäusevangelium folgt, bezieht die Miniatur auch die Version des Lukas ein, indem sie rechts hinter dem Zenturio die jüdischen Ältesten zeigt (vgl. Lk 7,3–6), die eigens in das Bild aufgenommen wurden, um als Vertreter für den Alten Bund auf die aus Juden und Heiden gebildete Kirche des Neuen Bundes zu verweisen, die schon durch die Apostel repräsentiert wird, die Jesus begleiten. Der wegen ihrer künstlerischen Qualität und ihrer Stilauffassung dem Gregormeister zugeschriebenen Miniatur gelang es, über das rein Erzählerische hinauszugehen und eine Darstellung zu formen, die in ihrer ruhigen, ausgewogenen Komposition mit der beherrschenden Gestalt Christi das überzeitlich Gültige ins Bild zu fassen vermochte.[7]

Die Miniatur wird von einer schmalen Purpurleiste umgeben, die mit goldenen Querstrichen und Rhomben verziert ist, wobei sich die kleinen Goldrauten auch in antiken Vorbildern wie dem vatikanischen Vergil-Codex finden.[8] Der Hintergrund wird durch milde und helle Farbtöne gebildet, die von einem irdischen Lindgrün in hellrötliche und ganz oben weißgelbe Himmelsfarben aufsteigen. Wie die Figuren, so rufen auch die ineinander übergehenden und geradezu atmosphärisch wirkenden Hintergrundfarben eine ruhige und gesammelte Stimmung hervor.[9]

In der Bildmitte ist Christus zu sehen, der durch seinen größeren Figurenmaßstab gegenüber den übrigen Personen herausgehoben ist. Er steht auf dem hellgrünen Bodenstreifen mit seinen nackten Füßen, die ihn als den verheißenen Freudenboten zeigen, dessen Schritte willkommen sind, weil sie Frieden, Frohbotschaft und Rettung bringen (vgl. Jes 52,7; Nah 2,1; Röm 10,15).[10] Auf die frohe Botschaft des von ihm verkündeten Evangeliums verweist auch das Buch mit dem goldenen Einband, das er in seiner linken Hand trägt. Über einer weißen Tunika trägt Jesus ein goldverziertes, purpurviolettes Pallium. Das bärtige Antlitz Jesu wird von schwarzem Haupthaar und einem goldenen, rotumrandeten Kreuznimbus umgeben, der sich dadurch auszeichnet, dass seine Kreuzarme in den rötlich-weißgelben Bildhintergrund hineinragen. Zu beiden Seiten des Kreuznimbus sind als goldene Tituli die beiden für IHC[OYC] XP[ICTO]C stehenden griechischen Abkürzungen IHC und XPC zu lesen, die ihn als „Jesus Christus" bezeichnen. Die exakte Bildmitte wird von der rechten Hand Jesu eingenommen, die auf den rechts neben ihm stehenden Hauptmann gerichtet ist, während sich sein Haupt den Aposteln auf der linken Seite zuwendet. So wird Christus durch seine beherrschende Gestalt zum geistigen Zentrum des ganzen Bildes, das durch ihn seine kompositorische und geistige Spannung erhält, die noch durch die freien Räume zwischen Jesus und den anderen Personen gesteigert wird. Der Gregormeister verzichtete auf die Darstellung des im Haus des Hauptmanns liegenden kranken Dieners und rückte anstelle des Zenturios die Gestalt Jesu in die Mitte,[11] um Christus als Ursprung der sich aus Juden und Heiden bildenden Kirche des Neuen Bundes zu zeigen.

Die rechte Bildhälfte wird durch den Hauptmann und die nur im Lukasevangelium erwähnten jüdischen Ältesten eingenommen (vgl. Lk 7,3–6). Die Gruppe wird durch den inschriftlich als CENTVRIO bezeichneten Hauptmann angeführt. Er ist mit einer kurzen, weißen Tunika und einem leuchtend roten, goldgesäumten Umhang bekleidet, der an einen römischen Soldatenmantel erinnert und über der rechten Schulter von einer goldenen Fibel zusammengehalten wird. Der bärtige und kurzhaarige Hauptmann trägt Stiefel, während Jesus und die Apostel als Verkünder des Evangeliums barfuß dargestellt sind. Der Zenturio hat seine linke Hand im Mantel verborgen und seine rechte Hand im Redegestus Jesus entgegengestreckt. Die rhetorische Geste seiner Rechten illustriert die demütig gläubigen – im Lukasevangelium durch die Freunde übermittelten (vgl. Lk 7,6–8) – Worte des gottesfürchtigen heidnischen Offiziers: „Herr, ich bin es nicht wert, dass du mein Haus betrittst; sprich nur ein Wort, dann wird mein Diener gesund. Auch ich muss Befehlen gehorchen, und ich habe selber Soldaten unter mir; sage ich nun zu einem: Geh!, so geht er, und zu einem andern: Komm!, so kommt er, und zu meinem Diener: Tu das!, so tut er es" (Mt 8,8–9). Rechts hinter dem Hauptmann stehen vier als SENIOR[ES] IVD[AEORVM] bezeichnete „Älteste der Juden", die ebenfalls Stiefel, kurze weiße Tuniken und über der rechten Schulter zusammengehaltene goldgesäumte Mäntel tragen, die bei den zwei Vorderen grün und purpurviolett und bei den beiden Hinteren ockerfarben und blaugrau gefärbt sind. Während die zwei vorderen Ältesten graue Bärte und Haare tragen, sind die beiden hinteren Juden als bartlose junge Männer charakterisiert.

Der Gruppe des Hauptmanns mit den Ältesten sind auf der linken Seite die als AP[OSTO]LI bezeichneten Jünger Jesu gegenübergestellt, die zu den im Lukas- und Matthäusevangelium erwähnten Personen gehören, die Jesus nachfolgten (vgl. Lk 7,9; Mt 8,1.10). In einer meisterhaft gemalten verschränkten Haltung[12] blickt Jesus zu seinen Aposteln, während er gleichzeitig den Zeigefinger seiner ausgestreckten Rechten auf den Hauptmann richtet. Christus hat gerade die Worte des Hauptmanns vernommen (vgl. Mt 8,8–9) und wendet sich nun denen zu, „die ihm nachfolgten" (Mt 8,10; vgl. Lk 7,9), um ihnen mit seiner rechten Hand das Vorbild des Hauptmanns vor Augen zu stellen, bei dem er einen Glauben gefunden hat, wie er ihm nicht einmal in Israel begegnet ist (vgl. Lk 7,9; Mt 8,10). Obwohl es in der Miniatur primär um ein Bild für das neue, aus Juden und Heiden gebildete Gottesvolk geht, das ohne die Darstellung des kranken Dieners auskommt, dürfte mit dem Zeigegestus auch das Heilswort mitgemeint sein, das Jesus dann dem Hauptmann zusprechen wird: „Geh! Es soll geschehen, wie du geglaubt hast" (Mt 8,13).[13]

Die vier Apostel liegen mit ihren Gebärden auf einer Linie mit den Händen der Gruppe auf der anderen Seite und tragen dadurch zur einheitlichen Gesamtwirkung der Miniatur bei. Die absteigend gemalten Häupter der zwei rechten Apostel folgen ebenso der Bilddiagonalen wie die beiden entsprechenden Köpfe der Ältesten auf der rechten Seite.[14] Wie der Hauptmann und die jüdischen Ältesten sind auch die Blicke der Apostel auf die in der Bildmitte stehende Figur Christi ausgerichtet. Während aber der Hauptmann gleichsam die vier Ältesten anführt, haben die vier Apostel in Christus ihren Meister und werden mit ihren unbekleideten Füßen wie ihr Herr als Verkünder des Evangeliums charakterisiert. Der vorderste Apostel ist Petrus, der an seinem weißgrauen Bart- und Haupthaar erkennbar ist und mit dem Goldtitulus „PETR[VS]" auch inschriftlich ausgewiesen ist. Die drei anderen Apostel tragen schwarze Haare und Bärte und sind mit langen, weißen Tuniken und goldgesäumten Pallien bekleidet. Wie bei den Ältesten sind auch bei den vier Aposteln die Obergewänder purpurviolett, ockerfarben, grün und blaugrau gefärbt. Zusammen mit Petrus hat der zweite vordere Apostel seine rechte Hand im Akklamationsgestus erhoben.

Durch sein purpurfarbenes Pallium, das er mit Jesus gemeinsam hat, und durch die Schriftrolle in seiner linken Hand nimmt Petrus an der Spitze der Apostelgruppe eine besondere Stellung ein. Während Petrus mit seiner im Akklamationsgestus erhobenen Rechten seine Zustimmung zum Tun Jesu zum Ausdruck bringt, erinnert sein Rotulus an das ihm durch Christus übergebene Gesetz des Neuen Bundes (traditio legis). So steht Petrus mit der Schriftrolle in der Hand zusammen mit den anderen Aposteln für den Neuen Bund, während auf der gegenüberliegenden Seite die jüdischen Ältesten den Alten Bund repräsentieren.[15] Der Hauptmann aber versinnbildlicht schon die aus dem Heidentum berufene Kirche. In der Mitte steht Jesus, der mit seinem mächtigen Kreuznimbus an den Neuen Bund erinnert, den er am Kreuz in seinem Blut gestiftet hat, um die Verheißungen des Alten Testamentes zu erfüllen und durch sein Sterben die trennende Wand zwischen Juden und Heiden zu beseitigen, so dass beide in dem einen Leib der Kirche das neue Gottesvolk bilden (vgl. Eph 2,11–22).[16] Während die in gleicher Farbe wie die Apostel gekleideten Ältesten die Berufung Israels zum Neuen Bund deutlich machen und der Hauptmann die ebenfalls zum neuen Gottesvolk gerufenen Heiden repräsentiert, steht in der Mitte Christus als der Herr seiner Kirche, die er in seinen Aposteln bereits zu sammeln begonnen hat.

Die Totenerweckung des Jünglings von Naïn

10. Sonntag im Jahreskreis. Evangelium: Lk 7,11–17

„Jesus sagte: Ich befehle dir, junger Mann: Steh auf!
Da richtete sich der Tote auf und begann zu sprechen."
Lk 7,14–15

Auf das Evangelium des Hauptmanns von Kafarnaum (Lk 7,1–10) folgt am 10. Sonntag im Jahreskreis die Perikope von der Auferweckung des Jünglings in Naïn, die nur im Lukasevangelium überliefert ist.

Einige Zeit nach der Heilung des Dieners des römischen Hauptmanns ging Jesus von Kafarnaum in eine Stadt namens Naïn, begleitet von seinen Jüngern und einer großen Menschenmenge (vgl. Lk 7,11). Als sich Jesus dem Stadttor näherte, trug man gerade einen Toten auf der Bahre heraus, den einzigen Sohn einer Witwe, die von vielen Leuten aus der Stadt begleitet wurde (vgl. Lk 7,12). Als Jesus die Witwe sah, „hatte er Mitleid mit ihr und sagte zu ihr: Weine nicht! Dann ging er zu der Bahre hin und fasste sie an. Die Träger blieben stehen, und er sagte: Ich befehle dir, junger Mann: Steh auf! Da richtete sich der Tote auf und begann zu sprechen, und Jesus gab ihn seiner Mutter zurück" (Lk 7,13–15). Da der Verstorbene die einzige Stütze für seine Mutter war, hatte Jesus Mitleid mit dieser nun ganz schutz- und mittellos gewordenen Witwe. So konnte Jesus den auferweckten Sohn wieder seiner Mutter zurückgeben (vgl. Lk 7,15) und zeigen, dass sich Gott der Armen und Weinenden annimmt, wie er es zuvor in seiner Feldrede verkündet hatte (vgl. Lk 6,20–21). Nach der Erweckung des Jünglings aus dem Tod wurden die Leute alle von Gottesfurcht ergriffen und lobten Gott: „Ein großer Prophet ist unter uns aufgetreten: Gott hat sich seines Volkes angenommen" (Lk 7,16). Während es beim Diener des Hauptmanns noch um einen Todkranken gegangen war (vgl. Lk 7,2), begegnete Jesus in Naïn einem bereits Verstorbenen, den man gerade zu Grabe trägt (vgl. Lk 7,12). Da dieses Wunder den Totenerweckungen der Gottesmänner Elija und Elischa glich (vgl.

1 Kön 17,10–12.17–24; 2 Kön 4,18–37), glaubten die Leute von Naïn in Jesus einen großen Propheten zu sehen (vgl. Lk 7,16). Doch während die Propheten noch Gott um diese Machttaten bitten mussten, hatte Jesus dem verstorbenen Jüngling in eigener Vollmacht befohlen, aus dem Tod aufzustehen (vgl. Lk 7,14).[1]

Die ältesten bildlichen Darstellungen der Erweckung des Jünglings von Naïn finden sich in der weströmischen Sarkophagplastik des 4. Jahrhunderts. In der karolingischen und ottonischen Kunst wurde die Szene durch die trauernde Witwe und das Gefolge breiter ausgestaltet. Im Zentrum aller Darstellungen befanden sich die Gestalten Christi und des sich gerade aufsetzenden Jünglings, die besonders stark aufeinander bezogen wurden.[2]

In der Kunst der Renaissance gehörte die Erweckung des jungen Verstorbenen von Naïn zu den seltenen biblischen Bildthemen. Der italienische Manierist Federico Zuccari (1542–1609) hatte die Szene 1570 auf einem Altarbild im Dom von Orvieto dargestellt. Zwanzig Jahre später schuf der deutsche Maler Hans von Aachen (1552–1615) ein monumentales Gemälde mit der Auferweckung des Jünglings von Naïn.[3]

Der 1552 in Köln geborene Hans von Aachen lernte in seiner Heimatstadt bei einem nicht näher bekannten flämischen Porträtmaler, legte dort die Meisterprüfung ab und trat der Malerzunft bei.[4] Zur Vervollständigung seiner malerischen Ausbildung brach er 1574 mit 22 Jahren nach Italien auf und hielt sich zunächst in Venedig auf, wo er sich mit Porträts zu profilieren versuchte und Altarbilder aus venezianischen Kirchen kopierte. Um 1575 ging er nach Rom, wo er sich im Zeichnen übte und sich mit der Kunst der Renaissance auseinandersetzte. Er orientierte sich an der Malkunst Hans Speckaerts (um 1540–1577), mit dem er im Haus des Malers Anthonisz Santvoort (1552–1600) wohnte. Hans von Aachen wurde zu einem geschätzten Maler und erhielt auch bedeutende Aufträge, wie ein 1584 für die Jesuitenkirche Il Gesù angefertigtes Altarbild mit der Darstellung der Geburt Christi zeigt, das heute verschollen ist. Um neben dem Zeichenvermögen sein malerisches Talent noch mehr zu perfektionieren, kehrte er um 1585 nach Venedig zurück, wo er eine Werkstatt mit Schülern betrieb. Auf seiner Reise von Rom nach Venedig machte er in Florenz Station, wo er neben dem toskanischen Großherzog Francesco I. (reg. 1574–1587) auch eine Reihe von Hofkünstlern porträtierte.[5] Von Venedig aus reiste Hans von Aachen in der zweiten Jahreshälfte 1586 in einer privaten Angelegenheit nach Köln und fuhr im April 1587 von dort über Frankfurt am Main nach München. Nach einem kurzen

Hans von Aachen, Die Auferweckung des Jünglings von Naïn, 1590, Öl auf Leinwand, 230 × 171 cm, München, Alte Pinakothek.

Hans von Aachen, Die Auferweckung des Jünglings von Naïn

Aufenthalt in Venedig, um dort seine Werkstatt aufzulösen, begab er sich wieder nach München, wo er eine Reihe von Aufträgen erhielt. Um 1587/88 schuf er für Graf Otto Heinrich von Schwarzenberg (1535–1590), den bayerischen Oberstlandhofmeister und Vorsitzenden des geheimen Rates, ein Porträt und ein Epitaph mit der Kreuzauffindung für dessen Grabkapelle in der Münchner Franziskanerkirche. Am Münchner Hof porträtierte er die Familienmitglieder des kunstsinnigen und frommen Bayernherzogs Wilhelm V. (reg. 1579–1597). Der vielbeschäftigte und geschätzte Maler, der auch für die Münchner Jesuitenkirche arbeitete und sich ab 1590 in den Diensten der Familie Fugger vorwiegend in Augsburg aufhielt, kam ohne feste Hofbindung und Mitgliedschaft in der Münchner Malerzunft aus.[6] Nachdem Hans von Aachen zu Beginn des Jahres 1592 zum Kammerdiener des Kaisers Rudolf II. (reg. 1576–1612) ernannt und 1594 nobilitiert worden war, siedelte er 1596 nach seiner Heirat mit Regina di Lasso (gest. 1630), der Tochter des bayerischen Hofkapellmeisters Orlando di Lasso (1532–1594), nach Prag über, wo er bis zu seinem Tod 1615 als kaiserlicher Kammermaler lebte.[7] Hans von Aachen war der bedeutendste deutsche Porträtmaler seiner Zeit und bildete in seinen mythologischen, allegorischen und religiösen Gemälden einen sehr persönlichen, aus italienischen und auch flämischen Einflüssen gespeisten Stil aus, der sich durch starke Wirklichkeitsentfremdung und raffinierte Figuren- und Raumordnungen auszeichnet.[8]

Als sich Hans von Aachen 1587 nach seiner Rückkehr aus Venedig in München niedergelassen hatte, schuf er 1590 für einen nicht mehr bekannten Bestimmungsort das Gemälde mit der Erweckung des Jünglings von Naïn. Das Bild zeigt vor einem antikisierenden Hintergrund die Gestalten Jesu und des sich gerade von seiner Totenbahre erhebenden Jünglings, während umstehende Zuschauer das Wunder bestaunen. Das heute in der Alten Pinakothek in München ausgestellte Gemälde gehörte zur Galerie der bayerischen Kurfürsten, befand sich 1775 in Schloss Schleißheim und wurde ab 1920 vorübergehend im Germanischen Nationalmuseum in Nürnberg aufbewahrt.[9]

Das über zwei Meter hohe Leinwandbild könnte ursprünglich als Epitaph gedient haben, was auch der Zweck einer Kopie war, die für die Grablege des Verlegers Sigmund Feyerabend (1528–1590) in der Frankfurter Dominikanerkirche angefertigt wurde und sich heute im Historischen Museum der Stadt befindet. Die sowohl im Frankfurter als auch im Münchner Gemälde dargestellte Jünglingserweckung war als Thema für ein Epitaphbild geeignet, um auf die selige Auferstehung als Werk der göttlichen Barmherzigkeit zu verweisen, wie sie auch schon in Naïn am Werk war, als Jesus den einzigen Sohn einer Witwe wieder ins Leben zurückholte.[10]

In dem Gemälde der Jünglingserweckung spiegeln sich neben florentinischen Anregungen vor allem venezianische Einflüsse und die Schulung an Paolo Veronese

(1525–1588) wider, die Hans von Aachen während seiner italienischen Studienzeit aufgenommen hatte. Nach Venedig verweisen die Komposition und die auf gesättigte violette, grüne und ockerfarbene Töne konzentrierte Farbpalette, aus der weiße, zartblaue und rötliche Akzente herausleuchten. Die schönen Figuren- und Gesichtsbildungen und die leichten, eleganten Draperien erinnern an die florentinische Malerei der „seconda maniera", die sich Hans von Aachen um 1585 bei seinem Aufenthalt am Hof der Medici aneignen konnte.[11] So beruht der besondere Reiz des Gemäldes auf der Verbindung der malerischen Tradition Venedigs mit der am Münchner Hof geschätzten florentinischen Schönlinigkeit.[12] Dem künstlerisch konservativen Geschmack der Wittelsbacher entsprach auch die kühle Farbpalette, in die Hans von Aachen das ganze Bild getaucht hatte. Mit seiner auf Christus bezogenen Lichtführung schuf er eine fast irreale Atmosphäre, was wiederum für eine ursprüngliche Verwendung als Epitaphbild sprechen würde.[13]

Unter einem unwirklich grauen Himmel wird der Bildhintergrund von einer Phantasielandschaft mit antiken Bauten eingenommen, wie sie Hans von Aachen während seines langjährigen Italienaufenthaltes ausgiebig studieren konnte. Links ist der Ansatz eines zur Hälfte verfallenen Torbogens zu sehen, der wohl das Stadttor von Naïn andeuten soll. Der Bogen setzt über einem Kämpfer auf einem Pfeiler an, auf dem der Maler sein Gemälde mit „1590" und darunter mit „HVA" für „Hans von Aachen" signiert hat.[14] Auf die Rundung des Bogens antwortet rechts ein Baum, der vom gegenüberliegenden Bildrand her in das Bild hineinragt. Hinter dem Torbogen ist eine perspektivisch stark verkürzte Säulenfront eines ruinösen antiken Tempelbaus zu sehen. Der sich nach rechts hin anschließende Rundbau erinnert mit seiner flachen Kuppel entfernt an das Pantheon in Rom, wobei der langgestreckte, spitz zulaufende Aufsatz ein reines Phantasieprodukt ist. Dagegen dürfte mit dem Obelisken in der Bildmitte der vatikanische Obelisk gemeint sein, der sich zur Zeit des Malers noch an seinem ursprünglichen Standort südlich der Peterskirche befand, nachdem er unter Kaiser Caligula (reg. 37–41) im Jahr 37 von Alexandrien nach Rom gebracht und auf der Spina des Circus aufgestellt worden war, den er am Abhang des vatikanischen Hügels erbauen ließ. Kurz nach dem Weggang des Malers aus Rom wurde 1586 unter Papst Sixtus V. (reg. 1585–1590) der Obelisk durch Domenico Fontana (1543–1607) an den heutigen Standort vor dem Petersdom versetzt.[15] Rechts ist ein massiver Baukomplex dargestellt, der vage an einen toskanischen Palazzo erinnert.

Das biblische Geschehen spielt sich auf einer Raumbühne mit Jesus und dem Jüngling in der Mitte ab, während die Trauergäste kreisförmig das Wunder umgeben. Wie es für den Stil der ausgehenden Spätrenaissance charakteristisch ist, wird das Erweckungswunder durch die verflochtenen Figuren und das Gebärdenspiel der Menge anschaulich intensiviert.[16] Die Trauergäste haben sich um Jesus geschart, der gerade das wundertätige Wort gesprochen hat. Durch den links stehenden Mann mit seinem erschrocken ausgestreckten Arm und die rechts vom unteren Bildrand kühn überschnittene Figur der Mutter mit ihrem Kind wird auch der Betrachter kunstvoll in die Schar der staunend Erkennenden eingebunden, um den Blick auf die Mitte zu lenken, wo sich der ins Leben zurückgeholte junge Mann gerade von seiner Bahre erhebt.[17] Trotz dieser Kunstgriffe komponierte Hans von Aachen die in kühles Licht getauchte Szene in einer zurückhaltenden Weise und zeigte die Jünglingserweckung wie ein gestelltes Bild mit lebenden Personen, die alle gerade ihre Bewegungen angehalten haben. Während er mit dieser Darstellungsweise dem konservativen Kunstgeschmack des Münchner Herzogshofs entsprach, hatte er kurz zuvor um 1587/88 die Szene der Kreuzauffindung für das Epitaph des Grafen Schwarzenberg noch raffinierter und beziehungsreicher arrangiert, wodurch Hans von Aachen zeigte, wie sehr er je nach den künstlerischen Vorlieben seiner Auftraggeber verschiedene Stile gleichzeitig anzuwenden vermochte.[18]

Durch das fahle, auf Jesus bezogene Licht erscheint seine blaue Tunika, die mit ihrer Himmelsfarbe die göttliche Natur des Erlösers symbolisiert, fast grau. Auch das Rot seines Palliums, das für seine Menschheit steht, ist in der kühlen Farbigkeit des Bildes blass geworden. Das schöne Antlitz Jesu, auf dessen hoher, edler Stirn sich das Licht sammelt, ist von langen, hellbraunen Haaren umgeben und wird von einem zarten, kaum wahrnehmbaren Nimbus umspielt. Voller Mitleid mit der Witwe (vgl. Lk 7,13) hat Christus sein Haupt geneigt und blickt milde, mit fast geschlossenen Augen zum Jüngling herab. Während sich seine linke Hand im Gewand verliert, ist seine Rechte im Redegestus erhoben. Soeben hat er dem Toten befohlen, aufzustehen. Der Mund, mit dem er das Wort „Ich befehle dir, junger Mann: Steh auf!" (Lk 7,14) ausgesprochen hat, ist noch leicht geöffnet.

Für die Darstellung der Aktfigur des gerade zum Leben Erweckten diente dem Maler ein von Paolo Veronese (1525–1588) um 1566 für San Giorgio in Braida bei Verona angefertigtes Altarbild mit der Heilung eines Jünglings durch den Apostel Barnabas. Das Gemälde, das sich heute im Musée des Beaux-Arts in Rouen befindet, konnte Hans von Aachen um 1587 gesehen haben, als er sich nach der Auflösung seiner Werkstatt in Venedig auf dem Rückweg nach München befand.[19] Dem Befehl Jesu gehorchend, erhebt sich der Jüngling zaghaft von der Totenbahre und blickt mit seinen soeben geöffneten Augen zu Jesus. Der Körper des Erweckten wirkt noch zerbrechlich, was durch sein fahles, fast irreal anmutendes Inkarnat noch verstärkt wird. Das weiße Leichentuch, in das man den Verstorbenen gehüllt hat, ist ihm schon entglitten. Er hat den rechten Fuß bereits auf den Boden gesetzt und wird dies auch gleich mit seinem linken Bein tun. Während er sich mit seiner rechten Hand vom Leichentuch befreit, hat er seine linke Hand betroffen an seine Brust geführt.

Hinter der Bahre steht die verschleierte Witwe, die dadurch herausgehoben ist, dass sie als einzige Person die Hände gefaltet hat. Während in ihren Augen noch Tränen angedeutet sind (vgl. Lk 7,13), hat sie sich gerade herumgewendet und nimmt mit staunend geöffnetem Mund wahr, wie sich auf den Befehl Jesu hin ihr verstorbener Sohn zu erheben beginnt. Links neben der Witwe ist ein Mann mit weißer Kopfbedeckung dargestellt, der wohl zu den Trägern der Totenbahre gehört, die Jesus gerade angehalten hat (vgl. Lk 7,14). Am linken Bildrand steht ein rot gekleideter Mann, der in erschrockenem Staunen seine rechte Hand ausgestreckt hat und mit dieser Geste auch den Betrachter in das Geschehen einbezieht.

Rechts hinter Jesus stehen seine Jünger, die ebenfalls Zeugen des wunderbaren Geschehens werden. Während der hintere, jugendliche und bartlose Jünger an Johannes erinnert, zeigt der Apostel neben ihm mit dem weißgrauen Haarkranz und dem Kinnbart die Gesichtszüge des Petrus. Er hat sich etwas nach vorne gebeugt und blickt gebannt auf den sich erhebenden Verstorbenen, während er mit der rechten Hand sein Obergewand rafft.

Neben Petrus ist eine junge Frau in Profilansicht dargestellt, die mit ihrem weißen Obergewand einen Gegenakzent zu dem rot gekleideten Mann auf der gegenüberliegenden Seite bildet. Sie hat sich staunend herumgewendet, um ebenfalls Zeugin des wunderbaren Geschehens zu werden. Diese in Seitenansicht gegebene Frau erinnert an venezianische Figurentypen und dürfte von einem Profilkopf in der Manier Veroneses inspiriert sein.[20] Unterhalb der Frau ist ein junger, antikisierend gekleideter Mann zu sehen, der ein blaues Pallium um sich geschlungen hat, das seine linke Schulter unbedeckt lässt. In einer komplizierten Sitzhaltung greift er sich mit der rechten Hand staunend an die Brust, stützt sich mit der linken Hand auf einem Stein ab und hat seinen linken, in einer Sandale steckenden Fuß weit nach vorne gestreckt. Wie der am linken Bildrand stehende Mann im roten Gewand ist auch er im verlorenen Profil dargestellt, um die Blickrichtung des Betrachters anzunehmen und dessen Aufmerksamkeit zur Bildmitte weiterzulenken.

Schließlich ist am unteren Bildrand die in Rückansicht gegebene Halbfigur einer Mutter mit Kind zu sehen. Hans von Aachen hatte dieses Bildmotiv wohl um 1585/86 von Veronese übernommen, der es auf einem um 1565/70 für die venezianische Kirche San Sebastiano ausgeführten Gemälde mit dem Martyrium der Heiligen Markus und Marcellianus dargestellt hatte.[21] Mit ihren weißen und roten Gewändern, mit ihrem Kopftüchlein, in das kunstvoll ein Kranz eingeflochten ist, und durch ihre Darstellung als rückwärtige Halbaktfigur zieht die Frau den Blick des Betrachters in besonderer Weise auf sich. Da die Gruppe in einer Linie mit der Gestalt Jesu platziert ist, leitet sie den Blick des Betrachters in das Bildzentrum weiter, wo Christus aus Erbarmen mit der weinenden Mutter den toten Jüngling erweckt. Auch das Kind auf ihrem Arm stellt den Kontakt zum Betrachter her, indem es aus dem Bild herausblickt. Dieser Mutter-Kind-Gruppe kommt bei der Deutung der Bildaussage des Gemäldes eine Schlüsselstellung zu, da sie hier im Bildtypus der Caritas als Allegorie der Liebe erscheint, wie sie seit langem in der ikonographischen Tradition dargestellt wurde. Als Cesare Ripa (1560–1622) in seiner erstmals 1593 herausgegebenen „Iconologia" die gesamte ikonographische Tradition zusammenfasste, beschrieb er die Caritas als eine in die rote Liebesfarbe gekleidete Frau, die auf ihrem rechten Arm ein von ihr gestilltes Kind hält und von zwei weiteren Kindern umgeben ist, die ihre Beine umspielen.[22] Während die beiden Kinder zu ihren Füßen nicht ins Blickfeld kommen müssen, weil die Frau nur als Halbfigur wiedergegeben ist, wird das Stillen durch ihren halbnackten Oberkörper und das Kind angedeutet, das sich offenbar gerade befriedigt von der Brust der Mutter abgewendet hat. Als allegorische Personifikation der Caritas verweist die Frau mit ihrem Kind auf den über ihr stehenden Heiland und versinnbildlicht die erbarmende Liebe Jesu, der aus Mitleid mit der verwitweten Mutter deren verstorbenen, einzigen Sohn wieder ins Leben gerufen hat.[23]

So wird das Bild zu einer Verherrlichung der barmherzigen Gnade des Erlösers, der vor den Toren Naïns den Jüngling erweckt hat und einst am Jüngsten Tag auch die Leiber aller Toten auferwecken wird, um die Seelen der Gerechten zur Fülle des Lebens zu führen. Diese auf das ewige Heil ausgerichtete Botschaft sollte dem unbekannten Auftraggeber vor Augen geführt werden, als er dieses Gemälde wohl als Epitaph bei Hans von Aachen in Auftrag gab.

Die Fußsalbung Jesu durch die Sünderin

11. Sonntag im Jahreskreis. Evangelium: Lk 7,36–8,3

„Die Frau trocknete Jesu Füße mit ihrem Haar, küsste sie und salbte sie mit dem Öl."
Lk 7,38

Das Evangelium des 11. Sonntags im Jahreskreis schildert die Begegnung der Sünderin mit Jesus im Haus des Pharisäers Simon, der ihn zum Essen eingeladen hatte (vgl. Lk 7,36–50). Die Einladung durch einen Pharisäer zeigt, dass Jesus von ihnen trotz aller Spannungen und Gegensätze als Gesprächspartner ernst genommen wurde und manche ihm auch wohlgesinnt (vgl. Lk 13,31) oder freundschaftlich zugetan waren. Zu den befreundeten Pharisäern dürfte auch Simon gehört haben, der Jesus als „Meister" ansprach (Lk 7,40). Als eine Sünderin erfuhr, dass Jesus im Haus dieses Pharisäers zu Tisch war, „kam sie mit einem Alabastergefäß voll wohlriechendem Öl und trat von hinten an ihn heran. Dabei weinte sie, und ihre Tränen fielen auf seine Füße. Sie trocknete seine Füße mit ihrem Haar, küsste sie und salbte sie mit Öl" (Lk 7,37–38). Da Jesus nach antiker Sitte zu Tisch lag (vgl. Lk 7,36), konnte die Frau von hinten an seine ausgestreckten Füße gelangen, um auf sie ihre Tränen zu weinen. Da diese Frau als stadtbekannte Sünderin galt, war dieser Vorfall außerordentlich peinlich, zumal sie in ihrer inneren Aufgewühltheit auch ihre Haare löste, was in der Öffentlichkeit verpönt war. Als sie dann mit ihren Haaren die Tränen abwischte und gar nicht mehr aufhörte, seine Füße zu küssen, machte sie als Sünderin Jesus unrein, so dass er eigentlich vom Mahl hätte aufstehen müssen, um nicht auch noch die anderen Teilnehmer zu verunreinigen. Schließlich ließ sie auch noch das Öl über seine Füße fließen, das man als Zeichen besonderer Ehrerbietung eigentlich auf das Haupt zu gießen pflegte. Dass Jesus all dies an sich geschehen ließ, war für den Gastgeber Simon ein Beweis, dass dieser gewiss kein Prophet ist. Simon dachte deshalb im Stillen: „Wenn er wirklich ein Prophet wäre, müsste er wissen, was das für eine Frau ist, von der er sich berühren lässt; er wüsste, dass sie eine Sünderin ist" (Lk 7,39). Jesus ahnte diese

Gedanken seines Gastgebers und veranlasste ihn mit einem Gleichnis zum Umdenken: „Ein Geldverleiher hatte zwei Schuldner; der eine war ihm fünfhundert Denare schuldig, der andere fünfzig. Als sie beide ihre Schulden nicht bezahlen konnten, erließ er sie beiden" (Lk 7,41–42). Als er Simon fragte, wer von den beiden Schuldnern den Geldverleiher wohl mehr liebe (vgl. Lk 7,42), antwortete dieser: „Ich nehme an, der, dem er mehr erlassen hat" (Lk 7,43). Jesus bestätigte die Richtigkeit seiner Antwort, wandte sich dann der Frau zu und sagte zu Simon: „Siehst du diese Frau? Als ich in dein Haus kam, hast du mir kein Wasser zum Waschen der Füße gegeben; sie aber hat ihre Tränen über meinen Füßen vergossen und sie mit ihrem Haar abgetrocknet. Du hast mir (zur Begrüßung) keinen Kuss gegeben; sie aber hat mir, seit ich hier bin, unaufhörlich die Füße geküsst. Du hast mir nicht das Haar mit Öl gesalbt; sie aber hat mir mit ihrem wohlriechenden Öl die Füße gesalbt. Deshalb sage ich dir: Ihr sind ihre vielen Sünden vergeben, weil sie (mir) so viel Liebe gezeigt hat. Wem aber nur wenig vergeben wird, der zeigt auch nur wenig Liebe" (Lk 7,44–47). So deutete Jesus das Tun der Frau als Ausdruck freudiger Dankbarkeit für die übergroße Gabe der Vergebung, die ihr durch ihn zuteilgeworden ist – über den Zeitpunkt und die Gelegenheit dieser Vergebung gibt das Evangelium keine Auskunft – und die sie zu einer so außergewöhnlichen Liebesbekundung getrieben hat. Dass der Frau ihre vielen Sünden vergeben wurden, lässt sich nach Jesus an der großen Liebe erkennen, die sie ihm als Spender der Vergebung erwiesen hat. Wer aber das Geschenk der Vergebung nicht in diesem Ausmaß erfahre oder auch nicht nötig habe, könne auch keine solche Liebe aufbringen und eine derartige Liebesäußerung nur schwer verstehen. Als Jesus diese Zusammenhänge Simon erklärte, machte er dem sich korrekt verhaltenden Pharisäer zwar keinen Vorwurf, zeigte ihm aber deutlich, dass die Frau ihre Liebe und Dankbarkeit in einer so tiefen Weise zum Ausdruck gebracht hat, wie sie sonst nur gegenüber einem Lebensretter empfunden wird. Dann sprach Jesus mit den Worten „Deine Sünden sind dir vergeben" (Lk 7,48) nochmals offen die Vergebung ihrer Schuld aus, die er ihr bereits zuvor gewährt hatte (vgl. Lk 7,47), um sie auch öffentlich zu rehabilitieren, so dass man sie nun nicht mehr nach ihrem früheren schlechten Ruf beurteilen darf. Nun wurde auch deutlich, warum sich Jesus von der Frau berühren lassen konnte, da sie schon beim Betreten des Hauses keine Sünderin mehr war. Während sich die Tischgäste die Frage stellten: „Wer ist das, dass er sogar Sünden vergibt?" (Lk 7,49), entließ Jesus die Frau in Frieden mit den Worten: „Dein Glaube hat dir geholfen" (Lk 7,50).[1]

In dieser Frau, die Jesus beim Mahl im Haus des Pharisäers Simon aufsuchte, sah man seit den Kirchenvätern die durch Christus geheilte Maria Magdalena (vgl. Lk 8,2), die unter dem Kreuz stand (vgl. Mt 27,56; Mk 15,40; Lk 24,10; Joh 19,25), beim Begräbnis Jesu half (vgl. Mt 27,61; Mk 15,47), dem Auferstandenen begegnete

Dieric Bouts, Jesus im Haus des Pharisäers Simon, um 1446/54, Öl auf Eichenholz, 40,5 × 61 cm, Berlin, Gemäldegalerie.

(Mt 28,1–10; Joh 20,14–17) und die Schwester des Lazarus und der Marta gewesen sein soll (vgl. Joh 11,28–33; 12,1–8; Lk 10,38–42).[2] Durch die Identifizierung der geheilten Sünderin mit Maria Magdalena kam die Szene mit Jesus und der Frau im Haus des Simon auch in der christlichen Kunst des Mittelalters zur Darstellung.

Zu den Malern, die sich mit der im Lukasevangelium überlieferten Begegnung zwischen Jesus und der Sünderin auseinandersetzten, gehörte auch der altniederländische Maler Dieric Bouts (1410/20–1475). Er stammte aus Haarlem, wo er durch die dortige Malerschule seine künstlerische Prägung erhielt. Ab 1445/49 ging Bouts in das flämische Löwen, wo er eine Malerwerkstatt aufbaute. Dort bildete er seinen gefühlsbetonten und die Sinne ansprechenden Figurenstil aus, mit dem er sich von dem mehr durchgeistigten Stil Rogier van der Weydens (1399/1400–1464) unterschied.[3]

Zu den ersten Werken, die Dieric Bouts in Löwen schuf, gehört ein kleines Tafelbild, das Jesus am Tisch des Pharisäers Simon zusammen mit den beiden – im

Lukasevangelium nicht erwähnten – Aposteln Petrus und Johannes zeigt, während die Frau, Maria Magdalena, zu seinen Füßen kniet. Das etwas mehr als einen halben Meter breite Bild dürfte wegen seiner kleinen Größe der privaten Andacht eines Ordensmannes gedient haben, der am rechten Bildrand betend als Stifter am Geschehen teilnimmt.

Die Bildtafel befand sich im 19. Jahrhundert in Turin, wurde dann durch den Kunstsammler Adolph Thiem (1832–1923) erworben und gelangte 1904 in das Staatliche Museum von Berlin.[4] Das gut erhaltene Gemälde[5] wurde auf das Holz einer 1444 gefällten Eiche im Zeitraum zwischen 1446 und 1454 in der Löwener Werkstatt des Dieric Bouts gemalt. Da die Perspektive des Innenraums noch nicht so einheitlich wie in der Abendmahlsszene auf der Mitteltafel des 1464/67 entstandenen Löwener Sakramentsaltars ausgeführt wurde, gilt die kleine Bildtafel als ein Frühwerk des Meisters.[6]

Der Blick des Betrachters fällt in einen querrechteckigen, gotischen Saal, der dem breiten Format des Bildes folgt. Der Raum wird nach oben hin durch zwei hölzerne Tonnengewölbe abgeschlossen, die auf den beiden Eckkonsolen des Zimmers und auf einer Konsole in der Mitte der Rückwand ruhen. Der perspektivisch fluchtende Fliesenboden zeigt ein ornamentales Muster, das im Wesentlichen aus blassfarbigen, grauen und braunen Quadraten und Rauten besteht. Die hellgrauen Innenwände des als Speisesaal dienenden Raumes sind mit einer hellbraunen Holzvertäfelung ausgestattet, vor der an der Rückwand eine Holzbank steht, auf der Jesus, Simon und Petrus Platz genommen haben, während Johannes als vierter Teilnehmer am Mahl an der rechten Stirnseite des Tisches auf einem eigenen Hocker sitzt. Der Rhythmus der Komposition ergibt sich durch die verschiedenen Gesten, durch die Schatten, die sich wirkungsvoll an der Rückwand abzeichnen, und durch die bewegte Anordnung des Pharisäers Simon und des Apostels Petrus in der Bildmitte, die dem breitformatigen Gemälde eine vertikale Zäsur verleiht.[7] In der rechten Seitenwand führt eine rahmenlose Tür in einen Nebenraum, in dem ein hochrechteckiges Glasfenster zu sehen ist. Die gegenüberliegende, ebenfalls geöffnete Seitenwand des Raumes gliedert sich durch eine Mittelsäule links in einen Durchgang und rechts in eine Fensternische. Dahinter ist eine Vorhalle mit einer romanisch anmutenden Rundbogengalerie angedeutet, von der eine Säule zu sehen ist, die der Säule in der offenen, linken Seitenwand gleicht. Die beiden Säulen zeigen attische Basen mit Eckknollen, einen rötlichen Marmorschaft und frühgotische Blattknospenkapitelle. Durch die Vorhalle fällt der Blick in eine ferne Landschaft mit einer angedeuteten Stadtarchitektur.

Die Rundbögen der Vorhalle und die beiden Marmorsäulen gehören der romanischen und nicht der zeitgenössischen spätgotischen Architektur an. Damit bilden sie einen verborgenen Symbolismus (disguised symbolism),[8] der auf Jan van Eyck (um 1390–1441) zurückgeht und von den nachfolgenden Generationen der altniederländischen Maler übernommen wurde. Jan van Eyck hatte erstmals mit anachronistischen romanischen Architekturen den Alten Bund veranschaulicht, um diesem durch Bildzitate aus der zeitgenössischen Gotik den Neuen Bund gegenüberzustellen. So verwies auch Dieric Bouts mit seinen altertümlichen Architekturstücken auf das Gesetz des Alten Bundes, das durch den Pharisäer Simon repräsentiert wird. Auf den Neuen Bund, in dem Christus die alttestamentlichen Verheißungen erfüllt hat, deuten die beiden aus Metall gefertigten Kerzenhalter, die an der breiten Rückwand angebracht sind und zeitgenössische spätgotische Verzierungen aufweisen.

Die gotischen Kerzenhalter spielen aber nicht nur in allgemeiner Weise auf den Neuen Bund an, sondern sind auch ein Sinnbild für Christus selbst, der direkt unter dem linken Leuchter sitzt. Da die beiden Halter leer sind, obwohl sie jeweils eine Kerze tragen könnten, machen sie deutlich, dass Christus das eigentliche Licht ist.[9] So liegt auch bei den realistisch und detailgetreu dargestellten Kerzenhaltern ein verborgener Symbolismus vor, der den Sinngehalt nicht mehr durch offene, unmittelbar einsichtige Sinnbilder, sondern durch naturalistische Vokabeln vermittelt, deren Symbolik sich auf dem Weg der Interpretation erschließt. Die fehlende oder auch gelöschte Kerze als verborgenes Symbol für Christus als das wahre Licht der Welt (vgl. Joh 8,12; 9,5) tauchte erstmals bei Robert Campin (um 1375–1444) auf, der mit Jan van Eyck zu den Begründern der altniederländischen Malschule gehört.

Durch den Einsatz des „disguised symbolism" wird der Betrachter auf den tieferen Sinn der Bildtafel aufmerksam gemacht, der in Christus als Licht der Welt den Urheber des Neuen Bundes sieht, während im Liebesdienst der Frau das neue Gesetz der Liebe aufleuchtet, mit dem Jesus das alttestamentliche Gesetz erfüllt hat. Die leeren Kerzenhalter und die Bildzitate aus der romanisch-altertümlichen und der zeitgenössisch-spätgotischen Kunst zeigen, wie sehr es in dieser Perikope um die Erfüllung des in der Person Simons repräsentierten Gesetzes des Alten Bundes durch Christus geht, der die Welt durch seine Liebe erleuchtet, in der das grundlegende Mysterium des Neuen Bundes besteht und die exemplarisch durch das Tun Maria Magdalenas vor Augen geführt wird.

Dieric Bouts hat jenen Augenblick erfasst, in dem die Frau gerade über die Vorhalle und den offenen Eingang der linken Seitenwand den Speisesaal des Simon betreten hat. Sie hat sich bei den Füßen Jesu niedergekniet, der gut erreichbar für sie am linken Ende des Tisches sitzt. Die Kleidung Maria Magdalenas besteht aus einem blauen Untergewand, das an ihren Unterarmen sichtbar wird, einem eng anliegenden lindgrünen Kleid und einem weiten, blaugefütterten roten Mantel, den sie fast bis auf ihre Hüften zurückgeschlagen hat, um für ihren Liebesdienst Bewegungsfreiheit zu haben. Der in der roten Liebesfarbe leuchtende Mantel spiegelt eindrucksvoll die dankbare Liebe wider, von der die Frau nach der Vergebung ihrer Sünden zutiefst erfüllt ist. Ihr im Profil gegebenes Gesicht zeigt mit ihrem zu einem Seufzen geöffneten Mund und ihren glasigen Augen den inneren Reue- und Liebesschmerz, von dem sie dankbar erfüllt ist. Möglicherweise soll mit ihrem leicht geöffneten Mund der Betrachter an das Bekennen der Sünden erinnert werden, das wesentlich zum Empfang der Vergebung dazugehört.[10] Die Frau stützt sich mit der rechten Hand auf dem Fliesenboden ab, hat gerade auf den etwas vorgestreckten rechten Fuß Christi geweint und ihre langen, blondgelockten Haare gelöst, um mit einer Strähne in der linken Hand ihre Tränen vom Fuß Jesu abzutrocknen (vgl. Lk 7,38). Neben ihr steht bereits das geöffnete Gefäß mit dem Öl bereit, mit dem sie nach dem Abtrocknen und Küssen die Füße Jesu salben wird (vgl. Lk 7,38). Das Salbgefäß ist hier zum Attribut Maria Magdalenas geworden, die in Betanien wenige Tage vor seiner Passion das Haupt Jesu mit kostbarem Öl übergießen wird (vgl. Mk 14,3–9; Mt 26,6–13; Lk 7,36–50; Joh 12,1–8). Am Ostermorgen wird sie sich dann erneut auf den Weg machen, um den Leichnam Christi zu salben (vgl. Mk 16,1; Lk 24,1).

Das Gesicht Jesu, das bereits das Christusporträt auf dem Abendmahlsbild des späteren Löwener Sakramentsaltars vorwegnimmt, zeigt mit dem streng gescheitelten, leicht gelockten Haar und dem dünnen Bart die Züge des wahren Antlitzes des Erlösers (vera effigies), das auf den apokryphen „Lentulusbrief" zurückgeht und im 15. Jahrhundert als Idealporträt Christi überliefert wurde.[11] Jesus hat sein mildes, gütiges Antlitz der Frau zugeneigt und segnet sie mit seiner rechten Hand, die er im lateinischen Segensgestus über sie erhoben hat. Während die beiden zurückgebogenen Finger seine göttliche und menschliche Natur symbolisieren, veranschaulichen die drei ausgestreckten Finger das Mysterium des dreifaltigen Gottes.[12] Der Segen verweist auf die durch Jesus gewährte Sündenvergebung (vgl. Lk 7,47–48) und bestätigt auch den Liebesdienst, mit dem die Frau ihre Dankbarkeit zum Ausdruck bringt.

Im Unterschied zu Simon und den beiden Aposteln trägt Jesus nur ein einziges Gewand, das ohne Naht und Knopf ganz durchgewebt ist. Um dieses nahtlose Gewand, das seinen gottmenschlichen Träger durch die purpurviolette Farbe hervorhebt, werden die Soldaten später bei der Kreuzigung Jesu das Los werfen (vgl. Joh 19,23–24). So weist das Gewand Jesu auf das Kreuzesopfer des Erlösers voraus. Da sein Gewand auch an den aus einem einzigen langen Stück bestehenden Rock des Hohenpriesters im Alten Bund erinnert,[13] erscheint Jesus zudem als der wahre Priester des Neuen Bundes, der am Kreuz die Sühne für die Schuld der ganzen Welt bewirken wird, die in der Vergebung der Sünden Maria Magdalenas schon ihr Vorausbild gefunden hat. Auf das anbetungswürdige Erlösungsopfer des Neuen Bundes verweist auch die Gebärde der in tiefer Ehrfurcht über den Fuß Jesu gebeugten Frau, die schon die Verehrung des künftigen rechten Fußstigmas des Erlösers vorwegnimmt und damit zu einer Repräsentantin für die im Mittelalter weit verbreitete Andacht zu den fünf heiligen Wunden Christi wird.

Durch das Eintreten der Frau in den Speisesaal und ihre Zuwendung zu Jesus ist das Mahl der vier Tischgenossen unterbrochen worden. Auf dem weiß gedeckten, rechteckigen Holztisch stehen wie bei einem Stillleben die verschiedenen Speisen, die sich auf dem hellen Tischtuch wirkungsvoll abheben. Neben Brotlaiben, mit Wasser gefüllten Gläsern, zwei Tonkrügen, Brotscheiben, einem kleinen Salzfässchen und zwei Messern sind vor allem zwei große, gebratene und bereits aufgeschnittene Fische zu sehen, die auf zwei silbernen Tellern liegen. Als die Frau in den Saal eintrat, waren die vier Speisenden gerade dabei, von den Broten und den Fischen zu essen. Geht man davon aus, dass den deutlich hervorgehobenen Fischen auch eine symbolische Bedeutung zukommt, so lassen sie sich wohl nur christologisch deuten. Seit dem frühen Christentum wurde das griechische Wort für Fisch (ἰχθύς) auf Christus bezogen, indem man aus den fünf Anfangsbuchstaben die Glaubensformel „Jesus Christus, Gottes Sohn, Retter" (Ἰησοῦς Χριστός Θεοῦ Υἱός Σωτήρ) bildete. Dass die flach ausgestreckte linke Hand Jesu auf den Fisch ausgerichtet ist, der vor ihm auf dem Teller liegt, könnte ein verborgener Hinweis darauf sein, dass Christus als Retter kommen wird, um durch sein Sühneopfer am Kreuz die sündige Menschheit zu erlösen, zu der auch Maria Magdalena gehört. Durch die gebratenen Fische wird das Erlösungsmysterium noch deutlicher hervorgehoben, da nach Augustinus (354–430) der bei der dritten Erscheinung des Auferstandenen am Seeufer (vgl. Joh 21,9) auf einem Kohlenfeuer gebratene Fisch (piscis assus) Christus symbolisiert, der in der Passion sein Leben hingibt (Christus passus) und in der Eucharistie sein Kreuzesopfer vergegenwärtigt.[14]

In der Mitte des Tisches sitzt der Gastgeber Simon, der Jesus zu seiner Rechten den Ehrenplatz zugewiesen hat. Der mit modischen, spitz zulaufenden roten Stiefeln und einem grünen Rock bekleidete Pharisäer trägt als Kippa eine samtene, reich verzierte Kopfbedeckung, die ihn als strenggläubigen Juden zeigt, der sein Haupt aus Ehrfurcht vor Gott ständig bedeckt hält. Der bärtige Pharisäer hat noch das Messer in seiner rechten Hand, als er vom Tun der Frau überrascht wird. Er hat sich gerade etwas nach vorne gebeugt und beobachtet mit staunend geöffnetem Mund, wie die vermeintliche Sünderin den von ihren Tränen benetzten Fuß Jesu mit ihren Haaren trocknet.

Während sich der Pharsäer noch bemüht, den Vorfall genau zu beobachten, fährt Petrus neben ihm bereits zurück und macht mit seiner linken Hand eine abweisende Geste.[15] Petrus trägt über einem roten Gewand einen blauen Mantel und zeigt mit seinem weißgrauen, kurzen Kinnbart und dem tonsurierten Haarkranz die charakteristischen Gesichtszüge des Apostelfürsten. Er will gerade von dem Fischbraten nehmen, als ihn das unerhörte Tun der Frau so sehr aufstört, dass er nun einen Augenblick lang in der unausgeführten Bewegung des Greifens nach der Speise verharrt. Petrus ist kompositorisch zu Jesus in Beziehung gesetzt, wie die über beiden angebrachten Kerzenhalter, ihre unbekleideten Füße und die zwei vor ihnen liegenden Fische zeigen. Während sich Jesus der Frau zuneigt, um sie mit der Rechten zu segnen, wendet Petrus sein Haupt von ihr weg, um sie mit seiner linken Hand zurückzuweisen. Obwohl ihn seine Barfüßigkeit bereits als Verkünder der frohen Botschaft zeigt (vgl. Jes 52,7; Nah 2,1; Röm 10,15) und er auch schon das rote Gewand der Liebe trägt, soll Petrus hier offenbar als Lernender vor Augen gestellt werden, der noch tiefer das Gesetz des Neuen Bundes begreifen muss, das ihm Christus als dem Ersten der Apostel übertragen will (traditio legis). Dieses neue Gesetz besteht in der Liebe, in der sich das Gesetz des Alten Bundes erfüllt (vgl. Mk 12,28–34; Mt 22,34–40; Lk 10,25–28) und von der die Frau schon ganz durchdrungen ist. Der Kerzenhalter und der Fisch werden dann für Petrus zu Sinnbildern für das tiefere Begreifen Jesu als Licht der Welt (vgl. Joh 8,12; 9,5) und als Retter, der die Sünder ruft und aus Liebe zu ihnen sein Leben hingibt.

Während Petrus mit Jesus in Verbindung steht, ist der an der Stirnseite sitzende Apostel Johannes mit Maria Magdalena verbunden, die am gegenüberliegenden Tischende kniet. Wie Petrus trägt Johannes antikisierende, biblische Gewänder und zeigt mit seinen nackten Füßen, dass auch er zum Verkünder der Frohbotschaft berufen ist. Im Unterschied zum Pharisäer Simon und auch zu Petrus hat der Lieblingsjünger Johannes das Geheimnis der Liebe sogleich erkannt, das sich im Tun der Frau verbirgt. Der jugendliche, bartlose Johannes trägt engelgleiche, blondgelockte Haare und nimmt mit seinen Gesichtszügen bereits das Antlitz des Engels vorweg, der auf dem rechten oberen Seitenflügel des Löwener Sakramentsaltars den Propheten Elija in der Wüste stärkt (vgl. 1 Kön 19,3–13).[16] Als Lieblingsjünger Jesu ist er ganz in die Farbe der Liebe gehüllt und trägt über einer roten Tunika einen gleichfarbigen, grün gefütterten Mantel. Die über das Mysterium der Liebe gehende Verbundenheit des Johannes mit der Frau wird auf verschiedene Weise zum Ausdruck gebracht. Neben der roten Liebesfarbe der Gewänder ist es vor allem der Zeigegestus seiner rechten Hand, mit der Johannes auf Maria Magdalena hinweist. Unter dem Tisch ruht sein linker Fuß auf einem waagrecht verlaufenden Fliesenabschnitt, der zum rechten Fuß Jesu weiterführt, der gerade von der Frau mit ihrem Haar berührt wird.[17] Wie Maria Magdalena an ihrer Stirnseite die weiße Decke zurückgeschlagen hat, um mehr Platz unter dem Tisch zu haben, so hat auch Johannes an seiner Seite das Tischtuch etwas gerafft, um seine linke Hand auf einem Stück Brot ruhen zu lassen, das hier vielleicht auf die Eucharistie anspielt, in der das Liebesopfer Christi auf sakramentale Weise gegenwärtig bleibt.[18]

Johannes kommt die Aufgabe zu, den rechts knienden Stifter auf die Liebestat der Frau hinzuweisen, was durch seinen herumgewendeten Kopf und den Zeigegestus seiner rechten Hand deutlich zum Ausdruck kommt. Vielleicht wurde die Hereinnahme des Johannes durch den Stifter veranlasst, dessen Namenspatron womöglich dieser Apostel gewesen war. So deutet Johannes zu Maria Magdalena und blickt dabei zum Stifter, um ihm Maria Magdalena mit ihrer Reue und ihrer dankbaren Liebe als Vorbild vor Augen zu stellen, wie man selbst die Vergebung der Sünden zu erlangen vermag.[19] Der kniende Stifter, der den weißen Chorherrenhabit der Prämonstratenser trägt,[20] blickt mit gefalteten Händen zu Maria Magdalena, ohne sie aber mit den Augen direkt zu fixieren. Er erwidert auch nicht den Blick des Apostels Johannes, sondern bildet eine isolierte Figur, die meditativ ganz in sich versunken ist. Der Künstler hat die Physiognomie und den seelischen Ausdruck des Ordensmannes mit feinem Realismus erfasst.[21] Der ganz in sich gekehrte Blick des Stifters erinnert an die von Geert Groote (1340–1384) begründete und besonders in den Niederlanden verbreitete Spiritualität der Devotio moderna, die durch die meditative Betrachtung des Lebens Jesu nach einer persönlichen und innerlich geprägten Frömmigkeit strebte. So verharrt der Stifter in betender Versunkenheit und blickt in weite Ferne, um das biblische Geschehen innerlich zu betrachten, das christliche Mysterium der Liebe zu begreifen und den durch Christus und Maria Magdalena geübten Tugenden innerlich immer tiefer zu entsprechen.[22]

Die prophetische Schau des durchbohrten Christus

12. Sonntag im Jahreskreis. Erste Lesung: Sach 12,10–11; 13,1

„Sie werden auf den blicken, den sie durchbohrt haben."
Sach 12,10

Die erste Lesung des 12. Sonntags im Jahreskreis ist aus dem letzten Teil des Buches Sacharja (Sach 12,1–14,21) genommen. In diesem Abschnitt, der wohl im 3. oder 2. Jahrhundert v. Chr. entstanden ist, richtet sich der prophetische Blick auf das apokalyptische Endzeitgeschehen. Die Völker werden sich gegen Jerusalem zusammenrotten und viel Leid über die Bewohner bringen. Gott aber wird das Gericht an den Völkern vollziehen, um Jerusalem zu retten und den Rest der Heiden zu bekehren. Dann wird man in Jerusalem, dem neuen Mittelpunkt aller friedliebenden Menschen, voller Betroffenheit zu einer messianischen Gestalt aufblicken. Nachdem schon im vorausgehenden, älteren Abschnitt des Sacharjabuches (Sach 9,1–11,17) der demütige und friedlich auf einem Esel einherreitende Messiaskönig als hoffnungsvolles prophetisches Bild vor Augen gestellt worden war (vgl. Sach 9,9–10), ist es im letzten Teil der Durchbohrte (vgl. Sach 12,10), der die Einwohner Jerusalems von ihren Sünden reinigen wird (vgl. Sach 13,1). So wird über „das Haus Davids und über die Einwohner Jerusalems" der „Geist des Mitleids und des Gebets" ausgegossen werden, und „sie werden auf den blicken, den sie durchbohrt haben" (Sach 12,10). Die Bewohner „werden um ihn klagen, wie man um den einzigen Sohn klagt; sie werden bitter um ihn weinen, wie man um den Erstgeborenen weint" (Sach 12,10), und er wird wie „eine Quelle" sein, die „zur Reinigung von Sünde und Unreinheit" fließt (Sach 13,1). So verweist Sacharja auf Gebet und Mitleid als die wahren Lebenskräfte

Peter Paul Rubens, Öffnung der Seitenwunde Christi, 1620, Öl auf Holz, 429 × 311 cm, Antwerpen, Königliches Museum der Schönen Künste.

Peter Paul Rubens, Öffnung der Seitenwunde Christi

(vgl. Sach 12,10) und zeigt auf die messianische Opfergestalt des Durchbohrten, der durch seinen Sühnetod die Reinigung von der Sünde bewirken wird (vgl. Sach 13,1). Um den Kreuzestod Jesu als erlösende Heilstat des verheißenen Messias und Gottessohnes zu deuten, bezog dann das Johannesevangelium das prophetische Wort des Sacharja auf den am Kreuz durch die Lanze des Soldaten durchbohrten Christus. So ist nach Johannes mit der Öffnung der Seite des Gekreuzigten die Prophetie des Sacharja in Erfüllung gegangen: „Als sie zu Jesus kamen und sahen, dass er schon tot war, zerschlugen sie ihm die Beine nicht, sondern einer der Soldaten stieß mit der Lanze in seine Seite, und sogleich floss Blut und Wasser heraus" (Joh 19,33–34), damit sich das „Schriftwort" erfüllt: „Sie werden auf den blicken, den sie durchbohrt haben" (Joh 19,37).[1]

DIE ÖFFNUNG DER SEITENWUNDE JESU und der Blick auf den Durchbohrten wurden in der christlichen Kunst häufig dargestellt, so auch durch den flämischen Barockmaler Peter Paul Rubens (1577–1640), der diese Szene auf dem Hochaltarbild der Antwerpener Klosterkirche der Franziskaner-Rekollekten wiedergab.

Rubens war der Sohn eines katholischen Juristen aus Antwerpen, der im westfälischen Siegen lebte und 1589 mit seiner Familie in seine flämische Heimatstadt zurückkehrte. Dort erhielt der junge Rubens eine humanistische Ausbildung, erlernte die Malerei und trat 1598 in die Lukasgilde ein. Auf seinen Studienreisen von 1600 bis 1608 nach Spanien und Italien setzte er sich mit der Malerei der Renaissance auseinander und bildete sich besonders am Kolorismus des Venezianers Tizian (1488/90–1576). Nach seiner Heimkehr wurde er 1609 Hofmaler des spanischen Statthalters und baute in Antwerpen in seinem Haus in der Kaiserstraat eine große Malerwerkstätte auf, wo auch Anthonis van Dyck (1599–1641) sein freier Mitarbeiter wurde. Der vielbeschäftigte Rubens stieg mit seinen lichtvoll farbigen und sinnlich bewegten Bildern zum führenden Barockmaler Flanderns auf und prägte die Kunst der katholischen Reform wie kaum ein anderer Künstler seiner Zeit.[2]

Das große Gemälde mit der Öffnung der Seitenwunde Christi geht auf einen Auftrag des angesehenen und humanistisch gebildeten Antwerpener Bürgermeisters Nicolaas Rockox (1560–1640) zurück. Rubens war mit Rockox freundschaftlich verbunden und wohnte in der Nachbarschaft des Bürgermeisters. In der Marienkapelle der Klosterkirche der Franziskaner-Rekollekten, die im 16. Jahrhundert als Reformzweig der Minderbrüder entstanden waren, richtete Rockox zusammen mit seiner aus Spanien stammenden Frau Adriana Perez (1568–1619) seine Grablege ein. Bei Rubens wurde 1613 das Epitaphgemälde bestellt, das aber wegen der vielen Aufträge des Künstlers erst 1615 vollendet werden konnte. Das als Triptychon konzipierte Epitaphbild zeigt auf den Seitenflügeln das Stifterpaar und in der Mitte die Szene der

Erscheinung des auferstandenen Christus vor dem ungläubigen Thomas und zwei weiteren Aposteln (vgl. Joh 20,24–29).[3]

Einige Jahre später stiftete Rockox 1619 mit seiner noch im gleichen Jahr verstorbenen Frau auch den Hochaltar für die Rekollektenkirche, wobei erneut Rubens mit der Ausführung des monumentalen Altarblattes beauftragt wurde. Der plastische Schmuck des einfachen, über zwei Postamenten aufgebauten Altarportikus bestand in den Wappen des Stifterehepaares, in einer Statue Marias, die in ihren Händen ein Kreuz und eine Lilie hält, sowie in den Apostelfiguren des Andreas mit dem Kreuz und des Johannes mit Adler und Buch. Der gesamte Altar mit dem Gemälde Rubens' wurde 1620 vollendet, wie aus den Inschriften auf den beiden Postamenten hervorgeht. Auf dem linken Piedestal heißt es: „Hanc Christo posuit Consul Roccoxius aram, Expressit tabulam Rubeniana manus. 1620", „Diesen Altar errichtete für Christus der Konsul Rockox, das Altarblatt gestaltete die Hand des Rubens. 1620". Auf dem rechten Postament fährt die Inschrift fort: „Seu dextram artificis, dantis seu pectora cernas, Nil genio potuit nobiliore dari", „Ob du auf die Hand des Künstlers oder auf das Herz des Stifters blickst, es konnte in keinem edleren Geist geschaffen werden".[4] Das in Rubens' Werkstatt unter Mitwirkung des Anthonis van Dyck ausgeführte Altarblatt[5] wurde 1794 in den Revolutionskriegen aus der Rekollektenkirche entfernt. Es kam nach Paris in das Muséum central des arts, wo es bis 1815 verblieb. Anschließend wurde es nach Antwerpen zurückgebracht; hier befindet es sich seit 1816 im Museum der Schönen Künste.[6]

Das seit dem 18. Jahrhundert auch als „Coup de Lance" bekannte Hochaltarbild der Rekollektenkirche zeigt die Durchbohrung der Seite des Gekreuzigten durch die Lanze des Soldaten.[7] Während Rockox auf dem Epitaphbild den Auferstandenen darstellen ließ, wählte er für das Hochaltarbild der Franziskaner-Rekollekten, die künftig um das Seelenheil seiner Familie beten sollten, den Gekreuzigten. Mit dem Sterben und Auferstehen Jesu umfassten beide Bildwerke das eine christliche Erlösungsmysterium. Im Mittelpunkt standen jeweils die Wundmale Jesu, die dem Gekreuzigten durch die Nägel und die Durchbohrung mit der Lanze zugefügt werden und die der Auferstandene im Epitaphbild dem ungläubigen Apostel Thomas weist.[8] Wie sehr es um die Wundmale ging, deren Verehrung damals in Flandern neu aufgeblüht war, wird auch dadurch deutlich, dass sich Rubens in seinem „Coup de Lance" – wie auch schon in früheren Kreuzigungsbildern – von dem seit der Gotik üblichen Dreinagelkruzifixus abkehrte und den Gekreuzigten mit vier Nägeln darstellte, um dem Betrachter zusammen mit der Seitenwunde Jesu die Fünfzahl seiner Stigmen vor Augen zu führen. So stellte Rubens das Schauen auf den durch die Nägel ans Kreuz geschlagenen und durch die Lanze durchbohrten Erlöser in den Mittelpunkt (vgl. Sach 12,10; Joh 19,37).[9] Wie schon bei der dem Johannesevangelium entnommenen Szene des Epitaphbildes mit dem auferstandenen Christus und dem Apostel Thomas, so orientierte sich Rubens auch bei seinem Hochaltarbild am Bericht des johanneischen Augenzeugen, ergänzte ihn aber mit einigen Schilderungen aus den synoptischen Evangelien.

Das über vier Meter hohe und auf Holz gemalte Altarbild zeigt in einer dichtgedrängten und das ganze Bildfeld ausfüllenden Komposition das Passionsgeschehen. Hinter dem soeben am Kreuz verschiedenen Erlöser bricht die Finsternis des Karfreitags herein, von der die Synoptiker berichten, dass sie von der sechsten Stunde am Mittag bis zur Todesstunde Jesu in der neunten Stunde dauerte (vgl. Mk 15,33; Mt 27,45). Während links die Sonne zu sehen ist, vor die sich gerade der Mond schiebt, um sie zu verdunkeln (vgl. Lk 23,45), ist auf der rechten Seite bereits die Nacht hereingebrochen. Am Fuß des Kreuzes ist im Dämmerlicht das ferne Panorama der Stadt Jerusalem angedeutet.[10]

Vor dem finsteren Himmel ragt zwischen den beiden Schächern die mächtige, hell erleuchtete und alle Blicke auf sich ziehende Gestalt des Gekreuzigten auf, der am Kreuz „über die Erde erhöht" ist (Joh 12,32). Während der Querbalken zimmermannsmäßig gearbeitet wurde, gleicht der Längsbalken einem roh belassenen Baumstamm. Auf diese Weise charakterisierte Rubens in seinen Kreuzigungsbildern das Kreuz als Lebensbaum.[11] Bereits die Kirchenväter hatten gegen den todbringenden Erkenntnisbaum des Paradieses, an dem sich Adam versündigt hatte (vgl. Gen 2,16–17; 3,6.19), das Kreuz gesetzt und es als Lebensbaum (vgl. Gen 2,9) gedeutet,[12] der in der eschatologischen Vollendung durch Christus den Gläubigen wieder in Aussicht gestellt werde (vgl. Offb 2,7; 22,2.14). Die Lebensbaumsymbolik des Kreuzes Christi wurde auch durch die mittelalterliche Legende genährt, wonach das Kreuzesholz von einem Baum genommen wurde, der aus dem Grab Adams gewachsen war. Wie der erste Adam am Holz des Erkenntnisbaumes in Sünde gefallen sei, so habe Christus als der zweite Adam am Holz des Kreuzes durch seinen Sühnetod die todbringende Sünde besiegt und das Kreuz zum wahren Lebensbaum gemacht.

Über dem Querbalken ist das „Schild" dargestellt, das Pilatus „oben am Kreuz befestigen" ließ (Joh 19,19). Rubens hat dieses Schild als weiße Schriftrolle dargestellt und darauf den im Johannesevangelium überlieferten, auf Hebräisch, Lateinisch und Griechisch abgefassten Schriftzug (vgl. Joh 19,20) „Jesus von Nazaret, der König der Juden" (Joh 19,19) wiedergegeben.[13] Während die obere hebräische Inschrift an Rückübersetzungen erinnert, wie sie damals in Humanistenkreisen versucht wurden, ist der griechische Titulus philologisch korrekt nach dem johanneischen Urtext niedergeschrieben: „Ἰησοῦς ὁ Ναζω/ραῖος ὁ βασιλεὺς / τῶν Ἰουδαίων" (Joh 19,19), ebenso die lateinische Version: „IESVS NAZA/RENVS REX / IVDAEORVM" (Io 19,19 Vulgata).

Jesus ist tot am Kreuz dargestellt. Seine Augen sind geschlossen, und sein Haupt mit der Dornenkrone (vgl. Joh 19,2) ist auf die Brust herabgesunken. Aus den vier

Nagelwunden an den Händen und Füßen fließt das kostbare Blut des mit einem weißen Lendenschurz bekleideten Erlösers. Der vom Licht erhellte Leib des Gekreuzigten ist nicht mehr schmal und mit vertikal nach oben ausgestreckten Armen gezeigt, wie ihn Rubens sonst häufig dargestellt hatte, sondern als massiger Korpus mit gabelförmig ausgebreiteten Armen, um den Leib mit der Seitenwunde zu betonen.[14]

In der rechten Bildhälfte, der Nachtseite des Gemäldes, ist das Brechen der Beine des bösen Schächers dargestellt, dem in der Legende der Name Gesmas gegeben wurde. Wie der gegenüber gekreuzigte gute Schächer ist auch Gesmas mit den Armen ans Kreuz gebunden, während die Füße angenagelt sind, wie es in der gegenreformatorischen Kunst gebräuchlich wurde. Das Brechen der Unterschenkel mit einer Eisenkeule sollte dem Gekreuzigten die Möglichkeit nehmen, sich weiterhin am Kreuz aufrichten zu können. Es ließ den Körper des Verurteilten nach unten sacken und führte schneller zum Tod. Dieses Brechen der Beine hatten nach dem Johannesevangelium die Juden von Pilatus verlangt, um den Tod der Gekreuzigten vor dem Sabbatbeginn bei Sonnenuntergang herbeizuführen und ihre Leichen noch vor dem Festtag abnehmen zu können (vgl. Joh 19,31–32). So ist jener Augenblick dargestellt, wie die Beine des ersten Verbrechers zerschlagen werden (vgl. Joh 19,32), der hier mit Gesmas, dem bösen und unbußfertigen Schächer (vgl. Lk 23,39–40), gleichgesetzt ist. Der auf der Nachtseite und zur Linken Jesu gekreuzigte böse Schächer trägt ein dunkles Lendentuch und ist mit seinen Händen hinter dem Rücken am Längsbalken angebunden. Ein antikisierend gerüsteter römischer Soldat ist mit einer Eisenkeule in der Hand auf einer an das Kreuz des Gesmas angelehnten Holzleiter hinaufgestiegen, um auf Höhe der Schienbeine des Verbrechers mit grimmigem Blick zum Schlag auszuholen.[15] Die Tortur des Beinbrechens hat zu einem wilden Aufbäumen des Gekreuzigten geführt, der mit aufgerissenem Mund in seinen Qualen aufschreit. Der sich am Kreuz windende böse Schächer erinnert an den Todeskampf des Laokoon, wie er in der durch rhodische Bildhauer zur Zeit des Kaisers Tiberius (reg. 14–37) geschaffenen Laokoongruppe dargestellt wurde, die 1506 in den römischen Titusthermen aufgefunden wurde.[16]

Auf der Nachtseite stehen die im Johannesevangelium erwähnten Trauernden (vgl. Joh 19,25). Rechts außen ringt Maria, die Frau des Klopas, mit den Händen. Neben ihr ist Maria zu sehen, die nicht in Ohnmacht zusammengebrochen ist, sondern mit verschränkten Händen unter dem Kreuz steht, wie es Johannes berichtet, der im roten Gewand des Lieblingsjüngers sein Haupt an ihre Schulter gelegt hat. Die im Schmerz miteinander verbundenen Gestalten von Maria und Johannes bringen die Worte „[…] siehe, dein Sohn! […] Siehe, deine Mutter!" (Joh 19,27) zum Ausdruck, die Jesus vor seinem Sterben zu ihnen gesprochen hatte.[17]

Ein junger Mann und ein bärtiger Greis mit Turban, die am Fuß des Kreuzes Jesu zu sehen sind, gehören bereits zur helleren Seite des Bildes. Diese beiden zum

Kreuz aufblickenden Zuschauer dürften zu jenen Leuten gehört haben, die vom Tod Jesu betroffen waren (vgl. Lk 23,48). Neben der am Kreuzesstamm knienden Maria Magdalena und dem guten Schächer wird die lichtere Bildhälfte von zwei römischen Reitersoldaten eingenommen, über denen zwei Speere in den Himmel hineinragen.[18] Der vordere Soldat sitzt mit Rüstung und Helm auf einem Pferd, das er gerade mit seinen Zügeln angehalten hat und das nun mit dem rechten Vorderhuf am Boden scharrt. Der zu Jesus emporblickende Soldat erinnert an den Zenturio, von dem das Markusevangelium berichtet: „Als der Hauptmann, der Jesus gegenüberstand, ihn auf diese Weise sterben sah, sagte er: Wahrhaftig, dieser Mensch war Gottes Sohn" (Mk 15,39; vgl. Mt 27,54; Lk 23,47). So ist in diesem römischen Soldaten beispielhaft die im johanneischen Passionsbericht zitierte Verheißung des Propheten Sacharja in Erfüllung gegangen: „Sie werden auf den blicken, den sie durchbohrt haben" (Joh 19,37; Sach 12,10).[19]

Die Durchbohrung des Gekreuzigten, die der zweite Reitersoldat mit seiner Lanze ausführt, ist der beherrschende Bildinhalt des ganzen Altarbildes. Da Christus im Unterschied zu den beiden Schächern bereits verstorben war, wurden ihm die Beine nicht zerbrochen (vgl. Joh 19,33). Um sicherzustellen, dass der augenscheinliche Tod auch tatsächlich eingetreten war, erhielt Jesus nur einen Lanzenstich. Damit erschien Jesus dem Evangelisten Johannes als das wahre Opferlamm, das dem Paschalamm gleicht (vgl. Joh 19,33), dem bei seiner rituellen Zubereitung ebenfalls keine Knochen zerbrochen werden durften (vgl. Ex 12,46; Num 9,12; Ps 34,21). Für den johanneischen Augenzeugen war Christus zu dem verheißenen Durchbohrten geworden (vgl. Joh 19,37; Sach 12,10), aus dessen geöffnetem Herzen Blut und Wasser zum Zeichen für das sich verströmende Heil des am Kreuz Erhöhten (vgl. Joh 12,32) geflossen waren. Während Johannes im Wasser den Heiligen Geist und das ewige Leben als die Heilsgaben des erhöhten Herrn versinnbildlicht sah (vgl. Joh 7,38–39), wurde das Blut zum Symbol für die erlösende Kraft des Opfertodes Jesu (vgl. 1 Joh 1,7).[20] So zeigt auch das Altarbild, wie die Lanze des Soldaten die rechte Seite Jesu durchbohrt und dadurch die Quelle des Heils eröffnet. Die Öffnung der rechten Seite des Erlösers verweist auf die durch Jesus vorgenommene Gleichsetzung seines hingegebenen und auferstandenen Leibes mit dem Tempel (vgl. Joh 2,21) und damit auf die durch Ezechiel prophetisch geschaute lebensspendende Quelle, die sich an der rechten Seite des Tempels ergießt (vgl. Ez 47,1).[21] Seit den Kirchenvätern sah man in der geöffneten Seite Jesu ein Sinnbild für die Geburt der Kirche, denn wie Gott einst Eva aus der Rippe des schlafenden Adam geformt habe (vgl. Gen 2,21), so sei auch die Kirche als die neue Eva aus der Seite des am Kreuz entschlafenen zweiten Adam hervorgegangen. Zudem erkannte man in dem aus der durchbohrten Seite Christi ausgetretenen Wasser und Blut (vgl. Joh 19,34) die beiden Hauptsakramente der Taufe und der Eucharistie, denen die Kirche ihre Entstehung verdankt.[22] Der Lanzenstoß, der den Gekreuzigten durchbohrt und damit der Kirche die Quelle des Heils öffnet, wird durch einen römischen Soldaten ausgeführt, der auf einem Apfelschimmel reitet und einen antikisierenden Brustpanzer trägt. Mit seinem wehenden roten Paludamentum ist er als ranghöherer Soldat gekennzeichnet, wie es der legendarischen Überlieferung entspricht, die seit dem 4. Jahrhundert in dem Soldaten, der Jesus mit seiner Lanze die Seite öffnete (vgl. Joh 19,34), den Hauptmann Longinus sah.[23] Nach der Legende soll Longinus als Hauptmann die Kreuzigung überwacht haben und zum Glauben an die Gottessohnschaft Jesu gekommen sein, als er beim Tod Jesu die Verfinsterung der Sonne und das Beben der Erde erlebte (vgl. Mt 27,45.51.54). Bei der Ausführung des von Pilatus befohlenen Lanzenstoßes soll er dann von seiner Augenschwäche geheilt worden sein, als das kostbare Erlöserblut an seiner Lanze herablief und seine Augen berührte. Danach habe er seinen Dienst aufgegeben und als Christ seinen Glauben mit dem Martyrium bezeugt.[24] Auch Rubens zeigte den dunkelhaarigen, bärtigen Longinus als einen Mann, der bereits zum Glauben gekommen ist. Er hat ehrfürchtig seinen Helm abgenommen und blickt mit feierlichem Ernst zu dem am Kreuz verschiedenen Heiland empor, der in übernatürlichem Licht erstrahlt. Longinus hat mit seinem erhobenen rechten Arm behutsam den Schaft der Lanze umfasst und gerade die Seite Jesu geöffnet, aus der etwas Blut in einem Strahl zur Erde herabfällt, während ein anderer Blutstrom am Leib des Erlösers herabfließt und das weiße Lendentuch rötlich färbt. Um an die Eucharistie zu erinnern, die unterhalb dieses Bildes am Hochaltar gefeiert wird, stellte Rubens den Vorgang der Durchbohrung wie eine heilige Handlung dar und verlieh auch dem in der Kirche als Heiligen verehrten Longinus eine sakrale Aura.[25] Dem Kult der seit 1492 im Petersdom in Rom aufbewahrten heiligen Lanze und des in der Andreaskirche zu Mantua verehrten, von Longinus aufgefangenen Blutes Jesu dürfte Rubens begegnet sein, als er sich in der Zeit von 1600 bis 1608 während seiner italienischen Studienreise auch längere Zeiten in Mantua und Rom aufhielt.[26]

Während Jesus bereits gestorben ist, ringen die beiden Schächer noch mit dem Tod. Wie Gesmas ist auch der gute Schächer, der in der apokryphen Überlieferung Dismas genannt wurde, in dramatischer und pathetischer Haltung dargestellt.[27] Im Gegensatz zum bösen Schächer befindet sich der zur Rechten Christi gekreuzigte Dismas auf der lichtvollen Seite und trägt wie Jesus einen weißen Lendenschurz. Der gute Schächer hat sich mit letzter Kraft aufgerichtet und verlangend seinen linken Arm nach dem gekreuzigten Erlöser ausgestreckt.[28] Mit offenem Mund hat er sein bärtiges Haupt sehnsuchtsvoll zu Jesus gewendet, um als einer der Ersten zum durchbohrten, für die Sünden der ganzen Welt gestorbenen Erlöser aufzuschauen. Damit erscheint Dismas als reuiger Sünder, der kurz zuvor seine Verbrechen bekannt (vgl.

Lk 23,40–41) und Jesus angefleht hatte: „Jesus, denk an mich, wenn du in dein Reich kommst" (Lk 23,42). Nachdem er aus dem Mund Christi die Verheißung vernehmen durfte: „Amen, ich sage dir: Heute noch wirst du mit mir im Paradies sein" (Lk 23,43), konnte nach dem Opfertod Jesu dem schon in seinen letzten Zügen liegenden guten Schächer die Gnade der Erlösung zuteilwerden.

Auch für die zu Füßen des Kreuzes ganz im Licht kniende Maria Magdalena (vgl. Joh 19,25) ist der am Kreuz für die Sünden gestorbene Heiland zum Erlöser geworden, der bereits im Buch Sacharja als Quelle zur Reinigung von der Sünde prophetisch geschaut wurde (vgl. Sach 13,1). In der katholischen Reform galt Maria Magdalena zusammen mit dem guten Schächer (vgl. Lk 23,40–42), dem nach seinem Ehebruch büßenden König David (vgl. 2 Sam 12,13–17) und dem über die Verleugnung seines Herrn weinenden Petrus (vgl. Mt 26,69–75; Mk 14,66–72; Lk 22,56–62; Joh 18,15–18.25–27) als großes Vorbild für all jene Sünder, die ihre Schuld bereuen und so die Vergebung Gottes zu erlangen vermögen. Als die Sünderin Maria Magdalena im Haus des Pharisäers Simon ihre Tränen über die Füße Christi vergoss und sie mit ihrem Haar trocknete und salbte (vgl. Lk 7,37–38), hatte ihr Jesus wegen dieser großen Liebestat die Vergebung ihrer Sünden zugesagt (vgl. Lk 7,47). So kniet Maria Magdalena, deren ganzes Leben zu einem einzigen Ausdruck ihrer Christusliebe geworden war, als zweite reuige Sünderin neben Dismas unter dem Kreuz. Maria Magdalena ist eine schöne, junge Frau mit blondgelockten Haaren, die in weiße und goldgelbe Gewänder gekleidet ist. Sie hat sich niedergekniet, um ihr Haupt am Kreuzesstamm bei den angenagelten, blutüberströmten Füßen Jesu anzulehnen, die sie einst im Haus des Pharisäers in dankbarer Liebe gesalbt hatte (vgl. Lk 7,37–38). Sie hat in einer heftigen, gleichermaßen von Liebe und Schmerz erfüllten Gefühlsbewegung wie eine klagend Betende ihre Arme erhoben, aber nicht, um den Lanzenstich aufzuhalten und damit die heilspendende Öffnung des Herzens Jesu zu verhindern, sondern um zum kostbaren Blut des Durchbohrten aufzublicken (vgl. Joh 19,37; Sach 12,10) und durch das Erlöserblut reingewaschen zu werden (vgl. Sach 13,1).[29]

In dem von Rubens für die Antwerpener Rekollektenkirche geschaffenen Altarbild wurden die Erlösung des reuigen Sünders durch das Blut Christi, die Verehrung der Wundmale Jesu und die Öffnung der Seitenwunde als Quelle der Eucharistie zu einer dramatischen Schilderung verschmolzen.[30] Rubens nahm den Betrachter in das barocke Schauereignis des Bildes hinein, um zusammen mit den dargestellten Protagonisten auf den durchbohrten Gekreuzigten und das von ihm vergossene Blut zu blicken. Der im Licht erstrahlende Gekreuzigte erscheint bereits als der erhöhte Herr, der alles an sich ziehen wird (vgl. Joh 12,32), damit die von ihm eröffnete Quelle des Heils in seiner Kirche auf sakramentale und eucharistische Weise weiterzufließen vermag.

Leben in der Gegenwart Gottes

13. Sonntag im Jahreskreis. Antwortpsalm: Ps 16,1–2.5.7–8.9.11

„Auch mahnt mich mein Herz in der Nacht.
Ich habe den Herrn beständig vor Augen."
Ps 16,7–8

Die Schriftlesungen des 13. Sonntags im Jahreskreis, die um den Anruf Gottes und die Antwort des Menschen kreisen, spiegeln sich im Antwortpsalm wider. Während die erste Lesung (1 Kön 19,16b.19–21) von der Berufung des Elischa berichtet, geht es in der zweiten Lesung aus dem Galaterbrief (Gal 5,1.13–18) um die neue Freiheit in Christus, die dem Getauften für die Nachfolge Jesu geschenkt ist. Mit der Bereitschaft des jungen Samuel, auf Gott zu hören, und dem Bekenntnis des Petrus, dass Jesus Worte des ewigen Lebens hat, vereint der Hallelujavers (1 Sam 3,9; Joh 6,68c) zwei biblische Beispiele für das Antworten auf den Ruf Gottes. Das Evangelium (Lk 9,51–62) berichtet schließlich, wie Jesus dem Willen seines Vaters folgt und nach Jerusalem geht, um dort sein Erlösungswerk zu vollenden (vgl. Lk 9,51–53). Jesus geht diesen Weg fest entschlossen und gibt dreimal entschiedene Weisungen für diejenigen, die in seine Nachfolge berufen sind (vgl. Lk 9,57–62). So stellt die Liturgie des 13. Sonntags im Jahreskreis auch im Antwortpsalm einen Beter vor Augen, der sich ganz auf den Lebensplan Gottes mit den Menschen eingelassen hat.

Der in der Zeit nach dem babylonischen Exil (587–539 v. Chr.) entstandene Psalm 16 schöpft aus dem Reichtum der weisheitlichen Tradition Israels.[1] Weil der Psalmist ganz auf Gott vertraut und sich zur Gemeinschaft der Frommen bekennt, ohne der Faszination fremdländischer Götter zu erliegen (vgl. Ps 16,3–4), erbittet er für sein ganzes Leben den Schutz Gottes, in dem sein alleiniges Glück besteht (vgl. Ps 16,2). Durch das ihm zugeteilte Land erfährt der Beter Gott als wunderbare Lebensgrundlage (vgl. Ps 16,5–6). Der Psalmist dankt Gott für den von ihm empfangenen Rat (vgl. Ps 16,7), der in dem guten Plan besteht, den Gott für das Leben des einzelnen Menschen hat. Diesem göttlichen Lebensplan folgt der Beter, indem er sich in seinem Inneren auch während der Nacht von Gott ermahnen lässt (vgl. Ps 16,7) und immer von ihm begleitet sein will (vgl. Ps 16,8). Die geschenkte Lebensgemeinschaft mit Gott erstreckt sich bis in den Machtbereich des Todes hinein, was den Psalmisten mit Freude und Jubel erfüllt (vgl. Ps 16,9–11).[2]

Im karolingischen Stuttgarter Psalter findet sich eine Miniatur,[3] die den Beter des Psalms 16 zeigt, wie er sich von Gott beraten und in seinem Inneren ermahnen lässt (Ps 16,7), um in allen Lebensbereichen mit ihm zu leben und ihn beständig vor Augen zu haben (vgl. Ps 16,8).

Der nach seinem heutigen Aufbewahrungsort in der Württembergischen Landesbibliothek benannte Stuttgarter Psalter entstand zur Zeit des Karolingerherrschers Ludwig des Frommen (reg. 814–840) in der Benediktinerabtei Saint-Germain-des-Prés in der Nähe von Paris. Die Handschrift enthält 316 ausdrucksstarke und in lebendiger Buntheit ausgeführte Miniaturen, die als Streifenbilder bei den entsprechenden Psalmversen eingeschoben sind.[4] Die einzelnen Psalmen sind meist mit einer einzigen Darstellung versehen, manchmal aber auch mit zwei oder drei Bildern.[5]

Der mit zwei Miniaturen illustrierte Psalm 16 zeigt zunächst beim vierten Vers, wonach die Verehrung fremder Götter viele Schmerzen bereitet, den Teufel, der sich mit der Personifiktion der Unterwelt darüber bespricht, dass durch Jesus viele Menschen zur Heilung gelangen, die der Teufel mit Besessenheit und Krankheit geschlagen habe.[6]

Das zweite Bild zeigt den Beter des Psalms 16 und ist eingefügt zwischen dem Halbvers „benedicam Domino qui tribuit mihi intellectum insuper et usque ad noctem[7] increpaverunt me renes mei" (Ps 15,7 Vulgata), „Ich preise den Herrn, der mich beraten hat, und auch bis in die Nacht hinein mahnen mich meine Nieren" (Ps 16,7), und dem darauffolgenden Vers „providebam Dominum in conspectu meo semper quoniam a dextris est mihi ne commovear" (Ps 15,8 Vulgata), „Ich habe den Herrn beständig vor Augen. Er steht mir zur Rechten, ich wanke nicht" (Ps 16,8).[8] So wird deutlich, dass es dem karolingischen Miniaturisten darum ging, die Situation des Psalmisten darzustellen, der sich von Gott beraten und selbst in der Nacht in seinen „Nieren", also in seinem Inneren, mahnen lässt (vgl. Ps 16,7), um ganz vor Gottes Angesicht zu leben (vgl. Ps 16,8).

Die zwischen dem siebten und achten Vers des Psalms 16 eingefügte querformatige Miniatur ist von einem grünen Hintergrund unterlegt, der oben durch ein Wolkenband abgeschlossen wird,[9] das sich aus einem weißen, einem hellroten und einem dunkelroten Streifen zusammensetzt. Die untere Bildhälfte wird von einem braunen, gewellten Bodenstreifen begrenzt, der nach rechts hin zu einem Berg ansteigt. Aus

Der Beter vor Gott, Stuttgarter Psalter, Codex bibl. fol. 23, fol. 17r, um 820/30, Deckfarbenmalerei auf Pergament, 26,5 × 17,5 cm (Blattgröße), Stuttgart, Württembergische Landesbibliothek.

dem Berg entspringt eine zartblaue Quelle, die an ihrem Ursprung einen kleinen, dunkelblauen Tümpel gebildet hat und ihre Wasserströme nach links herablaufen lässt.[10] Die Landschaft mit der Quelle könnte auf das Land anspielen, das dem Psalmisten durch Gott als Erbe zugeteilt wird: „Du, Herr, gibst mir das Erbe und reichst mir den Becher; du hältst mein Los in deinen Händen. Auf schönem Land fiel mir mein Anteil zu. Ja, mein Erbe gefällt mir gut" (Ps 16,5–6).

Auf der ansteigenden Erdscholle ist der Beter dargestellt, der sich nach rechts in Richtung Berganstieg gewendet hat. Der bartlose, kurzhaarige Mann trägt Stiefel und ist mit einer kurzen, roten Männertunika bekleidet, die bis zu den Knien reicht und mit Säumen reich verziert ist. Die Borte am Halsausschnitt der Tunika läuft noch ein Stück an den Ärmeln herunter, die zusätzlich mit Streifen verziert sind.[11]

Der Beter hat seinen Kopf zur Hand Gottes herumgewendet, die sich ihm aus einem Himmelssegment entgegenstreckt.[12] Die Hand Gottes ragt zwischen einem äußeren, hellroten und einem inneren, weißen Kreisband hervor, während der innere Himmelskreis mit der kleinen roten Scheibe eines Himmelskörpers zartblau gefüllt ist. Die aus einem violetten Ärmel herausragende Hand Gottes ist mit überlangen Fingern wiedergegeben, wie es dem Stil des frühen 9. Jahrhunderts entspricht, als man sich von den klassisch-ruhigen Idealen der karolingischen Renaissance abwandte, um eine lebendig-expressive, ganz am Symbolischen orientierte Bildsprache auszubilden, in der nicht mehr die Form, sondern die religiöse Bedeutung im Vordergrund stand. Die Hand, die symbolhaft Gott vertritt, wendet sich im Redegestus an den Beter und segnet ihn zugleich, wie der lateinische Benediktionsgestus zeigt, bei dem der Zeigefinger, der Mittelfinger und der – auf der Miniatur nicht sichtbare – Daumen ausgestreckt sind, um das Mysterium der Dreifaltigkeit zu versinnbildlichen, während die beiden anderen, zurückgebogenen Finger auf die beiden Naturen Christi verweisen.[13]

Der Beter drückt seine rechte Hand demonstrativ auf den Rückenbereich, in dem sich die Nieren befinden, von denen der Psalmist gemahnt wird (vgl. Ps 16,7). Die biblische Anthropologie sieht in den Nieren das von Gott geschaffene (vgl. Ps 139,13) Organ der menschlichen Sensibilität. Zusammen mit dem Herzen meinen die Nieren fast immer das Innere des Menschen, das Gott allein kennt, prüft und durchforscht (vgl. Jer 11,20; 17,10; 20,12; Ps 26,2). So sind die Nieren der Sitz des Schmerzes, der Empfindungen (vgl. Ijob 16,13; 19,27; Ps 73,21) und damit auch des Gewissens (vgl. Ps 16,7b; Spr 23,16; Jer 12,2).[14] Wenn daher der Psalmist betet, dass er den Herrn, der ihn beraten hat, preist und dass er selbst während der Nacht durch seine Nieren unterwiesen wird (vgl. Ps 16,7), dann ist damit gemeint, dass er im Empfindungsorgan seines Gewissens die Mahnung Gottes vernimmt. Dass dieses Ratgeben und Ermahnen auch einen unbequemen und beunruhigenden Charakter haben kann,[15] hat der Miniaturist auf subtile Weise angedeutet, indem er den Beter seine rechte Hand wie auf schmerzende Nieren legen lässt.[16] Das Zuwenden zu Gott kommt dadurch zum Ausdruck, dass sich der Beter entgegen seiner eingeschlagenen Gehrichtung bewusst zu Gott umwendet und dabei seine linke Hand im Gebetsgestus zu Gott erhoben hat.[17]

Während seine rechte, an die Nieren greifende Hand für die Haltung der Offenheit gegenüber dem Rat und den Ermahnungen Gottes im Gewissen steht (vgl. Ps 16,7), verweist die in Orantenhaltung erhobene Hand auf das Bemühen, im Gebet „beständig" Gott „vor Augen" zu haben (Ps 16,8). Durch das Umwenden des Beters zur Hand Gottes, die zu seiner Rechten erscheint, kommt auch zum Ausdruck, dass Gott ihm zur Rechten steht, der ihn nicht wanken lässt (vgl. Ps 16,8).

Die Kirche als Schaf unter Wölfen

14. Sonntag im Jahreskreis. Evangelium: Lk 10,1–12.17–20

„Ich sende euch wie Schafe mitten unter die Wölfe."
Lk 10,3

Mit den von Jesus ausgesandten zweiundsiebzig Jüngern und der an sie gerichteten Rede setzt sich im Evangelium des 14. Sonntags im Jahreskreis das Thema der Nachfolge Christi fort. Nach der Schilderung der Aussendung der zwölf Apostel (vgl. Lk 9,1–6) berichtet das Lukasevangelium kurz darauf, wie Jesus auf seinem Weg nach Jerusalem weitere zweiundsiebzig Jünger auswählte, ihm in jene „Städte und Ortschaften" vorauszugehen, „in die er selbst gehen wollte" (Lk 10,1). Da in der griechischen Bibelübersetzung des Buches Genesis zweiundsiebzig Völker auf der ganzen Erde aufgezählt werden (vgl. Gen 10),[1] sind mit den zweiundsiebzig Boten nicht nur die damals von Jesus ausgesandten Jünger gemeint, sondern auch die nachösterlichen Missionare, die das Evangelium in der ganzen Welt verkünden werden. So fügt das Lukasevangelium im Blick auf die künftige Kirche gleich zu Beginn der Aussendungsrede Jesu an die Zweiundsiebzig hinzu, dass die Ernte groß sein wird und dass man um Arbeiter für diese Ernte bitten soll (vgl. Lk 10,2). Dass die weltweit missionarische Kirche auch Verfolgungen ausgesetzt sein wird, zeigt sich in dem auch im Matthäusevangelium (vgl. Mt 10,16) überlieferten Wort Jesu, dass die Mission seiner Jünger einer Sendung von Schafen „mitten unter die Wölfe" (Lk 10,3) gleichen wird.

DAS WORT JESU „ICH SENDE EUCH WIE SCHAFE MITTEN UNTER DIE WÖLFE" (Lk 10,3) stand auch einem Freskomaler vor Augen, der Ende des 4. Jahrhunderts in der römischen Prätextatuskatakombe das Bogengrab (arcosolium) der christlichen Matrone Celerina mit Fresken ausmalte. Dabei verknüpfte der unbekannte Künstler die in der Aussendungsrede Jesu angekündigte Sendung unter die Wölfe mit der im Buch des Propheten Daniel überlieferten Erzählung der Susanna, die durch zwei Älteste unschuldig angeklagt, aber durch Gottes Eingreifen gerettet wurde (vgl. Dan

13,1–64). So zeigt die Vorderwand des Arkosols ein mit „SVSANNA" bezeichnetes Schaf, das zwischen zwei Wölfen steht, die inschriftlich als „SENIORIS", als „Älteste", charakterisiert sind. Mit dieser in der Kunst einmaligen Tierallegorie[2] konnte der Künstler die zu Unrecht angeklagte und von Gott gerettete Susanna der Kirche als tröstendes Beispiel vor Augen führen, die ebenfalls wie ein unschuldiges Lamm durch wölfische Verfolger und Häretiker bedrängt wird (vgl. Lk 10,3).

Nach der im 13. Kapitel des Prophetenbuches Daniel überlieferten Erzählung erregte Susanna, die gottesfürchtige und schöne Frau des angesehenen Jojakim, die Begierde zweier Ältester, die als Richter amtierten. Die beiden Ältesten versteckten sich im Garten und bedrängten Susanna, nachdem diese nach Bereitstellung der Salben und des Öls ihre beiden Dienerinnen entlassen hatte, um allein zu baden. Als Susanna den beiden Ältesten widerstand und durch ihr Schreien Leute herbeirufen konnte, rächten sich die zwei Richter, indem sie verleumderisch behaupteten, sie hätten Susanna mit einem jungen Mann beim Ehebruch im Garten überrascht. Als dann Susanna wegen Ehebruch zum Tod verurteilt wurde, kam ihr Gott durch den jungen Propheten Daniel zu Hilfe, der auf dem Weg zur Hinrichtung gegen das Urteil Protest einlegte und eine getrennte Verhörung der beiden Ältesten erreichen konnte. Da die beiden Ältesten die Frage Daniels, unter welchem Baum sie den Ehebruch beobachtet hätten, widersprüchlich beantworteten und damit der Lüge überführt waren, verurteilte man sie anstelle der unschuldigen Susanna zum Tod.[3]

Seit Hippolyt von Rom (um 170–235) verstand man in der durch die beiden Ältesten bedrängten Susanna ein Bild für die verfolgte Kirche, die wie ihr alttestamentliches Vorbild die Rettung von Gott erwartet.[4] Hippolyt deutete zunächst Susannas Bad auf die Taufe, in der die Kirche wie eine reine Braut vor Gott stehe, begleitet von den beiden, Glaube und Liebe symbolisierenden Dienerinnen, die mit ihren Salben die Gebote Gottes und mit dem Öl die postbaptismale Salbung versinnbildlichen. In den verschiedenen Bäumen des Gartens, in dem Susanna badete, sah Hippolyt die auf Christus hin gepflanzten Glieder der Kirche, die sich durch ihr tugendhaftes Handeln bewähren müssen, um nach der Taufe durch die Befolgung der Gebote und in der Kraft des Heiligen Geistes treu zu bleiben und so ihre Rettung zu vollenden.[5] Die Bosheit der Ältesten und die keusche Standhaftigkeit Susannas bezog Hippolyt auf die stets von neuem bedrängte Kirche, die als Gemeinschaft der Gläubigen das Schicksal der Susanna zu tragen habe.[6] Wie die Ältesten Susanna belauerten, so werde die Kirche durch die Heiden beobachtet, um sie falsch anzuklagen.[7] Die Kirche werde aber nicht nur durch die in den beiden Ältesten vorgebildeten Juden und Heiden verfolgt, sondern leide auch unter den Häretikern.[8] Angesichts dieser Bedrängnisse sollten alle Christen Susanna nachahmen und damit die Mysterien der Kirche abbilden, um endgültg gerettet zu werden, den Glauben sündelos zu bewahren, kei-

Tierallegorie mit Susanna und den Ältesten sowie Heilige, Schafe, Tauben mit Christogramm und Christus, Rom, Prätextatuskatakombe, Arkosol der Celerina, Freskomalerei Ende 4. Jahrhundert.

nen lügnerischen Worten zu erliegen und auch nicht auf irdische Machthaber zu schauen, da nur Gott allein der Retter sei.[9]

Ab dem 3. Jahrhundert begann man in den Katakomben, den unterirdischen Friedhöfen der Christen Roms, Susanna als Sinnbild für die Errettung des Menschen durch Gott bildlich darzustellen. Um an den christlichen Totenstätten die göttliche Rettung zu veranschaulichen, stellte man neben der Geschichte Susannas noch weitere Erzählungen aus dem in der römischen Kirche beliebten Buch Daniel dar, das zu Beginn des 3. Jahrhunderts durch Hippolyt ausgelegt worden war. So zeigte man auf den Wänden der Katakomben die drei unversehrt im Feuerofen betenden hebräischen Jünglinge, die sich der Verehrung des Standbildes des babylonischen Königs verweigert hatten (vgl. Dan 3,1–97). Zahlreiche Bilder stellten den Propheten Daniel selbst dar, der wegen seiner Treue zur Anbetung Gottes in die Löwengrube gestoßen wurde und durch Gott bewahrt blieb (vgl. Dan 6,2–29).[10] Da die Christen des 3. Jahrhunderts ebenfalls Verfolgungen ausgesetzt waren und sich gleichsam als unter die Wölfe ausgelieferte Schafe sahen (vgl. Lk 10,3), erinnerten sie sich in ihren Begräbnisliturgien häufig an die im Danielbuch erretteten biblischen Vorbilder.[11] So betete man in der Totenliturgie des „Ordo commendationis animae", Christus möge die verstorbene Seele ebenso wie Susanna von der Falschanklage befreien.[12] Die Hoffnung, wie Susanna gerettet zu sein, wurde in der Prätextatuskatakombe dann auch der verstorbenen Celerina zugeeignet.[13] Neben der Tierallegorie im Friedhof des Prätextatus gibt es in römischen Katakomben noch weitere fünf Grabstätten, in denen die Geschichte der Susanna in szenischer Weise dargestellt wurde.[14]

Das 1848 durch den päpstlichen Archäologen Giovanni Battista de Rossi (1822–1894) ausgegrabene Arkosol der Celerina in der an der Via Appia gelegenen Prätextatuskatakombe lässt sich aufgrund des rechts neben dem Bogen auf der Vorderwand dargestellten Papstes Liberius (reg. 352–366) in das letzte Drittel des 4. Jahrhunderts datieren.[15] Die über dem Arkosol mit roten Festons reich dekorierte Vorderwand enthält die Reste einer lateinischen Inschrift mit dem Namen der in dieser Grabstätte beigesetzten Verstorbenen „CELERINA", der links über dem Scheitel des Bogens steht, während ganz rechts die Seligkeitsformel „[IN P]ACE", „in Frieden", erkennbar ist.[16] Um die auf der Vorderseite unterhalb des Bogens dargestellte zentrale Szene mit dem Schaf zwischen den Wölfen umfassend deuten zu können, muss auf das ganze Bildprogramm mit seinen historischen und hagiographischen Anspielungen eingegangen werden.

Die Malerei der Lünette in der hinteren Wand des Arkosols, die durch die Einfügung eines späteren Loculus stark zerstört ist, zeigt unten zwei Schafe, die sich einem in der Mitte stehenden Schaf zugewendet haben. Die drei friedlich weidenden Schafe versinnbildlichen die Seelen, die durch Christus auf die Weide des Paradieses geführt werden (vgl. Offb 7,17) und zu denen auch Celerina gehört, die sicherlich durch das mittlere Schaf repräsentiert wird.[17] Unterhalb des Scheitels der Lünette sind noch zwei Tauben erkennbar, die sich einem Christogramm zuwenden, das aus den beiden griechischen Anfangsbuchstaben X und P zusammengesetzt ist, um „XPICTOC", „Christus", zu bezeichnen. Die Tauben neben dem Christussymbol veranschaulichen den Glauben an den auferstandenen Christus und damit die Seligkeit der Verstorbenen im Frieden (in pace) des Himmels.[18] Im Scheitel der Bogenlaibung ist ein Tondo mit der Büste des jugendlich schönen, bartlosen Christus mit fast mädchenhaft langen Haaren zu sehen. Er ist mit einer weißen, purpurverbrämten Tunika und einem Pallium bekleidet, während sein Haupt von einem blauen Nimbus hinterfangen wird.[19] An die Christusbüste schließen sich zu beiden Seiten zwei stark zerstörte Figurengruppen mit jeweils zwei Heiligen an, deren Namen neben die Köpfe geschrieben waren. Im rechten Laibungsfeld ist die inschriftlich mit „PAVLVS" bezeichnete Gestalt des Heidenapostels dargestellt. Der kahlköpfige Paulus ist mit Tunika und Pallium bekleidet, trägt einen zugespitzten, aber geteilten Vollbart und hält in den Händen eine geschlossene Schriftrolle. Neben ihm steht der auf gleiche Weise gekleidete und ebenfalls einen Rotulus haltende Petrus, dessen Inschrift „[PETR]VS" sich noch erahnen lässt. Die turmartigen Bauten im Hintergrund dürften auf das himmlische Jerusalem verweisen. Auf der linken Seite lassen sich nur die rechte Ecke eines Turmes und der obere Teil eines inschriftlich als „SVSTVS" bezeichneten bartlosen Heiligen erkennen, der für Papst Sixtus II. (reg. 257–258) steht. Der nicht mehr erhaltene Heilige neben ihm dürfte Laurentius gewesen sein, der 258 unter Kaiser Valerian (reg. 253–260) als Diakon zusammen mit seinem Bischof Sixtus II. das Martyrium erlitten hatte. So korrespondieren die Apostelfürsten mit dem großen Märtyrerpaar der valerianischen Christenverfolgung.[20]

Die Malereien der Vorderwand des Arkosols zeigen oben die Grabinschrift für Celerina, an den beiden Seiten zwei Heilige und unten die gut erhaltene Szene der Tierallegorie mit dem zwischen den beiden Wölfen stehenden Lamm. Das mit „SVSANNA" betitelte, rötlich-graue Schaf hat seinen Kopf nach rechts zu einem der beiden ebenfalls rot-grauen, aber schwarz gescheckten Wölfe gewendet. Der Wolf, zu dem das Schaf blickt, ist mit der Inschrift „SENIORIS" bezeichnet, was „Älteste" bedeutet. Mit dieser Beschriftung wird deutlich, dass mit den beiden Raubtieren die im Buch Daniel erwähnten Bedränger der unschuldigen und gottesfürchtigen Susanna gemeint sind. Während das Schaf still steht, verweist die Schreitstellung der beiden schon gefährlich nahe herangerückten Wölfe auf die Raubgier und Wildheit der Bedränger. Die Bezeichnung als Susanna zeigt, dass Gott die durch das Schaf repräsentierte Seele der Verstorbenen ebenso wie ihr alttestamentliches Vorbild vor Bedrohungen bewahren soll, so dass sie in die selige Herde des Himmels eingehen kann, die in Form der drei weidenden Schafe im Lünettenbild dargestellt ist. Während im unteren Bild die Seele noch von zwei wölfischen Bedrängern umgeben ist (vgl. Lk 10,3), wird sie in der Lünette als im Paradies weidendes Lamm von zwei seligen Begleitern umgeben (vgl. Offb 7,17). Wie in der frühchristlichen, um die Befreiung der Seele betenden Totenliturgie richtet sich die Bitte an Christus, der als Büste im Scheitel der Bogenlaibung dargestellt ist, um die Seele vor dem Bösen zu bewahren und in die Schar der Seligen aufzunehmen, so wie einst die unschuldige Susanna durch göttliches Eingreifen vor der Falschanklage der Ältesten gerettet wurde. Die Bitte um die Aufnahme unter die Erwählten wird durch die Fürsprache der Heiligen unterstützt, von denen vier in der Laibung und zwei auf der Vorderfront dargestellt sind. Auf die Erfüllung der Bitte verweisen in der Lünette das zwischen zwei weiteren Schafen weidende Lamm und darüber die mit dem Christusmonogramm verbundenen Tauben, die für die mit Gott vereinten Seelen stehen.[21]

Auf der rechten Seite der Vorderwand ist Papst Liberius dargestellt, der offenbar von Celerina besonders verehrt wurde.[22] Der inschriftlich als „LIBER[I]VS" ausgewiesene Papst ist jung und mit kurzem Bart wiedergegeben, hält in den Händen eine Schriftrolle und trägt mit Tunika und Pallium die gleichen Gewänder wie die in der Bogenlaibung dargestellten Heiligen. Durch Liberius bekommt die Szene mit dem Schaf zwischen den Wölfen auch eine historische Dimension, da dieser Papst unter den häretischen Arianern viel zu leiden hatte. Diese wurden 325 auf dem Konzil von Nizäa verurteilt, weil sie die göttliche Wesensgleichheit Christi mit Gottvater leugneten und den Sohn Gottes nur als ein herausragendes Geschöpf betrachteten.[23] Als der arianerfreundliche Kaiser Constantius II. (reg. 337–361) seit 353 die Alleinherrschaft über das ganze Römische Reich erringen konnte, hielt der 352 zum Papst erwählte Liberius an der Lehre des Konzils von Nizäa fest, so dass er 355 durch den Kaiser nach Thrakien und 357 nach Sirmium verbannt wurde, während 356 Felix II. (gest. 365) in Rom als Gegenpapst eingesetzt wurde. Obwohl sich in Rom der Klerus weitgehend dem Gegenpapst angeschlossen hatte, hielten einflussreiche römische Frauen an Liberius fest und setzten sich 357 für dessen Rückkehr nach Rom ein. Wie ihr reich ausgestattetes Arkosol zeigt, könnte zu diesen vornehmen Römerinnen, die den Kaiser zur Rückkehr des Papstes aufforderten, auch Celerina gehört haben. Als Liberius 358 die auf der Synode von Sirmium beschlossene Einigungsformel unterschrieb, durfte er schließlich nach Rom zurückkehren. Obwohl der Kaiser die beiden römischen Bischöfe für gleichberechtigt erklärt hatte, wurde Liberius so begeistert empfangen, dass sich Felix II. zurückziehen musste. Der erfolgreich für die Befriedung der Kirche wirkende Liberius wurde nach seinem Tod am 24. September 366 wegen seines Exils sogar den Märtyrern gleichgestellt[24] und nicht nur an seinem Todestag, sondern auch am 17. Mai, dem Tag seiner Papsterwählung, liturgisch verehrt.[25] So scheint sich in der Darstellung des Liberius die Hochschätzung Celerinas für diesen standhaften und hochverehrten Papst widerzuspiegeln, dessen Schutz sie sich offenbar besonders empfohlen hat. Angesichts der Bedeutung, die Papst Liberius auf dem Arkosol der Celerina zukommt, geht es in der Tierallegorie nicht nur um die persönliche Rettung der Verstorbenen, sondern auch um ein Bild für die von den Arianern bedrängte und am nizänischen Bekenntnis festhaltende Kirche, die wie die unschuldige Susanna zwischen den Ältesten als Lamm unter den Wölfen erscheint (vgl. Lk 10,3). So spielt die Tierallegorie auf die Situation der Christen an, die wie Susanna durch die Ältesten bedroht sind, weil sie in einem feindlichen Umfeld leben. Die von den beiden Wölfen ausgehende bedrohliche Atmosphäre macht die Raubtiere nicht so sehr zu Sinnbildern für dämonische Mächte, die es auf die Seele der Verstorbenen abgesehen hätten, sondern vor allem zu Symbolen für die Feinde der katholischen Kirche, die durch ihre Häresien den wahren Glauben bedrohen.[26] Als räuberische Wölfe[27] und wilde Tiere[28] bezeichneten die Kirchenväter nicht nur die Verfolger der Kirche, sondern auch die Häretiker, die als Wölfe im Schafspelz wie harmlose Schafe daherkämen, aber in Wirklichkeit reißende Wölfe seien (vgl. Mt 7,15), wie 360 der ebenfalls exilierte Bischof Hilarius von Arles (reg. 349–367) in einem Pamphlet gegen Constantius II. schrieb.[29] In Anlehnung an das Wort Jesu von der Sendung der Schafe mitten unter die Wölfe (vgl. Lk 10,3) bezog sich der ebenfalls unter arianischen Irrlehrern leidende Mailänder Bischof Ambrosius (reg. 374–397) auf die durch die Arianer verursachte Exilierung der Bischöfe und sah die Christen nicht nur durch Verfolgung, sondern auch durch häretische Lehren bedroht.[30]

Vor diesem Hintergrund lässt sich die Liberius gegenüberstehende, nur fragmentarisch erhaltene Figur eines vollbärtigen Heiligen auf Hippolyt von Rom deuten, der hier offenbar als christlicher Philosoph einen Bart trägt. Wie Felix II. ab 356 war auch Hippolyt seit 217 zunächst Gegenbischof zu Calixtus (reg. 217–222) gewesen, hatte aber dann das Schisma beendet und starb schließlich an den Entbehrungen des Exils, das er zusammen mit Papst Pontianus (reg. 230–235) auf Sardinien erleiden musste. Der wegen seines Todes in der Verbannung den Märtyrern gleichgestellte und im 4. Jahrhundert in Rom stark verehrte Hippolyt genoss auch Ansehen wegen seines Kommentars zum Buch Daniel, in dem er Susanna als Sinnbild für die unschuldig verfolgte Kirche gedeutet hatte.[31] So galt auch Hippolyt als Hirte der verfolgten Herde der Kirche[32] und konnte zusammen mit Liberius als Verteidiger der Einheit der katholischen Kirche erscheinen, die beide das Schicksal der Verbannung teilten und die Schismen ihrer Zeit zu überwinden versuchten, Liberius gegenüber Felix II. und Hippolyt gegenüber Pontianus.[33]

Mit einer ikonographisch einzigartigen Tierallegorie wollte die Ende des 4. Jahrhunderts in ihrem Arkosol beigesetzte Celerina zum Ausdruck bringen, wie sehr sie sich angesichts der häretischen Wölfe ihrer Zeit zur Herde der katholischen Gläubigen zugehörig fühlte. Während sich Celerina im Lünettenfresko als Lamm zwischen zwei Schafen und damit als im Paradies weidende Seele sah, ging es ihr in der allegorischen Darstellung der von den Ältesten bedrohten Susanna um ihr Festhalten am katholischen Glauben. Dieser Glaube, von dem sich Celerina die ewige Seligkeit erhoffte, war in Rom durch die Anhänger des Arianismus und das von diesen Häretikern 356 verursachte Schisma bedroht. Wie die im Arkosol dargestellten Fürsprecher zeigen, wollte sich Celerina angesichts des bedrohten Glaubens unter den Schutz jener Heiligen stellen, die in Rom als Zeugen und Lehrer des wahren Glaubens besonders verehrt wurden, nämlich unter die Apostelfürsten Petrus und Paulus, unter den Märtyrer Laurentius und den in der Verbannung verstorbenen Hippolyt sowie unter die Päpste Sixtus II. und Liberius.[34]

Tierallegorie mit Susanna und den Ältesten

Das Gleichnis vom barmherzigen Samariter

15. Sonntag im Jahreskreis. Evangelium: Lk 10,25–37

„Als er ihn sah, hatte er Mitleid, ging zu ihm hin, goss Öl und Wein auf seine Wunden und verband sie. Dann hob er ihn auf sein Reittier."
Lk 10,33–34

Die Beispielerzählung vom barmherzigen Samariter, die am 15. Sonntag im Jahreskreis als Evangelium verkündet wird, gehört sicherlich zu den bekanntesten Gleichnissen Jesu. Nach dem Bericht des Lukasevangeliums wurde Jesus auf seinem Weg von Galiläa nach Jerusalem mitten in Samarien (vgl. Lk 9,51–52) von einem Gesetzeslehrer nach dem Hauptgebot gefragt (vgl. Lk 10,25), das in der Liebe zu Gott und zum Nächsten besteht (vgl. Lk 10,26–28; Dtn 6,5; Lev 19,18). Als der Gesetzeslehrer die Frage stellte, wer denn sein Nächster sei (vgl. Lk 10,29), antwortete ihm Jesus mit der Parabel vom barmherzigen Samariter. Jesus erzählte von einem Mann, der auf dem Weg von Jerusalem nach Jericho von Räubern überfallen und ausgeplündert wird, so dass er halb tot liegen bleibt (vgl. Lk 10,30). Während ein Priester und ein Levit, die auf dem Weg vorbeikommen, an dem Notleidenden vorübergehen (vgl. Lk 10,31–32), wendet sich ihm ein Mann aus Samarien voller Mitleid zu (vgl. Lk 10,33). Der Samariter gießt ihm Öl und Wein auf die Wunden, verbindet sie, hebt den Überfallenen auf sein Reittier und bringt ihn zu einer Herberge, wo er sich weiterhin um dessen Versorgung annimmt (vgl. Lk 10,34–35). Das Gleichnis betont den Kontrast zwischen der Gleichgültigkeit der eigentlich zur Gottes- und Nächstenliebe verpflichteten jüdischen Kultdiener und der unerwarteten Barmherzigkeit des Samariters, der von den Juden als Abtrünniger verachtet und gemieden wurde. Hatte der

Vincent van Gogh, Der barmherzige Samariter, 1890, Öl auf Leinwand, 73 × 60 cm, Otterlo, Rijksmuseum Kröller-Müller. ▷

Schriftgelehrte noch gefragt: „Und wer ist mein Nächster?" (Lk 10,29), so wird er mit der abschließenden Frage Jesu: „Wer von diesen dreien hat sich als der Nächste dessen erwiesen, der von den Räubern überfallen wurde?" (Lk 10,36), zur Aufgabe seines ichbezogenen Standpunktes gezwungen, um sich in den Notleidenden hineinzuversetzen. Bei der Frage nach dem Nächsten geht es also nicht mehr darum, wer ein Volks- und Glaubensgenosse ist, sondern wem man helfend zum Nächsten wird.[1]

IN DER KUNST DES 19. UND 20. JAHRHUNDERTS war die Parabel vom barmherzigen Samariter das am häufigsten dargestellte Gleichnis Jesu, da es als besonders geeignet erschien, um auch säkulare ethische Vorstellungen zum Ausdruck zu bringen. Auch wenn im frühen 19. Jahrhundert noch eine erzählfreudige Nähe zum Bibeltext vorherrschend war, so konzentrierte man sich zunehmend auf die Darstellung des Samariterdienstes und rückte den Priester, den Leviten und die Räuber in den Hintergrund. Da die barmherzige Hilfeleistung und das Zusammenspiel von Leid und Mitleid auch von nicht religiös gebundenen Betrachtern verstanden werden konnte, wurde die Gestalt des Samariters zur Symbolfigur für den guten Menschen, der sich den Notleidenden zuwendet.[2] Im späten 19. Jahrhundert stellte auch Vincent van Gogh (1853–1890) nach dem Vorbild von Eugène Delacroix (1798–1863) die barmherzige Tat des Samariters in den Mittelpunkt eines Gemäldes, das im Mai 1890 kurz vor seinem Tod entstand.

Vincent van Gogh wurde 1853 als Sohn eines calvinistischen Pfarrers geboren und arbeitete ab 1869 als Kunsthändler, musste aber schließlich 1876 kündigen, da er seinen Beruf zu sehr vernachlässigte, um sich privat mit religiösen Themen zu beschäftigen. Er versuchte sich dann als Auxiliarlehrer und Hilfsprediger und begann ein Theologiestudium, das er aber wegen Überforderung wieder abbrach. Er begann mit dem Zeichnen von Skizzen und besuchte 1878 eine Evangelistenschule bei Brüssel, um Laienprediger zu werden. Nachdem er als ungeeignet entlassen wurde, versuchte er aus freien Stücken, im belgischen Steinkohlerevier der Borinage unter ärmlichsten Bedingungen als Laienprediger unter den Arbeitern zu wirken, was ihm ab Januar 1879 dann auch offiziell für ein halbes Jahr gewährt wurde. Als er nach dieser Frist wegen mangelnder rhetorischer Begabung erneut abgewiesen wurde, wirkte er noch bis Juli 1880 auf eigene Faust unter den Armen und entschloss sich dann, Maler zu werden. Seit dieser Zeit wurde er von seinem Bruder Theo van Gogh (1857–1891) finanziell unterstützt, zumal sich Vincent van Gogh auch mit seinen Eltern überworfen hatte. Sein äußerlich so erfolgloses Leben, das ihm auch kein Glück in seinen Frauenbeziehungen bescherte, versuchte er immer mehr durch die Kunst zu verarbeiten. In Den Haag, wo er 1882 ein von seinem Bruder finanziertes Atelier bezog, entstanden seine ersten Ölbilder, bei denen er bereits zur Abstraktion tendierte und die Farbe als

Erscheinung begriff. Nach weiteren Stationen ging er 1886 nach Paris, wo er sich mit der Kunst der Impressionisten auseinandersetzte, seine Farbpalette aufhellte und intensiv experimentierte.[3] Schließlich verließ der psychisch labile Künstler 1888 die hektische Hauptstadt und ging nach Arles, wo er sich vom Licht der Provence inspirieren ließ und die Farbe immer mehr zum Träger seines künstlerischen Ausdruckswillens machte.[4]

Als sein Plan scheiterte, mit Paul Gauguin (1848–1903) ein gemeinsames Atelier im Süden zu gründen, nahm van Goghs Enttäuschung wahnhafte Züge an, so dass er sich, von Halluzinationen geplagt, am 23. Dezember 1888 sein rechtes Ohr abschnitt. Er begab sich im Mai 1889 freiwillig in die klösterliche Heilanstalt von Saint-Rémy, wo er trotz seiner periodisch auftretenden Anfälle arbeiten und in Begleitung auch die Anstalt verlassen konnte. Er wollte der Natur nahekommen und durch das Darstellungsmittel der Farbe den Grund des Lebens optisch sichtbar machen, so dass ihm die elementaren Dinge der Wirklichkeit immer mehr zum Gleichnis wurden. In diesem Prozess trat an die Stelle der Eindringlichkeit der Farben die Bewegtheit der Formen, die immer mehr zur leitenden Kraft seiner Bilder wurde.[5] Als er im Herbst 1889 einen neuen, schweren Anfall erlitt und von Suizidabsichten, Depressionen und Halluzinationen geplagt wurde, konnte er nur noch in seinem Zimmer malen, wo er Kopien eigener Bilder anfertigte oder schwarzweiße Drucke von Rembrandt (1606–1669), Delacroix oder Jean-François Millet (1814–1875) in farbige Gemälde umsetzte. Dennoch konnte er sich im Mai 1890 zu einem Besuch bei seinem Bruder in Paris aufraffen und eine Wohnung in Auvers-sur-Oise beziehen, wo ihn der Arzt und Freizeitmaler Paul-Ferdinand Gachet (1828–1909) betreute.

In dieser Zeit übernahmen die linearen Bildanteile in seinen Gemälden noch mehr die Führung gegenüber den farblichen Anteilen. Van Gogh war von einem neuen Schaffensdrang erfüllt, der ihn teilweise seine Krankheit vergessen ließ und ihn auch zur künstlerischen Beschäftigung mit der religiösen Thematik von Leiden und Erlösungshoffnung führte.[6] Als er sich aber mit Gachet überwarf und zudem sein Bruder familiär und beruflich in Schwierigkeiten geriet, war Vincent wegen Theos Nöte auch in seiner eigenen Existenz bedroht. Am Leben hielt ihn nur noch die Malerei, die er täglich bis zur Erschöpfung betrieb und die bereits auf eine erste lobende Kritik gestoßen war. Letztlich konnte er aber angesichts der Gefahr des endgültigen Irreseins und der völlig unsicheren äußeren Umstände keinen Sinn mehr in seinem Dasein sehen. Am Abend des 27. Juli 1890 schoss sich der lebensmüde Maler in die Brust und schleppte sich in sein Domizil zurück. Zwei Tage später verschied er in den Armen seines herbeigeeilten Bruders, der bald darauf selbst geistig zusammenbrach und am 25. Januar 1891 starb.[7]

Im Mai 1890 hatte Vincent van Gogh kurz vor seinem Weggang aus Saint-Rémy ein um 1850 von Eugène Delacroix gemaltes Bild mit dem barmherzigen Samariter kopiert, das als schwarzweiße Lithographie an der Wand seines Anstaltszimmers hing.[8] Dabei ging es van Gogh nicht um die Darstellung vergangener biblischer Szenen, sondern um den malerischen Ausdruck gegenwärtiger Empfindungen.[9] Ohne selbst Bilder mit biblischen Geschichten entwerfen zu wollen, zog er es vor, Menschen in ihren wirklichen Lebensverhältnissen zu zeigen und mit leuchtenden Farben zum Ausdruck zu bringen, wie sehr diese von der Ewigkeit erfüllt sind. Dennoch kopierte er in seinem letzten Lebensjahr in Saint-Rémy auch einige Werke der religiösen Malerei, in denen der leidende Maler seine noch in ihm keimende Erlösungshoffnung zum Ausdruck zu bringen vermochte. Im September 1889 fertigte er nach dem Vorbild von Delacroix das Ölbild einer Pietà an. Im Mai 1890 kopierte er dann ein 1630 von Rembrandt gemaltes Bild mit der Erweckung des Lazarus, wobei er die Gestalt Jesu symbolisch durch eine Sonne ersetzte und dem Auferweckten seine eigenen Gesichtszüge verlieh. Schließlich schuf er das Gemälde mit dem Samaritergleichnis nach Delacroix. In seinem Bild mit dem barmherzigen Samariter dürfte Vincent van Gogh auch die Hilfe seines Bruders Theo gewürdigt haben, der ihm durch seine ständige finanzielle Unterstützung und mitmenschliche Begleitung wie ein persönlicher Samariter zur Seite gestanden war.[10]

In Saint-Rémy hatte er in einem Brief an seinen Bruder angekündigt, das ihm als schwarzweiße Lithographie vorliegende Bild des barmherzigen Samariters von Delacroix zu kopieren. Auch wenn man von den Malern immer das selbständige Komponieren verlange, wolle er die Vorlage von Delacroix durch seine eigene neue Farbgebung persönlich interpretieren, so wie auch ein Musikstück von Ludwig van Beethoven (1770–1827) persönlich interpretiert wird, wenn jemand es spielt. Van Goghs Methode bestand darin, den schwarzweißen Druck vor sich hinzustellen und dann darüber in Farbe zu improvisieren. Seine eigene Interpretation verstand er in dem Zusammenklang der von ihm gefühlsmäßig erfassten Farben, auch wenn sie nicht die richtigen sind.[11] So malte er im Mai 1890 das Samaritergleichnis als spiegelverkehrte Kopie nach einer schwarzweißen Lithographie eines Gemäldes von Delacroix, von dem van Gogh nicht wissen konnte, dass es sich durch satte Farben und vor allem durch das leuchtend rote Gewand des Samariters auszeichnete. Van Gogh wählte für seine Kopie eine sehr helle und durch Blau, aber auch durch Gelbtöne dominierte Palette und ordnete sie den linearen Bildanteilen unter.[12]

In seinem hochformatigen Gemälde hatte Delacroix den Dienst des Samariters, der den Überfallenen auf sein Reittier hebt, ganz in den Mittelpunkt gestellt, während im Hintergrund die schluchtartige Landschaft mit dem Wasserfall, durch die der Weg führt, nur angedeutet ist.[13] Von Delacroix übernahm van Gogh das Hochformat und die Konzentration auf den Dienst des Samariters, der das größte und auffälligste Bildmotiv darstellt. Die Landschaft im Hintergrund stellte van Gogh als Gebirge dar, vor dem sich die Szene auf einem Weg abspielt, der von einer Wiese umgeben ist. Das Motiv der geöffneten Kiste am linken Bildrand und die beiden rückwärtigen, grauen Gestalten, die vom Geschehen weggehen, übernahm van Gogh ebenfalls von seinem Vorbild.

Van Goghs neue Interpretation besteht in der von ihm erfundenen hellen Farbgebung, die im Vordergrund von gelben Tönen dominiert ist. Diese hellen, warmen Farbtöne zeigen sich neben dem gelben Gewand des Samariters auch in der geöffneten, außen braunen und innen gelben Kiste am linken Bildrand, die an den vorausgegangenen Raubüberfall erinnert und mit einem blauen, nunmehr hingeworfenen Tuch ausgelegt war. Der Hintergrund des Bildes besteht aus einer Palette aus blauen Farbtönen. So zeigt das Gebirge helle Blautöne, die mit Grau und Weiß abgestuft sind und sich vom Vordergrund absetzen, auf dem ein sandfarbener Weg zu sehen ist und strohgelbes Gras wächst. Nach oben hin schließt sich eine hellgrüne Wiese an, die mit gewellten gelben Pinselstrichen durchsetzt ist. Im Gegensatz zu den warmen Gelbtönen im Vordergrund drücken die blauen und grauen Farben und der wie von Schnee bedeckte weiße Berg Kälte aus. Die Farben der felsigen, abweisenden Berge versinnbildlichen die kalte, egoistische Außenwelt und entsprechen auch den unbarmherzig weggehenden Männern, die ebenfalls in einem trostlosen und kalten Grau gemalt sind. Die größere Gestalt der beiden jüdischen Kultdiener ist gleich hinter der Kiste dargestellt, während die zweite Figur am oberen Ende des am linken Bildrand verlaufenden Weges zu sehen ist, wo sich die hellgrüne Wiese vom Blaugrau des Gebirges abhebt. Zum Zeichen ihrer Ignoranz wenden der Priester und der Levit nicht nur dem Geschehen, sondern auch dem Betrachter ihren Rücken zu, so dass ihre Gesichter nicht erkennbar sind (vgl. Lk 10,31–32).[14]

Das Zentrum des Bildes wird von der Szene des Samariterdienstes eingenommen (vgl. Lk 10,33–34). Die vielen dynamisch geschwungenen Linien auf der Wiese, im Gebirge und auf dem Weg lenken den Blick des Betrachters in die Bildmitte, die vor allem aus den großflächigen Gewändern des Samariters, des Verletzten und des Pferdes besteht. Die Gruppe des Samariters mit seinem Reittier und dem überfallenen Mann bildet eine fast kreisförmige Einheit, die durch ihre Abgeschlossenheit den Eindruck von Geborgenheit zu vermitteln vermag.[15] Der Samariter steht mit etwas nach rechts gedrehtem Rücken zum Betrachter hin und hat sein Gesicht mit geschlossenen Augen zum Verwundeten gewendet. Der kräftig gebaute Samariter versucht den Verletzten mit großer Anstrengung auf sein Pferd zu heben. Er stemmt sich mit seinem linken Bein gegen den Boden, stützt den linken Fuß des Opfers auf seinen Oberschenkel und umgreift den Oberkörper des Verwundeten, indem er mit seiner rechten Hand den linken Unterarm des Verletzten umfasst. Beim Hochstemmen beugt er sich zurück und scheint dabei fast das Gleichgewicht zu verlieren, da sein rechter Fuß lediglich auf dem Fußballen steht und aus dem locker sitzenden Schuh zu rutschen droht. Die Körperhaltung und die geschlossenen Augen des Samariters zeigen die große Kraftanstrengung, die ihm das Hinaufheben des Verletzten auf das Pferd abverlangt.[16] Die offenbar kostbare Kleidung des Samariters besteht aus warmen Farben. Er trägt dunkelgraue Pantoffeln und ist mit orientalischen Gewändern bekleidet. Seine turbanähnliche Mütze, die wie ein roter Edelstein leuchtet und mit einem weißen Schal umwickelt ist, entspricht der historischen Tracht, wie sie im 19. Jahrhundert von den Samaritern getragen wurde.[17] Unter seinem knielangen, goldgelben Gewand, das an den Armen hochgekrempelt ist, trägt der Samariter eine ebenfalls bis an die Knie reichende weite Hose.[18]

Der überfallene, nur mit einer Hose bekleidete Mann trägt einen weißen Kopfverband, den ihm der Samariter nach der Reinigung der Wunden mit Öl und Wein um das Haupt gewickelt hat, um ihn dann nach dieser Erstversorgung auf sein Reittier zu heben (vgl. Lk 10,34). Der Verletzte hängt halb auf dem Pferd und kann in seiner Kraftlosigkeit nur seinen Kopf aufrecht halten. Die Züge in seinem fahlen, eingefallenen Gesicht spiegeln Erschöpfung und Traurigkeit wider. Er hat die Mundwinkel nach unten gezogen und seine Augen leicht geöffnet. Der Verwundete ist ganz auf Hilfe angewiesen und hält sich krampfhaft an seinem Gegenüber fest. Während sich der Verletzte mit seiner linken Hand an der rechten Schulter des Samariters abstützt, schlingt er seinen rechten Arm um dessen Hals und krallt seine Finger in die rechte Schulter seines Helfers, als wolle er sie nicht mehr loslassen. Durch diese gegenseitige Berührung, die auch ihre Gesichter aneinanderrücken lässt, kommt es zu einem intensiven Körperkontakt, durch den die Einheit zwischen dem Samariter und dem Opfer betont wird. Der starke Samariter und der schwache Verwundete bilden eine Einheit, die auch durch die gleiche blaue Farbe der Hosen der beiden Männer zum Ausdruck kommt.[19]

Das braune, gezäumte Pferd des Samariters steht ruhig mit eng aneinandergelegten Vorderbeinen da und blickt mit seinem Kopf aus dem Bild heraus. Durch seine bewegungslose Haltung wirkt das Reittier geduldig und treu. Bereitwillig wartet es, bis sein Herr ihm den Verwundeten auf seinen Rücken gehoben hat. Das Pferd scheint die schwierige Situation des Hochhebens verstanden zu haben und will durch Stillstehen das Tun seines Besitzers unterstützen. Mit seinem offenbar kostbaren Zaumzeug deutet das kräftige Pferd an, dass sein Herr ein vermögender Mann ist, der auch ein reiches Herz besitzt.[20]

Für Vincent van Gogh und auch schon für sein Vorbild Eugène Delacroix stand der anstrengende Akt des Helfens mit dem Hinaufheben des Verwundeten auf das Reittier im Vordergrund. Mehr noch als durch das vorausgehende Reinigen und Verbinden der Wunden konnte es durch diesen Akt des Hinaufhebens auf das Pferd zu einer engen Beziehung zwischen dem Samariter und dem überfallenen Mann kommen. Während mit der Darstellung des Priesters und des Leviten der krasse Gegensatz zur guten Tat des Samariters nicht unangedeutet bleibt, kommen die Räuber nicht zur Darstellung, da es nicht auf die vorausgehende Ursache des Leidens ankommt, sondern nur darauf, wie die Not konkret gelindert wird. Auch die sich anschließende Herbergsszene (vgl. Lk 10,34–35) wird nicht dargestellt, damit ganz das unmittelbare Helfen zum Ausdruck kommen kann, auf das es auch Jesus angekommen war, wie seine abschließenden Worte zeigen: „Dann geh und handle genauso!" (Lk 10,37).[21]

Marta und Maria

16. Sonntag im Jahreskreis. Evangelium: Lk 10,38–42

„Marta, Marta, du machst dir viele Sorgen und Mühen.
Aber nur eines ist notwendig."
Lk 10,41

Nach dem Lukasevangelium gründet das rechte Handeln im rechten Hören auf das Wort Jesu. Deshalb folgt auf die Beispielerzählung vom barmherzigen Samariter (Lk 10,25–37) die Erzählung vom Besuch Jesu bei den Schwestern Marta und Maria (Lk 10,38–42), in der es darum geht, dass man zuerst auf das Offenbarungswort Jesu hören muss, um es dann auch in tätiger Liebe umsetzen zu können.

So lenkt das Evangelium des 16. Sonntags im Jahreskreis den Blick auf die verschiedenen Weisen, mit denen Marta und Maria Jesus aufgenommen hatten, der in ihr Haus eingekehrt war, um ihnen das Wort Gottes zu verkünden. Während Maria zu Füßen Jesu das Heilswort hörte (vgl. Lk 10,39) und für dieses Aufnehmen des Wortes vom Herrn gelobt wurde (vgl. Lk 10,42), erhielt Marta, die ganz mit der Zubereitung der Mahlzeit für Jesus beschäftigt war (vgl. Lk 10,38.40), eine Zurechtweisung. Dabei wurde Marta nicht wegen ihrer gastfreundlichen Dienstbereitschaft getadelt, sondern wegen ihrer exzessiven Geschäftigkeit und ihres übertriebenen Sorgens. Indirekt wies Jesus sie auch wegen ihrer Ichbezogenheit zurecht, die in ihrer gereizten und gegenüber dem Gast Jesus taktlosen Rede zum Ausdruck kommt: „Herr, kümmert es dich nicht, dass meine Schwester die ganze Arbeit mir allein überlässt? Sag ihr doch, sie soll mir helfen!" (Lk 10,40). Weil Marta wegen ihrer übertriebenen Sorge die Heilsbotschaft des Herrn als das eigentliche Gastgeschenk missachtete, musste sie den Tadel Jesu hören: „Marta, Marta, du machst dir viele Sorgen und

Jacopo Tintoretto, Christus bei Marta und Maria, um 1580, Öl auf Leinwand,
200 × 132 cm, München, Alte Pinakothek.

Mühen. Aber nur eines ist notwendig. Maria hat den guten Teil[1] gewählt, der soll ihr nicht genommen werden" (Lk 10,41–42). Obwohl mit Jesu Wort das Reich Gottes in Martas Haus gekommen war, das man sich nicht erarbeiten, sondern nur annehmen kann, hatte Marta übersehen, dass Christus nicht kommen wollte, um sich bedienen zu lassen, sondern um zu dienen (vgl. Lk 22,27; Mk 10,45). Maria dagegen konnte Jesus richtig aufnehmen, weil sie das vom Herrn verkündete Wort Gottes gehört und angenommen hatte (vgl. Lk 10,39; 11,28). Maria begriff das Aufnehmen der Heilsbotschaft als das eine Notwendige (vgl. Lk 10,42), denn es ist problematisch, dienen und Gastfreundschaft praktizieren zu wollen, ohne zuvor Christus und sein Wort empfangen zu haben.[2] Die Perikope von Marta und Maria zeigt, dass sich der Mensch das Heil – den „guten Teil" Marias (Lk 10,42) – nicht durch eigenes Tun erwirbt, sondern durch das hörende Annehmen jenes Heilswortes, das den Menschen die Liebe lehrt. So wird er befähigt, den göttlichen Gastgeber in tätiger Liebe nachzuahmen, während er in einem nur mit eigenem Tun angefüllten Leben die in ihm grundgelegte Würde der Gotteskindschaft nicht zur Entfaltung bringen könnte.

IN DER AUSLEGUNG DER KIRCHENVÄTER wurde das aktive Mühen Martas auf die „vita activa" des tätigen Lebens und das empfangende Zuhören Marias auf die „vita contemplativa" des beschaulichen Lebens bezogen.[3] Die Kirchenväter hielten zwar die verschiedenen Weisen, mit denen die aktive Marta und die beschauliche Maria dem Herrn begegnet sind, grundsätzlich für gut, erkannten aber der von Christus gelobten Maria (vgl. Lk 10,42) und damit der von ihr verkörperten Kontemplation einen inneren Vorrang zu, weil sie als Schau (contemplatio) der göttlichen Mysterien bereits auf die endzeitliche Vollendung ausgerichtet sei.[4]

In der christlichen Kunst wurde diese Perikope eher selten dargestellt, obwohl sie eine reiche Auslegungstradition hatte und Maria als Schwester der Marta und des Lazarus (vgl. Joh 11,28–33; 12,1–8; Lk 10,38–42) seit der Zeit der Kirchenväter mehrere prominente Gleichsetzungen mit anderen neutestamentlichen Frauengestalten erfuhr. So sah man in ihr die stadtbekannte Sünderin, die Jesus im Haus des Pharisäers Simon die Füße salbte (vgl. Lk 7,36–50), und identifizierte sie mit Maria Magdalena, die durch Christus von sieben Dämonen befreit wurde (vgl. Lk 8,2), Jesus zusammen mit Johanna und Susanna mit ihrem Vermögen unterstützte (vgl. Lk 8,3), in Betanien sechs Tage vor Ostern Jesus mit einem kostbaren Nardenöl die Füße salbte (vgl. Joh 12,1–8), unter dem Kreuz ihres Meisters ausharrte (vgl. Mt 27,56; Mk 15,40; Lk 24,10; Joh 19,25), beim Begräbnis Jesu half (vgl. Mt 27,61; Mk 15,47) und schließlich dem Auferstandenen begegnete (Mt 28,1–10; Joh 20,14–17).[5] Seit dem Mittelalter galt Maria Magdalena besonders im Predigerorden der Dominikaner als Vorbild für den Predigtdienst, da sie am Ostermorgen den Aposteln die Auferstehung Christi zu verkünden hatte (vgl. Joh 20,17–18) und damit zur „Apostola Apostolorum" geworden war. So hatte auch der Dominikaner Jakobus de Voragine in seiner um 1264 verfassten „Legenda aurea" mehrmals die Verkündigungstätigkeit Maria Magdalenas hervorgehoben und betont, dass sie mit ihrem Mund, der einst die Füße Jesu geküsst habe (vgl. Lk 7,38), besser als alle anderen gepredigt habe.[6]

Am Beginn der mittelalterlichen Darstellungen der Marta-Maria-Perikope stand die Reichenauer Buchmalerei, in der vor allem die Macht des Wortes Christi in sakraler Monumentalität zum Ausdruck gebracht wurde.[7] Im Spätmittelalter schilderte Giovanni da Milano (gest. nach 1369) die Szene auf anschauliche und affektive Weise, wie sein um 1365 entstandener Magdalenenzyklus in der Cappella Rinuccini in Santa Croce zu Florenz zeigt. Seit dem 16. Jahrhundert wurde der Besuch Christi bei Marta und Maria als bedeutungs- und spannungsreiches biblisches Historienbild häufiger dargestellt,[8] so auch um 1580 durch den Venezianer Jacopo Tintoretto (1518–1594).

Tintoretto, der eigentlich Jacopo Robusti hieß,[9] war zusammen mit Tizian (1488/90–1576) und Paolo Veronese (1528–1588) der bedeutendste venezianische Maler des 16. Jahrhunderts. Der seit 1539 als selbständiger Maler bezeugte Tintoretto schuf bedeutende Gemälde für die Kirchen und Bruderschaften Venedigs, vor allem für die Ausstattung der Säle der Rochusbruderschaft, an der er von 1564 bis 1588 immer wieder arbeitete. Tintorettos Gemälde zeichnen sich durch ihre ungewöhnlichen und auch eigenwilligen Bildfindungen aus, aber auch durch die Bewegtheit ihrer Figuren, durch eine bis dahin nicht bekannte Tiefe des Bildraumes und vor allem durch ihre unvergleichlichen Lichtwirkungen.[10]

Das um 1580 von Tintoretto gemalte Bild mit dem Besuch Christi im Haus der Marta zeigt Jesus als göttlichen Lehrer und Maria Magdalena als seine aufmerksame Schülerin. Mit seiner faszinierenden Lichtregie und der Hervorhebung der Gestalt Maria Magdalenas gehört auch dieses Gemälde zu jenen außergewöhnlichen Bildfindungen Tintorettos, für die der große venezianische Manierist bekannt war. Das Gemälde befand sich spätestens Ende des 17. Jahrhunderts in der Augsburger Dominikanerkirche St. Magdalena, die 1513/15 unter dem humanistisch gebildeten Prior Johannes Faber (um 1470–1530) als zweischiffige Hallenkirche neu erbaut worden war.[11] Wie aus der 1709 verfassten Beschreibung der Klosterkirche durch den Dominikaner Anton Pez hervorgeht, diente Tintorettos Gemälde zu dieser Zeit als Altarbild des Magdalenenaltars, der ganz im Osten am ersten Mittelpfeiler stand und wohl 1686 als schwarzweißer Stuckmarmoraltar eine Erneuerung erfahren hatte.[12] Obwohl teilweise eine Beauftragung durch die Augsburger Patrizier- und Kaufmannsfamilie Welser angenommen wurde,[13] liegen keine sicheren Hinweise für mögliche Stifter vor.[14] So muss offenbleiben, ob Tintorettos Gemälde schon vor der Mitte des 17. Jahrhunderts auf dem Magdalenenaltar der Augsburger Predigerkirche stand und ob es ursprünglich überhaupt als Altarbild gedacht war.[15] Während angesichts des seltenen und für eine sakrale Stiftung ungewöhnlichen Bildthemas Zweifel an einer ursprünglichen Verwendung als Altarbild aufkommen können,[16] sprechen die Größe des zwei Meter hohen Gemäldes und die auf eine Fern- und Zentralsicht ausgerichtete Komposition des Bildes gegen eine rein private Funktion und für eine von Anfang an beabsichtigte altarähnliche Aufstellung.[17] Auch wenn es fraglich bleibt, ob man schon Ende des 16. Jahrhunderts bereit gewesen wäre, Tintorettos ungewöhnliches Gemälde auf einem Altar zu dulden, so hatte sich doch spätestens Ende des 17. Jahrhunderts das hochformatige Gemälde mit der in prominenter Weise dargestellten Klosterpatronin als Altarbild des Magdalenenaltars angeboten.[18] Der Kunstwert des Gemäldes wurde schließlich auch durch Papst Pius VI. (reg. 1775–1799) gewürdigt, als er am 4. Mai 1782 Augsburg besuchte und kurz vor Mittag in die Dominikanerkirche ging, um die berühmten Kunstwerke – darunter auch das Bild Tintorettos – zu bewundern, ein kurzes Gebet davor zu verrichten und den Segen zu erteilen.[19] Als das Dominikanerkloster 1803 säkularisiert wurde, ging das Gemälde in Staatsbesitz über, befand sich bis 1909 in der Augsburger Filialgalerie und ist seitdem in der Alten Pinakothek in München ausgestellt.[20]

Tintoretto, der oftmals nur jene Gemälde signierte, die für den Export bestimmt waren, firmierte das Gemälde unten links auf dem Fußboden mit „JACOBVS TINTORETVS. F.".[21] Mit dieser selbstbewussten Signatur in lateinischer Majuskel unterstrich Tintoretto den Wert seiner künstlerischen Interpretation der Marta-Maria-Perikope. Geht man von einer Stiftung des Bildes nach Augsburg aus, dann wollte Tintoretto vielleicht auch noch posthum seinem 1576 verstorbenen Konkurrenten Tizian die Stirn bieten, der sich 1548 und 1550 zeitweise in der kaiserlichen Reichsstadt Augsburg aufgehalten hatte.[22]

Wie so oft in Tintorettos Bildern ist auch sein Gemälde mit dem Besuch Jesu bei Marta und Maria durch den Kontrast zwischen der Tiefe des Raumes und den im Vordergrund handelnden Figuren geprägt.[23] So fällt der Blick des Betrachters in das Innere eines geräumigen, reich ausgestatteten Hauses, das vom Wohlstand der beiden Schwestern kündet.[24] Im rechten Hintergrund ist eine herrschaftliche Küche zu sehen, in der mehrere Stufen zu einem offenen Kamin hinaufführen, vor dem ein Krug und Schürgeräte stehen. Darüber sind schwere, purpurfarbene Vorhänge in die Höhe gerafft, um sie gegebenenfalls herunterzulassen und den Speiseraum vom Rauch abzuschirmen. Über dem Herdfeuer hängt an einer langen Kette ein geschwärztes Gefäß herab, in dem eine Dienerin umrührt. An der Wand links vom Kamin sind ein

Abstelltisch mit Küchengeräten und Tüchern sowie ein Wandfach zu sehen. Darüber hängt eine Reihe großer Kupferkessel, die sich im Lichtschein des Herdfeuers widerspiegeln. Nach oben hin sind Regale angebracht, in denen silberne Prunkgeschirre ausgestellt sind, die ebenfalls das Licht reflektieren.[25]

Nach links schließt sich ein hoher Durchgang mit vergittertem Rundbogenabschluss an, der in einen Garten mit hohen Bäumen führt. Durch die Türöffnung strahlt ein mildes Abendlicht, das auf fünf Apostel herableuchtet, die wohl als Vorhut weiterer Jünger herandrängen. Die an ihren Nimben erkennbaren Jünger tragen biblisch-antikisierende Gewänder. Die rechte innere Laibungskante des Durchgangs bildet die mittlere Vertikale des Gemäldes, auf die auch die Perspektive des ganzen Bildraumes ausgerichtet ist. Die dominierende Linie der Mittelvertikale zeigt, dass sich die raumgebenden Architekturelemente bildparallel am Rahmen orientieren, um eine womöglich beabsichtigte fern- und zentralansichtige Wirkung des Gemäldes zu unterstützen. Die strenge Bildarchitektur des Durchgangs bildet auch eine Trennung zwischen dem Hausinneren und der äußeren Landschaft, die hinter dem Türrahmen sichtbar wird. Links neben dem Türrahmen steht eine Dienerin mit weißem Kopftuch, die sich mit einem kahlköpfigen Hausverwalter bespricht, der mit seiner rechten Hand besorgt auf die Apostel hinweist, die als weitere Gäste herandrängen.[26]

Marta und Maria tragen reiche Gewänder und heben sich deutlich von dem einfach gekleideten Dienstpersonal ab, zu dem der Hausverwalter und die beiden Mägde gehören. Die Schwestern haben kostbaren Schmuck angelegt und sind festlich mit Gewändern aus edlen Stoffen bekleidet, die sich kaum zur Hausarbeit eignen. Marta und Maria tragen Broschen, Armbänder, Kopfschmuck, seidene Kopfschleier, perlenbesetzte Gürtel und goldgewirkte Tücher. Die reiche Ausstattung der Schwestern erinnert mit den Krönchen, Schleiern, Armreifen und besonders mit den Brautgürteln an zeitgenössischen jüdischen Brautschmuck und ruft damit auch die damals geläufige polemisch-christliche Assoziation vom angeblich reichen Judentum in Erinnerung.[27] Die Überlieferung vom Reichtum Maria Magdalenas geht auf die „Legenda aurea" des Dominikaners Jakobus de Voragine (1228/29–1298) zurück. Demnach seien Lazarus, Marta und Maria aus edlem Geschlecht stammende und reich begüterte Geschwister gewesen. Lazarus habe einen großen Teil von Jerusalem besessen, Marta die Ortschaft Betanien und Maria die Familienstammburg Magdalum am See von Galiläa.[28] Die beiden reich gekleideten Schwestern in ihrem opulenten Haushalt verweisen auch auf die im Durchgang herandrängenden Apostel, die es genauso wie die Dominikaner zu unterstützen gilt, sollte das Bild von Anfang an für deren Augsburger Klosterkirche als Altarbild gestiftet worden sein.[29]

Der am oberen Tischende sitzende bärtige und mit einem graublauen Hemd bekleidete Mann dürfte nicht zu den Aposteln gehören, da er weder Nimbus noch antikisierende Gewänder trägt. In dieser Männergestalt wird man wohl Lazarus zu sehen haben, der mit verschränkten Armen dem Gespräch zwischen Jesus und seiner neben ihm stehenden Schwester Marta lauscht.[30]

Am schrägen, rotgedeckten Tisch umschließen Jesus, Marta und Maria einen Kreis. Diese Dreierbeziehung wird durch das dreieckige, beleuchtete Tischende wiederholt, das die Gruppe miteinander verbindet.[31] Da der Tisch leer ist, weil noch keine Speisen aufgetragen sind, kommen die Hände Christi und der beiden Schwestern wirkungsvoll zur Geltung. Während am unteren Tischende Jesus sitzt, beugt sich die rechts neben dem Tisch stehende Marta zu Maria herab, die auf einem nicht sichtbaren Schemel zu Füßen des lehrenden Christus sitzt (vgl. Lk 10,39).[32] Unterstützt wird die zentrale Kreisbewegung zum einen durch die Drehung der drei Protagonisten im Uhrzeigersinn, die alle Körperbiegungen und die Köpfe einbezieht, zum anderen durch die Halbierung des Bildes auf der Höhe des Blickes Marias sowie der Handgesten Jesu und Martas.[33] Durch die um die leere Mitte angeordneten und spannungsreich aufeinander bezogenen Figuren verweist die Komposition auf Tintorettos gleichzeitige Malereien im oberen Saal (Sala superiore) der Rochusbruderschaft in Venedig.[34] Nimmt man eine ursprüngliche Stiftung als Altarbild an, dann dürfte der durch seine Schrägstellung und Beleuchtung hervorgehobene Tisch auch eine Erinnerung an den Altar bedeuten, der sich unter dem Gemälde befunden hat.[35]

Nachdem sich Christus an den Tisch gesetzt und Maria sich zu seinen Füßen niedergelassen hat, tritt Marta von hinten heran, um sich über ihre Schwester zu beklagen (vgl. Lk 10,40). Auch wenn die beiden Schwestern in gleicher Pracht gekleidet sind, unterscheiden sie sich doch sehr in den Gesten ihrer Hände. Marta hält in ihrer linken Hand ein weißes Küchentuch und richtet den vorwurfsvoll ausgestreckten Zeigefinger ihrer Rechten auf Maria, wobei sie mit ihrem Fingergestus auch einen Wink vorwegnimmt, mit dem sie ihre Schwester in die Küche hinter ihr rufen will. Im Gegensatz zu Martas labiler Haltung, mit der sie sich vorlehnt, verharrt Maria, auf einem unsichtbaren Schemel sitzend, in einer stabilen Ruhepose. Mit ihrer halb nach innen geöffneten Rechten zeigt Maria, wie sehr sie sich von den Worten Jesu innerlich bewegen lässt.[36] Wie ihre rechte Hand, so geht auch ihr Blick nach innen, so dass man den Eindruck hat, als sei sie ganz im Hören und damit auch in der eigentlichen Schau versunken. Obwohl Marta in diese konzentrierte Ruhe mit ihrer Fingergeste energisch einbricht, vermag sie die innige Verbindung zwischen Jesus und ihrer Schwester kaum zu stören.[37]

Dass der Kopf Martas direkt mit der rechten Laibungskante des offenen Türrahmens abschließt, dürfte kein Zufall sein, da dieser Durchgang in die Außenwelt und damit in die äußerlich-aktive Sphäre der „vita activa" führt, für die gerade Marta steht, während Maria ganz auf den Innenraum des Hauses bezogen bleibt. So wird der streng zwischen Außen- und Innenwelt trennende Durchgang auch zu einem Sinnbild für das innerlich-kontemplative Hören Maria Magdalenas und das äußerlich-aktive Besorgtsein Martas,[38] zumal bei der Auferweckung ihres Bruders Lazarus von Maria gesagt wurde, dass sie innen im Haus blieb (vgl. Joh 11,20), um dort Jesus zu erwarten (vgl. Joh 11,28–29), während Marta draußen dem Herrn entgegenging (vgl. Joh 11,20). Seit Origenes (um 185–253/54) wurde dieses unterschiedliche Verhalten der beiden Schwestern bei der Ankunft Jesu zur Erweckung ihres Bruders auf den Vorrang der Kontemplation vor der Aktion gedeutet. In Maria, die zu Hause wartete, um Jesus in sich zu empfangen, sah Origenes ein Bild für die geistlich Fortgeschrittenen, die zur innerlichen Aufnahme Christi fähig sind. Die Jesus entgegenlaufende Marta deutete Origenes auf die Anfänger im geistlichen Leben, die Christus noch nicht in sich aufnehmen können, weil sie noch zu sehr an äußere Dinge gebunden sind.[39]

Im linken Bildvordergrund ist Jesus zu sehen, wie er sich der ihm zu Füßen sitzenden Maria mit einer leichten Herabbeugung zuwendet, um ihr das Wort Gottes zu verkünden.[40] Christus trägt auf seinem Leib ein rotes Gewand, das mit seiner Blutfarbe auf die Menschennatur verweist, die der Sohn Gottes angenommen hat, um sie in seiner Erlöserliebe für die Sünden der Welt am Kreuz als Sühneopfer darzubringen. Das blaue Obergewand versinnbildlicht die göttliche Natur Christi, die er als Sohn Gottes von Ewigkeit her besitzt. Jesus ist im Profil gegeben und trägt mit Bart und langen, dunklen Haaren die für ihn charakteristischen Gesichtszüge. Ein Strahlennimbus umspielt sein teilweise verschattetes Haupt. Jesus ist als Lehrer ausgewiesen, der in seiner Konzentration die Augen fast geschlossen hält und seine Worte durch die Gesten seiner Hände unterstreicht.[41] Bei der unsichtbaren, vom linken Bildrand her kommenden Lichtquelle handelt es sich im Gegensatz zum künstlichen Licht des Herdfeuers um ein übernatürliches Strahlen. Von dieser himmlischen Lichtquelle wird Jesus von hinten her beleuchtet und Maria ganz getroffen, während sich Marta nur mit dem Oberkörper in das Licht hineinbeugt.[42] Neben der gemeinsamen übernatürlichen Lichtquelle sind Jesus und Maria auch durch die Farben ihrer Gewänder verbunden. Das Rot des Leibgewandes des göttlichen Lehrers findet sich im Obergewand Marias wieder, und umgekehrt entspricht das Blau des Mantels Jesu der Farbe des Mieders seiner aufmerksamen Zuhörerin. Die Gewänder Martas zeigen zwar auch diese beiden Farben, sind aber bei ihr stark abgedunkelt, da sie sich durch ihr übertriebenes Sorgen den Zugang zum lichtvollen Aufnehmen des göttlichen Offenbarungswortes selbst verstellt hat.[43]

Von der hell beleuchteten Tischdecke heben sich im Gegenlicht die beiden gestikulierenden Hände Jesu ab, mit denen er sich Maria zuwendet. Die Silhouette des ausdrucksstarken Fingerspiels Jesu bildet die eigentliche Mitte der ganzen Bildkomposition. Jesus greift mit der linken Hand in die halbgeöffnete Rechte, indem er mit dem Daumen und dem Zeigefinger seiner Linken den angewinkelten kleinen Finger der rechten Hand anhebt. Diese Handgebärde geht auf das seit der Antike bekannte Fingerzählen zurück, das als allgemein verständliche Zeichensprache auch noch im 16. Jahrhundert lebendig war. Das Anheben des kleinen Fingers bedeutet den Rechengestus der Zahl Eins, deren Wert als kleinste natürliche Zahl der Kürze des „mignolo", des kleinen Fingers, entspricht. Mit der Betonung der Zahl Eins unterstreicht Jesus sein Wort an Marta, die sich „viele Sorgen und Mühen" macht, obwohl „nur eines" notwendig ist, nämlich das eine, das Maria „gewählt" hat und das „ihr nicht genommen werden" soll (Lk 10,42). Dieses eine besteht in der Frohbotschaft des Reiches Gottes, das mit Christus gekommen ist und das Maria durch ihr empfangsbereites, kontemplatives Hören angenommen hat.[44]

Der Zugang zu Tintorettos Bild geschieht wesentlich durch den Zählgestus der Finger Jesu, mit dem er auf das eine Notwendige hinweist, das sich die ihm zu Füßen sitzende und zuhörende Maria erwählt hat (vgl. Lk 10,42). Zu dieser Botschaft gelangt der Betrachter nicht dadurch, dass eine der dargestellten Personen „aktiv" zu ihm in Blickkontakt treten würde, sondern dass er sich auf das Fingerspiel Christi und damit auf den um sich selbst kreisenden und ganz „kontemplativ" wirkenden Gehalt des Bildes einlässt. Vom Gedanken des einen Notwendigen her wird der Betrachter dann auch für die weiteren Hinweise sensibel, mit denen die Bezogenheit von Kontemplation und Aktion veranschaulicht wird.[45] So erkennt der Betrachter den Unterschied zwischen dem übernatürlichen, kontemplativ zugänglichen Licht und dem künstlichen Licht, das durch die menschliche Aktion hervorgerufen wird. Er nimmt den Innenraum als Sinnbild für die kontemplative Innerlichkeit wahr und erkennt im offenen Türrahmen die Außenwelt. In diesem Durchgang stehen die Jünger Jesu, die aus der betenden und betrachtenden Erfahrung der Innerlichkeit in die Aktion der Predigt hinausgehen, um ihre Kontemplation in der apostolischen Aktion fruchtbar werden zu lassen. Wie Christus den innerlichen Reichtum der sich in seinem Strahlenkranz manifestierenden unmittelbaren Schau seines himmlischen Vaters an Maria weiterzuschenken vermag, so geben auch die ebenfalls im Licht stehenden und nimbierten Apostel die Heilsbotschaft in der Verkündigung weiter. Damit symbolisieren die draußen vor dem Haus stehenden Apostel das Fruchtbarwerden der Kontemplation in der Aktion, wie es bereits Thomas von Aquin (1225–1274), der größte Theologe des Predigerordens, formuliert hatte: „Es ist größer, das in der Beschauung Empfangene an andere weiterzugeben, als bloß der Beschauung zu leben (majus est contemplata aliis tradere, quam solum contemplari)."[46] Schließlich wird auch die ganz im Licht der Kontemplation erstrahlende Maria Magdalena nach ihrer Begegnung mit dem Auferstandenen am Ostermorgen mit den Worten „Ich habe den Herrn gesehen" (Joh 20,18) als „Apostolin der Apostel" an die Jünger weitergeben, was sie selbst geschaut hat. Unmittelbar neben den Aposteln ist am Türrahmen, der das äußere Tätigkeitsfeld der Aktion veranschaulicht, Marta zu sehen, die zwar schon tatbereit steht, aber noch nicht kontemplativ zugerüstet ist, um ihrem Tun höhere Fruchtbarkeit zu verleihen. Da Marta nur ihr eigenes, wenn auch gutgemeintes Werk ausführt, ohne sich zuvor um den Empfang des göttlichen Lebens zu bemühen, bleibt ihr die Erfahrung noch verwehrt, wie fruchtbar es ist, das von Gott Empfangene weiterzugeben und nicht nur ein bloßes Menschenwerk zu verrichten. Deshalb muss Marta die Mahnung Christi hören, sich vor dem aktiven Dienen zuerst kontemplativ mit dem einen Notwendigen beschenken zu lassen. Maria Magdalena aber soll das, was sie erwählt und von Christus empfangen hat, nicht genommen werden, damit sie es bewahrt, um als „Apostola Apostolorum" das Geschaute weitergeben zu können.

Die Bitten des Vaterunsers

17. Sonntag im Jahreskreis. Evangelium: Lk 11,1–13

„Da sagte Jesus zu ihnen: Wenn ihr betet, so sprecht:
Vater, dein Name werde geheiligt."
Lk 11,2

Im Anschluss an die Perikope von Marta und Maria (Lk 10,38–42) schildert Lukas im Evangelium des 17. Sonntags im Jahreskreis, wie Jesus seine Jünger das Vaterunser lehrt. Als die Jünger sahen, wie Jesus betete, traten sie an ihn heran und baten ihn: „Herr, lehre uns beten, wie schon Johannes seine Jünger beten gelehrt hat" (Lk 11,1). Darauf lehrte er sie das Vaterunser, das mit der einleitenden Anrede des Vaters beginnt (vgl. Lk 11,1; Mt 6,9) und sich mit zwei unterschiedlichen Reihen von Bitten fortsetzt. Während sich die ersten drei Bitten auf Gottes Namen, Reich und Willen beziehen (vgl. Lk 11,2; Mt 6,9–10), geht es in den folgenden vier Bitten um die leibliche Gabe des täglichen Brotes (vgl. Lk 11,3; Mt 6,11) sowie um die geistlichen Gaben des Vergebens, des Widerstehens in der Versuchung und der Rettung vom Bösen (vgl. Lk 11,4; Mt 6,12–13). Das Vaterunser, das aus der Logienquelle stammt, ist sowohl bei Lukas (Lk 11,2–4) als auch in der Bergpredigt des Matthäusevangeliums (Mt 6,9–13) überliefert. Da aber im Matthäusevangelium die einleitende Anrufung des Vaters mit dem Zusatz „im Himmel" (Mt 6,9) erweitert ist und sich auch die Bitten um das Geschehen des göttlichen Willens (vgl. Mt 6,10) und um die Bewahrung vor dem Bösen (vgl. Mt 6,13) nur bei Matthäus finden, wurde das Vaterunser in der Liturgie und im privaten Gebet von Anfang an nach der reicheren Version des Matthäusevangeliums gebetet. Dies zeigt auch die noch im 1. Jahrhundert entstandene syrische Kirchenordnung der Didache, die das Vaterunser nach der Fassung des Matthäusevangeliums überlieferte und den Christen auftrug, dieses Gebet dreimal am Tag zu beten.[1]

IN DER CHRISTLICHEN KUNST WURDEN DIE SIEBEN BITTEN DES VATERUNSERS im Spätmittelalter nur ganz vereinzelt als lehrhafte Unterrichtsschemata mit Spruchbän-

Carlo Adam, Die Anrufung des Vaters – Gottvater als Herr des Himmels und der Erde, 1689, östliches Deckenfresko im Ostjoch des Chores, Pfarrkirchen, Wallfahrtskirche Gartlberg.

dern dargestellt. In der reformatorischen Kunst entstanden dann kurz vor 1523 durch Hans Holbein den Jüngeren (1497/98–1543) und 1527 durch Lucas Cranach den Älteren (1472–1553) Holzschnittfolgen, in denen die einzelnen Bitten des Vaterunsers illustriert und dabei auch assoziativ biblischen Szenen zugeordnet wurden.[2] Diesem Prinzip der Textillustration folgte auch noch der italienische Maler Carlo Adam, als er 1689 den Chor der Wallfahrtskirche auf dem Gartlberg im niederbayerischen Pfarrkirchen mit acht Deckenfresken ausmalte, in denen er die Anrufung Gottvaters und die sieben Vaterunserbitten szenisch darstellte.

Die Wallfahrt auf den Gartlberg entstand, als 1634 der Pfarrkirchener Hutmacher Wolfgang Schmierdorfer in Regensburg von einem evangelischen Tagwerker ein auf Kupferblech gemaltes Bild mit der Schmerzhaften Gottesmutter – ein sogenanntes Vesperbild, eine Pietà – erworben hatte. Nachdem er es zunächst bei sich zu Hause verwahrt und verehrt hatte, heftete er das Bild am 3. März 1659 auf dem Gartlberg an einen Föhrenbaum, so dass auch das Volk zu dem Vesperbild hinaufging. Als am 23. Juni 1660 ein schon tot geglaubtes Mädchen aus einer tiefen Wassergrube gerettet werden konnte und ein großer Pilgerstrom einsetzte, wurde eine Holzkapelle errichtet und die Seelsorge den Franziskanern aus dem nahen Eggenfelden übertragen. Von 1661 bis 1669 wurde durch den Graubündener Baumeister Domenico Cristoforo Zuccalli (vor 1650–1702) die heutige Wallfahrtskirche erbaut. Nachdem man das Gnadenbild am 16. November 1687 von der Holzkapelle auf einen provisorischen Hochaltar übertragen hatte, wurde dieser am 11. Juli 1688 durch den Passauer

Weihbischof Johannes Maximus Stainer (reg. 1682–1692) konsekriert. Am Tag darauf weihte er noch zwei weitere Altäre. Die lombardischen Künstler Giovanni Battista Carlone (um 1642–1721) und Paolo d'Allio (1655–1729), die aus Scaria im Val d'Intelvi bei Como stammten, stuckierten nach der Weihe der Gartlberger Wallfahrtskirche den Chor und errichteten den Hochaltar in Stuckmarmor. Die beiden italienischen Stuckateure waren seit 1677 an der von 1668 bis 1693 durchgeführten Barockisierung des Passauer Doms beteiligt, die nach dem großen Stadtbrand von 1662 notwendig geworden war. Der aus Blessagno im Val d'Intelvi stammende Carlo Adam, der ebenfalls als „welscher Maler" in Passau tätig war, schuf für die Gartlbergkirche die acht Gewölbefelder des zweijochigen Chores mit den Fresken zum Vaterunser, für die er 1689 mit 168 Gulden entlohnt wurde.[3]

Gegenüber dem feierlich-prunkvollen Passauer Dom stuckierten Giovanni Battista Carlone und dessen Hauptmitarbeiter Paolo d'Allio das Chorgewölbe der Gartlberger Wallfahrtskirche festlich-froher und lockerer. So sind die acht Deckenbilder Carlo Adams von lebhaft geschweiften Stuckornamenten aus kraftvollem Akanthuswerk, üppigen Fruchtgewinden, Rosetten, Engelsköpfen, Früchten und Blumen umrahmt. Auch der Gurtbogen, der die beiden Chorjoche trennt, wurde unter der Hand der italienischen Stuckateure zu einem schmückenden Ornament.[4]

Wie die Gartlberger Fresken zeigen, beherrschte Adam die Errungenschaften der untersichtigen Malweise (dal sotto in su) der italienischen Freskanten und führte auch die Verkürzungen der Figuren sicher aus. Seine Deckengemälde zeigen ein stark lokalfarbiges und teilweise aus dem Dunkeln hervorleuchtendes Kolorit, das an die Buntfarbigkeit der von 1679 bis 1684 durch den Tessiner Maler Carpoforo Tencalla (1623–1685) ausgeführten Fresken im Hauptschiff des Passauer Domes erinnert. Wie Tencalla tendierte auch Adam dazu, die Bildflächen ohne allzu große Anwendung luftperspektivischer Kunstgriffe auf Kosten einer atmosphärischen Tiefenwirkung großfigurig zu füllen. Mit ihrer kraftvollen Farbigkeit, ihrem großformatigen Figurenstil und den verschiedenen Standpunkten, die der Betrachter zum Anschauen der einzelnen Fresken einnehmen muss, wirken die kleinteiligen Deckenbilder noch wie an die Decke applizierte Tafelbilder (quadri riportati).

Dass die italienischen Stuckateure und ihr Landsmann Carlo Adam auch bildprogrammatisch zusammenarbeiteten, zeigt sich im ersten Deckenbild, das als östliches Fresko im Ostjoch des Chores direkt über dem Hochaltar ansetzt. Während Adam in diesem Fresko seinen Vaterunserzyklus mit der Anrufung der ersten göttlichen Person Gottvaters beginnen ließ, ergänzten die Stuckateure durch die Anbringung der Geisttaube im Auszug des Hochaltars die Trinität durch die Darstellung der dritten Person des Heiligen Geistes. Durch die Einfügung des 1687 durch den Pfarr-

Carlo Adam, Die erste Vaterunserbitte um die Heiligung des Namens des Vaters – Verehrung des Jesusmonogramms, 1689, nördliches Deckenfresko im Ostjoch des Chores, Pfarrkirchen, Wallfahrtskirche Gartlberg.

Carlo Adam, Die zweite Vaterunserbitte um das Kommen des Reiches Gottes – Ratschluss der Erlösung, 1689, südliches Deckenfresko im Ostjoch des Chores, Pfarrkirchen, Wallfahrtskirche Gartlberg.

kirchener Maler Franz Ignaz Bendl geschaffenen Altarbildes mit dem auferstandenen Christus kam schließlich auch der Sohn Gottes als zweite Person der Dreifaltigkeit zur Darstellung.[5] Die einleitende Anrufung „Vater unser im Himmel" (nach Mt 6,9) illustrierte Adam mit einer kraftvoll bewegten, michelangelesken Figur Gottvaters, die der Gestalt Gottvaters ähnelt, wie sie Tencalla 1679/85 in der Kuppel des Passauer Domes gemalt hatte. Vor einer Himmelswolke, deren Farbe die Erinnerung an Gold hervorrufen soll, erscheint Gottvater mit einem hellblauen Gewand und einem virtuos flatternden rötlichen Mantel. Er trägt gemäß den Visionen des Propheten Daniel die charakteristischen Gesichtszüge des „Hochbetagten" (vgl. Dan 7,9) mit langem, ungeteiltem Bart.[6] Angesichts des schmalen, querformatigen Bildfeldes zeigte Adam die Figur Gottvaters in untersichtiger Verkürzung und mit zwei ausgebreiteten Armen, die seitlich weit auszugreifen vermögen. Seine Linke lässt er über drei geflügelte Engel walten, die zwischen Wolken schweben und die unsichtbare Himmelsschöpfung repräsentieren. Seine Rechte umfasst zum Zeichen der Herrschaft über die sichtbare Schöpfung der Erde die Weltkugel, vor der ein rückenansichtig dargestelltes nacktes Menschenkind auf einer dunklen Wolke lagert. Da dieses Kind im Unterschied zu den mächtigen Schwingen der Engel auf der gegenüberliegenden Seite keine Flügel besitzt, kann mit dieser Gestalt kein Putto, sondern nur ein Mensch gemeint sein.

Somit veranschaulicht die kleine Figur den Menschen, den Gott nach seinem Ebenbild und Gleichnis geschaffen hat (vgl. Gen 1,26–27). Das Kind schaut zu Gottvater als seinem Schöpfer auf und ermöglicht durch seine rückenansichtige Darstellung dem Betrachter, die gleiche Blickrichtung einzunehmen, um die Anrufung „Vater unser im Himmel" (nach Mt 6,9) auszusprechen.

Die auf die Anrufung Gottvaters folgende erste Bitte des Vaterunsers „geheiligt werde dein Name" (nach Mt 6,9; vgl. Lk 11,2) schließt sich im nördlichen Bildfeld an. Die Heiligung des unaussprechlichen Namens Gottes erfolgt in Form der Anbetung des heiligsten Namens Jesu, in dem allein das Heil zu finden ist (vgl. Apg 4,11–12), wie Petrus vor dem Hohen Rat predigte: „Denn es ist uns Menschen kein anderer Name unter dem Himmel gegeben, durch den wir gerettet werden sollen" (Apg 4,12). So erscheint vor einem himmlischen Wolkengrund oben das Jesusmonogramm IHS, das seit dem 16. Jahrhundert vor allen durch den Jesuitenorden verbreitet wurde. Das IHS leitet sich von der Transkription der beiden ersten Lettern und des letzten Buchstabens des griechischen Namens Jesu (IHCOYC) ab, wobei das Sigma am Wortende durch den entsprechenden lateinischen Buchstaben wiedergegeben wurde. Über dem Mittelbuchstaben erscheint ein Kreuz, das eine Umformung des über der Abbreviatur liegenden Kürzungsstriches darstellt. Die drei Kreuznägel, die unter dem Monogramm zu sehen sind, verweisen auf das Erlösungswerk Christi, durch das die Menschen gerettet wurden.[7] Die Anbetung des göttlichen Namens erfolgt durch Engel im Himmel. Während rechts aus einer dunkel dräuenden Wolke zwei Puttenköpfe herausblicken, sind im Himmelsgrund, der hier sogar luftperspektivisch aufgehellt ist, weitere Engelsköpfe zu sehen, die teilweise ihre Augen zu dem Jesusmonogramm über ihnen aufgeschlagen haben. Am unteren Bildrand vollziehen drei Engel die Anbetung des heiligsten Namens Jesu. Zwischen zwei größeren, bekleideten und geflügelten Engeln schwebt in der Mitte ein fast nackter Putto. Die jeweils im verlorenen Profil, seitlich und rückenansichtig dargestellten drei Engel sind so angeordnet, dass der Betrachter ihre anbetende Ausrichtung mitvollziehen kann, um mit ihnen die Heilung des Namens Gottes zu erbitten (vgl. Mt 6,9; Lk 11,2), die im Reich der Engel schon verwirklicht ist, während sie auf Erden noch im geistlichen Kampf errungen werden muss.

Die zweite Vaterunserbitte „dein Reich komme" (Mt 6,10; vgl. Lk 11,2) ist im gegenüberliegenden Bildfeld auf der Südseite dargestellt. Um diese Bitte zu veranschaulichen, wurde das Bildmotiv des Ratschlusses der Erlösung gewählt und damit der Gedanke verknüpft, dass mit dem freiwilligen Herabsteigen des menschgewordenen Sohnes Gottes aus der himmlischen Herrlichkeit das Reich des Vaters auf der Erde

Carlo Adam, Die dritte Vaterunserbitte um das Geschehen des göttlichen Willens – Jesus am Ölberg, 1689, westliches Deckenfresko im Ostjoch des Chores, Pfarrkirchen, Wallfahrtskirche Gartlberg.

angebrochen ist und nun seiner im Gebet ersehnten Vollendung entgegenstrebt. Das im Mittelalter entstandene Bildmotiv des Ratschlusses der Erlösung fasste den Herabstieg des Sohnes Gottes aus dem Himmel als trinitarische Sendung auf, die vom Willen des Vaters ausgeht und sich im Heiligen Geist vollzieht. In der süddeutschen Barockkunst stand besonders die Selbstentäußerung des menschgewordenen Gottessohnes im Mittelpunkt, der im Himmel aus den Händen Gottvaters unter der Assistenz des Heiligen Geistes das Kreuz zur Erlösung der Menschheit auf sich nimmt.[8] Im Gartlberger Fresko spielt sich der Ratschluss der Erlösung vor einer goldgelben Himmelskulisse mit Wolken und Engelsköpfen ab. Der auf einer Wolke thronende Gottvater ist mit hellen, rötlichen und blauen Gewändern bekleidet und trägt die Gesichtszüge des „Hochbetagten" (vgl. Dan 7,9). Über ihm schwebt die weiße Taube, die in der Kunst zum wichtigsten Symbol des Heiligen Geistes geworden war, seit der Geist Gottes bei der Taufe Jesu in Gestalt einer Taube auf den Gottessohn herabgekommen war (vgl. Mk 1,10). Die Geisttaube hat in auffallender Weise ihren Kopf Gottvater zugewendet und bringt damit zum Ausdruck, dass der Heilige Geist dem Heilsplan des Vaters zustimmt, der in der Rettung des Menschengeschlechtes durch die Sendung des Sohnes besteht. So hat Gottvater seine rechte Hand zu seinem Sohn hin erhoben, um ihn auf die Erde zu senden. Der Sohn ist mit einem roten Mantel bekleidet, der auf seine Menschennatur verweist, die er angenommen hat, um durch die Hingabe seines

Leibes am Kreuz die in Sünde und Tod verstrickte Menschheit zu erlösen. Zum Zeichen seines Gehorsams umarmt der Sohn das Kreuz mit seiner rechten Hand, auf dem bereits das Stigma seiner Kreuzannagelung zu sehen ist. Auch mit seinem auf den Vater gerichteten Blick zeigt der Sohn, dass er bereit ist, das Erlösungswerk auf sich zu nehmen und damit das Reich seines Vaters auf Erden zu begründen. Im unteren Teil des Freskos sind zwei Männer dargestellt, die sich der Trinität zuwenden und für die Menschheit stehen, die um die Vollendung des mit dem Erlösungswerk des Sohnes bereits angebrochenen Reiches Gottes beten, was besonders bei der linken Gestalt deutlich wird, bei der die Hände bittend erhoben sind. Beide Männer sind erneut rückenansichtig wiedergegeben, damit sich der gläubige Betrachter der Bitte „dein Reich komme" (Mt 6,10; vgl. Lk 11,2) anzuschließen vermag.

Die dritte Bitte des Vaterunsers „dein Wille geschehe wie im Himmel, so auf der Erde" (Mt 6,10) ist im westlichen Deckenbild des östlichen Chorjoches dargestellt. Als Vorbild des Bittens um die Erfüllung des göttlichen Willens erscheint im Fresko der am Ölberg im Garten Getsemani betende Sohn Gottes selbst. Als Jesus vor seiner Passion in Getsemani von Todesangst ergriffen wurde (vgl. Mt 26,37; Mk 14,33; Lk 22,44) und ihn die Frage bedrängte, ob für das Kommen des Reiches Gottes wirklich das Trinken des Leidenskelches und das Sterben des Gottessohnes notwendig sind, betete der Erlöser zu seinem Vater in der gleichen Weise, wie er es zuvor seine Jünger im Vaterunser gelehrt hatte: „Vater, wenn du willst, nimm diesen Kelch von mir! Aber nicht mein, sondern dein Wille soll geschehen" (Lk 22,42; vgl. Mt 26,39.42; Mk 14,36). Vor einem atmosphärisch blauen Himmel, der die Geschichtlichkeit der Ölbergszene vor Augen führt, deutet das querformatige Fresko den Garten Getsemani mit einheimischen Nadelbäumen an. In der Bildmitte ist der mit weißem Untergewand und rotem Mantel bekleidete Erlöser zu sehen. Er hat sich zum Gebet niedergelassen und die Augen zu seinem himmlischen Vater emporgehoben. Während Jesus mit verschränkten Händen betet, naht sich ihm ein geflügelter Engel, der ihm mit seiner Rechten den Leidenskelch vor Augen stellt, den es nach dem Willen des Vaters zu trinken gilt, um das Menschengeschlecht zu erlösen. Zu diesen erlösungsbedürftigen Menschen gehört auch der schlafende, jugendliche und bartlose Apostel Johannes, auf den der Engel mit seiner linken Hand zeigt. Johannes war wie sein Bruder Jakobus und Petrus, die Jesus zum Gebet in den Garten Getsemani mitgenommen hatte (vgl. Mt 26,37; Mk 14,33), müde geworden und eingeschlafen (vgl. Mt 26,40.43.45; Mk 14,37.40–41; Lk 22,45). So stellt der Engel mit der Gebärde seiner linken Hand nicht nur dem Erlöser die Heilsbedürftigkeit der Menschen vor Augen, sondern mahnt auch den Betrachter, im Bitten um das Geschehen des göttlichen Willens nicht nachzulassen, damit er sich

Carlo Adam, Die vierte Vaterunserbitte um das tägliche Brot – Brotvermehrung Jesu, 1689, östliches Deckenfresko im Westjoch des Chores, Pfarrkirchen, Wallfahrtskirche Gartlberg.

nicht nur im Himmel im Reich der Engel, sondern auch auf Erden unter den Menschen verwirkliche (vgl. Mt 6,10).

Die vierte Vaterunserbitte „Unser tägliches Brot gib uns heute" (nach Mt 6,11; vgl. Lk 11,3) ist im östlichen Deckenbild des Westjoches des Chores dargestellt. Als Vorbild für das vertrauensvolle Bitten um das tägliche Brot erscheint erneut Christus, der hier beim Wunder der Brotvermehrung gezeigt wird. Der Künstler hat sich bei der Darstellung des Wunders nicht an einem bestimmten Bericht orientiert, sondern die verschiedenen neutestamentlichen Überlieferungen der Brot- und Fischvermehrung miteinander verbunden. So zeigt das Bild, wie Jesus über die zu ihm gebrachten Brote betet, nachdem er die Menge angewiesen hat, sich niederzulassen (vgl. Mt 14,18–19; 15,35–36; Mk 6,39–41; 8,6; Lk 9,14–16; Joh 6,10–11). Nicht mehr dargestellt ist das Überreichen der von Jesus gebrochenen Brote an die Jünger, damit diese sie zusammen mit den Fischen an die Menschen austeilen, um alle zu sättigen (vgl. Mt 14,19–20; 15,36–37; Mk 6,41–42; 8,8; Lk 9,17; Joh 6,11–12). Das Wunder spielt sich vor einem atmosphärisch blauen Himmel ab, der auch hier den Ereignischarakter der biblischen Szene unterstreicht. Die im Hintergrund sichtbaren Bäume verweisen auf die ländliche Gegend, in der die Menschen auf wunderbare Weise gespeist wurden. Der bärtige und langhaarige Christus ist in der Bildmitte mit dem roten Gewand seiner Menschennatur und dem blauen Mantel seiner Gottheit dargestellt. Rechts vor ihm steht in Rückenansicht ein Jünger, der in antikisierende Gewänder gekleidet ist. Da er sich seinem Herrn zuwendet und gleichzeitig mit seiner rechten Hand auf einen Jüngling mit zwei Fischen zeigt, ist in diesem Jünger der Apostel Andreas zu sehen, der einen kleinen Jungen zu Jesus gebracht hatte. Der Junge trug neben fünf Broten auch zwei Fische bei sich (vgl. Joh 6,9), die Jesus dann zusammen mit den Broten verteilen ließ (vgl. Mt 14,17; Mk 6,38; Lk 9,13; Joh 6,9). Hinter Christus sind zwei weitere, bärtige Jünger zu sehen, die schon bereitstehen, um die durch ihren Meister vermehrten Brote und Fische auszuteilen. Auf der linken Seite sind die Köpfe einiger Menschen zu sehen, die für die Hungrigen stehen, die sich nach Jesu Anweisung niedersetzen sollten. Im Vordergrund bringt ein Mann mit freiem Oberkörper einen Korb mit sieben Broten (vgl. Mt 15,34; Mk 8,5), die von Jesus gesegnet werden (vgl. Lk 9,16).[9] Deutlich ist der lateinische Segensgestus dargestellt, bei dem die beiden kleinen, etwas zurückgebogenen Finger die zwei Naturen Christi symbolisieren, während die drei übrigen, ausgestreckten Finger auf die Trinität verweisen. Wie Jesus bei der Brotvermehrung zu seinem Vater gebetet hat (vgl. Mt 14,19; 15,36; Mk 6,41; 8,6; Lk 9,16; Joh 6,11), so sollen auch die Gläubigen vertrauensvoll zu ihrem himmlischen Vater um das tägliche Brot bitten (vgl. Mt 6,11; Lk 11,3).

Die fünfte Vaterunserbitte „und vergib uns unsere Schuld, wie auch wir vergeben unsern Schuldigern" (nach Mt 6,12; vgl. Lk 11,4) schließt sich im westlichen Chorjoch auf der Nordseite an. Das Fresko zeigt links unten einen jungen Mann, der mit einem grünen Gewand und einem roten Mantel bekleidet ist. Er kniet nach vorne gebeugt auf einem Stück Erde, das mit Pflanzen bewachsen ist. Der Mann greift mit seiner linken Hand an seine halb entblößte Brust und hat seine Rechte in einer bittenden und empfangsbereiten Gebärde vor sich ausgebreitet. Seine kniende, gebeugte Haltung, sein geneigtes Haupt und vor allem die Schuldgeste seiner linken Hand, mit der er sich an die Brust fasst (vgl. Lk 18,13), weisen den Mann als reuigen Sünder aus, der sich seiner Schuld bewusst ist und Gott um Vergebung anruft, wie es der fünften Vaterunserbitte entspricht. Als sündige Menschen sind wohl auch die ganz links unter einem blauen Himmelsausschnitt vor einem Baum erkennbaren Köpfe eines Mannes und einer verschleierten Frau zu deuten, die nachdenklich einander anschauen. Auf die menschliche Bitte um die Vergebung der Schuld antwortet Gottvater vom Himmel her, der von Engeln umgeben auf den Wolken thront. Über ihm schwebt vor der hellen goldgelben Himmelsglorie die Geisttaube, die auf den Sünder herabblickt und wohl deutlich machen soll, dass jede wahre Sündenerkenntnis ein Werk des im Gewissen des Menschen wirkenden Heiligen Geistes ist. Der in einen hellblauen Mantel und in ein rötliches Gewand

Carlo Adam, Die fünfte Vaterunserbitte um die Vergebung der Schuld – Gottvater vergibt einem Sünder, 1689, nördliches Deckenfresko im Westjoch des Chores, Pfarrkirchen, Wallfahrtskirche Gartlberg.

Carlo Adam, Die sechste Vaterunserbitte um die Bewahrung in der Versuchung – Versuchung Jesu durch den Satan, 1689, südliches Deckenfresko im Westjoch des Chores, Pfarrkirchen, Wallfahrtskirche Gartlberg.

gekleidete Gottvater trägt die für ihn charakteristischen Züge des „Hochbetagten" (vgl. Dan 7,9) mit langem, ungeteiltem Bart. Während seine linke Hand zum Zeichen seiner Herrschaft auf dem Erdball ruht, hat er seine Rechte in einem verzeihenden Gestus dem Sünder entgegengestreckt. So wird deutlich, dass die göttliche Vergebung das Bitten des Menschen voraussetzt, mit dem sich dieser für die himmlische Gnade empfangsbereit macht.

Die sechste Bitte des Vaterunsers „Und führe uns nicht in Versuchung" (Mt 6,13; vgl. Lk 11,4), die im westlichen Chorjoch auf der Südseite dargestellt ist, zeigt die erste Versuchung Jesu durch den Satan und stellt dem angefochtenen Beter das sieghafte Vorbild Christi vor Augen. Als Jesus nach seiner Taufe, vom Heiligen Geist erfüllt, in die Wüste ging, wurde er durch den Satan in Versuchung geführt (vgl. Mt 4,1; Lk 4,1–2). Die Versuchungen begannen damit, dass der Satan nach dem vierzigtägigen Fasten Jesu an den Gottessohn herantrat, damit dieser seine göttliche Allmacht auf sich selbst anwende, um den eigenen Hunger zu stillen (vgl. Mt 4,2–4; Lk 4,2–4). Das Fresko zeigt vor einem blauen Himmel ein Waldstück, das für die

Wüste steht, in der Jesus vierzig Tage lang betete und fastete. Rechts lagert die finstere, bocksbeinige Gestalt Satans, der sich mit einem Kapuzenmantel gleichsam getarnt hat. In seinen dunklen, mit Krallen versehenen Händen hält er jeweils einen Stein, um damit Jesus zu versuchen, in der Wüste Steine in Brot zu verwandeln: „Wenn du Gottes Sohn bist, so befiehl, dass aus diesen Steinen Brot wird" (Mt 4,3; vgl. Lk 4,3). Christus steht dem Satan gegenüber, tritt zum Zeichen der Zurückweisung der Versuchung mit seinem rechten Fuß demonstrativ auf einen großen Stein und gibt mit seiner im Redegestus erhobenen linken Hand die Antwort: „In der Schrift heißt es: Der Mensch lebt nicht nur von Brot, sondern von jedem Wort, das aus Gottes Mund kommt" (Mt 4,4; Dtn 8,3; vgl. Lk 4,4). Um die Autorität seiner Antwort zu unterstreichen, mit der er das Wort Gottes als wesentliche Speise des Menschen herausgestellt hat, zeigt Jesus mit seiner Rechten auf sich selbst. Während der blaue Mantel die Gottessohnschaft Christi versinnbildlicht, verdeutlicht das rote, auf die Menschennatur verweisende Gewand, dass Jesus als wahrer Mensch versucht wurde und deshalb den ebenfalls bedrängten Menschen zu helfen vermag, wie der Hebräerbrief betont: „Denn da er selbst in Versuchung geführt wurde und gelitten hat, kann er denen helfen, die in Versuchung geführt werden" (Hebr 2,18). Aufgrund dieser eigenen Erfahrung des Versuchtwerdens forderte Jesus auch seine Jünger zu der Bitte auf: „Und führe uns nicht in Versuchung" (Mt 6,13; vgl. Lk 11,4). Mit dieser Anrufung soll der Christ Gott bitten, nicht in übermächtige Prüfungen geführt zu werden, denn Gott hat das Recht, den Menschen in Versuchung zu führen, um ihn zu prüfen. Während aber der Teufel den Menschen nur dazu in Versuchung führt, um ihn zu vernichten, will Gott durch seine Prüfungen den Menschen stärken, denn „Gott kann nicht in Versuchung kommen, Böses zu tun" (Jak 1,13). Weil aber der schwache Christ nicht die Kraft Jesu besitzt, um den teuflischen Versucher wie sein göttlicher Meister in der Wüste zu besiegen, soll er den Vater bitten, ihn nicht mit übergroßen Versuchungen zu prüfen.

Die siebte Vaterunserbitte „erlöse uns von dem Bösen" (nach Mt 6,13) ist im Westjoch des Chores als westliches Deckenbild dargestellt. In dem querformatigen Bild wird die Bitte um göttliche Rettung vor dem Bösen durch das Wirken der Engel veranschaulicht, in denen Gottes Name gegenwärtig ist (vgl. Ex 23,21). Wie das Buch Exodus zeigt, hat Gott den Engeln die Aufgabe übertragen, die Menschen zu schützen: „Ich werde einen Engel schicken, der dir vorausgeht. Er soll dich auf dem Weg schützen und dich an den Ort bringen, den ich bestimmt habe" (Ex 23,20; vgl. Ex 33,2–3). Auch in den Psalmen ist vom Schutz der Menschen durch die Engel Gottes die Rede: „Der Engel des Herrn umschirmt alle, die ihn fürchten und ehren, und er befreit sie. […] Denn er befiehlt seinen Engeln, dich zu behüten auf

Carlo Adam, Die siebte Vaterunserbitte um Erlösung von dem Bösen – Verteidigung eines Menschen vor den Teufeln durch Engel, 1689, westliches Deckenfresko im Westjoch des Chores, Pfarrkirchen, Wallfahrtskirche Gartlberg.

all deinen Wegen" (Ps 34,8; 91,11). Da der schützende Dienst der Engel besonders in der Abwehr des Bösen besteht, kommt dem Erzengel Michael eine besondere Rolle zu, der den apokalyptischen Kampf gegen den Teufel und seine Engel führt (vgl. Offb 12,7–9). So zeigt das Fresko in der Mitte einen Menschen, der nur mit einem roten Mantel bekleidet ist und mit seinem nackten, ungeschützten Oberkörper anschaulich macht, wie sehr er im Kampf gegen die dämonischen Mächte des Bösen auf göttliche Rettung angewiesen ist. Er kniet mit betenden Händen auf dem Boden und scheint mit seinem leicht geöffneten Mund gerade die Vaterunserbitte „rette uns vor dem Bösen" (Mt 6,13) auszusprechen. Hinter ihm wehrt vor dunklem Hintergrund ein kleiner, geflügelter Engel mit Pfeil und Bogen einen von unten kommenden, finsteren und gehörnten Teufel ab, der eine dreizackige Gabel ergriffen hat. In der Mitte legt ein großer, geflügelter und mit kurzer Tunika bekleideter Engel seine linke Hand auf die Schulter seines Schützlings und holt mit einem Schwert in seiner Rechten gegen einen gehörnten Teufel aus, der mit ausgestreckten Armen kopfüber nach unten stürzt. Der Sturz aus dem atmosphärisch blauen Himmel und seine schaurigen Fledermausflügel zeigen, dass dieser Teufel dem Bereich der Lüfte angehört, um dort die Menschen von der oberen, göttlichen Welt zu trennen (vgl. Eph 2,2).[10]

Der Vaterunserzyklus des noch weitgehend unbekannten italienischen Malers Carlo Adam ist ein bemerkenswertes Beispiel, wie in der katholischen Barockkunst versucht wurde, das seltene Thema der sieben Bitten des Vaterunsers zusammen mit der einleitenden Anrufung Gottvaters bildlich umzusetzen. Abgesehen von der durch Gottvater gewährten fünften Bitte um die Vergebung der Schuld und von der durch die Engel ausgeführten siebten Bitte um die Erlösung vom Bösen stehen alle Vaterunserbitten mit Christus in Verbindung. So bezieht sich die erste Bitte um die Heiligung des Namens Gottes auf die Verehrung des Namens Jesu, die zweite Bitte um das Kommen des Reiches Gottes auf den Ratschluss der Erlösung mit der Sendung des Sohnes Gottes, die dritte Bitte um das Geschehen des göttlichen Willens auf das Gebet Jesu am Ölberg, die vierte Bitte um das tägliche Brot auf die Brotvermehrung Jesu und die sechste Bitte um die Bewahrung in der Versuchung auf den Sieg Jesu über die teuflische Anfechtung. Ohne komplizierte Allegoresen zu bemühen oder Anleihen an den bekannten protestantischen Druckvorlagen zu nehmen,[11] gelang es Adam, die Botschaft der Vaterunserbitten weitgehend mit Christus selbst als dem Urheber des Herrengebetes in Verbindung zu bringen.

Das Gleichnis vom reichen Kornbauern

18. Sonntag im Jahreskreis. Evangelium: Lk 12,13–21

„Da sprach Gott zu ihm: Du Narr! Noch in dieser Nacht wird man dein Leben von dir zurückfordern. Wem wird dann all das gehören, was du angehäuft hast?"
Lk 12,20

Im Evangelium des 18. Sonntags im Jahreskreis geht es im Gleichnis vom reichen Kornbauern um das falsche Vertrauen auf irdischen Besitz. Den Anlass zu diesem Gleichnis bot ein Mann aus der Volksmenge, der mit der Aufforderung auf Jesus zutrat: „Meister, sag meinem Bruder, er soll das Erbe mit mir teilen" (Lk 12,13). Da dieser Mann in Jesus nur einen Lehrer zur Auslegung des mosaischen Gesetzes und zur Regelung von Rechtsfällen sah, zeigte Christus mit den Worten: „Mensch, wer hat mich zum Richter oder Schlichter bei euch gemacht?" (Lk 12,14), dass seine Aufgabe nicht in der Schlichtung von Rechtsstreitigkeiten, sondern in der Verkündigung des Reiches Gottes liegt. Deshalb nahm Jesus den Vorfall zum Anlass, um das Volk vor der Habgier zu warnen (vgl. Lk 12,15), da die Abhängigkeit von Besitz so sehr den Blick auf den wahren Reichtum der Gottesherrschaft zu verstellen vermag, dass man sich schließlich selbst vom Reich Gottes ausschließt.

Zur Veranschaulichung seiner Warnung erzählte Jesus den Leuten das Beispiel vom reichen Kornbauern. Dieser Großgrundbesitzer erwartet eine gute Getreideernte und fasst nach längerem Überlegen den Entschluss, seine alten Scheunen abzureißen und größere zu bauen, um seine ganzen Vorräte darin unterbringen (vgl. Lk 12,16–18) und zu sich selbst sagen zu können: „Nun hast du einen großen Vorrat, der für viele Jahre reicht. Ruh dich aus, iss und trink und freu dich des Lebens!" (Lk 12,19). Auch wenn seine Pläne nicht unvernünftig sind, erscheinen sie doch als kurzsichtig und töricht, da er sich wie ein Narr verhält, der weder Gott und die Mitmenschen noch die Begrenztheit seines irdischen Lebens und die anbrechende Gottesherrschaft ernst nimmt. So muss der reiche Kornbauer, der viele Jahre von seinen angehäuften Schätzen leben will, von Gott die Worte hören: „Du Narr! Noch in dieser Nacht wird man dein Leben von dir zurückfordern. Wem wird dann all das gehören, was du angehäuft hast?" (Lk 12,20).

Mit den abschließenden Worten: „So geht es jedem, der nur für sich selbst Schätze sammelt, aber vor Gott nicht reich ist" (Lk 12,21), zeigte Jesus, dass man vor Gott reich werden kann, wenn man seinen irdischen Besitz nicht für sich allein anhäuft, sondern mit anderen teilt.[1]

IN DER CHRISTLICHEN KUNST WURDE DAS GLEICHNIS VOM REICHEN KORNBAUERN sehr selten aufgegriffen. Hans Holbein der Jüngere (1497/98–1543) zeigte 1538 in einem Holzschnitt seiner Totentanzfolge, wie der Tod als Knochenmann den entsetzt auffahrenden reichen Mann mitten aus seinen Schätzen herausreißt. Um 1553 stellte ein anonymer niederländischer Holzschnitzer den Reichen auf seiner Holztruhe sitzend dar und fügte weitere Motive hinzu, unter anderem eine Uhr.[2] Ende des 16. Jahrhunderts dürfte Holbeins Holzschnitt durch einen nicht mehr erhaltenen Kupferstich eine Formulierung erfahren haben, die sich enger an das biblische Gleichnis angeschlossen hatte und dann zum Vorbild für den niederländischen Maler Rembrandt Harmenszoon van Rijn (1606–1669) werden konnte, der 1627 den reichen Kornbauern erstmals in einem Gemälde darstellte.[3] Das kleine, kaum einen halben Meter breite Ölbild Rembrandts zeigt in eindrucksvoller Helldunkelmalerei den reichen Kornbauern, wie er nachts bei Kerzenschein an seinem Arbeitstisch sitzt. Umgeben von aufgetürmten Büchern, diversen Geschäftsutensilien und sonstigen Besitztümern, ist er ganz in die Betrachtung einer Goldmünze vertieft. Er scheint dabei auch an den Bau seiner größeren Scheunen zu denken, um von den dort gehorteten Vorräten viele Jahre sorglos leben zu können, ohne zu erwägen, wie vergänglich doch sein irdisches Dasein ist.

Der 1606 in Leiden geborene Rembrandt hatte in seiner Heimatstadt ab 1622/24 bei Pieter Lastman (1583–1633) die Malerei gelernt und sich intensiv mit der Helldunkelmalerei des römischen Malers Caravaggio (1571–1610) auseinandergesetzt, wie sie in Utrecht durch caravaggeske niederländische Maler wie Gerrit van Honthorst (1592–1656) gepflegt wurde. Während seine ersten, 1626 geschaffenen und an Lastman orientierten biblischen Historiengemälde zur Steigerung der Dramatik noch von starker Farbigkeit und grober Malweise geprägt waren, nahm er ab 1627 die allzu aufdringlichen Struktur- und Farbeffekte zurück, wählte kleinere Formate und verlieh seinen Bildern ein mehr monochromes Kolorit, aus dem er seine Helldunkelmalerei weiterentwickelte. Dabei beschränkte er die Handlungen auf das Wesentliche, verzichtete auf erklärende Nebenszenen und rückte die seelische Spannung der dargestellten Personen in den Vordergrund, indem er sie in ihrem geschichtlichen Raum wiedergab und allein durch Mimik und Gestik charakterisierte. Während frühere

Rembrandt, Der reiche Kornbauer, 1627, Öl auf Holz, 31,7 × 42,5 cm, Berlin, Gemäldegalerie.

Maler biblische Interieurszenen eher mieden, kamen sie der Helldunkelmalerei Rembrandts entgegen, da der Künstler durch die Lichtquellen eines Raumes das Wesentliche der dargestellten Vorgänge hervorheben konnte. Auf diese Weise gelangen Rembrandt bemerkenswerte Neuformulierungen biblischer Historien, zu denen auch die Schilderung des in seinem Arbeitszimmer sitzenden Kornbauern gehört.[4] Während vorausgehende Darstellungen dieses Gleichnisses den Tod noch als Knochenmann mit Sanduhr zeigten, verzichtete Rembrandt auf solche nicht auf reale Wahrnehmungen zurückgehende und im 17. Jahrhundert bereits als veraltet angesehene Motive.[5] Er deutete auch kein Getreide und keine Scheunen an, sondern konzentrierte sich ganz auf den reichen Mann, um ihn in seiner Abhängigkeit von den Dingen dieser Welt darzustellen.[6] So war Rembrandt mit dem Bild des reichen Kornbauern dem allgemeinen Wandel der niederländischen Malerei nach einheitlichem Kolorit und schlichter Motivik gefolgt, um in feinmalerischer Helldunkelmanier kleinformatige, weitgehend monochrome Bilder mit vertiefter Ausdruckskraft zu schaffen. Bei der Gestaltung der nächtlichen Szenerie konnte Rembrandt auf Anregungen der Utrechter Caravaggisten zurückgreifen, besonders auf Abraham Bloemaert (1564–1651) und Gerrit van Honthorst, der ab 1610/15 nach Rom gegangen war und sich wegen seiner Nachtstücke bereits in Italien als „Gherardo della Notte" einen Namen gemacht hatte. Als Honthorst 1620 nach Utrecht zurückkehrte, erntete er mit seinen nächtlichen Darstellungen auch in seiner niederländischen Heimat großen Erfolg.[7]

Rembrandts Gemälde mit dem reichen Kornbauern, das links auf dem Buch mit „RH 1627" für „Rembrandt Harmenszoon 1627" signiert und datiert ist, befand sich im 18. Jahrhundert in der Den Haager Van-Eversdijck-Sammlung und wurde am 28. Mai 1766 für 20 Gulden versteigert. Über die Richmonder Kollektion des Francis Cook (1817–1901) kam es 1881 in den Besitz des Londoner Sammlers John Charles Robinson (1824–1913), der es noch im gleichen Jahr an die preußische Kronprinzessin Victoria (1840–1901) verschenkte, die es ihrerseits an das Kaiser-Friedrich-Museum weitergab, die heutige Berliner Gemäldegalerie.[8]

Als Rembrandts Bild 1881 nach Berlin kam, deutete es der preußische Museumsdirektor Wilhelm Bode (1845–1929) als Genreszene aus dem Alltagsleben und sah in dem dargestellten reichen Mann einen Geldwechsler, da er offenbar wie ein vermögender Kaufmann des 17. Jahrhunderts gekleidet war.[9] Dagegen interpretierte Kurt Bauch (1897–1975) das Gemälde als Allegorie des Geizes (avaritia) und leitete es von einer Darstellung Abraham Bloemaerts (1564–1651) ab, die eine alte Frau an ihrem Tisch im Kerzenschein beim Geldzählen zeigt.[10] Christian Tümpel (1937–2009) konnte jedoch überzeugend nachweisen, dass es sich bei Rembrandts Bild tatsächlich um die biblische Illustration des Gleichnisses vom reichen Kornbauern handelt und nicht um eine Allegorie des Geizes, die stets als alte Frau und nicht als männlicher Greis dargestellt wurde.[11]

Das mit feinmalerischer Detailtreue und sparsamer Farbgebung ausgeführte Halbfigurenbild zeigt den reichen Kornbauern in seinem Arbeitszimmer, das sich als nächtlicher Innenraum schemenhaft hinter ihm abzeichnet. Der Kornbauer sitzt als alter Mann mit Bartansatz und Brillenkneifer hinter seinem Arbeitstisch.[12] Mit seinem schwarzen Barett, der Halskrause und dem weißen Überwurf mit Goldborten ist der Kornbauer wie ein wohlhabender Kaufmann des frühen 17. Jahrhunderts gekleidet.[13]

Das dunkle Arbeitszimmer wird von der Bildmitte her durch die Flamme einer Kerze beleuchtet. Sie ist die einzige Lichtquelle im Bild, die das Gesicht des alten Mannes und die Gegenstände um ihn herum hell beleuchtet. Der Kornbauer hat den Ständer, in dem die Kerze befestigt ist, mit seiner linken Hand etwas angehoben. Mit dem Zeige- und Mittelfinger seiner rechten Hand hält er eine Münze ganz nahe in den Lichtschein, um deren Prägung mit seinem tief auf die Nase gezogenen Zwicker genau und fast andächtig zu prüfen. Während der alte Mann die Münze direkt im hellen Licht betrachten kann, erscheint die Kerzenflamme zum Betrachter hin abgeschirmt, so dass nur der Lichteffekt, nicht aber die Lichtquelle selbst sichtbar ist. Das Beleuchtungsmotiv des abgeschirmten Kerzenlichts, das auf die Utrechter Caravaggisten zurückgeht, lässt die rechte Hand des Kornbauern in einer leicht blutfarbenen Transparenz erscheinen.[14]

Das Kerzenlicht in dem finsteren Arbeitszimmer macht deutlich, dass sich der dargestellte Vorgang in jener Nacht abspielt, in der Gott das Leben des reichen Mannes durch den Tod zurückfordern wird (vgl. Lk 12,20). Rembrandt ließ den Kornbauern aber nicht mehr durch einen Knochenmann mit Sanduhr abholen, sondern brachte den Tod in einer ganz anderen Gestalt ein, indem er nämlich den Reichen in einer halbkreisförmigen Bewegung mit Schriftstücken und Büchern umgab. Diese aufgestapelten Rechnungen, Schuldscheine und Bücher enthalten Aufzeichnungen über die Besitztümer des Kornbauern. Sie verweisen aber nicht nur auf die konkreten Geldgeschäfte des Reichen, sondern symbolisieren auch die Vergänglichkeit irdischer Dinge, wie die Stillleben mit Büchern zeigen, die zur Zeit Rembrandts von den Künstlern in Leiden als Sinnbilder für die Vergänglichkeit (vanitas) geschaffen wurden. Die Bücher und Schriftstücke sind so hoch um den reichen Mann aufgetürmt, dass er kaum etwas anderes wahrnehmen kann. Die Welt des Kornbauern ist begrenzt und besteht nur aus vergänglichen Besitztümern und Geld.[15] Dass aber die Szene mehr als nur eine allegorische Darstellung der Vergänglichkeit ist und vielmehr die falsche Selbstsicherheit des reichen Kornbauern illustrieren will, der in seiner Torheit nur auf seinen irdischen Besitz vertraut, wird durch die hebräischen Schriftzeichen auf den Papieren und Büchern angedeutet, die der Darstellung ein biblisches Lokalkolorit verleihen. Während die hebräischen Buchstaben den Bezug zum biblischen Gleichnis herstellen, erfolgt die Aktualisierung der Botschaft durch die zeitgenössische Ausführung der Kleidungsstücke und Gegenstände.[16]

Auf dem Arbeitstisch liegen auf einer mattblauen Decke weitere Utensilien, die auf die Geschäfte und Besitztümer des reichen Mannes hinweisen. Neben dem großen aufgeschlagenen Rechnungsbuch auf der linken Tischseite sind unterhalb der Kerze mehrere Geldstücke und Goldmünzen dargestellt. Daneben ist eine Goldwaage zu sehen, die auf einem geöffneten Kasten liegt, der zur Aufbewahrung für die Gewichte dieses Messinstrumentes dient. Über einem Folianten neben dem linken Arm des Kornbauern liegt eine große Geldbörse. Weitere Geldsäcke lassen sich in dem offenstehenden Schrank hinter dem Mann erkennen.[17]

Im dunklen Teil der linken Bildhälfte ist ein hoher Kachelofen zu sehen, auf dem eine Uhr steht. Als Sinnbild für die Flüchtigkeit der Zeit verweist die Uhr auf die bereits gezählten Stunden des reichen Mannes, der in trügerischer Ruhe und Beschaulichkeit seiner Beschäftigung nachgeht und sein Glück nur auf seine irdischen Besitztümer baut, ohne an seine Mitmenschen und an Gott als den Herrn über Leben und Tod zu denken. Wie die aufgetürmten Bücher und Schriftstücke, so macht auch die Uhr die Vergänglichkeit des menschlichen Daseins deutlich, denn „noch in dieser Nacht" wird Gott das Leben des reichen Kornbauern „zurückfordern" (Lk 12,20), der seine letzten Stunden mit der Sorge um seine irdischen „Schätze" verbringt, die er nach seinem Tod nicht mitnehmen kann und die ihn „vor Gott nicht reich" machen können (Lk 12,21).[18]

Als Rembrandt das bis dahin nur in der Druckgraphik vorkommende Gleichnis vom reichen Kornbauern erstmals in einem Ölgemälde darstellte, hatte er das Thema als Einzelszene ohne narrative oder allegorische Hinzufügungen wiedergegeben. Er umgab den reichen Mann mit Schriftstücken, Büchern und Schätzen, die auf dessen Geschäfte hinweisen und zugleich die Vergänglichkeit irdischen Besitzes symbolisieren. Indem er die Gegenstände und Kleidungsstücke zeitgenössisch ausführte, gelang es ihm, die biblische Botschaft auch auf die Welt des Betrachters hin zu aktualisieren. Durch die Art und Weise, wie er den Kornbauern inmitten der sich auftürmenden irdischen Dinge angestrengt und mit ganzer Aufmerksamkeit im Kerzenschein auf die Münze schauen ließ, vermochte Rembrandt auf natürliche Weise darzustellen, wie sehr der reiche Mann auf das Geld fixiert ist und von vergänglichen Gütern abhängig ist.[19] Mit seinem nächtlichen Halbfigurenbild schuf Rembrandt das eindrucksvolle Seelenbild eines ganz in die diesseitigen Dinge verstrickten Menschen, der im irdischen Schein einer Kerze nur das sieht, was an greifbaren Gütern vor ihm ist, ohne zu ahnen, dass er sich in seiner Verblendung bereits am Abgrund der Nacht befindet.

Der Glaube Abrahams

19. Sonntag im Jahreskreis. Zweite Lesung: Hebr 11,1–2.8–19

*„Aufgrund des Glaubens gehorchte Abraham dem Ruf,
wegzuziehen in ein Land, das er zum Erbe erhalten sollte."*
Hebr 11,8

In der zweiten Lesung des 19. Sonntags im Jahreskreis steht Abraham im Mittelpunkt, der den Lesern des Hebräerbriefes nach Abel, Henoch und Noach (vgl. Hebr 11,4–7) als das vierte große Vorbild des Glaubens vor Augen gestellt wird (vgl. Hebr 11,8–19).

Das Anliegen des Hebräerbriefes bestand darin, seine müde gewordenen und angefochtenen judenchristlichen Adressaten in ihrem Glauben zu stärken. So stellte der Hebräerbrief den Glauben als ausdauernde Treue und beharrliche Hoffnung dar, als ein „Feststehen in dem, was man erhofft", und ein „Überzeugtsein von Dingen, die man nicht sieht" (Hebr 11,1). Dabei galt Abraham dem Verfasser des Hebräerbriefes als das größte Vorbild des Glaubens, da er sich in gläubigem Gehorsam ganz dem Unsichtbaren und Künftigen zugewandt habe: „Aufgrund des Glaubens gehorchte Abraham dem Ruf, wegzuziehen in ein Land, das er zum Erbe erhalten sollte; und er zog weg, ohne zu wissen, wohin er kommen würde" (Hebr 11,8; vgl. Gen 12,1.4). In einem Glauben, der schon das himmlische Jerusalem voraussah, habe Abraham als Fremder im verheißenen Land lange in Zelten auszuharren vermocht und trotz seines Alters von seiner kinderlosen Frau Sara noch den Sohn Isaak bekommen (vgl. Hebr 11,9–11; Gen 26,3; 17,19; 21,2). So würden von Abraham als „einem einzigen Menschen, dessen Kraft bereits erstorben war", viele abstammen, die so „zahlreich" seien „wie die Sterne am Himmel und der Sand am Meeresstrand, den man nicht zählen kann" (Hebr 11,12; vgl. Gen 15,5; 22,17).

DIE GESTALT DES AN GOTT GLAUBENDEN ABRAHAM wurde auf eindrucksvolle Weise in einer Miniatur der sogenannten Wiener Genesis ins Bild umgesetzt. Diese

Handschrift dürfte im 6. Jahrhundert vielleicht zur gleichen Zeit wie der Codex purpureus Rossanensis im syro-palästinischen Raum entstanden sein. Die überaus kostbare Ausstattung mit purpurgefärbtem Pergament, reichen Miniaturen und silberner Majuskelschrift weist vielleicht sogar auf einen kaiserlichen Auftraggeber hin. Die fragmentarisch erhaltene Prunkhandschrift enthält von den ursprünglich wohl 96 Seiten mit 192 Bildern noch 24 Blätter mit 48 Miniaturen. Die stark gekürzten Textpassagen des alttestamentlichen Buches Genesis, die der griechischen Bibelübersetzung der Septuaginta entnommen wurden, sind ganz auf die Bilder bezogen, so dass sich der Codex zu Recht als Bilderbibel bezeichnen lässt. Die noch weitgehend in der hellenistisch-römischen Tradition stehenden und von mehreren Malern ausgeführten Miniaturen beginnen mit dem Sündenfall der ersten Menschen, fahren mit der Noachgeschichte fort, münden in die Geschichte der Patriarchen ein und enden mit einem umfangreichen Zyklus zur Josefsgeschichte. Die Handschrift befand sich im 14. Jahrhundert in Venedig und kam 1664 aus dem Besitz des Erzherzogs Leopold Wilhelm (1614–1662) in die Wiener Hofbibliothek.[1]

Die Abraham und seinen Glauben thematisierende Miniatur besteht aus drei Szenen, die auf zwei durch Standstreifen getrennte Register aufgeteilt sind. Die auf den purpurnen Hintergrund gesetzten Bilder sind unter dem ungekürzten griechischen Text von Gen 15,1-5 dargestellt,[2] wonach an den kinderlosen, alten Abraham, der schon seinen Knecht Eliëser als Erben einsetzen wollte, in einer sternenklaren Nacht die göttliche Verheißung einer unzähligen Nachkommenschaft ergangen war: „Nach diesen Ereignissen[3] erging das Wort des Herrn in einer Vision an Abram: Fürchte dich nicht, Abram, ich bin dein Schild; dein Lohn wird sehr groß sein. Abram antwortete: Herr, mein Herr, was willst du mir schon geben? Ich gehe doch kinderlos dahin, und Erbe meines Hauses ist Eliëser aus Damaskus. Und Abram sagte: Du hast mir ja keine Nachkommen gegeben; also wird mich mein Haussklave beerben. Da erging das Wort des Herrn an ihn: Nicht er wird dich beerben, sondern dein leiblicher Sohn wird dein Erbe sein. Er führte ihn hinaus und sprach: Sieh doch zum Himmel hinauf und zähl die Sterne, wenn du sie zählen kannst. Und er sprach zu ihm: So zahlreich werden deine Nachkommen sein."

Die Szene im unteren Register zeigt auf einem Bodenstreifen eine Hirtenszene mit schwarzen und weißen Schafen, die sich in der Mitte unter einem Baum zum Ruhen gelagert haben. Links steht ein grauhaariger, alter und leicht vorgebeugter Hirte, der mit einer kurzen Tunika bekleidet ist und mit beiden Händen ein blaues Tuch oder auch einen Mantel an sein Gesicht führt, um sich entweder nach dem Waschen abzutrocknen oder das Obergewand abzustreifen. Bei dieser Darstellung könnte es sich um eine genrehafte Nebenszene handeln, in der sich ein Hirte Abra-

Abraham auf dem Lager und unter dem Sternenhimmel, Wiener Genesis, Codex theologicus graecus 31, fol. 4v (pictura 8), 6. Jahrhundert, Deckfarbenmalerei auf Pergament mit Goldverwendung, ca. 25 × 31 cm (Blattgröße), Wien, Österreichische Nationalbibliothek.

hams – vielleicht der als Erbe vorgesehene Knecht Eliëser (vgl. Gen 15,2) – vor dem Schlafengehen mit einem Handtuch das Gesicht reinigt oder sich seines Mantels entledigt, um durch solches Tun eine nächtliche Stimmung zu erzeugen und damit an jene im oberen Register dargestellte Nacht zu erinnern, in der sein Herr durch Gott die Verheißung der Nachkommenschaft erhalten sollte (vgl. Gen 15,4–5).[4]

Die Szene im linken oberen Bilddrittel illustriert, wie Gott dem Abraham in nächtlicher Vision die Verheißung gab, dass ihn sein eigener leiblicher Sohn und nicht sein Knecht Eliëser beerben werde (vgl. Gen 15,4). Der über einem grauen Bodenstreifen durch verschiedene Versatzstücke angedeutete Innenraum macht deutlich, dass die göttliche Botschaft an Abraham ergangen war, als dieser während der Nacht, in der die Sterne am Himmel standen, in seinem Zelt weilte (vgl.

Gen 15,5), wo er sich sicherlich auch zum Schlafen niedergelegt hatte. Der Wohnraum des Patriarchen wird im Hintergrund durch zwei korinthische, mit einer Riefelung verzierte Säulen angedeutet, über die ein hellrotes Velum gelegt ist. Abraham ist als alter Mann mit weißem Haar und Bart dargestellt, wie es der biblischen Überlieferung entspricht, in der das hohe Alter des Patriarchen häufig betont wird (vgl. Gen 15,2; 24,1). Nach einer außerbiblischen jüdischen Tradition soll Abraham der erste Mensch gewesen sein, dem das Haar weiß geworden ist. Abrahams Bett ist mit seinen gedrechselten Beinen und dem geschnitzten Kopfteil kunstvoll ausgearbeitet. Während am Fußende ein blaues, mit Linienmustern verziertes Tuch hängt, ist die Längsseite mit einem roten, mit Ornamenten gemusterten Tuch geschmückt, vor dem ein Fußschemel (suppedaneum) auf dem Boden steht. Abraham liegt barfuß auf einer ovalen, grünen Matratze und ist mit einem weißen Pallium und einer ebenfalls weißen Tunika bekleidet, die mit schwarzen Clavi verziert ist. Er hat im Schlaf die Beine angezogen, lässt seine rechte Hand im Schoß ruhen und stützt mit der Linken das Haupt.[5] Da die Gebärde des Schlafenden, der seinen Kopf in die Hand gestützt hat, auch an die antike Geste des Nachdenkens erinnert, klingen hier auch die bangen Fragen Abrahams an (vgl. Gen 15,2–3), der gemäß der Stimme Gottes seine Heimat verlassen hatte, um für sich und seine Nachkommen eine neue, von Gott gegebene Heimat zu finden (vgl. Gen 12,1–9), aber nun alt geworden war und zusammen mit seiner ebenfalls betagten Frau Sara kinderlos und als Fremder in dem Land lebte. In dieser sorgenvollen Situation war wieder das Wort Gottes an Abraham ergangen, das ihm zusagte, er brauche sich nicht zu fürchten (vgl. Gen 15,1), da ihn sein eigener Sohn beerben werde (vgl. Gen 15,4).[6] Diese erneute Verheißung wird durch das halbrunde Himmelssegment angedeutet, das über Abraham schwebt. In diesem Segment, das ganz mit der blauen Himmelsfarbe ausgefüllt ist, ragt die Hand Gottes aus einem rot, weiß und hellblau gestreiften Ärmel hervor und zeigt auf den Schlafenden.[7] So veranschaulicht die im Redegestus erhobene Hand Gottes die Verheißung, dass nicht Abrahams Haussklave Eliëser, sondern sein leiblicher Sohn ihn beerben werde (vgl. Gen 15,4).

In der sich rechts anschließenden Szene wird die Verheißung der zahlreichen Nachkommenschaft (vgl. Gen 15,5) illustriert. Die schräg gestellte Tür, die den Wohnraum des Patriarchen nach rechts hin abschließt, ist bereits geöffnet. Auf diese Weise wird deutlich, dass Gott nach seiner neuerlichen Verheißung (vgl. Gen 15,4) Abraham ins Freie hinausgeführt hatte (vgl. Gen 15,5), um ihm am nächtlichen Himmel die Sterne als Sinnbild für seine unzählbare Nachkommenschaft zu zeigen. So steht Abraham vor der geöffneten Tür unter dem freien Himmel, um der Aufforderung Gottes zu folgen und die Sterne zu zählen (vgl. Gen 15,5). Mit verhüllten Händen blickt der weiß gekleidete Patriarch zum halbrunden Himmelssegment auf, das nun mit weißen Sternen gefüllt ist. Die Hand Gottes im blauen Halbrund zeigt nun nicht mehr auf Abraham, sondern in entgegengesetzter Richtung auf die Sterne, die der Patriarch zählen soll: „Sieh doch zum Himmel hinauf und zähl die Sterne, wenn du sie zählen kannst. […] So zahlreich werden deine Nachkommen sein" (Gen 15,5).[8] Abraham hat sich aus seinen Zweifeln aufgerichtet und hält schauend und lauschend sein Antlitz der aus der unendlichen Tiefe der Sternennacht kommenden göttlichen Weisung hin, um mit ehrfürchtig verhüllten Händen den verheißenen Segen der unzählbaren Nachkommen zu empfangen.[9] Dabei fällt auf, dass die Hand Gottes nicht nur in einem einfachen Redegestus wiedergegeben ist, sondern deutlich eine Berührung von Mittelfinger und Daumen zeigt. Durch diese Berührung kreuzen sich Zeigefinger und Mittelfinger in einer Weise, die an den kreuzförmigen Anfangsbuchstaben X des griechischen Namens für Christus (XPICTOC) erinnert.[10] Deutet man diese Fingerstellung der Gotteshand christologisch, dann weist die Verheißung der Nachkommenschaft bereits auf den Sohn Gottes voraus, der in der Fülle der Zeit aus dem Geschlecht Abrahams seine Menschennatur annehmen wird, um sie zum Instrument der Erlösung zu machen und zum Heil der Welt hinzugeben.

Die aus drei Szenen bestehende Miniatur stellt eine ausführliche und eindrucksvolle bildliche Illustration des kurzen Bibeltextes aus dem Buch Genesis dar, in dem Gott seine Verheißung erneuert und Abraham Nachkommen verspricht, die so zahlreich wie die Sterne am nächtlichen Himmel sein werden (vgl. Gen 15,4–5). Das auf die göttliche Berufung verweisende Bildmotiv des ehrfürchtig vor dem Himmelssegment stehenden Patriarchen bildet den Mittelpunkt der Miniatur.[11] Johannes Bours (1913–1988), einer der großen geistlichen Lehrer und Schriftsteller des 20. Jahrhunderts, sah in dieser Miniatur ein Bild für den Glauben Abrahams, wie ihn der Hebräerbrief als Vorbild vor Augen stellte, aber auch schon das Buch Genesis hervorgehoben hatte, das im Anschluss an die Schau des Sternenhimmels betont hatte: „Abram glaubte dem Herrn, und der Herr rechnete es ihm als Gerechtigkeit an" (Gen 15,6). So zeigt das Bild den „Glauben Abrahams", der sich der „Hand Gottes" anvertraut und den Weg geht, „den Gott zeigt", indem die „Glut dieser Nacht, die ihn umgibt", die „brennende Nähe Gottes" bleibt.[12] Da nach Paulus die Glaubenden die wahren Söhne Abrahams sind (vgl. Gal 3,7), könne man zusammen mit dem Patriarchen dorthin schauen, wo die Hand Gottes den Weg weist, um ihn im Glauben zu gehen, nicht nur als Gebot, sondern auch als Verheißung, Segen und Kraft.[13] Wenn der Glaubende anfängt, „auf diesem Weg zu gehen, aus dem Zweifel kommend wie Abraham und vertrauend wie Abraham, die Hände ausgebreitet wie jener in Ehrfurcht und reinem Empfangen", dann wird er auch erfahren, „wie die Dunkelheit glühend wird von Verheißung".[14]

Jeremia in der Zisterne

20. Sonntag im Jahreskreis. Erste Lesung: Jer 38,4–6.8–10

„Da befahl der König dem Kuschiter Ebed-Melech:
Nimm dir von hier drei Männer mit und zieh den Propheten Jeremia
aus der Zisterne herauf, bevor er stirbt."
Jer 38,10

Die erste Lesung des 20. Sonntags im Jahreskreis führt uns das Schicksal des Propheten Jeremia vor Augen, der in der Zeit von 625 bis 585 v. Chr. in Jerusalem, der Hauptstadt des Südreichs Juda, wirkte.

Juda war 605 v. Chr. durch den babylonischen König Nebukadnezzar II. (reg. 605–562 v. Chr.) unterworfen und tributpflichtig gemacht worden. Als 601 v. Chr. die Ägypter die Babylonier besiegt hatten und sich König Jojakim (reg. 609–598 v. Chr.) stark genug fühlte, die Tributzahlungen einzustellen, wurde 598 v. Chr. Juda erneut erobert und ein Jahr später auch Jerusalem eingenommen. Nach der Absetzung Jojachins (reg. 597 v. Chr.) machte Nebukadnezzar II. dessen Onkel Zidkija (reg. 597–587 v. Chr.) zum König von Juda (vgl. Jer 37,1–2). Da zu dieser Zeit ein ägyptisches Heer die Babylonier veranlasste, von Jerusalem abzuziehen, glaubte Zidkija an eine politische Wende und bat den Propheten Jeremia, bei Gott Fürsprache einzulegen (vgl. Jer 37,3–5). Als aber Jeremia den Untergang Jerusalems als unabwendbar bezeichnete und kein rettendes Eingreifen Gottes vor Babylon in Aussicht stellte (vgl. Jer 37,6–10), wurde der Prophet als vermeintlicher Volksverräter und Überläufer zu den Babyloniern festgenommen, gefoltert und in der Zisterne des Staatsschreibers Jonatan eingekerkert (vgl. Jer 37,11–20). Nach einer vorübergehenden Hafterleichterung, in der man Jeremia im Wachhof verwahrte (vgl. Jer 37,21), wurde der

Salvator Rosa, Befreiung des Jeremia aus der Zisterne, 1661/62,
Öl auf Leinwand, 268 × 178 cm, Chantilly, Musée Condé.

Prophet durch die vier königlichen Beamten Schefatja, Gedalja, Juchal und Paschhur erneut angegriffen (vgl. Jer 38,1). Mit seiner Aufforderung, sich Babylon zu ergeben (vgl. Jer 38,2–3), untergrabe Jeremia die Kampfmoral der Soldaten und suche damit nicht das Heil, sondern das Unheil des Volkes (vgl. Jer 38,4). Als die vier Beamten den Tod Jeremias forderten, ließ sie der politisch schwache Zidkija gewähren und stimmte dem Mordplan zu (vgl. Jer 38,5). Da wurde Jeremia erneut ergriffen und in die „Zisterne des Prinzen Malkija" geworfen, „die sich im Wachhof befand; man ließ ihn an Stricken hinunter. In der Zisterne war kein Wasser, sondern nur Schlamm, und Jeremia sank in den Schlamm" (Jer 38,6). Als der am königlichen Hof bedienstete kuschitische Eunuch Ebed-Melech hörte, dass man Jeremia in die Zisterne geworfen hatte, damit er dort verhungere, legte er Fürsprache bei Zidkija ein (vgl. Jer 38,7–9). Darauf befahl der wankelmütige König dem Kuschiter: „Nimm dir von hier drei Männer mit und zieh den Propheten Jeremia aus der Zisterne herauf, bevor er stirbt" (Jer 38,10). Ebed-Melech wählte sich drei Männer und holte sich aus der Kleiderkammer des Vorratshauses zerrissene und abgelegte Kleidungsstücke, die er an Stricken zu dem gefangenen Propheten hinunterließ (vgl. Jer 38,11). Jeremia folgte den Hinweisen des kuschitischen Eunuchen und legte sich die Kleiderstücke unter den Stricken in seine Achselhöhlen (vgl. Jer 38,12).

So wurde Jeremia an den Stricken aus der Zisterne hochgezogen und blieb von da an bis zur endgültigen Eroberung Jerusalems 586 v. Chr. im Wachhof (vgl. Jer 38,13), wo er Zidkija weiterhin das Wort Gottes mitteilte und ihm auch die Rettung durch Unterwerfung unter die Babylonier in Aussicht stellte, die der König aber aus Angst vor der Kriegspartei nicht umzusetzen vermochte (vgl. Jer 38,14–28). Als Jeremia nach dem Fall Jerusalems von den Babyloniern befreit und von der Verschleppung ausgenommen wurde, blieb er bei den Zurückgebliebenen, die ihn dann nach der Ermordung des Statthalters Gedalja zwangen, mit ihnen nach Ägypten zu fliehen, wo der Prophet schließlich starb (vgl. Jer 39–44).

Die Gestalt des mit seinem Volk leidenden Jeremia nimmt bereits die Passion des Retters Jesus Christus vorweg. Wie der zum Hungertod in der Zisterne verurteilte Jeremia in die Welt des Todes eingetaucht war, so hatte auch Jesus sein Leben hingegeben. Die Rettung des Propheten aus der Tiefe der Zisterne aber weist voraus auf die Auferstehung des gekreuzigten Erlösers aus dem Grab.

DAS ÄUSSERST SELTENE MOTIV DES AUS DER ZISTERNE BEFREITEN PROPHETEN JEREMIA wurde um 1661/62 in einem Ölbild durch den aus Neapel stammenden Barockmaler Salvator Rosa (1615–1673) dargestellt, der auch als Literat tätig war. Salvator Rosa absolvierte in seiner Heimatstadt eine humanistische Schulbildung und trat dort 1632 in die Malerwerkstatt seines Schwagers Francesco Fracanzano

(1612–1656) ein, wo er wohl auch Schüler des spanischstämmigen Malers Jusepe de Ribera (1591–1652) und des Aniello Falcone (1607–1656) war. Rosa ging 1635 als Neunzehnjähriger nach Rom, wo er vorwiegend Landschaftsbilder und Schlachtenszenen malte, die er durch Händler verkaufen ließ. Da er in Rom auch seine literarische Begabung pflegte und mit einem Schauspielensemble satirische Stücke aufführte, die ihm Feindschaften durch andere römische Künstler und Schriftsteller einbrachten, nahm Rosa 1640 eine durch Kardinal Giancarlo de' Medici (1611–1663) vermittelte Einladung an den Hof der Medici nach Florenz an. Dort konnte er in gelehrten Kreisen verkehren und sich bei Freunden auf das Land zurückziehen, wo er sich von der stoischen Philosophie inspirieren ließ. Als er 1649 nach Rom zurückkehrte, schuf er auch philosophische Allegorien, Bilder makabren Inhalts und Darstellungen stoischer Todesverachtung und Schicksalsergebenheit. Der auf Unabhängigkeit bedachte Salvator Rosa verkaufte seine Bilder auf den öffentlichen römischen Jahresausstellungen und fertigte auch zahlreiche Radierungen an, um seine teilweise extravaganten Bildideen zu verbreiten. Um 1660 schuf Rosa auch zahlreiche Gemälde mit biblischen Historien, besonders aus dem Alten Testament.[1]

Da Salvator Rosa immer bestrebt war, seine Werke in öffentlichen Gebäuden und vor allem auch in Kirchen zeigen zu können, fasste er ab 1661/62 die Idee zu einem Gemäldezyklus großformatiger biblischer Bilder.[2] So entstanden fünf biblische Ölbilder, die sich heute in Chantilly im Musée Condé befinden. Die Bilderserie kreist in einer seltenen analogischen Zusammenstellung um das Thema der Auferstehung und enthält auch die Szene mit der Befreiung des Propheten Jeremia aus der Zisterne.[3] Einer Auferstehung kam neben der Heraufholung des Jeremia aus der grabähnlichen Zisterne auch das zweite Bild mit Daniel in der Löwengrube gleich, zu dem Habakuk durch einen Engel gebracht wurde, um den Gefangenen mit Speisen zu versorgen (vgl. Dan 14,33–36). Während die Szene mit dem Abschied des Erzengels Raphael aus dem Haus des Tobias einer Himmelfahrt gleicht (vgl. Tob 12,20), wird die Auferstehung bei den Gemälden mit der Erweckung des Lazarus (vgl. Joh 11,43–44) und dem Abstieg Christi in die Unterwelt (vgl. Eph 4,9; 1 Petr 3,19) direkt thematisiert.[4] Am 29. August 1662 hatte Rosa in San Giovanni Decollato das Bild mit dem aus der Zisterne befreiten Jeremia zusammen mit zwei Gemälden aus dem Leben des Pythagoras und zwei weiteren, nicht näher benannten Gemälden präsentiert. Die in diesem römischen Oratorium jährlich zum Fest der Enthauptung Johannes' des Täufers abgehaltene Kunstausstellung war 1662 von den Sacchetti, den Mäzenen Pietro da Cortonas (1596–1669), ausgerichtet worden.[5] Um diese Zeit hatte Rosa dem mit ihm befreundeten Bankier und Gönner Carlo de' Rossi seine biblische Bilderserie kostenlos unter der Bedingung überlassen, eine Kapelle in einer römischen Kirche zu erwerben, um dort die fünf Gemälde anbringen zu können. Die Wahl fiel auf die ab 1662 unter Alexander VII. (reg. 1655–1667) durch Carlo Rainaldi (1611–1691) und Carlo Fontana (1638–1714) neuerbaute Kirche Santa Maria in Montesanto an der Piazza del Popolo. Rosa erlebte die von ihm so sehr ersehnte Aufstellung seiner fünf Gemälde nicht mehr, da er bereits 1673 verstarb. Nachdem die Kirche im Heiligen Jahr 1675 durch Clemens X. (reg. 1670–1676) eingeweiht worden war, konnten 1677 auch Rosas Bilder in der dafür vorgesehenen Cappella del Santissimo Crocifisso angebracht werden,[6] wie Carlo de' Rossi in einer dort angebrachten Inschriftentafel festhielt.[7] Als die Kirche am 9. September 1679 inauguriert wurde, gab es vor allem für die Kapelle mit den Bildern Rosas Beifall, die in den römischen Führern als die besten Werke Salvator Rosas bezeichnet wurden.[8] Als die Gemälde 1802 aus der Kirche herausgenommen und für die Sammlung der Bourbonen in Neapel bestimmt wurden, gelangten sie zunächst in den Besitz des Fürsten von Salerno, dann in die Sammlung des Herzogs von Aumale und von dort in das Musée Condé nach Chantilly.[9]

Das mit Salvator Rosas Monogramm signierte,[10] über zweieinhalb Meter hohe Bild mit der Rettung des Jeremia aus der Zisterne befindet sich wie die anderen vier Gemälde in einem schlechten Erhaltungszustand.[11] Salvator Rosa hatte zu seinem Jeremiabild eine Vorstudie angefertigt[12] und am 16. September 1662 in einem Brief an den Philosophen und Literaten Giovanni Battista Ricciardi (1623–1686) sein Bild als lebensgroße, figurenreiche Komposition mit dreizehn Gestalten beschrieben. Als Thema seines Gemäldes gab Rosa in dem Brief die aufgrund der Fürsprache des Eunuchen Ebed-Melech veranlasste Heraufholung des Jeremia aus der Zisterne an, in die der Prophet wegen der von ihm angekündigten Zerstörung Jerusalems durch die Fürsten Judas geworfen wurde.[13]

Das Kolorit des Bildes ist fast monochromatisch und besteht aus dunklen, vor allem braunen Farben, die Assoziationen an den Schlamm in der Zisterne wecken, in den Jeremia hineingesunken war (vgl. Jer 38,6). Die Szene verzichtet auf die Darstellung von Vegetation im Bildhintergrund und wird ganz von der expressiv ausgeführten Figurenzeichnung dominiert.[14] Während unter dem bedrohlich dräuenden Himmel die Landschaft so gut wie vollständig verschwunden ist, wird links durch ein Architekturstück der Wachhof im Jerusalemer Königspalast als Schauplatz der Szene angedeutet. So liegt der Akzent ganz auf den dreizehn Figuren, deren Köpfe, Kleider und Rüstungen durch Lichteffekte hervorgehoben werden. Die Dominanz der Figuren zeigt sich auch in ihrer eigenwilligen, fast michelangelesken Anatomie. Die dargestellten Personen sind mehr durch ihre physische und moralische Kraft als durch Eleganz und Schönheit charakterisiert. In seinem Bemühen um die Darstellung des Wesentlichen stellte Salvator Rosa den Effekt und nicht den Geschmack in den Mittelpunkt.[15]

Am unteren Bildrand sind Steinstufen angedeutet, mit denen die Zisterne des Malkija eingefasst ist, aus der Jeremia gerade herausgeholt wird. Am linken und rechten Bildrand sind zwei gerüstete königliche Soldaten zu sehen, deren Helme und Harnische wirkungsvoll das Licht reflektieren. Mit ihrer Anwesenheit verweisen sie auf den Befehl des Königs Zidkija, der sich von Ebed-Melech überzeugen ließ und trotz seiner Durchsetzungsschwäche die Befreiung des Propheten angeordnet hatte (vgl. Jer 38,10). Der linke, sich mit der Rechten auf eine Spitzhacke stützende Soldat scheint mit seiner erhobenen linken Hand die Autorität des königlichen Befehls in Erinnerung zu rufen. Sein Gegenüber, der den Schaft eines Speeres umfasst hat, blickt auf den in der Mitte des Bildes stehenden Mann, in dem Ebed-Melech zu erkennen ist, der gerade dabei ist, zusammen mit drei Männern Jeremia aus der Zisterne herauszuziehen.

Die übrigen Männer, von denen zumeist nur die Köpfe zu sehen sind, verfolgen als gespannte Zuschauer die Befreiung des umstrittenen Propheten. Der rechts neben dem linken Soldaten sichtbare Mann, dessen Haupt von hinten beleuchtet wird, scheint eine verständnisvolle Haltung zu verkörpern. Der Mann, der rechts neben Ebed-Melech die Hand erhoben hat, reagiert staunend und mit offenem Mund auf das Geschehen. Erstaunen scheint sich auch in den Gesichtszügen des bärtigen und mit einem schwarzen Barett bekleideten Mannes widerzuspiegeln, der sich links neben Ebed-Melech hervorgebeugt hat. Von dem Kopf des neben ihm sichtbaren Mannes ist zu wenig sichtbar, um auf eine bestimmte innere Einstellung schließen zu können. Die beiden bärtigen Männer am rechten Rand scheinen eher eine ablehnende Haltung einzunehmen. Während der mit einer helmähnlichen Kappe bedeckte Mann mit gepresstem Mund dargestellt ist, hat der neben ihm Stehende die Augen angestrengt zusammengekniffen.

Zu den drei Männern, die Ebed-Melech auf Anordnung des Königs als Helfer mit sich genommen hat (vgl. Jer 38,10), gehört der links kauernde Mann, der sich mit seiner rechten Hand auf dem Boden abgestützt hat. Während Jeremia von oben her durch den königlichen Diener mit beiden Händen an Stricken gehalten wird, unterstützen zwei Männer den Propheten, um ihm vollends aus der Zisterne zu helfen. Der als Eunuch jugendliche und bartlose Züge tragende Ebed-Melech ist mit einem weißen Gewand bekleidet und erscheint als hellste Gestalt auf dem figurenreichen Bild. Die Lichtgestalt des Ebed-Melech scheint hier als Sinnbild für den Glauben an die Auferstehung zu dienen, von dem der königliche Diener durchdrungen gewesen sein muss, wie bereits Origenes (um 185–253/54) in seiner Allegorese hervorgehoben hatte.[16] Der rechte, in Rückenansicht gezeigte Helfer kniet auf der oberen Abdeckung der Zisterne und stützt mit seiner linken Hand den Propheten unter der Kniekehle, während seine nicht sichtbare Rechte wohl den Rumpf Jeremias stützt. Das antikisierende Gewand, das dem Helfer beim Heraufziehen des Propheten heruntergerutscht ist, erinnert an das römische Subarmalis, das unter dem Panzer getragen wurde. Eine ähnlich antikisierende Kleidung trägt auch der linke Helfer, der mit seiner Rechten dem Propheten unter den Arm gegriffen hat und ihn mit der anderen, nicht sichtbaren Hand wohl ebenfalls am Rumpf hält.

Unterstützt von den beiden Helfern, hat Jeremia soeben sein linkes Bein auf die Erde gesetzt, während sich der rechte Fuß noch an der steinernen Einfassung der Zisterne befindet. Der mit einer dunkelblauen Tunika bekleidete Prophet scheint ganz entkräftet zu sein, vermag sich aber mit den Armen an seine beiden Helfer zu klammern, um den letzten Schritt an die Oberfläche zu tun. Das zerzauste Bart- und Haupthaar zeigt, wie sehr Jeremia während seiner Gefangenschaft in der Zisterne gelitten hat. Mit durchdringenden, vor sich hinblickenden Augen nimmt der Prophet die wiedergewonnene Welt um sich wahr.

Die Gestalt des aus der Zisterne heraufsteigenden Propheten erinnert entfernt an die barocke Motivik des gerade dem Walfisch entsteigenden Jona (vgl. Jona 2,11), mit dem Jesus sein eigenes Sterben und Auferstehen verglichen hat. Wie Jona drei Tage und drei Nächte im Bauch des Fisches gewesen sei, so werde auch der Menschensohn vor seiner Auferstehung drei Tage und drei Nächte im Inneren der Erde sein und im Grab ruhen (vgl. Mt 12,40). Aber auch ohne diesen möglicherweise verborgenen Hinweis auf Jona ist der aus der Zisterne emporsteigende Jeremia ein Sinnbild für die Auferstehung, denn gerade um dieses Glaubensmysterium zum Ausdruck zu bringen, war Salvator Rosa auf das seltene alttestamentliche Vorausbild der Errettung dieses Propheten aufmerksam geworden.

Das Gleichnis von der engen Tür

21. Sonntag im Jahreskreis. Evangelium: Lk 13,22–30

„Bemüht euch mit allen Kräften, durch die enge Tür zu gelangen."
Lk 13,24

Im Evangelium des 21. Sonntags im Jahreskreis steht das Bildwort von der engen Tür zum Heil (vgl. Lk 13,24) im Mittelpunkt, das in der Bergpredigt des Matthäusevangeliums durch die Gegenüberstellung des breiten Tores noch zusätzlich hervorgehoben wurde (vgl. Mt 7,13–14). Bereits im Alten Testament wurde dem Menschen vor Augen geführt, dass er zwischen dem guten Weg zum Heil und dem schlechten Weg in das Verderben die Wahl zu treffen hat (vgl. Dtn 30,15.19), wie auch das durch den Propheten Jeremia ergangene Wort Gottes zeigte: „Seht, den Weg des Lebens und den Weg des Todes stelle ich euch zur Wahl" (Jer 21,8). Angesichts der bangen Frage, ob nur wenige gerettet werden (vgl. Lk 13,23), hatte Jesus auf die Mühseligkeit des zum Heil führenden Weges hingewiesen: „Bemüht euch mit allen Kräften, durch die enge Tür zu gelangen, denn viele, sage ich euch, werden versuchen, hineinzukommen, aber es wird ihnen nicht gelingen" (Lk 13,24). Im Matthäusevangelium wurde noch hinzugefügt, dass das Tor, das ins Verderben führt, weit ist und der Weg dahin breit ist, so dass viele auf ihm gehen (vgl. Mt 7,13).

Das Gleichnis vom engen und vom breiten Weg ist ein Motiv, das besonders in der neuzeitlichen Kunst sowohl im Katholizismus als auch im Protestantismus anzutreffen ist.[1] Dies zeigt auch ein Ölgemälde, das um 1580 im Umkreis des flämischen Manieristen Gillis Mostaert (1528–1598) entstand und im Januar 1984 aus dem Kunsthandel für das Museum Catharijneconvent in Utrecht erworben wurde.[2] Gillis Mostaert trat um 1554/55 in Antwerpen in die Lukasgilde ein und wirkte dort zusammen mit seinem Zwillingsbruder Frans Mostaert (1528–1560) als Maler. Neben Genreszenen und Landschaftsbildern schuf Gillis Mostaert auch moralische und religiöse Allegorien. Da er nur wenige Gemälde signierte, lässt sich das Œuvre des Malers nicht eindeutig bestimmen, so dass die um 1580 entstandene allegorische Darstellung mit dem breiten und dem schmalen Weg nur dem Umkreis des Gillis Mostaert zugewiesen werden kann.[3]

Das etwa eineinhalb Meter breite Ölbild zeigt eine von Bergen umgebene Seenlandschaft, die mit ihren zarten Farben am Horizont in den Himmel übergeht. Das weite Gewässer bildet den Hintergrund für Jesus, der auf einem kleinen Hügel steht und seine Hände im Redegestus ausgebreitet hat. Christus steht am Ufer des Sees von Galiläa auf dem Hügel der Bergpredigt, der nach dem Matthäusevangelium jener Ort war, an dem er die Lehre von den beiden Wegen verkündete (vgl. Mt 7,13–14). Jesus ist an seinem langhaarigen, bärtigen Gesicht und an seiner Kleidung erkennbar. Er trägt eine blauviolette Tunika, die mit ihrer Himmelsfarbe seine Gottheit versinnbildlicht, während sein roter Mantel auf seine Menschheit verweist. Zu Jesus schauen rechts hinter dem Hügel zwei Jünger empor, die sich durch ihre biblischen Gesichtszüge und ihre antikisierenden Gewänder von den anderen Figuren abheben, die in zeitgenössischer Kleidung der Bergpredigt zuhören und zwei unterschiedliche Hörergruppen bilden.

Die rechte Gruppe zeigt eine geringe Bereitschaft, die Lehre von den beiden Wegen anzunehmen, und nimmt deshalb den Platz zur Linken Jesu ein. Aus der rückwärtigen Gruppe haben sich ein Mann und eine Frau vom Prediger abgewendet und blicken aus dem Bild heraus. Ein anderer Mann bringt seine innere Distanziertheit dadurch zum Ausdruck, dass er seinen linken Arm in die Hüfte stemmt. Hinter ihm stützt sich ein weiterer Mann auf seinen Degen, der mit seinem Seidenhut, der Halskrause, dem kurzen Mantel und der Pluderhose der spanischen Mode folgt. Links haben sich ein Mädchen, das eine Puppe in der linken Hand hält, und ein Knabe herumgewendet. Die beiden Kinder haben wohl wahrgenommen, dass rechts ein anderer Junge gerade den Ort verlassen hat und daumenlutschend, mit einem Steckenpferd unter dem Arm gedankenlos seines Weges geht. Der ihn ankläffende weiße Hund erscheint hier wohl als Sinnbild für die Tugenden der Wachsamkeit und Treue, an denen es dem Jungen offensichtlich mangelt, so dass ihm der Hund nachbellt. Da man in der damaligen Zeit Kindlichkeit und Dummheit als zusammengehörende Eigenschaften ansah, verweisen das Steckenpferd und das kindische Gebaren des Jungen auf die menschliche Torheit, die letztlich in der Leugnung Gottes gipfelt, wie Psalm 53 zeigt, in dem die Toren in ihrem Herzen sprechen: „Es gibt keinen Gott" (Ps 53,2).[4]

Über dem törichten Jungen ist schon das große, breite Tor zu sehen, durch das viele Menschen ins Verderben gehen (vgl. Mt 7,13). Es ist einem römischen Triumphbogen nachempfunden und zeigt eine aufwendige Rustikaverkleidung. Auf

Gillis Mostaert, Der breite und der schmale Weg, um 1580, Öl auf Leinwand, 107 × 154 cm, Utrecht, Museum Catharijneconvent.

den Gesimsen des Torbogens haben sich einige Pflanzen angesiedelt. Zu Füßen des Torbogens nähert sich von links ein galantes Paar, das gemeinsam auf einem Pferd sitzt, um durch das breite Tor ins Verderben einzuziehen. Dabei zeigt der rot gekleidete Kavalier seiner Partnerin einen Falken, den er auf seiner rechten Hand hält, die er mit einem Falknerhandschuh geschützt hat. Das Präsentieren eines Falken war ein gängiges Sinnbild, um die Laster des Stolzes und der Hoffart zu veranschaulichen. Während von rechts her gerüstete Berittene mit einer Lanze einherreiten, ist durch das Tor bereits eine größere Menge von Kriegsleuten eingezogen, die sich mit ihren Spießen und Fahnen nach rechts gewendet haben. Hinter den Soldaten geht ein spanisch gekleideter Mann durch das Tor und legt dabei seinen rechten Arm um eine vornehme Frau, die frivol ihre rechte Hand erhoben hat. In der auffallenden Präsenz der Soldaten spiegeln sich die 1568 ausgebrochenen konfessionellen Kriegswirren in den Spanischen Niederlanden wider, von denen besonders Antwerpen heimgesucht wurde, das 1576 von marodierenden spanischen Söldnern geplündert wurde, so dass selbst Katholiken entsetzt waren und nun fast alle niederländischen Provinzen den Abzug der Spanier forderten, den die Antwerpener dann 1577 für ihre Stadt erreichen konnten. Als das Bild mit der Allegorie der beiden Wege um 1580 im Antwerpener Umkreis Gillis Mostaerts entstand, hatten sich die konfessionellen Gegensätze bereits wieder verfestigt und 1579 zur Trennung in die südlichen katholischen und die nördlichen protestantischen Provinzen und dann 1581 zur Unabhängigkeitserklärung der Generalstaaten von den Spanischen Niederlanden geführt. Da sich Antwerpen 1581 den Generalstaaten angeschlossen hatte, musste die Stadt von Juli 1584 bis August 1585 durch die Truppen des spanischen Königs Philipp II. eine lange Belagerung und schließlich die Eroberung über sich ergehen lassen. Gillis Mostaert hatte das Gebaren der Spanier und auch der Katholiken in den damaligen konfessionellen Auseinandersetzungen kritisch gesehen und auch in seinen Bildern satirisch aufgegriffen.[5] Hinter dem breiten Tor des Verderbens ist eine Stadtansicht mit einem weiten Platz zu sehen, auf dem weitere Menschengruppen versammelt sind, die sich zwar nicht näher bestimmen lassen, aber sicherlich auf weitere Laster wie Habgier, Neid, Stolz oder Müßiggang hinweisen sollen. Rechts ist unter einem baldachinartigen Haus ein Tisch mit einigen Personen zu sehen, die sich wohl dem Laster der Völlerei hingeben. Am hinteren Ende der Stadt schlagen aus einem großen brennenden Haus Flammen in den Himmel, die von den Feuern der Hölle künden, die am Ende des Weges in das Verderben drohen.[6]

Die in den Szenen vor und hinter dem Tor dargestellten Laster des breiten und ins Unheil führenden Weges werden auf der Attika des Triumphbogens nochmals von drei marmornen Skulpturengruppen aufgenommen, die sich auf die antike Mythologie beziehen. Als Sinnbild für das stolze Streben nach irdisch-kriegerischem Ruhm sitzt rechts der antikisch gerüstete Kriegsgott Mars, der seine Rechte auf ein langes Schwert stützt und in der linken Hand einen Rundschild hält. Die Laster der Trunkenheit und der Völlerei verkörpert links der nackte und feiste Bacchus, der auf einem Weinfass sitzt und eine Trinkschale (Kylix) erhoben hat. In der Mitte wird das Laster der Wollust durch zwei mit dem Rücken aneinandersitzende Satyrn symbolisiert, die ihren rechten und linken Arm rücklings verschränkt haben. Über den beiden Bocksgeistern ist eine Weltkugel drapiert, die von einem Kreuz bekrönt ist, damit die Aussicht auf den Sieg über das Unheil auch auf der Seite des verderblichen breiten Weges nicht unangedeutet bleibt.[7]

Die zur Rechten Jesu unterhalb des Hügels stehende Gruppe hört der Botschaft von den beiden Wegen aufmerksam zu. Während rechts vorne ein Mann seine Axt geschultert hat und konzentriert der Predigt folgt, hat sich hinter ihm ein anderer niedergesetzt. Die ganz links stehende Frau hat ihre Hand betroffen auf die Brust gelegt. Daneben steigen aus einer Senke Menschen auf, die sich mit geschulterten Kreuzen auf den Weg durch das enge Tor machen. Die Kreuze zeigen, wie sehr man sich „mit allen Kräften" bemühen muss, „durch die enge Tür zu gelangen" (Lk 13,24), denn „das Tor, das zum Leben führt, ist eng und der Weg dahin ist schmal und nur wenige finden ihn" (Mt 7,14). Am unteren Ende des Zuges ist eine Frau zu sehen, die mit gefalteten Händen drei Männern folgt, die gerade dabei sind, ihre Kreuze aufzuheben. Davor schleppen eine Frau und ein Mann ihre Kreuze zur engen Pforte hin, während ein weiterer, in ein mönchisches Gewand gehüllter Mann bereits das Tor durchschreitet, hinter dem der Weg einen steilen Berg hinaufführt.

Das enge Tor ist mit seinen dunklen Quadern nicht nur schmuckloser als die breite Pforte, sondern auch bedeutend kleiner, so dass der Torbogen von einer Person mit dem geschulterten Kreuz gerade aufrecht durchschritten werden kann. Das Gegenstück zu den drei Personifikationen der Laster auf dem breiten Triumphbogen bilden auf der Attika des engen Tores die allegorischen Frauengestalten der drei theologalen Tugenden.[8] Damit wird deutlich, dass der Weg zum Heil in Glaube, Hoffnung und Liebe zu gehen ist. Als die größte unter den drei Tugenden sitzt die Allegorie der Liebe (Caritas) in der Mitte und umgreift die Personifikationen des Glaubens (Fides) und der Hoffnung (Spes) an deren Schultern (vgl. 1 Kor 13,13). Während die Caritas ohne Attribut auskommt, weil sie die liebevolle Geste der Umarmung ausführt, sind Fides und Spes durch besondere Kennzeichen charakterisiert. Das in einem Taukreuz bestehende Attribut der Fides erinnert an das kreuzförmige Zeichen, das im Buch Ezechiel den Glaubenstreuen auf die Stirn gezeichnet wird (vgl. Ez 9,4; Offb 7,2; 9,4) und somit als Aufruf zum treuen Ausharren im Glauben erscheint. Die Spes ist traditionell mit dem Anker dargestellt, der die Schiffe mit dem festen Grund verbindet und durch seine Kreuzesform auf das Kreuz Jesu als einzige Hoffnung der Christen verweist.

Nach dem Durchschreiten des engen Tores wird der serpentinenförmig ansteigende Weg für die Kreuzträger noch beschwerlicher, da jetzt auch Versuchungen am Wegrand warten. Der erste Kreuzträger begegnet der Versuchung der Völlerei, die durch einen reich gedeckten Tisch symbolisiert wird, an dem eine Frau sitzt. Rechts daneben bietet ein dämonischer Versucher dem nächsten Kreuzträger, einem Ordensmann, einen Trank an. Weiter oben fordert ein Satyr eine Frau auf, ihr Kreuz abzulegen und der Versuchung der Wollust nachzugeben. Nach Überwindung dieser Versuchungen führt der steile Weg für die Kreuzträger weiter, bis sie schließlich zum Ziel des ewigen Lebens gelangen, das in einem Rundtempel besteht, der an das himmlische Jerusalem erinnert. Während auf der Gegenseite der große brennende Bau in Ruinen steht, erstrahlt der Himmelstempel im Glorienlicht.

Das Bildmotiv der beiden Wege war bereits in der antiken Mythologie in der Gestalt des am Scheideweg stehenden Herkules oder in der pythagoreischen Formel von der Weggabelung bekannt. Nachdem es im ersten Psalm des Psalters (vgl. Ps 1,1) auch in die alttestamentliche Offenbarung eingegangen war, konnte sich auch das Neue Testament dieses einprägsame Bild bei der Verkündigung des christlichen Heilswegs zu eigen machen. Im 16. Jahrhundert wurde das Thema der Lebensentscheidung in der flämisch-niederländischen Malerei zu einem Leitmotiv der moralischen und religiösen Allegorien. So steht das Utrechter Gemälde vom engen und breiten Weg beispielhaft für die konfessionsübergreifende moralisierende Mentalität der damaligen Zeit, um den Christen die Sorge um das Seelenheil auch bildhaft einzuprägen.

Die Gäste Jesu

22. Sonntag im Jahreskreis. Evangelium: Lk 14,1.7–14

„Wenn du ein Essen gibst, dann lade Arme, Krüppel, Lahme und Blinde ein."
Lk 14,13

Das Evangelium des 22. Sonntags im Jahreskreis zeigt, dass Jesus immer wieder bei Pharisäern, Bekannten und Freunden zu Gast war. In der Mahlgemeinschaft versuchte Jesus, die Menschen mit seiner Botschaft vom Reich Gottes anzusprechen. Als Jesus einmal bei einem Pharisäer eingeladen war, bemerkte er, wie sich die Gäste die Ehrenplätze aussuchten. Jesus mahnte deshalb zur Bescheidenheit (vgl. Lk 14,7–11), denn wer sich ständig vordrängt, den wird Gott beim himmlischen Festmahl auf den letzten Platz verweisen (vgl. Mt 23,12; Lk 18,14). In einer zweiten Mahnung versuchte Jesus das ehrsüchtige und auf die eigene Erhöhung ausgerichtete Prinzip der gegenseitigen Einladung unter Verwandten, Freunden und reichen Nachbarn aufzubrechen. Bei diesem Verhalten würden immer diejenigen draußen bleiben, denen die besondere Sorge und Liebe Gottes gilt, nämlich die Armen, Krüppel, Lahmen und Blinden. Wer aber gerade diese Bedürftigen einlädt, die zu keiner Gegeneinladung fähig sind, der vermag die Vergeltung Gottes selbst zu empfangen und kann selig werden, wenn ihm dann bei der Auferstehung vergolten wird (vgl. Lk 14,12–14).[1]

Zu den am Rand Stehenden, mit denen Christus Mahl hielt, um sie in den rettenden Bereich des Reiches Gottes hereinzuholen, gehörten auch die Zöllner und Sünder (vgl. Lk 15,1). Da sich nicht wenige von ihnen bekehrten, mahnte Jesus die Hohenpriester und Ältesten: „Amen, ich sage euch: Zöllner und Dirnen gelangen eher in das Reich Gottes als ihr" (Mt 21,31). Auch die Reichen warnte Jesus: „Denn eher geht ein Kamel durch ein Nadelöhr, als dass ein Reicher in das Reich Gottes gelangt" (Lk 18,25). Bereit für das Heil aber hielt Jesus die „Unmündigen", die für den Glauben offen waren (vgl. Lk 10,21), und die bekehrungswilligen Sünder, zu denen er sich besonders gesandt wusste (vgl. Mk 2,17; Mt 9,13; 12,7; Lk 5,32; 19,10).

Sieger Köder, Das Mahl der Sünder

IN SEINEM „MAHL DER SÜNDER" schuf 1973 der Priestermaler Sieger Köder (1925–2015) eine populäre zeitgenössische Darstellung des Mahles Jesu mit den am Rand Stehenden, Armen und Sündern. Der 1971 für die Diözese Rottenburg-Stuttgart zum Priester geweihte Sieger Köder gehörte zu den bekanntesten gegenständlich malenden religiösen Künstlern unserer Zeit. Mit seinen derben, kantigen Figuren und intensiven Farben schuf er kraftvolle Bilder, in denen er die christliche Heilsbotschaft mit Nachdruck vorzutragen versuchte. Vor seinem Theologiestudium und seiner Priesterweihe hatte er sich von 1946 bis 1951 dem Kunsthandwerk und dem akademischen Studium der Kunst gewidmet und war von 1964 bis 1965 in Aalen als Kunsterzieher tätig gewesen.[2]

Als das in vielen Bibelausgaben und Religionsbüchern abgedruckte „Mahl der Sünder" im Jahr 2000 in Deutschland ausgestellt wurde, schilderte Sieger Köder auch die Entstehungsgeschichte seines wohl bekanntesten Bildes.[3] Das Gemälde entstand 1973 als Wandbild für den Speisesaal der Villa San Pastore bei Gallicano nel Lazio in der Nähe von Rom, gelegen zwischen den Albaner und den Prenestiner Bergen. Als Landgut und Sommerhaus gehört San Pastore seit 1845 zum Pontificium Collegium Germanicum et Hungaricum in Rom, einem 1552 durch Ignatius von Loyola (1491–1556) gegründeten und bis heute dem Jesuitenorden anvertrauten Priesterseminar für deutschsprachige Seminaristen. Als Sieger Köder im Sommer 1972 in San Pastore weilte, fragte ihn der damalige Rektor des Kollegs, Claudius Mayer-Lauingen (1925–1994), ob er nicht für den Speisesaal als Ersatz für eine dort angebrachte künstlerisch minderwertige Kopie des „Letzten Abendmahls" von Leonardo da Vinci (1452–1519) ein neues Bild malen könnte. Sieger Köder schlug ein „Fest der Narren" vor, die essen und trinken, aber auch ernst sein sollten wie Don Quijote und Sancho Pansa aus dem 1605 veröffentlichten Ritterroman des Miguel de Cervantes (1547–1616) oder wie der „Idiot" aus dem gleichnamigen, 1868/69 publizierten Roman von Fjodor Dostojewski (1821–1881). Als biblischer Zugang bot sich das Mahlhalten Jesu mit den Zöllnern und Sündern an (vgl. Lk 15,1). Nach Anfertigung eines fast fünf Meter breiten hölzernen Malgrundes konnte Sieger Köder im Sommer 1973 im Speisesaal von San Pastore die Malereien ausführen, die stets von einem regen Austauschprozess begleitet waren.[4]

Sieger Köder übertrug den realen Speisesaal in das querrechteckige Bild, in dem sich die Gewölbekonsolen und die schwarzweißen Bodenfliesen des Refektoriums wiedererkennen ließen. Auch der Tisch mit der weißen Decke, der geflochtene Stuhl, der goldgelbe Wein, der im Keller der Villa gekeltert wurde, und die Art der aufgetragenen Brotstücke entsprachen dem, was auch der Betrachter beim Speisen vor sich sehen konnte. Das auf einem Felsenrrücken erbaute Dorf, das in der

Sieger Köder, Das Mahl der Sünder, 1973, Öl auf Holz, 495 × 265 cm, Gallicano nel Lazio, Villa San Pastore.

offenen Tür zu sehen ist, erinnerte den Betrachter an die benachbarte Ortschaft Gallicano nel Lazio.[5]

Vor diesem vertrauten Ambiente konnte dem Betrachter im Speisesaal die Liebe Jesu zu den Sündern und den am Rand Stehenden als Grundthema des Bildes unmittelbar und aktualisierend vor Augen geführt werden. Dabei ist die Gestalt Christi nur durch die Hände im Vordergrund angedeutet, die den sieben Tischgästen Brot und Wein reichen. Die Siebenzahl erinnert an die sieben Hauptsünden – Stolz, Habsucht, Neid, Zorn, Unkeuschheit, Unmäßigkeit und Trägheit – und damit auch an die Erlösungsmittel der sieben Sakramente. Da aber die Zahl Sieben immer auch für die Totalität steht, gilt die Zuwendung Jesu nicht nur den sieben im Bild dargestellten Personen, sondern allen, die sich ihre Bedürftigkeit, moralische Schwäche und Sündhaftigkeit vor Christus eingestehen, der keinen abweisen wird, der zu ihm kommen will (vgl. Joh 6,37).[6]

Unter den sieben Tischgenossen Jesu sind sehr unterschiedliche Typen versammelt, auch solche, die man durchaus als Randexistenzen bezeichnen kann und zu denen der Clown, die alte Bettlerin, die Dirne und der Mann aus der Dritten Welt zu zählen sind.[7] An der Stirnseite sitzt der Clown, der mit der Halskrause das typische Narrengewand trägt.[8] Mit leeren und traurigen Augen blickt er aus seinem geschminkten Gesicht den Betrachter an. Sieger Köder hatte immer gerne Zirkusleute und Narren gemalt, weil sie Außenseiter sind, die nach der Vorstellung ihre Schuldigkeit getan haben und dann abtreten können. Während man die Narren im Alten Testament noch negativ in der Nähe des Sünders gesehen habe (vgl. Ps 53,2), sei im Neuen Testament der christliche Narr erschienen. Jesus sei von seinen eigenen Verwandten für verrückt gehalten worden (vgl. Mk 3,21), und Paulus habe von sich und den Aposteln gesagt, sie seien zum Schauspiel geworden (vgl. 1 Kor 4,9). Links neben dem Clown sitzt eine alte Frau, die der Maler oftmals als Bettlerin auf den Stufen der Kathedrale im nahen Palestrina sehen konnte.[9] Die zusammengesunkene Frau hat ihre Hände verschränkt auf den Tisch gelegt. Ihr blaues Kopftuch wirft einen Schatten über ihre Augen, so dass auch der Eindruck entstehen könnte, sie sei blind. Neben der Bettlerin sitzt eine dunkelhaarige Dirne im roten Gewand, das Glas Wein an ihre Brust gedrückt. Im Unterschied zu den anderen Tischgenossen ist ihre Sünde eindeutig. Die Dirne erinnert daran, dass die Kirche immer zugleich heilig und sündhaft ist.[10] Wie Sieger Köder berichtete, standen Dirnen an der Via Prenestina, die von Rom nach San Pastore führte.[11] Zu den Randexistenzen gehört auch der Mann aus der Dritten Welt, dessen rechter verbundener Arm die Frage aufkommen lässt, warum und wodurch er verwundet wurde. Der Mann blickt mit offenem Mund staunend aus dem Bild heraus. Aus dem Verband sickert Blut, so dass er als Stigmatisierter dem gekreuzigten Heiland näher als die anderen wird. Gerade seine verwundete Hand erhält aus der Rechten Jesu das Brot.[12]

Unter den Tischgenossen finden sich mit einem Juden, einem Intellektuellen und einer reichen Frau auch Gäste, „die man gewöhnlich eher auf der Lichtseite des Lebens angesiedelt glaubt", wie es Franz-Josef Steinmetz formulierte, der von 1987 bis 1993 als Spiritual am Germanicum wirkte.[13] Sieger Köder wollte von Anfang an auch einen Juden darstellen, da Gott im Alten Testament seine Nähe immer wieder beim Mahl gezeigt habe, wie bei der Bewirtung der drei Gottesboten durch Abraham in Mamre (vgl. Gen 18,1–33), beim Paschamahl in Ägypten (vgl. Ex 12) oder beim Bundesmahl des Mose und der siebzig Ältesten auf dem Sinai (vgl. Ex 24,11).[14] Der Jude, der mit seinem Gebetsschal als gesetzestreu charakterisiert ist, sitzt dem „gesetzlosen" Mann aus der Dritten Welt gegenüber. Der traurige Blick des Juden spiegelt die Enttäuschungen und Leiden des Volkes Israel wider.[15] Der zusammengesunkenen, blinden Bettlerin gegenüber sitzt mit erhobenem Haupt ein kritischer Student, ein Germaniker.[16] Das Gesicht des Intellektuellen ist von Skepsis und Erkenntnis gezeichnet. Aber auch er „kann aus seiner selbstherrlichen Erkenntnis und aus der Not, die sie ihm in dieser verkehrten Gestalt bereitet, erlöst werden", denn man sieht „ihn schon am gemeinsamen Tisch" und hat vielleicht gerade im ersten Korintherbrief gelesen, dass die Erkenntnis aufgeblasen macht, die Liebe aber aufbaut (vgl.

1 Kor 8,1).[17] Daneben sitzt eine reiche Frau, die zu denen gehört, die es schwer haben, ins Reich Gottes einzugehen, und die gerade deshalb an den Tisch der Sünder gerufen sind. Sieger Köder zeigte die vornehme Frau mit einem schönen, schwarzen Kopftuch, das damals Frauen in der Kirche noch tragen mussten. So wird deutlich, dass der profane Speisesaal zu einem Sakralraum wird und alle Tischgenossen „Kirche" werden.[18] Die standesbewusste Frau erinnert an die römischen Adeligen, die früher ihren selbstverständlichen Platz in der Kirche hatten, aber nunmehr kritisch betrachtet werden, weil sie nicht der armen Bevölkerung angehören. Dennoch gilt auch den Reichen und Vornehmen das Evangelium.[19]

Die sieben Tischgenossen wirken maskenhaft und sehen einander nicht an, als ob sie noch keine Beziehung untereinander hätten. Obwohl sie alle um einen gedeckten Tisch sitzen, scheinen sie von einer inneren Not gefesselt zu sein. Sie blicken ernst und traurig, aber auch sehnsuchts- und erwartungsvoll auf den Gastgeber, der vor ihren Augen das Brot bricht. Es geht also um keine billige optimistische Vision, sondern um die erbarmende Liebe Christi, die zur Versöhnung der Menschen mit Gott und untereinander zu führen vermag.[20] Von Jesus sind nur die Hände mit den angedeuteten Wundmalen zu sehen, zwischen denen ein Becher mit Wein steht, während er in seiner Rechten ein Stück Brot hält. Wie auf fast allen Bildern Sieger Köders bleibt Christus auch im Sündermahl der verborgene Gott, der den Menschen besonders durch seine eucharistische Gegenwart nahe ist.[21] So hält Jesus in seiner rechten Hand das auf die Eucharistie hinweisende Brot und berührt damit schon fast die Hand des Verwundeten, durch dessen Binden das Blut sickert, so dass der arme Mann aus der Dritten Welt in besonderer Weise als Bruder des Gekreuzigten erscheint.[22] Wie dieser Ärmste kommen auch die anderen Tischgenossen und letztlich auch die Betrachter des Bildes als Bedürftige und Sünder, die um Versöhnung bitten und voll Sehnsucht auf die heilenden Hände Christi blicken, der das Brot des Lebens bricht.

Die Liebe des Gastgebers und die keimhaft zu neuem Leben erwachende Verbundenheit der Gäste bilden das Geheimnis der Tischgemeinschaft. So wird der Tisch, um den sie sitzen, zum symbolischen Mittelpunkt des Bildes. Obwohl das Licht durch die Türöffnung in den Raum fallen müsste, ist es der weiß gedeckte, eucharistische Tisch mit Brot und Wein, von dem das Licht ausgeht. Diese Lichtquelle bestimmt die Schatten und umschließt als inneres Licht die Teilnehmer des Mahles.[23] Auch die Rose, die mit ihren Dornen und Blüten das Heilsmysterium des Todes und der Auferstehung Jesu umfasst, macht die ganze Darstellung zu einer Vision der Gemeinschaft in Christus. Bereits Dante Alighieri (1265–1321) hatte in seiner „Göttlichen Komödie" in der Rose ein Sinnbild für die himmlische Schar der durch Christus Erlösten gesehen.[24]

Links neben der Tischgruppe bleibt eine große Wandfläche frei, wodurch die Mahlhaltenden noch mehr zusammenrücken.[25] Durch den Jesuiten Theo Schmidkonz (1926–2018), den damaligen Studentenpfarrer in München, erhielt Sieger Köder den Impuls, auf der freien Wand das Gleichnis vom verlorenen Sohn (Lk 15,11–32) als den theologischen Hintergrund des Sündermahles darzustellen. Für Sieger Köder war der ältere Sohn, der im Gegensatz zu seinem jüngeren Bruder zu Hause bei seinem Vater geblieben war, die eigentlich bedeutsame Figur der Parabel. Als der jüngere Bruder, der in der Ferne das väterliche Vermögen mit Dirnen durchgebracht hatte, reumütig nach Hause zurückgekehrt war, ließ der Vater für seinen verlorenen, aber nunmehr wiedergefundenen Sohn ein Fest in seinem Haus feiern (vgl. Lk 15,11–24). Da sich der ältere Sohn gegen die Mitfeier des Festes sträubte, kam der Vater zu ihm heraus und redete ihm gut zu (vgl. Lk 15,25–32). Sieger Köder stellte die Personen der Parabel in archaischer Formensprache und monochromer Farbgebung dar und folgte dabei einer Anregung von Theo Schmidkonz, die Figuren wie mit hingekritzelter Kreide oder Kohle zu malen. Rechts beugt sich der Vater über seinen jüngeren Sohn. Beide sind in einer tiefen Umarmung vereint. Links daneben verschränkt der ältere Sohn die Arme vor sich. Obwohl es zweimal die gleiche Armbewegung ist, findet der jüngere Sohn den Vater, während der ältere Sohn in seiner Verweigerungshaltung nur sich selbst findet. Dennoch blickt der ältere Sohn über die Schranke hinaus, die er mit seinen Armen bildet, und scheint noch zu überlegen, ob er in das Vaterhaus hineingehen soll. Wie das Gleichnis offenlässt, ob der ältere Sohn nicht doch noch das Fest mitfeiern wird, so ist auch auf dem Bild noch nichts entschieden.[26]

Der größte Eindruck, den das große Gemälde hervorruft, besteht sicherlich darin, dass die sieben Tischgenossen aus dem Bild herausblicken. Nach Sieger Köder schauen sie zugleich auf Christus und die Betrachter, die mit der Frage konfrontiert werden: „Setzt ihr euch mit uns an einen Tisch? Oder dürfen wir zu euch an euren Tisch sitzen? Dann können wir glauben, dass Christus bei euch auferstanden ist. Das scheint mir die geheime Botschaft dieses Bildes zu sein."[27] Damit rückte Sieger Köder das Bild in die Nähe des Evangeliums, in dem Jesus dazu aufgerufen hatte, gerade die Bedürftigen und Randexistenzen an den Tisch einzuladen (vgl. Lk 14,13). So war das Gemälde, wie Sieger Köder resümierte, „als ein Bild der Theologie der Menschlichkeit" bekannt geworden, das „eine Nische" auszufüllen schien und dann „in vielen Schulbüchern und in religiöser Jugendliteratur veröffentlicht worden" ist.[28] Mit Recht erinnert das „Mahl der Sünder" an die biblische Tatsache, dass Jesus mit den Sündern speiste, so dass er sogar als Freund der Zöllner und Sünder verunglimpft werden konnte (vgl. Mt 11,19). Die Hände Jesu mit den sich schon abzeichnenden Wundmalen und den Heilsgaben von Brot und Wein beziehen das Bild auch auf das

Letzte Abendmahl, denn sonst wäre die im Wirken Jesu begonnene und sich am Vorabend seines Leidens in der Eucharistie realisierende neue Gemeinschaft nur eine kurze Episode geblieben.[29] Jesus aber „drückt in den Gaben von Brot und Wein seine Liebe zu den Jüngern aus und nimmt sein Sterben bewußt in diese Hingabe hinein. Sein Sterben ist Hingabe für die anderen, und diese Hingabe wird jetzt in diesem Mahl den Jüngern erschlossen."[30] Die angedeuteten Hände lenken die Gedanken des Betrachters nicht so sehr auf die historische Person Jesu, sondern auf den in seiner Kirche fortlebenden auferstandenen Herrn, der in seiner Eucharistie gegenwärtig bleibt, um in den Menschen zu wohnen. Christus befindet sich gleichsam an der Stelle der Betrachter, in denen er leben und wirken möchte, da er in dieser Welt keine anderen Hände als die unsrigen hat. So hängt die Wahrheit des Bildes letztlich von denen ab, die es betrachten und vor ihm im Speisesaal von San Pastore zur Mahlgemeinschaft zusammenkommen. Der Blick geht schließlich durch die offene Tür hinaus auf das Felsendorf, das an Gallicano, den Nachbarort von San Pastore, erinnert, der für die Welt steht, die berufen ist, am christlichen und eucharistischen Geheimnis der Tischgemeinschaft teilzunehmen.[31]

Der gefangene Apostel Paulus

23. Sonntag im Jahreskreis. Zweite Lesung: Phlm 9b–10.12–17

„Ich, Paulus, ein alter Mann, der jetzt für Christus Jesus im Kerker liegt."
Phlm 9

Paulus war während seines Wirkens als Apostel mehrmals im Gefängnis, da er in seinen Auseinandersetzungen mit den Juden immer wieder in Untersuchungshaft kam. Als Paulus um das Jahr 55 wahrscheinlich in Ephesus im Gefängnis saß (vgl. 1 Kor 15,32; 2 Kor 1,8–10; 11,23), schrieb er von dort einen Brief an die Gemeinde von Philippi (vgl. Phil 1,7.13–14) und an Philemon (vgl. Phlm 1; 9; 13), dessen Haus in Kolossä der christlichen Gemeinde als Versammlungsort diente. Philemon hatte einen Sklaven namens Onesimus, der zu dem damals inhaftierten Paulus geflüchtet war. Nachdem Onesimus zum Glauben gekommen war und dem Apostel im Gefängnis nützliche Dienste zu leisten vermochte (vgl. Phlm 11; 20), schickte ihn Paulus wieder zu seinem Herrn zurück, der seinem entlaufenen Sklaven verzeihen und als christlichen Bruder aufnehmen sollte: „Ich, Paulus, ein alter Mann, der jetzt für Christus Jesus im Kerker liegt, ich bitte dich für mein Kind Onesimus, dem ich im Gefängnis zum Vater geworden bin. Früher konntest du ihn zu nichts gebrauchen, doch jetzt ist er dir und mir recht nützlich. Ich schicke ihn zu dir zurück, ihn, das bedeutet mein eigenes Herz" (Phlm 9–12).[1]

Zu Beginn seiner malerischen Tätigkeit schuf 1627 der niederländische Maler Rembrandt (1606–1669) ein Tafelbild, das den Apostel Paulus im Gefängnis beim Schreiben eines Briefes zeigt. Der junge Rembrandt hatte in seiner Heimatstadt Leiden ab 1622 bei Pieter Lastman (1583–1633) gelernt und sich mit der Helldunkelmanier des römischen Malers Caravaggio (1571–1610) auseinandergesetzt. Ab 1627 nahm Rembrandt die an Lastman orientierte Malweise mit dramatischen Effekten und starker Farbgebung zurück, die seine ersten ab 1626 geschaffenen biblischen Historiengemälde noch geprägt hatte. Rembrandt wählte nun kleinere Bildformate

Rembrandt, Paulus im Gefängnis, 1627, Öl auf Holz, 72,8 × 60,3 cm, Stuttgart, Staatsgalerie.

und bevorzugte eine mehr monochrome Farbigkeit. Um seine Helldunkelmalerei weiter auszubilden, stellte er bewusst biblische Interieurszenen dar, um durch die Lichtquellen der Innenräume das Wesentliche der dargestellten Vorgänge zum Ausdruck zu bringen. Rembrandt ließ allegorische oder simultane Nebenszenen beiseite und konzentrierte sich auf das seelische Innenleben der dargestellten Personen, das er allein durch Mienenspiel, Gebärden und Gesten hervorzuheben versuchte. So fand der junge Rembrandt zu bemerkenswerten Neuformulierungen biblischer Themen, zu denen auch das Interieurbild des im Gefängnis sitzenden Apostels Paulus zählt. Während zuvor der gefangene Paulus in einer Landschaft dargestellt wurde, entdeckte Rembrandt den Innenraum des Gefängnisses als Handlungsort. Er zeigte den Apostel als Briefschreiber in einer für ihn charakteristischen Tätigkeit und wandelte damit die traditionelle Darstellung eines einzelnen Heiligen in ein einfiguriges Historienbild um.[2]

Das kleine, nicht einmal einen Meter hohe Tafelbild ist mit „R" für „Rembrandt" signiert und mit der Jahreszahl 1627 datiert.[3] Auf dem Briefkopf des Papierbogens, der auf der rechten Seite des großen geöffneten Buches liegt, ist zudem die Signatur „Rembrandt fecit" zu lesen.[4] Das gut erhaltene Gemälde, das Rembrandt mit Öl auf eine Eichenholztafel malte, wurde 1867 für die Staatsgalerie Stuttgart erworben.[5]

Der Blick des Betrachters fällt auf die Wand einer kahlen Gefängniszelle, die links durch eine Halbsäule gegliedert ist und rechts einen verschlossenen Holzladen zeigt. Paulus hat sich neben seinen bescheidenen Habseligkeiten auf der Bank seiner Zelle niedergelassen, die ihm nicht nur zum Schlafen und Sitzen, sondern auch als Ablage dient. Auf Paulus fällt ein kühles Licht, das den Apostel wie mit einer Art Heiligenschein umgibt und den Schatten der Fenstergitter erzeugt.[6] Der etwas zusammengesunkene, schon als alter, grauhaariger Mann gezeigte Paulus (vgl. Phlm 9) ist in einen graublauen Mantel gehüllt, den er über einem braunen Untergewand trägt, von dem die Ärmel zu sehen sind. Während sein linker Fuß beschuht ist, steht der rechte nackt auf einer abgestreiften Sandale, die auf einem flachen, schwarzen Stein liegt. Paulus trägt mit seiner kahlen Stirn und dem langen, spitz zulaufenden Bart die für den Völkerapostel charakteristischen Gesichtszüge. Er stützt seinen rechten Ellbogen auf ein großes Buch, das geöffnet auf seinem Schoß liegt. Da sich in der Zelle offenbar kein Tisch befindet, dient das schwere Buch, mit dem sicherlich die Heilige Schrift gemeint ist, auch als Schreibunterlage, auf der einige beschriebene Briefblätter zu sehen sind. In der linken Hand, die auf dem Buch ruht, hält der Apostel einen Schreibstift. Paulus hat offenbar in seinem Schreiben innegehalten und den Stift aus der rechten Schreibhand an seine Linke abgegeben. Die nunmehr freie rechte Hand hat er nachdenklich an sein Kinn geführt, während er mit dem Zeigefinger seine Lippen berührt. Auf der Bank liegt rechts eine graublaue Wolldecke, die farblich dem Mantel des Apostels ähnelt. Links unten sind Strohhalme auf dem Boden zu sehen. Auf der linken Seite der Bank liegen ein Wollschal, ein Schriftstück, das an einen Briefbogen erinnert, aufgestapelte Bücher mit braunen Ledereinbänden und ganz links ein weiteres aufgeschlagenes Buch. An der Bank lehnt ein mächtiges, zweihändiges Richtschwert.[7]

Die Gegenstände des Gemäldes sind mit einem genau zeichnenden Pinsel hingesetzt und zeigen eine weitgehend monochrome Farbpalette, wie sie Rembrandt in dieser Zeit bevorzugte, um durch die zurückgenommenen Farbkontraste die Bildregie stärker dem Helldunkel zu überlassen und auf diese Weise dem Betrachter das Wesentliche vor Augen zu führen. So beschränkt sich das Kolorit weitgehend auf abgestufte blaue, ockerfarbene und graue Töne, um einen Eindruck von der tristen Nüchternheit der Gefängniszelle zu vermitteln.[8]

Der Betrachter wird ganz vom Haupt des Apostels mit seiner hohen, zerfurchten Stirn und den in die Ferne blickenden Augen angezogen. Paulus hat im Schreiben innegehalten und scheint nun über das nachzusinnen, was er in der Heiligen Schrift gelesen oder gerade auf die Briefblätter niedergeschrieben hat. Seine großen, dunkelbraunen Augen sind auf etwas Unsichtbares, aber doch ganz Bestimmtes gerichtet. All seine körperlichen und seelischen Kräfte sammeln sich hinter der Stirn und in den Augen, die von anstrengendem Denken und Wachen künden.[9]

Neben der realistischen Wiedergabe der Figur und der Szenerie dienen auch die übrigen Gegenstände der Bilderzählung. So verweist das zweihändige Richtschwert auf das Martyrium des Apostels, das er um die Jahre 64/67 in Rom durch Enthauptung erlitten hatte. Das Schwert ist aber nicht nur ein Attribut, sondern auch ein Sinnbild für das aktive Apostolat des Paulus, während die Bücher für die kontemplative Dimension des Wortes Gottes im Leben des Völkerapostels stehen.[10]

Mit seiner um 1627 neu gefundenen Bildsprache gelang es dem jungen Rembrandt, die biblische Historie des im Kerker gefangenen Paulus ohne äußere Handlung zu vergegenwärtigen.[11] Damit vermochte der Maler dem Betrachter das Wesentliche vor Augen zu führen, das sich in der Seele des Apostels ereignet hat und wie es sich bis heute in seinen Briefen widerspiegelt. Das Gemälde lebt aus der seelischen Spannung zwischen dem äußeren Eingesperrtsein des duldenden Gefangenen und der inneren Tatkraft des geistig aktiven Apostels, der aus dem Gefängnis seine Briefe schreibt, um seine Gemeinden im Glauben zu stärken oder auch Philemon an seine christlichen Bruderpflichten zu erinnern.[12]

Das Gleichnis von der verlorenen Drachme

24. Sonntag im Jahreskreis. Evangelium: Lk 15,1–32

„Wenn eine Frau zehn Drachmen hat und eine davon verliert,
zündet sie dann nicht eine Lampe an, fegt das ganze Haus und sucht unermüdlich,
bis sie das Geldstück findet?"
Lk 15,8

In den drei Gleichnissen Jesu, die im Evangelium des 24. Sonntags im Jahreskreis verkündet werden, geht es um die Freude, die Gott bereitet wird, wenn ein einziger verlorener Sünder umkehrt. Als die Zöllner und Sünder zu Jesus kamen, um ihn zu hören (vgl. Lk 15,1), empörten sich die Pharisäer und Schriftgelehrten und sagten über ihn: „Er gibt sich mit Sündern ab und isst sogar mit ihnen" (Lk 15,2). Um seine Zuwendung zu den Sündern zu rechtfertigen, erzählte Jesus seinen Kritikern die Gleichnisse. In diesen Parabeln machte Jesus deutlich, dass Gott zur Vergebung bereit ist, weil er nicht will, dass Menschen wegen ihrer Sünden vom Reich Gottes ausgeschlossen bleiben. Die Mahlgemeinschaft Jesu mit den Zöllnern und Sündern bringt die Freude darüber zum Ausdruck, dass die verlorenen Sünder den Ruf Jesu zur Umkehr angenommen haben und wiedergefunden wurden. Weil im Himmel bei Gott Freude über die Umkehr herrscht (vgl. Lk 15,7.10), wird Jesu Mahlgemeinschaft zum Zeichen für die von Gott geschenkte Vergebung und zum Vorgeschmack für das ewige Freudenmahl in der himmlischen Vollendung.[1] Zur Veranschaulichung dieser Freude stellt Jesus den Pharisäern und Schriftgelehrten die Gleichnisse vom wiedergefundenen Schaf (Lk 15,3–7), von der verlorenen Drachme (Lk 15,8–10) und vom verlorenen Sohn (Lk 15,11–32) vor Augen. In der Parabel von der verlorenen Drachme erzählt Jesus von einer Frau, die zehn Drachmen besitzt und eine davon

Domenico Fetti, Gleichnis von der verlorenen Münze, um 1618/21,
Öl auf Holz, 55 × 44 cm, Dresden, Gemäldegalerie Alte Meister.

Domenico Fetti, Gleichnis von der verlorenen Münze

verloren hat. Die Drachme war eine Silbermünze, die dem Denar entsprach und damals als Lohn für einen Arbeitstag galt. Wenn nun die Frau eine von den zehn Drachmen und damit den Lebensunterhalt für einen ganzen Tag verliert, wird sie eine Lampe anzünden, das ganze Haus fegen und unermüdlich suchen, bis sie die Silbermünze wiederfindet (vgl. Lk 15,8). Das Anzünden eines Lichtes und das Ausfegen mit dem Besen wird verständlich, wenn man bedenkt, dass zur Zeit Jesu die Häuser einfacher Leute nur aus einem einzigen, fensterlosen Raum mit gestampftem Lehmfußboden bestanden.[2] Hat die Frau das Geldstück nach ihrer eifrigen Suche wiedergefunden, dann wird sie ihre Freundinnen und Nachbarinnen zusammenrufen und sagen: „Freut euch mit mir; ich habe die Drachme wiedergefunden, die ich verloren hatte" (Lk 15,9). Ebenso wird „auch bei den Engeln Gottes Freude über einen einzigen Sünder" herrschen, „der umkehrt" (Lk 15,10).

EINE EINZIGARTIGE DARSTELLUNG DES GLEICHNISSES VON DER VERLORENEN DRACHME geht auf den römischen Maler Domenico Fetti (1588/89–1623) zurück. In seiner Heimatstadt Rom hatte der junge Fetti zu Beginn des 17. Jahrhunderts die wichtigen Impulse aufgenommen, die damals die Malerei prägten, nämlich den Naturalismus und die Helldunkelmanier Caravaggios (1571–1610) sowie die Landschaftsmalerei Adam Elsheimers (1578–1610), der seit dem Jahr 1600 in Rom lebte. Auf Vermittlung seines Lehrers Lodovico Cigoli (1559–1613) wurde Fetti 1613 durch Herzog Ferdinand Gonzaga (reg. 1612–1626) an den Hof von Mantua berufen. In der künstlerischen Auseinandersetzung mit der Malerei Venedigs und Oberitaliens fand Fetti zu seinem Stil, der durch realistische Züge und leuchtende, schwungvoll aufgetragene Farben geprägt war.[3]

Von 1618 bis 1622 schuf Fetti einen kleinformatigen Bilderzyklus von vierzehn Gleichnissen Jesu, der sich 1631 in den Räumen der früheren Herzogin Isabella d'Este (1474–1539) befand und teilweise in mehreren Fassungen überliefert ist. Fettis Bilderfolge, die sich durch ihren idyllischen Charme und ihr venezianisches Kolorit auszeichnet, bildet einen wichtigen künstlerischen Auftakt für die beginnende frühe Barockmalerei. Mit seiner Gleichnisserie malte Fetti so viele Parabeln Jesu wie kein Künstler vor ihm. Die mehr im Norden verbreiteten Gleichnisdarstellungen könnte Fetti noch in Rom durch den Malerkreis um Adam Elsheimer oder etwas später durch venezianische Maler kennengelernt haben. Am Hof von Mantua sah Fetti in der Sammlung Ferdinand Gonzagas auch das berühmte Gemälde mit der Blindenparabel (vgl. Lk 6,39–40; Mt 15,14), das 1568 Pieter Bruegel der Ältere (um 1525/27–1606) gemalt hatte. Fetti ließ in seiner Bilderfolge die irdische Welt der Gleichnisse auf Gott hin transparent werden und holte die geistliche Erfahrung in das alltägliche Leben herein, um die durch Christus in den Parabeln verkündete Wahrheit auf eine unmittelbar begreifbare Weise dem Betrachter vor Augen zu führen.[4] Den ersten Teil der vierzehn Gleichnisbilder schuf Fetti wohl von 1618 bis 1621.[5] Nach der Rückkehr von einem Venedigaufenthalt im Sommer 1621[6] dürften dann die restlichen Bilder von Spätsommer 1621 bis zum September 1622 entstanden sein.[7] Seine letzte Lebenszeit verbrachte Fetti ab September 1622 in Venedig, wo er bereits am 16. April 1623 starb.

Das etwa einen halben Meter hohe Tafelgemälde mit der Parabel von der verlorenen Drachme gilt wegen des starken Einsatzes der römischen Helldunkelmanier als das früheste der vierzehn Gleichnisbilder Fettis. Das um 1618/21 in Mantua entstandene Gemälde gehörte zur kaiserlichen Sammlung in Prag, wo es 1718 und 1737 in den Inventarien erwähnt wurde. 1742 gelangte es durch den sächsischen Kurfürsten Friedrich August II. (reg. 1733–1763) nach Dresden; dort ist es bis heute in der Gemäldegalerie zu sehen.[8]

Wie ein erster Blick auf das Gemälde zeigt, stellte Fetti die Parabel als nächtlich anmutende Interieurszene dar und tauchte sie durch die von der suchenden Frau entzündete Lampe wirkungsvoll in ein flackerndes Helldunkel. Durch die extremen Kontraste des Helldunkels verlieh Fetti der Gleichniserzählung eine dramatisch gesteigerte Wirkung.[9] Die Beleuchtung der Szenerie allein durch das Kunstlicht einer Lampe bedeutete eine Neuheit in der norditalienischen Malerei, die zeitgleich mit Fetti auch durch den Venezianer Carlo Saraceni (1579–1620) aufgegriffen wurde und seine Vorläufer bei venezianischen Malern des 16. Jahrhunderts wie Lorenzo Lotto (1480–1557) und Giovanni Girolamo Savoldo (geb. 1480/85, gest. um 1548) hatte. Oberitalienische Einflüsse zeigen sich auch in der malerischen Verteilung von Farbe und Licht sowie in der auf rote, orange und rötlich-violette Töne eingeschränkten Farbgebung, mit der Fetti die Gewänder der Frau wiedergab. In seinem Bestreben, beim Betrachter einen tiefen Eindruck hervorzurufen, verband Fetti Bildthemen, die an die alltägliche Realität anknüpfen, mit Vorstellungen, die seiner Phantasie entsprangen. Damit glich Fetti den Utrechter Caravaggisten wie Hendrick Terbrugghen (1588–1629), der sich von 1604 bis 1614 in Italien aufhielt, und Gerrit van Honthorst (1592–1656), der von 1610/15 bis 1620 in Italien wirkte. Fetti unterschied sich aber auch von diesen niederländischen Malern, indem er sich mit seiner Helldunkelmanier weniger mit der Dramatisierung narrativer Details beschäftigte, sondern auf den subjektiven Eindruck und die persönliche Aneignung des biblischen Themas abzielte.[10]

Fetti gestaltete das Bild mit dem Gleichnis von der verlorenen Drachme wie ein alltägliches Ereignis. Im Schein der Kerzenflamme, die als einzige Lichtquelle dient, wird ein kahles Zimmer sichtbar, das nach oben hin mit einer Balkendecke abgeschlossen ist. Die schlichte Kammer ist teilweise in einem schadhaften Zustand. In der Mitte des unteren Bildrandes ist im Fußboden eine große Ritze zu sehen. An der linken oberen Ecke der Hinterwand ist der Wandputz abgebröckelt, so dass modriges Holz und Mauerwerk sichtbar sind. Der Raum ist nur kärglich möbliert. Rechts sind eine hölzerne Kleidertruhe, ein Tonkrug und eine getöpferte Schüssel zu sehen. In der linken Bildhälfte liegen ein geflochtener Korb und ein umgestürzter Hocker auf dem Boden.[11]

In der Bildmitte steht eine Frau, die über einem ockerfarbenen Kleid mit hellroten Ärmeln eine weiße Arbeitsschürze und ein gleichfarbiges Schultertuch trägt. Die Frau, die ihr Haar zum Arbeiten zusammengesteckt hat, bückt sich mit einer brennenden Öllampe, um den Fußboden des Zimmers auszuleuchten und die verlorene Silbermünze wiederzufinden. Während sie den linken Arm auf ihre etwas abgewinkelten Knie gelegt hat, hält sie die Lampe in ihrer Rechten knapp über dem Boden. Die übrigen neun Geldstücke hat sie bereits sorgsam auf dem umgestürzten Hocker links vorne abgelegt. Das Licht der Öllampe beleuchtet das Gesicht und die Gewänder der Frau hell von vorne und lässt sie dadurch einen großen, dunklen Schatten an die Wand werfen. Die Frau muss sich bereits intensiv auf die Suche nach der verlorenen Silbermünze gemacht haben, worauf der Flechtkorb hinweist, den sie bei ihrer Suche in die linke Zimmerecke hingeworfen haben mag, wo sie ihn dann umgedreht liegen gelassen hat. Auch in der Kleidertruhe hat sie nach dem Geldstück gesucht und dabei einige weiße Tücher entnommen, von denen eines über den Rand herabhängt, während andere Tücher unordentlich auf dem Fußboden liegen.[12] Da die Frau nur im Sinn hat, die verlorene Münze wiederzufinden, lässt sie sich von der Unordnung, die sie durch das Suchen womöglich hervorruft, nicht beirren. Auf diese Weise wird anschaulich, wie sehr die Frau im Gleichnis „unermüdlich" sucht, „bis sie das Geldstück findet" (Lk 15,8).

Im Mittelpunkt der Bildfindung Fettis steht die Bedeutung des dramatisch inszenierten Lichtes, das nicht nur die Helle, sondern auch das Dunkel bewusst macht. Das Licht erscheint hier als Sinnbild für das Wort Gottes (vgl. Ps 119,105; Spr 6,23; 2 Petr 1,19) und damit für die Kirche, der dieses Licht anvertraut ist, um die in der Dunkelheit der Sünde verlorenen Menschen zur Umkehr zu führen. Die Frau, die einerseits einen dunklen Schatten an die Wand wirft und anderseits im grellen Licht erstrahlt, verkörpert die Umkehr des Menschen zum Licht. So wird die Frau, die im Licht nach der verlorenen Münze sucht, zum Sinnbild für die Bekehrung der Sünder und macht auf diese Weise nicht nur den Sinn des Gleichnisses, sondern auch ein wichtiges Thema der damaligen katholischen Reformbestrebungen anschaulich.[13]

Wie diese verschiedenen Szenarien zeigen, hatte Fetti kein bestimmtes Ereignis des Gleichnisses dargestellt, sondern das vorausgehende und bevorstehende Tun der Frau in einer einzigen Pose zusammengefasst, die dem Bild einen fast stilllebenartigen Charakter verleiht.¹⁴ So konnte Fetti auch schon die freudige Lösung ihres Suchens andeuten, da die verlorene Münze in die dunkle Ritze des Fußbodens am unteren Bildvordergrund gerollt ist, wo sie die Frau bald finden wird, da sie mit ihrer Öllampe nur noch wenige Zentimeter vom Fundort entfernt ist.¹⁵ Der Blick auf die in der Ritze auf ihre sichere Entdeckung wartende Silbermünze nimmt bereits die Freude vorweg, mit der die Frau ihre Freundinnen und Nachbarinnen zusammenrufen wird: „Freut euch mit mir; ich habe die Drachme wiedergefunden, die ich verloren hatte" (Lk 15,9). Diese irdische Freude über ein wiedergefundenes verlorenes Geldstück ist es, die zum Gleichnis für die himmlische Freude wird, die „bei den Engeln Gottes [...] über einen einzigen Sünder" herrscht, „der umkehrt" (Lk 15,10).

Das Gleichnis vom klugen Verwalter

25. Sonntag im Jahreskreis. Evangelium: Lk 16,1–13

„Du kannst nicht länger mein Verwalter sein."
Lk 16,2

Im Anschluss an die lukanischen Gleichnisse über die Umkehr der Sünder (Lk 15,1–32) folgt am 25. Sonntag im Jahreskreis die Parabel vom ungerechten, aber klugen Verwalter. Jesus erzählt von einem Verwalter, dem das Vermögen eines reichen Mannes anvertraut ist (vgl. Lk 16,1). Als der Verwalter der Verschleuderung beschuldigt wird (vgl. Lk 16,2), droht ihm der Herr die Entlassung an: „Was höre ich über dich? Leg Rechenschaft ab über deine Verwaltung! Du kannst nicht länger mein Verwalter sein" (Lk 16,3). Der Verwalter erfasst seine Lage klar und handelt dann in entschlossener und damit kluger Weise. Da er nach seiner Entlassung weder schwere Arbeiten verrichten kann und auch nicht betteln will (vgl. Lk 16,3), bedient er sich der Mittel, die ihm bis zu seiner Absetzung noch zur Verfügung stehen. Er lässt die Schuldner seines Herrn, die mit dem Pachtzins in Verzug sind, zu sich kommen und fälscht kurzerhand deren Schuldscheine, indem er sie um fünfzig und zwanzig Prozent vermindert (vgl. Lk 16,4–7). Auf diese Weise vermag sich der ungerechte, aber doch kluge Verwalter bei den Schuldnern seines Herrn beliebt zu machen, so dass sie ihn nach seiner Entlassung in ihre Häuser aufnehmen werden (vgl. Lk 16,4). Auch wenn dieser Verwalter ein Betrüger ist, so sind dennoch sein klarer Blick für die eigene Situation und sein entschlossenes Handeln vorbildhaft. Um dieser Eigenschaften willen lobte Jesus die „Klugheit des unehrlichen Verwalters" (Lk 16,8). Mit den Worten: „Die Kinder dieser Welt sind im Umgang mit ihresgleichen klüger als die Kinder des Lichtes" (Lk 16,8), brachte Jesus dann die Hoffnung zum Ausdruck, dass sich seine Zuhörer angesichts des hereinbrechenden Reiches Gottes durch den provozierenden Inhalt der Parabel ebenso zu entschlossener Umkehr aufrütteln lassen.[1]

Marinus van Reymerswaele, Gleichnis vom ungerechten Verwalter, um 1540, Öl auf Eichenholz, 77 × 96,5 cm, Wien, Kunsthistorisches Museum.

DAS GLEICHNIS VOM UNEHRLICHEN, ABER KLUGEN VERWALTER wurde um 1540 in der Art des niederländischen Malers Marinus van Reymerswaele (geb. 1490/95, gest. nach 1567) in einem Tafelbild dargestellt. Auch wenn viele Kunsthistoriker in diesem Gemälde eher kein eigenhändiges Werk sehen, so entspricht es in Bildanlage und Detailausführung ohne Zweifel ganz dem Stil dieses Malers.[2] Marinus van Reymerswaele war Sohn des 1475 in Antwerpen tätigen Malers Nicolas de Ziriczee und lernte dort 1509 bei Simon van Daele die Glasmalerei.[3] Ab 1515/20 wirkte er wohl als selbständiger Maler außerhalb Antwerpens und verstarb in der Zeit nach 1567.[4]

Marinus van Reymerswaele hinterließ nur Halbfigurenbilder mit Genreszenen und biblischen Motiven. Er scheint sich an Quentin Massys (um 1466–1530) orientiert zu haben. Charakteristisch für seinen Stil sind die phantastischen Kostüme und Kopftrachten seiner Figuren, die glattrasierten Gesichter der von ihm dargestellten reichen Wucherer, die feinen Hände seiner Protagonisten mit ihren langen, knöchernen Fingern sowie die minutiös ausgeführten Details.[5] Neben seiner naturalistischen Malweise fällt auch seine Neigung auf, Bildinhalte übertrieben und bis ins Karikaturhafte hinein wiederzugeben.[6] Dieser Stil zeigt sich auch auf dem um 1540 entstandenen Tafelbild mit dem Gleichnis des ungerechten Verwalters. Dieses Gemälde befand sich im 17. Jahrhundert im kaiserlichen Besitz auf der Prager Burg, wie die Inventare von 1685 und 1718 zeigen.[7] Nach Wien kam das Bild 1721, wo es zunächst als Gemälde von Quentin Massys aufgeführt wurde, dann aber als Werk erkannt wurde, das der Art des Marinus van Reymerswaele entspricht.[8]

Das fast einen Meter breite Tafelgemälde mit dem Gleichnis des ungerechten Verwalters zeigt bis auf einen kleinen Ausschnitt am rechten Bildrand den Arbeitsraum des reichen Mannes. In einem Holzregal stapeln sich detailgetreu ausgeführte Urkunden mit Siegeln und andere Schriftstücke, die an die Pachtverträge und Schuldscheine erinnern, die der kluge Verwalter dann zu seinen Gunsten fälschen wird. Im Vordergrund ist ein Arbeitstisch zu sehen, auf dem weitere Schriftstücke, ein Buch und Schreibutensilien liegen. Zwischen dem Regal und dem Schreibtisch sitzt der als Halbfigur wiedergegebene reiche Mann, der zu seinem Verwalter hinüberblickt, den er zu sich rufen ließ (vgl. Lk 16,2). Der reiche Mann trägt einen auffallenden grünen Spitzhut mit weißer Binde und ist mit einem kostbaren roten Gewand bekleidet, das mit einer Halsbrosche geschlossen ist. Mit seinem glattrasierten, feisten Gesicht, dem ausladenden Doppelkinn und der spitzen Nase wird der reiche Mann mit fast karikaturhaften Zügen dargestellt. Mit leicht geöffnetem Mund konfrontiert er gerade seinen Verwalter mit dem Vorwurf der Untreue, fordert von ihm Rechenschaftsablage ein und kündigt ihm die Entlassung an (vgl. Lk 16,2).[9] Die anklagenden Worte des reichen Mannes sind in lateinischer Sprache auf einem kleinen Täfelchen mit geschweiftem Rahmen wiedergegeben, das am rechten Bildrand an einer hölzernen Sitzbank hängt. Auf die mit „luce. XVI." angegebene Bibelstelle aus dem 16. Kapitel des Lukasevangeliums (vgl. Lk 16,2) folgen dann die drohenden Worte des reichen Mannes: „Redde. ratione[m]. villicatio[n]is. tue. ia[m] eni[m] no[n]. poteris. a[m]plius [villicare]", „Lege Rechenschaft über deine Verwaltung ab, denn du kannst nicht länger [mein Verwalter sein]".[10] Das Gewicht dieser Worte wird auch durch das Spiel der feinen, langfingerigen Hände des reichen Mannes unterstützt. Während er mit dem auf den Tisch weisenden Zeigefinger der rechten Hand sein Bestehen auf der Rechenschaftsablage unterstreicht, bedeutet er mit seiner Linken, dass er den Verwalter entlassen wird.[11]

Auf der Bank sitzt der schwer beschuldigte Verwalter, der im Unterschied zu seinem Herrn sein hageres Haupt unbedeckt hat und einen Bart trägt. Er ist ähnlich vornehm gekleidet wie der reiche Mann und trägt über einem roten Gewand einen samtig changierenden dunkelgrünen Mantel, aus dem der reich verzierte, adlerköpfige Griff eines Degens etwas hervorragt. Der Verwalter blickt nicht betroffen zu seinem Herrn, sondern konzentriert sich mit etwas seitlich geneigtem Kopf ganz auf seine Gedanken. Während er nachdenklich mit seiner feingliedrigen Rechten in einen Seidenschal greift, hat er seine linke Hand in einer rhetorischen Geste erhoben. Sein energisch ausgestreckter Zeigefinger macht deutlich, dass er in seinen Gedanken bereits einen Weg gefunden hat, der ihn nach seiner Entlassung vor dem Schlimmsten bewahren soll.[12] Dabei dürfte der Adlerkopf am Degengriff auf die Überlegenheit der Geisteskraft verweisen, wie sie Jesus im Gleichnis als kraftvoll entschlossene Klugheit gelobt hatte (vgl. Lk 16,8). Während die Klingenwaffe des Degens in allgemeiner Weise Stärke veranschaulicht, erscheint der Adler als emblematisches Symbol par excellence für Kraft, Überlegenheit und Geistesaufschwung.[13] Zudem erinnert der zum Sonnenlicht auffliegende und sich dabei erneuernde und verjüngende Adler[14] an das Gleichniswort Jesu, wonach die „Kinder des Lichtes" angesichts des nahenden Reiches Gottes die Geisteskraft ihrer Klugheit ebenso entschlossen nutzen sollen wie die durch den klugen Verwalter repräsentierten „Kinder dieser Welt" (Lk 16,8).

Rechts im Hintergrund ist in einer Nebenszene der Verwalter gerade dabei, seine klugen, wenn auch unehrlichen Gedanken in die Tat umzusetzen. Er ist an seinen roten und dunkelgrünen Gewändern erkennbar und trägt jetzt einen breiten Hut, weil er im Freien auf einem städtischen Platz den Schuldnern seines Herrn gegenübersteht. Der Verwalter hat die einfach gekleideten Schuldner zu sich kommen lassen und lässt ihnen nun einen Teil ihrer Verpflichtungen nach, um sich so ihre wohlwollende Dankbarkeit zu sichern (vgl. Lk 16,4–7).[15] Seine rechte Hand hat er zu einem der Schuldner herabgeneigt, der sich gerade niedergesetzt hat, um die Belastung seines Schuldscheins zu korrigieren. Mit dieser Szene illustriert das Bild wörtlich die Schilderung des Gleichnisses, wonach der Verwalter den ersten Schuldner gefragt hat: „Wie viel bist du meinem Herrn schuldig? Er antwortete: Hundert Fass Öl. Da sagte er zu ihm: Nimm deinen Schuldschein, setz dich gleich hin und schreib ‚fünfzig'" (Lk 16,5–6). Einem zweiten Schuldner gibt der Verwalter gerade den Schuldschein zurück, damit auch dieser sich hinsetze, um ebenfalls die Belastungen in einen günstigeren Betrag abzuändern: „Dann fragte er einen andern: Wie viel bist du schuldig? Der antwortete: Hundert Sack Weizen. Da sagte er zu ihm: Nimm deinen Schuldschein und schreib ‚achtzig'" (Lk 16,7). Hinter ihm warten bereits die anderen Schuldner, denen der Verwalter ebenfalls einen Nachlass ihrer Verpflichtungen gewähren wird.

Jetzt wird auch deutlich, dass es diese im Hintergrund gezeigte Szenerie ist, die der im Vordergrund dargestellte Verwalter schon gedanklich voraussieht. Seine linke Hand mit dem ausgestreckten Zeigefinger und seine seitlich aufblickenden Augen sind auf das Geschehen im Hintergrund ausgerichtet. Hier zeigt sich die Wirkmächtigkeit der von Jesus gelobten entschlossenen Klugheit (vgl. Lk 16,8). Weil aber das Reich Gottes angebrochen ist, gilt es, ebenso entschlossen zu handeln und sich zu Gott zu bekehren.

Der arme Lazarus und der reiche Prasser

26. Sonntag im Jahreskreis. Evangelium: Lk 16,19–31

„Als nun der Arme starb, wurde er von den Engeln in Abrahams Schoß getragen."
Lk 16,22

An die Parabel vom klugen Verwalter (Lk 16,1–8) schließt sich im Lukasevangelium die Frage nach dem rechten Gebrauch des Reichtums an (Lk 16,9–13), die schließlich in das Gleichnis vom reichen Mann und vom armen Lazarus einmündet. Im Evangelium des 26. Sonntags im Jahreskreis erzählt Jesus von einem reichen Prasser, vor dessen Haus ein armer und von Geschwüren gequälter Mann namens Lazarus lag, der gerne seinen Hunger mit den Abfällen vom Tisch des Reichen gestillt hätte (vgl. Lk 16,19–21). Obwohl gerechte und fromme Israeliten verpflichtet waren, ihren armen Landsleuten zu helfen, kümmerte sich der reiche Mann nicht um Lazarus, sondern es „kamen die Hunde und leckten an seinen Geschwüren" (Lk 16,21). Da der reiche Prasser einen Hungrigen von der eigenen Tür wies und ihn einfach seinem Schicksal überließ, versündigte er sich schwer gegen Gott, der durch Mose die Armenhilfe geboten hatte (vgl. Ex 22,20–26; Dtn 15,1–11). Während Jesus den Reichen als Sünder schildert, zeichnet er Lazarus als frommen, jüdischen Armen, der seine Hilfe letztlich von Gott allein erwartet, wie auch der Name des Armen zeigt, der „Gott hilft" bedeutet. Nach dem Tod erhielt Lazarus, von Engeln emporgetragen, beim Festmahl des ewigen Lebens den Ehrenplatz in Abrahams Schoß (vgl. Lk 16,22). Als der reiche Prasser starb und standesgemäß begraben wurde, blieb er vom himmlischen Festmahl ausgeschlossen und kam in die Unterwelt, die hier als Strafort der Hölle geschildert wird (vgl. Lk 16,22–23). Der Reiche erblickte von weitem Lazarus

Gleichnis vom armen Lazarus und vom reichen Prasser, Liuthar-Evangeliar Ottos III., fol. 164v, um 990/1000, Deckfarbenmalerei mit Gold auf Pergament, 29,8 × 21,5 cm (Blattgröße), Aachen, Domschatzkammer. ▷

in Abrahams Schoß und rief den Stammvater um Erbarmen an. Er bat ihn, Lazarus zu ihm zu schicken, damit dieser wenigstens mit der ins Wasser getauchten Fingerspitze seine Feuerqualen lindere (vgl. Lk 16,24). Angesichts der ausgleichenden Gerechtigkeit Gottes, der Endgültigkeit der Hölle und des Schicksals, das die reichen Sünder erwartet, antwortete Abraham dem Reichen: „Mein Kind, denk daran, dass du schon zu Lebzeiten deinen Anteil am Guten erhalten hast, Lazarus aber nur Schlechtes. Jetzt wird er dafür getröstet, du aber musst leiden. Außerdem ist zwischen uns und euch ein tiefer, unüberwindlicher Abgrund, so dass niemand von hier zu euch oder von dort zu uns kommen kann, selbst wenn er wollte" (Lk 16,25–26). Als der Reiche bat, Lazarus möge dann wenigstens seine fünf Brüder warnen, damit sie im Jenseits nicht die gleichen Qualen erleiden müssen, verwies ihn Abraham auf das Gesetz des Mose und die Propheten (vgl. Lk 16,27–29).[1]

Das Gleichnis vom reichen Prasser und vom armen Lazarus, das bis zur Einführung des Dreifaltigkeitsfestes am ersten Sonntag nach Pfingsten als Evangelium diente,[2] wurde in der westlichen Kunst erstmals um 990/1000 im Aachener Liuthar-Evangeliar Ottos III. (reg. 983–1002) dargestellt.[3] Eine ältere Illustration der Parabel findet sich nur noch in der um 879/82 in Konstantinopel entstandenen Handschrift der Gregor-Homilien, wo der thronende Abraham mit dem kleinen Lazarus auf dem Schoß in Gegenüberstellung zu dem in der Hölle gepeinigten Prasser dargestellt wurde.[4]

Kaiser Otto III. hatte das für seine Pfalzkapelle in Aachen bestimmte Evangeliar durch den im Widmungsbild[5] dargestellten Reichenauer Mönch Liuthar anfertigen lassen, der wohl die Miniaturen malte beziehungsweise den Text schrieb oder auch das Skriptorium leitete. Die Handschrift befand sich im Aachener Marienstift, wo es in der Liturgie und als Schwurevangeliar Verwendung fand. Nachdem der Codex nach der Französischen Revolution in private Hände gelangt war und sich im Besitz des Aachener Domherrn Martin Joseph von Orsbach (1776–1846) befand, wurde er 1848 für den Aachener Dom zurückerworben, wo er bis heute zur Schatzkammer gehört. Im Liuthar-Evangeliar wurden die in der üblichen Reihenfolge angeordneten vier Evangelien mit 21 hochformatigen Miniaturen zum Leben Jesu illustriert, wobei gegenüber den Wunderberichten die lehrhaften Perikopen und die Gleichnisse dominieren. Die Miniaturen nehmen die künstlerische Tradition der spätantiken, byzantinischen und karolingischen Tradition auf, zeigen aber bereits den für die ottonische Buchmalerei typischen, auf das Wesentliche konzentrierten monumental-sakralen Stil. Während die Bilder durch reich ausgestaltete Bogenrahmungen feierlich wirken, bekommen sie durch den hier erstmals verwendeten Goldhintergrund einen ausgesprochen transzendenten Zug.[6]

Die Miniatur mit dem Gleichnis des armen Lazarus und des reichen Prassers bildet als fünfte Illustration die vorletzte Miniatur der Bilderfolge zum Lukasevangelium.[7] Die Darstellung wird von einer purpurfarbenen Arkadenrahmung umschlossen, die mit ornamentalen, vegetabilen und architektürlichen Elementen üppig verziert ist. Über den beiden Kapitellen wachsen zwei Akroterpflanzen mit Blüten, die jeweils eine rote Kreisscheibe mit einem Sonnengesicht umschließen.

Die Handlung des Gleichnisses wird in zwei Kreisfeldern und einem dazwischenliegenden Oval erzählt. Unter dem Bogenrahmen schweben vor dem Goldgrund zwei kreisrunde, sich nicht berührende Medaillons, die in der Mitte von einer ovalen, ungerahmten und flachgedrückten purpurfarbenen Fläche hinterfangen werden. Im Unterschied zur gesamten Tradition der Buchmalerei beginnt die Erzählung nicht oben auf der Seite, sondern im unteren Medaillon mit dem reichen Prasser und endet mit Abraham und Lazarus im oberen Kreis, während im mittleren Oval die Hölle dargestellt ist. Dabei sind die Figuren und Gruppen, vor allem im oberen Abrahamsmedaillon, so gerundet, dass sie sich harmonisch in die Kreisformen einfügen. Dennoch ist die Wiedergabe einer mehrgliedrigen biblischen Geschichte in selbständigen Rundformen auf der Seite einer Handschrift vor dem 12. Jahrhundert noch ganz ungewöhnlich. Durch diese einzigartige Komposition, die freilich auch in einer gewissen kompositorischen Spannung zu der rahmenden Arkade steht, erhält die Miniatur auch innerhalb der ganzen Bilderfolge des Liuthar-Evangeliars eine Sonderstellung. So erfolgt die Erzählung nicht in einer kontinuierlichen streifenförmigen Anordnung und nicht in einem einheitlichen Raum, in dem sich die Geschichte in der zeitlichen Reihenfolge entwickeln und die Figuren agieren könnten. Durch die drei selbständigen, geometrisch konzipierten Bildflächen wird das Geschehen in Einzelelemente gegliedert und damit aus seinem Handlungsablauf gelöst, wodurch sich aber auch der Eindruck von Dauerhaftigkeit ergibt und das Gleichnishafte der dargestellten Szenen deutlicher hervorzutreten vermag.[8]

Das untere Medaillon, dessen Farben teilweise etwas abgerieben sind, zeigt die Szene mit dem speisenden reichen Mann (vgl. Lk 16,21). Vor einem grünen, das Irdische andeutenden Hintergrund ist die mit einem hellgrünen Tischtuch bedeckte Tafel des reichen Mannes zu sehen, auf der verschiedene Tischgeräte angedeutet sind. An der ovalen Tafel sitzen zu beiden Seiten des Prassers jeweils vier junge, bartlose Männer. Sie sind in weiße Tuniken und purpurviolette Mäntel gekleidet und haben teilweise ihre Hände zustimmend erhoben. Zusammen mit dem an der Vorderseite herabhängenden Tischtuch sind die Tischgäste harmonisch in die grüne, kreisrunde Gesamtfläche eingebunden. Der reiche Mann, „der sich in Purpur und feines Leinen kleidete und Tag für Tag herrlich und in Freuden lebte" (Lk 16,19), nimmt den mittleren Platz ein. Er trägt eine goldene Krone und hält in der rechten Hand ein großes, goldenes Messer. Er ist mit einem weißen Untergewand und mit einem weiten, goldverzierten Purpurmantel bekleidet.[9] Bei der Gestaltung des unteren Medaillons folgte der Maler einer Komposition, die er zu Beginn des Evangeliars ausgeführt hatte und die das Gastmahl des Königs Herodes zeigt, das zur Enthauptung Johannes' des Täufers geführt hatte (vgl. Mt 14,10; Mk 6,27).[10] Von dieser Szene entnahm der Maler die ovale Tischform, die in zwei Gruppen um die Zentralperson sitzenden Tischgäste und die Königskrone, die der Prasser sonst niemals trägt.[11] Er ließ aber die horizontal ausladende und wenig integrierte steinerne Sitzbank weg, bildete die Symmetrie stärker aus, rahmte die Szene einheitlich und harmonisierte die Farbigkeit. Den armen Lazarus vermochte der Maler aber nicht in die Kreiskomposition zu integrieren. Er fügte ihn in der linken unteren Bildecke hinzu und sorgte mit den in der gegenüberliegenden Ecke dargestellten Hunden für einen symmetrischen Ausgleich.[12] Trotz dieser kompositorischen Verlegenheit zeigt der aus dem Bildraum des Medaillons gleichsam verbannte Lazarus, dass er „vor der Tür des Reichen" gelegen war (Lk 16,20). So kauert der Arme mit angedeuteten Geschwüren an den Beinen und Händen auf der Erde (vgl. Lk 16,20). Er ist nur mit einem kurzen, weißen Hemd bekleidet und hält einen Krückstock in der rechten Hand. Während zwei Hunde, die vom linken Bildrand herankommen, an seinen Geschwüren lecken, hat er sich zur Tafel des Prassers herumgewendet und bittend seine linke Hand erhoben, um seinen Hunger mit den Essensresten stillen zu dürfen, die womöglich vom Tisch des Reichen herunterfallen (vgl. Lk 16,21). Von der rechten Bildecke her rennen in gestrecktem Lauf und mit hechelnden Mäulern drei weitere Hunde auf den kranken und armen Lazarus zu.[13]

In der Mitte der Miniatur werden die beiden Kreise von einem Oval hinterfangen, das für die Hölle steht, um das Ende des reichen Mannes und dessen Gespräch mit Abraham ins Bild zu bringen.[14] In der dunklen, purpurfarbenen, an feuriges Rostrot erinnernden Fläche ist in der Mitte ein großer, langhaariger Kopf erkennbar, der mit der lateinischen Beschriftung „ABYS[SVS]" als „Abgrund" bezeichnet ist und somit eine Personifikation der Hölle darstellt. Auf der rechten Seite sieht man acht Köpfe mit großen, weißumrandeten Augen und mit herausleuchtenden weißen Zähnen, die wohl auf das in der Hölle herrschende Zähneknirschen und Heulen hinweisen (vgl. Mt 8,12; 13,42.50; 22,13; 24,51; 25,30; Lk 13,28). Während mit den acht Verdammten vielleicht die in der gleichen Zahl an der Tafel des reichen Mannes versammelten Tischgenossen gemeint sind,[15] ist links die im Feuer sitzende Gestalt des Prassers zu sehen, wie er mit seiner ausgestreckten Rechten zu Abraham und Lazarus aufblickt. Mit der linken Hand weist er auf seine in der Hölle brennende Zunge, dass sie ihm durch ein Herabsteigen des Lazarus gekühlt werde (vgl. Lk 16,23–24).[16] Mit seinen Teufelshörnern, die ihm in der Verdammung gewachsen sind, ist der reiche Mann „zu einer fast nicht mehr identifizierbaren Höllenfratze geworden, die sich jetzt ebenso verloren am unteren Rand des Himmels aufhält wie einst Lazarus am Rand der üppigen Tafel"[17].

Im oberen, purpurfarben gerahmten Medaillon ist vor goldenem Grund das Paradies mit Abraham und Lazarus zu sehen. Der in eine hellblaue, weiß gehöhte Tunika und ein hellgrünes Pallium gekleidete Abraham wendet sich in Frontalansicht dem Betrachter zu. Er sitzt auf einem mit Gemmen und Edelsteinen geschmückten goldenen Thron, hinter dem die beiden Paradiesbäume (vgl. Gen 2,9) zu sehen sind. Auf seinen Knien hält er mit seiner linken Hand die kleine, kindlich wirkende Figur des verklärten Lazarus, der über einer hellblauen Tunika ein helles, rötliches Obergewand trägt. Lazarus ist mit einem Goldnimbus ausgezeichnet und hat seine Hände in betender Haltung wie eine Orante erhoben.[18] Mit seiner rechten Hand zeigt Abraham zum Prasser in die Hölle herab und gibt ihm zu verstehen, dass für seine noch in der Welt lebenden Brüder allein die Gebote Gottes heilsnotwendig sind (vgl. Lk 16,29–31) und dass zwischen dem Paradies und der Hölle „ein tiefer, unüberwindlicher Abgrund" besteht (Lk 16,26).[19] Zu beiden Seiten neigen sich huldigend, mit akklamierend ausgebreiteten Händen zwei geflügelte Engel. Mit ihrer beschwingten Haltung deuten sie an, dass Lazarus „von den Engeln in Abrahams Schoß getragen" wurde (Lk 16,22).[20] Die beiden Engel sind wie Lazarus gekleidet und tragen wie dieser ebenfalls Goldnimben. Mit ihren Konturen und Flügeln sind die Engel vollendet in die Kreisform des Medaillons eingefügt.[21]

Als der Maler des Liuthar-Evangeliars den thronenden Abraham mit dem kleinen Lazarus im Schoß darstellte, konnte er bereits auf eine bekannte Bildtradition zurückgreifen. Nachdem die Gruppe mit Abraham und Lazarus als Gegenbild zum Prasser in der Hölle schon im 9. Jahrhundert in der byzantinischen Buchmalerei aufgetaucht war,[22] begegnete sie seit dem 11. Jahrhundert besonders in Weltgerichtsdarstellungen auch als Einzelfigur, um das Paradies zu verbildlichen.[23] So dürfte die Gruppe mit Abraham und Lazarus auch als Kreisbild auf Teppichen, Goldschmiedearbeiten oder in anderen Kompositionen vorhanden gewesen sein, so dass sich der Maler des Liuthar-Evangeliars für sein oberes Medaillon daran orientieren konnte. Er fügte dann unter Verwendung seiner eigenen Vorarbeiten in der Herodesminiatur ein zweites Kreisbild mit der Szene des tafelnden Prassers hinzu und hinterlegte es mit der Ovalform der Höllendarstellung zu einer kunstvollen, aber auch ungewöhnlichen Komposition.[24] Dass die beiden Medaillons verschiedene künstlerische Wurzeln haben, zeigt auch die größere kompositorische Kraft und malerische Qualität des oberen Kreisbildes. Während der Prasser trotz Purpurmantel und Krone eher zaghaft, raumlos und ohne natürliche Selbständigkeit zwischen den hinter der Tafel aufgereihten und in Zweigruppen zusammengedrängten Tischgenossen sitzt, bildet das Abrahamsbild eine in sich abgeschlossene Komposition, in der sich die Figuren mit ihren Gebärden frei entfalten können. Mit seinem ausdrucksvollen Redegestus und Lazarus in seinem Schoß beherrscht die monumentale Gestalt Abrahams souverän die Mitte zwischen den rahmenden Paradiesbäumen und den sich neigenden Engeln.[25]

Der Malermönch, der im Liuthar-Evangeliar das Gleichnis vom reichen Prasser und vom armen Lazarus schuf, legte den Akzent auf die Vorstellung des göttlichen Bestrafens und Belohnens, wie sie auch in der Auslegung der Kirchenväter im Vordergrund stand. Mit der außergewöhnlichen Komposition der drei Bildfelder unterschied der Maler klar zwischen der irdischen Welt mit dem reichen Mann und dem armen Lazarus, dem Bereich der Hölle mit dem leidenden Prasser und dem Paradies mit dem seligen Lazarus im Schoß Abrahams.[26] So ist, wie der Dominikaner Anselm Hertz (1924–2013) betonte, „nicht der Reiche, der über seinem Reichtum das Gebot Gottes vergaß, […] in Wahrheit der wirkliche Sohn Abrahams, sondern der Arme, der leiden muss, weil der Reiche sich nicht um Gottes Gebot kümmerte"[27].

Der Apostelschüler Timotheus

27. Sonntag im Jahreskreis. Zweite Lesung: 2 Tim 1,6–8.13–14

„Leide mit mir für das Evangelium. Gott gibt dazu die Kraft."
2 Tim 1,8

In der zweiten Lesung des 27. Sonntags im Jahreskreis steht der Paulusschüler Timotheus im Mittelpunkt. Er stammte aus Lystra in Lykaonien, wo er durch seine fromme jüdische Großmutter Loïs geprägt wurde (vgl. 2 Tim 1,5). Während sein Vater Heide war (vgl. Apg 16,1.3), bekehrte sich Timotheus zusammen mit seiner jüdischen Mutter Eunike früh zum christlichen Glauben (vgl. 2 Tim 1,5). Als Paulus auf seiner zweiten Missionsreise um das Jahr 50 nach Lystra kam und ihm Timotheus von der christlichen Gemeinde empfohlen wurde (vgl. Apg 16,2), wollte er ihn als Mitarbeiter gewinnen. Da Timotheus aus einer – nach jüdischer Anschauung eigentlich unerlaubten – heidnisch-jüdischen Mischehe stammte, aber dennoch vor dem mosaischen Gesetz als Jude galt und deshalb auch beschnitten sein musste, entschloss sich Paulus, dies nachzuholen. So ließ er Timotheus „mit Rücksicht auf die Juden" beschneiden (Apg 16,3), um sie nicht unnötig zu provozieren und sein missionarisches Wirken nicht zu gefährden. Von diesem Zeitpunkt an begleitete Timotheus den Völkerapostel auf allen großen Reisen. Er wurde zum wichtigsten Mitarbeiter des Paulus, mit dem ihn ein familiäres Verhältnis wie zwischen Vater und Sohn verband (vgl. Phil 2,20–22). Besonders eindringlich zeigt sich diese Beziehung in den beiden Timotheusbriefen, die zu späterer Zeit von einem Paulusschüler als geistige Testamente des Apostels gestaltet wurden (vgl. 2 Tim 1,3–5; 2,1; 3,10–4,5). Nach seiner Untersuchungshaft in Rom um die Jahre 61/63 dürfte Paulus noch einmal nach Osten gereist sein, um Timotheus in Ephesus, der Hauptstadt der Provinz Asia, zum „Metropoliten" aller kleinasiatischen Gemeinden einzusetzen (vgl. 1 Tim 1,3), wo er nach zuverlässiger frühchristlicher Tradition im hohen Alter um das Jahr 97 starb.[1]

Der Abschnitt aus dem zweiten Timotheusbrief, der am 27. Sonntag im Jahreskreis als zweite Lesung vorgetragen wird, legt Paulus verschiedene Ermahnungen in den Mund, um seinen Lieblingsschüler für dessen „bischöflichen" Hirtendienst in Ephesus zu stärken. Timotheus soll die empfangene Amtsgnade neu entfachen, um in Kraft, Liebe und Besonnenheit zu wirken (vgl. 2 Tim 1,6–7). Er soll der gesunden apostolischen Lehre treu bleiben (vgl. 2 Tim 1,13) und mit Hilfe des Heiligen Geistes das „anvertraute kostbare Gut" bewahren (2 Tim 1,14). Wie der gefangene Paulus soll sich auch Timotheus zu Christus bekennen und bereit sein, in der Kraft Gottes ebenfalls für das Evangelium zu leiden: „Schäme dich also nicht, dich zu unserem Herrn zu bekennen; schäme dich auch meiner nicht, der ich seinetwegen im Gefängnis bin, sondern leide mit mir für das Evangelium. Gott gibt dazu die Kraft" (2 Tim 1,8). Nach der Überlieferung soll sich dieses dem Timotheus vor Augen gestellte Leiden erfüllt haben, als er in Ephesus für seinen Glauben an Christus das Martyrium erlitt.[2]

ALS MÄRTYRER WURDE TIMOTHEUS IM 12. JAHRHUNDERT auf einem romanischen Glasfenster dargestellt, das sich ursprünglich im elsässischen Neuweiler befand und heute im Pariser Musée national du Moyen Âge aufbewahrt wird.[3] Die Scheibe gehörte zur Sebastianskapelle der Abtei St. Peter und Paul in Neuweiler, die im 8. Jahrhundert entstanden war und nach der 836 erfolgten Übertragung der Reliquien des frühchristlichen Bischofs Adelphus von Metz im 11. und 12. Jahrhundert ihre Blüte erreicht hatte.[4] Obwohl die Sebastianskapelle bereits in der zweiten Hälfte des 11. Jahrhunderts erbaut wurde, könnte sie etwa hundert Jahre später mit Säulenkapitellen neu ausgeschmückt worden sein. In dieser Zeit um 1150/60 dürfte dann auch die Scheibe mit dem hl. Timotheus entstanden sein, auch wenn sie mit ihrer Frontalität und ihrer breit aufgetragenen Schwarzlotzeichnung altertümlicher als die zeitgleich entstandenen Werke der rheinischen Glasmalerei wirkt.[5] Als der Architekt Émile Boeswillwald (1815–1896) am Ausbau des Vierungsturms der ehemaligen Abteikirche von Neuweiler arbeitete, entdeckte er 1853 in der Sebastianskapelle das Glasbild mit der Darstellung des hl. Timotheus. Er entnahm die nicht mehr vollständig erhaltene Scheibe und verbrachte sie in das Musée de Cluny nach Paris, das im Jahr 1980 in Musée national du Moyen Âge umbenannt wurde.[6] Heute befindet sich in der Sebastianskapelle eine gute Kopie des Glasfensters, die durch den Straßburger Künstler Petit Girard angefertigt wurde.[7]

Das etwas mehr als einen halben Meter hohe und verhältnismäßig gut erhaltene Glasfenster wird ganz von der Gestalt des Timotheus eingenommen, wobei der untere Teil des Körpers fehlt. Das ursprüngliche Erscheinungsbild ist etwas beeinträchtigt durch moderne Ergänzungen im Bereich des Gewandes. Der sternförmige Sprung auf der Stirn des Heiligen, der den Eindruck des Gesichtes erheblich störte, konnte mittlerweile behoben werden.[8]

Hl. Timotheus, um 1150/60, Glasfenster aus der Sebastianskapelle der ehemaligen Abteikirche St. Peter und Paul von Neuwiller-lès-Saverne, 58 × 45 cm, Paris, Musée national du Moyen Âge.

In seiner altertümlich strengen und unplastischen Frontalität erscheint Timotheus hieratisch wie eine Ikone. Mit diesem formalen Archaismus erinnert die Figur des Heiligen an die fünf Prophetengestalten in den Obergadenfenstern des Augsburger Doms, die zu Beginn des 12. Jahrhunderts entstanden waren und wohl die frühesten monumentalen Glasgemälde des europäischen Mittelalters darstellen.[9]

Timotheus steht vor einem glühend roten Hintergrund und blickt frontal den Betrachter an. Während er mit seiner linken Hand den Friedensgestus zeigt, hält er in der Rechten die Märtyrerpalme, die aus einem verzierten Griff herauswächst. Die bereits in der Antike als Siegessymbol bekannte Palme war in der Apokalypse zum Kennzeichen der Märtyrer und ihres Sieges geworden (vgl. Offb 7,9), den sie durch ihr Blutzeugnis errungen haben. Auf das Martyrium des Timotheus verweisen auch die teilweise ergänzten, stilisierten Palmetten an der umlaufenden Rahmenborte. Das entrückte, bartlose Gesicht zeigt eine lange Nase und weit geöffnete Augen, um deren Pupillen sich ein Kreis legt. Die Ohren und die gelockten, aus der dunklen Malschicht herausgehobenen Haare sind stark stilisiert. Timotheus trägt einen ornamentalen Nimbus, der von einer lateinischen Inschrift mit roten Lettern umgeben ist, die ihn als heiligen Märtyrer auszeichnet: „S[ANCTVS] TIMOTHEVS MARTYR".[10] Die Inschrift wird links mit einem griechischen Kreuz eingeleitet und rechts von einem sechsteiligen Stern abgeschlossen, der wohl die christologische Sonnensymbolik aufnimmt (vgl. Mal 3,20; Lk 1,78; Offb 22,16).

Timotheus ist mit einem grünen, von Goldborten gesäumten Mantel bekleidet, der mit einer Schließe zusammengehalten wird. Darunter trägt er ein blaues Gewand, das in der Taille mit einem rankengezierten Gürtel gehalten wird. Dabei verwendete der Glasmaler kein besonderes Augenmerk auf liturgische Kleidung – nur der Mantel könnte entfernt an ein Pluviale erinnern – oder auf kirchlich-hierarchische Attribute, sondern charakterisierte Timotheus vor allem als glorreichen Märtyrer. So hält er die Märtyrerpalme in der Hand und ist mit einem leuchtend himmelblauen Gewand bekleidet, das ihn als heiligen und zur himmlischen Herrlichkeit gelangten Märtyrer auszeichnet. Mit dieser blauen Himmelsfarbe korrespondiert der leuchtend rote Hintergrund, der an den empyreischen Feuerhimmel erinnert, in dem Gott mit seinen Seligen wohnt. Auch die hieratische Strenge und die zeitlos vergeistigte Entrücktheit der Figur dienen dazu, den himmlischen Märtyrerlohn und die Heiligkeit des Timotheus zum Ausdruck zu bringen.

Der dankbare Samariter

28. Sonntag im Jahreskreis. Evangelium: Lk 17,11–19

*„Einer von ihnen aber kehrte um, als er sah, dass er geheilt war;
und er lobte Gott mit lauter Stimme."*
Lk 17,15

Das Evangelium des 28. Sonntags im Jahreskreis schildert die Begegnung Jesu mit den zehn Aussätzigen, von denen zwar alle geheilt wurden, aber sich nur einer als dankbar erwies. Als Jesus auf seinem Weg nach Jerusalem im Grenzgebiet von Galiläa und Samarien in ein Dorf hineingehen wollte, kamen ihm zehn Aussätzige entgegen (vgl. Lk 17,11–12). Da sie nach dem mosaischen Gesetz aus der Gemeinschaft ausgeschlossen waren und als unrein galten (vgl. Lev 13,46), blieben sie in der Ferne stehen und riefen Jesus um sein Erbarmen an (vgl. Lk 17,12–13). Als Jesus sie sah, versicherte er ihnen mit den Worten: „Geht, zeigt euch den Priestern!" (Lk 17,14), sie vom Aussatz zu heilen, da die Priester die Aufgabe hatten, die Genesung vom Aussatz festzustellen (vgl. Lev 13). Indem sie dann in vorbehaltlosem Vertrauen der Aufforderung Jesu nachkamen und zu den Priestern gingen, verschwanden auch die Geschwüre an ihrer Haut, und sie wurden rein (vgl. Lk 17,14). Von den zehn Geheilten kehrte aber nur ein Mann aus Samarien zurück, um Jesus zu danken. Er lobte Gott, warf sich vor Jesus nieder und dankte ihm (vgl. Lk 17,15–16). Wie schon zuvor der barmherzige Samariter zum Vorbild für die Nächstenliebe geworden war (vgl. Lk 10,25–37), so erwies sich nun auch der dankbare Samariter als mustergültig, weil er sofort nach seiner Heilung Gott lobte und dies mit einer Umkehr zu Jesus verband, dem er sich zu Füßen warf, um ihm zu danken. Auch die neun anderen Geheilten, die nicht zu Jesus zurückkehrten (vgl. Lk 17,17–18), dürften Gott gepriesen haben, wie es bei der Reinerklärung durch den Priester offiziell vorgeschrieben war (vgl. Lev 14,1–32). Um aber wirklich „Gott zu ehren" (Lk 17,18), hätten sich auch die neun Geheilten Jesus zuwenden müssen, um durch den, in dem sich Gott endgültig gezeigt hat, Gott zu preisen und zu danken. So kamen zwar alle zehn Aussätzigen zur Heilung vom Aussatz, aber nur der eine, der zurückgekehrt war, kam auch zum Glauben an Jesus (vgl. Lk 17,19).[1]

WÄHREND DIE HEILUNG DES EINZELNEN AUSSÄTZIGEN DURCH JESUS (vgl. Mt 8,1–4; Mk 1,40–45; Lk 5,12–14) bereits in der frühchristlichen Katakombenmalerei dargestellt wurde, fand die Heilung der zehn Aussätzigen mit dem Dank des Samariters erst in der ottonischen Buchmalerei Eingang in die christliche Kunst.[2] Erstmals wurden die zehn Aussätzigen und der dankbare Samariter in der Echternacher Malschule dargestellt, so auch im frühsalischen Codex aureus Epternacensis, der um 1045 unter Abt Humbert (reg. 1028–1051) im Benediktinerkloster Echternach angefertigt wurde.[3] Das Goldene Evangelienbuch, das seinen Namen von den durchgehend in Gold geschriebenen Texten erhielt, diente der Abtei bis zur Säkularisation um 1795/96 als Evangeliar. Die Handschrift kam dann über Mainz und Erfurt 1801 in den Besitz der Herzöge von Sachsen-Gotha-Altenburg und gelangte 1928 in die herzogliche Stiftung Sachsen-Coburg-Gotha, die den Codex 1955 an das Germanische Nationalmuseum in Nürnberg verkaufte.[4]

Das Perikopenbuch, das mit einem um 980/90 in Trier entstandenen Prunkdeckel ausgestattet wurde,[5] enthält auf seinen 136 Pergamentblättern die vier Evangelien. Während man in den ottonischen Perikopenbüchern die Miniaturen über den Evangelientext bei den entsprechenden Perikopen verteilte, wurde der Codex aureus Epternacensis mit acht separaten Doppelseiten ausgestattet, auf denen in Streifenbildern das Leben Jesu dargestellt ist, die dann wegen ihrer Distanz zu den an anderer Stelle stehenden Bibeltexten als Erläuterung lateinische Überschriften erhielten. In lebendiger Erzählweise wurden die dargestellten Handlungen und Dialoge mit teilweise aussagekräftigen Gesten und Gebärden zum Ausdruck gebracht, um manchmal sogar seelische Regungen widerzuspiegeln.[6] Bei der Ausführung der Illustrationen waren mehrere Maler beteiligt, unter anderem auch der „Wundermaler", auf den auch die Miniatur mit dem dankbaren Samariter zurückgeht.[7]

Die Miniatur mit der Geschichte der zehn Aussätzigen und dem dankbaren, geheilten Samariter nimmt auf der Bildseite das untere der drei Streifenbilder ein. Während im oberen Bildstreifen die Heilung der blutflüssigen Frau (vgl. Mk 5,25–34; Lk 8,42–48; Mt 9,20–22) und die Auferweckung des Jünglings von Naïn (vgl. Lk 7,11–17) geschildert werden, zeigt das mittlere Bildfeld die Heilung des Wassersüchtigen (vgl. Lk 14,1–4) und die Stillung des Seesturms (vgl. Mk 4,35–39; Lk 8,22–24; Mt 8,23–26). Das ganze Blatt ist von einem äußeren purpurfarbenen und einem inneren weißen Rahmen umgeben, an den sich zwei kleine Goldleisten anschließen, die einen schmalen grünen Streifen umschließen. Innerhalb dieses äußeren Rahmen-

Gleichnis vom dankbaren Samariter, Codex aureus Epternacensis, Ms. 156142, fol. 54r, um 1045, Deckfarbenmalerei auf Pergament mit Goldverwendung, 44,5 × 31 cm (Blattgröße), Nürnberg, Germanisches Nationalmuseum.

systems werden die drei Streifenbilder horizontal durch goldgrundierte lateinische Inschriftfelder getrennt, die mit einer weißen und roten Leiste verziert sind.[8]

Die im unteren Miniaturstreifen dargestellte Geschichte vom dankbaren Samariter nimmt im Unterschied zu den beiden darüberliegenden Registern das ganze querformatige Bildfeld ein. Die Szenen mit der Heilung der zehn Aussätzigen und dem Dank des Samariters sind als eine aufeinanderfolgende Schilderung in zwei Episoden geteilt. In der Bildüberschrift wird das Geschehen in einem lateinischen Hexameter kurz zusammengefasst: „DENOS MVNDABAT GRATES AST VNVS AGEBAT", „Er machte zehn rein, allein einer sagte ihm Dank".[9]

Auf der linken Seite zeigen Architekturabbreviaturen vor einem hellroten Grund das Dorf im Grenzgebiet von Galiläa und Samarien an, in das Jesus auf seinem Weg nach Jerusalem hineingehen wollte (vgl. Lk 17,11–12). Während Jesus von links die Szenerie betritt, kommen die inschriftlich als „DECEM LEPROSI" bezeichneten zehn Aussätzigen von rechts heran, deren Haut mit roten Flecken übersät ist.[10] Der grüne Bodenstreifen, auf dem die Kranken und Jesus stehen, macht deutlich, dass sich das Geschehen vor der Ortschaft abspielt, die durch die Architekturen und den hellroten Hintergrund gekennzeichnet ist. Um den gesetzlich vorgeschriebenen Abstand zu den Gesunden einzuhalten (vgl. Lev 13,46), bleiben die Aussätzigen, bei denen sich genau zehn Köpfe zählen lassen, etwas entfernt stehen (vgl. Lk 17,12). Sie sind notdürftig in kurze Gewänder gehüllt, die an die eingerissenen Kleider erinnern, in die sich nach dem mosaischen Gesetz die an Aussatz Erkrankten kleiden mussten (vgl. Lev 13,45). Der erste der zehn Aussätzigen ist durch seinen hellroten Überwurf und durch sein graues Haupt- und Barthaar hervorgehoben. Wie die anderen Kranken hinter ihm hat er seine Hände flehentlich erhoben, um die Bitte auszusprechen: „Jesus, Meister, hab Erbarmen mit uns!" (Lk 11,13). Auf der linken Seite steht Jesus, der mit einer hellblauen Tunika und einem grünen Pallium bekleidet ist. Er trägt einen mächtigen, goldenen Kreuznimbus und hält in seiner linken Hand eine Schriftrolle, die auf das von ihm verkündete Evangelium verweist. Um die Distanz zu überbrücken, hat sich Jesus etwas zu den Aussätzigen vorgebeugt. Wirkungsvoll zeichnet sich vor dem rötlichen Hintergrund die Geste seiner rechten Hand ab, die er feierlich im lateinischen Segensgestus erhoben hat, bei dem Zeige- und Mittelfinger auf die zwei Naturen in Christus und die übrigen drei Finger auf den dreifaltigen Gott verweisen. Jesus hat sich zur Heilung der Kranken entschlossen und ihnen gerade die Anweisung erteilt: „Geht, zeigt euch den Priestern!" (Lk 17,14). Dabei wird er von einem Apostel begleitet, der wie Jesus in ein grünes Pallium gekleidet ist, das er über einer orangeroten Tunika trägt. Durch sein weißgraues Bart- und Haupthaar, den tonsurierten Haarkranz und den kurzen Bart ist der Apostel als Petrus charakterisiert, der sich eng hinter Jesus gedrängt hat. Zusammen mit den Architekturen, die besonders rechts die Erinnerung an Kirchenbauten hervorrufen, steht der mit seinem Meister fast verwachsene Petrus für die Kirche, der die Weiterführung der von Christus begonnenen Heilssendung anvertraut ist.[11]

Rechts schließt sich die zweite Szene mit dem Dank des geheilten Samariters an, die sich ganz im Freiraum ereignet, wie der grüne Hintergrund zeigt. Am rechten Bildrand sind die neun Geheilten zu sehen, deren Geschwüre schon verschwunden sind (vgl. Lk 17,14). Während sie sich eilenden Schrittes und mit bewegten Händen entfernen, ist einer von den Geheilten umgekehrt, um Jesus zu danken (vgl. Lk 17,15–16), der vor der Ortschaft zusammen mit Petrus auf einer Erdscholle steht. Mit seinem rötlichen Überwurf, dem grauen Haar und dem Spitzbart gleicht der als „SAMARITANVS" bezeichnete Mann dem Aussätzigen in der vorausgehenden Szene, der dort als Erster in der Reihe der Bittenden vor Jesus steht.[12] Der zum Zeichen seiner Heilung nicht nur mit reiner Haut erscheinende, sondern auch schon mit einer knielangen Hose bekleidete Samariter hat soeben „Gott mit lauter Stimme" gelobt (Lk 17,15) und sich „vor den Füßen Jesu zu Boden" geworfen (Lk 17,16). Er dankt Jesus, indem er in tiefer Verneigung und mit ausgestreckten Händen auf der Erdscholle kniet. Während Jesus mit dem Redegestus seiner linken Hand verwundert ausspricht: „Wo sind die übrigen neun? Ist denn keiner umgekehrt, um Gott zu ehren, außer diesem Fremden?" (Lk 17,17–18), wendet er sich mit seiner rechten Segenshand dem vor ihm knienden dankbaren Samariter zu: „Steh auf und geh! Dein Glaube hat dir geholfen" (Lk 17,19).

Die noch ganz in der Tradition der ottonischen Gebärdensprache stehende Miniatur lenkt den Blick des Betrachters auf die zweimalige Geste der segnenden rechten Hand Jesu. Während die Segenshand im ersten Bild bei der körperlichen Heilung vom Aussatz noch den Kranken gegenübersteht, erscheint sie im zweiten Bild direkt über dem Samariter, da er im Gegensatz zu seinen neun Gefährten nach der leiblichen Heilung Jesus dankte und so zum Glauben an Christus und damit zum noch größeren Heil seiner Seele gelangen konnte.

Die beharrlich bittende Witwe und der ungerechte Richter

29. Sonntag im Jahreskreis. Evangelium: Lk 18,1–8

„Dann sagte der Richter zu sich: Ich fürchte zwar Gott nicht und nehme auf keinen Menschen Rücksicht; trotzdem will ich dieser Witwe zu ihrem Recht verhelfen, denn sie lässt mich nicht in Ruhe."
Lk 18,4–5

Als Jesus nach der Begegnung mit den zehn Aussätzigen (vgl. Lk 17,11–19) von den Pharisäern über die Ankunft des Reiches Gottes befragt wurde (vgl. Lk 17,20–21), belehrte er auch seine Jünger über das Kommen des Menschensohnes (vgl. Lk 17,22–37). Dabei kündigte er ihnen bevorstehende Bedrängnisse an (vgl. Lk 17,22) und ermahnte sie, wie sehr diese Zeiten von ständigem Beten um die Wiederkunft des Menschensohnes zur Vollendung des Reiches Gottes begleitet sein müssen (vgl. Lk 18,1; 21,28). Als Jesus die Jünger im Vaterunser lehrte, um das Kommen des Reiches Gottes zu beten (vgl. Lk 11,2), unterstrich er im anschließenden Gleichnis vom bittenden Freund, mit welch zudringlichem und großem Vertrauen man in diesem Anliegen bitten dürfe (vgl. Lk 11,5–8).

Mit dem Gleichnis vom Richter und von der Witwe, das am 29. Sonntag im Jahreskreis als Evangelium vorgetragen wird, überbot Jesus nochmals die Parabel vom bittenden Freund, um den Jüngern die ganze Kraft des unaufhörlichen Betens vor Augen zu führen. Jesus stellte in seinem Gleichnis eine Witwe vor Augen, die von einem Feind bedrängt wird (vgl. Lk 18,3) und darauf angewiesen ist, durch einen Richterspruch zu ihrem Recht zu kommen. Die im Gleichnis geschilderte Situation war den Jüngern vertraut, da die Witwen bereits im Alten Testament als Inbegriff der

Pieter de Grebber, Gleichnis vom Richter und von der Witwe, 1628, Öl auf Eichenholz, 88,5 × 74 cm, Budapest, Szépművészeti Múzeum.

Hilflosigkeit galten (vgl. Ex 22,21–23; Jes 1,17; Jer 22,3). Da aber der für die Witwe zuständige Richter gottlos war und auf keinen Menschen Rücksicht nahm (vgl. Lk 18,2), musste die Witwe immer wieder mit der Forderung in ihn dringen: „Verschaff mir Recht gegen meinen Feind!" (Lk 18,3). Nachdem er die Witwe lange Zeit ignoriert hatte, entschloss sich der Richter schließlich, der Witwe zu ihrem Recht zu verhelfen. Er tat dies aber nicht aus Gottesfurcht und mitmenschlicher Rücksichtnahme, sondern nur, um die zudringliche Witwe loszuwerden (vgl. Lk 18,4–5). Mit dem abschließenden Wort Jesu: „Sollte Gott seinen Auserwählten, die Tag und Nacht zu ihm schreien, nicht zu ihrem Recht verhelfen, sondern zögern?" (Lk 18,7), sollten die Hörer des Gleichnisses begreifen, wie sehr Gott seinen Auserwählten „unverzüglich ihr Recht verschaffen" wird (Lk 18,8), wenn sogar ein rücksichtsloser Richter einer bedrängten Witwe noch zu ihrem Recht verhilft.[1]

DAS GLEICHNIS VOM GOTTLOSEN RICHTER UND DER BEHARRLICH BITTENDEN WITWE wurde in der christlichen Kunst sehr selten ins Bild gefasst. Eine einzigartige Formulierung dieser Parabel gelang 1628 Pieter de Grebber (um 1600–1652/53), einem katholischen Maler aus dem niederländischen Haarlem, der zusammen mit Salomon de Bray (1597–1664) zu den Begründern und Hauptvertretern des Haarlemer Klassizismus zählte. Seine Lehrer waren sein Vater Frans Pietersz de Grebber (1572/73–1649),[2] in dessen Werkstatt er wohl bis 1632 mitgearbeitet haben dürfte, und der italienisch geschulte Klassizist Hendrick Goltzius (1558–1616/17). Im Jahr 1618 dürfte Pieter de Grebber seinen Vater nach Antwerpen zu Peter Paul Rubens (1577–1640) begleitet haben, von dem er die weiche Pinselführung übernehmen konnte, wie sie auch den Stil des Jacob Jordaens (1593–1678) auszeichnete. Pieter de Grebber arbeitete wohl auch in Dänemark und wurde 1632 Mitglied der Lukasgilde seiner Heimatstadt. Er kaufte 1634 ein Haus am Haarlemer Beginenhof und unterhielt enge Kontakte zu katholischen Kreisen in Haarlem, Delft und Utrecht. Im Haarlemer Musikzirkel nahm er als Übersetzer und Vertoner lateinischer Dichtungen zusammen mit dem katholischen Maler und Poeten Salomon de Bray und dem Priester und Komponisten Jan Albert Ban (1598–1644) eine bedeutende Rolle ein. Pieter de Grebber schuf Altarbilder für Kirchen in Gent und Brügge, porträtierte oftmals katholische Geistliche und wurde auch vom holländischen Hof beauftragt. In seinen Kupferstichen stellte er neben einigen Porträts vor allem Heilige und Bibelgeschichten dar. Auch seine Historiengemälde, die schon zu seinen Lebzeiten gerühmt wurden, zeigten oftmals religiöse Themen.[3]

Das Gemälde mit der Parabel vom Richter und der Witwe, das sich heute im Szépművészeti Múzeum von Budapest befindet, ist mit dem Monogramm „P.DG" für „Pieter de Grebber" und der Jahreszahl „AN[NO] 1628" bezeichnet.[4] Als er das nicht ganz einen Meter hohe und auf Eichenholz gemalte Tafelbild schuf, hatte sich Pieter de Grebber bereits mit der Helldunkelmalerei der Utrechter Caravaggisten auseinandergesetzt. So führte er auch die realistisch und solide modellierten Figuren des Richters und der Witwe in monochromer Helldunkelmanier aus.[5]

Das übersichtlich und in ruhiger Linienführung komponierte Halbfigurenbild zeigt vor einem flachen, graubraun neutralen Hintergrund den Richter und die Witwe, deren spannungsreiche Beziehung im Mittelpunkt steht. Die Szene spielt sich offenbar in der Amtsstube des Richters ab, die durch einen drapierten Vorhang am linken Bildrand angedeutet wird. Der Richter, dessen Gesicht durch den Vorhang teilweise verschattet wird, hat sich zu der Witwe gewendet, die ihn abermals aufgesucht hat, um zu ihrem Recht zu gelangen. Der bereits gealterte, bärtige Richter, auf dessen hoher Stirn sich auch ein wenig Licht gesammelt hat, blickt mit staunender Miene aus dem Halbdunkel hervor. Er hat soeben bei sich selbst bedacht: „Ich fürchte zwar Gott nicht und nehme auch auf keinen Menschen Rücksicht; trotzdem will ich dieser Witwe zu ihrem Recht verhelfen, denn sie lässt mich nicht in Ruhe. Sonst kommt sie am Ende noch und schlägt mich ins Gesicht" (Lk 18,4–5). Mit leicht geöffnetem Mund teilt er gerade der bedrängten Witwe mit, dass er nun bereit ist, ihr zum Recht zu verhelfen. Das Einlenken des Richters zeigt sich in der Geste des Zeigefingers seiner linken Hand, mit der er auf einen Codex weist, den er mit seiner – nicht sichtbaren – Rechten etwas hochgehalten hat und der sicherlich als Gesetzbuch zu deuten ist. Mit dieser Gebärde versichert er der Witwe, dass er die in dem Codex gesammelten Gesetze nun anwenden wird, um ihr zum Recht zu verhelfen.

Während der Richter über ein Erstaunen nicht hinauskommt und angesichts seiner verhärteten Gottlosigkeit und Rücksichtslosigkeit (vgl. Lk 18,2.4) weitgehend im Halbdunkel verharrt, erscheint die Witwe mit ihrem weißen und an den Wangen geröteten, fleischigen Teint ganz im Licht. Die im Profil wiedergegebene Frau trägt über einem weißen Gewand einen meisterhaft gemalten durchsichtigen, schwarzen Seidenschleier, der nicht nur über ihren Hinterkopf, sondern auch über ihren Oberkörper herabfällt. Während der schwarze Schleier auf ihre Witwenschaft verweist, bringt das weiße Kleid ihre Unschuld im Rechtsstreit mit ihrem Feind zum Ausdruck. Die mit porträtähnlichen Zügen dargestellte Witwe ist noch jung und entspricht einer im Profil wiedergegebenen jungen Frau, die Pieter de Grebber um 1628/30 in einem Brustbild dargestellt hatte, das sich im Niedersächsischen Landesmuseum in Hannover befindet.[6] Die junge Witwe hält mit ihren rosigen Händen ein Buch auf ihrem Schoß und macht keine Anstalten, etwas aus diesem Buch vorzutragen, sondern hält es sogar mit seinen Seiten nach unten. Die Witwe dürfte dieses Buch willkürlich aus dem Bestand der herumliegenden Schriften des Richters an sich genommen haben, um es mit übereinandergelegten Händen festzuhalten und mit dieser symbolischen

Inbesitznahme das Beharren auf ihren Forderungen zu unterstreichen. Wie ihr ruhiger und unaufgeregter Gesichtsausdruck zeigt, ist sich die Witwe sicher, mit ihrer Ausdauer zum Ziel zu gelangen. Als sie nun aus dem Mund des Richters hört, dass er ihr doch noch zum Recht verhelfen wolle, bleibt sie gesammelt und würdigt ihn voller Genugtuung mit einem kurzen Augenschwenk, ohne in Euphorie zu verfallen.

Mit seiner durchaus effektvollen Helldunkelschilderung des Gleichnisses ging es Pieter de Grebber nicht um eine dramatische Formulierung der durch das Einlenken des Richters eingetretenen Wende, sondern vielmehr darum, mit transparenter Schattengebung und aufgehellter Farbpalette gerade die stetige, ruhige Beharrlichkeit der Witwe anschaulich zu machen, die letztlich zum Ziel geführt hatte.[7] So ließ er die gesammelte Miene der Witwe zum Spiegelbild für das immerwährende und treue Gebet werden, das gerade keine Aufgeregtheit bewirkt, sondern immer mehr zu ruhiger Gewissheit und vertrauender Gelassenheit führt. Auch Jesus hatte seinen Jüngern gerade deshalb das Gleichnis vom gottlosen Richter und von der beharrlichen Witwe erzählt, um ihnen die Frucht eines solchen stetigen und nicht nachlassenden Betens vor Augen zu führen (vgl. Lk 18,1).

Der selbstgerechte Pharisäer und der demütige Zöllner

30. Sonntag im Jahreskreis. Evangelium: Lk 18,9–14

„Der Zöllner aber blieb ganz hinten stehen und wagte nicht einmal, seine Augen zum Himmel zu erheben, sondern schlug sich an die Brust und betete: Gott, sei mir Sünder gnädig!"
Lk 18,13

Auf das Gleichnis vom Richter und von der Witwe (Lk 18,1–8) folgt am 30. Sonntag im Jahreskreis die Beispielerzählung vom selbstgerechten Pharisäer und vom demütigen Zöllner. In dieser Parabel, die Jesus einigen Zuhörern vor Augen stellte, „die von ihrer eigenen Gerechtigkeit überzeugt waren und die anderen verachteten" (Lk 18,9), erzählt er von einem Pharisäer und Zöllner, die beide in den Tempel zum Beten gingen (vgl. Lk 18,11). Der Pharisäer dankte Gott, besser als andere und als auch der mit ihm im Tempel betende Zöllner zu sein (vgl. Lk 18,11–12). Da die Römer das Zollwesen an meistbietende Pächter übertragen hatten und die Zöllner einen Teil der Abgaben betrügerisch in die eigene Tasche steckten, hasste man sie als Diebe und gab sie zudem der Verachtung preis, weil sie wegen ihres beruflichen Kontaktes mit Nichtjuden als unrein galten. So schlug sich der Zöllner im Gleichnis an die Brust und bat Gott um Erbarmen für seine Sünden (vgl. Lk 18,13). Obwohl der Pharisäer die Gebote Gottes einhielt und seine religiösen Pflichten erfüllte, übersah er dabei seine eigenen Sünden und stellte diese nur bei anderen fest, so dass er selbstgerecht und überheblich gegenüber anderen wurde, die er für Sünder hielt. Dagegen war sich der Zöllner seiner Sünden bewusst, bekannte sie und zeigte demütig und voll Reue seinen Willen zur Umkehr. Dadurch wurde der Zöllner gerecht und konnte vor Gott Anerkennung und Wohlgefallen finden, wie Jesus abschließend festhielt: „Ich sage euch: Dieser kehrte als Gerechter nach Hause zurück, der andere nicht. Denn wer sich selbst erhöht, wird erniedrigt, wer sich aber selbst erniedrigt, wird erhöht werden" (Lk 18,14).[1]

DAS GLEICHNIS VOM PHARISÄER UND VOM ZÖLLNER war bereits um 500 als Mosaik auf dem nördlichen Obergaden der Palastkirche San Apollinare Nuovo dargestellt worden, die der Ostgotenkönig Theoderich (reg. 493–526) in Ravenna erbaut hatte.[2] In Kirchenbauten der Renaissance und des Barock wurde die Parabel bevorzugt im westlichen Eingangsbereich dargestellt, wo vom Gläubigen beim Betreten der Kirche Reinigung, Umkehr und Buße erwartet wurden, wie die Weihwasserkessel beim Kirchenportal und auch die Beichtstühle zeigen, die manchmal in der Vorhalle aufgestellt wurden. So wurde das reuevolle Gebet des Zöllners, der um Erbarmen für seine Sünden flehte und im Tempel „ganz hinten" stehen blieb (Lk 18,13), beispielsweise auch 1488 am Fußboden vor der Fassade der Kathedrale von Siena dargestellt. In der Barockzeit griff der bayerische Freskomaler Cosmas Damian Asam (1686–1739) auf die Parabel vom selbstgerechten Pharisäer und vom demütigen Zöllner zurück und stellte sie 1731 an der Decke des westlichen Vorjochs der Prämonstratenserabteikirche St. Margareta von Osterhofen dar.[3]

Der 1686 in Benediktbeuern geborene Cosmas Damian Asam erhielt seine malerische Ausbildung bei seinem Vater Hans Georg Asam (1649–1711). Nachdem sein Vater verstorben war, ging Cosmas Damian Asam auf Anregung des Tegernseer Abtes Quirin Millon (reg. 1700–1715) an die päpstliche Kunstakademie nach Rom, wo er am 23. Mai 1713 in der ersten Malerklasse den ersten Preis gewann. In seine bayerische Heimat zurückgekehrt, erhielt er bereits 1714 für die Ensdorfer Benediktinerklosterkirche und die Münchner Dreifaligkeitskirche seine ersten Freskoaufträge. Bis 1721 stattete Cosmas Damian Asam die Kirchen in Amberg, Michelfeld, Kißlegg, Weingarten und Aldersbach mit Fresken aus, während er ab 1716 für die Weltenburger Klosterkirche und ab 1723 für den Freisinger Dom auch für die gesamte bauliche Anlage verantwortlich war. Von 1722 bis 1728 führten ihn Großaufträge nach Innsbruck, Einsiedeln, Kladrau und Prag. Seit dem Weltenburger Auftrag von 1716 arbeitete er auch mit seinem Bruder Egid Quirin Asam (1691–1750) zusammen, der von 1711 bis 1716 beim Münchner Hofbildhauer Andreas Faistenberger (1646–1735) gelernt hatte. Neben Weltenburg waren die beiden Brüder im Zeitraum von 1717 bis 1739 in Rohr, Aldersbach und Freising, in der Regensburger Emmeramskirche, in der Münchner Johann-Nepomuk-Kirche, in der Straubinger Ursulinenkirche und 1731/32 auch in Osterhofen gemeinsam am Werk. So konnte durch das Wirken der Brüder Asam der römische Barock mit seinen Bau- und Raumideen in Bayern zu einer eigenständigen und unvergleichlichen Blüte gelangen.[4]

In Osterhofen bestand im heutigen Ortsteil Altenmarkt seit 1004/09 ein Kanonikerstift, das 1138 durch Prämonstratenser reformiert wurde, die dort bis 1783 wirkten, als das Kloster dem Münchner Damenstift St. Anna inkorporiert wurde. Während man die ehemalige Klosterkirche St. Margareta 1818 zur Pfarrkirche

Cosmas Damian Asam, Gleichnis vom Pharisäer und vom Zöllner, 1731, Deckenfresko im westlichen Vorjoch, Durchmesser ca. 150 cm, Osterhofen, ehemalige Prämonstratenserabteikirche St. Margareta.

erhob, wurden die 1833 an den Staat verkauften Klostergebäude 1858 von den Englischen Fräulein bezogen.[5] Als 1701 bei einem Brand die romanische Klosterkirche stark beschädigt wurde, beauftragte Abt Josef Mari (reg. 1717–1727) den Münchner Baumeister Johann Michael Fischer (1692–1766) mit dem Neubau der Kirche. Die von 1726 bis 1728 unter Einbeziehung der beiden romanischen Turmuntergeschosse errichtete barocke Abteikirche besteht aus einem Langhaus, das von Seitenkapellen mit vorschwingenden Emporen begleitet wird und in einen östlichen

Chorraum einmündet.⁶ Für die Ausstattung konnte Abt Paulus Wieninger (reg. 1727–1764) die Brüder Asam gewinnen. Cosmas Damian Asam dürfte die Fresken im Hauptraum bis 1731 fertiggemalt haben, worauf das Chronogramm in der Inschrift des Deckenbildes vor dem Chorbogen hinweist. Während er 1732 wohl noch am Chorfresko arbeitete und zugleich das Hochaltarbild malte, schuf der mit den Altaraufbauten und der Stuckatur beauftragte Egid Quirin Asam bis 1735 noch den Altar der Mutter Anna auf der rechten Langhausseite. Am 25. September 1740 erfolgte dann die feierliche Kirchweihe durch den Passauer Weihbischof Anton Josef Graf von Lamberg (reg. 1733–1747).⁷

Das Programm der Deckengemälde, die in den Seitenkapellen dem Leben Jesu und Marias⁸ und im Hauptraum dem Ordensgründer Norbert von Xanten (1080/85–1134) gewidmet sind,⁹ beginnt mit zwei Fresken im Westteil der Kirche. Diese beiden Deckengemälde nehmen das Motiv des Tempels auf und sind den Kirchenbesuchern, die von Westen her den „Tempel der Kirche" betreten, als Mahnung zugedacht. Während unter der Orgelempore die Reinigung des Tempels durch Jesus (vgl. Mt 21,12–13; Mk 11,15–17; Lk 19,45–46; Joh 2,1–12) dargestellt ist, zeigt das Fresko im Vorjoch das Gebet des Pharisäers und des Zöllners im Tempel (vgl. Lk 18,9–14).¹⁰

Das Fresko mit der Parabel vom Pharisäer und vom Zöllner befindet sich an der Decke des westlichen Vorjochs zwischen den beiden romanischen Turmuntergeschossen, die in den Neubau integriert wurden. In dem eher kleinen und niederen Vorjoch nimmt das kreisrunde Deckenbild, das einen Durchmesser von etwa eineinhalb Metern besitzt, einen bescheidenen Platz ein und entspricht damit bereits von seinem Anbringungsort her der demütigen Haltung des im Bild dargestellten Zöllners.

Das von einem schlicht profilierten Stuckrahmen umgebene Rundbild zeigt den Jerusalemer Tempel, den der Pharisäer und der Zöllner zum Gebet betreten haben. Der Tempel ist untersichtig und perspektivisch stark verkürzt wiedergegeben, um angesichts der geringen Raumhöhe eine möglichst wirkungsvolle Höhenillusion hervorzurufen. Cosmas Damian Asam stellte den Tempel in gotisierenden Stilformen mit Spitzbögen dar, die zusätzlich den Höhenzug verstärken. Unter gotischen Gewölberippen führen zahlreiche Treppenstufen zu einem Altar hinauf. Darüber wird der langgestreckte Raum durch ein großes Spitzbogenfenster mit Maßwerk beleuchtet. Die emporstrebende Treppenanlage erinnert daran, dass der Pharisäer und der Zöllner zum Beten in den Tempel hinaufgegangen sind (vgl. Lk 18,10). Während sich Asam beim Fenster um gotische Stilistik bemühte, genügte ihm beim Gewölbe die Andeutung der spitzbogigen Rippen, um den Tempel als altertümliche Architektur zu charakterisieren und die darin dargestellte Szene als biblische Historie zu erweisen. In künstlerischer Freiheit versah Asam die Rippen und Kapitelle mit goldgelben

Verzierungen und die oberen Säulenschäfte mit vegetabilen Ornamenten. Die große, im Vordergrund sichtbare Säule stattete er sogar mit einer barocken Basis aus. Die zwölf Säulen, die insgesamt zu zählen sind, lassen sich auf die zwölf Stämme Israels beziehen, die ihrerseits auf die zwölf Apostel des Neuen Bundes vorausweisen. Am Ende der Treppenstufen steht eine steinerne Altarmensa, auf der die Bundeslade zu sehen ist, die als Zeichen für die Gegenwart Gottes im Allerheiligsten des Jerusalemer Tempels stand und auch für Asam zum wichtigsten Erkennungszeichen seines Tempelinterieurs wurde. Obwohl er die Bundeslade in barocker Manier wiedergab, folgte Asam der biblischen Beschreibung (vgl. Ex 25,10–22) und stellte sie als vergoldete Holztruhe dar, die mit Tragestangen ausgestattet ist und eine Deckplatte besitzt, auf der zwei einander gegenübersitzende Cherubim thronen, die ihre Flügel schützend über die Lade ausgebreitet haben.

Der Pharisäer hat sich zur Bundeslade, dem Ort der Gottesgegenwart, sehr weit vorgewagt und kniet bereits auf den letzten Treppenstufen. Der mit Hakennase und Spitzbart als Jude überzeichnete Pharisäer trägt mit seinem talarähnlichen, hellblauen Untergewand und mit dem an eine Dalmatik erinnernden hellgrünen, goldgesäumten Kittel biblisch-antikisierende und vornehme Gewänder. Die beiden hellroten Ärmel bilden einen besonderen Akzent in der Kleidung des Pharisäers, weil sie zu seinen beiden sprechenden Händen überleiten. Er hat sein Haupt vorschriftsmäßig zum Gebet bedeckt und deutet mit dem Redegestus seiner rechten Hand an, dass er gerade zu Gott spricht, dabei aber auch über den Zöllner urteilt, auf den er hinter sich mit seiner Linken zeigt: „Gott, ich danke dir, dass ich nicht wie die anderen Menschen bin, die Räuber, Betrüger, Ehebrecher oder auch wie dieser Zöllner dort. Ich faste zweimal in der Woche und gebe dem Tempel den zehnten Teil meines ganzen Einkommens" (Lk 18,11–12).

An der untersten Stufe, mit den Füßen schon nicht mehr sichtbar, steht der Zöllner, der „ganz hinten" im Tempel stehen blieb (Lk 18,13). Der zeitgenössisch gekleidete Zöllner blickt in demütiger, schuldbewusster Haltung mit gebeugtem Haupt zum Boden, denn er „wagte nicht einmal, seine Augen zum Himmel zu erheben" (Lk 18,13). Seine wohlgenährte Figur und seine vornehmen Kleider verweisen auf die Lukrativität seiner teilweise betrügerischen Geschäfte. So trägt er über feinen Beinlingen und einem weißen Hemd einen rot gefütterten Rock, der mit breiten Goldborten, einem kostbaren Gürtel und einer goldenen Knopfleiste reich verziert ist. Das helle Violett des Rockes erinnert aber auch an die liturgische Bußfarbe und deutet somit an, dass sich der Zöllner seiner Sünden bewusst ist und bereit ist, sie im Gebet vor Gott zu bekennen. Mit der abgenommenen Kopfbedeckung, die er in seiner linken Hand hält, wird deutlich, dass sich der Zöllner gerade im Gebet befindet. Indem Asam den Zöllner als Beter zeigte, der nach christlichem Brauch sein Haupt beim Gebet nicht verhüllt, öffnete er die Bildaussage für den gläubigen Betrachter, der ebenfalls in Demut zu Gott beten soll. Die Gebärde seiner rechten Hand, mit der sich der Zöllner selbstanklagend „an die Brust" schlug (Lk 18,13), kann ebenfalls vom frommen Betrachter mitvollzogen werden. Während der Zöllner mit fast geschlossenen Augen den Kopf senkt und sich schuldbewusst an die Brust schlägt, betet er das stumme Gebet: „Gott, sei mir Sünder gnädig!" (Lk 18,13).[11]

In dem zeitgenössisch gekleideten Zöllner hatte sich der Maler selbst als armen Sünder dargestellt und am Säulensockel mit „Cosmas Damian Asam" bezeichnet.[12] Der Künstler, der seine ganze Schaffenskraft fast ausschließlich der Kirche und damit der Verherrlichung Gottes gewidmet hatte, sah sich zweifelsohne als gläubigen katholischen Christen und dürfte deshalb auch ein waches Bewusstsein für seine eigenen Fehler und Sünden gehabt haben. Als er gerade in Osterhofen seine Fresken vollendet hatte und 1732 in Ettlingen mit der Ausmalung der Schlosskapelle der Markgräfin Sibylla Augusta von Baden (1675–1733) beschäftigt war, traf der 46-jährige Asam auf den Schweizer Maler Johann Caspar Füssli (1706–1782), der dort den Fürstbischof von Speyer, Kardinal Damian Hugo von Schönborn (reg. 1719–1743), zu porträtieren hatte. Füssli beschrieb Asam als einen „Mann von untadelichen Sitten, höflich und gesellig", und konnte sagen: „Wir waren Freunde; und ich erinnere mich mit Vergnügen der Stunden, die ich mit ihm zugebracht habe."[13] Asam hatte aber auch Schwächen und konnte beispielsweise sehr fordernd und grob auftreten, wenn es um seine pekuniären Interessen ging.[14] Das Glaubensleben des zweimal verheirateten Asam[15] bewegte sich in den Bahnen der damaligen barocken Frömmigkeit.[16] So wuchs er von Kindheit an im klösterlichen Umfeld der Abteien Benediktbeuern und Tegernsee auf und nahm selbstverständlich am religiösen Leben der Kirche teil. Er erlebte mit, wie seine Schwester Maria Anna Theresia (geb. 1701, gest. nach 1769) als Sr. Michaelina Franziskanerin im Münchner Ridlerkloster wurde und sein Bruder Philipp Emmanuel (1683–1752) in das Zisterzienserkloster Fürstenfeld eintrat, in dem er als Pater Engelbert wirkte. Auf dem Landgut Thalkirchen bei München errichtete er 1730 auf eigene Kosten eine Kapelle[17] und ließ an der Hausfassade den Spruch anbringen: „Will Geist mit Mut und Kraft vereint das höchste Ziel erringen, so kann doch die Vollendung nur mit Gottes Hilf' gelingen."[18] Er unterstützte seinen Bruder Egid Quirin Asam, der ab 1733 eine Johann-Nepomuk-Kirche in seinem Münchner Wohnhaus erbaute, und begnügte sich 1734 bei der Freskierung des Ingolstädter Kongregationssaales mit der Hälfte des Honorars.[19] Schließlich versorgte er 1738 seine Tochter Maria Anna Theresia (1721–1771) bei den Straubinger Ursulinen und rechnete dabei seine Leistungen für die Ausmalung der Klosterkirche auf die fällige Mitgift an.[20] Wie diese Notizen zeigen, dürfte Asams religiöses Leben nicht über das gewöhnliche Maß hinausgegangen sein. Von daher muss Asams Selbstbildnis als reumütiger Zöllner nicht notwendig als Ausdruck eines persönlichen Glaubensbekenntnisses gewertet werden, zumal es in der damaligen katholischen Barockfrömmigkeit in allen Ständen üblich war, sich als unwürdiger und auf das göttliche Erbarmen angewiesener Sünder darzustellen.[21] Dennoch wird man annehmen dürfen, dass Asam, als er sich als Zöllner malte, auch ganz persönlich an seine eigenen Sünden und an die Barmherzigkeit Gottes gedacht haben wird.

Jesus und Zachäus

31. Sonntag im Jahreskreis. Evangelium: Lk 19,1–10

„Heute ist diesem Haus das Heil geschenkt worden."
Lk 19,9

Das Evangelium des 31. Sonntags im Jahreskreis erzählt von der Begegnung Jesu mit dem Zöllner Zachäus. Als Jesus auf seinem Weg nach Jerusalem durch Jericho kam, traf er dort den obersten Zollpächter Zachäus (vgl. Lk 19,1–2), der wohl den ganzen Zollbezirk um Jericho leitete und von ihm abhängige Unterpächter beaufsichtigte. Zachäus war durch Betrug und Erpressung vermögend geworden (vgl. Lk 19,2.8), so dass er zu den meistgehassten Leuten in der Gegend gehört haben dürfte. Als Jesus nach Jericho kam, wollte auch Zachäus „gern sehen, wer dieser Jesus sei" (Lk 19,3). Da er aber von kleinem Wuchs war und die Menschenmenge ihm den Blick versperrte (vgl. Lk 19,3), „lief er voraus und stieg auf einen Maulbeerfeigenbaum, um Jesus zu sehen, der dort vorbeikommen musste" (Lk 19,4). Obwohl die neugierige Baumkletterei den mächtigen Oberzöllner eher in einem lächerlichen und erbärmlichen Licht erscheinen ließ, sah Jesus im Verhalten des Zachäus bereits einen anfänglichen Glauben und eine Sehnsucht nach Umkehr. So blickte Jesus zu dem Zöllner hinauf und sagte zu ihm: „Zachäus, komm schnell herunter. Denn ich muss heute in deinem Haus zu Gast sein" (Lk 19,5). Als Jesus sich selbst bei Zachäus einlud, ging es ihm nicht darum, eine Herberge zu finden, sondern einen Sünder zum Heil zu berufen. Sofort stieg Zachäus vom Baum herab, nahm Jesus voll Freude bei sich auf (vgl. Lk 19,6) und bewirtete ihn. Jesus hatte bereits zuvor Einladungen von Pharisäern angenommen (vgl. Lk 7,36) und war auch schon bei einem Zöllner zu Gast gewe-

Zachäus im Baum und Jesus im Haus des Zachäus, Perikopenbuch Heinrichs II., Codex Latinus Monacensis 4452, fol. 200r, um 1007/12, Deckfarbenmalerei mit Gold ▷
auf Pergament, 42,5 × 32 cm (Blattgröße), München, Bayerische Staatsbibliothek.

sen (vgl. Lk 5,29–32), doch diesmal lud sich Jesus selbst ein, um einen Sünder in das göttliche Erbarmen zu führen. Während sich die Leute von Jericho durch die Einkehr Jesu bei einem Sünder provoziert fühlten (vgl. Lk 19,7), bewirkte die erbarmende Zuwendung Jesu bei Zachäus die Bekehrung. Der oberste Zollpächter beschloss, die Hälfte seines Vermögens den Armen zu geben und den von ihm Erpressten und Drangsalierten das zu viel Geforderte vierfach zurückzuerstatten (vgl. Lk 19,8). So löste das Erbarmen Jesu die Umkehr des Zachäus aus und konnte den Zöllner in das Heil führen. In seinem abschließenden Wort proklamierte sich Jesus vor Zachäus und der murrenden Menge als Retter der Verlorenen und nannte den bekehrten Zöllner einen Sohn Abrahams, dem nun mit seinem Haus das Heil geschenkt werden konnte (vgl. Lk 19,9–10). Dieses Wort und die ganze Geschichte der Begegnung mit Zachäus ist wie eine Summe des Evangeliums und eine Zusammenfassung des ganzen Heilswirkens Jesu.[1]

DAS BILDMOTIV DES IM BAUM SITZENDEN UND VON JESUS GERUFENEN ZACHÄUS (vgl. Lk 19,5) lässt sich bis in die Zeit um 600 zurückverfolgen und wurde auch in der ottonischen Buchmalerei dargestellt,[2] wie die um 990/1000 entstandene Miniatur im Aachener Liuthar-Evangeliar zeigt.[3] Die sich anschließende Szene mit der Einkehr Jesu im Haus des Zöllners (vgl. Lk 19,6) wurde erstmals im ottonischen Perikopenbuch Kaiser Heinrichs II. (reg. 1002–1024) dargestellt.[4]

Das durch Heinrich II. für das 1007 gegründete Bistum Bamberg in Auftrag gegebene Evangeliar wurde bis 1012 im Skriptorium des Inselklosters Reichenau angefertigt. Seit der Säkularisation von 1803 befindet sich die Handschrift, die zu den Hauptwerken der ottonischen Buchmalerei gehört, in der Bayerischen Staatsbibliothek in München.[5] Die mit der karolingischen Buchmalerei anhebende Tendenz, sich von der anfänglich noch klassisch orientierten künstlerischen Form zu lösen und die religiöse Ausdruckskraft zu betonen, setzte sich in der ottonischen Kunst fort und wurde vor allem in den damals neu eingeführten Perikopenbüchern entwickelt, in denen man die Evangelien nach den liturgischen Feiertagen anordnete und oftmals mit Bildern illustrierte.[6] Ihren künstlerischen Endpunkt erreichte die sakrale Bildauffassung der ottonischen Buchmalerei im Evangeliar Heinrichs II., das insgesamt 28 ganzseitige Miniaturen umfasst,[7] die sich durch eine auf das Wesentliche konzentrierte monumentale Ausdrucksstärke auszeichnen und den religiösen Gehalt besonders durch die Sprache der Gesten und Gebärden vermitteln.[8]

Die Miniatur mit Jesus und Zachäus[9] illustriert im Perikopenbuch Heinrichs II. das Evangelium des Kirchweihfestes (Lk 19,1–19)[10] und umfasst zwei Szenen. Während oben die Berufung des im Baum sitzenden Zöllners dargestellt ist (vgl. Lk 19,5), zeigt das untere Bild das sich anschließende Mahl im Haus des Zachäus (vgl. Lk 19,6). Wegen der von Jesus im Haus des Zöllners ausgesprochenen Worte: „Heute ist diesem Haus das Heil geschenkt worden" (Lk 19,9), konnte diese Perikope zum Evangelium des Kirchweihfestes werden.[11]

Das hochrechteckige Bild ist von einem schmalen roten Streifen gerahmt und mit einem Goldgrund hinterlegt, durch den der sakral-monumentale Charakter der Darstellung hervorgehoben wird. Durch eine einfache schwarze Linie wird die Miniatur in zwei Bildhälften geteilt.

Die obere Szene spielt sich im Freien über einem hellgrünen Bodenstreifen ab, der farblich auf den irdischen Bereich verweist. Während links Zachäus im Baum sitzt, schreitet von rechts Jesus heran, der von drei Jüngern begleitet wird. Der erste Jünger hinter Jesus ist Petrus, der an seinem kurzen, weißgrauen Haupt- und Barthaar erkennbar ist. Er trägt einen grünen, rotumrandeten Nimbus und ist unter seiner hellblauen Tunika mit einem hellen, lindgrünen Pallium bekleidet. Hinter dem Apostelfürsten stehen zwei weitere Jünger, die ebenfalls hellblaue Tuniken tragen, aber nicht eigens nimbiert sind. Der vordere der beiden Jünger, der ein ockerfarbenes Pallium trägt, zeigt mit seinem Spitzbart und den langen weißen Haaren, die bis in den Nacken hinabfallen, die charakteristischen Züge des Apostels Andreas. Er hat dem vor ihm stehenden Petrus seine rechte Hand auf die Schulter gelegt und zeigt durch diese Geste, dass er der leibliche Bruder des Apostelfürsten ist. Der dritte Jünger, der mit einem grauen Pallium bekleidet ist, könnte Johannes sein, da er mit seinen schwarzen Haaren und seinem bartlosen Gesicht jugendliche Züge aufweist. Während dieser Jünger seine Linke im Pallium verborgen hat, haben Andreas und Petrus ihre linken Hände jeweils zustimmend erhoben. An der Spitze dieser Gruppe steht Jesus, der ebenfalls eine hellblaue Tunika trägt und darüber mit einem purpurfarbenen Pallium bekleidet ist, das seine königliche und messianische Würde betont. Auf seine Heilssendung verweist auch der Kreuznimbus, der mit einer roten Umrandung vom Goldhintergrund abgehoben ist. Jesus ist mit nackten Füßen dargestellt und erscheint damit als der im Alten Testament verheißene Freudenbote, dessen Schritte willkommen sind, weil sie Frieden, Frohbotschaft und Rettung bringen (vgl. Jes 52,7; Nah 2,1; Röm 10,15).[12] An dieser Sendung haben auch seine drei Apostel Anteil, die ebenfalls barfuß dargestellt sind und daran erinnern, dass sie Jesus zur Verkündigung des Reiches Gottes mittellos und ohne Schuhe ausgesandt hatte (vgl. Lk 10,4). Während Jesu linke Hand im Pallium – wohl zusammen mit einem Codex – verborgen ist, blickt er mit seiner erhobenen Rechten zu Zachäus auf. Seine rechte Hand zeigt den lateinischen Segensgestus, bei dem die zwei ausgestreckten Finger die zwei Naturen des menschgewordenen Erlösers und die übrigen drei Finger das Trinitätsmysterium versinnbildlichen. Die Gebärde der übergroß dargestellten und hoch erhobenen rechten Hand Jesu bildet den Mittelpunkt der Szene und unterstreicht die gebieterischen und zugleich segnend ausgesprochenen Worte des zu den Sündern gesandten Erlösers: „Zachäus, komm schnell herunter! Denn ich muss heute in deinem Haus zu Gast sein" (Lk 19,5). Der Zöllner hat mit seinen Füßen auf der unteren Astgabelung des Baumes Halt gefunden, dessen Blätter stark stilisiert wiedergegeben sind. Im Unterschied zu den biblisch-antikisierenden Gewändern Jesu und seiner Jünger trägt der weißbärtige Zachäus Stiefel, eine graue Hose, eine kurze Tunika und einen roten Mantel, der auf der rechten Schulter zusammengehalten wird. Während er sich mit seiner Rechten am dunkelbraunen Baumstamm festhält, hat er seine linke Hand in einer freudigen Gebärde (vgl. Lk 19,6) geöffnet und seinen Blick fest auf Jesus gerichtet.

Die unten gezeigte Einkehr Jesu im Haus des Zachäus ist in keinem anderen Kunstwerk aus der Zeit vor dem Evangeliar Heinrichs II. belegt. Diese Szene ergänzt das häufig ausgeführte Bildmotiv der Berufung des im Baum sitzenden Zöllners, um jene Situation der Perikope darzustellen, in der Jesus die Worte sprach, die sich auf das Kirchweihfest beziehen: „Heute ist diesem Haus das Heil geschenkt worden" (Lk 19,9). Vor dem sakralen Goldhintergrund erscheint das in der Miniatur dargestellte Haus des Zachäus als Bild für die Kirche als Haus Gottes. Das Haus des Zöllners ist als offene Halle mit vier Säulen und einem roten Ziegeldach zugleich innen- und außenansichtig wiedergegeben.[13] Das mittlere, etwas breitere Interkolumnium ist mit einem beidseitig gerafften Purpurvorhang verziert, der als Baldachin für den darunter sitzenden, ebenfalls mit einem purpurfarbenen Pallium bekleideten Christus fungiert. Zusammen mit seinen Jüngern sitzt Jesus auf einer mit Kissen ausgestatteten Bank, die auf einem hölzernen Podium aufgestellt ist, auf dem auch der runde Tisch mit den Speisen des Mahles steht. Christus ist mit einem Kreuznimbus ausgezeichnet und hält in seiner linken Hand sichtbar einen Codex, der auf die Frohbotschaft des Evangeliums verweist, die Christus als messianischer Freudenbote (vgl. Jes 52,7; Nah 2,1; Röm 10,15) verkündet hat, um die Sünder zur Umkehr zu rufen. Diese Frohbotschaft hat auch den Zöllner bekehrt, der Jesus „freudig bei sich" aufgenommen hat (Lk 19,6). Zachäus steht auf dem grünen, irdischen Bodenstreifen zwischen den beiden Säulen auf der linken Seite Jesus gegenüber. Mit seinen beiden im Redegestus erhobenen Händen bringt Zachäus gerade seine Umkehr zum Ausdruck und beteuert: „Herr, die Hälfte meines Vermögens will ich den Armen geben, und wenn ich von jemand zu viel gefordert habe, gebe ich ihm das Vierfache zurück" (Lk 19,8). Jesus hat erneut seine rechte Hand im lateinischen Segensgestus erhoben und unterstreicht mit dieser Geste, dass der Segen seines Heils nunmehr auch in das Haus des Zöllners gekommen ist: „Heute ist diesem Haus das Heil geschenkt worden, weil auch dieser Mann ein Sohn Abrahams ist. Denn der Menschensohn ist gekommen, um zu suchen und zu retten, was verloren ist" (Lk 19,9–10). Neben Jesus sitzt Petrus, dessen grüner Nimbus vom Purpurvorhang überschnitten wird. Während er im Akklamationsgestus seine rechte Hand zustimmend erhoben hat, greift der Apostel mit seiner Linken nach einem Messer. Daneben legt Andreas seine linke Hand auf den Tisch und erhebt mit seiner Rechten in einer zustimmenden Gebärde einen Trinkbecher. Rechts sitzt der junge, bartlose Jünger, der diesmal in ein hellrotes Pallium gehüllt ist und wie Andreas seine linke Hand auf den Tisch gelegt hat. Wie das Haus des Zachäus zum Bild für die Kirche wird, so nimmt auch das Festmahl die Züge des im Gotteshaus gefeierten eucharistischen Opfermahles an. Vor dem sakralen Goldhintergrund erinnert der mit einem bis zum Boden herabfallenden weißen Tuch gedeckte Tisch an einen Altar. In der Mitte steht eine Schale mit einem Fisch, der seit frühchristlicher Zeit Christus symbolisiert, als man das griechische Wort für Fisch (ἰχθύς) auf Christus bezogen hatte, indem man aus den fünf Anfangsbuchstaben die Glaubensformel „Ἰησοῦς Χριστός Θεοῦ Υἱός Σωτήρ" (Jesus Christus, Gottes Sohn, Retter) bildete. Rechts neben der Schale mit dem Fisch ist ein rundes Brotstück zu sehen, in das ein Kreuzzeichen eingeprägt ist und das somit auf das eucharistische Brot der Hostie verweist. Links neben der Schale liegt eine halbe Hostie, bei der sich ebenfalls noch das eingeprägte Kreuzzeichen erkennen lässt. Auf der linken Seite steht eine Weinkaraffe.[14] Auf diese Weise wird anschaulich, dass durch die Konsekration in der Messfeier Brot und Wein „Fisch", also „Christus" werden und dass in der Eucharistie der Leib und das Blut „Jesu Christi, des Sohnes Gottes und des Retters", gegenwärtig sind.

Die das Kirchweihfest illustrierende Miniatur aus dem Perikopenbuch Heinrichs II. zeigt, dass die Kirche das Haus Gottes ist, in dem Christus selbst durch seine apostolischen Diener fortlebt, um die Sünder zur Umkehr zu rufen und die Seinen mit der eucharistischen Speise zu stärken. Wie einst Zachäus in seinem Haus das Heil geschenkt wurde (vgl. Lk 19,9), so erfährt der Gläubige im Haus der Kirche das Heil, das Christus selbst ist.

Die makkabäische Mutter und ihre Söhne

32. Sonntag im Jahreskreis. Erste Lesung: 2 Makk 7,1–2.7a.9–14

„Ein andermal geschah es, dass man sieben Brüder mit ihrer Mutter festnahm. Der König Antiochus wollte sie zwingen, entgegen dem göttlichen Gesetz Schweinefleisch zu essen."
2 Makk 7,1

Am Ende des Kirchenjahres kommen die Letzten Dinge in den Blick, die in der Auferstehungshoffnung gipfeln. Im Alten Testament wurde der Glaube an die Auferstehung der Toten Ende des 2. Jahrhunderts v. Chr. ausdrücklich im zweiten Buch der Makkabäer formuliert (vgl. 2 Makk 7; 12,43–44), nachdem er zuvor in Andeutungen zum Ausdruck gekommen war (vgl. Ps 22,30; 49,16; 73,24; Jes 25,8; 26,19; Dan 12,1–3.13). Im zweiten Makkabäerbuch geht es angesichts der Verfolgung der gesetzestreuen Israeliten durch den seleukidischen König Antiochus IV. Epiphanes (reg. 175–164 v. Chr.) um den Glauben, dass Gott seinen Gerechten bis in den Tod hinein treu bleibt und dass er ihre Standhaftigkeit durch die Auferstehung ins Recht setzen wird.[1]

Nachdem die Israeliten 537 v. Chr. unter der Herrschaft der Perser aus dem babylonischen Exil in ihre Heimat zurückkehren durften, konnten sie bis 515 v. Chr. den Tempel wiederherstellen und unter dem Statthalter Nehemia ab 445 v. Chr. Jerusalem wieder aufbauen. Schließlich vermochte der Schriftgelehrte Esra 398 v. Chr. durch die Vorlage des mosaischen Gesetzes dem Volk wieder seine volle religiöse Identität zu verleihen. Als 333 v. Chr. Alexander der Große (reg. 336–323 v. Chr.) über die Perser siegte, kam Israel unter griechische Herrschaft. Nach einer anfänglichen Toleranzpolitik unter den ägyptischen Ptolemäern und dem ab 198 v. Chr. über das Land regierenden ersten Seleukidenkönig Antiochus III. (reg. 223–187 v. Chr.)

Antonio Ciseri, Das Martyrium der makkabäischen Mutter und ihrer sieben Söhne, 1857/63, Öl auf Leinwand, 463,5 × 265,5 cm, Florenz, Santa Felicità.

führte Antiochus IV. Epiphanes ab Herbst 167 v. Chr. eine radikale Hellenisierung Israels durch, um auf diese Weise seine Herrschaft zu stabilisieren. Der König ließ den Tempel durch die Aufstellung einer Zeusstatue entweihen (vgl. Dan 9,27), verbrannte alle Schriftrollen und verbot den Israeliten unter Androhung der Todesstrafe den Besitz der Bibel und die Praxis der Beschneidung (vgl. 1 Makk 1,56–61). Diese Religionspolitik führte Ende des Jahres 167 v. Chr. unter Mattatias (reg. 167–166 v. Chr.) und Judas (reg. 166–160 v. Chr.) zum bewaffneten Aufstand der Makkabäer, die im Dezember 164 v. Chr. den Tempel von den idolatrischen Entstellungen reinigen (vgl. 1 Makk 4,36–61) und bis um 140 v. Chr. Israel wieder seine volle politische und religiöse Souveränität zurückgeben konnten.[2]

In der ersten Lesung des 32. Sonntags im Jahreskreis, die dem zweiten Makkabäerbuch entnommen ist, wird das Martyrium von sieben Brüdern und deren Mutter geschildert (vgl. 2 Makk 7,1–42), in dem sich die Situation widerspiegelt, die nach dem Erlass des Religionsediktes durch Antiochus IV. Epiphanes im Herbst 167 v. Chr. auf dem Volk lastete und dem Aufstand der Makkabäer unmittelbar vorausging. Da in dieser Erzählung auch die Auferstehungshoffnung deutlich zum Ausdruck kommt, fand das Blutzeugnis der makkabäischen Mutter und ihrer Söhne auch in der christlichen Wirkungsgeschichte großen Nachhall. Der mit theologisch dichten Redepassagen ausgestaltete Bericht betont die Treue der jüdischen Familienmitglieder zu Gott und seinem Gesetz, die gegenseitige Ermutigung zur Standhaftigkeit, die Androhung des Gerichts für die Folterer und den König, die Deutung des Leidens als Sühne für die Sünden Israels und die Hoffnung auf die Auferstehung nach dem durchgestandenen Martyrium.[3]

Die Erzählung setzt damit ein, dass Antiochus IV. Epiphanes sieben Brüder mit ihrer Mutter festnehmen, geißeln und peitschen ließ, um sie „entgegen dem göttlichen Gesetz" zu zwingen, „Schweinefleisch zu essen" (2 Makk 7,1). Nachdem der erste der Söhne dem König zurief, eher sterben zu wollen, als die Gesetze der Väter zu übertreten (vgl. 2 Makk 7,2), ließ ihn der König grausam verstümmeln und in einer Pfanne braten (vgl. 2 Makk 7,3–5). Als der zweite Sohn gefoltert wurde und in den letzten Zügen lag (vgl. 2 Makk 7,7–9), bekannte er gegenüber dem König den Glauben an die Auferstehung: „Du nimmst uns dieses Leben; aber der König der Welt wird uns zu einem neuen, ewigen Leben auferwecken, weil wir für seine Gesetze gestorben sind" (2 Makk 7,9). Als sie vom dritten Sohn dessen Zunge forderten, streckte er sie sogleich in der Hoffnung heraus, sie bei der Auferstehung wiederzubekommen (vgl. 2 Makk 7,10–12). Während der fünfte und sechste Sohn vor ihrem Sterben dem tyrannischen König das Gericht androhten (vgl. 2 Makk 7,15–19), schöpfte der vierte Sohn vor seinem Ende Hoffnung aus dem Glauben an die Auferstehung und sagte zum König: „Gott hat uns die Hoffnung gegeben, dass er uns wieder auferweckt. Darauf warten wir gern, wenn wir von Menschenhand sterben. Für dich aber gibt es keine Auferstehung zum Leben" (2 Makk 7,14). Auch die Mutter stärkte ihre Söhne mit dem Glauben an die Auferstehung, bei der Gott ihnen wieder Atem und Leben geben werde (vgl. 2 Makk 7,23). Die tapfere Mutter vermochte schließlich auch ihren jüngsten, siebten Sohn zum Martyrium zu bestärken (vgl. 2 Makk 7,24–29) und versicherte ihm: „Hab keine Angst vor diesem Henker, sei deiner Brüder würdig und nimm den Tod an! Dann werde ich dich zur Zeit der Gnade mit deinen Brüdern wiederbekommen" (2 Makk 7,29). In seiner Rede stellte der siebte Sohn dann dem König das strenge Gericht Gottes vor Augen, während seine Brüder mit ihrem Leiden bei Gott Sühne für die Sünden des Volkes erwirken können und die Auferweckung erwarten dürfen (vgl. 2 Makk 7,30–38). Nachdem der König, der sich verhöhnt fühlte, den jüngsten Sohn auf noch grausamere Weise in den Tod geschickt hatte (vgl. 2 Makk 7,39–40), starb zuletzt auch die Mutter (vgl. 2 Makk 7,41).

ZU DEN BEKANNTESTEN DARSTELLUNGEN DES MARTYRIUMS DER MAKKABÄISCHEN MUTTER und ihrer sieben Söhne gehört ein Altarbild, das der neoklassizistische Maler Antonio Ciseri (1821–1891) 1857/63 schuf. Der aus Ronco bei Ascona im schweizerischen Tessin stammende Maler war bereits 1833 als Jugendlicher mit seinem Vater nach Florenz gekommen, in dessen Werkstatt er seine erste malerische Ausbildung erhielt. Nach weiteren Lehrjahren stellte er 1842 erstmals in der Florentiner Akademie aus, wo er ein Jahr später auch den Premio triennale erhielt. Er vertiefte sich in die Porträtmalerei und eröffnete schließlich ein eigenes Atelier, in dem er ab 1849 auch Schüler unterrichtete. In seinen zum Teil exzentrisch komponierten religiösen Bildern, die er zeichnerisch genau, mit verhaltener Farbpalette und effektvoller Lichtführung ausführte, orientierte sich Ciseri am Stil des zeitweise in Rom wirkenden französischen Malers Jean-Auguste-Dominique Ingres (1780–1867).[4]

Das Altargemälde mit dem Martyrium der makkabäischen Mutter und ihrer Söhne, das Ciseri 1863 vollendete, war für die Kirche Santa Felicità in Florenz bestimmt.[5] Diese bis auf das 4. Jahrhundert zurückgehende und nach zahlreichen früheren Umbauten 1765/67 neu gestaltete Kirche war der hl. Felizitas geweiht, die der Überlieferung nach um 165 in Rom unter den Kaisern Mark Aurel (reg. 161–180) und Lucius Verus (reg. 161–169) zusammen mit ihren sieben Söhnen Alexander, Felix, Januarius, Martialis, Philippus, Silvanus und Vitalis wegen ihres christlichen Glaubens enthauptet wurde. Wegen der Ähnlichkeit des Blutzeugnisses der Felizitas und ihrer sieben Söhne mit dem Martyrium der Familie der makkabäischen Mutter bekam die Kirche 1824 den Nebentitel der heiligen makkabäischen Mutter und ihrer sieben Söhne. Nachdem bereits 1810 Giorgio Berti (1789–1868) für die erste südliche Seitenkapelle ein Altarbild geschaffen hatte, das Felizitas zeigt, wie sie ihre sieben Söhne zum Martyrium ermutigt, beauftragte man Ciseri für die dritte Seitenkapelle auf der Südseite mit der Anfertigung eines Pendants, das die makkabäische Mutter mit ihren sieben Märtyrersöhnen darstellen sollte.[6] Ciseri begann mit den Arbeiten 1857 und fertigte dazu Ölstudien an, die heute in der Galleria d'Arte Moderna in Rom aufbewahrt sind. Bis 1863 konnte er das monumentale, über viereinhalb Meter hohe Altarbild vollenden, für das er 1873 auf der Weltausstellung in Wien eine Goldmedaille erhielt.[7]

Das oben halbrund abgeschlossene Gemälde zeichnet sich durch seine dramatische Lichtführung aus, die den Blick des Betrachters sogleich auf die hell beleuchtete Hauptfigur der makkabäischen Mutter in der Bildmitte lenkt. In der nächtlichen Szenerie ist rechts im Hintergrund eine antike Säulenreihe erkennbar. Davor steht auf den Stufen, die zu einer mächtigen dorischen Tempelfront hinaufführen, offenbar ein heidnischer Opferaltar, aus dem etwas rötliches Feuer herausschlägt. Diese eindrucksvolle Kulisse steht für die hellenistische Kultur, zu der Antiochus IV. Epiphanes mit seinem Religionsedikt vom Herbst 167 v. Chr. die Israeliten zwingen wollte, um seine Herrschaft in Jerusalem und Israel zu festigen. Flankiert von militärischen und zivilen Gefolgsleuten, sitzt der Seleukidenkönig links vor der Tempelfassade auf einem erhöhten, steinernen Thron. Er ist ganz in rote Gewänder gehüllt, trägt eine Krone und hält in seiner rechten Hand den Herrscherstab. Zu Füßen des Thrones, der mit einer heidnischen Kultszene reliefiert ist, sind goldene Kultgeräte zu sehen.

Vor dem thronenden König steht ein dunkelbärtiger Mann, der sein rotes Gewand wie bei einem antiken Opfer über das Haupt gezogen hat und in seiner linken Hand eine Schriftrolle hält. Dieser Mann, der an einen heidnischen Priester erinnern soll, wurde offenbar damit betraut, die auf einem steinernen Podium zusammengedrängten Brüder und ihre Mutter zum Essen von Schweinefleisch zu zwingen (vgl. 2 Makk 7,1), was nach dem Gesetz des Mose den Israeliten verboten ist (vgl. Lev 11,7; Dtn 14,8). Rechts neben ihm steht ein Diener, der ein Tablett vor sich trägt, auf dem das Schweinefleisch zum Verzehr bereitliegt. Der Priester und sein Diener stehen nun untätig da, da sich die sieben Söhne und ihre Mutter geweigert haben, die Gebote Gottes zu übertreten (vgl. 2 Makk 7,2).

Die Verweigerung des königlichen Befehls hat bereits dazu geführt, dass Antiochus IV. Epiphanes angeordnet hat, „Pfannen und Kessel heiß zu machen" (2 Makk 7,3), um die Söhne und ihre Mutter durch Verbrennung zu foltern. So ist am rechten Bildrand ein Diener zu sehen, der damit beschäftigt ist, unter einem großen Kessel ein Feuer zu schüren, das in der nächtlichen Umgebung schaurig leuchtet und ihn bereits selbst in Rauch gehüllt hat.

In kaltem Licht gespenstisch leuchtend, liegen um die Mutter herum ihre getöteten sieben Söhne, die sie zum Standhalten im Martyrium und in der Treue zum göttlichen Gesetz ermutigt hat. Der Maler hat die in verschiedenen Stellungen und in aschgrauer Leichenblässe am Boden liegenden Söhne nicht mit ihren grausamen Folterungen und Verstümmelungen dargestellt, sondern ihre todbringenden Wunden nur angedeutet. So liegt am unteren Bildrand in Rückenansicht einer der Brüder, der in ein rotes Gewand gehüllt ist und bei seinem Sterben von dem steinernen Podium herabgestürzt ist. Neben seinem Kopf ist Blut ausgetreten. Darüber liegt ein weiterer, mit einem türkisfarbenen Gewand bekleideter Bruder, dem auf seiner rechten Brust eine klaffende Wunde zugefügt wurde. Unter ihm ist eine langstielige Axt zu sehen, die als Hinweis auf das blutige Martyrium genügen mag. Rechts auf dem Podium liegen übereinander zwei weitere Brüder, von denen der rechte eine Stirnwunde zeigt. Zu diesen beiden Brüdern gehören offenbar ein ockerfarbenes Gewand und ein exotisches Leopardenfell. Über ihnen liegen am rechten Bildrand der fünfte und sechste Bruder. Der siebte, jüngste Bruder ist noch ein Kind mit langen blonden Haaren, das leblos mit zurückgeworfenem Kopf auf das vorgestreckte rechte Knie seiner Mutter niedergesunken ist. Das aus dem blonden Haar frisch ausgetretene Blut, das sich gerade in das weiße Untergewand der Mutter eindrückt, und die in der Geste des Abstützens erstarrten Hände zeigen, dass der jüngste Sohn soeben den Tod erlitten hat. Die unschuldige Nacktheit des ganz in Licht getauchten Knaben, dessen weißes Gewand zu Boden gesunken ist, kontrastiert mit den dunkel verschatteten Gestalten des unmenschlich grausamen Königs und seiner Höflinge und Diener.

Mit ihrem toten, jüngsten Kind erinnert die Mutter an Maria, wie sie als Pietà den vom Kreuz abgenommenen Leib ihres göttlichen Sohnes im Schoß trägt. Das Motiv des im Mutterschoß ruhenden Kindes ruft die Worte der makkabäischen Mutter in Erinnerung, mit denen sie auf das Geheimnis des werdenden Lebens ihrer Kinder in ihrem Leib hinwies, um dann ihre Söhne im Blick auf die Neuschöpfung bei der Auferstehung in ihrer Standhaftigkeit zu stärken: „Ich weiß nicht, wie ihr in meinem Leib entstanden seid, noch habe ich euch Atem und Leben geschenkt; auch habe ich keinen von euch aus den Grundstoffen zusammengefügt. Nein, der Schöpfer der Welt hat den werdenden Menschen geformt, als er entstand; er kennt die Entstehung aller Dinge. Er gibt euch gnädig Atem und Leben wieder, weil ihr jetzt um seiner Gesetze willen nicht auf euch achtet" (2 Makk 7,22–23). Auch zu ihrem jüngsten Sohn sagte die Mutter, er sei aus dem Nichts von Gott in ihrem Leib erschaffen worden und sie werde ihn zusammen mit den anderen Brüdern einst wiederbekommen (vgl. 2 Makk 7,27–29).

In einer gewagt pathetischen, fast extravaganten Pose hat die Mutter im Gebet ihre Arme weit nach oben ausgestreckt, so wie seit den Orantenfiguren in der früchristlichen Kunst die Betenden dargestellt wurden. Über das unsagbare Leid um sie herum vermag sich die Mutter in ihrer Hoffnung auf die Auferstehung zu erheben, in der sie ihre Arme und ihr Haupt dem Himmel entgegengestreckt hat. Angetan mit dem weißen Gewand der Gerechten und dem goldgelben Mantel der künftigen himmlischen Herrlichkeit, wird die Mutter in wenigen Augenblicken ihren Söhnen in den Tod folgen (vgl. 2 Makk 7,41), den sie in der Hoffnung auf die Auferstehung betend erwartet.

Jesus sieht den Untergang Jerusalems voraus

33. Sonntag im Jahreskreis. Evangelium: Lk 21,5–19

*„Es wird eine Zeit kommen, da wird von allem, was ihr hier seht,
kein Stein auf dem anderen bleiben."*
Lk 21,6

Nach dem Lukasevangelium ereignete sich der festliche Einzug Jesu in Jerusalem am Abhang des Ölbergs (vgl. Lk 19,37). An dieser Stelle, „wo der Weg vom Ölberg hinabführt, begannen alle Jünger freudig und mit lauter Stimme Gott zu loben" (Lk 19,37) und Jesus mit dem Ruf „Gesegnet sei der König, der kommt im Namen des Herrn" (Lk 19,38) zu huldigen. Als Jesus näher kam, so dass der Tempel in seiner ganzen Pracht vor ihm lag, weinte er über Jerusalem (vgl. Lk 19,41). Jesus sah in diesem Augenblick die Zerstörung von Stadt und Tempel im Jahr 70 durch die Römer voraus. In diesem etwa 40 Jahre später eintretenden Ereignis wird die Stadt von Feinden eingenommen und zerstört werden (vgl. Lk 19,43–44), weil Jerusalem das ihm angebotene Heil und damit die Frieden bringende Gnadenzeit nicht zu erkennen vermag (vgl. Lk 19,42.44).

Das Evangelium des 33. Sonntags im Jahreskreis beginnt damit, dass Jesus nur wenige Tage nach dem feierlichen Einzug in Jerusalem seinen Blick erneut auf den Tempel richtete, „als einige darüber sprachen, dass der Tempel mit schönen Steinen und Weihegeschenken geschmückt sei" (Lk 21,5). Daraufhin sagte er ihnen ein zweites Mal die Zerstörung von Tempel (vgl. Lk 21,6) und Stadt (vgl. Lk 21,20–24) voraus. Zudem kündigte Jesus Kriege, Nöte, Katastrophen und Verfolgungen an (vgl. Lk 21,9–12.16–17). In dieser Zeit werden die Jünger Gelegenheit haben, in der Kraft der Weisheit Christi ihren Glauben zu bezeugen, um die Heilsbotschaft auszubreiten (vgl. Lk 21,13–15) und durch ihre Standhaftigkeit das Leben zu gewinnen (vgl. Lk 21,19).

DIE ANKÜNDIGUNG JESU VON DER ZERSTÖRUNG JERUSALEMS und seines Tempels wurde im Evangeliar Ottos III. (reg. 983–1002) in einer Miniatur dargestellt, in der Christus über die künftige Zerstörung der Stadt weint (vgl. Lk 19,41).[1] Das Evangeliar wurde wohl noch unter der Regentschaft Ottos III. um das Jahr 1000 im Skriptorium des Klosters Reichenau angefertigt und 1007 durch Heinrich II. (reg. 1002–1024) an das von ihm gegründete Bistum Bamberg geschenkt. Nach der Säkularisation von 1803 kam die Pergamenthandschrift aus dem Bamberger Domschatz in die Bayerische Staatsbibliothek nach München.[2] Das Evangeliar zeichnet sich durch eine Folge von 29 goldgrundierten Bildern zu den einzelnen Evangelienperikopen aus,[3] wobei dem Lukasevangelium acht Miniaturen zugeordnet sind, während die anderen drei Evangelien jeweils sieben Bilder enthalten.[4]

Zum Zyklus des Lukasevangeliums gehört auch die Miniatur, die den Untergang Jerusalems und Christus zeigt, wie er über diese bevorstehende Zerstörung der Stadt weint.[5] Die hochformatige Miniatur wird von einer roten Zierleiste eingefasst, die in ein purpurviolettes Rahmenfeld übergeht, das in den beiden oberen Ecken mit vegetabilen Ornamenten reich verziert ist. Die eigentliche und mit Gold grundierte Szene ist von einem reich ornamentierten Torbogen umschlossen, der auf zwei geschwungenen, rötlichen Säulen aufruht, die jeweils von einem doppelten, grünen und roten Akanthuskapitell bekrönt werden.

Die untere Bildhälfte zeigt die von Jesus vorausgesehene Zerstörung Jerusalems. Die annähernd quadratische Stadt besitzt Stadtmauern mit vier Ecktürmen und in der Mitte ein großes Gebäude, das für den Jerusalemer Tempel steht. In Erfüllung der Vorhersage Jesu tobt um Jerusalem zwischen Angreifern und Verteidigern ein heftig geführter Kampf. Während von rechts gepanzerte Krieger mit mauerbrechenden Werkzeugen heranstürmen, liegen auf dem Boden bereits zerbrochene Mauerteile. So wird angedeutet, dass die Feinde Jerusalem „einschließen und von allen Seiten bedrängen" werden (Lk 19,43) und dass „kein Stein auf dem andern bleiben", sondern alles „niedergerissen werden" wird (Lk 21,6; vgl. Lk 19,44). Links sind die Belagerer Jerusalems zu sehen, die als gepanzerte Soldaten mit Lanzen, Pfeilen und Schleudern angreifen und sich dabei mit Rundschilden schützen. Mit gleicher Vehemenz versuchen ähnlich gerüstete Verteidiger mit Lanzen und Pfeilen von der Stadtmauer herab den Angriff auf Jerusalem abzuwehren. Auf die von Jesus angekündig-

Jesus weint über die Zerstörung Jerusalems, Evangeliar Ottos III., Codex Latinus Monacensis 4453, fol. 188v, um 1000, Deckfarbenmalerei mit Gold auf Pergament, 33,4 × 24,2 cm (Blattgröße), München, Bayerische Staatsbibliothek. ▷

Evangeliar Ottos III., Jesus weint über die Zerstörung Jerusalems

ten Leiden der Bewohner Jerusalems, die man mit „scharfem Schwert" erschlagen wird (Lk 21,24), verweisen die drei im Vordergrund auf den Erdschollen liegenden Gestalten und der kopfüber von der Stadtmauer herabstürzende Mann. Die Szene mit der Frau, die hinter der Stadtmauer ein Kind an den Haaren ergriffen hat und gerade ein Messer erhebt, um es zu töten, geht auf die außerbiblische Überlieferung des jüdischen Geschichtsschreibers Flavius Josephus (geb. 37/38, gest. nach 100) zurück. In seiner Schrift „De bello Iudaico" über den im Jahr 66 ausgebrochenen jüdischen Aufstand gegen die Römer, der vier Jahre später zur Zerstörung Jerusalems geführt hatte, berichtete Flavius Josephus von einer Frau namens Maria, die in der belagerten und ausgehungerten Stadt ihren Säugling tötete, um ihn zu essen.[6]

In der oberen Bildhälfte ist Jerusalem auf der rechten Seite dargestellt, wobei die unten gezeigte Stadtansicht mit der oben von Jesus beweinten Stadt durch eine herabgezogene Mauer verbunden wird. Mit ihrer quadratischen Anlage, ihren Mauern, den vier Ecktürmen und dem zentralen Tempelgebäude, hinter dem sogar noch eine Art Kirchturm emporragt, ähnelt die obere Stadt ihrem unten dargestellten Pendant.

Links oben ist inmitten des goldenen Hintergrundes eine graue Erdscholle zu sehen, die Jesus und seinen Jüngern Platz bietet. Jesus ist durch einen Kreuznimbus ausgezeichnet, der sich mit einer roten und perlenverzierten Umrandung vom Goldhintergrund abhebt. Jesus trägt über einer hellblauen Tunika ein purpurfarbenes Pallium, das seine königlich-messianische Würde hervorhebt, aber jetzt von ihm mit einer Trauergebärde vor das Gesicht gezogen wird.[7] In dieser Gebärde kommt die Trauer zum Ausdruck, die Jesus bei seinem Einzug in die Stadt erfüllte, als er ihre künftige, im unteren Bildfeld dargestellte Zerstörung voraussah: „Wenn doch auch du an diesem Tag erkannt hättest, was dir Frieden bringt. Jetzt aber bleibt es vor deinen Augen verborgen" (Lk 19,42).

Die Jünger, die mit Jesus in Jerusalem eingezogen sind, schließen sich ihrem Meister an und stehen mit ihm auf der gleichen Erdscholle. Während die drei hinteren, bartlosen Jünger nicht näher charakterisiert sind, zeigt der vordere, in ein hellgelbes Pallium gekleidete Apostel mit seinem kurzen, weißen Haupt- und Barthaar die Gesichtszüge des Petrus. Die etwas gebeugte Haltung der Jüngergruppe, die betroffen erhobene Hand des Petrus und besonders die ringenden Hände des Apostels im blauen Pallium zeigen die Bestürzung und Ratlosigkeit der Jünger, die sie angesichts des Unheilswortes Jesu überkommen hat.[8] Mit Christus verbindet die Jünger aber auch die Nacktheit ihrer Füße, die auf die Schritte des verheißenen Freudenboten (vgl. Jes 52,7; Nah 2,1; Röm 10,15) und damit auf die Frohbotschaft des Evangeliums verweisen, das den in aller Not treu im Glauben Ausharrenden verheißt: „Wenn ihr standhaft bleibt, werdet ihr das Leben gewinnen" (Lk 21,19).

Die bildliche Darstellung des über den Untergang Jerusalems weinenden Christus ist für die karolingische Zeit durch die Bildüberschrift (titulus) eines verlorenen Wandgemäldes nur in St. Gallen belegt. In der ottonischen Buchmalerei findet sich das Bildmotiv nur hier im Münchner Evangeliar Ottos III.[9] So appelliert die außergewöhnliche Miniatur mit dem weinenden Christus an den Betrachter, sich nicht wie das verblendete Jerusalem zu verhalten, sondern die „Zeit der Gnade" zu erkennen (Lk 19,44) und das von Jesus angebotene Heil anzunehmen, das allein den Frieden zu bringen vermag (vgl. Lk 19,42).

Der gute Schächer und der gekreuzigte König

Christkönigssonntag. Evangelium: Lk 23,35–43

„Jesus, denk an mich, wenn du in dein Reich kommst."
Lk 23,42

Das Evangelium des Christkönigssonntags stellt Jesus als den gekreuzigten Messiaskönig vor Augen. Nach dem Lukasevangelium klagten die Führer des Volkes Jesus vor Pilatus als Verführer und Aufwiegler des Volkes an, weil er von sich behauptet habe, „er sei der Messias und König" (Lk 23,2). Als sich Pilatus gezwungen sah, Jesus zum Kreuzestod zu verurteilen, verspotteten ihn die Soldaten als „König der Juden" (Lk 23,37). Auch auf der Tafel über dem Gekreuzigten war zu lesen: „Das ist der König der Juden" (Lk 23,38). Einer der mit Jesus gekreuzigten Verbrecher, der böse Schächer, nahm den Spott der führenden Männer des Volkes auf (vgl. Lk 23,35) und verhöhnte Jesus mit den Worten: „Bist du denn nicht der Messias? Dann hilf dir selbst und auch uns" (Lk 23,39). Die Juden und der böse Schächer stellten sich in blasphemischer Weise vor, der Messias müsse sich selbst zu helfen wissen und die Menschen aus ihren irdischen Schwierigkeiten befreien können. Dagegen gelangte der andere gekreuzigte Verbrecher, der gute Schächer, zur Gottesfurcht, zum Bekenntnis der eigenen Schuld, zur Einwilligung in die verdiente Strafe und zu einer überraschend tiefen und gläubigen Erkenntnis der wahren messianischen Königsmacht Jesu. So wies er den bösen Schächer zurecht und verteidigte die Unschuld Jesu: „Nicht einmal du fürchtest Gott? Dich hat doch das gleiche Urteil getroffen. Uns geschieht recht, wir erhalten den Lohn für unsere Taten; dieser aber hat nichts Unrechtes getan" (Lk 23,40–41). Dann bekannte er Jesus als den wirklichen Messias und König, indem er ihn bat: „Jesus, denk an mich, wenn du in dein Reich kommst" (Lk 23,42). Mit diesen Worten brachte der gute Schächer seinen Glauben zum Ausdruck, dass Jesus der Messias sei, den Gott zu seiner Rechten inthronisieren und damit in seine Königsmacht einsetzen werde. Dieses Bekenntnis des reuigen, guten

Tizian, Jesus am Kreuz mit dem guten Schächer, um 1566, Öl auf Leinwand, 137 × 149 cm, Bologna, Pinacoteca Nazionale.

Schächers nahm Jesus an, und er antwortete ihm als König, der Macht hat: „Amen, ich sage dir: Heute noch wirst du mit mir im Paradies sein" (Lk 23,43).

Als der venezianische Renaissancemaler Tizian (1488/90–1576) um 1566 in einem monumentalen – heute allerdings nur noch fragmentarisch erhaltenen – Altarbild die Kreuzigung als Dialog zwischen Jesus und dem guten Schächer darstellte, bedeutete dies „ein absolutes Novum im damaligen Venedig"[1].

Tizian wurde im Friaul geboren und kam bereits als Knabe nach Venedig, wo er zunächst als Mosaizist ausgebildet wurde und dann die Malkunst bei den Brüdern Gentile Bellini (um 1429–1507) und Giambellino (um 1437–1516) lernte. Besonders geprägt wurde Tizian durch die Maltechnik und die Farbgebung des frühvollendeten venezianischen Malers Giorgione (1478–1510). Mit der 1516/18 für die Frarikirche in Venedig geschaffenen „Assunta", dem Hauptaltarbild mit der Darstellung der Himmelfahrt Marias, gelang Tizian der künstlerische Durchbruch. Er führte die Malerei Venedigs zum Höhepunkt und avancierte als international vielbeschäftigter Maler zu einem der bedeutendsten Renaissancekünstler Europas. Wie kein Maler vor ihm hatte er mit seiner unvergleichlichen Farbgebung die Möglichkeiten der Ölmalerei voll ausgeschöpft, wobei er in den späten Werken seine koloristischen Wirkungen bereits mit ungewöhnlich kühnen Pinselstrichen erzielte.[2] Auch das Gemälde mit dem Ausschnitt des Zwiegesprächs zwischen dem guten Schächer und Jesus gehört in die Zeit der späten Werke des Meisters.

Nachdem das in der Pinacoteca Nazionale von Bologna aufbewahrte Gemäldefragment mit Christus und dem guten Schächer 1931 restauriert und durch Enrico Mauceri (1869–1966) Tizian zugeschrieben worden war, fand es in der kunsthistorischen Fachwelt große Beachtung.[3] Noch um das Jahr 1901 war das Gemälde von Henry Thode (1857–1920) wegen seiner Nähe zu dem 1568 von Jacopo Tintoretto (1518–1594) für die venezianische Kirche San Cassiano gemalten Kreuzigungsbild diesem Maler zugewiesen worden.[4] Da es sich bei dem Bild zweifelsohne um den Ausschnitt eines großen, ursprünglich über vier Meter hohen Altarbildes handeln musste, identifizierte es 1933 William Suida (1870–1959) mit jenem großen Leinwandgemälde, das Giorgio Vasari (1511–1574) während seines Aufenthaltes in Venedig 1566 in der Werkstatt Tizians als ein im Auftrag von Giovanni d'Anna (gest. 1574) begonnenes Gemälde mit dem gekreuzigten Christus, dem guten Schächer und Kreuzigungsknechten gesehen hatte.[5] Giovanni d'Anna war ein mit Tizian befreundeter reicher Kaufmann und hatte den Meister bereits mit verschiedenen Werken beauftragt, unter anderem mit dem 1543 entstandenen Ecce-Homo-Gemälde, das sich heute im Kunsthistorischen Museum in Wien befindet.[6] Durch die Auffindung neuer Dokumente konnte Lorenzo Finocchi Ghersi 1997 die Zuschreibung des Kreuzigungsfragmentes an Tizian erneut bestätigen.[7] Demnach begann die Geschichte des Kreuzigungsbildes mit dem flämischen Kaufmann Maerten van Haanen (1475–1553), der sich in Venedig niedergelassen hatte, wo er sich Martino d'Anna nannte. Der 1529 durch Karl V. (reg. 1519–1556) geadelte Handelsherr erwarb 1538 den Palazzo Talenti in Venedig, wurde 1545 Bürger der Lagunenstadt und bestimmte in seinem Testament, dass er in der Kirche San Salvatore beigesetzt werden wolle. Nach dem Tod des Vaters vereinbarte sein Sohn Giovanni d'Anna zusammen mit seinem Bruder Daniele am 5. Juli 1559 mit den Chorherren, die an San Salvatore wirkten, in der Johanneskapelle einen Altar mit einem großen Altarbild (una palla di tal grandezza) aufzustellen. In dieser Zeit musste Giovanni d'Anna Tizian mit der Anfertigung des Altargemäldes beauftragt haben. Dennoch gestaltete sich die Ausführung als schwierig, so dass Vasari das Altarbild 1566 noch in unvollendetem Zustand vorfand. Obwohl am 12. August 1563 ein Kanoniker berichten konnte, dass für den Altar und das Bild 500 Dukaten bezahlt wurden, sah sich Giovanni d'Anna am 6. Februar 1568 in seinem Testament zur Klage veranlasst, dass bislang weder der Altar noch das Gemälde vollendet seien. Da mittlerweile das Altarrecht entzogen wurde, dürfte Tizian nicht mehr an eine künftige Aufstellung des Altarbildes geglaubt haben und verlor wohl das Interesse an dem Gemälde, so dass man es beim Tod des Malers am 27. August 1576 unvollendet in dessen Atelier vorfand.[8] Inzwischen hatte Tizian um 1562/64 für San Salvatore das Hochaltargemälde mit der Verklärung Christi und für die Augustinuskapelle ein 1559 durch Antonio Cornovi della Vecchia (gest. 1572) beauftragtes Verkündigungsbild geschaffen. Die beiden Altarbilder gleichen in ihrer Lichtführung dem Kreuzigungsfragment und verweisen auf den Spätstil Tizians, der in dieser Zeit durch starkes Helldunkel und fast monochrome Farbgebung visionäre Wirkungen hervorzurufen versuchte. Zusammen mit dem Verkündigungsbild und dem Hochaltargemälde hätte sich mit dem für die Cappella di San Giovanni vorgesehenen Kreuzigungsbild ein christologischer Zyklus ergeben, der mit Inkarnation, Passion und der auf die Auferstehungsherrlichkeit vorausweisenden Verklärung das Heilsmysterium Christi umfasst.[9]

Als am 7. Dezember 1580 Tizians ältester Sohn Pomponio Vecellio (geb. um 1524, gest. nach 1594) den Sohn und Erben des Giovanni d'Anna aufforderte, das immer noch in der Werkstatt des Meisters lagernde Gemälde durch Gehilfen vollenden zu lassen, konnte oder wollte dieser den Erwartungen seines verstorbenen Vaters nicht nachkommen. Der Erbsohn Paolo d'Anna hatte zahlreiche Auseinandersetzungen mit den Chorherren von San Salvatore, die immer wieder auf die Anbringung des Altarbildes drängten.[10] Zu Beginn des 18. Jahrhunderts befand sich das mittlerweile zugeschnittene Kreuzigungsbild in der Sammlung der Bologneser Familie Zambeccari, die es 1883 der Pinacoteca ihrer Heimatstadt vermachte.[11]

Wie die Proportionen der Figuren zeigen, war das vertikal ausgerichtete Altarbild ursprünglich mehr als vier Meter hoch. Über der angeschnittenen Kreuzesinschrift muss man sich einen oberen Bildstreifen von etwa 70 Zentimeter und auf der rechten Seite das dritte Kreuz mit dem bösen Schächer hinzudenken. Die untersichtig und verkürzt dargestellten Figuren Christi und des guten Schächers weisen darauf hin, dass sich die beiden Gekreuzigten im oberen Bildfeld befunden haben müssen. Die am unteren Bildrand freigelegten Lanzenspitzen, der obere Abschluss einer Leiter und eine rechts unten erkennbare Rückenfigur lassen auf die Kreuzigungsknechte schließen, die sich nach Vasari in der unteren Bildhälfte (crucifissori in basso) befunden haben.[12]

Trotz seines fragmentarischen Zustands besticht das Bild durch seine außergewöhnliche Komposition, in der die Kreuze nicht in der traditionellen Frontalität, sondern in Diagonalansicht wiedergegeben wurden. Von dieser in der venezianischen Malerei neuen Idee, die Kreuze schräg in den Raum zu stellen, ließen sich 1568 auch Tintoretto, um 1584 Paolo Veronese (1528–1588) oder 1620 Peter Paul Rubens (1577–1640) inspirieren.[13] Neben der Komposition zeichnet sich das Gemälde durch sein braunes, fast monochromes Kolorit aus, das für Tizians Spätstil charakteristisch ist und mit breitem Pinselduktus aufgetragen ist.[14] Am aufgelöstesten und flüssigsten erscheint der Pinselstrich, mit dem die Körper der Gekreuzigten plastisch durchformt werden, in den weißen Lendentüchern. Gehöht werden die schlichten Brauntöne durch die weißen Tücher um die Lenden der Gekreuzigten und die blau-silbernen Glanzlichter, die den Leib des guten Schächers und die Lichtgestalt Christi von den Wolken und vom braun-goldenen Hintergrund abheben.[15] Die außergewöhnliche Farbgebung, „mit der das Licht die Plastizität in beinahe monochromer Weise auflöst", entspricht dem „visionären Charakter" des dargestellten Geschehens,[16] das ganz auf das Paradies ausgerichtet ist, das Jesus dem guten Schächer verheißen hat (vgl. Lk 23,43). Der kurze Wortwechsel zwischen dem guten Schächer und Jesus wurde durch Tizian mit einer Deutlichkeit geschildert, wie man sie in der Ikonographie der Kreuzigung nur selten antrifft.[17]

Die intensiv ausgeführte und sehr menschlich vorgetragene Körpersprache verleiht der Szene einen dramatischen Ausdruck, wie er ebenfalls für die späten Werke Tizians charakteristisch ist. Die dramatische Darstellungsweise zielt darauf ab, den Betrachter am Erlöserleiden Christi teilhaben zu lassen, das in den letzten Lebensaugenblicken des guten Schächers seine Erstlingsfrüchte gebracht hat. So zeigt sich die hohe Dramatik des dargestellten Geschehens im Kontrast zwischen der noch etwas verschatteten, dynamisch agierenden Figur des guten Schächers und der lichtvollen, schon in die Ruhe des Sterbens hinübergehenden Gestalt Christi.[18]

In der Körpersprache des offenbar noch jungen, bartlosen guten Schächers spiegelt sich seine Hoffnung auf Rettung wider. Er hat gerade den bösen Schächer zurechtgewiesen und seine Schuld eingestanden (vgl. Lk 23,40–41). Nun wendet er sein Haupt zu Jesus und betrachtet ihn mit festem Blick. Er hat soeben mit seinem leicht geöffneten Mund die Worte geformt: „Jesus, denk an mich, wenn du in dein Reich kommst" (Lk 23,42), und diese inständige Bitte mit seinem gestikulierend erhobenen rechten Arm unterstrichen. Sein Vertrauen auf Jesus, den er als wahren König erkennt, zeigt sich in dem dynamischen Schub, der sich aus der Bewegung seines Körpers und seines hochgereckten rechten Armes ergibt.[19] Dabei ist sein Leib noch etwas verschattet, um den Läuterungsweg des guten Schächers von seinem Verbrecherstatus hin zu seinem Vertrauen auf die Königsmacht Jesu zu veranschaulichen.

Während der gute Schächer an einen Querbalken gebunden ist, der auf einem Gabelkreuz aufruht, zeigt das Kreuz Jesu die traditionelle Form, die aus einem vertikalen Stamm besteht, an dem der Querbalken befestigt ist. Am oberen Ende des Längsbalkens ist die vom Bildrand etwas überschnittene lateinische Kreuzesinschrift INRI erkennbar, die auf die Version der Vulgata „Iesus Nazarenus Rex Iudaeorum" (Io 19,19 Vulgata) zurückgeht, in der Jesus von Nazaret als König der Juden bezeichnet wird. Das dunkelbärtige Haupt Jesu ist mit einer Dornenkrone umgeben, die ihn als König verspotten soll (vgl. Joh 19,2), aber dennoch auf sein wahres „Königtum" verweist, das „nicht von dieser Welt" ist (Joh 18,36). Im Unterschied zur etwas dunkleren Gestalt des guten Schächers ist der an Händen und Füßen ans Kreuz genagelte Christus ganz in Licht getaucht. Von Jesus geht ein intensives Licht aus, das eine Gloriole um sein dornengekröntes Haupt bildet und seine untere Gesichtshälfte mit dem Hals verschattet. Eine weitere, von links unten kommende Lichtquelle lässt die Muskulatur des Torsos und des linken Armes des Erlösers plastisch hervortreten. Im Gegensatz zur Dynamik des guten Schächers, der sich in seiner entscheidenden Lebenswende voller Hoffnung aufbäumt, ist Jesus bereits im Sterben begriffen. Obwohl er seinen Körper bereits dem Todesleiden überlassen hat, kann er noch sein Haupt dem guten Schächer zuneigen, um ihm die erlösenden Worte zu sagen: „Heute noch wirst du mit mir im Paradies sein" (Lk 23,43).[20]

Der Lobgesang Simeons im Tempel

2. Februar – Darstellung des Herrn. Evangelium: Lk 2,22–40

„Simeon nahm das Kind in seine Arme und pries Gott."
Lk 2,28

Am 2. Februar beginnt mit dem Fest der Darstellung des Herrn die Reihe der Herrenfeste. Vierzig Tage nach dem Geburtsfest Christi am 25. Dezember feiert die Kirche am 2. Februar das Ereignis, wie Josef und Maria das Jesuskind in den Jerusalemer Tempel bringen und es dort von Simeon und Hanna als der künftige Heiland erkannt wird.

Mit ihrem Tempelgang wollten die Eltern Jesus als den Erstgeborenen Gott darbringen (vgl. Lk 2,22–23), da in Erinnerung an die Verschonung der Erstgeburt Israels vor dem Auszug aus Ägypten jede männliche Erstgeburt Gott gehörte (vgl. Ex 13,1–2.14–15). Da Maria zudem als Wöchnerin nach der Geburt vierzig Tage als kultisch unrein galt, war für die Mutter Jesu auch der Zeitpunkt der Reinigung gekommen (vgl. Lk 2,22), die mit dem Opfer eines einjährigen Lammes oder bei Armut mit ein paar Turteltauben oder zwei jungen Tauben erfolgte (vgl. Lev 12,1–8; Lk 2,22.24).[1] Als Jesus in den Tempel gebracht wurde, erblickte der greise Simeon in dem Kind den verheißenen Messias. Der fromme und gerechte Simeon wartete auf die Rettung Israels und hatte im Heiligen Geist erkannt, er werde erst dann sterben, wenn er zuvor den Messias gesehen habe (vgl. Lk 2,25–27). So „nahm Simeon das Kind in seine Arme und pries Gott mit den Worten: Nun lässt du, Herr, deinen Knecht, wie du gesagt hast, in Frieden scheiden. Denn meine Augen haben das Heil gesehen, das du vor allen Völkern bereitet hast, ein Licht, das die Heiden erleuchtet, und Herrlichkeit für dein Volk Israel" (Lk 2,28–32). Zusammen mit Simeon bezeugte auch die Witwe und geistbegabte Prophetin Hanna das Jesuskind als künftigen Erlöser (vgl. Lk 2,36–38).

Rembrandt, Die Lobpreisung Simeons, 1631, Öl auf Holz, 60,9 × 47,8 cm, Den Haag, Mauritshuis.

MIT DEM THEMA DES LOBPREISENDEN SIMEON hatte sich der calvinistische Maler Rembrandt Harmenszoon van Rijn (1606–1669) in seinem künstlerischen Leben mehrmals beschäftigt.[2] Nachdem er ab 1622 in seiner niederländischen Heimatstadt Leiden die Malerei mit der Helldunkelmanier Caravaggios (1571–1610) gelernt hatte, schuf er dort 1631 sein erstes Gemälde mit dem Lobpreis des Simeon. Noch im gleichen Jahr ließ sich Rembrandt in Amsterdam nieder, wo er sich 1634 mit der aristokratischen Saskia Uylenburgh (1612–1642) verheiratete und zum führenden Maler aufstieg. Als er ab den vierziger Jahren zunehmend in finanzielle Nöte geriet, weil das Helldunkel seiner Gemälde nicht mehr dem Zeitgeschmack entsprach, musste er 1656 in Konkurs gehen. Sein letztes Gemälde, über dem er am 4. Oktober 1669 als verarmter Maler starb, zeigt erneut den greisen Simeon mit dem Jesuskind auf seinen Armen.[3]

Zu den bedeutendsten Werken des jungen Rembrandt gehört das 1631 entstandene, etwa einen halben Meter breite Tafelbild mit dem Lobgesang des Simeon. Wie die Signatur „RHL 1631" zeigt, die für „Rembrandt Harmenszoon" und „Leiden" steht und das Schaffensjahr angibt, malte Rembrandt das Bild noch in Leiden vor seinem Umzug nach Amsterdam.[4] Als sich das Bild im 18. Jahrhundert in der Sammlung des niederländischen Statthalters befand, bekam es abgerundete Ecken und einen 13 Zentimeter hohen Aufsatz, um es zum Gegenstück eines von Gerard Dou (1613–1675) geschaffenen Gemäldes einer jungen Mutter zu machen, das sich in der gleichen Kollektion befand. Wie die zahlreichen, bereits mit Willem de Poorter (1608–1668) einsetzenden Kopien zeigen, erfreute sich Rembrandts Gemälde, das sich heute im Mauritshuis in Den Haag befindet, großer Popularität.[5]

Der Lobgesang Simeons findet in einem kolossalen und mit barockisierten, zeitgenössischen Baugliedern vorgestellten Innenraum statt. Der prächtige, für den Jerusalemer Tempel stehende Bau besitzt zur linken Seite hin einen Hauptraum, der an das Seitenschiff einer Kirche oder an drei Segmente eines phantastischen Zentralbaupolygons erinnert. Mächtige Pfeiler, die das hohe Gewölbe tragen, und starke Bögen bilden drei erhöhte, mit kostbaren Vorhängen verkleidete Nischen, die den Raum nach hinten abschließen. Mit Säulenschmuck, Altären, Kultgeräten und aufblinkenden Schmuckdetails ist der Tempel prächtig geschmückt. Auf der rechten Seite wird das Gebäude durch eine Art Chorapsis abgeschlossen. Nach oben hin verliert sich der ganze Raum in verschattete Dämmerung. Im Vordergrund ist der Fußboden des Hauptraumes zu sehen, auf dessen Steinplatten die rückenansichtig gezeigte Prophetin Hanna steht. Sie blickt auf Simeon mit dem Kind und auf Maria und Josef, die sich auf einer podestartigen Steinbodenfläche befinden. Hinter dieser Hauptgruppe führen rechts breite Stufen in die Chorapsis hinauf, wo unter einem riesenhaften, dunklen Baldachin der erhöhte Thron des Hohenpriesters steht. Der Tempel und die Gewänder sind in phantasiehaft orientalisierender Weise ausgeführt, zeigen zum Teil aber auch zeitgenössische Formen. So schaffen der Schauplatz und die Figuren einen theatralisch wirkenden Rahmen, der zur Zeit Rembrandts als Transposition in entfernte Vergangenheit empfunden wurde.[6] Im Unterschied zur apokryphen Tradition, die Simeon zu einem Priester machte, sah Rembrandt, dem biblischen Bericht folgend, in ihm einen frommen Laien und ließ deshalb die Begegnung mit dem Jesuskind nicht vor dem Altar, sondern inmitten des Tempels stattfinden.[7]

Die Bildregie erfolgt durch das Helldunkel, in das auch die Farbgebung eingebunden ist. Durch braune, schwarze und gelbe Farben, die mit grauen oder bläulichen Tönen gemischt sind, wird die ganze Bildfläche differenziert. Aus diesem dämmrigen Farbklima sticht die vom Licht getroffene Hauptgruppe um Simeon deutlich hervor. Während das von links oben einfallende Licht die Hauptfiguren direkt beleuchtet, bleibt der übrige Raum weitgehend verschattet und wird nur von vereinzeltem Streulicht erfüllt. Das helle Licht, in das der lobpreisende Simeon getaucht ist, wird zum Sinnbild für die sich öffnende göttliche Welt, die mit dem Kommen des Messias hereingebrochen ist.[8]

Der Tempel ist von zahlreichen Menschen bevölkert, die vor allem auf der Treppe versammelt sind, die zum hohepriesterlichen Thron hinaufführt. Sie können zwar die Worte Simeons nicht hören, sind aber durch sein auch aus der Ferne sichtbares merkwürdiges Handeln zusammengeströmt und reagieren nun auf verschiedene Weise. So lässt sich ganz hinten vor dem letzten Pfeiler schemenhaft eine betende Gestalt erkennen, während sich davor eine andere, mit einem Mantel bekleidete Figur entfernt. Am linken Bildrand bewegen sich zwei miteinander sprechende Männer zur Mitte des Tempels hin. Am Fuß der Treppe steht ein Mann, der ein aufgeschlagenes Buch in den Händen hält. Während er in der Heiligen Schrift gelesen hat, ist er auf das Tun Simeons aufmerksam geworden und scheint nun in der Bibel nach einer Stelle zu suchen, um die Szene, die sich vor ihm abspielt, zu deuten. In der rechten unteren Ecke sitzt ein alter Mann auf einem Stuhl. Er blickt nachdenklich vor sich hin und hört einem jüngeren Mann rechts neben ihm zu, der ihm wohl eine Frage gestellt hat, die sich sicherlich auf das Geschehen in der Bildmitte bezieht. Auf der Treppe gehen zwei miteinander sprechende Frauen herab, die vielleicht deshalb hinuntersteigen, weil der lobpreisende Simeon bereits ihre Beachtung gefunden hat. Ebenso knien auf der Treppe einige Personen, während sich andere um den thronenden Hohenpriester scharen, der zu beiden Seiten von einem Buchträger und einem Diener mit einem hohen Stab umgeben wird. Der in seiner dunklen Umgebung nur schwer erkennbare Hohepriester trägt eine zweigeteilte Mütze, ist mit einem verschatteten, weißen Gewand bekleidet und blickt auf die Szene in der Mitte des Tem-

Rembrandt, Die Lobpreisung Simeons

pels herab. Die besinnlich sprechenden, die Schrift studierenden knienden und betenden Menschen gehören zum Schauplatz des Tempels, bieten aber auch periphere und nähere Bezugsmöglichkeiten auf das Handeln Simeons, das im Mittelpunkt steht und dem alles untergeordnet ist.[9]

Zu den Menschen im Tempel, die den Lobpreis Simeons nicht nur aus der Ferne sehen, sondern auch aus der Nähe hören können, gehören drei Männer in grauen Kaftanen, die direkt um Simeon herum stehen. Während hinter ihm eine gebückte, dunkle Figur mit Turban angedeutet ist, wenden sich die beiden anderen direkt dem Geschehen zu. Die Männer können nur durch die gehörten Worte Simeons zur näheren Betrachtung des Kindes veranlasst worden sein. Während der rechte Mann prüfend auf das Kind herabschaut, hat der linke, ältere Mann mit der hohen Mütze gerade den Lobpreis vernommen und kommt nun mit seinem weit vorgestellten Gehstock heran. Ohne bereits etwas Bestimmtes zu fixieren, hat er seine Augen wie beim Suchen geweitet und schiebt sich nun an dem vor ihm Stehenden vorbei, der ihm noch den Blick verstellt. Direkt links neben seiner rechten Hand, mit der er den Stock ergriffen hat, ist in etwas weiterem Abstand ein Mann zu sehen, der mit hochgerecktem Kopf und offenem Mund zu erspähen versucht, was sich da vorne abspielt.[10]

Die Hauptgruppe ist von allen anderen Figuren abgegrenzt, so dass um die Figurengruppe mit Simeon ein Raum frei bleibt und andere Personen sich erst in einem gewissen Abstand formieren, wie auch die eben erst hinzugekommenen, grau gekleideten Männer zeigen. Da die Hauptgruppe zum Betrachter hin geöffnet ist, kann auch dieser zusammen mit den umstehenden Figuren auf die Hauptgruppe blicken. Der Steinboden mit seinen zum unteren Bildrand fluchtenden Fugen scheint sich dem Betrachter so entgegenzuschieben, als könne er ihn unmittelbar begehen und zum Geschehen in der Mitte hinzutreten. Durch die tiefgelegte Augenhöhe wird die Hauptgruppe erhöht, so dass sich der kniende Simeon nicht von oben herab sehen lässt, sondern nur, indem man sich vom unteren Bildrand her annähert. Zudem wird die Mittelgruppe durch einen etwas vergrößerten Figurenmaßstab, durch scharfe Konturen, Helligkeitskontraste, Buntfarbigkeit und das plastisch formende Spiel von Licht und Schatten hervorgehoben, während die übrigen Figuren sich in ihrer Helligkeit weitgehend dem Hintergrund angleichen, wenig scharf umrissen sind und nur dunkle Farbtöne aufweisen.[11]

Der alte, ergraute Simeon ist die hellste Gestalt des ganzen Bildes. In einem rötlichen, goldverzierten und samtweichen Brokatmantel kniet Simeon auf der hellen Steinbodenfläche. Er umfasst mit seinen Händen das Jesuskind, das in ein helles, rötlich-braunes Steckkissen gebettet ist. Dabei hat er sein Gesicht und seinen Blick nach oben gewendet und den Mund zum Sprechen geöffnet. Die Richtung, in der er spricht, zeigt, dass sich seine Worte nicht an das Kind oder an Maria, sondern an Gott richten, den er wegen der Gnade, den Messias gesehen zu haben, voll Freude preist: „Nun lässt du, Herr, deinen Knecht, wie du gesagt hast, in Frieden scheiden. Denn meine Augen haben das Heil gesehen, das du vor allen Völkern bereitet hast, ein Licht, das die Heiden erleuchtet, und Herrlichkeit für dein Volk Israel" (Lk 2,29–32).[12] Nach Michael Bockemühl (1943–2009) liegt „im Umfangen des Kindes, in der Drehung seiner halbknienden Haltung und in dem beim Aufblick zurückgeworfenen Haar" etwas „Schwungvoll-Beglücktes".[13] Das Knien, das Halten des Kindes und das Aufblicken gehen ganz in Simeons lobpreisendem Sprechen auf. Sein ganzes Tun entspricht dem Inhalt seiner Worte und bringt seine Gotteszuwendung und seine Erlösung durch das messianische Kind zum Ausdruck. So ist die biblische Schilderung in jenem Augenblick festgehalten, als Simeon seinen Lobpreis auf die Erlösung spricht und die Umstehenden darauf reagieren. Es geht um die dramatische Darstellung der größten Veränderung in der biblischen Erzählung, wie sie dem greisen Simeon bei der Darstellung Jesu im Tempel zuteilgeworden ist. Im Unterschied zur damaligen Kunsttheorie, die in der Darstellung des unmittelbaren Augenblicks vor dem Höhepunkt den fruchtbaren Moment für eine Bildszene sah, schilderte Rembrandt die höchste Entfaltung selbst, die sich in der dramatischen Wende des Lobpreises Simeons vollzieht und als gegenwärtiges Geschehen auch den Betrachter zum Zeugen macht.[14]

Wie Simeon kniet auch Maria im Licht, die mit ihren langen blonden Haaren und ihrem hellblauen Gewand ebenfalls aus dem Bild herausleuchtet. Die Freude Simeons teilt sich auch der Mutter Jesu mit, die zu ihrem Kind in den Händen des alten, frommen Mannes hinüberblickt. Maria hat ihre Hände staunend an die Brust gelegt, während sie den frohen Lobpreis Gottes hört. Simeons ernste Worte, die von der bevorstehenden Passion ihres göttlichen Sohnes und ihrem eigenen Mitleiden sprechen (vgl. Lk 2,34–35), haben sie noch nicht getroffen.[15]

Links neben Maria kniet der bereits verschattet wiedergegebene Josef, der mit besinnlicher Miene auf Simeon und das Kind blickt.[16] Er ist von dem Geschehen offenbar so sehr eingenommen, dass er die zwei für das Reinigungsopfer Marias vorgeschriebenen Tauben (vgl. Lk 2,22.24) etwas gedankenverloren in seiner rechten Hand hält.

Simeon gegenüber steht mit erhobener Hand die Prophetin Hanna, die nach dem Lukasevangelium eine Witwe von 84 Jahren war und im Tempel Gott unablässig mit Fasten und Beten diente (vgl. Lk 2,36–37). Sie steht mit dem Rücken zur Lichtquelle und trägt schwere, kostbare violette Gewänder, wobei an ihrem Schleier auch grüne Farbakzente zu sehen sind. Obwohl sie nach der biblischen Erzählung erst nach Simeons Lobpreis und seinen Worten an Maria dazugekommen war (vgl. Lk 2,38), ist sie auf dem Bild jetzt schon hinzugetreten, ohne aber zu sprechen. Sie lobpreist Gott noch nicht und spricht auch noch nicht über das Kind und die Erlösung Jerusalems (vgl. Lk 2,38). Hanna begleitet Simeons Lobpreis mit einer großen, freudig staunenden Handgebärde, um das Kind zu begrüßen, in dem sie kraft ihrer prophetischen Gabe ebenfalls den verheißenen Messias erkannt hat.[17]

Das Jesuskind selbst ist von einem hellen, goldgelben Strahlenkranz umgeben, der zeigt, dass Simeon, aber auch Hanna gerade das verborgene Geheimnis Christi erkennen. Wie so oft in Rembrandts Werken geht es auch bei dieser Lichtstrahlung darum, einen Augenblick anschaulich zu machen, in dem Menschen in der Knechtsgestalt Jesu die göttliche Herrlichkeit aufzuleuchten vermag.[18] So wird das Bild nicht nur durch das von links oben einfallende Licht beleuchtet, sondern letztlich durch das Jesuskind selbst, das von Simeon als „Licht, das die Heiden erleuchtet" (Lk 2,32), gepriesen wird. Dabei schaut das Kind nicht auf Simeon oder seine Mutter, sondern sucht den Blick des Betrachters, damit auch dieser zur Erkenntnis des menschgewordenen Gottessohnes gelangt, so wie die durch ihren Glauben selige Gottesmutter (vgl. Lk 1,45) und wie Simeon und Hanna.

Josef, der Zimmermann

19. März – Hochfest des hl. Josef. Evangelium: Mt 1,16.18–21.24a

„Josef tat, was der Engel des Herrn ihm befohlen hatte."
Mt 1,24

In der lateinischen Kirche wurde der hl. Josef als Bräutigam der Gottesmutter Maria besonders ab dem 13. Jahrhundert verehrt, vor allem bei den Franziskanern, die 1399 das Josefsfest in ihrem Orden einführten. Während der französische Kardinal Pierre d'Ailly (1350–1425) dem hl. Josef einen eigenen Traktat widmete, würdigte sein Nachfolger als Kanzler an der Pariser Universität, Jean Gerson (1363–1429), den Bräutigam Marias 1418 mit den „Josephina" auf poetische Weise. Auf dem Konzil von Konstanz machten die beiden Theologen sogar den Vorschlag, Josef den Aposteln gleichzustellen.[1] Nachdem 1414 das Fest des hl. Josef für die Kirche in Frankreich gestattet wurde, erhob 1621 Gregor XV. (reg. 1621–1623) das Josefsfest zum Feiertag und legte es auf den 19. März.[2] Schließlich wurde der hl. Josef 1870 durch Papst Pius IX. (reg. 1846–1878) zum Schutzpatron der Kirche erhoben.

Im Festtagsevangelium wird berichtet, wie Josef im Traum durch den Engel darüber aufgeklärt wurde, dass das Kind, das seine Verlobte Maria erwartete, vom Heiligen Geist empfangen wurde (vgl. Mt 1,18.20). Josef sollte Maria und ihr göttliches Kind zu sich nehmen und ihm als künftigem Erlöser Israels den Namen Jesus geben (vgl. Mt 1,20–21). Als Josef aus dem Traum erwachte, „tat er, was der Engel des Herrn ihm befohlen hatte" (Mt 1,24a). Zu diesem Tun gehörte auch, dass Josef für Maria und Jesus durch sein Handwerk als Zimmermann (vgl. Mt 13,55) sorgte. Als 1955 Papst Pius XII. (reg. 1939–1958) den hl. Josef zum Patron der Arbeiter erhob, stellte er ihn den arbeitenden Menschen als Handwerker vor Augen, der durch seiner Hände Arbeit die Heilige Familie in Nazaret so treu ernährt hatte.

DAS ZIMMERMANNSHANDWERK DES JOSEF inspirierte um 1425/28 auch den Meister von Flémalle, in dessen Werkstatt das Mérode-Triptychon entstand, das den damals in Frankreich stark verehrten Nährvater Jesu auf der rechten Seitentafel in seiner Werkstatt darstellt. Das Retabel zeigt im Mittelbild die Verkündigung Marias durch den Erzengel Gabriel und auf der linken Tafel das Stifterpaar. Während sich die Verkündigung in einem steinernen Haus ereignet und mit der linken Stiftertafel durch eine weit geöffnete Tür verbunden ist, gehört der auf dem rechten Flügel in seiner Werkstatt vorgestellte Josef nicht zum Steingebäude der Mitteltafel.[3]

Der Mérode-Altar zählt zu den berühmtesten Werken der altniederländischen Malerei und wirft bis heute Fragen zu seiner Entstehung, zum Maler, zum Stifter und zur Deutung des auf den drei Tafeln dargestellten verborgenen Symbolismus (disguised symbolism) auf.[4] Das Altarretabel wurde um 1820 durch Prinz Pierre d'Arenberg (1790–1877) in Brügge gekauft und an seine Tochter Marie-Nicolette d'Arenberg (1830–1905) vererbt, die 1849 den Grafen Charles de Mérode (1824–1892) heiratete, wodurch das Triptychon in den Besitz der belgischen Adelsfamilie Mérode kam und seinen bis heute gebräuchlichen Namen erhielt. Nachdem das Retabel als Hausaltar in der Familienkapelle gedient hatte, wurde es von den Mérodes an die Grafenfamilie de Grunne verkauft, von der es 1956 das New Yorker Metropolitan Museum of Art erwarb, das es in seine Cloisters Collection aufnahm.[5]

Mit Stephan Kemperdick[6] lässt sich im Blick auf die komplexe Entstehungsgeschichte festhalten,[7] dass nach dem Vorbild eines im Königlichen Museum in Brüssel aufbewahrten Verkündigungsbildes ab 1425 von einem Maler der Flémalle-Werkstatt die Mitteltafel mit goldenem Himmel in den Fenstern ausgeführt wurde. Etwas später dürften die beiden wohl durch zwei verschiedene Maler geschaffenen Seitenflügel hinzugefügt worden sein, die gegenüber der Mitteltafel auch unterschiedliche Horizonthöhen und Figurenmaßstäbe aufweisen. Bei den Seitentafeln war im Unterschied zum Verkündigungsbild auch kein Goldgrund mehr vorgesehen. Den Auftrag zu dieser Erweiterung gab der auf dem linken Flügel zunächst noch als Einzelfigur dargestellte Stifter, der damals noch unverheiratet war. Während die Ausführung des linken Stifterflügels an die im Frankfurter Städel-Museum aufbewahrten Flémaller Tafeln mit der stillenden Gottesmutter, der hl. Veronika und dem Gnadenstuhl erinnern, lässt sich der für den rechten Josefsflügel verantwortliche Künstler mit dem Meister der in Dijon im Musée des Beaux-Arts aufbewahrten Tafel mit der Geburt Christi in Verbindung bringen. Die neben dem Stifter kniende Ehefrau dürfte spätestens im Verlauf der 1430er Jahre durch den gleichen Maler hinzugefügt worden sein.[8] Vielleicht gehörte der dargestellte Stifter zum Kölner Patriziergeschlecht der Engelbrecht, das auch in Mecheln als Familie Inghelbrechts oder Ymbrechts verzweigt war, worauf die Figur des Boten verweist, der das Mechelner Stadtwappen trägt und gleichzeitig mit der Frau in den Stifterflügel hinzugemalt wurde.[9] Wie das nachträglich auf der Mitteltafel im hinteren Fenster auf der linken Seite anstelle des Goldgrundes ein-

Meister von Flémalle, Josef in der Werkstatt, rechter Seitenflügel des Mérode-Triptychons, um 1425/28, Öl auf Holz, 64,5 × 27,3 cm, New York, The Metropolitan Museum of Art.

gefügte Wappen zeigt, befand sich das Altarretabel dann im weiteren Verlauf des 15. Jahrhunderts tatsächlich im Besitz dieser Familie.[10]

Auf der rechten Seitentafel des um 1425/28 entstandenen Mérode-Triptychons ist der hl. Josef dargestellt, wie er in seiner Werkstatt dem Beruf eines Schreiners nachgeht und feine Holzarbeiten ausführt. Das biblische Zeugnis, das den Nährvater Jesu als Zimmermann und damit als Bauhandwerker schildert (vgl. Mt 13,55), wurde im Mérode-Altar in ein zeitgemäßes handwerkliches Genre überführt. Die prominente und für die damalige Zeit ungewohnte Darstellung Josefs als alleinige Heiligenfigur auf einem Altarflügel zeigt eindrucksvoll die zu Beginn des 15. Jahrhunderts vor allem im französischen Raum aufblühende Verehrung des Nährvaters Jesu.[11] Die zahlreichen Schreinerutensilien, die auf dem Josefsflügel zu sehen sind, finden sich auch in dem 1418 verfassten Gedicht „Josephina", in dem Jean Gerson ausdrücklich Axt, Säge, Stechbeitel, Hobel und Bohrer als Werkzeuge Josefs erwähnte.[12] Während der an seiner Werkbank arbeitende Nährvater Jesu bereits in Darstellungen der Heiligen Familie präsent war, gab es eine Zusammenstellung Josefs mit der Verkündigung, wie sie das Mérode-Triptychon zeigt, noch nicht.[13]

Die Trennung zwischen der hölzernen Werkstatt des Josef und dem aus Stein gebauten Zimmer, in dem sich die Menschwerdung des Sohnes Gottes ereignet, erinnert an die apokryphe Überlieferung, wonach der alte Witwer Josef nach seiner Verlobung mit der zwölfjährigen Tempeljungfrau Maria in Jerusalem nach Betlehem zurückgegangen war, um dort das künftige Zuhause vorzubereiten, während Maria nach Nazaret heimgekehrt war, wo ihr dann der Engel Gabriel die Verkündigung brachte.[14] So zeigt die Trennung der beiden Räume, dass Josef an dem durch den Heiligen Geist bewirkten Wunder der Menschwerdung des Sohnes Gottes nicht beteiligt war.[15]

Der Blick fällt in einen Innenraum, bei dem die Fugen des Fliesenbodens und die Holzbalken der Decke auf einen links außerhalb der Tafel liegenden Fluchtpunkt zustreben. Nach rechts wird der ganz aus Holz gezimmerte Innenraum der Werkstatt durch eine Wand abgeschlossen, auf der sich durch den schräg gestellten Fensterladen ein reiches Spiel von Schatten und Licht abzeichnet. An der Fensterwand sind die hölzernen Läden nach innen hochgeklappt, wo sie an der Decke mit Holzhaken befestigt sind. Das durch die geöffneten Fenster hereinfallende Licht ruft auf den verschiedenen Gegenständen Schattenwirkungen hervor. Die Gestalt des Josef und einige andere Gegenstände im Vordergrund werden von einer zweiten, vom Altar herkommenden Lichtquelle beleuchtet. Beim mittleren Fenster ist die Ladenauslage, auf der eine Mausefalle steht, nach außen geklappt. Durch die geöffneten Fenster fällt der Blick auf eine Stadtansicht mit einem weiten Platz, auf dem sich einige Menschen bewegen. Wie in Josefs Werkstatt sind auch auf der gegenüberliegenden Seite des

Marktplatzes ähnliche Handwerkerauslagen zu sehen, an denen interessierte Passanten vorübergehen.[16]

Josef sitzt auf einer langen Holzbank, deren Lehne auf Kopfhöhe mit einem Holzgitter abschließt. Der als alter, weißbärtiger Mann gekennzeichnete Josef trägt eine dunkelblaue, turbanartige Kopfbedeckung und ein pflaumenblaues Gewand, aus dem an den Ärmeln die Stulpen eines roten Hemdes hervorragen. Josef sitzt nach links gewendet auf der Bank, wobei er sein linkes Bein vor die Werkbank gesetzt hat, während sich sein rechtes Knie unter dem Arbeitstisch befindet. Obwohl er seine Beine nach links gewendet hat, ist Josef mit seinem Oberkörper ganz zum Betrachter hin ausgerichtet, der ihm bei seiner Arbeit zuschauen kann.[17]

Um Josef liegen griffbereit auf dem Boden und auf der Werkbank verschiedene Schreinerwerkzeuge. Er ist gerade voller Konzentration dabei, mit einem Handbohrer Löcher in ein flaches, rechteckiges Holzbrett zu bohren.[18] Die Bohrlöcher werden auch räumlich erfahrbar, da sich in ihrem oberen Rund das von links einfallende Licht fängt und die Farbintensität mit zunehmender Lochtiefe größer wird.[19] Das verschiedentlich gedeutete Holzbrett, das Josef mit seinem Drehbohrer bearbeitet, soll nach Jochen Sander vermutlich „der Deckel eines Holzkastens werden, der mit einer Schale mit glühenden Kohlen gefüllt wurde, um im Winter behagliche Wärme zu verbreiten"[20].

Am unteren Bildrand liegen am Boden weitere Gegenstände. Links ist ein kleiner Holzschemel zu sehen, an den eine lange Säge gelehnt ist. Rechts liegt ein glatter Stock auf einem Holzscheit, in das ein Beil eingeschlagen ist. Um den Holzklotz herum liegen einige Späne, die durch das Löcherbohren angefallen sind.[21] Nach Felix Thürlemann sind die für Josef bereitliegenden Werkzeuge Axt, Säge und Holzstock Träger einer symbolischen Botschaft. Demnach erinnern die Arbeitsgeräte an den Propheten Jesaja, der den Assyrerkönig vor einer selbstherrlichen Erhebung gegen Gott warnte und dabei die drei angesprochenen Werkzeuge anführte, die ganz dienstfertig sind und sich nicht gegenüber demjenigen rühmen, der sie gebraucht: „Prahlt denn die Axt gegenüber dem, der mit ihr hackt, oder brüstet die Säge sich vor dem, der mit ihr sägt? Das wäre, wie wenn der Stock den Mann schwingt, der ihn hochhebt, oder wie wenn der Knüppel den hochhebt, der nicht aus Holz ist" (Jes 10,15). Die von Jesaja erwähnten dienstfertigen Werkzeuge scheinen vom Gehorsam des Menschen gegenüber Gott zu sprechen[22] und verweisen damit auf Maria und Josef, die sich ganz für den göttlichen Heilsplan geöffnet hatten. Wie Maria bei der Verkündigung des Engels der Menschwerdung des Sohnes Gottes zustimmte (vgl. Lk 1,38), so tat auch Josef, was Gott ihm durch den Engel befohlen hatte, und nahm seine Frau zu sich, um Maria und ihrem göttlichen Kind zu dienen (vgl. Mt 1,24).

Auf der Werkbank liegen vor Josef ein Bohrer, eine Schale mit Nägeln, ein Holzmeißel, ein Hammer, eine Zange, ein Schabmesser und Nägel. Neben diesen Werkzeugen und einigen Holzspänen steht auf dem Tisch auch eine bereits fertiggestellte Mausefalle von offenbar neuerer Machart. Eine zweite, im älteren Blocktyp angefertigte Mausefalle ist auf der nach außen geklappten Ladenauslage des mittleren Fensters zu sehen.[23] Der aus Litauen stammende amerikanische Kunsthistoriker Meyer Schapiro (1904–1996) hatte 1945 die von Josef hergestellten Mausefallen überzeugend als Sinnbild für die Erlösung gedeutet und konnte sich dabei auf Augustinus (354–430) berufen, der Christus als Mausefalle für den Teufel bezeichnet hatte.[24] Augustinus legte in einer Predigt über die Auferstehung dar, wie sich der Teufel über den Tod Jesu gefreut habe und dabei in die Falle getappt sei, denn Christus habe durch seine Menschwerdung und seinen Kreuzestod den Teufel angelockt und ihm dabei seine wahre göttliche Natur verborgen: „Die Mausefalle des Teufels (muscipula diaboli) ist das Kreuz des Herrn (crux Domini); der Köder, durch den er gefangen wurde (esca qua caperetur), ist der Tod des Herrn (mors Domini)."[25] Wie Christus durch seinen Kreuzestod den Teufel als Feind der Menschen gefangen hat, so fertigt Josef Fallen an, um Mäuse als Schädlinge zu fangen. Während Jesus durch seine Menschwerdung und seine vermeintliche Niederlage am Kreuz den Teufel angelockt hat, so stellt Josef die von ihm angefertigten Mausefallen als Werbemittel und Berufsemblem auf die Ladenauslage, um die Laufkundschaft auf dem Platz vor seiner Werkstatt anzulocken. Wie der Teufel durch die menschliche Knechtsgestalt und den Verbrechertod Jesu in die Irre geführt wurde, so sei schon zuvor der Teufel über die wahre göttliche Natur Christi getäuscht worden, weil er in Josef und Maria ein ganz normales Ehepaar gesehen habe. Nach Hieronymus (347–420) sei der Sohn Gottes gerade deshalb von der Verlobten des Josef empfangen worden (vgl. Mt 1,18), damit der Teufel glaube, Jesus sei von einer verheirateten Frau und nicht auf wunderbare und geistgewirkte Weise von der durch Jesaja angekündigten Jungfrau (vgl. Jes 7,14) geboren worden.[26]

Neben diesen symbolischen Aspekten ist es der arbeitende und damit für Maria und ihr göttliches Kind sorgende Josef, der im Mittelpunkt des Bildes steht. Unter dem Einfluss der franziskanischen Spiritualität wurde ab der Mitte des 14. Jahrhunderts Josef nicht mehr als passiv-nachdenkliche Gestalt gezeigt, sondern als tätiger Mann, der trotz seines Alters weltliche Arbeiten für Maria und Jesus verrichtet. Die lebensnahen Details der Josefsdarstellungen, zu denen auch das Arbeiten als Schreiner an der Werkbank gehörte, sollten die Berichte der Evangelien auf bildhafte Weise mit der Lebenswelt der Gläubigen verbinden, um die heilsgeschichtliche Aufgabe des Nährvaters Jesu miterleben zu können.[27] Josef sollte den Gläubigen als der gehorsame (vgl. Mt 1,24), treue und kluge Knecht vor Augen gestellt werden, der sich mit seiner Handwerksarbeit ganz um die Heilige Familie gesorgt hat, denn nur um der Gottesmutter und ihrem göttlichen Kind zu dienen, habe sich Josef mit Maria vermählt.[28]

Die Inkarnation des Sohnes Gottes

25. März – Verkündigung des Herrn. Evangelium: Lk 1,26–38

*„Der Engel trat bei ihr ein und sagte:
Sei gegrüßt, du Begnadete, der Herr ist mit dir."
Lk 1,28*

Am 25. März, dem Hochfest der Verkündigung des Herrn, feiert die Kirche die Menschwerdung des Sohnes Gottes. Das Festtagsevangelium schildert das Ereignis der Inkarnation mit dem Besuch des Erzengels Gabriel bei der begnadeten Jungfrau Maria in Nazaret. Der in der Fülle der Zeit (vgl. Gal 4,4) zu Maria gesandte Engel verkündete ihr, die Mutter des Sohnes Gottes, des verheißenen Messias, zu werden: „Sei gegrüßt, du Begnadete, der Herr ist mit dir. […] Fürchte dich nicht, Maria; denn du hast bei Gott Gnade gefunden. Du wirst ein Kind empfangen, einen Sohn wirst du gebären; dem sollst du den Namen Jesus geben. Er wird groß sein und Sohn des Höchsten genannt werden. Gott, der Herr, wird ihm den Thron seines Vaters David geben. Er wird über das Haus Jakob herrschen und seine Herrschaft wird kein Ende haben. […] Der Heilige Geist wird über dich kommen, und die Kraft des Höchsten wird dich überschatten. Deshalb wird auch das Kind heilig und Sohn Gottes genannt werden" (Lk 1,28.30–33.35). Als Maria ihre Zustimmung gab mit den Worten: „Ich bin die Magd des Herrn; mir geschehe, wie du es gesagt hast" (Lk 1,38), wurde der Sohn Gottes durch das Wirken des Heiligen Geistes in ihr Mensch.

Die seit der frühchristlichen Kunst dargestellte Verkündigung des Engels an Maria erfreute sich in der Kunst der italienischen Renaissance großer Beliebtheit, wie ein um 1503/06 entstandenes Altarbild des Piero di Cosimo (1462–1521) zeigt, auf dem das Mysterium der Inkarnation in einer einzigartigen Bildfindung dargestellt wurde.

Piero di Cosimo war Sohn eines Florentiner Goldschmieds und hieß eigentlich Piero di Lorenzo Ubaldini. Seinen Namen erhielt er nach seinem Lehrer Cosimo

Rosselli (1439–1507), mit dem er 1481/82 in der Sixtinischen Kapelle bei der Ausführung der Fresken der Bergpredigt und des Durchzugs durch das Rote Meer zusammenarbeitete. Piero di Cosimo verwendete im Unterschied zu seinen Florentiner Malerkollegen warme Farben, schuf genau beobachtete Naturdarstellungen und schulte sich am Figurenstil und an der Licht- und Schattengebung Leonardo da Vincis (1452–1519). Der von Giorgio Vasari (1511–1574) als exzentrisch, weltflüchtig und melancholisch geschilderte Piero di Cosimo zeichnete sich durch eine Reihe unkonventioneller Bilder mit extravaganten Bildfindungen aus. Trotz seiner angeblichen Eigenheiten wurde Piero di Cosimo von den mächtigsten Florentiner Patrizierfamilien beauftragt und muss durchaus geschäftstüchtig gewesen sein. Zu den außergewöhnlichen Werken des Meisters zählt neben mythologischen Darstellungen auch das Gemälde mit der Menschwerdung Christi.[1]

Nach Vasari schuf Piero di Cosimo das Gemälde mit der Menschwerdung Christi für die Familienkapelle der Tedaldi in der Florentiner Servitenkirche Santissima Annunziata.[2] Die dem Festgeheimnis Mariä Verkündigung und damit dem Inkarnationsmysterium gewidmete Kirche war 1250 durch den Orden der Diener Marias (Ordo Servorum Mariae) gegründet worden, der sich 1233 aus einem Zusammenschluss von sieben Florentiner Kaufleuten gebildet hatte. Nachdem der seit 1267 als Generalsuperior amtierende Filippo Benizi (1233–1285) der Gemeinschaft neue Satzungen gegeben und einen Frauenzweig begründet hatte, wurde der Orden 1304 päpstlich bestätigt. Die seit 1444 im Stil der Frührenaissance umgestaltete und 1516 geweihte Klosterkirche Santissima Annunziata wurde für die Gläubigen der Stadt zu einem Zentrum marianischer Frömmigkeit.[3] Das Hochfest Mariä Verkündigung gehörte in Florenz zu den wichtigsten kirchlichen Feiern und wurde mit besonderer Festlichkeit in der Servitenkirche begangen, in der das Gnadenbild der Verkündigung verehrt wurde. Das stilistisch in die erste Hälfte des 14. Jahrhunderts verweisende Gnadenbild soll nach der Legende bereits 1252 kurz nach der Kirchengründung entstanden sein, als die Serviten durch einen Maler namens Bartolomeo ein Wandbild mit der Verkündigungsszene malen ließen. Bei der Darstellung Marias sei der Maler so sehr von Selbstzweifeln geplagt gewesen, dass ihn der Schlaf übermannte. Als er wieder erwachte, habe er das Bild Marias auf wunderbare Weise fertiggemalt vorgefunden.[4] Für diese Kirche, in der das Geheimnis der Menschwerdung Gottes den Gläubigen besonders vor Augen stand, malte auch Piero di Cosimo sein Verkündigungsbild. Das Gemälde wurde bei dem Künstler von der Patrizierfamilie Tedaldi als Altarbild für die Johanneskapelle in Auftrag gegeben, die dem Apostel und Evangelisten Johannes geweiht war. Die Familie Tedaldi war durch Finanz- und Bank-

Piero di Cosimo, Menschwerdung Christi mit Heiligen, um 1503/06, Öl auf Holz, 206 × 172 cm, Florenz, Galleria degli Uffizi.

geschäfte reich geworden und bewohnte mehrere Gebäude, die sich in unmittelbarer Nähe der Servitenkirche Santissima Annunziata befanden.[5]

Vasari hob den Aufblick der von der Taube des Heiligen Geistes erleuchteten Maria und die Porträts der namentlich aufgezählten Heiligen hervor. Er würdigte die bizarre Landschaft und lobte die Meisterschaft des Malers in der Öltechnik und die einheitlich abgestimmte (continovato) Farbgebung,[6] die sich dem Kolorismus Leonardo da Vincis verdankte.[7] Da Piero di Cosimo die eigentliche Verkündigungsszene mit dem Engel nur auf einem kleinen Relief gezeigt hatte, Maria aber als große, unter der Geisttaube stehende Lichtgestalt wiedergab, wurde die Darstellung auch als Unbefleckte Empfängnis bezeichnet. Es fehlen aber die zum Typus der Immaculata gehörenden ikonographischen Requisiten, wie die Figur Gottvaters und die Tituli der Engel und Heiligen mit den sich auf die Unbefleckte Empfängnis beziehenden Sentenzen. So handelt es sich nicht um eine Darstellung der Immaculata, sondern um eine außergewöhnliche Veranschaulichung der durch den Heiligen Geist gewirkten Menschwerdung des Sohnes Gottes in der begnadeten und sündelosen Jungfrau Maria.[8]

Da Leonardo da Vinci ab 1503 beauftragt war, im Palazzo Vecchio in Florenz ein Fresko der 1440 ausgefochtenen Schlacht von Anghiari zu malen, das er freilich im Mai 1506 unvollendet zurückließ, und da die Figur des auf der linken Seite der „Tedaldi-Incarnazione" dargestellten Apostels Johannes leonardeske Züge trägt, bietet sich 1505 als Entstehungszeit für Piero di Cosimos Altarbild an. Kardinal Leopoldo de' Medici (1617–1675) ließ 1670 das Gemälde aus der Tedaldikapelle der Santissima Annunziata entfernen und in seine Privatsammlung aufnehmen. Seit 1804 befindet sich das Tafelbild in der Galleria degli Uffizi in Florenz, wo es im Leonardosaal ausgestellt ist.[9]

Das etwa zwei Meter hohe Ölgemälde ist streng symmetrisch komponiert und zeigt in der vertikalen Mittelachse oben die Taube des Heiligen Geistes und darunter Maria, die auf einem Marmorsockel steht. Zusätzlich betont wird die zentrale Position Marias durch den von oben kommenden Lichteinfall und den sich über ihr aufklarenden blauen Himmel sowie durch die um sie in zwei Dreiergruppen gescharten Heiligen, die steil vor ihr abfallenden beiden Hügel und die wie Palmwedel wirkenden Bäume zu beiden Seiten.[10] Zwischen dem nimbierten, von einem Seidenschleier umrahmten und strahlend erhobenen Gesicht Marias und dem freien Himmel wird in der oberen Bildmitte der Geisttaube ein unübersehbar hervorgehobener Ort eingeräumt.[11] Bereits Vasari beschrieb die Madonna als zum Himmel blickende Figur, die allein durch das Licht des Heiligen Geistes erleuchtet wird, von dessen Schein auch die Heiligen erfasst sind.[12] Von der Taube des Heiligen Geistes „überschattet" (Lk 1,35), was im Bild als „Erleuchtung" veranschaulicht ist, wird Maria im Moment der Inkarnation Christi gezeigt, dem bedeutendsten Augenblick der Menschheitsgeschichte, in dem der Gottessohn in ihr durch das Wirken des Heiligen Geistes Fleisch annimmt.[13] Die selbst ohne jeden Makel der Erbsünde

Empfangene ist jetzt ganz mit Licht übergossen, da sie gerade den Sohn Gottes in ihrem Schoß empfangen hat. Der Sohn Gottes, der seine göttliche Natur vom Vater hat und „Licht vom Licht" ist, kann seine Menschennatur nur aus einem reinen, unbefleckten Menschen empfangen. Da Marias ganz heiliger Leib durch die göttliche „Überschattung" selbst „strahlend" geworden ist, beginnt sich auch die Welt um sie zu verklären. So ist Maria von blendend weiß gemalten Dingen wie der strahlenden Geisttaube und den Wolkeninnenseiten umgeben. Der Maler zeigt, wie sich die Wolken verziehen und ein Leuchten durch die Welt geht, das die Herrlichkeit des Sohnes Gottes ist, die wie ein heller Lichtstrahl zunächst aus der Geisttaube und dann auch aus Maria hindurchbricht.[14] Mit ihrem himmelblauen Mantel verweist Maria auf ihre göttliche Begnadung, die sie von Anfang an vor der Erbsünde bewahrt hat und einst zu ihrer Vollendung als Himmelskönigin führen wird. Die rote Blutfarbe ihres Untergewandes lenkt den Blick auf das Fleisch, das der Sohn Gottes durch das Wirken des Heiligen Geistes in Marias Leib angenommen hat. So legt Maria ihre rechte Hand zart auf ihren bereits etwas vorgewölbten Bauch, der sich unter ihrem leuchtend roten Kleid abzuzeichnen beginnt.[15] So wird deutlich, dass sie Jesus bereits empfangen hat und nun die Zeit des Heranwachsens des inkarnierten Gottessohnes in ihr beginnt.[16]

Obwohl Maria ihre linke Hand zum Gruß leicht erhoben hat, ist der von ihr gegrüßte Engel nicht direkt zu sehen. Die traditionelle Verkündigungsszene mit dem Besuch des Engels bei Maria befindet sich als Basrelief an dem Marmorsockel, auf dem Maria steht.[17] Das in Grisaillemalerei ausgeführte Relief auf dem von Vasari „dado" genannten Podest[18] erinnert an die ebenfalls monochrome Darstellung, die der Dominikanermaler Fra Bartolomeo (1472–1517) um 1500 auf die Türen eines heute in den Uffizien aufbewahrten Schreins malte, in dem Piero del Pugliese (1430–1498) ein Madonnenrelief Donatellos (1386–1466) aufbewahrte.[19] Das graue Sockelrelief zeigt links den Erzengel und rechts die kniende Jungfrau. Der geflügelte Engel hat sein rechtes Knie gebeugt, hält in seiner linken Hand einen langen Lilienstängel und verkündet mit seiner im Redegestus erhobenen Rechten Maria die Botschaft von der Menschwerdung Gottes. Während Maria zum Zeichen ihrer Zustimmung ihre rechte Hand auf die Brust gelegt hat, schwebt von links oben die Taube des Heiligen Geistes herab, um die Jungfrau zu überschatten und in ihr das Wunder der Inkarnation zu bewirken. So geschieht durch die kleine Taube auf dem Sockelrelief das Gleiche, was die lichtstrahlende Geisttaube über der großen, stehenden Gestalt Marias vollzieht.

Auf dem Rasenstück vor dem Marmorsockel liegt ein aufgeschlagenes Buch, mit dem sicherlich die Heilige Schrift gemeint ist.[20] Die aufgeschlagene Seite dürfte die Prophetie des Jesaja enthalten, in der die jungfräuliche Geburt des Messias verheißen wurde: „Seht, die Jungfrau wird ein Kind empfangen, sie wird einen Sohn gebären, und sie wird ihm den Namen Immanuel (Gott mit uns) geben" (Jes 7,14).[21]

Nach Vasari wird Maria von den Jungfrauen Margareta und Katharina, von den Aposteln Petrus und Johannes sowie von den Florentiner Lokalheiligen Filippo Benizi und Antoninus Pierozzi (1389–1459) umgeben.[22] Durch die Präsenz der Heiligen wird das Mysterium der Menschwerdung Gottes mit dem meditativen, stummen Gespräch einer „sacra conversazione" verknüpft. An die Stelle des aktiven Aspektes der Verkündigung mit dem ankommenden Engel ist das kontemplative Element der andächtig versammelten Heiligen getreten, das den Betrachter auffordert, ebenfalls in das betende Nachdenken über das Glaubensgeheimnis der Inkarnation einzutreten.[23]

Die versammelten Heiligen stehen mit Maria, aber auch der Stifterfamilie Tedaldi in Verbindung. Als Patron der Tedaldikapelle ist links der jugendliche Apostel und Evangelist Johannes dargestellt, zu dem ein schwarzer Adler aufblickt, der vom linken Bildrand etwas abgeschnitten wird. Der apokalyptische Adler (vgl. Ez 1,10; Offb 4,7) wurde seit Hieronymus (347–420) dem Johannes zugeordnet, der gleichsam die Schwingen eines Adlers erhalten habe, um sich in seinem Evangelium zu Höherem emporzuschwingen.[24] Johannes erinnert mit seinen femininen Zügen an Figurentypen Leonardo da Vincis und ist als Lieblingsjünger Jesu mit einem roten Obergewand bekleidet. Jesus hatte vom Kreuz herab Maria dem Johannes als Mutter anvertraut und den Apostel als Sohn seiner Mutter zugesellt (vgl. Joh 19,26–27). So hat Johannes seinen Blick auf den Betrachter gerichtet, um auch ihn aufzufordern, sich Maria zur Mutter zu erwählen. Wie sein Pendant Johannes blickt auch der auf der rechten Seite stehende Apostel Petrus aus dem Bild heraus und leitet mit seiner rechten Hand den Blick des Betrachters zu Maria weiter. Der nimbierte Apostelfürst trägt mit seinem kurzen weißen Bart und dem tonsurähnlichen Haarkranz die für ihn charakteristischen Gesichtszüge. Während sein goldgelber Mantel auf die Heiligkeit verweist, wird er durch sein blaues Untergewand als Nachfolger Aarons und damit als Hoherpriester des Neuen Bundes ausgewiesen (vgl. Ex 28). In seiner Rechten hält Petrus das Evangelienbuch des neuen Gesetzes und einen großen Schlüssel, der die Binde- und Lösegewalt versinnbildlicht, die ihm durch Christus übertragen wurde (vgl. Mt 16,19).

Vor Johannes kniet die nimbierte Katharina von Alexandrien, die als jungfräuliche Blutzeugin in der diokletianischen Christenverfolgung um das Jahr 300 das Martyrium erlitt. Die in einen blutroten Mantel gehüllte Märtyrin blickt zu Maria auf, hat ihre linke Hand zustimmend erhoben und hält in ihrer Rechten ein Buch. Rechts neben ihr ist am Boden das Stück eines zerbrochenen und mit Zacken versehenen Rades zu sehen, an dem man sie zu martern versuchte. Zusammen mit der auf der anderen Seite knienden Margarete von Antiochien gehört Katharina zur Schar der heiligen Jungfrauen, die in engster Gemeinschaft mit ihrem Vorbild Maria stehen. Die ebenfalls nimbierte Margarete hat wie Katharina in der diokletianischen Verfolgung ihren Glauben im Martyrium bezeugt. In ihrem Mantel, der mit seiner grünen Farbe die christliche Tugend der Hoffnung symbolisiert, steckt ein kleines Segenskreuz, mit dem sie nach der Legende einen Drachen bezwungen hat. Um ihre gefalteten Hände hat sie den Rosenkranz geschlungen, der dem gläubigen Betrachter das wichtigste marianische Gebet vor Augen stellt, in dem das Ave-Maria wiederholt wird, das den bei der Verkündigung ausgesprochenen Engelsgruß (vgl. Lk 1,30) mit dem Lobpreis Elisabets über die Begnadung Marias (vgl. Lk 1,42) verbindet.

Neben Johannes steht der in Florenz sehr verehrte Filippo Benizi, der als zweiter Gründer des Servitenordens galt, aber erst 1671 heiliggesprochen wurde, so dass er noch keinen Nimbus trägt. Der an seiner Tonsur und dem schwarzen Habit erkennbare Servit steht ebenfalls mit Maria in enger Beziehung, da er als Erneuerer des marianisch ausgerichteten Ordens der Diener Marias galt, der seinen Auftrag darin sah, nach dem Vorbild Marias Gott und den Menschen zu dienen. Filippo Benizi blickt zu Maria auf und trägt eine aufgeblühte, weiße Lilie, die auf die begnadete Jungfrau verweist und in Verkündigungsdarstellungen gewöhnlich vom Erzengel gebracht wird, so wie es auch das Relief auf dem Podest Marias zeigt. Das Pendant zu Filippo Benizi bildet der Dominikaner Antoninus Pierozzi, der mit der Stifterfamilie Tedaldi verwandt war und seit 1436 als Prior des Florentiner Predigerklosters San Marco wirkte, das er zu geistlicher und kultureller Blüte führte. Er trägt über der schwarzen Cappa der Dominikaner das erzbischöfliche Pallium, das auf sein Amt als Oberhirte von Florenz verweist, das er von 1446 bis zu seinem Tod 1459 ausübte. Da Antoninus Pierozzi erst 1523 heiliggesprochen wurde, trägt er noch keine kreisförmige Gloriole, sondern lediglich einen kleinen Strahlennimbus. Sein inniger Aufblick zu Maria erinnert an die marianische Spiritualität des Predigerordens, der das Beten des Rosenkranzes verbreitet hat, den die hl. Margarete im Bildvordergrund in ihren Händen trägt.[25]

Mit ihrer verehrenden Haltung zeigen die Heiligen, dass der inkarnierte Sohn Gottes durch Maria zu den Menschen gekommen ist, so dass auch die Menschen durch Maria zu Gott gelangen können. Weil von allen Geschöpfen Maria Gott am nächsten gekommen ist, sollen auch die Gläubigen wie ihre heiligen Vorbilder auf Maria schauen, um mit ihr den Weg zu Gott zu gehen.

Maria und die Heiligen befinden sich in einem Talgrund, der sich zwischen zwei Hügeln erstreckt, über denen dichte Wolken aufgezogen sind. Die Hügel sind mit palmähnlichen Bäumen bewachsen, die bereits Vasari als außergewöhnlich (alberi strani) bezeichnet hatte.[26] Auf den beiden Hügeln sind in kleinerem Maßstab drei Szenen aus dem Marienleben dargestellt, die auf die Menschwerdung Christi folgen. Auf dem linken Hügel erkennt man am Bildrand die Geburt Jesu in einem Stall, der an eine ruinöse antike Architektur angebaut ist. Maria und Josef beten das göttliche Kind an, das unter dem Dach eines offenen Stalls auf dem Boden liegt, während Ochs und Esel ihren Platz im Freien neben dem antiken Mauerstück haben. Die Spitze des linken Hügels wird von einem Stall eingenommen, vor dem die Schafe der Hirten lagern, denen die Botschaft von der Geburt Christi verkündet wird. Auf dem rechten Hügel ist die Flucht nach Ägypten dargestellt. In gebeugter Haltung ziehen Josef und die mit ihrem Kind auf einem Esel sitzende Gottesmutter ihres Weges, der sie zu einer mittelalterlich wirkenden, aber für Ägypten stehenden Stadtansicht führt. Die Miniaturen mit der armseligen Geburt im Stall und der Flucht nach Ägypten zeigen, dass Maria durch ihre Zustimmung bei der Verkündigung dem Erlösungswerk ihres Sohnes und damit auch seinem Leiden beigesellt wird.[27]

Blickt man abschließend noch einmal im Ganzen auf das Gemälde, so zeigt sich, wie sehr sich alles vor der in der Mitte stehenden jungfräulichen Gottesmutter und damit vor dem in ihrem Schoß menschgewordenen Sohn Gottes verneigt, angefangen von der herabschwebenden Geisttaube und dem sich auf dem Relief neigenden Erzengel bis hin zur Landschaft mit ihren Bäumen, Wolken und Hügeln. Piero di Cosimo hat den einzigartigen Augenblick der Inkarnation dargestellt, bei dem Maria gleichsam vom Licht des Heiligen Geistes durchstrahlt wird. Auf eine neue, mutige Weise wird das Wunder nicht mehr in der Kammer von Nazaret, sondern in der freien Natur geschildert. So vermag sich der Blick auf die kosmische Dimension der mit der Menschwerdung Gottes anhebenden Erlösung der Welt zu richten.[28]

Die Geburt Johannes' des Täufers

24. Juni – Geburt des hl. Johannes des Täufers
Evangelium vom Tag: Lk 1,57–66.80

*„Für Elisabet kam die Zeit der Niederkunft,
und sie brachte einen Sohn zur Welt."*
Lk 1,57

Sechs Monate vor dem Geburtsfest Christi am 25. Dezember feiert die Kirche am 24. Juni das Hochfest der Geburt Johannes' des Täufers, den Gott dem Ehepaar Zacharias und Elisabet noch in ihrem Alter geschenkt hatte. Bei der Verkündigung der Menschwerdung des Sohnes Gottes hatte der Engel Maria das Zeichen ihrer als unfruchtbar geltenden, jetzt aber bereits im sechsten Monat schwangeren Verwandten Elisabet gegeben (vgl. Lk 1,7.36). Zuvor war dem Priester Zacharias (vgl. Lk 1,5), der im Tempel gerade das Rauchopfer darzubringen hatte, durch den Erzengel Gabriel die Geburt eines Sohnes angekündigt worden, der mit prophetischer Kraft dem Messias vorangehen werde und dem er den Namen Johannes geben sollte (vgl. Lk 1,5–17). Da aber Zacharias zweifelte, wurde er vom Engel mit Stummheit geschlagen und sollte bis zur Erfüllung der Verheißung nicht mehr reden können (vgl. Lk 1,18–20). Als Zacharias bei der Beschneidung des Kindes acht Tage nach der Geburt nach dem Namen des Kindes gefragt wurde und zum Erstaunen der Nachbarn und Verwandten auf ein Schreibtäfelchen „Johannes" schrieb (vgl. Lk 1,62–63), erlangte er seine Stimme wieder (vgl. Lk 1,64).

EINE DER BEKANNTESTEN DARSTELLUNGEN der Geburt Johannes' des Täufers findet sich im Turin-Mailänder Stundenbuch, das auf einen um 1385 erteilten Auftrag des Herzogs Jean de Berry (reg. 1360–1416) zurückgeht. Da die Handschrift unvollendet in die Hände des Herzogs kam, behielt er den weitgehend fertiggestellten und als „Très Belles Heures de Notre-Dame" bezeichneten Teil, der später in die Nationalbibliothek von Paris kam. Den Rest des Stundenbuchs übergab Jean de

Berry 1412 an seinen Schatzmeister Robinet d'Estampes (um 1395–1455), von dem es um 1420 in den Besitz der Herzöge von Straubing-Holland gelangte und bis um die Jahrhundertmitte durch verschiedene niederländische Meister mit Miniaturen ausgestattet wurde, unter anderem auch durch Jan van Eyck (um 1390–1441). Während ein Teil dieses Komplexes im 15. Jahrhundert an den savoyischen Hof von Turin kam und bis auf vier gestohlene und heute im Pariser Louvre aufbewahrte Blätter 1904 verbrannte, gelangte 1935 ein anderes Fragment aus dem Besitz des Mailänder Marschalls Gian Giacomo Trivulzio (um 1440/48–1518) ebenfalls nach Turin, wo es vom Museo Civico erworben wurde. Der letztere, als Turin-Mailänder Stundenbuch bezeichnete Handschriftenteil stellt im Wesentlichen ein Messbuch mit 28 Miniaturseiten dar.[1]

Die ab 1420/24 entstandene, bisweilen Jan van Eyck zugeschriebene Darstellung mit der Geburt Johannes' des Täufers bildet die Hauptminiatur der dem Johannesfest gewidmeten Seite im Turin-Mailänder Stundenbuch.[2] Die Miniatur ist geprägt von dem neuen, besonders von Jan van Eyck begründeten naturalistischen Stil der altniederländischen Malerei, hinter dem sich im Sinne des verborgenen Symbolismus (disguised symbolism) religiöse Inhalte erschließen lassen.

Wie die Johannes-Seite des Turin-Mailänder Stundenbuches zeigt, betonte die Messliturgie zum Geburtsfest des Täufers die Berufung des ungeborenen Johannes zum Propheten. Johannes galt als der letzte der Propheten, der bereits im Mutterschoß vom Heiligen Geist erfüllt war und den ungeborenen Messias bezeugte, indem er vor Freude im Leib Elisabets hüpfte, als sich Maria mit Jesus in ihrem Schoß zu ihrer schwangeren Verwandten aufgemacht hatte (vgl. Lk 1,39–44). So sind unter der Miniatur mit der Geburtsdarstellung des Johannes als Introitus zur Messfeier des Johannesfestes die dem Vorläufer des Messias in den Mund gelegten prophetischen Worte des Jesaja zu lesen: „Der Herr hat mich schon im Mutterleib berufen [...]. Er machte meinen Mund zu einem scharfen Schwert, er verbarg mich im Schatten seiner Hand. Er machte mich [zum spitzen Pfeil]" (Jes 49,1–2).[3] Unter dem Introitus ist in einer kleinen, querrechteckigen Miniatur die Taufe Jesu im Jordan durch Johannes zu sehen. Die Szene ist in eine weite Flusslandschaft eingebettet und zeigt Jesus als den im Jordan stehenden menschgewordenen Sohn Gottes, auf den der Heilige Geist in Gestalt einer Taube herabkommt, die von Gottvater ausgeht, der als Initialfigur im ersten Buchstaben der Inschrift dargestellt ist.

Meister des Turiner Stundenbuches, Geburt Johannes' des Täufers, ab 1420/24, Turin-Mailänder Stundenbuch, fol. 93v, Malerei auf Pergament, 20,3 × 28,4 cm (Blattgröße), Turin, Museo Civico d'arte. ▷

Meister des Turiner Stundenbuches, Geburt Johannes' des Täufers

Die etwa zwanzig Zentimeter breite Miniatur mit der Geburt des Johannes zeigt den Blick in einen perspektivisch zur rechten Seite hin fluchtenden Innenraum, der für die Wohnung des Zacharias steht. Die von einem bescheidenen Wohlstand kündende Stube besitzt eine Holzdecke und einen Fußboden aus hölzernen Dielen. Zwei Stufen führen rechts über eine geöffnete Holztür in einen Nebenraum, in dem links auf einer Bank der alte, weißbärtige Zacharias sitzt. Weiter hinten ist eine rückenansichtig wiedergegebene, rot und blau gekleidete Dienerin dargestellt, die über einige Treppenstufen zu einer zweiten Tür emporsteigt, die wohl zu einem Ausgang führt.[4]

Im Feld über der hinteren Tür ist eine altertümlich wirkende, weißgrundierte Wandmalerei zu sehen, auf der sich über einem Bodenstreifen eine frontal in der Mitte stehende Hauptfigur und rechts eine zweite Gestalt erkennen lassen. Die mittlere, rot gekleidete Figur, die mit der rechten Hand einen Gegenstand hochhält, ist offensichtlich Mose, der die Gesetzestafeln präsentiert (vgl. Ex 34,29).[5] Bei genauerem Hinsehen sind sogar die beiden Hörner erkennbar, mit denen Mose seit dem späten 12. Jahrhundert dargestellt wurde.[6] Die zweite Gestalt, die sich seitlich zu Mose hinwendet, ist sicherlich Aaron, von dem sowohl Zacharias als auch seine Frau Elisabet abstammten (vgl. Lk 1,5). So befindet sich im Haus des Priesters Zacharias eine Wandmalerei mit Mose und Aaron, die auf Gesetz und Priestertum des Alten Bundes hinweisen.[7]

Im Unterschied zu der traditionell mit der Geburt des Johannes verbundenen Szene der Namensgebung, bei der Zacharias den Namen des Kindes auf ein Täfelchen schreibt, nimmt Zacharias in dem Nebenraum nur eine untergeordnete Rolle ein. Da er die Stimme verloren hat (vgl. Lk 1,20), liest er schweigend in einem Buch, das sicherlich für das Alte Testament steht. Damit verweist Zacharias auf das mosaische Gesetz, das angesichts der Geburt der „Stimme" (vgl. Jes 40,3; Mk 1,3; Mt 3,1; Lk 3,4), die der Geburt des menschgewordenen „Wortes" (vgl. Joh 1,14) vorausgehen wird, verstummt.[8] Sein ungewöhnlich hoher, roter Turban und das dunkelblaue Gewand erinnern an das Priesteramt des Alten Bundes, das mit dem Kommen des künftigen Erlösers an sein Ende gelangen wird. Der auffallend kleine Nebenraum mit dem altertümlichen Wandbild und der schweigenden Gestalt des Zacharias tritt hinter dem großen Raum zurück, in dem der Vorläufer geboren wird, der Christus als dem Urheber des Neuen Bundes vorangehen wird. So versinnbildlicht die Szenerie des Nebenraumes das Verstummen des Alten Bundes, der mit seinem Gesetz und Priestertum ins Schweigen zurücktritt, da nun die Stimme des letzten Propheten geboren ist, der die Ankunft des bereits menschgewordenen Wortes ankündigen wird.[9]

Im großen Raum beginnt mit dem neugeborenen Vorläufer des Messias die neutestamentliche Zeit der Erlösung, die schon durch die Kreuzesform des Fensters angedeutet wird. Auch das mächtige rote Baldachinbett verweist auf das Inkarnations- und Passionsmysterium des kommenden Erlösers, dem Johannes den Weg bereitet hat. Während die rote Farbe den zur Erlösung führenden göttlichen Ratschluss der Liebe und das Blut des künftigen Kreuzesopfers symbolisiert, ist das Bett als Brautbett ein Sinnbild für die Vereinigung (spirituale matrimonium) der göttlichen und menschlichen Natur bei der Menschwerdung des Sohnes Gottes.[10] Die verschleierte und mit einem violetten Gewand bekleidete Elisabet liegt als Wöchnerin in ihrem Ehebett, das mit weißen Laken ausgeschlagen und mit einer roten Decke bezogen ist. Sie übergibt den neugeborenen Johannesknaben, der als einzige Gestalt in der Miniatur mit einem Strahlennimbus hervorgehoben ist, gerade einer von links an das Bett herangetretenen Amme, die einen weißen Kopfbund trägt und über ihr blaues Gewand eine Schürze umgebunden hat.[11]

Das in Bildern der Johannesgeburt gewöhnlich gezeigte Bad des Neugeborenen ist auf der Miniatur nicht dargestellt. Verschiedene Gegenstände deuten aber an, dass die Waschung des Kindes unmittelbar bevorsteht. So steht auf einem Mauervorsprung unter dem Fenster ein Tonkrug, während auf einem Holzregal über der Tür neben Leuchtern zwei Kannen und eine Schüssel aus Metall zu sehen sind. Die Truhe auf der linken Seite ist bereits geöffnet und deutet mit ihren Tüchern, Schachteln und anderen Utensilien an, dass der neugeborene Knabe gebadet werden soll. Unter dem Tisch in der Bildmitte sind neben einem Leuchter und einem geflochtenen Korb eine Schüssel und ein brauner, irdener Wasserkrug zu sehen, der mit einem Badeschwamm abgedeckt ist.[12]

Auf der linken Seite ist eine in Rückenansicht gegebene und von einem Kleinkind begleitete Frau zu sehen, die den Besuch der Nachbarn und Verwandten andeutet, die sich mit Elisabet freuten und sie besuchten (vgl. Lk 1,58–59). Auf die Bewirtung der Besucher verweisen eine Schüssel mit roter Speise, eine große Messingkanne und zwei Gläser, die auf dem Tisch in der Mitte stehen. Bei der Schüssel und der Kanne zeigen sich Lichtreflexe, die von einer Quelle herrühren, die sich außerhalb des Bildes im Rücken des Betrachters befindet. Das linke, mit Rotwein gefüllte Glas spielt vielleicht auf das künftige asketische Leben des Johannes an, der keinen „Wein und andere berauschende Getränke" trinken und „schon im Mutterleib […] vom Heiligen Geist erfüllt sein" wird (Lk 1,15). Die mit weißem Kopftuch und hellgrünem Gewand gekleidete Besucherin hat vor dem Bett auf einem dreibeinigen Hocker Platz genommen und sich auf eines der blauen Kissen gesetzt, von denen drei weitere auf der roten Bank unter dem Fenster zu sehen sind. Am linken Bildrand sind ihre abgelegten hölzernen Überschuhe zu sehen, die darauf hindeuten, dass die Frau von draußen durch einen hinter ihr liegenden Eingang das Zimmer betreten hat. Vielleicht wird diese offene und damit Helligkeit einlassende Tür auf der hellen Lichtspiegelung der Messingkanne reflektiert. Die Besucherin hat sich von ihrem eigenen Kind bereits etwas abgewendet und den Johannesknaben in den Blick genommen. Sie hat sich in der Nähe der Truhe mit den Waschutensilien niedergelassen und bereits ihre Arme entblößt, um beim Baden des Neugeborenen mitzuhelfen.[13]

Bei der zweiten, von rechts heranschreitenden Besucherin handelt es sich um Maria, durch die der bei der Niederkunft Elisabets noch ungeborene, etwa drei Monate alte Jesus bereits verborgen anwesend ist.[14] Nachdem Maria bei der Verkündigung durch den Engel das Zeichen der bereits im sechsten Monat schwangeren Elisabet erhalten hatte, war sie einige Tage später zu ihrer Verwandten aufgebrochen (vgl. Lk 1,36.39), um „etwa drei Monate" bei ihr zu bleiben (Lk 1,56), was im Blick auf die neunmonatige Schwangerschaftszeit bedeutet, dass Maria auch noch bei der Geburt des Johannes dabei gewesen sein muss. In der außerbiblischen Überlieferung sah man Maria als eifrige und demütige Helferin Elisabets und als Kindsmagd ihres neugeborenen Sohnes.[15] Auf Marias Dienste im Haushalt Elisabets verweist am rechten Bildrand der Spinnrocken, an dem Maria, auf dem dreibeinigen Hocker daneben sitzend, gearbeitet hat. Maria hat ihr Haupt mit einem weißen Schleier und einem grünen Kopftuch bedeckt, ist aber nicht durch einen Nimbus ausgezeichnet. Dafür trägt Maria über einem grünen Kleid ein rotes, pelzgefüttertes Gewand, das mit seiner Blutfarbe an das Inkarnations- und Erlösungsmysterium ihres göttlichen Sohnes erinnert. Zudem weist sie die Himmelsfarbe ihres blauen Mantels als die neue, den verheißenen Messias tragende Bundeslade aus, die von den Israeliten auf ihrer Wüstenwanderung ebenfalls mit einem blauen Tuch abgedeckt wurde (vgl. Num 4,5–6) und als Ort der Gegenwart Gottes bei seinem Volk galt. Maria hat sich gerade von ihrer Arbeit vom Spinnrocken erhoben und schreitet nun feierlich von rechts heran, um beim bevorstehenden Bad des Johannesknaben die dienende Hauptperson zu sein. Darauf weist die eigenartige Raffung ihres Mantels hin, die sich wohl nur so erklären lässt, dass sie darunter, wie in einem Bausch geschützt, eine Schüssel für die Waschung herbeiträgt. Während das bevorstehende Bad an die spätere Wassertaufe des Johannes erinnert, verweist der gelbliche, an Öl erinnernde Inhalt des vasenartigen Gefäßes, das Maria in ihrer erhobenen Rechten bedeutungsvoll vor sich herträgt, auf die Salbung des Täufers zum Propheten. So bringt Maria, die den Gesalbten in ihrem Schoß trägt, auch das Öl, mit dem ihr göttlicher Sohn den künftigen Täufer zum Propheten salben wird.[16] Nach der Schilderung der „Legenda aurea" hatte bereits Johannes Chrysostomus (349/350–407) die Begegnung der beiden ungeborenen Kinder Johannes und Jesus bei der Begrüßung Elisabets durch Maria (vgl. Lk 1,39–44) so gedeutet, dass schon bei diesem ersten Zusammentreffen der Messias seinen Vorläufer gewissermaßen zum Propheten gesalbt habe.[17] Gemäß der Weissagung des Sacharja von den „beiden Gesalbten" (Sach 4,14) erscheint auch Johannes als ein Gesalbter, der von Christus selbst, dem Messias und Gesalbten schlechthin, die Salbung zum Propheten erfahren hat.[18]

Am unteren Bildrand sind ein Hündchen und eine Katze zu sehen. Während der kleine Hund ganz mit dem Abnagen eines Knochens beschäftigt ist, erscheint die Katze in einer negativen Handlungsrolle. Sie hat ihren Schwanz aufgestellt, macht einen Buckel, sträubt ihr graues Fell und blickt mit feindselig funkelnden Augen dem Betrachter entgegen. Sie hat sich gerade einer fast geleerten Schüssel mit Brei genähert, mit dem kurz zuvor der Johannesknabe gefüttert wurde. Da der Volksglaube in der Katze ein dämonisches Wesen sah, könnte der Breinapf ein Hinweis auf den Aberglauben sein, dass auch die Katze vom Brei des Kindes bekommen müsse, um Unheil vom Kleinkind abzuwehren. Das Johannesfest am 24. Juni wurde im Volk zu einem grausamen Gerichtstag über die teuflischen Katzen, die man quälte, hinrichtete und auch in das Johannesfeuer warf, um das man an diesem Tag tanzte. In ähnlicher Weise tauchte in der mittelalterlichen Kunst die Katze in Abendmahlsdarstellungen als negatives Sinnbild für das untreue Judentum auf und wurde dem Hund als Symbol für die bekehrungswilligen Heiden gegenübergestellt, die von den Juden verächtlich als Hunde bezeichnet wurden. So war nach der Perikope von der heidnischen Frau (vgl. Mt 15,21–28; Mk 7,24–30) eine Syrophönizierin, die um die Heilung ihrer besessenen Tochter gebeten hatte, von Jesus mit dem Hinweis zurückgewiesen worden, dass der Messias nur zu den Juden gesandt sei, weshalb man den am Tisch sitzenden Kindern Israels nicht das Brot wegnehmen dürfe, um es den heidnischen „Hunden" vorzuwerfen (vgl. Mt 15,21–24; Mk 7,24–27). Als aber die heidnische Frau diese Identifikation mit den Hunden demütig angenommen und beteuert hatte, dass auch die Hunde unter dem Tisch von den herabfallenden Brotresten bekommen würden, hatte Jesus den großen Glauben der Frau gelobt und die Tochter geheilt (vgl. Mt 15,25–28; Mk 7,28–30). Vor diesem biblischen Hintergrund konnte die Katze, die nur dem Haus, aber nicht ihrem Herrn treu ist, zum negativen Gegenbild für die Treulosigkeit der Juden werden und zudem als dämonisches Tier auf den Verräter Judas verweisen, in den der Satan beim Abendmahl gefahren war (vgl. Joh 13,27). So ist auch in der Johannesminiatur der Hund treuherzig mit seinem Knochen beschäftigt, während die Katze wie gestört von der Breischüssel aufblickt und sich feindselig gebärdet. Der Grund für dieses auffällige Verhalten liegt offensichtlich in Maria, die der Katze in ein paar Schritten nahe kommen wird. Die Katze, von der man sagt, sie mache einen Buckel, wenn sich Gäste nahen, vermag das Zukünftige zu ahnen und reagiert schon auf den Erlöser, der im Leib seiner Mutter Maria herannaht. Wie die dämonische Katze in Verkündigungsdarstellungen verwirrt und ängstlich auf die bevorstehende Erlösung durch den soeben im Schoß Marias menschgewordenen Sohn Gottes reagiert, so gebärdet sich auch in der Johannesminiatur die Katze. Sie verhält sich feindselig, zeigt dem künftigen Erlöser im Leib Marias ihren Buckel und wird zum Sinnbild für die Verwirrung des Teufels, der sein baldiges Besiegtwerden vorausahnt.[19]

Meister des Turiner Stundenbuches, Geburt Johannes' des Täufers

Während sich die Katze von Maria abwendet, zeigt das Kind der grün gekleideten Besucherin mit seinem scheinbar absichtslos erhobenen linken Arm in die Richtung des im Schoß seiner Mutter herannahenden Erlösers. Das unsicher und mit lallend geöffnetem Mund dastehende Kleinkind blickt zum Betrachter hin und nimmt mit seinem Zeigegestus die heilsgeschichtliche Aufgabe des Täufers vorweg, der später auf Christus als das Lamm Gottes zeigen wird (vgl. Joh 1,29.36) und dennoch schon im Mutterleib, wo er noch nicht sprechen konnte, zum geisterfüllten Propheten geworden war, als er im Schoß Elisabets vor Freude hüpfte und so den im Leib Marias gekommenen Erlöser bezeugte (vgl. Lk 1,44). Im Gegensatz zur teuflischen Katze, die nur ahnt, dass die nahende Erlösung den Satan besiegen wird, verkörpert das kleine Kind den Propheten Johannes, der schon im Mutterleib den Heiland erkannt hat. So verweist das kleine Kind, das noch kein Sprachvermögen hat und nur lallen kann, auf das Prophetentum des von Anfang an begnadeten Johannes. Wie später der Täufer, so lädt auch das Kind mit seiner affektiven Zeigegebärde den Betrachter ein, die verborgene Gegenwart des Erlösers zu erkennen.[20]

Die Berufung des Paulus

29. Juni – Hl. Petrus und hl. Paulus
Zweite Lesung vom Vorabend: Gal 1,11–20

„Als mir Gott in seiner Güte seinen Sohn offenbarte ..."
Gal 1,15

In der zweiten Lesung am Vorabend des Hochfestes der beiden Apostelfürsten führt Paulus im Galaterbrief seine Berufung zum Apostel auf eine unmittelbare Erwählung durch Christus zurück. Diese Berufung habe er schon im Mutterleib empfangen, sei ihm aber noch nicht bewusst gewesen. So habe er als gesetzestreuer Pharisäer, der neben seinem jüdischen Namen Saul den ähnlich klingenden römischen Beinamen Paulus trug,[1] die Christen verfolgt, bis ihm vor Damaskus Gott in seiner Güte seinen Sohn offenbart habe, damit er ihn unter den Heiden verkünde (vgl. Gal 1,13–17). Paulus spricht also von einer Erscheinung des auferstandenen Christus vor Damaskus, durch die er vom Verfolger zum Christuszeugen und Apostel geworden sei. In der Apostelgeschichte wird diese von Paulus angedeutete Begegnung mit dem Auferstandenen als Lichterscheinung Christi ausführlich geschildert. Nach der Apostelgeschichte war Paulus auf dem Weg nach Damaskus, um dort Christen aufzuspüren und gefangen nach Jerusalem zu bringen (vgl. Apg 9,1–2), als ihn kurz vor der Stadt „plötzlich ein Licht vom Himmel umstrahlte" (Apg 9,3). Paulus „stürzte zu Boden und hörte, wie eine Stimme zu ihm sagte: Saul, Saul, warum verfolgst du mich? Er antwortete: Wer bist du, Herr? Dieser sagte: Ich bin Jesus, den du verfolgst. Steh auf und geh in die Stadt; dort wird dir gesagt werden, was du tun sollst. Seine Begleiter standen sprachlos da; sie hörten zwar die Stimme, sahen aber niemand. Saulus erhob sich vom Boden. Als er aber die Augen öffnete, sah er nichts" (Apg 9,4–6). Dann wurde er nach Damaskus geführt, wo er fastete und durch Hananias getauft wurde, worauf er wieder sehen konnte und begann, den Glauben an Christus zu verkünden (vgl. Apg 9,6–22).

Caravaggio, Bekehrung des Paulus

In der italienischen Kunst des 16. und 17. Jahrhunderts wurde die Bekehrung des Paulus nach der in der Apostelgeschichte geschilderten Version häufig dargestellt, um in der Zeit der Gegenreformation die Entstehung der Kirche auf die Berufung und Umkehr der ersten apostolischen Heiligen zurückzuführen.[2] Als 1514 Papst Leo X. (reg. 1513–1521) Raffael (1483–1520) beauftragte, für die Sixtinische Kapelle einen Zyklus von Wandteppichen zum Leben der Apostelfürsten anzufertigen, hielt auch das Thema der Bekehrung des Paulus Einzug im Apostolischen Palast.[3] Während Raffael den zu Boden gestürzten Apostel vor dem aus dem Himmel herabkommenden Christus darstellte, zeigte Parmigianino (1503–1540) um 1529 nur den geblendeten Paulus mit dem Pferd über ihm, während er die Christusvision mit einem von links oben einströmenden Licht andeutete.[4] Alessandro Farnese (1468–1549), der sich als Papst nach dem Völkerapostel den Namen Paul III. (reg. 1534–1549) gab, beauftragte 1542 Michelangelo (1475–1564), die Cappella Paolina im Papstpalast mit zwei monumentalen Fresken der Kreuzigung des Petrus und der Bekehrung des Paulus auszumalen, um mit den Apostelfürsten die Anfänge und die Einheit der Kirche zum Ausdruck zu bringen. Michelangelo zeigte das Bekehrungsgeschehen als Lichtereignis, das von Christus ausgeht, der aus dem Himmel auf den vom Pferd gestürzten und geblendeten Paulus einen blitzähnlichen Strahl hinabgeschleudert hat.[5] Nach dem Vorbild der Cappella Paolina wollte auch der päpstliche Generalschatzmeister Kardinal Tiberio Cerasi (1544–1601) seine am 8. Juli 1600 erworbene Kapelle in der römischen Kirche Santa Maria del Popolo der Augustiner-Eremiten mit Bildtafeln ausstatten, die ebenfalls das Martyrium des Petrus und die Bekehrung des Paulus zeigen sollten. Während er die Ausführung des Hochaltarbildes mit der Himmelfahrt Marias und die Freskierung Annibale Carracci (1560–1609) überließ, übertrug er Michelangelo Merisi da Caravaggio (1571–1610) die Anfertigung der beiden Gemälde mit der Darstellung der Apostelfürsten.[6]

Um 1600 gehörte neben Carracci auch Caravaggio zu den berühmtesten Malern Roms. Er fand mit seiner neuartigen Helldunkelmanier und seiner betont realistischen Malweise zahlreiche Nachfolger und wurde so zum Mitbegründer der römischen Barockmalerei. Nachdem Caravaggio in seiner Heimatstadt Mailand bis 1591 seine malerische Ausbildung erhalten hatte, ließ er sich in Rom nieder, wo er von den Kardinälen gefördert wurde.[7] Als er 1606 wegen Beteiligung an einer tödlich endenden Auseinandersetzung Rom verlassen musste, hielt er sich in Neapel, Malta und Sizilien auf. In Erwartung der päpstlichen Begnadigung kehrte Caravaggio nach Neapel zurück, wo er aber schon am 18. Juli 1610 starb.[8]

Als seine Malerkarriere in Rom seinem Höhepunkt zustrebte und er gerade die Bilder zum Leben des Apostels Matthäus in der Cappella Contarelli in San Luigi dei

Caravaggio, Bekehrung des Paulus, um 1604, Öl auf Leinwand, 230 × 175 cm, Rom, Santa Maria del Popolo, Cappella Cerasi.

Francesi vollendet hatte, nahm er im September 1600 den Auftrag des Kardinals Tiberio Cerasi an, für seine Kapelle in Santa Maria del Popolo zwei auf Zypressenholz gemalte Bilder anzufertigen, um auf ihnen die „Mysterien" des Kreuzestodes Petri und der Bekehrung Pauli darzustellen.[9] Caravaggio sollte nach vorausgehender Genehmigung der Entwürfe die beiden Tafelbilder innerhalb von acht Monaten bis Mai 1601 anfertigen und dafür 400 Scudi erhalten. Als Kardinal Cerasi am 3. Mai 1601 starb, befanden sich die beiden Gemälde wahrscheinlich noch nicht an ihrem Ort. Da Caravaggio am 10. November 1601 die letzte Zahlung erhielt, muss er die beiden Tafelbilder bis zu diesem Zeitpunkt bei der Bruderschaft des Spitals der Consolazione abgeliefert haben, die Cerasi zum Erben eingesetzt hatte. Da es sich bei den heute in der Cappella Cerasi angebrachten Gemälden um zwei Leinwandbilder handelt, muss sich Caravaggio später entschlossen haben, die beiden Tafelbilder zu ersetzen.[10] Vielleicht wurde Caravaggio durch die schmale Raumsituation in der Cappella Cerasi dazu bewogen, die dichtgedrängten und zu sehr auf Nahsicht konzipierten Erstfassungen durch Bilder mit größerer Fernwirkung und Figurenreduzierung zu ersetzen.[11] Von den beiden Erstfassungen hat sich nur das Paulusbild erhalten, für das Caravaggio in Kardinal Giacomo Sannesi (um 1557/60–1621) einen Käufer fand, der wie Cerasi der Apostolischen Kammer angehörte.[12] Caravaggios Erstfassung stellt eine unübersichtliche, dynamisch überhitzte, figuren- und situationsreiche Komposition dar. Sie orientiert sich an der tradierten Ikonographie und zeigt Paulus, wie er schmerzvoll geblendet vom Pferd gestürzt ist und schützend die Hände vor seine Augen hält. Während ihm Christus aus der Höhe erscheint, versucht ein respektloser Krieger, mit Lanze und Schild die himmlische Erscheinung abzuwehren.[13]

Die in diesem ersten Bild zutage tretende Krise seiner Ausdrucksfähigkeit konnte Caravaggio in seiner zweiten Fassung überwinden. Indem er Figuren, Situationen und Details erheblich reduzierte, konnte er zu einer stimmigen Sublimierung des Bekehrungsthemas gelangen.[14] Angesichts der großen Unterschiede zwischen den beiden Versionen dürfte Caravaggio die neuen Leinwandbilder nicht unmittelbar nach dem ersten Bilderpaar gemalt haben, sondern erst um das Jahr 1604. Schließlich wurden die beiden neuen Gemälde im Frühjahr 1605 in der Cappella Cerasi angebracht.[15]

Das um 1604 geschaffene hochrechteckige Gemälde mit der Bekehrung des Paulus ist fast zwei Meter breit und befindet sich in der Cappella Cerasi auf der Epistelseite an der rechten Wand. Der Blick fällt auf ein Pferd mit einem Stallknecht im dunklen Hintergrund, während Paulus mit nach oben gestreckten Armen am Boden liegt und sich mit geschlossenen Augen ganz dem Licht ergeben hat.[16] Das Pferd, das in der Apostelgeschichte gar nicht erwähnt ist, begleitet auch hier das Ereignis der

Bekehrung des Paulus. Offenbar konnte man sich nicht vorstellen, Paulus habe sich ohne ein Reittier von Jerusalem nach Damaskus aufgemacht, um dort die Christen zu verfolgen. Im Gegensatz zur figurenreichen und freiräumlichen Erstfassung spielt sich im neuen Bild das Damaskusereignis im Innenraum eines Stalles ab. Die Szene besitzt einen intimen Charakter, da außer Paulus nur der Reitknecht und das Pferd zu sehen sind. Die warme und harmonische Farbgebung reicht vom Braun und Weiß des Pferdes über das Gesicht des Knechtes zum hellrot erglühenden Brustpanzer des Paulus mit seinen weißen, das Licht aufnehmenden Ärmeln. Die Finsternis des braun-schwarzen Hintergrundes wird nur rechts oben von wenigen, schwach leuchtenden Lichtstrahlen durchbrochen.[17] Das Leuchten im Bild kommt aber nicht von diesen Strahlen, sondern scheint in Paulus selbst seine Quelle zu haben.[18]

Wie schon Parmigianino verzichtete auch Caravaggio auf die Darstellung des vom Himmel her erscheinenden Christus. Caravaggio stellte nur die Lichterscheinung dar, indem er das aus Paulus hervorbrechende Licht zum Wort und Abbild des auferstandenen Herrn machte.[19] Im Vordergrund nimmt der rücklings zu Boden gestürzte und erblindete Paulus in kühner Verkürzung die ganze Breite des Bildes ein. Er ist im Gegensatz zur Erstfassung nicht mehr als alter und bärtiger, sondern als jüngerer und bartloser Mann dargestellt, der eine antikisierende römische Soldatenrüstung trägt. Paulus liegt auf seinem roten Soldatenmantel. Rechts liegt der zu Boden gefallene Helm, und links ist sein Schwert zu sehen. Paulus wird von einem Licht getroffen, das keine äußere Quelle besitzt und somit einen übernatürlichen Ursprung hat. Mit weit geöffneten Armen hat sich Paulus diesem göttlichen Licht ergeben, das ihn von innen her erleuchtet und erglühen lässt. Wie Röntgenaufnahmen zeigen, hatte Caravaggio in Anlehnung an seine eigene Erstfassung und an Raffaels Tapisserie die Figur des Paulus auch in seinem neuen Bild zunächst noch in einer eher abwehrenden Haltung in der linken Ecke am Boden geplant,[20] sich aber dann entschlossen, den Apostel in einer dem Licht hingegebenen Haltung wiederzugeben. Das Liegen auf dem Boden und die weit ausgebreiteten Arme erscheinen wie eine bestürzte und überraschte Gebärde der Kapitulation beim Erscheinen der Gnade. Während sein Mund offen ist, sind seine Augen wegen des übernatürlichen Lichtglanzes geschlossen. Man hat den Eindruck, als habe sich Christus in diesem Leuchten gleichsam selbst auf Paulus gelegt. In der physischen Blendung spiegelt sich die geistige Verblendung des Christenverfolgers wider, von der er soeben durch das lichtvolle Gnadenwirken Christi befreit wird.[21]

So strahlt der am Boden liegende Apostel mit dem Licht, das ihn erfüllt, Ruhe und Stille aus. Er blickt mit seinen geschlossenen Augen ganz nach innen. Während die traditionelle Ikonographie und auch noch die Erstfassung Caravaggios den Schrecken des göttlichen Eingreifens betonten, stellte der Maler nun Paulus mit friedvollen

Zügen dar und betonte die Innerlichkeit des Geschehens. Die zur Umkehr führende Begegnung mit Christus wird zu einer inneren Schau, in der Paulus gerade aufgrund seiner physischen Blindheit zur wahren Erkenntnis zu gelangen vermag.[22] Das Paulus erfüllende übernatürliche Licht wird zum Sinnbild für die geistliche Erleuchtung des Apostels, der seine äußeren Augen geschlossen hat und sich mit weit geöffneten Armen ganz hingibt.[23] Diese Darstellungsweise erinnert an Augustinus (354–430), den Ordensvater der an Santa Maria del Popolo wirkenden Augustiner-Eremiten. In einer Predigt über die Bekehrung des Paulus hatte Augustinus das Gnadenwirken Christi und das innere, gläubige Sehen des zur Demut gelangten Apostels betont. Nach Augustinus überwand die Gnade des Auferstandenen den Widerstand des Paulus, der äußerlich blind werden (vgl. Apg 9,8) und der Welt absterben musste, um Christus innerlich schauen und die Mitteilung des Schöpfers im Herzen wahrnehmen zu können.[24] Als ein verborgenes, inneres Wunder des Sehens und Glaubens erscheint auch die Szene auf Caravaggios Gemälde, in dem die vom Gnadenlicht erfüllte Gestalt des Paulus von der inneren Christusbegegnung kündet.[25] Nach Augustinus wurde der Apostel durch Christus bekehrt, der bereits am Kreuz seinen Verfolgern und damit auch Paulus vergeben hatte (vgl. Lk 23,34),[26] so dass der Apostel die Gnade Christi annehmen konnte. In der Nachfolge Jesu sei er dann zu einem demütigen Jünger geworden, wie es auch dem Namen „Paulus" entspreche, der „Demut" bedeute.[27] So ahmt Paulus in Caravaggios Bild mit seinen in Kreuzesform ausgebreiteten Armen Christus nach, in dessen Nachfolge er nun getreten ist und dem er immer ähnlicher werden wird (vgl. Gal 2,20), bis hin zum Tragen der Wundmale des Gekreuzigten (vgl. Gal 6,17). So zeigt die Darstellung Caravaggios, wie sich Paulus ganz der Gnade des Glaubens geöffnet hat, die nach Augustinus zusammen mit der Demut zur Vollkommenheit führt.[28]

Die von weichem Helldunkel betonte Stille und Einsamkeit der Szenerie lässt das gnadenhafte Geschehen erahnen, das sich in der Seele des Paulus ereignet, der hier mehr wie ein von Gott Überwältigter und Herausgerufener als ein Bekehrter geschildert wird. Während in Caravaggios Gemälde mit der Berufung des Matthäus in San Luigi dei Francesi die Erwählung öffentlich geschieht, erscheint sie in dem nächtlichen, stillen und verinnerlichten Paulusbild als ein seelisches Ereignis, das nur dem von Gott Angerufenen bekannt ist.[29] Das im Helldunkel leuchtende Licht verweist auf das Geschehen der sich gerade vollziehenden Berufung des Paulus. Das eigentliche Geschehen der Schau Christi wird im Bild nicht enthüllt und bleibt dem inneren Sehen des Betrachters vorbehalten, der auf sich selbst zurückgeworfen bleibt, um das Ereignis in seinen eigenen geistlichen Alltag zurückzuholen.[30]

Während in Caravaggios Erstfassung das Bekehrungsereignis durch seine reiche Situationsschilderung noch Schrecken und Verwirrung bereitete, ist das neue

Paulusbild ganz von einer mystischen Stimmung durchdrungen, die auch in den Alltag des Stallknechtes mit seinem Pferd einzudringen vermag und damit auch die Erlebniswelt des Betrachters berührt. Ohne Schilderung der militärischen Expedition wird das Bekehrungs- und Berufungsgeschehen in einen dunklen Stall verlegt.[31] Das Pferd, das fast die ganze obere Bildhälfte einnimmt, war für die bevorstehende Verfolgungsaktion in der Stadt Damaskus noch nicht gesattelt, als der bereits gerüstete Paulus im Stall vom licht- und gnadenvollen Eingreifen Christi überrascht wurde. Während Paulus in ohnmächtig entrückter Stille auf dem Boden liegt und sich im Zwiegespräch mit Christus befindet, wird auch das Pferd von der mystischen Ruhe des göttlichen Vorgangs berührt. Das schwere, gescheckte Pferd bäumt sich nicht auf, wie in den übrigen Darstellungen der Bekehrung Pauli, sondern steht ruhig mit gesenktem Kopf da. Es hat sogar vorsichtig den Huf gehoben, um den gestürzten Paulus nicht zu verletzen. Anstelle des kampfbereiten, bärtigen Soldaten im ersten Bild steht neben dem Pferd ein unbeteiligt wirkender, alter, barfüßiger Stallknecht. Er führt mit seiner Rechten das Pferd am Zaumzeug und hat ihm beruhigend die linke Hand auf die Nüstern gelegt. Der Knecht und das Pferd sind dem göttlichen Gnadengeschehen nicht fern und werden ebenfalls vom übernatürlichen Licht gestreift, das aus Paulus hervorleuchtet. Der Reitknecht schaut mit seiner hohen, gerunzelten Stirn nachdenklich in sich hinein und fordert auch den Betrachter auf, sich meditierend in das Gnadenwirken hineinzuversetzen und sich dem göttlichen Anruf zu öffnen.[32]

Mit seinem Bild der Bekehrung des Paulus löste Caravaggio das Geschehen der Berufung des Apostels durch den weitgehenden Verzicht auf erzählerische Begleitfiguren aus dem historischen Zusammenhang und schuf somit auch für den Betrachter einen individuellen Zugang zum Konversionsgeschehen. Im Unterschied zur traditionell dargestellten direkten Berufung durch Christus zeigte Caravaggio den Apostel in einer innerlichen Zwiesprache mit dem Auferstandenen, die es auch dem Betrachter ermöglichte, sich in das Gnadenereignis hineinzuversetzen. So rückte der Maler das geschichtliche Eingreifen Christi in das Leben des Paulus in die Wirklichkeit des geistlichen Lebens des gläubigen Betrachters.[33]

Maria assumpta quia immaculata

15. August – Mariä Aufnahme in den Himmel
Evangelium vom Tag: Lk 1,39–56

„Gesegnet bist du mehr als alle anderen Frauen."
Lk 1,42

Das Evangelium, das am Hochfest der Aufnahme der Gottesmutter in den Himmel (Assumptionis Beatae Mariae Virginis) verkündet wird, schildert den Besuch Marias bei ihrer im sechsten Monat schwangeren Verwandten Elisabet. Diese hatte noch in ihrem Alter durch das Wirken Gottes einen Sohn empfangen, den Vorläufer Johannes. Als sich Maria nach der Verkündigung durch den Erzengel Gabriel und der Menschwerdung des Gottessohnes in ihrem Schoß aufmachte, um Elisabet zu besuchen, da begegneten sich bei der Begrüßung der beiden schwangeren Frauen auch die beiden ungeborenen Kinder Jesus und Johannes (vgl. Lk 1,39–44). Bei dieser „Heimsuchung" erkannte Elisabet die alles übersteigende Begnadung Marias, so wie kurz zuvor der Engel in Nazaret Maria als die ganz von der Gnade Gottes Erfüllte begrüßt hatte (vgl. Lk 1,28). Vom Heiligen Geist erleuchtet, sagte Elisabet zu Maria: „Gesegnet bist du mehr als alle anderen Frauen, und gesegnet ist die Frucht deines Leibes" (Lk 1,42). Wenn Maria „voll der Gnade" ist (Lk 1,28), so ist sie auch vor allen „anderen Frauen" gesegnet (Lk 1,42), um für den Sohn Gottes eine vollkommene Wohnstätte zu sein. Weil Maria von Anfang an die Fülle der göttlichen Gnade (gratia plena) geschenkt wurde, sollte sie an ihrem Lebensende auch die Fülle der Herrlichkeit im Himmel (gloria plena) erhalten. Da sie keinen Anteil an der Erbsünde hatte, konnte Maria auch nicht dem Tod und der Verwesung des Leibes unterworfen sein. Der Gnadenfülle Marias am Anfang entspricht ihre Gnadenherrlichkeit in der Vollendung,

Peter Candid, Himmelfahrt Mariä, 1593, Öl auf Leinwand,
252 × 142 cm, Landsberg am Lech, Pfarrkirche Mariä Himmelfahrt. ▷

und auf ihre Unbefleckte Empfängnis folgt ihre Himmelfahrt. Darum glaubt die Kirche, dass die unbefleckt empfangene, allzeit jungfräuliche Gottesmutter Maria am Ende ihres irdischen Lebens als ganzer Mensch mit Leib und Seele in die Herrlichkeit Gottes aufgenommen wurde. So ist Maria in den Himmel aufgenommen worden, weil sie unbefleckt empfangen war (assumpta quia immaculata).

İN DER KUNST DER KATHOLISCHEN GEGENREFORMATION wurde die Darstellung der unbefleckt empfangenen und in den Himmel aufgenommenen Jungfrau und Gottesmutter Maria zu einem Inbegriff für das Festhalten am alten Glauben.[1] Dies wurde besonders in Bayern deutlich, wo der Wittelsbacherherzog Wilhelm IV. (reg. 1508–1550) nach dem Beginn der reformatorischen Umbrüche bereits 1522 in einem Religionsmandat seine bayerischen Untertanen auf die Beibehaltung des katholischen Glaubens verpflichtete.[2] Zur Durchsetzung der katholischen Reformpolitik beriefen die bayerischen Herzöge Wilhelm IV. und Albrecht IV. (reg. 1550–1579) Ordensleute aus Italien und die neuen Orden der Jesuiten und Kapuziner. Durch Bildimporte venezianischer Meister und die Berufung von Künstlern aus Italien wurde die kirchliche Kunst in den Bischofs- und Ordenskirchen des Herzogtums gefördert. Während die Künstler ab 1550 zunächst für die Augsburger Kaufmannsfamilie Fugger arbeiteten, die zuerst die Verbindung nach Italien hergestellt hatten, traten sie ab 1580 unter Wilhelm V. (reg. 1579–1597) zunehmend in den Dienst der bayerischen Herzöge, die mit neuen Kirchenbauten ihre Entschlossenheit demonstrierten, in Bayern den katholischen Glauben zu erhalten und zu fördern. So wirkten am Münchner Herzogshof die aus Flandern stammenden und in Italien geschulten Bildhauer Giovanni da Bologna (1529–1608) und Hubert Gerhard (um 1545–1620) sowie die Maler Friedrich Sustris (um 1540–1599) und Peter Candid (um 1548–1628). Zu den in Venedig ausgebildeten und in Bayern tätigen deutschen Malern gehörten Christoph Schwartz (um 1548–1592) und Hans Rottenhammer (1564–1625), während der bayerische Hofmaler Hans von Aachen (1552–1615) nicht nur in Venedig, sondern auch in Rom seine künstlerische Formung erhalten hatte.[3] Das 1593 von Peter Candid für die Jesuitenkirche in Landsberg am Lech geschaffene Bild der Himmelfahrt Marias ist eines der zahlreichen Kunstwerke, die bis heute von der Förderung der katholischen Kirchenkunst durch die bayerischen Wittelsbacherherzöge künden.

Nachdem die Jesuiten 1540 päpstlich bestätigt worden waren, kamen die ersten Angehörigen der Gesellschaft Jesu 1549 in das bayerische Herzogtum, wo sie an der Universität Ingolstadt wirkten. Für die notdürftig im Münchner Kolleg untergebrachten Novizen der 1556 gegründeten Oberdeutschen Provinz, von der dann 1563 die Österreichische Provinz abgetrennt wurde, suchten die Jesuiten eine eigene Ausbildungsstätte, um dort die jungen Ordensanwärter zwei Jahre lang zu schulen und auf ihre Eignung prüfen zu können. Die Wahl fiel schließlich auf die herzogliche Stadt Landsberg am Lech, die von München und Augsburg gut erreichbar war und auch die notwendige Ruhe zu bieten schien, wie man sie für ein Noviziat wünschte. Der seit Jahresbeginn 1575 als Pfleger Herzog Albrechts V. in Landsberg amtierende Graf Schweikhard von Helfenstein (1539–1599) unterstützte diese Pläne, holte die Jesuiten in die Stadt und übertrug ihnen 1576 das Predigeramt an der Landsberger Stadtpfarrkirche. Nachdem Paulus Hoffaeus (reg. 1569–1581), der Provinzial der Oberdeutschen Jesuitenprovinz, bereits im August 1575 die Errichtung des Landsberger Noviziats beschlossen hatte, konnte 1576 mit dem ersten Bauabschnitt begonnen werden, so dass 1578 die ersten Patres und Novizen in das neue Kolleg einziehen konnten. Die zum Noviziat gehörende Kirche Heilig Kreuz wurde von 1580 bis 1584 durch den Augsburger Architekten Johann Holl (1512–1594) errichtet und war nach ihrer Weihe am 20. September 1584 die erste Jesuitenkirche des bayerischen Herzogtums, deren Bau durch den Münchner Herzogshof gefördert wurde.[4] Obwohl Wilhelm V. 1586 anlässlich eines Besuchs des Landsberger Kollegs für den Apostelaltar der Kirche ein Gemälde versprach, wurde diese Stiftung dann durch den Augsburger Handelsherrn Philipp Eduard Fugger (1541–1600) übernommen, der 1590 ein von Alessandro Paduano (gest. 1596) gemaltes Bild mit den Aposteln Petrus und Paulus vor dem auferstandenen Christus auf dem südlichen Choraltar aufstellen ließ.[5] Als Wilhelm V. 1593 Reliquien an die Landsberger Jesuitenkirche vermittelte, erfüllte er auch seine Stiftungsabsicht von 1586 und ließ für den nördlichen Choraltar durch Peter Candid das Gemälde der Himmelfahrt Marias als Pendant zum Apostelaltar anfertigen.[6]

Peter Candid wurde um 1548 als Pieter de Witte in Brügge geboren und wanderte 1558 mit seiner Familie nach Florenz aus, wohin sein Vater durch Herzog Cosimo I. de' Medici (1519–1574) als Teppichwirker berufen wurde. Der junge Maler, der sich in Italien Pietro Candido nannte, wurde erstmals 1569 für eine Freskoarbeit in Santissima Annunziata als Maler erwähnt. In Florenz war er Mitglied der Zeichenakademie und arbeitete mit Giorgio Vasari (1511–1574) zusammen. Er hielt sich 1581/82 in Rom auf und war 1586 an einer Folge von Familienbildern für den Florentiner Hof beteiligt. Aufgrund einer Empfehlung des ebenfalls aus Flandern stammenden Bildhauers Giovanni da Bologna wurde Peter Candid durch Wilhelm V. als Hofmaler nach München berufen, wo er ab 1587 mit der Anfertigung von Altarbildern für die Jesuitenkirche St. Michael beschäftigt war. Nachdem er noch 1593 das Marienbild für die Landsberger Jesuitenkirche Heilig Kreuz gemalt hatte, wurde er 1595 im Zuge einer allgemeinen Verringerung des Hofstaates entlassen, aber 1602 durch Herzog Maximilian I. (reg. 1597–1651) wieder in den Hofdienst aufgenommen, nachdem er ihn bereits ein Jahr zuvor mit Entwürfen für die Deckenbilder im

Erdgeschoss der Münchner Residenz beauftragt hatte. Peter Candid richtete 1604 eine Teppichmanufaktur ein und war ab 1612 mit Entwurfsarbeiten für die um den Kaiserhof gelegenen Trakte der Residenz beschäftigt. Entwürfe für Deckengemälde schuf Candid 1617 für das Alte Schloss von Schleißheim und 1619 für den Goldenen Saal des Augsburger Rathauses. Sein letzter Großauftrag bestand in den Gemälden für den Hochaltar der Münchner Frauenkirche, die er von 1617 bis 1620 ausführte. Nach der 1625 erfolgten Auflösung seiner Werkstatt starb er im März 1628.[7] Peter Candid gehörte zu den führenden bayerischen Hofmalern seiner Zeit und steht mit seinen Altarbildern künstlerisch gleichrangig neben den Werken von Christoph Schwartz, Friedrich Sustris und Hans von Aachen.[8]

Das von Peter Candid 1593 geschaffene Gemälde der Himmelfahrt Marias befand sich am nördlichen Choraltar der Landsberger Jesuitenkirche, bis es 1698 in einen neuen, größeren Altar übertragen und mit dem bis heute erhaltenen Goldrahmen umgeben wurde. Bei dieser Gelegenheit wurde das Bild seitlich etwas beschnitten und der Halbkreisbogen geringfügig verkleinert, so dass die Engel etwas mehr angeschnitten wurden. Dafür wurde die Leinwand, die man am unteren Bildrand um fünf Zentimeter eingeschlagen hatte, wieder ausgeklappt.[9] Als 1752 die 1584 geweihte Jesuitenkirche dem von 1751 bis 1754 neu errichteten Rokokobau weichen musste, wurde das Marienbild bis 1808 im Kollegsgebäude aufbewahrt, das 1773 nach der Aufhebung des Jesuitenordens von den Maltesern übernommen wurde. Das Gemälde kam 1808 nach dem Abzug der Malteser offenbar in städtischen Besitz, wo es 1895 in der von der Stadt verwalteten Leonhardikapelle erwähnt wurde. Nachdem es 1902 durch das königliche Generalkonservatorium restauriert worden war,[10] übertrug man Candids Marienbild in die Landsberger Stadtpfarrkirche Mariä Himmelfahrt, wo es sich bis 1986 in der Barbarakapelle im südlichen Seitenschiff befand.[11] Nachdem man das Gemälde 1987 dem Landsberger Stadtmuseum als Leihgabe zur Verfügung gestellt hatte,[12] kam es 2013 wieder in die Stadtpfarrkirche Mariä Himmelfahrt zurück.

Das in seinen helleren Partien besser als in den dunklen erhaltene Altarbild[13] ist auf dem Sarkophag am unteren Bildrand signiert und datiert: „SERENISS[IMI]. BAVAR[IAE]. DVC[IS]. PICTOR. PETRVS. CANDIVS[14] FICTOR[15] 1593", „Der Maler Seiner Durchlaucht, des Herzogs von Bayern, Petrus Candidus, Maler 1593".[16]

Das zweieinhalb Meter hohe Gemälde zeigt die leibliche Aufnahme Marias in den Himmel. Die in strenger Vorderansicht wiedergegebene Gestalt der Gottesmutter nimmt zwei Drittel des Bildraumes ein.[17] Ihr Haupt zeigt mädchenhafte, liebliche Züge und ist von einem hauchdünnen Seidenschleier umgeben, der ebenso wie die Borten, Schleifen und Fransen an ihrer Kleidung mit großer Präzision ausgeführt ist.

Sie trägt über einem gelben Untergewand ein hellrotes Kleid, das mit seiner Farbe auf die Mysterien der Menschwerdung und Erlösung ihres göttlichen Sohnes verweist. Die Himmelsfarbe ihres blauen Mantels, den sie mit goldenen Schleifen geschlossen hat, zeichnet Maria als Königin des Himmels aus, in den sie nun aufgenommen wird. Auf den Glanz der himmlischen Herrlichkeit verweisen auch der goldgelb strahlende Hintergrund und die hell leuchtenden, teilweise durchscheinenden Farben, von denen die obere Bildhälfte geprägt ist. Die Gestaltung der himmlischen Sphäre ruft die Ausbildungsjahre Peter Candids in Erinnerung, als er in Florenz mit dem ausgeprägten Kolorismus der frühen Manieristen wie Rosso Fiorentino (1495–1540) in Berührung gekommen war.[18] Das von links oben einfallende Licht, das Marias rechten Arm einen Schatten werfen lässt, trägt dem ursprünglichen Standort des Gemäldes am nördlichen Choraltar mit einem Fenster auf der linken Seite Rechnung.[19] Obwohl Maria auf einer Wolke zu stehen scheint, wird sie dennoch von Engeln in sanfter Bewegung emporgetragen.[20] Während Christus aus eigener Macht in den Himmel aufzufahren vermag, wird seine Mutter aufgenommen und bedarf der behutsamen Mithilfe der Engel, die jedoch aus Ehrfurcht ihren Leib kaum zu berühren wagen. Um Maria bei ihrem Emporsteigen zu helfen, haben seitlich zwei kleine Engel von oben ihren blauen Umhang ergriffen. Zwei andere Putten sind unter Marias Mantel geschlüpft, um ihn von unten her auszubreiten und hochzuheben. Über drei kleinen Engelsköpfen erhebt sich die sanft schwebende Gottesmutter mit ihren Fußspitzen.[21] Während Maria fast unbewegt emporgleitet, blickt sie voller Sehnsucht nach oben und hat betend und zugleich empfangend ihre ausgebreiteten Hände in Orantenhaltung erhoben. Der Empfang Marias im Himmel ist nicht auf dem Gemälde wiedergegeben, sondern war wohl in einem nicht mehr erhaltenen Auszugsbild dargestellt, in dem die Dreifaltigkeit oder auch Christus allein in der Erwartung der Gottesmutter zu sehen waren.[22]

Zu beiden Seiten wird Maria von Engeln umgeben, die aus Freude über die Ankunft der Gottesmutter im Himmel musizieren und mit den Farben ihrer Gewänder lebhaft changieren. Während links neben einer Harfe ein lautstarkes Engelsorchester mit Posaunen und einem Orgelpositiv zu sehen ist, musizieren die Engel auf der rechten Seite mit den leiseren Saiteninstrumenten einer Laute, einer Bassgambe und einer Viola.[23] Von den detailreich und präzis wiedergegebenen Musikinstrumenten heben sich die etwas lockerer gemalten, schwungvoll gekräuselten Locken der Engel ab.[24] Die geflügelten Engel weisen mit ihrem Konzert die obere Bildhälfte dem Bereich des Himmels zu, in dem Gott mit dem ewigen Lobpreis der himmlischen Liturgie angebetet wird. Auch ihre feinen, lieblichen Gesichtszüge, ihre weiße Hautfarbe und ihre schillernden Kleider verweisen auf ihre himmlische Herkunft. Während die zarte Weichheit der Engel und das Changeant ihrer Gewänder auf die Kunst des Federico Barocci (um 1535–1612) verweisen, erinnert das Motiv des Engelskonzertes auch an Marienbilder des Münchner Hofmalers Christoph Schwartz.[25]

Obwohl man von der Thematik der Himmelfahrt her eigentlich Bewegung und Dynamik erwarten würde, wirkt die Gestalt Marias überraschend statisch. Die verhaltene Weise des Emporschwebens, bei der Maria fast in der Luft stehen bleibt, und das strahlende Leuchten, von dem die Gottesmutter umgeben ist, erinnern bewusst an den Bildtypus der Immaculata. Dadurch wird deutlich, dass Marias Unbefleckte Empfängnis (immaculata conceptio) die Voraussetzung für ihre leibliche Aufnahme in den Himmel gewesen ist (assumpta quia immaculata).[26] Die Glaubenslehre, dass Maria von jedem Makel der Erbsünde bewahrt blieb, um den Sohn Gottes in vollkommener Reinheit zu empfangen und zu gebären, ließ sich künstlerisch nur schwer umsetzen. Darum zeigte man die Immaculata als eine zwischen Erde und Himmel schwebende, dem Irdischen enthobene und von Lichtstrahlen umgebene junge Frauengestalt, die dem Bildtypus Mariä Himmelfahrt nahekam. So wurden die Motive der Himmelfahrt Marias und der Unbefleckten Empfängnis durch den Glaubenssatz, dass Maria in den Himmel aufgenommen wurde, weil sie unbefleckt empfangen wurde (assumpta quia immaculata), eng miteinander verbunden.[27] In diesem Zusammenhang ist bemerkenswert, dass die Anfertigung des Marienbildes für die Landsberger Noviziatskirche zeitlich mit der fünften Generalkongregation der Jesuiten zusammenfällt, auf der 1593 für alle Ordensmitglieder vorgeschrieben wurde, die Glaubenslehre von der Unbefleckten Empfängnis zu verteidigen.

Vom himmlischen Geschehen der unbefleckt empfangenen und in den Himmel aufgenommenen Gottesmutter setzt sich das untere Bilddrittel ab. Im Gegensatz zu den lichtvollen und changierenden Himmelsfarben des oberen Bereichs ist die untere irdische Ebene in dunkleren Erdtönen und kräftigen Buntfarben gehalten. Vor einem dunklen Hintergrund sind die Halbfiguren von elf nimbierten Aposteln zu sehen, die mit Erstaunen an den leeren Sarkophag der Gottesmutter herangetreten sind, ohne das Entschweben Marias über sich wahrzunehmen.[28] Unter den Aposteln ragt links der im verlorenen Profil wiedergegebene Petrus hervor, der an seinem kurzen weißen Haupt- und Barthaar erkennbar ist und mit staunend erhobener rechter Hand auf den Sarkophag blickt. Während sein goldgelber Mantel auf die Heiligkeit verweist, zeigt ihn sein blaues Gewand als Nachfolger Aarons und damit als Hohenpriester des Neuen Bundes (vgl. Ex 28). Rechts neben dem Sarkophag ist in Seitenansicht der Apostel Paulus mit rotem Gewand und roséfarbenem Mantel dargestellt. Er trägt den für ihn charakteristischen langen, spitzen Bart, gestikuliert mit beiden Händen und blickt ebenfalls voller Erstaunen in das Innere der Grabtumba. Die roséfarbenen, roten, blauen und gelben Farbtöne der beiden Apostelfürsten sind auch bei Maria zu sehen, wodurch eine allzu strenge Zweiteilung von himmlischer und irdischer Zone aufgelockert wird und sich eine Dreieckskomposition aus den drei wichtigsten Personen ergibt. Das von links oben einfallende Licht beleuchtet besonders die Hände der beiden Apostelfürsten, die nicht nur von vorne, sondern auch von hinten angestrahlt werden und eindrucksvoll das Staunen über das leere Grab Marias zum Ausdruck bringen. Die anderen Apostel stehen weniger im Licht und verschwinden im Hintergrund fast ganz im Dunkeln.[29] Während der bartlose Apostel links neben Paulus Johannes sein dürfte, könnte es sich bei dem Apostel, der sich Petrus mit betend verschränkten Händen zugewandt hat, um dessen Bruder Andreas handeln.

Mit der Darstellung der Apostel, die auf den leeren Sarkophag blicken, ohne das Wunder der leiblichen Aufnahme Marias in den Himmel mit eigenen Augen zu erleben, wich Peter Candid von der bisherigen Bildtradition ab, die sich an der legendarischen Überlieferung der mittelalterlichen „Legenda aurea" orientierte. Dass die Apostel von der Himmelfahrt Marias keine Kenntnis nehmen und nur auf die leere Tumba schauen, könnte mit der katholischen Reaktion auf die reformatorische Kritik am Heiligenkult zusammenhängen, als man sich gezwungen sah, die hagiographischen Quellen zu überarbeiten und anstelle mittelalterlicher Legenden nach möglichst frühen, historisch glaubwürdigen und authentischen Berichten über die Heiligen und damit auch über die Himmelfahrt Marias zu suchen. Nachdem bereits Bischof Luigi Lippomanni (1496–1599) bis 1564 mit seinem umfangreichen lateinischen Werk „Sanctorum priscorum patrum vitae" einen ersten Versuch in dieser Richtung unternommen hatte, gab der Kölner Kartäuser Laurentius Surius (1522–1578) von 1570 bis 1575 ein auf Lippomanni aufbauendes Kompendium heraus. In diesem Werk sammelte Surius nicht nur Argumentationsmaterial gegen die protestantische Kritik, sondern wollte auch gebildeten Katholiken eine am Kirchenjahr orientierte Schriftensammlung zur persönlichen geistlichen Betrachtung an die Hand geben. Das mehrbändige Werk des Kartäusers war so erfolgreich, dass der bayerische Herzog Albrecht V. 1574 eine deutsche Übersetzung in Auftrag gab, die unter dem Titel „Bewerte Historien der lieben Heiligen Gottes" bis 1580 abgeschlossen war.[30] Offenbar hatte sich Peter Candid für sein Marienbild an dieser Quellensammlung orientiert und für die außergewöhnliche Darstellung der in das leere Grab schauenden Apostel eine Predigt des byzantinischen Hagiographen Simon Metaphrastes (gest. vor 1025) zugrunde gelegt, die von Surius zum Fest Mariä Himmelfahrt aufgeführt wurde und sich unter anderem auch auf das Zeugnis des Jerusalemer Bischofs Juvenalis (reg. 422–458) berief. Demnach seien elf Apostel drei Tage lang bei dem verschlossenen Grab Marias in Jerusalem geblieben und hätten himmlische Gesänge gehört. Als nach dem dritten Tag der verspätete zwölfte Apostel zum Grab hinzugekommen sei und man für ihn nochmals das Grab geöffnet habe, sei es bis auf die Leinentücher und die Kleider Marias leer gewesen.[31] Wie bei Jesus sah man auch bei

Maria das leere Grab als den wichtigsten Beweis ihrer leiblichen Aufnahme in den Himmel an.[32] So zeigt das Bild Peter Candids den Augenblick, als die elf Apostel – der soeben nachgekommene zwölfte Apostel ist offenbar noch nicht dargestellt – nach Öffnung des Sarkophags gerade mit Erstaunen wahrnehmen, dass das Grab Marias leer ist. Wie die nachdenklichen Köpfe und auch die Gebetsgeste des neben Petrus stehenden Apostels zeigen, beginnen die Jünger bereits zu glauben, dass die Grablege deshalb leer ist, weil die Gottesmutter mit ihrem Leib in den Himmel aufgenommen wurde.

Peter Candids Altarbild mit der in den Himmel entschwebenden Gottesmutter besticht durch seine harmonische Farbgebung und durch die Idealität seiner Personen. Das Gemälde ist ohne großes Pathos komponiert und rückt nicht das dramatische Ereignis der Auffahrt der Gottesmutter aus dem Grab in den Vordergrund, sondern zeigt Marias feierlich verklärte, himmlische Erscheinung. So wird der Blick des gläubigen Betrachters auf die unbefleckt empfangene und darum ganz zu Gott erhobene Jungfrau und Gottesmutter gelenkt, die vom Himmel her gegenwärtig ist, um mit ihrer Fürsprache für die Menschen einzutreten.[33]

Die Heiligen und die Dreifaltigkeit

1. November – Allerheiligen. Erste Lesung: Offb 7,2–4.9–14

*„Danach sah ich: eine große Schar aus allen Nationen und Stämmen,
Völkern und Sprachen."*
Offb 7,9

Das Hochfest Allerheiligen wurde in der Kirche des Westens erstmals am 13. Mai 609 in Rom begangen und dann 835 in der Karolingerzeit auf den 1. November gelegt. Die erste Lesung des Hochfestes aus der Offenbarung des Johannes schaut bereits den endgültigen Sieg Gottes am Ende der Zeit, um die bedrängte Kirche auf Erden in ihrer Hoffnung zu stärken. In dieser apokalyptischen Schau steht die unzählbare Schar der Geretteten vor Gott und seinem Sohn, der als das Lamm Gottes am Kreuz das Erlösungswerk vollbracht hat. Die Erlösten, die zum Zeichen ihres Sieges Palmzweige in den Händen tragen (vgl. Offb 7,9), stehen für die Schar aller Heiligen, die im Himmel vollendet sind.

Die um Gott versammelte Schar der Heiligen wurde auch von Albrecht Dürer (1471–1528) in einem 1511 geschaffenen Altarbild dargestellt, das er zusammen mit dem Rahmen und den von ihm entworfenen Glasfenstern für die Allerheiligenkapelle des Zwölfbrüderhauses in Nürnberg malte.

Dürer wurde 1471 in Nürnberg geboren und lernte zunächst in der väterlichen Werkstatt das Goldschmiedehandwerk. Da er sich mehr zur Malerei hingezogen fühlte, wurde er 1486 bei Michael Wohlgemut (1434–1519) Malerlehrling. Am Ende seiner Lehrzeit porträtierte er im Herbst 1489 seine Mutter und dann im Frühjahr 1490 seinen Vater. In der anschließenden vierjährigen Gesellenwanderung hielt sich der junge Dürer ab 1490 in Basel auf und kehrte 1494 nach Nürnberg zurück, wo er im Juli die Patriziertochter Agnes Frey (1475–1539) heiratete. Da es ihm noch an Aufträgen mangelte, nutzte er die Zeit für Aquarell- und Deckfarbenstudien. Noch im Herbst 1494 brach er nach Oberitalien auf und gelangte bis nach Venedig. Nach seiner Rückkehr nach Nürnberg, wo es keine Zünfte gab, wirkte er ab dem Frühjahr 1495 als freischaffender Künstler. Während er sich sein Auskommen durch die Anfertigung von Kupferstichen und Einblattholzschnitten sicherte, wurde er durch den sächsischen Kurfürsten Friedrich den Weisen (reg. 1486–1525) als Maler entdeckt, der ihn mit zwei großen Altären beauftragte. Weitere Malereiaufträge erfolgten durch die Nürnberger Patrizierfamilien Haller, Paumgartner, Holzschuher, Harsdörffer, Tucher und Krell. Seit 1497 signierte Dürer seine Werke mit dem unverwechselbaren Markenzeichen eines großen A, in dem ein D eingestellt ist. Durch Conrad Celtis (1459–1508) und Willibald Pirckheimer (1470–1530) kam Dürer auch in Kontakt zum Kreis der Nürnberger Humanisten und ließ sich durch den Venezianer Jacopo de' Barbari (1460/70–1516) inspirieren, der von 1500 bis 1503 in Nürnberg als Hofmaler Kaiser Maximilians I. (reg. 1486–1519) wirkte. Nachdem Dürer 1503 Hans Baldung Grien (1484/85–1545) und Hans Schäufelein (1480/85–1538/40) in seine Werkstatt aufgenommen hatte, brach er im Herbst 1505 zu einer zweiten Italienreise auf und konnte in Venedig seine Reputation als Künstlerpersönlichkeit durch den 1506 für San Bartolomeo gemalten Altar mit dem Rosenkranzfest noch steigern. Er reiste 1507 über Augsburg nach Nürnberg zurück, wo er dann ab 1508 an den Altarbildern für die Heller und Schreyer arbeitete. Für die Kapelle des von Matthäus Landauer (1451–1515) gegründeten Zwölfbrüderhauses entwarf Dürer 1508 die Glasfenster und fertigte 1511 den Allerheiligenaltar an. Der hochangesehene Künstler erhielt zwischen 1512 und 1518 zahlreiche Aufträge von Kaiser Maximilian I., verfasste neben seinen graphischen und malerischen Werken auch kunsttheoretische Schriften und gehörte schließlich zu den reichsten Bürgern Nürnbergs. Um 1520/21 unternahm er nochmals eine Reise in die Niederlande und schloss sich 1525 in seiner Nürnberger Heimatstadt der Reformation an, wo er am 6. April 1528 starb. Mit seinem vielfältigen und humanistisch geprägten Werk steht Albrecht Dürer ebenbürtig in der Reihe mit den großen Vertretern der italienischen Renaissance und ist sicherlich die bedeutendste Künstlerpersönlichkeit Deutschlands.[1]

Ein Jahr nach seiner Rückkehr aus Venedig wurde Albrecht Dürer 1508 in Nürnberg mit der Ausstattung der Allerheiligenkapelle des Zwölfbrüderhauses zur Versorgung alter Handwerker beauftragt. Nachdem bereits 1397 eine ähnliche Gründung durch Konrad Mendel (gest. 1414) erfolgt war, stiftete ab 1501 nach dem Tod seiner Ehefrau Helena Rothan von Bruckberg (gest. 1501) auch der reiche Montanunternehmer und Metallhändler Matthäus Landauer ein Zwölfbrüderhaus.[2] Nach dem 1501 erfolgten Grunderwerb neben dem Inneren Laufer Tor wurde um 1506/07 durch Hans Beheim den Älteren (1455/60–1538) die Kapelle erbaut und 1508 mit den von Dürer entworfenen Glasfenstern ausgestattet. Nach der um 1509 erfolgten

Albrecht Dürer, Die Anbetung der Dreifaltigkeit durch die Heiligen, 1511, Öl auf Pappelholz, 135 × 123,4 cm, Wien, Kunsthistorisches Museum.

Fertigstellung des Zwölfbrüderhauses konnte 1511 in der Kapelle der Altar mit der von Dürer gemalten Bildtafel und dem von ihm entworfenen Rahmen aufgestellt werden. So zeigt die Predella des Rahmens zweimal das Wappenschild der Familie Landauer, das aus einer weißen Spitze mit drei Lindenblättern vor rotem Grund besteht, und dazwischen auf einer geschnitzten Schriftrolle eine in schwarzer gotischer Textur ausgeführte Inschrift, die belegt, dass die Bildtafel 1511 vollendet wurde: „Mathes landauer hat entlich volbracht / das gottes haus der tzwelf bruder / samt der stiftung und dieser thafell / nach xp[i]s[ti] gepurd MCCCCCXI ior."[3] Nachdem am 21. Januar 1510 die Stiftungsordnung unterzeichnet und die Einrichtung von der Stadt Nürnberg übernommen worden war, trat noch im gleichen Jahr der Stifter Matthäus Landauer in das Zwölfbrüderhaus ein.[4] In diesem Altenheim konnten zwölf alleinstehende, rechtschaffene Nürnberger Handwerker Aufnahme und Versorgung finden, die ihren Lebensunterhalt nicht mehr aus eigener Kraft bestreiten konnten. Die Brüder, deren Personenzahl den zwölf Aposteln nachempfunden wurde, verpflichteten sich, täglich nach dem Essen in der Allerheiligenkapelle für das Seelenheil des Stifters zu beten sowie in der benachbarten Ägidienkirche der Benediktiner[5] jeden Sonn- und Feiertag zu beichten und täglich eine Andacht zu halten. Die Brüder wurden zur regelmäßigen Mitfeier der Eucharistie angehalten, und es wurde Sorge getragen, dass sie bei Krankheit beichten und die Sakramente empfangen konnten.[6] Der 1515 in der Kapelle des Zwölfbrüderhauses vor dem Altar im Habit eines Franziskanerterziars bestattete Matthäus Landauer hatte noch 1513 versucht, seine Stiftung vor der Verschwendungssucht seines Schwiegersohnes Wilhelm Haller (1478–1534) zu schützen, der seit 1497 mit seiner Tochter Dorothea Landauer (1480–1529) verheiratet war.[7] Als Kaiser Rudolf II. (reg. 1576–1612), ein begeisterter Sammler von Dürergemälden, das Altarbild 1585 um 700 Gulden erwerben konnte, kam es in die Prager Kunstkammer. Ab 1619 befand sich das Bild in Wien, wo es 1758 im Inventar der Geistlichen Schatzkammer aufgeführt wurde und 1780 in die Gemäldegalerie Wien und damit ins Kunsthistorische Museum gelangte. Der Rahmen des Allerheiligenaltars verblieb dagegen in Nürnberg und befindet sich heute im Germanischen Nationalmuseum.[8] Nach der zwischen 1806 und 1808 erfolgten Auflösung wurde das Zwölfbrüderhaus ab 1809 als Realstudienanstalt, ab 1816 als Bürgerschule, ab 1833 als Kunstgewerbeschule und ab 1900 als Realgymnasium genutzt. Während man das Brüderhaus nach den Zerstörungen des Bombenangriffs vom 2. Januar 1945 durch einen Neubau ersetzte, wurde die Landauerkapelle 1956/57 wieder aufgebaut[9] und dient seit 2006 dem altkatholischen Gottesdienst.

Die 1507 zur Ehre der Heiligsten Dreifaltigkeit und aller Heiligen geweihte Kapelle erhielt 1511 ein von Dürer angefertigtes Altarretabel, das die Anbetung der Trinität durch Engel, Heilige und die kirchlichen Stände darstellt. Wie eine auf das Jahr 1508 datierte Entwurfszeichnung mit dem Gemälde und dem dazugehörenden Rahmen zeigt, war Dürer zu diesem Zeitpunkt mit dem Altarprojekt beauftragt worden, zu dem auch Entwurfsarbeiten für die im Zweiten Weltkrieg zerstörten Glasgemälde der Kapelle gehörten. Damit ist die Landauerkapelle das früheste Beispiel für Dürers Tätigkeit als Ausstattungskünstler. Die zusammen mit dem Altar entworfenen

Glasfenster waren auf drei Scheiben mit 1508 datiert und wurden wohl als Erstes ausgeführt. Nachdem Dürers Schüler Hans Süss von Kulmbach (um 1485–1522) die Entwürfe des Meisters umgezeichnet hatte, waren sie in der Werkstatt des Nürnberger Glasmalers Veit Hirsvogel des Älteren (1461–1525) angefertigt worden.[10] Bis zum Zweiten Weltkrieg hatten sich neun Scheiben erhalten, die von Weinrankenbögen mit Trauben überspannt waren und figürliche Darstellungen mit jeweils einer zweizeiligen Bildunterschrift zeigten. Auf dem mittleren Ostfenster thronte, den Altar überragend, die mit drei Gesichtern wiedergegebene Trinität als Weltenherrscher zwischen zwei anbetenden Engeln. Die Dreifaltigkeitsdarstellung und die beiden flankierenden Engel setzten sich aus drei Scheiben zusammen, die sich inschriftlich jeweils auf Gottvater, den Sohn und den Heiligen Geist bezogen und alle mit 1508 datiert waren. Zum nördlichen Ostfenster gehörte wohl das Scheibenpaar, das die von Engeln umgebene und gekrönte Maria als Anführerin der beiden Apostelfürsten sowie die durch ihre Symbole repräsentierten Evangelisten und vier weitere männliche Heilige zeigte. Darunter dürfte das Scheibenpaar angebracht gewesen sein, das den knienden, von einem Engel an der Hand geführten Stifter Matthäus Landauer mit seiner Familie sowie die vor Gottvater knienden klugen und törichten Jungfrauen (vgl. Mt 25,1–13) zeigte. In Entsprechung zu Maria als der höchsten Heiligen des Neuen Bundes muss man sich wohl auf dem südlichen Fenster der Ostwand Johannes den Täufer als Anführer der Gerechten des Alten Bundes vorstellen. Darunter könnte sich das Scheibenpaar mit dem Sturz der ungehorsamen Engel und dem Opfer des gehorsamen Abraham befunden haben.[11]

Wie die Entwurfszeichnung von 1508 zeigt,[12] hatte Dürer in seine Bildkomposition von Anfang an die Altararchitektur einbezogen. Der im Vergleich zum Gemäldeentwurf relativ genau durchgezeichnete Rahmen ist ornamental und figürlich aufwendig gestaltet und als Eintafelaltar ohne Flügel und mit fast quadratischem Tafelbild an italienischen Renaissancevorbildern ausgerichtet.[13] Als Nürnberger Vorbilder kommen für die Darstellungen der Bogenlünette und des Figurenfrieses die 1310/15 entstandene Weltgerichtspforte der Sebalduskirche und der um 1355/60 ausgeführte obere Abschluss des Hauptportals der Lorenzkirche in Betracht. Während das inhaltliche Konzept des Weltgerichts bei der Ausführung des Rahmens übernommen wurde, kam es bei der ornamentalen Gestaltung und beim Altaraufbau zu Modifizierungen. Die sehr italienisch wirkenden, klar strukturierten Renaissanceformen der Zeichnung wichen spätgotisch wuchernden Ornamenten, indem man die zwei Altarsäulen und auch die beiden Zwickel, die durch die obere Abrundung des ursprünglich rechteckig entworfenen Bildfeldes entstanden waren, mit geschnitztem Laubwerk dekorierte.[14] Der ausgeführte Rahmen, der sich über einer wahrscheinlich gemauerten Altarmensa befand, näherte sich mit seinen Proportionen und seiner ornamentalen Dekoration dem spätgotisch gewölbten Kapellenraum an und erinnerte mit seinem portalähnlichen Charakter auch an die Gerichtsdarstellungen der Nürnberger Kirchenportale.[15] Das von einem Nürnberger Bildhauer ausgeführte qualitätvolle Schnitzwerk könnte auf Ludwig Krug (1488/90–1532) oder auf den Meister der um 1510 entstandenen und im Germanischen Nationalmuseum aufbewahrten Nürnberger Madonna zurückgehen.[16] Der reich geschnitzte Rahmen besteht aus zwei Säulen, die eine von Putten flankierte halbrunde Lünette mit zwei kleinen Posaunenengeln tragen, in der die Relieffiguren des zwischen Maria und Johannes dem Täufer thronenden Weltenrichters Christus dargestellt sind. Auf dem darunterliegenden Fries ziehen links die von Petrus als Papst angeführten Gerechten zur Sonne des Heils (vgl. Mal 3,20), während rechts die Verdammten durch Teufel in den Höllenschlund getrieben werden, wobei in der Mitte noch um einen am Boden liegenden Menschen gerungen wird. So erscheint der Akt des Jüngsten Gerichts als Voraussetzung für die auf Dürers Gemälde gezeigte andauernde und allgemeine Anbetung der Trinität.[17]

Wie beim Rahmen hatte Dürer auch bei der Umsetzung des Altarbildes den Entwurf noch geändert. Während er die grundsätzliche Bildanlage einer aus Erde und Himmel zusammengesetzten Komposition übernahm, fügte er sein Selbstporträt auf dem unteren Landschaftsstreifen und die anbetenden Vertreter der kirchlichen Stände erst bei der Ausführung des Gemäldes ein. Zudem wurden zu den Heiligen gewöhnliche und teilweise genrehaft wirkende Personen hinzugefügt, die sich weder durch besondere Attribute noch durch eine besonders ehrwürdige Haltung auszeichnen.[18]

Das Bildprogramm des Altargemäldes erschließt sich durch den Titel der zur Ehre der Trinität und aller Heiligen geweihten Brüderhauskapelle und steht in engem Zusammenhang mit dem von Dürer entworfenen Rahmen und den ebenfalls auf Dürer zurückgehenden Glasfenstern.[19] Die Tatsache, dass in die ursprünglich geplante Anbetung der um die Dreifaltigkeit versammelten Heiligen auch nicht kanonisierte geistliche und weltliche Vertreter der Kirche aufgenommen wurden, erklärte Erwin Panofsky (1892–1968) im Anschluss an Augustinus (354–430) als Darstellung des endgültigen Gottesstaates (civitas Dei), in den nach dem Jüngsten Gericht alle Auserwählten aufgenommen sein werden. Der portalähnliche Rahmen mit dem Weltgericht erscheint dann als Tor, durch das der Bildraum des Altargemäldes mit der ewigen Anbetung Gottes im himmlischen Jerusalem (vgl. Offb 21,1–5) betreten wird.[20] Da die in den Gottesstaat Aufgenommenen alle Heilige sein werden, erscheint das Altargemälde tatsächlich als Allerheiligenbild, wie es auch dem Weihetitel der Kapelle entspricht.[21] Dass bis auf Johannes den Täufer, Mose, David, Maria und fünf jungfräuliche Märtyrinnen keine weiteren Personen als Heilige zu identifizieren sind, lässt sich teilweise dadurch erklären, dass bereits auf dem Rahmen Petrus und auf den Glasfenstern Evangelisten, Apostel und Kirchenväter dargestellt waren.[22] Der untere Landschaftsstreifen mit dem Selbstporträt Dürers neben dem abgestorbenen Baumstumpf und den kleinen Darstellungen von Booten und einer Reiterfigur kann aber nicht der überzeitlich-ewigen Welt des himmlischen Jerusalem angehören, sondern ist noch Teil der realen irdischen Welt.[23] So wird nicht der bereits eingetretene ewige Gottesstaat gezeigt, sondern die Vision des himmlischen Jerusalem, das von Dürer als Erdenbewohner und von den aus den kirchlichen Ständen gebildeten Seligen geschaut wird. Durch das auf dem Rahmen dargestellte Weltgericht wird deutlich, dass die auf dem Gemälde gezeigte Vision des ewigen Gottesstaates erst dann Wirklichkeit werden kann, wenn der Jüngste Tag gekommen sein wird. Das Visionäre der Darstellung, das auch durch die idealisierende Farbgebung mit kräftigen Rottönen und reicher Goldverwendung unterstrichen wird, weist auf die künftige Seligkeit voraus, wie sie vom Standpunkt der bewohnten Welt aus in Erscheinung tritt und geschaut wird.[24] So bedeutet die Zweiteilung von Erde und Himmel die Unterscheidung zwischen den zeitlich unterschiedlichen Realitätsebenen des erzählenden Malers auf der Erde und den von ihm visionär im künftigen, himmlischen Jerusalem geschauten Seligen. Auch ohne Kenntnis der augustinischen Vorstellung des ewigen Gottesstaates konnten die alten Handwerksbrüder in Erinnerung an das Allerheiligenfest die Darstellung mit seiner idealen himmlischen Ordnung als Vision des göttlichen Heilsplanes und Erfüllung der ganzen christlichen Heilslehre begreifen. In dieser Vision sind zur Anbetung des in Form des Gnadenstuhls dargestellten dreifaltigen Gottes die Repräsentanten der kirchlichen Stände, die Gerechten des Alten Bundes mit Mose, David und Johannes dem Täufer sowie Maria mit den jungfräulichen Märtyrinnen versammelt.[25] Mit der visionär geschauten Versammlung aller Seligen vor Augen, sollten die Brüder auf ihrem Weg zu diesem ewigen Gottesstaat gestärkt werden und dabei als wichtigstes Gnadenmittel die Eucharistie begreifen, was ihnen durch zahlreiche Bildmotive anschaulich gemacht wurde. So steht im Mittelpunkt des Gemäldes das Bildmotiv des Gnadenstuhls mit dem gekreuzigten Christus in den Händen Gottvaters, das sich auf die sakramentale Vergegenwärtigung des Kreuzesopfers in der Eucharistie bezieht. Auch die Engel, die mit den Leidenswerkzeugen Christi den Gnadenstuhl umgeben, verweisen auf den Erlösertod des menschgewordenen Gottessohnes. Im spätgotischen Rippengewölbe direkt über Landauers Grabplatte und vor dem Altar birgt der Abhängling ein steinernes Kruzifix, das ebenfalls die Bedeutung des Messopfers unterstreicht.[26] Die Eucharistie wird auch durch einige Heiligenattribute und die Weinranken an den beiden Säulen des an ein Kirchenportal erinnernden Rahmens symbolisiert, vor allem aber durch die Parallelität zwischen dem Bildmotiv Gottvaters, der seinen gekreuzigten Sohn darbietet, und dem darunter am Altar zelebrierenden Priester, der die konsekrierte Hostie zeigt. Die eucharistische Thematik verband sich mit dem auf dem Rahmen dargestellten Weltgericht und stellte den in der Kapelle betenden Brüdern, die zur Monatsbeichte und zum regelmäßigen Sakramentenempfang verpflichtet waren, die Bedeutung der Vorbereitung auf eine gute Sterbestunde vor Augen. Auch die in den Fenstern dargestellten drei Szenen des Engelsturzes, des Abrahamsopfers und der Jungfrauenparabel mit der von Engeln geleiteten Stifterfamilie erinnerten die Brüder zum einen an das Gericht, dann an das in der Eucharistie gegenwärtige Heilsopfer des Kreuzestodes Christi und schließlich an das wachsame Erwarten des in der Todesstunde kommenden Christus. So wurde die würdevolle Heiligenversammlung der Entwurfszeichnung in der Ausführung durch nicht kanonisierte Gläubige, darunter den Stifter und dessen Schwiegersohn, erweitert, die mit ihren genrehaft gezeigten Trachten und unterschiedlichen Kopfbedeckungen zu Identifikationsfiguren für die Brüder werden konnten. Die zusammen mit den Heiligen in hierarchischer Weise dargestellten gewöhnlichen Gläubigen zeigten den Brüdern, dass die im Gnadenstand Verstorbenen je nach ihren Verdiensten zur Anschauung Gottes (visio beatifica) gelangen. Durch die Sakramente von ihren Sünden befreit, durften auch die Brüder mit ihrem Stifter hoffen, nach ihrem Tod in den Himmel zu kommen, in dem dann die Armen den Reichen gleichgestaltet sein werden.[27] So stand den alten Brüdern die gesamte christliche Heilsbotschaft als trostreiche Vision einer idealen Zukunft im Reich des dreifaltigen Gottes vor Augen, in der jeder Gläubige und damit auch der arme Greis zusammen mit allen Heiligen seinen Platz haben wird. Die alten Männer hatten in ihrer Brüderhauskapelle die Glasfenster, die Weltgerichtsdarstellung und das Allerheiligenbild vor Augen, um an diesem Ort an der Eucharistie teilzunehmen und sich auf die baldige Begegnung mit Christus im Tod vorzubereiten. Die Gerichtsszene auf dem Rahmen und die Gottesschau auf dem Gemälde verweisen auf die erwartete und erhoffte Zukunft, die als visionäre Schau geschildert ist und auf dem Altar im Messopfer sakramentale Wirklichkeit wird.[28]

Dem Patrozinium der Kapelle entsprechend, stellte Dürer die Trinität dar, wie sie von Heiligen des Alten und Neuen Bundes, aber auch von Engeln und Vertretern der geistlichen und weltlichen Stände der Kirche angebetet wird. Das fast eineinhalb Meter hohe und mit Ölfarben auf Pappelholz gemalte Allerheiligenbild ist im Unterschied zum Entwurf an den beiden oberen Ecken abgerundet, wodurch sich eine annähernd kreisförmig geschlossene Anordnung der Figuren ergibt. Die ins Unendliche erweiterte Schar der unzählbaren Engel, Heiligen und Gläubigen umgibt den Gnadenstuhl mit der göttlichen Dreifaltigkeit wie in einem Reigen. Die kreisförmige Komposition wird zum Sinnbild für die christliche Heilsbotschaft von der vollkommenen Gemeinschaft und allumfassenden Einheit, wie sie im himmlischen Jerusalem für das Menschengeschlecht erwartet wird.[29] Aus der hierarchischen Ordnung der Figuren und der Farb- und Lichtgestaltung entsteht ein weiter Bildraum, der das gesamte Geschehen einheitlich umschließt. Während die Bildanlage durch ihre wuchtige Renaissancekomposition besticht, zeichnen sich die Farben durch ihre helle Leuchtkraft aus.[30] Die harmonischen Farben, die nur schattiert sind, ohne zu changieren, bestehen aus den Grundtönen von Rot, Blau, Grün und Gelb, die auch beim Gnadenstuhl vorkommen, sowie aus der Mischfarbe Braun.[31] An die Seite der leuchtenden Farben treten die kostbar ausgeführten Partien der Rüstung des Schwiegersohnes, des kaiserlichen Gewandes und der Kronen und Halsketten, die alle mit Pinselgold gemalt sind.[32] So vereinigt das gut erhaltene Altarbild[33] in hierarchischer Klarheit Himmel und Erde, Engel und Menschen, Alten und Neuen Bund, Geistlichkeit und Laienstand.[34]

Am unteren Bildrand erscheint die irdische Zone, die durch eine perspektivische Landschaft mit tiefem Horizont dargestellt wird, die sich im Licht der Morgensonne verliert. Der schmale Landschaftsstreifen wird durch eine Meeresbucht in zwei Hälften geteilt und weitet sich ins Unendliche.[35] Dass der Abschluss der Landschaft im Gegensatz zur geraden Begrenzung der Entwurfszeichnung gerundet erscheint, könnte mit den neuen Erkenntnissen zur Kugelgestalt der Erde zusammenhängen.[36] Das Felsengebirge, die Meeresbucht, das Hügelland und die Stadt zeigen, dass mit der Landschaft gleichsam die ganze Welt gemeint ist. Die Morgenröte am Horizont erinnert an den Jüngsten Tag, an dem die Welt durch das Endgericht hindurch im himmlischen Jerusalem neu geschaffen wird.[37] Während sich rechts die Farbigkeit von einem dunklen Grün und helleren Wiesenflächen zu bläulichen Bergen entwickelt, ist links ein gelbbrauner Grund mit einer Stadtansicht zu sehen, der dann vom Bräunlichen ins Blaue übergeht und mit einer zum Meer absinkenden Hügelkette abschließt.[38] Die aus verschiedenen Ansichten zusammengesetzte Landschaft nimmt oberitalienische Motive auf, die Dürer auf seinen Italienreisen kennengelernt hatte. Der am Ufer erkennbare Turm entspricht dem Bergfried der auf einer felsigen Landzunge am Ostufer des Gardasees erbauten Skaligerburg von Malcesine. Während die Stadt am See wohl eine freie Erfindung Dürers ist, lässt sich die links oberhalb der Stadt aufragende Burg als das Castel Penede an der Nordspitze des Gardasees bestimmen.[39] Auch wenn die Landschaft in einsamer Schönheit zu existieren scheint, ist sie dennoch nicht menschenleer. So sind nahe am rechten Ufer zwei Schiffe mit dreieckigen Lateinersegeln und am linken Seeufer vor der Stadt kleine, bemannte Fischerboote zu sehen. Im rechten Landschaftsstück hat sich Dürer mit einer Inschrifttafel selbst dargestellt. Er steht neben einem abgestorbenen Baumstumpf, der wie er selbst dem Bereich der irdischen Welt angehört.[40] Dürer steht auf einer Erhöhung und blickt aus dem Bild heraus, während er mit seiner rechten Hand eine proportional gesehen riesige Tafel hält. Der Maler trägt auffallend rote Strümpfe und ist über einem roten Gewand mit einem prächtigen, pelzgefütterten, bodenlangen Mantel bekleidet. Er trägt eine rote Mütze, unter der seine gepflegten, gelockten Haare hervorquellen. Auf die Situation des Selbstporträts verweist der Blick Dürers, der aus den Augenwinkeln kommt und wohl auf einen Spiegel gerichtet ist.[41] Der Maler weist stolz auf die antikisierende Tafel, die mit dem Monogramm des Künstlers abgeschlossen wird und die lateinische Inschrift trägt: „ALBERTVS. DVRER / NORICVS. FACIE/BAT. ANNO. A. VIR/GINIS. PARTV / 1511", „Albrecht Dürer aus Nürnberg hat es geschaffen im Jahr nach der Jungfrauengeburt 1511".[42] Auch wenn Dürers Gestalt kleiner als die Figuren der himmlischen Anbeter erscheint, so steht er doch über dem irdischen Treiben.[43] In ähnlicher Weise wie der Seher der Apokalypse, der einsam auf der Insel Patmos seine Inspiration über das Ende der alten Welt und das neue, himmlische Jerusalem empfängt (vgl. Offb 1,9), tritt auch Dürer als Visionär der über ihm dargestellten Gemeinschaft der Heiligen und Erlösten auf, die er den vor dem Altarbild Betenden kraft seiner Malkunst vor Augen führt.[44] Während Dürer an die Stelle des apokalyptischen Sehers tritt, erinnert die Seelandschaft an die Schilderung des himmlischen Jerusalem mit dem Strom des Lebenswassers (vgl. Offb 22,1). So wird deutlich, dass sich Dürer bei der Gesamtkonzeption seines Altarbildes auch an der Schilderung des himmlischen Jerusalem (vgl. Offb 21,1–5) orientiert hatte.[45]

Über der irdischen Landschaft erscheinen bereits auf himmlischen Wolken die Gläubigen, die ebenso wie die Heiligen und Engel über ihnen den dreifaltigen Gott anbeten. Sie knien in einem weitgespannten Kreis, der sich vorne zwischen der Rückenfigur eines Papstes und der vorderansichtigen Gestalt des Kaisers zum Durchblick auf die große Schar in der weiten Tiefe des Hintergrundes öffnet.[46] Während die Schar der von Papst und Kaiser angeführten Gläubigen von den Farben Rot und Gold beherrscht wird, stellen in der Bildmitte zwei Männer und eine Frau, die in hellblaue Gewänder gehüllt sind, die Verbindung zum gleichfarbigen Wolkenhimmel her, der die ganze Komposition zusammenhält.[47] Da sich keine der Gestalten mit einem bekannten Heiligen in Verbindung bringen lässt, wird man die Gruppe der Gläubigen wohl im augustinischen Sinn des Gottesstaates als Christen deuten, die sich durch ihre Frömmigkeit auszeichnen und somit auch das ewige Leben verdienen.[48] Die Gläubigen gliedern sich in die beiden Stände der Kirche und werden von den höchsten Würdenträgern des Papstes und des Kaisers angeführt, die überpersönlich gemeint sind, so dass mehrere Herrscher und zwei Päpste dargestellt sind. In der Versammlung der geistlichen und weltlichen Stände kommt auch der Wunsch der Reichsstadt Nürnberg nach einem wohlgeordneten friedlichen Zustand des Heiligen Römischen Reiches Deutscher Nation zum Ausdruck, in dem Papst und Kaiser einträchtig die Christenheit anführen.[49] Auch die alten Brüder des landauerschen Handwerkerheimes konnten sich unter den verschiedenen Vertretern der christlichen Kirche repräsentiert sehen.[50]

Auf der linken Seite sind die Vertreter des geistlichen Standes zu sehen. Während der Entwurf den vorderansichtig als Papst mit Schlüssel gegebenen Petrus neben einem Kardinal, einem Bischof, einem Mönch und den Köpfen weiterer Personen zeigte, gestaltete Dürer in der Ausführung die Figurenkomposition variantenreicher und erweiterte sie mit einem zweiten Papst und zahlreichen Ordenspersonen.[51] In Rückenansicht wird im verlorenen Profil ein bärtiger Papst gezeigt, der seine Hände betend in Orantenhaltung ausgebreitet hat. Er trägt die Tiara und ist über einer weißen Albe mit einem prächtigen Rauchmantel (pluvialis) aus Goldbrokat bekleidet, der auf dem Rückenschild unter der herabfallenden Infel das aufgestickte Monogramm [I]HS zeigt, das für die ersten Buchstaben des Namens Jesus steht. Links neben ihm ist der im Profil gegebene Kopf eines zweiten Papstes zu sehen, der ebenfalls die Tiara trägt. Daneben fällt der Blick auf die große, rückenansichtige Figur eines leuchtend rot gekleideten Kardinals mit gleichfarbigem Prälatenhut und großer Mönchstonsur. Rechts neben ihm ist der kleine Kopf eines zweiten Kardinals erkennbar. Links sind drei Mönche zu sehen, die ihre Häupter mit Kapuzen bedeckt haben. Während der Träger der schwarzen, weißgesäumten Kapuze dem Predigerorden des hl. Dominikus (um 1170–1221) angehört, ist links neben ihm ein Mönch im dunkelgrauen Habit zu sehen. Zum Orden der Minderbrüder gehört der ganz am linken Bildrand stehende braune Kapuzenträger.[52] Darüber schließen sich Ordensfrauen an, von denen die weiß verschleierten Schwestern wohl Drittordensgemeinschaften zuzurechnen sind. Am Bildrand steht eine Nonne des von der hl. Birgitta von Schweden (1303–1373) gegründeten Erlöserordens. Diese Gemeinschaft hatte 1426 in Gnadenberg südlich von Nürnberg ein Kloster gegründet, das von den Patriziern der Reichsstadt mit großzügigen Stiftungen bedacht wurde, während Dürer 1507 für die Klosterkirche ein Gutachten zur Errichtung eines neuen Dachstuhls ausgearbeitet hatte.[53] Neben der Birgittin ist der Kopf einer Nonne erkennbar, die wohl zu den Klarissen gehört, die in Nürnberg im Klarakloster ihren Konvent hatten. In diesem Kloster lebte auch die humanistisch gebildete Caritas Pirckheimer (1467–1532), die Schwester des mit Dürer befreundeten Gelehrten Willibald Pirckheimer. Zu den Dominikanerinnen,[54] die im Nürnberger Katharinenkloster seit 1295 ein blühendes Ordensleben führten und im 15. Jahrhundert die größte deutschsprachige Klosterbibliothek unterhielten, gehören die beiden Nonnen im schwarzweißen Habit rechts neben der Klarissin und links neben dem grauen Mönch. Der rückwärtig gezeigte Kardinal hat sich gerade herumgewendet und mit einer einladenden Geste seine linke Hand zu einem Mann mit langen grauen Haaren ausgestreckt. Der mit einem pelzverbrämten Mantel bekleidete Mann ist der fast sechzigjährige Stifter Matthäus Landauer, der 1510 ein Jahr vor der Aufstellung des Altarretabels in der Allerheiligenkapelle in das Brüderhaus gezogen war und dort noch fünf Jahre bis zu seinem Tod lebte. Während der mit dem himmlischen Zeremoniell vertraute Kardinal den alten Stifter mit einer freundlichen Handbewegung zum Nähertreten ermutigt und in den Kreis aufnimmt, hat Matthäus Landauer ehrfurchtsvoll seine Pelzmütze abgenommen und hält sie in seinen Händen. Der als einziger Laie in der Gruppe der geistlichen Stände kniende Stifter ist nach dem Leben porträtiert, wie eine großformatige, mit 1511 datierte und mit „landawer styfter" beschriftete Kohlezeichnung im Frankfurter Städel zeigt, in der auch Dürers Sympathie für den Wohltäter zum Ausdruck kommt.[55]

Auf der rechten Seite sind die Laien versammelt, die durch die mächtige Gestalt des Kaisers angeführt werden, der in der Ausführung an die Stelle des im Entwurf vorgesehenen Königs David mit der Harfe getreten ist. Der gekrönte Kaiser erinnert an die in Nürnberg aufbewahrten Reichskleinodien[56] und ähnelt dem im oberen Register dargestellten König David und der Figur Gottvaters, der ebenfalls die Kaiserkrone trägt.[57] Mit seinem mächtigen Bart entspricht der Kaiser dem Typus Karls des Großen (reg. 768–814), der sich als „neuer David" sah.[58] Der Kaiser trägt das goldene Widderfell des Ordens vom Goldenen Vlies, dem der 1508 zum Kaiser gekrönte habsburgische, römisch-deutsche König Maximilian I. (reg. 1486–1519) als Erbe des Burgunderherzogs Karls des Kühnen (reg. 1467–1477) vorstand. Die Insignie ist aber nicht an der aus den Zeichen für Feuerstahl, Feuerstein und Funken gebildeten Ordenskette befestigt, sondern hängt an der goldenen Kette des aragonesischen Kannenordens. Hier zeigt sich ein Hinweis auf die Ehe des kaiserlichen Sohnes Philipp I. (1478–1506) mit Johanna (1479–1555), der Erbin von Kastilien und Aragon, und den aus dieser Verbindung hervorgegangenen Sohn Karl (1500–1558), der seit 1506 Herzog von Burgund und nominell König von Kastilien war und dann 1519 in Frankfurt zum König gewählt und 1520 in Aachen zum Kaiser gekrönt wurde.[59] Links neben dem Kaiser sind zwei weitere gekrönte Häupter zu sehen. Der hintere Monarch trägt über dem Corno Ducale, dem Würdezeichen der Dogen von Venedig, eine Krone. Der vordere, dunkelhäutige König, der mit betend verschränkten Händen zur Dreifaltigkeit aufblickt, trägt eine massive Goldkrone. In den beiden Königen, von denen der dunkle orientalisierende Gesichtszüge besitzt, könnte man zusammen mit dem an den hl. Karl den Großen erinnernden Kaiser eine Anspielung auf die Heiligen Drei Könige sehen.[60] Der Kaiser wendet sich aus dem Bild heraus mit einer erklärenden Geste einem weiteren Monarchen zu, der mit gefalteten Händen und rotem Mantel auf den Wolken kniet. Mit seiner Rechten zeigt der Kaiser zur Trinität hinauf und hält seine linke Hand nach unten, um vielleicht anzudeuten, dass sich die Verhältnisse auf der Welt, für die er verantwortlich ist, nach den göttlichen Geboten zu richten haben. Zwischen dem Kaiser und dem rot gekleideten Monarchen ist ein Fürst dargestellt, auf dessen Herrscherwürde der weite Hermelinkragen und der Fürstenhut verweisen. Während im

Hintergrund die Köpfe von bürgerlich gekleideten Personen zu sehen sind, fällt der Blick rechts über dem knienden Monarchen auf einen alten Mann, der mit seiner linken Hand einen grünen Hut an die Brust presst und mit der Rechten einen Dreschflegel hält. Der alte Mann wendet sein von schwerer Arbeit gezeichnetes Gesicht zu einem Engel zurück.[61] Der jünglingshafte Engel trägt einen Stirnreif, der den treuen Engeln im Glasfenster des Engelsturzes gleicht. Er hat wie ein Schutzengel liebevoll den Arm um die Schultern des Bauern gelegt, in dem sich auch die alten, bedürftigen Männer im Brüderhaus wiederzufinden vermochten.[62] Links daneben blickt ein Mann mit einem hohen, blauen Hut aus seinen Augenwinkeln „neugierig und skeptisch auf das ihm seltsam erscheinende Paar"[63]. Sicherlich nicht ohne Absicht ist neben den alten Bauern kontrastreich ein Ritter in vergoldetem Harnisch gestellt, in dem sich Wilhelm Haller, der ungeliebte Schwiegersohn des Stifters Matthäus Landauer, erkennen lässt, dessen repräsentative Darstellung auf dem Gemälde trotz allem eine Aufwertung des sozialen Status der Stifterfamilie bedeutete.[64] Die seit 1497 mit Wilhelm Haller verheiratete Dorothea Landauer hatte sich nach dem Tod ihres Vaters 1515 von ihrem herrischen und gewalttätigen Ehemann getrennt und 1516 Nürnberg verlassen. Sie konnte 1517 beim geistlichen Bamberger Gericht die Annullierung ihrer Ehe erlangen und sich unter markgräflich-ansbachischem Schutz auf ihrem Familiensitz in Wolkersdorf niederlassen, wo sie bis zu ihrem Tod 1529 lebte. Die durch das weit vorspringende Kinn wenig sympathisch wirkenden Züge Wilhelm Hallers scheinen porträtähnlich zu sein.[65] Wilhelm Haller trägt eine silberne Haube und hat einen modegerechten, vergoldeten Riefelharnisch angelegt. An der goldenen Kette des brandenburgischen Ordens der Schwanenritter mit dem Abzeichen der Madonna im Kranz[66] trägt er ein kleines Medaillon mit dem Wappen der Familie Haller. Vielleicht sind unter den Edelfrauen und Bürgerinnen, die hinter dem Schwiegersohn zu sehen sind, auch Porträts von Angehörigen der Familien Landauer und Haller dargestellt.[67] Am rechten Bildrand ist eine tief verschleierte, rot gekleidete und kostbaren Schmuck tragende Frau zu sehen, die eine mit Edelsteinen und Perlen besetzte Haube trägt. In ihr könnte man vielleicht die Ehefrau Dorothea Haller erkennen. Jedenfalls fällt der Kontrast zwischen den goldenen und roten Farben in der Gruppe um Wilhelm Haller und den dunklen Tönen des Stifters mit den Ordensleuten auf der gegenüberliegenden Seite ins Auge.[68]

Über der Schar der Gläubigen erscheinen im oberen Bereich in zwei Gruppen die Heiligen, die jeweils von Maria und Johannes dem Täufer angeführt werden, die unter dem Gnadenstuhl der Dreifaltigkeit knien. Diese Darstellung, die sicherlich auch auf den Glasfenstern hinter dem Altarretabel zu sehen war, entspricht der Deesisgruppe auf dem Rahmen, wo Maria und Johannes während des Weltgerichts am Jüngsten Tag Fürbitte beim Richter Christus einlegen.[69] Die Auswahl der durch ihre Attribute ausgewiesenen Heiligen verbindet sich auch mit dem Mysterium der Eucharistie, das den Brüdern deutlich vor Augen gestellt werden sollte.[70]

Da nach Augustinus der Gottesstaat mit Abel als dem ersten Gerechten anhebt, finden sich unter den Heiligen auf der rechten Seite mit Mose und David die Vertreter des Alten Testamentes, während Johannes der Täufer bereits an der Schwelle zum Neuen Bund steht. Auch die übrigen Personen auf der rechten Seite sind als alttestamentliche Gestalten zu deuten.[71] Während im Entwurf David und Mose mit weiteren bärtigen Männern des Alten Bundes noch im unteren Bereich gegenüber Petrus angeordnet waren, sind sie in der Ausführung hinter Johannes den Täufer gerückt, der bereits in der Zeichnung seinen Platz oben neben dem Gnadenstuhl hatte.[72] So werden die Heiligen des Alten Bundes von Johannes dem Täufer angeführt, der über seinem braunen, härenen Prophetengewand (vgl. Mt 3,4; Mk 1,6; Sach 13,4; 2 Kön 1,8) ein grünes Gewand trägt, das im oberen Rang anstelle des im unteren Bereich dominierenden Rot getreten ist.[73] Als Vorläufer des Messias zeigt der bärtige, asketische Johannes (vgl. Lk 3,3) mit seinen gefalteten Händen auf das Lamm Gottes (vgl. Joh 1,29.36), den gekreuzigten Christus, der die Sünden der Welt durch seinen – sich in der Eucharistie sakramental vergegenwärtigenden – Sühnetod hinweggenommen hat.[74] Über dem Täufer ist Mose mit langem, zweigeteiltem Bart zu sehen, der sein Haupt bedeckt hat und mit beiden Händen die Gesetzestafeln der Zehn Gebote präsentiert (vgl. Ex 34,29). Während Mose das Gesetz und das Prophetentum des Alten Bundes vertritt, steht David für das alttestamentliche Königtum. Der gekrönte, bärtige David schlägt die Harfe, mit der er seine prophetisch inspirierten Psalmen begleitet, die verborgen auf das Christusmysterium vorausweisen.[75] Bei den anderen Personen, die an ihrer Tracht als Juden erkennbar sind, handelt es sich um weitere, nicht näher bestimmbare Männer und Frauen des Alten Bundes. Sie tragen teilweise sehr wirklichkeitsgetreu dargestellte zeitgenössische jüdische Kopfbedeckungen, wie der hohe Judenhut eines Mannes zeigt, der links neben dem Kopf des Mose sichtbar ist. Rechts über Mose fällt ein jüngerer bärtiger Mann auf, der einen anderen Mann mit fratzenhaft entstelltem Gesicht freundlich geleitet. Da die männlichen und weiblichen Vertreter des Alten Bundes sehr genrehaft und ohne Attribute dargestellt sind, lassen sie sich wohl kaum als Propheten und Sibyllen interpretieren, sondern verweisen als Angehörige des jüdischen Volkes gemeinschaftsbezogen auf das neue Gottesvolk im himmlischen Jerusalem voraus.[76]

Links sind die von Maria angeführten Jungfrauen zu sehen, die den Ehrenplatz zur Rechten der Trinität einnehmen und als Märtyrinnen auf den Aspekt des Opfers und damit auf die Eucharistie verweisen.[77] Die Frauen tragen die Märtyrerpalmen in ihren Händen (vgl. Offb 7,9) und lassen sich durch ihre Attribute als Blutzeuginnen des 4. Jahrhunderts bestimmen. An der Spitze der Jungfrauen kniet Maria, die als

Königin der Märtyrinnen ebenfalls eine Palme trägt und betend ihre Arme vor der Brust gekreuzt hat. Maria ist als gekrönte Himmelskönigin mit einem tiefblauen Gewand dargestellt, das mit dem roten Talar des Kardinals unter ihr kontrastiert.[78] Rechts neben Maria ist Dorothea, die Namenspatronin der Tochter des Stifters, zu sehen. Die Jungfrau hält eine Märtyrerpalme in ihrer linken Hand und trägt eine Blumenkrone in ihrem Haar. Das Körbchen in ihrem Arm erinnert an die Legende, wonach der heidnische Jurist Theophilus während des Christenprozesses Dorothea im Spott dazu aufforderte, ihm vom Himmel her ein paar Rosen und eine Schale mit Früchten zu schicken, was dann auch geschah, so dass sich Theophilus bekehrte und selbst Märtyrer wurde.[79] Neben Dorothea lagert auf den Wolken im blutroten Gewand die jugendliche Märtyrin Agnes.[80] Sie trägt in ihrer Rechten die Palme ihres Sieges und umfasst mit dem linken Arm ein Lamm, das mit seiner lateinischen Bezeichnung „Agnus" auf den Namen der Jungfrau verweist. Sie hat deutlich ihre Augen zum gekreuzigten Christus, dem Gotteslamm, erhoben, mit dessen Erlösungsopfer sie durch ihr Attribut in besonderer Weise verbunden ist, so dass sie neben Maria ein zweites Pendant zu Johannes dem Täufer bildet, der auf Jesus als Lamm Gottes gezeigt hat (vgl. Joh 1,29.36). Links hinter Maria kniet mit dem Palmzweig in der linken Hand Katharina von Alexandrien, die für ihren christlichen Glauben enthauptet wurde. Die zusammen mit Barbara und Margarete zu den drei „Virgines capitales" zählende Jungfrau ist durch Goldschmuck und eine kostbare Kopfbedeckung ausgezeichnet und zeigt mit ihrer Rechten auf das Rad, mit dem man zunächst vergeblich versucht hatte, sie zu Tode zu foltern.[81] Katharina blickt zu Christina hinüber, die in der linken Hand den Palmzweig trägt und mit ihrer Rechten den Mühlstein umfasst, mit dem sie im See von Bolsena ertränkt wurde.[82] Christina verweist in besonderer Weise auf das Messopfer, da sich an ihrem Grab 1263 ein eucharistisches Wunder ereignete, als bei der Messfeier eines an der Transsubstantiation zweifelnden böhmischen Priesters Blut aus der gebrochenen Hostie auf das Korporale tropfte, das dann durch Urban IV. (reg. 1261–1264) in den Dom von Orvieto übertragen wurde und 1264 zur universalkirchlichen Einführung des Fronleichnamsfestes beitrug.[83] Da der Mühlstein, mit dem die Jungfrau ertränkt wurde, zum Mahlen des Brotes dient, kommt diesem Attribut auch eine eucharistische Bedeutung zu.[84] So berührt der Mühlstein auch den Kelch mit der darüber schwebenden Hostie, den links neben Christina die Märtyrin Barbara als Attribut in den Händen hält. Wie Katharina ist auch Barbara unter der Schar der Jungfrauen durch einen goldenen Kranz hervorgehoben und schlägt mit ihrem grünen Gewand die Brücke zum Mantel Johannes' des Täufers auf der gegenüberliegenden Bildhälfte. Da Barbara nach der Legende vor ihrer Hinrichtung eingesperrt war und im Gefängnis von einem Engel besucht wurde, der ihr die Eucharistie als Wegzehrung reichte, wurde sie zur Patronin um eine gute

Sterbestunde.⁸⁵ Der Hinweis auf die Eucharistie als Sterbesakrament (viaticum) war für die alten Brüder offenbar so bedeutsam, dass man Barbara ausnahmsweise keine Märtyrerpalme in die Hand gab, damit sie deutlich mit beiden Händen den eucharistischen Kelch präsentieren kann. Die oberhalb von Barbara dargestellte Märtyrin, die ebenfalls einen besonders kostbaren, goldenen Kranz trägt, könnte Margarete sein, die dritte Märtyrin der „Virgines capitales".

Die Anbetung der auf dem Bild dargestellten Gläubigen, Heiligen und Engel richtet sich auf die göttliche Trinität, die in Form des Gnadenstuhls die obere Bildmitte beherrscht und der die Brüderhauskapelle zusammen mit allen Heiligen geweiht war. Der Gnadenstuhl schwebt über einem dreieckigen Wolkengebilde und erscheint gegenüber der Vorzeichnung etwas höher, kleiner und entrückter.⁸⁶ Gottvater trägt einen ungeteilten Bart und besitzt gemäß den Visionen des Propheten Daniel die Züge des „Hochbetagten" (vgl. Dan 7,9).⁸⁷ Als Zeichen seiner Allmacht thront Gottvater auf einer Wolke und trägt die goldene Kaiserkrone als Sinnbild für die göttliche Machtfülle, insbesondere für die Weltregierung des Vaters. Er trägt eine bläuliche Albe und ein außen mit Goldbrokat besticktes Pluviale, das von zwei in goldene Dalmatiken gekleideten Engeln weit ausgebreitet wird, so dass das grüne Futter sichtbar wird. Während die blaue Albe und das grüne Futter des Rauchmantels die Gewandfarben Marias und Johannes' des Täufers wiederholen, wird das Gold vom Brokat des Rauchmantels und von der Kaiserkrone aufgenommen.⁸⁸ Mit seinen priesterlichen Gewändern unterstreicht Gottvater, dass er das Erlösungsopfer seines gekreuzigten Sohnes angenommen hat, den er mit ausgebreiteten Armen der gesamten versammelten Menschheit als den für die Sünden gestorbenen Erlöser darbietet. Über dem Vater schwebt im hellgelben Licht die von kleinen Engeln umgebene Taube des Heiligen Geistes,⁸⁹ die zum häufigsten Symbol für den Geist Gottes geworden war, da dieser bei der Taufe Jesu wie eine Taube auf den Sohn Gottes herabgekommen war (vgl. Mk 1,10).⁹⁰ Das zu Beginn des 12. Jahrhunderts als Messbuchillustration entstandene Motiv des Gnadenstuhls war sicherlich die bedeutendste abendländische Bildschöpfung der Trinität⁹¹ und galt als Sinnbild für das eucharistische Mysterium, das in der Allerheiligenkapelle ganz im Mittelpunkt stand.⁹² So verweisen die auf dem Altargemälde dargestellten Heiligen auf den römischen Messkanon, in dem diese namentlich angerufen wurden.⁹³ Die ganz oben schwebende Taube ruft die Schlussdoxologie des Messkanons in Erinnerung, in der die Kirche feierlich proklamiert, dass durch, mit und in Christus dem Vater in der Einheit des Heiligen Geistes alle Herrlichkeit und Ehre dargebracht wird.⁹⁴ So zeigt der Gnadenstuhl, dass die Eucharistie im dreifaltigen Gott ihren Ursprung hat, der im Heiligen Geist seinen Sohn dahingegeben hat, um am Kreuz das Erlösungsopfer darzubringen, das in der Messfeier sakramentale Wirklichkeit wird.

Auf das Erlösungsopfer verweisen auch die in der Entwurfszeichnung nur allgemein angedeuteten Engel zu beiden Seiten der Trinität, von denen einige die Leidenswerkzeuge Christi (arma Christi) tragen. Im kleineren Figurenmaßstab umgeben ganz oben Engelsputten die Geisttaube, während sie zum Bildrand hin als feurig rote Seraphim erscheinen. Neben den beiden Engeln im Diakonengewand, die den Rauchmantel Gottvaters ausbreiten, um allen Versammelten den Gekreuzigten darzubieten, schweben die Engel mit den Leidenswerkzeugen heran. Einige Engel tragen die überkreuzte Priesterstola und verweisen auf das hohepriesterliche Erlösungsopfer, das Christus ein für alle Mal dargebracht hat. Auf der linken Seite hält außen ein Engel, der mit einer roten Dalmatik bekleidet ist, ein Rutenbündel. Daneben ist ein Engel zu sehen, der eine grüne Dalmatik trägt und eine Geißel in den Händen hält. Eine zweite Geißel wird von einem Engel mit weißer Albe und gekreuzter Priesterstola präsentiert. Ein vierter, mit roter Dalmatik bekleideter Engel hält den Ysopzweig, auf dem der mit Essig getränkte Schwamm aufgesteckt ist, mit dem Jesus am Kreuz der Durst gestillt wurde (vgl. Joh 19,29). Auf der rechten Seite ist außen ein Engel mit gefalteten Händen dargestellt, der auf die Geißelsäule blickt, die ihm ein anderer Engel mit weißer Albe und gekreuzter Priesterstola zeigt. Die heilige Lanze, mit der die Seite des Gekreuzigten geöffnet wurde (vgl. Joh 19,34), wird von einem Engel in roter Dalmatik getragen und ist originalgetreu nach der im Schatz der Nürnberger Reichskleinodien aufbewahrten Reliquie wiedergegeben.[95] Mit ihren liturgischen Gewändern verweisen die Engel auf den vollkommenen Gottesdienst, der im ewigen Gottesstaat dem dreifaltigen Gott zusammen mit den Heiligen dargebracht wird, während in der irdischen Liturgie der Eucharistie, bei der die Gläubigen in das Lob der himmlischen Liturgie der Engel einstimmen, diese endgültige Anbetung schon ihre sakramentale Vorwegnahme findet.

Der Allerheiligenaltar Albrecht Dürers zeigt, dass die Gemeinschaft der Heiligen (communio Sanctorum) immer auch die Einheit der Gläubigen untereinander und ihre Gemeinschaft mit den Erlösten und den Engeln miteinschließt. Diese Einheit der Heiligen und der von Gott Geheiligten ist der eigentliche Inhalt des kreisförmig um die Trinität komponierten Altarbildes. Diese Botschaft stand den Brüdern in der Allerheiligenkapelle täglich vor Augen und war ihnen vom Apostolischen Glaubensbekenntnis her vertraut, in dem auf das Bekenntnis der allumfassenden, katholischen Kirche der Glaube an die Gemeinschaft der Heiligen folgte (Credo in […] sanctam Ecclesiam catholicam, Sanctorum communionem).[96] Die Brüder blicken auf den portalähnlichen Altar, der sie an ein Kirchentor und an die im Gotteshaus gefeierte Eucharistie erinnerte. Sie sahen in den Händen Gottvaters seinen am Kreuz geopferten, eucharistisch gegenwärtigen Sohn, um sich mit ihm sakramental zu vereinigen und sich so auf eine gute Sterbestunde vorzubereiten. So hofften sie, im Gericht zu bestehen, um einmal die volle Gemeinschaft der Heiligen und das in der Eucharistie schon vorweggenommene himmlische Hochzeitsmahl zu erlangen.[97] Deshalb konnten sich die Brüder „auch in ihrer bescheidenen Existenz als Glieder der Erde, Himmel und alle Zeiten verbindenden Gemeinschaft fühlen, die Dürer ihnen so eindrücklich vor Augen geführt hatte"[98].

Maria, die begnadete Jungfrau

8. Dezember – Hochfest der ohne Erbsünde empfangenen Jungfrau und Gottesmutter Maria
Evangelium: Lk 1,26–38

„Sei gegrüßt, du Begnadete."
Lk 1,28

Neun Monate vor ihrer Geburt am 8. September wird am 8. Dezember das Hochfest der ohne Erbsünde empfangenen (immaculata conceptio) Jungfrau und Gottesmutter Maria begangen. Die Kirche glaubt, dass Gott Maria im Hinblick auf ihre Gottesmutterschaft vom ersten Augenblick ihres Daseins an, als sie im Leib ihrer Mutter Anna empfangen wurde, von jedem Makel der Erbsünde bewahrt hat, indem ihr durch ein einzigartiges Gnadenprivileg die Erlöserverdienste Christi bereits im Voraus zugewendet wurden. Die biblische Grundlage dieser Glaubenswahrheit kommt im Gruß des Erzengels Gabriel zum Ausdruck, der bei der Verkündigung in Nazaret zu Maria sagte, dass sie voll der Gnade ist (vgl. Lk 1,28). Bei der allegorischen Auslegung des Alten Testamentes fanden die Kirchenväter reiche Belege für die einzigartige Begnadung Marias, die dann im Mittelalter als Anrufungen in Litaneien zusammengefasst wurden. So sah man Maria in der personifizierten Weisheit vorausgebildet, die in den Weisheitsbüchern der Sprichwörter und des Buches Jesus Sirach als schöne, kluge und den Weg zu Gott weisende Frau auftritt.[1] Neben den alttestamentlichen Aussagen über die Weisheit Gottes waren es vor allem die Vorzüge der Braut des Hohenliedes, die auf Maria als Braut des wahren Bräutigams Christus und als Urbild der Kirche übertragen wurden, denn alles, was von der Kirche gesagt wird, kann auch von Maria gesagt werden, die wie die Kirche Jungfrau und Mutter ist.[2]

Während im 15. Jahrhundert das Fest der Unbefleckten Empfängnis Marias vor allem durch die Franziskaner verbreitet wurde, nahmen sich im 16. Jahrhundert auch die Jesuiten der Verehrung der Immaculata an. Nachdem bereits der Ordensgründer Ignatius von Loyola (1491–1556) die Marienverehrung in der Gesellschaft Jesu grundgelegt hatte, widmeten sich Jesuiten wie Petrus Canisius (1521–1597), Francisco Suárez (1548–1617) und Robert Bellarmin (1542–1621) der tieferen theologischen Durchdringung der damals noch unterschiedlich diskutierten Glaubenslehre der Unbefleckten Empfängnis. Schließlich wurde 1593 auf der fünften Generalkongregation der Gesellschaft Jesu die Verteidigung der Unbefleckten Empfängnis für alle Jesuiten vorgeschrieben. Einige Jahre nach dieser Generalkongregation entstand um 1598 in der Jesuitenkirche von San Vitale in Rom ein Altarbild mit der Immaculata, das die Glaubenswahrheit der Unbefleckten Empfängnis mit zahlreichen Symbolen zu vermitteln versuchte. In ähnlicher Weise wurde bereits 1577 bei der Veröffentlichung des von Petrus Canisius verfassten Traktates „De Maria Virgine" ein Kupferstich beigefügt, der Maria als die begnadete, erbsündelose und damit vollkommen schöne (tota pulchra) Braut des Hohenliedes (vgl. Hld 4,7) inmitten vieler marianischer Sinnbilder zeigte.[3]

ALS DIE GESELLSCHAFT JESU NACH DEM TOD DES GRÜNDERS 1556 stark zunahm und das 1566 gegründete Noviziat in Sant'Andrea al Quirinale nicht mehr ausreichte, wurde dem Jesuitenorden 1595 durch Papst Clemens VIII. (reg. 1592–1605) die benachbarte Kirche San Vitale übertragen. Die zu Beginn des 5. Jahrhunderts entstandene und 1475 als einschiffiger Saalbau umgestaltete Kirche San Vitale musste bei der Übernahme durch die Jesuiten restauriert werden. Dabei achtete man auf die Funktion als künftige Noviziatskirche und orientierte sich an den Vorstellungen des Ordensgenerals Claudio Aquaviva (reg. 1581–1615), der auch für die neue Studienordnung der Jesuitenkollegien verantwortlich war. Während die vier Seitenaltäre der nach Westen ausgerichteten Kirche um 1598 vollendet wurden, dauerten die Arbeiten an der Ornamentierung der Decke und an den im Stil des toskanischen Manierismus ausgeführten Fresken noch bis 1610. Beim theologischen Programm der Noviziatskirche hatte man das Erziehungsziel im Blick, dass die jungen Ordensanwärter sich dem Willen Gottes stellen und dem Weg ihrer apostolischen Berufung fügen. Als Vorbilder sollten den Novizen Christus selbst und seine Heiligen dienen, allen voran die gehorsame Magd Maria (vgl. Lk 1,38) und die Märtyrer, von denen Vitalis, Valeria, Gervasius und Protasius in der Kirche verehrt wurden. Während Andrea Commodi (1560–1638) in der Apsis die Kreuztragung Christi malte, stellten Agostino Ciampelli (1566–1630) und Tarquinio Ligustri (1564–1615/21) die Märtyrerszenen dar. Die vier in Form antiker Ädikulen errichteten Seitenaltäre wurden um 1598

Giovanni Battista Fiammeri, Maria Immaculata, nach 1598,
Öl auf Leinwand, 270 × 180 cm, Rom, San Vitale. ▷

Giovanni Battista Fiammeri, Maria Immaculata

durch den Jesuitenbruder Giovanni Battista Fiammeri (um 1544–1617) mit Gemälden ausgestattet. Die Bilder der beiden östlichen Seitenaltäre stellen auf der Südseite heilige Bekenner und auf der Nordseite Märtyrinnen dar. Während das Gemälde mit Christus am Ölberg am westlichen Seitenaltar auf der Südseite verschollen ist, zeigt das Pendant auf der Nordseite Maria als Immaculata.[4]

Giovanni Battista Fiammeri stammte aus Florenz, wo er in der Malerwerkstatt des Bartolomeo Ammanati (1511–1592) mitarbeitete. Nachdem man Fiammeri 1576 zum Eintritt in das römische Noviziat der Jesuiten in Sant'Andrea al Quirinale zugelassen hatte, wurde er 1577 als Laienbruder in die Gesellschaft Jesu aufgenommen und sollte auch weiterhin künstlerisch für den Orden tätig sein. Da Fiammeris Werke unsigniert sind, ist man bei der Zuschreibung auf Quellenangaben, stilistische Vergleiche und auf die Hinweise in den Künstlerbiographien des Giovanni Baglione (1571–1643) angewiesen.[5] Der Jesuitenbruder schuf in Rom verschiedene Malereien für das Collegium Romanum und die Deckengemälde für die Dreifaltigkeitskapelle in Il Gesù. Er entwarf eine Serie von Illustrationen für die 1593 publizierten „Evangelicae Historiae Imagines" von Jerónimo Nadal (1507–1580) sowie für die Malereien der Vorhalle und der Fassade von San Vitale. Von den vier Seitenaltarbildern, die Fiammeri um 1598 für San Vitale malte, erwähnte Baglione das Gemälde mit den heiligen Märtyrinnen. Da sich die drei in San Vitale erhaltenen Altargemälde stilistisch gleichen, kann auch das Immaculatabild dem Jesuitenfrater zugeschrieben werden.[6]

Bereits ein Jahr nach Fertigstellung der neuen Ausstattung von San Vitale veröffentlichte 1611 der Jesuit Louis Richeome (1544–1625) in Lyon die Schrift „Peinture spirituelle", in der er auch das Immaculatabild beschrieb. Richeome war Provinzial von Lyon und Aquitanien, lehrte Grammatik und Rhetorik und verfasste apologetische Werke. Sein Buch „Peinture spirituelle" war den Novizen von Sant'Andrea al Quirinale in Rom gewidmet, denen er auf dem Weg der Betrachtung römischer Kunstwerke die geistliche Maxime der ignatianischen Exerzitien nahezubringen versuchte, Gott in allen Dingen zu suchen und zu lieben.[7] Er vergegenwärtigte zunächst den römischen Ort des Bildwerkes und erhöhte dann die in den Novizen bei der Betrachtung aufsteigenden Empfindungen rhetorisch, um die jungen Ordensleute zur allegorischen Bedeutung des Kunstwerkes und schließlich zum inneren, geistlich fruchtbringenden Bild zu führen. Beim Immaculatabild leitete Richeome die Betrachter an, zunächst die mit der Sonne umkleidete Gottesmutter (vgl. Offb 12,1) anzuschauen, dann sich die einzelnen symbolisch dargestellten Anrufungen der Jungfrau Maria zu vergegenwärtigen und schließlich die Altarinschrift auf den Bildinhalt zu beziehen.[8]

Das fast drei Meter hohe Immaculatabild, das sich auf dem westlichen Seitenaltar an der Nordwand von San Vitale befindet, zeigt Maria inmitten einer Mandorla aus Wolken, aus der zahlreiche geflügelte Engelsköpfe hervorblicken. Die Mandorla grenzt die göttliche Sphäre vom atmosphärischen und landschaftlichen Bereich der irdischen Welt ab. Dies zeigen auch die Wolken, die nach außen zum Luft- und Landschaftsraum hin noch dunkel sind und nach innen immer heller werden, wo ein strahlend gelbes Himmelslicht leuchtet. Vor diesem Licht erscheint in mädchenhafter Reinheit die Gestalt der unbefleckt empfangenen Jungfrau und Gottesmutter Maria. Sie hat im Gebet ihre Hände gefaltet und ihr Haupt mit halbgeschlossenen Augen leicht zur Seite geneigt. Ihr Kopf ist von einem langen weißen Schleier umgeben, dessen Endzipfel sie unter ihren rechten Arm gerafft hat. Die rote Farbe ihres Kleides verweist auf das Menschwerdungs- und Erlösungsmysterium ihres göttlichen Sohnes. Die Himmelsfarbe ihres blauen Mantels, den sie über ihre rechte Schulter gelegt hat, zeichnet Maria als Himmelskönigin aus, die auch über die Engel als Königin herrscht, die sie ehrfürchtig umgeben. In enger Verbindung mit ihrer Würde als Himmelskönigin steht das kosmische Bild der apokalyptischen Frau, deren Attribute Maria trägt. Gemäß der Vision der Offenbarung des Johannes erscheint Maria als Frau, die mit dem hellgelben Lichtschein der Sonne bekleidet ist, auf dem sichelförmigen Mond steht und einen Kranz mit zwölf Sternen um ihr Haupt trägt (vgl. Offb 12,1), der an das alttestamentliche Volk der zwölf Stämme und damit an die Mutter des neuen Gottesvolkes der Kirche erinnert. Schließlich wird dem Betrachter mit den Bildern der Himmelskönigin und der apokalyptischen Frau die Himmelfahrt Marias vor Augen geführt. Auch in der „Peinture spirituelle" wird das Bild mit der schwebenden Gottesmutter als Aufnahme (assomption) Marias in den Himmel bezeichnet. Nach Louis Richeome ist Maria mit der Sonne und damit mit ihrem Bräutigam Christus als der wahren Sonne des Heils (vgl. Lk 1,78) umkleidet. Dass sie mit zwölf Sternen gekrönt ist, verweist nach der „Peinture spirituelle" auf die Fülle ihrer Tugenden, in denen die Immaculata erstrahlt.[9]

Maria ist von zahlreichen Sinnbildern umgeben, die sich auf die Makel- und Sündenlosigkeit der unbefleckt empfangenen Gottesmutter beziehen und großenteils den Weisheitsbüchern des Alten Testamentes entlehnt sind. Viele Symbole entstammen dem Hohenlied, das die Liebe von Bräutigam und Braut besingt und allegorisch auf Christus und seine makellose Braut Maria vorausweist. Die Anordnung der marianischen Symbole um die in der Mitte stehende Gottesmutter geht auf einen seit dem späten 15. Jahrhundert bekannten und „Tota pulchra" genannten Bildtypus zurück, der im 16. Jahrhundert durch Kupferstiche tradiert wurde, wie das 1567 von Cornelis Cort (1533–1578) in Rom gestochene Blatt oder der Stich im Marientraktat des Petrus Canisius von 1577 zeigt. Dieser Typus verbreitete sich auf Tafelbildern und entwickelte sich für die Darstellung der Glaubenslehre von der Unbefleckten Empfängnis Marias zu einer festen Bildformel, an der sich um 1598 auch der Jesuitenbruder Fiammeri orientieren konnte.[10]

Die Quellen- und Brunnenmetapher aus dem alttestamentlichen Hohenlied wird in drei Bildern entfaltet. In der Mitte am unteren Bildrand ist ein Springbrunnen mit drei Marmorbecken zu sehen, der den versiegelten Quell (fons signatus) bezeichnet, mit dem die Braut des Hohenliedes verglichen wird (vgl. Hld 4,12; Cant 4,12 Vulgata). In der allegorischen Deutung symbolisiert der versiegelte Quell die unversehrte Jungfräulichkeit Marias und damit auch ihre Sündenlosigkeit, die in ihrer Unbefleckten Empfängnis gründet.[11] Auf der linken Seite ist ein Ziehbrunnen mit einem viereckigen, steinernen Becken dargestellt. Am hölzernen Galgen ist eine Umlenkrolle aufgehängt, über die ein Zugseil läuft, an dessen Ende das Schöpfgefäß befestigt ist. Die im Hohenlied als Brunnen mit lebendigem Wasser (puteus aquarum viventium) gepriesene Braut (vgl. Hld 4,15; Cant 4,15 Vulgata) weist in der christlichen Allegorese auf die Fruchtbarkeit und die Gnadenmittlerschaft Marias voraus.[12] Nach der „Peinture spirituelle" versinnbildlicht der weit in die Erde hinein gegrabene Brunnen die Tiefe der Demut Marias, während sich das lebendige Wasser auf die überfließenden Ströme der Gnade bezieht.[13] Schließlich ist in der rechten unteren Ecke des Bildes der kleine Wasserfall einer Quelle dargestellt, die auf die Braut des Hohenliedes verweist, die mit einer vom Libanon herabströmenden Gartenquelle (fons hortorum) verglichen wird (vgl. Hld 4,15; Cant 4,15 Vulgata). Wie der Brunnen symbolisiert auch die Gartenquelle die fruchtbare Jungfräulichkeit Marias.[14]

Der Wasserlauf fließt hinter einem Baum hervor, der bis über die Bildmitte hinaufwächst und für die im Libanon wachsende Zeder steht, von wo auch die Gartenquelle herabströmt (vgl. Hld 4,15; 5,15). Während in der allegorischen Auslegungstradition die auf dem Libanon hoch emporwachsende Zeder die Erhabenheit Marias symbolisiert (vgl. Sir 24,13; Sir 24,17 Vulgata),[15] verbindet die „Peinture spirituelle" die Zeder wegen ihrer außergewöhnlichen Größe und ihres schönen Wuchses mit dem himmlischen Wert der Tugenden Marias, die sich im „Libanon der Kirche" entfalten.[16] Am linken Bildrand sind der mächtige Stamm einer Dattelpalme (vgl. Sir 24,14; Sir 24,18 Vulgata), dahinter verborgen eine Zypresse (vgl. Sir 24,13; Sir 24,17 Vulgata) und am linken Bildrand ein Ölbaum (vgl. Sir 24,14; Sir 24,19 Vulgata) zu sehen, die als Symbolpflanzen für die Weisheit allegorisch auf Maria verweisen.[17] Während sich bei der Zypresse die Unverweslichkeit des Holzes[18] und beim Ölbaum die Schönheit und das köstliche Öl auf Marias Jungfräulichkeit beziehen,[19] erinnert die Palme an den Engel Gabriel, der nach apokrypher Überlieferung mit einem Palmzweig der Gottesmutter ihre bevorstehende Aufnahme in den Himmel angekündigt hat.[20] Die rechts auf einem Hügel erbaute Stadt verweist auf Maria als die herrliche

Stadt Gottes (vgl. Ps 87,3; Offb 3,12),[21] denn das himmlische Jerusalem, das in der Apokalypse als festlich geschmückte Braut zur Hochzeit des Lammes kommt (vgl. Offb 19,7), ist ein Bild für die zukünftige Kirche, die in Maria ihr Urbild hat.[22]

Rechts neben dem Ziehbrunnen ist ein kleiner, mit einem Flechtzaun umfriedeter Garten dargestellt, der für den verschlossenen Garten (hortus conclusus) steht (vgl. Hld 4,12; Cant 4,12 Vulgata), mit dem im Hohenlied der Bräutigam seine Braut bezeichnet. Da die Braut in der allegorischen Auslegung auf Maria verweist, symbolisiert die Verschlossenheit des Gartens die Jungfräulichkeit der Gottesmutter.[23] Für Louis Richeome veranschaulicht der Garten die leibliche und seelische Schönheit der Mutter des Erlösers, der als Blume der Blumen und als Frucht der Früchte geistliche Blumen im Garten hervorgebracht hat.[24] Auch die rechts neben dem Springbrunnen wachsenden weißen Lilien symbolisieren die vollkommen schöne und jungfräuliche Reinheit Marias (vgl. Hld 2,1; 4,7; 5,13).[25]

Zu den symbolischen Anrufungen der auf das 12. Jahrhundert zurückgehenden Lauretanischen Litanei[26] gehört auch die Lobpreisung Marias als geheimnisvolle Rose (rosa mystica). Diese Anrufung ist in dem Rosenstrauch dargestellt, der als Pendant zu den Lilien links neben dem Springbrunnen emporwächst. Die Bezeichnung der von der Erbsünde unberührten Jungfrau Maria als Rose unter den Dornen des Verderbens ist seit frühchristlicher Zeit Bestandteil der hymnischen Überlieferung.[27] Der Vergleich des in Jericho gepflanzten Rosenstrauches (quasi plantatio rosae in Jericho) mit Maria (Sir 24,18 Vulgata; vgl. Sir 24,14) leitet sich von den allegorisch auf die Gottesmutter gedeuteten alttestamentlichen Aussagen über die Weisheit her.[28] Während die am Strauch blühenden weißen Rosen in Entsprechung zur weißen Lilie die Jungfräulichkeit Marias symbolisieren, verweisen die rötlichen Rosen auf ihre vollkommene Liebe und auf das Mitleiden der Gottesmutter bei der Passion ihres Sohnes.[29] Die „Peinture spirituelle" sieht in der Schönheit und im Duft der Rosen Sinnbilder für die göttliche Begnadung Marias.[30] Links vor dem Rosenstrauch ist ein in Gold gefasster Spiegel zu sehen. Mit diesem Bild wird im Alten Testament die Weisheit als der makellose Spiegel (speculum sine macula) Gottes bezeichnet (vgl. Sap 7,26 Vulgata). Während der Sohn Gottes durch sein Wesen das vollkommene Abbild Gottvaters ist (vgl. Joh 14,9), ist Maria durch die Gnade der Unbefleckten Empfängnis mehr als jedes andere Geschöpf ein makelloser Spiegel (speculum sine macula) der göttlichen Heiligkeit und Gerechtigkeit (speculum iustitiae).[31] Am linken Bildrand ist ein massiver, strahlend weißer Turm zu sehen, der für die lauretanischen Anrufungen Marias als Turm Davids (turris davidica) und elfenbeinerner Turm (turris eburnea) steht. Im Hohenlied wird über die Vorzüge der Braut gesagt, dass ihr Hals dem wehrhaften Turm Davids (vgl. Hld 4,4) und einem Turm aus Elfenbein gleicht (vgl. Hld 7,5). Während die uneinnehmbar befestigte Davidsturm Marias unversehrte Jungfräulichkeit symbolisiert, verweisen seine schützenden Mauern auf den Schoß Marias bei der Menschwerdung des Sohnes Gottes und auf den Schutz der Gottesmutter für die Kirche. Mit der Anrufung als elfenbeinerner Turm, die sich auf die vornehme weiße Hautfarbe der Braut bezieht, wird Marias erhabene und reine Schönheit gepriesen.[32] Rechts neben dem Turm ist ein kirchenähnlicher Rundbau mit Kuppel dargestellt, der teilweise von der Wolkenmandorla verdeckt wird. Dieses Bauwerk, in das offenbar eine goldene Tür hineinführt, verweist auf die lauretanische Anrufung Marias als goldenes Haus (domus aurea), die an den reich mit Gold ausgestatteten Tempel von Jerusalem (vgl. 1 Kön 6,20–22)[33] und die Vision der himmlischen Gottesstadt aus reinem Gold (vgl. Offb 21,18.20) erinnert. Als vollkommene Wohnstätte für den menschgewordenen Sohn Gottes gleicht Marias Schoß dem goldenen Tempel des irdischen Jerusalem. Die unbefleckt empfangene, von Gnaden und Tugenden erfüllte Gottesmutter Maria ist aber eine würdigere und schönere Wohnstätte Gottes als der goldene Tempel Jerusalems und wird deshalb als das wahre goldene Haus Gottes gepriesen.[34] Nach rechts hin schließt sich ein Seestück an, auf dem direkt unter der Wolkenmandorla ein Schiff mit windgeblähtem Segel dahinfährt. In der lateinischen Bibelübersetzung wird mit dem für „Truhe" stehenden Wort „arca" sowohl das durch Noach vor der Sintflut gebaute Schiff (vgl. Gen 6,14) als auch die Bundeslade der Israeliten (vgl. Ex 25,10–22; 1 Sam 4,3; 2 Chr 5,2) bezeichnet. Da Maria den Sohn Gottes in ihrem makellosen Schoß wie in einer kostbaren Truhe getragen hat, ist sie die wahre Arche Noach (arca Noe) und damit die neue Bundeslade (arca foederis) Gottes (vgl. Offb 11,19). Als neue Arche, die Gott selbst in sich birgt, übertrifft Maria die Arche des Noach und auch die Arche des Bundes, die nur das Gesetz enthalten hat.[35] In Erinnerung an das in der Bundeslade aufbewahrte Himmelsbrot (vgl. Ex 16,32–34; Hebr 9,4) wird in der „Peinture spirituelle" das Bild der Arche auf die Eucharistie hin erweitert und den Novizen die Gottesmutter als lebendiger Tabernakel vor Augen gestellt, der Christus als das wahre Manna in sich trägt.[36] Eine weitere Anrufung der Lauretanischen Litanei ist rechts unterhalb des Schiffes dargestellt, wo die Himmelspforte in Form eines Portals zu sehen ist, das von zwei verkröpften Säulen flankiert und mit einem Segmentbogen abgeschlossen wird. Maria ist die Pforte, durch die Gott in die Welt eingetreten ist (vgl. Ez 44,1–3). Da sie dem Sohn Gottes die Wohnung bereitet und damit den Menschen den Weg zum Himmel erschlossen hat, wird Maria auch als Himmelspforte (ianua caeli) angerufen.[37] Bei Louis Richeome wird auf die Traumvision des Patriarchen Jakob von der Himmelsleiter verwiesen, der nach dem Aufwachen den Ort seiner Gottesschau als „Haus Gottes" und „Tor des Himmels" bezeichnet hat (Gen 28,17). So ist auch Maria Gotteshaus und Himmelstor, denn sie führt durch ihre Fürsprache die Seelen in den Himmel.[38] Schließlich ist in der rechten oberen Ecke der

Morgenstern (stella matutina) zu sehen, mit dem die Lauretanische Litanei Maria vergleicht, weil sie mit ihrem Sohn Jesus, dem wahren „Licht der Welt" (Joh 8,12; 9,5), als aufleuchtende Morgenröte (vgl. Hld 6,10) die erste Botin der aufgehenden „Sonne der Gerechtigkeit" (Mal 3,20) gewesen ist. Da die Bezeichnung Marias als Morgenstern (stella matutina) aus den beiden Metaphern „Stern des Meeres" (stella marina) und „Morgenlicht" (lux matutina) zusammengesetzt ist, erhält die Anrufung „Morgenstern" auch die Bedeutung des unendlich über das weite Meer erhobenen Meeressterns, der die Verdienste und Tugenden Marias versinnbildlicht.[39] Nach der „Peinture spirituelle" ist Christus der von Bileam prophezeite Stern aus dem Haus Jakobs (vgl. Num 24,17), den Maria als Morgenstern ankündigt und der als die wahre Sonne den Tag des Heils bringt und die Finsternis vertreibt.[40]

In den beiden oberen Ecken sind links die strahlende Sonnenscheibe und rechts die Sichel des Mondes dargestellt. Mit den Himmelsbildern von Sonne und Mond wird im Hohenlied die Braut gepriesen, die „wie der Mond so schön" und „strahlend rein wie die Sonne" ist (Hld 6,10).[41] Schön wie der Mond (pulchra ut luna) und auserkoren wie die Sonne (electa ut sol) ist auch Maria (Cant 6,9 Vulgata), die unbefleckte Jungfrau und wahre Braut Christi.

Nach Louis Richeome müssen zum vollen Verständnis des Marienbildes auch noch zwei Inschriften betrachtet werden, die außerhalb des Gemäldes angebracht sind. In der Wandmalerei über der von zwei illusionistisch gemalten ionischen Säulenpaaren flankierten Altarädikula ist König Salomo zu sehen, der in einer Nische steht, die von zwei Weinrankensäulen umgeben ist und von einem Dreiecksgiebel mit dem durch die Jesuiten verbreiteten Jesusmonogramm IHS[42] bekrönt wird. Der mit Krone, hellblauem Gewand und orangerotem Mantel dargestellte König Salomo galt als prophetisch inspirierter Verfasser der drei alttestamentlichen Weisheitsbücher der Sprichwörter, des Buches Kohelet und des Hohenliedes. So hält Salomo eine Schrifttafel mit einem lateinischen Spruch aus dem von ihm verfassten Sprichwörterbuch, in dem er die tugendhafte Frau preist und dabei schon prophetisch über Maria spricht. Die von Louis Richeome zitierte Inschrift „Fortitudo & decor indume[n]tum eiu[s]. Prover[biorum] 31.25",[43] „Kraft und Würde sind ihr Gewand. Sprichwörter 31,25", spricht vom Lob der starken und anmutigen Frau. Dieser Lobpreis findet in Maria ihre Erfüllung und vermag nach der „Peinture spirituelle" die auf dem Altarbild dargestellten Dinge zusammenzufassen, da Maria wirklich die mächtigste Siegerin über die Schlange (vgl. Gen 3,15) und die Schönste an Tugenden ist.[44]

Die zweite Inschrift befindet sich auf dem Fries der Altarädikula und ist dem Loblied auf die Sonne im Buch Jesus Sirach entnommen, das in der lateinischen Bibelübersetzung als „Ecclesiasticus" bezeichnet wird: „VAS ADMIRABILE OPVS EXCELSI ECCL[ESIASTICVS] XLIII", „Ein staunenswertes Gebilde, ein Werk des

Höchsten. Ecclesiasticus 43[,2]". Nach der „Peinture spirituelle" ist das von der Sonne Ausgesagte auf Maria zu beziehen, denn sowohl die Sonne als auch Maria sind jeweils ein Gefäß (vas). Während die Sonne ein Gefäß ist, durch das Gott seine Gaben austeilt, ist Maria ein Gefäß, das die göttliche Gnade vollkommen in sich trägt. Wegen ihres Lichtes, ihrer Größe, ihrer Wärme und ihrer Auswirkungen ist die Sonne ein wunderbares Gefäß (vas admirabile) des Schöpfers, wobei es Richeome nicht versäumt, den Novizen auch naturwissenschaftliche Erkenntnisse über den tages- und jahreszeitlichen Ablauf nahezubringen. Die wunderbaren Eigenschaften der Sonne überträgt Richeome nun auf Maria und ihre Tugenden, die an Größe und Schönheit die Sonne noch übertrifft. Einst werden auch die Gerechten im Gericht wie die Sonne leuchten (vgl. Mt 13,43), und Maria, die Vollkommenste unter den Menschen, ist die Mutter Christi, der Sonne des ewigen Heils.[45]

Das Immaculatabild des Jesuitenbruders Giovanni Battista Fiammeri ist ein reiches, didaktisch durchkomponiertes Altargemälde, das den jungen Novizen in ihrer Ordenskirche San Vitale das Glaubensgeheimnis der Unbefleckten Empfängnis vor Augen führen sollte. Das sinnenfrohe Gemälde fand die Aufmerksamkeit des Jesuitenpaters Louis Richeome, der es zusammen mit den beiden kommentierenden Inschriften für die Novizen ausdeutete, so dass die Novizen Gott in all seinen Geschöpfen zu finden und in der unbefleckten Jungfrau und Gottesmutter Maria das vollkommenste Geschöpf der Gnade Gottes zu sehen vermochten.

Anmerkungen

Einleitung
S. 15-16

1 Vgl. Teresa von Ávila, Vida 9,1 (Dobhan/Peeters, 163).
2 Vgl. Teresa von Ávila, Vida 9,3 (Dobhan/Peeters, 164).
3 Franziskus, Evangelii Gaudium 157 (Tagespost 143/2013, 24).
4 Vgl. Bonk 2017, 2.

Die Zeichen des Menschensohnes
S. 17-23

1 Vgl. Jakobus de Voragine, Legenda aurea, Von dem geistlichen Advent (Benz, 6–8).
2 Von Signorelli stammen die Wandbilder mit dem Testament des Mose und das nicht mehr erhaltene Fresko mit dem Streit um den Leichnam des Mose, das 1524 beschädigt und unter Gregor XIII. (reg. 1572–1585) durch ein Fresko des Matteo da Lecce (1547–1616) ersetzt wurde (vgl. Roettgen 1997, 93; Kanter/Henry 2002, 14–16, 98–100, 161; Cornini 2013, 389).
3 Zu Luca Signorelli siehe grundlegend Kanter/Henry 2002.
4 Vgl. Spike 1997, 170, 240; Kanter 1982, 5.
5 Vgl. Kanter 1982, 5–12; Zlatohlávek 2001, 162–164, 165; Kanter/Henry 2002, 47–64, 136–140, 199f.
6 Vgl. Kanter 1982, 35f.; Kanter/Henry 2002, 61, 200.
7 Vgl. Kanter/Henry 2002, 61–63.
8 Zu den Figuren im Bildvordergrund siehe Kanter 1982, 36.
9 Vgl. Kanter 1982, 36.
10 Vgl. Jakobus de Voragine, Legenda aurea, Von dem geistlichen Advent (Benz, 7).
11 Vgl. Kanter 1982, 36; Jakobus de Voragine, Legenda aurea, Von dem geistlichen Advent (Benz, 7).
12 Vgl. Kanter 1982, 36.
13 Vgl. Jakobus de Voragine, Legenda aurea, Von dem geistlichen Advent (Benz, 7). Nach der „Legenda aurea" kann das Herabfallen der Sterne auch so verstanden werden, dass die Sterne ihr Licht zurückziehen, so dass man sie nicht mehr sehen kann (vgl. ebd.).
14 Ebd.
15 Vgl. ebd.
16 Vgl. Kanter 1982, 36.
17 Jakobus de Voragine, Legenda aurea, Von dem geistlichen Advent (Benz, 7).
18 Vgl. Kanter 1982, 36.
19 Jakobus de Voragine, Legenda aurea, Von dem geistlichen Advent (Benz, 7).
20 Vgl. Kanter 1982, 36.

Das Auftreten Johannes' des Täufers
S. 24-29

1 Zur Frage der Zuschreibung siehe Périer-D'Ieteren 2006, 314, 319–323.
2 Vgl. Périer-D'Ieteren 2006, 314.
3 Vgl. Eikemeier 1999 Bouts, 88.
4 Vgl. Périer-D'Ieteren 2006, 314, 319; Eikemeier 1999 Bouts, 90f. Nach Peter Eikemeier könnte das Altarretabel der „Perle von Brabant" wegen der zahlreich vorkommenden Sinnbilder zur Reinheit und Jungfräulichkeit Marias für ein Nonnenkloster bestimmt gewesen sein (vgl. Eikemeier 1999 Bouts, 92).
5 Vgl. Eikemeier 1999 Bouts, 91.
6 Vgl. Schmidt 1967, 218r–v; Périer-D'Ieteren 2006, 314.
7 Vgl. Schmidt 1967, 218r; Eikemeier 1999 Bouts, 91.
8 Vgl. Schmidt 1967, 218r; Eikemeier 1999 Bouts, 91. Zur marianischen Symbolik der weißen Lilie siehe Behling 1957, 37, 66; Pfister-Burkhalter 1971, 101; Panofsky 2001, 152, 339; Widauer 2009, 113f., 116.
9 Um der Gefahr der Überinterpretation zu entgehen, gilt die Regel, dass die Wahrscheinlichkeit des Symbolgehaltes umso größer ist, je häufiger ein Ding im gleichen Kontext vorkommt (vgl. Büttner/Gottdang 2006, 104–106). Zum verborgenen Symbolismus siehe grundlegend Panofsky 1953.
10 Vgl. Eikemeier 1999 Bouts, 91.
11 Vgl. Schmidt 1967, 218r; Eikemeier 1999 Bouts, 91. Zu den Edelsteinen von Diamant,

Achat und Perle als Symbole für Christus siehe Physiologus 32; 42; 44 (Schönberger, 54–60, 80, 84–86).

12 Vgl. Eikemeier 1999 Bouts, 91; Nitz 2010 Eisvogel, 88f.; Molsdorf 1926, 146. Siehe dazu den Hinweis auf den Eisvogel als Symbol für die Jungfrauengeburt (Hispida si mortua se plumare valet, cur absque viri copula virgo non generaret?) im „Defensorium inviolatae perpetuaeque virginitatis castissimae genetricis Mariae" des Franz von Retz.

13 Vgl. Gallwitz 1996, 143, 145; Widauer 2009, 49, 52. Die weißen Blüten des Maßliebchens wurden auf die Unbefleckte Empfängnis und die keusche Reinheit Marias gedeutet (vgl. Gallwitz 1996, 143). Das Maßliebchen soll aus den Tränen Marias bei der Flucht nach Ägypten oder aus ihren Freudentränen bei der Verkündigung entstanden sein (vgl. Widauer 2009, 45; Gallwitz 1996, 142).

14 Vgl. Schmidt 1967, 218r.

15 Vgl. Schmidt 1967, 218r; Gallwitz 1996, 109.

16 Vgl. Gallwitz 1996, 149.

17 Vgl. Schmidt 1967, 218r; Gallwitz 1996, 102; Widauer 2009, 124f.

18 Vgl. Braun 1968, 89; Widauer 2009, 150f., 156.

19 Vgl. Henkel/Schöne 2013, 739; Molsdorf 1926, 148. Zur Feuerunempfindlichkeit des Salamanders siehe Physiologus 31 (Schönberger, 52–54).

20 Vgl. Eikemeier 1999 Bouts, 91. Zur Lichtsymbolik der Eidechsen siehe auch Molsdorf 1926, 134.

21 Vgl. Eikemeier 1999 Bouts, 91.

22 Vgl. Panofsky 2001, 120, 141–146.

23 In seinem um 1462/68 entstandenen und in der Alten Pinakothek in München aufbewahrten Gemälde mit dem auf Jesus als Lamm Gottes hinweisenden Täufer hatte Bouts in ähnlicher Weise einen markanten Baum dargestellt, der sich auf den apokalyptischen Lebensbaum (vgl. Offb 22,2) bezieht (vgl. Eikemeier 1990, 12–14; Eikemeier 1999 Bouts, 581).

24 Vgl. Eikemeier 1999 Bouts, 91.

Die Standespredigt des Täufers
S. 30-37

1 Vgl. Kaak 1994, 50.

2 Vgl. Kaak 1994, 52. Lucas Cranach der Ältere zeigte in seinem Holzschnitt von 1516 Johannes hinter einer Holzschranke, wie er einer zeitgenössisch gekleideten Zuschauermenge predigt (vgl. Kaak 1994, 51; Jacoby 1987, 91). Mit dieser zeitgenössisch-konfrontierenden Darstellung begründete der Maler die Möglichkeit einer moralisch aktualisierenden Interpretation der Täuferpredigt (vgl. Kaak 1994, 52).

3 So beispielsweise bei Jacoby 1987, 83.

4 Auch wenn der jüngere Lucas Cranach schon ab etwa 1535 einen großen Anteil an der Produktion in der Malerwerkstatt seines Vaters hatte, kann ihm bis 1550, als er die Werkstatt übernahm, kein Bild mit Sicherheit zugeschrieben werden (vgl. Hinz 1999 Lucas Cranach der Jüngere, 173).

5 Zu Lucas Cranach dem Älteren siehe Hinz 1999 Lucas Cranach der Ältere, 168–173.

6 Vgl. Kaak 1994, 52. Das 1543 in der Werkstatt des älteren Lucas Cranach entstandene Tafelbild mit der Täuferpredigt befindet sich in den Staatlichen Kunstsammlungen von Dresden (vgl. Jacoby 1987, 91f.).

7 Vgl. Kaak 1994, 53.

8 Vgl. Jacoby 1987, 84, 87–89.

9 Vgl. Jacoby 1987, 84f., 89.

10 Vgl. Jacoby 1987, 89, 91, 94. Da die Provenienz der Bildtafel nicht geklärt ist, kann auch die genaue Region nicht bestimmt werden, für die das Bild ursprünglich angefertigt wurde (vgl. Jacoby 1987, 94).

11 Vgl. Jacoby 1987, 84, 87.

12 Vgl. Jacoby 1987, 85–87.

13 Vgl. Jacoby 1987, 84. Im ersten handschriftlichen Gemäldekatalog des Braunschweiger Herzogs von 1744 wurde vermerkt, dass auf dem Bild der sächsische Kurfürst Johann Friedrich (reg. 1532–1547) mit seinem Hofstaat abgebildet sei (vgl. Jacoby 1987, 84), woran bis ins 19. Jahrhundert hinein festgehalten wurde, obwohl dieser Fürst die Kurwürde 1547 nach der Schlacht bei Mühlberg an Herzog Moritz von Sachsen (reg. 1541–1553) verloren hatte (vgl. Jacoby 1987, 84; 97, Anm. 3). Der erste gedruckte Gemäldekatalog von 1776 sprach bereits nur noch von Bildnissen des damaligen kursächsischen Hofes (vgl. Jacoby 1987, 84).

14 Vgl. Jacoby 1987, 84, 88.

15 Vgl. Jacoby 1987, 87–89, 92.

16 Vgl. Jacoby 1987, 87, 92–94. Der Aspekt der Fürstenkritik wurde bereits 1789 von Philip Christian Ribbentrop (1737–1797) gesehen,

einem Braunschweiger Stadtangestellten, Chronisten und Rechtsgelehrten (vgl. Jacoby 1987, 92), der allerdings noch davon ausging, dass auf dem Gemälde der kursächsische Hof zu sehen ist: „Der Prediger Johannes in der Wüste. Die Zuhörer sind in Harnisch, und die Bilder der den damaligen sächsischen Hof ausmachenden Personen. Man hält dieses Stück für eines der besten von Lucas Cranachs Arbeit. Cranach, dieser vertraute Freund Luthers und Melanchtons vermogte viel beim Churfürsten. Er hatte desfals die Dreistigkeit in der einen Ecke des Bildes folgende starke Sprüche anzubringen: Ihr Hof- und Kriegesleute lasset euch an eurer Besoldung gnügen, und beschweret und übersetzet niemand, und franzet den Leuten nicht das Ihrige ab. Luc. Denn wer Schenkung nimt kann nicht einem wie dem andern das Recht und die Gleichheit wiederfahren lassen. Im letzten Buch Moses" (Ribbentrop 1789, 343f.). Siehe dazu Jacoby 1987, 93.
17 Vgl. Jacoby 1987, 84, 92; Kaak 1994, 53.
18 Vgl. Jacoby 1987, 94f.
19 Vgl. Jacoby 1987, 95f.

Die erste Begegnung zwischen Johannes und Jesus
S. 38-44

1 Vgl. Stuttgarter NT, 112.
2 Die sieben Freuden empfand Maria bei der Verkündigung (vgl. Lk 1,26–38), bei der Heimsuchung (vgl. Lk 1,39–56), bei der Geburt Jesu (vgl. Lk 2,6–7), bei der Anbetung der Weisen (vgl. Mt 2,1–12), beim Wiederfinden des zwölfjährigen Jesus im Tempel (vgl. Lk 2,46), bei der Auferstehung Jesu und bei ihrer Aufnahme in den Himmel (vgl. Widauer 2009, 85).
3 Vgl. Zehnder 1998, 13.
4 Vgl. Vos 1999, 207.
5 Vgl. Zehnder 1998, 13.
6 Vgl. Nikolaus Cusanus, De visione Dei, Vorwort (Dupré, 9).
7 Vgl. Thürlemann 2006, 9–24.
8 Diese Datierung kann sich neben stilistischen Kriterien auch auf die 1997 durchgeführte dendrochronologische Untersuchung der Eichenholztafel stützen (vgl. Hartleb 1998, 18; Vos 1999, 207f.).
9 Vgl. Vos 1999, 208; Zehnder 1998, 14.

10 Vgl. Hartleb 1998, 16f.; Vos 1999, 207f. Von Rogier van der Weyden gibt es noch eine zweite, kurz nach 1434 entstandene und in der Turiner Galleria Sabauda aufbewahrte Version der Heimsuchung, die fast gleich komponiert, aber auf die schmale Bildfläche eines rechten Altarflügels komprimiert ist (vgl. Vos 1999, 195–199). Obwohl die Version der Leipziger Heimsuchung künstlerisch überlegen ist, müssen beide Gemälde ungefähr gleichzeitig gemalt worden sein (vgl. Vos 1999, 207; Zehnder 1998, 14f.).
11 Vgl. Zehnder 1998, 9, 13f.
12 „Quia lingua non poterat, animo exsultante salutat, et suae praecursionis officium inchoat. Ecce apparet quod angelus dixerat: Spiritu sancto replebitur adhuc ex utero matris suae" (Glossa ordinaria, Evangelium secundum Lucam 1,41 [PL 114, 257B]). Vgl. Zehnder 1998, 11.
13 Vgl. Zehnder 1998, 9–11.
14 Vgl. Vos 1999, 207.
15 Vgl. Zehnder 1998, 11.
16 Vgl. Proto-Jak 12,2 (FC 18, 116).
17 Vgl. Zehnder 1998, 9–11. Ursprünglich war auf der Höhe, wo im Hintergrund beim Fischteich der kleine Mann geht, ein zweiter Baum neben Maria vorgesehen (vgl. Vos 1999, 207).
18 Zur Kleidung Marias siehe auch Vos 1999, 208.
19 Vgl. Zehnder 1998, 14.
20 Siehe dazu grundlegend Aben/Witt 1999; Ströbel/Zahner 2006; Widauer 2009, 30–34.
21 Vgl. Widauer 2009, 124f.
22 Vgl. Behling 1957, 63f.; Gallwitz 1996, 143, 145; Widauer 2009, 49, 52.
23 Vgl. Behling 1957, 49, 63; Gallwitz 1996, 137f.; Widauer 2009, 59, 63.
24 Vgl. Zehnder 1998, 11–13; Vos 1999, 207. Der Schwan im Fischteich könnte symbolisch auf die Passion Christi verweisen, mit dessen letzten Worten am Kreuz im Mittelalter der angebliche Gesang der Schwäne beim nahenden Tod in Verbindung gebracht wurde, wie Konrad von Würzburg (1220/30–1287) zeigt (vgl. Trenner 2010 Schwan, 242f.). Nach Isidor von Sevilla (um 560–636) weist der süße Schwanengesang auf das Paradies, nach Alexander Neckam (1157–1217) auf das ewige Leben hin (vgl. Trenner 2010 Schwan, 243).
25 Vgl. Vos 1999, 207.
26 Vgl. Zehnder 1998, 14.

27 Vgl. Physiologus 33a (Schönberger, 62).
28 Vgl. Zehnder 1998, 14.

Die Hirten an der Krippe
S. 45-60

1 Vgl. Stuttgarter NT, 115.
2 Vgl. Vasari, Le vite (Milanesi VI, 587).
3 Zu den sieben Bildern Tintorettos mit der Darstellung der Anbetung der Hirten siehe Bühler 1996, 52–54, 78–81.
4 „Nel primo è la nascita di Christo di stravagante inventione, essendo la vergine collocata sopra le baltresche d'un fenile; vi è appresso San Gioseppe e Pastori, che l'adorano. Altri se ne vengono nel piano di quel rustico habituro, che arrecano al nascente Dio pastorali doni, che da raggi, ch'escono dalla faccia della Vergine e della divinità del bambino ricevono il lume" (Ridolfi, Maraviglie II, 31). Vgl. Bühler 1996, 54.
5 Jacopo Robusti war der Sohn eines venezianischen Seidenfärbers und bekam deshalb den Spitznamen „Tintoretto" („Färberlein"), mit dem er in der latinisierten Form „Tintorettus" auch seine Bilder signierte (vgl. Krischel 1994, 12).
6 Die sechs großen Laienbruderschaften bildeten die 1258 gegründete Scuola di San Teodoro, die 1260 entstandene Scuola di Santa Maria della Carità, die Scuola di San Marco und die Scuola di San Giovanni Evangelista, die beide 1261 gegründet wurden, die seit 1308 bestehende Scuola di Santa Maria della Misericordia und die 1478 anerkannte Scuola di San Rocco (vgl. Zenkert 2003, 19, Anm. 3).
7 Vgl. Hüttinger 1962, 8–10; Zenkert 2003, 19–22; Krischel 1994, 83–86, 96–103, 108–116. Der Altar in der Sala superiore wurde erst 1588 errichtet (vgl. Hüttinger 1962, 24). Einen Forschungsüberblick zu Tintorettos Ausstattung der Scuola di San Rocco bietet Zenkert 2003, 11–13. Zur Chronologie der Wandbilder der Sala superiore siehe Willmes 1985, 280–307.
8 Vgl. Zenkert 2003, 182.
9 Vgl. Hüttinger 1962, 25.
10 Vgl. Zenkert 2003, 182. Die unschematisch und doch planvoll angelegte Konzeption des Bildprogramms zeigt, dass Tintoretto an der Auswahl und räumlichen Anbringung der Bildthemen wesentlichen Anteil hatte und dass ihm sicherlich kein fertig ausgearbeitetes theoretisches Programm vorgelegen war, so dass man zwischen Entwurf und Ausführung nicht trennen kann (vgl. Zenkert 2003, 180). Im Gegensatz zur früheren Forschung, die im Sinne einer reinen Genieästhetik eine völlige Entscheidungsfreiheit Tintorettos angenommen hatte (vgl. Hüttinger 1962, 25), konnte mittlerweile nach einer genauen Analyse eines Dokumentes vom 2. Juli 1575, in dem die Bruderschaft auf das Angebot Tintorettos für das mittlere Deckenbild der Sala superiore antwortete, geklärt werden, dass Tintoretto bei der Themenauswahl an das Mehrheitsvotum eines fünfköpfigen Bruderschaftsgremiums gebunden war (vgl. Zenkert 2003, 180–182). Zu Tintorettos Fähigkeit zu neuartigen Bildfindungen siehe Vasari, Le vite (Milanesi VI, 587); vgl. Zenkert 2003, 184 und Anm. 230.
11 Vgl. Bühler 1996, 70f. und Anm. 184. Zum Bildprogramm der Sala superiore siehe grundlegend Willmes 1985, 123–150; Zenkert 2003, 97–208. Die Idee zur Anbringung der alttestamentlichen Szenen an der Decke geht sicherlich auf das von 1508 bis 1512 durch Michelangelo (1475–1564) ausgeführte Bildprogramm der Sixtinischen Kapelle zurück, bei dem allerdings an der Decke die alttestamentliche Zeit vor dem Gesetz (ante legem) zur Darstellung kam (vgl. Bühler 1996, 71, Anm. 185; Zenkert 2003, 103).
12 Vgl. Thode 1904, 35.
13 Vgl. Zenkert 2003, 103.
14 Vgl. Wenz 1988, 134f.; Zenkert 2003, 139 und Anm. 140f.
15 Vgl. Zenkert 2003, 139f.
16 Vgl. Zenkert 2003, 140f., 173.
17 Vgl. Zenkert 2003, 141–145.
18 Vgl. Zenkert 2003, 137–139, 104–111; Hüttinger 1962, 33. Zur eucharistischen Programmatik der Sala superiore und ihrer typologischen Verbindung zu den alttestamentlichen Bildern siehe Hüttinger 1962, 30–41. Zu den von Sakramentsbruderschaften im 16. Jahrhundert gestifteten Bilderzyklen in den Sakramentskapellen und Sakristeien Venedigs siehe grundlegend Cope 1979. Zu den Wechselwirkungen zwischen den Deckenbildern und Wandgemälden der Sala superiore siehe Willmes 1985, 20–63.
19 Der nördliche Saalabschnitt zeigt das Wasserwunder des Mose, den Sündenfall, die Auffin-

dung des Mose, die drei Jünglinge im Feuerofen, die Verheißung an Mose, den Durchzug durch das Rote Meer sowie Geburt, Versuchung und Taufe Jesu und die Heilung des Gichtbrüchigen (vgl. Zenkert 2003, 136, 129–136).

20 Der mittlere Saalabschnitt zeigt die eherne Schlange, die Königssalbung Sauls, Simson, den Jakobstraum, die Ezechielvision, die Himmelfahrt des Elija, den aus dem Bauch des Walfisches entsteigenden Jona sowie die Auferstehung und Himmelfahrt Christi (vgl. Zenkert 2003, 136, 122–129).

21 Der südliche Saalabschnitt zeigt die alttestamentlichen Darstellungen mit der Mannalese, dem Paschamahl, den Opfern Melchisedeks und Abrahams, dem in der Löwengrube gespeisten Daniel, der Vision des Jeremia, der Speisung des Elija in der Wüste und der Brotvermehrung durch Elischa sowie die neutestamentlichen Bilder mit der Speisung der Fünftausend, der Lazaruserweckung, dem Abendmahl und dem Ölberggebet (vgl. Zenkert 2003, 136, 112–122).

22 Vgl. Zenkert 2003, 132f. Thode sieht in der Darreichung irdischer Nahrung den eigentlichen Gegenstand des Weihnachtsbildes (vgl. Thode 1904, 38). Nach Thode wird in der Darstellung des Sündenfalls die Erlösungsbedürftigkeit der Menschheit symbolisiert, die der irdischen Speise des Apfels verfallen ist, während im Geburtsbild der Beginn der Erlösung durch die Menschwerdung des Sohnes Gottes dadurch veranschaulicht wird, dass man ihm irdische Nahrung darreicht (vgl. Thode 1904, 36).

23 Als Parallele zur Sala superiore kann der eucharistische Bilderzyklus in der Sakristei von San Sebastiano in Venedig gelten, wo ein Hirte dem Jesuskind ein Lamm mit zusammengebundenen Beinen darbringt, womit die symbolische Gleichsetzung von Christus und Opferlamm (vgl. Joh 1,29.36) und damit die eucharistische Analogie deutlich wird (vgl. Zenkert 2003, 133f.).

24 Vgl. Hüttinger 1962, 28; Bühler 1996, 71; Zenkert 2003, 161.

25 Vgl. DH, Nr. 1824f.; Hüttinger 1962, 54f.; Zenkert 2003, 185. Im Blick auf die protestantische Kritik, die katholische Kirchenkunst unterstütze die Neigung der Gläubigen zu volkstümlichem Aberglauben und Idolatrie, ging das Konzil vom traditionellen Ideal der Bilder als Bibel für die Ungebildeten aus (vgl. Zenkert 2003, 185), wie es Papst Gregor der Große (reg. 590–604) formuliert hatte, wonach die Betrachtung der Bilder Christi die Erinnerung (recordatio) an den Sohn Gottes wecken und die Liebe zu ihm anregen sollte (vgl. Gregor der Große, Epistularum, Appendix 10 [CChrSL 140A, 1110]).

26 Die nachtridentinische Kunsttheorie forderte eine dogmatische und schriftgemäße Ikonographie, bei der alle ausschmückenden, legendären und sich an Phantasie und Gefühl wendenden Elemente in den Hintergrund treten sollten (vgl. Hüttinger 1962, 72 und 107, Anm. 198). Manche Theologen wie der Venezianer Giovanni Andrea Gilio (gest. 1584) vertraten einen radikalen Purismus und lehnten im Blick auf die Wahrung der pädagogisch erbaulichen Schriftgemäßheit der Bilder jeden „Capriccio dell'invenzione" als Vermischung von objektiver biblischer Geschichte und bloß Poetisch-Erfundenem ab (vgl. Hüttinger 1962, 55f.). Der von Gilio 1564 publizierte „Dialogo nel quale si ragiona de gli errori e degli abusi de' pittori circa l'historie" kann als erster kunsttheoretischer Traktat der Gegenreformation nach dem 1563 beendeten Konzil von Trient gelten.

27 Vgl. Zenkert 2003, 186f. Der 1582 durch Paleotti veröffentlichte „Discorso intorno alle immagini sacre e profane" wurde für die bildende Kunst der Gegenreformation richtungsweisend.

28 Vgl. Zenkert 2003, 186–189, 191.

29 Vgl. Hüttinger 1962, 61, 69f. Zur sinnlichen Zurüstung des biblischen Schauplatzes bei der ignatianischen Schriftbetrachtung siehe Ignatius von Loyola, Exerzitien 47 (Balthasar, 21f.). Zum Einfluss der ignatianischen Betrachtungsmethode auf die Kunst des Manierismus und des Barock siehe Weisbach 1921, 12–22.

30 Vgl. Hüttinger 1962, 74f. Während die Mitglieder aus dem einfachen Volk in den Genuss der karitativen Tätigkeiten der Bruderschaften kamen, war dem an der Staatsregierung beteiligten Adel die Mitgliedschaft verboten, um den Scuole nur eine gesellschaftliche, karitative und künstlerische Rolle ohne politische Einflussmöglichkeiten zukommen zu lassen (vgl. Hüttinger 1962, 74).

31 Vgl. Hüttinger 1962, 75f. Aretino hatte Tintoretto bereits 1545 mit zwei Aufträgen bedacht und förderte ihn, wie sein wohlwollender Brief vom April 1548 zeigt, in dem Aretino das „Mar-

kuswunder" Tintorettos lobte (vgl. Hüttinger 1962, 76).
32 Vgl. Aretino 1539, fol. 71a; Hüttinger 1962, 77 und 108, Anm. 212.
33 Vgl. Aretino 1545, fol. 15–17; Hüttinger 1962, 76f. und 108, Anm. 212.
34 Vgl. Ridolfi, Maraviglie II, 31; Bühler 1996, 72 und Anm. 190; Zenkert 2003, 133.
35 Vgl. Venturi 1929, 572.
36 Vgl. Bühler 1996, 72f.
37 Vgl. Bühler 1996, 73.
38 Tageslicht erhält das Bild von links her durch das benachbarte Fenster der nördlichen Schmalseite; Streiflicht fällt vom rechts benachbarten Fenster der Ostwand ein (vgl. Bühler 1996, 73).
39 Vgl. Bühler 1996, 75f. Tintoretto variierte bei den tonigen, dunklen Erdfarben des Abendhimmels, der Tierkörper und der architektonischen Elemente, die für die locker aufgesetzten Buntfarben bei den Gewändern die Hintergrundfolie bilden. Die Skala der Dunkeltöne reicht von Hellbraun über Schwarzbraun bis zu einem bräunlichen Olivgrün. Die auf wenige Töne reduzierten Bunttöne sind gleichmäßig über das Bild verteilt und verändern sich nur entsprechend der Lichtintensität (vgl. Bühler 1996, 75f.).
40 Vgl. Bühler 1996, 76. Neben die dunklen Partien setzte Tintoretto rote, orangefarbene und gelbliche Lichtflächen, weißliche Töne bei den Schleiern Marias und der unteren Magd sowie Lichtflecken in den Gesichtern und Lichtgrate bei den Gewandfalten der oberen Figuren (vgl. Bühler 1996, 76).
41 Vgl. Bühler 1996, 73, 76. Im Blick auf die Komposition im Stallbereich fällt auf, dass sich die Partner der beiden unteren Figurengruppen einander zuwenden, ohne sich direkt anzuschauen, und dass die jeweils am Bildrand positionierte Gestalt im Gegensatz zu ihrem Gegenüber weitgehend rückenansichtig gezeigt wird. Zudem überragt jeweils die linke, stehende und einen Teller tragende Gestalt größenmäßig die ihr zugeordnete Figur, die sitzend beziehungsweise kniend gezeigt wird. Schließlich korrespondiert der zeigende rechte Arm der Magd mit dem erhobenen rechten Arm des sitzenden Hirten. Siehe dazu Bühler 1996, 76f.
42 Vgl. Hüttinger 1962, 61.
43 Vgl. Venturi 1929, 572; Bühler 1996, 73; Zenkert 2003, 199.
44 Vgl. Bühler 1996, 73.
45 Vgl. Zenkert 2003, 134 und Anm. 123.
46 Vgl. Venturi 1929, 572. Die Deutung Claudia Bühlers, dass der sitzende Hirt seinem stehenden Kollegen assistiert, indem er in den Korb greift, um weitere Gaben nachzuholen, und statt eines Brotes nur ein Bündel emporreicht (vgl. Bühler 1996, 73), lässt sich nicht nachvollziehen.
47 Vgl. Zenkert 2003, 189, 152.
48 Vgl. Zenkert 2003, 157, 246. Während in anderen eucharistischen Bilderzyklen dem Jesuskind ein Lamm dargebracht wird, kommt in der Sala superiore durch die Brotdarbringung der Bezug zum Messopfer noch deutlicher zum Ausdruck, wobei auch anschaulich wird, dass bereits im Empfang des eucharistischen Brotes der ganze Christus enthalten ist, während die reformatorische Kritik auf der Kommunion unter beiderlei Gestalten insistierte. In der um 1584 durch Francesco Bassano gemalten Hirtenanbetung in San Alessandro in Colonna in Bergamo bringen die Hirten dem Jesuskind neben einem Eierkorb, Tauben und Lämmern auch zwei große längliche Brote, die direkt unter der Krippe auf einem freien Podest wie auf einem Opferaltar sorgfältig niedergelegt werden, um das in der Eucharistie gegenwärtige Erlösungsopfer Christi zu versinnbildlichen. Siehe dazu Zenkert 2003, 134.
49 Vgl. Zenkert 2003, 135.
50 Vgl. Bühler 1996, 73. Während Willmes eine Zuschneidung des Gemäldes auf der linken Seite annimmt (vgl. Willmes 1985, 87), ist mit Bühler eher anzunehmen, dass der rechte Bildrand auf der Höhe des nur noch teilweise sichtbaren alten, bärtigen Hirten zugeschnitten wurde. Auf eine Zuschneidung des Gemäldes deutet der Umstand hin, dass zwischen dem Bild und dem Mauerende eine tote Fläche von etwa 30 cm besteht. Siehe dazu Bühler 1996, 73, Anm. 193.
51 Vgl. Zenkert 2003, 199.
52 Vgl. Venturi 1929, 572; Bühler 1996, 73f.
53 Vgl. Bühler 1996, 77.
54 Vgl. Bühler 1996, 74.
55 Die in den Evangelien nicht erwähnten Ochs und Esel wurden seit Origenes (um 185–253/54) mit Jes 1,3 („Der Ochse kennt seinen Besitzer und der Esel die Krippe seines Herrn; Israel aber hat keine Erkenntnis, mein Volk hat keine Einsicht") und der Septuagintaversion

von Hab 3,2 („Zwischen zwei Tieren wirst du erkannt") in Verbindung gebracht, wobei das Rind als das vorzüglichste Opfertier des alttestamentlichen Tempelkultes auf den Alten Bund und der Esel auf das Heidentum bezogen wurde (vgl. Ziegler 1952, 385–402; Panofsky 2001, 453f., Anm. 136). Gregor von Nyssa (335–395) formulierte im Blick auf Hab 3,2 LXX, Jesus liege zwischen dem an das jüdische Gesetz gespannten Stier und dem mit der Sünde des Götzendienstes beladenen Esel und befreie beide von ihren Lasten (vgl. Gregor von Nyssa, In diem Natalem Domini [PG 46, 1141D–1143A]; Ziegler 1952, 391f.). Diese patristische Zuordnung führte in der frühchristlichen Kunst zur Aufnahme der beiden Tiere in die Ikonographie der Weihnachtsdarstellungen (vgl. Pérez-Higuera 1996, 135; Zuffi 2004, 71). Im Mittelalter sah man im Ochsen, der seinen Herrn kennt (vgl. Jes 1,3a), ein Sinnbild für den Neuen Bund, während der materialistischer eingestellte Esel, der nur die Krippe seines Herrn kennt (vgl. Jes 1,3b), auf die Synagoge bezogen wurde (vgl. Panofsky 2001, 453f., Anm. 136).

56 Vgl. Bühler 1996, 74. Zur Versinnbildichung des Erlöserweges Christi durch die Symboltiere des Hahnes, des Ochsen und des Pfaus siehe Mocanu 1977, 22; Nitz 2010 Pfau, 200.

57 Vgl. Bühler 1996, 74. In seine Weihnachtsbilder hatte Tintoretto das Motiv des Hahnes erstmals in ein um 1546/47 entstandenes Gemälde mit der Hirtenanbetung eingeführt, das sich heute im Museo di Castelvecchio in Verona befindet (vgl. Bühler 1996, 62).

58 Emmrich und Bühler sehen die symbolische Bedeutung des Hahnes in Tintorettos Geburtsgemälde in der Sala superiore nur im Zusammenhang mit der Verleugnung des Petrus (vgl. Emmrich 1988, 149; Bühler 1996, 74, 77).

59 Vgl. Nitz 2010 Pfau, 200.

60 Die Verfasserschaft des Hymnus „Aeterne rerum conditor" für Ambrosius (339–397) ist durch Augustinus bezeugt: „Hoc ipse petra ecclesiae / Canente culpam diluit" (Augustinus, Retractationes 1,21,1 [CChrSL 57, 62]).

61 Im Weihnachtsbild der Sala superiore erscheint der Hahn weniger als Sinnbild für die Wachsamkeit oder für die Anklage der Trägheit der Schlafenden, so wie der Hahn auch den Petrus nach dessen Verleugnung zurückgerufen habe (vgl. Ambrosius, Hexaemeron 5,24,88 [PL 14, 240C–241A]; Nitz 2010 Hahn/Henne, 124, 127). Auch eine Identifizierung des Hahnes mit Christus, der den Menschen von seiner inneren Trägheit und Sündhaftigkeit erweckt (vgl. Prudentius, Carmina, Cathemerinon 1 [CSEL 61, 5–8]; Nitz 2010 Hahn/Henne, 124), scheint bei Tintoretto nicht im Vordergrund zu stehen.

62 Vgl. Bühler 1996, 74.

63 Vgl. Emmrich 1988, 149.

64 Vgl. Nitz 2010 Pfau, 200.

65 Vgl. Emmrich 1988, 149; Bühler 1996, 74; Nitz 2010 Pfau, 199. Zum Pfau als Symbol der Ewigkeit siehe Augustinus, De civitate Dei 21,4.7 (CChrSL 48, 762, 769).

66 Vgl. Nitz 2010 Pfau, 200.

67 Vgl. Bühler 1996, 77.

68 Vgl. Bühler 1996, 76 und Anm. 197; Willmes 1985, 44.

69 Bühler 1996, 74f.

70 Vgl. Bühler 1996, 75, 77f., 81; Venturi 1929, 572. Die Ausgewogenheit der Komposition wird auch durch die Korrespondenz des weißen Schleiers und des roten Gewandes Marias unterstützt, die im Schultertuch der unteren Magd und im rötlichen Gewand des rechts daneben knienden Hirten wiederkehren (vgl. Bühler 1996, 76).

71 Die Weide, die schon in der griechischen Pflanzensymbolik für die Keuschheit stand (vgl. Rahner 1932, 236–248; Rahner 1989, 248–254), wurde von den Kirchenvätern als Sinnbild für die Keuschheit übernommen (vgl. Ps 137,2; Rahner 1932, 232–235; Rahner 1989, 264–275), als wasserliebende und schnell wachsende Pflanze auf die Fruchtbarkeit (vgl. Rahner 1989, 249f.) und die Taufe gedeutet (vgl. Jes 44,4; Rahner 1932, 249–251; Rahner 1989, 261–264) und schließlich auf die fruchtbare Jungfräulichkeit Marias übertragen (vgl. De laudibus Beatae Mariae Virginis 12,6,27 [Borgnet 36, 815]; Rahner 1932, 253; Rahner 1989, 279f.).

72 Vgl. Bühler 1996, 75, 77.

73 Vgl. Venturi 1929, 572; Bühler 1996, 75f.

74 Siehe Tintorettos Gemälde mit der Hirtenanbetung in der Gemäldegalerie der Prager Burg (vgl. Bühler 1996, 55–60), im Museo di Castelvecchio in Verona (vgl. Bühler 1996, 61–63), im Fitzwilliam Museum in Cambridge (vgl. Bühler 1996, 63–67) und in der Pariser Kirche Saint-Honoré d'Eylau (vgl. Bühler 1996, 67–69).

75 Vgl. Bühler 1996, 80f.
76 Vgl. Hüttinger 1962, 61, 106, Anm. 190. Zum religiösen Erlebnis bei Tizian siehe Frey 1959, 218–261.

Der zwölfjährige Jesus im Tempel
S. 61-67

1 Siehe dazu Stuttgarter NT, 117.
2 Nach der von Giorgio Vasari (1511–1574) überlieferten Grabinschrift „Simoni Memmio pictorum omnium omnis aetatis celeberrimo. Vixit annos LX menses II. dies III" (Vasari, Le vite [Milanesi I, 559]) war Simone Martini als Sechzigjähriger gestorben, so dass sein Geburtsdatum um das Jahr 1284 angesetzt werden kann (vgl. Jannella 2003, 169).
3 Vgl. Carli 1982, 21–26; Jannella 2003, 169–173.
4 Vgl. Contini 1970, 101.
5 Vgl. Carli 1982, 26.
6 Vgl. Jannella 2003, 236; Lange 2002, 112; siehe dazu grundlegend Denny 1967, 138–149.
7 Vgl. Lange 2002, 112.
8 Vgl. Lange 2002, 115f.; Denny 1967, 141–143. Vielleicht nimmt Martinis Andachtsbild auf den geistlichen Weg des 1342 als Clemens VI. (reg. 1342–1352) zum Papst gewählten Pierre Roger (um 1290–1352) Bezug, der früh in die Abtei Fécamp eingetreten war, wo er 1326 Abt wurde (vgl. Martindale 1988, 190f.). Zu einer möglichen Beeinflussung durch den „Arbor vitae crucifixae Jesu Christi" des Franziskanerspiritualen Ubertin von Casale (1259–1329) und damit zu einer Gegenüberstellung der Demut Marias und der Dominanz des zwölfjährigen Jesus siehe Denny 1967, 143–145 (vgl. Martindale 1988, 190).
9 Vgl. Lange 2002, 112–115.
10 Vgl. Martindale 1988, 49; Lange 2002, 114.
11 Vgl. Denny 1967, 145f.; Schiller 1969, 58; Bühler 1996, 42f. Im Palazzo Abatellis in Palermo befindet sich ein 1346 von Bartolomèo da Camogli (gest. 1348) gemaltes Tafelbild, das als das bisher älteste der erhaltenen datierten Bilder der „Madonna dell'Umiltà" gilt (vgl. Bühler 1996, 43, Anm. 122).
12 Vgl. Lange 2002, 114.
13 Vgl. Lange 2002, 114f.

Die Beschneidung Jesu
S. 68-74

1 Vgl. Stuttgarter NT, 511.
2 Vgl. Schiller 1969, 99. Die Beschneidung Jesu gehört nicht zum eigentlichen Kanon der sieben Schmerzen Marias, wie Schiller fälschlicherweise behauptet (vgl. Schiller 1969, 99). Die sieben Schmerzen erfuhr Maria bei der Weissagung Simeons im Tempel (vgl. Lk 2,34–35), auf der Flucht nach Ägypten (vgl. Mt 2,13–15), bei der Suche nach dem zwölfjährigen Jesus (vgl. Lk 2,43–50), bei der Begegnung mit Jesus auf seinem Kreuzweg, bei der Kreuzigung Jesu (vgl. Joh 19,17–39), bei der Übergabe des Leichnams Jesu (vgl. Mt 27,57–59) und bei der Grablegung Jesu (vgl. Joh 19,40–42). Siehe dazu Widauer 2009, 85.
3 Vgl. Schiller 1969, 99f.
4 Vgl. Assmann 1993, 116–118.
5 Zu den in Berlin, Florenz, Rennes, London und Stockholm aufbewahrten Zeichnungen siehe Emiliani 1985 II, 251–262; Olsen 1962, 185f.
6 Gemäß der Signatur „FED. BAR. VRB. PINX. MDLXXXX" (zitiert nach Emiliani 1985 II, 251) malte der aus Urbino stammende Federico Barocci das Bild im Jahr 1590. Ein in der Sakristei der Kirche der Compagnia del Nome di Dio in Pesaro aufbewahrtes Dokument besagt, dass sich Barocci verpflichtete, bis zum 2. Oktober 1583 für 550 Scudi das Altarbild mit der Beschneidung Jesu auszuführen (vgl. Emiliani 1985 II, 251).
7 Vgl. Olsen 1962, 185; Emiliani 1985 II, 251.
8 Vgl. Emiliani 1985 II, 252.
9 Nach dem apokryphen Pseudo-Matthäusevangelium fand die Beschneidung Jesu in Betlehem statt, wohin die Heilige Familie am sechsten Tag nach der Geburt gegangen war, so dass dort am achten Tag die Beschneidung mit der Namensgebung erfolgen konnte (vgl. Ps-Mt 15,1 [FC 18, 228]).
10 Vgl. Zuffi 2004, 97. Die Vorhaut Jesu wurde als Reliquie in der päpstlichen Kapelle Sancta Sanctorum verehrt und gelangte nach angeblicher Entwendung beim Sacco di Roma von 1527 in die Pfarrkirche von Calcata bei Viterbo. Als Barocci das Bild mit der Beschneidung Jesu malte, hatte Papst Sixtus V. (reg. 1585–1590) gerade 1585 den Wallfahrern, die nach Calcata

zum „Sanctum Praeputium" pilgerten, einen Ablass gewährt.
11 Nach der „Legenda aurea" vergoss Jesus nach seiner Beschneidung später noch viermal sein Blut, nämlich bei seinem Gebet am Ölberg (vgl. Lk 22,44), bei seiner Geißelung (vgl. Joh 19,1), bei seiner Kreuzigung und bei der Durchbohrung seiner Seite (vgl. Joh 19,34). Siehe dazu Jakobus de Voragine, Legenda aurea, Von der Beschneidung des Herrn (Benz, 93, 97).
12 In dem von Tintoretto (1518–1594) kurz zuvor um 1578/81 für die Sala superiore der Scuola di San Rocco in Venedig gemalten Bild mit der Beschneidung Jesu zeigt in ähnlicher Weise wie bei Barocci der ergriffene Blick eines Tempeldieners, wie er beim Betrachten des Blutes Jesu in der Schale zu einer plötzlichen Einsicht in das eucharistische Mysterium gelangt (vgl. Zenkert 2003, 134, 152f.).
13 Vgl. Zuffi 2004, 97.
14 Vgl. ebd.
15 Vgl. Lamm 1971, 13; Zuffi 2004, 97.
16 Vgl. Zenkert 2003, 133, Anm. 121.
17 Vgl. Emiliani 1985 II, 253.

Der Johannesprolog
S. 75-84

1 Vgl. Stuttgarter NT, 179f.
2 Siehe Uta-Codex, fol. 89v.
3 Vgl. Gullath 2012, 14f., 17f. Das heute in der Bamberger Staatsbibliothek aufbewahrte und um 990 angefertigte Regelbuch von Niedermünster (Msc. Lit. 142), das neben der Benediktregel die Nonnenregel des Cäsarius von Arles enthält, zeigt auf fol. 4v Heinrich den Zänker als Stifter und auf fol. 58v die Äbtissin Uta als Empfängerin der Handschrift, wobei in einem erläuternden Gedicht ihre adelige schwäbische Herkunft erwähnt wird (vgl. Gullath 2012, 17).
4 Vgl. Pfändtner 2012 Handschrift, 86f.; Gullath 2012, 15–18. Zur Frage der Datierung des Uta-Codex und der Regierungszeit Utas als Äbtissin von Niedermünster siehe Pfändtner 2012 Handschrift, 87–90; Gullath 2012, 15f.; 18.
5 Vgl. Pfändtner 2012 Provenienzgeschichte, 37.
6 Vgl. Swarzenski 1901, 88; Pfändtner 2012 Handschrift, 51.
7 Der Uta-Codex stellt den außergewöhnlichen Buchtyp eines nach den Evangelien geordneten Perikopenbuches dar, so dass die Evangelientexte nicht nach der liturgischen Reihenfolge, sondern nach den vier Evangelien verteilt sind (vgl. Pfändtner 2012 Handschrift, 51f.).
8 Vgl. Pfändtner 2012 Handschrift, 75f., 79–82.
9 Swarzenski 1901, 106; vgl. Pfändtner 2012 Handschrift, 51.
10 Vgl. Pfändtner 2012 Handschrift, 74.
11 Vgl. Gullath 2012, 15; Pfändtner 2012 Handschrift, 75.
12 Vgl. Swarzenski 1901, 121.
13 Vgl. Pfändtner 2012 Handschrift, 75.
14 Vgl. Hieronymus, In Matheum, Praefatio (CChrSL 77, 3); Baudry 2010, 65f.
15 Siehe dazu Gregor der Große, Homiliae in Ezechielem 1,4,1 (CChrSL 142, 47f.).
16 Vgl. Pfändtner 2012 Handschrift, 72.
17 In der Patristik wurden die den vier Evangelien zugeordneten Paradiesflüsse auch auf die vier Kardinaltugenden übertragen, so dass der „überfließende" Pischon (Ganges) für Johannes und die Klugheit stand, der „hervorbrechende" Gihon (Nil) für Lukas und die Tapferkeit, der „schnelle" Tigris für Markus und die Mäßigkeit sowie der „fruchtbare" Euphrat für Matthäus und die Gerechtigkeit. Siehe dazu Augustinus, De civitate Dei 13,21 (CChrSL 48, 404); Augustinus, De Genesi contra Manichaeos 2,10,13f. (PL 34, 203f.); Poeschke 1971, 382.
18 Vgl. Pfändtner 2012 Handschrift, 72.
19 Vgl. Gregor der Große, Homiliae in Ezechielem 1,4,3 (CChrSL 142, 49).
20 Die letzte Zeile „omnia per ipsum facta [sunt]" ist während der Anfertigung der Miniatur durch einen hellblauen Farbstrich fast ganz bedeckt worden (vgl. Pfändtner 2012 Handschrift, 72f.).
21 Vgl. Pfändtner 2012 Handschrift, 73.
22 Vgl. Pfändtner 2012 Handschrift, 72.
23 Die Bedeutung von Glaube und Werken wird auch im Kreuzigungsbild des Uta-Codex (fol. 3v) thematisiert (vgl. Pfändtner 2012 Handschrift, 73).
24 In der lateinischen Vulgata war das hebräische Wort „qāran" für „strahlend" (vgl. Ex 34,29) fälschlicherweise mit „gehörnt" übersetzt worden. Obwohl die Darstellung des Mose mit zwei Hörnern erst Ende des 12. Jahrhunderts nachweisbar ist, erscheint hier im Uta-Codex schon zu Beginn des 11. Jahrhunderts die Figur

des Mose mit einem Horn (vgl. Pfändtner 2012 Handschrift, 73).
25 Vgl. Pfändtner 2012 Handschrift, 73.
26 Auf fol. 174r des Kostbaren Bernwardevangeliars (Codex 18) im Hildesheimer Dommuseum thront Christus mit dem Lamm Gottes in einer oberen Sphäre mit Himmelssegmenten, Engeln, Sonne und Mond, während darunter der Stern von Betlehem über der Krippe sowie Oceanus und Terra dargestellt sind (vgl. Zink 1983, 47–49). Das in der Bamberger Staatsbibliothek aufbewahrte Kölner Evangeliar (Msc.Bibl. 94) zeigt auf fol. 154v den über Sonne, Mond, Meer und Erde thronenden und von Engeln umgebenen Christus, während unterhalb in zwei Szenen die Taufe und der Götzendienst dargestellt sind. Auf fol. 155r sind dem Johannesprolog die Szenen der Geburt Jesu, der Hirtenverkündigung und der Verklärung Christi zugeordnet. Siehe dazu Pfändtner 2012 Handschrift, 73f.

Die Erscheinung Christi
S. 85-92

1 Zu Leben und Wirken Bernwards siehe Schuffels 1993, 8–17.
2 Vgl. Kahsnitz 1993, 32.
3 Vgl. Schiller 1969, 19.
4 Der Einband zeigt auf der Vorderseite ein byzantinisches Elfenbeinrelief mit der Deesis und auf der Rückseite ein Silberrelief mit der Gottesmutter im Typus der Hodegetria. Im Zuge der 1192 erfolgten Kanonisation Bernwards und der 1194 durchgeführten Erhebung der Gebeine des heiligen Bischofs wurde der Einband mit Edelsteinen, Bergkristallen und Filigranbeschlägen verziert. Siehe dazu Brandt 1993 Einband, 56–63; Brandt/Kuder 1993, 570f.; Höhl 2015, 48–51.
5 Vgl. Kahsnitz 1993, 21; Brandt/Kuder 1993, 570, 578; Höhl 2015, 50.
6 Vgl. Brandt/Kuder 1993, 574; Bruns 1993, 11. Zu Aufbau, Texten und Bildschmuck des Kostbaren Bernwardevangeliars siehe Kahsnitz 1993, 18–24.
7 Siehe fol. 16v–17r.
8 Siehe fol. 18r–19r zum Matthäusevangelium, fol. 75r–76r zum Markusevangelium, fol. 111r–118r zum Lukasevangelium und fol. 174r–178r zum Johannesevangelium (vgl. Brandt/Kuder 1993, 574). Zu Beginn der einzelnen Evangelien stehen als gerahmte Initialseiten fol. 19v und 20r zum Matthäusevangelium, fol. 77r zum Markusevangelium, fol. 119r zum Lukasevangelium und fol. 179r zum Johannesevangelium. Die Incipitseiten der einzelnen Evangelien sind ungerahmt in großen Majuskeln geschrieben (siehe fol. 17v zum Matthäusevangelium, fol. 76v zum Markusevangelium, fol. 117v zum Lukasevangelium und fol. 178v zum Johannesevangelium). Siehe dazu Brandt/Kuder 1993, 574.
9 Vgl. Gregor der Große, Homiliae in Ezechielem 1,4,1 (CChrSL 142, 47); Kahsnitz 1993, 22f.; Brandt/Kuder 1993, 574f.
10 Siehe fol. 18v.
11 Siehe fol. 19r.
12 Siehe fol. 18r.
13 Vgl. Kahsnitz 1993, 31f.
14 Vgl. Kahsnitz 1993, 30.
15 Vgl. Kahsnitz 1993, 30, 32. Das Bildmotiv des Himmelssegments mit den Engelbüsten und den auf das Jesuskind fallenden Strahlen findet sich in der ottonischen Kunst im Zusammenhang mit der Hirtenverkündigung und taucht Ende des 10. Jahrhunderts auch im byzantinischen Weihnachtsbild auf. Die formale Gestaltung des Himmelssegments verweist auf das franko-sächsische Evangeliar in Prag und seine Corveyer Nachfolgewerke. Siehe dazu Kahsnitz 1993, 32.
16 Vgl. Bruns 1993, 17.
17 Vgl. Kahsnitz 1993, 31f.
18 Siehe dazu grundlegend Ziegler 1952, 385–402.
19 Vgl. Gregor von Nyssa, In diem Natalem Domini (PG 46, 1141D–1143A); Ziegler 1952, 391f.
20 Vgl. Augustinus, Sermo 204,2 (PL 38, 1037); Bruns 1993, 13.
21 „Qui audierunt et obedierunt, hinc itaque inde utrique venerunt, pacem tenuerunt, inimicitias finierunt: utrorumque primitiae pastores et Magi fuerunt. In eis coepit bos agnoscere possessorem suum, et asinus praesepe domini sui [Is 1,3 Vulgata]. Es Judaeis animal cornutum, ubi Christo crucis cornua parabantur. Es Gentibus animal auritum, unde, praedictum erat: Populus quem non cognovi, servivit mihi, in auditu auris obaudivit mihi [Ps 17,45 Vulgata]. Ipse namque possessor bovis et dominus asini

in praesepi jacebat, at ambobus alimentum commune praebebat. Quia ergo pax venerat eis qui erant longe, et pax eis qui erant prope; pastores Israelitae tanquam prope inventi, eo die quo natus est Christus, ad eum venerunt, viderunt et exsultaverunt: Magi autem gentiles, tanquam longe inventi, tot diebus interpositis ab illo quo natus est, hodie pervenerunt, invenerunt, adoraverunt. Oportet itaque nos, hoc est, Ecclesiam quae congregatur ex Gentibus, hujus diei celebrationem, quo est Christus primitiis Gentium manifestatus, illius diei celebrationi, quo est Christus ex Judaeis natus, adjungere, et tanti sacramenti memoriam geminata solemnitate servate" (Augustinus, Sermo 204,2 [PL 38, 1037f.]).
22 Vgl. Bruns 1993, 11–13.
23 Vgl. Bruns 1993, 15f.
24 Vgl. Kahsnitz 1993, 32. Wie ein Reliquienkästchen aus dem 7./8. Jahrhundert in der lateranensischen Capella Sancta Sanctorum in Rom bezeugt, setzten sich die altarartigen Aufbauten der Krippe ab dem 7. Jahrhundert in der Kunst durch, als man in die Geburtsbilder historische Elemente der Geburtskirche integrierte, in der die Pilger durch eine confessioartige Altaröffnung in die Geburtshöhle blicken konnten. Auch der um 985/93 entstandene, heute in der Trierer Stadtbibliothek aufbewahrte ottonische Egbert-Codex zeigte auf fol. 13 die Krippe als gemauerten und mit nischengeschmückter Vorderfront gestalteten Blockaltar. Siehe dazu Kahsnitz 1993, 32.
25 „Ergo quia Dominus noster Iesus Christus cibaria nostra voluit esse, et propterea natus in praesepio collocatus est; Cognovit bos possessorem suum, es asinus praesepe domini sui" (Augustinus, Enarratio in Psalmum 126,11 [CChrSL 40, 1865]). Vgl. Augustinus, Sermo 189,4,4; 190,3,3; 194,2,2; 204,2; 292,4,8 (PL 38, 1006, 1008, 1016, 1038, 1327). Siehe dazu Bruns 1993, 19 und Anm. 16.
26 Vgl. Bruns 1993, 16.
27 Vgl. Kahsnitz 1993, 31f. Siehe beispielsweise die Ende des 4. Jahrhunderts entstandene Darstellung der herannahenden Magier auf einem Sarkophagrelief, das im Musée lapidaire d'art chrétien in Arles aufbewahrt wird (vgl. Kahsnitz 1993, 31).
28 Vgl. Kahsnitz 1993, 31.
29 Vgl. ebd. Das königlich-persische Erscheinungsbild der drei Magier zeigt sich in den Triumphbogenmosaiken der unter Sixtus III. (reg. 432–440) errichteten römischen Kirche Santa Maria Maggiore und in den um 520 entstandenen Langhausmosaiken der durch den arianischen Ostgotenkönig Theoderich (reg. 493–526) ab 500 errichteten Palastkirche San Apollinare Nuovo. Die mitraförmige Kopfbedeckung der Sterndeuter erscheint in den 1011 ausgeführten Fresken von Sant'Urbano alla Caffarella bei Rom. Siehe dazu Kahsnitz 1993, 31 und 53, Anm. 81.
30 Vgl. Kahsnitz 1993, 31f. Das Motiv der über die Hände gelegten Mantelenden, das an das Verhüllen der Hände im spätantiken Kaiserzeremoniell erinnert, dürfte Bernward auf römischen Denkmälern gesehen haben, aber nicht mehr ganz verstanden haben, da die beiden äußeren Magier ihre Opfergabe auch mit einer unverhüllten Hand halten (vgl. Kahsnitz 1993, 32).
31 Vgl. Bruns 1993, 17.
32 Vgl. Bruns 1993, 18f.

Die Taufe des betenden Jesus
S. 93-100

1 Vgl. Beaujean 2000, 428; Vos 1983, 25.
2 Vgl. Pächt 1994, 245; Vos 1983, 25; Ainsworth 1998, 222f.; Beaujean 2000, 429.
3 Vgl. Beaujean 2000, 429; Ainsworth 1998, 222.
4 Vgl. Ainsworth 1998, 222–226, 230.
5 Vgl. Pächt 1994, 248f.
6 Vgl. Vels Heijn/Bunnig/Simons/Tissink 2006, 57.
7 Siehe dazu Suckale 1995, 48f., 62. Siehe auch die Predigt „De lucerna ardente et lucente" des Bernhard von Clairvaux (um 1090–1153) zum Geburtsfest Johannes' des Täufers (vgl. Bernhard von Clairvaux, Sermo in Nativitate S. Ioannis Baptistae [Winkler VIII, 422–439]). Vgl. Suckale 1995, Anm. 86. Zum feurigen Wesen der Seraphim siehe Gregor der Große, Homilia 34,10 (FC 28/2, 660).
8 Vgl. Ainsworth 1998, 223, 226.
9 Vgl. Feldbusch 1955, 429f.
10 Zum Pluviale siehe Berger 1999, 365; Butzkamm 2014, 48. Die Meinung, es handle sich bei der linken Assistenzfigur um einen unbekannten Kleriker (vgl. Vels Heijn/Bunnig/Simons/Tis-

sink 2006, 56) und nicht um einen Engel, ist völlig aus der Luft gegriffen und verkennt, dass die Gestalt durch Frisur und Gesichtszüge eindeutig als Engel ausgewiesen ist.
11 Zur Bestimmung der Pflanzen siehe Janssens de Bisthoven 1981, 135f.; Ainsworth 1998, 231.
12 Vgl. Ainsworth 1998, 230–233.
13 Vgl. Ainsworth 1998, 231.
14 Vgl. Ainsworth 1998, 232. „Haec est enim flos campi, de qua ortum est pretiosum lilium convallium […]" (Augustinus, Sermo 194 [PL 39, 2105]). Siehe dazu Gallwitz 1996, 93; Widauer 2009, 113.
15 Vgl. Ainsworth 1998, 232. Zum wilden Stiefmütterchen (viola tricolor) als Trinitätssymbol siehe Behling 1975, 134–138. Der Name „Stiefmütterchen" erklärt sich durch die Form der Blüte, bei der das unterste Blatt, die „Stiefmutter", teilweise die seitlichen Blätter, die „Töchter", bedeckt, die wiederum die obersten Blätter, die „Stieftöchter", bedecken.
16 Vgl. Ainsworth 1998, 232; Gallwitz 1996, 72f.
17 Vgl. Gallwitz 1996, 109.
18 Vgl. Ainsworth 1998, 232.
19 Vgl. ebd.
20 Behling 1957, 67. Nach Behling hat David den Schlafmohn so vollkommen erfasst wie der um 827 auf der Klosterinsel Reichenau verfasste „Hortulus", der den Schlaf als gefeierte, in den zahlreichen Blütenkörnern eingeschlossene Güte („Grana celebrandae virtutis plurima claudit") hervorhebt (vgl. Walahfried, Hortulus, Titulus XV; Behling 1957, 67 und 175, Anm. 212). Nach Hildegard von Bingen (1098–1179) hilft das Essen der Mohnkörner bei Schlaflosigkeit und Juckreiz (vgl. Hildegard von Bingen, Physica 1,96 [PL 197, 1167B]; Behling 1957, 67 und 175, Anm. 213).
21 Vgl. Ainsworth 1998, 230.

Die drei Versuchungen Jesu
S. 101-107

1 Vgl. Stuttgarter NT, 119.
2 Vgl. Schiller 1969, 153f.
3 Zum Albanipsalter siehe Goldschmidt 1895; Pächt/Dodwell/Wormald 1960; Geddes 2005; Nilgen 2004, 239–244.
4 Vgl. Suckale-Redlefsen 1971, 475.
5 Grimme 1980, 112; Zink 1987 Jesusgeschichte II, 18, Anm. 1.
6 Vgl. Zink 1987 Jesusgeschichte II, 15.
7 Siehe dazu Zink 1987 Jesusgeschichte II, 15.
8 Vgl. Justin, Dialog mit dem Juden Tryphon 103,5; 125,4 (PG 6, 717B, 767A).
9 Vgl. Zink 1987 Jesusgeschichte II, 15.
10 Siehe die Präfation zum Fest Kreuzerhöhung: „Würdig und recht ist es, dir, Vater, allmächtiger Gott, immer und überall zu danken, denn du hast das Heil der Welt auf das Holz des Kreuzes gegründet. Vom Baum des Paradieses kam der Tod, vom Baum des Kreuzes erstand das Leben. Der Feind, der am Holz gesiegt hat (qui in ligno vincebat), wurde auch am Holze besiegt (in ligno quoque vinceretur) durch unseren Herrn Jesus Christus" (zitiert nach Negel 2005, 571 und Anm. 86).
11 Vgl. Bauerreiß 1961, 9.
12 Nach Gertrud Schiller (1905–1994) hat sich der Maler des Albanipsalters an der lukanischen Reihenfolge der drei Versuchungen Jesu (vgl. Lk 4,1–13) orientiert. Schiller deutete die Bewegung des Teufels in der Miniatur mit der Versuchung auf der Tempelzinne als Flucht vor Jesus, was der Version des Lukas (vgl. Lk 4,9–13) entspreche, wonach der Satan gerade nach der dritten gescheiterten Versuchung auf dem Tempel von Jesus abgelassen habe (vgl. Schiller 1969, 154). Diese Auffassung ist abzulehnen, da sich der Maler an die im Matthäusevangelium überlieferte Reihenfolge der drei Versuchungen gehalten hat (vgl. Mt 4,1–11) und weil der Teufel auf der besagten Miniatur keine Fluchtbewegung vollzieht, sondern mit einer nach unten zeigenden Geste Jesus dazu auffordert, von der Tempelzinne hinabzuspringen.
13 Zusätzlich zu Krone, Goldschale und Ring zeigt die Vorzeichnung einen weiteren Ring, Edelsteine und eine mit Juwelen besetzte runde Brosche (vgl. Geddes 2005, 39).
14 Siehe dazu Zink 1987 Jesusgeschichte II, 18.
15 Siehe dazu Zink 1987 Jesusgeschichte II, 17.
16 Vgl. Zink 1987 Jesusgeschichte II, 16.
17 Vgl. Müller 1986, 54.
18 Vgl. Zink 1987 Jesusgeschichte II, 16f.
19 Vgl. Zink 1987 Jesusgeschichte II, 14.
20 Grimme 1980, 112; Zink 1987 Jesusgeschichte II, 18, Anm. 1.

Die Verklärung Jesu
S. 108–115

1. Vgl. Schiller 1969, 155f.
2. Vgl. Schiller 1969, 155.
3. Mikliss de Dołęga 1996, 81.
4. Vgl. Schiller 1969, 156–159.
5. Vgl. Gregor Palamas, Homilia 34 (PG 151, 425); Schiller 1969, 156 und Anm. 4.
6. Zum Hesychasmus siehe Kazhdan 1989, 2194–2196.
7. Vgl. Onasch 1989, 355.
8. Vgl. Aßmus-Neumann 1998, 120.
9. Vgl. ebd.
10. Vgl. ebd.
11. Vgl. ebd.
12. Die Doppelszene des Hinauf- und Herabsteigens taucht auch im Malerbuch des Athos auf, das im 17. Jahrhundert die ältere Ikonographie zusammenstellte. Im Unterschied zum Malerbuch, bei dem die Jünger beim Abstieg vorausgehen und sich zu Jesus umwenden, geht auf Feofans Ikone Jesus den drei Aposteln voraus (vgl. Schiller 1969, 159).
13. Vgl. Aßmus-Neumann 1998, 120.
14. Vgl. Mikliss de Dołęga 1996, 81f.

Der brennende Dornbusch
S. 116–122

1. Vgl. Vetter 1989, 224.
2. Vgl. Augustinus, Sermo 7,7 (PL 38, 66); Heither 2010, 49.
3. Vgl. Justin der Märtyrer, Apologia 1,63 (PG 6, 425); Heither 2010, 47f.
4. Vgl. Augustinus, Sermo 6,1 (PL 38, 59f.); Heither 2010, 46.
5. Vgl. Clemens von Alexandrien, Paedagogus 2,8,75,2 (SC 108, 148f.); Heither 2010, 51f.
6. Vgl. Augustinus, Sermo 7,2 (PL 38, 63); Heither 2010, 53.
7. Vgl. Heither 2010, 55–58.
8. Vgl. Vetter 1989, 224.
9. Vgl. Jeremias 1980, 15, 107.
10. Eine Tafel mit dem Meerwurf des Jona war Ende des 17. Jahrhunderts noch erhalten, so dass anzunehmen ist, dass es noch weitere Jona-Szenen oder auch die Darstellung des Daniel in der Löwengrube gab. Um die Mitte des 18. Jahrhunderts gab es nur noch die bis heute erhaltenen 18 Tafeln. Siehe dazu Jeremias 1980, 15–17.
11. Vgl. Jeremias 1980, 108–110. Zu vergleichbaren Holztüren aus dem ersten Jahrtausend siehe Jeremias 1980, 111–117.
12. Zur größeren künstlerischen Gruppe gehören die drei Tafeln mit den Szenen zum Leben des Mose, mit der Magieranbetung, die Tafel mit den Wundern Jesu, die Verleugnungsansage Jesu an Petrus, die Szene mit Jesus vor Kaiphas, die Händewaschung des Pilatus mit Kreuztragung, die Kreuzigung Jesu, die Frauen am Grab, die Erscheinung des Auferstandenen vor den Frauen, die Erscheinung des Auferstandenen vor den Jüngern, die Himmelfahrt Jesu und die Szene mit der Akklamation. Zur kleineren Gruppe mit den östlichen Einflüssen gehören die Tafeln mit Christus und den Apostelfürsten Petrus und Paulus, mit der Parusie, der Entrückung Habakuks und der Himmelfahrt des Elija. Siehe dazu Jeremias 1980, 97–107.
13. Vgl. Jeremias 1980, 20–22.
14. Vgl. Jeremias 1980, 21.
15. Vgl. Jeremias 1980, 23. Während vom Horeb nur in der älteren Überlieferung (vgl. Ex 3,1; 17,6) und im deuteronomischen Geschichtswerk (vgl. Dtn 1,6.19; 5,2; 9,8; 18,16) die Rede ist, wird der Gottesberg im übrigen Alten Testament immer als Sinai bezeichnet (vgl. Jeremias 1980, 122, Anm. 50).
16. Vgl. Jeremias 1980, 22f. Während im hebräischen Urtext und in der griechischen Septuaginta in Ex 3,2 zunächst der Engel aus dem Dornbusch spricht und erst ab Ex 3,4 Jahwe, wurde in der lateinischen Vulgata auch schon in Ex 3,2 die Erscheinung des Engels durch die Epiphanie Gottes verdrängt, woraus zu schließen ist, dass man bei der Bildanlage nicht der Vulgata gefolgt war (vgl. Jeremias 1980, 22). Die Darstellung des Engels könnte auf den Einfluss einer illustrierten griechischen Handschrift zum Buch Exodus zurückzuführen sein (vgl. Jeremias 1980, 23).
17. Vgl. Jeremias 1980, 23f.
18. Vgl. Jeremias 1980, 21.
19. Vgl. Jeremias 1980, 24f. In den Mosaiken des Presbyteriums von San Vitale in Ravenna sind die Szenen der Berufung des Mose und der Gesetzesübergabe getrennt und einander gegenübergestellt, was aber auf der kleinen Tafel in Santa Sabina nicht möglich war, so

dass hier bei der Berufung des Mose am Horeb das Sinaigeschehen mitzudenken ist (vgl. Jeremias 1980, 25).
20 Vgl. Jeremias 1980, 25.

Das Gleichnis vom verlorenen Sohn
S. 123-132

1 Vgl. Stuttgarter NT, 152f.
2 Vgl. Stuttgarter NT, 153.
3 Rembrandt lernte ab 1622/24 bei den katholischen Malern Jacob Isaacszoon van Swanenburgh (1571–1638) und Pieter Lastman (1583–1633), übernahm die Helldunkelmalerei Caravaggios (1571–1610) und begann 1625 in Leiden mit der Darstellung von Erkenntnis- und Erscheinungsszenen, bis er 1631 nach Amsterdam übersiedelte.
4 Vgl. Eikemeier 1999 Rembrandt, 412.
5 Die Signatur „Rf Rynf", die für „Rembrandt van Rijn fecit" stehen soll, befindet sich am linken Bildrand etwas oberhalb des linken Fußes des verlorenen Sohnes (vgl. Tümpel 1986, 398).
6 Vgl. Tümpel 1986, 398; Hoekstra 1981, 48; Schwartz 1987, 327. Weit verbreitet ist in der Forschung die Annahme, dass nur die Hauptgruppe mit dem Vater und dem verlorenen Sohn von Rembrandt selbst gemalt wurde (vgl. Tümpel 1986, 398). Die Datierungen schwanken zwischen der Zeit um 1660 (vgl. Musper 1968, 238) und dem Zeitraum von 1663 bis 1669 (vgl. Musper 1968, 231f.) beziehungsweise um 1666/69 (vgl. Tümpel 1986, 398).
7 Vgl. Musper 1968, 232.
8 Vgl. Hoekstra 1981, 48; Schwartz 1987, 327.
9 Vgl. Busch 1970, 181f.
10 Vgl. Hamann 1948, 421. Zu Rembrandts früheren Darstellungen des Gleichnisses vom verlorenen Sohn siehe Musper 1968, 236f.; Hoekstra 1981, 44–49.
11 Vgl. Tümpel 1986, 316. Als Vorbild dürfte neben einem Holzschnitt des Cornelis Anthonisz (um 1505–1553) mit der Rückkehr des verlorenen Sohnes vor allem ein 1559 entstandenes Gemälde mit der Heimkehr des jüngeren Sohnes von Maarten van Heemskerck (1498–1574) gedient haben, das sich in Angermund in der Sammlung des Freiherrn von Fürstenberg befindet und in einen Stich umgewandelt worden war (vgl. Tümpel 1986, 316, 358). Gegenüber der Vorlage von Heemskerck wendete Rembrandt die Gruppe mit dem Vater und dem verlorenen Sohn in die Vorderansicht, um das Geschehen aus der Sicht des Sohnes mitzuerleben (vgl. Tümpel 1986, 358).
12 Hamann 1948, 421; vgl. Tümpel 1986, 357.
13 Vgl. Musper 1968, 233–235.
14 Vgl. Musper 1968, 233; Hausmann 1976, 99; Tümpel 1986, 51, 357f.; Nouwen 1995, 61. Der Strich links neben dem entblößten Fuß könnte auf einen Hirtenstock hindeuten und damit an das Schweinehüten des verlorenen Sohnes (vgl. Lk 15,15) erinnern (vgl. Busch 1970, 180).
15 Vgl. Hamann 1948, 421; Musper 1968, 233; Tümpel 1986, 357; Nouwen 1995, 113–116, 120f.
16 Vgl. Nouwen 1995, 118–120.
17 Vgl. Hamann 1948, 421, 424; Rosenberg 1968, 231, 234; Tümpel 1986, 357; Nouwen 1995, 52, 58f.
18 Vgl. Hamann 1948, 424; Hausmann 1976, 99f.; Nouwen 1995, 47, 114, 131.
19 Vgl. Hamann 1948, 424; Tümpel 1986, 358.
20 Vgl. Musper 1968, 233. Als Mutter des heimgekehrten Sohnes ist die am rechten Türpfosten stehende Frau wohl zu jung (vgl. Musper 1968, 233). In der Bildtradition sind die weiblichen Nebenfiguren oftmals nicht näher spezifiziert (vgl. Tümpel 1986, 358).
21 Vgl. Haeger 1983, 173, 178; Nouwen 1995, 80f. Zur Diskussion um die Identität der rechts stehenden Figur, die oftmals zwischen dem Gutsverwalter und dem älteren Sohn schwankt, siehe auch Musper 1968, 234 und Busch 1970, 180. Nach Werner Busch ist es ungewöhnlich, den im Gleichnis negativ qualifizierten älteren Bruder als würdige und große Erscheinung mit Stab und mächtigem Bart darzustellen. Eine Identifizierung des sitzenden und des stehenden Mannes mit den beiden Dienern, die auf Geheiß des Vaters Kleider, Schuhe und Ring für den heimgekehrten Sohn heranbringen (vgl. Lk 15,22) und die auch auf Rembrandts Radierung von 1636 und auf Heemskercks Darstellung zu sehen sind, erscheint unwahrscheinlich, da die beiden Gestalten nicht als Handelnde dargestellt sind (vgl. Busch 1970, 180) und auch von den zu überbringenden Gegenständen nichts zu sehen ist.
22 Vgl. Musper 1968, 234; Tümpel 1986, 358.

23 Vgl. Nouwen 1995, 86f., 97, 108; Haeger 1983, 185f.
24 Vgl. Hausmann 1976, 93f., 101.
25 Vgl. Baudiquet 1984, 9; Nouwen 1995, 112f.
26 Hamann 1948, 424.

Jesus und die Ehebrecherin
S. 133-142

1 Vgl. Stuttgarter NT, 197. Ambrosius (339–397) bezog sich auf Jer 22,29–30: „Land, Land, Land, höre das Wort des Herrn! So spricht der Herr: Schreibt diesen Mann als kinderlos ein, als Mann, der in seinem Leben kein Glück hat. Denn keinem seiner Nachkommen wird es glücken, sich auf den Thron Davids zu setzen und wieder über Juda zu herrschen." Demnach sollte nach Ambrosius die Erde schreiben, dass diese Männer enterbt werden sollen: „Terra, terra, scribe hos viros abdicatos […]" (Ambrosius, Epistula 50,4 [CSEL 82/II, 57]). Im Blick auf Jer 17,13 („Alle, die dich verlassen, werden zuschanden, die sich von dir abwenden, werden in den Staub geschrieben") fuhr Ambrosius fort, die Juden würden nur dafür eintreten, dass ihre Namen in das Land eingeschrieben sind, während die Namen der Christen nicht im Land, sondern sogar im Himmel eingeschrieben seien: „Cum Iudaei interpellant, in terra scribuntur nomina Iudaeorum, cum adeunt Christiani, non scribuntur in terra fidelium nomina, sed in caelo" (Ambrosius, Epistula 50,5 [CSEL 82/II, 58]).
2 Vgl. Stuttgarter NT, 197.
3 Der genaue Ursprung der Formel „Terra terram accusat" ist zwar unbekannt, verweist aber auf Augustinus (354–430), der im Blick auf Ps 2,10 („Nun denn, ihr Könige, kommt zur Einsicht, lasst euch warnen, ihr Gebieter der Erde!") zur Begründung der vom Psalmisten ausgesprochenen Warnung hinzufügte, die Könige dürften sich nicht überheben, da sie als irdische Herrscher nur über Irdisches zu richten vermögen: „quia terra iudicat terram […]" (Augustinus, Sermo 13,4 [PL 38, 108]). Siehe dazu Ronig 2005 Miniaturen, 141.
4 Codex Sangalensis 292, fol. 135 (St. Gallen, Stiftsbibliothek). Siehe dazu Knust/Wasserman 2010, 408.
5 Siehe dazu Stuttgarter NT, 197.
6 Zur Ikonographie der Freisprechung der Ehebrecherin siehe Schiller 1969, 169f.; Bloch 1968, 580–583; Kraus 2005, 325–327.
7 Vgl. Kraus 2005, 326. Siehe beispielsweise das karolingische Fresko in der Abteikirche von Müstair im letzten rechten Feld der dritten Reihe auf der Nordwand (vgl. Kraus 2005, 326, Anm. 9).
8 Vgl. Kraus 2005, 327f.
9 Hitdas Regierungszeit muss im Zeitraum zwischen 948 und 1042 liegen, da in diesen Jahren kein Name einer Äbtissin für das Stift überliefert ist. Zu Hitda siehe Kraus 2005, 59–67; Winterer 2011, 30–35.
10 Siehe dazu das Geschenkverzeichnis (fol. 1r) und das Widmungsbild des Hitda-Codex (fol. 5v–6r). Vgl. Winterer 2011, 12. Zum Widmungsbild siehe Kraus 2005, 105–112. Zur Datierung des Hitda-Codex, zur Frage der Kölner Malschule und zum Kloster St. Pantaleon als möglichem Entstehungsort siehe Winterer 2011, 15–30. Zur Kölner Malschule in der Ottonenzeit siehe auch Euw 1991, 251–280. Jeremia Kraus plädiert eher für das Klerikstift von St. Gereon als Ort der Kölner ottonischen Malschule (vgl. Kraus 2005, 79–82). Zum Forschungsstand des Hitda-Codex siehe Kraus 2005, 17–40. Zum Aufbau der übrigen Codices der Kölner Malschule und zu deren Illustrationsprinzipien siehe Kraus 2005, 49–55, 83–91.
11 Vgl. Winterer 2011, 15–30. Zum byzantinischen Einfluss im Hitda-Codex siehe Kraus 2005, 70–79.
12 Vgl. Winterer 2011, 12.
13 Siehe fol. 6r, 7r, 8r.
14 Siehe fol. 24r, 78r, 118r, 172r.
15 Siehe fol. 20r, 21r, 22r, 23r.
16 Siehe fol. 114r, 115r, 116r, 117r.
17 Siehe fol. 75r, 76r, 77r.
18 Siehe fol. 169r, 170r, 171r.
19 Siehe fol. 207v.
20 Vgl. Kraus 2005, 46–49; Winterer 2011, 13–15.
21 Vgl. Winterer 2011, 36f., 40f. Zu den Beischriften (tituli) des Hitda-Codex siehe Kraus 2005, 93–103.
22 Vgl. Winterer 2011, 53. Zum Bildprogramm des Hitda-Codex siehe Kraus 2005, 385–395.
23 Siehe fol. 171r.
24 Siehe fol. 169r.
25 Siehe fol. 170r.
26 Vgl. Winterer 2011, 60.

27 Vgl. Kraus 2005, 332.
28 Sic!
29 Vgl. Winterer 2011, 61f.
30 Vgl. Kraus 2005, 323, 328f., 332.
31 Vgl. Kraus 2005, 324, 328, 331.
32 Siehe fol. 6r.
33 Siehe fol. 20r.
34 Vgl. Winterer 2011, 62.
35 Siehe fol. 207v.
36 Vgl. Kraus 2005, 323f., 329–331. Die Worte „Terra terram accusat" waren bereits um 985/93 im Trierer Egbert-Codex in der entsprechenden Szene (fol. 46v) zu lesen (vgl. Ronig 2005 Miniaturen, 139f.; Kraus 2005, 326).
37 Vgl. Kraus 2005, 324, 329.
38 Vgl. Kraus 2005, 323, 232, 347; Winterer 2011, 62.
39 Vgl. Kraus 2005, 323f., 332. Nach Jeremia Kraus lässt sich in dem mittleren Mann vielleicht sogar der Ehemann oder der Liebhaber der Frau erkennen (vgl. Kraus 2005, 332).
40 Vgl. Kraus 2005, 347.
41 Vgl. Kraus 2005, 325, 329f. Der Bildhintergrund war ursprünglich purpurn gefärbt, wobei eine dunklere Zone unter dem Ellbogen der Ehebrecherin enden sollte, während eine zweite Zone den Rücken und den Nimbus Jesu umgab (vgl. Kraus 2005, 325).
42 Vgl. Kraus 2005, 325, 328, 330, 332.
43 Vgl. Kraus 2005, 331.
44 Vgl. Winterer 2011, 62.
45 Vgl. Kraus 2005, 331, Anm. 28.
46 Vgl. Kraus 2005, 348.
47 Kraus 2005, 348f.

Der Einzug Jesu in Jerusalem
S. 143-149

1 Vgl. Stuttgarter NT, 162f.
2 Die Frage nach dem Schottenmeister ist sehr komplex und wird in der Forschung intensiv diskutiert. Siehe dazu unter anderem Suckale 2002, 127–130; Madersbacher 2003, 413ff. Zum altniederländischen Einfluss auf den Schottenmeister siehe Simon 2002, 238ff., 298ff.; Saliger 2005, 11–22, 36–66.
3 Vgl. Saliger 2005, 6f. Zu Geschichte, Auftraggeber, Schrein-Rekonstruktion, Technik und Erhaltungszustand des Schottenaltars siehe grundlegend Reiter 1994, 173–199. Zur Datierungsfrage des Schottenaltars siehe auch Saliger 2005, 67–69.
4 Der Passionszyklus zeigt die Szenen Einzug Jesu in Jerusalem, Abendmahl, Christus vor Kaiphas, Ecce homo, Christus vor Pilatus, Kreuztragung Jesu, Kreuzigung Jesu und Beweinung Jesu (vgl. Saliger 2005, 89–96, 98–132).
5 Die erhaltenen Bilder zum Marienleben zeigen die Szenen Geburt Marias, Tempelgang Marias, Vermählung Marias, Verkündigung Marias, Heimsuchung Marias, Geburt Jesu, Epiphanie, Beschneidung Jesu, Darstellung Jesu im Tempel, Kindermord von Betlehem, Flucht nach Ägypten, Zwölfjähriger Jesus im Tempel und Tod Marias (vgl. Saliger 2005, 76–88, 133–180). Bei der Frage nach der in der Forschung diskutierten Händescheidung sieht man allgemein im Passionszyklus den Hauptmeister und im Marienzyklus einen jüngeren, von der Werkstatt unterstützten Maler. Nach Saliger wurde der Altar von einem einzigen Meister ausgeführt, an dem aber auch mindestens ein weiterer Maler beteiligt gewesen sein soll (vgl. Saliger 2005, 22–36, 182).
6 Vgl. Saliger 2005, 98.
7 Vgl. Saliger 2005, 98–100.
8 Vgl. Saliger 2005, 98, 100.
9 Der Baum erinnert an den markanten feingliedrigen Baum in dem um 1462/68 von Dieric Bouts geschaffenen Tafelbild mit dem auf das Lamm Gottes hinweisenden Johannes dem Täufer, das sich in der Münchner Alten Pinakothek befindet.
10 Vgl. Saliger 2005, 99–101.
11 Vgl. Saliger 2005, 67f., 98.
12 Vgl. Saliger 2005, 99–101.
13 Vgl. Augustinus, Enarratio in Psalmum 41,1 (CChrSL 38, 460).
14 Vgl. Physiologus 30 (Schönberger, 48); Trenner 2010 Hirsch, 138.
15 Vgl. Saliger 2005, 98–100. Der Tasselmantel ist vor allem durch seinen langen Brustausschnitt charakterisiert, der durch Quasten (Tasseln) oder durch an Knöpfen (Tasselscheiben) befestigte Schnüre (Tasselschnüre) geschlossen werden konnte.
16 Siehe die Beinstellung des Abraham auf dem linken oberen Seitenflügelbild des Sakramentsaltars in der Löwener Peterskirche, den Dieric Bouts 1464/67 angefertigt hatte, kurz

bevor der Schottenmeister an seinem Flügelaltar arbeitete.
17 Siehe die lateinische Antiphon zum Palmsonntag: „Pueri Hebraeorum, / portantes ramos olivarum, / obviaverunt Dominus, / clamantes et dicentes: / Hosanna in excelsis. / Pueri Hebraeorum / vestimenta prosternebant / in via et clamabant dicentes: / Hosanna Filio David, / benedictus qui venit in nomine Domini."
18 Vgl. Saliger 2005, 100.

Die Apostelkommunion beim Abendmahl
S. 150-161

1 Vgl. Bühler 1989, 11, 14.
2 Vgl. Vasari, Le vite (Milanesi VI, 587).
3 Vgl. Krischel 1994, 12–16, 23f., 39–53, 93.
4 Vgl. Hüttinger 1962, 8–10; Zenkert 2003, 19–22; Krischel 1994, 83–86, 96–103, 108–116.
5 Vgl. Bohlmann 1998, 42; Kirchbach 1951, 31; Bühler 1989, 2; Räuschel 2012, 15f. Aufgrund seiner Maltechnik wurde Tintoretto erst im 17. Jahrhundert als gleichrangiger Nachfolger Tizians angesehen, der im 18. Jahrhundert auch bei französischen Kritikern Anerkennung fand, während er im deutschsprachigen Raum vor allem im 19. Jahrhundert weitgehend verkannt wurde (vgl. Bühler 1989, 3).
6 Vgl. Bühler 1989, 77; Krischel 1994, 119–121. Auf den typologisch-eucharistischen Zusammenhang der beiden Bilder verweist auch die Ähnlichkeit zwischen Mose und Christus (vgl. Krischel 1994, 120).
7 Vgl. Bühler 1989, 15. Zu den elf Abendmahlsbildern Tintorettos siehe Bühler 1989, 4–6, 15–91.
8 Vgl. Bühler 1989, 16.
9 Vgl. Bühler 1989, 77f.; Krischel 1994, 121. Zu den zahlreichen Bewunderern, aber auch zu den wenigen Kritikern von Tintorettos Abendmahlsbild in San Giorgio Maggiore siehe Bühler 1989, 77f. Tintorettos Vorbild dürfte ein wohl von Giulio Romano (1499–1546) angefertigtes Paschamahl gewesen sein, worauf die Ähnlichkeiten beim Leuchter, bei den Schatten und der Tischstellung sowie bei der Haltung und Kleidung einiger Personen hinweisen. Die Darstellung war auf einem Teppich zu sehen, den Herzog Guglielmo Gonzaga (reg. 1550–1587) zwischen 1550 und 1569 verschenkt hatte und der nur als Kupferstich überliefert ist, nachdem er 1606 in Mailand verbrannt war. Tintoretto könnte den Teppich oder den dazugehörenden Entwurf gesehen haben, als er sich aus familiären und beruflichen Gründen, zuletzt um 1592, in Mantua aufhielt. Siehe dazu Krischel 1994, 121. Im Museum of Fine Arts in Boston wird eine Vorstudie Tintorettos aufbewahrt, die geringfügige Abweichungen zeigt und keinen Engelsreigen aufweist (vgl. Bühler 1989, 78 und 111, Anm. 264).
10 Vgl. Krischel 1994, 121.
11 Vgl. Räuschel 2012, 3–6, 17.
12 Vgl. Bühler 1989, 80.
13 Vgl. Bühler 1989, 78.
14 Vgl. Räuschel 2012, 4, 6, 10.
15 Vgl. Bühler 1989, 79. Die Annahme einer Zuschneidung würde erklären, warum das Abendmahlsbild um zwölf Zentimeter niedriger und um acht Zentimeter schmäler ist als das gegenüberliegende Pendant mit der Darstellung der Mannalese (vgl. Bühler 1989, 79).
16 Vgl. Bühler 1989, 80f., 84; Räuschel 2012, 17f. Es fällt auf, dass die verschiedenen Lichtarten weißlich-kühl erscheinen, so dass auch die vom Licht getroffene vordere Tischplatte nicht in einen gelblich-warmen Ton getaucht ist (vgl. Bühler 1989, 84).
17 Vgl. Räuschel 2012, 7, 10.
18 Vgl. Dvořák 1928, 164; Bühler 1989, 80, 83–85; Räuschel 2012, 18.
19 Vgl. Bühler 1989, 79 und 112, Anm. 269.
20 Vgl. Bühler 1989, 79; Räuschel 2012, 10.
21 Vgl. Bühler 1989, 82. Als Abschlussknauf wurden derartige Figürchen seit 1500 bis ins 18. Jahrhundert hinein in der Goldschmiedekunst immer wieder an Repräsentationsgefäßen verwendet, die in Venedig auf den Reichtum und die Freiheit der Stadt anspielten (vgl. Bühler 1989, 82).
22 Vgl. Bühler 1989, 82.
23 Vgl. Coletti 1943, 44; Räuschel 2012, 10.
24 Vgl. Räuschel 2012, 20.
25 Vgl. Bühler 1989, 80, 83. Claudia Bühler will in diesem Apostel Bartholomäus oder Jakobus den Älteren erkennen, ohne aber dafür Gründe anzugeben (vgl. Bühler 1989, 83).
26 Vgl. Bühler 1989, 79f., 83f.
27 Vgl. Bühler 1989, 82.

28 Vgl. Thode 1901, 132f.; Dvořák 1991, 153; Bühler 1989, 79; Räuschel 2012, 6f.
29 Vgl. Kirchbach 1951, 39; Räuschel 2012, 6.
30 Vgl. Zenkert 2003, 135. Auch wenn der Bettler nicht direkt Brot von den Aposteln erhält wie etwa in Tintorettos Abendmahlsbild von San Polo (vgl. Bühler 1989, 54–58), wo einer der Jünger Brot an einen Armen weiterreicht (vgl. Zenkert 2003, 132), so dürfte sich die Anwesenheit des Bettlers in der Darstellung von San Giorgio Maggiore wohl kaum anders als mit dem Aspekt des doppelten Opfercharakters erklären lassen.
31 Vgl. Mayer/Von der Bercken 1923, 209; Bühler 1989, 80f., 85; Räuschel 2012, 5, 17–20.
32 Vgl. Bühler 1989, 81; Räuschel 2012, 5, 17.
33 Vgl. Bühler 1989, 82f. Der Perserteppich verweist auf die von der Seemacht Venedig unterhaltenen Handelsbeziehungen zum Orient, durch die auch Luxusgüter in die Lagunenstadt eingeführt wurden (vgl. Bühler 1989, 113, Anm. 277).
34 Vgl. Bühler 1989, 79, 82f. Nach Bühler reicht die Dienerin dem Tafelmeister eine Schale mit Muscheln dar (vgl. Bühler 1989, 82).
35 Vgl. Krischel 1994, 120f.; Räuschel 2012, 13f.
36 Siehe dazu Wälchli 2007, 224–226.
37 Vgl. Mayer/Von der Bercken 1923, 92; Bühler 1989, 83–85.

Jesus wird vom Kreuz abgenommen
S. 162-170

1 Vgl. Lortz 1976, 93.
2 Siehe dazu Gillet 1912; Gilson 1924, 405–424; Thode 1934, 27–606; Ruf 1985, 259–286.
3 Vgl. Ruf 1981, 75.
4 Vgl. Grimkowski 2002, 292f., 296f.; Ruf 1985, 269.
5 Vgl. Thode 1934, 476. Zur Ikonographie der Kreuzabnahme siehe Schiller 1968, 177–181.
6 Vgl. Schiller 1968, 180. Siehe die beiden durch den Franziskusmeister in der Unterkirche von San Francesco in Assisi geschaffenen Fresken der Kreuzabnahme und der Beweinung Jesu (vgl. Thode 1934, 476f.; Ruf 1981, 35–40). Zum Passionszyklus des Franziskusmeisters siehe Ruf 1981, 27–50; Ruf 1985, 267–273.
7 Vgl. Frugoni 2003, 247f.
8 Vgl. Prinz 2000, 123; Frugoni 2003, 260. Gianfranco Malafarina datiert den Passionszyklus Lorenzettis in die Jahre von 1315 bis 1319 (vgl. Malafarina 2011, 102). Zur Frage der Datierung, für die sich eine maximale zeitliche Spanne von 1315 bis 1345 ergibt, siehe Stäps 1993, 298–300; Prinz 2000, 133. Zum Passionszyklus des Pietro Lorenzetti in der Unterkirche von Assisi siehe grundlegend Maginnis 1975; Ruf 1981, 75–102.
9 Vgl. Malafarina 2011, 102.
10 Vgl. Ruf 1981, 98; Frugoni 2003, 269. Für die Komposition der Kreuzabnahme konnte Lorenzetti an ältere Vorbilder anknüpfen, wie beispielsweise an die Kreuzabnahme auf einem kleinen Altarretabel aus der Kirche San Francesco al Prato in Perugia, die 1262/72 durch den Franziskusmeister geschaffen wurde und sich heute in der Galleria Nazionale dell'Umbria in Perugia befindet (vgl. Stäps 1993, 303, Anm. 242).
11 Vgl. Ruf 1981, 98.
12 Vgl. Ruf 1985, 272.
13 Wenn Marias Mutter Anna gemäß der Trinubiumslegende nach dem Tod ihres ersten Ehemannes Joachim zuerst mit Kleophas und dann mit Salomas verheiratet war, hätte Maria noch zwei Stiefschwestern gehabt, die mit den Frauen identifiziert wurden, die mit der Gottesmutter und Maria Magdalena unter dem Kreuz standen (vgl. Mt 27,56; Mk 15,40; Lk 24,10; Joh 19,25). Demnach war die Stiefschwester aus Annas zweiter Ehe Maria Kleophas, die Frau des Alphäus und die Mutter der Apostel Jakobus des Jüngeren, Simon des Zeloten und Judas Thäddäus sowie des Barnabas. Aus Annas dritter Ehe wäre Marias Stiefschwester Maria Salome hervorgegangen, die Frau des Zebedäus und die Mutter der Apostel Jakobus des Älteren und Johannes (vgl. Lechner 1994 Sippe, 175).
14 Vgl. Frugoni 2003, 270.
15 Vgl. Frugoni 2003, 269f.
16 Vgl. Frugoni 2003, 270; Malafarini 2011, 143.
17 Zur Transferierung des Turiner Grabtuches im Jahr 1204 in den Westen siehe Zaccone 2000, 35.
18 Vgl. Stäps 1993, 303–305. Im nächsten Fresko Lorenzettis mit der Grablegung Jesu sind auf der Stirn zwei Blutspuren zu sehen, die beide die charakteristische E-Form der mittleren

Blutspur auf dem Turiner Tuchbild aufweisen (vgl. Stäps 1993, 306).
19 Vgl. Stäps 1993, 305.
20 Vgl. Frugoni 2003, 270.
21 Vgl. Johannes de Caulibus, Meditationes vitae Christi 79 (CChrCM 153, 279; Rock/Haselbeck, 243).
22 Vgl. ebd. (CChrCM 153, 279; Rock/Haselbeck, 243f.).
23 Vgl. ebd. (CChrCM 153, 280; Rock/Haselbeck, 244).
24 Vgl. ebd.
25 „Ioseph vero sustentat corpus Domini; felix quidem ipse Ioseph, qui corpus Domini sic meruit amplexari!" (Johannes de Caulibus, Meditationes vitae Christi 79 [CChrCM 153, 280]); deutsche Übersetzung nach Rock/Haselbeck, 244).
26 Vgl. Johannes de Caulibus, Meditationes vitae Christi 79 (CChrCM 153, 280; Rock/Haselbeck, 244). Während die „Meditationes vitae Christi" die Verehrung des Hauptes Jesu durch die Gottesmutter und der Füße durch Maria Magdalena erst dann geschehen lassen, als Maria der Leichnam Jesu in den Schoß gelegt wird (vgl. ebd.), schildert Lorenzetti diese beiden Vorgänge noch vor der vollständigen Ablösung des Gekreuzigten, um die Szene der Kreuzabnahme, auf die es in dem Fresko ankommt, nicht zu sprengen.
27 Vgl. ebd.

Christus im Totenreich
S. 171-177

1 Vgl. Stuttgarter NT, 453; Schiller 1971, 41.
2 Vgl. Schiller 1971, 41f. Wahrscheinlich spielte beim Gedanken des Abstiegs Christi in die Unterwelt auch die im Matthäusevangelium berichtete Auferstehung der Toten in Jerusalem eine Rolle (vgl. Mt 27,52–53), die als Vorwegnahme der künftigen Auferstehung beim Weltgericht erscheint (vgl. Schiller 1971, 43).
3 Vgl. Schiller 1971, 42f., 45; Nyssen 1990, 14, 16f., 19. Zum Ostersieg Christi über die drei Mächte von Tod, Hades und Satan siehe die Osterhomilie des um 180 verstorbenen Bischofs Meliton von Sardes (Osterhomilie 102 [SC 123, 122]) und das Eucharistiegebet in der um 200 entstandenen „Traditio Apostolica": „Qui cumque traderetur voluntariae passioni, ut mortem solvat et vincula diaboli dirumpat, et infernum calcet et iustos illuminet, et terminum figat et resurrectionem manifestet, accipiens panem gratias tibi agens dixit: […]" (Traditio Apostolica 4 [FC 1, 224]). Siehe dazu Schiller 1971, 43.
4 Vgl. Nikodemusevangelium 17; 27 (Scheidweiler, 348f., 352f.); Schiller 1971, 45.
5 Vgl. Nikodemusevangelium 18–25 (Scheidweiler, 349–352).
6 Vgl. Nyssen 1990, 9.
7 Vgl. Schiller 1971, 43, 47–51. Zur Ikonographie des Abstiegs Christi in der ostkirchlichen Kunst siehe Schiller 1971, 47–56.
8 Lange 2011, 158–160.
9 Vgl. Gaß 2001, 10.
10 Vgl. Nyssen 1990, 10; Gaß 2001, 10.
11 Vgl. Zink 1984, 45, 47.
12 Vgl. Nyssen 1990, 11f. Zur Typologie von Adam und Christus siehe Gen 2,7 und 1 Kor 15,45. Unter den östlichen Kirchenvätern beschrieb diesen Aspekt am eindringlichsten Pseudo-Epiphanius im 9. Jahrhundert (vgl. Nyssen 1990, 12–14).
13 Vgl. Nikodemusevangelium 21 (Scheidweiler, 351); Lange 2011, 160.
14 Vgl. Nyssen 1990, 11.
15 Vgl. Mikliss de Dołęga 1996, 94.
16 Vgl. Lange 2011, 160.
17 Vgl. Zink 1984, 45, 48f.
18 Vgl. Zink 1984, 45, 49f.; Gaß 2001, 10; Lange 2001, 160f.
19 Vgl. Gaß 2001, 10.
20 Vgl. Lange 2001, 161.
21 Vgl. Zink 1984, 47; Nyssen 1990, 11; Gaß 2001, 10; Lange 2011, 161.
22 Vgl. Lange 2011, 161.

Das Mahl in Emmaus
S. 178-183

1 Vgl. Müller 1986, 178.
2 Zu Sieger Köder siehe grundlegend Kreidler/Teufel 2005.
3 Vgl. Stäps 1992, 42.
4 Vgl. Platon, Politeia 2,361e–362a (Eigler, 107). Mit der Kreuzigung ist hier eine Art Pfählung gemeint (vgl. Eigler, 107, Anm. 4).
5 Seuse, Büchlein der ewigen Weisheit 23 (Schneider, 156).

Jesus und Thomas
S. 184-189

1 Zu Rubens' Leben und Werk siehe grundlegend Evers 1942; Warnke 1977; White 1988; Hellwig 2012.
2 Siehe dazu Freedberg 1984, 82–85; Sauerländer 2011, 69. Zum Rockox-Triptychon siehe grundlegend Freedberg 1984, 81–87; Haeger 2004, 117–153.
3 Vgl. Most 2007, 241f.; Dal Bello 2010, 77.
4 Vgl. Freedberg 1984, 85; Most 2007, 249f.; Prater 1992, 150.
5 Siehe dazu Freedberg 1984, 84f.; Oldenbourg 1922, 107; Hetzer 1984, 175; Most 2007, 250f. Glenn W. Most führt über die Seitenwunde aus: „Vor allen Dingen ist in Jesu Seite nichts von einer Wunde zu sehen – vielleicht war da einmal eine, und sie wurde später übermalt, was bedeuten würde, daß eine beim Künstler ursprünglich vorhandene Absicht, sich enger an Caravaggios Gemälde zu halten, wieder aufgegeben wurde, vermutlich weil er das Vorbild denn doch zu beunruhigend fand" (Most 2007, 251).
6 Vgl. Most 2007, 250f.; Hetzer 1984, 175. Nach Jacobus van den Sanden (1734–1782) stellen die beiden hinteren Apostel Petrus und Paulus dar (vgl. Freedberg 1984, 84 und 86, Anm. 19), die nach David Freedberg in ihren neutestamentlichen Schriften (vgl. 1 Petr 1,8; 2 Kor 4,18; Hebr 9,1) die Bedeutung des Glaubens ohne das Sehen herausstellen (vgl. Freedberg 1984, 83f.). Trotz der Beschreibung des Jacobus van den Sanden steht dieser These die anachronistische Präsenz des Paulus in der Szene der Erscheinung des Auferstandenen vor Thomas entgegen. Willibald Sauerländer identifiziert die drei Apostel von links nach rechts als Thomas, Petrus und Johannes (vgl. Sauerländer 2011, 69).
7 Most 2007, 251.
8 Vgl. ebd.

Der auferstandene Jesus und Petrus am Ufer des Sees
S. 190-196

1 Vgl. Bischoff 2011, 165–167. Zum Leben und zum künstlerischen Werdegang des Malers Hans Süss siehe auch Winkler 1959; Holl 1972; Strieder 1980, 80–92; Löhr 1996, 9–13; Bacigalupo 2001, 43–117.
2 Vgl. May 1989 I, 151.
3 Vgl. May 1989 I, 160–162; Trüper 1992, 211, 213. 1989 erfolgte anlässlich einer Restaurierung auch eine kunsttechnologische Untersuchung (vgl. Trüper 1992, 211–222). Zur Rekonstruktion des Altars siehe May 1989 I, 162–172.
4 Auf dem linken Flügel zeigen Reliefs den hl. Kilian und den Pestpatron Sebastian. Im Schrein sind die Figuren der Kirchenpatrone Paulus und Petrus und des Nürnberger Stadtheiligen Laurentius aufgestellt. Auf dem rechten Flügel sind die Reliefs des Nürnberger Stadtpatrons Sebaldus und des Bamberger Bistumspatrons Georg zu sehen. Während die Predella mit den Büsten der Apostel Andreas, Petrus und Paulus verziert ist, sind über dem Schrein der Schmerzensmann und zwei flankierende Engel mit Kreuz und Geißelsäule dargestellt. Siehe dazu Löhr 1996, 28f.; Trüper 1992, 215; May 1989 I, 147–153, 168f.; May 1989 II, Abb. 106–120.
5 Vgl. May 1989 I, 166f., 171, 180–187; Löhr 1996, 28; Trüper 1992, 215.
6 Vgl. May 1989 I, 165, 168, 170; Löhr 1996, 28; Trüper 1992, 215.
7 Vgl. Bartz/König 2001, 266; May 1989 I, 165; Löhr 1996, 28–30.
8 Vgl. May 1989 I, 154–160, 399–403; Löhr 1996, 29.
9 Neben dem Bildschnitzer gab es nur einmal 1516 eine Ausbezahlung von zehn Gulden an einen nicht namentlich genannten Maler (vgl. May 1989 I, 156, 402). Diese Vergütung bezog sich vielleicht auf die Malerei eines Veronikabildes (Vera Ikon) auf der Rückseite der Predella (vgl. May 1989 I, 153f.; May 1989 II, Abb. 126–128), die erst nach Hans Süss entstand (vgl. Löhr 1996, 30).
10 Vgl. May 1989 I, 172–174.
11 Vgl. May 1989 I, 174–176.
12 Vgl. May 1989 I, 176f.
13 Vgl. Strieder/Sporer 1961, 98; May 1989 I, 176f.
14 Wilhelm Bode schrieb nur die in den Uffizien aufbewahrten Tafeln Hans Süss zu, da er von der Existenz der beiden in der Prager Nationalgalerie aufbewahrten Tafeln mit dem Kaiserpaar Heinrich II. und Kunigunde noch keine

Kenntnis hatte (vgl. Stadler 1936, 110; May 1989 I, 177).
15 Vgl. Trüper 1992, 217. Der Eintrag von einem „newen altar" im Rechnungsbuch von 1512 führte Heidemarie May zur Annahme, die Skulpturen der Predella und die Tafeln der äußeren Schauseite seien durch die Werkstatt des Michael Wolgemut (1434–1519) angefertigt worden, worauf man sich an den moderneren Maler Hans Süss gewandt habe, von dem dann die mittlere Schauseite mit den Tafelbildern und den Entwürfen für die Reliefs und die Schnitzfiguren konzipiert worden seien (vgl. May 1989 I, 186–195). Diese These wurde überzeugend von Alexander Löhr zurückgewiesen, der Hans Süss von Anfang an als Maler am Werk sieht (vgl. Löhr 1996, 29f.; Trüper 1992, 218).
16 Vgl. Bischoff 2011, 166f.; Löhr 1996, 28.
17 Vgl. Bartz/König 2001, 266.
18 Vgl. Holl 1972, 95. Nach Wilhelm Holl könnte Hans Süss um 1506 auf einer Reise nach Südosten mit den Malern der Donauschule in Berührung gekommen sein (vgl. Holl 1972, 95).
19 Vgl. Bartz/König 2001, 266.
20 Vgl. ebd.
21 Vgl. Gallwitz 1996, 72f.
22 Typisch für die Figurendarstellungen des Hans Süss sind überlang und mit abfallenden Schultern gegebene Gestalten, deren Hände etwas zu klein sind (vgl. Bischoff 2011, 166).
23 Vgl. Löhr 1996, 28.

Jesus, der gute Hirt
S. 197-203

1 Vgl. Grimminger 2000, 22f., 38, 41, 51–55. Zur Malerfamilie Gebhard von Prüfening siehe ebd., 13–39; zur malerischen Ausbildung Otto Gebhards siehe ebd., 41–50.
2 Die frühen gemeinsamen Deckenmalereien von Johann und Otto Gebhard von Prüfening entstanden 1726 in der Amberger Jesuitenbibliothek, um 1729 im Refektorium des Klosters Frauenzell, von 1731 bis 1733 in der Regensburger Emmeramskirche, um 1731 bis 1735 in Schloss Alteglofsheim, 1732 in der Kapelle von Schloss Pirkensee, 1735 in der Wallfahrtskirche von Hellring, um 1738 in der Andreaskirche von Stadtamhof, nach 1738 in der Johannes-Nepomuk-Kirche von Waldeck, um 1737/40 in der Pfarrkirche von Pettenreuth, um 1738 bis 1742 in der Pfarrkirche von Hainsacker, um 1743/44 in der Klosterkirche von Reichenbach, 1748 in Laaber, 1749/50 in Cham und 1750/51 in Mockersdorf (vgl. Grimminger 2000, 51–68).
3 Die ersten selbständigen Deckenfresken schuf Otto Gebhard 1745 für die Wallfahrtskirche von Donaustauf, um 1745 für die Kirche von Allersburg, 1746 für die Pfarrkirche von Wolkering, um 1745 bis 1750 für die Pfarrkirche zu Hohenburg, 1751 für die Regensburger Dominikanerinnenkirche Heilig Kreuz, 1752 für die Benediktinerklosterkirche von Frauenzell, 1752 für den Konventbau der Benediktinerabtei Ensdorf, um 1754/58 für die Regensburger Kassianskirche und 1755 für die Wallfahrtskirche von Laaberberg (vgl. Grimminger 2000, 68–77).
4 In die Zeit von 1757 bis 1772 fallen Otto Gebhards Fresken von 1757 für die Pfarrkirche von Pfaffenberg, 1760 für die Pfarrkirchen von Hohenschambach und Laberweinting, 1762 für die Pfarrkirche von Tegernheim, 1763/64 für die Pfarrkirche von Beratzhausen, 1765 für die Regensburger Rupertskirche, 1766 für die Pfarrkirche von Viechtach, 1768 für den Festsaal des Zisterzienserklosters Walderbach, 1768 für die Kapelle von Puchhof, 1770 für die Pfarrkirche von Schwabelweis und 1772 für die Wallfahrtskirche von Rechberg (vgl. Grimminger 2000, 77–86).
5 Vgl. Schlemmer 1991, 2–4; Morsbach 1993, 56; Grimminger 2000, 81f.; 221. Otto Gebhard hat die Fresken auf dem mittleren Deckenbild über der Orgelempore mit „Otto Gebhardt pinx[it] 1765" und auf dem östlichen Wandgemälde auf der Südseite mit „Otto Gebhar[dt] pinx[it]" signiert (vgl. Grimminger 2000, 221, 81). Zu Valentin Gebhard, dessen Mitarbeit sich wohl auf das Fassen des Stucks beschränkte (vgl. Grimminger 2000, 81), siehe Grimminger 2000, 28–30.
6 Der Schriftzug bezieht sich inschriftlich auf „Cant II. 15." und damit auf Hld 2,15, wonach die Füchse den Weinberg verwüsten.
7 Der Schriftzug bezieht sich inschriftlich auf „I Cor. 3. 6." und damit auf 1 Kor 3,6, wonach Paulus gepflanzt, Apollos begossen und Gott das Wachstum gegeben hat.
8 Vgl. Schlemmer 1991, 4f.; Morsbach 1993, 58; Grimminger 2000, 222f.

Der eucharistische Weinstock
S. 204-209

1 Vgl. Vitis mystica 164 (PL 184, 733). Während Origenes (um 185–253/54) Adam als Weinstock sah, der Christus als Frucht trägt (vgl. Origenes, Römerbriefkommentar 1,13 [FC 2/1, 126–128]; Thomas 1972, 492), erkannte eine Anastasius Sinaita (geb. um 630, gest. nach 700) zugeschriebene Auslegung des Sechstagewerkes im Lebensbaum (vgl. Offb 22,2) das Kreuz Christi (vgl. Anastasius Sinaita, Hexaemeron 7 [PG 89, 945A]; Thomas 1972, 492). Nach der apokryphen Abrahamsapokalypse glich beim Sündenfall der ersten Menschen die Frucht des Baumes einer Weintraube (vgl. Apokalypse des Abraham 23,5–6 [Rießler, 32]; Thomas 1972, 492; Schumacher-Wolfgarten 2012, 290 und Anm. 12).
2 Vgl. Feldbusch 1953, 730f.; Thomas 1972, 491–493.
3 Vgl. Binder 2008, 2–4.
4 Vgl. Binder 2008, 9; Bauer 1985, 156, 313.
5 Vgl. Bauer 1985, 306–313.
6 Vgl. Binder 2008, 26.
7 Vgl. Binder 2008, 23–26.
8 Vgl. Binder 2008, 26.
9 Vgl. Röhlig 1949, 54f.; Neumann 1999, 116.
10 Die Vision ist durch die Aufzeichnungen der im Kloster Töss lebenden Dominikanerin Elsbeth Stagel (um 1300–1360/66) überliefert, die um 1336 Heinrich Seuse persönlich kennengelernt hatte: „Als sich der Diener einstmals mit großem Ernst zu Gott gekehrt und ihn gebeten hatte, ihn Leiden zu lehren, erschien in einem geistlichen Gesicht vor ihm das Abbild des gekreuzigten Christus in Gestalt eines Seraphs; der hatte sechs Flügel […]. Auf den beiden untersten stand: Nimm Leiden bereitwillig an, auf den mittleren: Trage Leiden mit Geduld, auf den obersten: Lerne leiden, wie Christus gelitten" (Seuse, Vita 42 [Hofmann, 178]). In Entsprechung zu den Illustrationsabsichten Heinrich Seuses wurden im Konstanzer Dominikanerkloster Miniaturen seiner Visionen angefertigt, an die sich auch der Kreuzfahrt-Meister hielt, die wiederum der 1482 durch den Augsburger Anton Sorg (um 1430–1493) gedruckten Seuse-Ausgabe als Vorbild dienten (vgl. Haupt 1969, 73, 76f.). Sorgs Druckausgabe zeigt Heinrich Seuse, wie er vor dem im Weinstock gekreuzigten seraphischen Christus kniet (vgl. Seuse-Vita 1482, fol. 85v; Haupt 1969, 86f.), wobei die Darstellung durch die Hinterlegung mit dem Weinstock und durch die bei Elsbeth Stagel erwähnten Bittinschriften gedeutet wird (vgl. Schumacher-Wolfgarten 2012, 294f. und Anm. 19).
11 Vgl. Binder 2008, 26, 28. Das linke Fresko an der Brüstung der Nonnenempore zeigt Heinrich Seuse mit dem Jesusmonogramm auf der Brust und einem Kranz aus Rosen auf dem Kopf, wobei ihm das Jesuskind Rosen zuwirft, während hinter ihm die ewige Weisheit steht und ihm rechts zwei Engel das Kreuz bringen (vgl. Binder 2008, 28).
12 „[…] apostoli velut palmites de vera vite pullulantes, uvae florem caritate praeferebant […]" (Honorius Augustodunensis, Speculum Ecclesiae, De omnibus sanctis [PL 172, 1018D]).

Das himmlische Jerusalem
S. 210-216

1 Vgl. Jung/Kreuzer 2006, 71.
2 Zur Geschichte der bildlichen Darstellungen der Apokalypse siehe im Überblick Schiller 1990, 116–119; Van der Meer 1978, 31–49.
3 Vgl. Schiller 1990, 120–126; Klein 1980, 1746f.; Van der Meer 1978, 113; Williams/Shailor 1991, 22–25; Jung/Kreuzer 2006, 18f.
4 Vgl. Williams/Shailor 1991, 17–21; Schiller 1990, 132. Nach 1837 kam die Handschrift um 1840 in den Besitz des Roberto Frassinelli (1811–1887), der sie 1847 an Francisque Michel (1809–1887) verkaufte. Nach einem kurzen Zwischenverkauf gelangte sie 1852 in den Besitz des Earl Bertram Ashburnham (1797–1878), von dem sie 1897 der Londoner Sammler Henry Yates Thompson (1838–1928) erwarb. Schließlich wurde sie am 3. Juni 1919 durch das Londoner Antiquariat Quaritch für die Library des John Pierpont Morgan in New York ersteigert (vgl. Williams/Shailor 1991, 17).
5 Vgl. Jung/Kreuzer 2006, 18f.; Schiller 1990, 126f.; Jung/Kreuzer 2006, 71.
6 Siehe fol. 222v.
7 Vgl. Kurmann 2002, 293; Jung/Kreuzer 2006, 71.
8 Vgl. Jung/Kreuzer 2006, 71.
9 Vgl. Kurmann 2002, 293.
10 Vgl. Williams/Shailor 1991, 212f.

11 Vgl. Williams/Shailor 1991, 212. Die planimetrische Projektion der Beatus-Morgan-Apokalypse findet sich manchmal auch in anderen Handschriften des Mittelalters, steht aber vor allem mit Beatus-Handschriften in Verbindung (vgl. Williams/Shailor 1991, 212).
12 Vgl. Kurmann 2002, 293.
13 Vgl. Williams/Shailor 1991, 213.
14 Vgl. Williams/Shailor 1991, 213; Kurmann 2002, 293.
15 „Ideo diversitatem gemmarum in fundamentis nominare voluit, ut dona diversarum gratiarum, quae apostolis data sunt, demonstraret, sicut de spiritu Sancto dictum: Dividens singulis prout vult [1 Cor 12,11 Vulgata]" (Tyconius, Expositio Apocalypseos 7,41 [CChrSL 107A, 225]). Im Kommentar des Beatus findet sich keine Erklärung für die Zuordnung der zwölf Edelsteine zu den zwölf Aposteln. Siehe dazu Beatus von Liébana, Tractatus de Apocalipsin 12,2,41–47 (CChrSL 107C, 910f.).
16 Vgl. Isidor von Sevilla, Etymologiae 16,7,8 (PL 82, 571C–572A).
17 Vgl. ebd. 16,9,2 (PL 82, 574B).
18 Vgl. ebd. 16,14,5 (PL 82, 579B).
19 Vgl. ebd. 16,7,1 (PL 82, 571A).
20 Vgl. ebd. 16,8,4 (PL 82, 573B–C).
21 Vgl. ebd. 16,8,2 (PL 82, 573B).
22 Vgl. ebd. 16,15,2 (PL 82, 580A).
23 Vgl. ebd. 16,7,5 (PL 82, 571B).
24 Vgl. ebd. 16,7,9 (PL 82, 572A).
25 Vgl. ebd. 16,7,7 (PL 82, 571C).
26 Vgl. ebd. 16,9,3 (PL 82, 574B–C).
27 Vgl. ebd. 16,9,1 (PL 82, 574B).
28 Vgl. Kurmann 2002, 293.

Die Himmelfahrt Jesu
S. 217-223

1 Vgl. Kliesch 1986, 30f.
2 Siehe fol. 131v.
3 Vgl. Jantzen 1947, 73f.
4 Zur ottonischen Buchmalerei siehe hinführend Castelfranchi Vegas 2001, 49–72.
5 Vgl. Kahsnitz 1994 Perikopenbuch, 9, 14, 18, 21.
6 Vgl. Kahsnitz 1994 Perikopenbuch, 25, 29. Die einseitigen Miniaturen finden sich zu den Festen Mariä Lichtmess (fol. 35v), Gründonnerstag (fol. 105v), Christi Himmelfahrt (fol. 131v), Peter und Paul (fol. 152v) und Kirchweih (fol. 200r). Doppelseitige Miniaturen finden sich bei den Perikopen zu Weihnachten (fol. 8v und 9r), Epiphanie (fol. 17v und 18r), Palmsonntag (fol. 77v und 78r), Karfreitag (fol. 107v und 108r), Ostersonntag (fol. 116v und 117r), Pfingsten (fol. 135v und 136r), zum Geburtsfest Johannes' des Täufers (fol. 149v und 150r), zu Mariä Himmelfahrt (fol. 161v und 162r) und zur Totenmesse (fol. 201v und 202r). Siehe dazu Kuder 1994, 109; Kahsnitz 1994 Handschrift, 97f.
7 Vgl. Kuder 1994, 124f. Die Initialseite auf fol. 132r, die der Miniatur mit der Himmelfahrtsszene auf fol. 131v gegenübergestellt ist, illustriert den Beginn des Evangeliums (vgl. Mc 16,14 Vulgata) mit dem Schriftzug „SEQ[UENTIA] S[AN]C[T]I EUA[NGELII] SECUNDU[M] MARCVM. IN ILLO TEMPORE RECUMBENTIBUS UNDECIM DISCIPULIS" (zitiert nach Kuder 1994, 125).
8 Vgl. Stuttgarter NT, 231.
9 Vgl. Prinz 2000, 515f.
10 Vgl. Kuder 1994, 124.
11 Siehe fol. 201v.
12 Vgl. Kuder 1994, 124.
13 Vgl. Jantzen 1947, 66, 74.
14 Vgl. Kuder 1994, 124.
15 Ebd.
16 Vgl. ebd. Im Unterschied zu dem in der Apostelgeschichte genannten „Ölberg" (Apg 1,12) bezeichnet Lukas in seinem Evangelium den Ort der Himmelfahrt als in der „Nähe von Betanien" (Lk 24,50) gelegen. Da sich nach Apg 1,12 die Himmelfahrt einen Sabbatweg von Jerusalem entfernt und damit in der Distanz eines Kilometers zur Stadt ereignet hat, der Ölberg aber auf dem Weg in das zweieinhalb Kilometer von Jerusalem entfernte Betanien liegt, ist es vorstellbar, dass Jesus mit seinen Jüngern in Richtung Betanien unterwegs war und dann vom Ölberg aus in den Himmel aufgefahren ist.
17 Vgl. Kuder 1994, 124.
18 Vgl. Vels Heijn/Bunnig/Simons/Tissink 2006, 37.
19 Vgl. Kuder 1994, 124.
20 Vgl. ebd.
21 Vgl. Jantzen 1947, 73.

Die Steinigung des Stephanus
S. 224-233

1 Vgl. Stuttgarter NT, 241.
2 Vgl. Stuttgarter NT, 244.
3 Vgl. Fritz 1996, 21f.
4 Vgl. Preimesberger 1987, 89; Fritz 1996, 8, 24, 45; De Vecchi 2002, 334.
5 Vgl. Fritz 1996, 24.
6 Vgl. Fritz 1996, 24f. Zur Frage der Entwurfszeichnungen siehe Fritz 1996, 27–31.
7 Neben der Freskierung der Sala di Costantino, für die Raffael ab 1519 mit den Entwurfsarbeiten begann, standen als weitere unvollendete Projekte noch die graphische Rekonstruktion des antiken Rom und die Vollendung der Villa all' antica des Vizekanzlers Giulio de' Medici auf dem Monte Mario aus (vgl. Fritz 1996, 13, 20, 79).
8 Vgl. Fritz 1996, 12f., 78f. Zum Leben und zu den Werken Giulio Romanos siehe den Überblick bei Fritz 1996, 78–88.
9 Vgl. Fritz 1996, 15, 45, 79; 72, Anm. 57. Das heute in der Londoner National Gallery ausgestellte Gemälde der Lazaruserweckung wurde von Sebastiano del Piombo bereits 1517/19 vollendet, während Raffaels Verklärungsbild, das sich heute in der Vatikanischen Pinakothek befindet, bei seinem Tod am 6. April 1520 fast vollendet noch auf der Staffelei stand (vgl. Fritz 1996, 19).
10 Vgl. Fritz 1996, 45; 73, Anm. 58. Der Bilderrahmen wurde im Zweiten Weltkrieg zerstört.
11 Auf dem Entwurfskarton, der aus zahlreichen Papierbögen zusammengeleimt wurde, hat sich die untere Steinigungsszene von Giulio Romano original erhalten, während die schadhaft gewordene obere Himmelsszene mit Gottvater und Christus von einem anonymen Kopisten ergänzt wurde (vgl. Fritz 1996, 31).
12 Vgl. Fritz 1996, 5f.; 73, Anm. 58.
13 Vgl. Fritz 1996, 31, 36, 39.
14 Fritz 1996, 45.
15 Vgl. Fritz 1996, 11f., 14, 43.
16 Vgl. Fritz 1996, 40–42.
17 Vgl. Fritz 1996, 43; 72, Anm. 55.
18 Vgl. Fritz 1996, 9f., 25, 31f. Die auf die physische und emotionale Einbindung des Betrachters gerichtete Absicht sollte Giulio Romano um 1532/34 dann auch im Gigantensaal des Palazzo del Tè in Mantua zur Grundkonzeption seiner Raumgestaltung erheben (vgl. Fritz 1996, 32).
19 Vgl. Fritz 1996, 36, 43. Die Dreiergruppe mit Saulus auf der linken Seite ist in räumlicher Hinsicht sehr überzeugend gelungen und lässt auf einen konkreten Entwurf Raffaels schließen, zumal diese drei Figuren an die linke untere Apostelgruppe auf dem Verklärungsbild erinnern (vgl. Fritz 1996, 27, 31).
20 Vgl. Fritz 1996, 36, 48, 51f. Nachdem sich Leo X. gegen Ende des Jahres 1514 zu dem aus zehn Bildern bestehenden Zyklus entschlossen hatte, um die untere Zone der Sixtinischen Kapelle mit Wandteppichen zum Leben des Petrus und Paulus auszustatten, erhielt Raffael den Auftrag zur Vorbereitung der Kartons, nach denen dann in Brüssel in der Werkstatt des Pieter van Aelst (1502–1550) die Tapisserien angefertigt werden sollten. Mit der Szene der mit dem Einverständnis des Saulus erfolgenden Steinigung des Stephanus (vgl. Apg 7,54–8,1a) begann der Pauluszyklus auf der Stirnwand links vom Altar. Auf der linken Wandseite folgten unter dem Mosezyklus die Szenen der Bekehrung des Saulus (vgl. Apg 9,1–22), der Bekehrung des Prokonsuls Sergius Paulus (vgl. Apg 13,6–12), des Opfers von Lystra (vgl. Apg 14,11–18), des gefangenen Paulus (vgl. Apg 16,23–34) und der Predigt vor den Athenern (vgl. Apg 17,22–31). Siehe dazu De Vecchi 2002, 195. Zu Raffaels Kartons siehe grundlegend Shearman 1972.
21 Vgl. Fritz 1996, 48.
22 Vgl. Dollmayr 1895, 356f.; Fritz 1996, 48f.; 73, Anm. 61.
23 Fritz 1996, 52.
24 „Et iratus ibat Saulus, ibat lupus ad caulas, ad greges Domini […]. Et ille desursum: Saule, Saule, quid me persequeris? [Act 9,4 Vulgata] Lupe, lupe, quid agnum persequeris? […] Exue de lupo: esto de lupo ovis de ove pastor" (Augustinus, Sermo 316,4,4 [PL 38, 1434]); vgl. Fritz 1996, 53; 74, Anm. 70. Siehe auch Augustinus, Sermo 279,1,1 [PL 38, 1275]); Fritz 1996, 53; 74, Anm. 70.
25 Jakobus de Voragine, Legenda aurea, Von Sanct Pauls Bekehrung (Benz, 156); vgl. Fritz 1996, 56.
26 „Prorsus tales sunt homines. Contra istum medicum alii saevire in eum volunt […]. Multi ex eis conversi ex inimicis facti sunt amici, ex

persecutoribus facti sunt praedicatores. Tales etiam ipsos Judaeos, in se ipsum, cum hic esset, saevientes, tanquam phreneticos sanavit, pro quibus in ligno pendens oravit. Dixit enim: Pater ignosce illis, quia nesciunt quid faciunt [Lc 23,34 Vulgata]. Multi tamen eorum, sedato furore, tanquam phrenesi oppressa, cognoverunt Deum, cognoverunt Christum. Post ascensionem misso Spiritu sancto, conversi sunt ad eum quem crucifixerunt, et in Sacramento credentes sanguinem ejus biberunt, quem saeviendo fuderunt" (Augustinus, Sermo 87,11,14 [PL 38, 538]); vgl. Fritz 1996, 53–55; 74, Anm. 72. Nach Augustinus hat der gekreuzigte Christus aus seinem Blut seinen verblendeten Mördern gleichsam die Augensalbe bereitet: „Undique enim Judaeis […] crucifigentibus, ait: Pater, ignosce illis, quia nesciunt quid faciunt [Lc 23,34 Vulgata]. Caecitas enim me crucifigit. Caecitas crucifigebat: et crucifixus eis de sanguine suo collyrium faciebat" (Augustinus, Sermo 317,2,2 [PL 38, 1436]); vgl. Fritz 1996, 74, Anm. 73. Zum Blut Christi als Medizin des göttlichen Arztes für seine Mörder siehe auch Augustinus: „Quanta vero bonitas et potentia medici, qui de sanguine suo, insano interfectori suo medicamentum fecit? Neque enim ille qui venerat quaerere et salvare quod perierat, pendens sine causa dicebat, Pater, ignosce illis, quia nesciunt quid faciunt [Lc 23,34 Vulgata]. Insani sunt, medicus sum: saeviant, patienter fero; cum occiderint, tunc sanabo" (Augustinus, Sermo 174,5,6 [PL 38, 943]); vgl. Fritz 1996, 74, Anm. 73.

27 „Vide hominem sequentem vestigia Domini sui. Christus in cruce […] Stephanus sub lapidibus" (Augustinus, Sermo 319,5,5 [PL 38, 1441]); vgl. Fritz 1996, 55; 74, Anm. 75. Siehe auch Augustinus, Sermo 315,1,2–3 (PL 38, 1426f.); Fritz 1996, 55; 74, Anm. 74.

28 Michael P. Fritz sieht in der Kleidung des Saulus ein Changieren von Rot und Grün, was auf die sich anbahnende innere Wandlung hinweisen oder ein Sinnbild für die sich widerspiegelnde lichtvolle göttliche Herrlichkeit sein könnte (vgl. Fritz 1996, 56). Jedenfalls handle es sich bei Rot und Grün um die traditionellen Gewandfarben des Saulus, und dieser Kunstgriff der Schillerfarbe sei nur im Kleidungsstück des Saulus angewendet (vgl. Fritz 1996, 75, Anm. 77).

29 Vgl. Fritz 1996, 55–57. Bei Raffael findet sich die aristotelische Zusammenfügung von Ereignissen zu gegenläufigen Handlungen im Verklärungsbild, wo die Transfiguratio Christi (vgl. Mt 17,1–9; Mk 9,2–10; Lk 9,28–36) mit der Unfähigkeit zur Heilung des mondsüchtigen Knaben durch die unterhalb des Verklärungsberges wartenden Apostel (vgl. Mt 17,14–21; Mk 9,14–28; Lk 9,37–43) und damit mit dem Motiv des tragischen Irrtums verbunden ist. Dagegen beschränkte sich Sebastiano del Piombo bei seinem Bild mit der Lazaruserweckung auf das eine Geschehen der Totenerweckung (vgl. Joh 11,43–44). Siehe dazu Fritz 1996, 57–61.

30 Vgl. Fritz 1996, 32.

31 Vgl. Fritz 1996, 35; 71, Anm. 47.

32 Vgl. Fritz 1996, 10, 46.

33 „Vide hominem sequentem vestigia Domini sui. Christus in cruce, Pater, in manus tuas commendo spiritum meum [Lc 23,46 Vulgata]: Stephanus sub lapidibus, Domine Jesu, suscipe spiritum meum [Act 7,59 Vulgata]. Christus in cruce, Pater, ignosce illis, quia nesciunt quid faciunt [Lc 23,34 Vulgata]: Stephanus sub lapidibus, Domine Jesu, ne statuas illis hoc delictum [Act 7,60 Vulgata]. Quomodo posset iste non ibi esse ubi erat quem secutus est, ubi erat quem imitatus est?" (Augustinus, Sermo 319,5,5 [PL 38, 1441]). Siehe auch: „Quid Stephanus? quid? Attendite prius illum, quem bonus amicus imitabatur. […]: Pater, in manus tuas commendo spiritum meum [Lc 23,46 Vulgata]. […] Stephanus, Domine Jesu. Quid et ipse? Accipe spiritum meum [Act 7,59 Vulgata]" (Augustinus, Sermo 316,3,3 [PL 38, 1433]). Vgl. Fritz 1996, 55; 74, Anm. 74.

34 Vgl. Fritz 1996, 10, 46. Raffael hatte in seiner Vorlage für den ersten Wandteppich des Pauluszyklus erstmals wieder auf diese Bildformel zurückgegriffen, die sich in der spätantiken und mittelalterlichen Kunst nachweisen lässt (vgl. Fritz 1996, 46).

35 Vgl. Feldbusch 1955, 430.

36 Vgl. Fritz 1996, 61f. Das Verklärungsbild Raffaels misst 410 × 279 cm, Sebastiano del Piombos Lazaruserweckung 381 × 289 cm, Giulio Romanos Entwurfskarton zum Stephanusbild 411 × 280 cm und das ausgeführte Altarbild von Santo Stefano 403 × 288 cm (vgl. Fritz 1996, 77, Anm. 90).

37 Vgl. Fritz 1996, 61–63.

Die Feuerzungen des Heiligen Geistes
S. 234-239

1. Vgl. Kliesch 1986, 43.
2. Vgl. Fischer 2009, 102.
3. Vgl. Gameson 2001, 163–165.
4. Vgl. Nilgen 1998, 228; Gameson 2001, 166, 170.
5. Siehe New Minster Charter in London, British Library, Ms. Cotton Vespasian A.VIII (vgl. Gameson 2001, 166).
6. Das Benediktionale des Æthelwold (London, British Library, Ms. Add. 49598) wurde durch den Mönch Godeman geschrieben und besitzt einen gleichzeitig entstandenen Bilderzyklus. Bei den aufwendigen Bordüren verbinden sich Akanthusrahmen aus der karolingischen Schule von Metz, fränkisch-sächsische Rahmungen des flandrischen Stils von Saint-Bertin und Blattlauben, wie sie zu Beginn des 10. Jahrhunderts in der südenglischen Buchkunst entstanden waren. Die mit den Rahmen korrespondierenden figürlichen Szenen zeigen Beziehungen zu dem um 790/810 in der karolingischen Hofschule entstandenen Ada-Evangeliar (Trier, Stadtbibliothek, Hs. 22), während Posen, Gebärden und Ikonographie nach Metz verweisen. Die Miniaturen werden von der ornamentalen Rahmengestaltung dominiert, die mit den ebenfalls dekorativ wirkenden Figuren gut harmonieren. Siehe dazu Gameson 2001, 166–168; Nilgen 1998, 228.
7. Siehe Pontifikale von Winchester in Rouen, Bibliothèque municipale, Ms. 369 (Y 7); die Pfingstminiatur befindet sich auf fol. 29v. Zwei weitere Handschriften aus der Produktion von Winchester sind das Londoner Lektionar in London, College of Arms, Ms. Arundel 22, und das Pariser Benediktionale in Paris, Bibliothèque national, Ms. lat. 987 (vgl. Gameson 2001, 169).
8. Vgl. Gameson 2001, 167–170. Zum Pontifikale von Winchester siehe grundlegend Leroquais 1937, 300–305. Zu den Verbindungslinien des Pontifikale von Winchester zu Robert Champart (gest. 1052), der zunächst als Prior von Saint-Ouen in Rouen amtierte, 1037 Abt von Jumièges war und schließlich 1044 zum Bischof von London und zuletzt noch 1051 zum Erzbischof von Canterbury ernannt wurde (vgl. Hudson 1995, 898f.), siehe Leroquais 1937, 304f.
9. Siehe fol. 29v.
10. Vgl. Lange 2011, 186.
11. Vgl. Lange 2011, 184, 187.
12. Vgl. Lange 2011, 184, 186.
13. Vgl. Gameson 2001, 170. Die Miniatur mit dem Marientod ist auf fol. 54v dargestellt (vgl. Leroquais 1937, 305).
14. Vgl. Lange 2011, 184.
15. Vgl. Lange 2011, 184, 186–188.
16. Vgl. ebd.
17. Vgl. Leroquais 1937, 305; Lange 2011, 187. Siehe die Pfingstdarstellung (fol. 14v) in dem 586 angefertigten syrischen Rabbula-Evangeliar, wo Maria die Mitte der Apostel bildet (vgl. Weitzmann 1977, 108).
18. Die Bedeutung der Apostelfürsten könnte zusätzlich durch den Einfluss der burgundischen Abtei Cluny gesteigert worden sein, die auch die Klosterreform von Æthelwold beeinflusst hatte. Das Kloster Cluny zeichnete sich durch eine starke Petrusverehrung aus und besaß ebenfalls eine den Apostelfürsten geweihte Kirche. Siehe dazu Kobialka 2003, 42.
19. Vgl. Lange 2011, 188.

Vater und Sohn sind eins im Heiligen Geist
S. 240-246

1. Zu Hildegards prophetischer Kritik am Klerus siehe ihre drei Briefe an den Klerus von Köln, an die Kirche in Trier und an Abt Werner von Kirchheim (vgl. Hildegard von Bingen, Epistolarum liber 48; 49; 52 [PL 197, 243–253, 254–258, 269–271]).
2. Siehe dazu Böckeler 1987, 374–402; Saurma-Jeltsch 1998, 1–3; Dinzelbacher 2002, 82; Mauch 2004, 146–152.
3. Vgl. Böckeler 1987, 409f.; Saurma-Jeltsch 1997, 340; 354, Anm. 3.
4. Vgl. Saurma-Jeltsch 1998, 23; Saurma-Jeltsch 1997, 343, 345.
5. Vgl. Saurma-Jeltsch 1997, 341f., 344, 353; Saurma-Jeltsch 1998, 11, 24. Zur Rekonstruktion des Arbeitsablaufs bei der Anfertigung des Rupertsberger Codex siehe Saurma-Jeltsch 1997, 345–348.

6 Vgl. Saurma-Jeltsch 1998, 11, 24. Zur künstlerischen Herkunft der Bilder des Rupertsberger Codex siehe Saurma-Jeltsch 1998, 3–11; zur kunsthistorischen Einordnung siehe Saurma-Jeltsch 1997, 348–354.

7 Vgl. Saurma-Jeltsch 1998, 12f., 23. Zur Funktion der Bilder siehe grundlegend Suzuki 1998; vgl. Saurma-Jeltsch 1998, 12–15. Zur umfangreichen Forschungsgeschichte über die inhaltliche Bestimmung der Bilder siehe Saurma-Jeltsch 1998, 12, Anm. 102. Keiko Suzuki versteht die Bilder als unmittelbare Umsetzung der Visionen Hildegards. Demnach sei die Äbtissin selbst für die Konzeption der Bilder verantwortlich gewesen, so dass sowohl die Entstehung des Textes als auch die der Bilder in die Zeit Hildegards auf dem Rupertsberg fallen würden (vgl. Suzuki 1998, 230, 238f.).

8 Siehe fol. 47r.

9 „Deinde vidi splendidissimam lucem et in ipsa sapphirini coloris speciem hominis quae tota suavissimo rutilante igne flagrabat, et illa splendida lux perfudit universum illum rutilantem ignem, et ille rutilans ignis totam illam splendentem lucem, et illa splendidissima lux et rutilans ignis totam hominis speciem, unum lumen una virtute et potentia existentes" (Hildegard von Bingen, Scivias 2,2 [PL 197, 449A]).

10 „Quapropter vides splendidissimam lucem quae sine ortu est, et cui nihil deesse potest; quae designat Patrem, et in ipsa sapphirini coloris specie hominis sine omni macula imperfectionis invidiae et iniquitatis declarat Filium, ante tempora secundum divinitatem a Patre genitum, sed post in tempore secundum humanitatem in mundo incarnatum" (Hildegard von Bingen, Scivias 2,2 [PL 197, 449B]).

11 „Quae tota suavissimo rutilante igne flagrat, qui ignis sine tactu ullius aridae et tenebrosae mortalitatis demonstrat Spiritum sanctum de quo idem Unigenitus Dei secundum carnem conceptus et de virgine temporaliter natus, lumen verae claritatis mundo infundit" (Hildegard von Bingen, Scivias 2,2 [PL 197, 449B]).

12 Vgl. Saurma-Jeltsch 1998, 95. „[...] sed et Pater declaratur per Filium, Filius per ortum creaturarum, et Spiritus sanctus per eumdem Filium incarnatum. Quomodo? Pater est qui ante saecula genuit Filium; Filius, per quem omnia a Patre facta sunt in initio creaturarum, et Spiritus sanctus, qui in specie columbae apparuit in baptismate Filii Dei in fine temporum" (Hildegard von Bingen, Scivias 2,2 [PL 197, 449D–450A]).

13 Vgl. Saurma-Jeltsch 1998, 93; Dinzelbacher 2002, 83; Mauch 2004, 152.

14 Vgl. Saurma-Jeltsch 1998, 93.

15 Vgl. Schomer 1937, 61; Mauch 2004, 152.

16 Die Wellenlinien sind in den beiden durch die Mittelfigur geteilten Hälften der goldenen Kreisfläche nicht symmetrisch ausgeführt, so dass in der linken Hälfte vierzehn und rechts zwölf Linien zu sehen sind (vgl. Mauch 2004, 152).

17 Vgl. Saurma-Jeltsch 1998, 93.

18 Vgl. Saurma-Jeltsch 1998, 11.

19 Die silberne Silhouette erinnert an die Ströme der göttlichen Erkenntnis in der zweiten Miniatur und an den Atem Gottes, durch den im fünften Bild dem ungeborenen Menschen das Leben eingehaucht wird (vgl. Saurma-Jeltsch 1998, 95).

20 Siehe dazu Saurma-Jeltsch 1998, 93f.; Mauch 2004, 152f. Nach Christel Meier ist das Saphirblau nach Hildegards „Liber vitae meritorum" auch in einem eucharistischen Zusammenhang zu verstehen (vgl. Meier 1972, 267; Saurma-Jeltsch 1998, 94, Anm. 175).

21 Vgl. Mauch 2004, 156.

22 Vgl. Saurma-Jeltsch 1998, 95. „[...] sed et Pater declaratur per Filium [...]; Filius, per quem omnia a Patre facta sunt in initio creaturarum [...]" (Hildegard von Bingen, Scivias 2,2 [PL 197, 449D]). In dem 971/84 in Winchester entstandenen Benediktionale des Æthelwold (London, British Library, Ms. Add. 49598) findet sich auf fol. 70 eine Darstellung Christi im Typus der Majestas Domini, die für den dreifaltigen Gott steht und inschriftlich als „omnipotens trinitas, unus et verus Deus pater, filius et spiritus sanctus" bezeichnet wird (vgl. Saurma-Jeltsch 1998, 95). Die vor dem Kreis stehende Figur greift ikonographisch einen Typus auf, der für das Wirken des Sohnes als Logos-Creator üblich ist, wie eine um 1165/70 entstandene Regensburger Handschrift mit dem Hexaemeron des Ambrosius in der Bayerischen Staatsbibliothek München (Clm 14399) zeigt, wo auf fol. 14v die Schöpfung als Sphaira hinter Christus am zweiten Schöpfungstag zu sehen ist, an

dem Wasser und Firmament getrennt wurden (vgl. Saurma-Jeltsch 1998, 95 und Anm. 175).
23 Vgl. Saurma-Jeltsch 1998, 95. „[…] et Spiritus sanctus per eumdem Filium incarnatum. […] et Spiritus sanctus, qui in specie columbae apparuit in baptismate Filii Dei in fine temporum" (Hildegard von Bingen, Scivias 2,2 [PL 197, 449D–450A]). In einem zu Beginn des 12. Jahrhunderts entstandenen Sakramentar aus der Kathedrale Saint-Etienne in Limoges (Paris, Bibliothèque nationale, Ms. lat. 9438) ist Christus auf fol. 24 in ähnlicher Weise wie in der Dreifaltigkeitsminiatur des Rupertsberger Codex von einer Gloriole umgeben, die aus dem Jordan gebildet ist, während sich aus dem Himmel die Geisttaube herabsenkt (vgl. Saurma-Jeltsch 1998, 95 und Anm. 179).
24 Vgl. Saurma-Jeltsch 1998, 95.
25 Vgl. Dinzelbacher 2002, 83.

Die Eucharistie als Vergegenwärtigung des Kreuzesopfers
S. 247-269

1 Vgl. Schiller 1976, 157. Siehe auch die nach 1340 durch Andrea Pisano (gest. um 1348) wohl nach Entwürfen Giottos (1266–1337) ausgeführten Reliefs am Campanile des Domes von Florenz, wo die sieben Sakramente mit den Planeten, Tugenden und den sieben freien Künsten in Beziehung gesetzt wurden (vgl. Schiller 1976, 157).
2 Siehe DH, Nr. 1310.
3 Vgl. Schiller 1976, 157.
4 Siehe dazu Thürlemann 2006, 9–24.
5 Nach der durch Peter Klein durchgeführten dendrochronologischen Untersuchung des Retabels mit den sieben Sakramenten kann man von einem Fälldatum um 1440/46 ausgehen, so dass sich eine Entstehungszeit von 1448 bis 1456 ergibt (vgl. Klein 2008, 166). Dirk de Vos datierte das Retabel im Anschluss an Albert Châtelet (vgl. Châtelet 1989, 14–17) um 1440/45 (vgl. Vos 1999, 217, 224), Stephan Kemperdick um 1445/50 (vgl. Kemperdick 1997, 148), Felix Thürlemann kurz nach 1445 (vgl. Thürlemann 2006, 94) und Erwin Panofsky nicht vor 1451, jedenfalls nicht vor 1445 (vgl. Panofsky 2001, 309). Einige Kunsthistoriker sprachen sich für eine Entstehung nach Rogiers Romreise von 1450 aus (vgl. Limentani Virdis/Pietrogiovanna 2002, 723). Nach der auf dem Retabel dargestellten Kleidermode der Männer könnte das Retabel um 1448 entstanden sein (vgl. Kemperdick 1999, 46). Zur Rezeption des Sakramentsaltars siehe Panofsky 2001, 456, Anm. 153; Neuner 1995, 125f.
6 Vgl. Wilhelmy 1993, 192; Sauerländer 1994, 170; Vos 1999, 220.
7 In seiner um 1420/24 für das Turiner Stundenbuch (Turin, Nationalbibliothek) angefertigten Miniatur mit der Totenmesse (fol. 116) schuf Jan van Eyck die älteste bildliche Wiedergabe eines gotischen Kirchenraums. In seiner 1438/40 entstandenen Madonna in der Kirche (Berlin, Gemäldegalerie) machte er eine gotische Kathedrale zum Schrein für die monumentale Gestalt einer Madonna, um die Gottesmutter symbolisch mit dem Kirchenraum gleichzusetzen. Weitere Beispiele für die Darstellung von Kircheninterieurs sind die um 1436 entstandene Madonna des Kanonikus van der Paele (Brügge, Groeninge-Museum) und das 1437 gemalte Dresdener Marientriptychon (Dresden, Gemäldegalerie Alte Meister). Siehe dazu Sauerländer 1994, 170–172; Neuner 1995, 123; Kemperdick 1999, 46; Vos 1999, 220.
8 Vgl. Panofsky 2001, 296; Thürlemann 2006, 95.
9 Vgl. Panofsky 2001, 295; Wilhelmy 1993, 191; Vos 1999, 221; Thürlemann 2006, 94.
10 Siehe dazu Châtelet 1989, 9–21. Châtelet datierte Rogiers Sakramentsretabel in die frühen vierziger Jahre des 15. Jahrhunderts (vgl. Châtelet 1989, 15; Sauerländer 1994, 166; Limentani Virdis/Pietrogiovanna 2002, 72).
11 Zur Literatur über Jean Chevrot siehe Witt 2005, 159, Anm. 43.
12 Vgl. Tribout de Morembert 1963/64, 171, 174; Châtelet 1989, 13; Nys 2006, 42; Eeckenrode 2009, 7.
13 Vgl. Witt 2005, 150; 159, Anm. 46.
14 Mit Philippe d'Arbois (reg. 1351–1378), Louis de la Trémouille (reg. 1388–1410) und Jean de Thoisy konnten bisher immer burgundische Bischöfe im französischen Tournai durchgesetzt werden (vgl. Witt 2005, 151).
15 Siehe dazu Fourez 1954, 75; Tribout de Morembert 1963/64, 174–182; Châtelet 1989, 13; Wilhelmy 1993, 195f.; Vos 1999, 221; Letz 2004, 140f.; Witt 2005, 151; Eeckenrode 2009, 8.

Nachdem die Ernennung von Jean d'Harcourt am 22. April 1433 durch die Wahl des Domkapitels von Tournai bestätigt worden war, konnte er unter freudiger Anteilnahme der ganzen Bevölkerung in seine Bischofsstadt einziehen (vgl. Wilhelmy 1993, 195). Obwohl Chevrot 1436 Tournai durch seinen Prokurator Etienne Vincent de Poligny für sich in Besitz nehmen ließ (vgl. Witt 2005, 160, Anm. 53) und burgundische Gesandte im Frühjahr 1437 den Vertretern der Stadt die päpstliche Ernennungsbulle vom 5. November 1436 präsentierten, konnte Philipp der Gute wegen Aufständen der widerspenstigen Stadtbevölkerung Chevrot nicht inthronisieren, worauf der Burgunderherzog 1438 eine Handelsblockade über die Stadt verhängte, die bischöflichen Güter einzog und im Namen Eugens IV. den gegen die päpstliche Ernennungsbulle Widerstrebenden die Exkommunikation androhte (vgl. Fourez 1954, 77; Wilhelmy 1993, 196). Auch wenn sich alle Beteiligten am 21. November 1438 auf Chevrot einigen konnten, lehnte das Domkapitel von Tournai weiterhin die päpstliche Ernennungsbulle ab (vgl. Fourez 1954, 76; Wilhelmy 1993, 196f.; Nys 2006, 42). Letztlich musste sich aber das Domkapitel beugen, so dass Chevrot am 12. Januar 1440 in Tournai einziehen und das bischöfliche Palais beziehen konnte (vgl. Fourez 1954, 79; Wilhelmy 1993, 197). Obwohl dies nach anderen Quellen bereits am 12. Januar 1439 geschehen sein soll, ist das Datum des 12. Januar 1440 nach Ludovic Nys gut belegt (vgl. Nys 2006, 42). Zu Chevrot als Bischof von Tournai siehe Tribout de Morembert 1963/64, 190–199.

16 Vgl. Vos 1999, 222; Eeckenrode 2009, 8.
17 Vgl. Neuner 1995, 251f. Zum Middelburger Altar in der Berliner Gemäldegalerie siehe Vos 1999, 242–248; zum Weltgerichtsaltar im Musée de l'Hotel-Dieu in Beaune siehe Vos 1999, 252–265.
18 Vgl. Nikolaus Cusanus, De visione Dei, Vorwort (Dupré, 9).
19 Vgl. Witt 2005, 139; Nys 2006, 41.
20 Vgl. Witt 2005, 143f.
21 Vgl. Witt 2005, 140, 144–150.
22 Vgl. Witt 2005, 140, 150.
23 Vgl. Bartier 1952, 310–324; Fourez 1954, 73–110; Vos 1999, 222. Zu Chevrots Stiftungen in Poligny siehe Tribout de Morembert 1963/64, 199–207; Châtelet 1989, 13; Witt 2005, 151; Nys 2006, 44–48. Zur Ausstattung der Antoniuskapelle siehe die Zusammenstellung der drei Inventare von 1446, 1477 und 1517 sowie des 1459 von Chevrot verfassten Testaments bei Nys 2006, 67–104.
24 Nach dem 1735 erfolgten Abbruch der Antoniuskapelle erfolgte ein kleinerer Neuaufbau, bei dem die beiden Steinkonsolen mit den Wappenschilden wiederverwendet wurden (vgl. Witt 2005, 155). Während Albert Châtelet das westliche Wappen auf Chevrot und das östliche Pendant auf dessen Neffen Philippe Courault (gest. 1475) gedeutet hatte (vgl. Châtelet 1989, 11, 13; Vos 1999, 222), konnte Sabine Witt überzeugend nachweisen, dass das östliche Wappen nicht für Courault, sondern wie auch im Sakramentsretabel für die Stadt Tournai steht (siehe dazu grundlegend Witt 2009). Auch in Rogiers Sakramenttriptychon hatte Châtelet fälschlicherweise das jeweils rechte Wappen auf Courault gedeutet, obwohl es eindeutig das Diözesanwappen von Tournai darstellt (vgl. Châtelet 1989, 11; Vos 1999, 222; 225, Anm. 7). Der von Châtelet ins Spiel gebrachte Philippe Courault stammte wie sein bischöflicher Onkel Chevrot aus Poligny, wurde 1445 zum Abt des Genter Benediktinerklosters Sint Pieter ernannt und war der Bruder des Etienne Courault, der in einer am 12. Januar 1445 von Chevrot ausgestellten Schenkungsurkunde als Zeuge erwähnt ist (vgl. Châtelet 1989, 12; Vos 1999, 222, 224). Auf den beiden Konsolen der Antoniuskapelle standen wahrscheinlich die sich heute in der Kirche Notre-Dame de Mouthier-le-Vieillard befindende Figur des Antonius und die Statue der Madonna, die jetzt am Westportal von Saint-Hippolyte aufgestellt ist (vgl. Châtelet 1989, 14; Vos 1999, 222). Die Kalksteinskulptur eines knienden und nach oben blickenden Prälaten mit Mitra wird gewöhnlich mit Chevrot identifiziert und war ursprünglich wohl vor einer der Konsolen an der Südwand angebracht gewesen, da sie nur auf einer Seite bearbeitet wurde (vgl. Vos 1999, 222f.). Das Gesicht dieser Skulptur zeigt keine Ähnlichkeit mit dem um 1447 durch Rogier im Widmungsbild (fol. 1) der Chroniques du Hainaut (Brüssel, Bibliothèque Royale Albert Ier, Ms. 9242) überlieferten Porträt Chevrots (vgl. Vos 1999, 223, 249–251; Tribout de Morembert 1963/64, 208f.), der

in dieser Miniatur links neben dem Kanzler Rolin steht und auf Jean Wauquelin (gest. 1452) blickt, der gerade Herzog Philipp dem Guten seine Chronik überreicht. Auch wenn die Gesichtszüge der Skulptur nicht dem Porträt Chevrots entsprechen, kann die Kalksteinfigur auch nicht einfach mit dem seit 1445 infulierten Abt Philippe Courault identifiziert werden, wie Châtelet und Dirk de Vos annahmen (vgl. Châtelet 1989, 14; Vos 1999, 223; 225, Anm. 9). Während bei der Darstellung des Firmsakraments auf der linken Seitentafel des Retabels der firmende Bischof nach Erwin Panofsky die den Chroniques du Hainaut entsprechenden „liebenswürdig skeptischen und pferdelippigen" Gesichtszüge Chevrots trägt (Panofsky 2001, 295), muss die Identifizierung des links daneben stehenden schwarz gekleideten Klerikers mit Bonnet offenbleiben. Panofsky hatte in dieser neben Chevrot stehenden Gestalt aufgrund des Schreibzeugs und des Tintenfasses an seinem Gürtel den Apostolischen Protonotar Pierre des Ranchicourt (gest. 1499) gesehen, der 1463 Bischof von Arras wurde (vgl. Panofsky 2001, 297; 456, Anm. 157; Châtelet 1989, 9; Vos 1999, 222). Auch wenn sich eine gewisse Ähnlichkeit des runden und stupsnasigen Gesichtes der Skulptur in der Antoniuskapelle mit den Porträtzügen der schwarz gekleideten Gestalt neben dem firmspendenden Bischof nicht abweisen lässt (vgl. Châtelet 1989, 12–14; Vos 1999, 223; Eeckenrode 2009, 21), kann eine überzeugende Identifizierung der in der Nachfolge Claus Sluters (um 1350–1405/06) stehenden Skulptur nicht erfolgen, so dass es sich nach Witt wohl nicht um ein Porträt, sondern um das Idealbild eines Bischofs handelt (vgl. Witt 2005, 151–155; Nys 2006, 63–66). Dass Courault die Stiftung seines Onkels Chevrot fortgeführt hätte, wie Châtelet annahm, ist nach Witt ebenfalls nicht überzeugend (vgl. Witt 2005, 160, Anm. 63). Musste man bei einer Identifizierung des schwarz gekleideten Klerikers mit Courault noch von einer Lieferung des Sakramentsretabels vor 1445 nach Poligny ausgehen, als Courault noch als Kanoniker an Saint-Etienne in Dijon wirkte und noch nicht als infulierter Abt des Genter Petersklosters in den Prälatenrang aufgestiegen war (vgl. Châtelet 1989, 14–17; Vos 1999, 217; 223f.), so kann durch eine Ausscheidung Couraults wieder an der dendrochronologischen Datierung ab 1448 festgehalten werden (vgl. Klein 2008, 166).

25 Da das Sakramentstriptychon für den Privatgebrauch zu monumental ist, muss man von einer kirchlichen Bestimmung als Altarretabel ausgehen (vgl. Vos 1999, 222; Thürlemann 2006, 94). Für das in der früheren Forschung in Tournai lokalisierte Triptychon (vgl. Wilhelmy 1993, 191, 197; Vos 1999, 225, Anm. 12) nahm man die an die Kathedrale angebaute Privatkapelle im Bischofspalais (vgl. Rolland 1942/47, 110) oder eine Kapelle in der Bischofskirche an, wobei letztere These von Winfried Wilhelmy und Antje Maria Neuner für denkbar erachtet wurde (vgl. Wilhelmy 1993, 191, 197; Neuner 1995, 252). Susan Joan Koslow verortete das Retabel auf dem Maria geweihten Sakramentsaltar in der Kathedrale von Tournai, der hinter dem Hochaltar lag (vgl. Koslow 1972, 98, Anm. 135; Wilhelmy 1993, 197) und von Chevrot in seinem Testament reichlich bedacht und mit einer Messstiftung ausgestattet wurde (vgl. Fourez 1954, 106; Wilhelmy 1993, 197). Für diese These spricht nach Wilhelmy das mariologische und sakramentstheologische Programm des Retabels, das dort zudem noch täglich dem Domkapitel von Tournai vor Augen stehen konnte, das sich so sehr gegen Chevrots Bischofsernennung gesträubt hatte (vgl. Wilhelmy 1993, 197). Nach Ludovic Nys waren sowohl Rogiers Sakramentsretabel als auch die in Chevrots Testament erwähnten Teppiche mit den sieben Sakramenten für die Kathedrale von Tournai angefertigt und dann nach dem Tod Chevrots nach Poligny transferiert worden (vgl. Nys 2005, 293–335; Nys 2006, 55–58).

26 Vgl. Tribout de Morembert 1963/64, 200; Vos 1999, 222.

27 Vgl. Eeckenrode 2009, 17f., 22; Vos 1999, 222; Witt 2005, 151.

28 Vgl. Fourez 1954, 105; Cetto 1966, 154–161; Vos 1999, 223; 225, Anm. 11; Nys 2006, 49–56; Eeckenrode 2009, 13, 24. Zu dem von Chevrot gestifteten Wandteppich gehören vielleicht die Fragmente, die in New York im Metropolitan Museum, im Londoner Victoria and Albert Museum und in der Collection Burrell in der Art Gallery von Glasgow aufbewahrt werden (vgl. Châtelet 1989, 15f.; 20f., Anm. 45; Nys 2006, 49f.).

29 Rogiers Sakramentsretabel gelangte von Jean Perrault zu dessen Cousin Guillaume Perrault (gest. 1726) und befand sich dann in der Guillaume-François-de-Mucie-Sammlung in Paris, 1728 im Pariser Depot Micaut, in der Jean-Pérard-Floriet-Kollektion in Chalon und in der Pérard-Sammlung in Dijon, von der es 1826 durch Florent Joseph Ritter van Ertborn erworben wurde, der von 1817 bis 1828 Bürgermeister von Antwerpen war und dessen Sammlung 1841 dem Königlichen Museum in Antwerpen vermacht wurde. Siehe dazu Quarré 1976, 85–94; Châtelet 1989, 10; Vandenbroeck 1985, 156; Neuner 1995, 252; Vos 1999, 218, 222; Limentani Virdis/Pietrogiovanna 2002, 72; Nys 2006, 48f.

30 Vgl. Vos 1999, 223f.

31 Vgl. Chevalier 1769, 117; Châtelet 1989, 15; Sauerländer 1994, 166; Nichols 1994, 31, 251; Vos 1999, 225, Anm. 10; Thürlemann 2006, 94.

32 Vgl. Signori 2013, 241.

33 Zu diesem Befund siehe Asperen de Boer/Dijkstra/Schoute 1992, 271–279. Nachträglich angebracht wurden auf der Mitteltafel der Mann zwischen den Säulen auf der Südseite des Mittelschiffs, auf der rechten Seitentafel der Priester bei der Krankensalbung sowie der Ehemann und der Trauzeuge bei der Eheschließung und auf der linken Seitentafel der Priester und die zwei Männer bei der Taufe sowie zwei Männer hinter dem schwarz gekleideten Kanoniker bei der Firmung (vgl. Vos 1999, 217).

34 Vgl. Vos 1999, 223f.; Limentani Virdis/Pietrogiovanna 2002, 72.

35 Vgl. Thürlemann 2006, 97.

36 Vgl. Vos 1999, 224; Signori 2013, 233. Die erste Aufzählung des Siebenerkanons der Sakramente findet sich in den Sentenzen des Petrus Lombardus: „Jam ad sacramenta novae legis accedamus, quae sunt Baptismus, Confirmatio, panis benedictio, id est, Eucharistia, Poenitentia, Unctio extrema, Ordo, Conjugium" (Petrus Lombardus, Liber Sententiarum 4,2,1 [PL 192, 841f.]; vgl. Kerber/Redaktion 1972, 6). Zur Definition der Siebenzahl der Sakramente auf dem Konzil von Florenz siehe DH, Nr. 1310.

37 Vgl. Signori 2013, 235 und Anm. 7.

38 Vgl. DH, Nr. 1312, 1310, 1314; Signori 2013, 235f. Die von Thomas von Aquin diskutierten häretischen Gegenpositionen überging das Konzil (vgl. Signori 2013, 235). Auf dem Konzil war der Dominikaner Juan de Torquemada (um 1388–1468), der auch einen Traktat über die Eucharistie verfasst hatte, einer der wichtigsten Theologen (vgl. Signori 2013, 233).

39 Vgl. Signori 2013, 234, 237–239. Siehe dazu die von Nikolaus Cusanus präsidierten Synoden in Mainz von 1451 und in Köln von 1452 sowie die 1447 abgehaltene Eichstätter Synode.

40 Vgl. Nichols 1994, 185; Signori 2013, 240f.

41 Vgl. Signori 2013, 240. Zu den Teilnehmern auf dem Konzil von Florenz siehe Helmrath 1990, 146–198.

42 Für die basilikale Darstellungsweise mit erhöhtem Mittelschiff und niedrigeren Seitenschiffen dürfte Rogier durch die geschnitzten Retabel angeregt worden sein, die nach Stephan Kemperick „häufig in der Mitte erhöht sind und in ihrer architektonischen Gliederung Motive der Kirchenarchitektur verwenden" (Kemperdick 1999, 46).

43 Vgl. Sauerländer 1994, 167; Vos 1999, 217; Thürlemann 2006, 94, 99; Limentani Virdis/Pietrogiovanna 2002, 73.

44 Vgl. Panofsky 2001, 295. Zu den früheren Bilderfolgen zu den sieben Sakramenten siehe Panofsky 2001, 455, Anm. 150.

45 Vgl. Pächt 1994, 75f.

46 Vgl. Vos 1999, 224; Limentani Virdis/Pietrogiovanna 2002, 72f.; Thürlemann 2006, 97. Für einen größeren Werkstattanteil plädierte neben Erwin Panofsky (vgl. Panofsky 2001, 295) vor allem Otto Pächt, für den das Triptychon ein „Pasticcio von Rogier-Stilen" war (Pächt 1994, 76).

47 Während die Seitentafeln fast ganz von Schäden frei sind, gibt es auf der relativ gut erhaltenen Mitteltafel einige Fehlstellen und Retuschen beim Goldrahmen, beim Gewand Marias, links beim Lendentuch Christi und unten am rechten Bein Jesu (vgl. Vos 1999, 217). Das Retabel wurde um 1810/20 in Paris und 1957 im Antwerpener Museum restauriert (vgl. Vos 1999, 217).

48 Vgl. Vos 1999, 217, 219f.; Neuner 1995, 120; Suckale 1995, 9; Thürlemann 2006, 96. Als Vorbild für die auf einen Hauptaltar bezogene Schrägsicht ist nach Felix Thürlemann der von Pietro Lorenzetti (um 1280–1348) für den Dom von Siena geschaffene Savinusaltar mit der Darstellung der Geburt Marias in Betracht zu ziehen, der als Seitenaltar mit seiner schräg-

sichtig dargestellten Architektur auf die „Maestà" Duccios (1250/60–1318/19) ausgerichtet war. Rogiers Beschäftigung mit Pietro Lorenzetti zeigt auch der Blick in das Innere des Tempels von Jerusalem auf der rechten Seitentafel des um 1450/55 ausgeführten Columba-Altars in der Alten Pinakothek von München. Siehe dazu Thürlemann 2006, 96f.

49 Vgl. Neuner 1995, 124.

50 Vgl. Panofsky 2001, 296; Kemperdick 1999, 46. Der Schrägblick in Rogiers Sakramentsretabel entspricht Jan van Eycks Berliner Kirchenmadonna, wo die Schrägperspektive dazu diente, das Tafelbild mit der übergroß dargestellten Gottesmutter auf die heute nicht mehr vorhandene rechte Tafel mit dem betenden Stifter zu orientieren, während sich Rogiers Schrägsicht auf den Betrachterstandort im realen Kirchenraum bezog (vgl. Thürlemann 2006, 96). Bei der dreiteiligen Raumgliederung folgte Rogier Eycks Dresdener Marientriptychon, auch wenn er die Seitentafeln als nicht klappbare Flügel fest mit der Mitteltafel verband (vgl. Kemperdick 1999, 46).

51 Vgl. Sauerländer 1994, 167.

52 Vgl. ebd.; Panofsky 2001, 296; Vos 1999, 220; Kemperdick 1999, 56; Thürlemann 2006, 94.

53 Vgl. Sauerländer 1994, 167. Siehe auch Vos 1999, 220; Thürlemann 2006, 94.

54 Sauerländer 1994, 167.

55 Vgl. Sauerländer 1994, 169; Thürlemann 2006, 95.

56 Vgl. Nichols 1994, 31; Neuner 1995, 123f.; Kemperdick 1999, 46.

57 Vgl. Kerber/Redaktion 1972, 9; Nichols 1994, 315f.; Sauerländer 1994, 167; Signori 2013, 241. Zur Verbindung der Kreuzigung und der Sakramente siehe den um 1520 entstandenen Mittelschrein des Agilophusaltars im Kölner Dom oder das um 1455/59 gemalte und heute Vrancke van der Stockt (vor 1420–1495) zugeschriebene Erlösungsaltar-Triptychon im Madrider Prado (vgl. Sauerländer 1994, 167f.; Schiller 1976, 157f.). Die zu Beginn des 16. Jahrhunderts entstandene Predella des Altars der Frauenkirche im flämischen Aarschot zeigt in der oberen Hälfte Christus in der Kelter inmitten einer allegorischen Darstellung des Weinstockgleichnisses (vgl. Joh 15,1–8), während in der unteren Reihe die sieben Sakramente mit der Eucharistie in der Mitte dargestellt sind (vgl. Schiller 1976, 158).

58 Vgl. Kerber/Redaktion 1972, 6.

59 „Adam in figura Christi, Eva in figura ecclesiae; unde est appellata mater vivorum. Quando fabricata est Eva? Dum dormiret Adam. Quando de latere Christi sacramenta ecclesiae profluxerunt? Cum dormiret in cruce" (Augustinus, Enarratio in Psalmum 40,10 [CChrSL 38, 456]). „Quando dormivit in cruce, signum gestabat, immo implebat quod significatum est in Adam: quia cum dormiret Adam, costa illi detracta est, et Eva facta est; sic et Domino cum dormiret in cruce, latus eius lancea percussum est, et sacramenta profluxerunt, unde facta est ecclesia. Ecclesia enim conjux Domini facta est de latere, quomodo Eva facta est de latere" (Augustinus, Enarratio in Psalmum 126,7 [CChrSL 40, 1862]). „Si ergo Adam forma futuri, quomodo de latere dormientis Eva facta est, sic ex latere Domini dormientis, id est, in passione morientis, et in cruce percusso de lancea, manaverunt sacramenta, quibus formaretur ecclesia" (Augustinus, Enarratio in Psalmum 138,2 [CChrSL 40, 1991]).

60 „Et sicut ex latere illius dormientis assumpta est costa, unde formata est Eva, sic ex latere profluxerunt sacramenta, scilicet aqua ablutionis, et sanguis redemptionis, per quae salvatur Ecclesia" (Petrus Lombardus, Römerbriefkommentar 5,14 [PL 191, 1392C]).

61 „[…] sed per ‚sacramenta, quae de latere Christi pendentis in cruce fluxerunt', dicitur esse fabricata Ecclesia Christi" (Thomas von Aquin, Summa theologica III, quaestio 64, articulus 2, ad 3 [Deutsche Thomas-Ausgabe 29, 100]). Vgl. Thomas von Aquin, Summa theologica III, quaestio 62, articulus 5, sed contra (Deutsche Thomas-Ausgabe 29, 61f.).

62 Vgl. Thomas von Aquin, Summa theologica III, quaestio 62, articulus 5, respondeo (Deutsche Thomas-Ausgabe 29, 62f.).

63 Vgl. Sauerländer 1994, 168.

64 Vgl. Neuner 1995, 124.

65 „Sacrificium autem quod quotidie in Ecclesia offertur, non est aliud a sacrificio quod ipse Christus obtulit, sed ejus commemoratio. Unde Augustinus dicit, in 10 de Civitate Dei [c. 20]: ‚Sacerdos ipse Christus offerens, ipse et oblatio; cujus rei sacramentum, quotidianum esse voluit Ecclesiae sacrificium'" (Thomas von

Aquin, Summa theologica III, quaestio 22, articulus 3, ad 2 [Deutsche Thomas-Ausgabe 26, 146]; zum Augustinuszitat siehe Augustinus, De civitate Dei 10,20 [CChrSL 47, 294]). Nach Thomas von Aquin ist die Eucharistie ein darstellendes Abbild des Todesleidens Christi (vgl. Thomas von Aquin, Summa theologica III, quaestio 83, articulus 1 [Deutsche Thomas-Ausgabe 30, 323f.]) und wird Opfer genannt, insofern es den Kreuzestod Christi darstellt, heißt aber auch Opfergabe, insofern es Christus selbst als Opfergabe des Heiles (vgl. Eph 5,2) enthält (vgl. Thomas von Aquin, Summa theologica III, quaestio 73, articulus 4, ad 3 [Deutsche Thomas-Ausgabe 30, 16]).

66 Zu den Assistenzfiguren unter dem Kreuz und zur Identifikation Maria Magdalenas siehe Geppert 2013, 63–71; zu den Assistenzfiguren siehe auch Neuner 1995, 122; Sauerländer 1994, 168f.; Vos 1999, 220; Thürlemann 2006, 95f.; zum Vorleben Maria Magdalenas als reicher Sünderin siehe Jakobus de Voragine, Legenda aurea, Von Sanct Maria Magdalena (Benz, 509f.). Um 1300 wurde Maria Magdalena in der italienischen Kunst erstmals als Büßerin unter dem Kreuz zu Füßen Jesu dargestellt, wie Giottos Kreuzigungsfresko um 1302/05 in der Arenakapelle von Padua zeigt (vgl. Geppert 2013, 31–36). Der weit in die linke Seitentafel hineingreifende Mantel der trauernden Frau zeigt, wie sehr die beiden Nebentafeln zur Bildfläche des Retabels gehören, um das zentrale Geschehen auf dem Mittelbild zu unterstreichen (vgl. Neuner 1995, 123f.). Die Figur Maria Magdalenas entspricht der stehenden Frau mit erhobenen Armen in Rogiers um 1438/40 entstandenem Kreuzigungstriptychon der Abegg-Stiftung in Riggisberg (vgl. Panofsky 2001, 312; Vos 1999, 210–215, 224). Übereinstimmungen gibt es auch mit der rückenansichtig gezeigten Johannesfigur in Rogiers frühem Kreuzigungsbild um 1425/30, das in der Berliner Gemäldegalerie aufbewahrt wird (vgl. Vos 1999, 175–178, 224). Die sich abwendende, von hinten gezeigte Frau erinnert an die voluminösen Figuren des um 1430/35 durch Rogier gemalten Bildes mit der Kreuzabnahme, das im Madrider Prado ausgestellt ist (vgl. Vos 1999, 184–187, 224). Siehe dazu auch Limentani Virdis/Pietrogiovanna 2002, 73.

67 Vgl. Acres 1992, 420ff.; Vos 1999, 221. Die Spinnweben finden sich auch auf Jan van Eycks Berliner Gemälde mit Maria in der Kirche und im Stall von Betlehem auf der Mitteltafel von Rogiers Columba-Altar in der Münchner Alten Pinakothek (vgl. Acres 1992, 420ff.; Vos 1999, 221). Zu den Ausführungen von Alfred J. Acres zu Rogiers Sakramentsretabel siehe Acres 1992, 19–41.

68 „Super mare ambulavit, in nube apparuit, ecclesiam suam a lege circumcisionis solvit et Ioannem virginem pro Josue, filio Nun ducem Dei constituit, eique Mariam, ecclesiam suam, dedit […]" (Ephräm der Syrer, Evangelii concordantis expositio 12 [Aucher/Moesinger, 134]). Vgl. Rahner 1962, 75.

69 „[…] ita altare est repraesentativum crucis ipsius, in qua Christus in propria specie immolatus est" (Thomas von Aquin, Summa theologica III, quaestio 83, articulus 1, ad 2 [Deutsche Thomas-Ausgabe 30, 326]). Vgl. Jungmann 1960, 73.

70 Vgl. Wilhelmy 1993, 192f.

71 „Respondeo dicendum quod, simpliciter loquendo, sacramentum Eucharistiae est potissimum inter alia sacramenta. […] primo quidem ex eo quod in eo continetur; nam in sacramento Eucharistiae continetur ipse Christus substantialiter; in aliis autem sacramentis continetur quaedam virtus instrumentalis participata a Christo […]" (Thomas von Aquin, Summa theologica III, quaestio 65, articulus 3, respondeo [Deutsche Thomas-Ausgabe 29, 141f.]). Siehe auch Vagaggini 1959, 125.

72 Vgl. Thomas von Aquin, Summa theologica III, quaestio 78, articulus 1, respondeo (Deutsche Thomas-Ausgabe 30, 160). Zur Transsubstantiation als Verwandlung des unsichtbaren Wesens von Brot und Wein in Leib und Blut Christi bei gleichzeitiger Erhaltung der akzidentiellen Beschaffenheit der eucharistischen Gaben siehe die Definition des fünften Laterankonzils von 1215: „[…] Iesus Christus, cuius corpus et sanguis in sacramento altaris sub speciebus panis et vini veraciter continentur, transsubstantiatis pane in corpus, et vino in sanguinem potestate divina […]" (DH, Nr. 802).

73 Da nach Thomas von Aquin in der Eucharistie das ganze Geheimnis des Heiles beschlossen ist, wird sie mit größerer Feierlichkeit als die übrigen Sakramente begangen: „Respondeo

dicendum quod, quia in hoc sacramento totum nostrae salutis comprehenditur, ideo prae caeteris sacramentis, cum majori solemnitate agitur" (Thomas von Aquin, Summa theologica III, quaestio 83, articulus 4 [Deutsche Thomas-Ausgabe 30, 347]). Im Anschluss an Pseudo-Dionysius Areopagita, der für den Weg zur Vollkommenheit die Eucharistie für notwendig erachtete (vgl. Pseudo-Dionysius Areopagita, De ecclesiastica hierarchia 3,1 [PG 3, 424f.]; Thomas von Aquin, Summa theologica, quaestio 65, articulus 3, sed contra [Deutsche Thomas-Ausgabe 29, 141]), legte Thomas von Aquin dar, dass mit der Gnadenvermehrung durch die Eucharistie auch das geistige Leben vervollkommnet wird, indem der Mensch durch die eucharistische Verbindung mit Gott in sich selbst vollkommener wird (vgl. Thomas von Aquin, Summa theologica III, quaestio 79, articulus 1, ad 1 [Deutsche Thomas-Ausgabe 30, 194]). Siehe dazu Vagaggini 1959, 125f.

74 „[…] omnia alia sacramenta ordinari videntur ad hoc sacramentum, sicut ad finem. Manifestum est enim quod sacramentum ordinis ordinatur ad Eucharistiae consecrationem; sacramentum vero baptismi ordinatur ad Eucharistiae receptionem, in quo etiam perficitur aliquis per confirmationem, ut non vereatur se subtrahere a tali sacramento; per poenitentiam etiam, et extremam unctionem praeparatur homo ad digne sumendum corpus Christi; matrimonium etiam saltem sua significatione attingit hoc sacramentum, inquantum significat conjunctionem Christi et Ecclesiae, cujus unitas per sacramentum Eucharistiae figuratur. Unde et Apostolus dicit Ephes. 5: ,Sacramentum hoc magnum est; ego autem dico in Christo et in Ecclesia'" (Thomas von Aquin, Summa theologica III, quaestio 65, articulus 3, respondeo [Deutsche Thomas-Ausgabe 29, 142]). Vgl. Vagaggini 1959, 127f.

75 Vgl. Petrus Lombardus, Liber Sententiarum 4,2,1 (PL 192, 841f.).

76 Vgl. DH, Nr. 1310.

77 „Deinde considerandum est de signulis sacramentis in speciali. Et primo, de baptismo; secundo, de confirmatione; tertio, de Eucharistia; quarto, de poenitentia; quinto, de extrema unctione; sexto, de ordine; septimo, de matrimonio" (Thomas von Aquin, Summa theologica III, quaestio 66 [Deutsche Thomas-Ausgabe 29, 147]).

78 Vgl. DH, Nr. 1311.

79 Vgl. Corbon 1981, 142f.

80 Die wechselnden Gewand- und Flügelfarben der Engel sind keine liturgischen Farben, wie Erwin Panofsky (vgl. Panofsky 2001, 296) und Shirley N. Blum meinten (vgl. Blum 1977, 111; zu Blums Ausführungen zu Rogiers Retabel siehe Blum 1977, 109–113), sondern beziehen sich symbolisch auf die Sakramente (vgl. Neuner 1995, 120). Da die Farben der Zelebrationsgewänder und der Stolen der Bischöfe und Priester meist nicht den Farben der dazugehörenden Engel entsprechen und auch keine Bezüge zum Kirchenjahr oder zu einem bestimmten Fest erkennbar sind, können hier keine liturgischen Farben gemeint sein (vgl. Thürlemann 2006, 98), auch wenn bei den sieben vorkommenden Farben das Weiß, Rot, Grün, Violett, Schwarz und selbst das im Mittelalter nicht selten verwendete Blau und das noch in der ersten Hälfte des 16. Jahrhunderts gebräuchliche Gelb für sich genommen als liturgische Farben verwendet wurden.

81 Vgl. Neuner 1995, 125; Vos 1999, 220f.; Signori 2013, 241. Nach Felix Thürlemann leitet sich die Farbenfolge, die der Darstellung der einzelnen Sakramentsszenen Ordnung und Geschlossenheit verleiht, von der aristotelischen Farbentheorie ab, wonach die einzelnen Buntfarben mit ihren Helligkeitswerten aus dem proportional gewichteten Anteil von Weiß und Schwarz hervorgehen, auch wenn der zentrale Farbwert der Purpur und nicht wie auf dem Sakramentsretabel das Grün ist (vgl. Thürlemann 2006, 98f.).

82 Vgl. Thürlemann 2006, 98.

83 Vgl. Panofsky 2001, 455f., Anm. 152; Neuner 1995, 117; Vos 1999, 220. Die Schrift der Banderolen ist schwarz, während die Anfangsbuchstaben blau und die Hinweise auf die Bibel- und Väterzitate rot sind (vgl. Vos 1999, 217).

84 Vgl. Sauerländer 1994, 170.

85 Vgl. Signori 2013, 242.

86 Vgl. Nichols 1994, 164; 211, Anm. 12. Neben dem Scheitel wurden auch Brust und Rücken gesalbt (vgl. Signori 2013, 143). Zur Kleidertracht der Patin siehe Geppert 2013, 69.

87 Vgl. Nichols 1994, 200; Signori 2013, 242. Die im Unterschied zur eigentlichen Wassertaufe

nur durch den amtlichen Taufspender auszuführenden postbaptismalen Salbungen zeigen, wie sehr in der damaligen Theologie, wie sie auch Torquemada vertrat, die Rolle des Klerus bei der Sakramentenspendung im Mittelpunkt stand (vgl. Signori 2013, 243).

88 Vgl. Nichols 1994, 164.
89 Vgl. Neuner 1995, 120.
90 Vandenbroeck 1985, 155; Vos 1999, 217.
91 Vgl. Sauerländer 1994, 169f.
92 Vgl. Panofsky 2001, 295f.; Vos 1999, 221.
93 Vgl. Neuner 1995, 117f., 121.
94 Vgl. Panofsky 2001, 296; Neuner 1995, 118.
95 Vgl. Eisenhofer 1933, 287; Nichols 1994, 165f., 220; Neuner 1995, 118; Vos 1999, 221.
96 Vgl. Kerber/Redaktion 1972, 9.
97 Vandenbroeck 1985, 155; Vos 1999, 217.
98 Vgl. Petrus Lombardus, Liber Sententiarum 4,7,1–2 (PL 192, 855f.).
99 Vgl. Panofsky 2001, 295f.
100 Vgl. Eisenhofer 1932, 381; Nichols 1994, 225, Anm. 10; Neuner 1995, 121; Vos 1999, 221.
101 Vgl. Haupt 1941, 93.
102 Vandenbroeck 1985, 155; Vos 1999, 217.
103 Panofsky hat in dem weihenden Bischof versuchsweise den Oberhirten von Amiens, Jean Avantage (reg. 1437–1456), gesehen (vgl. Panofsky 2001, 456, Anm. 157).
104 Vgl. Nichols 1994, 269f.
105 Vgl. Neuner 1995, 119f.
106 Vgl. Kerber/Redaktion 1972, 9.
107 Vandenbroeck 1985, 155; Vos 1999, 218.
108 Vgl. Nichols 1994, 171, 279; Neuner 1995, 120; Vos 1999, 221; Geppert 2013, 70.
109 Vgl. Neuner 1995, 119.
110 Vgl. Haupt 1941, 105; Heinz-Mohr 1971, 101.
111 Vandenbroeck 1985, 155; Vos 1999, 218.
112 Vgl. Nichols 1994, 178, 296, 299; Neuner 1995, 119f.
113 Vandenbroeck 1985, 155; Vos 1999, 218.
114 Vgl. Geppert 2013, 71f., 89f.
115 Vgl. Neuner 1995, 122. Die lesende Frau erinnert an Rogiers um 1445 entstandenes Londoner Fragment mit der lesenden Maria Magdalena (vgl. Vos 1999, 238–241). Zur Thematik der vielfachen Verwendung liturgischer Bücher von Klerikern und Laien sowie zur privaten Rezeption liturgischer Bücher in der Öffentlichkeit eines Kirchenraumes siehe Duggan 2003, 79f.
116 Zur Beschreibung des Lettners siehe Koslow 1972, 24ff.; Reinle 1988, 4f.; Neuner 1995, 121; Wilhelmy 1993, 193f.; Vos 1999, 221.
117 Vgl. Wilhelmy 1993, 194; Neuner 1995, 121; Vos 1999, 221.
118 Vgl. Wilhelmy 1993, 193f., 198.
119 Vgl. Wilhelmy 1993, 193. Eine Deutung als Marienkrönung (vgl. Koslow 1972, 25; Rolland 1942/47, 102) ist nach Winfried Wilhelmy nicht zutreffend (vgl. Wilhelmy 1993, 193, Anm. 93).
120 Vgl. Wilhelmy 1993, 193f.; Butzkamm 2001, 137f.
121 Vgl. Wilhelmy 1993, 194, 198. Nach Wilhelmy drückt sich in der Lettnerstatue des ersten Papstes Petrus und in der ersten Retabelfigur des burgundischen Patrons Andreas das päpstlich-burgundische Zusammenwirken aus, um die durch den Burgunderherzog initiierte päpstliche Nominierung Jean Chevrots gegen die Widerstände des Domkapitels von Tournai durchzusetzen (vgl. Wilhelmy 1993, 198). Der Burgunderherzog hatte mit päpstlicher Unterstützung in einigen südniederländischen Diözesen bereits mehrere burgundische Bischöfe einsetzen können (vgl. Tribout de Morembert 1964/65, 177).
122 Vgl. Vos 1999, 221.
123 Papst Innozenz III. (reg. 1198–1216) lehrte 1208 gegen die Waldenser, dass zur Eucharistiefeier der durch den Bischof zu diesem Amt bestellte Priester notwendig ist, der die Einsetzungsworte Christi spricht (vgl. DH, Nr. 794). Im Anschluss an Koslow geht es nach Craig Harbison um die Illustration der Vorrangstellung des Priestertums (vgl. Harbison 1985, 89).
124 Vgl. Nichols 1994, 39, 251; Neuner 1995, 124.
125 Vgl. Eisenhofer 1932, 286, 291.
126 Vgl. Panofsky 2001, 295; 455, Anm. 148; Thürlemann 2006, 97.
127 Vgl. Neuner 1995, 122.
128 Vgl. Haupt 1941, 63, 112. Zur symbolischen Interpretation der Farben siehe beispielsweise Honorius Augustodunensis (um 1080–1150/51), nach dem die liturgischen Farben Schwarz für die Demut, Weiß für die Keuschheit, Grau für die Unterscheidung, Gelb für die Weisheit, Grün für den Glauben, Blau für die Hoffnung und Rot für die Liebe stehen: „Niger color

humilitas, albus castitas, griseus discretio, croceus sapientia, viridis fides, aerius spes, rubeus charitas" (Honorius Augustodunensis, Sacramentarium 3,29 [PL 172, 762D–763A]).

129 Vandenbroeck 1985, 155; Vos 1999, 217.

130 „Quomodo potest qui panis est, corpus esse Christi? […] Accipe ergo quemadmodum sermo Christi creaturam omnem mutare consueverit, et mutet, cum vult, instituta naturae. […] sed quia voluit Dominus, de Spiritu sancto et Virgine natus est Christus […]" (Ambrosius, De Sacramentis 4,4,14.17 [PL 16, 440A, 441A, 441B]). Siehe dazu Panofsky 2001, 456, Anm. 152.

131 „Panem quidem istum, quem sumimus in misterio, illum utique intelligo panem, qui manu S. Spiritus formatus est in utero Virginis, et igne passionis decoctus in ara crucis" (Decretum Gratiani, Pars III, Dist. II, Cap. 74 [Richter/Friedberg, 1344f.]).

132 Vgl. Sauerländer 1994, 169; Wilhelmy 1993, 194f.

133 „Súpplices te rogámus, omnípotens Deus: jube hæc perférri per manus sancti Angeli tui in sublíme altáre tuum, in conspéctu divínæ majestátis tuæ: ut, quotquot ex hac altáris participatióne sacrosánctum Fílii tui Corpus, et Sánguinem sumpsérimus, omni benedictióne cælésti et grátia repleámur" (Missale Romanum, Canon Romanus, Nr. 94).

134 Zum „Angelus missae" siehe Thomas von Aquin, Summa theologica III, quaestio 83, articulus 4, ad 8–9 (Deutsche Thomas-Ausgabe 30, 356–358; vgl. auch 464f.).

135 Dirk de Vos sieht in diesem Kleriker fälschlicherweise einen Priester (vgl. Vos 1999, 221).

136 Vgl. Wilhelmy 1993, 194; Neuner 1995, 122; Nichols 1994, 250; Vos 1999, 221.

137 Jenseits einer hölzernen Schranke wohnen einige stehende Personen einer Eucharistiefeier bei, die von einem Priester mit blauer Kasel zelebriert wird, wobei das Altarretabel unten eine gemalte Kreuzigung und darüber einen Schrein mit der Schnitzfigur eines männlichen Heiligen zeigt (vgl. Neuner 1995, 122; Vos 1999, 221).

138 Vgl. Neuner 1995, 122; Vos 1999, 221.

139 Vgl. Neuner 1995, 125.

140 Selbst das leicht geöffnete Südportal soll nicht den Blick auf das Leben vor der Kirche freigeben, sondern nur die beiden Bettler sichtbar machen, deren Platz an der Schwelle des Kirchenportals ist.

Die Liebe Gottes im Herzen Jesu
S. 270-277

1 Vgl. Stuttgarter NT, 302.
2 Vgl. Figura 1989, 225; Zunker 2000 Herz-Jesu-Miniatur, 202.
3 Vgl. Walzer 1970, 250.
4 Vgl. Hamm 2009, 30.
5 Vgl. ebd. Zu dieser Miniatur siehe Hamburger 1997, 101–136; Heck 1999, 154; Zunker 2000, 109–112; Zunker 2000 Herz-Jesu-Miniatur, 201–203.
6 Vgl. Zunker 2000 Herz-Jesu-Miniatur, 202.
7 Vgl. Zunker 2000, 97f.
8 Vgl. Zunker 2000, 101–104.
9 Vgl. Zunker 2000, 104–112.
10 Vgl. Zunker 2000, 100f. Einige Miniaturen waren sicherlich nicht als Einzelbilder gedacht, sondern standen wohl im Zusammenhang mit anderen Bildern, um Erbauungsbücher oder Gebetbücher zu illustrieren (vgl. Zunker 2000 Herz-Jesu-Miniatur, 203). Trotz ihrer stilistischen Einheitlichkeit dürften die Miniaturen von St. Walburg verschiedenen Malerinnen zuzuschreiben sein (vgl. Zunker 2000, 99).
11 Vgl. Zunker 2000, 98f.
12 Codex S. Walb. germ. 4, fol 1.
13 Vgl. Zunker 2000, 110–112. Zu dieser Handschrift (Codex S. Walb. germ. 4) siehe Zunker 2000, 116, Anm. 92–94.
14 Vgl. Zunker 2000 Herz-Jesu-Miniatur, 203, 201.
15 Zunker 2000 Herz-Jesu-Miniatur, 201.
16 Vgl. Zunker 2000 Herz-Jesu-Miniatur, 201f.
17 Zunker 2000 Herz-Jesu-Miniatur, 202.
18 Vgl. ebd. Zur Textpassage aus dem Passionstraktat siehe Codex S. Walb. germ. 4, fol. 1 (vgl. Zunker 2000, 111).
19 Vgl. Zunker 2000 Herz-Jesu-Miniatur, 202. Während Jeffrey F. Hamburger wegen des am Herzen Jesu hängenden Siegels die Darstellung auch als Einwohnen Christi im Herzen der Seele gedeutet hat (vgl. Hamburger 1997, 116), ist mit Maria Magdalena Zunker zu betonen, dass einer solchen Deutung der Wortlaut der Spruchbänder entgegensteht (vgl. Zunker 2000, 109).

20 Vgl. Zunker 2000, 109; Zunker 2000 Herz-Jesu-Miniatur, 202.
21 Vgl. Zunker 2000 Herz-Jesu-Miniatur, 202; Zunker 2000, 109. Eine weitere Zeichnung (10,5 × 8,1 cm) aus der Bilderfolge der Abtei St. Walburg zeigt das eng verwandte Bildmotiv einer an der Brust Christi ruhenden Seele (vgl. Zunker 2000, 109; Zunker 2000 Herz-Jesu-Miniatur, 202).
22 Vgl. Zunker 2000, 109f.; Zunker 2000 Herz-Jesu-Miniatur, 202.
23 Vgl. Zunker 2000 Herz-Jesu-Miniatur, 202. Während in der Miniatur die zur Christusvereinigung führende Tugendübung im Bild der Leiter dargestellt ist, ist es im Passionstraktat das Kreuz selbst, das es auf zehn Tugendstaffeln zu ersteigen gilt, um zu Christus zu gelangen, nämlich auf den fünf zur Seele selbst gehörenden Tugendstaffeln der Demut, des Gebetes, der Dankbarkeit, des Gotteslobes und des Verlangens nach dem höchsten Gut sowie auf den fünf in Christus enthaltenen Tugendstaffeln des Glaubens, der Hoffnung, der Liebe, der Treue und der Heiligkeit (vgl. Codex S. Walb. germ. 4, fol. 99r; Zunker 2000, 111f.).
24 Vgl. Zunker 2000 Herz-Jesu-Miniatur, 202f. Während in der Miniatur von St. Walburg die Seele bereits an ihrem Ziel angekommen ist, zeigen andere spätmittelalterliche Tugendleitern die Seele noch auf dem Weg, indem sie auf einer der Stufen oder Sprossen steht (vgl. Hamburger 1997, 109–112). In der St. Walburger Miniatur geht es beim Motiv der Tugendleiter um mehr als nur um eine andeutende Erinnerung, wie Hamburger meint (vgl. Hamburger 1997, 114), sondern um eine wegweisende Aufforderung, das Ziel in den Blick zu nehmen, wie Zunker betont (vgl. Zunker 2000, 110 und Anm. 81f.). Nach Zunker kommt der Tugendleiter in der Miniatur von St. Walburg eine zentrale Bedeutung zu (vgl. Zunker 2000, 110). Zu spätmittelalterlichen Tugendleitern siehe Heck 1999, 125–157; Zunker 2000, 116, Anm. 91.
25 Vgl. Zunker 2000, 110. Dass von den spezifisch benediktinischen Gelübden des Gehorsams (obedientia), der Beständigkeit (stabilitas) und der Sittenbekehrung (conversatio morum) nur der Gehorsam ausdrücklich genannt wird, zeigt, dass bei der Auswahl der Tugenden keine benediktinische Ausrichtung vorherrschend war (vgl. ebd.).

26 Vgl. ebd. Unter den spätmittelalterlichen Codices der Abtei St. Walburg finden sich auch mehrere Predigten und Traktate Eckharts, Taulers und Seuses (vgl. ebd.).
27 Vgl. ebd.; Zunker 2000 Herz-Jesu-Miniatur, 202. Zur Kreuzallegorie der Tugendkreuzigungen siehe Jászai 1970, 596; Schiller 1968, 149–152; Kraft 1976; Zunker 2000, 110 und Anm. 88. Zu den weiblichen Personifikationen, die Christus kreuzigen, gehören neben der Liebe auch der Gehorsam, die Barmherzigkeit oder die Demut. Zur Liebe als verwundende „caritas" siehe Kraft 1976, 24–31; Zunker 2000, 116, Anm. 89. In manchen Darstellungen geht die Allegorie der Liebe (caritas) in die Kirche (ecclesia) als Braut Christi (sponsa Christi) über. Die Tugendkreuzigungen können auch auf die Wirkungen verweisen, die vom Opfertod Christi als Gabe an die Menschen ausgehen (vgl. Schiller 1968, 149).
28 Vgl. Zunker 2000 Herz-Jesu-Miniatur, 203.
29 Vgl. ebd.; Zunker 2000, 106. Am Ende spricht auch der Passionstraktat von der ewigen Vereinigung der Seele mit Christus nach dem Tod, wenn der gekreuzigte Liebhaber der Bräutigam und das Bett sein werde, in dem die Seele für immer ruhen dürfe (vgl. Codex S. Walb. germ. 4, fol. 138r), was dem auf dem rechten Schriftband geäußerten Wunsch der Seele entspricht: „Das ist mein ruestat. darjñ ich will ruen ewyklich on end" (vgl. Zunker 2000, 112).

Maria als Urbild der Kirche auf der Hochzeit in Kana
S. 278-284

1 Die johanneische Perikope vom Weinwunder auf der Hochzeit in Kana gehörte seit dem 4. Jahrhundert zu den am Epiphaniefest (6. Januar) vorgetragenen Schriftlesungen und war schon sehr früh in der Liturgie der ägyptischen Kirche verwendet worden (vgl. Schiller 1969, 171f.).
2 Vgl. Stuttgarter NT, 182.
3 Vgl. Baudry 2010, 180f.
4 Vgl. Schiller 1969, 172.
5 Vgl. Rahner 1962, 69f.
6 Rahner 1962, 71.

7 Vgl. Rahner 1962, 73–75; Ephräm der Syrer, Evangelii concordantis expositio 12 (Aucher/Moesinger, 134).
8 Rahner 1962, 77.
9 Siehe fol. 20v.
10 Zur Geschichte des Egbert-Codex siehe Franz 2005, 11–31; zu Bischof Egbert siehe Ronig 2005 Egbert, 47–55; zur Buchmalerei unter Bischof Egbert und zum Egbert-Codex siehe Ronig 2005 Egbert, 60–74.
11 Siehe fol. 5a; vgl. Schiller 1969, 172.
12 Vgl. Schiller 1969, 172. Die Würzburger Elfenbeintafel zeigt unten die Blindenheilung, in der Mitte die Tempelreinigung und oben die Hochzeit in Kana, die gegenüber der Miniatur des Egbert-Codex in der Gestik logischer und szenisch reicher dargestellt ist (vgl. Ronig 2005 Miniaturen, 114f.).
13 Vgl. Ronig 2005 Miniaturen, 113, 115. Der Evangelientext zum zweiten Sonntag nach dem Epiphaniefest mit der Hochzeit in Kana (Joh 2,1–11) steht aus Platzgründen nicht genau vor der Perikope, sondern beginnt mit vier Zeilen auf der vorhergehenden Seite und erstreckt sich bis auf fol. 21 (vgl. Ronig 2005 Miniaturen, 112f.).
14 Vgl. Ronig 2005 Miniaturen, 113–115. In der entsprechenden Miniatur (fol. 16v) des etwas später als der Egbert-Codex entstandenen Echternacher Perikopenbuches, das in der Staatsbibliothek Bremen (Hs. b. 21) aufbewahrt wird, trägt Maria ein rotes Untergewand und einen grünlich-weißen kaselartigen Mantel, wobei sie mit dieser Kleidung im hellen Farbklang des Bildes und auch in den Größenverhältnissen fast untergeht (vgl. Ronig 2005 Miniaturen, 115).
15 Vgl. Ronig 2005 Miniaturen, 115.
16 Vgl. ebd.
17 Zum lateinischen Segensgestus siehe Prinz 2000, 515f.
18 Vgl. Vels Heijn/Bunnig/Simons/Tissink 2006, 37.
19 „Hodie Christus initium dat signorum coelestium, dum convertit aquas in vinum […]. Sed aqua in sanguinis erat convertenda mysterium, ut mera pocula de vase corporis sui Christus bibentibus propinaret […]" (Petrus Chrysologus, Sermo 160 [PL 52, 622A–B]).
20 Vgl. Ronig 2005 Miniaturen, 115. In der Darstellung des Weinwunders im Echternacher Perikopenbuch (Bremen, Staatsbibliothek, Hs. b. 21) auf fol. 16v ist der Redegestus des Speisemeisters mit der linken Hand noch deutlicher herausgearbeitet (vgl. Ronig 2005 Miniaturen, 115). Der im Germanischen Nationalmuseum in Nürnberg aufbewahrte Codex aureus Epternacensis (Hs. 156142) hat in der Miniatur auf fol. 52v die ursprüngliche Vorlage teilweise noch genauer bewahrt (vgl. Ronig 2005 Miniaturen, 115).
21 Vgl. Augustinus, Tractatus in Iohannis Evangelium 8,4 (CChrSL 36, 83f.). Nach Augustinus ist das auf der Hochzeit in Kana zur Weinverwandlung bereitgestellte Wasser ein Bild für den im Alten Testament verborgenen Christus (vgl. Augustinus, Tractatus in Iohannis Evangelium 9,3.5 [CChrSL 36, 92f., 93]). Die sechs Krüge deutet Augustinus auf die sechs Zeitalter, die nun in Christus erfüllt sind (vgl. Augustinus, Tractatus in Iohannis Evangelium 9,7.17 [CChrSL 36, 94, 99f.]). Demnach bezieht sich der erste Krug auf Adam und die aus seiner Seite gebildete Eva als Vorausbild für die aus der Seite des gekreuzigten Christus hervorgegangene Kirche (vgl. Joh 19,34), der zweite Krug auf Noach und die Arche, der dritte Krug auf Abraham, der vierte Krug auf David, der fünfte Krug auf das von Daniel geschaute Zeitalter und der sechste Krug auf das Zeitalter Johannes' des Täufers (vgl. Augustinus, Tractatus in Iohannis Evangelium 9,10–16 [CChrSL 36, 96–99]).
22 Vgl. Lebensweg Jesu 1983, 10.

Die Erfüllung der jesajanischen Verheißung in Jesus
S. 285-289

1 Vgl. Stuttgarter NT, 120.
2 Die Signatur „G. V. Eeckhout. Fe. A° 1658", die aufgeschlüsselt „Gerbrand Van [den] Eeckhout. Fecit Anno 1658" bedeutet, wurde erst anlässlich einer Reinigung 1981 freigelegt (vgl. Manuth 1991, 348).
3 Versteigert wurde Eeckhouts Gemälde am 12. April 1741 in Den Haag aus dem Van-Zwieten-Fundus als Nr. 139 für 200 Gulden an Sythoff, am 1. September 1788 in Brüssel aus dem Jean-Baptiste-Horion-Fundus als Nr. 159 für 255 Franc an Fouquet, am 9./10. Februar 1789 in

Paris bei Lebrun aus dem Coclers-Fundus als Nr. 87 für 981 Franc an Marin, am 22. März 1790 in Paris bei Lebrun aus dem Marin-Fundus als Nr. 176 für 416 Franc an Saubert und am 9. Mai 1885 aus dem Herman-de-Zoete-Fundus in London bei Christie's als Nr. 223 für 122 Pfund an die National Gallery of Ireland in Dublin (vgl. Manuth 1991, 348).

4 Vgl. Wurzbach 1910 I, 481f.; Manuth 1991, 348.
5 Vgl. Nystadt 1975, 147.
6 Vgl. Manuth 1991, 348.
7 Vgl. ebd. Das Bildmotiv des in der Synagoge von Nazaret lehrenden Jesus findet sich beispielsweise in einem von Lieven de Witte (geb. 1513, gest. nach 1578) angefertigten Holzschnitt, mit dem die 1537 durch den Kartäuser Willem van Branteghem (geb. um 1480, gest. um 1545) herausgegebene Evangelienharmonie „Dat leven ons Heeren" illustriert wurde, wo der sitzende Jesus das Prophetenbuch einem einfach gekleideten Diener überreicht, der es in respektvoller Weise entgegennimmt (vgl. ebd.).
8 Vgl. Nystad 1975, 147; Manuth 1991, 348.
9 Vgl. Manuth 1991, 348. Siehe Rembrandts 1648/50 entstandenes „Hundertguldenblatt" (28 × 39 cm) und seine um 1657 angefertigte Radierung „La petite tombe" (15,3 × 20,5 cm).
10 Diese Gruppe verweist auf Rembrandts 1652 ausgeführte Radierung mit dem zwölfjährigen Jesus unter den Schriftgelehrten (vgl. Manuth 1991, 346, 348).
11 Vgl. Manuth 1991, 348.
12 Die Gruppe der Lesenden erinnert an eine um 1635 durch Rembrandt angefertigte Zinsgroschen-Radierung (vgl. Manuth 1991, 348).

Glaube, Hoffnung und Liebe
S. 290-298

1 Vgl. Stuttgarter NT, 338f.
2 Vgl. Bauer/Rupprecht 1981, 39; Langenstein 1986, 91f.; Fischer 2015, 51–58, 65f. Zu den beiden Großaufträgen von Benediktbeuern und Tegernsee siehe Langenstein 1986, 16–51.
3 Georg Asam könnte sich die monumentale Deckenmalerei auch in München bei italienischen Wanderkünstlern oder auch bei Johann Anton Gumpp (1654–1719) angeeignet haben, der auf Italienreisen mit der Freskotechnik vertraut geworden war (vgl. Langenstein 1986, 27). Für einen Aufenthalt in Venedig spricht eine mit der Aufschrift „Asam 1682 nachgezeichnet" versehene Zeichnung mit der Anbetung der Könige, die eine Kopie nach einem Gemälde von Paolo Veronese darstellt, das sich zur Zeit Georg Asams in der venezianischen Kirche San Silvestro befand (vgl. Baumeister 1950, 156–158; Mindera 1970, 23).
4 Zu Georg Asams Nachwirkung siehe Langenstein 1986, 80–86.
5 Vgl. Bauer/Rupprecht 1981, 39; Weber 2010, 2–4.
6 Signiert und datiert sind im Langhaus die Deckenbilder des Jüngsten Gerichts mit „G. Asamb 1683", das Pfingstbild mit „Heiliger Geist, erbarme dich mein, Georg Asam 1684" und „Georg Asam fecit 1684" sowie das Bild der Taufe Jesu mit „1684". In der Marienkapelle ist über dem Torbogen „1686" und im Fresko mit der Darstellung der monastischen Profess „G. Asamb 1687" zu lesen. Insgesamt war Georg Asam für das Kloster Benediktbeuern bis 1690 tätig. Siehe dazu Bauer/Rupprecht 1981, 39.
7 Vgl. Bauer/Rupprecht 1981, 39; Langenstein 1986, 26. In Seccotechnik ausgeführt wurden die Langhausbilder des Jüngsten Gerichts, des Pfingstereignisses, der Himmelfahrt Jesu, der Auferstehung Christi, der Verklärung Jesu und der Taufe Jesu, während das letzte, östlichste Langhausdeckenbild mit der Geburt Jesu bereits als Fresko gemalt wurde (vgl. Bauer/Rupprecht 1981, 39).
8 Vgl. Langenstein 1986, 23.
9 Vgl. Mindera 1950, 147.
10 Vgl. Guldan 1955, 443.
11 Vgl. Bauer/Rupprecht 1981, 62f.
12 Vgl. Gillen 1968, 325; Bauer/Rupprecht 1981, 58.
13 Vgl. Bauer/Rupprecht 1981, 58, 41.
14 Vgl. Bauer/Rupprecht 1981, 58, 62.
15 Vgl. Feldbusch 1955, 430.
16 Siehe dazu Bauer/Rupprecht 1981, 58.
17 Vgl. Bauer/Rupprecht 1981, 41.
18 Vgl. Ripa, Iconologia, 416.
19 Vgl. Bauer/Rupprecht 1981, 58, 62. Im süddeutschen Raum sind auch die Flügel als Attribute der Spes ungewöhnlich. Eine Krone wird beispielsweise in der von Giotto in der Arenakapelle von Padua ausgeführten Darstellung der

Spes getragen (vgl. Evans 1972, 374f.; Bauer/Rupprecht 1981, 62f.). Neben dem Anker und dem grünen Gewand führt Cesare Ripa auch die Flügel als Attribut der Hoffnung an (vgl. Bauer/Rupprecht 1981, 62).
20 Vgl. Bauer/Rupprecht 1981, 58.
21 Vgl. Mindera 1950, 147. Im Blick auf eine Begegnung mit dem Werk des Rubens spielt für Karl Mindera (gest. 1973) die von ihm angenommene Reise Georg Asams nach Venedig eine Rolle, die der Künstler nach seinem 1681 erfolgten Umzug nach Benediktbeuern und kurz vor dem 1683 erfolgten Großauftrag für die Ausmalung der Klosterkirche unternommen haben dürfte. Auf seiner Rückkehr könnte er die Benediktinerabtei Garsten an der Enns besucht haben, wo der mit der Asam'schen Patenfamilie verwandte Laienbruder Michael Obermiller bis 1633 das Chorgestühl für die Klosterkirche angefertigt hatte. Die ab 1677 durch die Baumeisterfamilie Carlone neu errichtete und stuckierte Kirche war gerade erst 1682/83 durch die Brüder Michael Christoph (1634–1684), Michael Georg (1635/36–1683) und Johann Bernhard Grabenberger (1637–1710) ausgemalt worden. Bei den vor allem durch Michael Christoph Grabenberger ausgeführten Langhausfresken orientierte sich der Maler für seine beiden Fresken im Presbyterium, auf denen er die Ablösung der alttestamentlichen Opfer durch das reine Speiseopfer des Neuen Bundes und den Triumph der Eucharistie darstellte, an Gobelinentwürfen, die um 1626 durch Rubens ausgeführt wurden und die sich heute im Madrider Prado befinden. Eine Reise Georg Asams in die Niederlande mit einem Studium der 1620/21 durch Rubens für die Jesuitenkirche von Antwerpen ausgeführten Fresken könnte man nach Mindera ebenfalls in Erwägung ziehen. Siehe dazu Mindera 1950, 147f.; Mindera 1970, 23; Perndl, Garsten, 5–7.
22 Vgl. Bauer/Rupprecht 1981, 58.
23 Die drei Engelsköpfchen unterstreichen das vierpassförmige Bildfeld ebenso wie unten der Anker, links die Gestalt der Spes und rechts der gebauschte Mantel Christi (vgl. Bauer/Rupprecht 1981, 58).
24 Vgl. Bauer/Rupprecht 1981, 41.
25 Vgl. Mindera 1950, 147.
26 Nach Cesare Ripa gehört das rote Gewand zu den traditionellen Attributen der Caritas (vgl. Ripa, Iconologia, 48).
27 „Unde in Scripturis divinitus inspiratis, quod de virgine matre Ecclesia universaliter, hoc de Maria singulariter […]. Dicitur ergo universaliter pro Ecclesia, et specialiter pro Maria, singulariter quoque pro fideli anima, ab ipsa Dei sapientia, quod Patris est Verbum" (Isaak von Stella, Sermo 51 [PL 194, 1863A–B]).
28 „In tabernaculo uteri Mariae moratus est Christus novem mensibus; in tabernaculo fidei Ecclesiae usque ad consummationem saeculi, in cognitione et dilectione fidelis animae in saecula saeculorum morabitur" (Isaak von Stella, Sermo 51 [PL 194, 1865C]).
29 Vgl. Bauer/Rupprecht 1981, 63.
30 Vgl. Bauer/Rupprecht 1981, 58; zur Ikonographie der Taube siehe Butzkamm 2001, 156f.

Der reiche Fischzug des Petrus
S. 299-307

1 Vgl. Stuttgarter NT, 122.
2 Zu Raffael siehe grundlegend De Vecchi 2002.
3 Vgl. De Vecchi 2002, 195 und 359, Anm. 56. Zum theologischen Programm der Teppiche siehe Shearman 1972, 45–90.
4 Da Raffael eine erste Rate seines Honorars im Juni 1515 erhielt und der Rest Ende Dezember 1516 ausbezahlt wurde, lässt sich für die Entstehung der Kartons die Zeit um 1515/16 annehmen (vgl. De Vecchi 2002, 194 und 359, Anm. 53). Zu Raffaels Kartons siehe grundlegend Shearman 1972; Harprath 1986, 117–126; zur Auftragserteilung an Raffael siehe Shearman 1972, 1–20.
5 Vgl. De Vecchi 2002, 197 und 359, Anm. 60. Zur weiteren Geschichte der Kartons und der Teppiche siehe Shearman 1972, 138–164.
6 Vgl. Beck 2003, 142.
7 Vgl. De Vecchi 2002, 195. Der Pauluszyklus begann links vom Altar auf der Stirnwand mit der Szene der mit dem Einverständnis des Saulus erfolgenden Steinigung des Stephanus (vgl. Apg 7,54–8,1a). Auf der linken Wandseite unter dem Mosezyklus folgten die Szenen der Bekehrung des Saulus (vgl. Apg 9,1–22), der Bekehrung des Prokonsuls Sergius Paulus (vgl. Apg 13,6–12), des Opfers von Lystra (vgl. Apg

14,11–18), des im Gefängnis inhaftierten Paulus (vgl. Apg 16,23–34) und der Predigt vor den Athenern (vgl. Apg 17,22–31), wobei sich die letztere Szene außerhalb des durch die Schranke abgeteilten Altarbereichs befand, damit sich Paulus gewissermaßen auch den in der Cappella Sistina anwesenden Gläubigen zuwende. Siehe dazu De Vecchi 2002, 195. Zur Anordnung der Teppiche siehe Shearman 1972, 21–44; Harprath 1986, 122–124.

8 Vgl. De Vecchi 2002, 195. Die Kartons mit der Steinigung des Stephanus, der Bekehrung des Saulus und mit Paulus im Gefängnis sind verloren gegangen (vgl. De Vecchi 2002, 359, Anm. 59).
9 Vgl. De Vecchi 2002, 196f. Zur stilistischen Einordnung der Kartons und der Teppiche siehe Shearman 1972, 91–137.
10 Vgl. Beck 2003, 142. Einige Kartons wurden dagegen von Schülern Raffaels ausgeführt (vgl. Beck 2003, 142).
11 Vgl. Beck 2003, 142.
12 Vgl. Shearman 1972, 50.
13 Vgl. Wölfflin 1899, 108.
14 Vgl. Shearman 1972, 51.
15 Beck 2003, 142.
16 Vgl. Wölfflin 1899, 106.
17 Vgl. Shearman 1972, 50; Beck 2003, 142.
18 Vgl. Wölfflin 1899, 106.
19 Vgl. Beck 2003, 142.
20 Vgl. ebd. Von dem verloren gegangenen Karton Michelangelos existieren nur verschiedene Kopien, von denen die beste 1542 durch Aristotile da Sangallo (1481–1551) angefertigt wurde.
21 Vgl. Beck 2003, 142; Wölfflin 1899, 107.
22 Vgl. Wölfflin 1899, 107.
23 Vgl. Shearman 1972, 50f. und Anm. 34–37.
24 Vgl. Wölfflin 1899, 106–108.
25 Vgl. Shearman 1972, 50.
26 Bei den zwei Rochen dürfte der rechte ein Sandrochen (Razza scuffina) und der linke ein Zitterrochen (Torpedine occhiata) sein; der Schwanz eines Rochens ist wohl auch am Bordrand auf Hüfthöhe des Zebedäus erkennbar. Zur Bestimmung der Fische siehe Shearman 1972, 50, Anm. 33; Palombi/Santarelli 1953, 15, 197, 187, 168.
27 Vgl. Nitz 2010 Kranich, 156f.
28 Vgl. Ambrosius, Hexaemeron 5,15,50–52 (PL 14, 227B–228C); Nitz 2010 Kranich, 157.
29 Nach dem „Aviarium" des Hugues von Fouilloy bedeutet die Einhaltung der Flugformation den Gehorsam zur Klosterregel, während das nächtliche Wachen des Kranichs ein Vorbild für den Ordensmann sei, um Christus immer in seinen Gedanken zu halten (vgl. Nitz 2010 Kranich, 157).
30 Vgl. Shearman 1972, 54. In der Emblematik lebte die Kranichwache als Symbol für die Wachsamkeit weiter (vgl. Nitz 2010 Kranich, 158; Henkel/Schöne 2013, 820f.).
31 Vgl. Ambrosius, Hexaemeron 5,8,22–23 (PL 14, 215C–216B); Shearman 1972, 55 und 54, Anm. 57.
32 Vgl. Ambrosius, Hexaemeron 5,6,16 (PL 14, 212B–C); Shearman 1972, 54, Anm. 58.
33 Vgl. Shearman 1972, 55.
34 Vgl. Hermann 2010, 220.
35 Vgl. Ambrosius, De Noe et Arca 18,64 (PL 14, 391C–392B); Hermann 2010, 220f.
36 Vgl. Ambrosius, Sermones ascripti 37,1–7 (PL 17, 676D–679A); Shearman 1972, 54 und Anm. 54.
37 Vgl. Shearman 1972, 54f.
38 Vgl. Trenner 2010 Schwan, 242. Es ist nicht ausgeschlossen, den Schwänen auch eine ambivalente Bedeutung zuzuschreiben, da man sie wegen ihres schwarzen Fleisches unter ihrem weißen Gefieder auch als Sinnbilder für Hochmut und Heuchelei deuten könnte (vgl. Trenner 2010 Schwan, 243; Shearman 1972, 55). Da man nach einem auch von Ägidius von Viterbo (1469–1532) verwendeten Sprichwort einen Raben nicht weiß und einen Schwan nicht schwarz machen könne, bleibt auch die Möglichkeit, in den beiden Vogelgruppen ein Sinnbild für die oftmals mühevolle Abkehr von der Sünde zu sehen (vgl. Shearman 1972, 55). Zieht man in Betracht, dass die Schwäne gerade über der Gestalt Jesu kreisen, dann könnte man sie auf den leidenden Christus beziehen, mit dessen letzten Worten am Kreuz der angebliche Gesang der Schwäne beim nahenden Tod in Verbindung gebracht wurde, so dass die Schwäne mit ihrem Gesang das durch den Erlöser eröffnete Paradies symbolisieren würden (vgl. Trenner 2010 Schwan, 243).
39 Zur Identifizierung der Gebäude siehe ausführlich Shearman 1972, 52–54.
40 Vgl. Shearman 1972, 61f.
41 Vgl. Shearman 1972, 65 und 64, Anm. 114.

42 Beck 2003, 142.
43 Vgl. ebd.
44 Wölfflin 1899, 108.

Christus als Lehrer
S. 308-312

1 Vgl. Burz-Tropper 2015, 10–13.
2 Vgl. Kollwitz 1953, 13; Stützer 1983, 94.
3 Vgl. Justin der Märtyrer, Dialog mit dem Juden Tryphon 8 (PG 6, 492D); Kollwitz 1953, 15; Baudry 2010, 42.
4 „Hac nimium indignatis erit, ‚a toga ad pallium'! Sed ista pallium loquitur. At ego jam illi etiam divinae sectae ac disciplinae commercium confero. Gaude pallium, et exsulta: melior jam te philosophia dignata est, ex quo Christianum vestire coepisti" (Tertullian, De pallio 6 [SC 513, 224]). Vgl. Kollwitz 1953, 18; Baudry 2010, 44.
5 Vgl. Stützer 1983, 94.
6 Vgl. Baudry 2010, 44.
7 Vgl. Burz-Tropper 2015, 13.
8 Zur Baugeschichte von San Lorenzo siehe Campagna 2000, 18; Caporusso/Donati/Masseroli/Tibiletti 2007, 265f.
9 Zur Aquilinuskapelle siehe Wilpert/Schumacher 1976, 302f.; Campagna 2000, 61–81; Caporusso/Donati/Masseroli/Tibiletti 2007, 274f.
10 Vgl. Wilpert/Schumacher 1976, 303.
11 Vgl. Caporusso/Donati/Masseroli/Tibiletti 2007, 275.
12 Vgl. Wilpert/Schumacher 1976, 303.
13 Vgl. Campagna 2000, 74.
14 Wilpert/Schumacher 1976, 303.
15 Vgl. ebd.; Campagna 2000, 74.
16 Vgl. Wilpert/Schumacher 1976, 303.
17 Vgl. Campagna 2000, 74.
18 Vgl. Caporusso/Donati/Masseroli/Tibiletti 2007, 275.
19 Vgl. Wilpert/Schumacher 1976, 303.

David verschont das Leben Sauls
S. 313-318

1 Vgl. Stuttgarter AT, 1915.
2 Die Szene der Verschonung Sauls findet sich vereinzelt in byzantinischen Handschriften, wie die Ende des 11. Jahrhunderts entstandene byzantinische Königsbücher-Handschrift des Vaticanus graecus 333 zeigt, wo auf fol. 35v David Sauls Speer und Wassergefäß entwendet (vgl. 1 Sam 26,12) und auf fol. 36r Saul der entwendete Speer und das Wassergefäß gezeigt werden (vgl. 1 Sam 26,18.22). Siehe dazu Suckale-Redlefsen 1972, 16.
3 Zum Leben Januarius Zicks siehe Straßer 1994, 11–15.
4 Zur künstlerischen Entwicklung Januarius Zicks siehe Straßer 1994, 16–18.
5 Zu Januarius Zicks Gemälde mit David und Abischai im Zelt Sauls siehe Knapp 1913, 139; Feulner 1920, 97; Feulner 1922, 88; Benesch 1924, 161; Leber 1924, 149f.; Freeden 1949, 17 (Nr. 67); Metzger 1981, 35 (Nr. 3); Ragaller 1969, 61; Pigler 1974, 148; Hoffmann/Koppe 1986, 221 (Nr. 568); Strasser 1987, 19 und 65, Anm. 53; Straßer 1994, 355 (G 37).
6 Das Ölbild mit Saul bei der Hexe von Endor (35 × 45 cm) ist unten rechts mit „Ia: Zick iunior / inv: et pinx: / 1752" bezeichnet, was aufgeschlüsselt „Ianuarius Zick iunior invenit et pinxit 1752" bedeutet. Siehe dazu Hoffmann/Koppe 1986, 222 (Nr. 569); Straßer 1994, 355 (G 38).
7 Vgl. Straßer 1994, 23. Zu den Themenbereichen der Bilder Januarius Zicks siehe Straßer 1994, 23–35.
8 Zur Geschichte der Gemäldesammlung des Martin-von-Wagner-Museums der Universität Würzburg siehe Hoffmann/Koppe 1986, 7–11.
9 Die von fremder Hand mit „Jan. Zick" bezeichnete und mit der biblischen Kapitelangabe „1. Reg. C XXVI" zu 1 Sam 26 beschriftete Zeichnung (Inv.-Nr. 7352) misst 25,7 × 18,4 cm, ist auf blauem Papier ausgeführt und mit Bleigriffel quadriert. Das 1752 ausgeführte Ölgemälde mit David und Abischai im Zelt Sauls kann zwar zur zeitlichen Einordnung der Zeichnung dienen, gilt aber nach Josef Straßer dennoch nicht als ein eindeutiges Zuschreibungskriterium. Siehe dazu Straßer 1994, 511 (Za 4).
10 Vgl. Straßer 1994, 511 (Za 4).
11 Vgl. Feulner 1920, 42.
12 Vgl. Knapp 1913, 139; Hoffmann/Koppe 1986, 190. Zu den beiden im Martin-von-Wagner-Museum aufbewahrten, etwa 103 × 122 cm großen Ölgemälden Tiepolos siehe Hoffmann/Koppe 1986, 190–192 (Nr. 494f.).
13 Vgl. Feulner 1920, 42.

14 Ebd.
15 Die Deutung von Volker Hoffmann und Konrad Koppe, die David rechts und Abischai vor dem Zelt Sauls sehen (vgl. Hoffmann/Koppe 1986, 221 [Nr. 568]), trifft nicht zu.
16 Vgl. Feulner 1920, 42; Straßer 1994, 18.

Die Blindenparabel
S. 319-329

1 Vgl. Müller 1986, 77.
2 Siehe dazu Vöhringer 2007, 136.
3 Vgl. Sudhoff 1981, 192, Anm. 1.
4 Vgl. Vöhringer 2007, 123.
5 Vgl. Sudhoff 1981, 39.
6 Nachdem 1920 Max Dvořák (1874–1921) eine erste Studie zu Bruegels Blindensturz vorgelegt hatte (vgl. Dvořák 1995, XI, 246–250), unterzog 1957 Hans Sedlmayr (1896–1984) das Bild einer Strukturanalyse (vgl. Sedlmayr 1957, 1–48), in der er das Gemälde als Produkt eines schöpferischen Werkes und nicht als fertiges Werk deutete. Mit dieser These setzten sich 1967 Lorenz Dittmann (vgl. Dittmann 1967) und 1981 Heinke Sudhoff kritisch auseinander, da es nicht angehe, bei der Interpretation die Bewusstseinsebene der analysierten Epoche zu unterlaufen und von der Beobachtung gleich zur Intuition zu gelangen (vgl. Sudhoff 1981, 22f., 43, 45). Sedlmayr hatte auf Bruegels Gemälde die mittelalterliche Lehre vom vierfachen Schriftsinn der wörtlichen, allegorischen, moralisch-tropologischen und anagogisch-eschatologischen Bedeutungsebenen angewendet (vgl. Sudhoff 1981, 23f.) und war vom physiognomischen Gesamteindruck und formalen Verstehen der Bildgegenstände ausgegangen, um zum geistigen Verstehen der wörtlichen, allegorischen, moralischen und anagogischen Sinngehalte zu gelangen (zur Kritik siehe Sudhoff 1981, 26–46). Nach Heinke Sudhoff bestehen die Fehldeutungen darin, Bruegels Blindensturz als Allegorie der allgemeinen geistigen Blindheit (vgl. Sedlmayr 1959, 345; Sudhoff 1981, 34), als Beispiel der menschlichen Seelenkräfte (vgl. Sedlmayr 1957, 27) und die Blinden als vernunftlose und von ihren materiell-sinnlichen Trieben geleitete Wanderer zu interpretieren (vgl. Sedlmayr 1957, 29), den Zug der stürzenden Blinden auf die wankende blinde Synagoge zu beziehen (vgl. Sedlmayr 1957, 22; Sudhoff 1981, 36), als Sinnbild für den törichten Materialismus zu deuten (vgl. Stridbeck 1956, 261; Sudhoff 1981, 130) oder in ihm in Verbindung mit Totentanz und Höllensturz ein Bild für den Absturz der Verdammten zu sehen (vgl. Sedlmayr 1957, 23; Sudhoff 1981, 37). Ebenso unzutreffend ist die Bewertung, dass sich zwischen der Blindenparabel Jesu und Bruegels blinden Bettlern keine Brücke schlagen lasse (vgl. Auner 1956, 97; Sudhoff 1981, 129f.) und dass die Dorfkirche im Hintergrund in einem kirchenkritischen Sinn zu deuten sei (vgl. Stridbeck 1956, 262; Sudhoff 1981, 130). Zu den Fehldeutungen und Verkennungen siehe Sudhoff 1981, 127–132.
7 Vgl. Sudhoff 1981, 131f.
8 Vgl. Sudhoff 1981, 99–107, 148.
9 Vgl. Sudhoff 1981, 103. Zum ikonographischen Typus des Bettlers im 17. Jahrhundert siehe Sudhoff 1981, 179–191.
10 Vgl. Sudhoff 1981, 107–110.
11 Vgl. Sudhoff 1981, 110–112.
12 Siehe die beiden Hieronymus Bosch oder auch Bruegel zugeschriebenen Federzeichnungen in Wien (Graphische Sammlung Albertina, Inv.-Nr. 7798, 25,4 × 18,9 cm) und in Brüssel (Koninklijke Bibliotheek Albert I, Prentenkabinet, 26 × 19,8 cm) sowie den Kupferstich in Brüssel (Koninklijke Bibliotheek Albert I, Prentenkabinet). Siehe dazu Sudhoff 1981, 113f.
13 Siehe Andrea Alciati, Emblematum liber, Nr. 20, Augsburg 1531; in der 1550 in Lyon gedruckten Ausgabe trägt der Blinde sogar den Lahmen (vgl. Sudhoff 1981, 114f.).
14 Vgl. Sudhoff 1981, 135, 116–118.
15 Vgl. Sudhoff 1981, 118–123, 155.
16 Vgl. Sudhoff 1981, 124f.
17 Vgl. Sudhoff 1981, 136, 34 und 201, Anm. 127.
18 Siehe Bruegels Sprichwörterbild in den Staatlichen Museen von Berlin-Dahlem (vgl. Sudhoff 1981, 133).
19 Siehe Bruegels Gemälde „Karneval und Fasten" im Kunsthistorischen Museum von Wien (vgl. Sudhoff 1981, 134).
20 In dieser mit „bruegel 1562" bezeichneten Federzeichnung (19,2 × 31 cm), die sich im Berliner Kupferstich-Kabinett (KdZ 1376) befindet, ist die Idee vom blinden Führer nicht prägnant ausgeformt, so dass es sich um eine

alltägliche Genreszene ohne tendenziösen Sinngehalt handelt (vgl. Sudhoff 1981, 125f.).
21 Vgl. Stridbeck 1956, 207; Sudhoff 1981, 133–136. Bruegels Gemälde mit dem Blindensturz wurde oftmals ikonographisch rezipiert (vgl. Sudhoff 1981, 166–178).
22 Vgl. Sudhoff 1981, 137.
23 Vgl. Vöhringer 2007, 124.
24 Vgl. Sudhoff 1981, 45.
25 Vgl. Zink 1987 Jesusgeschichte III, 57.
26 Vgl. Sudhoff 1981, 132.
27 Vgl. Dvořák 1995, 247f.
28 Vgl. Zink 1987 Jesusgeschichte III, 57.
29 Vgl. Dvořák 1995, 247.
30 Vgl. Sudhoff 1981, 140, 44, 128.
31 Vgl. Jedlicka 1938, 375; Zink 1987 Jesusgeschichte III, 57.
32 Vgl. Sudhoff 1981, 140, 149.
33 Sudhoff 1981, 137.
34 Vgl. Jedlicka 1938, 375.
35 Vgl. Zink 1987 Jesusgeschichte III, 58.
36 Sudhoff 1981, 140.
37 Vgl. Sudhoff 1981, 149.
38 Sudhoff 1981, 36.
39 Vgl. Sudhoff 1981, 36, 149.
40 Vgl. Vöhringer 2007, 123.
41 Obwohl sich über die Erblindungsart des ersten und fünften Bettlers keine definitive Aussage machen lässt, da ihre Augen zu sehr verdeckt sind (vgl. Sudhoff 1981, 149), wollte Bob Claessens (1901–1971) bei diesen Gestalten eine Erblindung durch den schwarzen Star und durch Blasenbildung erkennen (vgl. Claessens/Rousseau 1969, 198).
42 Vgl. Sudhoff 1981, 36.
43 Vgl. Dvořák 1995, 247.
44 Vgl. Sudhoff 1981, 149.
45 Sudhoff 1981, 36.
46 Vgl. Sudhoff 1981, 139f.
47 Vgl. Sudhoff 1981, 147–151, 114f., 44.
48 Vgl. Sudhoff 1981, 140–146.
49 Vgl. Sudhoff 1981, 137.
50 Vgl. Sudhoff 1981, 35, 146f. Die Dorfkirche kann hier nicht als Symbol der Ecclesia und als Antitypus der Synagoga beziehungsweise des Irrglaubens gedeutet werden. Die Vorstellung, der verdorrte kleine Baum vor der Kirche symbolisiere die durch Irrlehrer von der Degeneration bedrohte Institution der Kirche, ist ebenfalls unbegründet. In Bruegels 1559 geschaffenem Gemälde „Karneval und Fasten" im Wiener Kunsthistorischen Museum hatte er der Kirche noch eine symbolische Bedeutung verliehen, indem er sie antithetisch dem Wirtshaus gegenüberstellte. Siehe dazu Sudhoff 1981, 147, 35.
51 Vgl. Sudhoff 1981, 137–142. Mit Heinke Sudhoff ist festzuhalten, dass man die Blinden nicht wesensmäßig unterscheiden darf, etwa als Symbole verschiedener Temperamente (vgl. Jedlicka 1938, 391), als Allegorien für Tugenden oder als Sinnbilder der fünf Glaubensbekenntnisse. Siehe dazu Sudhoff 1981, 141.
52 Vgl. Sudhoff 1981, 152f.
53 Vgl. Sudhoff 1981, 9f., 153–160.
54 Vgl. Sudhoff 1981, 161–165.
55 Mit Sudhoff ist deshalb Sedlmayrs Behauptung zurückzuweisen, wonach Bruegels Bild mit dem Blindensturz für die allgemeine Blindheit der Welt und damit für das schlechthinnige Schicksal des Menschen steht (vgl. Sedlmayr 1959, 345). Siehe dazu Sudhoff 1981, 34, 165.

Der Glaube des Hauptmanns von Kafarnaum
S. 330-336

1 Siehe dazu Stuttgarter NT, 128.
2 Siehe fol. 22r.
3 Zu Bischof Egbert siehe Ronig 2005 Egbert, 47–55. Zur Geschichte des Egbert-Codex siehe Franz 2005, 11–31. Zur Buchmalerei unter Bischof Egbert und zum Egbert-Codex siehe Ronig 2005 Egbert, 60–74.
4 Vgl. Ronig 2005 Egbert, 67f.
5 Vgl. Ronig 2005 Egbert, 70f. Die sieben dem Gregormeister zugeschriebenen Miniaturen sind die Verkündigung (fol. 9v), die Heimsuchung (fol. 10v), der Traum Josefs (fol. 12), das Weihnachtsbild (fol. 13), der Kindermord von Betlehem (fol. 15v), die Bitte des Hauptmanns von Kafarnaum (fol. 22r) und die Heilung der Schwiegermutter des Petrus (fol. 22v). Siehe dazu Ronig 2005 Egbert, 70f.
6 Vgl. Ronig 2005 Miniaturen, 117. Zur Miniatur mit der Aussätzigenheilung siehe fol. 21v (vgl. Ronig 2005 Miniaturen, 115f.).
7 Vgl. Ronig 2005 Miniaturen, 118.
8 Vgl. Ronig 2005 Egbert, 69.
9 Vgl. Ronig 2005 Egbert, 71.

10 Vgl. Vels Heijn/Bunnig/Simons/Tissink 2006, 37.
11 Vgl. Ronig 2005 Miniaturen, 118. Die Miniatur im Egbert-Codex (fol. 22r) und das entsprechende Bild in dem etwas jüngeren Echternacher Perikopenbuch (fol. 18), das in der Staatsbibliothek Bremen (Hs. b. 21) aufbewahrt wird, folgten wohl einer gemeinsamen, in der spätantiken Tradition überliefernden Vorlage, die in der Bildmitte den Hauptmann zeigte (vgl. Ronig 2005 Miniaturen, 118). Die Illustration des Echternacher Perikopenbuchs zeigt die Szene mit dem Hauptmann zusammen mit der Aussätzigenheilung (vgl. Mt 8,1–4) auf einer hochformatigen Seite und blieb dem erzählerischen Vorbild näher (vgl. Ronig 2005 Miniaturen, 118). Während in der Echternacher Miniatur Christus mit der Apostelgruppe am linken Bildrand eine Einheit bildet, nimmt Jesus in der entsprechenden Illustration des Egbert-Codex in einer souverän geschaffenen Komposition das Zentrum ein (vgl. Ronig 2005 Miniaturen, 118). Siehe auch die entsprechende Szene im Echternacher Codex aureus (fol. 52v) im Germanischen Nationalmuseum in Nürnberg (vgl. Ronig 2005 Miniaturen, 118).
12 Vgl. Ronig 2005 Miniaturen, 118.
13 Nach Franz Ronig geht es in der simultanen, Blick und Handgebärde vereinenden Haltung Jesu um den Verweis auf den Vorbildcharakter des Glaubens des heidnischen Hauptmanns und um das Heilswort für den kranken Diener (vgl. Ronig 2005 Miniaturen, 118). Gegen einen Bezug der Handgebärde auf die Heilung des Dieners spricht, dass eindeutig nur ein Zeigegestus, aber kein Segensgestus zu sehen ist, wie er sonst im Egbert-Codex bei Heilungsszenen dargestellt wurde.
14 Vgl. Ronig 2005 Miniaturen, 118.
15 Vgl. ebd.
16 Vgl. Lebensweg Jesu 1983, 15.

Die Totenerweckung des Jünglings von Naïn
S. 337-344

1 Vgl. Stuttgarter NT, 128.
2 Vgl. Schiller 1969, 188f.
3 Vgl. Aikema 2010 Auferweckung, 146. Das Gemälde des Hans von Aachen unterscheidet sich kompositionell vom Altarbild Federico Zuccaris in Orvieto (vgl. Aikema 2010 Auferweckung, 146).
4 Vgl. An der Heiden 1999, 33; Jacoby 2000, 10f.; Fučíková 2010 Leben, 3. Einen zeitgenössischen Blick auf das Leben und das künstlerische Wirken Hans von Aachens bis in die Zeit kurz nach 1600 bietet Mander 1604, fol. 289v–291r.
5 Vgl. Jacoby 2000, 14–17; Fučíková 2010 Leben, 3f.; Fučíková 2010 Malerei, 13–19.
6 Vgl. Fučíková 2010 Leben, 5f.; Fučíková 2010 Malerei, 20–22.
7 Vgl. Fučíková 2010 Leben, 6–11.
8 Vgl. An der Heiden 1999, 33.
9 Vgl. Jacoby 2000, 94; Dekiert 2006, 244. In der Schleißheimer Galerie wurde das Gemälde 1775 als Darstellung der Erweckung des Lazarus aufgeführt (vgl. Jacoby 2000, 95).
10 Vgl. Jacoby 2000, 94f.; Dekiert 2006, 244; Aikema 2010 Auferweckung, 146. Während das Münchner Bild die Maße 230 × 171 cm besitzt, ist das Frankfurter Leinwandgemälde mit 238 × 180 cm fast gleich groß (vgl. Jacoby 2000, 95). Weitere Kopien befinden sich im Heimsuchungskloster in Zangberg (220 × 165,5 cm) und in der Gemäldegalerie des Benediktinerstiftes Seitenstetten (228 × 178 cm). Siehe dazu Jacoby 2000, 95.
11 Vgl. Aikema 2010 Auferweckung, 146.
12 Vgl. Dekiert 2006, 244.
13 Vgl. Jacoby 2000, 94.
14 Vgl. An der Heiden 1999, 33; Jacoby 2000, 94; Dekiert 2006, 244; Aikema 2010 Auferweckung, 146.
15 Vor seiner Abreise aus Rom konnte Hans von Aachen den 1575 ausgegrabenen und vor der Kirche San Macuto gegenüber Sant'Ignazio aufgestellten Obelisken sehen, der später 1711 auf dem Platz vor dem Pantheon wiedererrichtet wurde. Alle anderen römischen Obelisken wurden erst nach dem Weggang des Malers aufgerichtet.
16 Vgl. An der Heiden 1999, 33.
17 Vgl. Dekiert 2006, 244.
18 Vgl. Fučíková 2010 Malerei, 22; Fučíková 2010 Kreuzauffindung, 145.
19 Vgl. Jacoby 2000, 94; Dekiert 2006, 244; Aikema 2010 Auferweckung, 146.
20 Vgl. Aikema 2010 Veronese-Studien, 124f.

21 Vgl. Aikema 2010 Auferweckung, 146; Aikema 2010 Veronese-Studien, 124f. Siehe dazu die wohl um 1585/86 in Venedig angefertigte Zeichenstudie des Hans von Aachen zu einer Mutter mit Kind und einem Frauenkopf (27,9 × 16,7 cm), die in den Staatlichen Graphischen Sammlungen in München aufbewahrt ist (vgl. Aikema 2010 Veronese-Studien, 124f.). Wie diese Federzeichnung belegt, hatte sich Hans von Aachen auch während seines zweiten Aufenthaltes in Venedig um 1585/86 mit der venezianischen Malerei befasst (vgl. Jacoby 2000, 94f.).
22 Vgl. Ripa, Iconologia, 48f. Zudem beschreibt Ripa die Caritas mit einer Flamme über ihrem Haupt als Sinnbild für das „Feuer der Liebe" nach Lk 12,49 (vgl. Ripa, Iconologia, 48f.).
23 Vgl. Aikema 2010 Auferweckung, 146.

Die Fußsalbung Jesu durch die Sünderin
S. 345-353

1 Vgl. Stuttgarter NT, 129f.
2 Siehe dazu Gregor der Große, Homilia 25,1 (FC 28/2, 442–444).
3 Vgl. Eikemeier 1999 Bouts, 88.
4 Vgl. Schöne 1938, 181; Gemäldegalerie Berlin 1975, 62; Périer-D'Ieteren 2006, 231.
5 Zu den Restaurierungen von 1936/37, 1975 und 1995 sowie zu den Untermalungen und Ergänzungen siehe Périer-D'Ieteren 2006, 231.
6 Die 1938 durch Wolfgang Schöne vorgebrachte Zuschreibung an Dieric Bouts den Jüngeren (um 1448–1491), den Sohn des gleichnamigen Meisters, hat sich nicht durchgesetzt (vgl. Schöne 1938, 181); zur Zuschreibung an Dieric Bouts siehe Périer-D'Ieteren 2006, 232–236. Eine leicht veränderte und seitenverkehrte Kopie des Bildes, als deren Urheber gewöhnlich Aelbert Bouts (1451/54–1549) angenommen wird, befindet sich im Königlichen Museum der Schönen Künste in Brüssel (vgl. Schöne 1938, 181; Gemäldegalerie Berlin 1975, 62; Périer-D'Ieteren 2006, 236).
7 Vgl. Périer-D'Ieteren 2006, 231.
8 Nach dem von Erwin Panofsky (1892–1968) entdeckten verborgenen Symbolismus (disguised symbolism) erscheint der Realismus in der altniederländischen Malerei als Träger einer interpretativ zu erschließenden geistigen Botschaft.
9 Vgl. Butzkamm 1990, 68.
10 Vgl. Périer-D'Ieteren 2006, 231.
11 Vgl. Butzkamm 1990, 22f.; Vos 2002, 121; Périer-D'Ieteren 2006, 235.
12 Vgl. Prinz 2000, 515f.
13 Vgl. Butzkamm 1990, 20f.
14 „Piscis assus, Christus est passus. ipse est et panis qui de caelo descendit" (Augustinus, Tractatus in Iohannis Evangelium 123,2 [CChrSL 36, 676]).
15 Vgl. Périer-D'Ieteren 2006, 231.
16 Vgl. Périer-D'Ieteren 2006, 235.
17 Vgl. ebd.
18 In Weiterführung dieses Gedankens lässt sich vielleicht der unter dem Tisch hindurch auf Jesus hin ausgestreckte linke Fuß des Johannes auf die von diesem Evangelisten berichtete Fußwaschung beziehen, die Jesus am Vorabend seiner Passion an seinen Jüngern vollzogen hat (vgl. Joh 13,1–20). An diesem Vorabend hatte Jesus sein bevorstehendes Liebesopfer am Kreuz nicht nur in die Eucharistie hineingestiftet, wie es Paulus (vgl. 1 Kor 11,23–25) und die synoptischen Evangelien berichten (vgl. Mk 10,41–45; Mt 20,24–28; Lk 22,14–23), sondern nach dem Johannesevangelium auch durch die symbolhafte Zeichenhandlung der Fußwaschung vorweggenommen, um den Seinen, die er liebte, seine Liebe bis zur Vollendung zu erweisen (vgl. Joh 13,1).
19 Vgl. Périer-D'Ieteren 2006, 231.
20 Der Stifter wird wegen des weißen Habits gewöhnlich als Kartäuser bezeichnet (vgl. Gemäldegalerie Berlin 1975, 62). Dagegen spricht, dass bei der Stifterfigur die charkteristische Kukulle, das seitlich durch zwei Stoffbänder zusammengehaltene Obergewand der Kartäuser, nicht erkennbar ist. Auch wenn die Tonsur durchaus Ähnlichkeiten mit dem 1446 von Petrus Christus (1425–1476) geschaffenen und im New Yorker Metropolitan Museum of Art aufbewahrten Kartäuserporträt hat, so trugen die Kartäuser gewöhnlich eine große Tonsur (rasura), wie sie der kniende Kartäuser auf der um 1450 ebenfalls von Petrus Christus gemalten und in der Berliner Gemäldegalerie aufbewahrten Exeter-Madonna besitzt, bei dem auch die typische Kukulle deutlich zu sehen ist. Mit seinem großen weißen, mit einer Kapuze versehenen Chormantel (cappa) und dem unter einem ledernen Gürtel getragenen Skapulier

verweist der Habit der Stifterfigur auf die mittelalterliche Tracht des Prämonstratenserordens. Zur Zeit des Dieric Bouts bestand in der Nähe von Löwen seit 1129 in Heverlee eine Prämonstratenserabtei.
21 Vgl. Périer-D'Ieteren 2006, 231, 235.
22 Zu den Verbindungen des Malers Dieric Bouts zur Devotio moderna siehe Eikemeier 1990, 13–16.

Die prophetische Schau des durchbohrten Christus
S. 354-362

1 Siehe dazu Stuttgarter AT, 1829f.
2 Zu Rubens' Leben und Werk siehe grundlegend Evers 1942; Warnke 1977; White 1988; Hellwig 2012.
3 Siehe dazu Freedberg 1984, 82–85; Sauerländer 2011, 69. Zum Rockox-Triptychon siehe grundlegend Freedberg 1984, 81–87; Haeger 2004, 117–153.
4 Siehe dazu Judson 2000, 145. Archivalisch belegt ist für den 14. September 1619 eine Zahlung von 1300 Gulden für das Steinmaterial des Hochaltars (vgl. Judson 2000, 145).
5 Bereits Justus Müller Hofstede (1929–2015) schrieb den Entwurf des Gemäldes Rubens, die Ausführung aber Anthonis van Dyck zu (vgl. Müller Hofstede 1969, 139). Als Atelierarbeiten wurden vor allem Maria Kleophas und die beiden Zuschauer angenommen, aber auch Johannes, Maria und der Soldat auf der Leiter, während man bei Longinus das Porträt für Rubens selbst und das Pferd für van Dyck reklamierte (vgl. Judson 2000, 145). Die im Herbst 2010 vorgenommene genaue technische Analyse scheint die These von einer Beteiligung von Mitarbeitern, vor allem des Anthonis van Dyck, zu bestätigen. Siehe dazu neuerdings Hout 2011, 2–39.
6 Vgl. Judson 2000, 139f.
7 Zu diesem Altarbild siehe Judson 2000, 139–145; Sauerländer 2011, 69–74; zu den Kopien, die nach diesem Gemälde angefertigt wurden, siehe Judson 2000, 140–143; zur Literatur siehe Judson 2000, 143.
8 Vgl. Sauerländer 2011, 69.
9 Vgl. Judson 2000, 144.
10 Vgl. ebd.; Sauerländer 2011, 69f.
11 Vgl. Judson 2000, 144.
12 Siehe dazu Rahner 1944, 399–426.
13 Vgl. Judson 2000, 144; Sauerländer 2011, 70.
14 Vgl. Judson 2000, 143–145.
15 Vgl. Judson 2000, 143f. Um eine Erklärung dafür zu finden, dass der linke Fuß von dem noch im Kreuzesstamm steckenden Nagel gelöst erscheint, während der rechte Fuß noch angenagelt ist, wird man nicht umhinkönnen, die Phantasie des Malers zu bemühen. Offenbar hatte Rubens die Vorstellung vor Augen, dass dem Verbecher nicht nur die Beine gebrochen wurden, sondern ihm auch noch der verbleibende geringe Halt am Fußnagel genommen werden sollte, ohne aber dabei den Eisenstift zu lösen, sondern kurzerhand den Fuß mit roher Gewalt aus dem Nagel herauszureißen.
16 Vgl. Judson 2000, 144.
17 Vgl. ebd.
18 Vgl. ebd.
19 Vgl. Sauerländer 2011, 70.
20 Vgl. Stuttgarter NT, 223.
21 Die Seitenwunde auf der rechten Seite, die auch das Grabtuch von Turin zeigt, vermag einleuchtend das Phänomen des Austritts von Blut und Wasser zu erklären (vgl. Bulst/Pfeiffer 1987, 40–43). Die Öffnung der rechten Seite Jesu stellt eine alte Tradition dar, die sich ikonographisch bis auf die Kreuzigungsminiatur (fol. 13r) des 586 geschaffenen syrischen Rabbula-Evangeliars (Codex Pluteus 1,56, Florenz, Biblioteca Medicea Laurenziana) zurückführen lässt (vgl. Judson 2000, 144).
22 „Ut enim in exordio generis humani de latere viri dormientis costa detracta femina fieret, Christum et ecclesiam tali facto iam tunc prophetari oportebat. sopor quippe viri mors erat Christi, cuius exanimis in cruce pendentis latus lancea perforatum est atque inde sanguis et aqua defluxit; quae sacramento esse novimus, quibus aedificatur ecclesia" (Augustinus, De civitate Dei 22,17 [CChrSL 48, 835f.]). Vgl. Augustinus, Tractatus in Iohannis Evangelium 9,10; 120,2 (CChrSL 36, 96, 661); Augustinus, Sermo 218,14 (PL 38, 1087). Vgl. Judson 2000, 144; Sauerländer 2011, 73; 286, Anm. 34.
23 Vgl. Sauerländer 2011, 70. Da nach den synoptischen Evangelien die Kreuzigung Jesu durch einen römischen Hauptmann überwacht wurde (vgl. Mk 15,39; Mt 27,54; Lk 23,47), identifizierte man den im Johannesevangelium erwähn-

ten Lanzenträger (vgl. Joh 19,34) oftmals mit diesem Zenturio und benannte ihn als Longinus (vgl. Petzold 1974, 410f.). In der „Legenda aurea" wurde Longinus als Hauptmann bezeichnet (vgl. Jakobus de Voragine, Legenda aurea, Von Sanct Longinus [Benz, 235]).

24 Vgl. Legenda aurea, Von Sanct Longinus (Benz, 235f.).
25 Vgl. Sauerländer 2011, 70, 72f.
26 Vgl. Sauerländer 2011, 72. Die in Konstantinopel aufbewahrte Lanze des Longinus war 1453 in den Besitz der osmanischen Herrscher gekommen und 1492 durch Sultan Bajazeth II. (reg. 1481–1512) Papst Innozenz VIII. (reg. 1484–1492) angeboten worden, während die abgebrochene Spitze dieser Lanze bereits durch Ludwig IX. (reg. 1226–1270) nach Paris gebracht worden war. Die Blutreliquie und die Gebeine des Longinus sollen 553 aus Konstantinopel nach Mantua gekommen sein. Siehe dazu Petzold 1974, 410f.; Sauerländer 2011, 72.
27 Vgl. Judson 2000, 143.
28 Vgl. Sauerländer 2011, 73.
29 Vgl. Judson 2000, 144; Sauerländer 2011, 73f.
30 Vgl. Sauerländer 2011, 74.

Leben in der Gegenwart Gottes
S. 363-366

1 Vgl. Zenger 2003, 220.
2 Vgl. Stuttgarter AT, 1053.
3 Siehe fol. 17r.
4 Vgl. Suckale-Redlefsen 1971, 474.
5 Vgl. Mütherich 1972, 235.
6 Siehe fol. 16v; vgl. Eschweiler/Fischer/Frede/Mütherich 1968, 69. Die Szene ist dem apokryphen Nikodemusevangelium (vgl. Nikodemusevangelium 20 [Scheidweiler, 350]) entnommen (vgl. Eschweiler/Fischer/Frede/Mütherich 1968, 69, Anm. 2).
7 Siehe fol. 16v.
8 Siehe fol. 17r.
9 Zur Identifizierung des oberen Wellenbandes als Wolke siehe Eschweiler/Fischer/Frede/Mütherich 1968, 367.
10 Zur Identifizierung des Gewässers als Quelle siehe Eschweiler/Fischer/Frede/Mütherich 1968, 358.
11 Vgl. Eschweiler/Fischer/Frede/Mütherich 1968, 362, 364.
12 Vgl. Eschweiler/Fischer/Frede/Mütherich 1968, 69, 349.
13 Zum lateinischen Segensgestus siehe Prinz 2000, 515f.
14 Vgl. Haag 1968, 1230.
15 Vgl. Zenger 2003, 223.
16 Vgl. Eschweiler/Fischer/Frede/Mütherich 1968, 69.
17 Vgl. Eschweiler/Fischer/Frede/Mütherich 1968, 69, 341.

Die Kirche als Schaf unter Wölfen
S. 367-373

1 In der hebräischen Bibel werden siebzig Völker aufgezählt (vgl. Stuttgarter NT, 138).
2 Vgl. Schlosser 1972, 229.
3 Siehe dazu Schlosser 1965, 243; Stützer 1983 Katakomben, 105f.; Boehden 1994, 4.
4 Vgl. Wilpert 1903, 362; Schlosser 1965, 244; Dagens 1966, 347f.; Schlosser 1972, 229; Stevenson 1980, 107; Dassmann 1973, 271f.
5 Vgl. Hippolyt, Danielkommentar 1,16–17 (GCS 1/1, 27f.); Dassmann 1973, 272f. und 273, Anm. 536f.
6 Vgl. Hippolyt, Danielkommentar 1,19–21 (GCS 1/1, 30–33); Dassmann 1973, 271 und Anm. 524f., 531; zur Verfolgung der Kirche siehe auch Hippolyt, Danielkommentar 1,13.15.23.29 (GCS 1/1, 23f., 25, 35, 41); Dassmann 1973, 271 und Anm. 526.
7 Vgl. Hippolyt, Danielkommentar 1,15 (GCS 1/1, 24); Dassmann 1973, 271 und Anm. 527.
8 Vgl. Hippolyt, Danielkommentar 1,21–22 (GCS 1/1, 33f.); Dassmann 1973, 371f. und 372, Anm. 329.
9 Vgl. Hippolyt, Danielkommentar 1,22.24.26 (GCS 1/1, 34, 36, 38); Dassmann 1973, 272 und Anm. 532–534. Neben dem zentralen Rettungstypus wurde Susanna im 4. Jahrhundert auch zum Vorbild des schweigenden Gottvertrauens, zum Typus für den Prozess Jesu, zum Vorbild für das Erstreben eines ehrenvollen Todes, zum Exemplum der Standeskeuschheit, zum Beweis der Allwissenheit und Vorsehung Gottes sowie der Existenz des Heiligen Geistes und zum Verweis auf die Eltern des Blindgeborenen, während die Ältesten als Beispiele des verkehrten Gewissens und der Niederträchtigkeit das Gegenbild zu Daniel bildeten (vgl.

Schlosser 1965, 244f.). Zu Susanna als Beispiel für die eheliche Keuschheit in der patristischen Exegese und der frühchristlichen Ikonographie siehe Smith 1993, 3–24.
10 Vgl. Stevenson 1980, 102; Stützer 1983 Katakomben, 104f.
11 Vgl. Stevenson 1980, 104.
12 Neben Susanna erinnerte man sich in den Sterbegebeten auch an Daniel in der Löwengrube und an die drei Jünglinge im Feuerofen: „Libera, Domine, animam eius, sicut liberasti Danielem de lacu leonum. Libera, Domine, animam eius, sicut liberasti tres pueros de camino ignis ardentis et de manu regis iniqui. Libera, Domine, animam eius, sicut liberasti Susannam de falso crimine" (zitiert nach Dagens 1966, 345, Anm. 1). Vgl. Wilpert 1903, 363. Susanna erscheint auch in den pseudocyprianischen Gebeten als Vorbild der Errettung: „Exaudi me orantem, sicut exaudisti Susannam inter manus seniorum, sic me liberes ab hoc saeculo, quia tu es amator purae conscientiae" (Oratio Cypriani Antiocheni pro Martyribus 2 [PL 4, 907D]). Vgl. Schlosser 1965, 246 und Anm. 18. Auch Origenes (um 185–253/54) sah in seiner während der Christenverfolgung unter Kaiser Maximinus Thrax (reg. 235–238) entstandenen „Exhortatio ad Martyrium" die drei babylonischen Jünglinge als Vorbilder (vgl. Stevenson 1980, 105).
13 Vgl. Dagens 1966, 345. In der Zeit, als das Arkosol der Celerina ausgemalt wurde, bezog sich im Herbst 375 auch Hieronymus (347–420) in einem Brief auf den „Ordo commendationis animae" (vgl. Hieronymus, Epistula 1,9 [CSEL 54, 6]; Dagens 1966, 345).
14 Neben der Prätextatuskatakombe finden sich Wandmalereien mit der Geschichte der Susanna in der Cappella greca der Priscillakatakombe, in einem Arkosol der Calixtuskatakombe, in einem Loculus in der Domitillakatakombe, in einem Arkosol im Coemeterium maius und in einem Arkosol in der Petrus-Marcellinus-Katakombe, wobei noch neun Sarkophagskulpturen, Goldgläser, die Lipsanothek von Brescia und ein verschollener Sarkophagdeckel aus Cahors hinzukommen (vgl. Wilpert 1903, 363–366; Schlosser 1965, 246–248; Stevenson 1980, 107; Boehden 1994, 20–24).
15 Vgl. Spera 2004, 4, 253; Wilpert 1903, 412f. Zur Geschichte der Auffindung der Prätextatuskatakombe im 19. Jahrhundert siehe Dagens 1966, 332–334.
16 Auf „CELERINA" folgen wohl die Buchstaben „SEB" und „FE" und nach einer größeren Lücke ganz rechts die Buchstaben „ACE", was möglicherweise als „CELERINA SIB[I] FE[CIT CVM FILIV SVVM IN P]ACE" ergänzt werden kann. Siehe dazu auch Dagens 1966, 330; Spera 2004, 140, Anm. 892. Da das Arkosol zunächst für eine Verstorbene angelegt wurde und die Loculi in der Lünette erst nach der Bemalung eingefügt wurden, erscheint eine Ergänzung mit den Namen von drei Verstorbenen im Sinne von „CELERINA", „SPE[RATA]" und „FE[LICITAS]" (vgl. Spera 2004, 251) als unwahrscheinlich (vgl. Dagens 1966, 330, Anm. 2).
17 Vgl. Wilpert 1903, 366; Dagens 1966, 342f. Gegen die Deutung der drei Schafe auf Petrus und Paulus, die das Lamm Gottes umgeben (vgl. Spera 2004, 251), spricht, dass bereits in der Bogenlaibung die Büste Christi und die Figuren der Apostelfürsten dargestellt sind, was eine erklärungsbedürftige Doppelung bedeuten würde.
18 Vgl. Dagens 1966, 339f.; Spera 2004, 251.
19 Vgl. Wilpert 1903, 412; Spera 2004, 251.
20 Vgl. Wilpert 1903, 412; Dagens 1966, 330, 336f.; Spera 2004, 251. Joseph Wilpert (1857–1944) sprach sich bei der vollständig zerstörten Heiligendarstellung für den in der Prätextatuskatakombe bestatteten Papst Urban I. (reg. 222–230) aus (vgl. Wilpert 1903, 412).
21 Vgl. Wilpert 1903, 366, 413; Dagens 1966, 343; Stützer 1983 Katakomben, 106; Boehden 1994, 21.
22 Vgl. Dagens 1966, 353–357.
23 Vgl. Wilpert 1903, 412f.
24 Vgl. Dagens 1966, 356–363. In einem literarisch überlieferten anonymen Papstepitaph in der Silvesterbasilika der Priscillakatakombe dürfte Liberius gemeint sein, da dort der Papst als „immaculatus papa" charakterisiert wird, mit „Nicaena fides" als Verteidiger des nizänischen Glaubensbekenntnisses bezeichnet ist und mit der Formulierung „Insuper exilio decedis martyr ad astra" wegen seines Exils den Märtyrern gleichgesetzt wird (vgl. Dagens 1966, 367f.).
25 Zur liturgischen Verehrung des Papstes Liberius siehe das 392 verfasste „Martyrologium Hieronymianum" (vgl. Wilpert 1903, 413).

26 Vgl. Dagens 1966, 352f., 364f.
27 „Paulus vero apostolus de persecutore, qui primus ecclesiae sanguinem fudit, postea gladium stilo mutans et convertens machaeram in aratrum, lupus rapax Beniamin, dehinc ipse adferens escam secundum Iacob, qualiter martyria iam et sibi optabilia commendat" (Tertullian, Scorpiace 13,1 [CChrSL 2, 1094]). Vgl. Dagens 1966, 349 und Anm. 1.
28 In den von Papst Damasus (reg. 366–384) verfassten Inschriften wurden die Verfolger als wilde Tiere bezeichnet, so bei Tarcisius als „rabidis canibus", bei Petrus und Marcellinus als „carnificem rabidum" (Dagens 1966, 350 und Anm. 4f.), bei Agnes als „rabiemque tyranni" (Dagens 1966, 350f. und 351, Anm. 1) oder bei Chrysanthus und Daria als „effera […] rabies" (Dagens 1966, 351 und Anm. 2). Wie Lactantius (gest. um 320) zeigt, betonten die Kirchenväter aber auch, wie sehr die Herde trotz des Wütens der wilden Wölfe durch die göttliche Gnade bewahrt geblieben sei: „Cuius aeternae pietati gratias agere debemus, qui tandem respexit in terram, quod gregem suum partim vastatum a lupis rapacibus, partim vero dispersum reficere ac recolligere dignatus est et bestias malas extirpare, quae divini gregis pascua protriverant, cubilia dissipaverant" (Lactantius, De mortibus persecutorum 52,2 [SC 39, 138]). Vgl. Dagens 1966, 350 und Anm. 2.
29 „Est enim aliquid in corde, quod dissimulatur in vultu et velatum in mente: et ovem putantes, lupum senserunt. Si quae ovium sunt agant, credantur et oves esse; si autem rapacium luporum opus peragunt, lupi esse per opus suum intelliguntur […]" (Hilarius von Poitiers, Liber contra Constantium 10 [PL 10, 586B–587A]); vgl. Dagens 1966, 364 und Anm. 1. „At nunc fructus operum tuorum, lupe rapax, audi" (Hilarius von Poitiers, Liber contra Constantium 11 [PL 10, 587B]); vgl. Dagens 1966, 364 und Anm. 1. „[…] et venenis infectus haereseos sub ovis pelle lupus latitet […]" (Origenes, Lukashomilien 31,3 [FC 4/2, 314]); vgl. Dagens 1966, 349 und Anm. 2. Bischof Cyprian von Karthago (reg. 248–258) sah in der durch die Ältesten bedrängten Keuschheit Susannas ein Sinnbild für die Bedrohung der reinen Wahrheit des Evangeliums: „Ne aetas vos eorum nec auctoritas fallat, qui ad duorum presbyterorum veterem nequitiam respondentes, sicut illi Susannam pudicam corrumpere et violare conati sunt, sic et hi adulterinis doctrinis ecclesiae pudicitiam corrumpere et veritatem evangelicam violare conantur" (Cyprian, Epistula 40,4 [PL 4, 336A]); vgl. Dagens 1966, 348 und Anm. 4; Schlosser 1965, 244 und Anm. 12.
30 „Explorant pastoris absentiam et ideo pastores ecclesiarum vel necare vel in exilium agere contendunt, quia praesentibus pastoribus oves Christi incursare non possunt" (Ambrosius, Expositio Evangelii secundum Lucam 7,50 [SC 52, 25]); vgl. Dagens 1966, 365–367 und 366, Anm. 1. „[…] missi vere ut agni in medio luporum. lupi sunt enim persecutores, lupi sunt haeretici omnes; docere nesciunt, ululare consuerunt" (Ambrosius, Expositio in Psalmi CXVIII, 6,16 [CSEL 62, 116]); vgl. Dagens 1966, 351 und Anm. 6. „Nonne lupis istis haeretici conparandi sunt, qui insidiantur ovilibus Christi, fremunt circa caulas nocturno magis tempore quam diurno?" (Ambrosius, Expositio Evangelii secundum Lucam 7,49 [SC 52, 24]); vgl. Dagens 1966, 352 und Anm. 1.
31 Vgl. Dagens 1966, 372–378; Spera 2004, 253. Eine Deutung auf den christlichen Philosophen Justin den Märtyrer (um 100–165) kommt sicher nicht in Frage, da dieser Heilige im 4. Jahrhundert in Rom keinen Kult hatte (vgl. Wilpert 1903, 413).
32 Der um 402/03 in Rom weilende und Zeuge der dortigen Verehrung Hippolyts gewordene Prudentius (geb. 348, gest. nach 405) hatte die biblische Hirt-und-Herde-Metaphorik auch auf Hippolyt bezogen: „sic tibi de pleno lupus excludatur ovili / agna nec ulla tuum capta gregem minuat; / sic me gramineo remanentem denique campo / sedulus aegrotam pastor ovem referas; / sic, cum lacteolis caulas conpleveris agnis, / raptus et ipse sacro sis comes Hippolyto" (Prudentius, Carmina, Peristephanon 11 [CSEL 61, 420]); vgl. Dagens 1966, 379 und Anm. 1.
33 Vgl. Dagens 1966, 379f.
34 Zum antiarianischen Charakter des Arkosols der Celerina siehe Wilpert 1903, 414; Giordani 1978, 249–257; Ferrua 1991, 15–20; Spera 2004, 255f.

Das Gleichnis vom barmherzigen Samariter
S. 374-381

1. Siehe dazu Stuttgarter NT, 139.
2. Vgl. Fronhöfer 2016, 114, 116.
3. Siehe dazu Walther 1986, 7–17; Rohls 2005, 504–520.
4. Siehe dazu Walther 1986, 31, 36; Rohls 2005, 520–523.
5. Vgl. Walther 1986, 52, 55, 58–69.
6. Vgl. Walther 1986, 71, 75, 77–80.
7. Vgl. Walther 1986, 88, 95.
8. Vgl. Rohls 2005, 526; Fronhöfer 2016, 112. Das Ölgemälde (36,8 × 29,8 cm) mit dem um 1850 von Delacroix gemalten barmherzigen Samariter befindet sich in der Waterhouse Collection in London.
9. Vgl. Rohls 2005, 527.
10. Vgl. Fronhöfer 2016, 112f. Das um 1630 von Rembrandt geschaffene Gemälde mit der Erweckung des Lazarus (96,2 × 81,5 cm) befindet sich im County Museum of Art in Los Angeles. Die um 1850 von Delacroix gemalte Pietà (35 × 27 cm) wird in der Nationalgalerie von Oslo aufbewahrt. Van Goghs Kopien der Pietà (73 × 60,5 cm) und der Lazaruserweckung (63 × 48,5 cm) befinden sich im Van Gogh Museum in Amsterdam.
11. Siehe dazu den Brief 607 von Vincent van Gogh an seinen Bruder Theo van Gogh aus Saint-Rémy von 1890; vgl. Fronhöfer 2016, 71f. und Anm. 301f.
12. Vgl. Walther 1986, 78.
13. Vgl. Fronhöfer 2016, 70f. Bei Delacroix trägt der orientalisch mit einem Dolch am Gürtel gekleidete Samariter eine schwarze Hose, einen roten Mantel und eine schwarze Kappe, die mit einem goldenen Tuch umwickelt ist. Der Samariter hat dem Verwundeten offenbar bereits einen Kopfverband angelegt und versucht nun, den nahezu nackten Überfallenen auf sein Reittier zu heben. Der Samariter und der Verwundete sind durch helle, leuchtende Farben hervorgehoben. Auf dem Weg sind die davonziehenden, sich farblich kaum abhebenden Rückenfiguren des heller gekleideten Priesters und des Leviten zu sehen, der einen dunklen Kapuzenmantel trägt und in einem Buch liest. Siehe dazu Fronhöfer 2016, 71.
14. Vgl. Schaffrath 2004, 9f., 12–14.
15. Vgl. Schaffrath 2004, 8, 12.
16. Vgl. Fronhöfer 2016, 71; Schaffrath 2004, 10.
17. Vgl. Fronhöfer 2016, 87.
18. Vgl. Schaffrath 2004, 10, 14.
19. Vgl. Schaffrath 2004, 9–13.
20. Vgl. Schaffrath 2004, 10, 13.
21. Vgl. Schaffrath 2004, 17.

Marta und Maria
S. 382-391

1. Die hier verwendete Formulierung „den guten Teil" entspricht dem griechischen Urtext „τὴν ἀγαθὴν μερίδα", der keine komparativische Steigerung enthält, so dass sie an dieser Stelle der von der Einheitsübersetzung gewählten Übersetzung „das Bessere" vorzuziehen ist.
2. Vgl. Schürmann 1994, 155–161; Bovon 1996, 107–112.
3. Zur Auslegungstradition siehe Csányi 1960.
4. Vgl. McGinn 1996, 128f.; Gregor der Große, Homiliae in Ezechielem 2,2,9; 1,3,9 (CChrSL 142, 230f., 37f.); Gregor der Große, Moralia in Iob 6,61 (CChrSL 143, 298f.); Gregor der Große, Epistularum 7,22; 1,5 (CChrSL 140, 472–474, 140).
5. Siehe dazu Gregor der Große, Homilia 25,1 (FC 28/2, 442–444); Jakobus de Voragine, Legenda aurea, Von Sanct Maria Magdalena (Benz, 509–511).
6. Vgl. Jakobus de Voragine, Legenda aurea, Von Sanct Maria Magdalena (Benz, 511f.).
7. Siehe die Szene Christi bei Marta und Maria auf fol. 162r im 1007/12 entstandenen Perikopenbuch Heinrichs II. (Codex Latinus Monacensis 4452) in der Bayerischen Staatsbibliothek München (vgl. Fillitz/Kahsnitz/Kuder 1994, Tafel 47) und im Liuthar-Evangeliar Ottos III. auf fol. 302, das um 1000 angefertigt wurde und sich in der Aachener Domschatzkammer befindet (vgl. Grimme 1984, 63f.; Kahsnitz 2011, 76–82).
8. Vgl. Schiller 1969, 168.
9. Jacopo Robusti war der Sohn eines venezianischen Seidenfärbers und bekam deshalb den Spitznamen „Tintoretto", „Färberlein" (vgl. Krischel 1994, 12).
10. Vgl. Kultzen 1999 Tintoretto, 526f.
11. Vgl. Weber 1981, 2–4.

12 Vgl. Strecker 1998, 316 und Anm. 3. Zur Frage nach der Altarerneuerung von 1686 siehe Strecker 1998, 316–319.
13 Vgl. Kultzen 1999 Tintoretto, 529. Obwohl die Augsburger Dominikaner in der Reformationszeit von 1534 bis zum Religionsfrieden von 1555 ihren Konvent verlassen mussten, war es im letzten Viertel des 16. Jahrhunderts durch die Freigebigkeit mehrerer Augsburger Patrizierfamilien zu einer neuen Blüte mit beachtlichen Stiftungen gekommen, zu denen vielleicht auch schon Tintorettos Gemälde gehört haben könnte (vgl. Weddingen 2011, [1], Anm. 2). Da die Errichtung eines Epitaphs oder eines Altars die Dotation einer Messstiftung beziehungsweise einer Altarpfründe voraussetzte, waren dazu nur vermögende Familien imstande (vgl. Strecker 1998, 239). Die Augsburger Dominikaner gehörten zu den bevorzugten Empfängern der bürgerlichen Stifter, zu denen auch die Fugger gehörten. Zu den Stiftungen in der Dominikanerkirche in der zweiten Hälfte des 16. Jahrhunderts siehe Strecker 1998, 241–247.
14 Vgl. Strecker 319, Anm. 23. Die sich auf das 18. Jahrhundert beziehenden Quellen nannten teils die Fugger und teils die Welser als Stifter (vgl. Strecker 319, Anm. 23). Zur möglichen Stiftung des Bildes durch die Fugger siehe Weber 1981, 12. Fraglich bleibt auch, ob das im Nachlass des Octavian Secundus Fugger (1549–1600) ohne Angabe des Malers erwähnte Ölbild, das als Einkehr Christi im Haus Marias bezeichnet wird, mit Tintorettos Bild in der Dominikanerkirche identisch ist (vgl. Strecker 1998, 321, Anm. 29). Paul von Stetten (1731–1808), der letzte Augsburger Stadtpfleger, erwähnte ein von Tintoretto gemaltes Bild mit der Hochzeit in Kana, das nach seinen Angaben von den Welsern gestiftet wurde und vielleicht mit dem Gemälde des Besuchs Jesu bei Marta und Maria identisch sein könnte (vgl. Stetten 1765, 125f.; Kultzen 1974, 114). Nimmt man eine Bestellung durch die Welser an, so könnte Tintorettos Bild über die Niederlassung der deutschen Händler (Fondaco dei Tedeschi) in Venedig in Auftrag gegeben worden sein (vgl. Weddingen 2011, [5]), wo auch Marcus Welser (1558–1614) Konsul der deutschen Kaufmannsschaft war (zu Marcus Welser siehe Roeck 1990, 115–141). Während vor dem Hochaltar der Augsburger Dominikanerkirche die Fugger das Bestattungsrecht hatten, wurden in der Klosterkirche auch Angehörige der Patrizierfamilie Welser beigesetzt, so 1614 Marcus Welser (vgl. Weber 1981, 10). Die Sepultur der Welser lag aber nicht beim Magdalenenaltar, wie 1714 Anton Pez ausdrücklich erwähnte (vgl. Strecker 1998, 319, Anm. 23).
15 Vgl. Strecker 1998, 319–321.
16 Vgl. Strecker 1998, 320f.
17 Vgl. Weddingen 2011, [6].
18 Vgl. Strecker 1998, 320.
19 Neben Tintorettos Gemälde bewunderte Pius VI. auch das 1631/32 von Giovanni Lanfranco (1582–1647) gemalte Altarbild mit der Darstellung der Himmelfahrt Marias auf dem Rosenkranzaltar, das sich heute in der Christkönigskirche in München-Nymphenburg befindet, und die von Georg Petel (1601/02–1634) um 1630/31 geschnitzte Christusfigur „Ecce Homo", die später in den Augsburger Dom gelangte (vgl. Weber 1981, 10–12; Strecker 1998, 321, Anm. 30).
20 Vgl. Kultzen 1975, 114.
21 Vgl. Kultzen 1975, 113; Kultzen 1999 Tintoretto, 526f. Das Kürzel „F." steht für „FECIT", „er machte".
22 Vgl. Weddingen 2011, [6] und Anm. 27.
23 Vgl. Metzsch 2002, 61.
24 Vgl. Neumann 1999, 44.
25 Vgl. Weddingen 2011, [2].
26 Vgl. Weddingen 2011, [2], [6].
27 Vgl. Weddingen 2011, [3] und Anm. 8.
28 Vgl. Jakobus de Voragine, Legenda aurea, Von Sanct Maria Magdalena (Benz, 509).
29 Vgl. Weddingen 2011, [6]. In diesem Fall würde die besondere Inszenierung der Reichtümer eine Aufforderung an den Bildbetrachter darstellen, gegenüber den Augsburger Predigerbrüdern freigebig zu sein (vgl. Weddingen 2011, [6]).
30 Vgl. Metzsch 2002, 61. Erasmus Weddingen sieht in der bärtigen, am oberen Tischende sitzenden Männerfigur einen weiteren Jünger, der wegen seiner angeblich mürrischen Miene Judas Iskariot sein könnte, der die Salbung der Füße Jesu in Betanien durch Maria Magdalena als Verschwendung kritisiert hatte (vgl. Joh 12,4–6). Der Verweis auf eine ähnliche Pose in einem 1562 gemalten Bild Tintorettos, das sich im Museo Civico in Padua befindet (215 × 146 cm) und mit „IACOMO TENT./RETO 1562" bezeichnet ist, greift aber kaum, da in diesem

Gemälde nicht die johanneische Salbung in Betanien (vgl. Joh 12,1–8), sondern die lukanische Salbung durch die Sünderin im Haus des Pharisäers Simon (vgl. Lk 7,36–50) dargestellt ist. Siehe dazu Weddingen 2011, [2f.] und Anm. 6 und 11.
31 Vgl. Metzsch 2002, 61. Nach Freya Strecker erinnert die helle dreieckige Fläche an die Trinität, in der sie das eigentliche Thema des Bildes sieht, worauf ihr zufolge auch die drei Finger der linken Hand Jesu hinweisen (vgl. Strecker 1998, 320f.). Da aber ebenso deutlich zwei weitere Finger an der rechten Hand Jesu sichtbar sind, relativiert sich das trinitarische Argument, auch wenn es nicht ausgeschlossen werden kann. Jesus erklärt Maria sicherlich nicht primär die Trinität, wie Strecker meint (vgl. Strecker 1998, 320), sondern weist sie vielmehr auf das Empfangen der Heilsbotschaft als das eine Notwendige hin (vgl. Lk 10,42).
32 Vgl. Weddingen 2011, [2f.].
33 Vgl. Weddingen 2011, [6].
34 Vgl. Kultzen 1975, 114; Kultzen 1999 Tintoretto, 529.
35 Vgl. Weddingen 2011, [6]. Dabei nimmt das Licht die rote Farbe der Tischdecke so sehr zurück, dass sogar der Eindruck der Oberfläche einer weißen Altarmensa zu entstehen vermag.
36 Vgl. Weddingen 2011, [3f.].
37 Vgl. Metzsch 2002, 61.
38 Vgl. Weddingen 2011, [6], Anm. 29.
39 Vgl. Origenes, Johanneskommentar, Fragment 80 (GCS 10, 547); Csányi 1960, 26.
40 Dabei hat Jesus wie auf einem Fußschemel seinen linken Fuß auf einen Gegenstand gesetzt, der einem Buch ähnelt (vgl. Strecker 1998, Anm. 320). Will man hier eine herrschaftliche Pose erkennen und in dem Buch einen Hinweis auf die Heilige Schrift sehen, dann soll Christus vielleicht als der Herr des Wortes Gottes hervorgehoben werden, dem nichts anderes vorgezogen werden darf, so wie es die ihm zu Füßen sitzende Maria tut.
41 Vgl. Metzsch 2002, 61; Weddingen 2011, [4]. Ein dreieckiger Nimbus Christi, wie ihn Strecker als Trinitätssymbol zu sehen glaubt (vgl. Strecker 1998, 321), ist hier nicht erkennbar.
42 Vgl. Neumann 1999, 44; Weddingen 2011, [7]. Dass Christus trotz seines Beleuchtetwerdens selbst keinen Schatten werfe (vgl. Strecker 1998, 320, Anm. 26), erscheint bei einer genaueren Betrachtung des Bildes als kaum verifizierbar.
43 Vgl. Strecker 1998, 320f.; Metzsch 2002, 61; Weddingen 2011, [7].
44 Vgl. Weddingen 2011, [3f.]. Da nach Weddingen ein beliebig erhobener Finger genügt hätte, um die Aufmerksamkeit auf das eine zu lenken, könnte mit dem Anheben des kleinen Fingers zusätzlich ein mit diesem Finger beginnender Zählgestus gemeint sein, womöglich eine Aufzählung der Trinität oder eine Hinzufügung der Aktion zum einen Notwendigen der Kontemplation, damit das beschauliche Leben im tätigen Leben fruchtbar wird (vgl. Weddingen 2011, [4]).
45 Vgl. Weddingen 2011, [7].
46 Thomas von Aquin, Summa theologica II-II, quaestio 188, articulus 6, respondeo (Deutsche Thomas-Ausgabe 24, 216).

Die Bitten des Vaterunsers
S. 392-404

1 Vgl. Didache 8,2–3 (FC 1, 118–120).
2 Vgl. Lechner 1972, 412f.; Schiller 1976, 147–150. Die Federzeichnung auf fol. 90r über dem Text des Vaterunsers nach der Matthäusversion (Mt 6,9–13) im 820/35 entstandenen Utrechter Psalter (Universitätsbibliothek Utrecht, Ms. 32) ist völlig singulär und zeigt den inmitten seiner Jünger mit erhobenen Händen betenden Christus, dem aus den Wolken die Hand Gottes antwortet (vgl. Schiller 1976, 147).
3 Zur Wallfahrts- und Baugeschichte der Kirche auf dem Gartlberg siehe Huber 1969, 64–66; Mader 1969, 32–34; Huber 1972, 2–8; Mader 1984, 110f.; Hochholzer 1988, 2–31; Hochholzer 2002, 334–344; Wucher 2006, 2–8. Ab 1713 erfolgte durch einheimische Künstler der zweite Bauabschnitt mit der Freskierung und Stuckierung des Langhauses und der Errichtung von Seitenaltären (vgl. Huber 1972, 2; Hochholzer 2002, 343–345; Wucher 2006, 8–12). Zur Entlohnung Carlo Adams siehe die Kirchenrechnungen im Pfarrarchiv Pfarrkirchen (vgl. Huber 1969, 65f.). Carlo Adam wird auch das Chorfresko mit der Himmelfahrt Mariens in der Wallfahrtskirche Langwinkl zugeschrieben, die 1686 konsekriert und wohl von dem Graubündener Baumeister Bartholomä Viscardi oder

von Domenico Cristoforo Zuccalli erbaut wurde, während der Hochaltar 1685 durch Andrea Solari aus Como errichtet wurde. Siehe dazu Mader 1969, 32f.

4 Vgl. Mader 1969, 34. Nach den Kirchenrechnungen im Pfarrarchiv Pfarrkirchen wurden mit Giovanni Battista Carlone 1689 für die Stuckarbeiten 200 Gulden und mit Paolo d'Allio für den neuen Hochaltar 600 Gulden und 24 Reichstaler vereinbart. Dass es sich bei den Arbeiten für die Gartlberger Wallfahrtskirche um ein Gemeinschaftswerk der beiden Stuckateure handelte, zeigen die späteren Abschläge, in denen 1690 Giovanni Battista Carlone 350 Gulden und 1691 Paolo d'Allio 136 Gulden ausbezahlt wurden. Auch 1693 waren die beiden Stuckateure noch auf dem Gartlberg am Werk. Siehe dazu Huber 1969, 65; Mader 1969, 33.

5 Vgl. Mader 1969, 33f. Zum Altarbild Franz Ignaz Bendls siehe Huber 1972, 6; Wucher 2006, 18.

6 Vgl. Feldbusch 1955, 430.

7 Nachdem das IHS bereits im Spätmittelalter im Zusammenhang mit der durch Bernhardin von Siena (1380–1444) geförderten Verehrung des Namens Jesu verwendet wurde, fand es durch die Jesuiten die größte Verbreitung, die es als „Iesum Habemus Socium" („Wir haben Jesus als Gefährten") auch als Kurzform für ihren eigenen Orden verwandten; verbreitet waren auch die Lesarten „Jesus Hominum Salvator" („Jesus, Erlöser der Menschen") oder „Jesus, Heiland, Seligmacher" (vgl. Sachs/Badstübner/Neumann, 84).

8 Vgl. Feldbusch 1955, 431. Das Bildmotiv des Ratschlusses der Erlösung schloss sich der Verkündigung Marias (vgl. Lk 1,26–38) an und wurde erstmals in einer Miniatur des Codex Vaticanus Graecus 1162 aus dem 12. Jahrhundert dargestellt, in der die im Himmel thronende Trinität den Erzengel Gabriel aussendet (vgl. Ratschluss der Erlösung 1971, 500; Feldbusch 1955, 430). Das um 1430 entstandene Stundenbuch der Katharina von Kleve (1417–1476), das in der Pierpont Morgan Library in New York (Ms. 917 und Ms. 945) aufbewahrt wird, schilderte den Ratschluss der Erlösung in drei verschiedenen Szenen. In der ersten Szene beschließt die thronende Dreifaltigkeit das Erlösungswerk (fol. 82), in der zweiten reicht Gottvater dem vor ihm knienden Sohn das Kreuz zur Erlösung der Menschheit (fol. 83v) und in der dritten sendet Gottvater auf einer strahlenden Lichtbahn mit der Taube des Heiligen Geistes den Sohn zur Welt, der als Kind mit dem Kreuz auf den Schultern zur Erde herabschwebt (fol. 85). Siehe dazu Ratschluss der Erlösung 1971, 500f.

9 Im Markusevangelium ist bei der Speisung der Viertausend nur von der Segnung der Fische die Rede (vgl. Mk 8,7).

10 Vgl. Stuttgarter NT, 372.

11 Mit der Holzschnittfolge Lucas Cranachs des Älteren stimmen nur die Zuordnungen der Brotvermehrung und der Versuchung Jesu zur vierten beziehungsweise sechsten Vaterunserbitte überein.

Das Gleichnis vom reichen Kornbauern
S. 405-410

1 Siehe dazu Stuttgarter NT, 144.
2 Vgl. Thiel 1991, 128.
3 Vgl. Tümpel 1986, 393.
4 Vgl. Tümpel 1986, 29–31.
5 Vgl. Hoekstra 1981, 42.
6 Vgl. Tümpel 1986, 31.
7 Vgl. Gemäldegalerie Berlin 1975, 348.
8 Vgl. Gemäldegalerie Berlin 1975, 348; Thiel 1991, 128.
9 Vgl. Bode 1881, LXV; Hamann 1948, 205.
10 Vgl. Bauch 1960, 139f. Von Abraham Bloemaerts Allegorie des Geizes hatte 1625 sein Sohn Cornelis Bloemaert (1603–1692) einen Kupferstich (19,3 × 14,2 cm) angefertigt (vgl. Gemäldegalerie Berlin 1975, 348).
11 Vgl. Tümpel 1971, 27–30; Tümpel 1986, 393; Gemäldegalerie Berlin 1975, 348.
12 Vgl. Thiel 1991, 128.
13 Vgl. Neumann 1999, 128.
14 Vgl. Gemäldegalerie Berlin 1975, 347f. Abraham Bloemaert hatte das Beleuchtungsmotiv des gegen den Betrachter abgeschirmten Kerzenlichts in einer heute im Braunschweiger Herzog Anton Ulrich-Museum aufbewahrten Darstellung der Heiligen Familie aufgegriffen (vgl. Gemäldegalerie Berlin 1975, 348). Die Art und Weise, mit der der reiche Mann die Münze betrachtet, erinnert an ein 1624 von Honthorst geschaffenes und sich heute in Privatbesitz

befindendes Ölbild, das eine alte Frau zeigt, die im Lichtschein einer Laterne mit einem vor die Augen gehaltenen Brillenkneifer ein Geldstück betrachtet (vgl. Thiel 1991, 128).
15 Vgl. Gemäldegalerie Berlin 1975, 347f.; Thiel 1991, 128; Neumann 1999, 128.
16 Vgl. Tümpel 1986, 31.
17 Vgl. Gemäldegalerie Berlin 1975, 347f.; Thiel 1991, 128.
18 Vgl. Thiel 1991, 128; Neumann 1999, 128.
19 Vgl. Tümpel 1986, 31.

Der Glaube Abrahams
S. 411-415

1 Zur Forschungsgeschichte der Wiener Genesis siehe Zimmermann 2003, 54–59; zur Beschreibung und kunsthistorischen Einordnung der Handschrift siehe Zimmermann 2003, 60–66, 186–236.
2 Vgl. Zimmermann 2003, 99.
3 Vorausgegangen war die Begegnung Abrahams mit Melchisedek nach dem Sieg über die Könige (vgl. Gen 14,1–24).
4 Vgl. Zimmermann 2003, 99f. Sowohl die Haltung des schlafenden Abraham als auch die Bettform begegnen in den Miniaturen der Wiener Genesis noch mehrmals (vgl. Zimmermann 2003, 100). Zu den verwandten Miniaturen in der Cotton Genesis und in den Oktateuchen siehe Zimmermann 2003, 100, Anm. 606f.
5 Vgl. Zimmermann 2003, 100 und Anm. 605.
6 Vgl. Zink 1985, 96f.
7 Vgl. Zimmermann 2003, 100.
8 Vgl. ebd. Zur Darstellung der Gespräche mit Gott wird in der Wiener Genesis stets das Himmelssegment verwendet, in dem in der Regel die Hand Gottes erscheint (picturae 1, 2, 5, 8, 25), während der Angesprochene mit verhüllten (picturae 8, 11) oder auch unverhüllten Händen (pictura 25) zumeist eine leicht geneigte Haltung einnimmt (vgl. Zimmermann 2003, 197).
9 Vgl. Bours 1990, 61f.
10 Vgl. Bours 1990, 62.
11 Vgl. Zimmermann 2003, 101.
12 Bours 1990, 62.
13 Vgl. ebd.
14 Ebd.

Jeremia in der Zisterne
S. 416-422

1 Zu Leben und Kunst Salvator Rosas siehe Salerno 1975, 5–9; Gemäldegalerie Berlin 1975, 364; Stolzenburg 1999 Leben Rosas, 26.
2 Vgl. Salerno 1975, 99; Stolzenburg 1999 Zeichnungen Rosas, 168.
3 Vgl. Scott 1995, 143.
4 Siehe dazu Salerno 1963, 132; Salerno 1975, 99; Scott 1995, 143; Stolzenburg 1999 Zeichnungen Rosas, 168.
5 Vgl. Salerno 1963, 56, 97; Scott 1995, 134. Das zweite in San Giovanni Decollato ausgestellte Gemälde Rosas zeigte Pythagoras mit den Fischern und befindet sich heute in der Berliner Gemäldegalerie (vgl. Salerno 1963, 56, 130f.; Gemäldegalerie Berlin 1975, 365), während das dritte, sich in Privatbesitz befindende Bild den aus der Höhle kommenden Pythagoras darstellte, der seinen Schülern berichtet, er komme aus der Unterwelt (vgl. Gemäldegalerie Berlin 1975, 365).
6 Vgl. Salerno 1975, 99; Scott 1995, 143; Stolzenburg 1999 Zeichnungen Rosas, 168 und 169, Anm. 3.
7 Vgl. Stolzenburg 1999 Zeichnungen Rosas, 168 und 169, Anm. 4; zur Inschrift siehe Salerno 1963, 131.
8 Vgl. Salerno 1963, 131; Salerno 1975, 99; Scott 1995, 143; Stolzenburg 1999 Zeichnungen Rosas, 168 und 169, Anm. 4.
9 Vgl. Salerno 1963, 131; Salerno 1975, 99; Scott 1995, 143; Stolzenburg 1999 Zeichnungen Rosas, 168 und 169, Anm. 2.
10 Vgl. Salerno 1975, 99.
11 Vgl. Scott 1995, 143.
12 Siehe die 1661/62 in brauner Feder ausgeführte Vorstudie (19,1 × 20,4 cm) Salvator Rosas, die in der National Gallery of Scotland in Edinburgh aufbewahrt wird (vgl. Stolzenburg 1999 Zeichnungen Rosas, 168 und 169, Anm. 5).
13 „[…] una tela più grande rappresentanti il fatto di Jeremia, quando per ordine dei principi di Juda, è calato in una fossa per profetizar la rovina di Jerusalem, ma a preghiera dell' eunuco Ebed-melec n'è cavato fuori. Il numero delle figure erano tredici, e la misura d' esso quanto vivo" (Brief von Salvator Rosa an Giovanni Battista Ricciardi vom 16. September

1662 [zitiert nach Stolzenburg 1999 Zeichnungen Rosas, 168f., Anm. 1]).
14 Vgl. Scott 1995, 143.
15 Vgl. Salerno 1963, 56.
16 „Salutis autem causa haec est ei, quia exduxit prophetam de lacu, id est quod fide sua, qua Christum resurrexisse credit a mortuis, eduxisse eum videtur ex lacu" (Origenes, Hoheliedkommentar 2,1,49 [Fürst/Strutwolf, 196]).

Das Gleichnis von der engen Tür
S. 423-428

1 Zum Motiv der beiden Wege im Protestantismus siehe Scharfe 1968, 263–270.
2 Vgl. Dijkstra/Dirkse/Smits 2002, 77.
3 Vgl. Mai 2005, 20–23. Zu Leben und Wirken Gillis Mostaerts siehe grundlegend Mander 1604, 260v–261v.
4 Hans Holbein der Jüngere (1497/98–1543) hatte Ps 53 mit einem Idioten illustriert, der in zerrissenen Kleidern mit Steckenpferd und Windrad daherläuft (vgl. Pinson 2003, 1). In der erstmals 1593 herausgegebenen „Iconologia" des Cesare Ripa (1560–1662) dient das Steckenpferd zusammen mit dem Windrad zur Illustration des Wahnsinns (Pazzia). Siehe dazu Ripa, Iconologia, 339f.
5 Vgl. Mander 1604, 261r; Mai 2005, 22f. Zum damaligen Zeitgeschehen siehe Mai 2005, 13–16.
6 Die brennenden Häuser erinnern an entsprechende Bildmotive des Hieronymus Bosch (um 1450–1516), an dem sich Gillis Mostaert immer wieder orientiert hat.
7 Zur Identifizierung der drei Figuren als Mars, Bacchus und zwei Satyrn siehe Dijkstra/Dirkse/Smits 2002, 77.
8 Zur Identifizierung der drei Figuren als Glaube, Hoffnung und Liebe siehe ebd.

Die Gäste Jesu
S. 429-435

1 Vgl. Stuttgarter NT, 150.
2 Zu Sieger Köder siehe grundlegend Kreidler/Teufel 2005.
3 Siehe dazu Köder 2001, 12–36; Köder 2001 Korrespondenzblatt, 49–57.
4 Vgl. Köder 2001, 13–16; Köder 2001 Korrespondenzblatt, 49f.
5 Vgl. Köder 2001, 20f.
6 Vgl. Steinmetz 1986/87, 72; Steinmetz 1988, 1.
7 Vgl. Steinmetz 1988, 2.
8 Der Clown trug ursprünglich eine hohe Mütze, die zu sehr einer Mitra glich, so dass sie schließlich weggelassen wurde (vgl. Steinmetz 1986/87, 68).
9 Vgl. Köder 2001, 24.
10 Vgl. Steinmetz 1986/87, 68f.
11 Vgl. Köder 2001, 23.
12 Vgl. Köder 2001, 26.
13 Steinmetz 1988, 2.
14 Vgl. Köder 2001, 22; Köder 2001 Korrespondenzblatt, 51.
15 Vgl. Steinmetz 1986/87, 70f.
16 Vgl. Köder 2001, 25.
17 Steinmetz 1986/87, 70.
18 Vgl. Köder 2001, 25.
19 Vgl. Steinmetz 1986/87, 71.
20 Vgl. Steinmetz 1986/87, 66f.; Steinmetz 1988, 2f.
21 Vgl. Köder 2001 Korrespondenzblatt, 54; Stäps 1992, 42.
22 Vgl. Köder 2001, 29.
23 Vgl. Köder 2001, 27; Köder 2001 Korrespondenzblatt, 53.
24 Vgl. Dante, Divina Commedia, Paradiso, Canto 30, 82–123 (Terruzzi, 615–617). Auch in der jüdischen Mystik symbolisierte die Rose das erwählte Volk Israel; in der neueren Lyrik wird die Rose als Sinnbild für das Leben betrachtet, das blüht und verfällt (vgl. Steinmetz 1986/87, 75).
25 Vgl. Köder 2001, 29.
26 Vgl. Köder 2001, 32–34; Köder 2001 Korrespondenzblatt, 54f. Ob zwischen dem älteren Sohn und der Gruppe mit dem Vater und dem jüngeren Sohn ein Kreuz angedeutet ist (vgl. Steinmetz 1986/87, 72), ist schwer zu entscheiden, zumal Sieger Köder in seinen Ausführungen darauf nicht zu sprechen kommt.
27 Köder 2001, 35.
28 Köder 2001, 36.
29 Vgl. Steinmetz 1986/87, 73.
30 Ebd.
31 Vgl. Steinmetz 1986/87, 74f.

Der gefangene Apostel Paulus
S. 436-439

1 Vgl. Stuttgarter NT, 379, 418.
2 Vgl. Tümpel 1986, 29–31.
3 Vgl. Tümpel 1986, 393. Nach Christian Tümpel könnte das Monogramm R auch als H oder L gelesen werden (vgl. ebd.).
4 Vgl. ebd.
5 Vgl. Wiemann 2008, 89. Nach Tümpel ist die Figur des Paulus offenbar durch die Darstellung des Paulus auf dem rechten Außenflügel des 1527 von Lucas van Leyden (1489/94–1533) für die Peterskirche in Leiden gemalten Epitaphs mit dem Jüngsten Gericht angeregt worden, das sich heute im Stedelijk Museum De Lakenhal in Leiden befindet (vgl. Tümpel 1986, 393).
6 Vgl. Wiemann 2008, 89.
7 Siehe dazu Hausmann 1976, 71.
8 Vgl. ebd.
9 Vgl. Hausmann 1976, 72, 75.
10 Vgl. Wiemann 2008, 89.
11 Vgl. ebd.
12 Vgl. Tümpel 1986, 31.

Das Gleichnis von der verlorenen Drachme
S. 440-445

1 Vgl. Stuttgarter NT, 151.
2 Vgl. Stuttgarter NT, 152.
3 Vgl. Askew 1961, 21.
4 Vgl. Askew 1961, 21–24, 40f.; Henning 2005, 109. Zu den venezianischen Malern, die sich mit den Parabeln Jesu auseinandersetzten, gehörten nach Pamela Askew (1925–1997) Bonifazio Veronese (um 1487–1553), Paolo Veronese (1528–1588), Jacopo Bassano (1510–1592), Jacopo Tintoretto (1518–1594), Benedetto Caliari (1538–1598) und Carlo Saraceni (um 1579–1620). Siehe dazu Askew 1961, 23.
5 In der ersten Periode von 1618 bis 1621 entstanden nach Askew die Gleichnisbilder von der verlorenen Drachme (vgl. Lk 15,8–10; Askew 1961, 25f., 41), vom Balken und Splitter im Auge (vgl. Lk 6,41–42; Askew 1961, 26f., 41f.), vom verlorenen Schaf (vgl. Mt 18,12–14; Lk 15,4–7; Askew 1961, 27f.), vom unbarmherzigen Gläubiger (vgl. Mt 18,23–25; Askew 1961, 28), vom großen Gastmahl (vgl. Lk 14,15–24; Askew 1961, 28f.), vom verlorenen Sohn (vgl. Lk 15,11–32; Askew 1961, 29–31, 42) und vom reichen Mann und dem armen Lazarus (vgl. Lk 16,19–31; Askew 1961, 31f.).
6 Vgl. Askew 1961, 24, 25, 33.
7 Nach Askews Chronologie schuf Fetti von Spätsommer 1621 bis September 1622 in Mantua die Parabeldarstellungen von den bösen Winzern (vgl. Mt 21,33–46; Mk 12,1–12; Lk 20,9–19; Askew 1961, 33f., 42), vom Unkraut im Weizen (vgl. Mt 13,24–30; Askew 1961, 34f., 42), vom verborgenen Schatz (vgl. Mt 13,44; Askew 1961, 35), von den Blinden, die Blinde führen (vgl. Lk 6,39; Askew 1961, 35–37, 42f.), vom barmherzigen Samariter (vgl. Lk 10,30–37; Askew 1961, 37–39, 43f.), von den Weinbergarbeitern (vgl. Mt 20,1–16; Askew 1961, 39, 44f.) und von der kostbaren Perle (vgl. Mt 13,45–46; Askew 1961, 39–41).
8 Vgl. Askew 1961, 25, 41. Möglicherweise hatte Fetti zuerst 1618 die Version gemalt, die sich als Teil der ehemaligen Sammlung des Kardinals Leopoldo de' Medici (1617–1675) im Palazzo Pitti in Florenz befindet, wo sich der Maler im Frühjahr 1618 am Hof des Großherzogs Cosimo II. (reg. 1609–1621) aufgehalten hatte, um dann später in Mantua 1618/21 die Darstellung für den dortigen Herzogshof zu wiederholen (vgl. Askew 1961, 25, Anm. 18). Die Mantuaner Version war dann über die kaiserliche Sammlung in Prag 1742 nach Dresden gekommen, wo das Bild 1749 in der kurfürstlich-sächsischen Sammlung inventarisiert wurde (vgl. Henning 2005, 110). Während das Gemälde im Palazzo Pitti in Florenz eine stärkere Hochausrichtung hat, weist die heute in Dresden aufbewahrte Mantuaner Version eine verkürzte Länge des Bildes auf, wodurch die Dramatik der Handlung stärker betont ist; zudem zeigt die Dresdener Version einen Flechtkorb in der linken Zimmerecke, während im Bild des Palazzo Pitti ein zweiter umgestürzter Hocker zu sehen ist (vgl. Askew 1961, 41). Eine Kopie von Fettis Darstellung der Parabel von der verlorenen Münze befindet sich in Padua im Museo Civico (vgl. Askew 1961, 41).
9 Vgl. Henning 2005, 110; Neumann 1999, 74.
10 Vgl. Askew 1961, 25f.
11 Siehe dazu Askew 1961, 25; Neumann 1999, 74.

12 Siehe dazu ebd.
13 Vgl. Askew 1961, 25.
14 Vgl. ebd.
15 Vgl. Neumann 1999, 74.

Das Gleichnis vom klugen Verwalter
S. 446-449

1 Vgl. Stuttgarter NT, 153.
2 Siehe dazu Demus/Klauner/Schütz 1981, 276; Ferino-Pagden/Prohaska/Schütz 1991, 100.
3 Vgl. Wurzbach 1910 II, 102; Demus/Klauner/Schütz 1981, 274.
4 Vgl. Demus/Klauner/Schütz 1981, 274. Nach seiner Glasmalerlehre von 1509 finden sich bis 1566/67 keine Hinweise mehr auf das Leben und Wirken des Marinus van Reymerswaele. Am 23. Juni 1567 wurde der mittlerweile wohl Protestant gewordene Maler zu einer öffentlichen Buße verurteilt, weil er im August 1566 an einem Bildersturm in der Westminsterkerk von Middelburg teilgenommen hatte. Siehe dazu Wurzbach 1910 II, 102; Demus/Klauner/Schütz 1981, 274.
5 Vgl. Wurzbach 1910 II, 102.
6 Vgl. Neumann 1999, 60.
7 Vgl. Demus/Klauner/Schütz 1981, 276; Ferino-Pagden/Prohaska/Schütz 1991, 100.
8 Vgl. Demus/Klauner/Schütz 1981, 276.
9 Siehe dazu Neumann 1999, 60.
10 Vgl. Ferino-Pagden/Prohaska/Schütz 1991, 100.
11 Vgl. Neumann 1999, 60.
12 Vgl. ebd.
13 Vgl. Henkel/Schöne 2013, 757, 779.
14 Vgl. Henkel/Schöne 2013, 773–779.
15 Vgl. Neumann 1999, 60.

Der arme Lazarus und der reiche Prasser
S. 450-456

1 Siehe dazu Hertz 1984, 32; Stuttgarter NT, 155.
2 Vgl. Kahsnitz 2011, 82. Nach der Einführung des Dreifaltigkeitssonntags 1334 diente die Perikope nur noch am Donnerstag nach dem zweiten Fastensonntag als Evangelium (vgl. Kahsnitz 2011, 82).
3 Siehe fol. 58r. Der im Germanischen Nationalmuseum in Nürnberg aufbewahrte Codex aureus Epternacensis (Hs. 156142) stellte die Perikope um 1045 auf fol. 78r in drei Bilderstreifen dar (vgl. Grebe 2008, 87, 89; Kahsnitz 2011, 82). Auf der um 1015 entstandenen Bernwardsäule in Hildesheim wurde die Parabel in mehreren Szenen kontinuierlich nacheinander dargestellt (vgl. Kahsnitz 2011, 82).
4 Siehe Gregor-Homilien (Manuscrit grec 510), fol. 149v, Paris, Bibliothèque nationale (vgl. Kahsnitz 2011, 82, 84–86, 90).
5 Siehe fol. 164v.
6 Vgl. Grimme 1984, 8–10; Hertz 1984, 52; Kahsnitz 2011, 64, 67. Zur Datierungsfrage siehe Kahsnitz 2011, 63.
7 Vgl. Kahsnitz 2011, 85; Wolf 1989, 24, 37. Die vorausgehenden vier Miniaturen der Lukasfolge zeigen auf fol. 125r die Verkündigung (vgl. Lk 1,26–38), auf fol. 128r die Geburt Jesu mit der Hirtenverkündigung (vgl. Lk 2,1–14), auf fol. 129v die Darstellung Jesu im Tempel (vgl. Lk 2,22–40) und auf fol. 151v Jesus bei Marta und Maria (vgl. Lk 10,38–42); das sechste und letzte Bild zeigt auf fol. 169v Jesus und Zachäus (vgl. Lk 19,1–10). Siehe dazu Grimme 1984, 11.
8 Vgl. Kahsnitz 2011, 82–84; Grimme 1984, 65. In der Buchmalerei erscheinen Reihen von Kreisen erst im 12. Jahrhundert in den Initialen zum Buch Genesis, in der englischen Guthlach-Rolle kurz nach 1200 und im frühen 13. Jahrhundert in der Bible moralisée beziehungsweise in verwandten Handschriften (vgl. Kahsnitz 2011, 83).
9 Vgl. Kahsnitz 2011, 82, 84.
10 Siehe fol. 26v; vgl. Wolf 1989, 39; Kahsnitz 2011, 90 und Anm. 90.
11 Vgl. Wolf 1989, 117, 168f.; Kahsnitz 2011, 90 und Anm. 89.
12 Vgl. Kahsnitz 2011, 90.
13 Vgl. Kahsnitz 2011, 82; Grimme 1984, 65.
14 Vgl. Kahsnitz 2011, 90.
15 Vgl. Grimme 1984, 65.
16 Vgl. Kahsnitz 2011, 82f.
17 Hertz 1984, 32.
18 Vgl. Kahsnitz 2011, 82.
19 Vgl. Grimme 1984, 65.
20 Vgl. ebd.
21 Vgl. Kahsnitz 2011, 83f.
22 Siehe Gregor-Homilien (Manuscrit grec 510), fol. 149v, Paris, Bibliothèque nationale (vgl. Kahsnitz 2011, 82, 84–86, 90).

23 Vgl. Kahsnitz 2011, 90. Im byzantinischen Theodorpsalter (London, British Library, Ms 19352) von 1066 findet sich als Illustration zu Ps 23,1–2 auf fol. 24v eine Einzelfigur Abrahams mit Lazarus (vgl. Kahsnitz 2011, 86). Der englische Regina-Psalter aus Bury St. Edmunds (Codex Reg. lat. 12, Vatikan, Biblioteca Apostolica) illustrierte Ps 66,12 auf fol. 72r mit Abraham und den Seelen in seinem Schoß (vgl. Kahsnitz 2011, 86). Als Sinnbild für das Paradies diente der thronende Abraham auch in byzantinischen Weltgerichtsdarstellungen (vgl. Kahsnitz 2011, 86), wie die Illustrationen zu Mt 25,31–46 (fol. 51v) und Mk 13,26–27 (fol. 93v) im Pariser Tetraevangeliar (Manuscrit grec 74, Paris, Bibliothèque nationale) zeigen, das um 1050/60 im Studioskloster von Konstantinopel angefertigt wurde (vgl. Kahsnitz 2011, 87). Im Westen begegnete die Einzelfigur des thronenden Abraham als Bild des Paradieses ebenfalls im Zusammenhang mit dem Weltgericht, so 1075 auf dem Gundhild-Elfenbeinkreuz aus der Sammlung Topic-Mimara (vgl. Kahsnitz 2011, 88), 1181 auf dem Klosterneuburger Altar oder um 1180 im Nekrolog von Obermünster in Regensburg (München, Bayerisches Hauptstaatsarchiv, Kloster Regensburg-Obermünster 1, fol. 74), wo Engel dem Abraham von allen Seiten Seelen zutragen (vgl. Kahsnitz 2011, 88). Der thronende Abraham mit dem Lazarus wurde im 11. Jahrhundert in der byzantinischen Kunst auch zum Vorbild für das Bildmotiv Christi als des Hochbetagten (vgl. Dan 7,9), der den kleinen Christus als Immanuel im Schoß trägt, wie die Klimakos-Handschrift (Codex Vaticanus graecus 394, Rom, Biblioteca Apostolica Vaticana, fol. 7r) aus der ersten Hälfte des 11. Jahrhunderts und das 1059 in Konstantinopel angefertigte Lektionar des Klosters Dionysiou auf dem Berg Athos (Codex 587m, fol. 3v) zum Johannesprolog (vgl. Joh 1,18) zeigen (vgl. Kahsnitz 2011, 88f.).
24 Vgl. Kahsnitz 2011, 90f.
25 Vgl. Kahsnitz 2011, 84f. Wegen seiner herausragenden künstlerischen Qualität schrieb Ernst Günther Grimme (1926–2003) das Abrahamsbild dem Meister der etwas später entstandenen Evangelistenbilder des Münchner Evangeliars Ottos III. (München, Bayerische Staatsbibliothek, Codex Latinus Monacensis 4453) zu, während er im Maler der Prassermahlzeit eine zweite Hand sah, auf die im Liuthar-Evangeliar auch das Herrscherbild auf fol. 16r zurückgehe (vgl. Grimme 1984, 65, 106–108).
26 Vgl. Hertz 1984, 32.
27 Ebd.

Der Apostelschüler Timotheus
S. 457-460

1 Siehe dazu Knoch 1992, 103–106; Stuttgarter NT, 263; Böhm 1976, 494f. Zur frühchristlichen Überlieferung über das Wirken des Timotheus als Bischof von Ephesus siehe Eusebius von Caesarea, Historia ecclesiastica 3,4,5 (GCS 9/I, 192).
2 Vgl. Grodecki 1977, 279.
3 Vgl. Böhm 1976, 495; Grodecki 1977, 279.
4 Vgl. Stintzi 1968, 2f.
5 Vgl. Grodecki 1977, 54. Für eine ältere Datierung könnten die vom roten Hintergrund herrührende glühende Farbtonalität und das reich verwendete Blankglas sprechen (vgl. Grodecki 1977, 54–56). Stilistisch bleibt die Scheibe aus Neuweiler hinter der anspruchsvollen rheinischen Glasmalerei zurück, wie die um 1160/70 geschaffenen Werke des Meisters Gerlachus im Museum von Münster (vgl. Grodecki 1977, 151–161) oder die gegen Ende des 12. Jahrhunderts entstandene Fensterreihe im Straßburger Münster zeigen (vgl. Grodecki 1977, 168–180). Siehe dazu Grodecki 1977, 56.
6 Vgl. Grodecki 1977, 279.
7 Vgl. Stintzi 1968, 8.
8 Vgl. Grodecki 1977, 279. Zum Zustand des Glasfensters nach der Entdeckung 1853 siehe die von Ferdinand Charles Léon de Lasteyrie du Saillant (1810–1879) angefertigte Abbildung (vgl. Grodecki 1977, 54, Abb. 42). Zum sternförmigen Sprung in der Scheibe siehe die Abbildung in Grodecki 1977, 55, Abb. 43.
9 Vgl. Grodecki 1977, 54, 279.
10 Siehe dazu ebd.

Der dankbare Samariter
S. 461-465

1 Vgl. Stuttgarter NT, 156f.
2 Vgl. Artelt 1968, 228–231; Schiller 1969, 184.

3 Zur Datierung des Codex siehe Grebe 2008, 1–14. Zur Echternacher Malschule siehe Grebe 2008, 118–129, 135–142. Zur Abtei Echternach und zu seinem Skriptorium unter Abt Humbert siehe Grebe 2008, 130–134.
4 Zur Geschichte des Codex siehe Grebe 2008, 16–23.
5 Zum Prunkeinband des Codex siehe Grebe 2008, 24–35.
6 Vgl. Grebe 2008, 40.
7 Vgl. Grebe 2008, 83. Zu den verschiedenen Malern des Codex siehe Grebe 2008, 108–117. Vom Wundermaler stammen die vier Bildseiten zum zweiten Christuszyklus mit der Darstellung von Wundern Jesu auf fol. 52v, 53r, 53v und 54r (vgl. Grebe 2008, 72f., 76f.).
8 Vgl. Grebe 2008, 77f.
9 Siehe dazu Grebe 2008, 78f.
10 Die mit Flecken übersäte Haut charakterisierte bis ins Spätmittelalter hinein den Bildtypus der biblischen Aussätzigen (vgl. Zink 1986, 60, Anm. 1).
11 Zum Hinweis auf die Kirchensymbolik siehe Zink 1986, 59f.
12 Vgl. Zink 1986, 60.

Die beharrlich bittende Witwe und der ungerechte Richter
S. 466-470

1 Vgl. Stuttgarter NT, 158.
2 Zu Frans Pietersz de Grebber siehe Wegener 2009, 140f.
3 Vgl. Wegener 2009, 142.
4 Vgl. Hirschfelder 2008, 409, Nr. 184.
5 Vgl. Wegener 2009, 142.
6 Vgl. Hirschfelder 2008, 153. Haarlem, wo Pieter de Grebber und Salomon de Bray wirkten, war damals neben Amsterdam ein Zentrum der Troniemalerei (vgl. Hirschfelder 2008, 152). Wie sein 1628/30 gemaltes Brustbild einer jungen Frau im Profil (Öl auf Holz, 50,9 × 93,3 cm, Hannover, Niedersächsisches Landesmuseum [vgl. Hirschfelder 2008, 409, Nr. 185]) zeigt, hatte sich Grebber spätestens gegen Ende der zwanziger Jahre des 17. Jahrhunderts mit Tronien beschäftigt (vgl. Hirschfelder 2008, 152).
7 Auch in seinen um 1630/35 entstandenen, effektvoll beleuchteten Halbfigurenbildern und Historiengemälden übernahm Pieter de Grebber nicht den dramatischen Stil Rembrandts, sondern blieb einer hellen Farbgebung und einer transparenten Schattengebung treu (vgl. Wegener 2009, 142).

Der selbstgerechte Pharisäer und der demütige Zöllner
S. 471-477

1 Vgl. Stuttgarter NT, 159, 575.
2 Vgl. Dresken-Weiland 2016, 127, 131f.
3 Vgl. Möseneder 1986, 36f.
4 Siehe dazu Rupprecht 1986, 12–14; Steiner 2016, 5f.
5 Vgl. Steiner 2016, 2f.
6 Vgl. Hamacher/Paschke 1986, 248; Steiner 2016, 2–4.
7 Vgl. Hamacher/Paschke 1986, 248.
8 Siehe dazu Hamacher/Paschke 1986, 250f.; Steiner 2016, 9–11.
9 Siehe dazu Hamacher/Paschke 1986, 248–250; Steiner 2016, 11–14.
10 Vgl. Hamacher/Paschke 1986, 248; Steiner 2016, 9.
11 Zur Beschreibung des Freskos mit der Parabel vom Pharisäer und vom Zöllner siehe auch Hamacher/Paschke 1986, 248; Steiner 2016, 9.
12 Vgl. Hamacher/Paschke 1986, 248; Steiner 2016, 9.
13 Füssli 1770, 128.
14 Vgl. Rupprecht 1986, 15. Siehe dazu den Briefwechsel von Mai 1727 bis Februar 1729 über die durch Graf Maximilian Franz von Seinsheim (1681–1737) veranlasste Anfertigung des heute verschollenen Altarbildes für die Pfarrkirche von Sünching (vgl. Renner 1986, 83f.; Rupprecht 1986, 27, Anm. 31).
15 Asam hatte 1717 Maria Anna Mörl (1699–1731) und nach deren Tod 1732 Maria Ursula Ettenhofer (1710–1739) geheiratet (vgl. Rupprecht 1986, 14).
16 Vgl. Rupprecht 1986, 16.
17 Die bereits 1725 von seinem Bruder Egid Quirin Asam geplante Erbauung der Kapelle in Thalkirchen wurde 1730 durch Cosmas Damian Asam ausgeführt (vgl. Rupprecht 1986, 15). Die Errichtung dieser Kapelle, zu der Asam nicht verpflichtet war, war sicherlich Ausdruck seiner Frömmigkeit, aber auch ein Prestigeobjekt (vgl. Rupprecht 1986, 15f.).

18 Zitiert nach Trottmann 1986, 11.
19 Die 5000 Gulden, die Asam 1734 für die Ausmalung des Ingolstädter Kongregationssaales annahm, waren gegenüber den vereinbarten 10 000 Gulden immer noch ein guter Lohn (vgl. Rupprecht 1986, 16).
20 Vgl. Rupprecht 1986, 14f. Die 1742 bei den Straubinger Ursulinen als Chorfrau Nepomucena eingetretene Maria Anna Theresia sollte zunächst im Benediktinerinnenkloster Hohenwart versorgt werden, was aber erst im Straubinger Ursulinenkloster gelang, als sich Asam am 11. September 1738 verpflichtete, anstelle der Mitgift und sonstiger Kosten die Klosterkirche der Ursulinen auszumalen und drei Altarbilder anzufertigen (vgl. Rupprecht 1986, 14f.).
21 Vgl. Rupprecht 1986, 16.

Jesus und Zachäus
S. 478-483

1 Vgl. Stuttgarter NT, 160f.
2 Vgl. Schiller 1969, 165.
3 Siehe fol. 169v.
4 Vgl. Kuder 1994, 131.
5 Vgl. Kahsnitz 1994 Perikopenbuch, 9, 14, 18, 21.
6 Zur ottonischen Buchmalerei siehe hinführend Castelfranchi Vegas 2001, 49–72.
7 Während bei den Messfeiern zu den Festen Mariä Lichtmess (fol. 35v), Gründonnerstag (fol. 105v), Christi Himmelfahrt (fol. 131v), Peter und Paul (fol. 152v) und Kirchweih (fol. 200r) der Bildschmuck je eine Miniatur umfasst, bestehen die Illustrationen zu den Festen Weihnachten (fol. 8v und 9r), Epiphanie (fol. 17v und 18r), Palmsonntag (fol. 77v und 78r), Karfreitag (fol. 107v und 108r), Ostersonntag (fol. 116v und 117r), Pfingsten (fol. 135v und 136r), Geburt Johannes' des Täufers (fol. 149v und 150r), Mariä Himmelfahrt (fol. 161v und 162r) und zur Totenmesse (fol. 201v und 202r) aus zwei gegenüberliegenden Seiten, wodurch das Streben nach Monumentalität zusätzlich eine Steigerung erfuhr (vgl. Kahsnitz 1994 Perikopenbuch, 25, 29; Kuder 1994, 109; Kahsnitz 1994 Handschrift, 97f.).
8 Vgl. Jantzen 1947, 73–74.
9 Siehe fol. 200r.
10 Siehe fol. 199r–199v.

11 Vgl. Kuder 1994, 109, 131.
12 Vgl. Vels Heijn/Bunnig/Simons/Tissink 2006, 37.
13 Vgl. Kuder 1994, 131.
14 Vgl. ebd.

Die makkabäische Mutter und ihre Söhne
S. 484-490

1 Vgl. Stuttgarter AT, 945.
2 Vgl. Stuttgarter AT, 884f.
3 Vgl. Stuttgarter AT, 963.
4 Siehe dazu Stabell 1998, 297.
5 Vgl. ebd.
6 Vgl. Tagliaferri/Stellacci Adessi 2000, [2]–[4].
7 Vgl. Stabell 1998, 297.

Jesus sieht den Untergang Jerusalems voraus
S. 491-495

1 Siehe fol. 188v.
2 Zur Geschichte der Handschrift siehe Dressler 2001, 11–18. Zur Diskussion um die Entstehung des Evangeliars unter Otto III. oder Heinrich II. siehe Mütherich 2001 Forschungsgeschichte, 19–22. In der kunstgeschichtlichen Forschung ist die Zuschreibung an Otto III. vorherrschend (vgl. Mütherich 2001 Forschungsgeschichte, 19).
3 Zur Ausstattung der Handschrift siehe Mütherich 2001 Ausstattung, 27–79.
4 Vgl. Mütherich 2001 Ausstattung, 48.
5 Zum Lukaszyklus gehören auf fol. 149v die Heilung der Schwiegermutter des Petrus und anderer Kranker (vgl. Lk 4,38–41), auf fol. 155v die Auferweckung des Jünglings von Naïn (vgl. Lk 7,11–15), auf fol. 157v die Fußsalbung Jesu im Haus des Pharisäers Simon (vgl. Lk 7,36–50), auf fol. 163r die Speisung der Fünftausend (vgl. Lk 9,11–17), auf fol. 167v das Gleichnis vom barmherzigen Samariter (vgl. Lk 10,30–35), auf fol. 175v das Gleichnis vom Feigenbaum und die Heilung der gekrümten Frau (vgl. Lk 13,6–13), auf fol. 188v der über Jerusalem weinende Christus (vgl. Lk 19,41–44) und auf fol. 192r das Scherflein der Witwe (vgl. Lk 21,1–4). Siehe dazu Mütherich 2001 Ausstattung, 58–62.

6 Vgl. Flavius Josephus, De bello Iudaico 6,3,4 (Endrös, 490–492); Mütherich 2001 Ausstattung, 61.
7 Vgl. Mütherich 2001 Ausstattung, 61.
8 Vgl. ebd.
9 Vgl. ebd. Zu bildlichen Darstellungen der Rede Jesu über das Weltende, die vorausgehenden Zeichen und die Parusie siehe Poeschke 1971 Parusiereden, 386.

Der gute Schächer und der gekreuzigte König
S. 496-501

1 Pedrocco 2000, 276.
2 Siehe dazu Kultzen 1999 Tizian, 531; Henning 2005, 222.
3 Mauceri erkannte in dem Bild das Fragment eines großes Gemäldes, das er stilistisch in die Nähe des 1555/57 von Tizian gemalten Bildes mit dem gekreuzigten Christus im Escorial rückte und auch mit Tizians 1558 entstandenem Kreuzigungsbild in der Pinacoteca in Ancona verglich (vgl. Mauceri 1931, 94f.; Del Torre Scheuch 2007, 300).
4 Zur früheren Zuschreibung des Fragmentes an Tintoretto siehe Thode 1901, 61.
5 Vgl. Vasari, Le vite (Milanesi VII, 457); Suida 1933, 139. Kurz zuvor hatte Suida 1931 das Gemälde noch für ein eigenständiges und nicht fragmentiertes Werk gehalten (vgl. Del Torre Scheuch 2007, 300).
6 Vgl. Del Torre Scheuch 2007, 300.
7 Die von Lorenzo Finocchi Ghersi vorgelegte und die Zuschreibung von William Suida bestätigende Rekonstruktion der Entstehung des in Bologna aufbewahrten Kreuzigungsfragmentes (vgl. Finocchi Ghersi 1997, 21–29) fand in der Fachwelt fast uneingeschränkte Anerkennung (vgl. Del Torre Scheuch 2007, 300, 302; Brucher 2015, 254). Zu den bis heute vorgebrachten Unsicherheiten bei der Identifikation und Zuschreibung des Kreuzigungsbildes siehe Del Torre Scheuch 2007, 300, 302.
8 Siehe dazu die Zusammenfassung der Rekonstruktion von Lorenzo Finocchi Ghersi bei Brucher 2015, 254f. Siehe auch Del Torre Scheuch 2007, 300, 302.
9 Siehe die Zusammenfassung der Beobachtungen von Finocchi Ghersi bei Del Torre Scheuch 2007, 302; Brucher 2015, 256. Im Blick auf die stilistische Nähe des Kreuzigungsfragmentes zum Verklärungsbild wies Finocchi Ghersi auf die ähnliche Behandlung des Himmels hin und sah eine Entsprechung bei der Figur des verklärten Christus und des guten Schächers, wobei die Hand Tizians besonders im Gesicht des gekreuzigten Christus erkennbar sei (vgl. Del Torre Scheuch 2007, 302; Brucher 2015, 256). Nach Daniela Bohde handelt es sich bei den drei für San Salvatore von Tizian geschaffenen Altarbildern um ein einheitliches christologisches Programm, das vielleicht durch die Bekanntschaft der beiden eng mit dem Maler verbundenen Auftraggeber Antonio Cornovi della Vecchia und Giovanni d'Anna verursacht wurde (vgl. Bohde 2002, 36–39). Auf die Nähe des Kreuzigungsfragmentes zum Verkündigungsbild (410 × 240 cm), das sich in der Augustinuskapelle gegenüber der für das Kreuzigungsbild vorgesehenen Johanneskapelle befindet, und zum Verklärungsbild (245 × 297 cm), das für den 1534 durch Guglielmo dei Grigi (um 1485–1550) vollendeten Hochaltar geschaffen wurde (vgl. Pedrocco 2000, 276), machte erstmals William Suida aufmerksam. Siehe dazu Del Torre Scheuch 2007, 300, 302; Brucher 2015, 249, 256.
10 Vgl. Finocchi Ghersi 2005, 40. Der Vorgang vom 7. Dezember 1580 ist offenbar in einem von Charles Hope entdeckten, aber nicht publizierten Dokument belegt (vgl. Finocchi Ghersi 2005, 40). Nach diesem Dokument war das Kreuzigungsgemälde Tizians tatsächlich nach dem Tod des Meisters unvollendet geblieben und wurde wohl in den heute verlorenen Teilen von Mitarbeitern in der Werkstatt Tizians fertiggemalt (vgl. Del Torre Scheuch 2007, 302).
11 Vgl. Del Torre Scheuch 2007, 300; Pedrocci 2000, 276.
12 Siehe dazu Del Torre Scheuch 2007, 300; Vasari, Le vite (Milanesi VII, 457).
13 Siehe die schrägansichtigen Kreuzigungsbilder von Tintoretto in San Cassiano in Venedig von 1568 (341 × 371 cm), von Veronese um 1584 im Pariser Louvre (102 × 102 cm) und von Rubens von 1620 (429 × 311 cm) im Königlichen Museum der Schönen Künste in Antwerpen (vgl. Del Torre Scheuch 2007, 300; Brucher 2015, 255). Zuvor begegnete die Schrägstellung der Kreuze nur in kleinformatigen Gemäl-

den deutscher Meister wie beispielsweise auf der 1503 von Lucas Cranach dem Älteren (1472–1553) geschaffenen Holztafel (138 × 99 cm) in der Münchner Alten Pinakothek oder auf dem 1526 durch Albrecht Altdorfer (um 1480–1538) gemalten Tafelbild (33 × 41 cm) im Germanischen Nationalmuseum Nürnberg (vgl. Brucher 2015, 255).
14 Vgl. Brucher 2015, 256. Diese Monochromie begegnet nach Günter Brucher eigentlich erst in einigen Bildern ab 1570, wie das um 1570 entstandene Gemälde mit der Nymphe und dem Schäfer (149,7 × 187 cm) im Kunsthistorischen Museum Wien zeigt (vgl. Brucher 2015, 256).
15 Vgl. Del Torre Scheuch 2007, 300.
16 Brucher 2015, 256.
17 Vgl. ebd.
18 Vgl. Del Torre Scheuch 2007, 300.
19 Vgl. ebd.
20 Vgl. ebd.

Der Lobgesang Simeons im Tempel
S. 502-508

1 Vgl. Stuttgarter NT, 115.
2 Siehe dazu Hoekstra 1980, 50–57. Neben dem Thema des Lobgesangs Simeons stellte Rembrandt auch die Prophezeiung Simeons an Maria dar (vgl. Lk 2,34–35), wie das um 1628 geschaffene und in der Hamburger Kunsthalle aufbewahrte Gemälde (55,5 × 44 cm) zeigt (vgl. Hoekstra 1980, 58–60). Eine um 1654 gestochene Radierung (21 × 16,2 cm), von der sich ein Druck im Amsterdamer Rijksprentenkabinett befindet, zeigt die eigentliche Darstellung Jesu im Tempel (vgl. Lk 2,22–24). Siehe dazu Hoekstra 1980, 60f.
3 Siehe das 1669 von Rembrandt gemälte Ölbild (98,5 × 79,5 cm), das Simeon und das Jesuskind zeigt und im Nationalmuseum von Stockholm aufbewahrt wird (vgl. Hoekstra 1980, 56f.).
4 Vgl. Hoekstra 1980, 50; Tümpel 1986, 46.
5 Vgl. Tümpel 1986, 394. Siehe das 1658 von Gerard Dou gemalte Tafelbild einer jungen Mutter (73,5 × 55,5 cm), das sich im Mauritshuis in Den Haag befindet.
6 Vgl. Bockemühl 1981, 26, 29.
7 Vgl. Hoekstra 1980, 50; Tümpel 1986, 394.
8 Vgl. Bockemühl 1981, 26, 29, 36, 70.
9 Vgl. Bockemühl 1981, 26, 29, 32f., 56.

10 Vgl. Bockemühl 1981, 26, 31, 74, 150, Anm. 107f.
11 Vgl. Bockemühl 1981, 35–39, 41, 43, 45, 68, 70.
12 Vgl. Bockemühl 1981, 26, 29f., 50.
13 Bockemühl 1981, 30.
14 Vgl. Bockemühl 1981, 31, 50. Nach Michael Bockemühl hatte Rembrandt das Verfahren, die höchste Aktualisierung einer Handlung durch die direkte Darstellung der Bewegungskulmination zu erreichen, einige Jahre später in den Gemälden der Opferung Isaaks von 1635 (St. Petersburg, Eremitage) oder der Blendung Simsons von 1636 (Frankfurt, Städelsches Kunstinstitut) in schonungsloser und drastischer Direktheit auf die Spitze getrieben (vgl. Bockemühl 1981, 50f.).
15 Vgl. Bockemühl 1981, 26, 30.
16 Vgl. Bockemühl 1981, 26, 30f.
17 Vgl. Bockemühl 1981, 26, 30, 36. Wolfgang Stechow (1896–1974) erkannte bereits 1940, dass die rückenansichtige Figur Hanna und nicht den Hohenpriester darstellt, der bereits auf der Treppe thront (vgl. Stechow 1940, 371, Anm. 7; Tümpel 1986, 394). Die Handgebärde Hannas ist wohl keine Segensgeste, wie häufig, unter anderem auch von Bockemühl angenommen wird (vgl. Bockemühl 1981, 30f.), sondern Ausdruck staunenden Erkennens, wie es öfters in Rembrandts Werken erscheint (vgl. Hoekstra 1980, 50).
18 Vgl. Pächt 1991, 134.

Josef, der Zimmermann
S. 509-514

1 Vgl. Eclercy 2008, 144.
2 Vgl. Neuner 1995, 41f., Anm. 23.
3 Vgl. Kemperdick 1997, 77.
4 Zum „disguised symbolism" siehe grundlegend Panofsky 1953 und zusammenfassend Eclercy 2008, 133–139.
5 Vgl. Kemperdick 1997, 77; Vos 2002, 29; Sander 2008, 194, Anm. 1.
6 Siehe zu den folgenden Darlegungen Kemperdick 1997, 77–99, die auch von Jochen Sander referiert wurden (vgl. Sander 2008, 196–200).
7 Die Forschungsgeschichte begann mit Wilhelm Bode (1845–1929), der 1887 ausgehend vom Mérode-Altar das Werk des „Meisters von

Mérode" zu rekonstruieren versuchte, dem er dann den bis heute gebräuchlichen Notnamen „Meister von Flémalle" gab (vgl. Tschudi 1898, 9–12; Sander 2008, 194), der 1867 durch den belgischen Kunsthistoriker Alexandre Pinchart (1823–1884) kreiert worden war. Erwin Panofsky (1892–1968) brachte 1953 die Datierung um 1428 ein und stieß die ikonologische Forschung an (vgl. Panofsky 1953, 129, 142f., 164–167; Sander 2008, 195). Als man das Triptychon nach der 1956 erfolgten Erwerbung durch das New Yorker Metropolitan Museum 1957 durch William Suhr (1896–2003) einer Restaurierung unterzog, wurden an dem gut erhaltenen, mittlerweile modern gerahmten Retabel kleinere Fehlstellen ergänzt (vgl. Kemperdick 1997, 77). Dabei konnte Suhr feststellen, dass sich auf der Mitteltafel in allen drei Fenstern unter dem blauen Himmel eine goldgelb lasierte Metallfolie befindet und dass beim linken Stifterflügel die Frau und die kleine stehende Figur nachträglich hinzugemalt wurden (vgl. Kemperdick 1997, 77; Sander 2008, 195). Mojmír S. Frinta (1922–2015) datierte 1966 die Mitteltafel und den rechten Seitenflügel um 1425 und schrieb sie Robert Campin (um 1375–1444) etwa gleichzeitig mit dem in Dijon aufbewahrten Bild der Geburt Christi zu, während er im linken Stifterflügel eine schwächere Hand sah (vgl. Frinta 1966, 13–28; Sander 2008, 195). Lorne Campbell machte 1974 auf die bereits früher beobachteten Schwächen des Triptychons aufmerksam, schied das Retabel ganz aus dem Werk des Meisters von Flémalle aus und schrieb es dem „Meister von Mérode", einem Schüler der Flémalle-Werkstatt, zu, dem er auch die 1438 gemalten Werl-Flügel im Madrider Prado und die Madonna vor dem Ofenschirm in der Londoner National Gallery zuwies (vgl. Campbell 1974, 634–646; Sander 2008, 195). Jeltje Dijkstra konnte 1990 und 1996 anhand der Unterzeichnungsbefunde zeigen, dass die in Brüssel aufbewahrte Einzeltafel mit der Verkündigung der Mérode-Verkündigung vorausgeht (vgl. Dijkstra 1990, 162–173; Dijkstra 1996, 95–104; Sander 2008, 195). Johan Rudolph Justus van Asperen de Boer, Roger van Schoute und Stephan Kemperdick schlossen sich Dijkstra an und sahen das Brüsseler Verkündigungsbild als Vorbild der Mérode-Darstellung (vgl. Asperen de Boer/ Dijkstra/Schoute 1992, 103–116; Kemperdick 1997, 79–84; Sander 2008, 195). Dagegen sah Felix Thürlemann mit Frinta im Mérode-Altar ein um 1425/28 entstandenes Meisterwerk Campins, das künstlerisch über dem Brüsseler Verkündigungsbild steht, wobei Campin zunächst die Unterzeichnung der Mérode-Verkündigung angefertigt habe, die dann ein Schüler auf die Brüsseler Einzeltafel kopiert habe; anschließend hätten Campin und sein Schüler jeweils ihre Kompositionen ausgeführt (vgl. Thürlemann 2002, 75, 306; Vos 2002, 29f.; Sander 2008, 196). Um Campin als dem Meister des Mérode-Triptychons den Vorrang zu sichern, nahm Thürlemann mit Bestimmtheit an, dass der linke Flügel etwa zehn Jahre nach der Vollendung des Triptychons um 1435 durch den 1427 in Campins Werkstatt eingetretenen Rogier van der Weyden (1399/1400–1464) erneuert wurde. Stephan Kemperdick sah im Anschluss an die durch Dijkstra vorgelegten Unterzeichnungsbefunde die Priorität und auch den künstlerischen Vorrang des Brüsseler Verkündigungsbildes gegenüber der Mérode-Verkündigung als erwiesen an (vgl. Kemperdick 1997, 77–79; Sander 2008, 196f.). Kemperdick stützte sich auf die durch Peter Klein durchgeführte dendrochronologische Untersuchung, wonach die jüngsten Jahresringe bei den drei Brettern der Mitteltafel 1373 und bei den beiden Flügeln im Jahr 1400 gewachsen sind, wodurch sich eine wahrscheinliche Entstehungszeit für die Mitteltafel frühestens ab 1398, wahrscheinlich aber erst ab 1417 und für die beiden Seitentafeln ab 1425 ergibt (vgl. Klein 2008, 162; Kemperdick 1997, 77, 84; Sander 2008, 198). Zur Datierung des Brüsseler Verkündigungsbildes und des Mérode-Altars siehe Kemperdick 1997, 88–92. Zur Händescheidung beim Mérode-Triptychon und zur Einordnung in den Kreis der Flémaller Werke siehe Kemperdick 1997, 92–99; Sander 2008, 199f.

8   Vgl. Kemperdick 1997, 99; Sander 2008, 200. In einem ummauerten Garten, dessen Rückwand von einem Torturm durchbrochen wird, knien auf der linken Tafel der Stifter und seine durch die Verschleierung als Ehefrau gekennzeichnete Gattin vor einer geöffneten Tür, die in das Zimmer der Verkündigung auf der Mitteltafel führt und in deren Schloss noch der Schlüssel steckt (vgl. Sander 2008, 194). Der

ursprünglich allein dargestellte Mann hatte wohl nach der Fertigstellung des Triptychons geheiratet und dann durch den gleichen Maler seine Ehefrau in den Stifterflügel hinzufügen lassen, was aus stilistischen und kostümgeschichtlichen Gründen nicht viel später geschehen sein dürfte (vgl. Kemperdick 1997, 85). Die Frau hält in ihrer Gebetskette eine kleine Christophorusfigur genau vor ihren Schoß, was auf eine gewünschte Schwangerschaft deuten könnte. Wahrscheinlich hatte der Mann das Triptychon in Hoffnung auf baldige Heirat und Nachkommenschaft in Auftrag gegeben und sich mit seinem doppelten Wunsch an die im Mittelbild dargestellte Gottesmutter gewandt, die bei der Verkündigung gerade den Gottessohn durch den Heiligen Geist empfängt (vgl. Kemperdick 1997, 85). Der Stifter, der sich auch dem hl. Josef als Ehe- und Familienpatron anvertraut haben dürfte, trägt an seiner Hutkrempe eine Rosenknospe, die sich ebenfalls auf die Bitte um Kindersegen deuten lässt (vgl. Neuner 1995, 52; Thürlemann 1997, 42f.).

9 Vgl. Sander 2008, 200. Auf dem linken Stifterflügel steht neben dem offenen Tor, durch das man in eine innerstädtische Straße blickt, ein vollbärtiger Mann, der durch seine Kleidung und durch das Wappen mit den drei roten Streifen auf Goldgrund dem Stadtboten von Mecheln gleicht (vgl. Nickel 1965/66, 311–316). Siehe dazu Kemperdick 1997, 85; Sander 2008, 194.

10 Vgl. Sander 2008, 200. Die im hinteren Fenster des Verkündigungszimmers als Hoheitszeichen des Ehemannes und seiner Gattin eingefügten beiden Wappen könnten mindestens ab dem Zeitpunkt der Erweiterung des Triptychons durch die Flügelbilder – vielleicht schon anstelle früherer Wappen – hinzugemalt worden sein (vgl. Kemperdick 1997, 85). Während das linke, goldgrundige Wappen des Ehemannes mit seinem roten Sparren und den darin gezeigten Kettengliedern bereits von Hugo von Tschudi (1851–1911) als Familienwappen der in Köln und Mecheln ansässigen Familie Engelbrecht beziehungsweise Ymbrechts/Inghelbrechts erkannt wurde, lässt sich das rechte, ebenfalls goldgrundige Wappen der Frau mit einem roten Balken und drei roten Ringen nicht eindeutig bestimmen (vgl. Sander 2008, 197). Albert Châtelet versuchte das Frauenwappen mit dem Familienwappen van Berg zu identifizieren, da ein gewisser Jan Imbrechts aus Mecheln mit einer Elisabeth Spithoens alias van Bergen (gest. 1421) verheiratet war, deren Wappen zwar nicht überliefert ist, aber doch ungefähr einem einfarbigen Wappen ähnelt, mit dem ein gewisser Gilbert van Berg 1357 eine Urkunde gesiegelt hatte (vgl. Châtelet 1990, 149–158). Dass die Frau kurz nach ihrem Tod 1421 hinzugefügt worden sei, widerspricht aber ganz dem Zusammenhang des Kinderwunsches (vgl. Kemperdick 1997, 85f.). Im Anschluss an Henri Installé (vgl. Installé 1992, 55–154) wies Felix Thürlemann das linke Wappen des Ehemannes dem Kölner Kaufmann und Ratsherrn Peter Engelbrecht (1390/1400–1476) zu, der anlässlich seiner um 1425/28 erfolgten Eheschließung mit der ebenfalls aus Köln stammenden Gretchen Schrinmechers (gest. nach 1456) ab 1428 Robert Campin mit der Anfertigung des Triptychons beauftragt habe. Während der Familienname „Engelbrecht" auf den im Mittelbild gezeigten „Engel" anspiele, der die Botschaft von der Menschwerdung des Sohnes Gottes „gebracht" hat, verweise der „Schreiner" bedeutende Name „Schrinmechers" auf die Darstellung Josefs, der auf der rechten Seitentafel nicht als Zimmermann, sondern als Schreiner vorgestellt wird, der feinere Holzarbeiten wie Ofenschirme und Mausefallen ausführt. Vielleicht war nach Thürlemann auf einer ersten, nicht mehr erhaltenen Tafel Peter Engelbrecht mit seiner ersten Frau Schrinmechers dargestellt gewesen; jedenfalls sei um 1435 die bis heute erhaltene Tafel durch Rogier van der Weyden mit dem allein darauf dargestellten Peter Engelbrecht ausgeführt worden. Der 1446/47 als Kölner Ratsherr amtierende Peter Engelbrecht wurde wegen einer Verwicklung in eine Mordaffäre zusammen mit seinem 1396 geborenen Bruder Rombolt/Rombout in Köln inhaftiert, kam 1450 wieder frei und konnte sich 1453 in Mecheln niederlassen, wo sein Bruder bereits seit 1435 eine Handelsniederlassung betrieb. Nach Thürlemann hatte der spätestens seit 1450 mit Heylwich Bille (gest. vor 1466) aus Breda zusammenlebende Peter Engelbrecht diese Frau durch Rogier auf der Stiftertafel hinzufügen lassen; zudem habe er den Mechelner Boten als Verkünder seiner zweiten Ehe anbringen und auf der Mitteltafel das hintere, goldgrundierte Fenster mit Himmel

und den beiden Familienwappen übermalen lassen. Während links das Wappen Peter Engelbrechts mit den drei auf seine Inhaftierung anspielenden Kettengliedern auf dem Sparren dargestellt sei, beziehe sich das rechte Wappen auf Heylwich Bille. Nachdem Peter Engelbrecht nach 1466 mit Aleydis De Kempenere (gest. nach 1476) noch eine dritte Ehe geschlossen hatte, erhielt er 1472 in der Frauenkirche von Mecheln eine Grabkapelle mit einer Messstiftung und starb am 29. Mai 1476. Zu Thürlemanns Ansatz siehe Thürlemann 1997, 7, 9–13, 17, 20–26, 36–47, 86; Thürlemann 2002, 58–76, 269–272. Siehe auch die referierenden Darstellungen bei Neuner 1995, 53; Kemperdick 1997, 86; Sander 2008, 197f. Nach Kemperdick wurde das Verkündigungsbild zunächst als Einzeltafel begonnen. Nicht sehr viel später habe der Auftraggeber, der eine besondere Beziehung zum hl. Josef gehabt haben muss, die beiden Flügel hinzufügen lassen, wofür Kemperdick auch stilistische und kostümhistorische Gründe geltend macht. In einem zweiten Arbeitsschritt habe man wohl anlässlich der Heirat des Auftraggebers auf der Mitteltafel die Fenster mit Himmel und den beiden Wappen übermalt sowie auf der Stiftertafel die Frau und den Mechelner Boten hinzugefügt. Da die Tracht der Frau in die Zeit um 1425/35 verweist, sei eine Identifikation mit der erst um 1450 mit Peter Engelbrecht zusammenlebenden Heylwich Bille unwahrscheinlich. Da zudem das Wappen der Frau unbekannt ist, könne es sich auch um das Wappen einer anderen Frau handeln, die mit einem der vielen Mitglieder der Familie Engelbrecht in dieser Zeit verheiratet gewesen sei. Man könne nicht einmal ausschließen, dass zuvor andere Wappen dargestellt gewesen seien, da sich unter dem linken Wappen rote Farbspuren befinden. Auch wenn das männliche Wappen der Kölner Familie Engelbrecht und dem Mechelner Zweig der Ymbrechts entspricht, lasse sich das angeblich auf die Kölner Haft anspielende Wappen mit den drei Kettengliedern für Peter Engelbrecht erst ab 1450 nachweisen. So könne man nur sicher sagen, dass sich das Triptychon um 1450 im Besitz der Familie Engelbrecht/Ymbrechts befunden hat; es lasse sich aber nicht beweisen, dass schon in der Zeit ab 1425 der Auftraggeber ein Angehöriger der Familie Engelbrecht gewesen ist. Siehe dazu Kemperdick 1997, 84–88; Sander 2008, 198f.

11 Vgl. Schapiro 1945, 184; Châtelet 1996, 100; Eclercy 2008, 144 und 174, Anm. 64.

12 Vgl. Eclercy 2008, 144.

13 Vgl. Neuner 1995, 41f., 45. Etwas später als der Mérode-Altar stellte um 1440/50 Giovanni di Paolo (um 1403–1482) auf einer in der Londoner National Gallery aufbewahrten Predellentafel Josef zusammen mit der Verkündigung und der Vertreibung aus dem Paradies dar (vgl. Schapiro 1945, 183; Neuner 1995, 42; Eclercy 2008, 174, Anm. 64).

14 Vgl. Proto-Jak 8f., 11 (FC 18, 110–112, 114–116); Jakobus de Voragine, Legenda aurea, Von der Verkündigung des Herrn (Benz, 250). Nach dem Protoevangelium des Jakobus war Josef aus Betlehem nach Nazaret zurückgekommen, als Maria schon im sechsten Monat schwanger war (vgl. Proto-Jak 13,1 [FC 18, 118]).

15 Vgl. Neuner 1995, 51f.

16 Vgl. Neuner 1995, 46f.

17 Vgl. Neuner 1995, 46, 48f.

18 Vgl. Neuner 1995, 46.

19 Vgl. Sander 2008, 200.

20 Sander 2008, 194. Das durchlöcherte Brett wurde unter anderem gedeutet als Deckel für einen Fußwärmer (vgl. Panofsky 1953, 164), als Nagelblock (vgl. Freeman 1957, 138), als Ofenschirm oder Fußwärmer (vgl. Châtelet 1996, 100), als Mausefalle in Form eines Käfigs (vgl. Zupnick 1966, 126–133) oder als Sieb für eine kleine Weinpresse (Aronberg Lavin 1977, 297–301). Zu den verschiedenen Deutungen des von Josef bearbeiteten Holzbrettes siehe Neuner 1995, 43, Anm. 34; Thürlemann 1997, 26 und 81, Anm 27f. Die Bohrlöcher auf dem Brett sind in der gleichen versetzten Reihe wie auf dem Ofenschirm in der Mitteltafel angebracht, wo sie allerdings im Gegensatz zu der raffinierten Gestaltung auf der Josefstafel nur als schwarze Punkte auf die Holzfläche aufgesetzt sind (vgl. Sander 2008, 200). Aus der Ähnlichkeit der Bohrlöcher auf dem Holzbrett der Josefstafel und auf dem Ofenschirm der Mitteltafel schließt Thürlemann, dass Josef den Feuerschirm für seine Verlobte Maria angefertigt hat. Kurios ist die Deutung Thürlemanns, dieser Ofenschirm diene symbolisch dazu, das Feuer körperlicher Begierde von sich abzuschirmen (vgl. Thürlemann 1997, 26). Das

Motiv des Löcherbohrens wurde immer wieder kopiert und wohl als burleskes Motiv verstanden (vgl. Thürlemann 1997, 27). Völlig willkürlich erscheint die an die psychologisierend-freudianische Deutung Meyer Schapiros anknüpfende Interpretation Thürlemanns, das Löcherbohren des Josef sei eine Ersatzhandlung des unfreiwillig enthaltsamen Verlobten Marias (vgl. Thürlemann 1997, 26–28; Schapiro 1945, 186).

21 Vgl. Neuner 1995, 46.
22 Vgl. Thürlemann 1997, 29f. Bei seiner Deutung stützte sich Thürlemann auf die Interpretationsreihe von Charles Minott (vgl. Minott 1969, 267), die Bastian Eclercy freilich als extremes Beispiel für eine absurde Anwendung des „disguised symbolism" zurückwies (vgl. Eclercy 2008, 144 und 174, Anm. 65).
23 Vgl. Neuner 1995, 42; Thürlemann 1997, 14.
24 Vgl. Schapiro 1945, 182. Zur weitgehenden Akzeptanz der Interpretation Schapiros siehe Panofsky 1953, 164; Minott 1969, 267f.; Châtelet 1996, 100; Eclercy 2008, 144 und 174, Anm. 68.
25 Augustinus, Sermo 263,1 (PL 38, 1210). Vgl. Schapiro 1945, 182, Anm. 4; Eclercy 2008, 144 und 174, Anm. 67. „Exultavit diabolus quando mortuus est Christus, et ipsa morte Christi est diabolus victus: tanquam in muscipula escam accepit. Gaudebat ad mortem, quasi praepositus mortis. Ad quod gaudebat inde illi tensum est. Muscipula diaboli, crux Domini: esca qua caperetur, mors Domini" (Augustinus, Sermo 263,1 [PL 38, 1210]). Zum Kreuz Christi als Mausefalle für den Teufel siehe: „Ad pretium nostrum telendit muscipulam crucem suam: posuit ibi quasi escam sanguinem suum" (Augustinus, Sermo 130,2 [PL 38, 726]). „Quid ergo ad horam exultasti, quia invenisti in Christo carnem mortalem? Muscipula erat tua: unde laetatus es, inde captus es" (Augustinus, Sermo 134,6 [PL 38, 745]). Siehe dazu Schapiro 1945, 182 und Anm. 4f. Zur augustinischen Metapher der Mausefalle siehe auch Rivière 1929, 484–496; Scott-Macnab 2014, 409–415.
26 „[…] a sponsa conceptus sit: ut partus, inquiens, eius celaretur diabolo, dum eum putat non de virgine sed de uxore generatum" (Hieronymus, In Matheum 1,1,18 [CChrSL 77, 10]). Siehe dazu Thürlemann 1997, 16 und 80, Anm. 15f. Schapiro verwies auch auf die mittelalterliche Vorstellung von der Maus als einem erotisch-teuflischen Geschöpf für die sexuelle Versuchung, womit die Mausefalle die Zurückweisung teuflisch-erotischer Anfechtungen bedeuten würde, obwohl der Volksglaube den Mäusen auch eine positive Bedeutung im Blick auf die menschliche Fruchtbarkeit zuerkannte und in weißen Mäusen die Seelen ungeborener Kinder inkarniert sah (vgl. Schapiro 1945, 186; Neuner 1995, 42).
27 Vgl. Grimkowski 2002, 292f., 296f.
28 „Fidelis, inquam, servus et prudens, quem constituit Dominus suae matris solatium, suae carnis nutritium, solum denique in terris magni consilii coadiutorem sibi fidissimum" (Bernhard von Clairvaux, Homilia II in laudibus Virginis Matris 16 [Winkler IV, 72]). Siehe auch Johannes de Caulibus, Meditationes vitae Christi 12–15 (CChrCM 153, 48–72; Rock/Haselbeck, 44–64). Vgl. Grimkowski 2002, 297f.

Die Inkarnation des Sohnes Gottes
S. 515-522

1 Zum Leben Piero di Cosimos siehe Vasari, Le vite (Milanesi IV, 131–144). Zum Charakterbild Piero di Cosimos siehe Vasari, Le vite (Milanesi IV, 132–134). Siehe dazu Bonk 2016 V, 10.
2 Vgl. Vasari, Le vite (Milanesi IV, 137).
3 Siehe dazu Casalini 1980, 3–10.
4 Vgl. Casalini 1980, 21, 24.
5 Vgl. Bonk 2016 V, 10f.
6 Vgl. Vasari, Le vite (Milanesi IV, 138).
7 Vgl. Vasari, Le vite (Milanesi IV, 134).
8 Vgl. Bacci 1966, 92, Nr. 33.
9 Vgl. ebd.; Fossi 2001, 202. Als das Altarbild in die Sammlung des Kardinals Leopoldo de' Medici übertragen wurde, ging wahrscheinlich die von Vasari erwähnte Predella (vgl. Vasari, Le vite [Milanesi IV, 138]) verloren (vgl. Bacci 1966, 92, Nr. 33).
10 Vgl. Bonk 2015 II, 9f.
11 Vgl. Bonk 2015 I, 8.
12 Vgl. Vasari, Le vite (Milanesi IV, 137f.).
13 Vgl. Bonk 2015 I, 7; II, 9.
14 Vgl. Bonk 2015 III, 10.
15 Vgl. Bonk 2015 I, 8.
16 Im Mittelalter war man überzeugt, dass im Augenblick der Zustimmung Marias (vgl. Lk

1,38) der vom Engel verheißene Heilige Geist (vgl. Lk 1,35) über sie gekommen sei und sich ihr Mutterschoß sogleich zu wölben begonnen habe: „Spiritus sanctus superveniet in te, ut a tactu eius venter tuus, contremiscat, uterus intumescat, gaudeat animus, floreat alvus" (Amadeus von Lausanne, Homilia III de Maria Virgine [PL 188, 1318A]). Vgl. Blum 1992, 51. Auch nach Bernhard von Clairvaux habe Maria ihre Zustimmung gegeben, damit der Sohn Gottes in ihr persönlich Fleisch werde und leibhaftig in ihr wohne (vgl. Bernhard von Clairvaux, Homilia IV in laudibus Virginis Matris 11 [Winkler IV, 120]). Siehe auch Jakobus de Voragine, Legenda aurea, Von der Verkündigung des Herrn (Benz, 254); Johannes de Caulibus, Meditationes vitae Christi 4 (CChrCM 153, 23; Rock/Haselbeck, 20).

17 Vgl. Bonk 2015 I, 8.
18 Vasari, Le vite (Milanesi IV, 137).
19 Vgl. Bacci 1966, 92, Nr. 33.
20 Vgl. Bonk 2015 II, 9.
21 Dass die aufgeschlagene Seite auf Jes 49,1–3 verweist (vgl. Bonk III, 11, Anm. 1), dürfte nicht zutreffen, da im Zusammenhang mit der Verkündigung im Grunde immer auf die klassische Stelle von Jes 7,14 referenziert wurde.
22 Vgl. Vasari, Le vite (Milanesi IV, 138).
23 Vgl. Bonk 2015 II, 11.
24 Vgl. Hieronymus, In Matheum, Praefatio (CChrSL 77, 3); Baudry 2010, 65f.
25 Zu den Heiligen siehe Bonk 2016 V, 11f.
26 Vasari, Le vite (Milanesi IV, 138).
27 Vgl. Bacci 1966, 92f., Nr. 33; Bonk 2016 II, 9; V, 13.
28 Vgl. Bonk 2016 V, 12f.

Die Geburt Johannes' des Täufers
S. 523-530

1 Siehe dazu grundlegend Boespflug/König 1998.
2 Siehe fol. 93v; vgl. Preimesberger 1994, 307. Zu einem Literaturüberblick der Johannes-Seite des Turin-Mailänder Stundenbuches siehe Preimesberger 1994, 307, Anm. 1.
3 Die lateinische Inschrift lautet im Anschluss an Is 49,1.2 Vulgata: „De ventre matris me[a]e vocavit me d[omi]n[u]s nomine meo. et posuit os meu[m] sicut gladium acutum sub tegumento manus su[a]e protexit me posuit me [quasi sagittam electam.]" Siehe dazu Preimesberger 1994, 308f.
4 Vgl. Preimesberger 1994, 310.
5 Vgl. Preimesberger 1994, 317.
6 Das hebräische Wort „qāran" für „strahlend" (vgl. Ex 34,29) war in der lateinischen Vulgata fälschlicherweise mit „cornutus" für „gehörnt" übersetzt worden.
7 Vgl. Preimesberger 1994, 317.
8 Vgl. Preimesberger 1994, 310, 316f. Siehe dazu Jakobus de Voragine, Legenda aurea, Von der Geburt Sanct Johannis des Täufers (Benz, 412).
9 Vgl. Preimesberger 1994, 317f. Rudolf Preimesberger geht in seinen Ausführungen zu den Anspielungen auf den Alten Bund zwar auf Gesetz und Propheten ein, übersieht aber die Hinweise auf das alttestamentliche Priestertum, das ebenfalls seinem Ende zugeht und mit Zacharias und dem im Wandbild dargestellten Aaron verbunden ist.
10 Zum „spirituale matrimonium" siehe Thomas von Aquin, Summa theologica III, quaestio 30, articulus 1, respondeo (Deutsche Thomas-Ausgabe 26, 283f.).
11 Vgl. Preimesberger 1994, 310.
12 Vgl. Preimesberger 1994, 309f.
13 Vgl. Preimesberger 1994, 310f.
14 Vgl. Preimesberger 1994, 312.
15 Vgl. Jakobus de Voragine, Legenda aurea, Von der Geburt Sanct Johannis des Täufers (Benz, 413).
16 Vgl. Preimesberger 1994, 312f.
17 „Und weil es eine Gewohnheit war, daß man den Propheten salbte, so salbte Christus gleichsam Johannem, da Maria grüßte Elisabeth. Davon spricht Johannes Chrysostomus ‚Christus machte, daß Maria Elisabeth grüßte, damit sein Wort aufsteige aus dem Mutterleib, da er wohnte, und durch Elisabeths Ohren hinab zu Johannes käme, und salbte ihn zum Propheten" (Jakobus de Voragine, Legenda aurea, Von der Geburt Sanct Johannis des Täufers [Benz, 417]). Vgl. Preimesberger 1994, 313.
18 Auch wenn im Alten Testament der Vollzug der Prophetensalbung nicht bezeugt ist, so galten die Propheten dennoch wie die Patriarchen, Könige und Hohenpriester als Gesalbte Gottes. In der unteren Miniatur entspricht die dort dargestellte Wassertaufe Jesu der im Hauptbild als bevorstehend angedeuteten Prophetensalbung des Johannes. Dass im Bild mit der Geburt des

Johannes zugleich seine Prophetenberufung veranschaulicht ist, wird auch durch den braunen Tonkrug deutlich, der im Hauptbild als Wasserbehältnis für das Bad des Johannes bereitsteht und in der Taufminiatur in der Hand des Täufers erscheint, um daraus das Wasser über das Haupt Jesu zu gießen. Bereits in der älteren ikonographischen Tradition konnte die Salbung an die Stelle der Wassertaufe Jesu treten, da Christus, der Gesalbte, durch seine Taufe zugleich seine Salbung zum Messias erfährt. Siehe dazu Preimesberger 1994, 313f.
19 Siehe dazu Preimesberger 1994, 314–316; König 2007, 250f.
20 Vgl. Preimesberger 1994, 311f.

Die Berufung des Paulus
S. 531-537

1 Unter Juden war es Brauch, sich in einer fremden Umgebung – Paulus stammte aus Tarsus in Zilizien – einen zweiten Namen zu geben, der dem jüdischen Namen möglichst ähnlich klingen sollte (vgl. Oy-Marra 2013, 283).
2 Vgl. Oy-Marra 2013, 279–281.
3 Vgl. Shearman 1972, 62f.
4 Das um 1529 für einen Arzt in Bologna von Parmigianino angefertigte Bild (175 × 128,5 cm) befindet sich im Kunsthistorischen Museum in Wien (vgl. Oy-Marra 2013, 282, 287f.).
5 Vgl. Oy-Marra 2013, 290f.
6 Die schmale Cappella Cerasi befindet sich im linken Querschiff auf der rechten Seite und zeigt an der Decke des Vorjoches die Geisttaube mit den vier Evangelisten in den Zwickeln (vgl. Treffers 2003, 66). Auf der linken Seite über dem Petrusbild befindet sich das Fresko der Quo-vadis-Begegnung zwischen Petrus und Jesus, während über dem Paulusbild die Vision des Völkerapostels dargestellt ist; dazwischen ist die Marienkrönung zu sehen (vgl. Treffers 2003, 68).
7 Vgl. Ebert-Schifferer 2009, 29–195.
8 Vgl. Ebert-Schifferer 2009, 197–239.
9 „[…] duo quadra cupressis […], in altero videlicet misterium conversionis sanctorum Pauli, et in alterum martyrium Petri apostolorum" (zitiert nach Treffers 2003, 65).
10 Siehe dazu Ebert-Schifferer 2009, 132, 135. Dass die beiden Tafelbilder auf Ablehnung des Auftraggebers gestoßen seien und sie deshalb Kardinal Giacomo Sannesi übernommen habe, wie Giovanni Baglione (1571–1643) berichtete (vgl. Baglione 1642, 137), erscheint nach Sibylle Ebert-Schifferer für unwahrscheinlich, weil Cerasi bei der Ablieferung der Gemälde im November 1601 bereits verstorben war und sich im Vorstand der Bruderschaft mehrere Freunde Caravaggios befanden, wie der Jurist Andrea Ruffetti, bei dem der Maler bis 1605 wohnte. Dass Caravaggio nur 300 Scudi erhielt, könnte damit zusammenhängen, dass der Maler wegen einer Krankenbehandlung im Spital der Consolazione zu einem Preisnachlass bereit war. Vielleicht hatte sich Caravaggio schon zu diesem Zeitpunkt vorgenommen, die zwei Bilder neu zu malen. Siehe dazu Ebert-Schifferer 2009, 135. Dass Caravaggio die beiden Tafelbilder nicht rechtzeitig abliefern konnte, dürfte auch damit zusammenhängen, dass er sich zuerst mit einer Art Probestück mit dem für ihn unvorteilhaften Malgrund des Zypressenholzes vertraut machen wollte (vgl. Ebert-Schifferer 2009, 140).
11 Vgl. Ebert-Schifferer 2009, 137. Nach Sebastian Schütze lag der Grund für die Neuanfertigung auch darin, dass die Erstfassung des Paulusbildes wohl für die linke Seitenwand bestimmt gewesen ist, worauf Komposition und Lichtführung verweisen; bei der Zweitfassung habe man dann dem Petrusbild die linke Wand als hierarchisch höher stehende Evangelienseite zuweisen können (vgl. Schütze 2009, 110). Caravaggio dürfte für die Neufassung auch durch Carracci motiviert gewesen sein, der in seinem Hochaltarbild bereits die enge und dunkle Raumsituation farblich, beleuchtungsmäßig und durch die klare Dreieckskomposition aus Petrus, Paulus und Maria berücksichtigt hatte (vgl. Ebert-Schifferer 2009, 137).
12 Vgl. Ebert-Schifferer 2009, 135. Die auf Zypressenholz gemalte Erstfassung mit der Darstellung der Bekehrung Pauli befindet sich im Palazzo Odescalchi Balbi in Rom; die in der Eremitage in Sankt Petersburg aufbewahrte Kreuzigung Petri ist das Werk eines anonymen Caravaggisten, das vielleicht eine Vorstellung von dem verschollenen Original geben könnte (vgl. Treffers 2003, 65).

13 Siehe dazu Ebert-Schifferer 2009, 135, 137; Schütze 2009, 110; Dal Bello 2010, 81; Oy-Marra 2013, 292.
14 Vgl. Ebert-Schifferer 2009, 137; Dal Bello 2010, 81.
15 Vgl. Ebert-Schifferer 2009, 137. Die im Paulusbild der zweiten Version erkennbare meditative Gesamtstimmung und der dort dargestellte greise Stallknecht mit seiner sinnierend gerunzelten Stirn sind in Caravaggios Bildern ab 1605 häufig anzutreffen (vgl. Ebert-Schifferer 2009, 140).
16 Vgl. Oy-Marra 2013, 292.
17 Vgl. Dal Bello 2010, 79, 81.
18 Vgl. Oy-Marra 2013, 292f.
19 Vgl. Ebert-Schifferer 2009, 137; Dal Bello 2010, 79.
20 Vgl. Ebert-Schifferer 2009, 139; Oy-Marra 2013, 292.
21 Vgl. Dal Bello 2010, 79.
22 Vgl. Oy-Marra 2013, 293–295.
23 Vgl. Ebert-Schifferer 2009, 137.
24 „Caecus sane factus est; ut interiore luce fulgeret cor ejus […]; ut creatura vilescat, ut Creator in corde dulcescat" (Augustinus, Sermo 279,1 [PL 38, 1276]). Vgl. Treffers 2003, 72f.
25 Vgl. Treffers 2003, 73.
26 Vgl. Augustinus, Sermo 279,3 (PL 38, 1277); Treffers 2003, 73.
27 „Paulus humilitatis nomen est" (Augustinus, Sermo 279,5 [PL 38, 1278]). Vgl. Treffers 2003, 72.
28 Vgl. Treffers 2003, 72, 78–80.
29 Vgl. Dal Bello 2010, 79, 81.
30 Vgl. Oy-Marra 2013, 295.
31 Vgl. Ebert-Schifferer 2009, 137, 139.
32 Vgl. Ebert-Schifferer 2009, 137; Oy-Marra 2013, 294.
33 Vgl. Oy-Marra 2013, 295f.

Maria assumpta quia immaculata
S. 538-546

1 Im Gegensatz zur protestantischen Lehre von der Bibel als alleiniger Glaubensquelle (sola scriptura) konnte gerade mit der nicht explizit in der Heiligen Schrift erwähnten Glaubenslehre von der Himmelfahrt Marias die Überzeugung zum Ausdruck gebracht werden, dass es neben der schriftlichen Offenbarung der Bibel auch noch die mündliche apostolische Tradition als zweite Offenbarungsquelle gibt (vgl. Steiner 1988, 57).
2 Vgl. Steiner 1988, 53; Dietrich 1997, 147.
3 Siehe dazu Steiner 1988, 53f.
4 Vgl. Dietrich 1996, 9–11; Dietrich 1997, 147–152. Von der Familie Fugger wurden 1000 Gulden für den Grundstückskauf zur Verfügung gestellt (vgl. Dietrich 1996, 9), 1580 dann insgesamt 500 Gulden (vgl. Dietrich 1996, 9f.). Im Testament des am 24. Oktober 1579 verstorbenen Herzogs Albrecht V. wurden dem Landsberger Kolleg 10 000 Gulden vermacht und zudem aus den herzoglichen Wäldern das Bauholz geschenkt (vgl. Dietrich 1997, 152). Als der neue Herzog Wilhelm V. Ende August 1580 das Landsberger Kolleg besuchte, versprach er, die flache Holzdecke der Kirche bemalen zu lassen. Da sich die Herstellung und der Einbau der Decke verzögerten, konnte man wohl erst um 1583/84 damit beginnen. Die durch Friedrich Sustris bemalte Decke war sicherlich bis zur Kirchweihe im September 1584 eingebaut. Ab 1585 gingen die Ausstattungsarbeiten mit Gestühl, Kanzel und einem geschnitzten Apostelzyklus weiter; 1587/88 wurde der Hochaltar errichtet. Siehe dazu Dietrich 1996, 9–11; Dietrich 1997, 152–155.
5 Vgl. Dietrich 1996, 11; Wimböck 1997 Himmelfahrt, 490; Wimböck 1997 Petrus-Paulus-Bild, 474; Volk-Knüttel 2010, 145. Zu Paduanos Apostelbild siehe ausführlich Volk-Knüttel 1996, 13–18. Der aus Florenz stammende Alessandro Paduano gehörte zum Künstlerkreis des im Haus Fugger tätigen Friedrich Sustris. Paduano und Sustris wurden 1573 von den Fuggern an den damals noch als Erbprinz in Landshut residierenden Wilhelm V. vermittelt, wo er die Narrentreppe auf der Burg Trausnitz schuf. Siehe dazu Dietrich 1997, 155.
6 Vgl. Volk-Knüttel 2010, 145; Dietrich 1997, 155. Auch wenn die Stiftung des Marienbildes durch Wilhelm V. nicht urkundlich belegt ist, kann man davon ausgehen, dass es sich bei dem 1593 durch Candid gemalten Himmelfahrtsbild um die Erfüllung der 1586 gemachten herzoglichen Stiftung handelt (vgl. Dietrich 1996, 9; Volk-Knüttel 2010, 145).
7 Zur Biographie Peter Candids siehe Volk-Knüttel 2010, 13–22, 457f.; zu Ausbildung und Wer-

degang Candids siehe ebd., 23–42; zu Candids Wirken in Bayern siehe ebd., 43–98.
8 Vgl. Volk-Knüttel 2010, 102. Zur Bewertung der Kunst Candids siehe ebd., 99–103.
9 Vgl. Dietrich 1996, 11f.; Volk-Knüttel 1996, 21; Volk-Knüttel 2010, 144.
10 Vgl. Dietrich 1996, 12; Dietrich 1997, 147; Volk-Knüttel 2010, 144.
11 Vgl. Schnell 1975, 13; Dietrich 1996, 9.
12 Vgl. Dietrich 1996, 9. Bei der Übergabe an das Landsberger Stadtmuseum erfolgte 1986 durch Henning Strube aus München eine weitere Restaurierung (vgl. Dietrich 1996, 12; Volk-Knüttel 2010, 144).
13 Vgl. Volk-Knüttel 2010, 144. Beim roten Mantel des Paulus rechts vorne waren die Knitterfalten ursprünglich deutlicher und plastischer zu sehen. Das helle Blau und Gelb bei Petrus links vorne und bei Maria ist besser erhalten. Teilweise sind die Lasuren verloren, und einzelne Partien wie die Bordüre am Kleid Marias sind verputzt worden. Die hinter dem Sarkophag postierten Apostel wurden wohl bereits im 18. Jahrhundert übermalt. Siehe dazu Volk-Knüttel 2010, 144.
14 Sic!
15 Sic!
16 Vgl. Volk-Knüttel 1996, 21; Volk-Knüttel 2010, 144. Die Signatur bestand ursprünglich aus zwei Zeilen auf dem Sarkophag im verschatteten Bereich unterhalb der Hand des auf der linken Seite stehenden Petrus (vgl. Volk-Knüttel 1996, 21; Volk-Knüttel 2010, 144, Anm. 97). Als zu einem unbekannten Zeitpunkt vor 1698 die Leinwand in einen zu kleinen Rahmen eingefügt und dabei um etwa fünf Zentimeter umgeschlagen wurde, so dass die untere Zeile der Signatur verschwand, hatte man den Text dadurch erhalten, dass man ihn in der ersten Zeile nach rechts hin auf dem helleren Teil des Sarkophags fortsetzte (vgl. Volk-Knüttel 1996, 21; Volk-Knüttel 2010, 144, Anm. 97). Candids Signatur wurde bei dieser Gelegenheit ab „PICTOR" teilweise fehlerhaft ergänzt, so dass statt „CANDIDVS PICTOR" fälschlicherweise „CANDIVS FICTOR" geschrieben wurde (vgl. Volk-Knüttel 1996, 21; Volk-Knüttel 2010, 144). Als 1698 die Leinwand am unteren Bildrand wieder ausgeklappt wurde und den heutigen Goldrahmen erhielt, kamen Reste von Buchstaben und ein Kürzungszeichen von der zweiten Zeile zum Vorschein (vgl. Volk-Knüttel 1996, 21; Volk-Knüttel 2010, 144, Anm. 97).
17 Vgl. Wimböck 1997 Himmelfahrt, 490; Volk-Knüttel 2010, 145.
18 Vgl. Wimböck 1997 Himmelfahrt, 492.
19 Vgl. Volk-Knüttel 1996, 21.
20 Vgl. Volk-Knüttel 2010, 145; Wimböck 1997 Himmelfahrt, 492.
21 Vgl. Volk-Knüttel 1996, 20.
22 Vgl. Volk-Knüttel 1996, 21; Volk-Knüttel 2010, 145 und Anm. 99.
23 Vgl. Volk-Knüttel 1996, 21f.; Wimböck 1997 Himmelfahrt, 492; Volk-Knüttel 2010, 145.
24 Vgl. Volk-Knüttel 1996, 22.
25 Vgl. Wimböck 1997 Himmelfahrt, 492.
26 Vgl. ebd.; Volk-Knüttel 2010, 145.
27 Vgl. Steiner 1988, 57.
28 Vgl. Wimböck 1997 Himmelfahrt, 492. Die im heutigen Zustand allzu stark kontrastierenden Farben der Gewänder der Apostel und anderer Hauptfiguren waren ursprünglich durch Lasuren feiner abgestuft (vgl. Volk-Knüttel 2010, 145).
29 Vgl. Volk-Knüttel 1996, 21f.
30 Vgl. Wimböck 1997 Surius, 336; Wimböck 1997 Himmelfahrt, 492.
31 Vgl. Surius 1577, CCCXLr; Wimböck 1997 Himmelfahrt, 492.
32 Vgl. Wimböck 1997 Himmelfahrt, 492.
33 Vgl. Volk-Knüttel 1996, 23.

Die Heiligen und die Dreifaltigkeit
S. 547-564

1 Vgl. Mende 2001, 295–301.
2 Vgl. Kutschbach 1995, 131; Schmid 2003, 335; Grebe 2006, 86f. Der verschiedentlich erwähnte Zweitstifter Erasmus Schiltkrot (siehe beispielsweise Waetzoldt 1935, 174; Eberlein 2003, 100) ist nach Wilhelm Vogt nicht nachweisbar (vgl. Vogt 1900, 6f.). Siehe dazu Kutschbach 1995, 160, Anm. 384. Zum Stifter Matthäus Landauer und seiner Familie siehe Ahlborn 1969, 3–94; Gümbel 1925, 225; Carty 1985, 146, Anm. 1.
3 Siehe dazu Strieder 1981, 314; Anzelewsky 1991, 230.
4 Vgl. Kutschbach 1995, 131.
5 In der im frühen 12. Jahrhundert durch das Regensburger Schottenkloster gegründeten Bene-

diktinerabteikirche St. Ägidien hatte Matthäus Landauer zusammen mit seiner Gattin in der Tetzelkapelle ein Sandsteinepitaph für seinen 1468 verstorbenen Vater Markus Landauer und für dessen 1457 verstorbene zweite Ehefrau Margaretha Schreyer gestiftet. Doris Kutschbach gibt fälschlicherweise an, dass an der Ägidienkirche Dominikaner gewirkt hätten (vgl. Kutschbach 1995, 150).

6 Vgl. Ahlborn 1969, 107; Carty 1985, 150, Anm. 23.

7 Vgl. Schmid 2003, 335; Anzelewsky 1991, 232. Zu den Aufnahmekriterien und zum Leben im Zwölfbrüderhaus siehe Ahlborn 1969, 105–111.

8 Durch Johann Christian Ruprecht (um 1600–1654) wurde 1653 eine Kopie des Gemäldes angefertigt, die 1748 in die Wiener Gemäldegalerie gelangte. Im Kunsthistorischen Museum Wien befindet sich auch eine sehr freie Kopie in Form von zwei Flügeln, die früher als Verschluss für das eigentliche Bild gedient haben könnten. Während sich im Germanischen Nationalmuseum Nürnberg im Originalrahmen eine 1891 von Maria Schöffmann (1859–1941) aus Wien ausgeführte Gemäldekopie befindet, wurde umgekehrt für das Kunsthistorische Museum Wien 1880/81 durch Johann Ludwig Geiger (1847–1904) eine Rahmenkopie angefertigt. Das Originalbild Dürers in Wien wurde 1994 restauriert. Siehe dazu Gümbel 1925, 225f.; Ahlborn 1969, 161; Anzelewsky 1991, 230–233.

9 Siehe dazu Vogt 1900, 29; Ahlborn 1969, 1; Schmid 2003, 335; Kutschbach 1995, 160, Anm. 385. Heute befindet sich in der Landauerkapelle eine 1961/63 von Helmut Weigand (1923–1996) angefertigte Kopie des Allerheiligenbildes.

10 Vgl. Kutschbach 1995, 131, 142; Grebe 2006, 87.

11 Die bis zu Beginn des 19. Jahrhunderts in der Allerheiligenkapelle erhaltenen Scheiben kamen über die herzogliche Kunstsammlung von Sagan nach Schloss Ottendorf, wo sie 1890 entdeckt wurden. Nachdem sie 1891 für das Berliner Kunstgewerbemuseum angekauft und schließlich 1921 der Glassammlung des Berliner Schlossmuseums überlassen worden waren, wurden sie im Zweiten Weltkrieg zerstört. In der Nürnberger Brüderhauskapelle wurden um 1900 Kopien der damals noch erhaltenen Fragmente eingesetzt, die dort ebenfalls im Zweiten Weltkrieg untergingen. Zu den Glasfenstern in der Allerheiligenkapelle und zur Rekonstruktion ihrer ursprünglichen Anordnung siehe Kutschbach 1995, 131f., 134–136; 160f., Anm. 386–388, 410–415; siehe auch Waetzoldt 1935, 287f.; Ahlborn 1969, 115; Strieder 1992, 86–88.

12 Siehe die im Musée Condé in Chantilly aufbewahrte Entwurfszeichnung (39,1 × 26,3 cm), die mit brauner Tusche und Wasserfarben ausgeführt und auf der unteren Kartusche des Rahmens mit „Anno Domini 1508" und dem Dürermonogramm beschriftet ist (vgl. Strieder 1981, 314; Kutschbach 1995, 132).

13 Vgl. Kutschbach 1995, 132; Strieder 1981, 310; Strieder 1992, 88f.; Grebe 2006, 88. Zu möglichen Vorbildern siehe in Venedig die Fassade der Scuola di San Rocco und in Padua in der Cappella Ovetari der Eremitanikirche den oberen Abschluss mit dem figurenreichen Gebälk des Terrakottaaltars des um 1401/23 tätigen Giovanni da Pisa (vgl. Kutschbach 1995, 132; Anzelewsky 1991, 64, 233).

14 Siehe dazu Kutschbach 1995, 132f.; Anzelewsky 1991, 232.

15 Vgl. Kutschbach 1995, 133. Die Maße des im Germanischen Nationalmuseum in Nürnberg aufbewahrten Rahmens betragen 284 × 213 cm.

16 Vgl. Strieder 1981, 314; Strieder 1992, 91.

17 Vgl. Anzelewsky 1991, 63; Eberlein 2003, 101; Grebe 2006, 88. Angesichts der bereits in der Zeichnung von 1508 gegebenen Verteilung der beiden Programmpunkte des Weltgerichtes und der Anbetung der Heiligen, die dann auch bis 1511 im Wesentlichen ausgeführt wurden, kann man annehmen, dass die Bildidee des Jüngsten Gerichts, das dem himmlischen Jerusalem vorausgeht, von Dürer selbst stammt (vgl. Anzelewsky 1991, 64).

18 Vgl. Kutschbach 1995, 133f.

19 Vgl. Kutschbach 1995, 137.

20 Vgl. Panofsky I 1945, 125–131, und Panofsky 1977, 168–176, aufbauend auf Elsa Ziekursch 1913. In der von 413 bis 426 verfassten Schrift „De civitate Dei" entwarf Augustinus eine Menschheitsgeschichte, die von zwei gegensätzlichen Staaten bis zum Weltgericht bestimmt ist. Während der mit den gefallenen Engeln und dem Brudermörder Kain anhebende Weltstaat (civitas terrena) die Völker unterwirft, vereinen sich im Gottesstaat (civitas coe-

lestis) die treuen Engel mit den seit Abel von Gott Erwählten, um die durch den Engelsturz entstandenen Lücken zu schließen (vgl. Strieder 1992, 100f.). Sind die beiden Staaten noch bis zum Weltgericht miteinander verflochten, so kommt es am Jüngsten Tag für die einen zur Verdammung, während für die Geretteten ein neuer Himmel und eine neue Erde geschaffen werden (vgl. Augustinus, De civitate Dei 20,16 [CChrSL 48, 726f.]; Strieder 1992, 101). In diesem ewigen Zustand der Anschauung des dreifaltigen Gottes werden die Erwählten für immer mit den Engeln, Propheten und Heiligen vereint sein, so dass alle Bewohner des Gottesstaates Heilige sein werden (vgl. Augustinus, De civitate Dei 22,30 [CChrSL 48, 862–866]; Panofsky 1945 I, 128; Panofsky 1977, 172; Carty 1985, 146; Strieder 1992, 101). Auch wenn die Erklärung vom augustinischen Gottesstaat theologisch nicht ganz ausgefeilt ist, so wird sie in der Forschung immer noch als praktikable Lösung rezipiert (vgl. Kunsthistorisches Museum Wien, Gemäldegalerie II, 44; Faggin 1976, 17f.; Anzelewsky 1991, 63f.; Strieder 1992, 100–102; Eberlein 2003, 102).

21 Vgl. Anzelewsky 1991, 63.
22 Mit der Darstellung nur weniger Heiliger – außer Johannes dem Täufer und den alttestamentlichen Gestalten des Mose und David sind zudem keine kanonisierten männlichen Heiligen erkennbar – wollte man vielleicht auch berücksichtigen, dass es die zeitgenössische spätmittelalterliche Heiligenschar zur Zeit des Augustinus noch nicht geben konnte (vgl. Anzelewsky 1991, 63). Offenbar schloss sich das Programm eng an Augustinus an, der die Apostel als Gruppe im Schlusskapitel von „De civitate Dei" nicht eigens erwähnt hatte (vgl. Anzelewsky 1991, 64). Die hierarchischen Ränge, die sich auf dem Altarbild abzeichnen, dürften auf den zweiten Absatz in Augustins Schlusskapitel zurückgehen, wo die Gottesnähe im Gottesstaat dem Grad der Verdienste entspricht, ohne dass die Heiligen dabei Neid empfinden könnten (vgl. Augustinus, De civitate Dei 22,30 [CChrSL 48, 863]; Anzelewsky 1991, 63). Auch wenn die von Friederike Klauner (1916–1993) von der danteksen Vorstellung der neun himmlischen Sphären hergeleitete Deutung nicht ausreichend ist (vgl. Klauner 1979, 78; Kutschbach 1995, 162, Anm. 426), so scheinen dennoch Ordnungsvorstellungen himmlischer Hierarchien eine grundsätzliche Rolle zu spielen (vgl. Kutschbach 1995, 137). Inhaltlich nahe steht dem Allerheiligenbild Dürers ein Metallschnitt des von 1488 bis 1518 aktiven Philippe Pigouchet, den dieser Künstler 1498 in den Heures à l'usage de Rome geschaffen hatte und der oben die Trinität zeigt, die mit Engeln und von Maria und Johannes dem Täufer angeführten Heiligen umgeben ist, während unten die lebenden Glieder der Kirche mit Papst und Kaiser an der Spitze knien (vgl. Panofsky 1977, 170; Strieder 1992, 102).
23 Dies wird von Carolyn M. Carty und Fedja Anzelewsky zu Recht gegen Panofsky betont, der mit Ziekursch seine Deutung auf die angeblich bis auf Dürer leere Landschaft als Bild für den bereits angebrochenen ewigen Gottesstaat aufgebaut hatte (vgl. Carty 1985, 146f.; Anzelewsky 1991, 64).
24 Vgl. Anzelewsky 1991, 64.
25 Vgl. Kutschbach 1995, 137f.
26 Vgl. Carty 1985, 146f., 151f.
27 Vgl. Kutschbach 1995, 138. Carolyn Marie Carty hob bei ihrer Interpretation des Allerheiligenbildes Dürers die Bedeutung der Lehre von der seligen Gottesschau hervor, wonach die Seelen der Verstorbenen sogleich nach dem Tod das Einzelgericht erfahren und als gerechte Seelen je nach den irdischen Verdiensten in den Genuss der Anschauung Gottes (visio beatifica) gelangen, bis dann beim Endgericht am Jüngsten Tag in der Auferstehung die Neuschöpfung erfolgen wird (vgl. Carty 1985, 146). In der Apostolischen Konstitution „Benedictus Deus" vom 29. Januar 1336 lehrte Benedikt XII. (reg. 1334–1342), dass die gereinigte oder ganz heilige Seele gleich nach ihrem Tod beim individuellen Gericht zur seligen Anschauung Gottes gelangt (vgl. DH, Nr. 1000), was am 6. Juli 1439 durch Eugen IV. (reg. 1431–1447) in der Bulle „Laetentur Coeli" bestätigt wurde (vgl. DH, Nr. 1304f.). Siehe dazu Carty 1985, 146.
28 Vgl. Kutschbach 1995, 138–140.
29 Vgl. Kutschbach 1995, 139f.
30 Vgl. Strieder 1981, 310.
31 Vgl. Grebe 2006, 88.
32 Vgl. Anzelewsky 1991, 230.
33 Obwohl das Gemälde recht gut erhalten ist, haben sich in jüngerer Zeit an der etwas abgehobelten und mit einem starken Rost wieder

verstärkten Tafel Schäden ergeben (vgl. Anzelewsky 1991, 230).
34 Vgl. Kunsthistorisches Museum Wien, Gemäldegalerie II, 44; Ferino-Pagden/Prohaska/Schütz 1991, 51; Carty 1985, 146; Faggin 1976, 18.
35 Vgl. Strieder 1981, 310; Strieder 1992, 95.
36 Vgl. Anzelewsky 1991, 232.
37 Vgl. Eckhardt 1992, 81.
38 Vgl. Strieder 1992, 95f.
39 Vgl. Pappenheim 1936, 58; Anzelewesky 1991, 232.
40 Vgl. Anzelewsky 1991, 232; Carty 1985, 147.
41 Vgl. Strieder 1992, 97.
42 Siehe dazu Ferino-Pagden/Prohaska/Schütz 1991, 51; Strieder 1981, 314.
43 Vgl. Anzelewsky 1991, 232.
44 Vgl. Kutschbach 1995, 137; Anzelewsky 1991, 63; Strieder 1992, 97; Grebe 2006, 87f. Dürer scheint inhaltlich und formal an den von ihm 1498 angefertigten Holzschnittzyklus zur Apokalypse anzuknüpfen, wobei er 1511, im Jahr der Fertigstellung des Landaueraltars, bei der Neuauflage auf dem Titelblatt den Seher Johannes darstellte, wie er den Auftrag erhält, zum himmlischen Geschehen aufzublicken (vgl. Anzelewsky 1991, 63). Friederike Klauner (1916–1993) deutete das Selbstporträt Dürers als Seher, als mittelalterlichen Visionär, als Astronom und Wissenschaftler (vgl. Klauner 1979, 84ff.). Siehe dazu auch Strieder 1992, 97; Kutschbach 1995, 162, Anm. 424.
45 Vgl. Anzelewsky 1991, 63. Auf Offb 21,1–5 hatte sich auch Augustinus bei seiner ersten Schilderung der Erneuerung von Himmel und Erde bezogen (vgl. Augustinus, De civitate Dei 20,16–17 [CChrSL 48, 726–729]; Anzelewsky 1991, 63).
46 Vgl. Strieder 1992, 97.
47 Vgl. Strieder 1992, 100.
48 Vgl. Anzelewsky 1991, 64.
49 Vgl. Eberlein 2003, 103. Elsa Ziekursch sah in der von Papst und Kaiser angeführten Versammlung die letzte repräsentative Verherrlichung des ungeteilten Kirchensystems vor der kurz darauf 1517 ausgebrochenen Reformation (vgl. Ziekursch 1913, 24ff.; Kutschbach 1995, 161, Anm. 408).
50 Vgl. Grebe 2006, 87.
51 Vgl. Kutschbach 1995, 134.
52 Vgl. Strieder 1992, 97. Der dunkelgraue Mönch links neben dem Dominikaner könnte ein weiterer Minderbruder oder auch ein Augustiner-Eremit sein. Wilhelm Waetzoldt (1880–1945) sah in dem braunen Mönch am linken Bildrand den 1468 verstorbenen Markus Landauer, den Vater des Stifters Matthäus Landauer (vgl. Waetzoldt 1935, 135). Während im Entwurf in der Mitte eine dominante, mönchisch aussehende Figur mit ehrfürchtig erhobenen Händen die beiden Bildhälften mit den kirchlichen Ständen verband, erscheint diese Gestalt in der Ausführung nun als dunkelgrauer Mönch mit Kapuze inmitten weiterer geistlicher Personen (vgl. Kutschbach 1995, 134).
53 Vgl. Strieder 1992, 97. Die Annahme, dass es sich bei der Birgittin um die Ordensgründerin selbst handelt (vgl. Anzelewsky 1991, 64), steht im Widerspruch zu den übrigen anonym bleibenden Personen, abgesehen davon, dass Birgitta von Schweden zumeist in Witwentracht und nicht im Habit des von ihr gestifteten Ordens dargestellt wurde.
54 Vgl. Strieder 1992, 97.
55 Siehe dazu Waetzoldt 1935, 174; Kunsthistorisches Museum Wien, Gemäldegalerie II, 44; Strieder 1992, 83, 97; Kutschbach 1995, 132, 134; 161, Anm. 389.
56 Vgl. Kutschbach 1995, 161, Anm. 408. Zu den in Nürnberg von 1424 bis 1796 aufbewahrten Reichskleinodien gehörten die Reichskrone, der Krönungsornat, der Reichsapfel, das Reichs- und Zeremonienschwert, das Zepter, das Reichskreuz, die Heilige Lanze und weitere Reliquien, während bis 1794 in Aachen die Stephansbursa, der Säbel Karls des Großen und das Reichsevangeliar befanden.
57 Vgl. Kutschbach 1995, 134.
58 Vgl. Kutschbach 1995, 161, Anm. 408.
59 Vgl. Strieder 1992, 97.
60 Vgl. Kutschbach 1995, 162, Anm. 425.
61 Vgl. Strieder 1992, 99.
62 Vgl. Strieder 1981, 310; Kutschbach 1995, 138. Das Motiv des Bauern mit seinem Schutzengel findet sich auch auf einem um 1460 angefertigten Flügel des Weltgerichtsaltars in Katzwang südlich von Nürnberg (vgl. Strieder 1981, 310; Strieder 1992, 99). Die Deutung des Jünglings auf Wilhelm Schlüsselfelder (1483–1549), der als Neffe Matthäus Landauers zum Pfleger der Stiftung ernannt worden war (vgl. Klauner 1979, 57ff.; Anzelewsky 1991, 232), ist rein hypothetisch.

63 Strieder 1992, 99.
64 Vgl. Klauner 1979, 71; Kutschbach 1995, 161, Anm. 409.
65 Siehe dazu Anzelewsky 1991, 232; Strieder 1992, 98.
66 Vgl. Anzelewsky 1991, 232; Strieder 1992, 97. Auch wenn nie ein Mitglied der Familie Haller offiziell diesem Orden angehörte, so wird die bereits von Albert Gümbel (1866–1931) vermutete Identifizierung endgültig durch einen Eintrag des Bernhaupt genannten Pankraz Schwenter (1481–1555) in einem Band der Nürnberger Stadtchronik bestätigt (vgl. Dürer-Nachlass, Rupprich I, 250, Nr. 14; Anzelewsky 1991, 232).
67 Vgl. Waetzoldt 1935, 174f.; Kunsthistorisches Museum Wien, Gemäldegalerie II, 44. Die vermutete Darstellung von Mitgliedern der Stifterfamilie stützt sich auf eine Aussage des Nürnberger Stadtrates, der im Zuge der Kaufverhandlungen mit Kaiser Rudolf II. betonte, keine Verfügungsgewalt über das privat gestiftete Altarbild in der Brüderhauskapelle zu haben, so dass man die Nachkommen der auf dem Gemälde porträtierten Nürnberger Bürger um die Verkaufsgenehmigung fragen müsse: „Dieweil auf angeregter tafel allerlei alte contrefait der alten furnemen geschlecht alhie, welche der stifter der Zwölfbruderstiftung bei Allenheiligen verordnet hett, das sie bei der stiftung bleiben und davon nit verwendet werden sollte […]" (Petz 1889, LIV, Nr. 5889). Siehe dazu Kutschbach 1995, 161, Anm. 409; Anzelewsky 1991, 230. Auch wenn dieser Hinweis des Stadtrates auf die dargestellten Persönlichkeiten Albert Gümbel veranlasst hatte, zahlreiche Figuren des Altargemäldes mit Personen aus der Umgebung des Stifters zu identifizieren (vgl. Gümbel 1925, 225–229), lassen sich eindeutig nur Matthäus Landauer und Wilhelm Haller bestimmen (vgl. Anzelewsky 1991, 232; Kutschbach 1995, 161, Anm. 409).
68 Vgl. Strieder 1992, 98, 100.
69 Vgl. Strieder 1992, 99; Kutschbach 1995, 133f.; Eberlein 2003, 102.
70 Vgl. Carty 1985, 148.
71 Vgl. Anzelewsky 1991, 64.
72 Vgl. Kutschbach 1995, 134.
73 Vgl. Strieder 1992, 100.
74 Vgl. Carty 1985, 148f.
75 Gustav von Bezold (1848–1934) glaubte in König David ein Bildnis des im Dienst Kaiser Maximilians I. stehenden Humanisten Johannes Stabius (vor 1468–1522) zu erkennen (vgl. Bezold 1910, 125f.; Anzelewsky 1991, 232).
76 Vgl. Kutschbach 1995, 134, 137f.; 161, Anm. 407; 162, Anm. 429.
77 Vgl. Carty 1985, 149.
78 Vgl. Faggin 1976, 17; Strieder 1992, 100.
79 Vgl. Kutschbach 1995, 134; Carty 1985, 150, Anm. 25.
80 Vgl. Kutschbach 1995, 134. Auch Agnes gehörte zu den Namen der Stifterfamilie (vgl. Carty 1985, 150, Anm. 25).
81 Vgl. Carty 1985, 150; Kutschbach 1995, 134.
82 Vgl. Kutschbach 1995, 134.
83 Vgl. Carty 1985, 150f.; 151, Anm. 27.
84 Siehe die in der Nürnberger Lorenzkirche rechts vom Hochaltar im Schlüsselfelder Glasfenster dargestellte eucharistische Mühle, die die Hostie hervorbringt (vgl. Carty 1985, 151).
85 Vgl. Carty 1985, 150f. Auch Barbara gehörte zu den Namen der Stifterfamilie (vgl. Carty 1985, 150, Anm. 25).
86 Vgl. Kutschbach 1995, 133.
87 Vgl. Feldbusch 1955, 430.
88 Vgl. Strieder 1992, 100.
89 Vgl. Braunfels 1968, 535f.
90 Zur Ikonographie der Taube siehe Butzkamm 2001, 156f.
91 Der Begriff „Gnadenstuhl", den der Kirchen- und Kunsthistoriker Franz Xaver Kraus (1840–1901) im 19. Jahrhundert in die deutsche Kunstgeschichte eingebracht hat, geht auf Martin Luther (1483–1546) zurück, der dieses Wort als Übersetzung für τὸ ἱλαστήριον in Hebr 9,5 gewählt hat, das dort die Deckplatte der Bundeslade (vgl. Ex 25,17–22) im Sinne einer Sühneplatte bezeichnet (vgl. Braunfels 1968, 535).
92 Vgl. Carty 1985, 147. Wie sehr der Gnadenstuhl zur Zeit Dürers eucharistisch gesehen wurde, zeigt das Gebetbuch für Kaiser Maximilian I., in dem Dürer 1515 auf fol. 21r (München, Bayerische Staatsbibliothek) den Gnadenstuhl in einer Zeichnung dargestellt hatte, in der das Kreuz einem Weinstock als Sinnbild für die Eucharistie entwächst (vgl. Carty 1985, 147f.).
93 Vgl. Carty 1985, 152.
94 „Per ipsum, et cum ipso, et in ipso est tibi Deo Patri omnipoténti in unitáte Spíritus Sancti

omnis honor, et glória per ómnia sæcula sæculórum. Amen" (Missale Romanum, Canon Romanus, Nr. 98).
95 Vgl. Faggin 1976, 17; Strieder 1992, 99; Eberlein 2003, 102; Kutschbach 1995, 133.
96 Vgl. Strieder 1992, 102.
97 Vgl. Carty 1985, 151f.
98 Strieder 1992, 102.

Maria, die begnadete Jungfrau
S. 565-574

1 Vgl. Scharbert 1994, 702f.
2 „[…] Maria, qua ipsa gessit typum Ecclesiae, quae virgo est et mater. Virgo, quia ab omni haeresi incorrupta; mater, quia parit semper spirituales filios et gratia. Et ideo omnia quae de Ecclesia dicta sunt, possunt etiam de ipsa Virgine, sponsa et matre sponsi, intelligi" (Honorius Augustodunensis, Expositio in Cantica Canticorum 4,8,14 [PL 172, 494C]). Vgl. Ball 1991, 368.
3 Siehe dazu Wimböck 1997 Immaculata, 479. Zum Kupferstich „Tota pulchra", der zweimal in „De Maria Virgine" abgedruckt ist, siehe Canisius 1577, 291, 589.
4 Siehe dazu Wimböck 1997 Märtyrerinnen, 463.
5 Vgl. Baglione 1642, 98; Wimböck 1997 Immaculata, 481.
6 Vgl. Baglione 1642, 98; Wimböck 1997 Märtyrerinnen, 463. Ein früheres Immaculatabild, das sich ebenfalls Fiammeri zuschreiben lässt, befindet sich im Istituto Santa Maria in Aquiro (vgl. Wimböck 1997 Immaculata, 481).
7 Vgl. Ignatius von Loyola, Exerzitien 230–237 (Balthasar, 59f.).
8 Siehe die Bilderklärung des Immaculatabildes von San Vitale in Richeome 1611, 736–746. Zu Louis Richeome siehe Bottereau 1988, 659–663. Siehe dazu Wimböck 1997 Immaculata, 479, 481; Wimböck 1997 Richeome, 498f.
9 Vgl. Richeome 1611, 736; Wimböck 1997 Immaculata, 479.
10 Vgl. Wimböck 1997 Immaculata, 479; Lechner 1994 Unbefleckte Empfängnis, 528f.
11 „Fons signatus. Ipsa etiam erat fons, id est primum exemplum virginitatis. Qui fons erat signatus, id est Christi passione consecratus" (Honorius Augustodunensis, Sigillum beatae Mariae 4 [PL 172, 507D]). Vgl. Nitz 1993, 383.
12 Vgl. Nitz 1993, 383.
13 Vgl. Richeome 1611, 736f.
14 Vgl. Nitz 1993, 383f.
15 Vgl. Nitz 1994 Zeder, 780. Da die Zeder vor allem in Kleinasien und im Vorderen Orient verbreitet ist, hatte Fiammeri, der aus Florenz stammte, wohl keine rechte Vorstellung vom Aussehen dieses Baumes und malte ihn mit Blättern, die an eine Eiche erinnern.
16 Vgl. Richeome 1611, 737f.
17 Louis Richeome erwähnt neben der Zeder nur die Zypresse (vgl. Richeome 1611, 737), aber nicht die Palme und den Ölbaum. Zur Identifikation der vier Bäume Zeder, Palme, Zypresse und Ölbaum siehe auch Wimböck 1997 Immaculata, 479.
18 Vgl. Nitz 1994 Zypresse, 815f.
19 Vgl. Nitz 1994 Ölbaum, 673f.
20 Vgl. Tschochner 1993, 73f.
21 Vgl. Wimböck 1997 Immaculata, 479.
22 Auch im Kupferstich „Tota pulchra" bei Petrus Canisius findet sich die als „Civitas Dei" bezeichnete Gottesstadt (vgl. Canisius, De Maria Virgine 291, 589).
23 Siehe dazu Nitz 1991, 247–250.
24 Vgl. Richeome 1611, 737.
25 Vgl. Wimböck 1997 Immaculata, 479. Nach Hld 2,1 ist Maria die Tallilie (lilium convallium): „Haec est enim flos campi, de qua ortum est pretiosum lilium convallium […]" (Augustinus, Sermo 194 [PL 39, 2105]). Als „Flos campi" wird die Lilie auch im Kupferstich „Tota pulchra" bei Petrus Canisius bezeichnet (vgl. Canisius, De Maria Virgine 291, 589).
26 Zur Geschichte der Lauretanischen Litanei siehe Nitz 1992, 33–35.
27 „Et velut e spinis mollis rosa surgit acutis / Nil quod laedat habens matremque obscurat honore: / Sic Evae de stirpe sacra veniente Maria / virginis antiquae facinus nova virgo piaret" (Sedulius, Paschalis Carmina 2,28–31 [CSEL 10, 46]). Vgl. Dürig 1989 Rose, 604.
28 Vgl. Dodewaard 1959, 60.
29 Vgl. Egbers 1993, 551.
30 Vgl. Richeome 1611, 738.
31 Vgl. Dodewaard 1959, 47; Nitz 1994 Spiegel, 237–239; Wimböck 1997 Immaculata, 479. Als „Speculum sine macula" wird der Spiegel auch im Kupferstich „Tota pulchra" bei Petrus Canisius bezeichnet (vgl. Canisius, De Maria Virgine 291, 589).

32 Vgl. Dodewaard 1959, 62f., 64f.; Dürig 1989, 153f.; Dürig 1989 Elfenbeinerner Turm, 324f.; Wimböck 1997 Immaculata, 479; Richeome 1611, 738.
33 Siehe auch den mit goldenen Platten verkleideten herodianischen Tempel von Jerusalem (vgl. Flavius Josephus, De bello Iudaico 5,5,6 [Endrös, 418]; Dodewaard 1959, 67).
34 Vgl. Dodewaard 1959, 66f.; Dürig 1989 Goldenes Haus, 677; Richeome 1611, 738.
35 Vgl. Johannes von Euböa, Sermo in Conceptionem Sanctae Deiparae 4 (PG 96, 1464B–1465A); Schildenberger/(Scharbert) 1988, 616.
36 Vgl. Richeome 1611, 738.
37 Vgl. Dürig 1993, 193f.
38 Vgl. Richeome 1611, 738.
39 Vgl. Dürig 1992, 517.
40 Vgl. Richeome 1611, 738.
41 Vgl. Wimböck 1997 Immaculata, 479.
42 Das Monogramm IHS leitet sich von der Transkription der beiden ersten Lettern und des letzten Buchstabens des griechischen Namens Jesu (IHCOYC) ab, wobei das Sigma am Wortende durch den entsprechenden lateinischen Buchstaben wiedergegeben wurde. Das über dem Mittelbuchstaben gemalte Kreuz stellt eine Umformung des über der Abbreviatur liegenden Kürzungsstriches dar. Die drei Kreuznägel, die unter dem Monogramm zu sehen sind, verweisen auf die Erlösungstat Christi. Nachdem das IHS bereits im Spätmittelalter im Zusammenhang mit der durch Bernhardin von Siena (1380–1444) geförderten Verehrung des Namens Jesu verwendet worden war, fand es im 16. Jahrhundert durch die Jesuiten die größte Verbreitung, die es als „Iesum Habemus Socium" („Wir haben Jesus als Gefährten") auch als Kurzform für ihren eigenen Orden verwandten. Daneben waren auch die Lesarten „Jesus Hominum Salvator" („Jesus, Erlöser der Menschen") oder „Jesus, Heiland, Seligmacher" verbreitet. Siehe dazu Sachs/Badstübner/Neumann, 84.
43 Richeome 1611, 738.
44 Vgl. Richeome 1611, 738f.
45 Vgl. Richeome 1611, 739–746; Wimböck 1997 Immaculata, 481.

Abkürzungsverzeichnis

Act	Actuum Apostolorum (Vulgata)
AKL	Meißner, Günter (Hg.): Allgemeines Künstlerlexikon. Die Bildenden Künstler aller Zeiten und Völker, München-Leipzig 1991ff.
Cant	Canticum Canticorum (Vulgata)
CChrCM	Dekkers, Eligius (Begründer): Corpus Christianorum Continuatio Mediaevalis, Turnhout 1966ff.
CChrSL	Dekkers, Eligius (Begründer): Corpus Christianorum Series Latina, Turnhout 1953ff.
1 Cor	Epistula ad Corinthios I (Vulgata)
CSEL	Kommission zur Herausgabe des Corpus der lateinischen Kirchenväter der Österreichischen Akademie der Wissenschaften / seit 2012 Fachbereich Altertumswissenschaften/Latinistik an der Universität Salzburg (Hg.): Corpus Scriptorum Ecclesiasticorum Latinorum, Wien 1866ff.
DH	Denzinger, Heinrich: Kompendium der Glaubensbekenntnisse und kirchlichen Lehrentscheidungen
Diss.	Dissertation
fol.	folio
FC	Brox, Norbert / Döpp, Siegmar / Geerling, Wilhelm u. a. (Hg.): Fontes Christiani, Freiburg i. Br. 1990ff.
GCS	Harnack, Adolf / Mommsen, Theodor (Begründer): Die griechischen christlichen Schriftsteller der ersten drei Jahrhunderte, Berlin 1897ff.
Gn	Genesis (Vulgata)
Io	Evangelium secundum Iohannem (Vulgata)
Is	Isaiae Prophetae (Vulgata)
Lc	Evangelium secundum Lucam (Vulgata)
LCI	Kirschbaum, Engelbert / Braunfels, Wolfgang (Hg.): Lexikon der christlichen Ikonographie, Bände 1–8, Freiburg i. Br. u. a. 1968–1976.
LThK[3]	Kasper, Walter u. a. (Hg.): Lexikon für Theologie und Kirche, Bände 1–11, Freiburg i. Br. u. a. 1993–2001.
LXX	Septuaginta
Marienlexikon	Bäumer, Remigius / Scheffczyk, Leo (Hg.): Marienlexikon, Bände 1–6, St. Ottilien 1988–1994.
Mc	Evangelium secundum Marcum (Vulgata)
o. J.	ohne Jahr
p.	pagina
PG	Migne, Jacques-Paul (Hg.): Patrologia Graeca, Bände 1–161, Paris 1857–1866.
PL	Migne, Jacques-Paul (Hg.): Patrologia Latina, Bände 1–221, Paris 1844–1865.
Proto-Jak	Protoevangelium des Jakobus
Ps	Psalmi (Vulgata)
Ps-Mt	Pseudo-Matthäusevangelium
r	rectus
RDK	Semrau, Max / Schmitt, Otto / Zentralinstitut für Kunstgeschichte München (Hg.): Reallexikon zur Deutschen Kunstgeschichte, Stuttgart-München 1937ff.
reg.	regnavit
Sap	Sapientiae Salomonis (Vulgata)
SC	Lubac, Henri de / Daniélou, Jean u. a. (Hg.): Sources Chrétiennes, Paris 1941ff.
Sir	Iesu Filii Sirach, seu Ecclesiasticus (Vulgata)
v	versus

Literaturverzeichnis

Die Bücher der Heiligen Schrift werden direkt im Haupttext in Klammern angegeben und mit den allgemein bekannten Sigla der Einheitsübersetzung abgekürzt, die nicht mehr eigens im Abkürzungsverzeichnis aufgeschlüsselt werden.
Lateinische Bibelzitate erfolgen nach den Sigla der Vulgata, die im Abkürzungsverzeichnis erläutert und mit dem Zusatz „Vulgata" versehen werden.

Aben/Witt 1999 | Aben, Rob / Witt, Saskia de: The enclosed garden. History and development of the Hortus Conclusus and its reintroduction into the present-day urban landscape, Rotterdam 1999.
Acres 1992 | Acres, Alfred J.: Compositions of time in the art of Rogier van der Weyden (Diss.), Ann Arbor 1992.
Ahlborn 1969 | Ahlborn, Joachim: Die Familie Landauer. Vom Maler zum Montanherrn (Nürnberger Forschungen 11), Nürnberg 1969.
Aikema 2010 Auferweckung | Aikema, Bernard: Hans von Aachen. Die Auferweckung des Jünglings von Naim, in: Fusenig, Thomas (Hg.): Hans von Aachen (1552–1615). Hofkünstler in Europa (Ausstellungskatalog), Berlin-München 2010, 146.
Aikema 2010 Veronese-Studien | Aikema, Bernard: Hans von Aachen (nach Paolo Veronese), in: Fusenig, Thomas (Hg.): Hans von Aachen (1552–1615). Hofkünstler in Europa (Ausstellungskatalog), Berlin-München 2010, 124–125.
Ainsworth 1998 | Ainsworth, Maryan W.: Gerard David. Purity of Vision in an Age of Transition. Published by The Metropolitan Museum of Art, New York 1998.
Amadeus von Lausanne, Homilia(e) de Maria Virgine (PL 188) | B. Amadeus Lausannensis Episcopus: Homiliae de Maria Virgine, in: Saeculum XII Oderici Vitalis […] Opuscula, Diplomata, Epistolae (PL 188), Paris 1855, 1303–1346.
Ambrosius, De Noe et Arca (PL 14) | Ambrosius: De Noe et Arca, in: Sancti Ambrosii […] Opera Omnia I/1 (PL 14), Paris 1845, 361–416.
Ambrosius, De Sacramentis (PL 16) | Ambrosius: De Sacramentis libri sex, in: Sancti Ambrosii […] Opera Omnia II/1 (PL 16), Paris 1845, 417–462.
Ambrosius, Epistula(e) (CSEL 82/I–IV) | Ambrosius: Epistulae et Acta (Sancti Ambrosii Opera Pars X, Tomi I–IV), Hg. Faller, Otto / Zelzer, Michaela (CSEL 82/I–IV), Wien 1968, 1982, 1990, 1996.
Ambrosius, Expositio Evangelii secundum Lucam (SC 45/52) | Ambroise de Milan: Traité sur l'évangelie de S. Luc, Hg. Tissot, Gabriel (SC 45/52), Paris 1956/1958.
Ambrosius, Expositio in Psalmi CXVIII (CSEL 62) | Ambrosius: Expositio in Psalmi CXVIII (Sancti Ambrosii Opera, Pars V), Hg. Petschenig, Michael (CSEL 62), Wien 1913.
Ambrosius, Hexaemeron (PL 14) | Ambrosius: Hexaemeron libri sex, in: Sancti Ambrosii […] Opera Omnia I/1 (PL 14), Paris 1845, 123–274.
Ambrosius, Sermones ascripti (PL 17) | Sermones Sancto Ambrosio hactenus ascripti, in: Sancti Ambrosii […] Opera Omnia II/2 (PL 17), Paris 1845, 603–734.
Anastasius Sinaita, Hexaemeron (PG 89) | Anastasius: Anagogicarum contemplationum in Hexaemeron ad Theophilum libri undecim, Latine, incerto interprete, ex Bibliotheca Patrum Lugdunensi, in: S. P. N. Anastasii, cognomento Sinaitae […] Opera Omnia (PG 89), 851–1052.
An der Heiden 1999 | An der Heiden, Rüdiger: Aachen, Hans von, in: Bayerische Staatsgemäldesammlungen (Hg.): Alte Pinakothek München. Erläuterungen zu den ausgestellten Gemälden, München 1999[3], 33–34.
Anzelewsky 1991 | Anzelewsky, Fedja: Albrecht Dürer. Das malerische Werk. Neuausgabe. Textband, Berlin 1991[2].

Apokalypse des Abraham (Rießler) | Apokalypse des Abraham, in: Altjüdisches Schrifttum außerhalb der Bibel, Hg. Rießler, Paul, Augsburg 1928, 13–39.
Aretino 1539 | Aretino, Pietro: La Vita di Maria Vergine, Venedig 1539.
Aretino 1545 | Aretino, Pietro: I quattro libri de la Humanitá di Christo, Venedig 1545.
Aronberg Lavin 1977 | Aronberg Lavin, Marilyn: The Mystic Winepress in the Mérode Altarpiece, in: Lavin, Irving / Plummer, John (Hg.): Studies in Late Medieval and Renaissance Painting in Honor of Millard Meiss, Band 1, New York 1977, 297–301.
Artelt 1968 | Artelt, Walter: Aussatz, Aussätzige, in: LCI 1 (1968), 228–231.
Askew 1961 | Askew, Pamela: The Parable Paintings of Domenico Fetti, in: The Art Bulletin 43 (1961), 21–45.
Aßmus-Neumann 1998 | Aßmus-Neumann, Friederike: Leben Jesu. Bilder zum Leben und zu den Wundern Jesu mit Texten aus den vier Evangelien (Wort und Bild, Band 2: Leben Jesu), Tübingen 1998.
Asperen de Boer/Dijkstra/Schoute 1992 | Asperen de Boer, Johan Rudolph Justus van / Dijkstra, Jeltje / Schoute, Roger van: Underdrawings in Painting of Rogier van der Weyden and the Master of Flémalle Groups (Nederlands Kunsthistorisch Jaarboek 41), Zwolle 1992.
Assmann 1993 | Assmann, Peter: Barocci, in: AKL 7 (1993), 116–119.
Augustinus, De civitate Dei (CChrSL 47/48) | Sancti Aurelii Augustini De civitate Dei (Aurelii Augustini Opera, Pars XIV, 1–2), Hg. Dombart, Bernardus / Kalb, Alphonsus (CChrSL 47/48), Turnhout 1955.
Augustinus, De Genesi contra Manichaeos (PL 34) | Augustinus, De Genesi contra Manichaeos, in: Sancti Aurelii Augustini [...] Opera Omnia [...] III/1 (PL 34), Paris 1841, 173–220.
Augustinus, Enarratio(nes) in Psalmos (Psalmum) (CChrSL 38/39/40) | Augustinus: Enarrationes in Psalmos (Aurelii Augustini Opera, Pars X, 1–3), Hg. Dekkers, Eligius / Fraipont, Jean (CChrSL 38/39/40), Turnhout 1956.
Augustinus, Retractationes (CChrSL 57) | Sancti Aurelii Augustinii Retractationum Libri II (Aurelii Augustini Opera, Pars 17), Hg. Mutzenbecher, Almut (CChrSL 57), Turnhout 1984.
Augustinus, Sermo(nes) (PL 38/39) | Sancti Aurelii Augustini [...] Opera Omnia V [...] Sermonum [...] (PL 38/39), Paris 1841.
Augustinus, Tractatus in Iohannis Evangelium (CChrSL 36) | Sancti Aurelii Augustini in Iohannis Evangelium Tractatus CXXIV (Aurelii Augustini Opera, Pars VIII), Hg. Willems, Radbodus (CChrSL 36), Turnhout 1954.
Auner 1956 | Auner, Michael: Pieter Bruegel. Umrisse eines Lebensbildes, in: Jahrbuch der kunsthistorischen Sammlungen Wien 52 (1956), 51–122.
Bacci 1966 | Bacci, Mina: L'opera completa di Piero di Cosimo, Mailand 1966.
Bacigalupo 2011 | Bacigalupo, Italo: Der Lindenhardter Altar. Grünewald oder Hans von Kulmbach? Die Entstehungs- und Gebrauchsgeschichte der Tafelbilder (Historischer Verein Bamberg Schriftenreihe 45), Petersberg 2011.
Baglione 1642 | Baglione, Giovanni: Le vite de' pittori, scultori, et architetti. Dal pontificato di Gregorio XIII del 1572 in fino a' tempi di Papa Urbano Ottavo nel 1642, Rom 1642.
Ball 1991 | Ball, Babette: Jerusalem, himmlisches, in: Marienlexikon 3 (1991), 367–369.
Bartier 1952 | Bartier, Jean: Légistes et gens de finance au XVe siècle. Les conseillers des ducs de Bourgogne Philippe le Bon et Charles le Téméraire (Mémoires de l'Academie royale de Belgique, Classe des Lettres 50), Brüssel 1952.
Bartz/König 2001 | Bartz, Gabriele / König, Eberhard: Kunst & Architektur. Uffizien, Köln 2001.
Bauch 1960 | Bauch, Kurt: Der frühe Rembrandt und seine Zeit, Berlin 1960.
Baudiquet 1984 | Baudiquet, Paul: La vie et l'œuvre de Rembrandt, Paris 1984.
Baudry 2010 | Baudry, Gérard-Henry: Handbuch der frühchristlichen Ikonographie. 1. bis 7. Jahrhundert, Freiburg-Basel-Wien 2010.
Bauer 1985 | Bauer, Hermann und Anna: Johann Baptist und Dominikus Zimmermann. Entstehung und Vollendung des bayerischen Rokoko, Regensburg 1985.
Bauer/Rupprecht 1981 | Bauer, Hermann / Rupprecht, Bernhard (Hg.): Corpus der barocken Deckenmalerei in Deutschland, Band 2: Bachter, Falk / Bauer-Wild, Anna / Böhm, Cordula / Lüdicke, Lore / Sinkel,

Kirstin (Wissenschaftliche Texte): Freistaat Bayern. Regierungsbezirk Oberbayern. Die Landkreise Bad Tölz, Wolfratshausen, Garmisch-Partenkirchen, Miesbach, München 1981.

Bauerreiß 1961 | Bauerreiß, Romuald: Das „Lebenszeichen". Studien zur Frühgeschichte des griechischen Kreuzes und zur Ikonographie des frühen Kirchenportals (Veröffentlichungen der Bayerischen Benediktinerakademie 1), Birkeneck 1961.

Baumeister 1950 | Baumeister, Engelbert: Zeichnungen von Hans Georg Asam, in: Das Münster 3 (1950), 156–161.

Beatus von Liébana, Tractatus de Apocalipsin (CChrSL 107B/C) | Beati Liebanensis Tractatus de Apocalipsin, Hg. Gryson, Roger (CChrSL 107B/C), Turnhout 2012.

Beaujean 2000 | Beaujean, Dieter: David, Gerard, in: AKL 24 (2000), 428–431.

Beck 2003 | Beck, James H.: Raffael, Köln 2003.

Behling 1957 | Behling, Lottlisa: Die Pflanze in der mittelalterlichen Tafelmalerei, Weimar 1957.

Behling 1975 | Behling, Lottlisa: Viola tricolor, in: Behling, Lottlisa: Zur Morphologie und Sinndeutung kunstgeschichtlicher Phänomene. Beiträge zur Kunstwissenschaft, Köln-Graz 1975, 134–138.

Benesch 1924 | Benesch, Otto: Rembrandts Vermächtnis, in: Belvedere 6 (1924), 148–176.

Berger 1999 | Berger, Rupert: Pluviale, in: LThK³ 8 (1999), 365.

Bernhard von Clairvaux (Winkler I–X) | Bernhard von Clairvaux: Sämtliche Werke. Lateinisch/Deutsch, Hg. Winkler, Gerhard B. u. a., Bände 1–10, Innsbruck 1990–1999.

Bezold 1910 | Bezold, Gustav von: Der Meister des Stabius, in: Mitteilungen aus dem Germanischen Nationalmuseum 1910, Nürnberg 1910, 125–126.

Bibel | Die Bibel. Altes und Neues Testament. Einheitsübersetzung. Herausgegeben im Auftrag der Bischöfe Deutschlands, Österreichs, der Schweiz u. a., Freiburg i. Br. u. a. 2002.

Binder 2008 | Binder, Elisabeth: Kloster- und Pfarrkirche St. Markus Siessen (Schnell Kunstführer 276), Regensburg 2008[4].

Bischoff 2011 | Bischoff, Franz: Hans Suess von Kulmbach, in: AKL 69 (2011), 165–168.

Bloch 1968 | Bloch, Peter: Ehebrecherin, in: LCI 1 (1968), 580–583.

Blum 1977 | Blum, Shirley Neilsen: Symbolic Invention in the Art of Rogier van der Weyden, in: Konsthistorisk Tidskrift 46 (1977), 103–122.

Blum 1992 | Blum, Shirley Neilsen: Hans Memling's Annunciation with Angelic Attendants, in: Metropolitan Museum Journal 27 (1992), 43–58.

Bockemühl 1981 | Bockemühl, Michael: Rembrandt. Zum Wandel des Bildes und seiner Anschauung im Spätwerk, München 1981.

Bode 1881 | Bode, Wilhelm: Rembrandt. „Der Geldwechsler", in: Jahrbuch der Königlich Preussischen Kunstsammlungen 2 (1881), LXV.

Böckeler 1987 | Böckeler, Maura: Anhang, in: Hildegard von Bingen: Wisse die Wege. Scivias. Nach dem Originaltext des illuminierten Rupertsberger Kodex der Wiesbadener Landesbibliothek ins Deutsche übertragen und bearbeitet von Maura Böckeler, Salzburg 1987[8], 371–413.

Boehden 1994 | Boehden, Christiane: Der Susannensarkophag von Gerona. Ein Versuch zur typologischen Deutung des Susannenzyklus, in: Römische Quartalschrift 89 (1994), 1–25.

Böhm 1976 | Böhm, Barbara: Timotheus von Ephesus, in: LCI 8 (1976), 494–495.

Boespflug/König 1998 | Boespflug, François / König, Eberhard: Les „Trés Belles Heures" de Jean de France, duc de Berry, Paris 1998.

Bohde 2002 | Bohde, Daniela: Haut, Fleisch und Farbe. Körperlichkeit und Materialität in den Gemälden Tizians (Zephir 3), Emsdetten-Berlin 2002.

Bohlmann 1998 | Bohlmann, Carolin: Tintorettos Maltechnik. Zur Dialektik von Theorie und Praxis, München 1998.

Bonk 2015 I–V | Bonk, Sigmund: Piero di Cosimos Marienbild „Die Inkarnation Christi", in: Bote von Fatima 73 (2015), Nr. 7 (Teil I: 7–8), Nr. 8/9 (Teil II: 9–11), Nr. 11 (Teil III: 10–11), Nr. 12 (Teil IV: 11–12); Bote von Fatima 74 (2016), Nr. 1/2 (Teil V: 10–13).

Bonk 2017 | Sigmund Bonk, Editorial, in: Bote von Fatima 75, Nr. 1/2, Januar/Februar 2017, 2.

Bottereau 1988 | Bottereau, Georges: Louis Richeome, in: Dictionnaire de Spiritualité ascétique et mystique, Doctrine et histoire 13 (1988), 659–663.

Bours 1990 | Bours, Johannes: Halt an, wo läufst du hin? Bildmeditationen. Herausgegeben und mit einer Einführung von Paul Deselaers, Freiburg i. Br.-Basel-Wien 1990.

Bovon 1996 | Bovon, François: Das Evangelium nach Lukas, 2. Teilband: Lk 9,51–14,35 (Brox, Norbert u. a. [Hg.], Evangelisch-Katholischer Kommentar zum Neuen Testament 3/2), Neukirchen 1996.

Brandt 1993 Einband | Brandt, Michael: Der Einband, in: Brandt, Michael (Hg.): Das Kostbare Evangeliar des Heiligen Bernward, München 1993, 56–63.

Brandt 1993 Kostbares Bernwardevangeliar | Brandt, Michael (Hg.): Das Kostbare Evangeliar des Heiligen Bernward, München 1993.

Brandt/Kuder 1993 | Brandt, Michael / Kuder, Ulrich: Sog. Kostbares Evangeliar, in: Brandt, Michael / Eggebrecht, Anne (Hg.): Bernward von Hildesheim und das Zeitalter der Ottonen. Katalog der Ausstellung Hildesheim 1993. Dom- und Diözesanmuseum. Roemer- und Pelizaeus-Museum, Band 2, Hildesheim-Mainz 1993, 570–578.

Braun 1968 | Braun, Ute: Akelei, in: LCI 1 (1968), 89–90.

Braunfels 1968 | Braunfels, Wolfgang: Dreifaltigkeit, in: LCI 1 (1968), 525–537.

Brucher 2015 | Brucher, Günter: Geschichte der venezianischen Malerei. Band 4: Tizian und sein Umkreis, Wien-Köln-Weimar 2015.

Bruns 1993 | Bruns, Bernhard: Das Epiphaniebild im Kostbaren Evangeliar des hl. Bernward, in: Die Diözese Hildesheim in Vergangenheit und Gegenwart. Jahrbuch des Vereins für Geschichte und Kunst im Bistum Hildesheim 61 (1993), 11–19.

Bühler 1989 | Bühler, Claudia: Ikonographie und Entwicklung der Abendmahlsdarstellung im Œuvre Tintorettos (Reihe: Kunstgeschichte 2), Köln 1989.

Bühler 1996 | Bühler, Claudia: Ikonographie und Entwicklung des heilsgeschichtlichen Ereignisbildes im Œuvre Tintorettos (Kunstgeschichte 54), Münster 1996.

Büttner/Gottdang 2006 | Büttner, Frank / Gottdang, Andrea: Einführung in die Ikonographie. Wege zur Deutung von Bildinhalten, München 2006.

Bulst/Pfeiffer 1987 | Bulst, Werner / Pfeiffer, Heinrich: Das Turiner Grabtuch und das Christusbild, Band I: Das Grabtuch. Forschungsberichte und Untersuchungen, Frankfurt a. M. 1987.

Burz-Tropper 2015 | Burz-Tropper, Veronika: Jesus als Lehrer im Neuen Testament, in: Das Heilige Land 147 (2015), 10–13.

Busch 1970 | Busch, Werner: Zur Deutung von Rembrandts „Verlorenem Sohn" in Leningrad, in: Oud Holland 85 (1970), 179–182.

Butzkamm 1990 | Butzkamm, Aloys: Bild und Frömmigkeit im 15. Jahrhundert. Der Sakramentsaltar von Dieric Bouts in der St.-Peters-Kirche zu Löwen, Paderborn 1990.

Butzkamm 2001 | Butzkamm, Aloys: Christliche Ikonographie. Zum Verstehen mittelalterlicher Kunst, Paderborn 2001.

Butzkamm 2014 | Butzkamm, Aloys: Ich sehe dich in tausend Bildern, Maria. Mariendarstellungen zwischen Tradition und Moderne, Paderborn 2014.

Campagna 2000 | Campagna, Alessandra: La basilica di San Lorenzo Maggiore (Biscottini, Paolo [Hg.]: Chiese della Diocesi di Milano), Mailand 2000.

Campbell 1974 | Campbell, Lorne: Robert Campin, the Master of Flémalle, and the Master of Mérode, in: Burlington Magazine 116 (1974), 634–646.

Canisius 1577 | Canisius, Petrus: De Maria Virgine Incomparabili, Et Dei Genitrice Sacrosancta […], Ingolstadt 1577.

Caporusso/Donati/Masseroli/Tibiletti 2007 | Caporusso, Donatella / Donati, Maria Teresa / Masseroli, Sara / Tibiletti, Thea: Civico Museo Archeologico di Milano. Immagini di Mediolanum. Archeologia e storia di Milano dal V secolo a. C. al V secolo d. C., Mailand 2007.

Carli 1982 | Carli, Enzo: Sienesische Malerei, Florenz 1982

Carty 1985 | Carty, Carolyn M.: Albrecht Dürer's Adoration of the Trinity: A Reinterpretation, in: The Art Bulletin 67 (1985), 146–153.

Casalini 1980 | Casalini, Eugenio: Die SS. Annunziata von Florenz. Geschichtlich-künstlerischer Führer, Florenz 1980.

Castelfranchi Vegas 2001 | Castelfranchi Vegas, Liana: „Reichenau" und die ottonische Miniaturkunst, in: Castelfranchi Vegas, Liana (Hg.): Europas Kunst um 1000. 950–1050, Regensburg 2001, 49–72.

Cetto 1966 | Cetto, Anna Maria: Der Berner Traian- und Herkinbald-Teppich, Bern 1966.

Châtelet 1989 | Châtelet, Albert: Rogier van der Weyden et le lobby polinois, in: Revue de l'art 84 (1989), 9–21.

Châtelet 1990 | Châtelet, Albert: Révolution et art et révolution dans l'art: l'exemple du XVe siècle, in: L'art et les révolutions. Conférences, plénières, XXVIIe Congrès international d'Histoire de l'Art, Straßburg, 1.–7. September 1989, Straßburg 1990, 149–158.

Châtelet 1996 | Châtelet, Albert: Robert Campin. Le Maître de Flémalle. La fascination du quotidien, Antwerpen 1996.

Chevalier 1769 | Chevalier, François-Félix: Memoires historiques sur la ville et seigneurie de Poligny […], Band 2, Lons-le-Saunier 1769.

Claessens/Rousseau 1969 | Claessens, Bob / Rousseau, Jeanne: Unser Bruegel, Antwerpen 1969.

Clemens von Alexandrien, Paedagogus (SC 70/108/158) | Clément d'Alexandrie: Le Pédagogue, Hg. Marrou, Henri-Irénée u. a. (SC 70/108/158), Paris 1960/1965/1970.

Coletti 1943 | Coletti, Luigi: Tintoretto, Hamburg 1943.

Contini 1970 | Contini, Gianfranco: L'opera completa di Simone Martini (Classici dell'Arte 43), Mailand 1970.

Cope 1979 | Cope, Maurice: The Venetian Chapel of the Sacrament in the Sixteenth Century. A Study in the Iconography of the Early Counter-Reformation, New York-London 1979.

Corbon 1981 | Corbon, Jean: Liturgie aus dem Urquell (Theologia Romana 12), Einsiedeln 1981.

Cornini 2013 | Cornini, Guido: Sixtinische Kapelle, in: Cassanelli, Roberto / Paolucci, Antonio / Pantanella, Cristina (Hg.): Der Vatikan. Offizieller Führer durch alle Gebäude und ihre Geschichte, Berlin-München 2013, 385–401.

Csányi 1960 | Csányi, Daniel A.: Optima pars. Die Auslegungsgeschichte von Lk 10,38–42 bei den Kirchenvätern der ersten vier Jahrhunderte, in: Studia Monastica 2 (1960), 5–78.

Cyprian, Epistula(e) (PL 4) | Divi Thascii Caecilii Cypriani […] Epistolae, in: Sancti Thascii Cypriani […] Opera Omnia (PL 4), Paris 1844, 189–438.

Dagens 1966 | Dagens, M. Claude: Autour du pape Libère. L'iconographie de Suzanne et des martyrs romains sur l'arcosolium de Celerina, in: Mélanges d'archéologie et d'histoire 78 (1966), 327–381.

Dal Bello 2010 | Dal Bello, Mario: Die Bibel des Caravaggio. Bilder aus dem Alten und Neuen Testament, Regensburg 2010.

Dante, Divina Commedia (Terruzzi) | Dante. La Commedia. Note di Regina Terruzzi (Classici Italiani. Novissima Biblioteca), Mailand 1928.

Dassmann 1973 | Dassmann, Ernst: Sündenvergebung durch Taufe, Buße und Märtyrerfürbitte in den Zeugnissen frühchristlicher Frömmigkeit und Kunst (Münsterische Beiträge zur Theologie 36), Münster 1973.

Decretum Gratiani (Richter/Friedberg) | Decretum magistri Gratiani. Editio Lipsiensis secunda post Aemilii Ludovici Richteri curas ad librorum manu scriptorum et editionis Romanae fidem recognovit et adnotatione critica instruxit Aemilius Friedberg (Corpus iuris canonici 1), Leipzig 1879.

Dekiert 2006 | Dekiert, Marcus: Alte Pinakothek. Holländische und deutsche Malerei des 17. Jahrhunderts, Ostfildern 2006.

De laudibus Beatae Mariae Virginis (Borgnet 36) | De laudibus Beatae Mariae Virginis, in: Borgnet, Auguste (Hg.): Alberti Magni Opera Omnia 36, Paris 1898, 1–879.

Del Torre Scheuch 2007 | Del Torre Scheuch, Francesca: Christus am Kreuz mit dem guten Schächer, in: Ferino-Pagden, Sylvia: Der späte Tizian und die Sinnlichkeit der Malerei. Eine Ausstellung des Kunsthistorischen Museums in Zusammenarbeit mit den Gallerie dell' Accademia in Venedig, Wien 2007, 300–302.

Demus/Klauner/Schütz 1981 | Demus, Klaus / Klauner, Friderike / Schütz, Karl: Katalog der Gemäldegalerie. Flämische Malerei von Jan van Eyck bis Pieter Bruegel d. Ä. (Hg. Kunsthistorisches Museum Wien: Führer durch das Kunsthistorische Museum 31), Wien 1981.

Denny 1967 | Denny, Don: Simone Martinis „The Holy Family", in: Journal of the Warburg and Courtauld Institutes 30 (1967), 138–149.

De Vecchi 2002 | De Vecchi, Pierluigi: Raffael, München 2002.

DH | Denzinger, Heinrich: Kompendium der Glaubensbekenntnisse und kirchlichen Lehrentscheidungen, Hg. Hünermann, Peter, Freiburg i. Br. 1991[37].

Didache (FC 1) | Didache. Zwölf-Apostel-Lehre, Hg. Schöllgen, Georg, in: Didache. Zwölf-Apostel-Lehre, Traditio Apostolica. Apostolische Überlieferung, Hg. Schöllgen, Georg / Geerlings, Wilhelm (FC 1), Freiburg i. Br. u. a. 1991, 97–139.

Dietrich 1996 | Dietrich, Dagmar: Anmerkungen zur Entstehungs- und Überlieferungsgeschichte der Altarbilder, in: Neunzert, Hartfrid (Hg.): Altarbilder von Alessandro Paduano und Peter Candid (Kunstgeschichtliches aus Landsberg am Lech. Beiträge zur Kunstgeschichte und Volkskunde 17), Landsberg am Lech 1996, 9–12.

Dietrich 1997 | Dietrich, Dagmar: Die erste Jesuitenkirche Bayerns. Heilig-Kreuz in Landsberg, in: Baumstark, Reinhold (Hg.): Rom in Bayern. Kunst und Spiritualität der ersten Jesuiten (Katalog zur Ausstellung des Bayerischen Nationalmuseums München, 30. April bis 20. Juli 1997), München 1997, 147–160.

Dijkstra 1990 | Dijkstra, Jeltje: Origineel en kopie. Een onderzoek naar de navolging van de Meester van Flémalle en Rogier van der Weyden (Diss.), Amsterdam 1990.

Dijkstra 1996 | Dijkstra, Jeltje: The Brussels and the Mérode Annunciation Reconsidered, in: Foister, Susan / Nash, Susie (Hg.): Robert Campin. New Directions in Scholarship, Turnhout 1996, 95–104.

Dijkstra/Dirkse/Smits 2002 | Dijkstra, Jeltje / Dirkse, Paul P. W. M. / Smits, Anneloes E. A. M.: De schilderijen van Museum Catharijneconvent, Zwolle 2002.

Dinzelbacher 2002 | Dinzelbacher, Peter: Himmel, Hölle, Heilige. Visionen und Kunst im Mittelalter, Darmstadt 2002.

Dittmann 1967 | Dittmann, Lorenz: Stil, Struktur, Symbol. Studien zu Kategorien der Kunstgeschichte, München 1967.

Dodewaard 1959 | Dodeward, Johannes A. E. van: Die Lauretanische Litanei, Mainz 1959.

Dollmayr 1895 | Dollmayr, Hermann: Raffaels Werkstätte, in: Jahrbuch der kunsthistorischen Sammlungen des Allerhöchsten Kaiserhauses 16 (1895), 231–363.

Dresken-Weiland 2016 | Dresken-Weiland, Jutta: Die frühchristlichen Mosaiken von Ravenna. Bild und Bedeutung, Regensburg 2016.

Dressler 2001 | Dressler, Fridolin: Die Geschichte der Handschrift, in: Mütherich, Florentine / Dachs, Karl (Hg.): Das Evangeliar Ottos III. Clm 4453 der Bayerischen Staatsbibliothek München, München-London-New York 2001, 11–18.

Dürer-Nachlass, Rupprich I/II/III | Albrecht Dürer. Schriftlicher Nachlaß. Hg. Rupprich, Hans, Bände 1–3, Berlin 1956/1966/1969.

Dürig 1989 Elfenbeinerner Turm | Dürig, Walter: Elfenbeinerner Turm, in: Marienlexikon 2 (1989), 324–325.

Dürig 1989 Goldenes Haus | Dürig, Walter: Goldenes Haus, in: Marienlexikon 2 (1989), 677.

Dürig 1989 Rose | Dürig, Walter: Geheimnisvolle Rose, in: Marienlexikon 2 (1989), 604–605.

Dürig 1992 | Dürig, Walter: Morgenstern, in: Marienlexikon 4 (1992), 517.

Dürig 1993 | Dürig, Walter: Pforte des Himmels, in: Marienlexikon 5 (1993), 193–194.

Duggan 2003 | Duggan, Mary Kay: Reading liturgical books, in: Jensen, Kristian (Hg.): Incunabula and their readers. Printing, selling and using books in the fifteenth century, London 2003, 71–84.

Dvořák 1928 | Dvořák, Max: Geschichte der italienischen Kunst im Zeitalter der Renaissance. Zweiter Band: Das 16. Jahrhundert, München 1928.

Dvořák 1991 | Dvořák, Max: Studien zur Kunstgeschichte. Albrecht Dürer, Pieter Bruegel, El Greco, Michelangelo, Tintoretto, gotische Kunst, Katakombenmalerei, Leipzig 1991.

Dvořák 1995 | Dvořák, Max: Kunstgeschichte als Geistesgeschichte. Studien zur abendländischen Kunstentwicklung. Mit einem Nachwort zur Neuherausgabe von Artur Rosenauer, Berlin 1995 (1928²).
Eberlein 2003 | Eberlein, Johann Konrad: Albrecht Dürer (Rowohlts Monographien), Reinbek 2003.
Ebert-Schifferer 2009 | Ebert-Schifferer, Sybille: Caravaggio. Sehen – Staunen – Glauben. Der Maler und sein Werk, München 2009.
Eckhardt 1992 | Eckhardt, Ferdinand: Das Kunstwerk der Woche. Der Allerheiligenaltar von Albrecht Dürer im Kunsthistorischen Museum, Wien, in: Pese, Claus (Hg.): Brückenschlagen. 1902–1992. Festschrift für Ferdinand Eckhardt, Nürnberg 1992, 81–82.
Eclercy 2008 | Eclercy, Bastian: Von Mausefallen und Ofenschirmen. Zum Problem des „disguised symbolism" bei den frühen Niederländern, in: Kemperdick, Stephan / Sander, Jochen (Hg.): Der Meister von Flémalle und Rogier van der Weyden. Eine Ausstellung des Städel Museums, Frankfurt am Main, und der Gemäldegalerie der Staatlichen Museen zu Berlin, Ostfildern 2008, 133–147.
Eeckenrode 2009 | Eeckenrode, Marie van: Le testament de Jean Chevrot. Président du conseil de Philippe le Bon, évêque de Tournai (1438–1460), enfant de Poligny, in: Archives et manuscrits précieux tournaisiens 3 (2009), 7–34.
Egbers 1993 | Egbers, Silke: Rose. II. Ikonographie, in: Marienlexikon 5 (1993), 550–552.
Eikemeier 1990 | Eikemeier, Peter: Dieric Bouts. Johannes der Täufer weist auf Jesus hin: „Siehe, das Lamm Gottes" (Ecce agnus dei), in: Kulturstiftung der Länder (Hg.): Alte Pinakothek München, Heft 20, München 1990, 9–24.
Eikemeier 1999 Bouts | Eikemeier, Peter: Bouts, Dieric, in: Bayerische Staatsgemäldesammlungen (Hg.): Alte Pinakothek München. Erläuterungen zu den ausgestellten Gemälden, München 1999³, 88–92, 581.
Eikemeier 1999 Rembrandt | Eikemeier, Peter: Rembrandt, in: Bayerische Staatsgemäldesammlungen (Hg.): Alte Pinakothek München. Erläuterungen zu den ausgestellten Gemälden, München 1999³, 412–421.
Eisenhofer 1932 | Eisenhofer, Ludwig: Handbuch der katholischen Liturgik, Band 1: Allgemeine Liturgik, Freiburg i. Br. 1932.
Eisenhofer 1933 | Eisenhofer, Ludwig: Handbuch der katholischen Liturgik, Band 2: Spezielle Liturgik, Freiburg i. Br. 1933.
Emiliani 1985 I/II | Emiliani, Andrea: Federico Barocci (Urbino 1535–1612), 2 Bände, Bologna 1985.
Emmrich 1988 | Emmrich, Irma: Tintoretto. Die Welt seiner Bilder, Leipzig 1988.
Ephräm der Syrer, Evangelii concordantis expositio (Aucher/Moesinger) | Evangelii concordantis expositio facta a Sancto Ephraemo doctore Syro in Latinum translata, Hg. Aucher, Johannes Baptista / Moesinger, Georgius, Venedig 1876.
Eschweiler/Fischer/Frede/Mütherich 1968 | Eschweiler, Jakob / Fischer, Bonifatius / Frede, Hermann / Mütherich, Florentine: Der Inhalt der Bilder, in: Der Stuttgarter Bilderpsalter. Bibl.Fol.23 Württembergische Landesbibliothek Stuttgart, Band II: Untersuchungen, Stuttgart 1968, 55–150.
Eusebius von Caesarea, Historia ecclesiastica (GCS 9/I–III) | Eusebius: Die Kirchengeschichte (Eusebius Werke 2/I–III), Hg. Schwartz, Eduard / Mommsen, Theodor (GCS 9/I–III), Leipzig 1903–1909.
Euw 1991 | Euw, Anton von: Die ottonische Malschule. Synthese der künstlerischen Strömungen aus West und Ost, in: Euw, Anton von / Schreiner, Peter (Hg.): Kaiserin Theophanu. Begegnung des Ostens und Westens um die Wende des ersten Jahrtausends, Band 1, Köln 1991, 251–280.
Evans 1972 | Evans, Michael: Tugenden, in: LCI 4 (1972), 364–380.
Evers 1942 | Evers, Hans Gerhard: Peter Paul Rubens, München 1942.
Faggin 1976 | Faggin, Giorgio T.: Deutsche Abteilung, in: Kunsthistorisches Museum Wien (Berühmte Museen), Wiesbaden 1976, 9–26.
Feldbusch 1953 | Feldbusch, Hans: Christussymbolik, in: RDK 3 (1953), 720–732.
Feldbusch 1955 | Feldbusch, Hans: Dreifaltigkeits-Darstellungen, in: RDK 4 (1955), 421–441.
Ferino-Pagden/Prohaska/Schütz 1991 | Ferino-Pagden, Sylvia / Prohaska, Wolfgang / Schütz, Karl: Die Gemälde des Kunsthistorischen Museums in Wien. Verzeichnis der Gemälde (Hg. Kunsthistorisches Museum Wien: Führer 40), Wien 1991.
Ferrua 1991 | Ferrua, Antonio: La polemica antiariana nei monumenti paleocristiani, Vatikanstadt 1991.

Feulner 1920 | Feulner, Adolf: Die Zick: Deutsche Maler des 18. Jahrhunderts, München 1920.
Feulner 1922 | Feulner, Adolf: Januarius Zicks Frühwerke, in: Städel-Jahrbuch 1922, 87–92.
Figura 1989 | Figura, Michael: Herz Jesu, in: Dinzelbacher, Peter: Wörterbuch der Mystik, Stuttgart 1989, 224–226.
Fillitz/Kahsnitz/Kuder 1994 | Fillitz, Hermann / Kahsnitz, Rainer / Kuder, Ulrich: Zierde für ewige Zeit. Das Perikopenbuch Heinrichs II. Ausstellung 20. Oktober 1994 – 15. Januar 1995 im Bayerischen Nationalmuseum, München (Bayerische Staatsbibliothek, Ausstellungskataloge 63), Frankfurt a. M. 1994.
Finocchi Ghersi 1997 | Finocchi Ghersi, Lorenzo: Artisti e committenti a San Salvador, in: Arte Veneta 51 (1997), 21–39.
Finocchi Ghersi 2005 | Finocchi Ghersi, Lorenzo: La Trasfigurazione di Cristo di Tiziano a San Salvador, l'iconografia e il contesto, in: La Trasfigurazione di Cristo. Tiziano Vecellio per il Sinodo di Belluno-Feltre, Cinisello Balsamo 2005, 37–42.
Fischer 2009 | Fischer, Ulrich: Stadtgestalt im Zeichen der Eroberung. Englische Kathedralstädte in frühnormannischer Zeit (1066 1135) (Städteforschung. Veröffentlichungen des Instituts für vergleichende Städtegeschichte in Münster. Reihe A: Darstellungen 72), Köln-Weimar-Wien 2009.
Fischer 2015 | Fischer, Hans: Georg Asam – der Maler der Fresken in der Heilig Kreuzkirche Landshut, in: Förderverein zur Restaurierung und Erhaltung der Aula des Hans-Carossa-Gymnasiums (ehem. Heilig Kreuzkirche) e. V. (Hg.): Erinnern & Erhalten. Die Heilig Kreuzkirche in Landshut, Landshut 2015, 51–67.
Flavius Josephus, De bello Iudaico (Endrös) | Flavius Josephus: Der Jüdische Krieg, Aus dem Griechischen von Hermann Endrös, München 1980^4.
Fossi 2001 | Fossi, Gloria: Galleria degli Uffizi. Arte, storia, collezioni, Florenz 2001.
Fourez 1954 | Fourez, Lucien: L'évêque Chevrot de Tournai et la Cite de Dieu, in: Revue belge d'archéologie et d'histoire d'art 23 (1954), 73–110.
Franz 2005 | Franz, Gunther: Die tausendjährige Geschichte des Egbert-Codex, dessen Faksimilierung und Dokumentation, in: Franz, Gunther (Hg.): Der Egbert Codex. Das Leben Jesu. Ein Höhepunkt der Buchmalerei vor 1000 Jahren. Handschrift 24 der Stadtbibliothek Trier, Darmstadt 2005, 11–46.
Franziskus, Evangelii Gaudium (Tagespost 143/2013) | Apostolisches Schreiben Evangelii Gaudium des Heiligen Vaters Papst Franziskus an die Bischöfe, an die Priester und Diakone, an die Personen geweihten Lebens und an die christgläubigen Laien über die Verkündigung des Evangeliums in der Welt von heute. […] Gegeben zu Rom […] am 24. November […] 2013 […], in: Die Tagespost. Katholische Zeitung für Politik, Gesellschaft und Kultur, Heft 143 (28. November 2013), 13–35.
Freedberg 1984 | Freedberg, David: Rubens. The life of Christ after the Passion (Corpus Rubenianum Ludwig Burchard 7), Brüssel-London-New York 1984.
Freeden 1949 | Freeden, Max Hermann von, Kurzer Führer durch das Mainfränkische Museum, Würzburg 1949.
Freeman 1957 | Freeman, Margaret B.: The Iconography of the Merode Altarpiece, in: The Metropolitan Museum of Art Bulletin 16 (1957), 130–139.
Frey 1959 | Frey, Dagobert: Das religiöse Erlebnis bei Tizian. Zur Darstellung des Übersinnlichen in der Malerei des 16. Jahrhunderts, in: Jahrbuch der Berliner Museen 1 (1959), 218–261.
Frinta 1966 | Frinta, Mojmír S.: The Genius of Robert Campin, Den Haag 1966.
Fritz 1996 | Fritz, Michael P.: Giulio Romano. Die Steinigung des heiligen Stephanus. Ein Spätwerk Raffaels von der Hand seines Schülers (Kunststück), Frankfurt a. M. 1996.
Fronhöfer 2016 | Fronhöfer, Andrea: Religiöse Tradition und säkulare Ethik. Neutestamentliche Gleichnisse in der Kunst des 19. und 20. Jahrhunderts, Regensburg 2016.
Frugoni 2003 | Frugoni, Chiara: Pietro und Ambrogio Lorenzetti, in: Die großen Künstler Italiens. Von der Gotik bis zur Renaissance. Duccio, Giotto, Simone Martini, Pietro und Ambrogio Lorenzetti, Masaccio, Fra Angelico, Filippo Lippi, Benozzo Gozzoli, Florenz 2003, 245–323.
Fučíková 2010 Kreuzauffindung | Fučíková, Eliška: Hans von Aachen. Die Auffindung des Hl. Kreuzes durch die Hl. Helena, in: Fusenig, Thomas (Hg.): Hans von Aachen (1552–1615). Hofkünstler in Europa (Ausstellungskatalog), Berlin-München 2010, 144–145.

Fučíková 2010 Leben | Fučíková, Eliška: Das Leben, in: Fusenig, Thomas (Hg.): Hans von Aachen (1552–1615). Hofkünstler in Europa (Ausstellungskatalog), Berlin-München 2010, 3–11.

Fučíková 2010 Malerei | Fučíková, Eliška: Die Malerei, in: Fusenig, Thomas (Hg.): Hans von Aachen (1552–1615). Hofkünstler in Europa (Ausstellungskatalog), Berlin-München 2010, 13–31.

Füssli 1770 | Füssli, Johann Caspar: Geschichte der besten Künstler in der Schweiz nebst ihren Bildnissen, Dritter Band, Zürich 1770.

Gallwitz 1996 | Gallwitz, Esther: Ein wunderbarer Garten. Die Pflanzen des Genter Altars, Leipzig-Frankfurt a. M. 1996.

Gameson 2001 | Gameson, Richard G.: Die Kunst in Südengland und Flandern, in: Castelfranchi Vegas, Liana (Hg.): Europas Kunst um 1000. 950–1050, Regensburg 2001, 161–198.

Gaß 2001 | Gaß, Erhard: Der auferstandene Christus. Bilder zur Auferstehung Jesu, zu Himmelfahrt und zu Pfingsten mit Texten aus den vier Evangelien (Wort und Bild, Band 5: Der auferstandene Christus), Tübingen 2001.

Geddes 2005 | Geddes, Jane: Der Albani-Psalter. Eine englische Prachthandschrift des 12. Jahrhunderts für Christina von Markyate, Regensburg 2005.

Gemäldegalerie Berlin 1975 | Gemäldegalerie Berlin. Staatliche Museen, Preußischer Kulturbesitz. Katalog der ausgestellten Gemälde des 13.–18. Jahrhunderts, Berlin 1975.

Geppert 2013 | Geppert, Silke: Mode unter dem Kreuz. Kleiderkommunikation im christlichen Kult, Regensburg 2013.

Gillen 1968 | Gillen, Otto: Brautmystik, in: LCI 1 (1968), 324–326.

Gillet 1912 | Gillet, Louis: Histoire Artistique des ordres Mendiants. Étude sur l'Art religieux en Europe du XIIIe au XVIIe siècles, Paris 1912.

Gilson 1924 | Gilson, Étienne: Saint Bonaventure et l'iconographie de la Passion, in: Revue d'histoire franciscaine 1 (1924), 405–424.

Giordani 1978 | Giordani, Roberto: Probabili echi della crisi ariana in alcune figurazioni paleocristiane, in: Rivista di Archeologia Christiana 54 (1978), 229–263.

Glossa ordinaria (PL 113/114) | Glossa ordinaria, in: Walafridi Strabi […] Opera Omnia I–II (PL 113, 67–1316 und PL 114, 9–752), Paris 1852.

Goldschmidt 1895 | Goldschmidt, Adolph: Der Albani-Psalter in Hildesheim und seine Beziehung zur symbolischen Kirchenskulptur des 12. Jahrhunderts, Berlin 1895.

Grebe 2006 | Grebe, Anja: Albrecht Dürer. Künstler, Werk und Zeit, Darmstadt 2006.

Grebe 2008 | Grebe, Anja: Codex Aureus. Das Goldene Evangelienbuch von Echternach, Darmstadt 2008.

Gregor der Große, Epistularum (CChrSL 140/140A) | Sancti Gregorii Magni Registrum Epistularum, Hg. Norberg, Dag (CChrSL 140/140A), Turnhout 1982.

Gregor der Große, Homilia(e) (FC 28/1–2) | Gregor der Große: Homiliae in Evangelia. Evangelienhomilien, Hg. Fiedrowicz, Michael (FC 28/1–2), Freiburg i. Br. u. a. 1997–1998.

Gregor der Große, Homiliae in Ezechielem (CChrSL 142) | Sancti Gregorii Magni Homiliae in Ezechielem Prophetam, Hg. Adriaen, Marcus (CChrSL 142), Turnhout 1971.

Gregor der Große, Moralia in Iob (CChrSL 143/143A/143B) | Sancti Gregorii Magni Moralia in Iob, Hg. Adriaen, Marcus (CChrSL 143/143A/143B), Turnhout 1974/1979/1985.

Gregor von Nyssa, In diem Natalem Domini (PG 46) | Gregor von Nyssa: In diem Natalem Domini, in: S. P. N. Gregorii Episcopi Nysseni Opera […] Omnia III (PG 46), Paris 1863, 1123–1150.

Gregor Palamas, Homilia(e) (PG 151) | Gregor Palamas: Homiliae quadraginta una, in: Gregorii Palamae […] Opera Omnia II (PG 151), Paris 1865, 9–550.

Grimkowski 2002 | Grimkowski, Rüdiger: Nutritor Domini – Fidelis servus et prudens. Aspekte spätmittelalterlicher Josephsikonographie, in: Das Münster 55 (2002), 292–302.

Grimme 1980 | Grimme, Ernst Günther: Die Geschichte der abendländischen Buchmalerei, Köln 1980.

Grimme 1984 | Grimme, Ernst Günther: Das Evangeliar Kaiser Ottos III. im Domschatz zu Aachen, Freiburg i. Br. 1984.

Grimminger 2000 | Grimminger, Christina: Otto Gebhard (1703–1773). Leben und Werk des Prüfeninger Barockmalers, Regensburg 2000.

Grodecki 1977 | Grodecki, Louis: Romanische Glasmalerei. Unter Mitarbeit von Catherine Brisac und Claudine Lautier, Stuttgart 1977.

Gümbel 1925 | Gümbel, Albert: Die Stifterbildnisse auf Dürers Allerheiligenaltar, in: Repertorium für Kunstwissenschaft 46 (1925), 225–229.

Guldan 1955 | Guldan, Ernst: Ikonologie der Dreifaltigkeit im Barock, in: RDK 4 (1955), 441–445.

Gullath 2012 | Gullath, Brigitte: Bayern und das Reich um 1000, in: Pfändtner, Karl-Georg / Gullath, Brigitte: Der Uta-Codex. Frühe Regensburger Buchmalerei in Vollendung. Die Handschrift Clm 13601 der Bayerischen Staatsbibliothek, Luzern 2012, 13–18.

Haag 1968 | Haag, Herbert (Hg.): Bibel-Lexikon, Einsiedeln-Zürich-Köln 1968.

Haeger 1983 | Haeger, Barbara Joan: The Religious Significance of Rembrandt's The Return of the Prodigal Son. An Examination of the Picture in the Context of the Visual and Iconographic Tradition (Diss. University of Michigan), Ann Arbor 1983.

Haeger 2004 | Haeger, Barbara: Rubens' Rockox Triptych. Sight, Meditation and the Justification of Images, in: Nederlands Kunsthistorisch Jaarboek 55 (2004), 117–153.

Härting 1981 | Härting, Ursula: Adriaen van Stalbemt als Figurenmaler, in: Oud Holland 95 (1981), 3–15.

Hamacher/Paschke 1986 | Hamacher, Bärbel / Paschke, Ralph: Werkverzeichnis: Fresken, in: Bushart, Bruno / Rupprecht, Bernhard (Hg.): Cosmas Damian Asam. 1686–1739. Leben und Werk, München 1986, 199–299.

Hamann 1948 | Hamann, Richard: Rembrandt, Berlin 1948.

Hamburger 1997 | Hamburger, Jeffrey F.: Nuns as Artists. The visual culture of a medieval convent, London-Berkeley-Los Angeles 1997.

Hamm 2009 | Hamm, Berndt: Die Medialität der nahen Gnade im späten Mittelalter, in: Dauven-van-Knippenberg, Carla / Herberichs, Cornelia / Kiening, Christian (Hg.): Medialität des Heils im späten Mittelalter, Zürich 2009, 21–60.

Harbison 1985 | Harbison, Craig: Visions and Meditations in Early Flemish Painting, in: Netherlands Quarterly for the History of Art 15 (1985), 87–118.

Harprath 1986 | Harprath, Richard: Raffaels Teppiche, in: Bibliotheca Herziana / Musei Vaticani (Hg.): Raffaello a Roma. Il convegno del 1983, Rom 1986, 117–126.

Hartleb 1998 | Hartleb, Renate: Daten zur Geschichte des Gemäldes, in: Kulturstiftung der Länder in Verbindung mit dem Museum der bildenden Künste Leipzig (Hg.): Rogier van der Weyden, Heimsuchung (Patrimonia 127), Leipzig 1998, 16–18.

Haupt 1941 | Haupt, Gottfried: Die Farbensymbolik in der sakralen Kunst des abendländischen Mittelalters. Ein Beitrag zur mittelalterlichen Form- und Geistesgeschichte, Dresden 1941.

Haupt 1969 | Haupt, Karl: Mystik und Kunst in Augsburg und im östlichen Schwaben während des Spätmittelalters, in: Zeitschrift des Historischen Vereins für Schwaben 59/60 (1969), 1–100.

Hausmann 1976 | Hausmann, Manfred: Der Mensch vor Gottes Angesicht. Rembrandt-Bilder Deutungsversuche, Neukirchen-Vluyn 1976.

Heck 1999 | Heck, Christian: L'échelle céleste dans l'art du Moyen âge. Une histoire de la quête du ciel, Paris 1999.

Heinz-Mohr 1971 | Heinz-Mohr, Gerd: Lexikon der Symbole, Bilder und Zeichen der christlichen Kunst, Köln-Düsseldorf 1971.

Heither 2010 | Heither, Theresia: Biblische Gestalten bei den Kirchenvätern: Mose. Texte und deutsche Übersetzung, Münster 2010.

Hellwig 2012 | Hellwig, Karin: Peter Paul Rubens, Reinbek 2012.

Helmrath 1990 | Helmrath, Johannes: Die lateinischen Teilnehmer des Konzils von Ferrara/Florenz, in: Annuarium Historiae Conciliorum 22 (1990), 146–198.

Henkel/Schöne 2013 | Henkel, Arthur / Schöne, Albrecht (Hg.): Emblemata. Handbuch zur Sinnbildkunst des XVI. und XVII. Jahrhunderts, Stuttgart-Weimar 2013.

Henning 2005 | Henning, Andreas: Italienische Gemälde, in: Marx, Harald (Hg.) / Hipp, Elisabeth (Redaktion): Staatliche Kunstsammlungen Dresden. Illustrierter Katalog in zwei Bänden. Gemäldegalerie Alte Meister Dresden, Band I: Die ausgestellten Werke, Köln 2005, 37–235.

Hermann 2010 | Hermann, Thomas Ino: Rabe, in: Trenner, Florian / Hagendorn, Susanne (Hg.): Christliche Tiersymbolik, München 2010, 217–222.

Hertz 1984 | [Hertz, Anselm:] Die Botschaft Christi. Eine Evangelienharmonie, illustriert durch 21 Szenen des Lebens Jesu aus dem Evangeliar Kaiser Ottos III. im Domschatz zu Aachen. Mit einer Deutung der Evangelientexte durch P. Anselm Hertz OP und einem Vorwort von Bischof Klaus Hemmerle, Freiburg-Basel-Wien 1984.

Hetzer 1984 | Hetzer, Theodor: Rubens und Rembrandt, Stuttgart 1984.

Hieronymus, Epistula(e) (CSEL 54–56/1) | Sancti Hieronymi Epistulae, Hg. Hilberg, Isidorus, Pars I: Epistulae I–LXX (CSEL 54), Pars II: Epistulae LXXI–CXX (CSEL 55), Pars III: Epistulae CXXI–CLIV (CSEL 56/1), Wien 1996.

Hieronymus, In Matheum (CChrSL 77) | S. Hieronymi Presbyteri Opera, Pars I, 7: Commentariorum in Matheum Libri IV, Hg. Hurst, David / Adriaen, Marc (CChrSL 77), Turnhout 1977.

Hilarius von Poitiers, Liber contra Constantium (PL 10) | Hilarius von Poitiers: Liber contra Constantium, in: Sancti Hilarii Pictaviensis Episcopi Opera Omnia [...] II (PL 10), Paris 1845, 577–606.

Hildegard von Bingen, Epistolarum liber (PL 197) | Sanctae Hildegardis Abbatissae Epistolarum liber, in: S. Hildegardis Abbatissae Opera Omnia [...] (PL 197), Paris 1855, 145–382.

Hildegard von Bingen, Physica (PL 197) | Hildegard von Bingen: Physica, in: S. Hildegardis Abatissae Opera Omnia, ad optimorum librorum fidem edita (PL 197), Paris 1855, 1117–1352.

Hildegard von Bingen, Scivias (Böckeler) | Hildegard von Bingen: Wisse die Wege. Scivias. Nach dem Originaltext des illuminierten Rupertsberger Kodex der Wiesbadener Landesbibliothek ins Deutsche übertragen und bearbeitet von Maura Böckeler, Salzburg 1987[8].

Hildegard von Bingen, Scivias (PL 197) | Sanctae Hildegardis Scivias sive Visionum ac Revelationum libri tres, in: S. Hildegardis Abbatissae Opera Omnia [...] (PL 197), Paris 1855, 383–738.

Hinz 1999 Lucas Cranach der Ältere | Hinz, Berthold: Cranach, Lucas d. Ä., in: AKL 22 (1999), 168–173.

Hinz 1999 Lucas Cranach der Jüngere | Hinz, Berthold: Cranach, Lucas d. J., in: AKL 22 (1999), 173–174.

Hippolyt, Danielkommentar (GCS 1/1) | Hippolyt's Kommentar zum Buche Daniel, Hg. Bonwetsch, G. Nathanael, in: Hippolytus Werke I/1: Exegetische und homiletische Schriften, Hg. Bonwetsch, G. Nathanael / Achelis, Hans (GCS 1/1), Leipzig 1897, 1–340.

Hirschfelder 2008 | Hirschfelder, Dagmar: Tronie und Porträt in der niederländischen Malerei des 17. Jahrhunderts, Berlin 2008.

Hochholzer 1988 | Hochholzer, Adolf: 300 Jahre Wallfahrtskirche Gartlberg 1688–1988, Hg. Förderverein Gartlberg/Pfarrkirchen, Passau 1988.

Hochholzer 2002 | Hochholzer, Adolf: Pfarrkirchen – Kreisstadt in Niederbayern. 1100 Jahre Siedlung an der mittleren Rott, Hg. Stadt Pfarrkirchen, Passau 2002.

Höhl 2015 | Höhl, Claudia: Sog. Kostbares Evangeliar, in: Brandt, Michael / Höhl, Claudia / Lutz, Gerhard (Hg): Dommuseum Hildesheim. Ein Auswahlkatalog, Regensburg 2015, 48–51.

Hoekstra 1980 | Hoekstra, Hidde (Hg.): Die Rembrandt-Bibel, Band 1: Geburt und Kindheit Jesu Christi, Neuhausen-Stuttgart 1980.

Hoekstra 1981 | Hoekstra, Hidde (Hg.): Die Rembrandt-Bibel, Band 2: Jesus von Nazareth, Neuhausen-Stuttgart 1981.

Hoffmann/Koppe 1986 | Hoffmann, Volker / Koppe, Konrad: Martin von Wagner Museum der Universität Würzburg. Gemäldekatalog, Darmstadt, 1986.

Holl 1972 | Holl, Karl: Hans von Kulmbach. Das Werk und sein Leben, Kulmbach 1972.

Honorius Augustodunensis, Expositio in Cantica Canticorum (PL 172) | Honorius Augustodunensis: Expositio in Cantica Canticorum, in: Honorii Augustodunensis Opera Omnia (PL 172), Paris 1854, 347–496.

Honorius Augustodunensis, Sacramentarium (PL 172) | Honorius Augustodunensis: Sacramentarium, in: Honorii Augustodunensis Opera Omnia (PL 172), Paris 1854, 737–806.

Honorius Augustodunensis, Sigillum beatae Mariae (PL 172) | Honorius Augustodunensis: Sigillum beatae Mariae ubi exponuntur Cantica Canticorum, in: Honorii Augustodunensis Opera Omnia (PL 172), Paris 1854, 495–518.

Honorius Augustodunensis, Speculum Ecclesiae (PL 172) | Honorius Augustodunensis: Speculum Ecclesiae, in: Honorii Augustodunensis Opera Omnia (PL 172), Paris 1854, 807–1107.

Hout 2011 | Hout, Nico van: On the invention and execution of the Coup de Lance, in: Rubensbulletin 3 (2011), 2–39.

Huber 1969 | Huber, Josef: Die Wallfahrtskirche Gartlberg bei Pfarrkirchen und ihre oberitalienischen Künstler, in: Ostbairische Grenzmarken 11 (1969), 64–66.

Huber 1972 | Huber, Josef: Gartlberg Pfarrkirchen (Schnell Kunstführer 697), München-Zürich 1972².

Hudson 1995 | Hudson, John G. H.: Robert Champart, in: Lexikon des Mittelalters 7 (1995), 898–899.

Hüttinger 1962 | Hüttinger, Eduard: Die Bilderzyklen Tintorettos in der Scuola di S. Rocco in Venedig, Zürich 1962.

Ignatius von Loyola, Exerzitien (Balthasar) | Ignatius von Loyola: Die Exerzitien. Übertragen von Hans Urs von Balthasar (Sigillum 1), Einsiedeln 1954.

Installé 1992 | Installé, Henri: Le Triptyque Merode. Évocation mnémoique d'une famille de marchands colonais, réfugiée à Malines, in: Handelingen van de Koninklijke Kring voor Oudheidkunde, Letteren en Kunst van Mechelen 96 (1992), 55–154.

Isaak von Stella, Sermo[nes] (PL 194) | Isaak von Stella: Sermones, in: Ven. Gerhohi […] Opera Omnia accedunt […] Isaac Abbatis de Stella […] Opuscula et Epistolae II (PL 194), Paris 1855, 1689–1876.

Isidor von Sevilla, Etymologiae (PL 82) | Isidor von Sevilla: Etymologiarum libri XX, in: Sancti Isidori […] Opera Omnia III (PL 82), Paris 1850, 9–728.

Jacoby 1987 | Jacoby, Joachim W.: „Er hatte desfals die Dreistigkeit … folgende starke Sprüche anzubringen". Die Johannespredigt Lucas Cranachs d. J. im Herzog Anton Ulrich-Museum, in: Niederdeutsche Beiträge zur Kunstgeschichte 26 (1987), 83–104.

Jacoby 2000 | Jacoby, Joachim: Hans von Aachen 1552–1615 (Monographien zur deutschen Barockmalerei), München-Berlin 2000.

Jakobus de Voragine, Legenda aurea (Benz) | Die Legenda aurea des Jacobus de Voragine. Aus dem Lateinischen übersetzt von Richard Benz, Heidelberg 1984¹⁰.

Jannella 2003 | Jannella, Cecilia: Simone Martini, in: Die großen Künstler Italiens. Von der Gotik bis zur Renaissance. Duccio, Giotto, Simone Martini, Pietro und Ambrogio Lorenzetti, Masaccio, Fra Angelico, Filippo Lippi, Benozzo Gozzoli, Florenz 2003, 167–243.

Janssens de Bisthoven 1981 | Janssens de Bisthoven, Aquilin: Stedelijk Museum voor Schone Kunsten (Groeningemuseum) Brugge. De Vlaamse Primitieven I (Band 1: Corpus van de vijftiende-eeuwse schilderkunst in de Zuidelijke Nederlanden), Brüssel 1981.

Jantzen 1947 | Jantzen, Hans: Ottonische Kunst, München 1947.

Jászai 1974 | Jászai, Géza: Kreuzallegorie, in: LCI 2 (1970), 595–600.

Jedlicka 1938 | Jedlicka, Gotthard: Pieter Bruegel. Der Maler in seiner Zeit, Zürich-Leipzig 1938.

Jeremias 1980 | Jeremias, Gisela: Die Holztür der Basilika S. Sabina in Rom. Unter Verwendung neuer Aufnahmen von Franz Xaver Bartl (Bilderhefte des Deutschen Archäologischen Instituts Rom 7), Tübingen 1980.

Johannes de Caulibus, Meditationes vitae Christi (CChrCM 153) | Iohannis de Caulibus Meditaciones vite Christi olim S. Bonaventuro attributae, Hg. Stallings-Taney, Mary (CChrCM 153), Turnhout 1997.

Johannes de Caulibus, Meditationes vitae Christi (Rock/Haselbeck) | Des Minderen Bruders Johannes de Caulibus Betrachtungen vom Leben Jesu Christi, Hg. Rock, Vinzenz / Haselbeck, Gallus, Berlin 1929.

Johannes von Euböa, Sermo in Conceptionem Sanctae Deiparae (PG 96) | Ioannes Euboeensis: Sermo in Conceptionem Sanctae Deiparae, in: Sancti Patris Nostri Joannis Damasceni, […] Opera Omnia III (PG 96), Paris 1864, 1459–1500.

Judson 2000 | Judson, J. Richard: Rubens. The Passion of Christ (Corpus Rubenianum Ludwig Burchard 6), Turnhout 2000.

Jung/Kreuzer 2006 | Jung, Franz / Kreuzer, Maria Caritas: Zwischen Schrecken und Trost. Bilder der Apokalypse aus mittelalterlichen Handschriften. Begleitbuch zu einer Ausstellung von Faksimiles aus der Sammlung Johannes Rathofer (Koinonia-Oriens 53), Köln 2006.
Jungmann 1960 | Jungmann, Josef Andreas: Symbolik der katholischen Kirche, Stuttgart 1960.
Justin der Märtyrer, Apologia (PG 6) | Eiusdem Iustini Apologia […], in: S. P. Nostri Justini […] Opera […] Omnia necnon Tatiani, Hermiae, Athenagorae et S. Theophili quae supersunt (PG 6), Paris 1857, 327–470.
Justin der Märtyrer, Dialog mit dem Juden Tryphon (PG 6) | Eiusdem Iustini Dialogus cum Tryphone Judaeo, in: S. P. Nostri Justini […] Opera […] Omnia necnon Tatiani, Hermiae, Athenagorae et S. Theophili quae supersunt (PG 6), Paris 1857, 471–800.
Kaak 1994 | Kaak, Joachim: Rembrandts Grisaille „Johannes der Täufer predigend". Dekorum-Verstoß oder Ikonographie der Unmoral? (Studien zur Kunstgeschichte 81), Hildesheim-Zürich-New York 1994.
Kahsnitz 1993 | Kahsnitz, Rainer: Inhalt und Aufbau der Handschrift. Die Bilder, in: Brandt, Michael (Hg.): Das Kostbare Evangeliar des Heiligen Bernward, München 1993, 18–55.
Kahsnitz 1994 Handschrift | Kahsnitz, Rainer: Inhalt und Aufbau der Handschrift, in: Bayerische Staatsbibliothek, München / Bayerisches Nationalmuseum, München (Hg.): Zierde für ewige Zeit. Das Perikopenbuch Heinrichs II. Ausstellung 20. Oktober 1994 – 15. Januar 1995 im Bayerischen Nationalmuseum, München (Bayerische Staatsbibliothek, Ausstellungskataloge 63), Frankfurt a. M. 1994, 97–100.
Kahsnitz 1994 Perikopenbuch | Kahsnitz, Rainer: Heinrich II. und Bamberg, die Reichenau und das Perikopenbuch, in: Bayerische Staatsbibliothek, München / Bayerisches Nationalmuseum, München (Hg.): Zierde für ewige Zeit. Das Perikopenbuch Heinrichs II. Ausstellung 20. Oktober 1994 – 15. Januar 1995 im Bayerischen Nationalmuseum, München (Bayerische Staatsbibliothek, Ausstellungskataloge 63), Frankfurt a. M. 1994, 9–37.
Kahsnitz 2011 | Kahsnitz, Rainer: Ungewöhnliche Szenen im Aachener Liuthar-Evangeliar. Ein Beitrag zum Problem des christologischen Zyklus der Reichenauer Buchmalerei, in: Beuckers, Klaus G. / Jobst, Christoph / Westphal, Stefanie (Hg.): Buchschätze des Mittelalters. Forschungsrückblicke – Forschungsperspektiven. Beiträge zum Kolloquium des Kunsthistorischen Instituts der Christian-Albrechts-Universität zu Kiel vom 24. bis zum 26. April 2009, Regensburg 2011, 63–91.
Kanter 1982 | Kanter, Laurence: Orvieto, Briziuskapelle. Luca Signorelli, Florenz 1982.
Kanter/Henry 2002 | Kanter, Laurence B. / Henry, Tom: Luca Signorelli, München 2002.
Kazhdan 1989 | Kazhdan, Alexander P.: Hesychasmus, in: Lexikon des Mittelalters 4 (1989), 2194–2196.
Kemperdick 1997 | Kemperdick, Stephan: Der Meister von Flémalle. Die Werkstatt Robert Campins und Rogier van der Weyden (Ars Nova 2), Turnhout, 1997.
Kemperdick 1999 | Kemperdick, Stephan: Rogier van der Weyden 1399/1400–1464, Köln 1999.
Kemperdick/Sander 2008 | Kemperdick, Stephan / Sander, Jochen (Hg.): Der Meister von Flémalle und Rogier van der Weyden. Eine Ausstellung des Städel Museums, Frankfurt am Main, und der Gemäldegalerie der Staatlichen Museen zu Berlin, Ostfildern 2008.
Kerber/Redaktion 1972 | Kerber, Bernhard / Redaktion: Sakramente, in: LCI 4 (1972), 5–11.
Kirchbach 1951 | Kirchbach, Esther: Jacopo Tintoretto. Abendmahlsbilder. Das Reich um den Tisch, Berlin 1951.
Klauner 1979 | Klauner, Friederike: Gedenken zu Dürers Allerheiligenbildern, in: Wiener Jahrbuch der kunsthistorischen Sammlungen 75 (1979), 57–92.
Klein 1980 | Klein, Peter K.: Beatus v. Liébana, in: Lexikon des Mittelalters 1 (1980), 1746–1747.
Klein 2008 | Klein, Peter: Dendrochronologische Untersuchungen an Gemäldetafeln der Gruppen Meister von Flémalle und Rogier van der Weyden, in: Kemperdick, Stephan / Sander, Jochen (Hg.): Der Meister von Flémalle und Rogier van der Weyden. Eine Ausstellung des Städel Museum, Frankfurt am Main, und der Gemäldegalerie der Staatlichen Museen zu Berlin, Ostfildern 2008, 161–167.
Kliesch 1986 | Kliesch, Klaus: Apostelgeschichte (Stuttgarter Kleiner Kommentar, Neues Testament 5), Stuttgart 1986.
Knapp 1913 | Knapp, Fritz: Würzburg und seine Sammlungen, in: Münchner Jahrbuch der bildenden Kunst 8 (1913), 97–142.

Knoch 1992 | Knoch, Otto: Das Neue Testament in seinen großen Gestalten. 41 Glaubens- und Lebensgeschichten. Mit einer Erklärung wichtiger neutestamentlicher Begriffe, Mainz 1992.

Knust/Wasserman 2010 | Knust, Jennifer / Wasserman, Tommy: Earth accuses earth: tracing what Jesus wrote on the ground, in: Harvard Theological Review 103 (2010), 407–446.

Kobialka | Kobialka, Michal: This Is My Body. Representational Practices in the Early Middle Ages, Ann Arbor 2003.

Köder 2001 | Köder, Sieger: Das Mahl mit den Sündern, in: Widmann, Gertrud (Hg.): Das Mahl mit den Sündern von Sieger Köder, Ostfildern 2001, 11–42.

Köder 2001 Korrespondenzblatt | Köder, Sieger: Das Mahl mit den Sündern, in: Korrespondenzblatt Collegium Germanicum et Hungaricum 110 (2001), 49–57.

König 2007 | König, Eberhard: Über Katzen in Bildern der Heilsgeschichte, in: Kampling, Rainer (Hg.): Eine seltsame Gefährtin. Katzen, Religion, Theologie und Theologen (Apeliotes 1), Frankfurt a. M. u. a. 2007, 245–258.

Kollwitz 1953 | Kollwitz, Johannes: Das Christusbild des dritten Jahrhunderts (Orbis antiquus 9), Münster 1953.

Koslow 1972 | Koslow, Susan Joan: The Chevrot Altarpiece. Ist Sources, Meaning an Significance (Diss.), Worcester 1972.

Kraft 1976 | Kraft, Heike: Die Bildallegorie der Kreuzigung Christi durch die Tugenden (Diss.), Frankfurt a. M. 1976.

Kraus 2005 | Kraus, Jeremia: Worauf gründet unser Glaube? Jesus von Nazaret im Spiegel des Hitda-Evangeliars (Freiburger Theologische Studien 168), Freiburg i. Br. 2005.

Kreidler/Teufel 2005 | Kreidler, Johannes / Teufel, Erwin: Farben des Lebens. Sieger Köder, Ostfildern 2005.

Krischel 1994 | Krischel, Roland: Tintoretto (Rowohlt Monographien 512), Reinbek 1994.

Kuder 1994 | Kuder, Ulrich: Die Bilder und Zierseiten, in: Bayerische Staatsbibliothek, München / Bayerisches Nationalmuseum, München (Hg.): Zierde für ewige Zeit. Das Perikopenbuch Heinrichs II. Ausstellung 20. Oktober 1994 – 15. Januar 1995 im Bayerischen Nationalmuseum, München (Bayerische Staatsbibliothek, Ausstellungskataloge 63), Frankfurt a. M. 1994, 109–132.

Kultzen 1975 | Bayerische Staatsgemäldesammlungen (Hg.) / Kultzen, Rolf (Bearbeitung): Alte Pinakothek München, Katalog V: Italienische Malerei, München 1975.

Kultzen 1999 Tintoretto | Kultzen, Rolf: Tintoretto, Jacopo, in: Bayerische Staatsgemäldesammlungen (Hg.): Alte Pinakothek München. Erläuterungen zu den ausgestellten Gemälden, München 1999^3, 526–531.

Kultzen 1999 Tizian | Kultzen, Rolf: Tizian, in: Bayerische Staatsgemäldesammlungen (Hg.): Alte Pinakothek München. Erläuterungen zu den ausgestellten Gemälden, München 1999^3, 531–535.

Kunsthistorisches Museum Wien, Gemäldegalerie II | Kunsthistorisches Museum, Wien. Katalog der Gemäldegalerie, II. Teil: Vlamen, Holländer, Deutsche, Franzosen (Führer durch das Kunsthistorische Museum 7), Wien 1958.

Kurmann 2002 | Kurmann, Peter: Zur Vorstellung des Himmlischen Jerusalem und zu den eschatologischen Perspektiven in der Kunst des Mittelalters, in: Aertsen, Jan A. / Pickavé, Martin (Hg.): Ende und Vollendung. Eschatologische Perspektiven im Mittelalter (Miscellanea medievalia 29), Berlin-New York 2002, 292–300.

Kutschbach 1995 | Kutschbach, Doris: Albrecht Dürer. Die Altäre, Stuttgart-Zürich 1995.

Lactantius, De mortibus persecutorum (SC 39) | Lactance: De la mort des Persécuteurs, Hg. Moreau, Jacques (SC 39), Paris 1954.

Lamm 1971 | Redaktion: Lamm, Lamm Gottes, in: LCI 3 (1971), 7–14.

Lange 2002 | Lange, Günter: Bilder zum Glauben. Christliche Kunst sehen und verstehen, München 2002.

Lange 2011 | Lange, Günter: Christusbilder sehen und verstehen, München 2011.

Langenstein 1986 | Langenstein, Eva: Georg Asam (1649–1711). Ölmaler und Freskant im barocken Altbayern, München-Zürich 1986.

Lebensweg Jesu 1983 | Informationszentrum Berufe der Kirche (Hg.): „Ich rufe dich bei deinem Namen". Der Lebensweg Jesu: sieben mal sieben Stationen in Wort und Bild, Lünen 1983.

Leber 1924 | Leber, Herrmann: Rembrandts Einfluß auf die deutsche Malerei des Barock und Rokoko (Diss.), Köln 1924.

Lechner 1972 | Lechner, Martin: Vaterunser, in: LCI 4 (1972), 412–415.

Lechner 1994 Sippe | Lechner, Gregor Martin: Sippe, in: Marienlexikon 6 (1994), 175–179.

Lechner 1994 Unbefleckte Empfängnis | Lechner, Gregor Martin: Unbefleckte Empfängnis. IV. Kunstgeschichte, in: Marienlexikon 6 (1994), 527–532.

Leroquais 1937 | Leroquais, Victor: Les pontificaux manuscrits des bibliothèques publiques de France. Étude et description, Band 2, Paris 1937.

Letz 2004 | Letz, Thomas Alexander: Fürstliche Herrschaft und Kirche. Brandenburg und Burgund in der Mitte des 15. Jahrhunderts (Diss.), Berlin 2004.

Limentani Virdis/Pietrogiovanna 2002 | Limentani Virdis, Caterina / Pietrogiovanna, Mari: Flügelaltäre. Bemalte Polyptychen der Gotik und Renaissance, München 2002.

Löhr 1996 | Löhr, Alexander: Studien zu Hans von Kulmbach als Maler, Würzburg 1996.

Lortz 1976 | Lortz, Joseph: Der unvergleichliche Heilige, Werl 1976.

Lurker 1978 | Lurker, Manfred: Wörterbuch biblischer Bilder und Symbole, München 1978^2.

Mader 1969 | Mader, Felix: Landkirchen zwischen Donau und Inn unter italienischem Einfluß, in: Ostbairische Grenzmarken 11 (1969), 32–35.

Mader 1984 | Mader, Franz: Wallfahrten im Bistum Passau, München-Zürich 1984.

Madersbacher 2003 | Madersbacher, Lukas: Wien und Niederösterreich, in: Rosenauer, Artur (Hg.): Geschichte der bildenden Kunst in Österreich, Band 3: Spätmittelalter und Renaissance, München-Berlin-London-New York 2003, 411–425.

Maginnis 1975 | Maginnis, Hayden B. J.: Pietro Lorenzetti and the Assisi Passion Cycle (Diss.), Princeton (New Jersey) 1975.

Mai 2005 | Mai Ekkehard: Gillis Mostaert im Vergleich – Grundzüge seines Schaffens, in: Mai, Ekkehard (Hg.): Gillis Mostaert (1528–1598). Ein Antwerpener Maler zur Zeit der Bruegel-Dynastie, Wolfratshausen 2005, 8–41.

Malafarina 2011 | Malafarina, Gianfranco: Die Kirche San Francesco in Assisi, München 2011.

Mander 1604 | Mander, Karel van: Het schilder-boeck waer in voor eerst de leerlustighe jueght den grondt der edel vry schilderconst in verscheyden deelen wort voorghedraghen, Haarlem 1604.

Manuth 1991 | Manuth, Volker: Gerbrand van den Eeckhout, in: Brown, Christopher / Kelch, Jan / Thiel, Pieter van: Rembrandt. Der Meister und seine Werkstatt (Ausstellungskatalog Gemäldegalerie Staatliche Museen Preußischer Kulturbesitz Berlin 1991), München-Paris-London 1991, 344–349.

Martindale 1988 | Martindale, Andrew: Simone Martini, Oxford 1988.

Mauceri 1931 | Mauceri, Enrico: Bologna Regia Pinacoteca: restauro di una crocefissione di Tiziano, in: Bollettino d'arte 25 (1931), 94–95.

Mauch 2004 | Mauch, Ute: Hildegard von Bingen und ihre Abhandlungen zum dreieinen Gott im „Liber Scivias" (Visio II, 2). Ein Beitrag zum Übergang vom sprechenden Bild zu Wort, Schrift und Bild, in: Würzburger medizinhistorische Mitteilungen 23 (2004), 146–158.

May 1989 I/II | May, Heidemarie: Die Entwicklung der fränkisch-nürnbergischen Malerei von 1495 bis 1525 unter besonderer Berücksichtigung des Schwabacher Hochaltars (Diss.), Bände 1–2, Tübingen 1989.

Mayer/Von der Bercken 1923 | Mayer, August L. / Von der Bercken, Erich: Jacopo Tintoretto, Band 1, München 1923.

McGinn 1996 | McGinn, Bernard: Die Mystik im Abendland, Band 2: Entfaltung, Freiburg i. Br. 1996.

Meier 1972 | Meier, Christel: Die Bedeutung der Farben im Werk Hildegards von Bingen, in: Frühmittelalterliche Studien 6 (1972), 245–355.

Meliton von Sardes, Osterhomilie (SC 123) | Méliton de Sardes: Sur la pâque et fragments, Hg. Perler, Othmar (SC 123), Paris 1966.

Mende 2001 | Mende, Matthias: Dürer, Albrecht, d. J., in: AKL 30 (2001), 295–306.

Metzger 1981 | Metzger, Othmar: Januarius Zick. Datierte und datierbare Gemälde, München 1981.

Metzsch 2002 | Metzsch, Friedrich August von: Jesus bei Maria und Marta, in: Metzsch, Friedrich-August von (Hg.): Bild und Botschaft. Biblische Geschichten auf Bildern der Alten Pinakothek München, Regensburg 2002, 60–63.

Mikliss de Dołęga 1996 | Mikliss de Dołęga, Peter: Ikone und Mysterium. Die geistliche Botschaft der Bilder (Theophanu-Schriften), Köln 1996.

Mindera 1950 | Mindera, Karl: Die Frühzeit des Hanns Georg Asam in Benediktbeuern und sein Erstlingswerk, in: Das Münster 3 (1950), 145–156.

Mindera 1970 | Mindera, Karl: Benediktbeuern. Kulturland und Kirchen (Große Kunstführer Schnell & Steiner 23), München-Zürich 1970³.

Minott 1969 | Minott, Charles I.: The Theme of the Mérode Altarpiece, in: The Art Bulletin 51 (1969), 267–271.

Missale Romanum | Missale Romanum. Editio typica tertia, Vatikanstadt 2002.

Mocanu 1977 | Mocanu, Virgil: Tintoretto, Bukarest 1977.

Möseneder 1986 | Möseneder, Karl: Zur Ikonologie und Typologie der Fresken, in: Bushart, Bruno / Rupprecht, Bernhard (Hg.): Cosmas Damian Asam. 1686–1739. Leben und Werk, München 1986, 28–42.

Molsdorf 1926 | Molsdorf, Wilhelm: Christliche Symbolik der mittelalterlichen Kunst, Leipzig 1926².

Morsbach 1993 | Morsbach, Peter: St. Emmeram zu Regensburg. Ehem. Benediktiner-Abteikirche (Große Kunstführer Schnell & Steiner 187), München-Regensburg 1993.

Most 2007 | Most, Glenn W.: Der Finger in der Wunde. Die Geschichte des ungläubigen Thomas, München 2007.

Müller 1986 | Müller, Paul-Gerhard: Lukas-Evangelium (Stuttgarter Kleiner Kommentar, Neues Testament 3), Stuttgart 1986.

Müller Hofstede 1969 | Müller Hofstede, Justus: Ein unbekanntes Modello von Rubens. „Magdalena verehrt den Gekreuzigten", in: Pantheon 27 (1969), 136–144.

Mütherich 1972 | Mütherich, Florentine: Die verschiedenen Bedeutungsschichten in der frühmittelalterlichen Psalterillustration, in: Frühmittelalterliche Studien 6 (1972), 232–244.

Mütherich 2001 Ausstattung | Mütherich, Florentine: Ausstattung und Schmuck der Handschrift, in: Mütherich, Florentine / Dachs, Karl (Hg.): Das Evangeliar Ottos III. Clm 4453 der Bayerischen Staatsbibliothek München, München-London-New York 2001, 27–79.

Mütherich 2001 Forschungsgeschichte | Mütherich, Florentine: Zur Forschungsgeschichte, in: Mütherich, Florentine / Dachs, Karl (Hg.): Das Evangeliar Ottos III. Clm 4453 der Bayerischen Staatsbibliothek München, München-London-New York 2001, 19–26.

Mütherich/Dachs 2001 | Mütherich, Florentine / Dachs, Karl (Hg.): Das Evangeliar Ottos III. Clm 4453 der Bayerischen Staatsbibliothek München, München-London-New York 2001.

Musper 1968 | Musper, Heinrich Theodor: Die Datierung von Rembrandts „Verlorenem Sohn" in Leningrad, in: Badt, Kurt / Gosebruch, Martin (Hg.): Amici Amico. Festschrift für Werner Gross zu seinem 65. Geburtstag am 25.11.1966, München 1968, 229–238.

Negel 2005 | Negel, Joachim: Ambivalentes Opfer: Studien zur Symbolik, Dialektik und Aporetik eines theologischen Fundamentalbegriffs, Paderborn 2005.

Neumann 1999 | Neumann, Jörg: Lehre Jesu. Bilder zu Gleichnissen und Predigten Jesu mit Texten aus den vier Evangelien (Wort und Bild, Band 3: Lehre Jesu), Tübingen 1999.

Neuner 1995 | Neuner, Antje Maria: Das Triptychon in der frühen altniederländischen Malerei. Bildsprache und Aussagekraft einer Kompositionsform (Europäische Hochschulschriften, Reihe 28: Kunstgeschichte 242), Frankfurt a. M. u. a. 1995.

Nichols 1994 | Nichols, Ann Eljenholm: Seeable Signs. The Iconography of the Seven Sacraments 1350–1544, Suffolk 1994.

Nickel 1965/66 | Nickel, Helmut: The Man beside the Gate, in: The Metropolitan Museum of Art Bulletin 24 (1965/66), 311–316.

Nikodemusevangelium (Scheidweiler) | Nikodemusevangelium, Hg. Scheidweiler, Felix, in: Hennecke, Edgar / Schneemelcher, Wilhelm (Hg.): Neutestamentliche Apokryphen, Band 1: Evangelien, Tübingen 1959³, 330–358.

Nikolaus Cusanus, De visione Dei (Dupré) | Nikolaus von Kues: Vom Sehen Gottes. Ein Buch mystischer Betrachtung, Hg. Dupré, Dietlind / Dupré, Wilhelm, Zürich-München 1987.

Nilgen 1998 | Nilgen, Ursula: Winchester, Skriptorium/Buchmalerei, in: Lexikon des Mittelalters 9 (1998), 228.

Nilgen 2004 | Nilgen, Ursula: Psalter für Gelehrte und Ungelehrte im hohen Mittelalter, in: Büttner, Frank O. (Hg.), The Illuminated Psalter. Studies in the content, purpose and placement of its images, Turnhout 2004, 239–247.

Nitz 1989 | Nitz, Genoveva: Davidsturm, in: Marienlexikon 2 (1989), 153–154.

Nitz 1991 | Nitz, Genoveva: Hortus conclusus, in: Marienlexikon 3 (1991), 247–250.

Nitz 1992 | Nitz, Genoveva: Lauretanische Litanei, in: Marienlexikon 4 (1992), 33–44.

Nitz 1993 | Nitz, Genoveva: Quell, Quelle, in: Marienlexikon 5 (1993), 383–385.

Nitz 1994 Ölbaum | Nitz, Genoveva: Ölbaum, in: Marienlexikon 6 (1994), 673–675.

Nitz 1994 Spiegel | Nitz, Genoveva: Spiegel der Gerechtigkeit, in: Marienlexikon 6 (1994), 237–239.

Nitz 1994 Zeder | Nitz, Genoveva: Zeder, in: Marienlexikon 6 (1994), 780–781.

Nitz 1994 Zypresse | Nitz, Genoveva: Zypresse, in: Marienlexikon 6 (1994), 815–816.

Nitz 2010 Eisvogel | Nitz, Genoveva: Eisvogel, in: Trenner, Florian / Hagendorn, Susanne (Hg.): Christliche Tiersymbolik, München 2010, 87–90.

Nitz 2010 Hahn/Henne | Nitz, Genoveva: Hahn/Henne, in: Trenner, Florian / Hagendorn, Susanne (Hg.): Christliche Tiersymbolik, München 2010, 124–129.

Nitz 2010 Kranich | Nitz, Genoveva: Kranich, in: Trenner, Florian / Hagendorn, Susanne (Hg.): Christliche Tiersymbolik, München 2010, 156–159.

Nitz 2010 Pfau | Nitz, Genoveva: Hahn/Henne, in: Trenner, Florian / Hagendorn, Susanne (Hg.): Christliche Tiersymbolik, München 2010, 197–202.

Nouwen 1995 | Nouwen, Henri J. M.: Nimm sein Bild in dein Herz. Geistliche Deutung eines Gemäldes von Rembrandt, Freiburg i. Br. 1995.

Nys 2005 | Nys, Ludovic: Le retable des Sept sacrements du musée des Beaux-Arts d'Anvers. Tournai ou Poligny? … Tournai et Poligny!, in: Maillard-Luypaert, Monique / Cauchies, Jean-Marie (Hg.): De Pise à Trente: la réforme de l'Église en gestation. Regards croisés entre Escaut et Meuse. Actes du colloque international de Tournai (Séminaire épiscopal), 19–20 Mars 2004 (Cahiers du Centre de Recherches en Histoire du Droit et des Institutions 21–22), Brüssel 2005, 293–335.

Nys 2006 | Nys, Ludovic: Par-deçà et par-delà, de Tournai à Poligny. Usages et fonctions de l'œuvre d'art chez un grand prélat bourguignon, Jean Chevrot, in: Joubert, Fabienne (Hg.): L'artiste et le clerc. Commandes artistiques des grands ecclésiastiques à la fin du Moyen Âge (XIVe–XVIe siècles) (Cultures et civilisations médiévales 36), Paris 2006, 41–104.

Nyssen 1990 | Nyssen, Wilhelm: Anastasis – Auferstehung. Zu einer nordrussischen Ikone des 15. Jahrhunderts (Koinonia-Oriens 33), Köln 1990.

Nystad 1975 | Nystad, Saskia: Joseph and Mary Find Their Son among the Doctors, in: Burlington Magazine 117 (1975), 140–147.

Oldenbourg 1922 | Oldenbourg, Rudolf: Peter Paul Rubens. Sammlung der von Rudolf Oldenbourg veröffentlichten oder zur Veröffentlichung vorbereiteten Abhandlungen über den Meister. Hg. Bode, Wilhelm von, München 1922.

Olsen 1962 | Olsen, Harald: Federico Barocci, Kopenhagen 1962.

Onasch 1989 | Onasch, Konrad: Feofan Grek (Theophanes der Grieche), in: Lexikon des Mittelalters 4 (1989), 355–356.

Oratio Cypriani Antiocheni pro Martyribus (PL 4) | Oratio Cypriani Antiocheni, pro Martyribus, in: Sancti Thascii Caecilii Cypriani […] Opera Omnia (PL 4), Paris 1844, 905–910.

Origenes, Hoheliedkommentar (Fürst/Strutwolf) | Origenes. Der Kommentar zum Hohenlied, Hg. Fürst, Alfons / Strutwolf, Holger (Origenes. Werke mit deutscher Übersetzung 9/1), Berlin-Boston 2016.

Origenes, Johanneskommentar (GCS 10) | Origenes: Der Johanneskommentar. Fragmente (Origenes Werke IV), Hg. Preuschen, Erwin (GCS 10), Leipzig 1903.

Origenes, Lukashomilien (FC 4/1–2) | Origenes, In Lucam Homiliae. Homilien zum Lukasevangelium, Hg. Sieben, Hermann-Josef (FC 4/1–2), Freiburg i. Br. 1991/1992.

Origenes, Römerbriefkommentar (FC 2/1–5) | Origenes, Commentarii in Epistulam ad Romanos. Römerbrief-Kommentar, Hg. Heither, Theresia, 5 Bände (FC 2/1–5), Freiburg i. Br. u. a. 1990–1996.

Oy-Marra 2013 | Oy-Marra, Elisabeth: Die Konversion des Saulus/Paulus am Beispiel Parmigianinos, Michelangelos und Caravaggios, in: Matheus, Ricarda / Oy-Marra, Elisabeth / Pietschmann, Klaus (Hg.): Barocke Bekehrungen. Konversionsszenarien im Rom der Frühen Neuzeit, Bielefeld 2013, 279–299.

Pächt 1991 | Pächt, Otto: Rembrandt, München 1991.

Pächt 1994 | Pächt, Otto: Altniederländische Malerei. Von Rogier van der Weyden bis Gerard David. Herausgegeben von Monika Rosenauer, München 1994.

Pächt/Dodwell/Wormald 1960 | Pächt, Otto / Dodwell, Charles Reginald / Wormald, Francis: The St. Albans Psalter (Albani Psalter) (Studies of the Warburg Institute 25), London 1960.

Palombi/Santarelli 1953 | Palombi, Arturo / Santarelli, Mario: Gli animali commestibili dei mari d'Italia, Mailand 1953.

Panofsky 1945 I/II | Panofsky, Erwin: Albrecht Dürer, Bände 1–2, Princeton (New Jersey) 1945.

Panofsky 1953 | Panofsky, Erwin: Early Netherlandish Painting, Cambridge (Massachusetts) 1953.

Panofsky 1977 | Panofsky, Erwin: Das Leben und die Kunst Albrecht Dürers, München 1977.

Panofsky 2001 | Panofsky, Erwin: Die altniederländische Malerei. Ihr Ursprung und ihr Wesen. Übersetzt und herausgegeben von Jochen Sander und Stephan Kemperdick, Band 1, Köln 2001.

Pappenheim 1936 | Pappenheim, Hans Eugen: Dürer im Etschland, in: Zeitschrift des Deutschen Vereins für Kunstwissenschaft 3 (1936), 34–90.

Pedrocco 2000 | Pedrocco, Filippo: Tizian, München 2000.

Pérez-Higuera 1996 | Pérez-Higuera, Teresa: Ein Kind ist uns geboren. Weihnachten in der Kunst der alten Meister, Augsburg 1996.

Périer-D'Ieteren 2006 | Périer-D'Ieteren, Catheline: Dieric Bouts. The Complete Works, Brüssel 2006.

Perndl, Garsten | Perndl, Josef: Die Pfarrkirche von Garsten [Schnell Kunstführer 503/04], München-Zürich o. J. [um 1950].

Petrus Chrysologus, Sermo(nes) (PL 52) | Sancti Petri Chrysologi […] Opera Omnia sequuntur sanctorum Valeriani et Nicetae (PL 52), Paris 1846.

Petrus Lombardus, Liber Sententiarum (PL 192) | Petri Lombardi […] Sententiarum libri quatuor, in: P. Lombardi […] Opera Omnia II (PL 192), Paris 1855, 521–964.

Petrus Lombardus, Römerbriefkommentar (PL 191) | Petrus Lombardus: In Epistolam ad Romanos, in: P. Lombardi […] Opera Omnia I (PL 191), Paris 1854, 1297–1534.

Petz 1889 | Petz, Hans: Urkunden und Regesten aus dem königlichen Kreisarchiv zu Nürnberg, in: Jahrbuch der Kunstsammlungen des Allerhöchsten Kaiserhauses 10 (1889), XX–LXII.

Petzoldt 1974 | Petzoldt, Leander: Longinus von Cäsarea, der Centurio, in: LCI 7 (1974), 410–411.

Pfändtner 2012 Handschrift | Pfändtner, Karl-Georg: Der Uta-Codex. Die Handschrift – Kodikologie und Ausstattung, in: Pfändtner, Karl-Georg / Gullath, Brigitte: Der Uta-Codex. Frühe Regensburger Buchmalerei in Vollendung. Die Handschrift Clm 13601 der Bayerischen Staatsbibliothek, Luzern 2012, 51–90.

Pfändtner 2012 Provenienzgeschichte | Pfändtner, Karl-Georg: Die Provenienzgeschichte des Uta-Codex, in: Pfändtner, Karl-Georg / Gullath, Brigitte: Der Uta-Codex. Frühe Regensburger Buchmalerei in Vollendung. Die Handschrift Clm 13601 der Bayerischen Staatsbibliothek, Luzern 2012, 37–39.

Pfister-Burkhalter 1971 | Pfister-Burkhalter, Margarete: Lilie: in: LCI 3 (1971), 100–102.

Physiologus (Schönberger) | Physiologus. Griechisch/Deutsch. Übersetzt und herausgegeben von Otto Schönberger (Reclam-Universalbibliothek 18124), Stuttgart 2014.

Pigler 1974 | Pigler, Andor: Barockthemen. Eine Auswahl von Verzeichnissen zur Ikonographie des 17. und 18. Jahrhunderts, Band I: Darstellungen religiösen Inhalts, Budapest 1974.

Pinson 2003 | Pinson, Yona: Folly and childishness go hand in hand: Hans Holbein's „Dixit Insipiens", in: Notes in the History of Art 22 (2003), 1–7.

Platon, Politeia (Eigler) | Platon: Politeia (Eigler, Günther [Hg.]: Platon. Werke in acht Bänden. Griechisch und Deutsch, Band 4), Darmstadt 1971.

Poeschke 1971 | Poeschke, Joachim: Paradiesflüsse, in: LCI 3 (1971), 382–384.

Poeschke 1971 Parusiereden | Poeschke, Joachim: Parusiereden, in: LCI 3 (1971), 386.

Prater 1992 | Prater, Andreas: Licht und Farbe bei Caravaggio. Studien zur Ästhetik und Ikonologie des Helldunkels, Stuttgart 1992.

Preimesberger 1987 | Preimesberger, Rudolf: Tragische Motive in Raffaels „Transfiguration", in: Zeitschrift für Kunstgeschichte 50 (1987), 88–115.

Preimesberger 1994 | Preimesberger, Rudolf: Geburt der Stimme und Schweigen des Gesetzes. Beobachtungen zur Johannes-Seite des Turin-Mailänder Stundenbuchs, in: Zeitschrift für Kunstgeschichte 57 (1994), 307–318.

Prinz 2000 | Prinz, Wolfram: Die Storia oder die Kunst des Erzählens in der italienischen Malerei und Plastik des späten Mittelalters und der Frührenaissance 1260–1460. Mit Beiträgen von Iris Marzik, Textband, Mainz 2000.

Proto-Jak (FC 18) | Protoevangelium Iacobi. Protoevangelium des Jakobus, in: Evangelia Infantiae Apocrypha. Apocryphe Kindheitsevangelien, Hg. Schneider, Gerhard (FC 18), Freiburg i. Br. u. a. 1995, 95–145.

Prudentius, Carmina (CSEL 61) | Aurelii Prudentii Clementis Carmina, Hg. Bergmann, Iohannes (CSEL 61), Wien-Leipzig 1926.

Pseudo-Dionysius Areopagita, De ecclesiastica hierarchia (PG 3) | Pseudo-Dionysius Areopagita: De ecclesiastica hierarchia, in: Sancti Dionysii Areopagitae Opera Omnia (PG 3), Paris 1857, 369–584.

Ps-Mt (FC 18) | Liber de ortu Beatae Mariae et infantia Salvatoris. Pseudo-Matthäusevangelium, in: Evangelia Infantiae Apocrypha. Apocryphe Kindheitsevangelien, Hg. Schneider, Gerhard (FC 18), Freiburg i. Br. u. a. 1995, 213–255.

Quarré 1976 | Quarré, Pierre: Le triptyque des sept sacrements de Rogier van der Weyden en Bourgogne, in: Recontres de Neuchâtel 25 au 27 septembre 1975 (Publication du Centre européen d'etudes burgundo-médianes 17 [1976]), 85–94.

Ragaller 1969 | Ragaller, Heinrich: Martin-von-Wagner-Museum der Universität Würzburg. Neuere Abteilung. Verzeichnis der Gemälde und Skulpturen, Würzburg 1969.

Rahner 1932 | Rahner, Hugo: Die Weide als Symbol der Keuschheit in der Antike und im Christentum, in: Zeitschrift für katholische Theologie 56 (1932), 231–253.

Rahner 1944 | Rahner, Hugo: Das christliche Mysterium und die heidnischen Mysterien, in: Eranos-Jahrbuch 11 (1944), 347–449.

Rahner 1962 | Rahner, Hugo: Maria und die Kirche. Zehn Kapitel über das geistliche Leben (Tyrolia-Taschenbücher 15), Innsbruck 1962.

Rahner 1989 | Rahner, Hugo: Griechische Mythen in christlicher Deutung. Mit 11 Abbildungen und einem Geleit- und Schlüsselwort von Alfons Rosenberg, Basel 1989³.

Ratschluss der Erlösung 1971 | Redaktion: Ratschluss der Erlösung, in: LCI 3 (1971), 499–502.

Räuschel 2012 | Räuschel, Hilke: Die „Mannalese" und „Das letzte Abendmahl" von Jacopo Tintoretto in der Chiesa di San Giorgio Maggiore, München 2012.

Reinle 1988 | Reinle, Adolf: Die Ausstattung deutscher Kirchen im Mittelalter, Darmstadt 1988.

Reiter 1994 | Reiter, Cornelia (Hg.): Festschrift zur Eröffnung des Museums im Schottenstift, Wien 1994.

Renner 1986 | Renner, Michael: Archivalien zur Tätigkeit Cosmas Damian Asams für Sünching, in: Bushart, Bruno / Rupprecht, Bernhard (Hg.): Cosmas Damian Asam. 1686–1739. Leben und Werk, München 1986, 83–84.

Ribbentrop 1789 | Ribbentrop, Philip Christian: Beschreibung der Stadt Braunschweig, Band 1, Braunschweig 1789.

Richeome 1611 | Richeome, Louis: La peinture spirituelle ou L'art d'admirer aimer et louer Dieu en toutes ses oeuvres, et tirer de toutes profit salutere, Lyon 1611.

Ridolfi, Maraviglie I/II | Ridolfi, Carlo: Le Maraviglie dell'arte ovvero le vite degli illustri pittori veneti e dello stato, descritte da Carlo Ridolfi, Venetia 1648, Hg. Hadeln, Detlev Freiherr von, Bände 1–2, Berlin 1914–1924.

Ripa, Iconologia | Ripa, Cesare: Iconologia, Hg. Buscariolo, Piero, Mailand 1992.

Rivière 1929 | Rivière, Jean: „Muscipula diaboli". Origine et sens d'une image augustinienne, in: Recherches de théologie ancienne et médiévale 1 (1929), 484–496.

Roeck 1990 | Roeck, Bernd: Geschichte, Finsternis und Unkultur. Zu Leben und Werk des Marcus Welser (1558–1614), in: Archiv für Kulturgeschichte 72 (1990), 115–141.

Röhlig 1949 | Röhlig, Ursula: Die Deckenfresken Johann Baptist Zimmermanns (Diss. masch.), München 1949.

Roettgen 1997 | Roettgen, Steffi: Wandmalerei in der Frührenaissance in Italien, Band II: Die Blütezeit 1470–1510, München 1997.

Rohls 2005 | Rohls, Jan: Van Gogh und die religiöse Expression, in: Zeitschrift für Theologie und Kirche 102 (2005), 504–531.

Rolland 1942/47 | Rolland, Paul: Het drieluik der Seven Sacramenten van Rogier van der Weyden, in: Jaarboek Kononklijk Museum voor Schone Kunsten Antwerpen 1942–1947, 99–114.

Ronig 2005 Egbert | Ronig, Franz J.: Erzbischof Egbert und die Entstehungszeit seines Evangelistars, in: Franz, Gunther (Hg.): Der Egbert Codex. Das Leben Jesu. Ein Höhepunkt der Buchmalerei vor 1000 Jahren. Handschrift 24 der Stadtbibliothek Trier, Darmstadt 2005, 47–77.

Ronig 2005 Miniaturen | Ronig, Franz J.: Erläuterungen zu den Miniaturen des Egbert-Codex, in: Franz, Gunther (Hg.): Der Egbert Codex. Das Leben Jesu. Ein Höhepunkt der Buchmalerei vor 1000 Jahren. Handschrift 24 der Stadtbibliothek Trier, Darmstadt 2005, 78–188.

Rosenberg 1968 | Rosenberg, Jakob: Rembrandt. Life and Work, London-New York 1968[3].

Ruf 1981 | Ruf, Gerhard: Das Grab des hl. Franziskus. Die Fresken der Unterkirche von Assisi, Freiburg i. Br. 1981.

Ruf 1985 | Ruf, Gerhard: Der Einfluss der franziskanischen Bewegung auf die italienische Kunst des Mittelalters und der Frührenaissance, in: Franziskanische Studien 67 (1985), 259–286.

Rupprecht 1986 | Rupprecht, Bernhard: Der Deckenmaler Cosmas Damian Asam, in: Bushart, Bruno / Rupprecht, Bernhard (Hg.): Cosmas Damian Asam. 1686–1739. Leben und Werk, München 1986, 11–27.

Sachs/Badstübner/Neumann | Sachs, Hannelore / Badstübner, Ernst / Neumann, Helga: Erklärendes Wörterbuch zur christlichen Kunst, Hanau o. J.

Salerno 1963 | Salerno, Luigi: Salvator Rosa, Milano 1963.

Salerno 1975 | Salerno, Luigi: L'opera completa di Salvator Rosa (Classici dell'Arte 82), Milano 1975.

Saliger 2005 | Saliger, Arthur: Der Wiener Schottenmeister, München-Berlin-London-New York 2005.

Sander 2008 | Sander, Jochen: Meister von Flémalle. Mérode-Triptychon, in: Kemperdick, Stephan / Sander, Jochen (Hg.): Der Meister von Flémalle und Rogier van der Weyden. Eine Ausstellung des Städel Museums, Frankfurt am Main, und der Gemäldegalerie der Staatlichen Museen zu Berlin, Ostfildern 2008, 192–201.

Sauerländer 1994 | Sauerländer, Willibald: Gedanken über das Nachleben des gotischen Kirchenraums im Spiegel der Malerei, in: Münchner Jahrbuch der bildenden Kunst 45 (1994), 165–182.

Sauerländer 2011 | Sauerländer, Willibald: Der katholische Rubens. Heilige und Märtyrer, München 2011.

Saurma-Jeltsch 1997 | Saurma-Jeltsch, Liselotte E.: Die Rupertsberger „Scivias"-Handschrift. Überlegungen zu ihrer Entstehung, in: Forster, Edeltraud (Hg.): Hildegard von Bingen. Prophetin durch die Zeiten. Zum 900. Geburtstag, Freiburg i. Br. 1997, 340–358.

Saurma-Jeltsch 1998 | Saurma-Jeltsch, Liselotte E.: Die Miniaturen im „Liber Scivias" der Hildegard von Bingen. Die Wucht der Vision und die Ordnung der Bilder, Wiesbaden 1998.

Schaffrath 2004 | Schaffrath, Christine: Das Gleichnis im Bild: Vincent van Gogh, „Der barmherzige Samariter" (1890), Norderstedt 2004.

Schapiro 1945 | Schapiro, Meyer: „Muscipula Diaboli". The Symbolism of the Mérode Altarpiece, in: The Art Bulletin 27 (1945), 182–187.

Scharbert 1994 | Scharbert, Josef: Weisheitsbücher, in: Marienlexikon 6 (1994), 702–703.
Scharfe 1968 | Scharfe, Martin: Evangelische Andachtsbilder. Studie zu Intention und Funktion des Bildes in der Frömmigkeitsgeschichte vornehmlich des schwäbischen Raumes (Veröffentlichungen des Staatlichen Amtes für Denkmalpflege Stuttgart, Reihe C: Volkskunde 5), Stuttgart 1968.
Schildenberger/(Scharbert) 1988 | Schildenberger, Johannes / (Scharbert, Josef): Bundeslade. I. Exegese AT – II. Patrologie, in: Marienlexikon 1 (1988), 615–616.
Schiller 1968 | Schiller, Gertrud: Ikonographie der christlichen Kunst, Band 2: Die Passion Jesu Christi, Gütersloh 1968.
Schiller 1969 | Schiller, Gertrud: Ikonographie der christlichen Kunst, Band 1: Inkarnation – Kindheit – Taufe – Versuchung – Verklärung – Wirken und Wunder Christi, Gütersloh 1969^2.
Schiller 1971 | Schiller, Gertrud: Ikonographie der christlichen Kunst, Band 3: Die Auferstehung und Erhöhung Christi, Gütersloh 1971.
Schiller 1976 | Schiller, Gertrud: Ikonographie der christlichen Kunst, Band 4/1: Die Kirche, Gütersloh 1976.
Schiller 1990 | Schiller, Gertrud: Ikonographie der christlichen Kunst, Band 5. Textteil: Die Apokalypse des Johannes, Gütersloh 1990.
Schlemmer 1991 | Schlemmer, Hans: St. Rupert Regensburg (Schnell Kunstführer 1892), München-Zürich 1991.
Schlosser 1965 | Schlosser, Hanspeter: Die Daniel-Susanna-Erzählung in Bild und Literatur der christlichen Frühzeit, in: Schumacher, Walter Nikolaus (Hg.): Tortulae. Studien zu altchristlichen und byzantinischen Monumenten (Römische Quartalschrift, 30. Supplementheft), Rom-Freiburg-Wien 1965, 243–249.
Schlosser 1972 | Schlosser, Hanspeter: Susanna, in: LCI 4 (1972), 228–231.
Schmid 2003 | Schmid, Wolfgang: Dürer als Unternehmer. Kunst, Humanismus und Ökonomie (Beiträge zur Landes- und Kulturgeschichte 1), Trier 2003.
Schmidt 1967 | Schmidt, Doris: Meister der „Perle von Brabant", Flügelaltärchen: genannt „Perle von Brabant", in: Netzer, Remigius (Hg.): Kunstwerke der Welt. Sonderband Alte Pinakothek München, München 1967, 218r–v.
Schnell 1975 | Schnell, Hugo: Landsberg Stadtpfarrkirche und Johanneskirche (Schnell Kunstführer 88), München-Zürich 1975^4.
Schöne 1938 | Schöne, Wolfgang: Dieric Bouts und seine Schule, Berlin-Leipzig 1938.
Schomer 1937 | Schomer, Josef: Die Illustrationen der heiligen Hildegard von Bingen als künstlerische Neuschöpfung (Diss.), Bonn 1937.
Schürmann 1994 | Schürmann, Heinz: Das Lukasevangelium, Zweiter Teil, Erste Folge: Kommentar zu Kapitel 9,51–11,54 (Wikenhauser, Alfred u. a. [Hg.]: Herders Theologischer Kommentar zum Neuen Testament 3/2,1), Freiburg i. Br. u. a. 1994.
Schütze 2009 | Schütze, Sebastian: Caravaggio. Das vollständige Werk, Köln 2009.
Schuffels 1993 | Schuffels, Hans Jakob: Bischof Bernward von Hildesheim, in: Brandt, Michael (Hg.): Das Kostbare Evangeliar des Heiligen Bernward, München 1993, 8–17.
Schumacher-Wolfgarten 2012 | Schumacher-Wolfgarten, Renate: Der mystische Weinstock in Pistoia. Vitis vera, in: Das Münster 65 (2012), 288–298.
Schwartz 1987 | Schwartz, Gary: Rembrandt. Sämtliche Gemälde in Farbe, Stuttgart-Zürich 1987.
Scott 1995 | Scott, Jonathan: Salvator Rosa. His Life and Times, New Haven-London 1995.
Scott-Macnab 2014 | Scott-Macnab, David: St Augustine and the Devil's „Mousetrap", in: Vigiliae Christianae 68 (2014), 409–415.
Sedlmayr 1957 | Sedlmayr, Hans: Pieter Bruegel. Der Sturz der Blinden. Paradigma einer Strukturanalyse, in: Hefte des kunsthistorischen Seminars der Universität München 2 (1957), 1–48.
Sedlmayr 1959 | Sedlmayr, Hans: Pieter Bruegel. Der Sturz der Blinden, in: Sedlmayr, Hans: Epochen und Werke. Gesammelte Schriften zur Kunstgeschichte, München 1959, 319–356.

Sedulius, Paschalis Carmina (CSEL 10) | Sedulii Paschali Carminis, in: Sedulii Opera omnia una cum excerptis ex Remigii expositione in Sedulii Paschale Carmen, Hg. Huemer, Iohannes (CSEL 10), Wien 2007, 14–146.

Seuse, Büchlein der ewigen Weisheit (Schneider) | Heinrich Seuse, Das Büchlein der ewigen Weisheit, Hg. Schneider, Oda, Stein am Rhein 1987.

Seuse, Vita (Hofmann) | Das Leben des seligen Heinrich Seuse, Hofmann, Georg (Übersetzung) / Nigg, Walter (Einleitung), Düsseldorf 1966.

Seuse-Vita 1482 | Suso, Henricus: Das Buch genannt Seuse. Vita; Büchlein der ewigen Weisheit; Briefbüchlein. Rulman Merswin: Neunfelsenbuch. Henricus de Herpf: Spiegel der Vollkommenheit (Chap. 60), Augsburg 1482.

Shearman 1972 | Shearman, John: Raphael's Cartoons in the Collection of Her Majesty the Queen and the Tapestries for the Sistine Chapel, London 1972.

Signori 2013 | Signori, Gabriela: baptismus est ianua omnium et fundamentum. Die Taufe in Dogmatik, Liturgie, Tafelmalerei und Kleinarchitektur in der zweiten Hälfte des 15. und zu Beginn des 16. Jahrhunderts, in: Bünz, Enno / Fouquet, Gerhard (Hg.): Die Pfarrei im späten Mittelalter (Vorträge und Forschungen 77), Ostfildern 2013, 233–257.

Simon 2002 | Simon, Achim: Österreichische Tafelmalerei der Spätgotik. Der niederländische Einfluß im 15. Jahrhundert, Berlin 2002.

Smith 1993 | Smith, Kathryn A.: Inventing Marital Chastity: The Iconography of Susanna and the Elders in Early Christian Art, in: The Oxford Art Journal 16 (1993), 3–24.

Spera 2004 | Spera, Lucrezia: Il complesso di Pretestato sulla Via Appia. Storia topografica e monumentale di un insediamento funerario paleocristiano nel suburbio di Roma, Vatikanstadt 2004.

Spike 1997 | Spike, John T.: Fra Angelico, München 1997.

Stabell 1998 | Stabell, Annette: Ciseri (Cisari), Antonio, in: AKL 19 (1998), 297–298.

Stadler 1936 | Stadler, Franz: Hans von Kulmbach, Wien 1936.

Stäps 1992 | Stäps, Detlef: Das menschliche Antlitz Gottes. Bilder von Christus (Reihe Glaubensbilder), Würzburg 1992.

Stäps 1993 | Stäps, Heinz Detlef: Speculum Passionis. Ikonographische Untersuchungen zum Bild des Gekreuzigten in der mittelalterlichen Kunst des Abendlands anhand der Leidensspuren. Zugleich ein Beitrag zur Wirkungsgeschichte des Turiner Grabtuchs (Diss.), Rom 1993.

Stechow 1940 | Stechow, Wolfgang: Rembrandt's Presentation in the Dark Manner, in: The Print Collector's Quarterly 27 (1940), 364–379.

Steiner 1988 | Steiner, Peter B.: Tintorettos „Himmelfahrt Mariae" aus dem Bamberger Dom und die Erneuerung der kirchlichen Kunst in Süddeutschland nach dem Konzil von Trient, in: Petzet, Michael (Hg.): Die Bamberger „Himmelfahrt Mariae" von Jacopo Tintoretto. Internationales Kolloquium in München, 27. und 28. Januar 1986 und Restaurierungsbericht (Arbeitsheft des Bayerischen Landesamtes für Denkmalpflege 42), München 1988, 53–60.

Steiner 2016 | Steiner, Peter B.: Asambasilika Osterhofen-Altenmarkt (Schnell Kunstführer 291), Regensburg 2016[24].

Steinmetz 1986/87 | Steinmetz, Franz-Josef: Ein Ärgernis der Liebe. Das „Gastmahl der Sünder" in San Pastore, in: Korrespondenzblatt Collegium Germanicum et Hungaricum 96 (1986/87), 65–76.

Steinmetz 1988 | Steinmetz, Franz-Josef: Liebe und Vorliebe. Zu einem Gemälde von Sieger Köder, in: Geist und Leben 61 (1988), 1–3.

Stetten 1765 | Stetten, Paul von: Erläuterungen der in Kupfer gestochenen Vorstellungen, aus der Geschichte der Reichsstadt Augsburg. In historischen Briefen an ein Frauenzimmer, Augsburg 1765.

Stevenson 1980 | Stevenson, James: Im Schattenreich der Katakomben. Entstehung, Bedeutung und Wiederentdeckung der frühchristlichen Grabstätten, Bergisch Gladbach 1980.

Stintzi 1968 | Stintzi, Paul: Neuwiller lès Saverne (Schnell Kunstführer 904), München-Zürich 1968.

Stolzenburg 1999 Leben Rosas | Stolzenburg, Andreas: Zu Leben und Werk Salvator Rosas, in: Guratzsch, Herwig (Hg.): Salvator Rosa. Genie der Zeichnung. Studien und Skizzen aus Leipzig und Haarlem, Köln 1999, 8–36.

Stolzenburg 1999 Zeichnungen Rosas | Stolzenburg, Andreas: Tafeln, in: Guratzsch, Herwig (Hg.): Salvator Rosa. Genie der Zeichnung. Studien und Skizzen aus Leipzig und Haarlem, Köln 1999, 89–215.
Strasser 1987 | Strasser, Josef: Januarius Zick. Studien zum Frühwerk, München 1987.
Straßer 1994 | Straßer, Josef: Januarius Zick 1730–1797. Gemälde, Graphik, Fresken, Weißenhorn 1994.
Strecker 1998 | Strecker, Freya: Augsburger Altäre zwischen Reformation (1537) und 1635. Bildkritik, Repräsentation und Konfessionalisierung (Kunstgeschichte 61), Münster 1998.
Stridbeck 1956 | Stridbeck, Carl Gustav: Bruegelstudien, Stockholm 1956.
Strieder 1980 | Strieder, Peter: Hans Suess von Kulmbach, in: Fränkische Lebensbilder 9 (1980), 80–92.
Strieder 1981 | Strieder, Peter: Dürer, Königstein im Taunus 1981.
Strieder 1992 | Strieder, Peter: Communio Sanctorum. Albrecht Dürers „Anbetung der Heiligen Dreifaltigkeit" für die Kapelle im Zwölfbrüderhaus des Matthäus Landauer, in: Pese, Claus (Hg.): Brückenschlagen. 1902–1992. Festschrift für Ferdinand Eckhardt, Nürnberg 1992, 83–104.
Strieder/Sporer 1961 | Strieder, Peter / Sporer, Eugen u. a. (Hg.): Meister um Albrecht Dürer. Ausstellung im Germanischen National-Museum vom 4. Juli bis 17. September (Anzeiger des Germanischen National-Museums 1960/61), Nürnberg 1961.
Ströbel/Zahner 2006 | Ströbel, Nele / Zahner, Walter (Hg.): Der Hortus conclusus. Ein geistiger Raum wird zum Bild, München 2006.
Stützer 1983 | Stützer, Herbert Alexander: Das Christusbild im antiken Rom, in: Das Münster 36 (1983), 93–98.
Stützer 1983 Katakomben | Stützer, Herbert Alexander: Die Kunst der römischen Katakomben, Köln 1983.
Stuttgarter AT | Stuttgarter Altes Testament. Einheitsübersetzung mit Kommentar und Lexikon, Hg. Zenger, Erich, Stuttgart 2010^4.
Stuttgarter NT | Stuttgarter Neues Testament. Einheitsübersetzung mit Kommentar und Erklärungen, Stuttgart 2010^5.
Suckale 1995 | Suckale, Robert: Rogier van der Weyden. Die Johannestafel. Das Bild als stumme Predigt (Kunststück), Frankfurt a. M. 1995.
Suckale 2002 | Suckale, Robert: Überlegungen zur spätgotischen Tafelmalerei in Oberösterreich, in: Schultes, Lothar (Hg.): Gotikschätze Oberösterreich. Katalog zu einem Ausstellungsprojekt des Oberösterreichischen Landesmuseums in Linz/Schlossmuseum, Freistadt, St. Florian, Kremsmünster, Mondsee, Steyr, Peuerbach, Braunau, Ried, Schlierbach, Linz/Landesgalerie, Linz 2002, 122–131.
Suckale-Redlefsen 1971 | Suckale-Redlefsen, Gude: Psalmen, Psalterillustrationen, in: LCI 3 (1971), 466–481.
Suckale-Redlefsen 1972 | Suckale-Redlefsen, Gude: Die Bilderzyklen zum Davidsleben, München 1972.
Sudhoff 1981 | Sudhoff, Heinke: Ikonographische Untersuchungen zur „Blindenheilung" und zum „Blindensturz". Ein Beitrag zu Pieter Bruegels Neapler Gemälde von 1568 (Diss.), Bonn 1981.
Suida 1933 | Suida, Wilhelm: Tizian, Zürich-Leipzig 1933.
Surius 1577 | Surius, Laurentius: Bewerte Historien der lieben Heiligen Gottes: Von jrem Christlichem, Gottseligem leben, warhaffter bekantnüß, herrlichen thaten, bestendigem leiden, Das ist: Wie sie Christo (den sie iren Gott vnnd ainigen der gantzen Welt Seligmacher erkent ...), ... vnnd ... die Kron der ewigen Glori vnd Seligkeit erlanget haben. Diß Theil begreifft Hewmon vnd Augstmon. 4, München 1577.
Suzuki 1998 | Suzuki, Keiko: Bildgewordene Visionen oder Visionserzählungen. Vergleichende Studie über die Visionsdarstellungen in der Rupertsberger „Scivias"-Handschrift und im Luccheser „Liber Divinorum Operum"-Codex der Hildegard von Bingen (Neue Berner Schriften zur Kunst 5), Bern-Berlin u. a. 1998.
Swarzenski 1901 | Swarzenski, Georg: Die Regensburger Buchmalerei des X. und XI. Jahrhunderts. Studien zur Geschichte des frühen Mittelalters (Denkmäler der süddeutschen Malerei des frühen Mittelalters 1), Leipzig 1901.
Tagliaferri/Stellacci Adessi 2000 | Tagliaferri, Mino / Stellacci Adessi, Fortunata: Santa Felicità (Hg. Arcidiocesi di Firenze. Ufficio Diocesano per la Catechesi attraverso l'Arte), Florenz 2000.

Teresa von Ávila, Vida (Dobhan/Peeters) | Teresa von Ávila. Vollständige Neuübertragung. Gesammelte Werke, Band 1: Das Buch meines Lebens, Hg. Dobhan, Ulrich / Peeters, Elisabeth, Freiburg-Basel-Wien 2001.
Tertullian, De pallio (SC 513) | Tertullian: Le Manteau (De pallio), Hg. Turcan, Marie (SC 513), Paris 2007.
Tertullian, Scorpiace (CChrSL 2) | Tertullian: Scorpiace, Hg. Reifferscheid, August / Wissowa, Georg, in: Quinti Septimi Florentis Tertulliani Opera, Pars II (CChrSL 2), Turnhout 1954, 1067–1097.
Thiel 1991 | Thiel, Pieter J. J. van: Der Reiche aus dem Gleichnis vom reichen Toren, in: Brown, Christopher / Kelch, Jan / Thiel, Pieter van: Rembrandt. Der Meister und seine Werkstatt (Ausstellungskatalog Gemäldegalerie Staatliche Museen Preußischer Kulturbesitz Berlin 1991), München-Paris-London 1991, 128–129.
Thode 1901 | Thode, Henry: Tintoretto, Bielefeld 1901.
Thode 1904 | Thode, Henry: Tintoretto. Kritische Studien über des Meisters Werke, Teil 4: in: Repertorium für Kunstwissenschaft 27 (1904), 24–45.
Thode 1934 | Thode, Henry: Franz von Assisi und die Kunst der Renaissance in Italien, Wien 1934.
Thomas 1972 | Thomas, Alois: Weinstock, in LCI 4 (1972), 491–494.
Thomas von Aquin, De articulis fidei et ecclesiae sacramentis (Editio Leonina 42) | Thomas von Aquin: De articulis fidei et ecclesiae sacramentis ad archiepiscoporum Panormitanum, in: Sancti Thomae de Aquino Opera omnia iussu Leonis XIII P. M. edita, Band 42, Rom 1979, 209–257.
Thomas von Aquin, Summa theologica (Deutsche Thomas-Ausgabe 1ff.) | Die Deutsche Thomas-Ausgabe. Vollständige, ungekürzte deutsch-lateinische Ausgabe der Summa theologica. Übersetzt von Dominikanern und Benediktinern Deutschlands und Österreichs, Bände 1ff. [noch unvollendet], Graz-Wien-Köln u. a. 1933ff.
Thürlemann 1997 | Thürlemann, Felix: Robert Campin. Das Mérode-Triptychon. Ein Hochzeitsbild für Peter Engelbrecht und Gretchen Schrinmechers aus Köln (Kunststück), Frankfurt a. M. 1997.
Thürlemann 2002 | Thürlemann, Felix: Robert Campin. Eine Monographie mit Werkkatalog, München 2002.
Thürlemann 2006 | Thürlemann, Felix: Rogier van der Weyden. Leben und Werk, München 2006.
Traditio Apostolica (FC 1) | Traditio Apostolica. Apostolische Überlieferung, Hg. Geerlings, Wilhelm, in: Didache. Zwölf-Apostel-Lehre, Traditio Apostolica. Apostolische Überlieferung, Hg. Schöllgen, Georg / Geerlings, Wilhelm (FC 1), Freiburg i. Br. u. a. 1991, 141–313.
Treffers 2003 | Treffers, Bert: Caravaggio: La Cappella Cerasi, in: Storia dell'arte 104/105 (2003), 65–100.
Trenner 2010 Hirsch | Trenner, Florian: Hirsch, in: Trenner, Florian / Hagendorn, Susanne (Hg.): Christliche Tiersymbolik, München 2010, 138–141.
Trenner 2010 Schwan | Trenner, Florian: Schwan, in: Trenner, Florian / Hagendorn, Susanne (Hg.): Christliche Tiersymbolik, München 2010, 242–245.
Tribout de Morembert 1963/64 | Tribout de Morembert, Henri: Jean Chevrot, évêque de Tournai et de Toul vers 1395–1460, in: Mémoires de l'Académie nationale de Metz 145 (1963/64), 171–223.
Trottmann 1986 | Trottmann, Helene: Cosmas Damian Asam (1686–1739). Tradition und Invention im malerischen Werk (Erlanger Beiträge zur Sprach- und Kunstwissenschaft 73), Nürnberg 1986.
Trüper 1992 | Trüper, Ingo: Der Choraltar in der Kirche St. Peter und Paul in Bruck – Auswertung der Kunsttechnologischen Untersuchung, in: Krohm, Hartmut / Oellermann, Eike (Hg.): Flügelaltäre des späten Mittelalters. Beiträge des Internationalen Colloquiums „Forschung zum Flügelaltar des Späten Mittelalters", veranstaltet vom 1. bis 3. Oktober 1990 in Münnerstadt in Unterfranken, Berlin 1992, 210–222.
Tschochner 1993 | Tschochner, Friederike: Palmzweiglegende, in: Marienlexikon 5 (1993), 73–74.
Tschudi 1898 | Tschudi, Hugo von: Der Meister von Flémalle, in: Jahrbuch der Königlich Preussischen Kunstsammlungen 19 (1898), 8–34, 89–116.
Tümpel 1971 | Tümpel, Christian: Ikonographische Beiträge zu Rembrandt. Zur Deutung und Interpretation einzelner Werke (II), in: Jahrbuch der Hamburger Kunstsammlungen 16 (1971), 20–38.
Tümpel 1986 | Tümpel, Christian: Rembrandt. Mythos und Methode. Mit Beiträgen von Astrid Tümpel, Königstein im Taunus 1986.

Tyconius, Expositio Apocalypseos (CChrSL 107A) | Tyconii Afri Expositio Apocalypseos accedunt eiusdem Expositionis a quodam retractatae fragmenta Taurinensia, Hg. Gryson, Roger (CChrSL 107A), Turnhout 2012.

Vagaggini 1959 | Vagaggini, Cyprian: Theologie der Liturgie, Zürich-Köln 1959.

Vandenbroeck 1985 | Vandenbroeck, Paul: Catalogus Schilderijen 14^e en 15^e eeuw. Ministerie van de Vlaamse Gemeenschap. Koninklijk Museum voor Schone Kunsten Antwerpen, Antwerpen 1985.

Van der Meer 1978 | Van der Meer, Frits: Apokalypse. Die Visionen des Johannes in der europäischen Kunst, Freiburg-Basel-Wien 1978.

Vasari, Le vite (Milanesi I–IX) | Le vite de'più eccellenti pittori, scultori ed architettori scritte da Giorgio Vasari con nuove annotazioni e commenti, Hg. Milanesi, Gaetano, Bände 1–9, Florenz 1878–1885.

Vels Heijn/Bunnig/Simons/Tissink 2006 | Vels Heijn, Annemarie / Bunnig, Caroline / Simons, Madelon / Tissink, Fieke: Versteckte Botschaften. Die Bilder der holländisch-flämischen Meister entschlüsseln und verstehen, Berlin 2006.

Venturi 1929 | Venturi, Adolfo: Storia dell'Arte italiana, Band 9: La pittura del Cinquecento IV, Mailand 1929.

Vetter 1989 | Vetter, Ewald Maria: Dornbusch, brennender, in: Marienlexikon 2 (1989), 224–226.

Vitis mystica (PG 184) | Vitis mystica seu Tractatus de passione Domini, in: S. Bernardi […] Opera Omnia III (PG 184), Paris 1854, 635–740.

Vöhringer 2007 | Vöhringer, Christian: Pieter Bruegel 1525/30–1569, Potsdam 2007.

Vogt 1900 | Vogt, Wilhelm: Geschichte des Landauer Zwölfbrüderhauses (im Volksmund genannt das Landauerkloster), Nürnberg 1900.

Volk-Knüttel 1996 | Volk-Knüttel, Brigitte: Zur künstlerischen Bedeutung der Altarbilder, in: Neunzert, Hartfrid (Hg.): Altarbilder von Alessandro Paduano und Peter Candid (Kunstgeschichtliches aus Landsberg am Lech. Beiträge zur Kunstgeschichte und Volkskunde 17), Landsberg am Lech 1996, 13–25.

Volk-Knüttel 2010 | Volk-Knüttel, Brigitte: Peter Candid (um 1548–1628). Gemälde – Zeichnungen – Druckgraphik (Denkmäler Deutscher Kunst), Berlin 2010.

Vos 1983 | Vos, Dirk de: Groeningemuseum Brügge. Die Vollständige Sammlung, Brügge 1983.

Vos 1999 | Vos, Dirk de: Rogier van der Weyden. Das Gesamtwerk, München 1999.

Vos 2002 | Vos, Dirk de: Flämische Meister. Jan van Eyck. Rogier van der Weyden. Hans Memling, Köln 2002.

Vulgata | Biblia sacra iuxta vulgatam versionem. Adiuvantibus Bonifatio Fischer OSB, Iohanne Gribomont OSB, H. F. D. Sparks, W. Thiele recensuit et brevi apparatu instruxit Robertus Weber OSB. Editio tertia emendata quam paravit Bonifatius Fischer OSB cum sociis H. I. Frede, Iohanne Gribomont OSB, H. F. D. Sparks, W. Thiele, Stuttgart 1983^3.

Wälchli 2007 | Wälchli, Philipp: Wie Hund und Katze. Zur Deutung der Katze in Abendmahlsdarstellungen, in: Kampling, Rainer (Hg.): Eine seltsame Gefährtin. Katzen, Religion, Theologie und Theologen (Apeliotes 1), Frankfurt a. M. u. a. 2007, 221–241.

Waetzoldt 1935 | Waetzoldt, Wilhelm: Dürer und seine Zeit, Wien 1935.

Walahfried, Hortulus | Des Walahfrid von der Reichenau Hortulus: Gedichte über die Kräuter seines Klostergartens vom Jahre 827. Wiedergabe des ersten Wiener Druckes vom Jahre 1510. Eingeleitet und medizinisch, botanisch und druckgeschichtlich gewürdigt von Karl Sudhoff, Heinrich Marzell, E. Weil (Münchener Beiträge zur Geschichte und Literatur der naturwissenschaften und Medizin, Sonderheft 1), München 1926.

Walther 1986 | Walther, Ingo F.: Vincent van Gogh 1853–1890. Leben und Wirklichkeit, Köln 1986.

Walzer 1970 | Walzer, Albert (Redaktion): Herz Jesu, in: LCI 2 (1970), 250–254.

Warnke 1977 | Warnke, Martin: Peter Paul Rubens. Leben und Werk, Köln 1977.

Weber 1981 | Weber, Leo: Römisches Museum in der ehem. Dominikanerkirche Augsburg (Schnell Kunstführer 1258), München-Zürich 1981.

Weber 2010 | Weber, Leo: Benediktbeuern, Passau 2010.

Weddingen 2011 | Weddingen, Erasmus: Tintorettos Jesus, Marta und Maria. Das Münchner Gemälde in neuer Sicht (work in progress [erw. 5.2.2011]).

Wegener 2009 | Wegener, Ulrike B.: Grebber, in: AKL 61 (2009), 139–144.

Weisbach 1921 | Weisbach, Werner: Der Barock als Kunst der Gegenreformation, Berlin 1921.
Weitzmann 1977 | Weitzmann Kurt: Spätantike und frühchristliche Buchmalerei, München 1977.
Wenz 1988 | Wenz, Gunther: Einführung in die evangelische Sakramentenlehre, Darmstadt 1988.
White 1988 | White, Christopher: Peter Paul Rubens. Leben und Kunst, Zürich 1988.
Widauer 2009 | Widauer, Simone: Marienpflanzen. Der geheimnisvolle Garten Marias in Symbolik, Heilkunde und Kunst, Baden 2009.
Wiemann 2008 | Wiemann, Elsbeth: Rembrandt Hermensz. van Rijn, in: Conzen, Ina / Höper, Corinna / Wiemann, Elsbeth (Hg): Staatsgalerie Stuttgart. Die Sammlung. Meisterwerke vom 14. bis zum 21. Jahrhundert (Katalog zur Neueröffnung, 13. Dezember 2008 – 2. Juni 2009), München 2008, 88–90.
Wilhelmy 1993 | Wilhelmy, Winfried: Der altniederländische Realismus und seine Funktionen. Studien zur kirchlichen Bildpropaganda des 15. Jahrhunderts (Kunstgeschichte 20), Münster-Hamburg 1993.
Williams/Shailor 1991 | Williams, John / Shailor, Barbara A.: Beatus-Apokalypse der Pierpont Morgan Library. Ein Hauptwerk der spanischen Buchmalerei des 10. Jahrhunderts, Stuttgart-Zürich 1991.
Willmes 1985 | Willmes, Ulrich: Studien zur Scuola di San Rocco in Venedig (Beiträge zur Kunstwissenschaft 4), München 1985.
Wilpert 1903 | Wilpert, Joseph: Die Malereien der Katakomben Roms, Freiburg i. Br. 1903.
Wilpert 1903 Tafelband | Wilpert, Joseph: Die Malereien der Katakomben Roms. Tafelband, Freiburg i. Br. 1903.
Wilpert/Schumacher 1976 | Wilpert, Joseph / Schumacher, Walter N.: Die römischen Mosaiken der kirchlichen Bauten vom IV.–XIII. Jahrhundert, Freiburg i. Br.-Basel-Wien 1976.
Wimböck 1997 Himmelfahrt | Wimböck, Gabriele: Die Himmelfahrt Mariens, Peter Candid, München 1593 (Katalog-Nr. 157), in: Baumstark, Reinhold (Hg.): Rom in Bayern. Kunst und Spiritualität der ersten Jesuiten (Katalog zur Ausstellung des Bayerischen Nationalmuseums München, 30. April bis 20. Juli 1997), München 1997, 490–492.
Wimböck 1997 Immaculata | Wimböck, Gabriele: Maria Immaculata, Giovanni Battista Fiammeri, Rom, nach 1598 (Katalog-Nr. 150), in: Baumstark, Reinhold (Hg.): Rom in Bayern. Kunst und Spiritualität der ersten Jesuiten (Katalog zur Ausstellung des Bayerischen Nationalmuseums München, 30. April bis 20. Juli 1997), München 1997, 479–481.
Wimböck 1997 Märtyrerinnen | Wimböck, Gabriele: Triumph der Märtyrerinnen, Giovanni Battista Fiammeri, Rom, nach 1598 (Katalog-Nr. 139), in: Baumstark, Reinhold (Hg.): Rom in Bayern. Kunst und Spiritualität der ersten Jesuiten (Katalog zur Ausstellung des Bayerischen Nationalmuseums München, 30. April bis 20. Juli 1997), München 1997, 463–464.
Wimböck 1997 Petrus-Paulus-Bild | Wimböck, Gabriele: Petrus und Paulus in der Verehrung Christi, Alessandro Paduano, München 1590 (Katalog-Nr. 147), in: Baumstark, Reinhold (Hg.): Rom in Bayern. Kunst und Spiritualität der ersten Jesuiten (Katalog zur Ausstellung des Bayerischen Nationalmuseums München, 30. April bis 20. Juli 1997), München 1997, 474.
Wimböck 1997 Surius | Wimböck, Gabriele: Laurentius Surius: Bewerte Historien der Lieben Heiligen Gottes (Katalog-Nr. 42), in: Baumstark, Reinhold (Hg.): Rom in Bayern. Kunst und Spiritualität der ersten Jesuiten (Katalog zur Ausstellung des Bayerischen Nationalmuseums München, 30. April bis 20. Juli 1997), München 1997, 336–337.
Wimböck 1997 Richeome | Wimböck, Gabriele: Louis Richeome SJ: La Peinture Spirituelle (Katalog-Nr. 165), in: Baumstark, Reinhold (Hg.): Rom in Bayern. Kunst und Spiritualität der ersten Jesuiten (Katalog zur Ausstellung des Bayerischen Nationalmuseums München, 30. April bis 20. Juli 1997), München 1997, 498–499.
Winkler 1959 | Winkler, Friedrich: Hans von Kulmbach, Kulmbach 1959.
Winterer 2011 | Winterer, Christoph (Hg.): Das Evangeliar der Äbtissin Hitda. Eine ottonische Prachthandschrift aus Köln. Miniaturen, Bilder und Zierseiten aus der Handschrift 1640 der Universitäts- und Landesbibliothek Darmstadt, Darmstadt 2011².
Witt 2005 | Witt, Sabine: „Le lobby polinois" – Stiftungen und Skulpturen der Sluter-Nachfolge in der Franche-Comté, in: Freigang, Christian / Schmitt, Jean-Claude (Hg.): Hofkultur in Frankreich und Europa im Spätmittelalter (Deutsches Forum für Kunstgeschichte 2), Berlin 2005, 139–160.

Witt 2009 | Witt, Sabine: Die Skulpturen der Sluter-Nachfolge in Poligny. Stiftungen und Hofkunst in der Freigrafschaft Burgund unter den Herzögen aus dem Hause Valois (Studien zur Kunstgeschichte des Mittelalters und der Frühen Neuzeit 4), Korb 2009.
Wölfflin 1899 | Wölfflin, Heinrich: Die klassische Kunst. Eine Einführung in die italienische Renaissance, München 1899.
Wolf 1989 | Wolf, Ursula: Die Parabel vom reichen Prasser und armen Lazarus in der mittelalterlichen Buchmalerei (Beiträge zur Kunstwissenschaft 26), München 1989.
Wucher 2006 | Wucher, Nikolaus: Wallfahrtskirche Gartlberg zu Pfarrkirchen (Peda-Kunstführer 588), Passau 2006.
Wurzbach 1910 I/II | Wurzbach, Alfred von: Niederländisches Künstler-Lexikon, 2 Bände, Wien-Leipzig 1910.
Zaccone 2000 | Zaccone, Gian Maria: Auf den Spuren des Turiner Grabtuchs. Ältere und jüngere Geschichte, Regensburg 2000.
Zehnder 1998 | Zehnder, Frank Günter: Rogier van der Weyden, Heimsuchung, in: Kulturstiftung der Länder in Verbindung mit dem Museum der bildenden Künste Leipzig (Hg.): Rogier van der Weyden, Heimsuchung (Patrimonia 127), Leipzig 1998, 9–15.
Zenger 2003 | Zenger, Erich: Mit meinem Gott überspringe ich Mauern (Psalmenauslegungen 1), Freiburg i. Br. 2003.
Zenkert 2003 | Zenkert, Astrid: Tintoretto in der Scuola di San Rocco. Ensemble und Wirkung (Tübinger Studien zur Archäologie und Kunstgeschichte 19), Tübingen-Berlin 2003.
Ziegler 1952 | Ziegler, Joseph: Ochs und Esel an der Krippe. Biblisch-patristische Erwägungen zu Is 1,3 und Hb 3,2 (LXX), in: Münchener theologische Zeitschrift 3 (1952), 385–402.
Ziekursch 1913 | Ziekursch, Elsa: Albrecht Dürers Landauer Altar im Kunsthistorischen Hofmuseum in Wien, München 1913.
Zimmermann 2003 | Zimmermann, Barbara: Die Wiener Genesis im Rahmen der antiken Buchmalerei. Ikonographie, Darstellung, Illustrationsverfahren und Aussageintention (Spätantike – Frühes Christentum – Byzanz. Kunst im ersten Jahrtausend, Reihe B: Studien und Perspektiven 13), Wiesbaden 2003.
Zink 1983 | Zink, Jörg: Christusbilder [Textband], Band 7: Zink, Jörg: DiaBücherei Christliche Kunst. Betrachtung und Deutung. Bildauswahl und Text Gerhard Boos, Eschbach 1983.
Zink 1984 | Zink, Jörg: Ostern und Pfingsten II [Textband], Band 11: Zink, Jörg: DiaBücherei Christliche Kunst. Betrachtung und Deutung, Eschbach 1984.
Zink 1985 | Zink, Jörg: Ur- und Patriarchengeschichten [Textband], Band 14: Zink, Jörg: DiaBücherei Christliche Kunst. Betrachtung und Deutung, Eschbach 1985.
Zink 1986 | Zink, Jörg: Jesusgeschichte I: Wunder und Zeichen [Textband], Band 19: Zink, Jörg: DiaBücherei Christliche Kunst. Betrachtung und Deutung, Eschbach 1986.
Zink 1987 Jesusgeschichte II | Zink, Jörg: Jesusgeschichte II: Begegnungen und Gespräche [Textband], Band 20: Zink, Jörg: DiaBücherei Christliche Kunst. Betrachtung und Deutung, Eschbach 1987.
Zink 1987 Jesusgeschichte III | Zink, Jörg: Jesusgeschichte III: Reden und Gleichnisse [Textband], Band 21: Zink, Jörg: DiaBücherei Christliche Kunst. Betrachtung und Deutung, Eschbach 1987.
Zlatohlávek 2001 | Zlatohlávek, Martin: Das Jüngste Gericht. Bildkompositionen großer Meister, in: Zlatohlávek, Martin / Rätsch, Christian / Müller-Ebeling, Claudia: Das Jüngste Gericht. Fresken, Bilder und Gemälde, Düsseldorf-Zürich 2001, 129–201.
Zuffi 2004 | Zuffi, Stefano: Erzählungen und Personen des Neuen Testaments (Bildlexikon der Kunst 5), Berlin 2004.
Zunker 2000 | Zunker, Maria Magdalena: Spätmittelalterliche Nonnenmalereien aus der Abtei St. Walburg, in: Großmann, G. Ulrich (Hg.): Spiegel der Seligkeit. Privates Bild und Frömmigkeit im Spätmittelalter (Ausstellungskatalog: Germanisches Nationalmuseum, Nürnberg), Nürnberg 2000, 97–116.
Zunker 2000 Herz-Jesu-Miniatur | Zunker, Maria Magdalena: Die Seele im Herzen des Gekreuzigten, in: Großmann, G. Ulrich (Hg.): Spiegel der Seligkeit. Privates Bild und Frömmigkeit im Spätmittelalter (Ausstellungskatalog: Germanisches Nationalmuseum, Nürnberg), Nürnberg 2000, 201–203.
Zupnik 1966 | Zupnik, Irving L.: The Mystery of the Mérode Mousetrap, in: The Burlington Magazine 108 (1966), 126–133.

Bildnachweis

Abtei St. Hildegard, Eibingen: 241 (Miniatur „Die wahre Dreiheit in der wahren Einheit" aus dem Rupertsberger Scivias-Codex der heiligen Hildegard von Bingen, um 1775, Original verschollen, Handkopie auf Pergament um 1930, Abtei St. Hildegard, Rüdesheim-Eibingen)
akg-images: 235 (Rouen, Bibliothèque municipale, Kollektion André Held)
Bayerische Staatsbibliothek München: 77 (Clm 13601, fol. 89v), 219 (Clm 4452, fol. 131v), 479 (Clm 4452, fol. 200r), 493 (Clm 4453, fol. 186v)
Bildarchiv Preußischer Kulturbesitz: 383 (Bayerische Staatsgemäldesammlungen – Alte Pinakothek München), 417 (Chantilly, Musée Condé)
Dombibliothek Hildesheim: 103, 105
Domkapitel Aachen: 451 (Liuthar-Evangeliar Ottos III., Lazarus und der reiche Prasser. © Domkapitel Aachen, Foto: Ann Münchow)
Dommuseum Hildesheim: 87
Fotolia: 567 (Renáta Sedmáková)
Germanisches Nationalmuseum Nürnberg: 463
https://commons.wikimedia.org: 25 (The Yorck Project [2002]), 31, 47, 63 (The Yorck Project [2002]), 95 (The Yorck Project [2002]), 108 (by http://www.belygorod.ru/img2/Ikona/Used/218grek_preobrazhenie.jpg), 124 (by 5QFIEhic3owZ-A at Google Cultural Institute), 151 (Web Gallery of Art: image info about artwork), 225 (by Mongolo1984 – own work, CC BY-SA 4), 249 (Web Gallery of Art: image info about artwork), 321 (The Yorck Project [2002]), 339 (https://www.sammlung.pinakothek.de), 347 (anagoria), 355 (The Yorck Project [2002]), 375 (Repro from artbook), 407 (von www.uni-leipzig.de), 425 (by I, Sailko, CC BY-SA 3.0), 437 (anagoria), 441 (Web Gallery of Art: image info about artwork), 459 (von Selbymay – eigenes Werk, CC BY-SA 3.0), 497 (Web Gallery of Art: image info about artwork), 503, 511 (von http://www.artchive.com), 525 (The Yorck Project [2002]), 533 (Web Gallery of Art: image info about artwork), 549 (The Yorck Project [2002])
Ikonen-Museum Recklinghausen: 173
Kloster St. Walburg, Eichstätt: 271
Koninklijk Museum voor Schone Kunsten, Antwerpen: 185 (Foto Marburg)
Martin-von-Wagner-Museum der Universität Würzburg: 315 (Inv.-Nr. 498 [K251])
National Gallery of Ireland: 287 (Photo © National Gallery of Ireland)
Österreichische Nationalbibliothek Wien: 413
Museum im Schottenstift Wien: 145
Sieger Köder-Stiftung Kunst und Bibel, Ellwangen: 179 (Sieger Köder, Emmaus. Rosenberger Altar (Ausschnitt), 431 (Sieger Köder, Das Mahl mit den Sündern)
Stadtbibliothek/Stadtarchiv Trier: 279 (Foto: Anja Runkel), 331 (Foto: Anja Runkel)
The Morgan Library & Museum, New York: 211
Universitäts- und Landesbibliothek Darmstadt: 135 (Hs. 1640, fol. 171r)
Vogl, Wolfgang: 19, 39, 69, 116, 163, 191, 200, 201, 205, 291, 295, 301, 309, 369, 393, 395, 397, 399, 401, 403, 447, 467, 473, 485, 517, 539
Württembergische Landesbibliothek Stuttgart: 365 (Cod. bibl. fol. 23, f. 17r)